레트로의
유니티
게임 프로그래밍
에센스 개정판

이제민 지음

1권
1~5부

HB 한빛미디어
Hanbit Media, Inc.

레트로의 유니티 게임 프로그래밍 에센스 개정판

C#으로 배우는 입문부터 4가지 게임 제작까지

초판 1쇄 발행 2019년 2월 20일
개정판 6쇄 발행 2024년 9월 30일

지은이 이제민 / **펴낸이** 전태호
초판 베타리더 문주현, 이민우, Darkttd, 이수연, 고양이 매니저, 김종욱, 서준수, 고유진, 최효범
펴낸곳 한빛미디어(주) / **주소** 서울시 서대문구 연희로2길 62 한빛미디어(주) IT출판2부
전화 02-325-5544 / **팩스** 02-336-7124
등록 1999년 6월 24일 제 25100-2017-000058호 / **ISBN** 979-11-6224-514-9 93000

총괄 송경석 / **책임편집** 홍성신 / **기획** 박민아 / **교정 · 전산편집** 김철수 / **진행** 김대현
디자인 표지 윤혜원 내지 박정화
영업 김형진, 조유미, 장경환 / **마케팅** 박상용, 한종진, 이행은, 김선아, 고광일, 성화정, 김한솔 / **제작** 박성우, 김정우

이 책에 대한 의견이나 오탈자 및 잘못된 내용에 대한 수정 정보는 한빛미디어(주)의 홈페이지나 아래 이메일로
알려주십시오. 잘못된 책은 구입하신 서점에서 교환해드립니다. 책값은 뒤표지에 표시되어 있습니다.

한빛미디어 홈페이지 www.hanbit.co.kr / 이메일 ask@hanbit.co.kr

지금 하지 않으면 할 수 없는 일이 있습니다.
책으로 펴내고 싶은 아이디어나 원고를 메일(**writer@hanbit.co.kr**)로 보내주세요.
한빛미디어(주)는 여러분의 소중한 경험과 지식을 기다리고 있습니다.

소문난
명강의
★★★★★

{ 레트로의 유니티 게임 프로그래밍 에센스 개정판 }

이제민 지음

★ ★ ★ ★ ★ ★
소문난 명강의 시리즈 소개

이 시리즈는 단기간에 실무 능력을 갖추게 도와줍니다. 유튜브, 블로그, 학원, 대학 등에서 이미 검증된 강의 본연의 장점을 극대화하고 더 체계화해 책으로 담았습니다. 입문자 눈높이에서 설명하고 작고 실용적인 프로젝트를 수행해 실전 능력을 키워줍니다. 빠르게 개발 능력을 키우려는 입문자와 더 다양한 경험을 쌓으려는 기존 개발자에게 유용합니다.

HB 한빛미디어
Hanbit Media, Inc.

추천의 글

위대한 창작자는 예술과 기술의 경계를 넘나듭니다. 레오나르도 다빈치가 21세기에 태어났다면 아마 모나리자를 3D 그래픽으로 그리고, 게임 엔진에서 헬리콥터를 시뮬레이션했을 겁니다. 그리고 우리는 누구나 다빈치가 될 수 있는 유니티라는 도구를 가지고 있습니다.

이 책의 저자를 완전하게 정의하는 직업명은 아직 없는 것 같습니다. 그는 게임을 개발하면서, 게임 개발 강의로 가장 유명한 유튜버로 활동하며, 전국에 초청되어 오프라인 강의를 하고, 학교에서는 게임 동아리의 회장이자 멘토입니다. 저자는 예술 콘텐츠 학과에 입학하여 예술적 요소인 디자인과 스토리텔링을 배운 후 컴퓨터 공학으로 전과하여 공학과 컴퓨터 과학을 배웠습니다.

따라서 그는 아티스트 입장에서 기술을 잘 풀어 설명하고, 기술자 입장에서 예술을 잘 풀어 설명할 수 있습니다. 그가 쓴 유니티 입문서는 예술 대학 학생, 공과 대학 학생, 강사와 게임 개발자의 입장을 모두 반영하고 있습니다. 그렇기에 디자인과 기술의 융합을 중시하는 우리 단과 대학에서는 이 책을 학부 2학년 게임 제작 실습용 교재로 사용합니다.

더 빨리 더 재미있고 풍부한 게임을 만들고 싶습니까? 게임이 표현할 수 있는 세계는 무한한 만큼 유니티의 기능도 무궁무진합니다. 하지만 어디서부터 시작해야 할까요?

저자는 그동안의 게임 개발 경험과 강의 경험을 토대로 반드시 필요한 핵심 기능들을 선택하였고, 여러분이 이들을 모두 적용할 수 있는 자연스러운 게임 개발 커리큘럼을 만들었습니다. 이 책에 나오는 몇 가지 게임을 따라 만들다 보면 출시 가능한 수준의 2D와 3D 게임을 여러분 손으로 직접 만들어 PC나 스마트폰에서 플레이할 수 있습니다. 그리고 이것을 변형해가며 자신만의 게임 개발을 시작할 수 있습니다.

저자가 책 끝에 언급했듯이 피카소는 '위대한 예술가는 훔친다'고 했습니다. 여러분은 이 책에서 훔칠 가치가 있는 많은 것을 찾을 겁니다.

그러니 레오나르도 다빈치와 같이 창작자의 숲에서 우뚝 선 나무를 꿈꾼다면 이 책이 그 위대한 씨앗을 안겨줄 겁니다.

_서덕영 / 경희대학교 소프트웨어융합대학, 게임 트랙 교수

'유니티를 처음 공부할 때 보면 좋은 책이나 강의를 추천해 달라'는 요청을 종종 받습니다. 시중에 이미 좋은 책과 강의가 너무 많아 추천하기 유독 망설여지지만 그때마다 절대 빠지지 않는 단 한 권의 책이 있습니다. 바로 『소문난 명강의 : 레트로의 유니티 게임 프로그래밍 에센스』입니다.

이 책은 처음 유니티를 시작하는 사람들에게 유니티 엔진의 기본 기능부터 게임을 만들기 위해 필요한 기초 지식까지 알기 쉽고 명료하게 전달합니다. 그리고 배운 지식을 이용하여 실제 사례를 들어가며 설명하여 게임 개발 과정을 누구나 쉽게 따라 할 수 있게끔 구성되어 있습니다.

특히 놀라운 부분은 배우지 않은 개념이 갑자기 나오거나 난이도가 툭 튀어오르는 부분이 없다는 것입니다. 프로그래밍에 대한 기본 지식을 예제를 설명하는 중간 중간에 잘 배치한 것도 개인적으로 좋았던 부분입니다.

강의를 구성하다 보면 학습 곡선을 일정 각도로 유지하기 정말 어렵습니다. 하지만 이 책을 보면 저자의 내공을 느낄 수 있습니다. 일정한 난이도 상승을 유지하고 있기 때문에 중간에 이탈하지 않고 끝까지 책을 읽기 매우 용이합니다.

게임을 개발할 때 정말 중요하고 많이 사용하는 핵심 기능 위주로 구현되어 있는 점도 이 책을 추천하는 이유입니다. 간결하고 정확한 설명을 순차적으로 볼 수 있다면 처음에 방황하는 시간이 줄어들어 매우 효율적으로 공부할 수 있습니다.

이 책은 각 구현을 특정 프로젝트에서만 사용되는 것이 아니라 어느 프로젝트를 하더라도 사용할 수 있도록 자세하게 모든 부분을 설명하고 있습니다. 사용된 이미지들 또한 이해를 돕기에 적절해서 좋습니다.

예제 프로젝트를 따라 하다 보면 자연스럽게 다른 프로젝트를 작업할 때도 어떤 식으로 구현을 하면 좋을지 응용 방법이 떠오를 것입니다.

자신만의 프로젝트를 만들고 싶다면 『소문난 명강의 : 레트로의 유니티 게임 프로그래밍 에센스』를 꼭 읽어보기 바랍니다.

_박동민 / 마동파 테크니컬 아트 연구소, 소장

많은 초심자가 튜토리얼을 통해 유니티의 매력에 빠집니다. 인터넷에 '유티니 튜토리얼'에 관한 수많은 문서와 비디오가 쏟아져 나옵니다. 튜토리얼을 하나씩 따라 하면서 게임을 완성하는 것은 어렵지 않습니다. 하지만 단순히 튜토리얼을 따라 해서는 입문자가 C# 프로그래밍의 이치를 깨달을 수 없습니다. 초심자가 나만의 게임을 만들려는 순간 프로그래밍과 수학의 장벽에 부딪치고, 게임 개발의 재미와 희열은 막막함과 답답함으로 바뀝니다.

이 책은 장르별 게임(탄막 슈팅 게임, 러너 게임, 슈터 게임, 멀티플레이어 게임)을 완성하는 튜토리얼을 제공합니다. 하지만 단순히 구현과 완성에 집중하는 것이 아니라 각 과정이 어떻게 맞물리고 각 기능을 왜 사용하는지 이유를 밝힙니다. 튜토리얼 앞뒤로는 수학, 코딩, 객체지향 등의 기본기를 놓치지 않고 쉽게 가르쳐주고 있습니다. 즉, 튜토리얼을 통해 배운 것을 자신만의 게임에 어떻게 적용할지 다양한 방식으로 알려줍니다.

그렇기에 유니티에 매력을 느끼고, 게임 프로그래밍을 이해하고 자신만의 게임을 개발하고 싶은 사람에게 꼭 추천합니다. 단순한 따라 하기가 아니라 코드의 모든 부분을 이해하고 온전히 내 것으로 만들고 싶은 사람에게 꼭 추천합니다. 게다가 비전공자를 위해 쓰인 만큼, 프로그래머와 협력하는 다른 직군의 게임 개발자에게도 추천할 만한 책입니다. 어떤 직군이든 게임 개발자라면 프로그래밍을 잘 이해하고 있어야 좋은 개발자가 될 수 있습니다. 프로그래밍은 게임 제작의 기초가 되는 기술이기 때문입니다.

게임 개발자는 프로그래머만 말하는 것이 아닙니다. 프로그래머가 아트 리소스가 제작되는 파이프라인을 이해하고 게임 기획의 기본을 이해해야 하듯이, 아티스트나 기획자도 어느 정도 프로그래밍을 이해해야 서로 부드럽게 협업할 수 있습니다. 좋은 게임은 모든 직군이 개발자로서 협업한 결과물이라는 것은 더 말할 나위 없습니다.

현재 자신이 어떠한 위치에 있든 이 책으로 자신의 게임을 만드는 출발점을 찾을 수 있을 겁니다. 꽉 막혔던 가슴이 청량음료를 마신듯 뻥 뚫릴 겁니다.

_오지현 / 유니티 코리아, 리드 에반젤리스트

프로그래밍은 전문적으로 공부하지 않은 사람에게는 무척 접근이 어려운 분야입니다. 하지만 시대가 변하고 툴이 좋아지는 개발 환경에서 프로그래머와 비프로그래머의 경계가 갈수록 모호해지고 있습니다. 나도 한번 유니티로 게임을 만들어볼까라는 호기심에서 유니티에서 어떻게 게임이 만들어지고 작동하는지 알고 싶어 공부를 시작하는 이들에게 이 책은 매우 좋은 길잡이 역할을 할 것이라 생각합니다.

코드나 유니티 엔진에서 각 기능을 단순하게 따라 하는 것에 그치지 않고 각각의 역할이 왜 필요한지, 어떻게 작동하는지 세세하게 설명한 부분을 하나하나 읽고 따라 하다 보면 자연스럽게 게임 제작에 필요한 지식을 쌓을 수 있을 것이라 생각합니다. 어렵지 않게 쓰여진 책의 내용은 비전공자라 할지라도 게임 제작에 꼭 알아야 하는 기본 사항을 매우 친절하게 배울 수 있게 만들어줍니다.

게임 제작에서 비프로그래머 직군이 이러한 기술적인 내용을 군이 알아야 하느냐는 질문은 더 이상 의미가 없을 정도로 게임 제작을 할 때 이제 다양한 포지션에서 게임 제작과 관련된 기술적인 지식을 요구받는 시대입니다. 유니티는 이러한 기본적인 지식을 익히기에 매우 좋은 개발 도구이며, 저자의 책은 이러한 이해를 돕기 위한 최고의 지침서 중 하나가 아닐까 생각합니다.

앞으로의 시대는 게임 제작을 위해 쌓은 전문 지식이 게임뿐 아니라 다양한 산업 분야에서 요구받는 시대로 이미 나아가고 있습니다. 앞으로 몸담게 될 분야에서 자신만의 무기를 찾는 이들에게 큰 도움을 줄 책을 쓰신 저자에게 감사드리며, 이 책을 길잡이로 선택하신 분들께 응원을 보냅니다.

_이상윤 / 유니티 코리아, Senior Advocate/Technical Artist

이번 개정판은 크게 다음 수정 사항이 추가되었습니다.

- 유니티 2021에 맞춰 내용을 갱신했습니다.
- 스크립터블 에셋에 관한 내용을 추가했습니다.
- 어드레서블 시스템을 별도의 부록으로 다룹니다.

버전 업에 따라 책의 내용이 유효하지 않거나 예외 사항이 많아져 IT 서적을 구매해놓고 그대로 읽지 않게 되는 경우가 있습니다. 이 책은 초판을 낼 때부터 이 점을 감안해 어떤 미래 버전을 사용해도 문제없도록 최대한 신경을 썼습니다.

더 나아가 이번 개정판은 유니티 2022 등 이후의 버전을 사용할 때 참고할 수 있는 외부 가이드 문서를 제공합니다. 이를 통해 책을 언제 보든 상관없이 매끄럽게 진행할 수 있는 환경을 만들었습니다.

어드레서블 시스템은 추가 콘텐츠를 유연하게 관리하고 배포하는 데 꼭 필요합니다. 특히 게임에 패치 또는 추가 콘텐츠 다운로드 시스템이 있다면 꼭 사용해야 합니다.

어드레서블 시스템은 확장성이 높지만 반드시 어떤 식으로 사용해야 한다는 일관된 가이드 자료가 없습니다. 이에 독자들에게 명확한 방향을 제시하기 위해 어드레서블만 다루는 부록을 추가했습니다. 또한 그 중요성 때문에 70페이지의 많은 분량으로 상세히 설명했습니다.

책을 출간한 이후 감사하게도 지난 몇 년간 정말 많은 독자분으로부터 최고의 책이라는 메시지를 받았습니다. 저를 곳곳에서 알아보는 사람도 많아졌습니다. 정말 환상적인 경험이었습니다.

특히 다음과 같은 피드백을 많이 받았습니다.

- 간결하고 명백해서 감탄했다.
- 텍스트를 싫어하는 사람도 시원하게 읽힌다.
- 예제를 따라 하는 데 오류가 나지 않는다.

아무리 어려운 내용이라 할지라도 조금 더 쉬운 설명이 언제나 존재합니다. 이 책을 만드는 과정은 모든 것을 한번에 쉽게 설명하는 완벽한 단 하나의 설명을 찾을 때까지 계속 땅을 파는 작업이었습니다.

"언제나 더 나은 설명이 존재한다."

이를 증명한 것 같아 기쁩니다.

이제민 (I_Jemin)

i_jemin@outlook.com

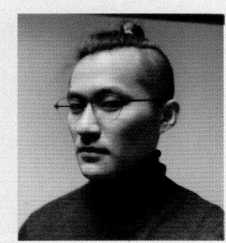

수천 명의 유료 온라인 수강생을 가진 게임 개발 트레이너입니다. 또한 유니티 코리아의 인증을 받아 유니티 마스터로 선정되었습니다. 해외 온라인 강의 플랫폼 유데미(Udemy)의 베스트셀러 유니티 강의 「retr0의 유니티 게임 프로그래밍 에센스」를 제작했습니다. 이는 현재까지 유데미에서 가장 평점과 판매량이 높은 한국어 강의입니다. 또한 유니티 코리아가 선정한 유니티 마스터입니다. '승리의 여신: 니케'의 애니메이션과 물리 시뮬레이션, 최적화 및 로컬라이즈를 구현했습니다.

유튜브에 무료 게임 프로그래밍 교육 채널 retr0를 운영 중입니다.

동영상 강의 사이트 : boxcollider.io
유튜브 : youtube.com/c/jemindev
도서 관련 문의 디스코드 : retr0.io/discord

 감사의 글

이 책을 집필하는 데 도움을 주신 분들께 감사를 표합니다.

부모님과 동생들은 집필에 최고로 몰입할 수 있도록 많은 것을 양보했습니다. 친구 황승원은 수백 장이 넘는 스크린샷을 촬영하고 책의 모든 프로젝트를 테스트해주었습니다. Kenney와 Quaternius가 제작한 3D 모델이 없었다면 상용 게임 수준의 예제를 만들 수 없었을 겁니다. 유니티 에반젤리스트인 오지현 님은 최신 버전의 유니티와 어긋나는 내용이 생기지 않도록 조언해주셨습니다. 덕분에 가장 최신의 정보만 책에 담을 수 있었습니다.

초판 베타리뷰를 해주신 최성욱 님, 김성현 님, 정영우 님, 고양이 매니저 님, 문주현 님, 이민우 님, DarkttD 님, 김종욱 님, 서준수 님, 고유진 님 덕분에 예상하지 못한 모든 오류를 찾아내고 책을 완벽하게 만들 수 있었습니다.

이외에도 책을 쓸 수 있도록 많은 영향을 준 경희대 친구들과 교수님께도 감사를 표합니다. 동아리 친구 김민수, 최효범, 이수연은 베타리딩을 도와주었습니다. 학과 동기인 오세준은 초판의 색인 작업을 도와주었습니다.

이성원 교수님은 게임 개발 동아리 retr0를 만들고, 새로운 분야에 도전할 수 있도록 영감을 주셨습니다. 서덕영 교수님은 대학에 새로운 창작 문화를 도입하기 위해 항상 노력해주셨으며, 이 책의 추천사를 써주셨습니다.

초판 집필 당시 한빛미디어의 차장님이었던 최현우 님의 엄격한 교정과 독려는 이 책이 형편없는 책이 되는 걸 막아주었습니다. 개정판을 만드는 데는 한빛미디어의 홍성신 팀장님과 박민아 과장님의 도움이 컸습니다.

GDG에서 만난 한연희님은 오탈자를 점검하고 모든 프로젝트를 유니티 2021 버전에서 테스트하고 스크린샷을 교체해주었습니다. 덕분에 더 늦지 않게 개정판을 낼 수 있었습니다. 유니티 테크니컬 아티스트인 이상윤님과 마둠파 테크니컬 아트 연구소의 박동민님은 기술을 다루는 아티스트로서 개정판의 멋진 추천사를 써주셨습니다.

이외에도 영감을 준 정말 끝없이 많은 사람이 있습니다. 모두들 고맙습니다.

_이제민

입문자와 비전공자를 배려한 진행 순서

이 책은 유니티는 물론 프로그래밍에 대한 지식이 전혀 없는 입문자와 비전공자, 아티스트 등을 대상으로 합니다. 따라서 비전공자가 쉽게 이해할 수 있는 순서로 구성되어 있습니다. 수학적 내용은 전문적인 단어 대신 비전공자가 이해할 수 있도록 풀어 쓴 예시를 사용합니다.

수많은 예시와 그림

어려운 개념은 비유와 예시로, 복잡한 서술은 그림으로 대체했습니다. 700장 이상의 그림으로 실습 과정을 놓치지 않고 따라 할 수 있습니다.

올인원 패키지

유니티의 동작 원리, C# 프로그래밍, 객체지향, 선형대수, UI, 모바일, 후처리, 네트워크, 프로그래밍은 물론 게임 개발에 필요한 모든 요소를 기초부터 고급까지 충실하게 다룹니다. 이 책 하나로 C# 프로그래밍 입문서와 게임 엔진 입문서를 모두 대체할 수 있습니다.

예제의 난이도 안내

난이도를 다음과 같이 별의 개수로 표현했습니다.

초급 - ★☆☆

중급 - ★★☆

고급 - ★★★

유니티 에디터

_ 유니티 엔진의 원리를 다룹니다.

_ 유니티 허브와 유니티 에디터를 사용하는 대부분의 방법을 다룹니다.

_ 유니티 패키지 매니저를 사용합니다.

C# 프로그래밍

_ 프로그래밍 입문에 필수적인 기초를 다룹니다.

_ 유니티 내부에서 사용하는 C# 문법 대부분을 다룹니다.

_ 필수적인 유니티 컴포넌트와 메서드 대부분을 배웁니다.

_ 객체지향을 이해합니다.

애니메이션

_ 유한 상태 머신을 이해하고, 원하는 2D/3D 애니메이션을 재생하는 방법을 배웁니다.

_ 애니메이션 블렌딩, IK를 사용해 기존 애니메이션 클립을 변형하는 방법을 배웁니다.

_ 2D 애니메이션을 직접 만듭니다.

벡터 수학

_ 공간과 위치, 방향을 표현하는 데 필요한 수학적 지식을 배웁니다.

_ 쿼터니언을 사용하는 방법을 배웁니다.

유니티 UI(UGUI)

_ UGUI를 이해하고 사용하여 게임 UI를 만듭니다.

_ UI 레이아웃을 구성하는 방법을 이해합니다.

아트

_ 머티리얼, 라이팅, 글로벌 일루미네이션 등을 이해합니다.

_ 후처리 효과를 이용해 게임 화면에 아름다운 영상미를 주는 방법을 배웁니다.

디자인 패턴

_ 기초적인 디자인 패턴을 배웁니다.

_ 이벤트 주도 방식을 이해하고 사용합니다.

네트워크

_ 서버, 로컬, 동기화 등 네트워크 게임 개발에 필요한 개념을 이해합니다.

_ 포톤을 사용하여 멀티플레이어 게임을 만듭니다.

그외

_ 시네머신으로 카메라 자동 추적을 구현합니다.

_ 게임 속 AI를 구현합니다.

_ 안드로이드, iOS 모바일 빌드 방법을 배웁니다.

_ 스크립터블 오브젝트를 사용합니다.

_ 어드레서블 에셋 시스템을 배웁니다.

개발 환경

_ 이 책의 모든 예제는 유니티 2021.2를 기준으로 만들었습니다.

_ 모든 예제는 맥과 윈도우 환경에서 정상 동작을 테스트했습니다.

_ 맥을 기준으로 설명하지만 윈도우 환경과 차이점은 없습니다. 다른 점이 있을 때는 윈도우를 함께 설명합니다.

_ 이 책에서 소개하는 예제 중 일부는 미리 준비한 프로젝트를 사용합니다.

유니티 2021.2, 유니티 2022.1 이후 버전과의 호환

_ 이 책의 모든 예제와 그림은 유니티 2021.2 버전으로 제작했습니다.

_ 모든 프로젝트는 유니티 2022.1 버전에서도 호환됩니다.

프로젝트의 코드들은 유니티 2021.2 이후 버전에도 호환성 문제없이 동작하도록 특정 버전의 유니티 기능에 의존하지 않게 구성했습니다. 또한 모든 프로젝트는 유니티 2022.1 버전에서도 테스트하여 정상 동작하는 것을 확인했습니다.

_ 유니티 2022.1과 이후 버전에서도 책을 따라 할 수 있도록 **업그레이드 가이드**를 제공합니다.

유니티 2022.1과 이후 버전을 사용하는 경우 유니티 에디터 사용법이 달라지거나 집필 시점에서 확인하지 못한 호환성 문제가 발생할 수 있습니다. 그러한 문제점을 겪지 않고 책을 따라할 수 있도록 업그레이드 가이드 문서를 제공합니다. 만약 2022.1과 그 이후 버전을 사용한다면 예제 폴더에 포함된 가이드 문서인 **UPGRADE_GUIDE.md** 파일을 읽으면 됩니다.

가이드 문서는 예제 깃허브 페이지에서도 제공하며 계속 업데이트됩니다.

예제 파일

필요한 예제 파일과 프로젝트, 게임 완성본, 전체 예시 코드 등을 묶은 예제 압축 파일을 인터넷으로 제공하고 있습니다.

예제 압축 파일 다운로드

깃허브와 한빛미디어 홈페이지에서 예제 압축 파일을 다운로드할 수 있습니다. 분실 방지와 원활한 갱신을 위해 예제 압축 파일은 다운로드 링크로 제공됩니다.

- **깃허브** : github.com/IJEMIN/Unity-Programming-Essence-2021
- **한빛미디어** : www.hanbit.co.kr/src/10514

예제 압축 파일 사용 방법

다운로드한 예제 압축 파일의 압축을 풀면 안내 문서 파일과 각 장에 대한 폴더가 생성됩니다(예제 프로젝트를 사용하지 않는 장은 폴더가 없습니다).

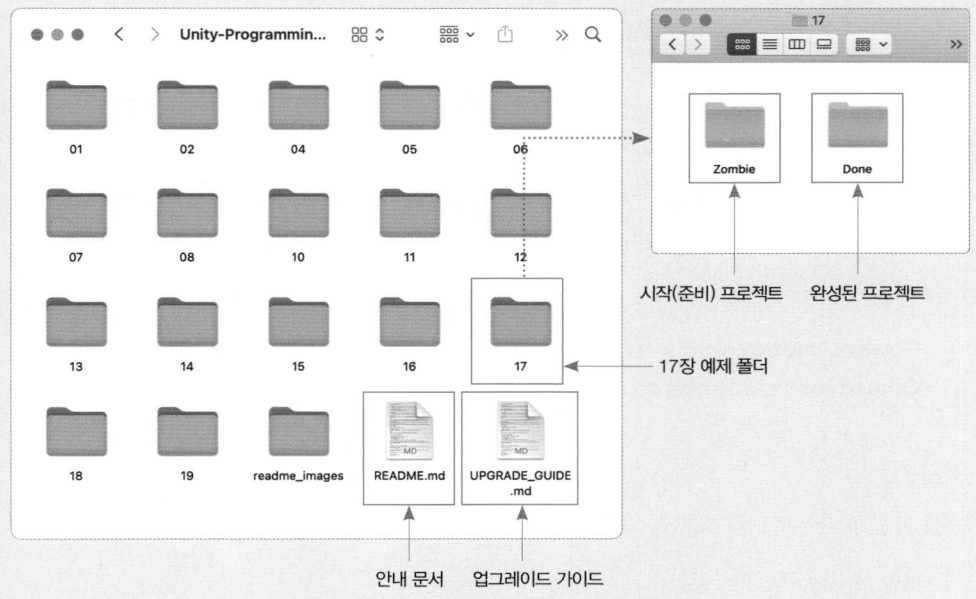

각 장의 폴더에는 최대 두 개 폴더가 존재합니다.

- **시작 프로젝트** : 장을 시작하면서 사용할 유니티 프로젝트(예 : Zombie)
- **Done** : 장을 마쳤을 때의 결과물이 저장된 폴더

만약 어떤 장의 완성본을 미리 보고 싶다면 Done 폴더 내부에 있는 유니티 프로젝트 폴더를 열면 됩니다.

안내 문서 파일인 README에서 오탈자나 새로운 변경 사항 등을 확인할 수 있습니다. 프로젝트를 열기 전에 먼저 읽어볼 것을 추천합니다.

라이선스와 크레딧

이 책의 5부 '유니런'에서는 유니티 재팬에서 제작한 유니티짱 에셋을 사용합니다. 유니티짱 캐릭터와 에셋의 모든 권한은 © Unity Technologies Japan/UCL에 있습니다. 이 책에서 사용하는 유니티짱 에셋은 유니티짱 라이선스 2.0에 따라 제공됩니다. 유니티짱에 관한 자세한 정보는 다음 주소에서 확인할 수 있습니다.

- unity-chan.com

이 책의 6부 '좀비 서바이버'의 레벨 디자인에서는 Kenney와 Quaternius가 제작한 3D 모델을 사용합니다. 이들은 훌륭한 아트 에셋을 만들어 퍼블릭 도메인(CC0)으로 배포하고 있습니다. 이들의 에셋은 아티스트를 구하기 힘든 초보 개발자나 독립 개발자에게 많은 도움을 주고 있습니다.

- **Kenney** : kenney.nl
- **Quaternius** : quaternius.com

문의 사항

예제 파일의 다운로드와 오류 등의 문제는 저자의 메일이나 블로그로 문의해주세요.

- **메일** : i_jemin@outlook.com
- **블로그** : ijemin.com
- **유튜브** : youtube.com/c/jemindev
- **디스코드** : discord.gg/NPXkVq2

이 책은 총 7부로 구성되어 있습니다.

1부와 2부에서는 유니티와 코딩을 당장 이해하는 데 가장 필수적인 핵심을 빠르게 배웁니다. 실습 프로젝트를 진행하는 3부, 5부, 6부에서는 장르별로 게임을 하나씩 완성하면서 실습을 통해 이론을 이해합니다. 실습 프로젝트는 기존 지식으로 해결할 수 없는 문제를 새로운 방법으로 돌파하는 방식으로 진행합니다. 4부에서는 비전공자 입장에서 게임 개발에 필요한 수학적 기반을 배웁니다. 7부에서는 멀티플레이 게임 구현을 배웁니다. 부록에서는 모바일 빌드에 대해 알아봅니다.

1부 : 유니티 준비하기
유니티를 준비하고, 유니티 동작 원리와 인터페이스를 배웁니다.

유니티 개발 환경을 준비하고 맛보기 프로젝트를 만듭니다. 게임 오브젝트와 컴포넌트의 원리와 동작을 이해합니다. 게임 엔진의 구조와 개발 방식을 이해합니다.

2부 : C# 프로그래밍
왕초보자 입장에서 C# 프로그래밍과 객체지향을 배웁니다.

코딩 원리와 객체지향을 즉시 이해할 수 있는 그림 예시로 설명합니다. C# 스크립트를 직접 작성하면서 필요한 대부분의 C# 문법을 익힙니다.

1부에서 살펴본 유니티의 동작 원리가 C#의 객체지향과 어떻게 맞물리고, 스크립트가 어떻게 게임 오브젝트와 컴포넌트를 통제할 수 있는지 이해합니다.

3부 : 탄막 슈팅 게임 - 닷지
3D 탄알 피하기 게임을 만듭니다.

키보드 조작으로 공을 굴리는 작은 예제에서 시작하여 탄알, UI, 게임 매니저를 만들고 최종 빌드까지 게임 완성에 필요한 모든 부분을 진행합니다. 또한 주기적으로 탄알 생성을 반복하는 방법, 점수를 저장하는 방법을 배웁니다.

플레이어의 입력을 받아 힘과 속도를 제어하는 방법을 배웁니다. 입력 매니저와 시간 간격 같은 기초 개념이 꼭 필요한 이유를 현실 사례로 설명합니다.

4부 : 공간

공간, 속도, 회전을 통제하기 위한 선형대수를 배웁니다.

벡터 수학, 지역 공간과 전역 공간, 회전에 사용되는 쿼터니언을 배우게 됩니다.

비전공자와 선형대수를 따로 공부할 여유가 없는 개발자를 위해 복잡한 증명 과정은 직관적이고 간결한 그림으로 대체했습니다. 또한 수학적 지식을 이론이 아닌 실제 코드를 통해 사용법 위주로 빠르게 이해합니다.

5부 : 2D 러너 게임 - 유니런

발판이 무한 랜덤 생성되는 2D 러너 게임을 개발합니다.

2D 애니메이션을 만드는 방법, 캐릭터의 상황에 따라 적절한 애니메이션을 재생하는 방법을 배웁니다. 오브젝트 풀링을 구현하여 배경과 장애물을 무한 반복 배치하는 방법을 배웁니다. 또한 디자인 패턴 중 하나인 싱글턴을 직접 구현하고 사용합니다.

6부 : 탑다운 슈터 게임 - 좀비 서바이버

몰려오는 인공지능 좀비들을 총으로 쏘는 탑다운 슈터 게임을 제작합니다.

IK와 애니메이션 마스크를 구현합니다. 점수와 인공지능 적 소환 시스템과 인게임 UI를 만듭니다. 유니티의 내비게이션 시스템을 사용하여 인공지능을 구현하며, 레이캐스트로 정확한 탄알 충돌을 구현합니다.

C# 인터페이스, 이벤트, 람다 표현식을 사용하여 플레이어와 인공지능 적의 대미지 처리 코드를 간결하게 줄이는 방법을 배우게 됩니다. 후처리를 사용하여 영상미를 구현합니다.

7부 : 네트워크 협동 게임 – 좀비 서바이버 멀티플레이어

싱글플레이어 전용 좀비 게임을 멀티플레이어 협력 게임으로 포팅합니다.

API와 상관없이 모든 종류의 네트워크 게임에 공통적으로 필요한 이론을 배웁니다. 포톤을 사용해 로비와 매치메이킹 시스템, 플레이어 사이의 동기화를 구현합니다. 동기화 절차와 클라이언트와 호스트, 로컬과 리모트, 조작 권한을 배웁니다.

부록

유니티 게임을 안드로이드와 iOS로 빌드하는 방법을 배웁니다.

어드레서블 에셋 시스템을 사용하여 콘텐츠를 관리하고, 원격 배포하는 방법을 배웁니다.

이 책에서는 총 4가지 게임을 구현합니다.

탄막 슈팅 게임 - 닷지 ★☆☆

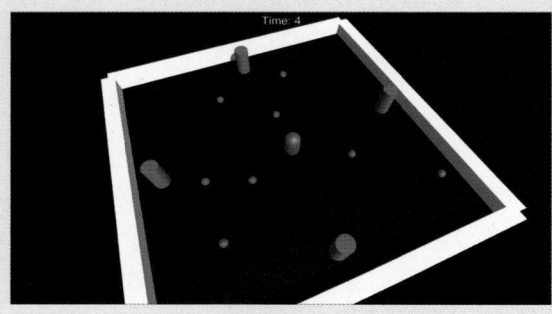

사방에서 무수히 날아오는 탄알을 피하며 가능한 한 오랫동안 버티는 게임입니다.

바닥은 끊임없이 회전하며 탄알은 항상 플레이어를 향해 날아옵니다.

최고 기록이 저장되므로 게임을 다시 실행해도 최고 기록이 유지됩니다.

2D 러너 게임 - 유니런 ★★☆

랜덤한 높이로 무한 생성되는 바닥을 점프하면서 앞으로 달려가는 러너 게임입니다.

화면 아래로 떨어지거나 장애물에 닿지 않고 오래 버텨야 합니다. 캐릭터의 상태에 따라 여러 애니메이션이 재생됩니다.

바닥의 생성 간격과 높이, 바닥 위의 장애물 수가 랜덤하므로 세밀한 컨트롤이 중요합니다.

탑다운 슈터 게임 – 좀비 서바이버 ★★★

끊임없이 나타나는 좀비들로부터 최대한 오래 살아남는 탑다운 슈터 게임입니다.

플레이어는 기관총으로 사방에서 나타나는 AI 좀비들을 죽여야 합니다.

아이템이 랜덤 위치에 생성되므로 플레이어는 한곳에 머무르지 말고 끊임없이 이동해야 합니다. 후처리 효과를 사용하여 멋진 영상미를 보여줍니다.

네트워크 협동 게임 – 좀비 서바이버 멀티플레이어 ★★★

좀비 서바이버 게임을 포톤을 사용한 멀티플레이어 게임으로 포팅합니다.

클라우드 서버를 이용한 4인 매치메이킹을 지원합니다.

싱글플레이어 전용으로 설계된 게임을 멀티플레이어로 전환하는 여러 기법을 이해합니다.

이 책의 모태인 소문난 명강의 「retr0의 유니티 프로그래밍 에센스」는 저자가 유튜브 채널 retr0와 온라인 강의 사이트에 공개한 유니티 프로그래밍 강의 시리즈입니다.

동아리 구성원에게 도움을 주고자 유튜브에 업로드한 강좌가 이제는 많은 구독자를 보유한 인기 강좌로 자리 잡게 되었습니다. retr0 유튜브에는 「**프로그래밍 기초 시리즈**」, 비디오 하나로 개발 시작부터 프로그램 완성까지 다루는 「**한방에 개발하기 시리즈**」, 이외에 다양한 장르의 게임 개발이나 머신러닝 튜토리얼이 업로드됩니다.

- **유튜브 retr0** : youtube.com/c/JeminDEV

또한 온라인 강의 플랫폼 유데미에 제공한 유료 강좌는 유데미에서 전 기간 가장 많이 팔린 한국어 강의 1위 자리를 지키고 있습니다. 유료 강의는 즉흥적인 개발보다는 순서대로 학습할 수 있는 커리큘럼을 담고 있습니다.

• 온라인 강의 사이트 : boxcollider.io

이 책의 모태는 retr0 강좌지만 기존 비디오의 텍스트 버전이 아닌 새로운 내용과 새로운 예제로 책을 썼습니다. 동영상 강좌와 정돈된 책은 정보를 제공하는 방법이 다르므로 서로 상호보완적입니다.

따라서 이미 온라인 강좌로 유니티 개발 방법을 학습했더라도 간결하게 정리된 콘텐츠를 제공하는 이 책이 도움이 될 겁니다. 그 반대로 이 책을 본 이후에도 저자가 제공하는 동영상 강좌가 도움이 될 겁니다.

책과 동영상 강좌 모두를 효율적으로 활용해 개발자로 빠르게 성장하길 응원합니다.

목차

1부

유니티 준비하기

1부에서 다루는 내용

1부에서는 유니티 엔진을 소개하고 유니티 개발 환경을 구성합니다. 또한 유니티 인터페이스와 각 버튼의 기초 사용법을 다루며 유니티 동작 원리와 구조를 설명합니다.

1장 유니티 준비하기

이 장에서는 유니티 엔진을 소개하고 개발 환경을 설정합니다. 또한 간단한 데모 프로젝트를 만들어봅니다.

이 장에서 다루는 내용

- 유니티 엔진 소개
- 유니티 개발 환경 구성하기
- 맛보기용 프로젝트 생성하기

1.1 유니티 엔진은 무엇인가

유니티는 2D와 3D 그래픽을 지원하는 다목적 게임 엔진입니다. 유니티는 다양한 장점을 가지고 있습니다.

먼저 대부분의 기능이 개인 개발자에게 무료입니다. 그리고 현재 가장 많이 사용하는 게임 엔진이기 때문에 한국어와 영어 모두 참고할 만한 자료가 풍부합니다. 또한 멀티플랫폼을 지원하기 때문에 한 프로젝트에서 모바일과 데스크톱, 콘솔 게임용으로 빌드할 수 있습니다.

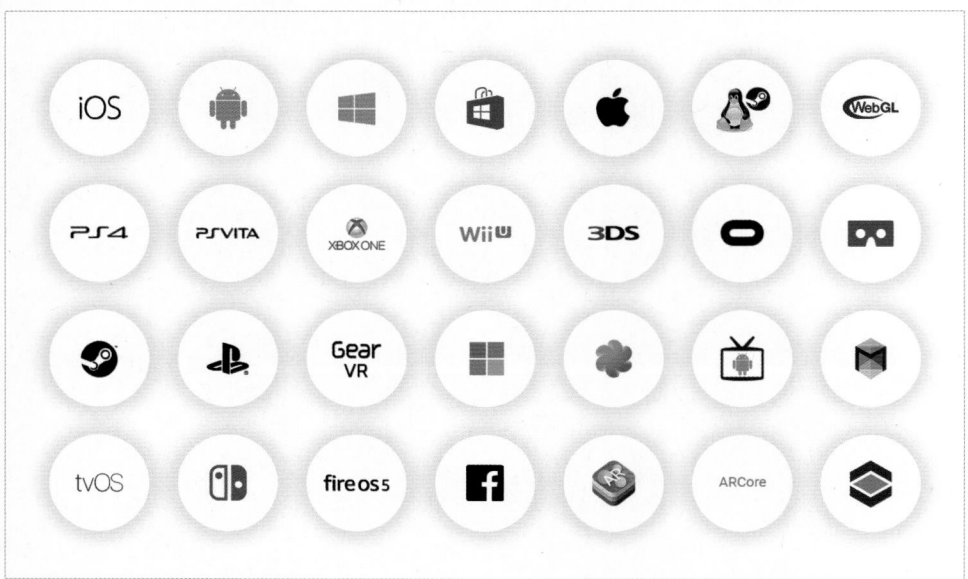

▶ 유니티가 지원하는 플랫폼

유니티는 직관적인 에디터를 가지고 있어 드래그&드롭으로 대부분의 오브젝트를 편집할 수 있습니다. 물리 엔진을 내장하고 있어 수학적으로 물리를 직접 구현하지 않아도 됩니다. 에셋 스토어에서 개발에 필요한 사운드, 3D 모델, 코드를 쉽게 구할 수 있습니다.

버전이 올라갈 때마다 추가되는 수많은 신기술과 성능 향상도 유니티의 장점입니다. 최근에는 타임라인 에디터, 셰이더 비주얼 에디터 등 아티스트를 위한 기능이 대폭 추가되어 적은 노력으로 영화 같은 컷씬과 독특한 비주얼을 구현할 수 있게 되었습니다.

▶ 유니티 타임라인

하지만 이런 특징들이 입문자가 유니티를 사용해야 하는 가장 큰 이유는 아닙니다. 대부분의 입문자는 유니티를 처음 접하는 순간 유니티가 프로그래머만을 위한 도구는 아닌 것 같다는 인상을 받습니다. 단순히 에디터의 UI 디자인이 충실해서 그런 것만은 아닙니다.

처음 게임 개발에 입문하면 게임의 모든 부분을 바닥부터 코드로 작성하고 통제해야 한다고 생각하기 쉽습니다. 유니티는 코드를 작성하기 전에 미리 만들어진 부품을 조립하여 게임 오브젝트를 만듭니다. 코드는 미리 만들어진 부품을 제어하기 위해 작성합니다.

이런 특징으로 유니티는 뛰어난 프로그래머가 아니면 시도조차 할 수 없는 기존 개발 도구와 다르게 느껴집니다. 유니티를 사용하면 게임의 모든 부분을 직접 구현할 필요가 없으며, 공학적 원리보다 게임의 전체 로직에 좀 더 집중할 수 있습니다.

이것이 게임 개발 입문에 유니티를 추천하는 이유입니다.

1.2 개발 환경 구성

유니티 엔진의 원리를 알아보기 전에 먼저 개발 환경을 구성하겠습니다. 이미 유니티 계정이 있고 유니티가 설치되어 있다면 이 절은 건너뛰어도 됩니다.

이 책에서는 유니티 허브 3과 유니티 2021.2를 사용합니다. 이 책의 프로젝트들은 2021.2 이후에 출시된 버전을 사용하는 경우에도 정상 동작하도록 구성되었습니다.

또한 예제 폴더에 있는 README.md 텍스트 파일과 깃허브 페이지(github.com/IJEMIN/ Unity-Programming-Essence-2021)에 미래 버전에서 일어날 수 있는 잠재적인 문제와 해결 방법을 주기적으로 갱신하고 있습니다. 유니티 2021.2 이후 버전을 사용한다면 README. md 또는 깃허브 페이지에 있는 안내를 참고하세요.

1.2.1 유니티 회원 가입

유니티 엔진은 사용자 로그인을 해야 사용할 수 있습니다. 그러므로 유니티(이하 유니티와 Unity를 혼용하여 표기합니다)를 설치하기 전에 유니티 웹사이트에서 회원 가입을 합니다.

[과정 01] 회원 가입 페이지로 이동

  ① **유니티 공식 웹사이트**(unity.com) 접속 > 우측 상단의 **프로필 아이콘** 클릭

  ② **Unity ID 만들기** 클릭 → 가입 페이지로 이동

▶ 회원 가입 페이지로 이동

[과정 02] 회원 가입

  ① 회원 가입 정보 입력

  ② **Unity ID 만들기** 클릭

▶ 회원 가입

이것으로 임시 가입이 완료됩니다. 가입에 사용한 이메일에서 인증 메일을 확인하면 가입이 최종 승인되고 계정이 활성화됩니다.

[과정 03] 이메일 확인

　① 메일함에 도착한 인증 메일로 본인 인증

1.2.2 유니티 허브 설치

유니티를 사용하기 위한 시스템 요구 사항은 다음과 같습니다. 독자의 하드웨어나 OS가 명시된 버전보다 이전 버전이라면 유니티가 정상적으로 실행되지 않습니다.

- **OS :** 윈도우 7, 10(64비트 버전만), 맥OS X 10.13+
- **GPU :** DX10 지원 GPU(윈도우) / Metal API 지원 Intel 또는 AMD GPU(맥)

대부분의 경우 여러분 컴퓨터에서 유니티가 정상적으로 실행될 겁니다. 하지만 모바일 CPU를 사용하는 윈도우 태블릿 컴퓨터나 32비트 윈도우 등에서는 유니티가 정상적으로 실행되지 않습니다.

이제 유니티 허브를 다운로드받아 설치하고, 유니티 허브를 통해 유니티를 설치합니다. 유니티 허브는 사용자가 유니티를 원 클릭으로 설치하고, 여러 버전의 유니티를 한 컴퓨터에서 동시에 사용할 수 있도록 관리하는 도구입니다.

유니티 허브 다운로드 페이지로 이동하는 메뉴는 공식 웹사이트에서 찾을 수 있지만 웹사이트가 개편될 때마다 메뉴 경로가 조금씩 달라집니다. 따라서 페이지 주소를 바로 입력하여 다운로드 페이지로 이동하고 유니티 허브를 다운로드하겠습니다(다운로드 페이지의 모습은 주기적으로 갱신되므로 아래 그림과 다를 수 있습니다).

[과정 01] 유니티 허브 다운로드

① **유니티 스토어 다운로드 페이지**(store.unity.com/download)에 접속
② **체크 박스를 체크**하여 약관에 동의
③ Download Unity Hub 클릭

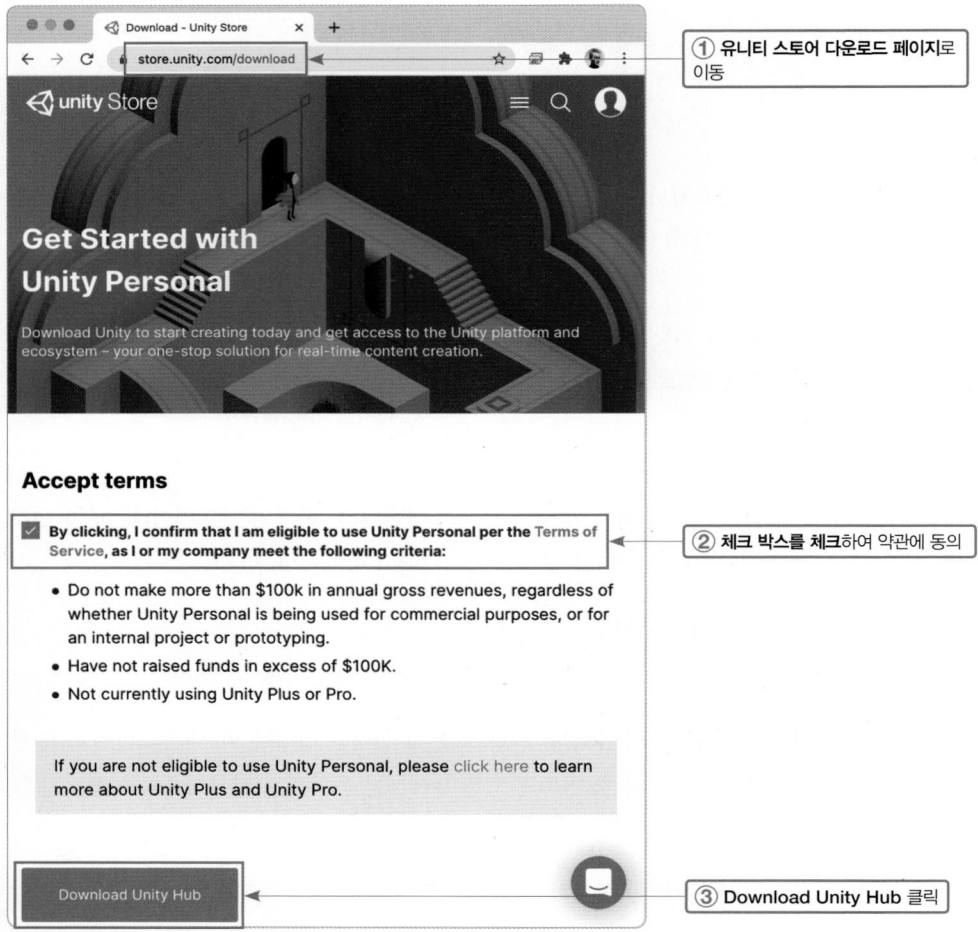

▶ 유니티 허브 다운로드

그다음 다운로드한 설치 프로그램을 실행하여 유니티 허브를 설치합니다. 유니티 허브 설치 과정은 매우 간단하기 때문에 설명을 생략합니다. 계속 '동의' 또는 '다음' 버튼을 누르면 됩니다.

[과정 02] 유니티 허브 설치

① 설치 프로그램 실행 > 안내에 따라 설치

맥   윈도우

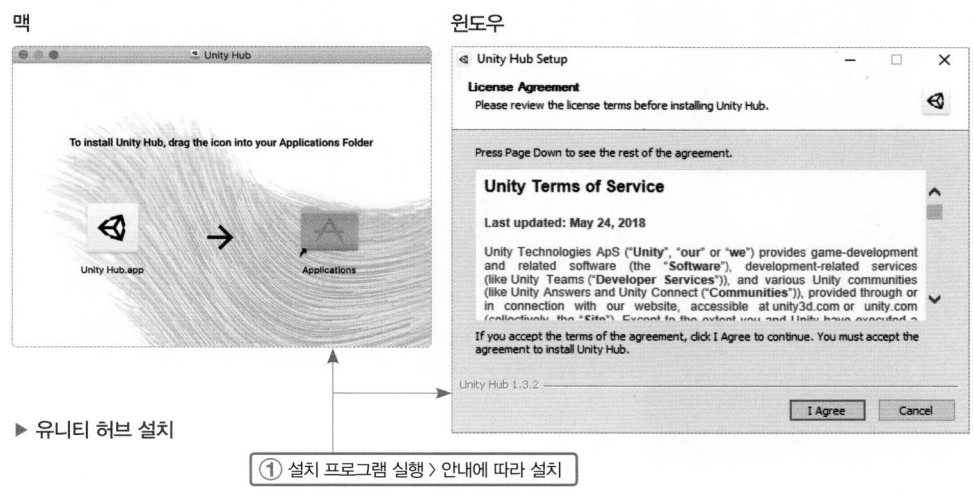

▶ 유니티 허브 설치

① 설치 프로그램 실행 > 안내에 따라 설치

> NOTE_ 맥과 윈도우의 설치 프로그램 외형은 조금씩 다르지만 설치 절차는 똑같습니다. 이 책에서는 입문자의 혼동을 막기 위해 필요한 경우 맥과 윈도우 양쪽 모두의 이미지를 보여줍니다.

1.2.3 유니티 허브 설정

설치가 끝나면 유니티 허브를 실행합니다. 참고로 집필 시점에서 유니티 허브 3는 아직 베타 버전으로 다크 테마만 지원합니다. 따라서 여러분 컴퓨터에서는 유니티 허브 테마 색이 책의 그림과 다르게 표시될 수 있습니다.

먼저 로그인을 한 다음 라이선스를 설정하겠습니다.

[과정 01] 유니티 허브 로그인

① 유니티 허브에서 **Sign in** 클릭 → **로그인 웹페이지 열림**
② **이메일**과 **패스워드**를 입력하고 **로그인** > **유니티 허브로 리다이렉트**

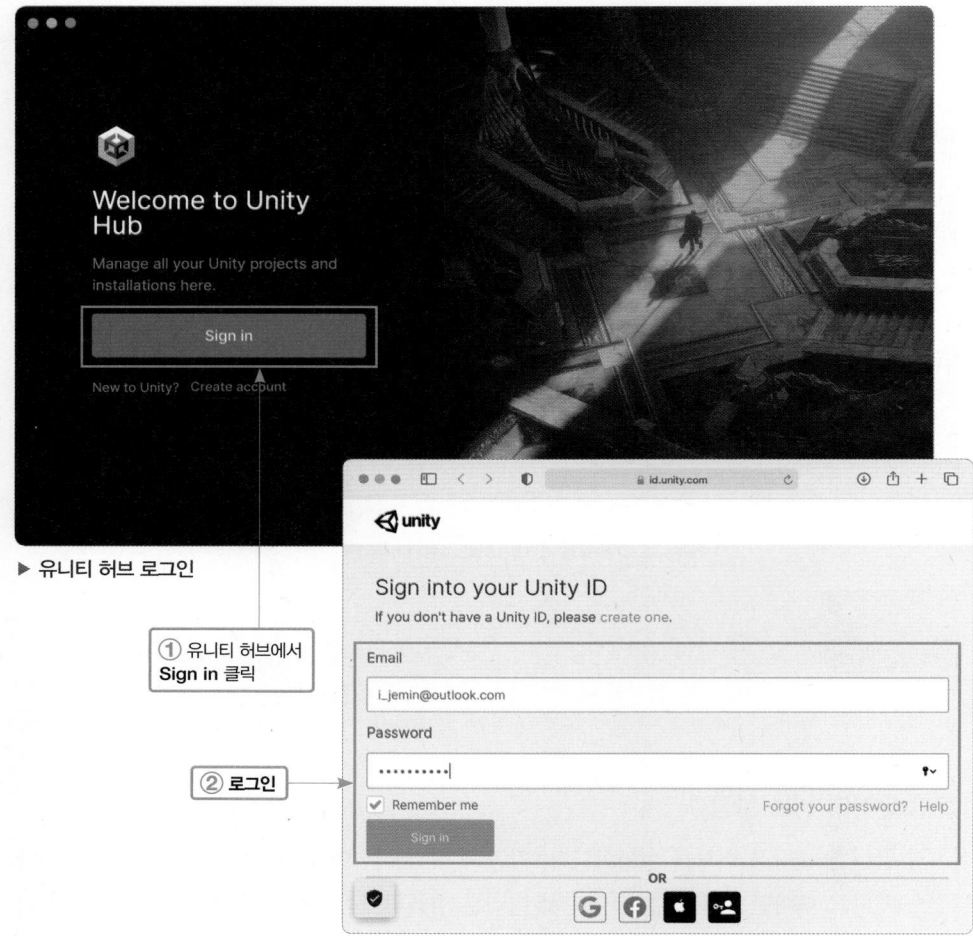

▶ 유니티 허브 로그인

로그인 후 첫 라이선스를 활성화하는 화면으로 이동합니다. 이전에 해당 컴퓨터에서 유니티 라이선스를 설정한 적이 있다면 라이선스 설정 과정이 생략될 수도 있습니다.

첫 라이선스를 설정하는 화면 다음에는 첫 유니티 에디터를 설치하는 안내 창이 표시됩니다. 하지만 원하는 유니티 에디터를 직접 선택하여 설치하기 위해 해당 페이지는 스킵하겠습니다.

[과정 02] 라이선스 설정(처음 실행시)

① **라이선스 활성화** 화면에서 **Agree and get personal edition license** 버튼 클릭

② **유니티 에디터 설치** 화면에서 **Skip installation** 클릭

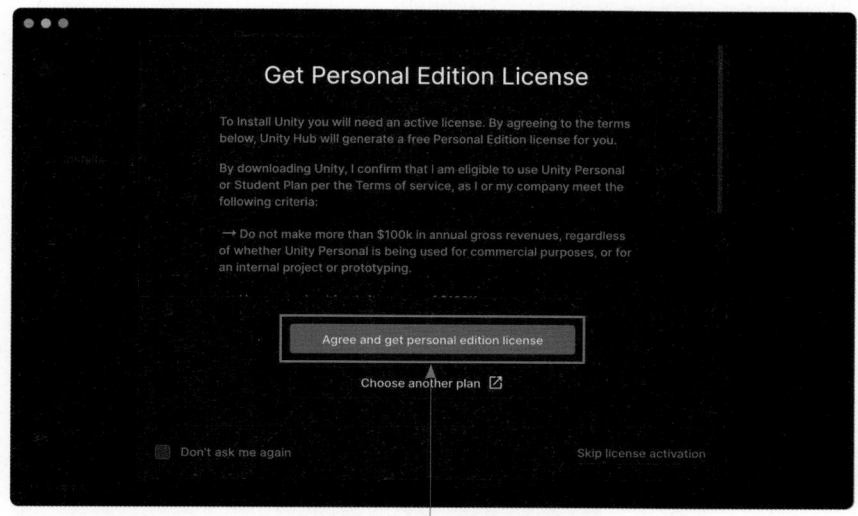

① Agree and get personal edition license 클릭

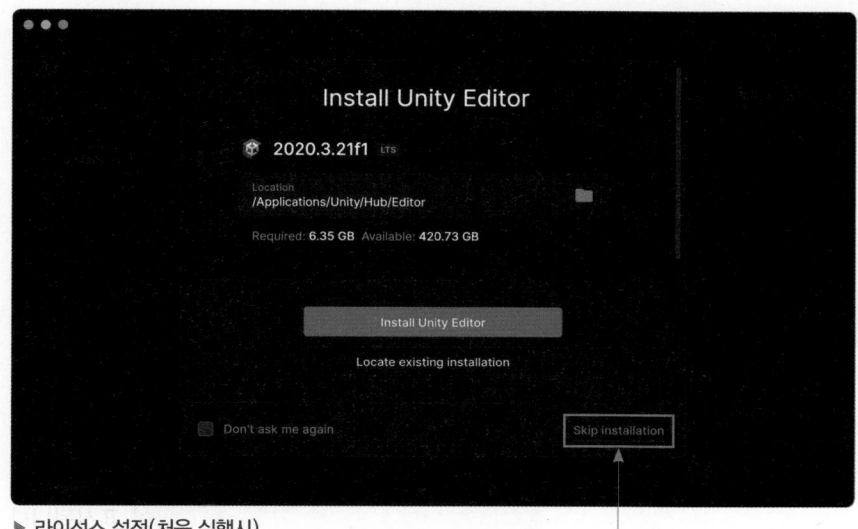

▶ 라이선스 설정(처음 실행시)

② Skip installation 클릭

만약 어떠한 이유로 첫 라이선스 활성화 페이지를 스킵했거나 해당 페이지가 표시되지 않으면 다음 과정을 통해 라이선스를 설정할 수 있습니다.

[과정 03] 라이선스 설정 (처음 실행 이후)

① 왼쪽 상단의 **톱니바퀴** 버튼 > **Preferences** 창에서 **Licenses 탭 클릭**
② **Add** 버튼 클릭 > **Get a free personal license** 선택 > **Agree and get personal edition license** 클릭

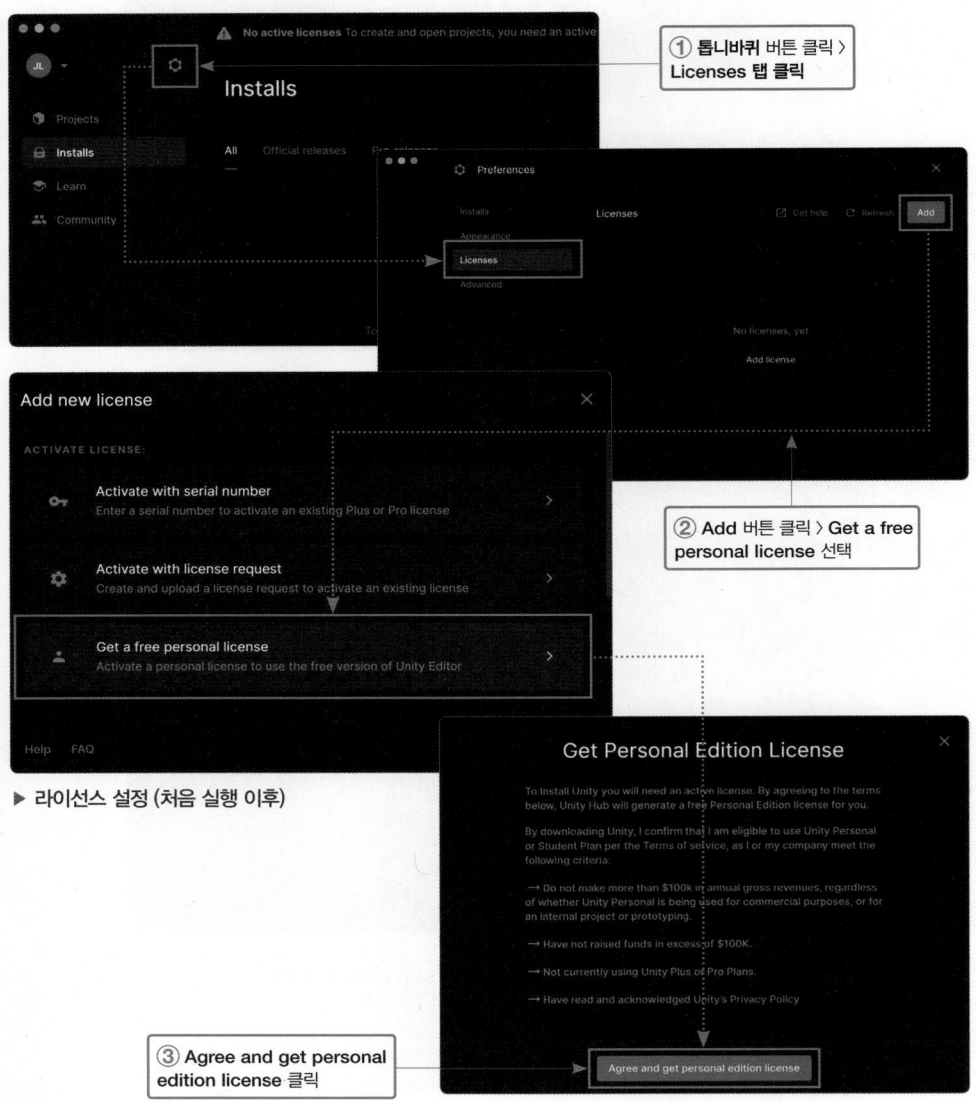

▶ 라이선스 설정 (처음 실행 이후)

이것으로 유니티 허브의 설치, 로그인, 라이선스 설정이 모두 끝났습니다. 이제 유니티 허브의 각 페이지 구성을 살펴보겠습니다.

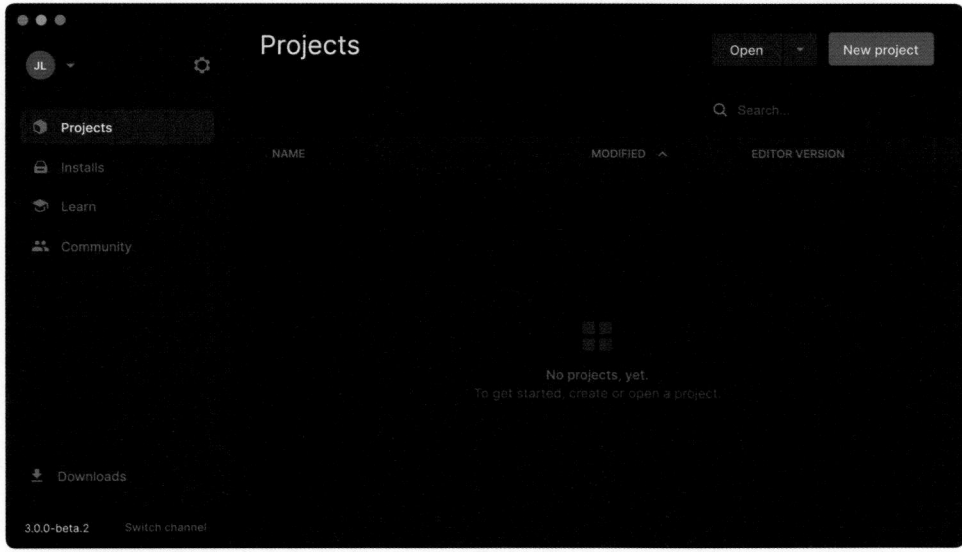

▶ 유니티 허브의 **Projects** 탭

유니티 허브의 좌측 메뉴 중 가장 첫 번째 탭인 Projects 탭에서는 최근에 열었던 프로젝트 목록을 표시합니다. Installs 탭에서는 원하는 버전의 유니티를 골라 설치할 수 있습니다. Learn 탭에서는 유용한 학습 자료와 튜토리얼 프로젝트를 다운로드할 수 있습니다.

Installs 탭

Learn 탭

▶ **Installs 탭과 Learn 탭**

1.2.4 유니티 에디터 설치

유니티 허브에서 원하는 버전의 유니티 에디터를 골라 설치합니다.

이 책은 Unity 2021.2를 사용합니다. 따라서 **Installs** 탭에서 Unity 2021.2 또는 그 이상의 버전을 설치해야 합니다.

단, Unity 2021.2보다 높은 버전에서는 유니티 에디터의 인터페이스나 지원 기능이 책과는 달라질 수 있습니다. 따라서 유니티 2021.2 이후 버전이 출시된 경우에도 책을 따라하는 동안 예상하지 못한 문제를 피할 수 있도록 유니티 2021.2[1]를 설치하는 것이 좋습니다.

원하는 버전의 유니티 에디터는 다음 과정을 통해 선택하여 설치할 수 있습니다.

---

1 2021.2 뒤에 붙는 세부 버전(2021.2.x)은 책의 그림에 표시된 버전과 달라도 상관없습니다. 책을 읽는 시점에 최신 버전인 2021.2를 사용하면 됩니다.

[과정 01] 유니티 에디터 설치

① **Installs** 탭에서 **Install Editor** 클릭

② **Official releases** 탭에서 **Unity 2021.2** 버전을 찾아 **Install** 클릭

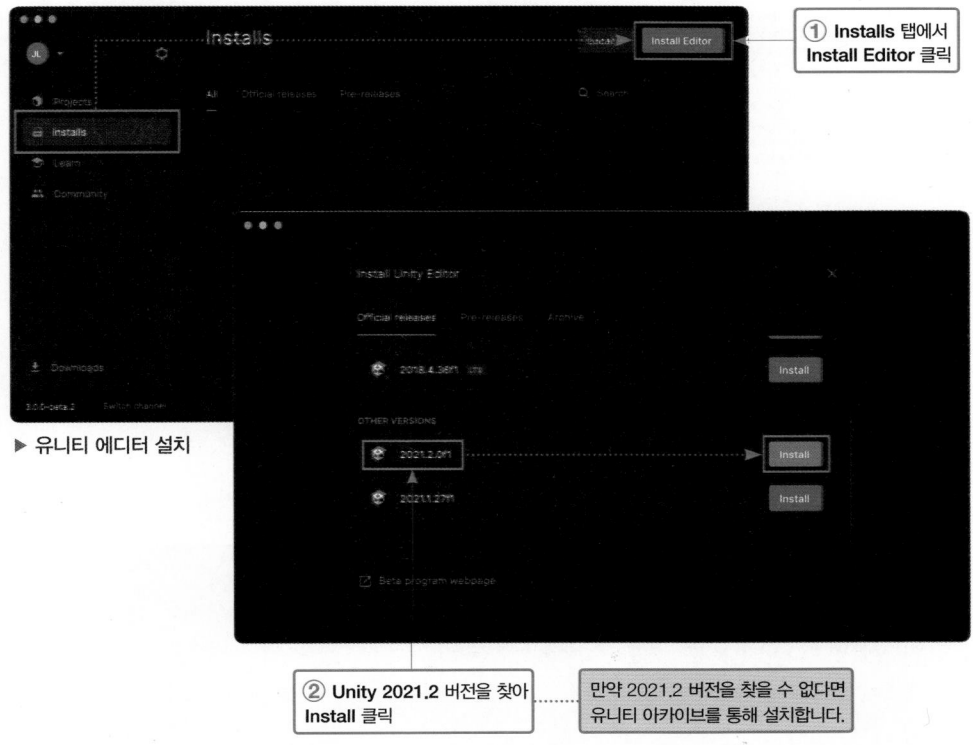

① **Installs** 탭에서 **Install Editor** 클릭

▶ 유니티 에디터 설치

② **Unity 2021.2** 버전을 찾아 **Install** 클릭

만약 2021.2 버전을 찾을 수 없다면 유니티 아카이브를 통해 설치합니다.

NOTE_ 유니티 아카이브

유니티 허브에서 설치할 유니티 에디터 버전을 선택할 때 원하는 버전이 목록에 없을 수 있습니다. 모든 버전을 보여주기에는 수가 너무 많으므로 유니티 버전 선택 창에는 연도별 최신 주력 버전과 일부 최신 베타 버전이 주로 표시됩니다.

만약 과정 01을 따라 하는 데 유니티 2021.2를 목록에서 찾을 수 없거나 따로 설치를 원하는 버전이 없다면 유니티 아카이브(unity3d.com/get-unity/download/archive) 웹페이지에 접속합니다.

유니티 아카이브에서는 과거 모든 버전의 유니티 에디터를 찾아 설치할 수 있습니다. 원하는 버전을 찾은 다음 근처의 초록색 Unity Hub 버튼을 클릭하면 앱 링크를 통해 유니티 허브가 자동으로 실행되고 해당 버전을 설치하는 창이 열립니다.

여러분의 경우 Unity 2021.2 버전대의 유니티 에디터를 찾아 Unity Hub 버튼을 클릭하면 됩니다.

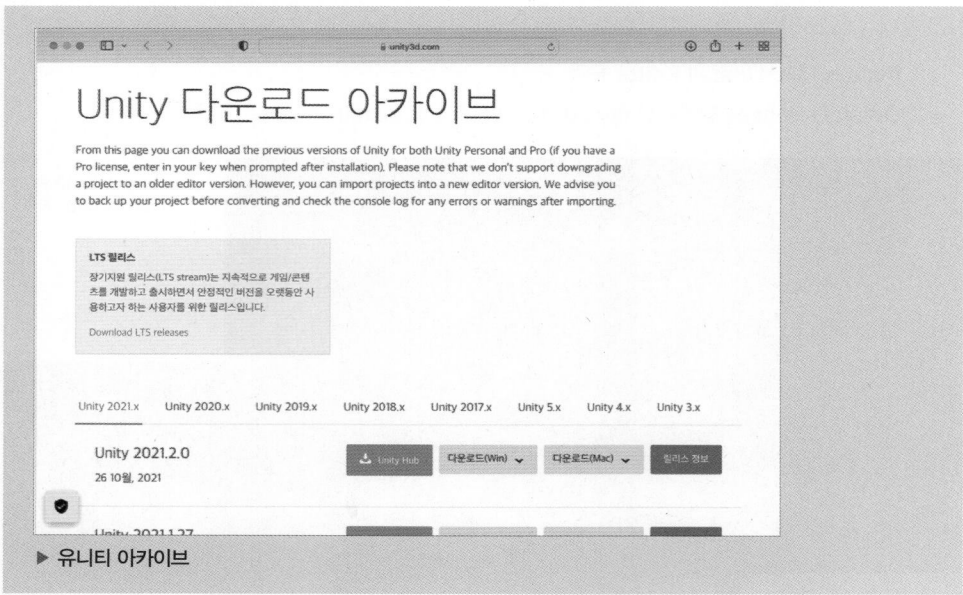

▶ 유니티 아카이브

Install 버튼을 누른 다음에는 추가 컴포넌트를 선택하는 화면이 표시됩니다.

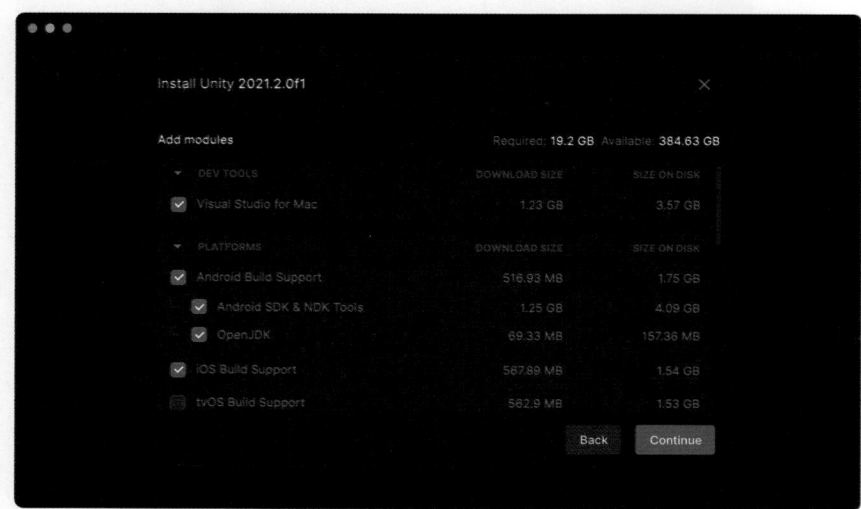

▶ 컴포넌트 선택 화면

이 책을 진행하는 데 꼭 필요한 필수 컴포넌트는 다음과 같습니다. 이것이 체크되어 있지 않으면 체크합니다.

- **Visual Studio** : 유니티에서 사용하는 코드 편집기(윈도우는 'Community', 맥은 'for Mac' 에디션). 컴퓨터에 이미 비주얼 스튜디오가 설치되어 있으면 표시되지 않습니다.

부록의 안드로이드나 iOS 빌드를 진행하려면 다음 컴포넌트도 필요합니다.

- **Android Build Support**
  - **Android SDK & NDK Tools**
  - **OpenJDK**

- **iOS Build Support**

저자는 부록 진행을 위해 안드로이드와 iOS 컴포넌트를 모두 설치했습니다. 필수 컴포넌트 이외의 컴포넌트는 설치하지 않아도 개발에 영향을 주지 않습니다. 이들은 나중에 개별적으로 설치할 수 있습니다.

[과정 02] 컴포넌트 선택 및 설치 시작

① 필수 컴포넌트가 체크되어 있지 않다면 체크 > **Continue** 버튼 클릭

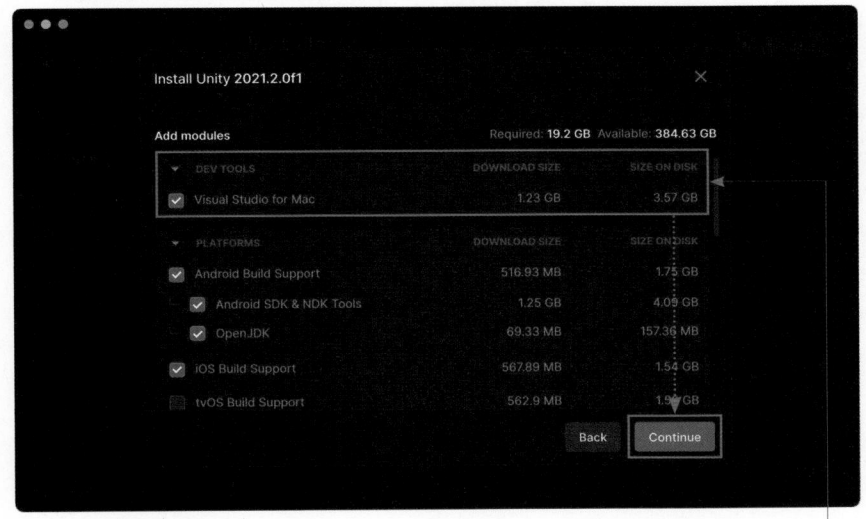

▶ 컴포넌트 선택 및 설치 시작

① 필수 컴포넌트가 체크되어 있지 않다면 체크 > **Continue** 버튼 클릭

NOTE_ 경우에 따라서는 곧장 설치가 시작되지 않고 안드로이드 SDK나 비주얼 스튜디오 등의 라이선스 동의 화면이 나옵니다. 이때는 라이선스에 동의하고 설치를 계속 진행하면 됩니다.

이제 인터넷을 통해 유니티 에디터와 추가 컴포넌트가 자동으로 다운로드되고 설치됩니다. 설치 완료된 유니티 에디터는 **Installs** 탭에서 확인할 수 있습니다.

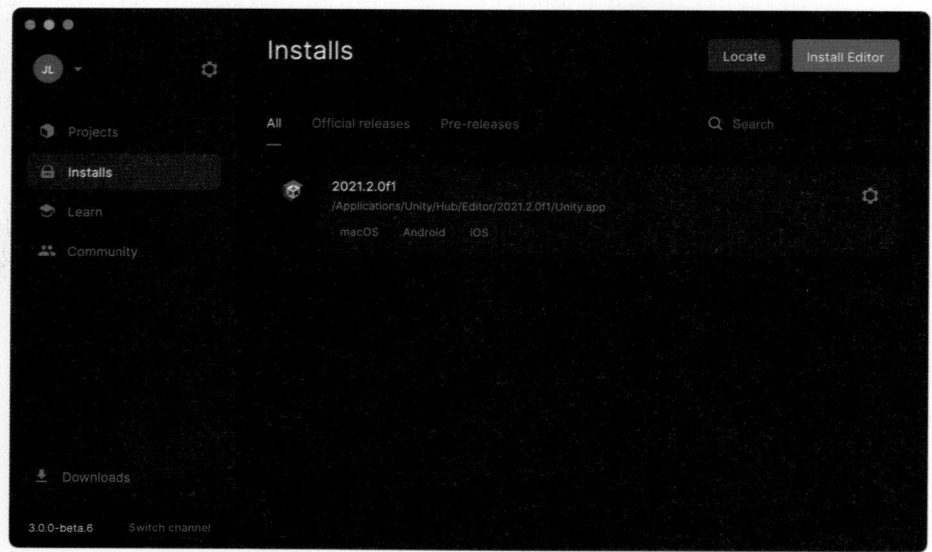

▶ 설치 완료된 유니티

NOTE_ 비주얼 스튜디오 설치

컴퓨터에 비주얼 스튜디오가 설치되어 있지 않다면 설치 과정에서 비주얼 스튜디오도 함께 설치됩니다.

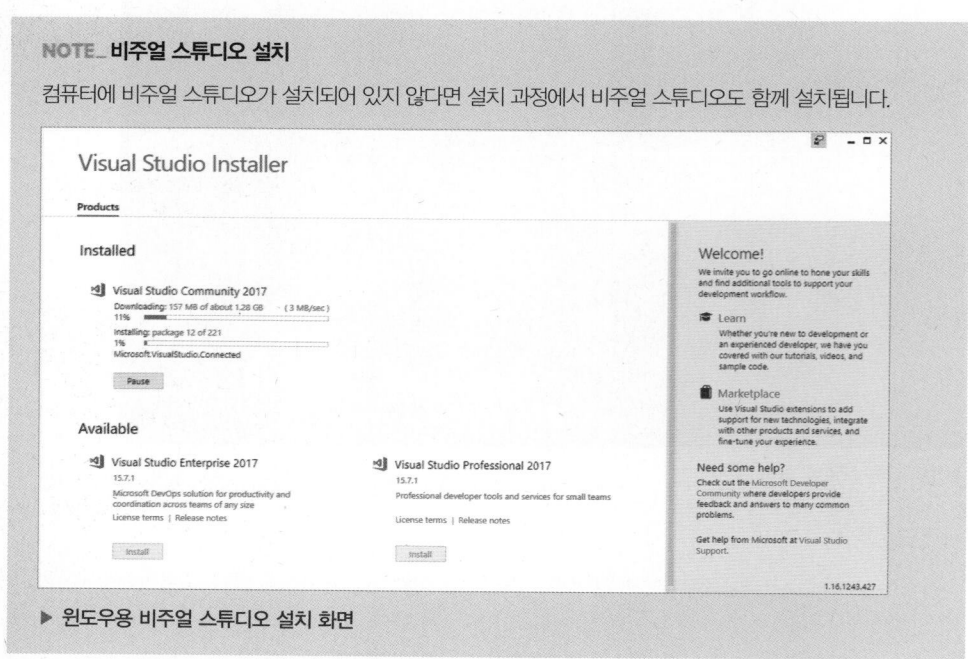

▶ 윈도우용 비주얼 스튜디오 설치 화면

윈도우는 Visual Studio Community 에디션이 설치되고, 맥은 Visual Studio for Mac 에디션이 설치됩니다. 비주얼 스튜디오는 코드 편집기에 컴파일러, 디버거, 프로젝트 관리 도구 등 개발에 필요한 여러 도구가 합쳐진 통합 개발 환경(IDE) 프로그램입니다.

1.3 첫 프로젝트 생성하기

이 절에서는 유니티 프로젝트를 생성하고 간단한 3D 큐브 오브젝트를 생성할 겁니다.

1.3.1 프로젝트 생성하기

먼저 유니티 Projects 탭에서 새로운 프로젝트를 생성합니다.

[과정 01] 새 프로젝트 생성 버튼 클릭

① 새 프로젝트 생성(**Projects** 탭 클릭 > **New project** 버튼 클릭)

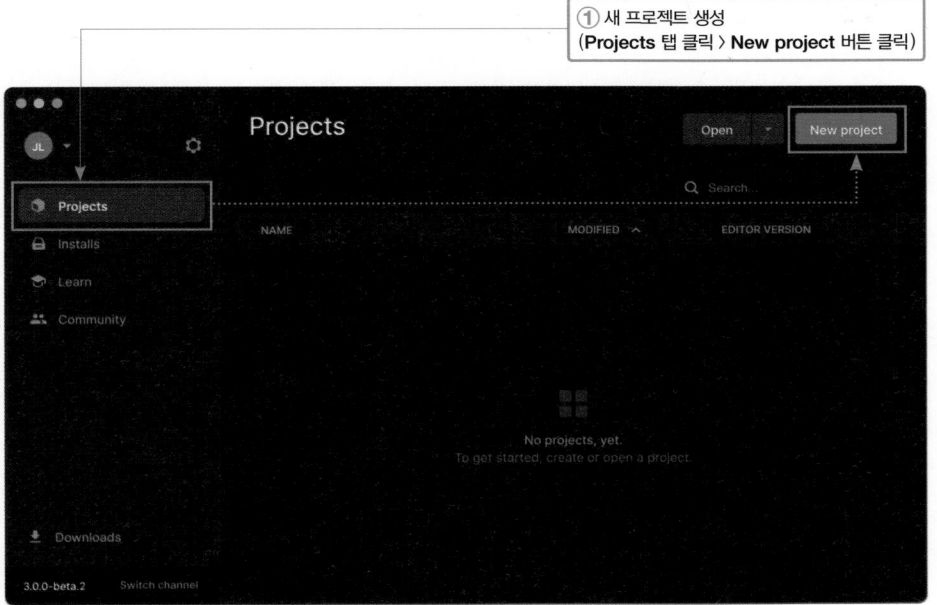

▶ 새 프로젝트 생성 버튼 클릭

새 프로젝트 생성 화면으로 이동하면 필요한 프로젝트 설정을 입력해야 합니다.

▶ 새 프로젝트 생성 화면

① **프로젝트명(Project name)** : 프로젝트 이름이자 생성될 프로젝트 폴더의 이름
② **경로(Location)** : 프로젝트 폴더가 생성될 위치. 경로에 한국어가 포함되지 않도록 주의
③ **템플릿(Templates)** : 어떤 환경을 기준으로 개발할지 결정. 초기 셋업 이외에는 개발에 영향을 주지 않으며 개발 도중 변경 가능. 일부 템플릿은 인터넷을 통해 다운로드받기 때문에 경우에 따라 표시되지 않을 수 있음

적절한 설정을 입력하고 새로운 프로젝트를 만들어봅시다.

[과정 02] 새 프로젝트 생성

① 프로젝트명 : **Hello Unity**로 변경
② 경로 : 미리 설정된 기본 경로를 그대로 사용
③ 템플릿 : 기본 템플릿인 **3D**를 그대로 사용
④ **Create project** 버튼 클릭

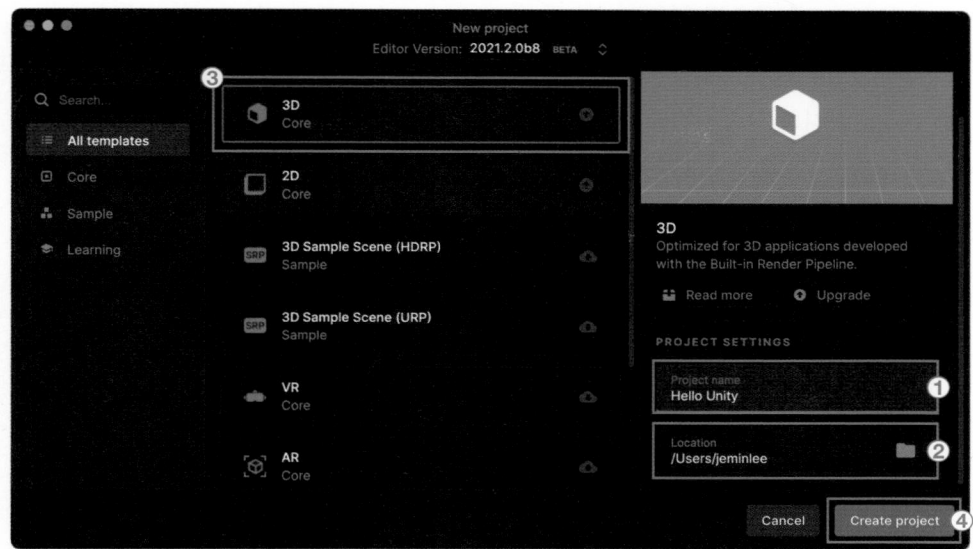

▶ 새 프로젝트 생성

그러면 새로운 프로젝트가 생성되고 실행되어 다음 화면이 표시됩니다.

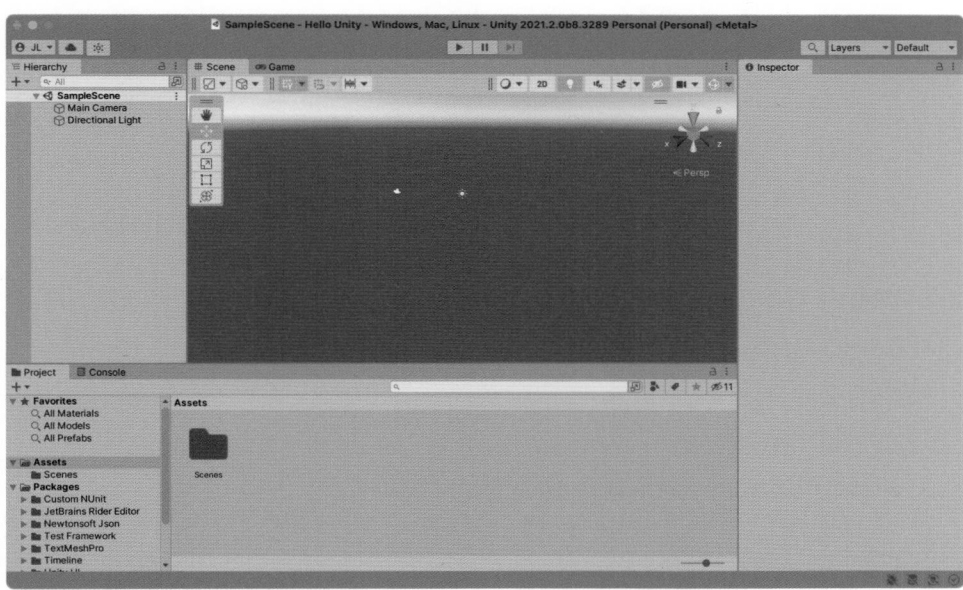

▶ 새로 생성된 프로젝트

1.3.2 3D 큐브 오브젝트 생성하기

간단한 3D 큐브 오브젝트를 생성하겠습니다. 유니티 에디터 좌측 상단을 보면 하이어라키Hierarchy 창이 있습니다. 하이어라키 창에는 현재 씬에 존재하는 모든 게임 오브젝트가 표시됩니다. 씬은 하나의 게임 월드를 뜻합니다.

하이어라키 창에서 Main Camera 게임 오브젝트와 Directional Light 게임 오브젝트를 확인할 수 있습니다. 이들은 새로운 씬을 만들 때 자동으로 함께 생성됩니다. Main Camera는 플레이어가 보게 될 게임 화면을 그리고, Directional Light는 씬에 빛을 만듭니다.

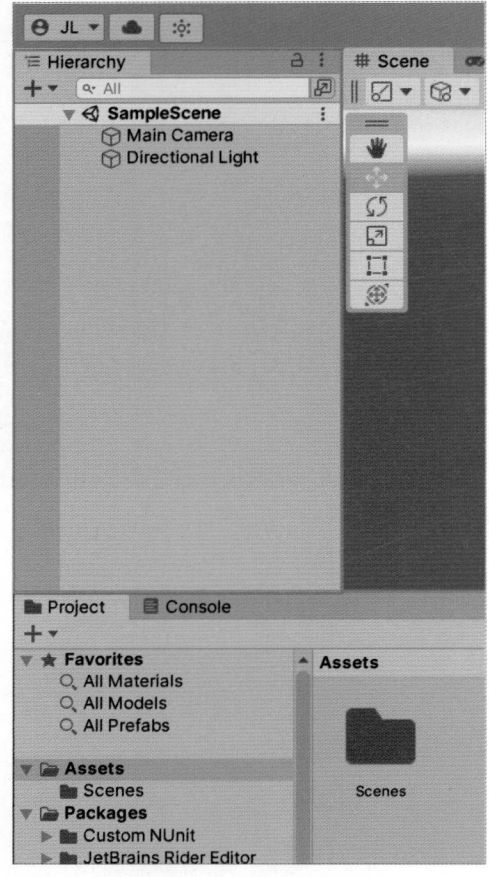

하이어라키 창 좌측 상단에는 + 버튼[2]이 있어 새로운 게임 오브젝트를 생성할 수 있습니다. 씬에 새로운 3D 큐브를 생성해봅시다.

[과정 01] 3D 큐브 생성하기

① **하이어라키** 창에서 **+** 〉 **3D Object** 〉 **Cube** 클릭

---

2 + 버튼의 이름은 Create 버튼입니다. 간혹 + 버튼과 같은 기능을 하는 메뉴가 + 대신 Create라는 이름으로 에디터에 표시되어 있을 수 있습니다. 만약 책에서 프로젝트 창이나 하이어라키 창 등에서 Create 버튼을 언급한다면 + 버튼을 가리키는 것입니다.

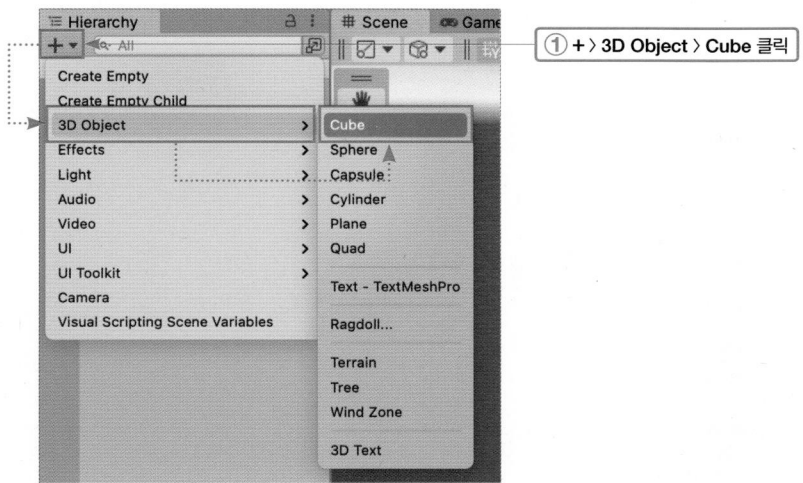

▶ 3D 큐브 생성하기

새로운 Cube 게임 오브젝트가 생성되고 하이어라키 창에 표시됩니다. 화면 중앙의 씬 창에서도 추가된 Cube의 모습을 확인할 수 있습니다.

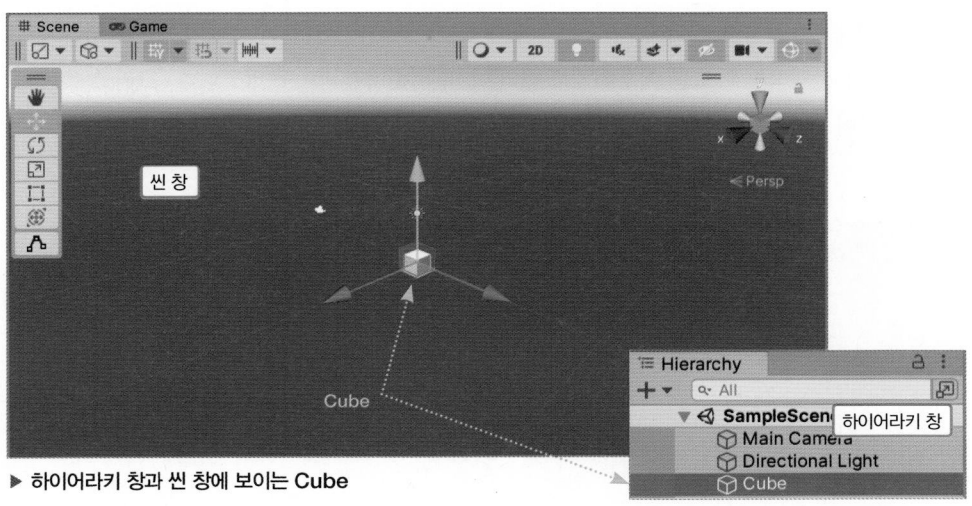

▶ 하이어라키 창과 씬 창에 보이는 Cube

씬 창은 현재 씬의 게임 오브젝트를 시각적으로 편집하는 창입니다. 이제 게임이 실행되면 생성한 큐브가 어떻게 동작할지 테스트해봅시다. 유니티 중앙 상단에는 씬 컨트롤 버튼이 있습니다.

▶ 씬 컨트롤 버튼

세 개의 버튼 중 가장 좌측에 있는 플레이 버튼으로 플레이 모드를 실행하여 씬을 시작하고 테스트할 수 있습니다.

[과정 02] 플레이 버튼으로 게임 테스트

① **플레이 버튼** 클릭 → 플레이 모드 진입

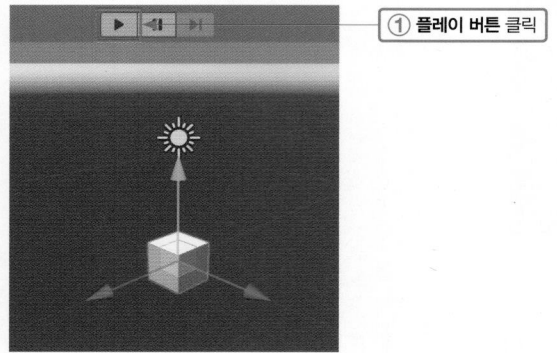
① **플레이 버튼 클릭**

▶ 플레이 버튼으로 게임 테스트

플레이 버튼을 클릭하면 게임이 시작되고 플레이 모드로 진입합니다. 플레이 모드에서는 유니티 에디터가 전체적으로 조금 어두워지고 플레이 버튼이 파란색으로 바뀝니다. 그리고 화면 중앙의 씬 창이 게임^{Game} 창으로 전환됩니다. 게임 창에는 플레이어가 보게 될 게임 화면이 나타납니다.

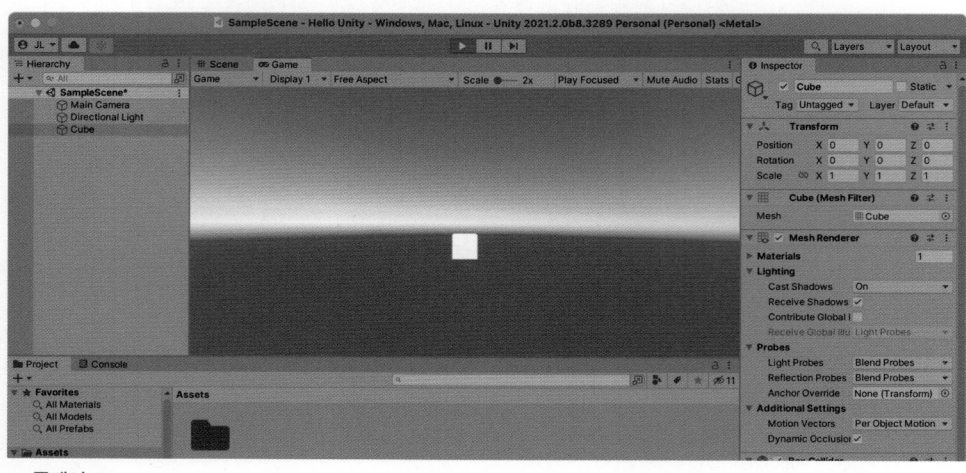

▶ 플레이 모드

현재는 게임에 어떠한 변화도 일어나지 않습니다. 큐브 게임 오브젝트에 어떠한 기능도 추가하지 않았기 때문입니다. 큐브에 새로운 기능을 추가하기 위해 플레이 모드를 해제하고 편집 모드로 돌아갑니다.

[과정 03] 플레이 모드 해제

① **플레이 버튼**을 다시 클릭해 플레이 모드 해제

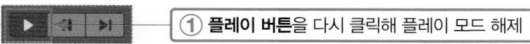

▶ 플레이 모드 해제

플레이 모드를 해제하면 플레이 버튼과 유니티 에디터가 원래 색으로 돌아옵니다. 플레이 버튼은 전환^{Toggle} 버튼이므로 누를 때마다 활성화/비활성화가 전환됩니다.

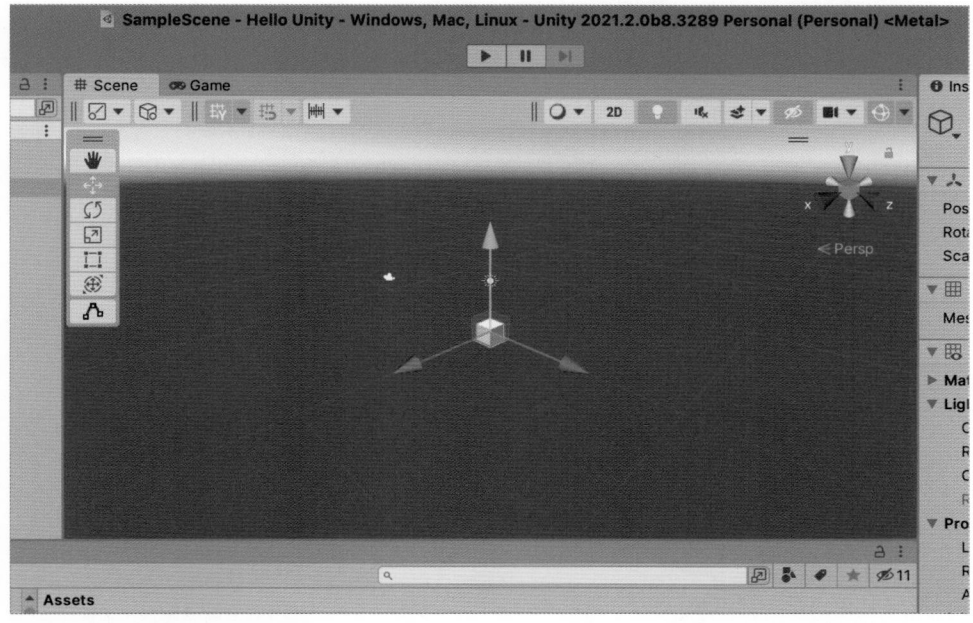

▶ 원래 색으로 돌아온 유니티 에디터

1.3.3 큐브에 중력주기

큐브가 중력의 영향을 받아 아래로 떨어지게 합시다. 이때 바닥이 없으면 큐브가 끝없이 떨어지므로 바닥^{Plane}을 먼저 만듭니다.

[과정 01] 바닥 만들기

① **하이어라키** 창에서 **+** 〉 **3D Object** 〉 **Plane** 클릭

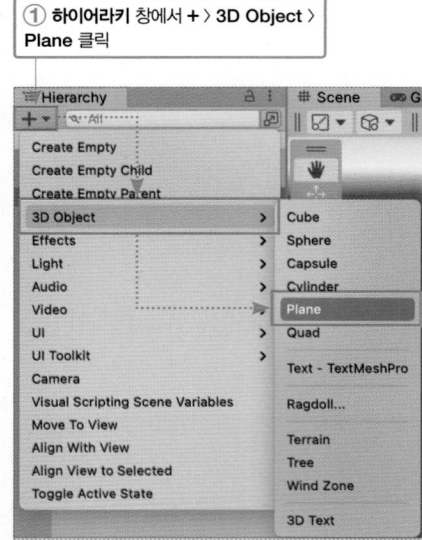

① **하이어라키** 창에서 **+** 〉 **3D Object** 〉
Plane 클릭

▶ 바닥 만들기

하이어라키 창에 Plane 게임 오브젝트가 추가되고 씬 창에 하얀 바닥이 생깁니다.

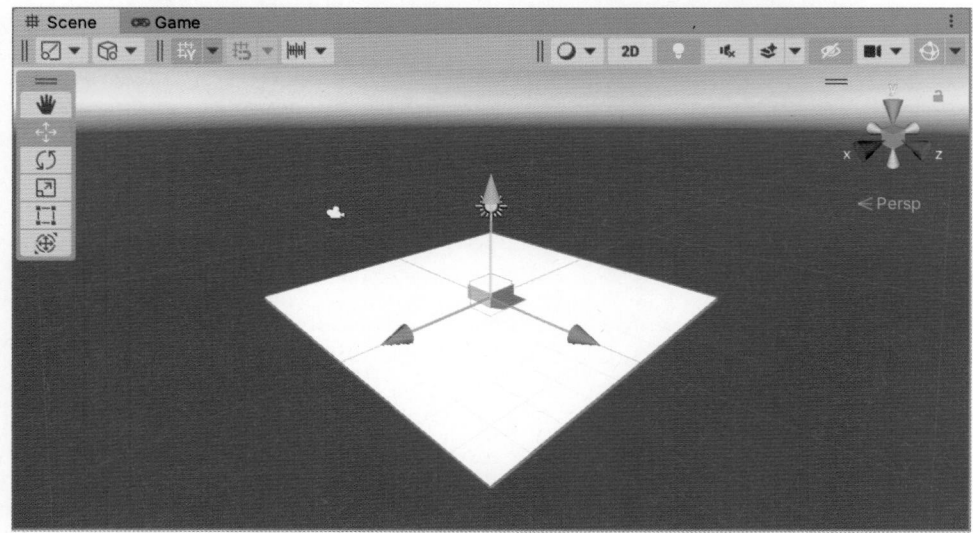

▶ 생성된 바닥

그런데 바닥과 큐브가 겹쳐 있습니다. 따라서 큐브를 위로 옮기기 위해 큐브를 선택하겠습니다.

[과정 02] 큐브 선택

① **하이어라키** 창에서 **Cube** 클릭

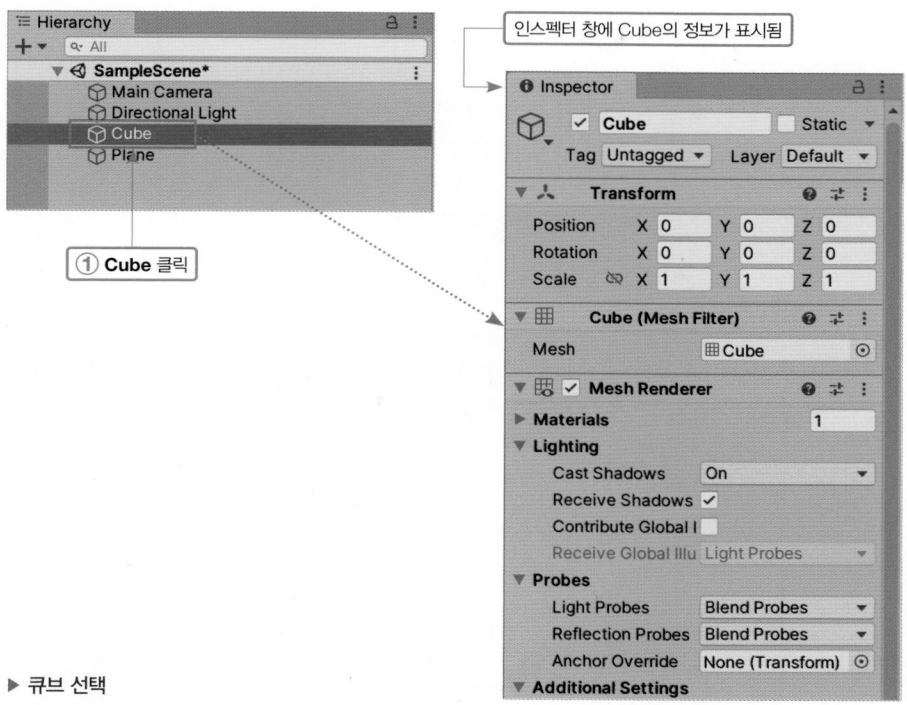

▶ 큐브 선택

Cube 게임 오브젝트를 선택하면 유니티 에디터 우측에 있는 인스펙터 Inspector 창에 Cube 게임 오브젝트의 정보가 표시됩니다. 인스펙터 창은 선택한 게임 오브젝트의 정보와 컴포넌트가 나열되는 곳입니다.

게임 오브젝트에는 다양한 부품이 조립될 수 있습니다. 그러한 부품들을 컴포넌트 Component 라고 부릅니다. 컴포넌트가 조립된 게임 오브젝트는 컴포넌트가 제공하는 능력을 가지게 됩니다.

트랜스폼 Transform 컴포넌트는 3D 공간에서의 위치를 결정합니다. 따라서 인스펙터 창에 있는 Cube의 트랜스폼 컴포넌트 위치 Position 값을 수정하면 Cube 위치를 옮길 수 있습니다.

[과정 03] 큐브를 위로 옮기기

① **인스펙터** 창에서 **Transform** 컴포넌트의 **Position**의 **Y**를 3으로 변경

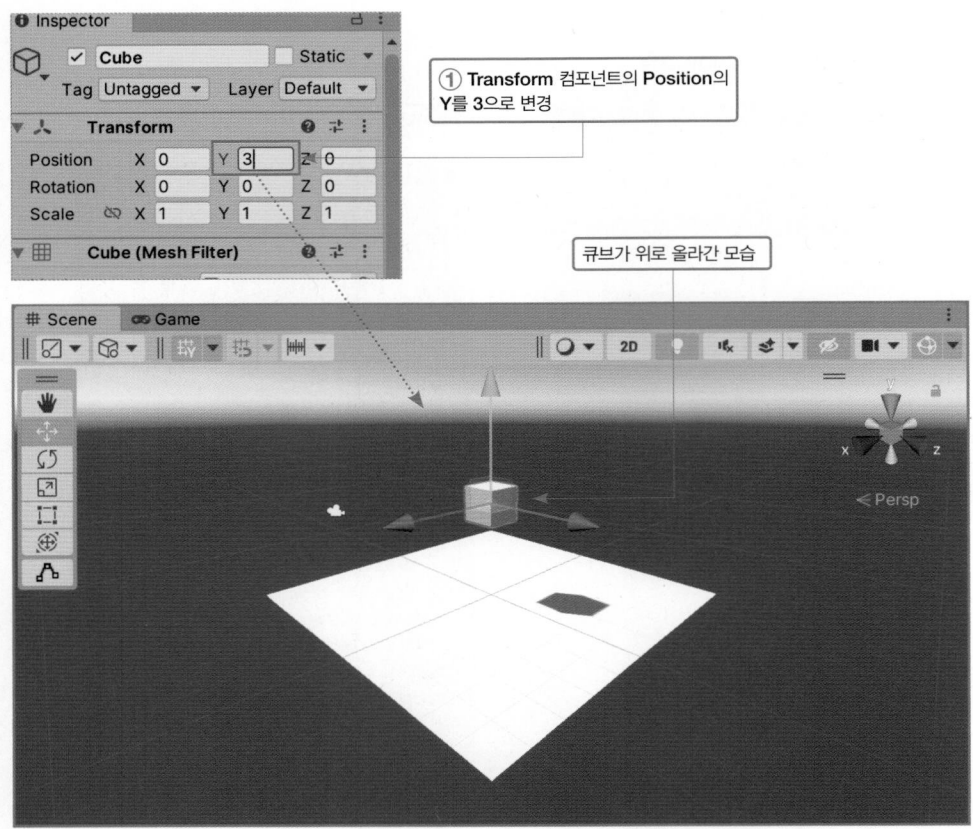

▶ 큐브를 위로 옮기기

이제 큐브가 중력을 받아 떨어지게 합시다. 게임 오브젝트에는 컴포넌트라는 부품을 조립할 수 있다고 했습니다. 큐브가 중력의 영향을 받는 물리적인 물체가 되려면 큐브에 물리 기능을 가진 컴포넌트를 조립해야 합니다.

큐브에 리지드바디 Rigidbody 컴포넌트를 추가하겠습니다. 리지드바디 컴포넌트는 게임 오브젝트가 물리와 중력의 영향을 받게 합니다.

인스펙터 창 하단의 'Add Component' 버튼을 클릭하여 게임 오브젝트에 새로운 컴포넌트를 추가할 수 있습니다.

[과정 04] 리지드바디 컴포넌트 추가

① **인스펙터** 창에서 **Add Component > Physics > Rigidbody** 클릭

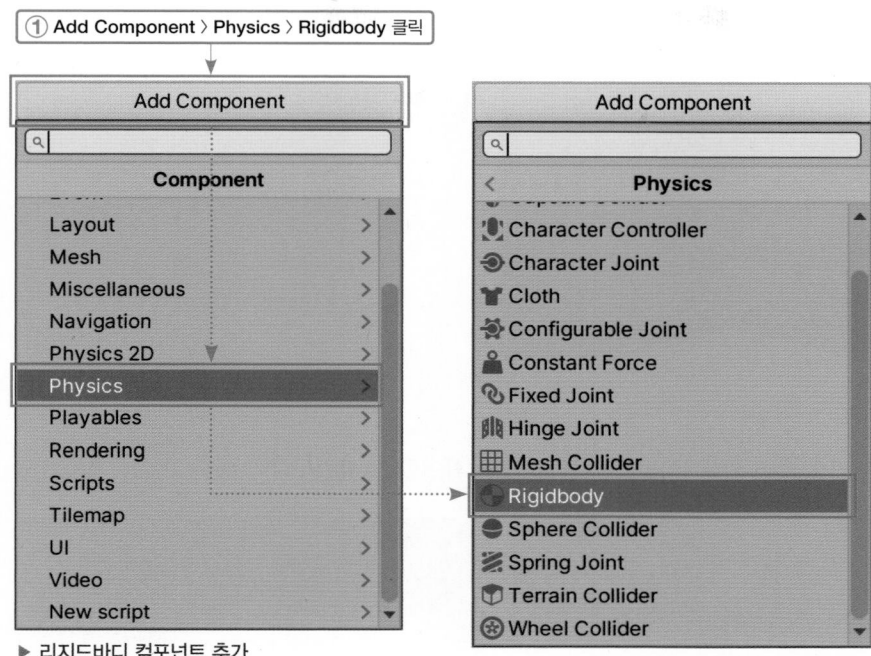

① Add Component > Physics > Rigidbody 클릭

▶ 리지드바디 컴포넌트 추가

Cube에 추가된 리지드바디 컴포넌트는 인스펙터 창에서 확인할 수 있습니다.

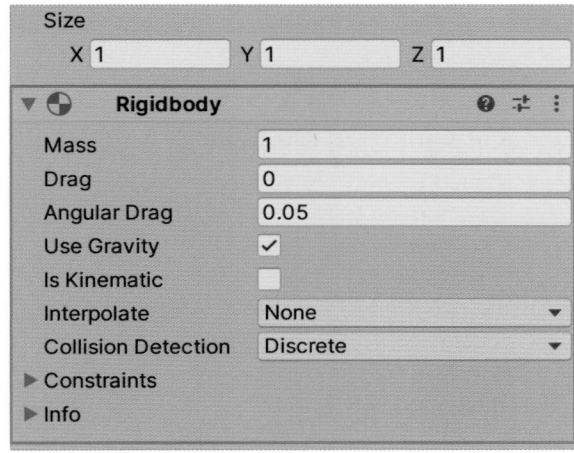

▶ Cube에 추가된 Rigidbody 컴포넌트

Cube에 필요한 셋업이 다 되었으므로 다시 한 번 게임을 테스트해봅시다.

[과정 05] 게임 테스트

① **플레이 버튼** 클릭 → 게임 테스트 시작

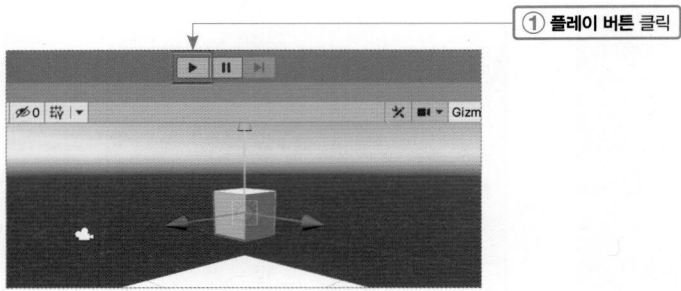

▶ 게임 테스트

씬이 시작되면 중력에 의해 큐브가 떨어지는 것을 확인할 수 있습니다.

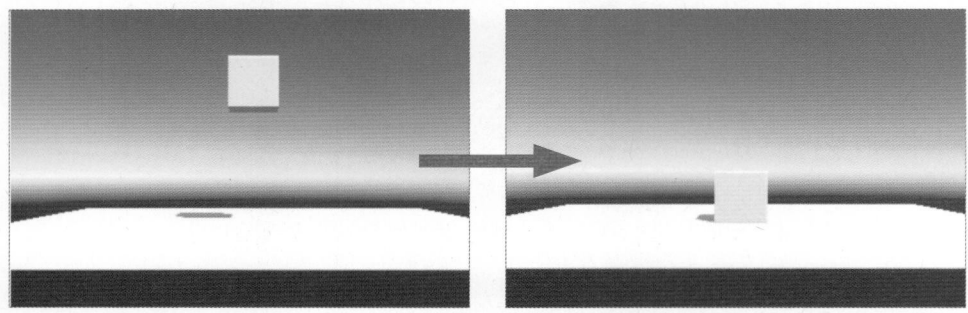

▶ 떨어지는 큐브

동작을 확인했으면 플레이 버튼을 다시 클릭하여 플레이 모드를 해제합니다.

[과정 06] 플레이 모드 해제

① **플레이 버튼** 클릭 → 플레이 모드 해제

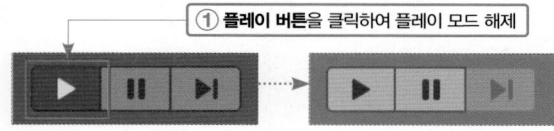

▶ 플레이 모드 해제

1.3.4 씬 저장

여기까지 진행하면 유니티 에디터는 다음과 같이 보일 겁니다.

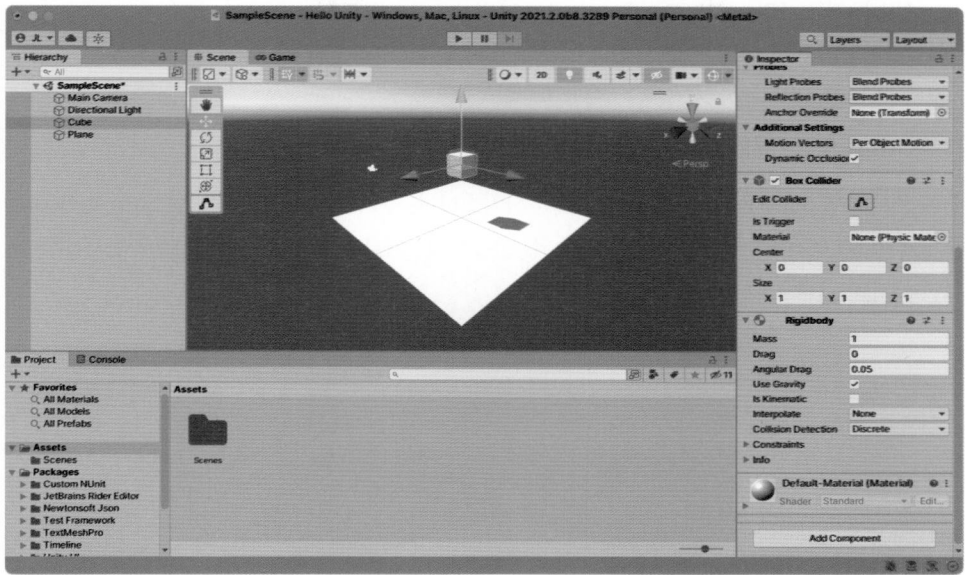

▶ 현재 유니티 에디터의 모습

유니티에서는 하나의 게임 월드를 씬이라고 부릅니다. 하이어라키 창에는 편집 중인 씬의 이름인 SampleScene이 보입니다. 씬 이름 오른쪽에 별표(*)가 보이면 씬의 변경 사항을 저장하지 않았다는 의미입니다.

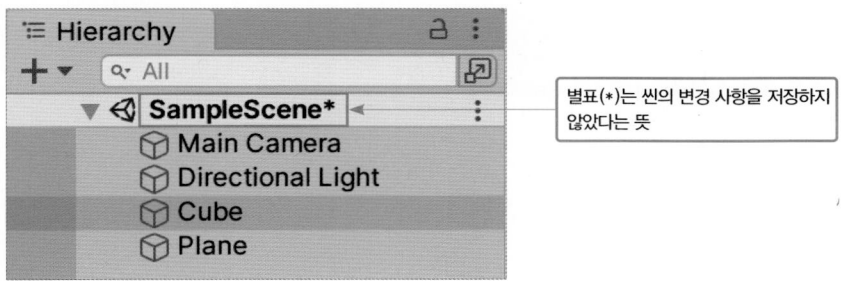

▶ SampleScene

씬을 저장하겠습니다. 단, 플레이 모드 중에는 씬이 저장되지 않는다는 점에 주의합니다. 다음 단축키로 현재 씬을 저장합니다.

- 현재 씬 저장 : [Ctrl+S](맥은 [Command+S])

[과정 01] 씬 저장

① [Ctrl+S]로 씬 저장

씬을 저장하면 SampleScene 옆의 별표가 사라집니다. 우리가 편집하고 저장한 SampleScene은 하단의 프로젝트^{Project} 창에서 찾아볼 수 있습니다. 프로젝트 창은 프로젝트에서 사용할 에셋(파일)의 목록을 확인할 수 있는 곳입니다.

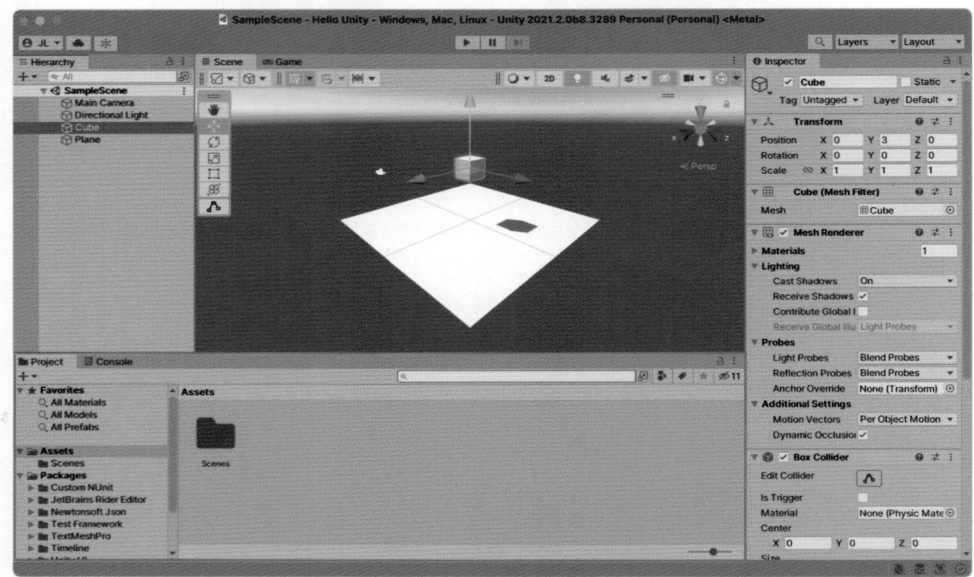

▶ 프로젝트 창 위치

프로젝트 창에서 우리가 편집한 씬을 찾아봅시다.

[과정 02] SampleScene 찾기

① 프로젝트 창에서 Scenes 폴더 더블 클릭

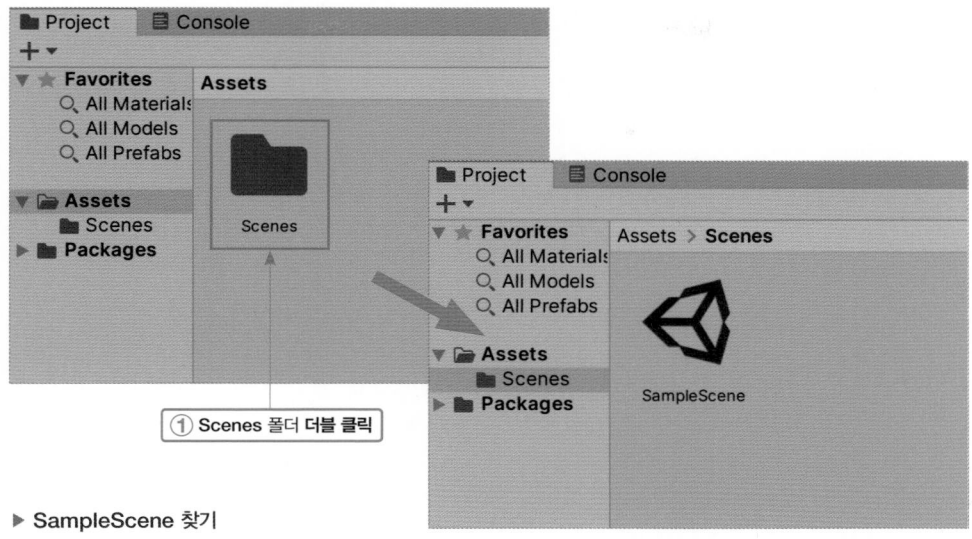

① Scenes 폴더 더블 클릭

▶ SampleScene 찾기

이것으로 준비운동은 끝났습니다. 이제 단축키 [Alt+F4](맥은 [Command+Q])를 눌러 유니티 프로젝트를 종료하고 이 장을 정리합시다. 물론 단축키 대신 프로그램 상단의 종료 버튼을 눌러도 상관없습니다.

[과정 03] 유니티 프로젝트 종료

① [Alt+F4]를 눌러 유니티 종료

만약 씬의 변경 사항을 저장하지 않았다면 유니티 프로젝트를 종료할 때 씬을 저장할 것인지 묻는 팝업이 뜹니다.

여기서 Save를 클릭해 씬의 변경 사항을 저장하고 종료합니다. 참고로 Don't Save를 클릭하면 씬의 변경 사항을 저장하지 않고 유니티를 종료하며, Cancel은 종료를 취소합니다.

Scene(s) Have Been Modified

Do you want to save the changes you
made in the scenes:
Assets/Scenes/SampleScene.unity

Your changes will be lost if you don't
save them.

Save

Don't Save

Cancel

▶ 씬의 변경 사항을 저장할 것인지 묻는 팝업

1.4 마치며

이 장에서는 유니티 엔진을 소개하고 개발 환경을 준비했습니다. 그리고 간단한 유니티 프로젝트를 만들었습니다.

이 장은 준비운동이기 때문에 특별히 외울 것은 없습니다. 하지만 시작이 절반이라는 말이 있지 않습니까? 우리는 그 절반을 해냈습니다.

2장 유니티 인터페이스 둘러보기

이 장에서는 유니티 에디터의 필수 인터페이스와 사용법, 게임 오브젝트 편집 방법을 다룹니다.

여기서 언급하는 모든 창과 툴의 이름과 사용법을 처음부터 완전히 외울 필요는 없습니다. 인터페이스의 사용법이 생각나지 않는다면 언제든지 이 장으로 돌아와 확인하면 됩니다.

이 장에서 다루는 내용
- 기존 프로젝트 열기
- 레이아웃 변경하기
- 메인 창
- 씬 편집 툴 살펴보기
- 게임 오브젝트 편집하기
- 씬 기즈모

2.1 기존 프로젝트 열기

이 장에서는 미리 준비한 프로젝트를 열어 레이아웃과 게임 오브젝트를 변경하는 등 여러 가지 작업을 하겠습니다. 그러므로 책의 예제 데이터를 미리 다운로드하여 적당한 곳에 압축을 풀어 놓아야 합니다.

압축을 풀었다면 유니티 허브를 실행하고 사용할 프로젝트를 엽니다. 이 장에서 사용할 프로젝트는 예제 데이터의 02 폴더에 있는 3D Demo 폴더입니다.

[**과정 01**] 3D Demo 프로젝트 열기
  ① 유니티 허브 실행 › **Projects** 탭에서 **Open** 클릭
  ② 탐색창에서 **예제 폴더** › **02 폴더**로 이동
  ③ **3D Demo 폴더** 선택 › **Open** 클릭
  ④ 유니티 허브의 **Projects** 리스트에 **3D Demo** 프로젝트가 추가되면서 열림

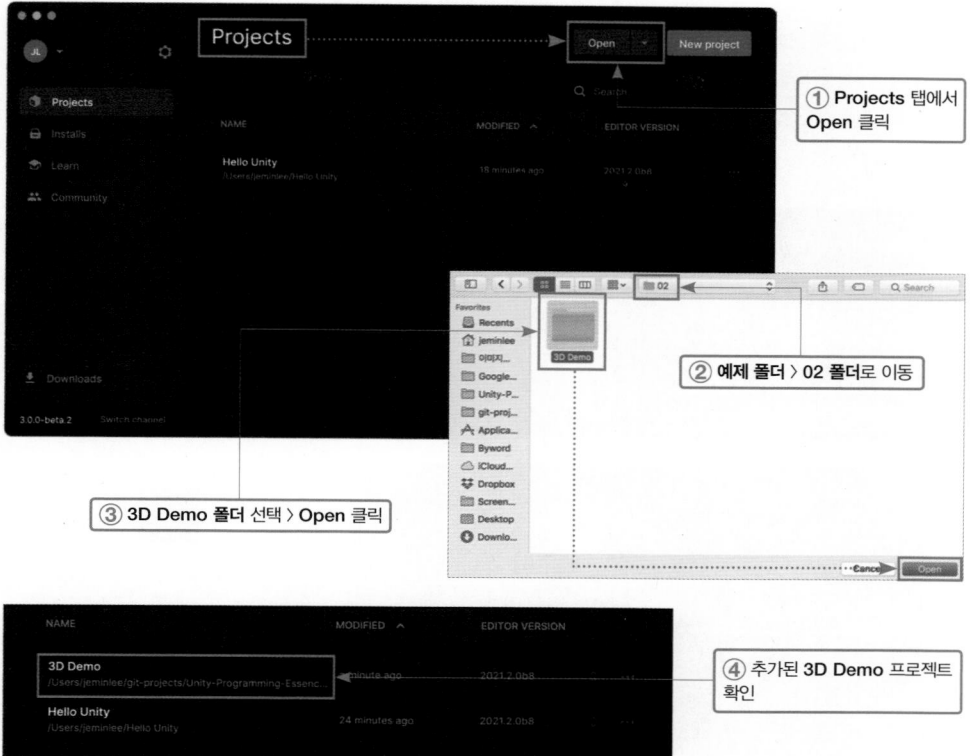

① **Projects** 탭에서 **Open** 클릭

② 예제 폴더 > **02** 폴더로 이동

③ **3D Demo** 폴더 선택 > **Open** 클릭

④ 추가된 **3D Demo** 프로젝트 확인

▶ **3D Demo** 프로젝트 열기

NOTE_ 다른 유니티 버전의 유니티 에디터

Projects 목록에 예제 프로젝트를 추가하거나 예제 프로젝트를 열 때 유니티 버전이 다르다는 안내와 경고 창이 나올 수 있습니다. 유니티 허브에서 Open 버튼을 통해 프로젝트를 목록에 등록하는 과정에서 경고가 나온다면 다음 그림처럼 설치된 유니티 에디터 중 하나를 선택하여 해당 프로젝트에서 사용할 에디터 버전을 변경합니다.

프로젝트가 열리는 도중에 경고가 나온다면 Confirm 또는 Continue 등의 버튼을 클릭하고 계속 진행하면 됩니다.

그러면 유니티가 여러분의 유니티 에디터 버전에 맞춰 프로젝트 설정을 변경하고 프로젝트를 엽니다. 프로젝트가 망가지지 않을까 걱정할 필요는 없습니다.

이 책의 예제 프로젝트는 유니티 2021.2 버전을 기준으로 만들어졌습니다. 하지만 2021.2 버전 사이에서도 세부 버전이 다를 수 있고, 책을 읽는 시점에는 그 이상의 버전이 사용될 수도 있습니다.

이 책에서는 특정 버전에서만 사용 가능한 에셋이나 코드는 사용하지 않습니다. 따라서 이 책에서 사용한 유니티보다 높은 버전의 유니티 에디터로 프로젝트를 열어도 프로젝트가 망가지지 않습니다.

하지만 예제들은 유니티 2021.2 이전 버전과는 호환되지 않으므로 가능한 한 최신 버전의 유니티를 사용할 것을 추천합니다.

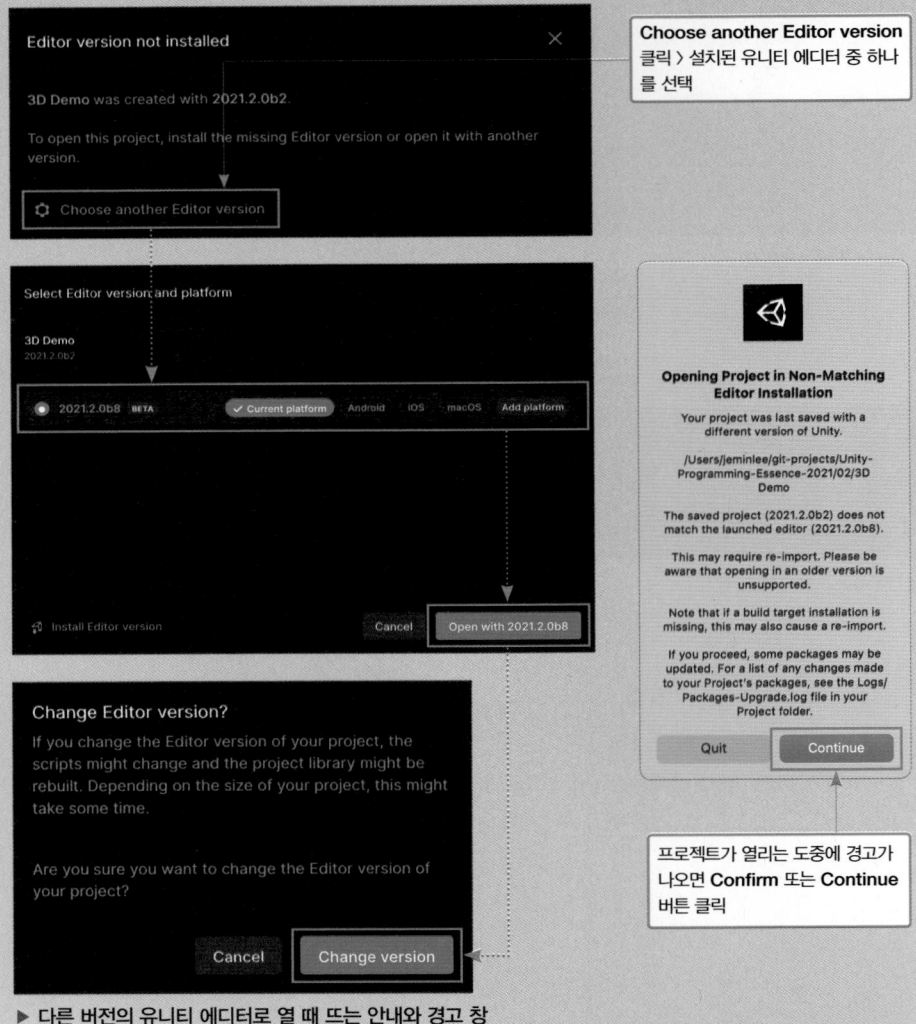

▶ 다른 버전의 유니티 에디터로 열 때 뜨는 안내와 경고 창

프로젝트가 열리면 편집할 샘플 씬을 엽니다.

[과정 02] 샘플 씬 열기

① **프로젝트** 창에서 **SampleScene 더블 클릭**

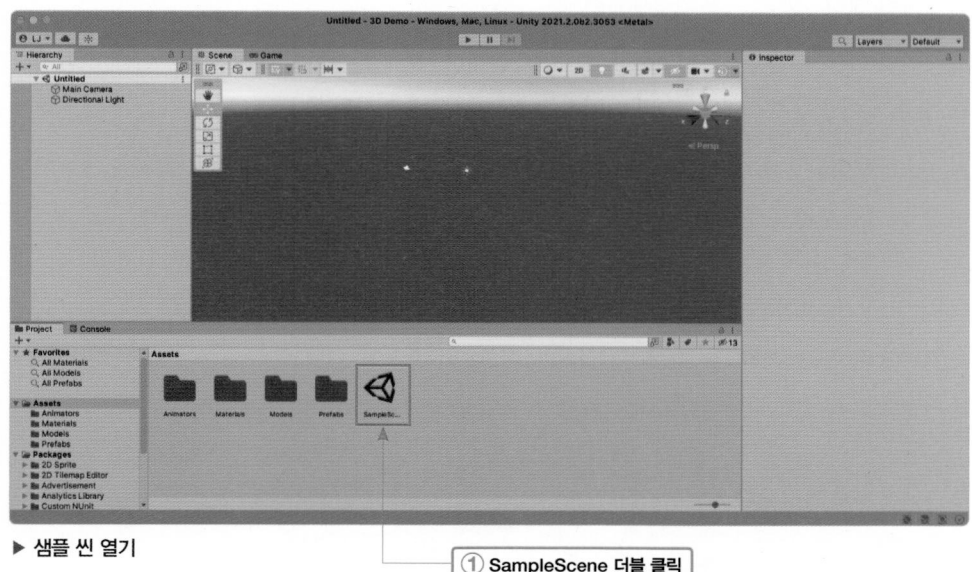

▶ 샘플 씬 열기

① SampleScene 더블 클릭

샘플 씬을 열면 유니티 에디터가 다음과 같아집니다.

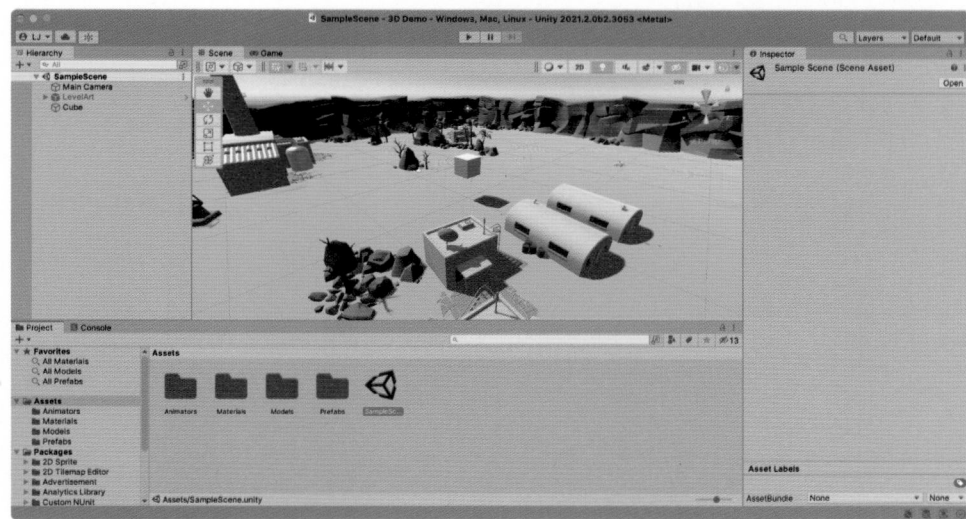

▶ 샘플 씬을 연 모습

2.2 레이아웃 변경하기

유니티 창들이 배치되어 있는 모습을 레이아웃이라고 합니다. 레이아웃은 유니티 프로젝트에 아무런 영향을 미치지 않으므로 자신에게 편한 모습으로 배치하면 됩니다.

유니티의 레이아웃을 직접 변경해봅시다.

유니티의 기본 레이아웃은 Default 레이아웃입니다. 현재 활성화된 레이아웃은 아래 그림에서 볼 수 있듯이 오른쪽 상단 구석의 레이아웃 버튼을 통해 표시됩니다.

Default 레이아웃은 이 장에서 실습할 모든 창을 한눈에 보여주지 못합니다. 따라서 레이아웃을 2 by 3로 변경하겠습니다.

[과정 01] 레이아웃 선택

① 유니티 에디터의 오른쪽 상단에서 **Default** 〉 **2 by 3** 클릭

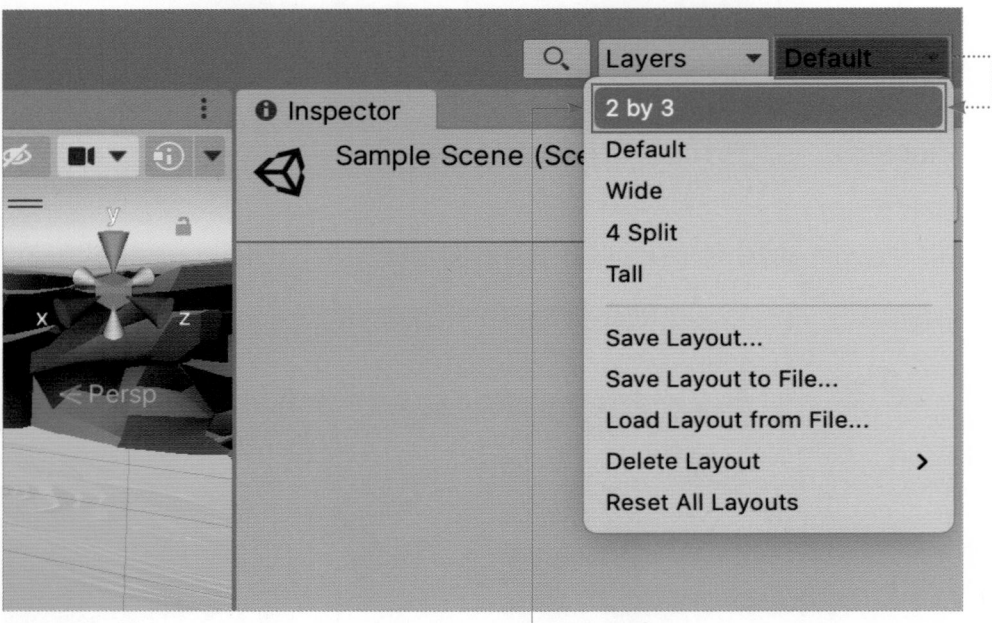

▶ 레이아웃 선택

① Default 〉 2 by 3 클릭

유니티 에디터의 각 창이 2 by 3 레이아웃으로 재배치됩니다.

▶ 2 by 3 레이아웃

참고로 드롭다운 메뉴에서 2 by 3 버튼을 찾을 수 없는 경우 **Reset All Layouts** 버튼을 누르면 2 by 3 버튼이 나타납니다

미리 설정된 레이아웃을 사용하는 것과 별개로 각 창의 위치와 크기를 직접 변경할 수 있습니다. 창을 옮기려면 창의 **탭**을 마우스로 클릭하고 드래그합니다.

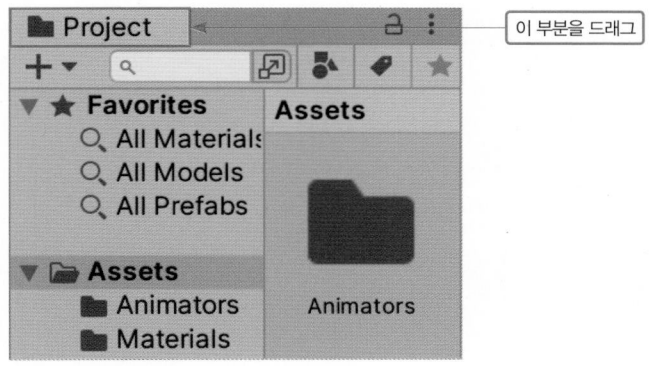

▶ 드래그하는 부분

프로젝트 창을 다른 곳으로 옮겨봅시다.

[과정 02] 프로젝트 창 위치 변경

① **프로젝트** 창의 **탭**을 **마우스 왼쪽 버튼**으로 누른 상태에서...

② **프로젝트** 창을 **하이어라키** 창 아래로 **드래그&드롭**

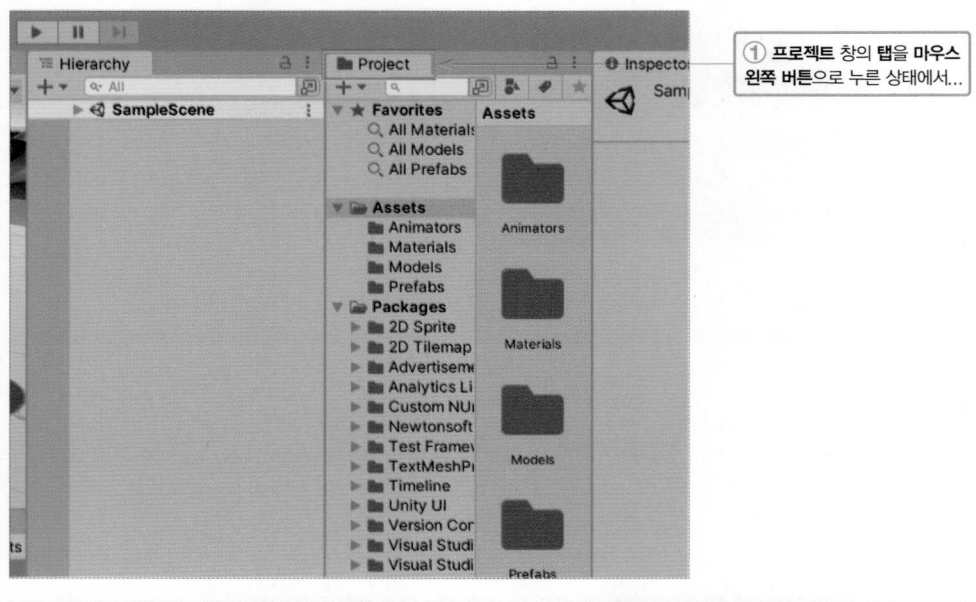

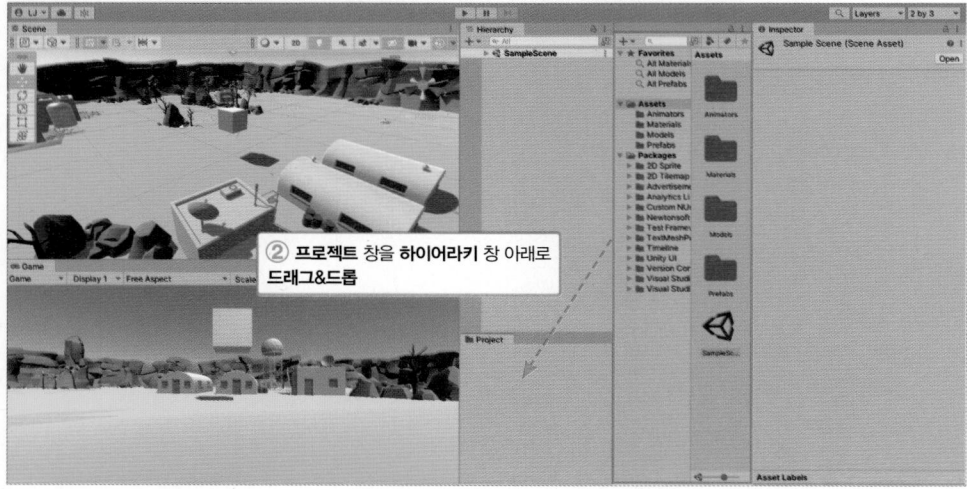

▶ 프로젝트 창 위치 변경

이제 프로젝트 창의 가장자리를 마우스 왼쪽 버튼으로 누르고 드래그하여 크기를 마음대로 조정해봅시다.

[과정 03] 프로젝트 창 크기 변경

① **프로젝트** 창의 **위쪽 모서리**를 마우스로 **드래그**하여 크기 조정

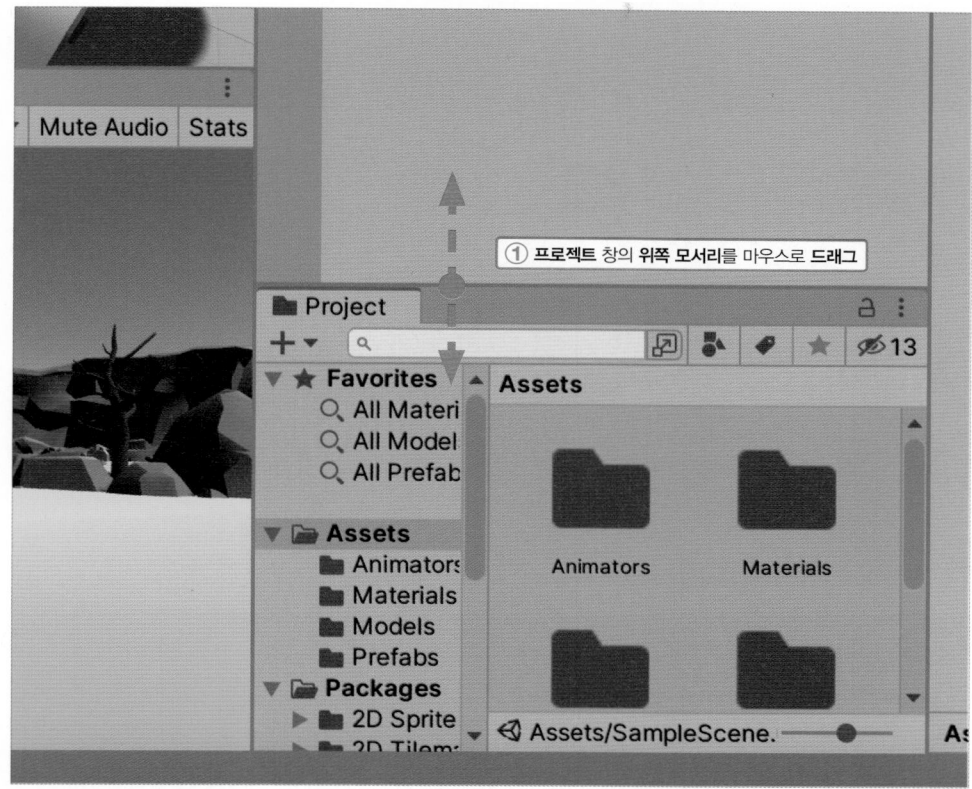

▶ 프로젝트 창 크기 변경

마지막으로 이 장에서 새롭게 설명할 콘솔 창을 추가합니다.

[과정 04] 콘솔 창 추가

① 유니티 상단 메뉴에서 **Window > General > Console** 클릭
② 추가된 **콘솔** 창을 **인스펙터** 창 아래로 **드래그&드롭**

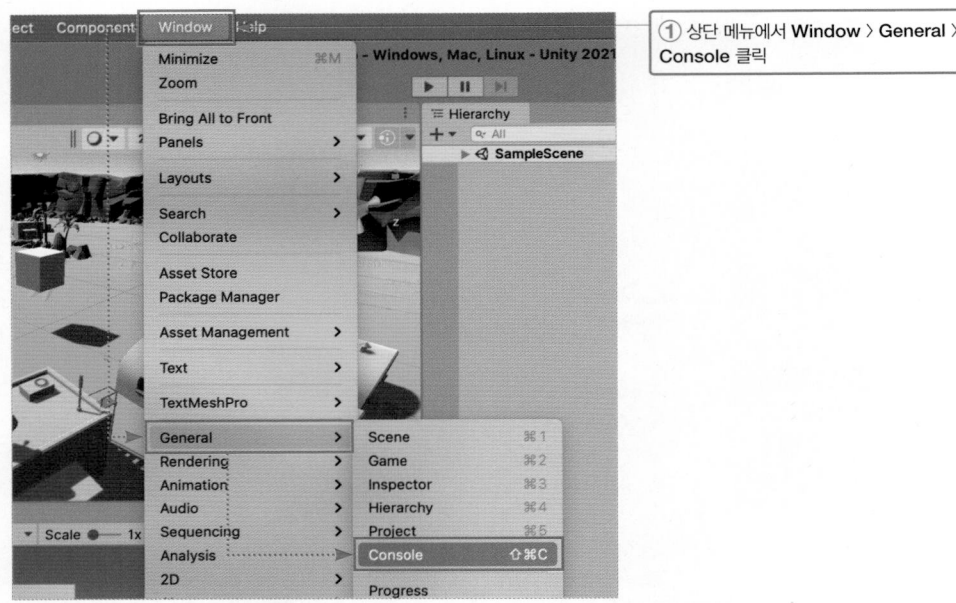

① 상단 메뉴에서 **Window > General > Console** 클릭

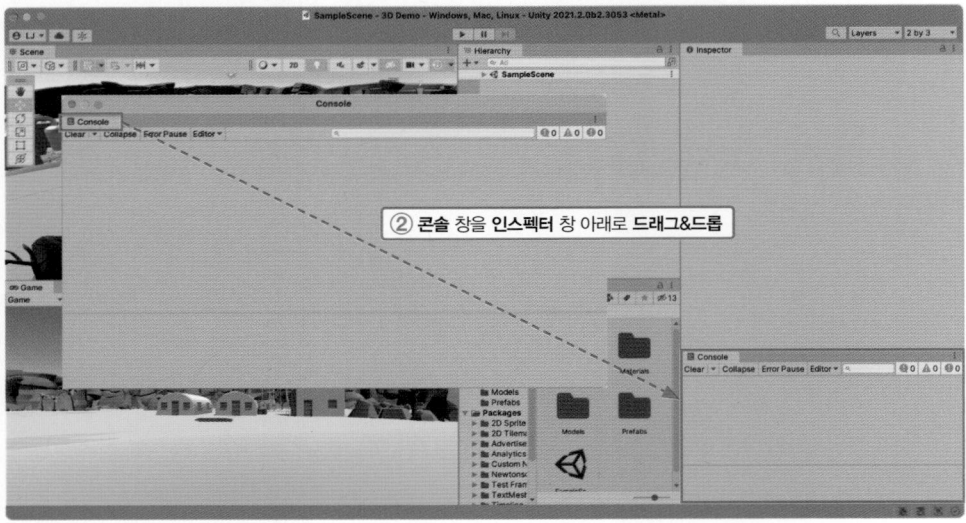

② 콘솔 창을 **인스펙터** 창 아래로 **드래그&드롭**

▶ 콘솔 창 추가

추가한 콘솔 창의 크기를 적당히 조절합니다. 여기까지 진행하면 유니티 에디터의 레이아웃이
다음과 같이 보입니다.

▶ 변경한 레이아웃의 모습

이 책에서 사용하는 변형된 2 by 3 레이아웃

2.3 메인 창

유니티에서 가장 많이 사용되는 창 여섯 개를 메인 창이라고 부릅니다. 이들의 명칭과 사용법
을 알아봅시다. 앞서 변경한 레이아웃에서 메인 창 여섯 개를 모두 확인할 수 있습니다.

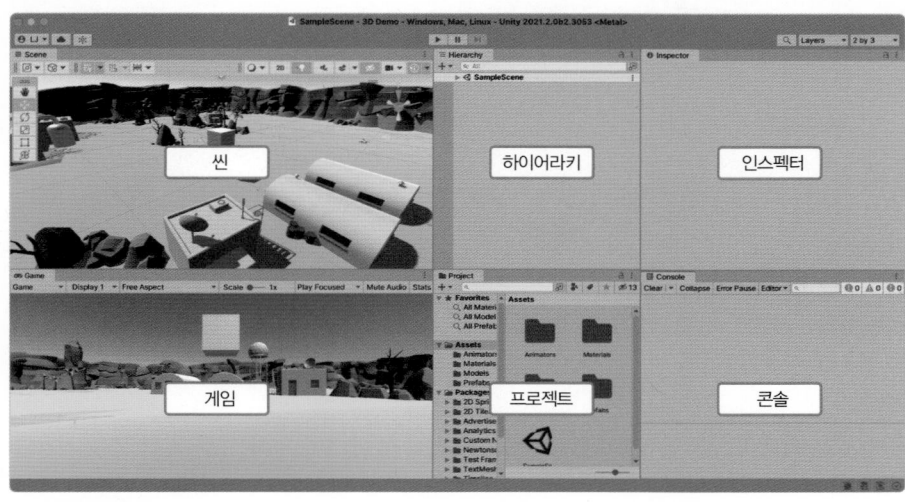

▶ 유니티 메인 창

다음은 각 창에 대한 간단한 소개입니다.

- **씬(Scene) 창** : 게임 월드인 씬을 시각적으로 편집하는 창
- **하이어라키(Hierarchy) 창** : 씬에 존재하는 모든 게임 오브젝트가 나열되는 창
- **인스펙터(Inspector) 창** : 선택한 게임 오브젝트의 정보가 표시되는 창
- **게임(Game) 창** : 플레이어가 실제로 보게 될 화면을 띄우는 창
- **프로젝트(Project) 창** : 프로젝트에 사용할 에셋들이 표시되는 창
- **콘솔(Console) 창** : 로그나 에러가 표시되는 창

> **NOTE_ 이 책에서 사용하는 레이아웃**
>
> 이 책에서는 앞서 변경한 변형된 2 by 3 레이아웃을 주로 사용하지만 레이아웃은 어디까지나 개인의 취향 영
> 역이며 여러분이 어떤 레이아웃을 선택하여 사용하더라도 책을 따라오는 데는 문제가 없습니다.

2.3.1 씬 창

유니티에서 씬은 하나의 게임 월드를 뜻합니다. 씬 창에서는 씬에 존재하는 게임 오브젝트를 시각적으로 편집할 수 있습니다.

▶ 씬 창의 모습

씬 창에서 게임 오브젝트를 편집할 때는 2.4절 '씬 편집 툴'에서 설명하는 씬 편집 툴을 사용합니다.

2.3.2 게임 창

게임 창은 플레이어가 실제로 보게 될 화면을 표시합니다.

이곳에는 카메라 게임 오브젝트가 보고 있는 영역이 그려집니다. 현재는 **Main Camera** 게임 오브젝트가 보고 있는 영역이 표시되어 있습니다.

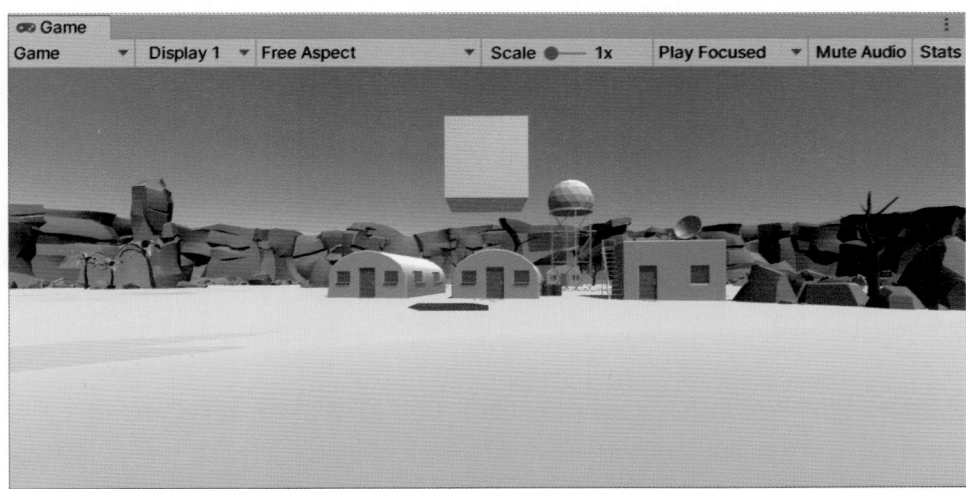

▶ 게임 창의 모습

특정 비율의 화면에서 게임이 어떻게 보일지 알고 싶다면 게임 창 좌측 상단의 **Free Aspect** 버튼을 누르고 원하는 화면 비율이나 해상도를 선택합니다.

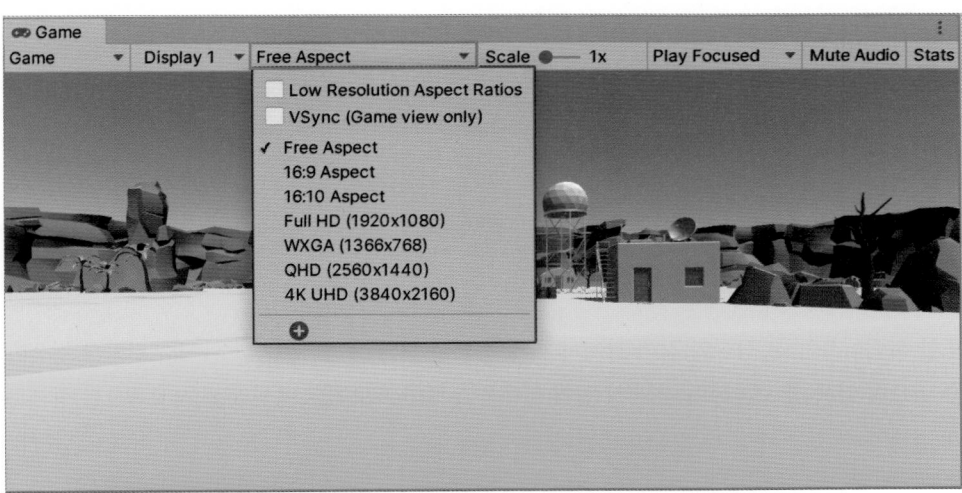

▶ 게임 창의 화면 비율 선택

게임 창은 완성될 게임의 미리보기일 뿐입니다. 따라서 게임 창의 크기나 화면 비율을 수정해도 빌드된 게임의 실제 실행 화면에는 영향을 주지 않습니다.

2.3.3 하이어라키 창

하이어라키(계층) 창은 현재 씬에 존재하는 모든 게임 오브젝트를 나열합니다.

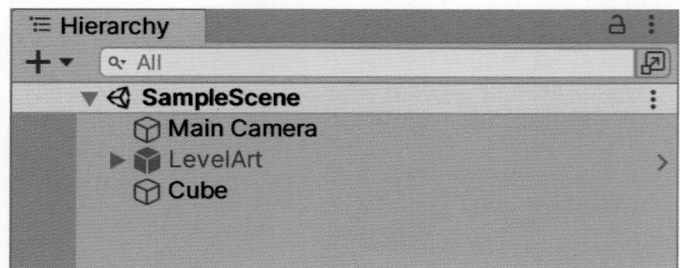

▶ 하이어라키 창의 모습

현재 하이어라키 창에 Main Camera, LevelArt, Cube가 보입니다. LevelArt는 여러 게임 오브젝트를 자식으로 가지고 있기 때문에 이름 옆에 삼각형 버튼이 보입니다. 또한 LevelArt는 7장에서 설명할 프리팹에서 생성되었기 때문에 파란색 큐브 아이콘이 할당되어 있습니다.

만약 하이어라키 창에서 게임 오브젝트의 목록을 확인할 수 없다면 SampleScene의 왼쪽에 있는 삼각형 버튼을 클릭합니다. 그러면 SampleScene 씬에 있는 모든 게임 오브젝트 목록이 펼쳐집니다.

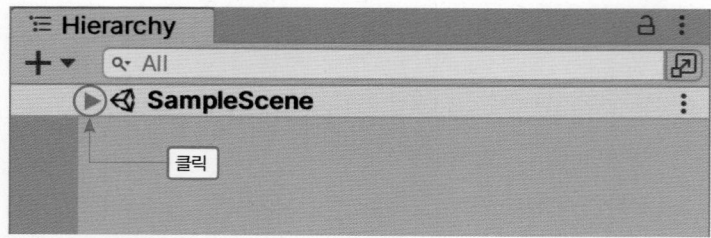

▶ SampleScene 씬의 게임 오브젝트 목록 펼치기

또한 하이어라키 창 상단의 검색 창에서 현재 로드된 씬의 게임 오브젝트와 컴포넌트를 검색할 수 있으며 검색 창 오른쪽의 검색 창 열기 버튼을 누르면 프로젝트 에셋과 씬 오브젝트를 상세하게 검색할 수 있는 개별 검색 창이 열립니다.

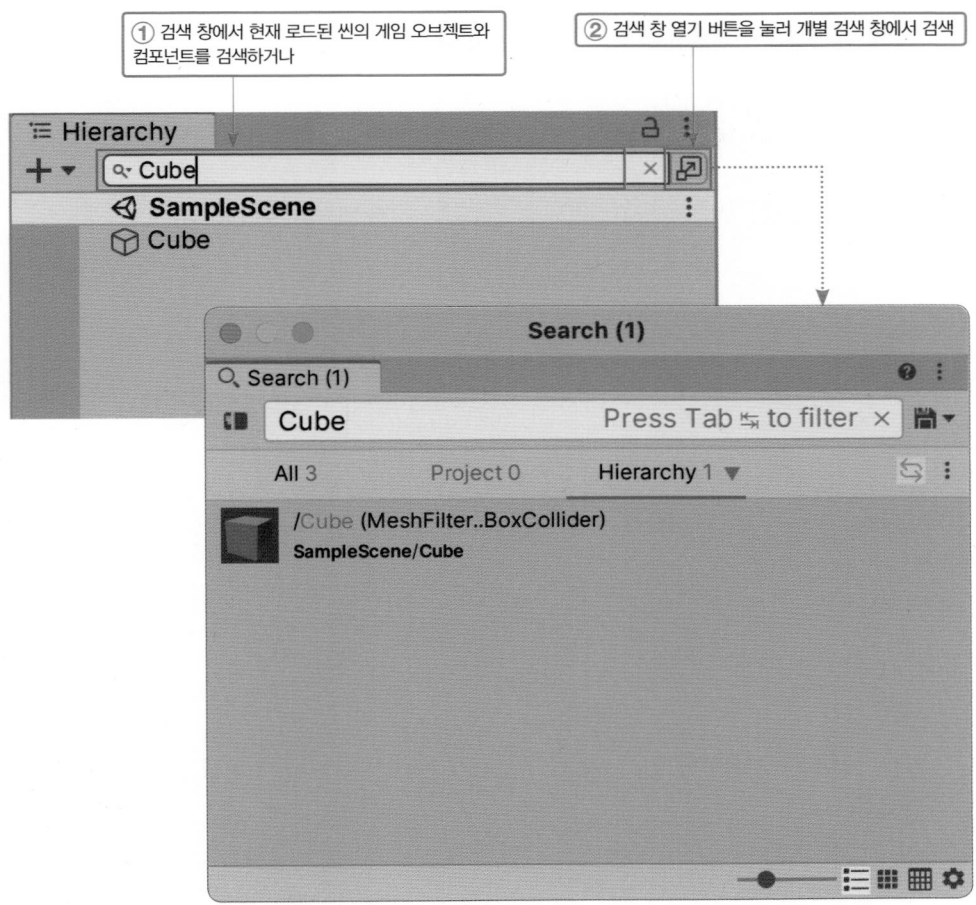

① 검색 창에서 현재 로드된 씬의 게임 오브젝트와 컴포넌트를 검색하거나

② 검색 창 열기 버튼을 눌러 개별 검색 창에서 검색

▶ 하이어라키 창에서 검색 창 사용하기

2.3.4 인스펙터 창

인스펙터 창은 현재 선택한 게임 오브젝트의 정보를 표시합니다. 즉, 현재 선택한 게임 오브젝트의 태그와 이름, 게임 오브젝트에 추가한 컴포넌트가 모두 표시됩니다. 여기서는 게임 오브젝트와 컴포넌트의 여러 필드를 직접 편집할 수 있습니다.

예를 들어 **하이어라키** 창에서 **Cube** 게임 오브젝트를 선택하면 **인스펙터** 창에 Cube 게임 오브젝트의 정보가 표시됩니다.

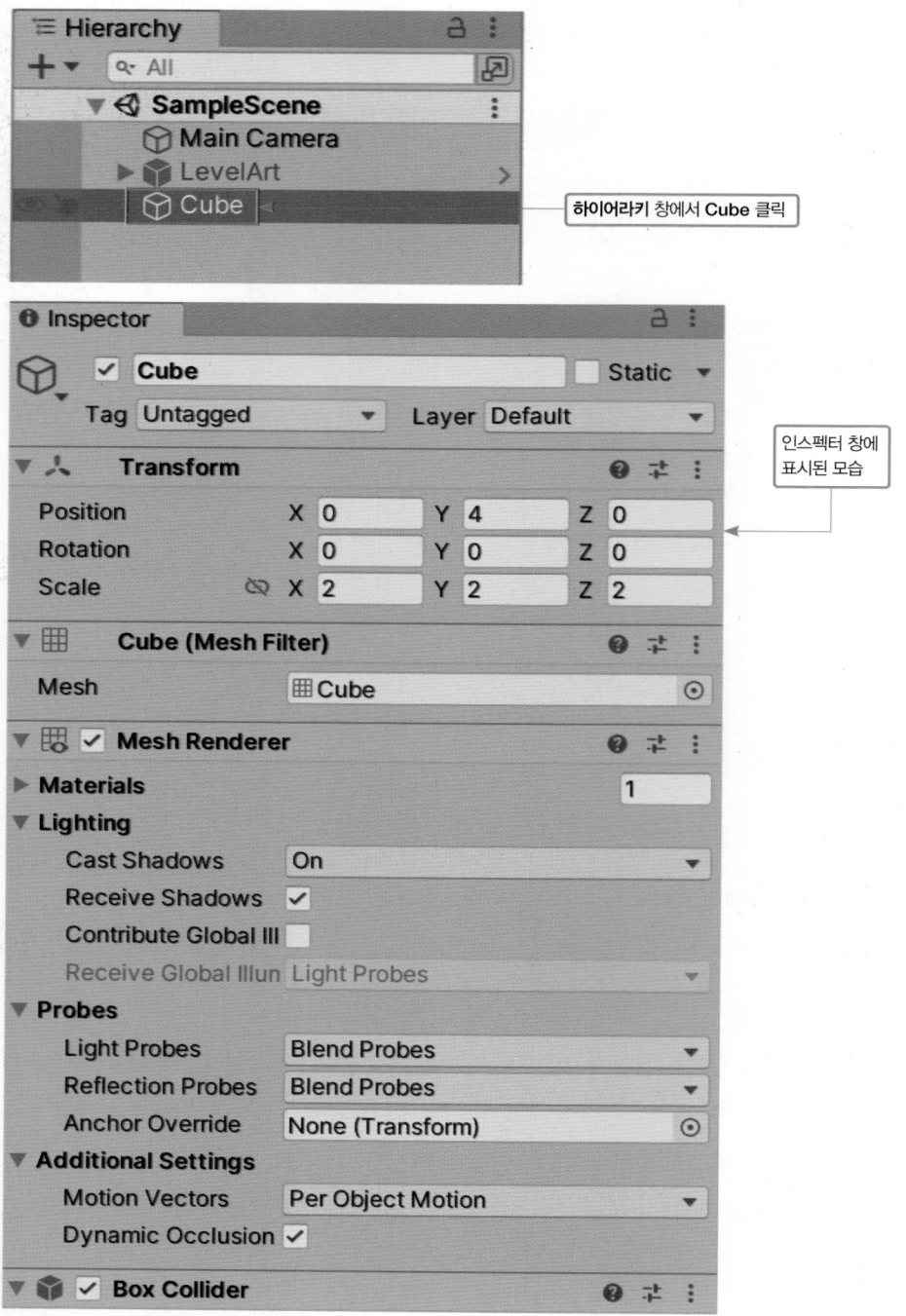

하이어라키 창에서 Cube 클릭

인스펙터 창에
표시된 모습

▶ 큐브(Cube) 선택과 인스펙터 창의 모습

인스펙터 창을 보면 현재 Cube 게임 오브젝트에 다음과 같은 컴포넌트가 추가되어 있습니다.

- **트랜스폼(Transform)** : 오브젝트의 3차원 좌표와 크기, 회전을 지정합니다.
- **메시 필터(Mesh Filter)** : 3D 메시 파일을 받아 오브젝트의 외곽선을 지정합니다.
- **메시 렌더러(Mesh Renderer)** : 메시를 따라 색을 채워 그래픽 외형을 그립니다.
- **박스 콜라이더(Box Collider)** : 다른 물체가 부딪칠 수 있는 물리적인 표면을 만듭니다.

컴포넌트는 게임 오브젝트에 조립하는 부품을 의미합니다. 컴포넌트의 역할과 사용법은 3장에서 자세히 다룹니다.

2.3.5 프로젝트 창

프로젝트 창은 프로젝트에서 사용할 모든 에셋을 표시합니다. 하이어라키 창처럼 프로젝트 창 상단 툴바에 검색 창과 개별 검색 창을 띄우는 버튼이 있어 사용할 에셋을 빠르게 검색할 수 있습니다.

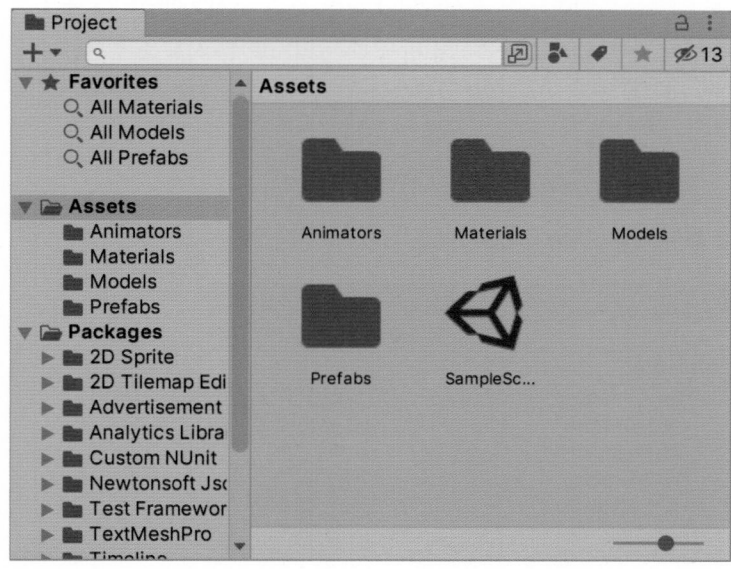

▶ 프로젝트 창의 모습

에셋은 개발에 사용할 모든 형태의 파일을 의미합니다. 이미지, 음악, 비디오, 3D 모델, 애니메이션 파일, 스크립트 등 파일로 존재하고 프로젝트 창에 표시되는 모두가 에셋입니다. 게임 월드를 파일로 저장한 씬 파일도 에셋입니다.

외부 파일을 프로젝트 창으로 드래그&드롭하여 프로젝트에 추가할 수도 있습니다.

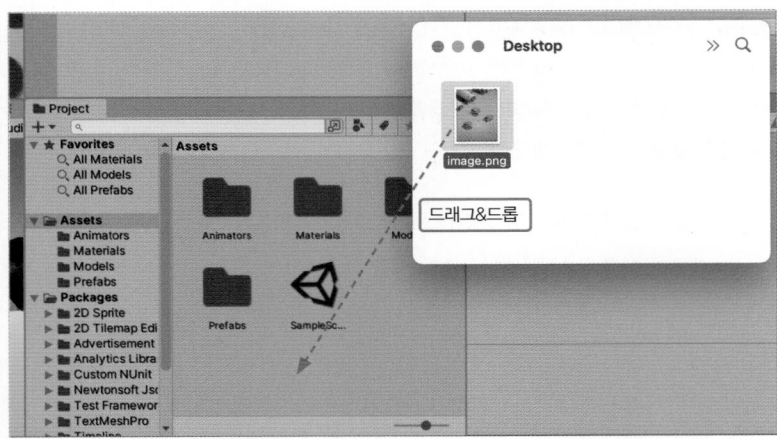

▶ 프로젝트에 에셋을 추가하는 방법

프로젝트 창은 기본값으로 에셋을 아이콘 뷰로 표시합니다. 아이콘 뷰를 사용하면 개발을 진행하면서 에셋이 많아질 때 창이 복잡해집니다. 에셋이 많을 때는 리스트 뷰 사용을 추천합니다. 이 책에서도 프로젝트 창을 리스트 뷰로 사용하여 진행합니다.

[과정 01] 프로젝트 창을 리스트 뷰로 변경

① **프로젝트** 창 하단의 **줌 슬라이드**를 왼쪽 끝까지 밀기

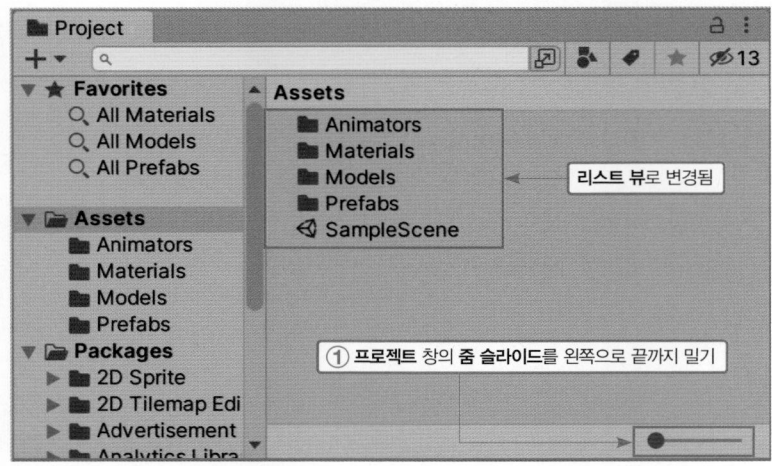

▶ 프로젝트 창을 리스트 뷰로 변경

참고로 프로젝트 창에는 Assets 폴더 외에 Packages 폴더도 보일 것입니다. Packages 폴더는 17장에서 설명할 패키지 매니저에 의해 자동으로 관리되는 폴더입니다. 여러분이 직접 수정할 일은 없습니다.

Packages 폴더 내부의 기본 구성은 유니티 버전이나 개발 환경에 따라 조금씩 다를 수 있습니다. 따라서 책을 진행하는 동안 프로젝트 창의 Packages 폴더는 신경 쓰지 않아도 됩니다.

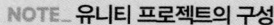

NOTE_ 유니티 프로젝트의 구성

유니티 프로젝트 폴더를 윈도우 탐색기 등으로 찾아보면 대부분 다음과 같이 구성되어 있습니다(파일명과 폴더 구성은 조금씩 다를 수 있습니다).

이 중에서 유니티 프로젝트에 꼭 필요한 폴더는 Assets, ProjectSettings, Packages입니다. 따라서 유니티 프로젝트 폴더를 찾을 때는 이 폴더들이 포함된 폴더를 찾으면 됩니다.

Assets 폴더는 사용할 에셋들이 저장된 폴더입니다. ProjectSettings 폴더는 유니티 프로젝트 설정을 저장합니다. Packages 폴더는 프로젝트에서 사용할 외부 패키지 목록을 저장합니다.

나머지는 여러분이 유니티 프로젝트를 열 때 생성되는 임시 파일과 폴더입니다.

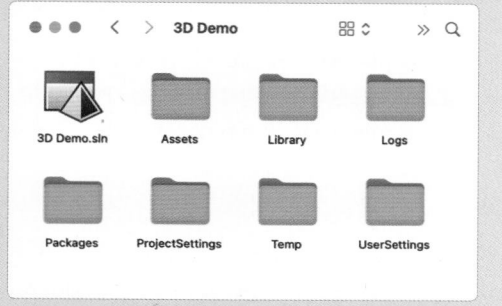

▶ 프로젝트 폴더의 구성

2.3.6 콘솔 창

콘솔 창은 유니티가 기록(로그)을 남겨 개발자에게 정보를 전달하는 곳입니다.

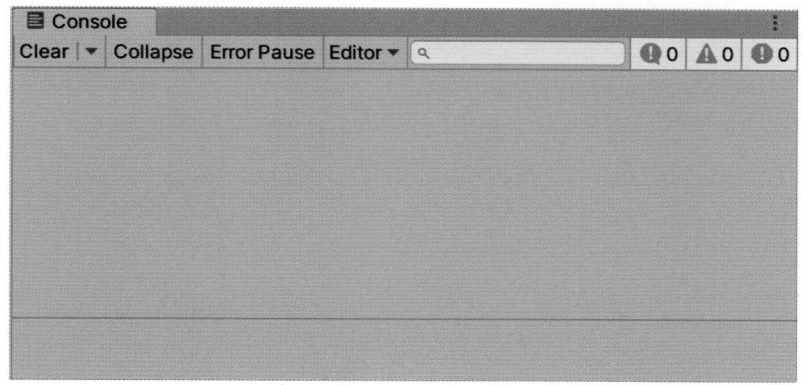

▶ 콘솔 창의 모습

콘솔 창에서는 다음과 같은 세 종류의 로그를 볼 수 있습니다.

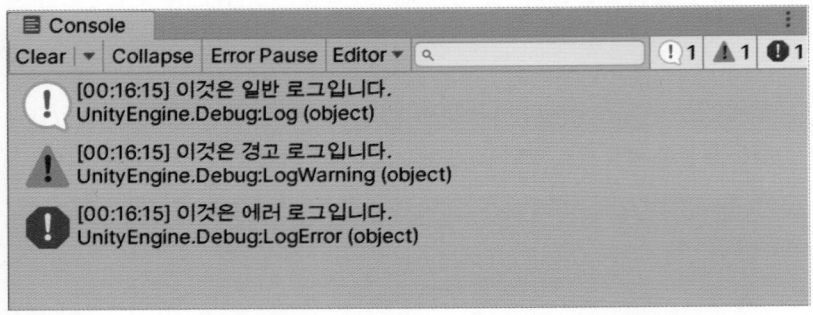

▶ 로그 종류

- **일반 로그(회색)** : 일반적인 기록 정보입니다.
- **경고 로그(노란색)** : 권장할 만한 수정 사항이 존재할 때 표시됩니다.
- **에러 로그(빨간색)** : 잘못된 문법이나 접근 등으로 명령을 실행할 수 없는 문제가 생겼을 때 표시됩니다.

일반 로그는 단순 기록 텍스트입니다. 경고 로그는 더 나은 구현 방법이나 주의 사항을 표시합니다. 경고 로그를 따라 구현을 꼭 수정할 필요는 없지만 가능하면 경고 로그가 적게 표시되도록 구현할 것을 권장합니다. 에러 로그는 게임을 실행하거나 진행할 수 없는 심각한 상태의 정보를 표시합니다.

콘솔 창 좌측 상단에는 로그 출력 설정 버튼이 있습니다.

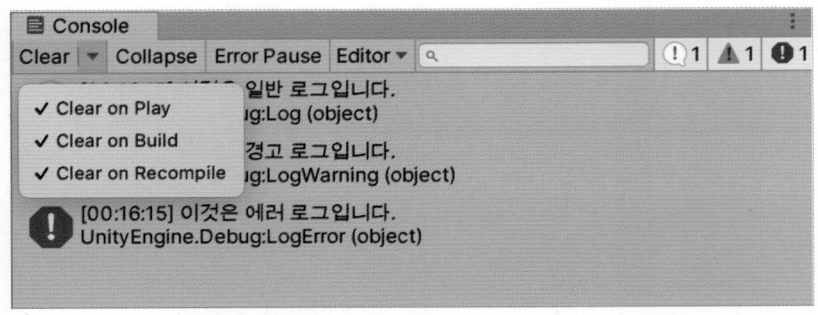

▶ 로그 출력 설정 버튼

- **Clear** : 모든 로그를 지웁니다. 해결되지 않은 코드 문법 에러 로그는 사라지지 않습니다.
  - **Clear on Play** : 씬을 플레이할 때 직전까지 쌓여 있던 모든 로그를 지웁니다.
  - **Clear on Build** : 빌드시 직전까지 쌓여 있던 모든 로그를 지웁니다.
  - **Clear on Recompile** : 코드가 수정되어 반영될(재컴파일) 때 쌓여 있던 모든 로그를 지웁니다.

- **Collapse** : 같은 내용의 로그끼리 보기 쉽게 묶습니다.
- **Error Pause** : 플레이 도중 에러가 발생하면 씬을 일시 정지합니다.
- **Editor** : 유니티 에디터 외부의 기기로부터 원격 로그를 받을 수 있습니다.

콘솔 창 우측에는 원하는 종류의 로그만 보이게 하는 필터 아이콘이 있습니다. 다음 그림은 일반 로그와 에러 로그만 보이게 한 겁니다.

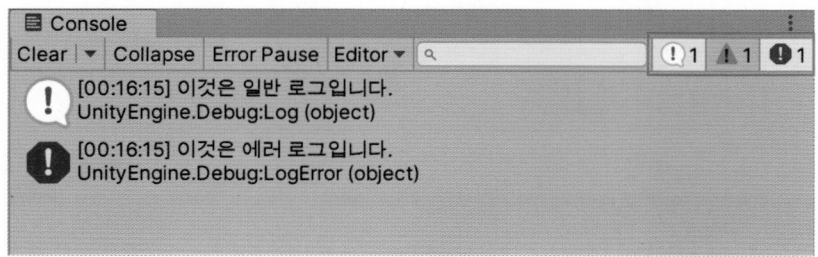

▶ 로그 출력 필터 버튼

NOTE_ 프로젝트를 열 때 표시되는 로그

유니티 프로젝트를 열 때 아무것도 하지 않았는데도 에러와 경고 로그가 표시될 수 있습니다. 2장의 3D Demo 프로젝트를 열 때 몇몇 분은 에러와 경고 로그가 표시되었을 겁니다.

이때 Clear 버튼을 클릭해 모든 로그가 정상적으로 사라진다면 신경 쓸 필요 없습니다. 해당 로그는 프로젝트를 여는 동안 유니티가 백그라운드에서 프로젝트를 여러분 컴퓨터와 유니티 버전에 맞게 재구성하면서 남긴 겁니다.

2.4 씬 편집 툴

유니티 씬 창에는 게임 오브젝트를 편집할 때 사용할 수 있는 툴들을 모아놓은 툴 박스가 있습니다. 툴 박스는 다른 창들과 달리 씬 창 안에 배치됩니다.

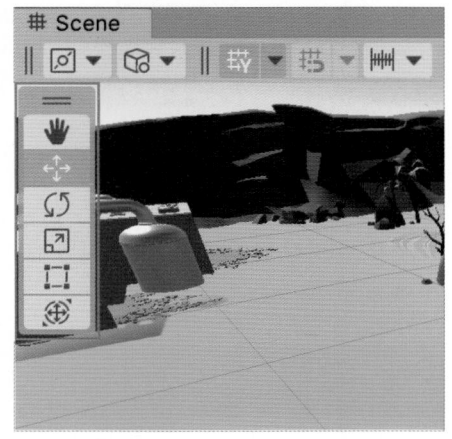

▶ 툴 박스의 위치

툴 박스에서 툴들의 정렬 방향이나 숨김 여부 등은 **툴 박스**에서 **마우스 오른쪽 클릭**하여 설정할 수 있습니다. 또한 **드래그**하여 씬 창 상단의 툴바로 옮길 수도 있습니다.

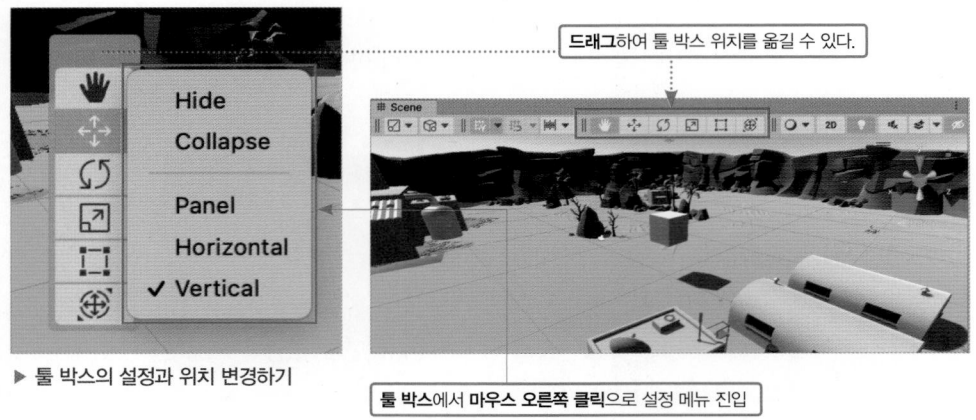

▶ 툴 박스의 설정과 위치 변경하기

툴 박스가 보이지 않는다면 다음 그림처럼 씬 창의 **컨텍스트 메뉴(⋮) 버튼** 〉 Overlays 〉 Tools를 선택하여 다시 활성화할 수 있습니다.

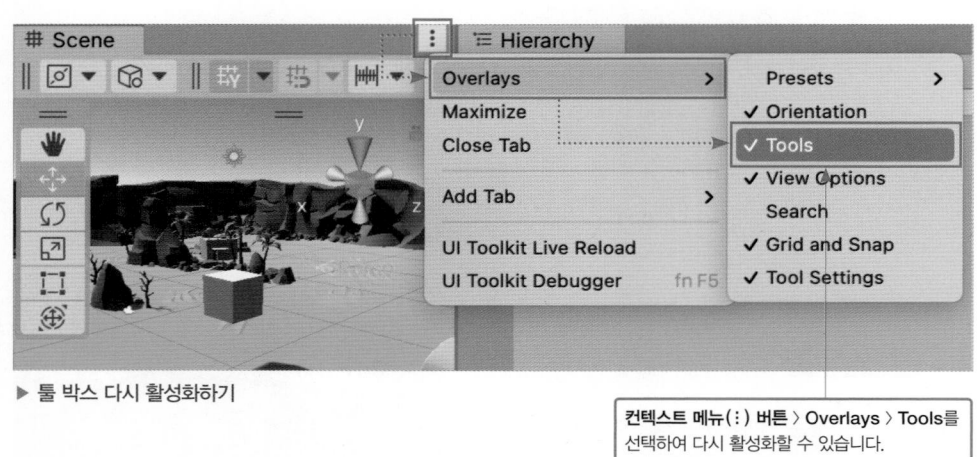

▶ 툴 박스 다시 활성화하기

그럼 각 씬 편집 툴의 역할을 설명하겠습니다. 쉬운 설명을 위해 아래 그림에서는 툴 박스를 가로 방향으로 정렬해 두었습니다.

▶ 씬 편집 툴

이 툴들은 좌측에서 우측 순으로 다음과 같이 부릅니다.

- **핸드(Hand) 툴 :** 씬 카메라를 움직입니다.
- **평행이동(Translate) 툴 :** 오브젝트를 이동시킵니다.
- **회전(Rotate) 툴 :** 오브젝트를 회전시킵니다.
- **스케일(Scale) 툴 :** 오브젝트의 크기를 조정합니다.
- **렉트(Rect) 툴 :** UI와 2D 오브젝트의 크기를 조정합니다.
- **트랜스폼(Transform) 툴 :** 평행이동, 회전, 스케일 툴을 하나로 합친 툴입니다.

이들을 사용하는 단축키는 순서대로 Q, W, E, R, T, Y입니다. 단축키가 손에 익을 수 있도록 하나씩 눌러보세요.

NOTE_ 커스텀 툴

선택한 게임 오브젝트에 따라 툴박스의 오른쪽 또는 아래쪽 가장 끝에 커스텀 툴(Custom Tool)이 표시될 수 있습니다.

▶ 커스텀 툴

커스텀 툴은 개발자가 원하는 기능을 직접 구현하여 할당할 수 있는 버튼입니다. 또한 현재 선택한 오브젝트에 따라 커스텀 툴 자리에 다른 기능을 가진 버튼을 배치할 수 있습니다. 따라서 커스텀 툴이 경우에 따라 보이지 않거나 커스텀 툴 버튼에 할당된 아이콘이 상황에 따라 매번 달라질 수 있습니다.

예를 들어 박스 콜라이더가 붙어 있는 게임 오브젝트를 선택한 경우 다음 그림과 같이 콜라이더의 크기를 편집하는 툴(바운딩 볼륨 편집 툴)이 활성화될 수 있습니다.

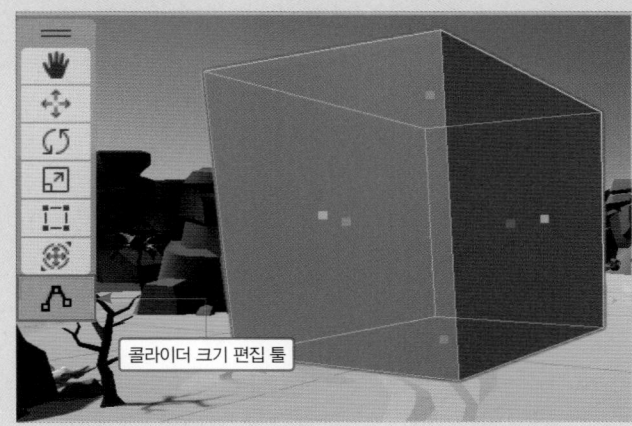

콜라이더 크기 편집 툴

▶ 활성화된 커스텀 툴

☞ 이 책의 예제 게임 개발에서는 커스텀 툴이 필요하지 않으므로 사용하지 않습니다. 따라서 책 내용을 진행하는 동안 무시해도 됩니다.

2.4.1 씬 돌아다니기

씬 창에서 씬을 탐색하는 방법을 알아봅시다.

씬 창에 화면을 띄우는 가상 카메라를 씬 카메라라고 부릅니다. 씬 창에서 씬을 이리저리 헤집고 다니는 것은 사실 씬 카메라를 이동시키는 겁니다.

먼저 씬 포커스를 이용해 편집할 게임 오브젝트가 씬 창의 중심에 보이게 합시다. 하이어라키 창에서 어떤 게임 오브젝트를 더블 클릭하면 해당 게임 오브젝트가 씬 창의 중심에 보이도록 씬 카메라가 이동합니다.

다음과 같이 하여 **큐브**Cube 게임 오브젝트에 포커스를 줍니다.

[**과정 01**] 게임 오브젝트에 포커스 주기

① **하이어라키** 창에서 **Cube 더블 클릭**
② 큐브가 씬 창의 중심에 보이도록 씬 카메라가 이동함

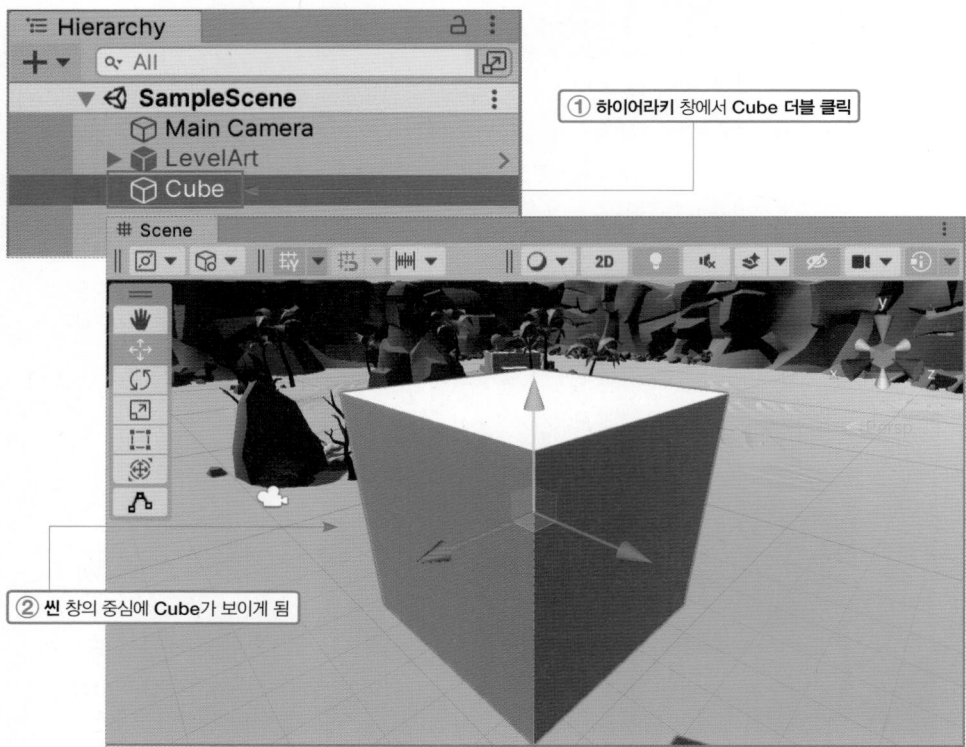

▶ 큐브에 포커스 주기

이제 큐브를 더 가까이 다가가서 관찰해봅시다. 마우스 휠 스크롤을 이용하면 씬 카메라를 줌인/줌아웃할 수 있습니다.

[과정 02] 씬 카메라 줌인/줌아웃

① **씬** 창에 마우스 커서를 위치시키고 **휠 스크롤링**

② 씬 카메라가 앞이나 뒤로 이동하면서 물체가 가까워지거나 멀어짐

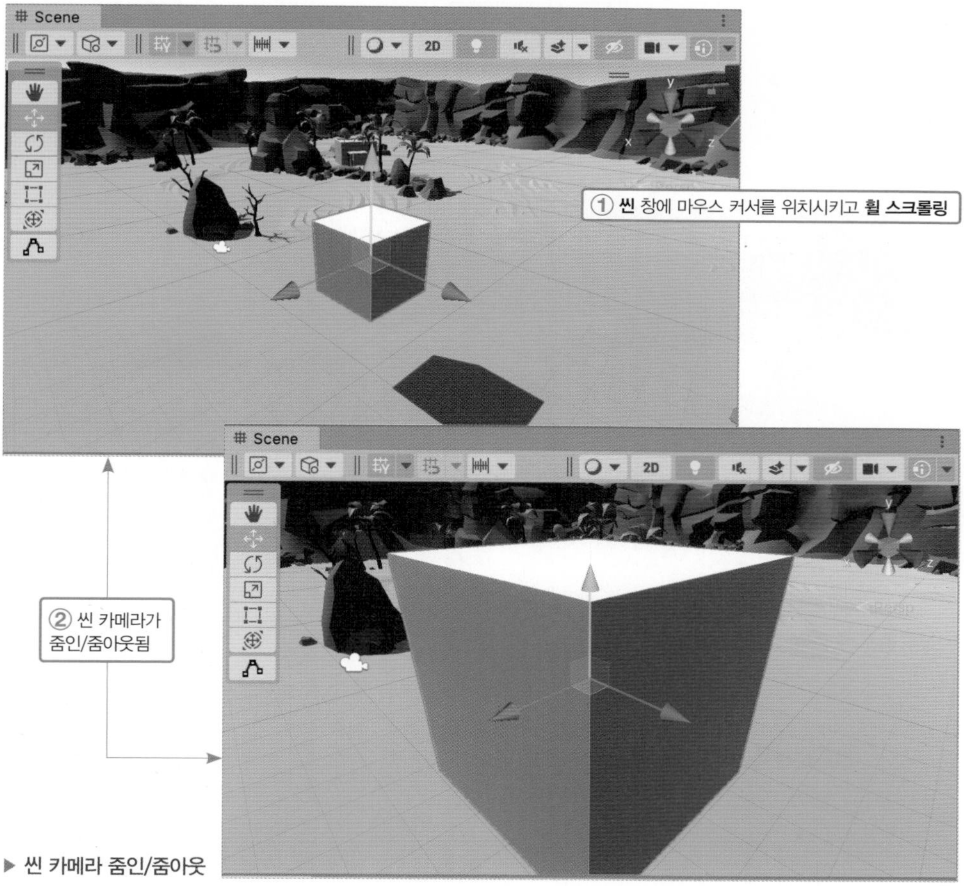

▶ 씬 카메라 줌인/줌아웃

이어서 씬을 상하좌우로 이동시켜봅시다. 씬 카메라의 위치를 옮길 때는 핸드 툴을 사용합니다.

▶ 핸드 툴

[과정 03] 핸드 툴로 씬 카메라 이동

① **툴 박스**에서 **핸드 툴** 선택

② 씬 창에서 **마우스 왼쪽 버튼을 누른 채** 여러 방향으로 **드래그**

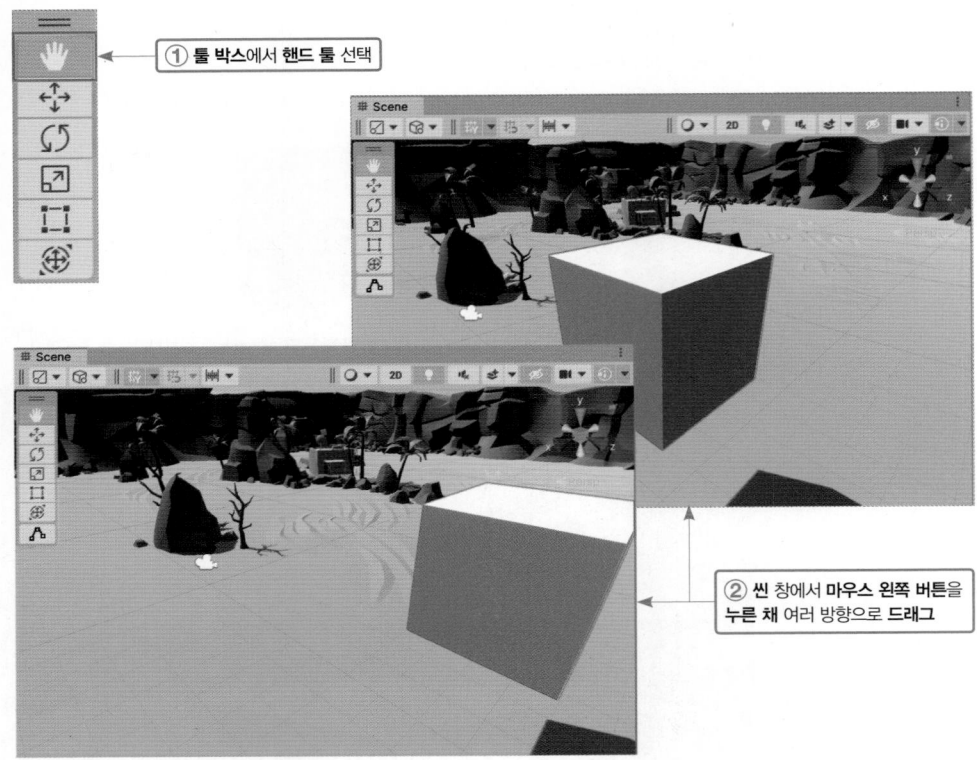

① **툴 박스**에서 **핸드 툴** 선택

② 씬 창에서 **마우스 왼쪽 버튼을 누른 채** 여러 방향으로 **드래그**

▶ 핸드 툴로 씬 카메라 이동

NOTE_ 핸드 툴 즉시 사용

씬 창에서 마우스 휠 스크롤 버튼을 누르면 현재 도구가 핸드 툴로 전환됩니다. 휠 스크롤 버튼을 누르고 있는 동안 핸드 툴이 유지되며, 버튼에서 손을 떼면 원래 쓰던 도구로 즉시 되돌아갑니다.

이외에도 씬 카메라를 자유롭게 회전시키면서 씬을 둘러볼 수 있습니다.

씬 창에서 마우스 오른쪽 버튼을 누르고 있는 동안 플라이스루Flythrough 모드가 활성화됩니다. 플라이스루 모드에서는 FPS 게임을 하듯이 마우스와 WASD 키로 씬 카메라를 회전시키고 움직일 수 있습니다.

▶ 플라이스루 모드

궤도^{Orbit} 모드는 씬 창 중심의 물체를 위성처럼 공전하면서 관찰합니다. **씬 창에서 Alt+마우스 왼쪽 버튼**을 누르고 있는 동안 마우스를 움직이면 씬 창 중심에 있는 물체를 기준으로 씬 카메라가 공전합니다.

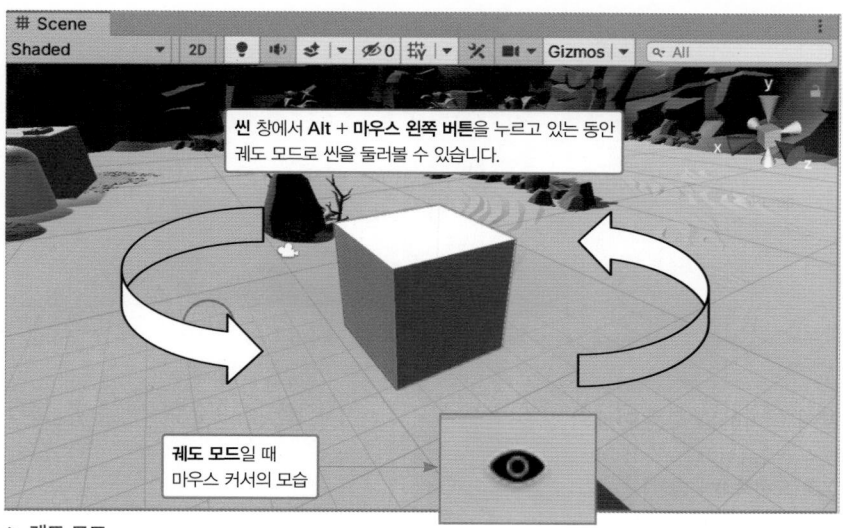

▶ 궤도 모드

2.5 게임 오브젝트 편집하기

씬 편집 툴을 사용하여 게임 오브젝트의 위치와 크기를 변경하고 회전시키는 방법을 알아봅시다.

2.5.1 평행이동 툴

평행이동 툴은 선택한 물체를 원하는 방향으로 이동시킵니다.

▶ 평행이동 툴

씬 창에서 선택한 게임 오브젝트에 나타나는 화살표가 평행이동 툴입니다. 평행이동 툴의 화살표를 드래그하여 게임 오브젝트를 원하는 방향으로 이동시킬 수 있습니다.

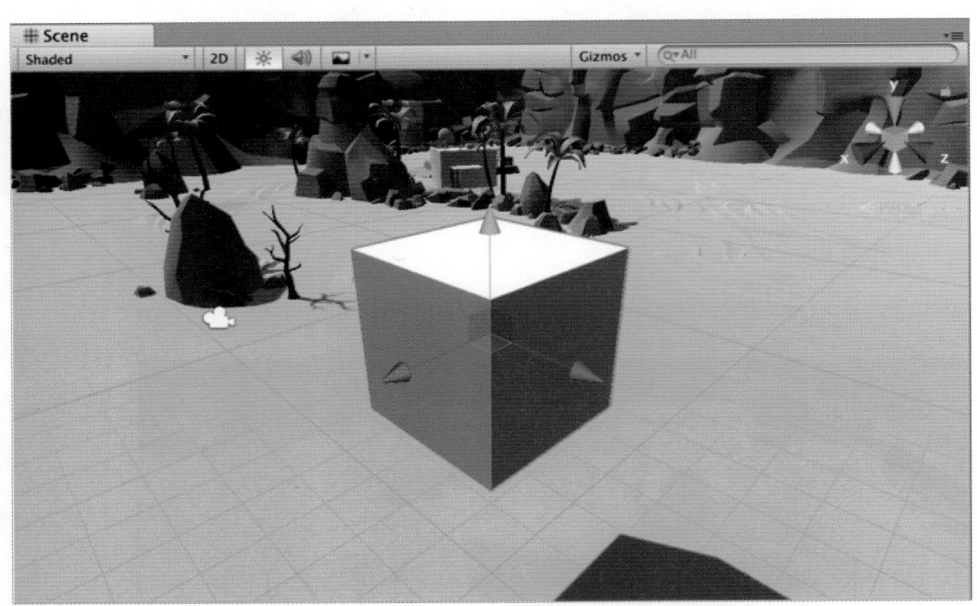

▶ 평행이동 툴의 모습

화살표의 색깔이 의미하는 축은 아래와 같습니다.

- **빨간색 :** X축(오른쪽이 + 방향)
- **초록색 :** Y축(위쪽이 + 방향)
- **파란색 :** Z축(앞쪽이 + 방향)

평행이동 툴의 면을 드래그하여 게임 오브젝트를 평면에 평행하게 이동시킬 수 있습니다. 이것은 한 축을 고정시키고 다른 두 축을 움직이는 것과 같습니다.

예를 들어 다음 그림에서 초록색 면을 마우스로 드래그하면 y는 고정되고 x, z만 변경됩니다(xz 평면에 평행한 평행이동).

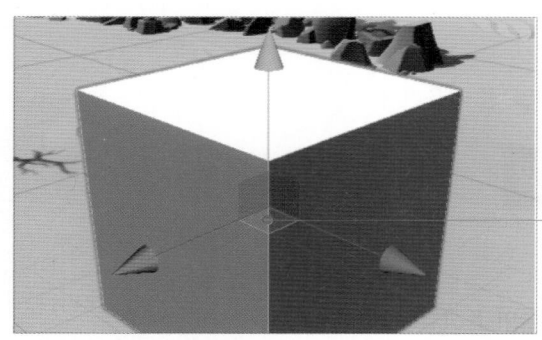

xz평면에 평행한 평행이동

▶ 평면에 평행하게 평행이동

2.5.2 회전 툴

회전 툴은 선택한 물체를 회전시킵니다.

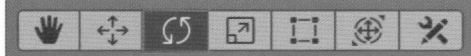

▶ 회전 툴

회전 툴에서는 색깔이 있는 실선을 드래그하여 물체를 회전시킬 수 있습니다.

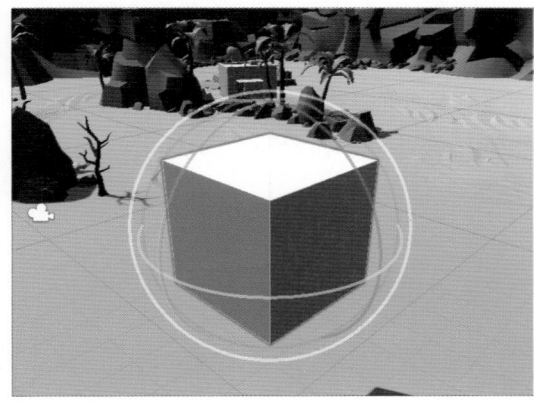

▶ 회전 툴의 모습

실선이 의미하는 회전축과 그 의미는 다음과 같습니다.

- **빨간색** : X축(앞뒤로 고개를 숙이고 젖히는 회전)
- **초록색** : Y축(제자리에서 팽이처럼 도는 회전)
- **파란색** : Z축(오뚝이처럼 좌우로 기울어지는 회전)

2.5.3 스케일 툴

스케일 툴은 선택한 물체의 크기 배율(스케일)을 키우거나 줄입니다.

▶ 스케일 툴

스케일 툴을 선택하면 다음과 같은 스케일 툴이 표시됩니다.

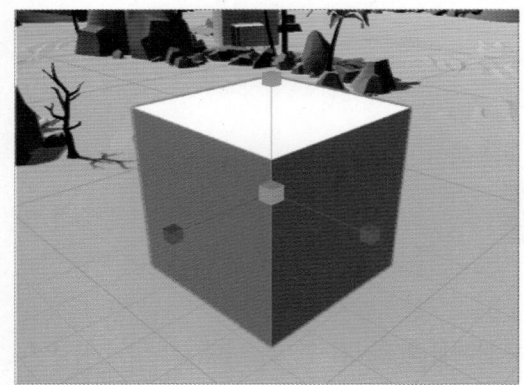

▶ 스케일 툴의 모습

색깔 있는 세 큐브를 드래그하여 x, y, z 방향으로 물체의 크기를 변경할 수 있습니다. 스케일 툴 중심의 회색 큐브를 드래그하면 x, y, z 스케일값을 동시에 변경할 수 있습니다.

2.5.4 렉트 툴

렉트 툴은 물체의 가로와 세로를 2D 직사각형으로 편집합니다.

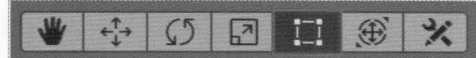

▶ 렉트 툴

▶ 렉트 툴의 모습

렉트 툴은 주로 UI와 2D 오브젝트를 편집할 때 사용합니다. 3D 오브젝트를 편집할 때는 거의 사용하지 않습니다. 렉트 툴로 3D 오브젝트를 편집하면 Z축 방향을 무시하고 가로(x)와 세로 (y) 길이만 조정됩니다.

2.5.5 트랜스폼 툴

트랜스폼 툴은 평행이동 툴, 회전 툴, 스케일 툴을 하나로 합친 툴입니다.

▶ 트랜스폼 툴

단순히 세 가지 툴의 UI가 합쳐진 모습이며 사용 방법도 차이가 없습니다.

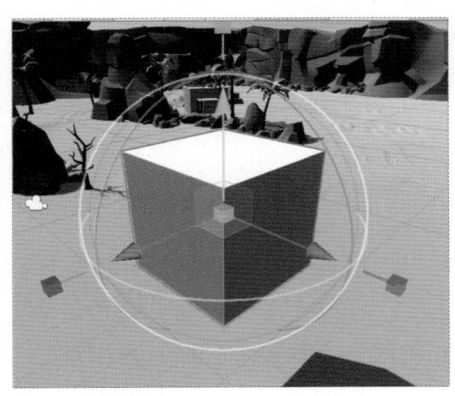

▶ 트랜스폼 툴의 모습

지금까지 유니티에서 게임 오브젝트를 시 각적으로 편집할 때 사용하는 모든 툴을 살펴봤습니다. 다음 절에서는 씬 기즈모 를 알아봅니다.

2.6 씬 기즈모

씬 창 우측 상단에는 씬 기즈모^{Scene Gizmo}가 있습니다.

▶ 씬 기즈모의 모습

씬 기즈모는 현재 씬을 바라보는 방향을 알기 쉽게 표시하고, 씬 카메라를 지정한 방향으로 빠르게 전환시키는 나침반입니다.

2.6.1 씬 카메라 방향 전환

씬 기즈모의 x, y, z 원뿔형 암^{arm}을 클릭하면 카메라를 해당 방향으로 빠르게 전환시킬 수 있습니다. 예를 들어 Y축을 클릭하면 다음과 같이 씬을 위에서 아래로 볼 수 있습니다.

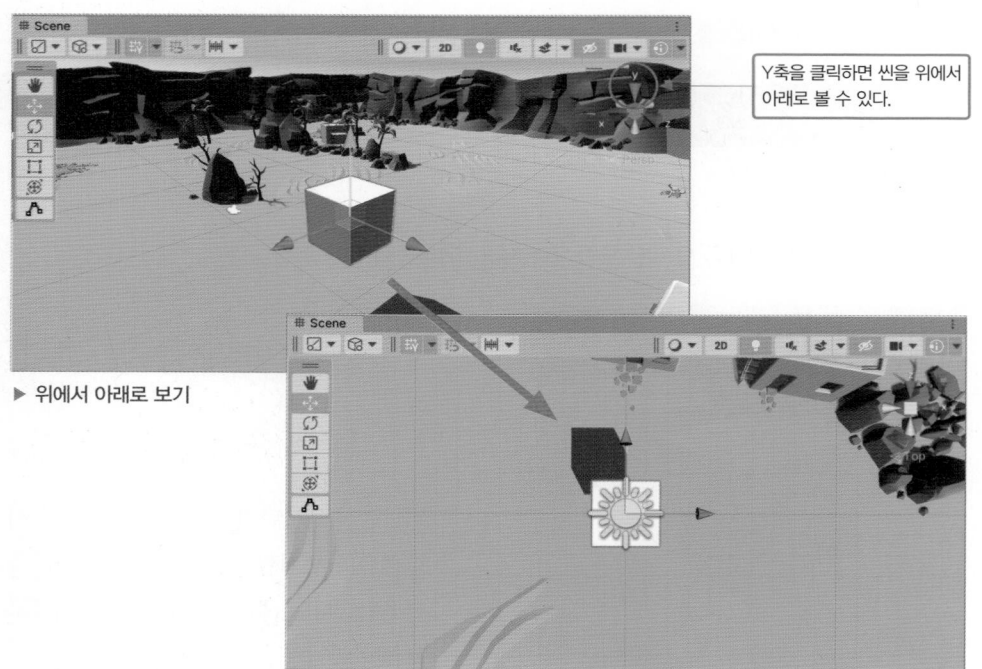

Y축을 클릭하면 씬을 위에서 아래로 볼 수 있다.

▶ 위에서 아래로 보기

2.6.2 원근과 등각

씬 기즈모의 중앙에는 큐브 모양의 버튼이 있습니다. 이것은 투영 전환 버튼입니다.

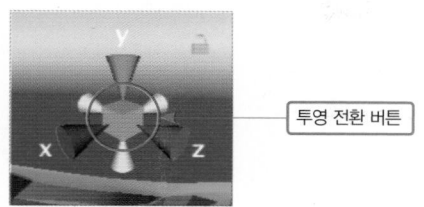

▶ 투영 전환 버튼

투영 전환 버튼을 클릭해 씬 카메라의 투영을 원근^{Perspective} 또는 등각^{Isometric}으로 전환할 수 있습니다.

▶ 원근 모드와 등각 모드

일반적으로 3D 프로젝트에서 씬 창은 원근 모드로 편집합니다. 원근 모드에서는 멀리 있는 물체는 작게 보이고 가까이 있는 물체는 크게 보입니다.

등각 모드에서는 멀리 있는 물체와 가까이 있는 물체가 똑같은 크기로 보입니다. 이 모드에서는 거리와 상관없이 서로 다른 물체 사이의 크기를 눈대중으로 쉽게 비교할 수 있습니다.

> **NOTE_ 기즈모(Gizmo)**
>
> 씬 기즈모와는 별개로 씬 창에서 게임 오브젝트 위에 표시되는 아이콘, 편집 툴의 모습, 외곽선 등을 기즈모라고 부릅니다. 기즈모는 개발자의 씬 창에서만 보이고, 일반 게임 화면에서는 보이지 않습니다.
>
> 예를 들어 평행이동 툴을 선택했을 때 씬 창에 표시되는 화살표가 평행이동 툴의 기즈모입니다. 또한 씬 창에서 보이는 카메라 아이콘도 카메라의 기즈모입니다.

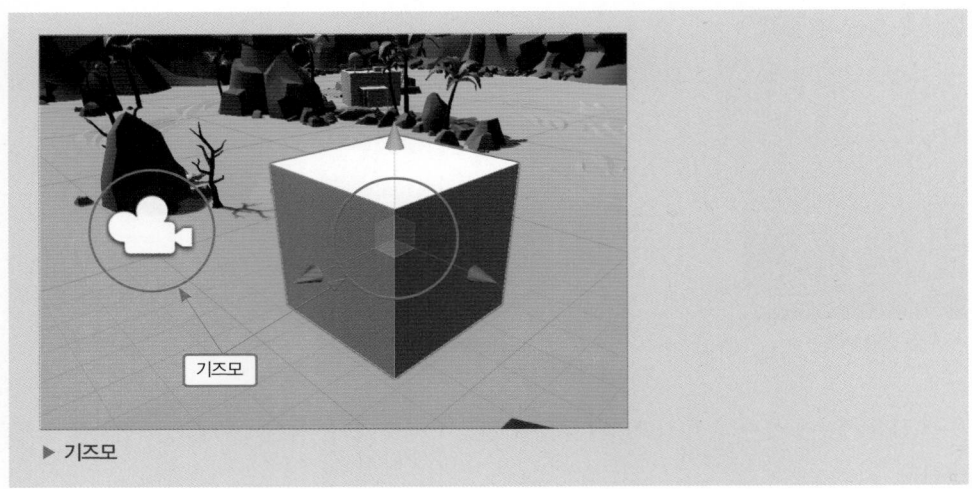

▶ 기즈모

2.7 씬 플레이 버튼

씬을 실제로 시작하고 테스트하는 버튼을 살펴봅시다. 유니티 상단에는 씬을 플레이하고 종료하는 데 사용하는 플레이 버튼이 있습니다.

▶ 씬 플레이 버튼

왼쪽에서부터 다음과 같이 부릅니다.

- **플레이 버튼 :** 현재 씬을 시작(플레이)하거나 종료합니다.
- **일시정지 버튼 :** 현재 플레이 중인 씬을 일시정지시킵니다.
- **스텝 버튼 :** 게임 시간을 한 프레임만큼 진행합니다.

이 중에서 플레이 버튼을 가장 자주 사용합니다. 플레이 버튼을 누르면 버튼이 파란색으로 바뀌며 씬을 실행하고 게임을 시작하는 플레이 모드가 됩니다.

▶ 플레이 모드에서의 플레이 버튼

즉, 플레이 버튼이 파란색이면 현재 씬이 플레이 중인 겁니다. 플레이 모드에서 플레이 버튼을 한 번 더 누르면 플레이 모드가 종료되고 플레이 버튼이 원래 색으로 돌아갑니다.

> **CAUTION_ 플레이 모드에서 편집**
> 플레이 모드에서 적용한 수정 사항은 플레이 모드가 종료될 때 모두 사라집니다. 따라서 중요한 수정 사항은 플레이 모드를 종료하고 적용해야 합니다.

2.8 유니티 클라우드 버튼

유니티 에디터의 우측 상단에는 유니티 서비스와 관련된 버튼들이 있습니다.

▶ 유니티 클라우드 버튼

좌측부터 순서대로 다음과 같습니다.

- **Account** : 유니티 계정 관리 웹페이지로 이동하는 링크입니다.
- **Manage Services** : 유니티 서비스와 현재 프로젝트를 연동하는 창을 표시합니다.
- **Collaborate** : 유니티 프로젝트 협업 서비스 창을 표시합니다.

유니티 서비스는 개발과 직접적인 관련은 없지만, 유저의 성향을 분석하고 광고수익을 극대화하거나 개발 생산성을 높이는 데 유용한 툴을 제공합니다.

2.9 마치며

이 장에서는 유니티의 기본 창과 편집 툴을 살펴봤습니다. 유니티에서의 작업 대부분은 이 장에서 다룬 인터페이스 내부에서 이루어집니다.

언급한 모든 창과 툴의 이름, 사용법을 외울 필요는 없습니다. 이어지는 장들에서 매번 그림을 이용하여 안내하기 때문입니다. 물론 창이나 툴의 이름, 사용법이 생각나지 않을 때는 언제든지 이 장으로 돌아와 확인할 수 있습니다.

이 장에서 배운 내용 요약

- 기존 유니티 프로젝트를 찾아서 여는 방법
- 레이아웃을 변경하는 방법
- 씬 창은 씬을 시각적으로 편집합니다.
- 하이어라키 창은 씬에 있는 게임 오브젝트들을 리스트로 표시합니다.
- 인스펙터 창은 선택한 게임 오브젝트의 정보를 표시합니다.
- 게임 창은 플레이어가 보게 될 화면을 보여줍니다.
- 프로젝트 창은 프로젝트에서 사용할 에셋들을 표시합니다.
- 콘솔 창은 개발자에게 유용한 로그를 제공합니다.
- 하이어라키 창에서 게임 오브젝트를 더블 클릭하여 씬 창에서 포커스를 줄 수 있습니다.
- 핸드 툴을 사용하여 씬을 돌아다닐 수 있습니다. 마우스 휠 스크롤 버튼을 눌러 핸드 툴로 전환할 수 있습니다.
- 휠 스크롤로 씬 카메라를 줌인/줌아웃할 수 있습니다.
- 평행이동 툴을 사용하여 게임 오브젝트를 평행이동시킵니다.
- 회전 툴을 사용하여 게임 오브젝트를 회전시킵니다.
- 스케일 툴을 사용하여 게임 오브젝트의 크기를 수정할 수 있습니다.
- 렉트 툴을 사용하여 UI나 2D 게임 오브젝트의 크기를 편집할 수 있습니다.
- 씬 기즈모를 사용해 씬 카메라의 방향을 쉽게 전환할 수 있습니다.
- 씬 기즈모를 사용해 씬 창의 투영을 원근과 등각으로 전환할 수 있습니다.
- 플레이 버튼을 사용해 씬을 플레이하거나 플레이 모드를 종료할 수 있습니다.

3장 유니티 엔진이 동작하는 원리

이 장에서는 유니티 동작의 핵심인 컴포넌트를 설명합니다. 또한 게임 오브젝트를 직접 만들면서 컴포넌트가 실제로 어떻게 동작하는지 확인합니다.

이 장에서 다루는 내용

- 상속을 이용한 개발 방법
- 컴포넌트 패턴의 장점
- 컴포넌트와 게임 오브젝트의 관계
- MonoBehaviour의 정체
- 메시지 기반 방식의 원리

3.1 상속과 재사용

게임 엔진은 이미 완성된 기반 코드를 제공합니다. 개발자는 게임 엔진의 코드를 '재사용'하므로 생산성이 올라갑니다. 이러한 코드 재사용은 게임 개발뿐만 아니라 대부분의 소프트웨어 개발에 있어 중요합니다.

유니티의 컴포넌트 기반 구조를 이해하려면 코드를 재사용하는 전통적 방법인 '상속'을 알아야 합니다. 상속은 이미 만들어진 클래스에 새로운 코드와 기능을 덧붙여 새로운 클래스를 만드는 방법입니다.

▶ 상속

여기서 기초를 제공하는 클래스를 부모 클래스라 부르고 부모 클래스를 상속해서 확장한 클래스를 자식 클래스라 부릅니다.

클래스란 묘사할 대상과 관련된 코드(변수와 메서드 등)를 묶는 틀입니다. 예를 들어 플레이어 클래스는 플레이어와 관련된 코드를 가지고, 몬스터 클래스는 몬스터와 관련된 코드를 가집니다(변수와 메서드는 4장, 클래스는 5장에서 자세히 설명합니다).

```
class Monster {

    // 몬스터에 관한
    // 변수와 메서드들...

}
```

▶ 클래스의 모습

3.1.1 상속으로 몬스터 만들기

개발자가 상속으로 게임 속 몬스터를 만드는 예를 생각해봅시다. 개발자는 오크(Orc)와 오크 대장(Orc Chieftan)을 만들려 합니다. 그래서 이들을 효율적으로 구현하기 위한 몬스터(Monster) 클래스를 먼저 만들고, 이들 세 클래스가 다음 그림과 같은 상속 관계를 가지게 했습니다.

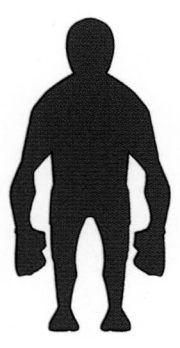 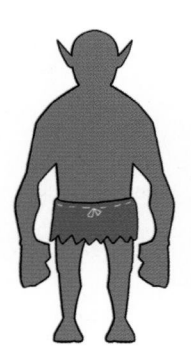 

class **Monster** class **Orc : Monster** class **OrcChieftan : Orc**

▶ 구현할 몬스터 클래스들

개발자가 오크 클래스와 오크 대장 클래스뿐 아니라 몬스터 클래스까지 만든 이유와 그림에서 콜론(:) 기호가 의미하는 바를 개발 과정을 따라가며 살펴봅니다.

[과정 01] 몬스터(Monster) 클래스 구현

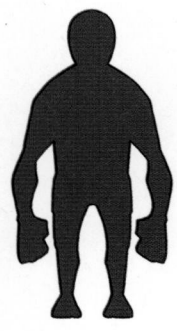

class **Monster**

▶ 몬스터 클래스

Monster 클래스는 몬스터로서 필요한 다음 필수 기능을 가지고 있습니다.

- 인공지능 기능
- 애니메이션 기능
- 공격과 방어 기능
- 물리 기능
- 기타 필수 기능

그런데 Monster에는 제대로 된 외형이 없습니다. Monster 클래스의 역할은 게임 속 몬스터로 곧장 사용되는 것이 아니기 때문입니다. Monster 클래스는 여러 종류의 몬스터 클래스를 구현할 때 필요한 기초를 제공하는 부모 클래스로 사용됩니다.

게임에는 오크, 거미, 악마 등 다양한 몬스터가 등장합니다. 개발자는 이러한 '파생' 몬스터를 Monster 클래스를 '확장'하는 방식으로 만들려 한 겁니다.

[과정 02] 몬스터를 기반으로 오크(Orc) 클래스 구현

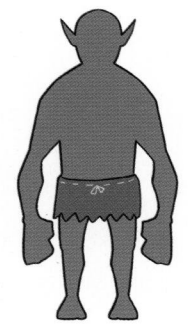

class **Orc : Monster**

▶ 오크 클래스

그림에서 콜론(:)은 오른쪽의 부모 클래스를 상속해 왼쪽의 자식 클래스를 만든다는 의미입니다. 즉, Orc : Monster는 Monster 클래스를 기반으로 Orc 클래스를 만드는 겁니다. 몬스터를 상속한 오크는 몬스터의 모든 기능을 가집니다. 따라서 몬스터에서 이미 구현한 인공지능, 애니메이션, 공격과 방어, 물리 기능 등을 다시 구현할 필요가 없습니다. 덕분에 개발자는 다음과 같은 오크 고유 기능을 구현하는 데 집중할 수 있습니다.

- 초록색 피부
- 오크의 애니메이션
- 오크의 스킬
- 그외 오크의 고유 기능

[과정 03] 오크를 기반으로 오크 대장(Orc Chieftan) 클래스 구현

class **OrcChieftan : Orc**

▶ 오크 대장 클래스

이번에는 `Orc` 클래스를 상속해 `OrcChieftan` 클래스를 만듭니다. 즉, 오크의 모든 기능을 가진 오크 대장을 만들기 때문에 새로 구현할 부분이 많지 않습니다.

개발자는 다음과 같은 기능을 새로 추가했습니다.

- 대장 모자
- 새로운 무기와 강력한 스킬
- 그외 오크 대장의 고유 기능

개발자는 오크에 대장 모자와 무기, 강력한 대장용 스킬을 추가했습니다. 이 과정에서 몬스터와 오크에 이미 구현되어 있는 기능은 다시 만들 필요가 없습니다.

상속을 이용하면 미리 만들어진 코드를 확장하여 새로운 코드를 작성할 수 있습니다. 이것이 상속의 힘입니다. 하지만 상속이 만능은 아닙니다.

3.1.2 상속의 한계

부모 클래스를 상속해 자식 클래스의 기초 구현을 대신할 수 있습니다. 하지만 상속에만 의존하면 오히려 코드를 재사용하기 힘들 수 있습니다.

이번에는 RPG 게임에서 플레이어와 NPC, 몬스터를 만드는 예를 생각해봅시다. 개발자는 이들을 구현하기 전에 기반이 될 부모 클래스를 먼저 만들기로 합니다.

[과정 01] 최상위 부모 클래스인 사람(Human) 클래스 구현

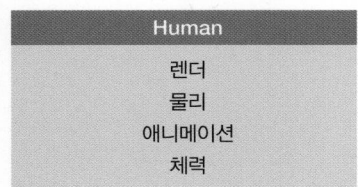

▶ **Human 클래스**

`Human` 클래스는 사람 형태를 가진 클래스의 부모 클래스로 사용합니다. 개발자는 사람 형태를 가진 오브젝트에 필요한 기능을 미리 예상해서 `Human` 클래스에 추가합니다.

- 모습을 그려주는 렌더 기능
- 물리 기능
- 애니메이션 기능
- 체력 기능
- 기타 필수 기능

[과정 02] 플레이어(Player) 클래스 구현

그다음에는 플레이어가 직접 조작하는 캐릭터인 Player 클래스를 만듭니다. Player 클래스는 Human 클래스를 상속하여 Human의 모든 기능을 가집니다.[1]

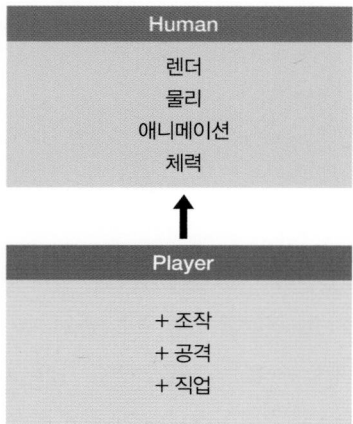

▶ Human을 상속한 Player

Human 클래스의 기능 위에 새로 추가한 Player의 기능은 아래와 같습니다.

- 조작 기능
- 공격 기능
- 직업 기능
- 그외 필수 기능

지금까지는 문제가 없어 보입니다.

------

1 그림을 보면 화살표가 Player에서 Human으로 향합니다. UML 표기법에서는 자식 클래스에서 부모 클래스로 화살표를 그리기 때문입니다.

[과정 03] NPC 클래스 구현

마을 NPC는 한 곳에 머무르며 플레이어와 대화, 거래 등의 상호작용을 합니다. 이번에도 Human 클래스를 상속하여 NPC 클래스를 만듭니다. 그런데 이 과정에서 문제가 생겼습니다.

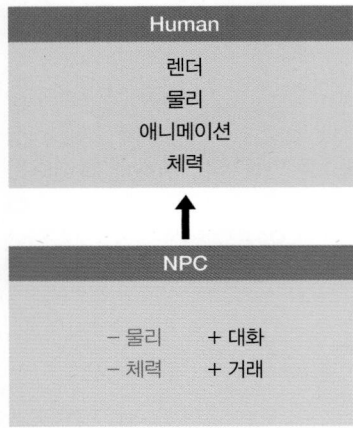

▶ **Human을 상속한 NPC**

NPC 클래스가 상속한 Human 클래스에는 물리와 체력 기능이 있습니다. 그런데 NPC는 물리와 체력 기능이 필요 없습니다. NPC에 체력이 있으면 누군가 NPC를 공격해 죽일 수도 있습니다. 따라서 중요한 NPC가 죽어서 플레이어가 게임을 더 이상 진행할 수 없는 문제가 생길 수 있습니다. 또한 NPC는 한 곳에 머무르며 플레이어와 상호작용하기 때문에 물리 기능이 필요 없습니다.

결국 개발자는 NPC 클래스에서 Human 클래스로부터 물려받은 물리와 체력 기능을 제거합니다. 또한 제거한 기능과 관련된 다른 기능에 에러가 발생하지 않도록 코드를 정리하는 추가 작업도 해야 합니다. 그 후 NPC 고유의 기능을 추가할 수 있습니다.

NPC를 만드는 동안 다음 작업을 했습니다.

- 물리 기능 삭제
- 체력 기능 삭제
- 대화 기능 추가
- 거래 기능 추가

즉, 상속으로 인해 오히려 추가 작업이 생겼습니다. NPC에는 Human의 일부 기능이 필요 없기 때문입니다.

[과정 04] 몬스터(Monster) 클래스 구현

Human 클래스를 상속해서 Monster 클래스를 만듭니다. 이번에도 Human 클래스를 온전히 재사용할 수 없는 문제가 생깁니다.

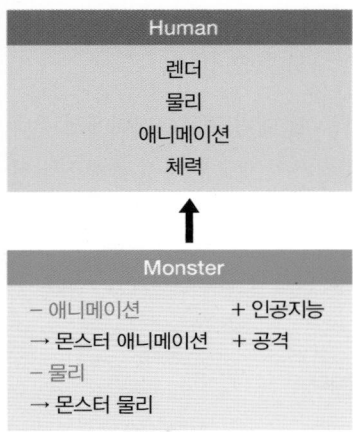

▶ Human을 상속한 Monster

Human의 애니메이션 기능은 사람의 뼈대를 기준으로 만들어졌습니다. 하지만 몬스터는 슬라임이나 드래곤처럼 사람과 다른 뼈대를 가진 경우가 많습니다.

개발자는 애니메이션 기능 코드를 그대로 사용할 수 없어 기존 코드를 몬스터 형태에 맞게 다시 작성합니다. 또한 Human의 물리 기능이 사실적이라 비현실적인 움직임을 보여주는 몬스터와 맞지 않습니다. 물리 기능도 다시 작성합니다.

이외에도 Human 클래스의 기능 중 몬스터와 어울리지 않는 것은 삭제하거나 수정합니다. 그러고 나서야 몬스터 고유의 인공지능 기능이나 공격 기능 등을 추가할 수 있습니다. 그 동안 개발자는 다음과 같은 작업을 수행합니다.

- 기존 애니메이션을 몬스터 애니메이션으로 수정
- 기존 물리를 몬스터 물리로 수정
- 몬스터에 어울리지 않는 Human의 기능 삭제
- 인공지능 기능 추가
- 공격 기능 추가

3.1.3 결론

상속에만 의존하면 오히려 기존 코드를 재사용하기 힘든 경우가 생길 수 있습니다.

부모 클래스에는 자식 클래스에 공통적으로 필요한 기능을 구현합니다. 그런데 나중에 구현할 자식 클래스에 무엇이 필요한지 처음부터 정확하게 추측하기 힘듭니다. 또한 부모 클래스의 기존 기능이 나중에 구현한 자식 클래스의 기능과 오히려 충돌할 수도 있습니다.

이외에도 상속에만 의존하면 기획자가 새로운 오브젝트를 만들 때 매번 프로그래머에게 부탁해야 하는 문제가 생깁니다. 프로그래머만이 부모 클래스를 확장하여 새로운 자식 클래스를 만들 수 있기 때문입니다.

상속에만 의존하여 게임을 개발할 때 생기는 문제점을 정리하면 다음과 같습니다.

- 오히려 코드를 재사용하기 힘든 경우가 생길 수 있습니다.
- 기획자가 새로운 오브젝트를 만들려면 프로그래머에게 의존해야 합니다.

이러한 문제를 해결하려면 컴포넌트 패턴을 사용해야 합니다.

3.2 컴포넌트 패턴 : 조립하는 게임 세상

게임 엔진에서 게임 오브젝트는 게임 세상에 존재하는 하나의 물체입니다. 유니티는 게임 오브젝트를 컴포넌트 패턴을 사용해 만듭니다.

컴포넌트 패턴 혹은 컴포지션Composition 패턴이란 미리 만들어진 부품을 조립하여 완성된 오브젝트를 만드는 방식입니다. 여기서 미리 만들어진 부품을 컴포넌트라 부르며 컴포넌트는 저마다의 대표 기능을 지닙니다.

컴포넌트 패턴에서 게임 오브젝트는 속이 빈 껍데기입니다. 개발자는 빈 게임 오브젝트에 컴포넌트를 조립하여 새로운 기능을 추가할 수 있습니다.

3.2.1 컴포넌트로 동물 만들기

기획자와 프로그래머가 컴포넌트로 게임 속 동물을 만든다고 가정해봅시다. 이전에는 프로그래머가 여러 필수 기능을 부모 클래스 하나에 몰아넣었습니다. 이번에는 부품마다 대표 기능을 하나씩 부여하고, 여러 부품을 게임 오브젝트에 조합하는 방식을 사용합니다.

[과정 이] 컴포넌트를 미리 여러 개 만들기

기획자는 게임에 등장할 모든 동물을 사전에 기획할 수 없습니다. 게임 콘텐츠는 계속 달라지고 추가되기 때문입니다. 따라서 프로그래머에게 동물이 아니라 동물에 사용할 다양한 종류의 부품을 미리 만들어달라고 요청하는 것이 더 현실적입니다.

컴포넌트 주머니

폐	지느러미
아가미	잠자기
탯줄	다리
뿔	날개
식사	알 낳기

▶ 컴포넌트들

프로그래머는 기획자가 요청한 부품들을 구현해 부품 주머니에 넣습니다. 이 부품들이 나중에 어떻게 사용될 것인지 지금은 알 수 없습니다. 이때 각 부품을 컴포넌트라 부르며, 컴포넌트마다 한 가지 능력을 가집니다. 예를 들어 '날개' 컴포넌트는 하늘을 나는 능력을 제공합니다.

[과정 02] 빈 게임 오브젝트 생성하기

이제 기획자는 컴포넌트들을 추가할 게임 오브젝트를 준비합니다. 먼저 기획자는 코뿔소라는 게임 오브젝트를 생성합니다. 코뿔소 게임 오브젝트는 내부가 비어 있습니다.

코뿔소

▶ 코뿔소 게임 오브젝트

게임 오브젝트는 빈 껍데기이며, 컴포넌트를 붙일 수 있는 **뼈대**나 **홀더**^{Holder} 역할을 합니다.

[과정 03] 코뿔소 게임 오브젝트 완성하기

이제 기획자는 원하는 기능을 제공하는 컴포넌트를 찾아 게임 오브젝트에 붙여서 게임 오브젝트에 실질적인 기능을 부여합니다.

먼저 코뿔소 게임 오브젝트에 숨쉬는 기능을 추가합니다. 이때 프로그래머는 코뿔소를 위해 숨쉬는 기능을 따로 작성할 필요가 없습니다. 단지 기획자는 숨을 쉬게 하는 부품인 '폐' 컴포넌트를 찾아 코뿔소 게임 오브젝트에 붙이면 됩니다. 그러면 코뿔소는 숨을 쉽니다.

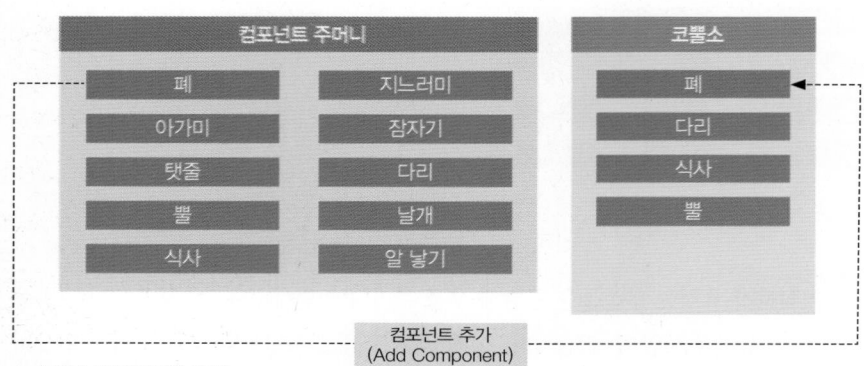

▶ 코뿔소에 컴포넌트 추가

코뿔소에 뛰어다니기 위한 다리가 필요하면 '다리' 컴포넌트를 찾아 코뿔소에 추가합니다. 코뿔소가 음식을 먹게 하고 싶다면 '식사' 컴포넌트를 찾아 코뿔소에 추가합니다.

이런 식으로 코뿔소에 필요한 모든 컴포넌트를 찾아 추가하면 온전한 기능을 가진 코뿔소 게임 오브젝트가 완성됩니다.

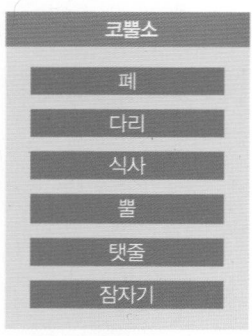

▶ 완성된 코뿔소 게임 오브젝트

[과정 04] 상어와 독수리 게임 오브젝트 생성하기

이번에는 기획자가 게임에 상어를 추가합니다. 이번에도 기획자 혼자 상어를 만들 수 있습니다. 먼저 상어라는 이름의 빈 게임 오브젝트를 생성합니다.

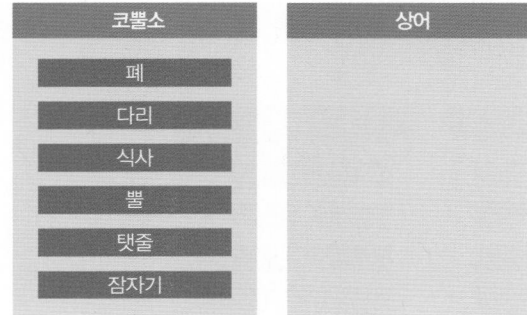

▶ 상어 게임 오브젝트

그다음에 알맞은 컴포넌트를 찾아 상어 게임 오브젝트에 추가하여 상어를 완성합니다.

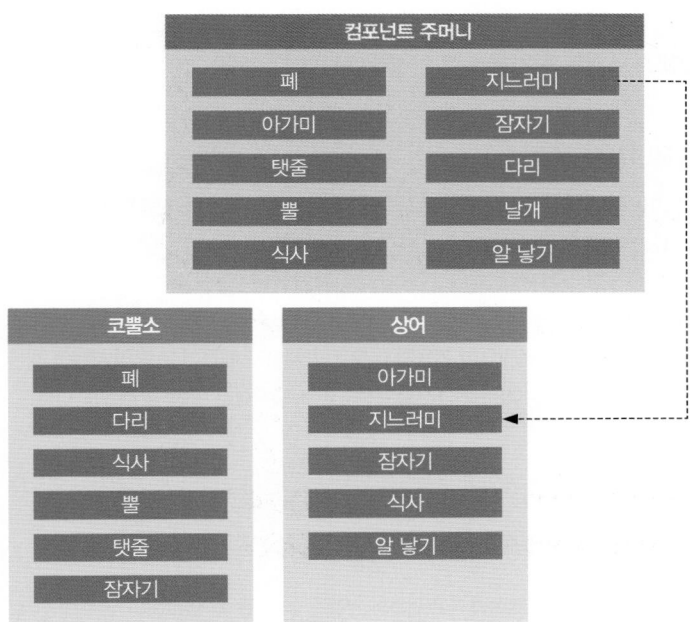

▶ 상어 게임 오브젝트에 컴포넌트 추가

같은 방법으로 독수리라는 이름의 빈 게임 오브젝트를 생성하고 컴포넌트를 추가하여 독수리를 완성합니다.

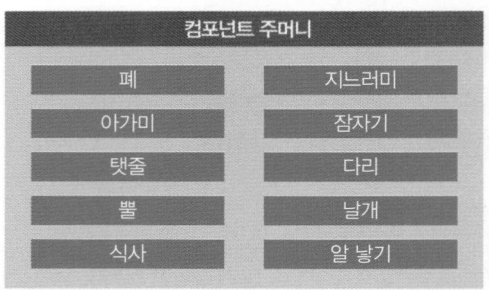

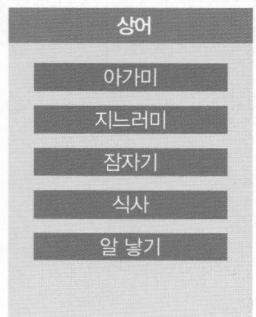
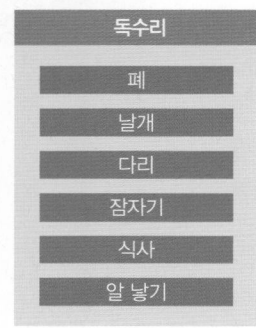

▶ **독수리 게임 오브젝트 완성**

이것으로 세 종류의 동물 게임 오브젝트를 간단하게 완성했습니다.

3.2.2 게임 오브젝트와 컴포넌트의 특징

결론적으로 컴포넌트 방식은 미리 만들어진 컴포넌트를 빈 껍데기인 게임 오브젝트에 조립하는 방식입니다. 컴포넌트 방식에는 세 가지 장점이 있습니다.

- **유연한 재사용이 가능합니다.**
  상속만을 사용한 예제에서는 부모 클래스의 불필요한 기능까지 모두 가져오기 때문에 코드 재사용이 힘든 경우가 있습니다. 컴포넌트 방식에서는 원하는 기능을 가진 컴포넌트만 선택적으로 골라 쓸 수 있습니다.

- **기획자의 프로그래머 의존도가 낮아집니다.**
  기획자는 미리 만들어진 컴포넌트를 조립하여 게임 오브젝트를 만들 수 있습니다. 따라서 기획자가 프로그래머에게 덜 의존합니다.

- **독립성 덕분에 기능 추가와 삭제가 쉽습니다.**
  겉으로는 간단해 보이는 수정 사항에도 프로그래머가 두려워하는 모습을 가끔 볼 수 있습니다. 코드의 한 부분만 수정하더라도 관련된 여러 부분의 코드가 망가질 수 있기 때문입니다. 하지만 컴포넌트 방식에서는 어떤 기능을 추가하거나 삭제할 때 다른 기능이 망가지지 않기 때문에 그런 걱정이 줄어듭니다.

3.2.3 컴포넌트의 독립성

컴포넌트 패턴의 장점은 두 가지 특징에서 파생됩니다.

- **게임 오브젝트는 단순한 빈 껍데기**
  몇 가지 식별 기능과 자신에게 어떠한 컴포넌트가 조립되어 있는지 알 수 있는 기능을 제외하면 특별한 기능은 없습니다.

- **컴포넌트는 스스로 동작하는 독립적인 부품**
  컴포넌트는 자신과 같은 게임 오브젝트에 추가된 다른 컴포넌트에 관심이 없습니다. 컴포넌트의 기능은 컴포넌트 내부에 완성(완결)되어 있기 때문입니다. 그러므로 컴포넌트는 다른 컴포넌트에 의존하지 않습니다. 즉, 게임 오브젝트에 어떤 컴포넌트를 마음대로 조립하거나 빼도 다른 컴포넌트가 망가지지 않습니다.

Player 게임 오브젝트와 NPC 게임 오브젝트가 다음 그림처럼 구성되어 있다고 합시다.

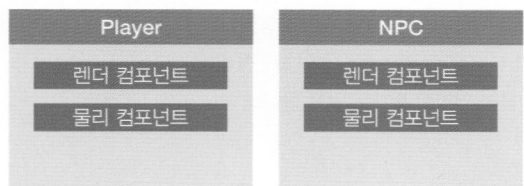

▶ 플레이어와 NPC

현재 Player 게임 오브젝트와 NPC 게임 오브젝트는 외형을 그려주는 렌더 컴포넌트와 물리 컴포넌트를 가지고 있습니다. 이때 Player나 NPC에서 물리 컴포넌트를 제거하면 물리 기능만 사라진다는 점에 주목합니다. 물리 컴포넌트가 제거되더라도 게임 오브젝트 자체는 전혀 망가지지 않습니다.

여기서 Player 게임 오브젝트에 입력 감지 컴포넌트를 추가하고, NPC 게임 오브젝트에 AI 컴포넌트를 추가했다고 합시다.

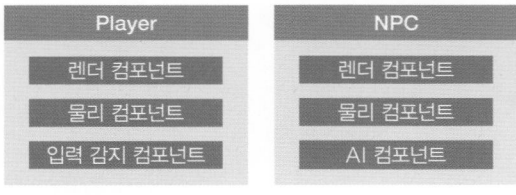

▶ 수정된 플레이어와 NPC

각자 새로운 기능을 가진 컴포넌트를 추가했지만 기존 컴포넌트를 수정할 필요는 없습니다. 결론적으로 컴포넌트 방식에서는 새로운 기능을 추가하거나 삭제할 때 기존 기능이 망가질까봐 걱정할 필요가 전혀 없습니다.

3.3 유니티 에디터에서의 컴포넌트

1장에서 만든 Hello Unity 프로젝트의 Cube 게임 오브젝트 구성에서 컴포넌트 구조를 다시 확인해봅시다.

1장에서 리지드바디 컴포넌트를 붙였을 때 인스펙터 창을 통해 확인할 수 있었던 Cube 게임 오브젝트의 컴포넌트들은 다음과 같았습니다.

- **트랜스폼(Transform)** : 게임 오브젝트의 위치와 크기, 회전을 지정합니다.
- **메시 필터(Mesh Filter)** : 오브젝트의 외곽선을 지정합니다.
- **메시 렌더러(Mesh Renderer)** : 메시를 따라 색을 채워 그래픽 외형을 그립니다.
- **박스 콜라이더(Box Collider)** : 다른 물체가 부딪칠 수 있는 물리적인 표면을 만듭니다.
- **리지드바디(Rigidbody)** : 게임 오브젝트가 물리 엔진의 통제를 받게 합니다.

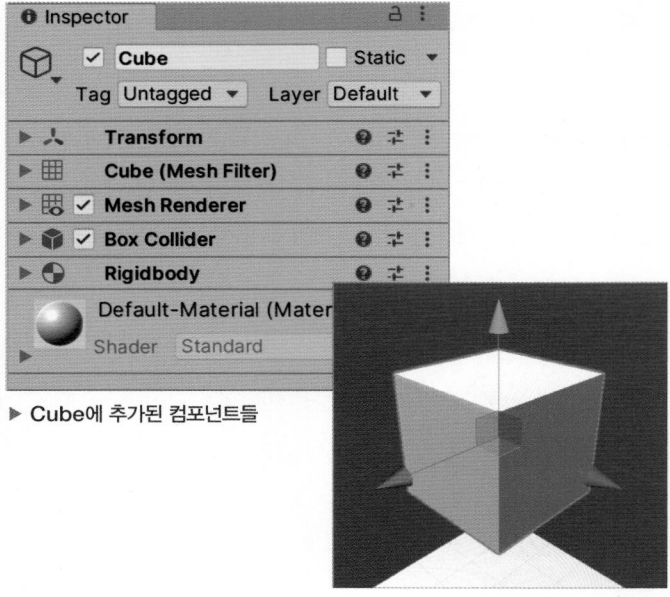

▶ Cube에 추가된 컴포넌트들

즉, Cube 게임 오브젝트의 외형과 기능은 본래 Cube가 지닌 것이 아니라 컴포넌트에 의해 추가되었다는 사실을 알 수 있습니다.

예를 들어 1장에서 처음 Cube 게임 오브젝트를 만들었을 때 Cube에는 물리 기능이 없었습니다. 나중에 리지드바디 컴포넌트를 추가함으로써 Cube에 물리 기능을 추가되고 중력의 영향을 받아 Cube가 떨어질 수 있었습니다.

컴포넌트를 추가할 때는 인스펙터 창에서 **Add Component** 버튼을 클릭합니다. 반대로 기존 컴포넌트를 제거할 수도 있습니다. 특정 컴포넌트를 제거하고 싶다면 컴포넌트를 **마우스 오른쪽 버튼**으로 클릭하거나 **컨텍스트 메뉴(:) 버튼**을 클릭한 다음 **Remove Component**를 선택합니다.

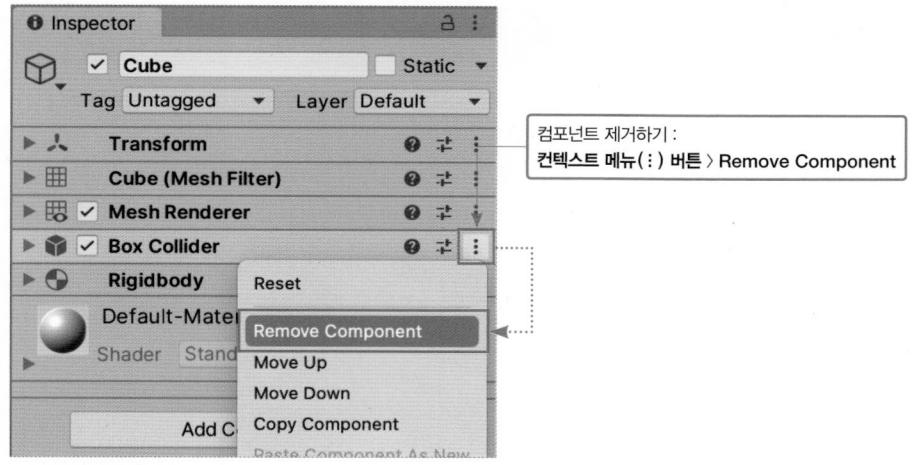

▶ **컴포넌트를 제거하는 방법**

만일 1장의 Cube 게임 오브젝트에서 박스 콜라이더 컴포넌트를 제거하면 Cube 게임 오브젝트의 물리적인 표면이 사라집니다. 따라서 큐브는 다른 물체와 충돌하지 않고 그대로 뚫고 지나가게 됩니다.

하지만 박스 콜라이더가 제거되어도 Cube 게임 오브젝트의 다른 컴포넌트들은 정상적으로 동작합니다. 따라서 박스 콜라이더 컴포넌트를 제거하고 씬을 플레이하면 리지드바디 컴포넌트에 의해 큐브가 아래로 떨어지지만 물리적인 표면이 없어 바닥을 뚫고 영원히 아래로 떨어집니다.

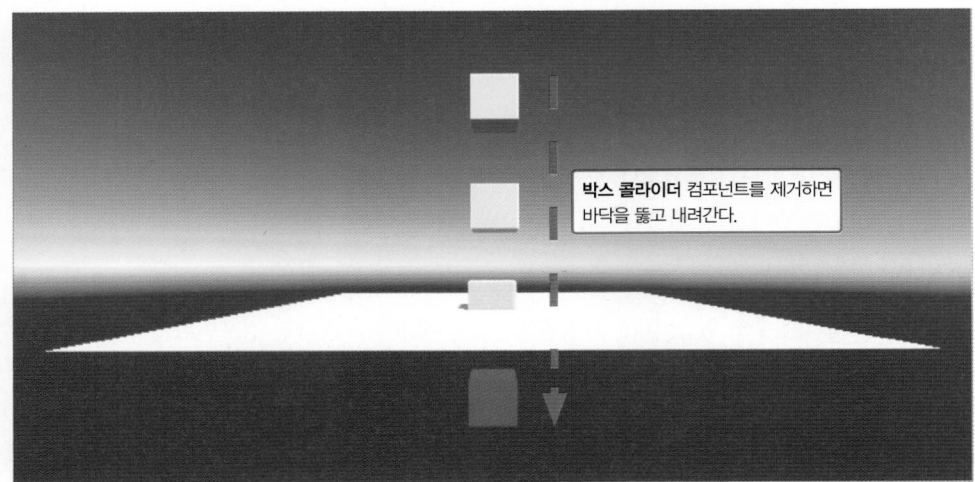

박스 콜라이더 컴포넌트를 제거하면 바닥을 뚫고 내려간다.

▶ 박스 콜라이더를 제거한 큐브

지금까지 유니티의 게임 오브젝트에 컴포넌트를 추가하고 삭제하는 방식을 알아보았습니다. 다음 절에서는 컴포넌트 구조의 브로드캐스팅 특성을 살펴보겠습니다.

3.4 메시지와 브로드캐스팅

컴포넌트 구조에서는 '전체 방송'을 이용해 컴포넌트의 특정 기능을 간접적으로 실행할 수 있습니다. 이러한 전체 방송을 '브로드캐스팅'이라 부릅니다.

3.4.1 MonoBehaviour는 무엇인가

브로드캐스팅이 가능한 원리를 이해하려면 먼저 모든 컴포넌트의 기반인 MonoBehaviour를 알아야 합니다.

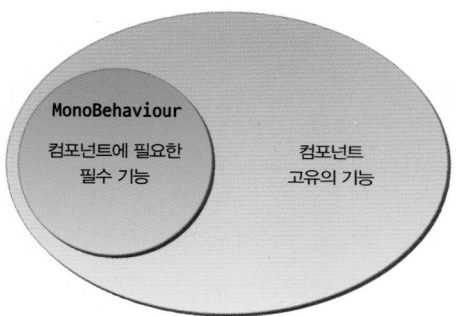

▶ 유니티 컴포넌트의 구조

유니티의 모든 컴포넌트는 MonoBehaviour 클래스를 상속합니다. MonoBehaviour 클래스는 유니티에서 미리 만들어 제공하는 클래스이며 컴포넌트에 필요한 기본 기능을 제공합니다. 즉, MonoBehaviour를 상속한 클래스는 게임 오브젝트에 컴포넌트로서 추가될 수 있습니다.

MonoBehaviour를 상속해서 만든 컴포넌트는 유니티의 제어를 받게 됩니다. 그러므로 컴포넌트는 유니티의 메시지를 들을 수 있습니다.

3.4.2 메시지 기반 방식

컴포넌트 패턴에서 컴포넌트들은 서로 관심이 없습니다. 어떤 컴포넌트는 같은 게임 오브젝트에 추가된 다른 컴포넌트가 '일부러 찾아내기' 전에는 알 수 없습니다.

마찬가지로 유니티 엔진 또한 어떤 게임 오브젝트에 어떤 컴포넌트가 추가되었는지 그 모든 명단을 모조리 파악하지 않습니다. 따라서 유니티는 컴포넌트의 어떤 기능을 실행시키고 싶을 때 '당사자를 직접 찾아가는' 방법 대신에 메시지를 날리는 방식을 사용합니다.

유니티는 발동시키고 싶은 기능의 이름을 담아 게임 세상에 메시지를 뿌립니다. 게임 세상에 오브젝트가 100개 있다면 100개 오브젝트가 모두 메시지를 받습니다.[2]

메시지를 받은 오브젝트가 메시지에 명시된 기능을 가지고 있다면 해당 기능을 실행합니다. 메시지에 명시된 기능을 가지고 있지 않다면 자신과 상관없는 메시지이기 때문에 메시지를 무시합니다.

---

2 제한 없이 모든 오브젝트에 메시지를 전파하면 성능에 좋지 않으므로 실제로는 브로드캐스팅에 적절한 필터링과 제약을 겁니다.

메시지 방식은 다음과 같은 특징이 있습니다.

- 메시지를 보내는 쪽은 누가 받게 될지 신경 쓰지 않습니다.
- 메시지를 받은 쪽은 누가 보냈는지 신경 쓰지 않습니다.
- 메시지를 받았을 때 메시지에 명시된 기능을 가지고 있다면 실행합니다. 관련 없다면 무시합니다.

메시지 기반 방식은 누가 메시지를 보냈는지, 누가 받게 될지 신경 쓰지 않기 때문에 컴포넌트의 독립성을 유지할 수 있습니다. 이런 식으로 메시지를 무차별적으로 여러 오브젝트에 동시에 뿌리는 방법을 브로드캐스팅이라고 합니다.

3.4.3 브로드캐스팅

유니티가 메시지로 원하는 기능을 동작시키는 방법을 더 자세히 알아봅시다.

다음 그림처럼 게임 월드에 컴포넌트들이 추가된 3개의 게임 오브젝트가 있다고 합시다.

게임 월드

▶ 게임 오브젝트와 컴포넌트들

그림에서 Eat(), Play(), Dance() 등을 메서드라고 부르며, 각 컴포넌트가 가지고 있는 기능입니다. 유니티는 컴포넌트들의 Dance() 기능을 일괄 실행하려 합니다. 하지만 일일이 모든 컴포넌트를 찾아가 Dance()를 수동으로 실행할 필요는 없습니다. 대신 게임 세상에 Dance라는 메시지를 브로드캐스팅합니다.

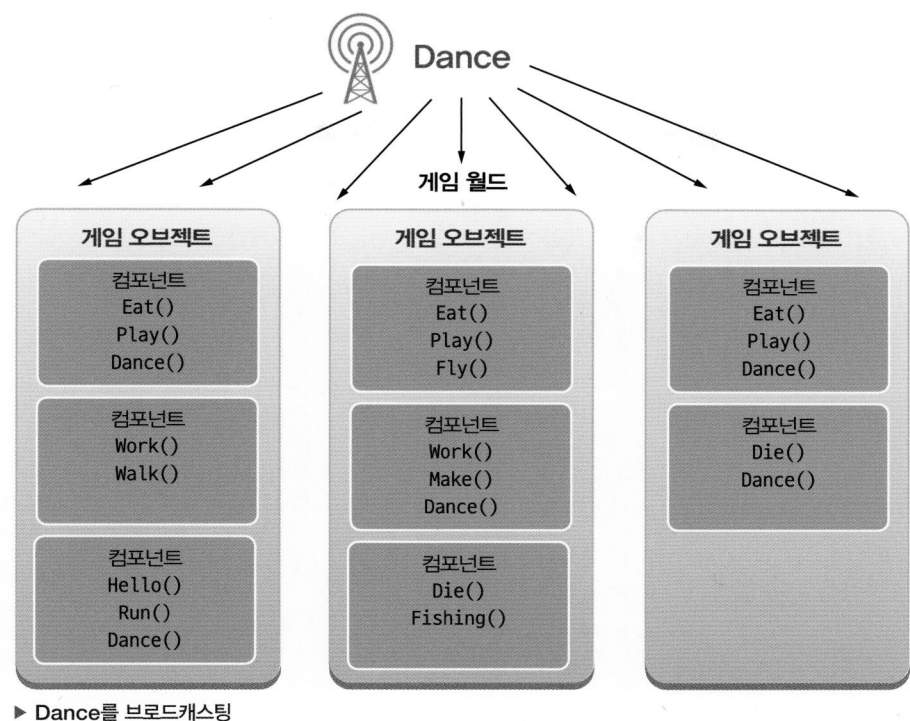

▶ Dance를 브로드캐스팅

그러면 게임 세상에 존재하는 모든 게임 오브젝트와 컴포넌트가 Dance라는 메시지를 듣게 됩니다.

메시지를 받은 오브젝트들은 메시지가 어디서 왔는지 따지지 않습니다. 만약 메시지에 표시된 Dance를 가지고 있지 않다면 메시지를 무시합니다. 하지만 만약 어떤 컴포넌트가 메시지에 표시된 Dance와 같은 이름의 Dance() 기능을 가지고 있다면 실행합니다. 결과적으로 단 한 번 브로드케이팅으로 Dance()를 가진 모든 컴포넌트가 Dance()를 실행하게 합니다.

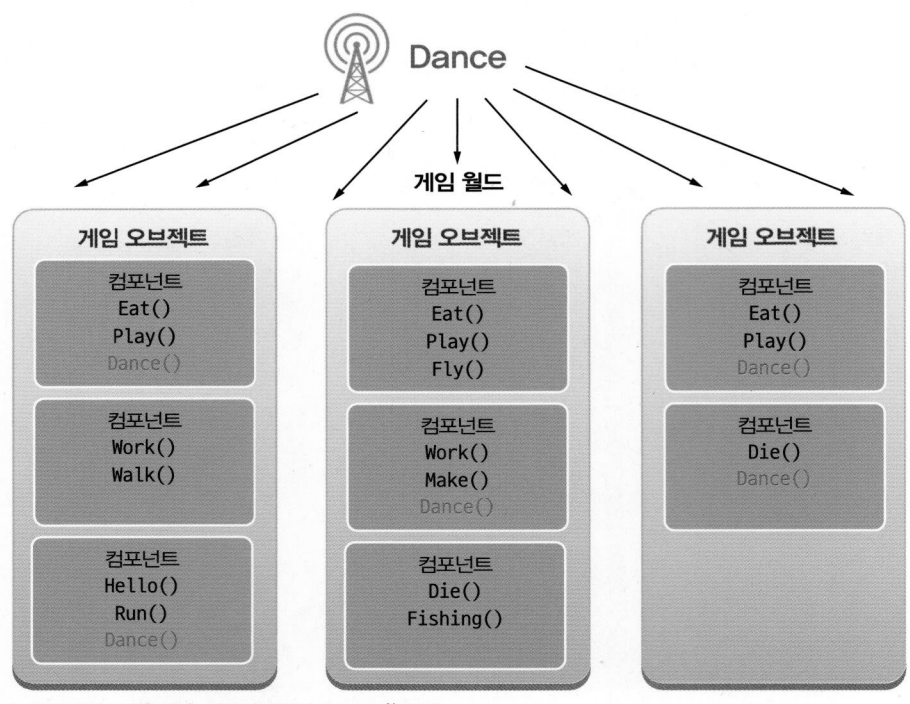

▶ 브로드캐스팅을 들은 컴포넌트들이 Dance() 실행

브로드캐스팅은 특정 오브젝트를 직접 가리키지 않고 원하는 기능을 수행하게 합니다. 브로드 캐스팅은 유니티에서 어떤 컴포넌트가 다른 컴포넌트에 의존하지 않고 독립적으로 동작할 수 있는 구조를 가질 수 있는 이유이기도 합니다.

3.4.4 유니티 이벤트 메서드

메시지와 브로드캐스팅은 앞으로 많이 사용할 Start(), Update(), OnTriggerEnter() 등의 '유니티 이벤트 메서드'가 동작하는 원리입니다(메서드는 4장에서 자세히 설명합니다).

예를 들어 Start() 메서드는 게임 오브젝트가 처음 활성화될 때 자동으로 한 번 실행됩니다. 게임 오브젝트가 활성화될 때 유니티가 해당 게임 오브젝트에 Start라고 적힌 메시지를 브로 드캐스팅하기 때문입니다. 따라서 Start() 메서드를 수동으로 실행할 필요가 없습니다.

유니티에는 이런 식으로 이름 철자만 똑같이 구현해두면 메시지에 의해 자동으로 실행되는 메서 드들이 있습니다. 이러한 메서드를 유니티 이벤트 함수 또는 유니티 이벤트 메서드라고 합니다.

3.5 마치며

이 장에서는 유니티에서 게임 오브젝트의 핵심이 되는 컴포넌트와 게임 오브젝트 구조를 배웠습니다.

컴포넌트 구조에서는 미리 만들어진 컴포넌트를 게임 오브젝트에 조립하여 원하는 기능을 구현합니다. 그리고 유니티는 미리 만들어진 수많은 컴포넌트를 제공합니다. 따라서 유니티를 사용하면 원하는 기능을 바닥부터 직접 만드는 대신 전체 게임 로직에 집중할 수 있습니다.

이 장에서 배운 내용 요약

- 상속은 부모 클래스를 기반으로 자식 클래스를 만드는 겁니다.
- 게임 오브젝트는 컴포넌트를 조립할 수 있는 단순한 빈 껍데기입니다.
- 빈 게임 오브젝트에 컴포넌트를 붙여 기능을 추가합니다.
- 컴포넌트는 기능을 가진 부품입니다.
- 컴포넌트는 게임 오브젝트에 조립됩니다.
- 컴포넌트는 서로 독립적입니다.
- 유니티의 모든 컴포넌트는 MonoBehaviour를 확장하여 만들어집니다.
- 메시지를 받은 컴포넌트는 메시지에 표시된 기능을 가지고 있으면 실행합니다.
- 브로드캐스팅은 메시지를 무차별적으로 뿌리는 겁니다.

2부

C# 프로그래밍

모든 게임 엔진에서 프로그래밍은 절대 생략할 수 없는 부분입니다. 단순한 게임조차 플레이어의 조작을 감지하고 어떻게 동작해야 할지 고민해야 합니다. 따라서 대부분의 게임 엔진은 개발자가 스크립트를 작성해서 게임 엔진을 조종할 수 있는 기능을 제공합니다.

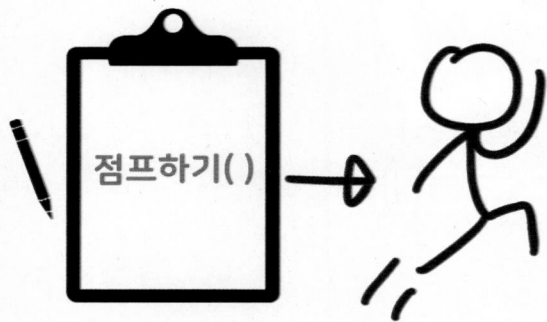

▶ 스크립트로 게임 엔진의 동작 정하기

스크립트는 게임 엔진이 어떻게 동작할지 작성한 텍스트 파일입니다. 유니티는 스크립트 언어로 C#을 사용합니다. 따라서 유니티를 제대로 사용하려면 C# 프로그래밍을 이해해야 합니다.

2부에서는 유니티에서의 C# 프로그래밍을 배웁니다. 프로그래밍의 기본 이론과 C# 기본 문법, 객체지향, 클래스, 오브젝트를 프로그래밍에 대한 기존 지식이 전혀 없는 초보자의 눈높이에 맞춰 설명합니다.

4장 C# 프로그래밍 시작하기

이 장에서는 C# 스크립트를 작성하기 전에 프로그래밍에 필요한 기본 개념을 알아봅니다. 그리고 C#의 다양한 기본 문법을 사용해보고, 유니티에서 첫 C# 스크립트를 작성합니다.

이 장에서 다루는 내용

- 프로그래밍 기본 이론
- 변수와 메서드
- 유니티에서 C# 스크립트를 구현하는 방법
- C# 기초 문법과 사용법

4.1 변수 개념 잡기

모든 프로그래밍 언어에서 공통적으로 사용하는 '변수'와 '메서드(함수)'에 관한 개념을 알아보겠습니다.

먼저 변수부터 알아봅니다. **변수는 값을 저장하는 장소입니다.**

▶ 변수는 값을 저장하는 장소

변수에 저장한 값은 게임 도중 언제든지 접근하고 수정할 수 있습니다. 변수를 사용하는 이유는 원하는 값을 기억하고 다시 사용하기 위해서입니다.

게임 상점을 만든다고 생각해봅시다. 플레이어가 1000 골드를 가지고 있다고 합시다. 이것을 기억하는 gold라는 변수를 만듭니다. 그리고 1000을 집어넣습니다.

```
int gold = 1000;
```

=는 대입 연산자 혹은 이퀄equal이라고 읽으며, 오른쪽에 있는 값을 왼쪽에 전달한다는 의미입니다. 즉, gold라는 이름에 1000이라는 값을 저장(할당)합니다.

나중에 변수 gold에서 1000이라는 값을 다시 가져올 수 있습니다. 만약 플레이어가 상점에서 200 골드짜리 아이템을 구매했다면 gold에서 200을 빼면 됩니다.

```
int gold = 1000;
gold = gold - 200;
```

4.1.1 변수 선언하기

컴퓨터는 똑똑하지 않아서 변수가 어떤 종류의 데이터를 다룰지 자동으로 추측하지 못합니다. 따라서 변수가 처음 등장할 때는 변수 앞에 사용할 데이터의 종류(타입)를 표시해야 합니다.

새로운 변수를 만들고 타입을 정하는 것을 '변수를 선언한다'고 표현합니다.

```
int gold;
```

위 코드는 정수 타입의 값을 다루는 gold 변수를 선언한 겁니다. gold 앞의 int는 소수점이 없는 숫자를 뜻하는 integer(정수)의 약자입니다.

다음과 같이 변수 선언과 동시에 초깃값을 할당할 수도 있습니다.

```
int gold = 1000;
```

변수를 선언한 다음에는 반드시 세미콜론(;)을 사용해서 코드 한 줄이 끝났음을 알려야 합니다.

정리하면 다음과 같은 형식으로 변수를 선언합니다.

타입 변수명;

▶ 변수 선언 형식

4.1.2 변수의 여러 형태

변수로 다룰 수 있는 타입은 정수(int) 외에도 여러 개 있습니다. 그중에는 특별한 형태의 값을 사용하는 타입도 있습니다.

아래는 정수 외의 타입을 사용한 변수의 예제입니다.

```
float itemWeight = 1.34f;

bool isStoreOpen = true;

string itemName = "포션";
```

위 예제에서 알 수 있듯이 int와 달리 특수한 형태를 요구하는 변수도 있습니다.

- **float은 실수(소수점을 가질 수 있는 수)를 저장하는 타입입니다.**
  float은 부동소수점(floating point)의 약자입니다. '부동'은 동동 떠다닌다는(floating) 의미입니다. 그
  러므로 부동소수점은 소수점이 숫자 사이를 동동 떠다닌다는 의미가 됩니다. 저장할 값에 따라서 소수점의
  위치가 고정되어 있지 않고 변하기 때문에 붙여진 이름입니다.

▶ 숫자 사이를 동동 떠다니는 소수점

  여기서는 아이템의 무게(itemWeight)를 저장하는 데 사용했습니다. **float 타입의 숫자 끝에는 꼭 f를 붙
  여야 합니다.**

- **bool은 true(참) 또는 false(거짓)을 저장하는 타입입니다.**
  bool은 불리언(boolean)의 약자입니다. 논리대수를 만든 수학자 조지 불(George Boole)의 이름에서
  따왔습니다. 앞의 예제에서는 상점이 문을 열었는지(isStoreOpen) 나타내는 데 사용했습니다. **bool은 값
  으로 true와 false만 사용할 수 있습니다.**

- **string은 문자열을 저장하는 타입입니다.**
  string은 문자열(문장)을 저장합니다. 여기서는 아이템 이름(itemName)을 저장하는 데 사용했습니다.
  string은 저장할 문자열을 반드시 큰따옴표(")로 묶어야 합니다.

4.1.3 정리하기

- **변수는 값을 저장하는 장소입니다.**
  변수에 값을 저장하면 게임 도중에 언제든지 접근해서 사용할 수 있습니다.

- **변수를 처음 선언할 때는 반드시 타입을 명시해야 합니다.**
  몇몇 타입의 변수는 특수한 형태의 값을 사용합니다. 변수에는 변수 타입에 알맞은 값을 저장해야 합니다.

여기서는 변수의 개념과 다양한 변수 형태가 있다는 사실만 확인하고 넘어갑니다. 변수 사용법과 타입에 관한 자세한 내용은 4.5절 '변수 연습하기'에서 다룹니다.

4.2 함수(메서드) 개념 잡기

함수는 미리 정해진 동작을 수행하는 코드 묶음입니다. 어떤 처리를 미리 함수로 만들어두면 다시 반복해서 사용할 수 있습니다.

초등학교 수학시간에 나오는 마법 상자가 바로 함수입니다.

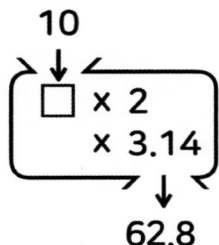

▶ 입력과 출력을 가진 마법 상자

위 그림은 원의 반지름을 넣으면 원둘레를 알려주는 마법 상자입니다. 마법 상자에는 입구와 출구가 있고, 입구에 어떤 값을 넣으면 항상 거기에 대응하는 알맞은 값이 나옵니다. 한 번 만들어둔 마법 상자는 필요할 때마다 다시 사용할 수 있습니다. 프로그래밍에서 함수도 마찬가지입니다.

4.2.1 함수로 중복 코드 줄이기

프로그래밍에서 함수는 미리 지정된 동작을 수행하는 코드 묶음입니다. 함수를 사용하면 같은 동작을 수행하는 코드를 여러 번 작성할 필요가 없습니다.

물체를 움직이는 기능을 만들어 이를 나무 상자와 금속 상자에 적용해 움직여봅시다.

[과정 01] 물체를 움직이는 기능 만들기
체력(HP)을 10 소모하여 물체를 3미터만큼 옮긴다고 합시다.

▶ 물체 움직이기

이 기능을 코드 어딘가에 나열하면 다음과 같은 모습이 될 겁니다.

> **물체 움직이기:**
>   체력 10만큼 감소
>   오브젝트를 3미터 옮기기

▶ 물체 움직이기 코드 명세

[과정 02] 나무 상자와 금속 상자 움직이기

앞에서 만든 기능을 나무 상자와 금속 상자를 대상으로 사용합시다. 함수가 없다면 물체를 움직이는 코드를 나무 상자와 금속 상자 각각에 대해 반복해서 작성해야 합니다.

> **나무 상자 움직이기:**
>   체력 10만큼 감소
>   오브젝트를 3미터 옮기기

> **금속 상자 움직이기:**
>   체력 10만큼 감소
>   오브젝트를 3미터 옮기기

▶ 나무 상자와 금속 상자에 적용하기

만약 옮길 물체가 100개라면 코드를 100번 반복해서 작성해야 합니다.

[과정 03] 물체를 옮기는 기능에 소리 추가하기

물체를 옮길 때 효과음을 재생하는 처리를 추가하려 합니다. 그렇게 하려면 기존 코드를 다음과
같이 바꿔야 합니다.

물체 움직이기:
  체력 10만큼 감소
  오브젝트를 3미터 옮기기
  효과음 재생

▶ 기존 기능에 새로운 코드 추가

이를 적용하려면 물체를 움직이는 모든 부분을 찾아가서 다음과 같이 새로운 코드를 일일이 추
가해주어야 합니다.

나무 상자 움직이기:
  체력 10만큼 감소
  오브젝트를 3미터 옮기기
  효과음 재생

금속 상자 움직이기:
  체력 10만큼 감소
  오브젝트를 3미터 옮기기
  효과음 재생

▶ 기존 코드를 일일이 수정

옮길 물체가 100개라면 100군데 모두 수정해야 합니다. 이런 방법은 귀찮고 비효율적이며 실
수하기 쉽습니다. 새로운 해결책이 필요합니다.

[과정 04] 함수를 사용해서 반복되는 코드 대체

반복되는 코드를 함수로 대체하면 문제를 해결할 수 있습니다. 물체를 움직이는 기능에 관한
코드를 Move ( )라는 함수로 묶습니다.

```
void Move() {
    체력 10만큼 감소
    오브젝트를 3미터 옮기기
    효과음 재생
}
```

▶ 함수로 묶은 코드

기존에 물체를 움직인 코드를 Move() 뒤에 두고 중괄호로 묶었습니다. 이렇게 묶인 영역은
Move() 함수의 바디 body가 됩니다.

이렇게 하면 나무 상자와 금속 상자의 중복 코드를 다음과 같이 Move() 함수로 간결하게 대체
할 수 있습니다.

```
나무 상자 움직이기:
    Move();
```

```
금속 상자 움직이기:
    Move();
```

▶ Move 함수로 대체된 코드

이제는 어떤 물체를 움직일 때 Move() 함수만 사용하면 됩니다. 이처럼 함수를 사용하면 코드
가 반복되는 문제를 간결하게 해결할 수 있습니다.

4.2.2 함수의 입력

나무 상자는 가볍고 금속 상자는 무겁습니다. 따라서 물체에 따라 필요한 체력과 한 번에 옮기
는 거리가 달라야 합니다. 앞의 예제에서는 Move() 함수가 사용하는 수치가 체력은 10, 거리
는 3으로 고정되어 있습니다.

나무를 옮길 때는 체력 10을 소모하여 물체를 3미터, 금속을 옮길 때는 체력 30을 소모하여 물
체를 1미터만큼 옮기고 싶습니다.

▶ 재질에 따라 다른 값을 쓰고 싶다

이럴 때는 함수의 입력을 사용합니다. Move( )의 괄호 부분은 바깥에서 값을 줄 수 있는 입구입니다. 이 입구를 사용해 값을 전달할 수 있도록 Move( ) 함수를 변경하겠습니다.

[과정 01] Move( ) 함수가 입력을 받게 하기

① Move( ) 함수에서 체력과 거리를 다음과 같이 hp와 distance 변수로 대체합니다.

```
void Move(int hp, int distance) {
    체력 hp만큼 감소
    오브젝트를 distance미터 옮기기
    효과음 재생
}
```

▶ 값을 전달할 수 있도록 함수의 입력 정의

② 그러면 Move( ) 함수 입력을 통해 hp와 distance에 값을 전달할 수 있습니다.

```
물체 움직이기:
    Move(hp, distance);
```

▶ 함수에 값 전달하기

[과정 02] 서로 다른 값을 사용하여 Move( ) 함수 실행하기

다음과 같이 나무 상자는 체력 10과 거리 3을 사용하도록, 금속 상자는 체력 30과 거리 1을 사용하도록 Move( )를 실행합니다.

```
나무 상자 움직이기:
    Move(10, 3);
```

```
금속 상자 움직이기:
    Move(30, 1);
```

▶ 함수 입력을 통해 서로 다른 값 사용하기

Move() 함수에 입력이 전달되는 과정은 아래 그림을 보면 이해하기 쉽습니다.

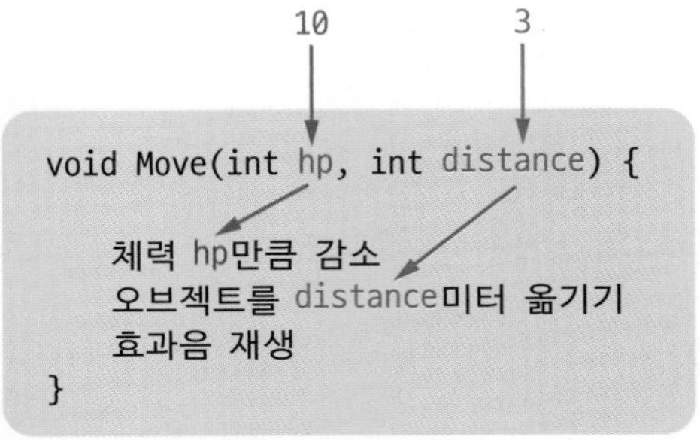

```
          10            3



void Move(int hp, int distance) {

    체력 hp만큼 감소
    오브젝트를 distance미터 옮기기
    효과음 재생
}
```

▶ 외부의 입력이 함수로 전달되는 과정

함수 입력 부분 (int hp, int distance)는 외부로부터 int 타입의 값을 두 개 받겠다는 의미입니다. 그리고 입력을 통해 외부에서 받은 값을 각각 hp와 distance라는 변수로 함수 내부에서 사용합니다.

4.2.3 함수의 출력(반환값)

Move() 함수는 실행 결과를 다른 곳에 전달할 필요가 없었습니다. 하지만 어떤 함수는 계산이나 처리 결과를 다른 곳에 전달할 필요가 있습니다.

임의의 숫자를 하나 생성하는 GetRandomNumber() 함수를 살펴봅시다.

```
void GetRandomNumber() {
    int number = 0;
    number = 임의의_숫자;
}
```

이 함수는 변수 number를 만들고 임의의 숫자를 할당합니다. 하지만 그 값을 외부에 전달하지는 않습니다. 따라서 number에 저장된 임의의 숫자를 외부에서 사용할 수 없습니다. 이때 return 키워드를 사용하면 값을 외부로 전달할 수 있습니다.

```
void GetRandomNumber() {
    int number = 0;
    number = 임의의_숫자;

    return number;
}
```

return number;는 'number를 반환한다'라고 읽습니다. return은 ① 함수를 종료하고 ② 자신을 실행(호출)한 곳으로 되돌아가서 값을 전달(반환)합니다. 여기서는 다음과 같이 동작합니다.

① GetRandomNumber( ) 함수의 모든 처리를 종료합니다.
② GetRandomNumber( ) 함수를 실행한 곳으로 되돌아가서 number의 값을 전달합니다.

컴퓨터는 똑똑하지 않아서 함수가 return으로 전달할 데이터 타입을 스스로 추측할 수 없습니다. 따라서 함수 이름 앞에 반환값(출력값 또는 리턴값이라고도 합니다)의 타입을 표시해주어야 합니다. 지금은 반환값이 없음을 뜻하는 void 타입을 지정했습니다(void는 '공허'라는 뜻입니다).

```
void GetRandomNumber()
```

GetRandomNumber( )는 결과로 정수 int를 반환하므로 다음과 같이 void를 int로 변경해야 합니다.

```
int GetRandomNumber() {
    int number = 0;
    number = 임의의_숫자;

    return number;
}
```

이제 GetRandomNumber() 함수의 실행 결과를 다른 곳에 전달할 수 있습니다. 다음과 같이 함수를 실행한 다음 = 기호를 사용해 함수의 결과(반환값)를 다른 변수에 저장하면 됩니다.

```
int randomNumber = GetRandomNumber();
```

여기서 함수를 종료하고 결과를 반환하는 키워드로 return(되돌아가다)을 사용하는 이유를 알수 있습니다. return은 함수가 끝났을 때 자신을 사용한 곳으로 되돌아가서 값을 전달하기 때문입니다. 다음 그림에서 그 흐름을 이해할 수 있습니다.

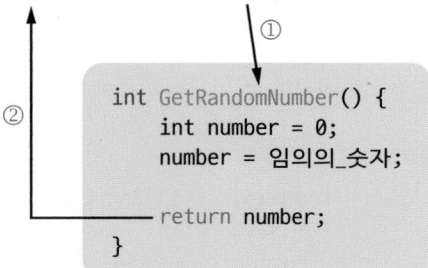

▶ 함수의 리턴값이 전달되는 흐름

지금까지의 내용을 정리하면 다음과 같습니다.

- 함수는 입력을 받거나 받지 않을 수 있습니다.
- 함수는 결과를 반환하거나 반환하지 않을 수 있습니다.

4.3 첫 스크립트 작성하기

C# 프로그래밍을 시작합시다. 먼저 연습용 프로젝트를 생성하고 첫 스크립트를 작성하겠습니다.

4.3.1 새 프로젝트 생성하기

새 프로젝트를 생성하겠습니다. 방법은 1장과 같습니다. 프로젝트 이름은 'Hello Coding'으로 하겠습니다. 경로는 원하는 곳으로 임의 지정합니다.

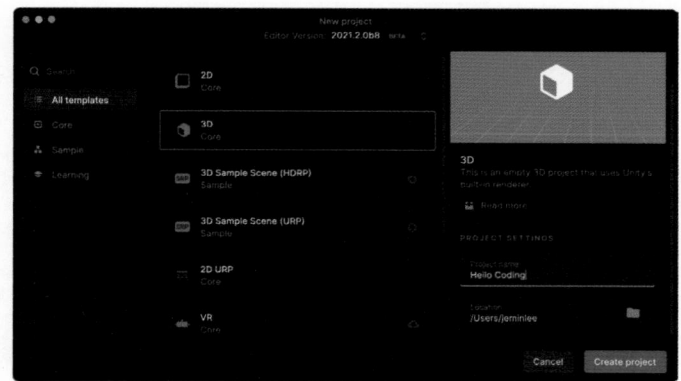

▶ 새 프로젝트 생성

이 장에서 작성할 스크립트 결과는 콘솔 창에서 확인할 수 있습니다. 만약 유니티 에디터에 콘솔 창이 보이지 않는다면 유니티 상단 메뉴에서 **Windows** 〉 **General** 〉 **Console**을 클릭하여 콘솔 창을 띄우고 시작합니다.

또한 콘솔 창에서 **Collapse** 탭이 활성화된 경우 해제할 것을 추천합니다. **Collapse**가 활성화되어 있으면 같은 내용의 로그들이 하나로 묶입니다. 따라서 로그 출력 순서를 확인하기 불편합니다.

4.3.2 첫 C# 스크립트 파일 작성하기

먼저 C# 스크립트를 작성하고 나서 스크립트 구조를 살펴보겠습니다.

[과정 01] 새로운 C# 스크립트 작성

① **프로젝트** 창 왼쪽 상단의 **+** 〉 **C# Script** 클릭
② 생성된 스크립트 파일의 **이름**을 즉시 **HelloCode**로 변경

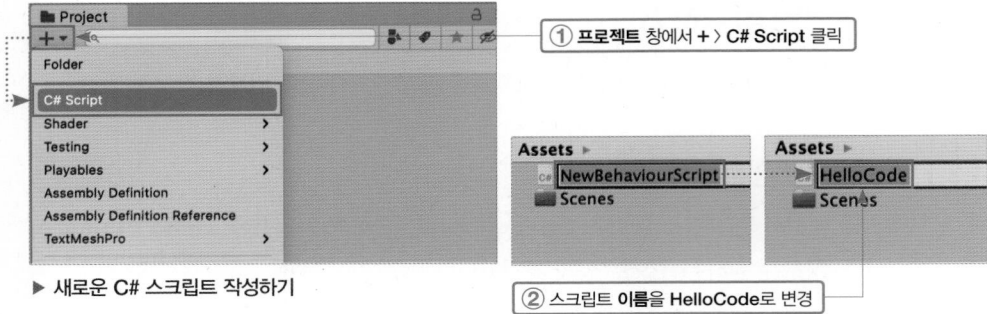

① 프로젝트 창에서 + 〉 C# Script 클릭

② 스크립트 **이름**을 HelloCode로 변경

▶ 새로운 C# 스크립트 작성하기

그다음 생성한 HelloCode 스크립트 파일을 프로젝트 창에서 더블 클릭합니다. 그러면 코드 편집기(비주얼 스튜디오)에서 코드가 열립니다.

맥   윈도우

▶ 맥과 윈도우에서 열린 비주얼 스튜디오

NOTE_ **비주얼 스튜디오 로그인**

비주얼 스튜디오를 처음 실행할 때 마이크로소프트 로그인 창이 열릴 수 있습니다. 마이크로소프트 계정이 없으면 비주얼 스튜디오를 60일 동안만 사용할 수 있습니다. 마이크로소프트 계정 생성과 사용은 무료이므로 계정을 만들고 로그인할 것을 추천합니다.

열린 **HelloCode** 스크립트에는 다음과 같이 자동 생성된 코드가 있습니다.

```
using System.Collections;
using System.Collections.Generic;
using UnityEngine;

public class HelloCode : MonoBehaviour {
```

```
    // Use this for initialization
    void Start() {

    }

    // Update is called once per frame
    void Update() {

    }
}
```

using, public, class 등 복잡한 키워드가 많지만 2부가 끝날 때쯤 모두 이해하게 되므로 안심해도 됩니다.

C# 스크립트 파일명을 변경할 때 주의할 점

새로운 C# 스크립트를 생성하면 파일명에 맞춰 스크립트의 클래스명이 자동으로 결정됩니다. 예를 들어 HelloCode라는 C# 스크립트 파일을 생성하면 스크립트 내의 클래스명 또한 public class HelloCode 같은 형식으로 자동 설정됩니다.

따라서 새 스크립트를 생성하면 파일명을 NewBehaviourScript에서 다른 이름으로 즉시 변경하는 게 좋습니다.

나중에 C# 스크립트의 파일명을 변경하면 변경한 파일명에 맞춰 기존 코드의 내용이 자동 수정되지 않습니다. 유니티 C# 스크립트는 파일명과 스크립트 내의 클래스명이 다르면 제대로 동작하지 않습니다. 이미 생성된 C# 스크립트의 파일명을 나중에 바꾸면 스크립트에 선언된 클래스명도 파일명과 일치하도록 직접 수정해야 합니다.

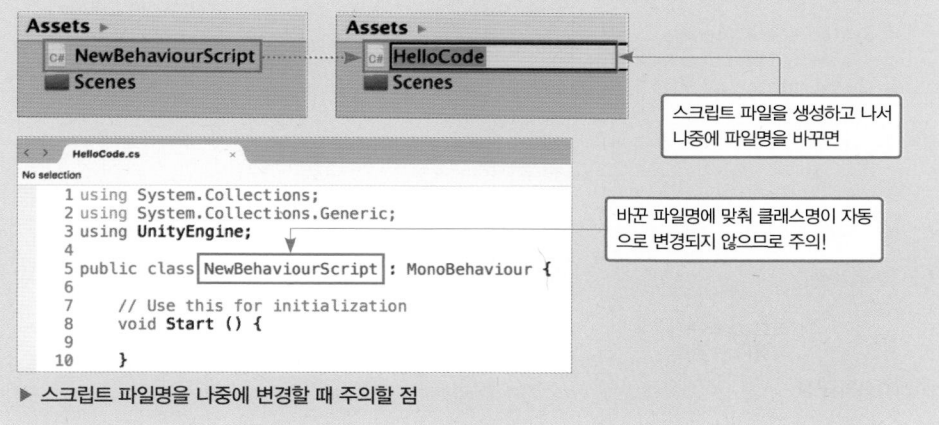

▶ 스크립트 파일명을 나중에 변경할 때 주의할 점

4.3.3 스크립트 구성 살펴보기

코딩을 하기 전에 자동으로 생성된 스크립트가 어떻게 구성되어 있는지 살펴보겠습니다.
HelloCode 스크립트에서 지금은 사용하지 않을 부분을 지워서 정리한 뒤 살펴봅니다.

[과정 01] HelloCode 스크립트를 깔끔하게 정리하기

① **HelloCode** 스크립트의 전체 코드를 다음과 같이 정리

```
using System.Collections;
using System.Collections.Generic;
using UnityEngine;

public class HelloCode : MonoBehaviour {

    void Start() {

    }
}
```

[과정 02] 스크립트 구성 살펴보기

전체 스크립트가 using, class, Start() 세 부분으로 구성된 것을 알 수 있습니다. 이 중에서
class는 5장에서 다룹니다. 여기서는 using과 Start()를 살펴보겠습니다.

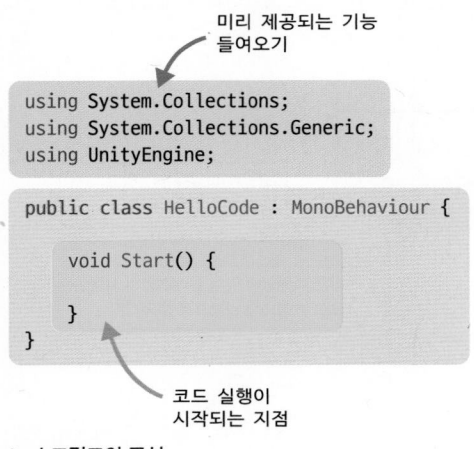

▶ 스크립트의 구성

- **using**

  using 키워드를 이용하여 사용할 라이브러리의 경로를 지정하면 해당 라이브러리에 들어 있는 코드를 가져와서 사용할 수 있습니다. 여기서 using 뒤의 경로를 네임스페이스(namespace)라고 합니다.

  C#과 유니티는 개발에 필요한 여러 라이브러리를 네임스페이스로 제공합니다. 예제 코드의 using UnityEngine;은 UnityEngine 네임스페이스에 존재하는 코드를 가져와서 사용한다는 의미입니다.

- **Start() 메서드**

  Start() 메서드는 코드 실행이 시작되는 시발점을 제공합니다.

  유니티에는 상황에 맞춰 자동으로 실행되는 메서드인 유니티 이벤트 메서드가 있습니다. Start() 메서드가 대표적인 유니티 이벤트 메서드입니다. Start() 메서드는 게임이 시작될 때 자동으로 한 번 실행됩니다. 따라서 게임 시작과 함께 실행될 코드를 Start() 메서드 안에 넣으면 됩니다.

4.3.4 Hello World!

프로그래밍을 처음 배울 때는 Hello World!라는 문장을 화면에 출력하는 전통이 있습니다. Hello World!를 출력하도록 HelloCode 스크립트를 수정합시다.

[과정 01] HelloCode 스크립트 수정

① **HelloCode** 스크립트의 전체 코드를 다음과 같이 수정

```
using System.Collections;
using System.Collections.Generic;
using UnityEngine;

public class HelloCode : MonoBehaviour {

    void Start() {
        Debug.Log("Hello World!");
    }
}
```

Start() 메서드 안에 Debug.Log("Hello World!");를 추가했습니다. 세미콜론(;)을 실수로 빠뜨리지 않도록 주의합니다.

변경된 코드를 저장하고 유니티 에디터 창으로 돌아갑시다. 변경된 코드를 저장하지 않으면 유니티 프로젝트에 반영되지 않습니다. 따라서 반드시 저장해야 합니다.

[과정 02] HelloCode 스크립트 저장

① 코드 편집 창에서 스크립트 **저장**(단축키 : 윈도우 [**Ctrl+S**], 맥 [**Command+S**]).
② 코드 편집 창을 **닫거나 최소화** 〉 유니티 에디터 창으로 돌아가기

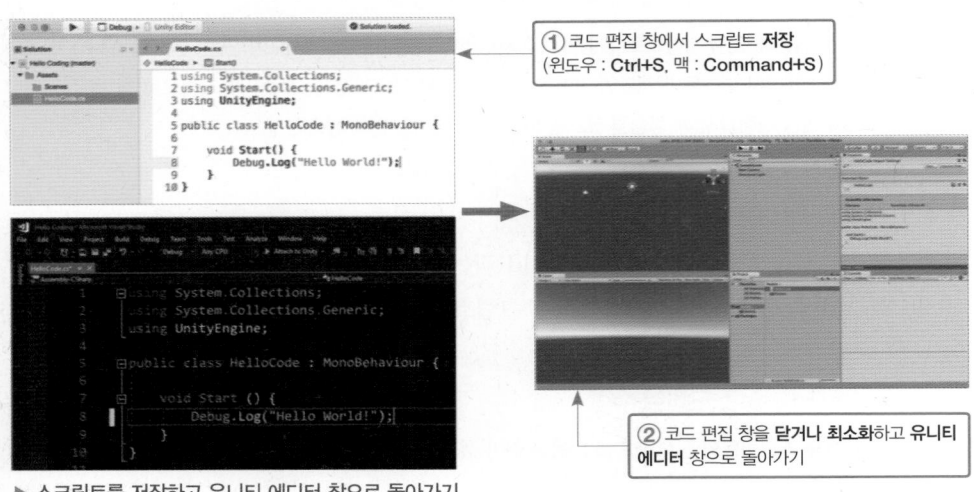

① 코드 편집 창에서 스크립트 **저장**
(윈도우 : **Ctrl+S**, 맥 : **Command+S**)

② 코드 편집 창을 **닫거나 최소화**하고 유니티 에디터 창으로 돌아가기

▶ 스크립트를 저장하고 유니티 에디터 창으로 돌아가기

스크립트를 완성했다고 해서 코드가 동작하는 것은 아닙니다. 이 상태로는 HelloCode 스크립트가 단순한 텍스트 파일이기 때문입니다.

완성된 스크립트를 동작시키고 싶다면 '게임 월드에 존재하는 오브젝트'로 만들어야 합니다. 그러기 위해서는 스크립트를 게임 오브젝트에 컴포넌트로 붙여 넣어야 합니다. 빈 게임 오브젝트를 생성하고 작성한 HelloCode 스크립트를 붙입니다.

[과정 03] HelloCode 스크립트를 게임 오브젝트에 추가

① **하이어라키** 창에서 **+** 〉 **Create Empty** 클릭
→ 빈 게임 오브젝트(GameObject)가 생성됨
② **프로젝트** 창의 HelloCode 스크립트를 **하이어라키** 창의 **GameObject**로 드래그&드롭

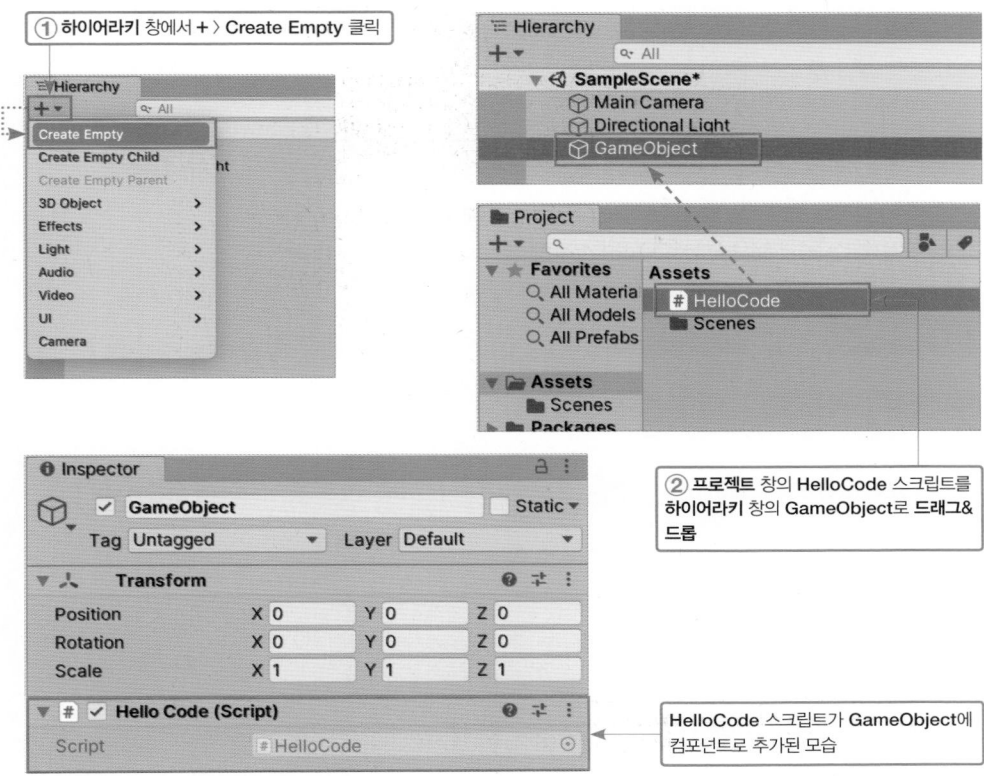

① 하이어라키 창에서 + > Create Empty 클릭

② 프로젝트 창의 HelloCode 스크립트를 하이어라키 창의 GameObject로 드래그&드롭

HelloCode 스크립트가 GameObject에 컴포넌트로 추가된 모습

▶ HelloCode 스크립트를 게임 오브젝트에 추가

그다음 인스펙터 창에서 GameObject를 확인하면 HelloCode 스크립트가 추가된 것을 확인할 수 있습니다. 이제 모든 준비가 끝났으므로 스크립트를 테스트합니다.

[과정 04] HelloCode 스크립트 실행

① 플레이 버튼을 클릭하여 씬을 시작(플레이 모드로 진입)

→ 콘솔 창에서 "Hello World!" 확인

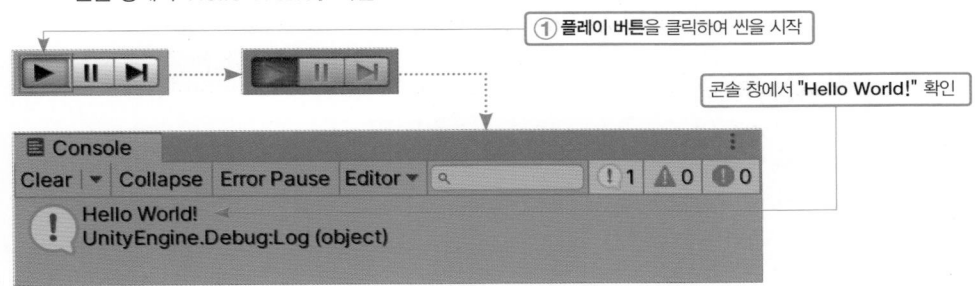

① 플레이 버튼을 클릭하여 씬을 시작

콘솔 창에서 "Hello World!" 확인

▶ HelloCode 스크립트 실행

첫 스크립트 작성과 실행을 완료했습니다! 실행을 확인했으면 플레이 모드를 해제하고 HelloCode 스크립트 편집 창으로 돌아갑니다.

[과정 05] HelloCode 스크립트 편집 창으로 돌아가기

① 실행 결과를 확인한 후 **플레이 버튼**을 다시 눌러 **플레이 모드 해제**

② **프로젝트** 창에서 HelloCode 스크립트를 **더블 클릭**하여 편집 창에서 열기

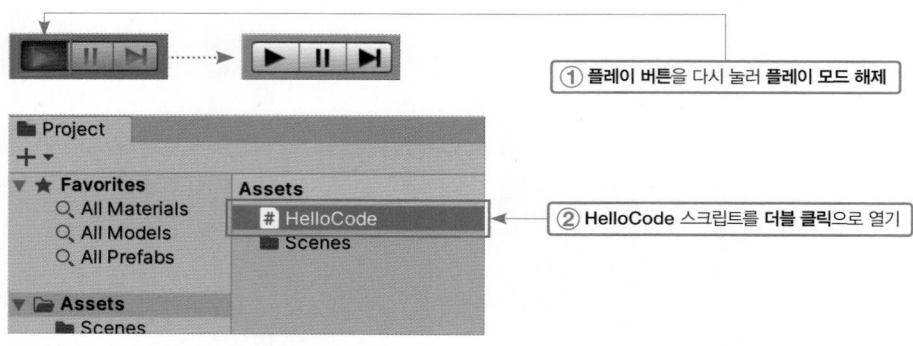

▶ HelloCode 스크립트 편집 창으로 돌아가기

NOTE_ **타임스탬프**

본래 콘솔 창의 로그에는 출력 시점(타임스탬프)이 같이 표시됩니다. 이 책의 그림에서는 로그 내용에 좀 더 집중하기 위해 타임스탬프 출력을 해제했습니다. 타임스탬프 활성화/비활성화는 콘솔 창 우측 상단의 **컨텍스트 메뉴 버튼** > Show Timestamp로 전환할 수 있습니다.

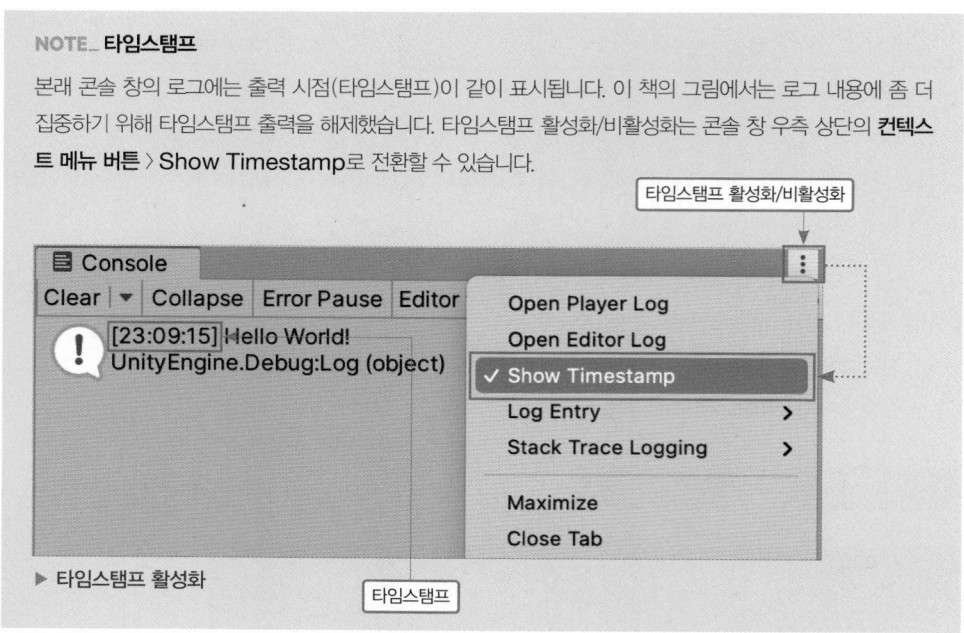

▶ 타임스탬프 활성화

4.4 코딩 기본 규칙

이 절에서는 앞서 콘솔 창에 Hello World! 메시지를 출력했던 코드를 이용하여 코딩 기본 규칙을 살펴보겠습니다.

4.4.1 주석

주석은 컴퓨터가 처리하지 않는 영역입니다. 그러므로 보통 메모 용도로 사용합니다. 코드를 주석으로 바꿔서 잠시 비활성화시키는 용도로 사용할 수도 있습니다.

한 줄 주석은 슬래시(/)를 연속 두 번 타이핑하고 입력합니다. 여러 줄 주석은 슬래시와 별표 (/*와 */)를 사용하여 시작과 끝을 표시합니다.

```
// 주석은 보통 메모 용도로 사용합니다.

/* 주석을 여러 줄에 걸쳐 작성하는 경우
   슬래시와 별표를 함께 사용해서
   시작과 끝을 표시합니다. */
```

다음은 **HelloCode** 스크립트의 **Start()** 메서드에 주석을 작성한 예입니다.

```csharp
using System.Collections;
using System.Collections.Generic;
using UnityEngine;

public class HelloCode : MonoBehaviour {

    void Start() {
        // Hello World!를 콘솔에 출력
        Debug.Log("Hello World!");
    }
}
```

4.4.2 콘솔 출력

콘솔에 메시지를 출력할 때는 **Debug.Log()** 메서드를 사용합니다.

```
Debug.Log("출력하고 싶은 값");
```

Debug.Log( ) 메서드는 입력한 값을 콘솔로 출력하는 메서드입니다. 문장을 출력하는 경우에는 위와 같이 문장을 큰따옴표로 묶어줍니다.

4.4.3 세미콜론

코드 한 문장이 끝나면 반드시 세미콜론(;)을 끝에 붙입니다. 컴퓨터는 코드 한 문장을 세미콜론으로 구분하기 때문입니다.

어떤 스크립트에서 변수를 두 개 선언했다고 가정합시다.

```
int a = 1;
int b = 2;
```

위 코드는 정상적으로 실행됩니다. 그런데 다음과 같이 int a = 1;의 세미콜론을 지우면

```
int a = 1
int b = 2;
```

컴퓨터가 코드를 읽을 때 줄바꿈은 무시하므로 전체 코드를 다음과 같이 읽습니다.

```
int a = 1 int b = 2;
```

이와 같이 int a = 1과 int b = 2;를 구별하지 못하고 한 문장으로 처리하기 때문에 에러가 발생합니다.

4.4.4 using

유니티에서 새로운 스크립트를 생성하면 스크립트 상단에 다음과 같은 코드가 자동으로 추가됩니다.

```
using System.Collections;
using System.Collections.Generic;
using UnityEngine;
```

using에 네임스페이스를 지정하면 해당 네임 스페이스에 들어 있는 코드를 현재 스크립트로 불러옵니다. 따라서 유니티가 제공하는 여러 기능을 활용할 수 있게 됩니다.

한 가지 확인해볼 만한 재밌는 사실이 있습니다. 비주얼 스튜디오처럼 자동 완성을 지원하는 코드 편집기를 사용 중이라면 HelloCode 스크립트에서 Debug.Log("Hello World!");의 Debug 부분에 마우스 커서를 갖다 놓고 기다려봅니다.

```
5 public class HelloCode : MonoBehavi
6
7     void Start() {
8         Debug.Log("Hello World!");
```

```
class UnityEngine.Debug
Class containing methods to ease debugging while developing a game.
```

▶ Debug는 UnityEngine에 포함되어 있다

그러면 팝업으로 Debug의 정보가 표시되는데, Debug의 '전체 이름'이 UnityEngine.Debug라는 것을 알 수 있습니다(팝업의 세부 내용은 코드 편집기마다 다를 수 있습니다).

Debug는 using UnityEngine;을 사용해서 들여온 UnityEngine에 포함되어 있었습니다. Debug.Log("Hello World!");는 UnityEngine.Debug.Log("Hello World!");였던 겁니다.

여기서 점(.) 연산자는 앞에 있는 대상에서 사용할 기능을 꺼냅니다. 그러므로 Log() 메서드는 Debug에서, Debug는 UnityEngine에서 사용할 기능을 꺼내 온 것입니다.

4.5 변수 연습하기

여기서는 C#에서 기본으로 제공하며 가장 자주 사용하는 변수 타입을 사용해봅니다. 이들은 C#에 미리 포함되어 있다고 해서 내장 타입 built-in type (기본 제공 타입)이라고 부릅니다.

4.5.1 캐릭터 프로필 저장하고 출력하기

다음과 같은 프로필을 가진 캐릭터의 정보를 저장하고 출력하는 예제를 만들어봅시다.

- 캐릭터 이름 : 라라
- 혈액형 : A

- 나이 : 17
- 키 : 168.3
- 성별 : 여성

이를 위해 이전까지 진행한 HelloCode 스크립트의 내용을 수정합니다.

[과정 01] HelloCode 스크립트 수정하기

① **HelloCode** 스크립트의 전체 코드를 다음과 같이 수정

```
using System.Collections;
using System.Collections.Generic;
using UnityEngine;

public class HelloCode : MonoBehaviour {

    void Start() {
        // 캐릭터의 프로필을 변수로 만들기
        string characterName = "라라";
        char bloodType = 'A';
        int age = 17;
        float height = 168.3f;
        bool isFemale = true;

        // 생성한 변수를 콘솔에 출력
        Debug.Log("캐릭터 이름 : " + characterName);
        Debug.Log("혈액형 : " + bloodType);
        Debug.Log("나이 : " + age);
        Debug.Log("키 : " + height);
        Debug.Log("여성인가? : " + isFemale);
    }
}
```

4.5.2 변수 타입

작성한 코드에서 변수를 하나씩 살펴봅시다.

string : 문자열

string으로 캐릭터 이름 **"라라"**를 저장했습니다.

```
string characterName = "라라";
```

string은 문자열을 저장합니다. 저장할 문자열은 큰따옴표로 묶습니다.

char : 문자 하나

char로 혈액형 **'A'**를 저장했습니다.

```
char bloodType = 'A';
```

char는 character(문자)의 약자로서 문자 하나를 저장합니다. 저장할 문자는 작은따옴표로 묶습니다.

int : 정수

int로 나이 **17**을 저장했습니다.

```
int age = 17;
```

int는 정수^{integer}(소수점이 없는 숫자)를 저장합니다.

float : 실수

float으로 키 **168.3**을 저장했습니다.

```
float height = 168.3f;
```

float은 소수점을 가진 숫자(실수)를 저장합니다. float 타입의 숫자 뒤에는 f를 붙여야 합니다.[1]

----

1 소수점이 없는 정수를 float 타입에 저장할 경우 f를 생략할 수 있습니다. 이 경우 int 타입의 정숫값이 float 타입으로 자동 변환되어 할당됩니다.

컴퓨터가 기억할 수 있는 범위는 한계가 있습니다. float은 32비트를 사용해 숫자를 표현합니다. 따라서 float은 소수점 아래 7자리까지만 정확하게 표현할 수 있습니다.

1 2 3 4 5 6 7

3.141592653···

여기까지만 정확

▶ float이 정확하게 저장할 수 있는 범위

소수점 아래 숫자가 7자리보다 많으면 근삿값으로 처리됩니다. 따라서 값이 부정확할 수 있습니다.

bool : 불리언

bool으로 성별을 저장했습니다.

```
bool isFemale = true;
```

bool은 true(참)와 false(거짓) 중 하나를 저장합니다. 여기서 isFemale은 캐릭터가 여성인지 저장합니다.

4.5.3 변수 출력하기

변수에 저장된 값은 Debug.Log() 메서드로 출력할 수 있습니다. 예를 들어 키를 출력하고 싶다면 Start() 메서드에 다음과 같은 코드를 작성합니다.

```
Debug.Log("키 : ");
Debug.Log(height);
```

하지만 위 예시 코드는 로그가 다음과 같이 두 줄로 나뉘어 출력됩니다.

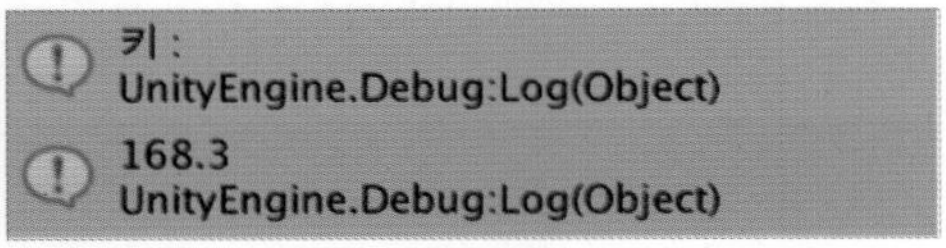

```
⚠ 키 :
   UnityEngine.Debug:Log(Object)
⚠ 168.3
   UnityEngine.Debug:Log(Object)
```

▶ 두 줄로 나뉘어 출력된 로그

우리는 메시지를 읽기 쉽도록 문장과 변수에 저장된 값을 하나의 문자열로 합쳐서 출력했습니다.

```
Debug.Log("키 : " + height);
```

C#에서 문자열에 뒤에 + 연산자로 값을 더하면 문자열과 값이 하나의 문자열로 연결됩니다. 위 코드는 문자열인 "키 : "와 변수 height의 값을 하나의 문자열로 합쳐 Debug.Log() 메서드에 입력한 겁니다.

```
Debug.Log("캐릭터 이름 : " + characterName);
Debug.Log("혈액형 : " + bloodType);
Debug.Log("나이 : " + age);
Debug.Log("키 : " + height);
Debug.Log("여성인가? : " + isFemale);
```

위 코드를 실행하면 콘솔 창에 다음과 같이 출력됩니다.

```
Hello World!
UnityEngine.Debug:Log(Object)

캐릭터 이름 : 라라
UnityEngine.Debug:Log(Object)

혈액형 : A
UnityEngine.Debug:Log(Object)

나이 : 17
UnityEngine.Debug:Log(Object)

키 : 168.3
UnityEngine.Debug:Log(Object)

여성인가? : True
UnityEngine.Debug:Log(Object)
```

▶ + 연산자로 합쳐진 문자열 출력

4.5.4 테스트하기

작성한 코드를 실제로 테스트해봅시다.

[과정 01] HelloCode 스크립트 실행하기

① [Ctrl+S]로 변경된 스크립트 저장

② 유니티 에디터로 돌아가기

③ 플레이 버튼 클릭 〉 콘솔 창에서 결과 확인

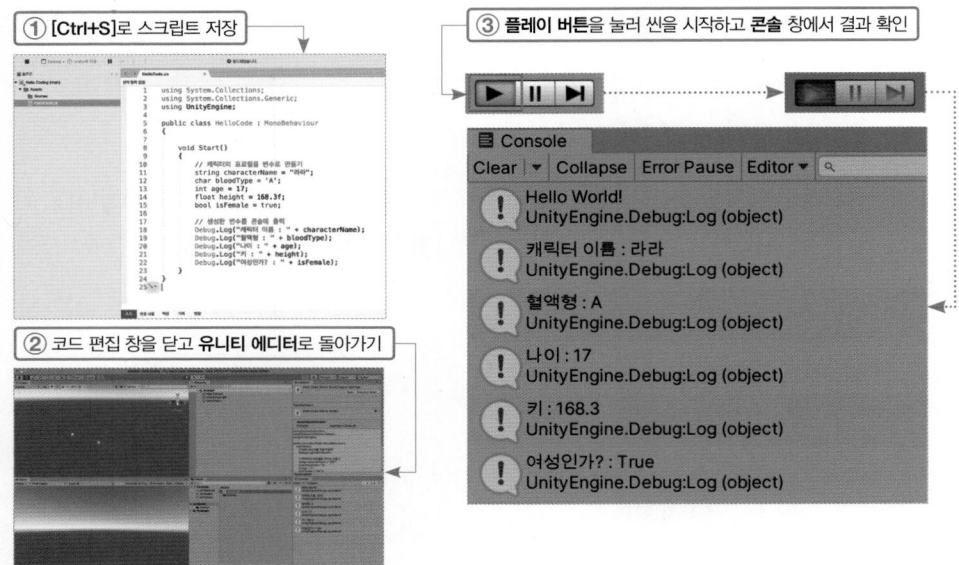

① [Ctrl+S]로 스크립트 저장

③ 플레이 버튼을 눌러 씬을 시작하고 콘솔 창에서 결과 확인

② 코드 편집 창을 닫고 유니티 에디터로 돌아가기

▶ HelloCode 스크립트 실행하기

콘솔 창에서 실행 결과를 확인했다면 다시 HelloCode 스크립트를 편집하는 창으로 돌아갑니다.

[과정 02] 코드 편집 창으로 돌아가기

① 실행 결과를 확인한 후 플레이 버튼을 다시 눌러 플레이 모드 해제
② 프로젝트 창에서 HelloCode 스크립트를 더블 클릭으로 열기

4.5.5 정리하기

이 절에서 확인한 변수 타입은 C#의 기본 내장 타입 중 일부입니다. 대부분의 경우 이 정도의 기본 내장 타입만으로도 충분히 게임을 만들 수 있습니다.

이외에도 double, long, var 등 몇 가지 기본 내장 타입이 더 있지만 당장은 필요하지 않기 때문에 다루지 않겠습니다.

4.6 메서드 연습하기

HelloCode 스크립트에 두 점 사이의 거리를 계산하는 메서드를 만들어봅니다.

4.6.1 두 점 사이의 거리

먼저 평면의 두 점 (x1, y1)과 (x2, y2) 사이의 거리 distance를 구하는 방법을 알아봅니다.

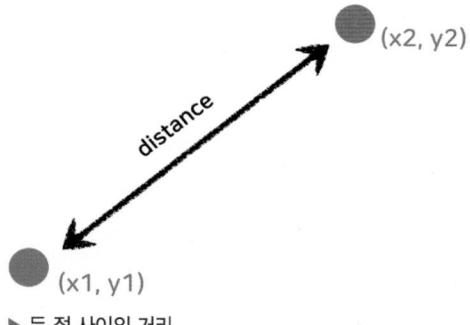

▶ 두 점 사이의 거리

두 점 사이의 거리를 구할 때는 두 점이 포함된 직각삼각형을 만듭니다.

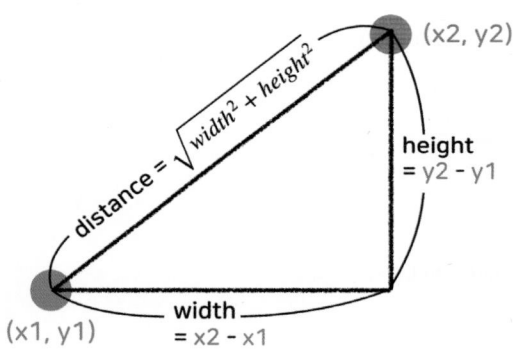

▶ 두 점 사이의 거리를 직각삼각형으로 구하기

이렇게 하면 다음과 같이 직각삼각형의 밑변과 높이를 계산할 수 있고, 피타고라스 정리를 이용하여 빗변의 길이를 계산할 수 있습니다. 계산된 빗변의 길이가 두 점 사이의 거리입니다.

- **밑변** : width = x2 − x1
- **높이** : height = y2 − y1
- **빗변(거리)** : $distance = \sqrt{width^2 + height^2} = \sqrt{(x2-x1)^2 + (y2-y1)^2}$

이를 코드로 구현합시다.

4.6.2 GetDistance( ) 메서드 만들기

먼저 코드를 완성한 다음에 분석을 하겠습니다. HelloCode 스크립트의 Start( ) 메서드에서 이전까지의 내용을 지우고, 다음과 같이 두 점 사이의 거리를 계산하는 코드를 작성합니다.

[과정 01] HelloCode 스크립트 수정하기

① HelloCode 스크립트의 전체 코드를 아래와 같이 변경

```
using System.Collections;
using System.Collections.Generic;
using UnityEngine;

public class HelloCode : MonoBehaviour {

    void Start() {
        float distance = GetDistance(2, 2, 5, 6);
        Debug.Log("(2,2)에서 (5,6)까지의 거리 : " + distance);
    }

    float GetDistance(float x1, float y1, float x2, float y2) {
        float width = x2 - x1;
        float height = y2 - y1;

        float distance = width * width + height * height;
        distance = Mathf.Sqrt(distance);

        return distance;
    }
}
```

완성된 HelloCode 스크립트는 GetDistance( ) 메서드를 사용하여 점 (2, 2)에서 점 (5, 6)까지의 거리를 계산합니다. 완성된 코드의 동작을 테스트해봅시다.

[과정 02] HelloCode 스크립트 실행하기

① [Ctrl+S]로 변경된 스크립트 저장
② 유니티 에디터로 돌아가기
③ 플레이 버튼 클릭 > 콘솔 창에서 결과 확인

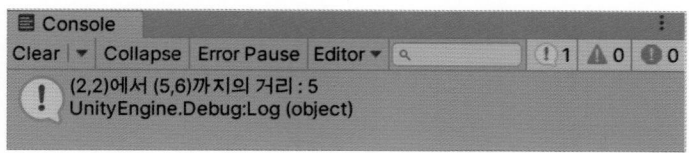

▶ 실행 결과

점 (2, 2)에서 점 (5, 6)까지의 거리가 출력됩니다. 실행 결과를 확인했다면 플레이 버튼을 다시 눌러 플레이 모드를 해제합니다.

[과정 03] 플레이 모드 해제

① 실행 결과를 확인한 후 **플레이 버튼**을 다시 눌러 **플레이 모드 해제**

4.6.3 GetDistance( ) 메서드 만드는 과정

실행 결과를 확인했으니 HelloCode 스크립트의 GetDistance( ) 메서드를 만드는 과정을 살펴봅시다.

[과정 01] GetDistance( ) 메서드 선언

먼저 기존 Start( ) 메서드의 내용을 전부 지우고, 새로운 메서드 GetDistance( )를 선언합니다.

```
using System.Collections;
using System.Collections.Generic;
using UnityEngine;

public class HelloCode : MonoBehaviour {

    void Start() {

    }

    float GetDistance(float x1, float y1, float x2, float y2) {

    }
}
```

GetDistance() 메서드는 입력으로 두 점의 위치 (x1, y1)과 (x2, y2)를 받고 출력으로 두 점 사이의 거리를 반환합니다. 따라서 GetDistance() 메서드는 다음과 같은 모습이 됩니다.

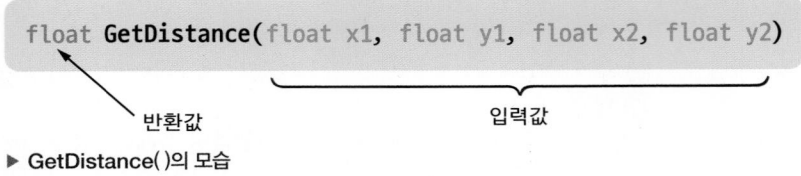

반환값   입력값

▶ GetDistance()의 모습

[과정 02] 밑변과 높이 측정

GetDistance() 메서드는 입력받은 두 점으로 만든 직각삼각형의 밑변과 높이를 저장할 변수 width와 height가 필요합니다.

밑변 width는 x2 - x1, 높이 height는 y2 - y1으로 계산합니다. 따라서 GetDistance() 메서드는 다음과 같이 구성됩니다.

```
float GetDistance(float x1, float y1, float x2, float y2) {
    float width = x2 - x1;
    float height = y2 - y1;
}
```

[과정 03] 밑변 제곱과 높이 제곱 더하기

그다음 계산된 거리를 저장할 변수 distance를 선언합니다. distance의 값은 밑변의 제곱과 높이의 제곱을 더한 값에 제곱근을 취한 값입니다.

```
float GetDistance(float x1, float y1, float x2, float y2) {
    float width = x2 - x1;
    float height = y2 - y1;

    float distance = width * width + height * height;
}
```

C#에서 곱셈은 * 연산자를 사용합니다. 일단 distance에 밑변의 제곱과 높이의 제곱을 더한 값을 저장했습니다. 아직 제곱근을 구하기 전입니다.

[과정 04] 제곱근 구하기

이제 width * width + height * height의 제곱근을 구합니다. 그런데 제곱근을 구하는 절차는 코드 몇 줄로는 표현하기 힘듭니다.

그러므로 미리 만들어진 수학 메서드를 사용합니다. 유니티는 수학 관련 라이브러리인 Mathf 클래스를 제공합니다. Mathf에서 제공하는 Sqrt() 메서드는 입력값의 제곱근을 계산합니다.

다음과 같이 Mathf.Sqrt() 메서드로 distance에 저장한 값의 제곱근을 구합니다.

```
float GetDistance(float x1, float y1, float x2, float y2) {
    float width = x2 - x1;
    float height = y2 - y1;

    float distance = width * width + height * height;
    distance = Mathf.Sqrt(distance);
}
```

이것으로 두 점 사이의 거리 distance의 계산이 완료됩니다.

[과정 05] 계산한 거리값 반환하기

GetDistance() 메서드 내부에서 계산된 결과를 return으로 전달할 수 있게 합니다.

```
float GetDistance(float x1, float y1, float x2, float y2) {
    float width = x2 - x1;
    float height = y2 - y1;

    float distance = width * width + height * height;
    distance = Mathf.Sqrt(distance);

    return distance;
}
```

GetDistance() 메서드를 완성했습니다.

마지막으로 Start() 메서드에서 GetDistance() 메서드를 사용하여 점 (2, 2)와 점 (5, 6) 사이의 거리를 계산하고 콘솔에 출력합니다.

```
void Start() {
    float distance = GetDistance(2, 2, 5, 6);
    Debug.Log("(2,2)에서 (5,6)까지의 거리 : " + distance);
}
```

4.6.4 스코프

프로그램 작성 시 다음과 같이 같은 이름의 변수를 두 개 이상 선언하면 에러가 발생합니다. 나중에 distance를 사용할 때 두 distance 중 어떤 것을 사용하려는 건지 컴퓨터가 알 수 없기 때문입니다.

```
void Start() {
    float distance = 5;
    float distance = 15; // 에러(같은 이름의 변수 중복 선언)
}
```

하지만 앞선 HelloCode 스크립트 코드에서는 다음과 같이 Start() 메서드와 GetDistance() 메서드에 같은 이름의 변수 distance를 중복 선언했지만 에러가 나지 않았습니다.

```
public class HelloCode : MonoBehaviour {

    void Start() {
        float distance = GetDistance(2, 2, 5, 6);
        Debug.Log("(2,2)에서 (5,6)까지의 거리 : " + distance);
    }

    float GetDistance(float x1, float y1, float x2, float y2) {
        float width = x2 - x1;
        float height = y2 - y1;

        float distance = width * width + height * height;
        distance = Mathf.Sqrt(distance);
```

```
        return distance;
    }
}
```

변수 distance가 서로 다른 중괄호 안에 선언되어 있기 때문입니다. 코드에서 중괄호 {}는 밖에서 내부가 보이지 않게 감추는 껍데기입니다. 그러므로 메서드의 중괄호 밖에서는 메서드 내부의 구현이 보이지 않습니다. 메서드 내부에서 선언한 변수는 해당 메서드 내부에서만 유효합니다. 이러한 유효 범위를 스코프라고 합니다. 스코프는 선언된 변수나 메서드 등이 관측되는 유효 범위입니다.

```
                Start()에서 선언한
                distance의 스코프

void Start() {
    float distance = GetDistance(2, 2, 5, 6);
    Debug.Log("(2,2)에서 (5,6)까지의 거리 : " + distance);
}


float GetDistance(float x1, float y1, float x2, float y2) {
    float width = x2 - x1;
    float height = y2 - y1;

    float distance = width * width + height * height;
    distance = Mathf.Sqrt(distance);

    return distance;
}

                GetDistance()에서 선언한
                distance의 스코프
```

▶ 메서드 내부에서 선언한 변수의 스코프

위 그림에서 확인할 수 있듯이 GetDistance() 메서드에서 선언한 distance 변수의 스코프는 GetDistance() 메서드 내부에서 끝납니다. 따라서 Start() 메서드는 GetDistance() 메서드 내부에 선언된 distance를 모릅니다. 반대의 경우도 마찬가지입니다.

서로 스코프가 겹치지 않으므로 Start() 메서드에 선언된 distance와 GetDistance() 메서드에 선언된 distance를 구별해서 사용할 수 있습니다. 따라서 중복 선언 에러가 발생하지 않습니다.

4.7 제어문

여기서는 코드 흐름을 통제하는 방법을 배웁니다.

지금까지는 모든 코드를 위에서 아래로 실행했습니다. 하지만 제어문을 사용하면 조건에 따라 특정 코드의 실행 여부나 실행 순서를 변경할 수 있습니다. 제어문에는 분기를 결정하는 조건문 (if 문)과 수행을 여러 번 반복하는 반복문(for 문, while 문)이 있습니다.

4.7.1 if 문

연애 게임에는 호감도 시스템이 있습니다. 호감도가 높으면 히로인과 사귀는 엔딩을 보게 되고 그렇지 않으면 주인공은 혼자 크리스마스를 보냅니다. 특정 조건을 만족하면 숨겨진 엔딩이 나오기도 합니다.

많은 게임이 이런 식으로 특정 조건과 선택에 따라 게임의 분기가 나누어집니다.

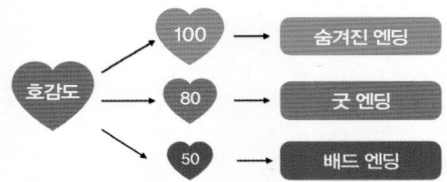

▶ 호감도에 따라 달라지는 엔딩

이때 if 문을 사용합니다. if 문은 주어진 조건을 평가합니다. 조건(조건식)은 결과가 true나 false 중 하나가 되는 변수나 표현식입니다.

평가한 조건이 참(true)이면 if 문 아래에 중괄호로 묶인 영역(if 문 블록)을 실행합니다. 반대로 조건이 거짓(false)이면 if 문 블록을 무시하고 넘어갑니다. if 문은 다음과 같은 구조를 가집니다.

```
if (조건) {
    // if 문 블록
    // 조건이 참이면 이곳에 있는 코드를 실행
}
```

그러면 if 문을 사용하여 호감도에 따라 서로 다른 엔딩에 도달하는 예제를 만들어봅시다.

[과정 01] if 문으로 엔딩 나누기

① **프로젝트** 창에서 **HelloCode** 스크립트를 열고 코드를 다음과 같이 수정

```
using System.Collections;
using System.Collections.Generic;
using UnityEngine;

public class HelloCode : MonoBehaviour {
    void Start() {
        int love = 100;

        if (love > 70)
        {
            Debug.Log("굿엔딩: 히로인과 사귀게 되었다!");
        }

        if (love <= 70)
        {
            Debug.Log("배드엔딩: 히로인에게 차였다.");
        }
    }
}
```

그다음 작성한 코드를 테스트합니다.

[과정 02] HelloCode 스크립트 실행하기

① **[Ctrl+S]**로 변경된 스크립트 저장
② **유니티 에디터**로 돌아가기
③ **플레이 버튼** 클릭 > **콘솔** 창에서 결과 확인

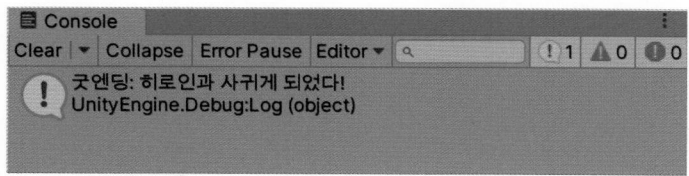

▶ if 문 예제 실행 결과

코드를 실행하면 굿엔딩은 출력되지만 배드엔딩은 출력되지 않습니다. love가 100이므로 (love <= 70) 조건에는 부합하지 않기 때문입니다. 결과를 확인했으면 플레이 모드를 해제합니다.

[과정 03] 플레이 모드 해제하기

① 실행 결과를 확인한 후 **플레이 버튼**을 다시 눌러 **플레이 모드 해제**

4.7.2 비교 연산자

예제의 >와 <=는 조건식에 사용하는 비교 연산자입니다. 비교 연산자는 두 값을 비교하여 참과 거짓을 결정합니다.

연산자	읽는 법	결과
a < b	a가 b보다 작다.	a 값이 b 값보다 작으면 참
a <= b	a가 b보다 작거나 같다.	a 값이 b 값 이하면 참
a > b	a가 b보다 크다.	a 값이 b 값보다 크면 참
a >= b	a가 b보다 크거나 같다.	a 값이 b 값 이상이면 참
a == b	a가 b와 같다.	a 값이 b 값과 같으면 참
a != b	a가 b와 다르다.	a 값과 b 값이 다르면 참

4.7.3 if .. else 문

if 문 블록 끝에 else 문을 덧붙여 조건이 거짓일 때 실행할 처리를 구성할 수 있습니다. 예를 들어 직전 예제에서 Start() 메서드를 다음과 같이 바꿀 수 있습니다.

```
void Start() {
    int love = 50;

    if (love > 70)
    {
        Debug.Log("굿엔딩: 히로인과 사귀게 되었다!");
    }
    else
    {
        Debug.Log("배드엔딩: 히로인에게 차였다.");
    }
}
```

love가 50이면 조건 (love > 70)은 거짓이 됩니다. 따라서 코드를 실행하면 if 문 블록이 무시되고 else 문으로 처리가 곧장 이동하여 배드엔딩이 출력됩니다.

4.7.4 else if 문

else if 문을 사용하면 else 문에 조건을 덧붙일 수 있습니다. else if 문을 추가해서 호감도에 따른 분기를 더 상세하게 나눠봅시다.

[과정 01] else if 문 사용하기

① **HelloCode** 스크립트의 **Start ( )** 메서드 부분을 다음과 같이 수정

```csharp
void Start() {
    int love = 80;

    if (love > 90)
    {
        // love가 90보다 큰 경우
        Debug.Log("트루엔딩: 히로인과 결혼했다!");
    }
    else if (love > 70)
    {
        // love가 90보다 작거나 같고, 70보다 큰 경우
        Debug.Log("굿엔딩: 히로인과 사귀게 되었다!");
    }
    else
    {
        // love가 70보다 작거나 같은 경우
        Debug.Log("배드엔딩: 히로인에게 차였다.");
    }
}
```

변경된 love 값은 80입니다. 그러므로 처음 조건문 if (love > 90)을 만족하지 못하고 else로 처리가 이동합니다. 그런데 첫 번째 else에는 if (love > 70)이라는 조건이 덧붙여져 있습니다.

따라서 else if (love > 70)의 코드 블록은 두 가지 조건을 동시에 만족해야 실행됩니다.

- love가 90보다 크지 않다(love가 90보다 작거나 같다).
- love가 70보다 크다.

만약 위 조건을 만족하지 못하면 else if 문 아래의 마지막 else 문으로 처리가 이동합니다. 위 코드에서 love 값은 90보다 작고 70보다 크기 때문에 else if 문의 조건을 만족하고 굿엔딩이 출력됩니다. 작성한 코드를 실행해봅시다.

[과정 02] HelloCode 스크립트 실행하기

① [Ctrl+S]로 변경된 스크립트 저장
② 유니티 에디터로 돌아가기
③ 플레이 버튼 클릭 〉 콘솔 창에서 결과 확인

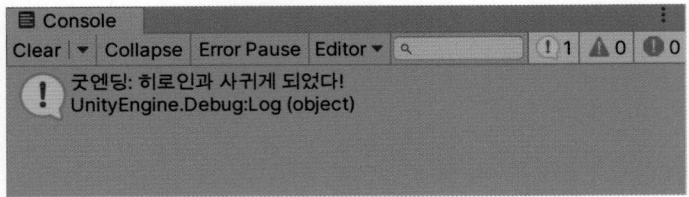

▶ else if 예제 실행 결과

예제 실행 결과 굿엔딩이 출력됩니다. 결과를 확인했으면 플레이 모드를 해제합니다. 원한다면 love 값을 다른 숫자로 바꿔가면서 테스트하여 if 문의 동작을 더 확인해봅니다.

[과정 03] 플레이 모드 해제하기

① 실행 결과를 확인한 후 플레이 버튼을 다시 눌러 플레이 모드 해제

4.7.5 논리 연산자

if 문에서 조건을 비교할 때 둘 이상의 조건을 함께 사용할 수 있습니다. 예를 들면 'a는 30보다 크면서 **동시에** b는 50보다 커야 한다'는 조건이 필요할 수 있습니다.

이외에도 'a가 30보다 크지 **않을 때**'처럼 어떤 조건을 만족하지 못하는 상태를 표현하는 조건이 필요할 수 있습니다. 이때 사용하는 연산자가 논리 연산자입니다.

연산자	읽는 법	결과
A && B	A 그리고 B	조건 A와 조건 B 모두 참이어야 결과가 참
A ¦¦ B	A 또는 B	조건 A와 조건 B 둘 중 하나라도 참이면 결과가 참
!A	A가 아니다	A가 거짓이면 결과는 참, A가 참이면 결과는 거짓

이들을 사용하여 다음과 같은 예제를 생각해볼 수 있습니다.

```csharp
void Start() {
    int age = 11;

    if (age > 7 && age < 18)
    {
        Debug.Log("의무 교육을 받고 있습니다.");
    }

    if (age < 13 ¦¦ age > 70)
    {
        Debug.Log("일을 할 수 없는 나이입니다.");
    }
}
```

HelloCode 스크립트의 Start() 메서드를 위와 같이 수정하고 실행하면 두 메시지 모두 콘솔에 출력됩니다.

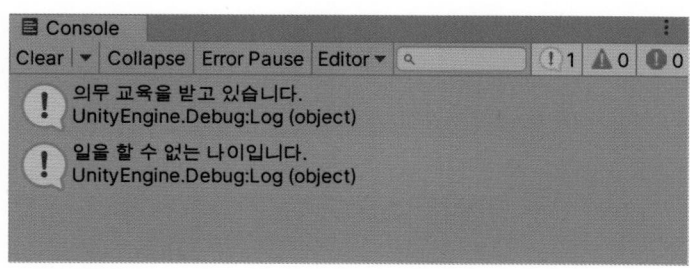

▶ 실행 결과

처음 if 문의 조건은 (age > 7 && age < 18)입니다. 이 조건은 'age가 7보다 크다'는 조건과 'age가 18보다 작다'는 조건을 **모두** 만족해야 결과가 참입니다. 예제에서 age는 11이므로 두 조건을 모두 만족합니다. 그러므로 해당 if 문 블록에 있는 코드가 동작합니다.

두 번째 if 문의 조건은 (age < 13 || age > 70)입니다. 이 조건은 'age가 13보다 작다'는 조건 과 'age가 70보다 크다'는 조건 중 **하나만** 만족해도 동작합니다. 예제의 age는 11이므로 age > 70은 만족하지 못합니다. 하지만 age < 13은 만족하기 때문에 두 번째 if 문 블록에 있는 코드도 동작합니다.

이외에 !(NOT) 연산자에 대해서는 게임 제작 실습을 하면서 알아보겠습니다.

4.7.6 for 문

for 문은 조건이 참인 동안 처리를 반복합니다. for 문은 다음과 같은 구조를 가집니다.

```
for (초기화; 조건; 갱신) {
    // for 문 블록
    // 조건이 참인 동안 이곳에 있는 코드를 반복 실행
}
```

for 문을 사용하려면 다음 세 가지 요소가 필요합니다.

- **초기화** : 주로 순번(Index)이 될 변수를 선언하고 초깃값을 정합니다.
- **조건** : 어떤 조건에서 처리를 계속 반복할지 정합니다.
- **갱신** : 한 회의 처리가 끝나면 순번을 어떻게 갱신할지 정합니다.

for 문을 사용하여 순번을 넘겨가며 처리를 반복해봅시다.

[과정 01] for 문 사용하기

① **HelloCode** 스크립트를 열고 전체 코드를 다음과 같이 수정

```
using System.Collections;
using System.Collections.Generic;
using UnityEngine;

public class HelloCode : MonoBehaviour {

    void Start() {
        for (int i = 0; i < 10; i++)
        {
```

```
        Debug.Log(i + " 번째 순번입니다.");
    }
  }
}
```

위 코드는 i를 0부터 시작해서 9가 될 때까지 i를 1씩 증가시키며 총 10회 Debug.Log(i + " 번째 순번입니다.");를 반복 실행합니다. 작성한 코드를 실행해봅시다.

[과정 02] HelloCode 스크립트 실행하기

① [Ctrl+S]로 변경된 스크립트 저장
② 유니티 에디터로 돌아가기
③ 플레이 버튼 클릭 > 콘솔 창에서 결과 확인

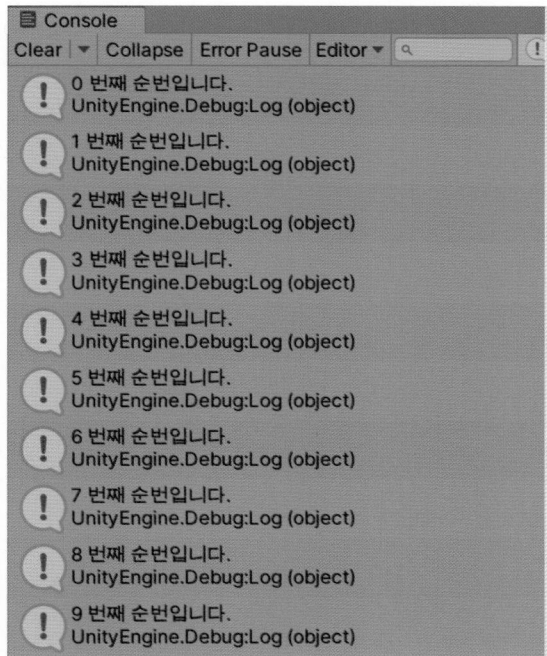

▶ for 문 예제 실행 결과

테스트 결과 0번째부터 9번째까지 순번을 나타내는 메시지가 콘솔에 출력됩니다.

① 실행 결과를 확인한 후 **플레이 버튼**을 다시 눌러 **플레이 모드 해제**

> **NOTE_ i++**
>
> i++;는 i = i + 1;과 같습니다. i++는 변숫값을 1 증가시키는 단축 표현(shorthand)입니다.

4.7.7 for 문 실행 과정

예제 코드의 동작을 순서대로 표현하여 for 문 실행 과정을 살펴봅시다.

[과정 01] 최초 실행 : i = 0

다음 그림은 i = 0일 때 for 문의 최초 실행을 보여줍니다.

```
        ①        ②        ④
for ( int i = 0; i < 10; i++ )
{
    Debug.Log( i + " 번째 순번입니다.");
}
            ③
```

- ① `i = 0`
- ② `i < 10을 만족하는가?`
- ③ `조건을 만족하므로 1회 실행`
- ④ `i = 0 → 1`

▶ for 문의 최초 실행

① 순번으로 사용할 변수 i를 선언하고 시작값을 0으로 만듭니다.

② i가 조건 i < 10을 만족하는지 체크합니다.

③ i = 0이므로 i < 10을 만족합니다. 그러므로 for 문 블록을 1회 실행합니다.

④ for 문 블록의 실행이 끝나면 갱신(i++) 부분으로 처리가 이동하여 i 값이 0에서 1로 1 증가합니다.

[과정 02] 반복 실행 : i = 1에서 i = 9까지

다음 그림은 i = 1에서 i = 9까지 반복 실행을 보여줍니다.

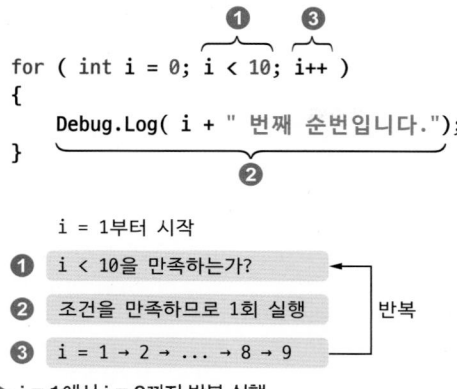

i = 1부터 시작

① i < 10을 만족하는가?

② 조건을 만족하므로 1회 실행 ┐ 반복

③ i = 1 → 2 → ... → 8 → 9 ┘

▶ i = 1에서 i = 9까지 반복 실행

① i가 조건 i < 10을 만족하는지 체크합니다.

② i가 조건을 만족하므로 for 문 블록을 1회 실행합니다.

③ for 문 블록의 실행이 끝나면 갱신(i++) 부분으로 처리가 이동하여 i 값이 1 증가합니다.

i 값이 10보다 작은 동안 ①~③을 계속 반복합니다. 그동안 i 값이 1→2→3→...→8→9까지 증가합니다.

[과정 03] 마지막 순번(i = 9) 이후

다음 그림은 i의 값이 9에서 10으로 변경되는 순간의 for 문 동작을 보여줍니다.

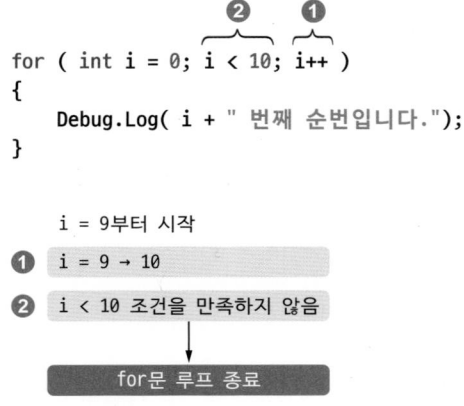

i = 9부터 시작

① i = 9 → 10

② i < 10 조건을 만족하지 않음

for문 루프 종료

▶ 마지막 순번 이후의 for 문 동작

① i = 9일 때의 처리가 끝나고 i가 9에서 10으로 증가됩니다.

② i = 10일 때는 조건 i < 10을 만족하지 못합니다. 그러므로 for 문이 종료됩니다.

이런 식으로 예제의 for 문 블록을 i = 0에서 i = 9까지 총 10회 반복 실행합니다.

4.7.8 while 문

while 문은 어떤 조건을 만족하는 동안 while 문 블록을 반복 실행합니다. while 문은 다음과 같은 구조를 가집니다.

```
while (조건) {
    // while 문 블록
    // 조건이 참인 동안 이곳에 있는 코드를 반복 실행
}
```

HelloCode 스크립트를 while 문을 사용하여 작성하고 테스트합시다.

[과정 01] while 문 사용하기

① **프로젝트** 창에서 **HelloCode** 스크립트를 열고 코드를 다음과 같이 수정

```
using System.Collections;
using System.Collections.Generic;
using UnityEngine;

public class HelloCode : MonoBehaviour {

    void Start() {
        int i = 0;

        while (i < 10)
        {
            Debug.Log(i + " 번째 루프입니다.");
            i++;
        }
    }
}
```

작성한 코드를 실행해봅시다.

[과정 02] HelloCode 스크립트 실행하기

① [Ctrl+S]로 변경된 스크립트 저장
② 유니티 에디터로 돌아가기
③ 플레이 버튼 클릭 > 콘솔 창에서 결과 확인

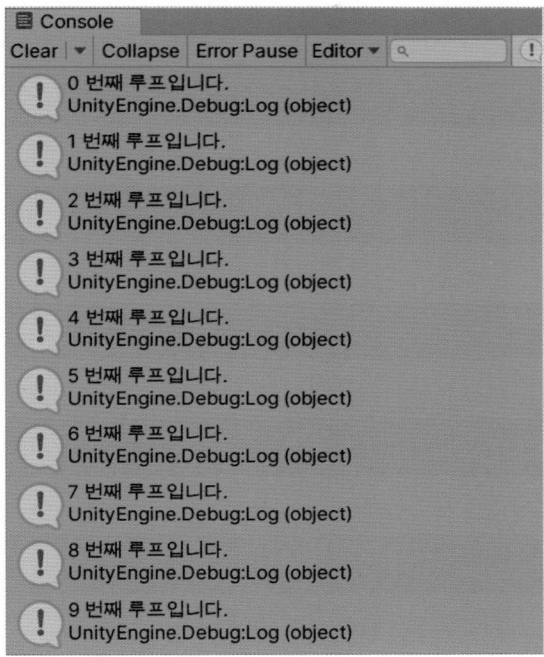

▶ while 문 예제 실행 결과

예제 코드를 실행하면 0부터 9까지 순번이 순차적으로 증가하면서 콘솔 출력이 반복 실행됩니다. 동작을 확인했으면 플레이 모드를 해제합니다.

[과정 03] 플레이 모드 해제하기

① 실행 결과를 확인한 후 플레이 버튼을 다시 눌러 플레이 모드 해제

> while 문을 사용해야 하는 경우
> while 문은 for 문과 비슷하며, for 문으로 만든 처리는 while 문으로 똑같이 재현할 수 있습니다. 물론
> 그 반대도 가능합니다. 하지만 for 문이 적절한 상황과 while 문이 적절한 상황은 다릅니다.

- for : **순번**을 넘겨가면서 반복할 때
- while : 어떤 조건을 **만족하는 동안** 반복할 때

플레이어가 살아 있는 **동안** 계속해서 체력을 깎는 예제를 while 문으로 작성해봅시다. **HelloCode** 스크립트에서 **Start()** 메서드 부분을 다음과 같이 수정합니다.

```
void Start() {
    bool isDead = false;
    int hp = 100;

    while (!isDead)
    {
        Debug.Log("현재 체력 : " + hp);

        hp = hp - 33;

        if (hp <= 0)
        {
            isDead = true;
            Debug.Log("플레이어는 죽었습니다.");
        }
    }
}
```

위 코드를 실행한 결과는 다음과 같습니다.

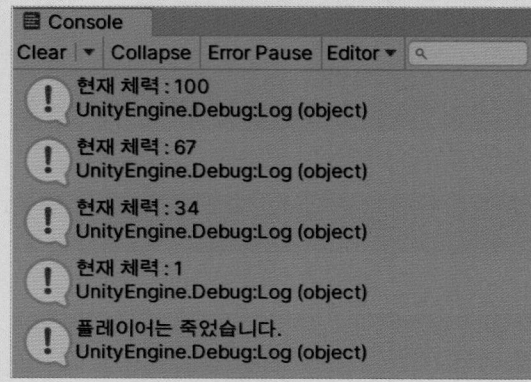

▶ 두 번째 while 문 예제의 실행 결과

여기서 while(!isDead)는 !isDead가 true인 동안 처리를 반복합니다. 즉, isDead가 false인 경우 !isDead가 true가 되어 처리가 반복됩니다(4.7.5절 '논리 연산자' 참조).

isDead가 false인 동안 계속해서 hp를 감소하는 처리가 실행되어 hp가 100 → 67 → 34 → 1로 감소합니다. 마지막에 hp가 -32가 되어 0보다 작아지면 if 문에 의해 isDead가 true가 됩니다.

```
if (hp <= 0) {
    isDead = true;
    Debug.Log ("플레이어는 죽었습니다.");
}
```

isDead가 true면 !isDead는 false가 되어 while 문이 종료됩니다. 위 while 문 예제 코드를 for 문으로도 작성 가능합니다. 하지만 코드가 쓸데없이 복잡해집니다. 따라서 '~하는 동안'의 처리를 반복하는 경우에는 for 문보다는 while 문이 더 적합합니다.

4.8 배열

배열array은 나열된 여러 값을 하나의 변수로 다룰 수 있는 타입입니다. 배열은 일렬로 나열된 방을 가진 건물이라고 생각할 수 있습니다. 방문마다 호실(순번)이 표시되어 있고, 각 방마다 값 하나가 들어갈 수 있습니다. 호실 번호를 알면 그 방으로 찾아가 값을 가져오거나 변경할 수 있습니다.

▶ 배열은 방이 나열된 건물

여기서 호실 번호를 인덱스index라 부르고, 각 방을 배열의 요소 또는 배열의 원소라 부릅니다. 배열을 사용하면 같은 타입의 변수가 너무 많을 때 간단하게 묶어서 관리할 수 있습니다.

4.8.1 배열로 점수 관리하기

선생님이 학생의 점수를 저장하고 출력하는 예를 가정해봅시다. 학생의 점수를 다음과 같은 방식으로 저장하면 학생 수가 많아질수록 점수 관리가 더 힘들어집니다.

```
void Start() {
    int student1 = 100;
    int student2 = 90;
    int student3 = 80;
    int student4 = 70;
    int student5 = 60;

    Debug.Log(student1);
    Debug.Log(student2);
    Debug.Log(student3);
    Debug.Log(student4);
    Debug.Log(student5);
}
```

만약 학생 수가 5명이 아니라 100명이면 다음과 같이 변수를 100개 만들어 관리해야 합니다.

```
...
int student81;
int student82;
int student83;
int student84;
int student85;
int student86;
...
```

이런 경우 배열을 사용해 나열된 값들을 하나의 변수로 다룰 수 있습니다.

[과정 이] 배열을 사용해 점수 관리하기

① HelloCode 스크립트를 열고 코드를 다음과 같이 수정

```
using System.Collections;
using System.Collections.Generic;
using UnityEngine;

public class HelloCode : MonoBehaviour {

    void Start() {
```

```
        int[] students = new int[5];

        students[0] = 100;
        students[1] = 90;
        students[2] = 80;
        students[3] = 70;
        students[4] = 60;

        Debug.Log("0 번 학생의 점수: " + students[0]);
        Debug.Log("1 번 학생의 점수: " + students[1]);
        Debug.Log("2 번 학생의 점수: " + students[2]);
        Debug.Log("3 번 학생의 점수: " + students[3]);
        Debug.Log("4 번 학생의 점수: " + students[4]);
    }
}
```

작성한 코드를 실행해봅시다.

[과정 02] HelloCode 스크립트 실행하기

① [Ctrl+S]로 변경된 스크립트 저장
② 유니티 에디터로 돌아가기
③ 플레이 버튼 클릭 › 콘솔 창에서 결과 확인

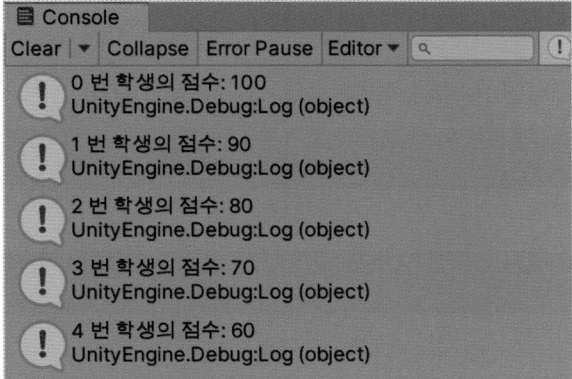

▶ 배열 예제의 실행 결과

코드를 실행하면 위와 같은 결과를 얻을 수 있습니다.

① 실행 결과를 확인한 후 **플레이 버튼**을 다시 눌러 **플레이 모드 해제**

4.8.2 코드 설명

앞의 예제는 students라는 int 타입의 배열 변수로 다섯 학생의 점수를 관리합니다. 먼저 Start() 메서드에서 int 배열이 될 변수 students를 선언했습니다.

```
int[] students;
```

int[]처럼 타입 뒤에 []를 붙여 해당 타입에 대한 배열 변수를 선언합니다. 여기까지는 아직 배열에 방이 몇 개인지 정하지 않은 상태입니다.

우리는 다음과 같이 선언과 동시에 students 배열에 방을 5개 마련했습니다.

```
int[] students = new int[5];
```

new 키워드는 어떠한 타입의 오브젝트를 새로 생성한다는 의미입니다(5장에서 다룹니다). 여기서는 new를 이용해 5개의 방을 가진 int 배열을 생성하여 students 변수에 할당했습니다.

각 방은 인덱스를 사용하여 접근할 수 있습니다. 특정 순번의 방(요소)에 접근할 때는 배열 변수에 대괄호 []를 붙여 순번을 명시합니다.

예를 들어 다음과 같이 첫 번째 요소에 접근하여 100을 할당합니다.

```
students[0] = 100;
```

첫 번째 요소에 값을 대입하는 데 students[1]이 아닌 students[0]으로 접근했다는 사실에 주목합니다. 배열의 순번은 0부터 시작합니다. 따라서 students[1]은 첫 번째가 아닌 두 번째 학생의 점수입니다. 마찬가지로 students[4]는 다섯 번째 학생의 점수입니다.

이런 식으로 다음과 같이 다섯 학생에 대한 배열 요소를 순서대로 접근하고 값을 할당했습니다.

```
students[0] = 100;
students[1] = 90;
students[2] = 80;
students[3] = 70;
students[4] = 60;
```

위와 같은 코드가 실행되었을 때 students 배열의 모습을 그림으로 표현하면 다음과 같습니다.

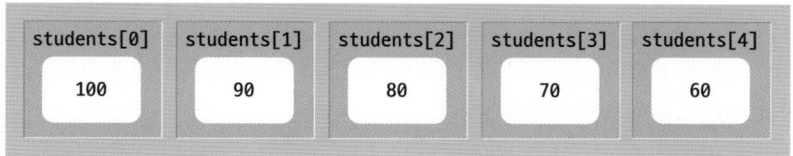

▶ students 배열의 모습

4.8.3 for 문과 함께 사용하기

배열은 for 문과 좋은 조합을 이룹니다.

for 문은 순번을 넘기면서 처리를 반복합니다. 배열은 순번을 사용해 요소에 접근합니다. 따라서 for 문을 사용해 순번을 넘겨가며 배열의 모든 요소에 접근할 수 있습니다.

앞의 예제에서는 Start( ) 메서드에 일일이 순번을 명시하여 학생들의 점수를 출력했습니다.

```
Debug.Log("0 번 학생의 점수: " + students[0]);
Debug.Log("1 번 학생의 점수: " + students[1]);
Debug.Log("2 번 학생의 점수: " + students[2]);
Debug.Log("3 번 학생의 점수: " + students[3]);
Debug.Log("4 번 학생의 점수: " + students[4]);
```

이 부분을 for 문을 사용해 다음과 같이 수정할 수 있습니다. 실행 결과는 이전과 같습니다.

```
void Start() {
    int[] students = new int[5];

    students[0] = 100;
    students[1] = 90;
```

```
        students[2] = 80;
        students[3] = 70;
        students[4] = 60;

        for (int i = 0; i < students.Length; i++)
        {
            Debug.Log((i + 1) + " 번 학생의 점수: " + students[i]);
        }
    }
```

배열 타입의 변수는 내부에 Length라는 변수[2]를 가지고 있습니다. Length의 값은 배열의 길이입니다. 예제에서 students.Length의 값은 5입니다.

결론적으로 예제의 for 문은 다음과 같이 동작합니다.

- i가 0번째부터 시작해서
- i가 students.Length보다 작은 동안
- i를 1씩 증가시키면서 students[i]에 접근

students.Length의 값이 5이므로 i에는 순서대로 0, 1, 2, 3, 4가 대입됩니다. 결론적으로 students[0]에서 students[4]까지 students의 모든 요소에 접근하여 값을 출력했습니다.

여기까지 진행하고 이번 장을 끝내겠습니다. 코드 편집기와 유니티 에디터를 순서대로 종료해 주세요. 코드나 프로젝트의 '변경 사항을 저장을 하겠냐'는 창이 표시되면 변경 사항을 저장하고 종료하면 됩니다.

4.9 마치며

이 장에서는 C#의 기초 문법을 살펴봤습니다. 다음 장에서는 프로그램을 구성하는 클래스와 오브젝트가 무엇인지, 유니티의 게임 오브젝트를 어떻게 코드로 불러와 사용할 수 있는지 배우게 됩니다.

---

2 변수처럼 동작하지만 실제 구현은 변수가 아닌 프로퍼티입니다. 쉽게 설명하기 위해 지금은 변수라고 하겠습니다.

이 장에서 배운 내용 요약

• 변수는 값을 저장하는 장소입니다.

• 함수를 이용하면 특정 처리를 쉽게 반복 수행할 수 있습니다.

• 함수는 입력값과 반환값을 가질 수 있습니다.

• 주석은 컴퓨터가 처리하지 않아 메모로 사용할 수 있습니다.

• Start() 메서드는 게임이 시작될 때 자동으로 한 번 실행됩니다.

• Debug.Log() 메서드로 콘솔에 메시지를 출력합니다.

• 코드 한 문장이 끝나면 세미콜론(;)을 붙입니다.

• 다음은 C# 기본 내장 타입의 변수입니다.

　　－ string : 문자열

　　－ char : 문자 하나

　　－ int : 정수

　　－ float : 실수

　　－ bool : 참/거짓

• if 문은 조건이 참일 때만 if 문 블록을 실행합니다.

• if 문이 조건을 만족하지 않으면 else 문 블록이 실행됩니다.

• 논리 연산자로 두 가지 이상의 조건을 조합할 수 있습니다.

• for 문은 순번을 넘겨가면서 반복 실행합니다.

• i++;는 i = i + 1;과 같은 표현입니다.

• while 문은 조건이 참인 동안 while 문 블록을 반복 실행합니다.

• 배열을 사용해 여러 값을 하나의 변수로 관리할 수 있습니다.

5장 게임 오브젝트 제어하기

게임 월드 속 사물을 '오브젝트'라고 합니다. 온전한 하나의 사물이라고 인식할 수 있다면 어떠한 것도 오브젝트가 될 수 있습니다. 예를 들어 게임 상의 캐릭터는 캐릭터 오브젝트, 탄알은 탄알 오브젝트, 바위는 바위 오브젝트라고 할 수 있습니다.

게임이 아니더라도 대부분의 프로그램에서는 '하나의 독립적인 사물'을 오브젝트라는 단위로 표현합니다. 그러한 오브젝트들이 상호작용하여 프로그램을 이룹니다.

이 장에서 배울 객체지향은 독립적이며 스스로 동작하는 여러 객체(오브젝트)가 모여 거대한 프로그램이 완성되는 구조를 만드는 방법입니다. 그리고 그것이 우리가 작성할 유니티 C# 스크립트의 '클래스'가 동작하는 방식입니다.

이 장에서는 클래스와 오브젝트의 개념과 그것을 어떻게 C# 문법에서 사용하는지 배웁니다. 또한 변수로 오브젝트의 참조를 가리키는 방식을 통해 게임 오브젝트와 컴포넌트를 여러분 마음대로 조종하는 방법을 배웁니다.

이 장에서 다루는 내용

- 클래스와 오브젝트의 개념을 이해합니다.
- C# 클래스로 원하는 사물을 정의합니다.
- 오브젝트를 생성하는 방법을 배웁니다.
- 참조 변수를 사용하여 유니티의 컴포넌트를 조작합니다.

5.1 클래스와 오브젝트

클래스와 오브젝트는 객체지향의 핵심입니다. 객체지향은 '사람이 현실 세상을 보는 방식'에 가깝게 프로그램을 완성하는 겁니다.

일반적으로 사람은 현실의 사물을 '분해하여' 생각하지 않습니다. 사람은 사물을 '하나의 온전한 독립체'로 여기는 경향이 있습니다.

휴대폰을 예로 들어 봅시다. 휴대폰은 프로세서, 카메라, 디스플레이, 각종 센서와 엄청난 수의 논리회로로 이루어져 있습니다. 하지만 우리는 휴대폰을 여러 부품의 집합으로 여기지 않고 하나의 온전한 물건(오브젝트)으로 봅니다.

객체지향은 프로그램을 이러한 오브젝트의 집합으로 구성하는 방식입니다.

5.1.1 클래스

3장에서 클래스class를 묘사할(추상화) 대상과 관련된 코드(변수와 메서드 등)를 묶는 틀이라고 했습니다. 예를 들어 사람을 추상화한 Human 클래스에는 사람의 특징을 규정하는 변수와 메서드가 구현됩니다. 사람, 몬스터, 아이템 등 다양한 사물에 관한 코드를 각자의 클래스로 만들어 묶어두면 코드 관리가 훨씬 쉬워집니다.

다음과 같이 사람에 관한 Human 클래스를 만든다고 생각해봅시다.

```
class Human {
    string name;
    void Walk();
    // ...Human에 관한 변수와 메서드들
}
```

▶ Human 클래스에는 사람을 표현하는 코드가 있다

여기서 Human 클래스 내부의 변수 name과 Walk() 메서드는 그냥 '이름'과 '걷기'가 아닙니다. 이들은 '사람의 이름'과 '사람의 걷기'입니다.

정리하면 클래스는 표현하고 싶은 대상을 추상화[1]하여 대상과 관련된 변수와 메서드를 정의하는 틀입니다.

클래스는 프로그램 속에 실제로 존재하는 사물(실체 또는 오브젝트)이 아닙니다. 클래스는 틀입니다. 틀은 물건이 아니지만 틀(클래스)에 쇳물을 부어 실제 물건(오브젝트)을 만들 수 있습니다.

5.1.2 오브젝트

물건의 설계도인 클래스와 달리 오브젝트object는 실제로 존재하는 물건(실체)입니다.

Human 클래스를 사용하여 철수와 영희 두 오브젝트를 만들었다고 합시다. 이들의 관계는 다음 그림처럼 표현할 수 있습니다.

---

1 추상화란 대상의 핵심적인 개념과 기능을 추려내는 겁니다.

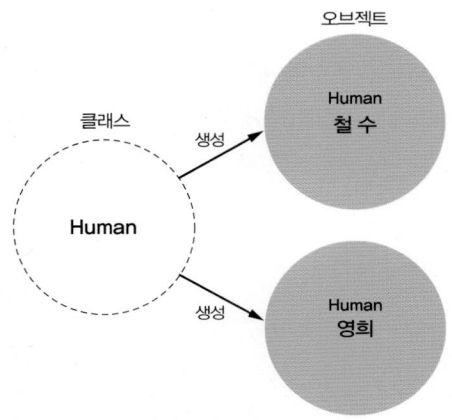

▶ 클래스를 통해 오브젝트 생성

Human 클래스는 실제로 존재하는 오브젝트가 아닙니다. 하지만 Human 클래스라는 틀을 사용해 실제 존재하는 Human 오브젝트를 찍어낼 수 있습니다. 우리는 Human 클래스로 두 개의 Human 오브젝트(철수와 영희)를 생성했습니다.

여기서 클래스는 하나만 존재하지만 클래스를 기반으로 생성한 오브젝트는 여러 개 존재할 수 있다는 사실에 주목합니다.

이렇게 클래스라는 틀로 오브젝트를 찍어내 실체화하는 것을 **인스턴스화**한다고 하며, 인스턴스화를 이용해 생성된 오브젝트를 **인스턴스**라고 합니다.

오브젝트는 인스턴스를 포함하는 개념이므로 두 단어는 혼용됩니다. 이 책에서는 오브젝트가 실시간으로 어떤 클래스에서 복제 생성되었다는 사실을 강조하기 위해 때로는 오브젝트를 인스턴스라고도 표기합니다.

5.1.3 오브젝트의 독립성

하나의 원본 클래스에서 여러 개의 오브젝트를 생성할 수 있습니다. 그럼에도 오브젝트는 서로 독립적이며 구별 가능한 실체입니다.

위 그림에서 철수와 영희 모두 Human 타입의 오브젝트입니다. 하지만 이들을 서로 다른 개별적인 실체로 구분하고 접근할 수 있습니다.

이것은 지구상에 수십억 명의 사람이 있고, 이들이 모두 사람이라는 하나의 분류에 속한다는 것을 떠올리면 이해하기 쉽습니다. 한국사람 A와 미국사람 B는 모두 동일한 사람 종^{class}에 속합니다. 하지만 사람 A와 사람 B는 서로 구분되는 실체이기 때문에 사람 A가 죽거나 사는 것은 사람 B에 어떠한 영향도 주지 않습니다.

5.2 C# 클래스 만들기

핵심 이론을 살펴봤으니 C#에서 클래스와 오브젝트가 어떻게 동작하는지 확인해봅시다. 동물 Animal 클래스를 만들고 그것을 사용하여 동물 오브젝트들이 모여 있는 동물원을 만들겠습니다.

먼저 클래스를 실습할 새로운 유니티 프로젝트를 만듭니다. 프로젝트 이름은 Hello Class라고 하겠습니다. 경로는 임의로 지정해도 상관없습니다.

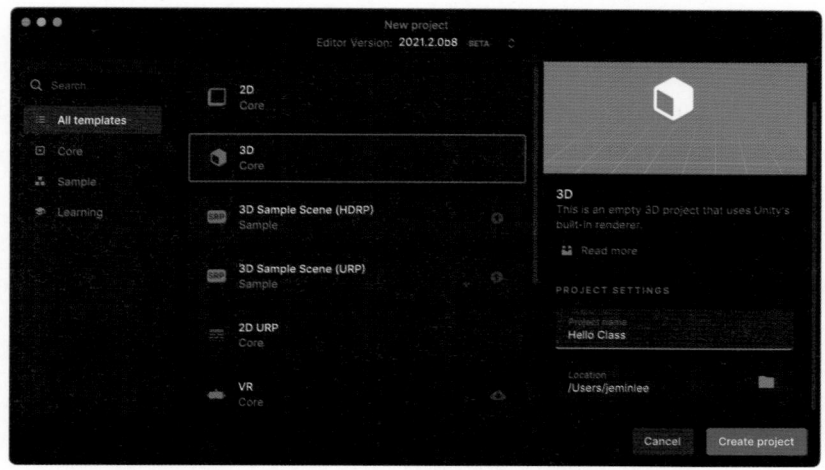

▶ 새로운 프로젝트 생성

5.2.1 Animal 클래스 만들기

동물원을 만들기 위해서는 동물 오브젝트를 만들어야 하며, 동물 오브젝트를 만들기 위해서는 먼저 동물 클래스를 만들어야 합니다.

그러므로 Animal 클래스부터 만듭시다. Animal 클래스는 동물을 표현하는 클래스입니다. 예제를 쉽게 진행하기 위해 동물은 변수로 '이름'과 '울음소리'만 가지며, 메서드는 '울음소리를 내는 기능'만 가지고 있다고 하겠습니다.

우리가 만들 Animal 클래스는 다음과 같이 구성됩니다.

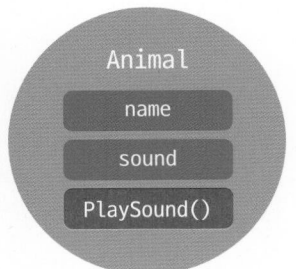

▶ Animal 클래스의 모습

- Animal 클래스는 동물을 추상화한 클래스입니다.
- 변수로 이름 name과 울음소리 sound를 가집니다.
- PlaySound()는 울음소리를 재생하는 메서드입니다.

그러면 새로운 C# 스크립트 Animal을 생성하고 코드를 작성합시다.

[과정 01] Animal 스크립트 생성하기

① **프로젝트** 창에서 **+** 〉 **C# Script** 클릭
② 생성된 스크립트 **이름**을 **Animal**로 변경 〉 **더블 클릭**으로 스크립트 열기

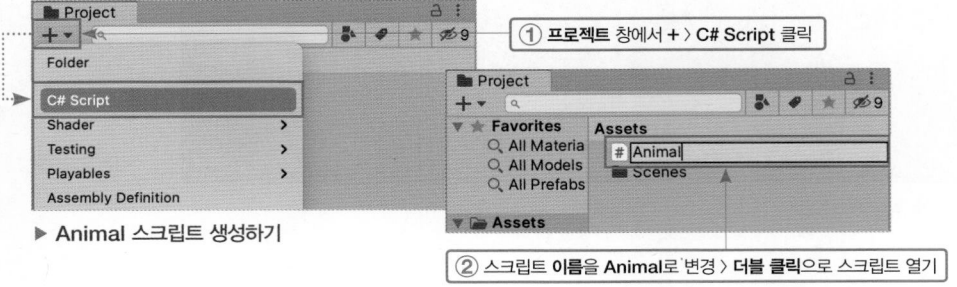

▶ Animal 스크립트 생성하기

생성된 Animal 스크립트 파일을 열면 다음과 같은 코드가 자동 생성되어 있습니다.

```
using System.Collections;
using System.Collections.Generic;
using UnityEngine;

public class Animal : MonoBehaviour {
```

```
    // Use this for initialization
    void Start() {

    }

    // Update is called once per frame
    void Update() {

    }
}
```

위 Animal 스크립트의 내용을 우리가 생각하는 Animal 클래스의 내용으로 수정합니다.

[과정 02] Animal 클래스 완성하기

① **Animal** 클래스의 전체 코드를 다음과 같이 수정
② **[Ctrl+S]**로 수정한 스크립트 저장

```
using System.Collections;
using System.Collections.Generic;
using UnityEngine;

public class Animal {
    // 동물에 대한 변수
    public string name;
    public string sound;

    // 울음소리를 재생하는 메서드
    public void PlaySound() {
        Debug.Log(name + " : " + sound);
    }
}
```

완성된 Animal 클래스는 이름 name과 울음소리 sound 변수를 가지며, 울음소리를 재생하는 메서드 PlaySound()를 가집니다.

이렇게 Animal 클래스라는 새로운 타입을 정의했지만 아직은 어떠한 일도 일어나지 않습니다. Animal 클래스는 실체(오브젝트)가 아니기 때문입니다.

5.2.2 Animal 오브젝트 만들기

이제 Animal 클래스를 기반으로 Animal 오브젝트를 만드는 Zoo 스크립트를 작성합니다.

[과정 01] Zoo 스크립트 생성하기

  ① **코드 편집** 창을 닫거나 최소화 〉 **유니티 에디터**로 돌아가기

  ② **프로젝트** 창에서 **+** 〉 **C# Script** 클릭

  ③ 생성된 스크립트 **이름을 Zoo**로 변경 〉 **더블 클릭**으로 스크립트 열기

Zoo 스크립트를 열면 다음과 같이 자동 생성된 코드가 보입니다.

```
using System.Collections;
using System.Collections.Generic;
using UnityEngine;

public class Zoo : MonoBehaviour {

    // Use this for initialization
    void Start() {

    }

    // Update is called once per frame
    void Update() {

    }
}
```

Zoo 스크립트의 Start() 메서드에서 Animal 클래스를 바탕으로 해서 Tom이라는 동물을 생성해봅시다.

[과정 02] 새로운 Animal 오브젝트 생성

① **Zoo** 스크립트를 다음과 같이 수정
② [Ctrl+S]로 수정한 스크립트 저장 > **코드 편집** 창을 닫고 **유니티 에디터**로 돌아가기

```
using System.Collections;
using System.Collections.Generic;
using UnityEngine;

public class Zoo : MonoBehaviour {
    void Start() {
        Animal tom = new Animal();
        tom.name = "톰";
        tom.sound = "냐옹!";

        tom.PlaySound();
    }
}
```

이제 수정한 Zoo 스크립트가 어떻게 동작하는지 테스트해봅시다.

4장에서 스크립트를 완성했다고 해서 코드가 동작하는 것은 아니라고 했습니다. 프로젝트 창의 Zoo 스크립트는 단순 텍스트일 뿐입니다. Zoo 스크립트를 게임 오브젝트에 컴포넌트로 추가해야 합니다. 그렇게 해야 Zoo 스크립트는 게임상의 오브젝트가 되고 게임 속에서 동작합니다.

새로운 게임 오브젝트를 만들고 Zoo 스크립트를 컴포넌트로 추가해봅시다.

[과정 03] 새 게임 오브젝트에 Zoo 스크립트 붙이기

① **빈 게임 오브젝트** 생성(**하이어라키** 창에서 + > **Create Empty** 클릭)
② **프로젝트** 창의 **Zoo** 스크립트를 **하이어라키** 창의 **GameObject**로 **드래그&드롭**

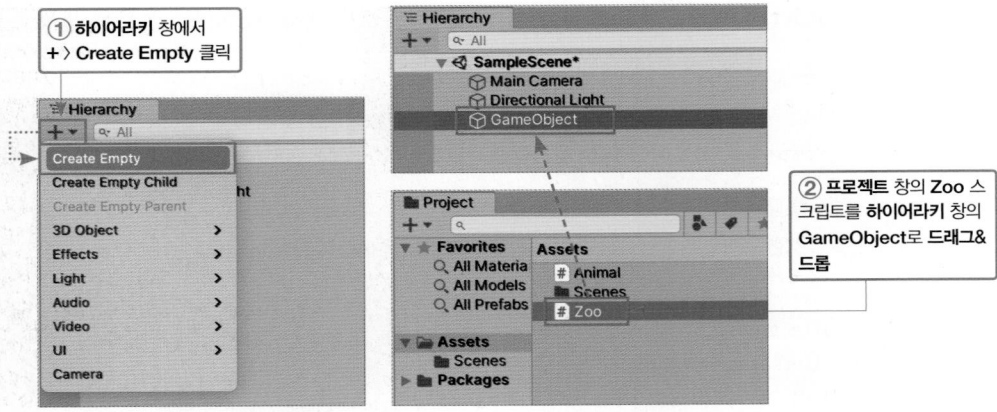

▶ 새 게임 오브젝트에 **Zoo** 스크립트 붙이기

이제 Zoo 스크립트의 동작을 테스트해봅시다.

[과정 04] Zoo 스크립트 테스트하기

① **플레이 버튼**을 눌러 씬 시작 > **콘솔** 창의 로그 확인

씬을 플레이하면 콘솔 창에 '톰 : 냐옹!' 로그가 보입니다.

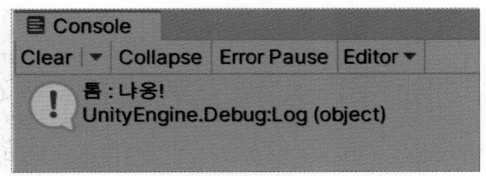

▶ **Zoo** 스크립트 실행 결과

로그를 확인했다면 플레이 버튼을 다시 눌러 플레이 모드를 해제합니다.

5.2.3 Zoo 스크립트 분석하기

Zoo 스크립트의 Start() 메서드에서 작성한 코드를 살펴봅시다.

먼저 새로운 Animal 오브젝트를 생성하는 부분부터 봅니다.

```
Animal tom = new Animal();
```

앞의 코드는 새로운 Animal 오브젝트를 생성하고 그것을 Animal 타입의 변수 tom에 할당합니다. 여기서 new 연산자를 사용하는 부분을 자세히 봅시다.

```
new Animal();
```

- **new 연산자는 클래스로부터 인스턴스를 생성합니다.**
  new 연산자는 어떤 클래스의 오브젝트를 새로 하나 생성합니다. 여기서는 새로운 Animal 오브젝트를 생성했습니다. new 연산자 뒤에는 실행할 클래스의 생성자가 옵니다.

- **Animal() 메서드는 Animal 클래스의 생성자입니다.**
  생성자의 이름은 클래스의 이름과 같습니다. 생성자는 오브젝트를 생성할 때 실행되며, 오브젝트가 생성될 때 어떻게 초기화할지 정의하기 위해 사용하는 특수한 메서드입니다.

클래스를 정의할 때 생성자를 따로 만들지 않아도 기본 생성자가 암시적으로 생성됩니다. 우리가 사용한 Animal() 생성자가 Animal 클래스의 기본 생성자입니다. Animal() 기본 생성자는 초기화에 필요한 별다른 입력을 받지 않습니다.

생성자에서 초기화에 필요한 입력을 받는 경우는 6장에서 Vector3 타입을 처음 사용할 때 보게 될 겁니다. 지금은 생성자를 새로운 오브젝트를 생성할 때 실행하는 특수한 메서드라는 정도만 이해하면 됩니다.

정리하면 new Animal();은 '새로운 Animal 오브젝트(인스턴스)를 탄생시켜라!'라고 하는 명령입니다.

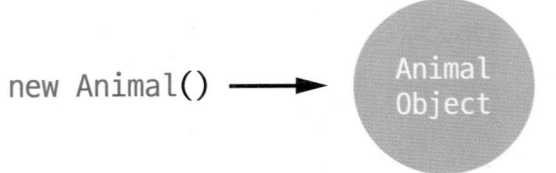

새로운 오브젝트(인스턴스) 탄생!

▶ 새로운 Animal 오브젝트 생성

그다음 생성한 Animal 오브젝트를 Animal 타입의 변수 tom에 할당했습니다.

```
Animal tom = new Animal();
```

이제 tom은 방금 생성한 Animal 오브젝트를 가리키게 됩니다. 생성된 Animal 오브젝트는 변수로 name과 sound를 가집니다. 우리는 tom에 할당된 Animal 오브젝트의 name과 sound의 값을 변경했습니다.

```
tom.name = "톰";
tom.sound = "냐옹!";
```

오브젝트 내부의 변수나 메서드를 멤버라고 부릅니다. 멤버는 점(.) 연산자로 접근할 수 있습니다. 여기까지 진행한 상태에서의 tom은 다음과 같은 모습이 됩니다.

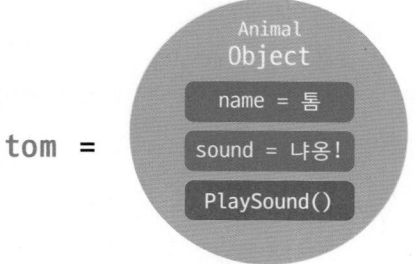

▶ tom에 할당된 Animal 오브젝트의 모습

같은 원리로 tom에 할당된 Animal 오브젝트의 PlaySound() 메서드를 점 연산자로 접근하고 실행했습니다.

```
tom.PlaySound();
```

MonoBehaviour는 new를 사용하지 않는다

유니티에서 작성하는 대부분의 스크립트는 MonoBehaviour 클래스를 상속합니다. 그런데 MonoBehaviour를 상속한 클래스는 new로 오브젝트로 생성할 수 없습니다.

MonoBehaviour를 상속한 클래스는 드래그&드롭 등으로 스크립트를 게임 오브젝트에 컴포넌트로 추가하는 방법으로만 오브젝트로 만들 수 있습니다.

C#에서는 클래스를 기반으로 새로운 오브젝트를 생성할 때 new를 사용하는 것이 일반적입니다. 그래서 이전에 C# 프로그래밍을 접했던 사람들은 유니티 C# 스크립트는 new를 거의 사용하지 않는다는 사실에 당황하기도 합니다.

MonoBehaviour를 상속한 클래스는 컴포넌트로 동작하며, 컴포넌트는 게임 오브젝트의 부품으로만 존재할 수 있습니다. 또한 컴포넌트는 게임 오브젝트에 추가될 때 컴포넌트로서 필요한 초기화 과정을 거칩니다.

new 연산자로 MonoBehaviour를 상속한 클래스를 오브젝트로 생성하면 필요한 초기화 과정과 게임 오브젝트에 추가되는 과정을 전부 생략하고 즉시 오브젝트가 생성됩니다. 따라서 생성된 오브젝트가 정상적으로 동작하지 않습니다.

5.2.4 멤버와 접근 제한자

지금까지 클래스에서 오브젝트를 생성하는 방법을 다루었습니다. 이번에는 클래스를 이루는 요소를 좀 더 자세히 살펴보겠습니다. Animal 스크립트를 열고 Animal 클래스 부분을 다시 살펴봅시다.

```
public class Animal {
    // 동물에 대한 변수
    public string name;
    public string sound;

    // 울음소리를 재생하는 메서드
    public void PlaySound() {
        Debug.Log(name + " : " + sound);
    }
}
```

클래스의 멤버

어떤 클래스에 속하며, 해당 클래스의 데이터와 행위를 표현하는 요소를 멤버라고 합니다. 즉, Animal 클래스에 속한 변수 name과 sound, 그리고 PlaySound() 메서드가 Animal의 멤버입니다.

클래스의 필드

클래스의 멤버 중에서 변수를 필드라고 부릅니다. 즉, Animal 클래스의 멤버 중에서 변수 name과 sound가 Animal 클래스의 필드입니다.

이 책에서는 때때로 클래스의 멤버 변수를 특별히 강조할 때 필드라고 표기합니다.

접근 제한자

기본적으로 클래스의 멤버들은 외부에서 보이지 않도록 감추어져 있습니다. 하지만 원한다면 접근 제한자를 사용해 선택적으로 멤버의 공개 여부를 결정할 수 있습니다.

접근 제한자는 클래스 멤버의 공개 여부를 정하는 키워드입니다. 다음 세 가지 접근 제한자가 가장 자주 사용됩니다(protected는 16장에서 처음 사용하기 때문에 여기서는 자세히 다루지는 않겠습니다).

- **public** : 클래스 외부에서 멤버에 접근 가능
- **private** : 클래스 내부에서만 멤버에 접근 가능
- **protected** : 클래스 내부와 파생 클래스에서만 멤버에 접근 가능

public은 멤버를 외부에서 접근 가능하게 공개하는 키워드입니다. 클래스 외부에서 어떤 멤버에 접근을 허용하려면 멤버 앞에 public 키워드를 명시해야 합니다.

private는 멤버를 외부에서 접근할 수 없도록 감추는 키워드입니다. private가 기본값입니다. 그러므로 멤버에 어떠한 접근 제한자도 명시하지 않으면 암묵적으로 private가 적용됩니다.

예를 들어 접근 제한자를 명시하지 않고 멤버 변수를 string sound;로 선언하면 private string sound;로 처리됩니다.

다음과 같이 Animal 클래스의 name은 public, sound는 private로 선언했다고 가정합시다.

```csharp
public class Animal {
    // 동물에 대한 변수
    public string name;
    private string sound;

    // 울음소리를 재생하는 메서드
    public void PlaySound() {
        Debug.Log(name + " : " + sound);
    }
}
```

이렇게 되면 Zoo 스크립트에서 Animal 타입인 tom을 다룰 때 tom.name은 접근 가능하고 tom.sound는 접근 불가능합니다. 따라서 tom.name = "톰";은 정상적으로 실행되고 tom.sound = "냐옹!";은 에러가 발생합니다.

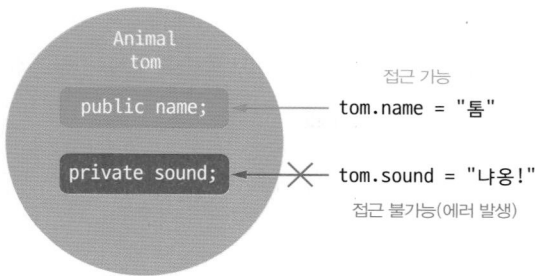

▶ 접근 제한자의 동작

결론적으로 Zoo 스크립트에서 tom.name, tom.sound, tom.PlaySound()를 모두 접근하고 사용할 수 있었던 이유는 Animal 클래스에서 이들을 public으로 선언했기 때문입니다.

5.3 참조 타입

여기까지 진행했다면 어째서 int, string 등의 '원시적인 타입'의 변수들은 new 키워드를 사용하지 않고 변수에 곧바로 값을 할당하는지 의문이 생길 수 있습니다.

```
int year = 1999;
string movie = "바람과 함께 사라지다";
```

이들과 반대로 Animal 타입의 변수 tom에 값을 할당할 때는 new 키워드를 사용하여 새로운 Animal 오브젝트를 생성하고 tom에 할당했습니다.

```
Animal tom = new Animal();
```

결론부터 말하면 클래스로 만든 변수는 참조reference 타입이기 때문입니다. 참조 타입의 변수는 실체화된 오브젝트가 아닙니다. 참조 타입의 변수를 선언하는 것만으로는 오브젝트가 생성되지 않기 때문에 new를 사용해 오브젝트를 개별적으로 생성해야 합니다.

예제에서 Animal 타입의 변수 tom은 생성된 Animal 오브젝트 그 자체가 아닙니다.

tom은 생성된 Animal 오브젝트를 가리키는 참조값을 저장하는 변수입니다. 예제에서 tom에 할당된 값은 new로 생성된 Animal 오브젝트가 아니라 생성된 Animal 오브젝트로 향하는 참조값입니다.

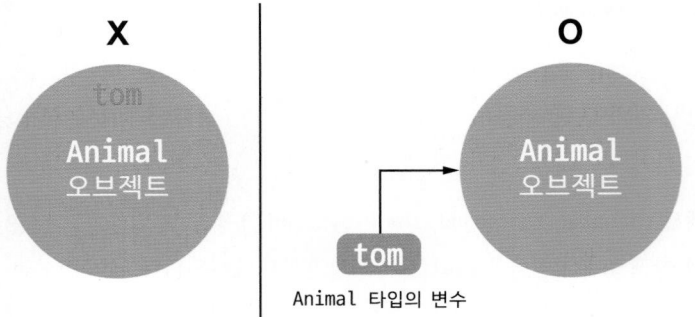

▶ 변수 tom은 Animal 오브젝트를 가리키는 참조

이어지는 예제를 통해 참조 타입과 값 타입이 무엇인지 좀 더 자세히 살펴봅시다.

5.3.1 두 마리의 동물 오브젝트

Zoo 스크립트에서 Animal 타입의 오브젝트를 추가 생성해서 참조 타입이 무엇인지 살펴보겠습니다. tom과 jerry라는 Animal 오브젝트를 추가로 생성합니다.

[과정 01] Animal 오브젝트 두 개 생성하기

① Zoo 스크립트 다시 열기
② Zoo 스크립트의 Start() 메서드 부분을 다음과 같이 수정
③ [Ctrl+S]로 수정한 스크립트 저장

```
void Start() {
    Animal tom = new Animal();
    tom.name = "톰";
    tom.sound = "냐옹!";

    Animal jerry = new Animal();
    jerry.name = "제리";
    jerry.sound = "찍찍!";
```

```
    tom.PlaySound();
    jerry.PlaySound();
}
```

수정된 코드를 살펴봅시다. 먼저 tom에 새로운 Animal 오브젝트를 생성하여 할당했습니다.

그다음 Animal 타입의 변수 jerry를 선언하고 jerry에 새로운 Animal 오브젝트를 생성하여 할당했습니다. 그리고 jerry의 멤버 변수 name과 sound에 적절한 값을 할당했습니다.

```
Animal jerry = new Animal();
jerry.name = "제리";
jerry.sound = "찍찍!";
```

여기까지 코드가 실행되었을 때 프로그램의 메모리 상태는 다음과 같이 표현할 수 있습니다.

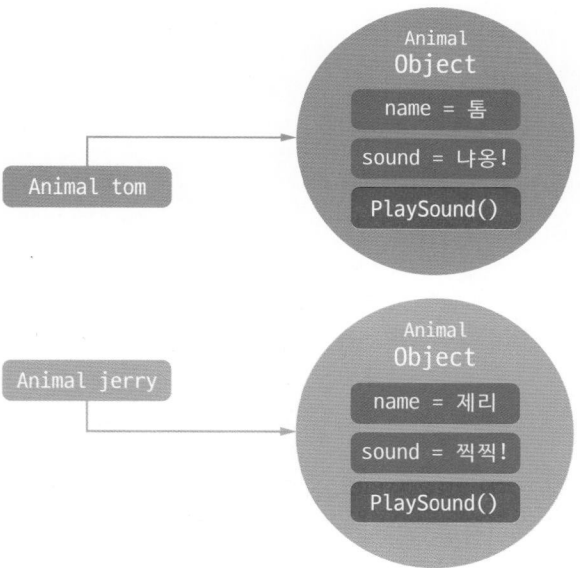

▶ 메모리 상태

그림에서 확인할 수 있듯이 tom과 jerry는 자신만의 값이 할당된 name과 sound를 가지고 있습니다.

Start( ) 메서드의 마지막 부분에서는 이들의 울음소리를 콘솔로 출력했습니다.

```
tom.PlaySound();
jerry.PlaySound();
```

유니티 에디터로 돌아가서 수정한 Zoo 스크립트를 플레이하여 테스트합니다. 그러면 콘솔 창
에 다음과 같은 로그가 출력되는 것을 확인할 수 있습니다.

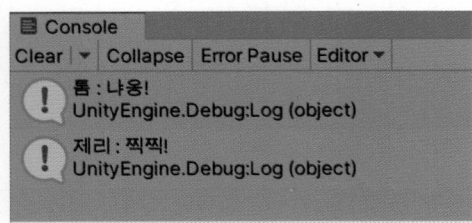

▶ 수정된 Zoo 스크립트의 실행 결과

지금까지 확인한 내용을 요약해보면 이렇습니다.

- 클래스는 오브젝트를 생성하는 틀입니다.
- new를 사용하여 클래스로부터 오브젝트를 생성합니다.
- 한 클래스로 여러 오브젝트를 만들 수 있습니다.

씬 플레이 모드를 해제하고 Zoo 스크립트를 다시 열어 오브젝트를 생성할 때의 동작을 좀 더 자
세히 봅시다.

5.3.2 참조값 변경하기

이번에는 기존 코드에 재미있는 변경 사항을 추가합니다. 변수 jerry에 변수 tom의 값을 대입하
면 어떤 일이 일어나는지 볼 겁니다.

[과정 01] jerry에 tom 대입하기

① Zoo 클래스의 Start( ) 메서드 부분을 다음과 같이 수정
② [Ctrl+S]로 수정한 스크립트 저장

```
void Start() {
    Animal tom = new Animal();
    tom.name = "톰";
    tom.sound = "냐옹!";

    Animal jerry = new Animal();
    jerry.name = "제리";
    jerry.sound = "찍찍!";

    jerry = tom;
    jerry.name = "미키";

    tom.PlaySound();
    jerry.PlaySound();
}
```

tom과 jerry의 울음소리를 출력하는 부분 앞에 다음 두 줄의 코드를 추가했습니다.

```
jerry = tom;
jerry.name = "미키";
```

이 과정에서 tom과 jerry에 할당된 Animal 오브젝트가 어떻게 변형될지 생각해봅시다.

먼저 jerry = tom;으로 jerry에 tom의 값을 할당했습니다. 그러면 jerry의 멤버 변수들의 값이 tom의 것으로 덮어쓰기 됩니다. 따라서 jerry의 멤버 변수들의 값이 다음과 같이 변경됩니다.

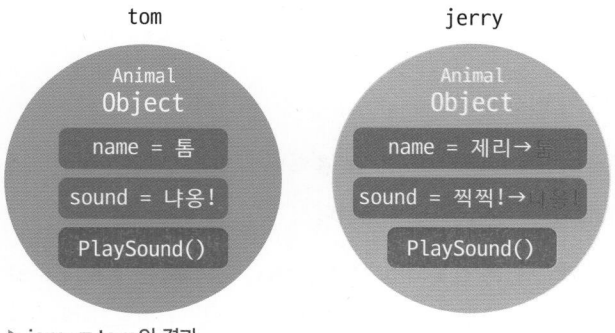

▶ jerry = tom의 결과

그리고 jerry.name = "미키";를 실행했습니다. 그러면 다음과 같이 jerry의 멤버 변수 name의 값이 "미키"로 변경됩니다.

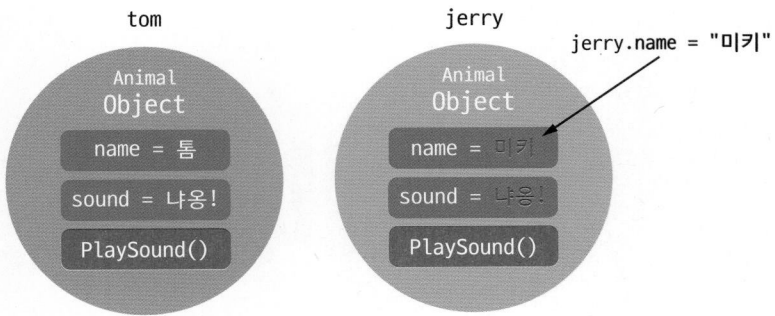

▶ jerry.name = "미키"의 결과

하지만 tom의 멤버 변수 name의 값은 변경되지 않고 **"톰"**으로 남아 있습니다. jerry만 수정하고 tom을 수정하지 않았기 때문입니다.

그러면 코드 편집 창을 닫고 유니티 에디터로 돌아가서 스크립트를 테스트해봅니다. 플레이 버튼을 눌러 씬을 플레이하면 콘솔 창에서 다음과 같은 로그를 확인할 수 있습니다.

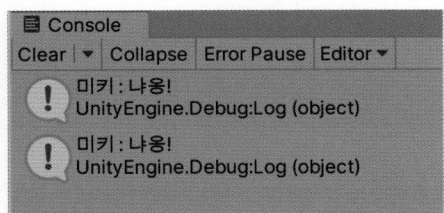

▶ 수정된 Zoo 스크립트의 실행 결과

콘솔 창에 출력된 jerry와 tom의 정보가 이상합니다.

두 번째 로그에서 수정된 제리의 이름 jerry.name이 "미키"로 출력되는 것은 당연합니다. 하지만 첫 번째 로그에서 톰의 이름 tom.name도 "미키"로 출력됩니다.

사실 이 절에서 지금까지 설명한 내용과 그림은 잘못되었습니다. jerry = tom;은 직관과 다르게 동작합니다. 씬 플레이 모드를 종료한 다음 참조 타입의 동작을 제대로 된 설명으로 다시 봅시다.

5.3.3 참조 타입의 동작

앞 절에서 jerry = tom;이 실행되기 직전의 메모리 상태를 표현하면 다음과 같습니다.

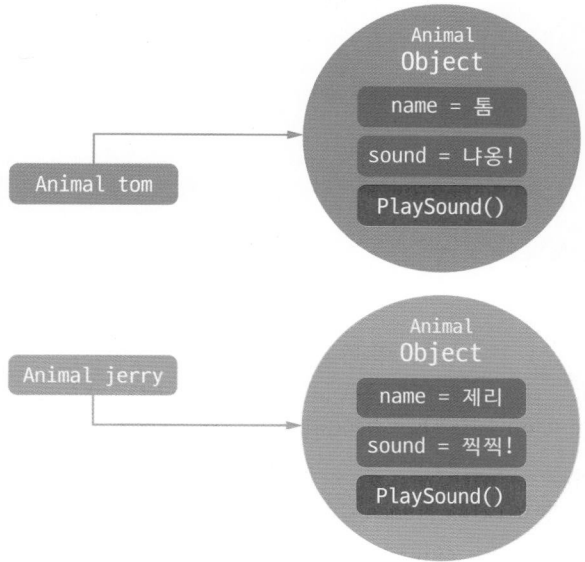

▶ tom과 jerry의 상태

그림에서 변수 tom과 jerry는 Animal 오브젝트 그 자체가 아니라 Animal 오브젝트를 가리키는 참조값을 저장합니다. 참조값은 실제 오브젝트의 메모리 주소에 대응되는 값입니다.[2]

즉, tom과 jerry에 할당된 참조값을 찾아가면 '진짜' 오브젝트가 있습니다. 예를 들어 tom.name = "톰";이 실행되면 tom 그 자체가 수정되지 않습니다. 대신 tom에 저장된 참조값을 통해 실제 Animal 오브젝트를 찾아가서 해당 Animal 오브젝트의 name을 수정합니다.

jerry = tom;을 실행하면 jerry의 모든 멤버 변수의 값이 tom의 모든 멤버 변수의 값으로 덮어 쓰기 된다고 착각하기 쉽습니다.

---

2 참조값은 메모리 주소값 그 자체는 아닙니다. 참조값은 C# 프로그램을 구동하는 CLR의 인덱스 테이블에 의해 메모리 주소와 대응되는 값입니다.

하지만 실제로는 jerry에 할당된 참조값을 tom에 할당된 참조값으로 덮어쓰기 합니다. jerry = tom;이 실행될 때 메모리상에서 tom과 jerry의 상태는 다음 그림처럼 변경됩니다.

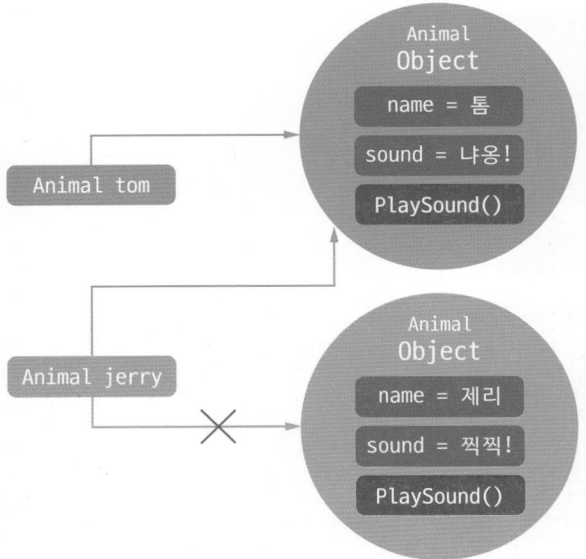

▶ tom과 jerry가 같은 오브젝트를 가리킨다

즉, jerry에 할당된 참조값이 tom의 참조값으로 변경되면서 jerry는 직전까지 가리키던 Animal 오브젝트를 더 이상 가리키지 않고, tom이 가리키던 Animal 오브젝트를 가리키게 됩니다.[3]

결론적으로 변수는 tom과 jerry 두 개 존재하지만 두 변수가 참조값을 통해 가리키는 Animal 오브젝트는 하나뿐이며 jerry를 통해 Animal 오브젝트를 수정하는 것은 tom을 통해 Animal 오브젝트를 수정하는 것과 같은 의미가 됩니다. 따라서 예제에서 jerry.name을 "미키"로 수정했을 때 tom.name도 "미키"가 된 겁니다.

---

3 이 책에서는 '변수가 오브젝트를 가리킨다'는 표현을 때때로 사용하지만, 정확하게 말하면 '변수에 할당된 참조값이 오브젝트를 가리키는 것'입니다.

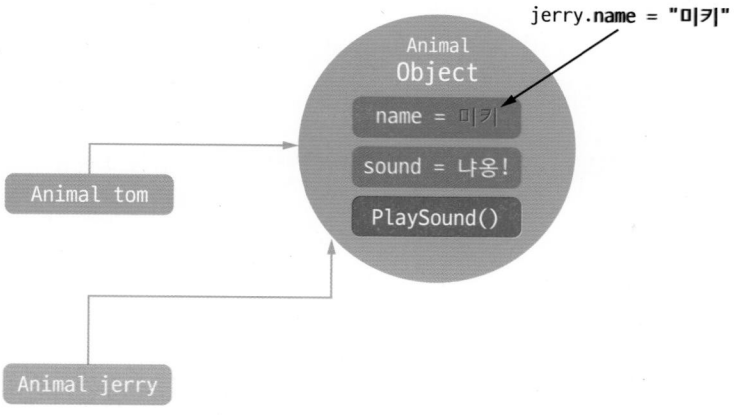

jerry.name = "미키"

▶ **jerry**를 수정하는 것은 곧 **tom**을 수정하는 것이 된다

그런데 jerry가 tom이 가리키던 오브젝트를 가리키게 되면서 jerry가 본래 가리키던 오브젝트는 아무도 가리키지 않는 '미아'가 되었습니다.

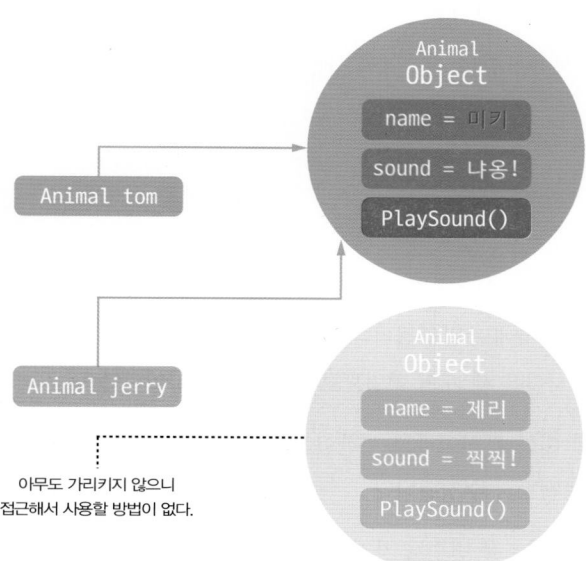

아무도 가리키지 않으니
접근해서 사용할 방법이 없다.

▶ 미아가 된 오브젝트는 사용할 수 없다

이렇게 아무도 가리키지 않는 오브젝트는 사용할 방법이 없습니다. 해당 오브젝트를 부를 이름 (변수)이 없어 접근할 방법이 없기 때문입니다. 존재하지만 이름이 없어 접근할 수 없다면 사실상 존재하지 않는 것과 마찬가지입니다.

이렇게 아무도 가리키지 않는 오브젝트는 C#의 가비지 컬렉터^{Garbage Collector}가 틈틈이 자동으로 파괴하여 정리합니다.

5.3.4 하나의 실체와 여러 개의 참조 변수

이렇게 변수에 실체가 아니라 실체로 향하는 참조가 할당되고, 변수에 접근하면 참조를 통해 실체에 접근하는 변수를 참조 타입이라고 합니다. C#에서 클래스 타입의 변수는 참조 타입으로 동작합니다.

참조 타입은 '한 사람을 여러 개의 별명으로 부르는' 상황을 만들 수 있습니다. 한 사람을 다양한 별명으로 부를 수 있지만, 그 모든 별명이 가리키는 실체는 하나입니다. 즉, 오브젝트는 하나지만 그것을 여러 개의 참조 변수가 동시에 가리킬 수 있습니다.

Some이라는 클래스가 있을 때 다음 예시 코드를 실행했다고 가정해봅시다.

```
Some a = new Some();

Some b = a;
Some c = a;
```

위 코드를 실행한 후 b 또는 c를 수정하면 a에도 반영됩니다. a, b, c 세 개의 변수가 같은 오브젝트를 가리키고 있기 때문입니다. 한 사람을 세 개의 별명으로 가리키는 상황입니다.

참조 타입의 변수는 실제 오브젝트에 대한 분신이라고 이해할 수도 있습니다. 분신(변수)을 수정하면 실제로는 분신의 본체인 오브젝트가 수정됩니다.

참조 타입이 중요한 이유는 '컴포넌트의 참조를 변수로 가져와서' 사용하는 것을 가능하게 만들기 때문입니다(5.4절 '변수로 컴포넌트 사용하기' 참조).

5.3.5 값 타입과 참조 타입

모든 변수가 참조로 동작하는 것은 아닙니다. 4장에서 봤던 `float`, `int`, `string` 등의 C# 내장 변수는 참조로 동작하지 않습니다. 이런 타입을 값^{Value} 타입이라고 합니다.

참조 타입 변수는 값(실체)으로 향하는 참조를 저장하고, 값 타입의 변수는 해당 변수 공간에 값 자체를 저장합니다.

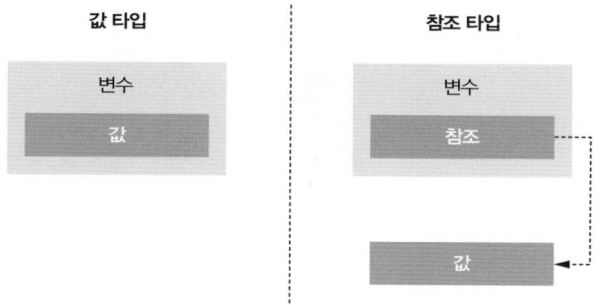

▶ 값 타입과 참조 타입의 비교

값 타입은 여러 변수가 하나의 실체를 공유하는 상황이 생기지 않습니다. 값 타입 중 하나인 `int` 타입을 사용하는 예를 봅시다.

```
int a = 0;
int b = 10;
a = b;   // a = 10, b = 10
b = 100; // a = 10, b = 100
```

a = b;를 실행한 시점에 a와 b의 값은 10입니다. 그다음 b = 100;을 실행하면 b의 값은 100이 됩니다. 하지만 a의 값은 여전히 10입니다.

값 타입에서는 a = b; 이후 b를 수정했을 때 a에 같은 수정 사항이 반영되지 않습니다. 값 타입 변수에 값을 할당하면 값의 참조가 아니라 값의 사본이 할당됩니다.

a = b; 동작을 참조 타입과 값 타입 사이에서 비교한 그림을 보면 쉽게 이해할 수 있습니다.

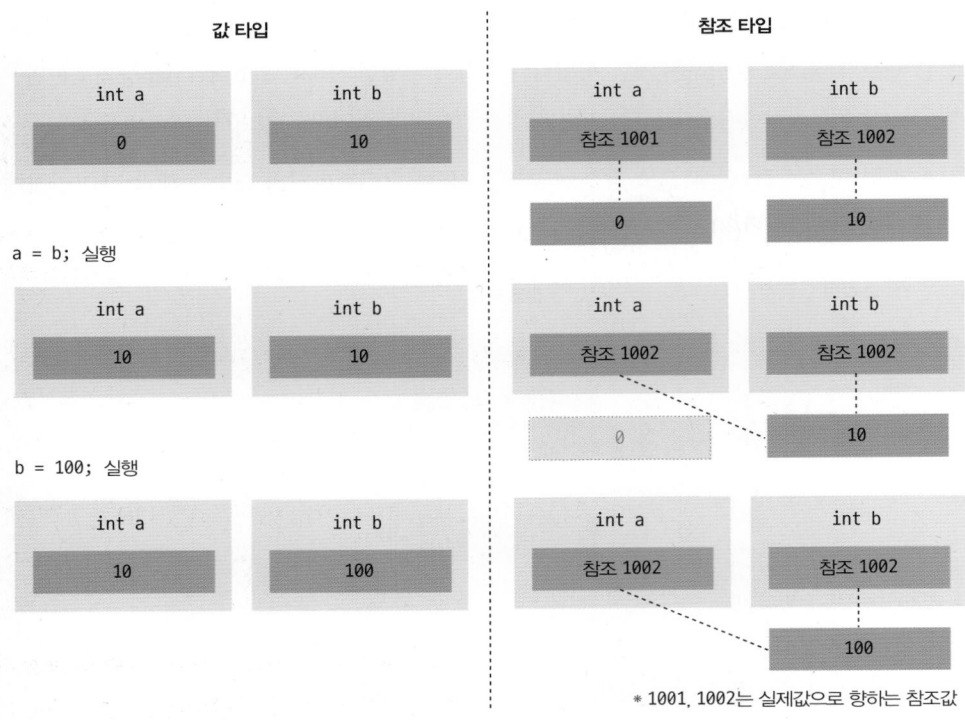

값 타입   참조 타입

int a   int b   int a   int b
 0   10   참조 1001   참조 1002
                                          0   10

a = b; 실행

int a   int b   int a   int b
 10   10   참조 1002   참조 1002
                                          0   10

b = 100; 실행

int a   int b   int a   int b
 10   100   참조 1002   참조 1002
                                                        100

* 1001, 1002는 실제값으로 향하는 참조값

▶ a = b에서 값 타입과 참조 타입의 동작 차이

앞으로 우리가 사용할 변수 타입을 구분하면 이렇습니다(사용하지 않을 타입은 일부 생략했습니다).

참조 타입	값 타입
class 타입	C# 내장 변수
유니티의 모든 컴포넌트	• bool
우리가 작성할 C# 스크립트 (MonoBehaviour를 상속받는 클래스)	• int
	• float
	• char
	• double
	• string (immutable로 선언된 class)
	• ...
	struct(구조체) 타입
	• Vector3
	• Color
	• ...

몇 가지 예외가 있지만 class로 만든 대부분의 타입은 참조로 동작합니다.[4] 유니티의 게임 오브젝트, 컴포넌트, C#의 많은 타입이 클래스로 정의되어 있습니다. C# 내장 변수 타입과 Vector3(6장부터 등장합니다) 같은 struct 타입을 제외하면 우리가 사용할 대부분의 변수는 참조 타입으로 동작합니다.

5.4 변수로 컴포넌트 사용하기

지금까지의 내용을 정리하면 참조 변수는 실체가 아니라 실체로 향하는 참조값을 저장합니다.

변수의 참조값으로 실체에 접근하는 참조 타입 덕분에 변수로 씬에 있는 게임 오브젝트와 컴포넌트에 접근하고 이들을 조종할 수 있습니다. 변수로 게임 오브젝트를 직접 제어해봅시다.

5.4.1 물리 큐브 만들기

씬에 큐브를 하나 만들고, 코드로 해당 큐브가 점프하게 해봅시다.

[과정 01] Cube 게임 오브젝트 만들기

① 큐브 **Cube** 게임 오브젝트 생성(**하이어라키** 창에서 **+** 〉 **3D Object** 〉 **Cube** 클릭)
② **인스펙터** 창에서 **Add Component** 〉 **Physics** 〉 **Rigidbody** 클릭

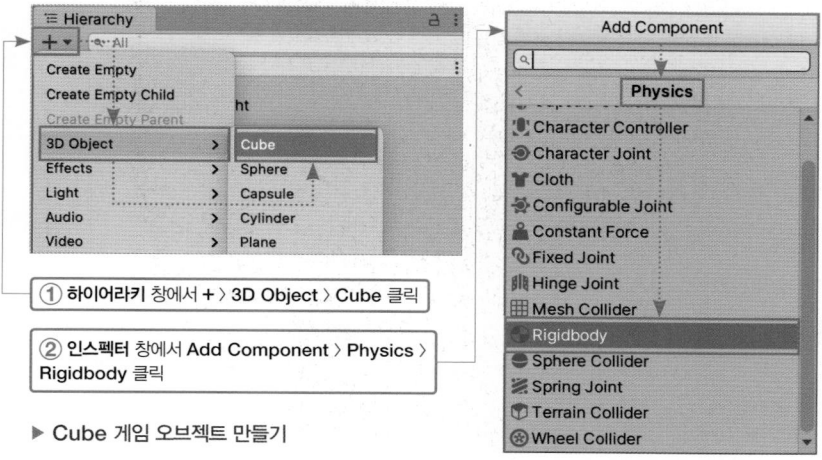

▶ Cube 게임 오브젝트 만들기

---

4 string은 클래스로 선언되어 있지만 값 타입으로 동작합니다. immutable(생성 후 변경 불가)로 선언되어 있기 때문입니다. immutable 에 대한 설명은 이 책의 범위를 벗어나므로 생략하겠습니다.

Cube 게임 오브젝트를 생성하고 리지드바디 컴포넌트를 추가했습니다. 리지드바디 컴포넌트가 추가되었으므로 Cube는 중력과 물리적인 힘의 영향을 받는 게임 오브젝트가 됩니다.

리지드바디 컴포넌트는 물리 기능을 담당합니다. 만약 우리가 Cube에 추가된 리지드바디 컴포넌트를 코드로 직접 조종할 수 있다면 Cube 게임 오브젝트에 물리적인 힘을 추가해 원하는 곳으로 점프하게 만들 수 있습니다.

5.4.2 변수로 리지드바디 컴포넌트 사용하기

코드 상에서 씬에 있는 게임 오브젝트와 컴포넌트를 직접 사용하려고 할 때 참조의 중요성을 이해하게 됩니다. 참조 타입의 변수는 오브젝트 그 자체가 아니지만 오브젝트를 가리킬 수 있습니다.

즉, Rigidbody 타입의 변수는 Rigidbody 오브젝트 그 자체는 아니지만 실제 Rigidbody 오브젝트(리지드바디 컴포넌트)를 가리킬 수 있습니다. 따라서 해당 변수로 실제 리지드바디 컴포넌트에 접근해 조종할 수 있습니다.

변수로 Cube 게임 오브젝트의 리지드바디 컴포넌트에 접근하고 힘을 추가하는 C# 스크립트를 만들어봅시다.

[과정 01] Jumper 스크립트 만들기

① **프로젝트** 창에서 **+ > C# Script** 클릭
② 생성된 스크립트 **이름을 Jumper로 변경 >** 스크립트를 **더블 클릭**으로 열기

열린 Jumper 스크립트에서 Rigidbody 타입의 컴포넌트에 접근하여 위쪽으로 힘을 추가하는 코드를 작성합니다.

[과정 02] Jumper 스크립트 완성하기

① **Jumper** 스크립트의 전체 코드를 다음과 같이 수정
② **[Ctrl+S]**로 수정한 스크립트 저장

```
using System.Collections;
using System.Collections.Generic;
using UnityEngine;
```

```
public class Jumper : MonoBehaviour {
    public Rigidbody myRigidbody;

    void Start() {
        myRigidbody.AddForce(0, 500, 0);
    }
}
```

작성한 스크립트를 한 줄씩 살펴봅시다. 먼저 Rigidbody 타입의 변수 myRigidbody를 선언했습니다. myRigidbody는 public으로 지정되어 클래스 외부에서 접근할 수 있습니다.

```
public Rigidbody myRigidbody;
```

게임 시작 시 자동 실행될 Start() 메서드에는 게임 오브젝트가 위로 점프하도록 리지드바디 컴포넌트에 위쪽으로 힘을 주는 처리를 구현했습니다.

```
void Start() {
    myRigidbody.AddForce(0, 500, 0);
}
```

리지드바디 컴포넌트는 물리 기능을 제공합니다. 따라서 힘을 주는 기능(AddForce)도 가지고 있을 거라 쉽게 예상할 수 있습니다.

Rigidbody 타입에 내장된 AddForce() 메서드는 x, y, z 방향으로 입력한 값만큼 힘을 줍니다. 여기서는 myRigidbody의 AddForce() 메서드를 실행하고 y 방향으로 500만큼 힘을 주었습니다.

코드 편집 창을 닫고 유니티 에디터로 돌아가서 스크립트를 Cube 게임 오브젝트에 추가하고 실행해봅시다.

[과정 03] Jumper 스크립트를 Cube 게임 오브젝트에 추가하기

① **프로젝트** 창의 Jumper 스크립트를 **하이어라키** 창의 **Cube**로 **드래그&드롭**

→ **Jumper** 스크립트가 **Cube** 게임 오브젝트에 추가됨

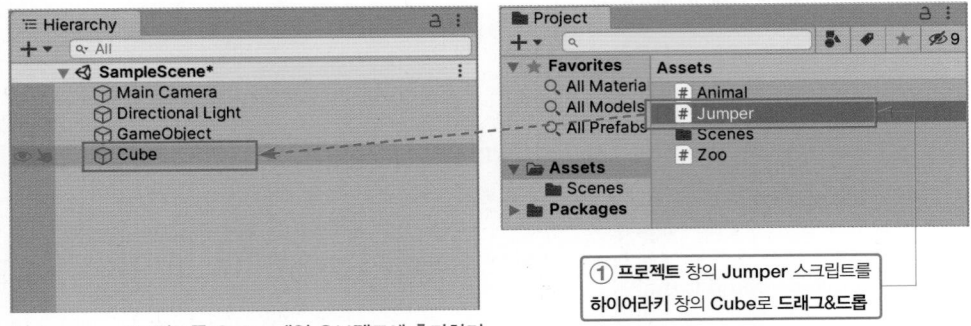

▶ Jumper 스크립트를 Cube 게임 오브젝트에 추가하기

그다음 플레이 버튼을 눌러 씬을 플레이하고 코드의 동작을 테스트합니다. 하지만 기대와 달리 큐브는 점프하지 않고 그대로 떨어집니다. 콘솔 창에는 에러 로그가 생깁니다.

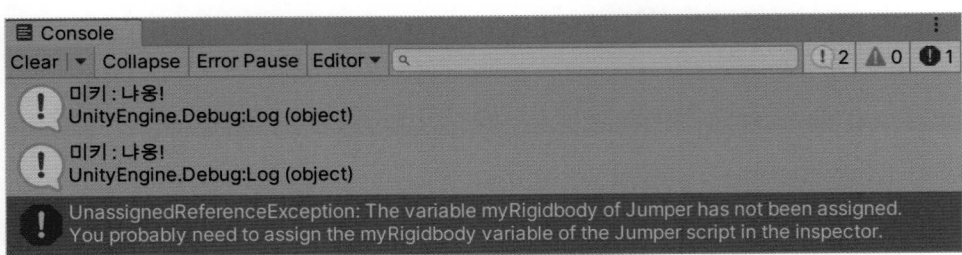

▶ 출력된 에러 로그

에러 로그를 보면 참조를 할당하지 않았다^{Unassigned Reference Exception}는 예외가 발생했습니다. 변수 `myRigidbody`에 아직 참조를 할당하지 않았기 때문입니다.

플레이 버튼을 다시 눌러 플레이 모드를 해제하고 해결책을 알아봅시다.

5.4.3 컴포넌트를 변수에 연결하기

인스펙터 창에서 Cube 게임 오브젝트의 Jumper 컴포넌트(스크립트)를 살펴봅시다(게임 오브젝트에 추가된 스크립트는 해당 게임 오브젝트의 컴포넌트로 취급됩니다).

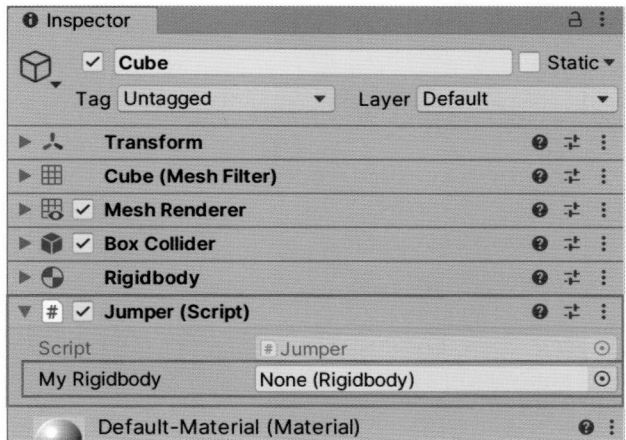

▶ Jumper 스크립트의 My Rigidbody 필드

Jumper 컴포넌트에서 My Rigidbody 필드를 확인할 수 있습니다. My Rigidbody 필드는 myRigidbody 변수가 인스펙터 창에 표시된 모습입니다.

스크립트의 public 변수는 인스펙터 창에서 편집 가능하도록 표시됩니다. 변수 myRigidbody는 public으로 선언되었기 때문에 My Rigidbody라는 이름으로 표시됩니다.

그런데 My Rigidbody 필드에 할당된 값이 None으로 표시되어 있습니다. 즉, 변수 myRigidbody가 어떠한 오브젝트도 가리키고 있지 않습니다.

myRigidbody.AddForce(0, 500, 0);은 myRigidbody가 가리키는 Rigidbody 타입의 오브젝트로 접근하고 AddForce() 메서드를 실행합니다. 하지만 myRigidbody는 어떠한 실체도 가리키고 있지 않았기 때문에 에러가 발생한 겁니다.

따라서 인스펙터 창에서 myRigidbody에 실제 오브젝트인 리지드바디 컴포넌트를 연결합니다.

[과정 01] 변수 myRigidbody에 리지드바디 컴포넌트 할당하기

① Cube 게임 오브젝트의 Rigidbody 컴포넌트를 Jumper 컴포넌트의 My Rigidbody 필드로 드래그&드롭

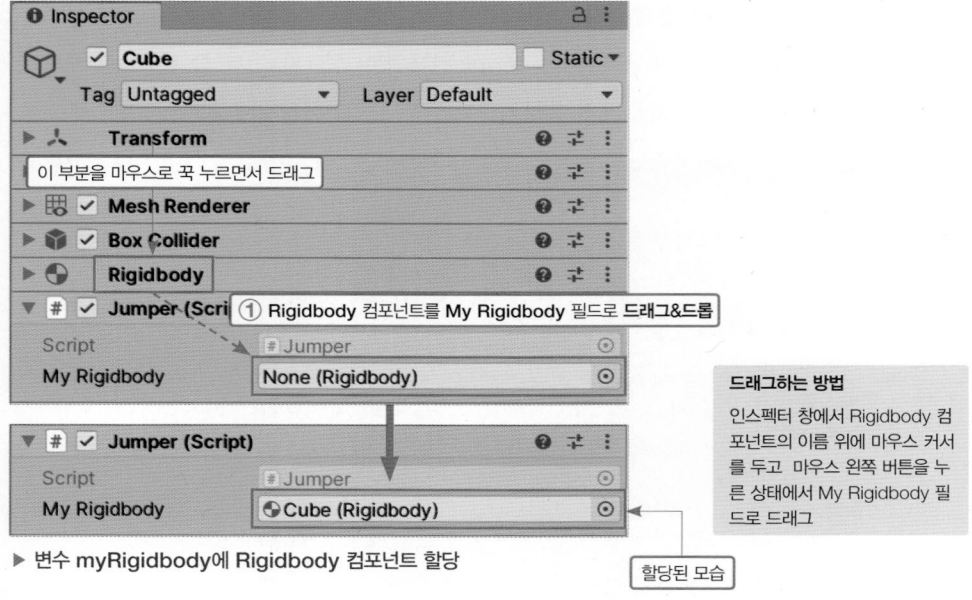

▶ 변수 myRigidbody에 Rigidbody 컴포넌트 할당

이렇게 하면 myRigidbody에 실제 리지드바디 컴포넌트가 연결됩니다. 즉, myRigidbody에 Cube 게임 오브젝트의 리지드바디 컴포넌트로 향하는 참조가 할당됩니다.

따라서 변수 myRigidbody를 사용하는 것은 Cube 게임 오브젝트의 리지드바디 컴포넌트를 사용하는 것과 같은 의미가 됩니다.

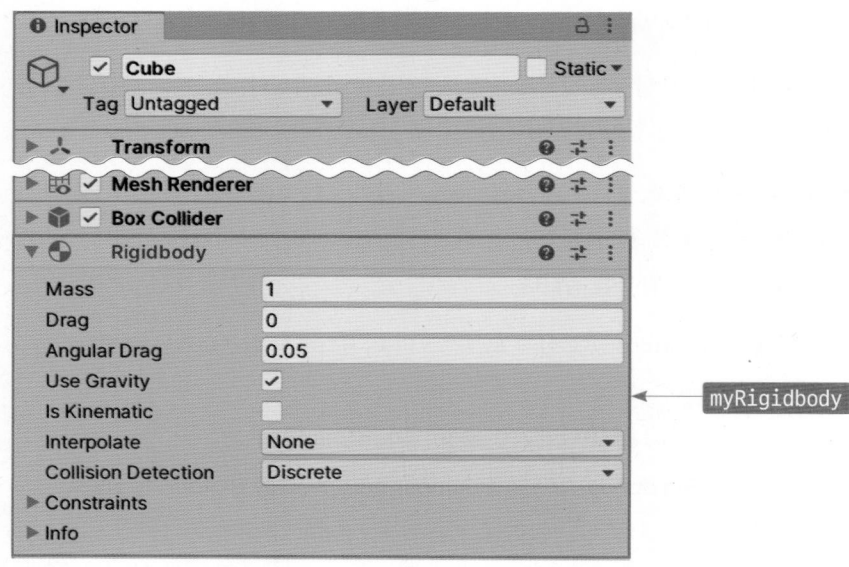

▶ 변수 myRigidbody는 Cube 게임 오브젝트의 리지드바디 컴포넌트를 가리킨다

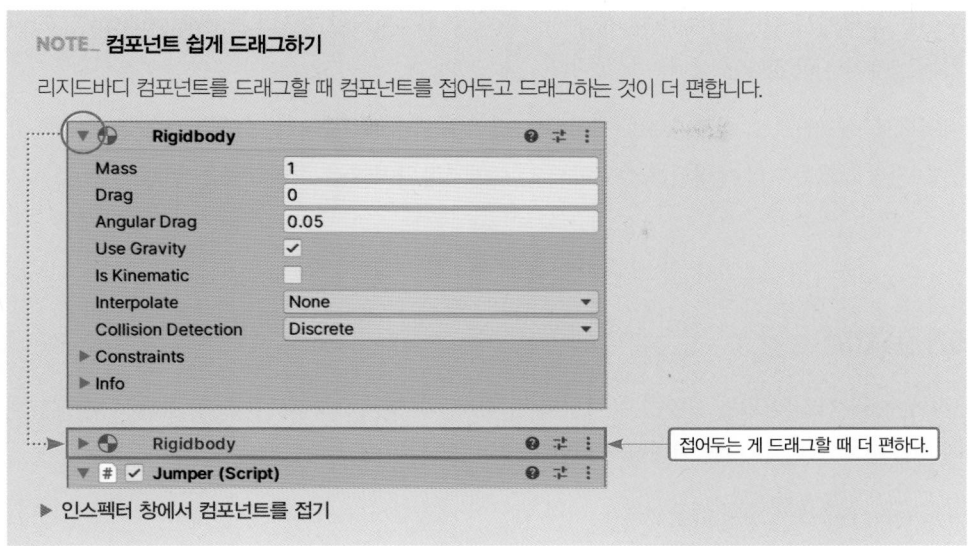

NOTE_ **컴포넌트 쉽게 드래그하기**

리지드바디 컴포넌트를 드래그할 때 컴포넌트를 접어두고 드래그하는 것이 더 편합니다.

접어두는 게 드래그할 때 더 편하다.

▶ 인스펙터 창에서 컴포넌트를 접기

플레이 버튼을 눌러 Jumper 스크립트의 동작을 한 번 더 테스트해봅시다. 이번에는 게임 시작과 동시에 Cube 게임 오브젝트가 1회 위로 점프합니다.

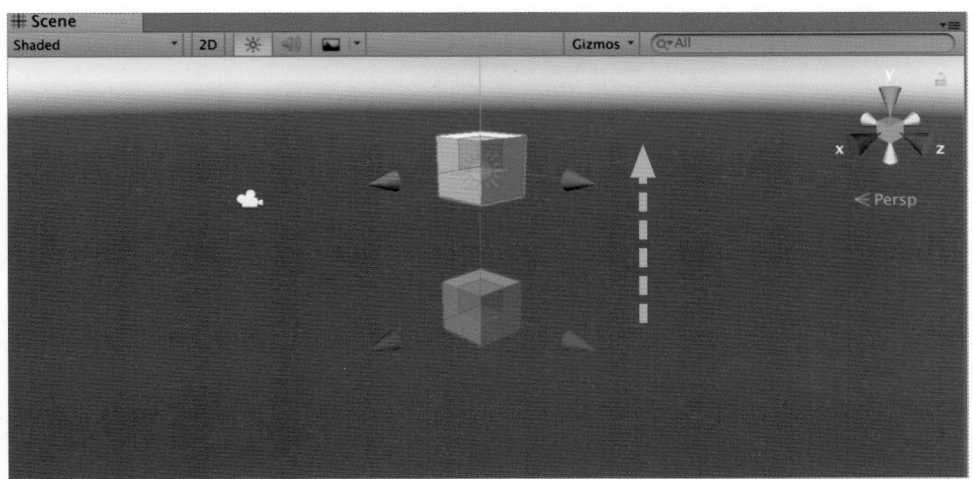

▶ 위쪽으로 점프하는 큐브

Jumper 스크립트의 Start() 메서드가 실행되면서 myRigidbody.AddForce(0,500,0);이 실행됩니다. 그런데 실제로는 myRigidbody에 연결된 Cube 게임 오브젝트의 리지드바디 컴포넌트에서 AddForce() 메서드가 실행됩니다.

우리는 코드에서 변수 **myRigidbody**를 사용한다고 생각하지만 실제로는 **myRigidbody**가 가리키는 실체가 사용된다는 점에 주목합니다.

이것으로 스크립트로 컴포넌트를 제어하는 방법을 알아보았습니다. 플레이 모드를 종료하고 씬을 저장하고 유니티 에디터를 종료하세요. 이제 5장의 내용을 정리하겠습니다.

5.5 마치며

3장에서 5장까지의 모든 설명은 '유니티의 컴포넌트와 게임 오브젝트를 코드 상에서 변수를 통해 조종할 수 있다'는 것을 이해하기 위한 과정이었습니다.

유니티는 수많은 종류의 컴포넌트를 미리 만들어 제공합니다. 컴포넌트는 클래스 타입입니다. 클래스 타입의 변수는 참조 타입으로 동작합니다.

결론적으로 씬에 존재하는 모든 '실체' 컴포넌트는 코드 상에서 참조 타입의 변수로 가리키고 사용할 수 있습니다.

정리하면 다음 순서로 씬을 구성하고 게임 오브젝트와 컴포넌트를 조종합니다.

1. 필요한 컴포넌트를 게임 오브젝트에 추가합니다.
2. 스크립트에서 조종할 컴포넌트에 대한 변수를 선언합니다.
3. 변수에 컴포넌트를 할당합니다.
4. 코드에서 변수를 사용하면 그것이 가리키는 실제 컴포넌트가 동작합니다.

C# 프로그래밍의 기초 이론은 이것으로 마무리합니다. 다음 장부터는 본격적으로 게임을 완성해가며 기존 내용을 복습하고 유니티와 C#의 다루지 못한 부분을 채워가도록 하겠습니다.

이 장에서 배운 내용 요약

- 클래스는 묘사하려는 사물(오브젝트)을 정의하는 틀입니다.
- 클래스를 통해 대상에 관한 변수와 메서드를 정의합니다.
- new 연산자로 클래스로부터 오브젝트를 생성할 수 있습니다.
- 접근 제한자를 사용해 클래스의 멤버를 선택적으로 외부에 공개할 수 있습니다.
- C# 기본 내장 변수는 값 타입입니다.
- 값 타입의 변수는 변수가 값 자체를 저장합니다.

- 클래스 타입의 변수는 참조 타입입니다.
- 참조 타입의 변수는 오브젝트로 향하는 참조를 저장합니다.
- 참조 타입에서는 여러 개의 변수가 하나의 오브젝트를 가리키는 것이 가능합니다.
- 컴포넌트는 클래스로 만들어져 있습니다.
- 씬에 있는 게임 오브젝트나 컴포넌트의 참조를 변수에 할당하면 코드 상에서 변수로 해당 게임 오브젝트와 컴포넌트를 사용할 수 있습니다.

탄막 슈팅 게임 _ 닷지

게임 소개

난이도	★☆☆
예제 위치	06 폴더, 07 폴더, 08 폴더
완성본 빌드	https://retro-book.itch.io/dodge
목표	사방에서 날아오는 탄알을 가능한 한 피하는 탄막 슈팅 게임 '닷지'를 만듭니다.

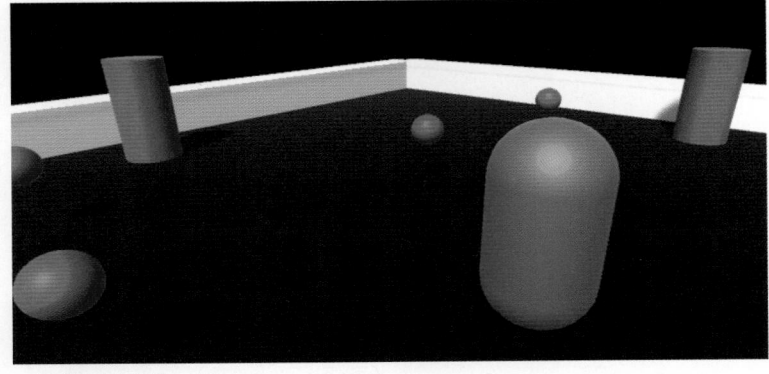

▶ 플레이어와 탄알

미션	플레이어를 조작하여 가능한 한 오랫동안 탄알을 피하라!
기능	① 플레이어의 주변은 벽으로 막혀 있고, 바닥은 계속 회전합니다. 사방에 배치된 붉은 기둥이 플레이어를 향해 탄알을 발사합니다.

바닥 회전

플레이어 위치로 탄알 발사

▶ 게임의 구조

② 탄알은 플레이어의 최근 위치로 발사됩니다.

③ 플레이어가 버틴 시간이 UI로 표시됩니다.

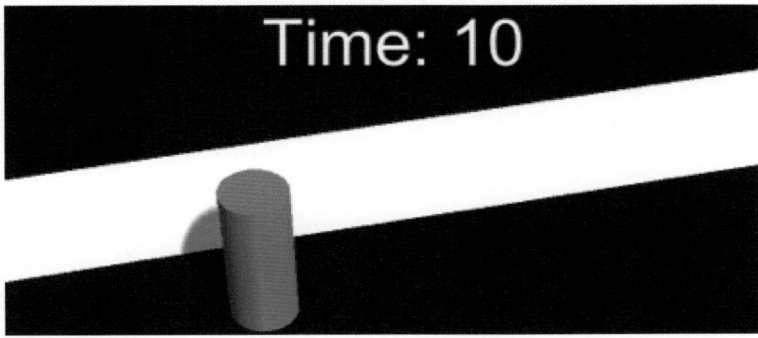

▶ 시간 표시 UI

④ 탄알에 맞아 플레이어가 죽으면 게임오버 텍스트와 최고기록이 표시됩니다. 게임오버 시 R 키를 누르면 게임을 재시작합니다.

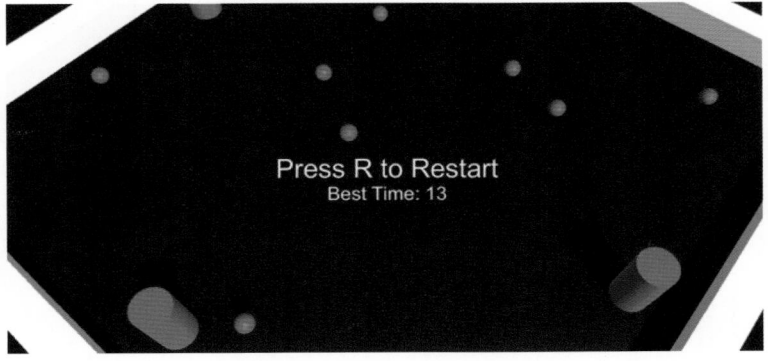

▶ 게임오버 UI

조작법	• 움직이기 : 키보드 방향키 또는 WASD 키
	• (사망 후) 게임 재시작 : R 키

6장 닷지

플레이어 제작

3부에서는 사방에서 무수히 많이 날아오는 탄알을 가능한 한 오랫동안 피하는 탄막 슈팅 게임 '닷지'를 만듭니다. 이 장은 이번 프로젝트의 첫 장이므로 우선 프로젝트를 준비하고, 씬을 구성하며, 플레이어 조작을 완성합니다.

이 장에서 다루는 내용

- 머티리얼
- 플레이어 조작 구현하기
- Update() 메서드
- Input 입력 감지 메서드
- 입력 매니저

6.1 씬 구성하기

먼저 프로젝트를 생성하고 플레이어가 움직일 공간을 만듭니다. 제작할 씬은 다음과 같이 사방이 벽으로 막혀 있으며, 플레이어가 그 안에서 자유롭게 움직일 수 있어야 합니다.

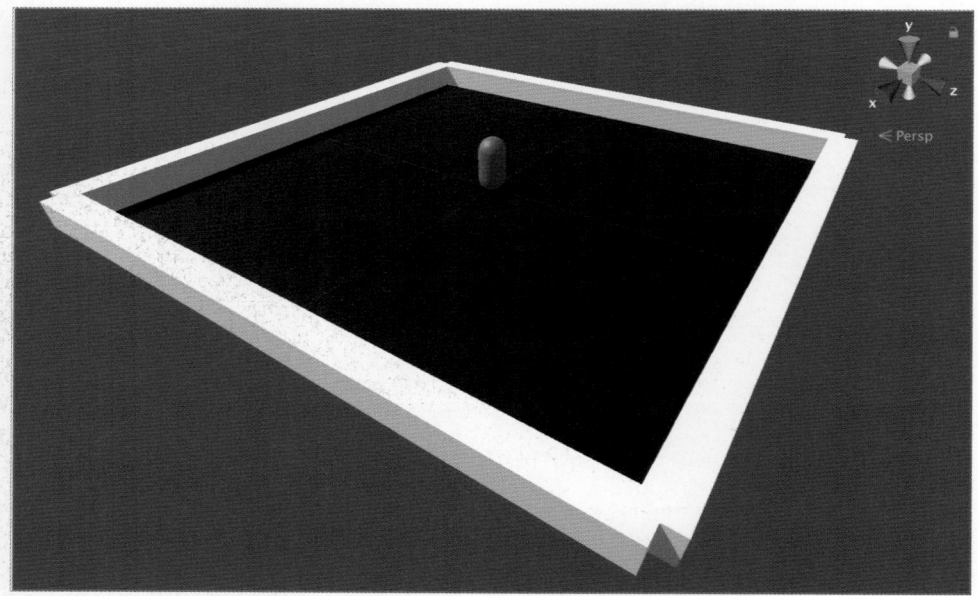

▶ 완성될 레벨 미리보기

[과정 01] 새로운 프로젝트 만들기

① 유니티 허브를 실행하고 **New project** 클릭

② 프로젝트 이름을 **Dodge**로 변경 〉 **Create project** 버튼 클릭

① 유니티 허브를 실행하고 **New project** 클릭

② 프로젝트 이름을 **Dodge**로 변경 〉
Create project 버튼 클릭

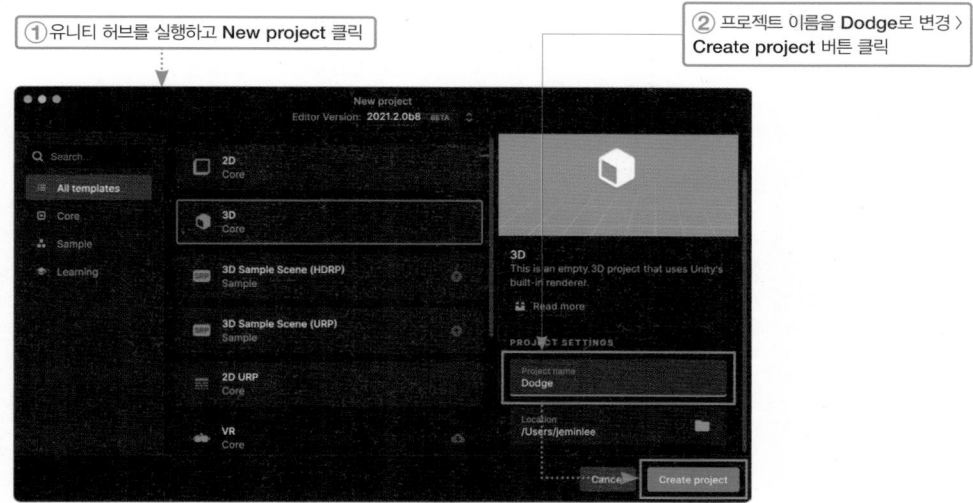

▶ 새로운 프로젝트 만들기

프로젝트가 생성되고 SampleScene이 열립니다.

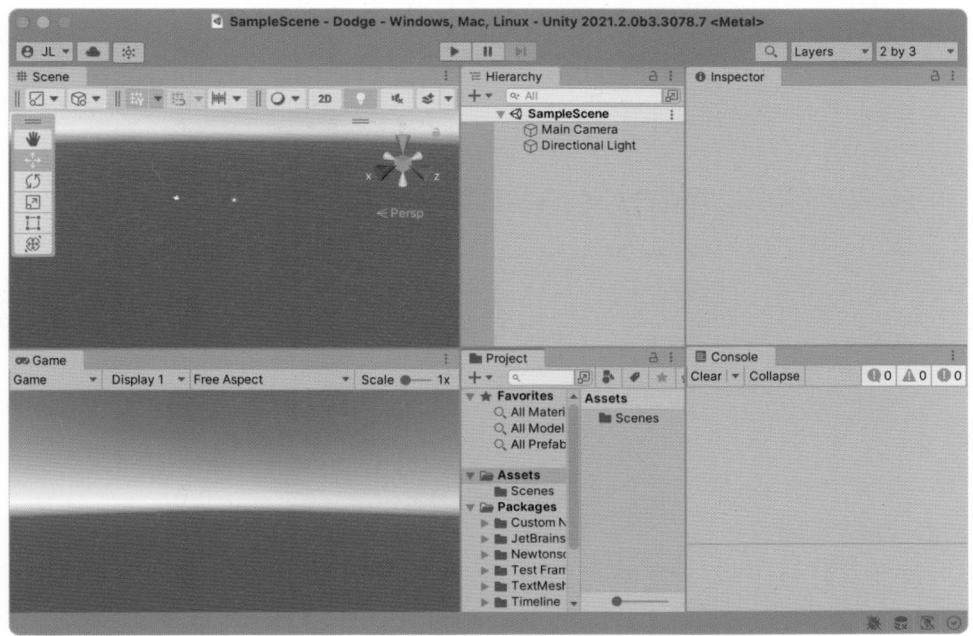

▶ 생성된 프로젝트

6.1.1 레벨 만들기

먼저 레벨의 바닥과 벽을 만듭니다.

[과정 01] 바닥 만들기

① 바닥 **Plane** 게임 오브젝트 만들기(**하이어라키** 창에서 **+** 〉 **3D Object** 〉 **Plane** 클릭)

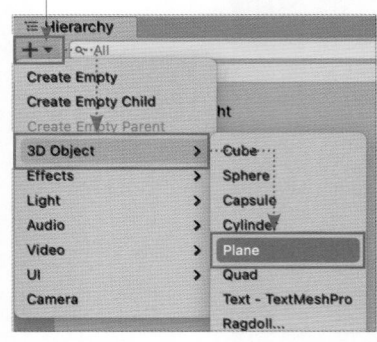

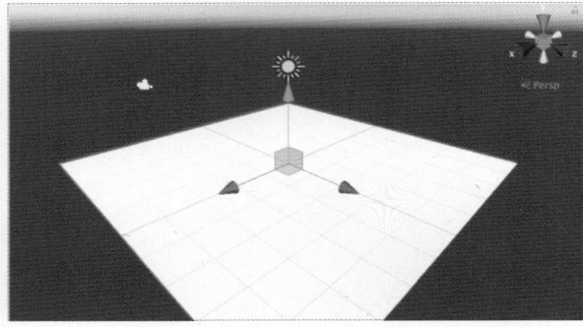

▶ 바닥 만들기 　　　　　　　　　　　　　　　　　　　　　　　　　 생성된 Plane 게임 오브젝트

NOTE_ Plane의 위치가 원점이 아닌 경우

과정 01에서 인스펙터 창에 생성된 Plane 게임 오브젝트 위치가 원점(0, 0, 0)인지 확인해봅니다. 여러분 중
일부는 생성된 Plane 게임 오브젝트의 위치가 (0, 0, 0)이 아닐 수 있습니다. 새로운 게임 오브젝트는 씬 창
의 중심(씬 카메라가 보고 있는 곳)에 생성되기 때문입니다.

만약 Plane의 위치가 원점이 아니라면 아래 과정을 수행하여 오브젝트의 위치를 (0, 0, 0)으로 리셋합니다.
Plane의 위치가 (0, 0, 0)이라면 이 과정을 수행할 필요 없습니다.

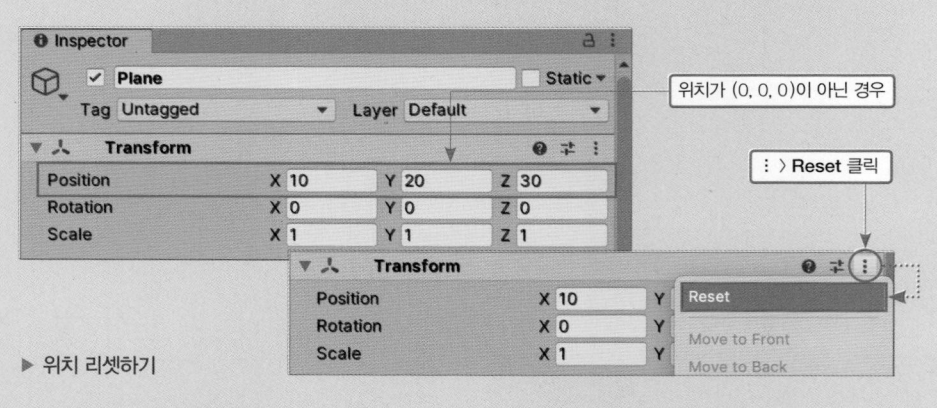

▶ 위치 리셋하기

컴포넌트의 **⋮** 〉 **Reset**을 클릭하면 해당 컴포넌트 설정이 모두 기본값으로 리셋됩니다.

[과정 02] 가로와 세로 길이를 두 배 늘리기

① **인스펙터** 창에서 **Plane** 게임 오브젝트의 **Transform** 컴포넌트의 **스케일**을 **(2, 1, 2)**로 변경

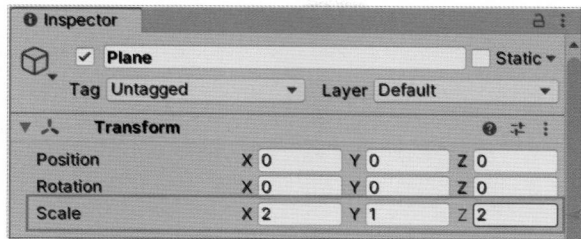

① **Transform** 컴포넌트의 **스케일**을 **(2, 1, 2)**로 변경

▶ 가로와 세로 길이를 두 배 늘리기

Plane의 크기와 유닛 단위

Plane의 크기는 가로세로 10유닛(Unit)입니다.

유니티에서 1유닛은 Cube 한 변의 길이입니다. 그러므로 Plane의 가로나 세로 방향으로 Cube 게임 오브젝트를 10개 나열할 수 있습니다. 스케일을 (2, 1, 2)로 수정했으니 Plane 게임 오브젝트의 가로 세로 길이는 각각 20유닛이 됩니다.

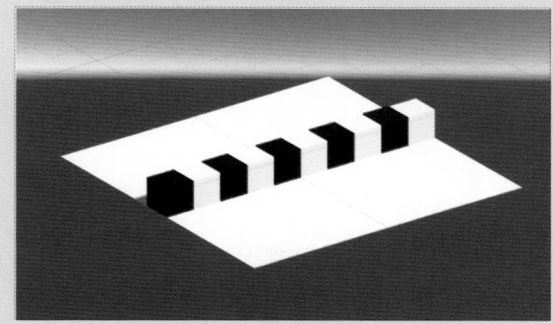

▶ **Plane**의 가로 길이는 **Cube** 가로 길이의 **10배**

1유닛을 현실의 몇 미터에 대응시킬지는 개발자 마음입니다. 보통은 편의상 1유닛을 1미터로 취급합니다.

6.1.2 머티리얼

유니티에서 게임 오브젝트의 컬러는 머티리얼Material이 결정합니다. 머티리얼은 셰이더와 텍스처가 합쳐진 에셋으로, 오브젝트의 픽셀 컬러를 결정합니다.

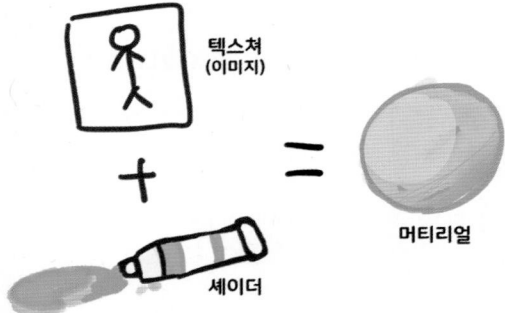

텍스쳐
(이미지)

+

세이더

=

머티리얼

▶ 머티리얼의 구성

셰이더는 주어진 입력에 따라 픽셀의 최종 컬러를 결정하는 코드입니다. 셰이더는 질감과 빛에
의한 반사와 굴절 등의 효과를 만듭니다. 텍스처는 표면에 입히는 이미지 파일입니다.

셰이더는 물감으로, 텍스처는 스케치나 밑그림으로 이해하면 됩니다. 밑그림이 같아도 물감의
종류에 따라 화풍이 달라집니다.

그러면 머티리얼을 만들고 Plane 게임 오브젝트에 색을 입혀봅시다.

[과정 01] 새로운 머티리얼 만들기

① **프로젝트** 창에서 **+** > **Material** 클릭
② 생성된 머티리얼의 **이름**을 Plane Color로 변경

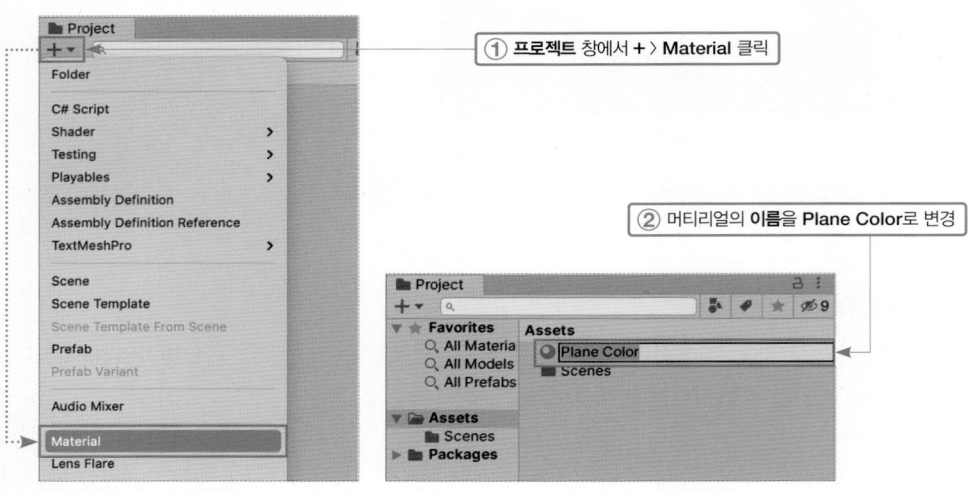

▶ 새로운 머티리얼 만들기

생성된 Plane Color 머티리얼을 선택하고 인스펙터 창을 보면 머티리얼에 관한 여러 설정값이 보입니다.

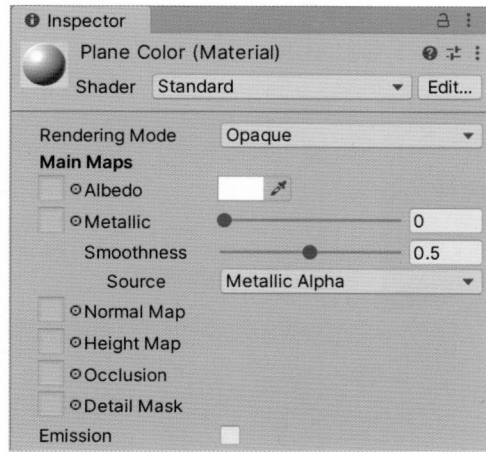

▶ 머티리얼의 설정값들

여기서 알베도^{Albedo}는 반사율이라는 뜻으로, 물체가 어떤 색을 반사할지 결정합니다. 알베도는 물체 표면의 기본색을 결정합니다.

바닥을 검은색으로 칠하고 싶습니다. 따라서 Plane Color 머티리얼의 알베도를 검은색으로 변경합니다.

[과정 02] 머티리얼을 검은색으로 만들기

① **Albedo** 옆의 컬러 필드 클릭
② **컬러** 창에서 **RGB** 값을 **(0, 0, 0)**으로 변경 > **컬러** 창 닫기

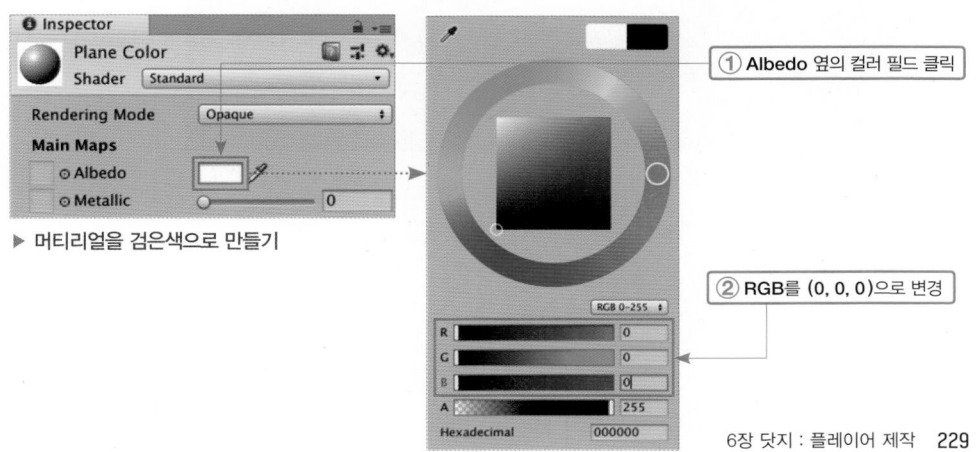

▶ 머티리얼을 검은색으로 만들기

이어서 색이 변경된 머티리얼을 Plane에 적용합니다.

[과정 03] 머티리얼을 게임 오브젝트에 적용

① **Plane Color** 머티리얼을 **씬** 창의 **Plane** 게임 오브젝트로 **드래그&드롭**

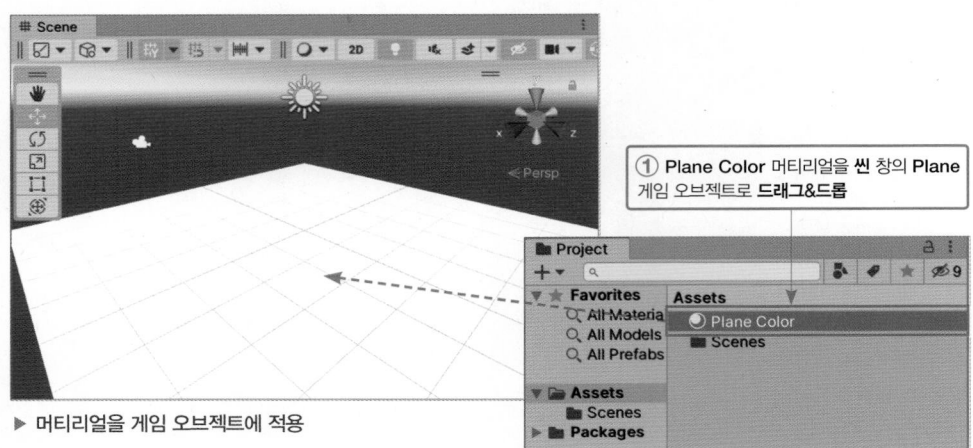

▶ 머티리얼을 게임 오브젝트에 적용

씬 창의 Plane 게임 오브젝트가 검은색이 됩니다.

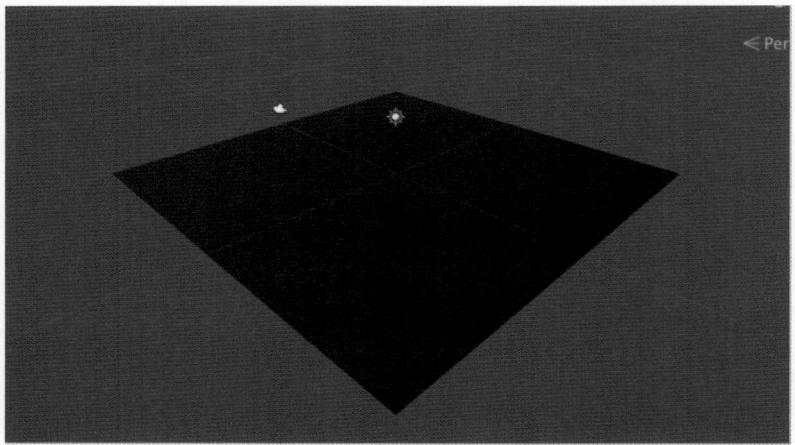

▶ 검은색이 된 **Plane** 게임 오브젝트

6.1.3 벽 만들기

게임 도중 플레이어가 바닥을 벗어날 수 없도록 Plane 게임 오브젝트 사방에 벽을 추가합니다.

[과정 01] 벽 만들기

① **하이어라키** 창에서 **+ > 3D Object > Cube** 클릭

② 생성된 **Cube** 게임 오브젝트의 이름을 **Wall**로 변경

③ **Wall**의 위치는 **(0, 0.5, 0)**, 스케일은 **(20 ,1 ,1)**로 변경

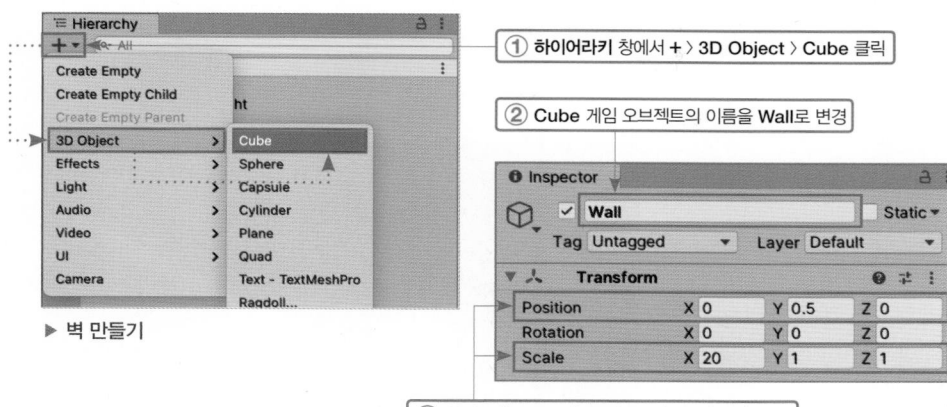

▶ 벽 만들기

다음과 같이 가로 방향으로 20유닛의 길이를 가지는 Wall 게임 오브젝트가 생성됩니다.

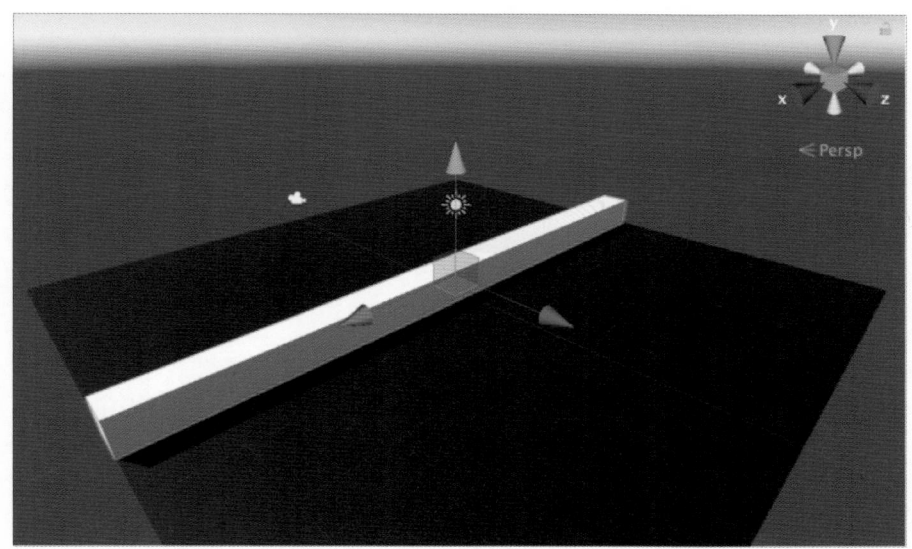

▶ 생성된 벽

그다음 벽을 바닥의 앞쪽 모서리로 이동시킵니다.

[과정 02] 벽을 앞쪽에 배치하기

① **Wall** 게임 오브젝트의 **위치**를 **(0, 0.5, 10)**으로 변경

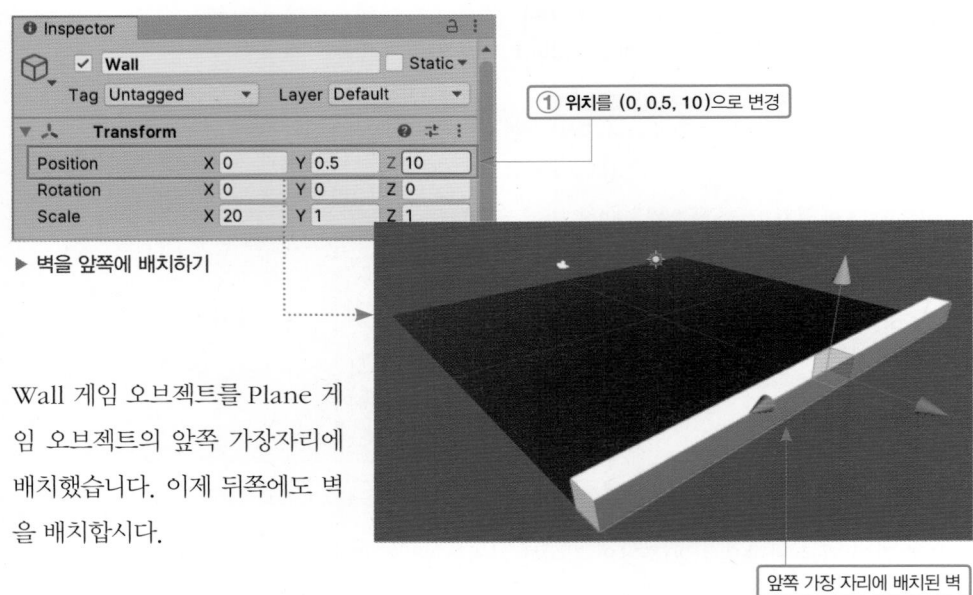

① **위치**를 **(0, 0.5, 10)**으로 변경

▶ 벽을 앞쪽에 배치하기

Wall 게임 오브젝트를 Plane 게임 오브젝트의 앞쪽 가장자리에 배치했습니다. 이제 뒤쪽에도 벽을 배치합시다.

앞쪽 가장 자리에 배치된 벽

[과정 03] 벽을 뒤쪽에 배치하기

① **하이어라키** 창에서 **Wall** 게임 오브젝트 선택 〉 **[Ctrl+D]**로 복제[1]
② 생성된 **Wall (1)** 게임 오브젝트를 선택하고 **위치**를 **(0, 0.5, −10)**으로 변경

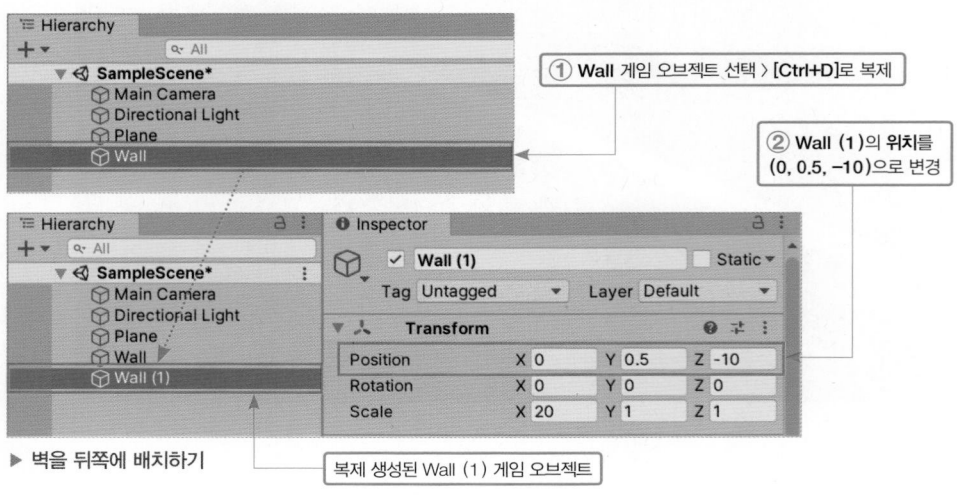

① **Wall** 게임 오브젝트 선택 〉 **[Ctrl+D]**로 복제

② **Wall (1)**의 **위치**를 **(0, 0.5, −10)**으로 변경

▶ 벽을 뒤쪽에 배치하기

복제 생성된 Wall (1) 게임 오브젝트

----

1 **마우스 오른쪽 클릭** 〉 Duplicate 선택으로도 복제 가능합니다.

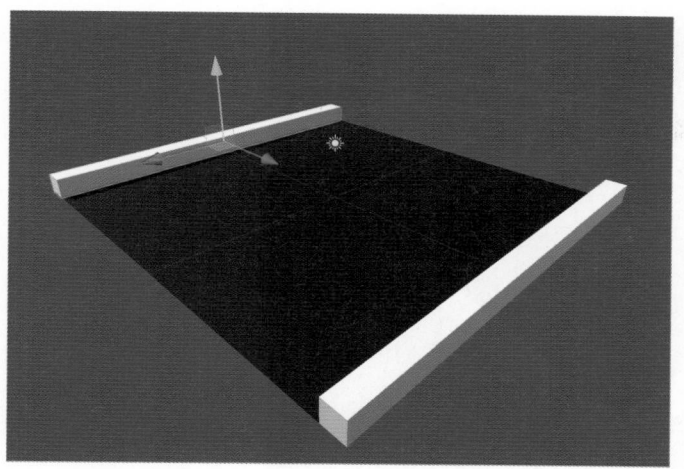

▶ 뒤쪽에 배치된 벽

앞뒤쪽에 벽을 배치했으니 이제 좌우에 벽을 배치합니다.

[과정 04] 벽을 좌우에 배치하기

① **하이어라키** 창에서 **Wall (1)** 선택 > **[Ctrl+D]**를 **두 번** 눌러 두 번 복제
② 생성된 **Wall (2)**의 **위치**를 **(10, 0.5, 0)**, **스케일**을 **(1, 1, 20)**으로 변경
③ 생성된 **Wall (3)**의 **위치**를 **(−10, 0.5, 0)**, **스케일**을 **(1, 1, 20)**으로 변경

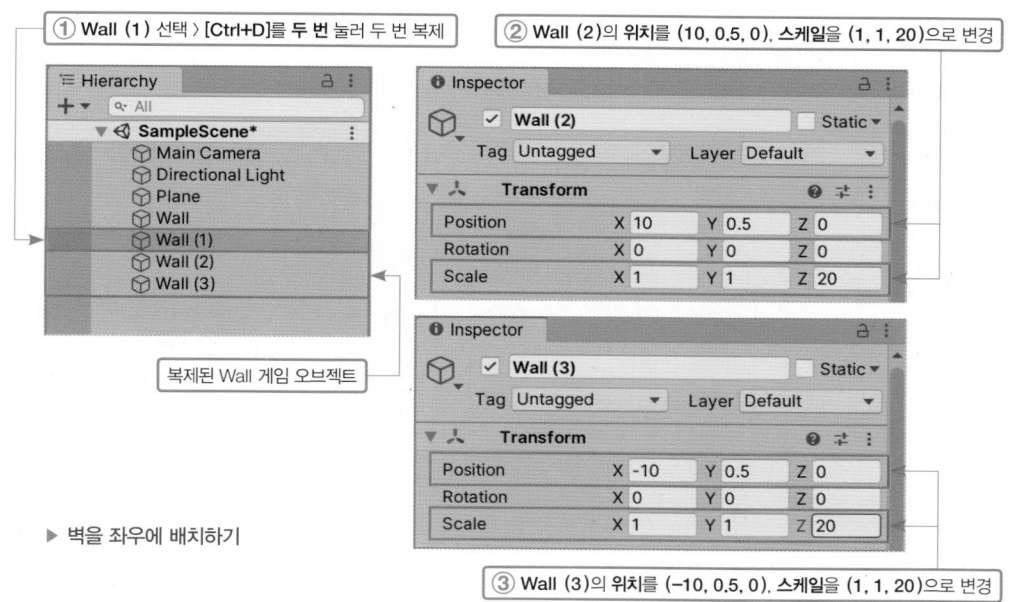

▶ 벽을 좌우에 배치하기

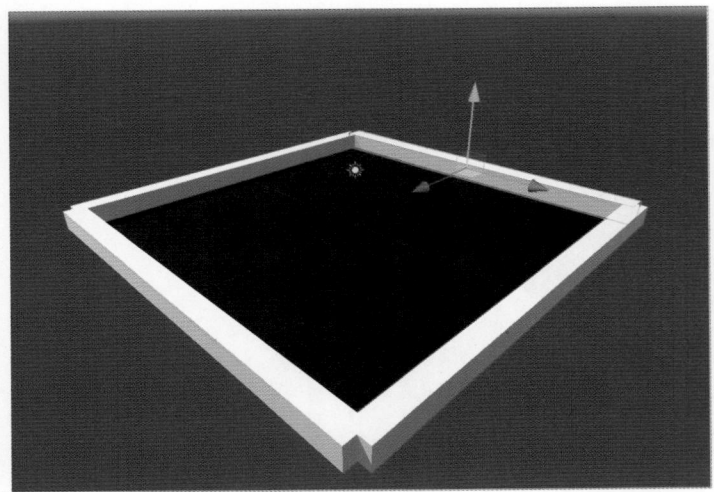

▶ 사방에 벽이 배치된 모습

벽을 전부 배치했습니다. 여기까지 진행하면 표시되는 게임 오브젝트가 많아져 하이어라키 창이 복잡해보입니다. 레벨을 구성하는 게임 오브젝트들을 하나의 게임 오브젝트 아래에 모아서 정리하겠습니다.

[과정 05] Level 게임 오브젝트 만들기

① **하이어라키** 창에서 **빈 게임 오브젝트** 생성(+ 〉 Create Empty)

② 생성된 **GameObject**의 이름을 **Level**로 변경

③ **Level** 게임 오브젝트의 **위치** 리셋(**Transform** 컴포넌트의 ⋮ 버튼 〉 **Reset** 클릭)

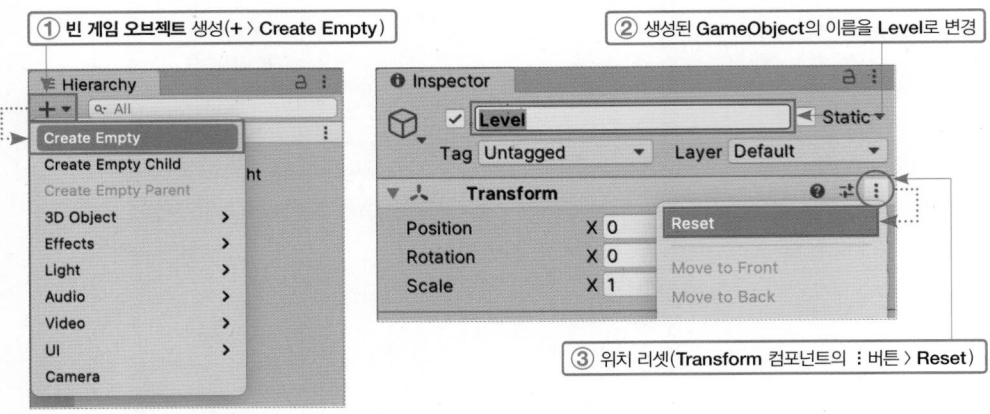

▶ Level 게임 오브젝트 만들기

이제 바닥과 벽 게임 오브젝트들을 Level의 자식으로 만듭니다.

[과정 06] 게임 오브젝트들을 Level의 자식으로 넣기

① **하이어라키** 창에서 [**Shift+클릭**]으로 Plane, Wall, Wall (1), Wall (2), Wall (3)을 모두 선택
② 선택한 게임 오브젝트를 **Level** 게임 오브젝트로 **드래그&드롭**

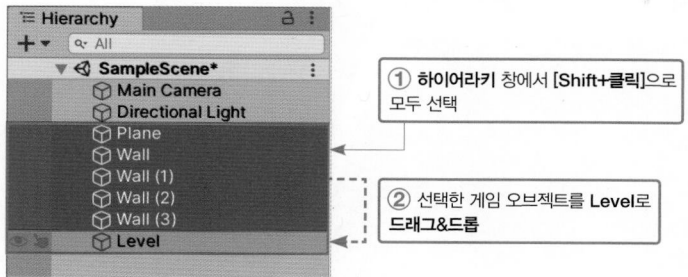

▶ 게임 오브젝트들을 Level의 자식으로 넣기

바닥과 벽 게임 오브젝트들이 Level 게임 오브젝트의 자식이 됩니다. 이제 하이어라키 창에서 Level 옆에 삼각형으로 생긴 접기/펼치기 버튼을 볼 수 있습니다. 이 버튼으로 Level 게임 오브젝트의 자식 리스트를 펼치거나 접을 수 있습니다.

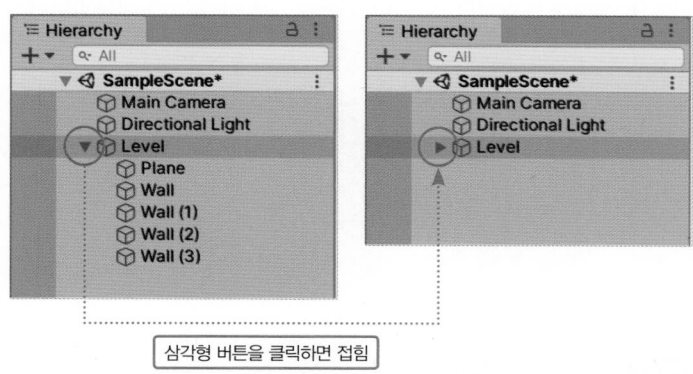

▶ 자식 리스트를 펼치거나 접기

하이어라키 창을 깔끔하게 보기 위해 Level 게임 오브젝트의 자식 리스트를 접어두겠습니다.

6.2 카메라 설정하기

레벨을 완성했으니 게임 창에 레벨 전체가 한눈에 보이도록 카메라를 배치하겠습니다. 그리고
카메라의 배경색을 짙은 회색으로 바꾸겠습니다.

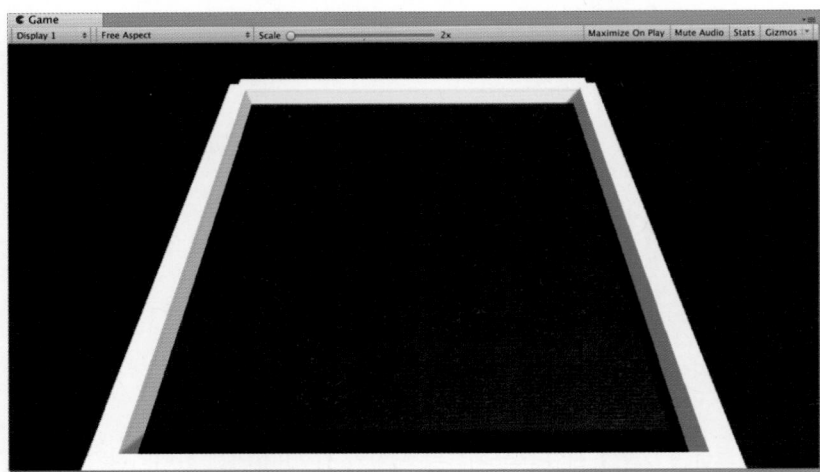

▶ 수정된 카메라가 표시할 게임 화면

현재는 게임 창에서 레벨이 한눈에 보이지 않습니다. 카메라가 바닥 가까이에 있기 때문입니다.

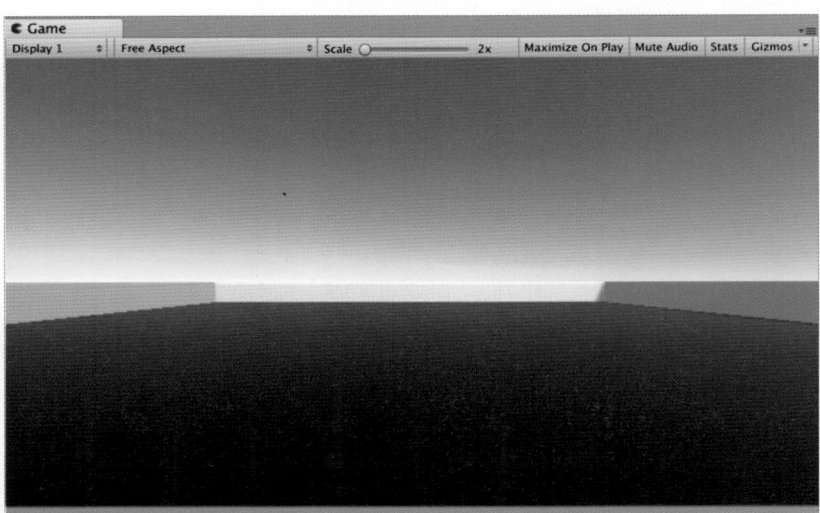

▶ 바닥에 가까이 붙어 있는 카메라

따라서 카메라를 한눈에 레벨을 내려다 볼 수 있는 곳으로 옮깁니다.

[과정 01] 카메라 위치 변경

① **하이어라키** 창에서 **Main Camera** 게임 오브젝트 선택
② **Main Camera**의 위치를 (0, 15, −10), 회전을 (60, 0, 0)으로 변경

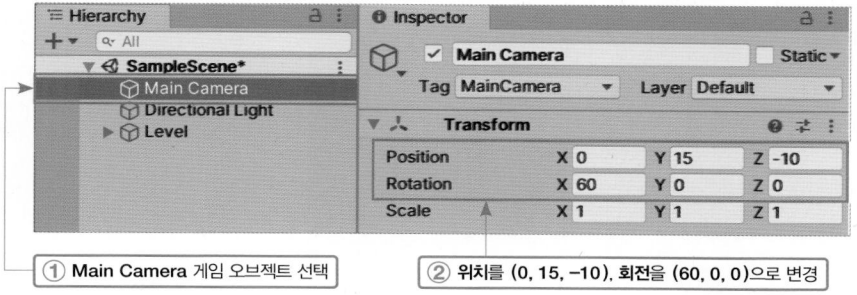

▶ 카메라 위치 변경

카메라를 옮기면 게임 화면이 다음과 같이 보입니다.

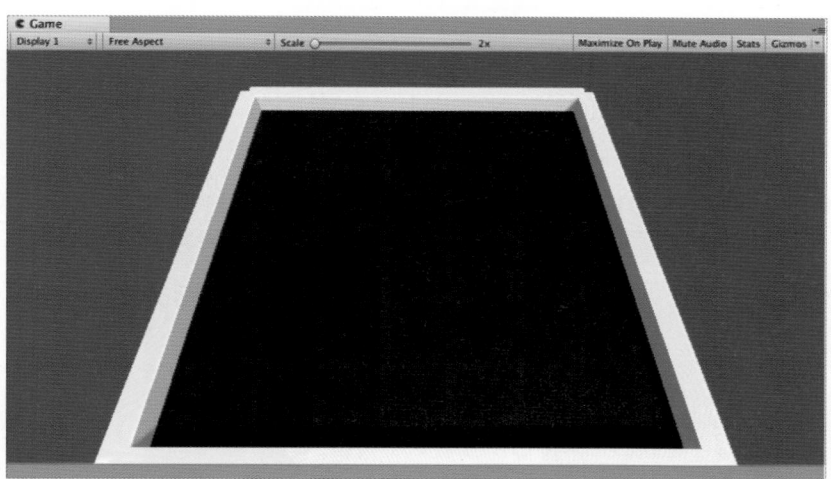

▶ 카메라 위치가 변경된 후의 게임 화면

카메라Camera 컴포넌트는 기본값으로 배경을 가상의 하늘인 스카이박스Skybox로 채우도록 설정되어 있습니다. 닷지 게임에서는 스카이박스가 어색해 보이기 때문에 배경을 단색Solid Color으로 변경하겠습니다.

[과정 02] 카메라의 배경 변경

① **Main Camera** 게임 오브젝트의 **Camera** 컴포넌트에서 **Clear Flags**의 값을 **Solid Color**로 변경
② **Background**의 컬러 필드 클릭 〉 **컬러** 창 열림
③ **RGB** 컬러를 **(36, 36, 36)**으로 변경 〉 **컬러** 창 닫기

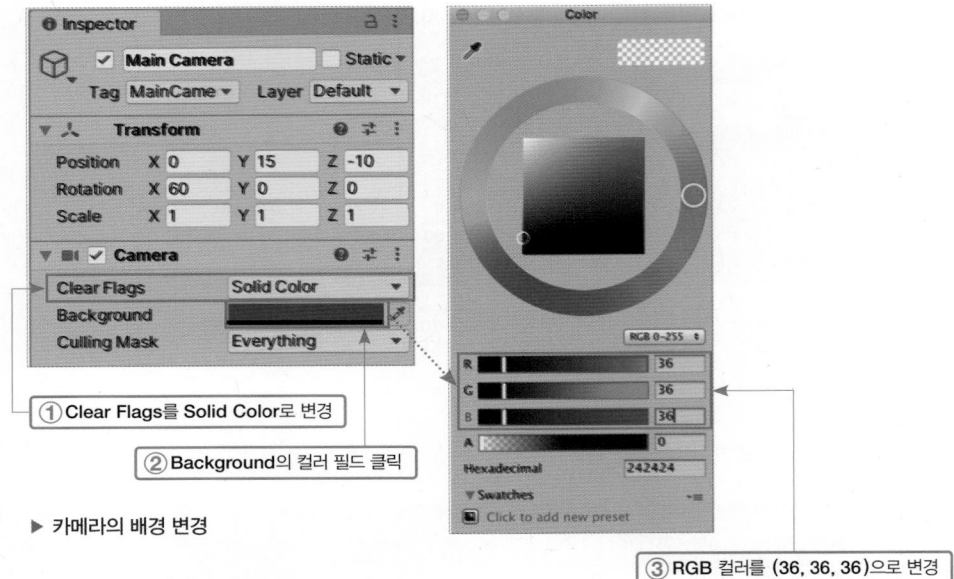

▶ 카메라의 배경 변경

게임 창을 다시 확인하면 배경이 짙은 회색으로 변경되어 있습니다.

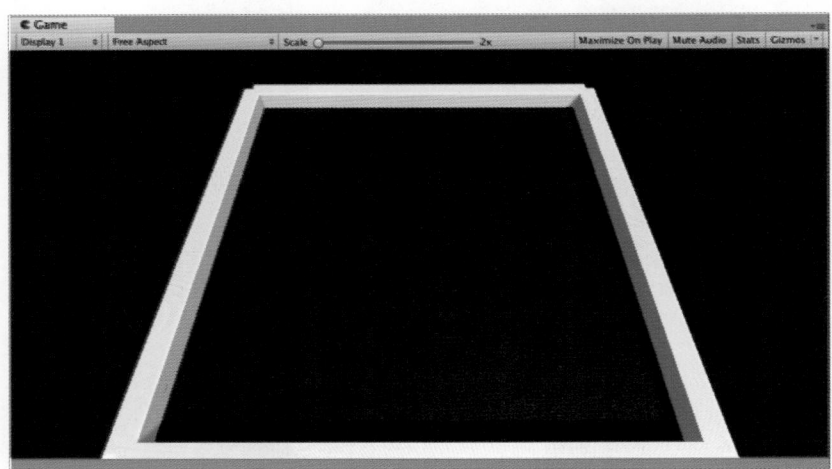

▶ 수정된 배경 컬러

씬의 레벨과 카메라를 완성했습니다. 이제 씬을 저장하고 플레이어 제작으로 넘어갑니다.

[과정 03] 씬 저장하기

① [Ctrl+S]로 씬 저장

6.3 플레이어 제작

이제 스크립트를 사용해서 조작할 수 있는 플레이어 게임 오브젝트를 만듭니다.

플레이어 게임 오브젝트는 다음과 같은 기능을 가집니다.

- 파란색 캡슐 모양입니다.
- 상하좌우 혹은 WASD 키로 움직일 수 있습니다.
- 탄알에 맞으면 죽습니다.

6.3.1 플레이어 게임 오브젝트 만들기

먼저 플레이어가 될 게임 오브젝트를 만들고 표면을 파란색으로 변경합니다.

[과정 01] Player 게임 오브젝트 만들기

① **하이어라키** 창에서 캡슐(Capsule) 게임 오브젝트 생성(**+** 〉 **3D Object** 〉 **Capsule**)
② **Capsule** 게임 오브젝트의 **이름**을 **Player**로 변경
③ **Player** 게임 오브젝트의 **위치**를 **(0, 1, 0)**으로 변경

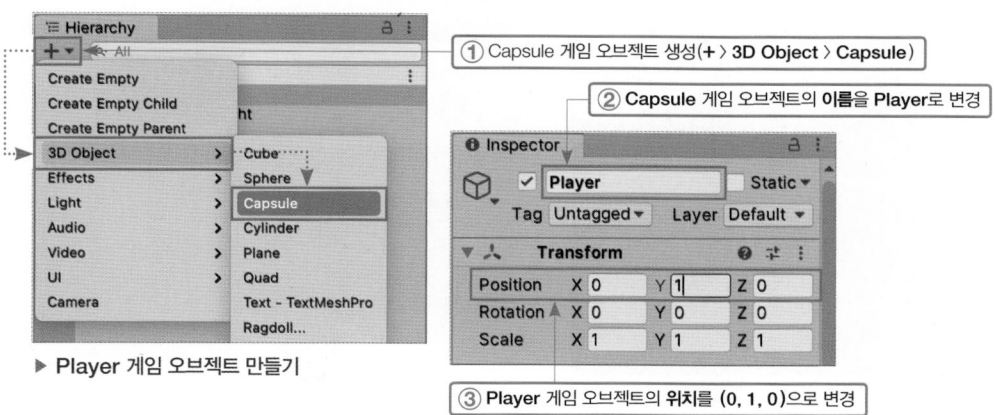

▶ Player 게임 오브젝트 만들기

[과정 02] Player Color 머티리얼 만들기

① **프로젝트** 창에서 **+** 〉 **Material** 클릭
② 생성된 머티리얼의 **이름**을 **Player Color**로 변경

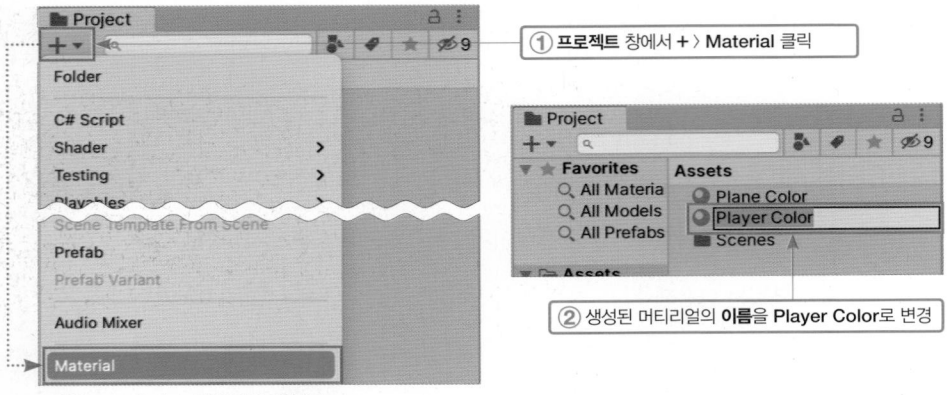

▶ Player Color 머티리얼 만들기

[과정 03] Player 게임 오브젝트를 파란색으로 변경하기

① **Player Color** 머티리얼의 **Albedo** 컬러를 (0, 100, 164)로 변경
② **Player Color** 머티리얼을 **씬** 창의 **Player** 게임 오브젝트로 **드래그&드롭**

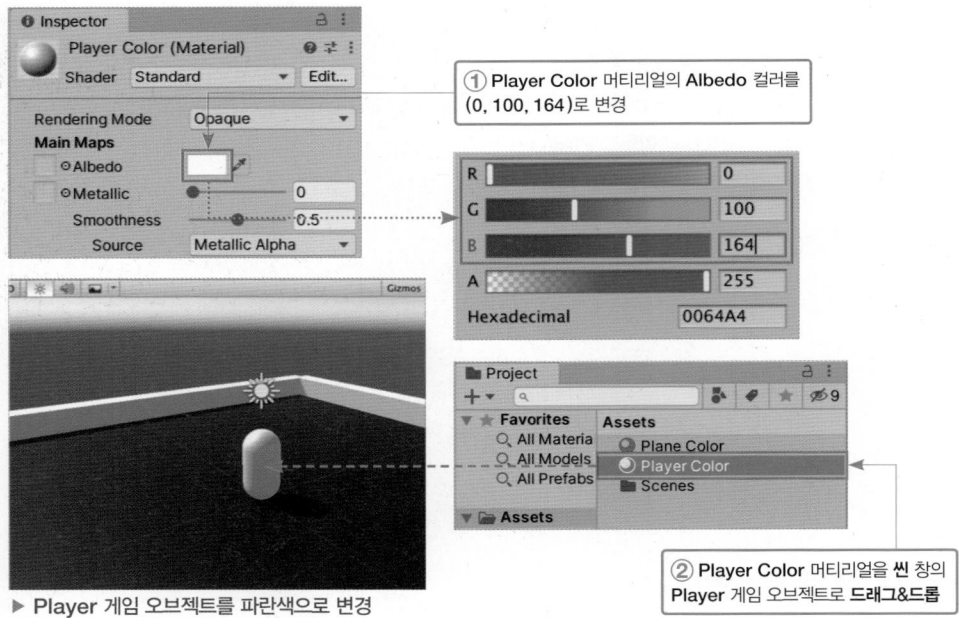

▶ Player 게임 오브젝트를 파란색으로 변경

이것으로 파란색 캡슐 형태의 Player 게임 오브젝트가 만들어졌습니다.

▶ 완성된 **Player** 게임 오브젝트

6.3.2 태그 설정하기

나중에 탄알을 만들 때 탄알 입장에서 충돌한 게임 오브젝트가 플레이어인지 확인할 방법이 필요합니다. 이때 게임 오브젝트의 태그^{Tag}를 사용합니다.

태그는 게임 오브젝트를 분류하고, 코드에서 게임 오브젝트를 구별하는 데 사용됩니다.

[**과정 01**] Player 태그 할당

① **하이어라키** 창에서 **Player** 게임 오브젝트 선택 > **인스펙터** 창의 **Tag** 드롭다운 버튼 클릭
② **Player** 태그 선택

▶ **Player** 태그 할당

이렇게 Player 태그를 설정하면 나중에 탄알이 Player 게임 오브젝트와 충돌했을 때만 게임오버가 실행되게 할 수 있습니다. 탄알 입장에서 충돌한 상대방 게임 오브젝트의 태그가 Player인지 체크하면 되기 때문입니다.

6.3.3 리지드바디 컴포넌트 설정

Player 게임 오브젝트를 움직이는 데는 물리적인 힘과 속력이 필요합니다. 따라서 Player 게임 오브젝트가 물리적인 상호작용이 가능하도록 리지드바디 컴포넌트를 추가합니다.

[과정 01] 리지드바디 컴포넌트 추가

① **인스펙터** 창에서 **Add Component** > **Physics** > **Rigidbody** 클릭

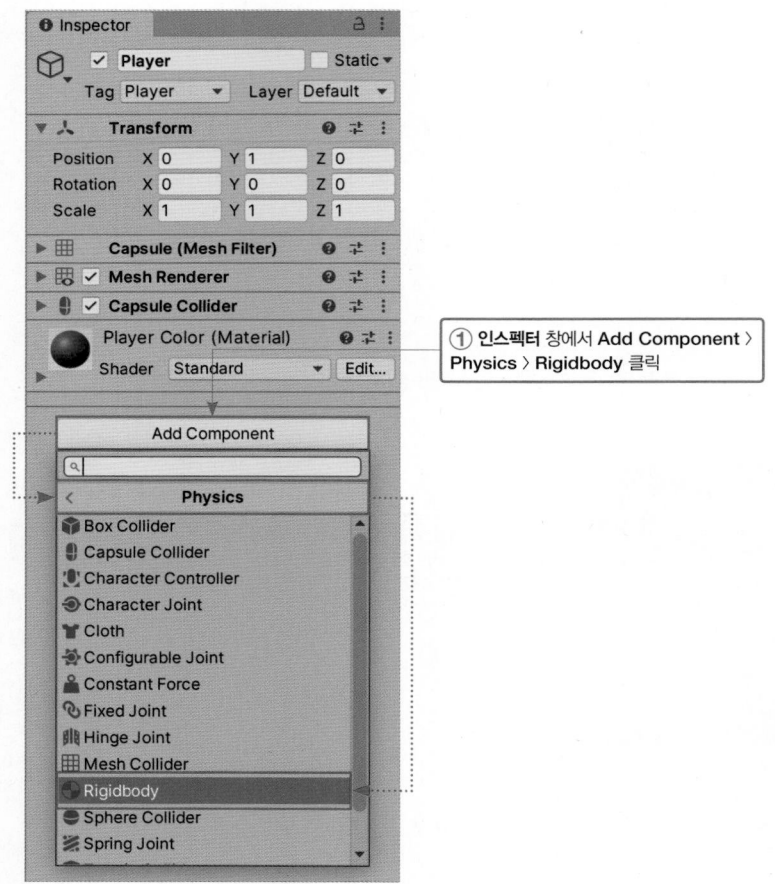

① **인스펙터** 창에서 **Add Component** > **Physics** > **Rigidbody** 클릭

▶ 리지드바디 컴포넌트 추가

이제 Player 게임 오브젝트는 물리 상호작용이 가능합니다. 그런데 Player 게임 오브젝트는 캡슐 형태입니다. 리지드바디 컴포넌트를 그대로 사용하면 플레이어가 오뚝이처럼 이리저리 넘어질 수 있습니다.

Player 게임 오브젝트가 넘어지는 것을 막기 위해 리지드바디의 제약Constraints 옵션을 사용합니다. 제약을 사용하면 어떤 축의 위치나 회전이 변경되지 않게 고정할 수 있습니다.

[과정 02] 리지드바디 제약 설정하기

① **인스펙터** 창에서 **Rigidbody** 컴포넌트의 **Constraints** 필드 **펼치기**
② **Freeze Position**은 **Y** 체크, **Freeze Rotation**은 **X**, **Z** 체크

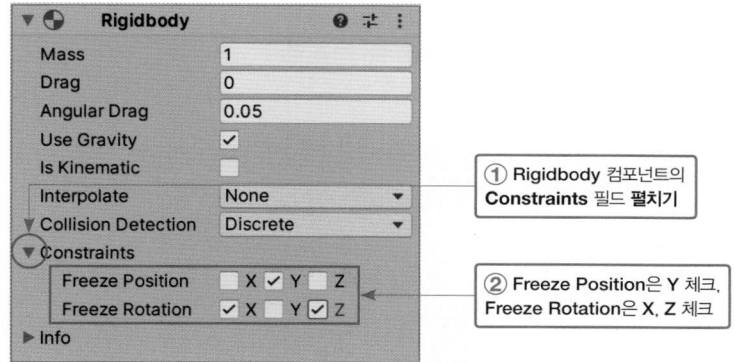

▶ 리지드바디 제약 설정하기

이제 Player 게임 오브젝트의 높이가 변경되지 않으며, 오직 Y축으로만 회전할 수 있습니다.

> **NOTE_ 트랜스폼의 위치와 회전을 직접 변경하는 경우**
>
> 리지드바디의 제약 옵션을 사용하면 힘이나 충돌 등 물리적인 상호작용으로 위치나 회전이 변경되는 것을 막을 수 있습니다. 하지만 트랜스폼 컴포넌트의 위치나 회전에 새로운 값을 할당하여 위치나 회전을 변경하는 것은 막을 수 없습니다.

이것으로 Player 게임 오브젝트의 컴포넌트 구성이 끝났습니다. 씬을 저장하고 다음 절로 넘어갑니다.

[과정 03] 씬 저장하기

① **[Ctrl+S]**로 씬 저장

6.4 플레이어 스크립트 생성

Player 게임 오브젝트를 조종하는 PlayerController 스크립트를 준비합니다. 이 스크립트는 다음 기능을 가져야 합니다.

- 사용자의 키보드 입력 감지
- 리지드바디를 사용하여 Player 게임 오브젝트 움직이기

PlayerController 스크립트를 생성하고 필요한 변수를 선언합니다.

[과정 01] 플레이어 조작 스크립트 생성하기

① **프로젝트** 창에서 **+** 〉 **C# Script** 클릭
② 생성된 스크립트 **이름**을 **PlayerController**로 변경 〉 **더블 클릭**으로 열기

① **프로젝트** 창에서 **+** 〉 **C# Script** 클릭

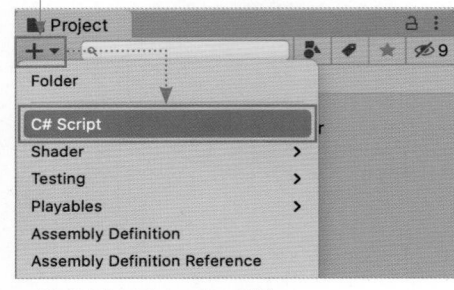

▶ 플레이어 조작 스크립트 생성

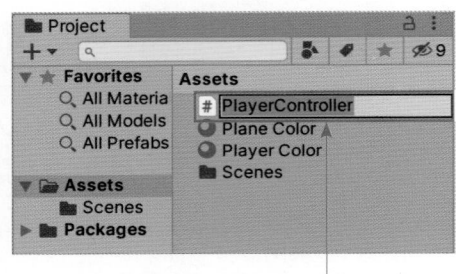

② 생성된 스크립트 **이름**을 **PlayerController**로 변경 〉 **더블 클릭**으로 열기

열린 PlayerController 스크립트에는 자동 생성된 기본 코드만 있습니다.

```
using System.Collections;
using System.Collections.Generic;
using UnityEngine;

public class PlayerController : MonoBehaviour {

    // Use this for initialization
    void Start() {

    }
```

```
    // Update is called once per frame
    void Update() {

    }
}
```

우리는 게임 오브젝트의 이동을 구현할 때 물리적인 힘을 가하는 방식을 사용할 겁니다. 따라서 Player 게임 오브젝트에 추가된 리지드바디 컴포넌트를 변수로 가져오고 사용해야 합니다.

리지드바디 컴포넌트를 할당할 변수와 이동 속력을 지정할 변수를 선언합니다.

[과정 02] 변수 선언하기

① **PlayerController** 스크립트를 다음과 같이 수정

```
using System.Collections;
using System.Collections.Generic;
using UnityEngine;

public class PlayerController : MonoBehaviour {
    public Rigidbody playerRigidbody; // 이동에 사용할 리지드바디 컴포넌트
    public float speed = 8f; // 이동 속력

    void Start() {

    }

    void Update() {

    }
}
```

리지드바디 컴포넌트를 가져와서 할당할 Rigidbody 타입의 변수 playerRigidbody와 이동 속력을 저장할 변수 speed를 선언했습니다. Start()와 Update() 메서드 위의 주석은 불필요하므로 삭제했습니다.

```
public Rigidbody playerRigidbody;
public float speed = 8f;
```

Rigidbody 타입의 변수 playerRigidbody를 선언한다고 해서 Rigidbody 타입의 오브젝트가 생성되지는 않습니다. 하지만 변수 playerRigidbody를 통해 Rigidbody 타입의 오브젝트를 가리킬 순 있습니다.

▶ playerRigidbody의 용도

나중에 playerRigidbody에 Player 게임 오브젝트의 리지드바디 컴포넌트를 할당할 겁니다. 그러면 playerRigidbody를 통해 Player 게임 오브젝트의 리지드바디 컴포넌트를 조종할 수 있습니다.

6.5 사용자 입력 감지

변수를 선언했으니 입력을 감지하는 기능을 만듭시다. 입력을 감지하려면 Update() 메서드와 Input 클래스의 입력 감지 메서드가 필요합니다.

6.5.1 Update() 메서드

게임 세상 속의 모든 정보는 실시간으로 변합니다. 실시간으로 변하는 정보를 주기적으로 체크할 필요가 있습니다. 예를 들어 인공지능 적이 계속 변하는 플레이어의 위치를 주기적으로 체크해야 정상적으로 플레이어를 추적할 수 있습니다.

따라서 대부분의 게임은 주기적으로 갱신 처리를 실행합니다. 그러한 갱신 처리는 일반적으로 화면이 새로 그려지는 주기에 맞춰 실행됩니다.

초당 프레임

영화는 1초에 24번, 컴퓨터 화면은 1초에 60번 정도 화면을 새로 그립니다. 매번 새로 그리는 각각의 화면을 프레임Frame이라고 부릅니다.

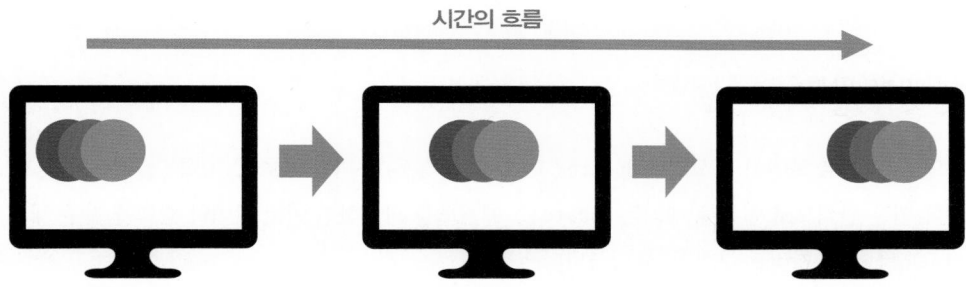

화면(프레임)이 매번 새로 그려짐

▶ 주기적으로 새로 그려지는 프레임

여기서 1초 동안 화면이 새로 그려지는 횟수를 초당프레임 또는 FPSFrame Per Second라고 부릅니다. PC나 콘솔 게임의 화면은 보통 60FPS로 그려집니다. 60FPS는 화면을 1초에 60번 갱신하므로 이전 프레임과 다음 프레임 사이의 시간 간격이 1/60초입니다.

다만 60FPS는 평균값일 뿐이고, 실제 FPS는 컴퓨터 성능에 따라 달라집니다. 고성능 컴퓨터는 화면을 더 자주 갱신할 수 있으므로 FPS가 높습니다. 성능이 좋지 않은 컴퓨터는 FPS가 낮아서 게임이 뚝뚝 끊기는 것처럼 보일 수 있습니다.

따라서 PC 게임을 개발할 때는 60FPS를 평균으로 생각하되, 실제 FPS는 가변적임을 명심해야 합니다.

Update( ) 메서드

Update( ) 메서드는 Start( ) 메서드처럼 특정 시점에 자동으로 실행되는 유니티 이벤트 메서드입니다. Update( ) 메서드는 한 프레임에 한 번, 매 프레임마다 반복 실행됩니다.

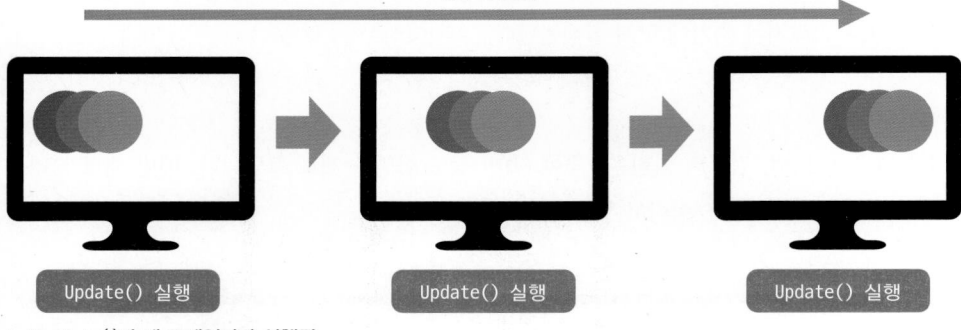

▶ Update( )가 매 프레임마다 실행됨

만약 60FPS로 화면이 갱신되면 Update( ) 메서드는 1/60초마다(1초에 60회) 실행됩니다. 이렇게 짧은 간격으로 반복 실행되는 Update( ) 메서드를 사용하면 어떤 값이나 입력을 자주 체크하고 갱신하는 처리를 구현할 수 있습니다.

6.5.2 Input을 사용한 입력 감지

유니티의 Input 클래스는 사용자 입력을 감지하는 메서드를 모아둔 집합입니다. Input의 입력 감지 메서드는 실행 시점에 어떤 키를 눌렀는지 알려줍니다.

Update( ) 메서드는 1초에 수십 번씩 실행됩니다. 따라서 Update( ) 메서드에서 입력 감지 메서드를 사용하면 입력 감지 메서드가 매우 짧은 간격으로 반복 실행되기 때문에 플레이어는 입력이 즉시 감지된다고 느낍니다.

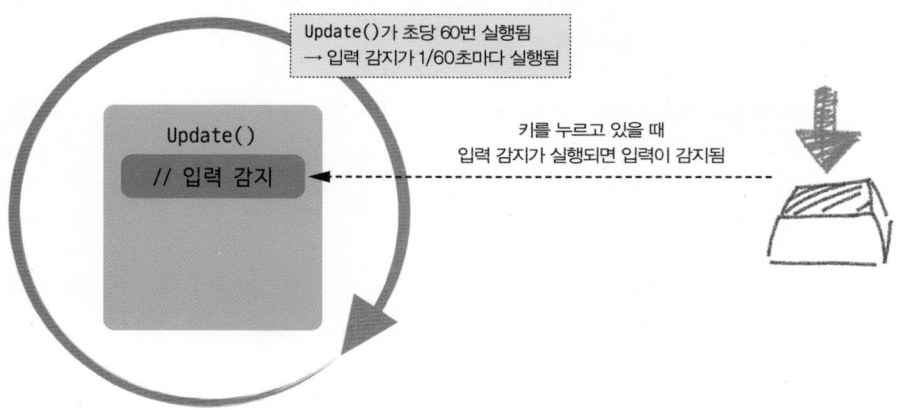

▶ 입력 감지를 자주하면 입력이 실시간 감지된다

이제 PlayerController 스크립트를 편집하던 창으로 다시 돌아가서 Update() 메서드에 사용자 입력을 감지하고 playerRigidbody에 힘을 주는 코드를 작성합니다.

[과정 01] Update() 메서드 작성하기

① PlayerController 스크립트의 Update() 메서드를 다음과 같이 수정

```
void Update() {
    if (Input.GetKey(KeyCode.UpArrow) == true) {
        // 위쪽 방향키 입력이 감지된 경우 z 방향 힘 주기
        playerRigidbody.AddForce(0f, 0f, speed);
    }

    if (Input.GetKey(KeyCode.DownArrow) == true) {
        // 아래쪽 방향키 입력이 감지된 경우 -z 방향 힘 주기
        playerRigidbody.AddForce(0f, 0f, -speed);
    }

    if (Input.GetKey(KeyCode.RightArrow) == true) {
        // 오른쪽 방향키 입력이 감지된 경우 x 방향 힘 주기
        playerRigidbody.AddForce(speed, 0f, 0f);
    }

    if (Input.GetKey(KeyCode.LeftArrow) == true) {
        // 왼쪽 방향키 입력이 감지된 경우 -x 방향 힘 주기
        playerRigidbody.AddForce(-speed, 0f, 0f);
    }
}
```

완성된 코드는 상하좌우 방향키를 감지하고 게임 오브젝트를 해당 방향으로 움직입니다.

6.5.3 Input.GetKey()

Input.GetKey() 메서드는 키보드의 식별자를 KeyCode 타입으로 입력받습니다.

```
bool Input.GetKey(KeyCode key);
```

Input.GetKey( ) 메서드는 실행될 때 해당 키를 누르고 있으면 true, 그렇지 않으면 false를 반환합니다.

Update( ) 메서드는 1초에 수십 번씩 실행됩니다. 따라서 Update( ) 내부의 다음 코드도 1초에 수십 번씩 실행됩니다.

```
if (Input.GetKey(KeyCode.UpArrow) == true) {
    playerRigidbody.AddForce(0f, 0f, speed);
}
```

Input.GetKey(KeyCode.UpArrow)가 실행될 때 키보드 위쪽 방향키(KeyCode.UpArrow)를 누르고 있지 않으면 Input.GetKey(KeyCode.UpArrow)는 false를 반환합니다. 그러면 if 문 조건을 만족하지 않아 playerRigidbody.AddForce(0f, 0f, speed);가 실행되지 않습니다.

반대로 위쪽 방향키를 누르고 있으면 Input.GetKey(KeyCode.UpArrow)는 true를 반환합니다. 따라서 playerRigidbody.AddForce(0f, 0f, speed);가 실행되고 Z축(앞쪽) 방향으로 힘이 가해집니다.

Input.GetKey( )를 사용해 입력을 감지하는 나머지 if 문도 같은 원리로 동작합니다. 코드의 동작을 이해했으면 [Ctrl+S]로 작성한 스크립트를 저장합니다.

NOTE_ KeyCode

Input.GetKey( ) 메서드의 입력으로 사용하는 **KeyCode**는 키보드의 키 식별자를 쉽게 가리키기 위한 타입입니다. **KeyCode** 타입은 내부적으로는 숫자로 동작합니다.

키보드의 키에는 식별자가 할당되어 있습니다. 예를 들어 위쪽 방향키의 식별자는 273입니다. 하지만 숫자로 된 키 식별자를 모두 외우는 것은 무리입니다. 따라서 키 식별자 273에 대응하는 **KeyCode.UpArrow**를 사용합니다.

NOTE_ Input.GetKey( ) 계열 메서드

Input.GetKey( ) 메서드는 지정한 키를 누르는 동안 **true**를 반환합니다. 이외에도 Input.GetKey( ) 메서드처럼 키보드 입력을 감지하지만 감지 시점이 다른 Input.GetKey( ) 계열의 메서드들이 있습니다.

- Input.GetKey( ) : 해당 키를 '누르는 동안' true, 그 외에는 false 반환
- Input.GetKeyDown( ) : 해당 키를 '누르는 순간' true, 그 외에는 false 반환

> • Input.GetKeyUp() : 해당 키를 누르다가 손을 '떼는 순간' true, 그 외에는 false 반환
>
> 여기서 Input.GetKeyDown()과 Input.GetKeyUp()은 해당 키를 '누르는 동안'에는 false를 반환한다는 사실에 주의합니다.

6.6 플레이어 사망 처리

이번에는 사망 처리를 실행하는 Die() 메서드를 만들어 플레이어 사망을 구현합니다.

6.6.1 Die() 메서드 추가

Die() 메서드는 자신의 게임 오브젝트를 비활성화하여 '죽음'을 구현하는 메서드입니다.

Die() 메서드는 탄알과 플레이어가 충돌했을 때 실행됩니다. 탄알과 플레이어 사이의 충돌 감지는 7장에서 탄알과 함께 구현합니다.

Die() 메서드는 PlayerController 스크립트가 스스로 실행하지 않습니다. 대신 플레이어에 부딪친 탄알이 Player 게임 오브젝트의 PlayerController 컴포넌트에 접근하여 실행합니다. 따라서 Die() 메서드는 public으로 지정되어 PlayerController 클래스 외부에서 접근할 수 있어야 합니다.

[과정 01] PlayerController 스크립트에 Die() 메서드 추가

① Update() 메서드 아래에 다음과 같이 Die() 메서드 추가

```
// using 문 생략

public class PlayerController : MonoBehaviour {
    public Rigidbody playerRigidbody; // 이동에 사용할 리지드바디 컴포넌트
    public float speed = 8f; // 이동 속력

    void Start() {

    }
```

```
    void Update() {
        // Update() 메서드 내용 생략
    }

    public void Die() {
        // 자신의 게임 오브젝트를 비활성화
        gameObject.SetActive(false);
    }
}
```

추가된 Die() 메서드의 gameObject.SetActive(false);는 자신의 게임 오브젝트에 접근하여
비활성화합니다.

6.6.2 gameObject

gameObject는 컴포넌트 입장에서 자신이 추가된 게임 오브젝트를 가리키는 변수입니다.
gameObject는 GameObject 타입의 변수이며 컴포넌트들의 기반 클래스인 MonoBehaviour에서
제공합니다.

모든 컴포넌트는 gameObject 변수를 이용해 자신을 사용 중인 게임 오브젝트(자신의 게임 오
브젝트)에 접근할 수 있습니다.

PlayerController 스크립트는 Player 게임 오브젝트에 추가할 겁니다. 따라서 이 스크립트에
서 gameObject는 Player 게임 오브젝트를 가리키게 됩니다.

> **CAUTION_ gameObject와 GameObject**
>
> gameObject와 GameObject를 혼동하면 안 됩니다. gameObject는 변수이고, GameObject는 타입입니다.

6.6.3 SetActive() 메서드

모든 게임 오브젝트는 스스로를 끄고 켜는 기능을 가지고 있습니다. 인스펙터 창에서 게임 오
브젝트 이름 왼쪽에 보이는 체크 박스가 게임 오브젝트를 활성화/비활성화하는 버튼입니다.

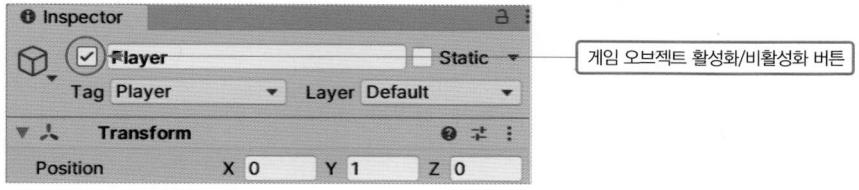

▶ 게임 오브젝트 활성화/비활성화 버튼

체크를 해제하여 게임 오브젝트를 비활성화하면 해당 게임 오브젝트에 추가된 컴포넌트들도 함께 비활성화되어 동작을 멈춥니다. 그렇게 비활성화된 게임 오브젝트는 씬에서 보이지 않게 됩니다.

반대로 체크박스를 체크하면 해당 게임 오브젝트와 해당 게임 오브젝트에 추가된 컴포넌트들이 다시 활성화되고 동작합니다.

이와 같은 게임 오브젝트 활성화/비활성화를 코드 상에서는 SetActive() 메서드로 실행할 수 있습니다.

```
void SetActive(bool value);
```

SetActive()는 게임 오브젝트를 나타내는 GameObject 타입에 내장되어 있는 메서드입니다. 입력으로 bool 값을 받으며 SetActive(true)가 실행되면 게임 오브젝트를 활성화합니다. SetActive(false)가 실행되면 게임 오브젝트를 비활성화합니다.

따라서 우리가 사용한 gameObject.SetActive(false);는 다음과 같은 순서로 자신의 게임 오브젝트를 비활성화합니다.

1. gameObject를 사용해 자신의 게임 오브젝트에 접근
2. 접근한 게임 오브젝트의 SetActive(false);를 실행

6.6.4 완성된 스크립트 확인(1차)

지금까지 작성한 PlayerController 스크립트는 다음과 같습니다.

```
using System.Collections;
using System.Collections.Generic;
using UnityEngine;
```

```
public class PlayerController : MonoBehaviour {
    public Rigidbody playerRigidbody; // 이동에 사용할 리지드바디 컴포넌트
    public float speed = 8f; // 이동 속력

    void Start() {
    }

    void Update() {
        if (Input.GetKey(KeyCode.UpArrow) == true) {
            // 위쪽 방향키 입력이 감지된 경우 z 방향 힘 주기
            playerRigidbody.AddForce(0f, 0f, speed);
        }

        if (Input.GetKey(KeyCode.DownArrow) == true) {
            // 아래쪽 방향키 입력이 감지된 경우 -z 방향 힘 주기
            playerRigidbody.AddForce(0f, 0f, -speed);
        }

        if (Input.GetKey(KeyCode.RightArrow) == true) {
            // 오른쪽 방향키 입력이 감지된 경우 x 방향 힘 주기
            playerRigidbody.AddForce(speed, 0f, 0f);
        }

        if (Input.GetKey(KeyCode.LeftArrow) == true) {
            // 왼쪽 방향키 입력이 감지된 경우 -x 방향 힘 주기
            playerRigidbody.AddForce(-speed, 0f, 0f);
        }
    }

    public void Die() {
        // 자신의 게임 오브젝트를 비활성화
        gameObject.SetActive(false);
    }
}
```

코드를 제대로 작성했는지 확인한 다음 스크립트를 저장하고 유니티 에디터로 돌아갑니다.

[과정 01] 코드 저장하기

① **[Ctrl+S]**로 스크립트 저장 〉 코드 편집기를 닫고 유니티 에디터로 돌아가기

6.6.5 PlayerController 컴포넌트 설정하기

완성한 PlayerController 스크립트를 Player 게임 오브젝트에 컴포넌트로 추가하고 실행합니다.

[과정 01] PlayerController 스크립트를 Player 게임 오브젝트에 추가

① PlayerController 스크립트를 **하이어라키** 창의 **Player** 게임 오브젝트로 **드래그&드롭**

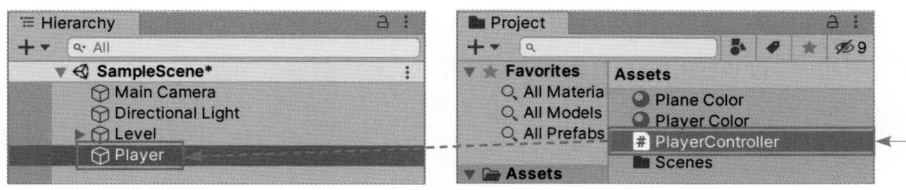

▶ PlayerController 스크립트를 **Player** 게임 오브젝트에 추가

① PlayerController 스크립트를 **하이어라키** 창의 **Player** 게임 오브젝트로 **드래그&드롭**

PlayerController 컴포넌트가 Player 게임 오브젝트에 추가됩니다. 그다음 PlayerController 컴포넌트의 변수에 필요한 참조를 할당합니다.

[과정 02] 리지드바디 컴포넌트를 playerRigidbody에 할당하기

① **하이어라키** 창에서 **Player** 게임 오브젝트 선택

② **인스펙터** 창에서 **Rigidbody** 컴포넌트를 PlayerController 컴포넌트의 **Player Rigidbody** 필드로 **드래그&드롭**

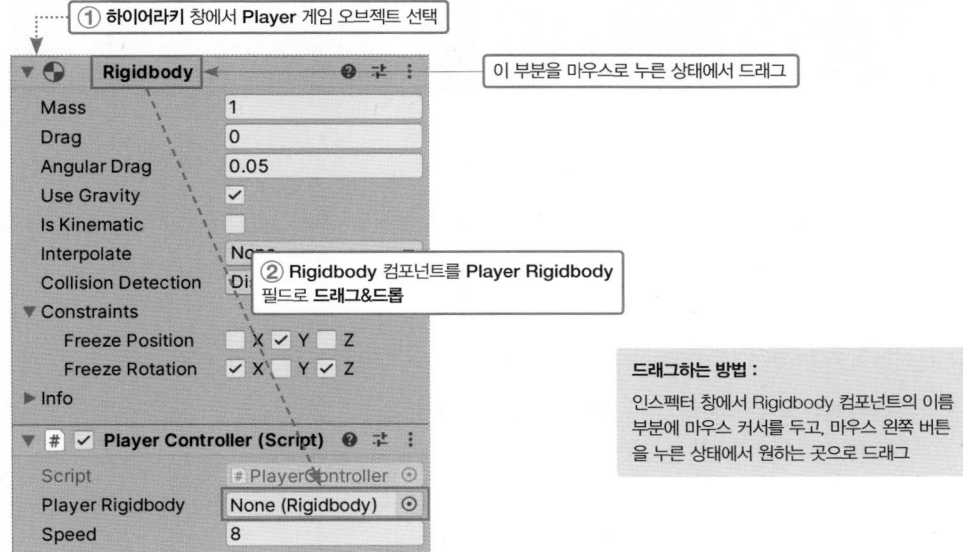

드래그하는 방법 :

인스펙터 창에서 Rigidbody 컴포넌트의 이름 부분에 마우스 커서를 두고, 마우스 왼쪽 버튼을 누른 상태에서 원하는 곳으로 드래그

▶ 리지드바디 컴포넌트를 **playerRigidbody**에 할당하기

인스펙터 창에서 Player Rigidbody라고 표시되는 `playerRigidbody` 변수에 Player 게임 오브젝트의 리지드바디 컴포넌트가 할당된 것을 확인할 수 있습니다.

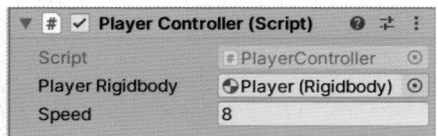

▶ playerRigidbody에 할당된 리지드바디 컴포넌트

플레이 버튼을 눌러 `PlayerController` 스크립트를 테스트해봅니다. 게임의 동작은 게임 창에서 확인할 수 있습니다.

[과정 03] 테스트하기

① **플레이 버튼** 클릭 〉 씬이 시작됨
② **키보드 방향키**로 플레이어 조작하기

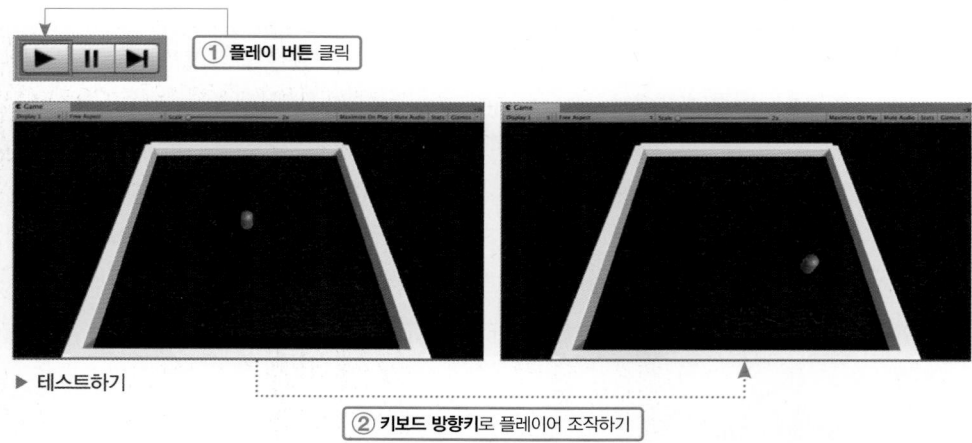

▶ 테스트하기

정상적으로 잘 움직입니다. 다만 관성이 적용되어 무게감이 느껴질 겁니다. 이 문제는 차후에 수정할 겁니다. 충분히 테스트했다면 씬 플레이 모드를 해제하고 씬을 저장합니다.

[과정 04] 씬 저장하기

① **플레이 버튼** 클릭 → 플레이 모드 해제
② **[Ctrl+S]**로 씬 저장

6.7 PlayerController 스크립트 개선하기

`PlayerController` 스크립트를 완성했지만 몇 가지 문제가 있습니다.

1. 조작이 게임에 즉시 반영되지 않습니다.

리지드바디 컴포넌트의 `AddForce()` 메서드는 힘을 추가합니다. 누적된 힘으로 속도를 점진적으로 증가시키기 때문에 속도가 충분히 빨라질 때까지 시간이 걸립니다. 또한 이동 중에 반대 방향으로 이동하려는 경우 관성에 의해 힘이 상쇄되어 방향 전환이 금방 이루어지지 않습니다.

2. 입력 감지 코드가 복잡합니다.

방향키를 감지하는 데 `if` 문을 네 개 사용했습니다. 이것을 좀 더 쉽고 간결한 코드로 개선하고 싶습니다.

3. playerRigidbody에 컴포넌트를 드래그&드롭으로 할당하는 것이 불편합니다.

6.6.5절 'PlayerController 컴포넌트 설정하기'에서 인스펙터 창에서 `PlayerController` 컴포넌트의 Player Rigidbody 필드로 리지드바디 컴포넌트를 직접 드래그&드롭했습니다. 변수에 컴포넌트를 직접 드래그&드롭하는 방식은 불편하며, 잘못된 값을 할당할 위험이 있습니다. 따라서 변수에 컴포넌트의 참조를 할당하는 과정을 코드로 실행하고 싶습니다.

앞서 언급한 문제를 해결해봅시다. 프로젝트 창에서 `PlayerController` 스크립트를 더블 클릭하여 열고 수정을 시작합니다.

6.7.1 Start( ) 메서드 수정

먼저 `Start( )` 메서드를 이용하여 게임이 시작될 때 변수 `playerRigidbody`에 리지드바디 컴포넌트의 참조를 할당하도록 수정하겠습니다.

[과정 01] 리지드바디 컴포넌트를 코드에서 할당하기

① 변수 **playerRigidbody**와 **Start( )** 메서드 부분을 다음과 같이 수정

```csharp
// using 문 생략

public class PlayerController : MonoBehaviour {
    private Rigidbody playerRigidbody; // 이동에 사용할 리지드바디 컴포넌트
    public float speed = 8f; // 이동 속력

    void Start() {
        // 게임 오브젝트에서 Rigidbody 컴포넌트를 찾아 playerRigidbody에 할당
        playerRigidbody = GetComponent<Rigidbody>();
    }

    void Update() {
        // Update() 메서드 내용 생략
    }

    public void Die() {
        // 자신의 게임 오브젝트를 비활성화
        gameObject.SetActive(false);
    }
}
```

변수 `playerRigidbody`의 접근 한정자를 `public`에서 `private`로 변경했습니다. 따라서 나중에 인스펙터 창에서 PlayerController 컴포넌트를 봤을 때 이전의 Player Rigidbody 필드가 더 이상 표시되지 않는 것을 알 수 있습니다.

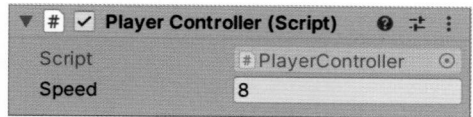

▶ **Player Rigidbody 필드가 사라짐**

`public`이 아닌 변수는 유니티 인스펙터 창에서 관측되지 않기 때문에 표시되지 않습니다. 따라서 이제는 드래그&드롭으로는 리지드바디 컴포넌트를 변수 `playerRigidbody`에 할당할 수 없습니다.

6.7.2 GetComponent( ) 메서드

`GetComponent( )` 메서드는 원하는 타입의 컴포넌트를 자신의 게임 오브젝트에서 찾아오는 메서드입니다. `GetComponent( )` 메서드는 꺾쇠 `<>`로 가져올 타입을 받습니다.

`Start( )` 메서드에서 실행된 `GetComponent<Rigidbody>( );`는 자신의 게임 오브젝트에서 `Rigidbody` 타입의 컴포넌트를 찾아서 가져옵니다. 즉, 아래 코드는 Player 게임 오브젝트에서 리지드바디 컴포넌트를 찾아서 `playerRigidbody` 변수에 할당합니다.

```
void Start() {
    playerRigidbody = GetComponent<Rigidbody>();
}
```

NOTE_ GetComponent( ) 메서드가 컴포넌트를 찾지 못했을 때
게임 오브젝트에 찾으려는 타입의 컴포넌트가 추가되어 있지 않으면 `GetComponent( )` 메서드는 `null`을 반환합니다.

제네릭
`GetComponent( )` 메서드에서 사용한 꺾쇠 `<>`는 제네릭(Generic) 기법입니다. 제네릭은 메서드나 클래스가 여러 타입에 호환되게 합니다. 꺾쇠 안에 원하는 타입을 명시하면 클래스나 메서드가 해당 타입에 맞춰 동작합니다.
제네릭을 사용하지 않으면 같은 처리를 위한 여러 타입의 메서드나 클래스를 일일이 만들어야 합니다. 유니티가 제공하는 컴포넌트의 종류는 수없이 많습니다. 따라서 다음과 같은 방법으로 모든 종류의 컴포넌트에 대한 `GetComponent( )` 메서드를 준비하는 것은 무리입니다.

- GetComponentRigidbody()
- GetComponentTransform()
- GetComponentRenderer()
- ...

이런 문제를 해결하기 위해 GetComponent()는 제네릭을 사용할 수 있도록 구현되어 있으며, 제네릭 덕분에 하나의 GetComponent() 메서드로 모든 타입의 컴포넌트에 대응할 수 있습니다.

6.7.3 조작감 개선하기

이번에는 기존 Update() 메서드를 수정하여 코드를 더 간결하게 만들고 조작이 이동 속도에 즉시 반영되도록 개선합시다.

[과정 01] PlayerController의 기존 Update() 메서드 개선

① **PlayerController** 스크립트의 **Update()** 메서드를 다음과 같이 수정

```
void Update() {
    // 수평축과 수직축의 입력값을 감지하여 저장
    float xInput = Input.GetAxis("Horizontal");
    float zInput = Input.GetAxis("Vertical");

    // 실제 이동 속도를 입력값과 이동 속력을 사용해 결정
    float xSpeed = xInput * speed;
    float zSpeed = zInput * speed;

    // Vector3 속도를 (xSpeed, 0, zSpeed)로 생성
    Vector3 newVelocity = new Vector3(xSpeed, 0f, zSpeed);
    // 리지드바디의 속도에 newVelocity 할당
    playerRigidbody.velocity = newVelocity;
}
```

수정된 코드는 다음과 같은 동작을 수행합니다.

- 수평축과 수직축의 입력값을 감지
- 속도를 나타낼 새로운 Vector3를 생성
- 리지드바디 컴포넌트의 속도를 변경

6.7.4 GetAxis( ) 메서드

앞의 개선된 Update( ) 메서드를 보면 Input.GetKey( ) 대신 Input.GetAxis( ) 메서드가 등
장했습니다. Input.GetAxis( ) 메서드는 어떤 축에 대한 입력값을 숫자로 반환하는 메서드입
니다.

```
float Input.GetAxis(string axisName);
```

Input.GetAxis( ) 메서드는 축Axis의 이름을 받습니다. 그리고 다음 경우에 따라 감지된 입력
값을 반환합니다.

- 축의 음의 방향에 대응되는 버튼을 누름 : -1.0
- 아무것도 누르지 않음 : 0
- 축의 양의 방향에 대응되는 버튼을 누름 : +1.0

입력축은 6.8절 '입력 매니저'에서 설명할 입력 매니저를 이용해 설정합니다. 기본 설정으로 추가
되어 있는 Horizontal 축과 Vertical 축의 대응 입력키와 출력되는 입력값은 다음과 같습니다.

Horizontal 축의 경우

- **Horizontal(수평) 축에 대응되는 키**
    - 음의 방향 : ←(왼쪽 방향키), A 키
    - 양의 방향 : →(오른쪽 방향키), D 키
- **Input.GetAxis("Horizontal")의 출력값**
    - ← 또는 A 키를 누름 : -1.0
    - 아무것도 누르지 않음 : 0
    - → 또는 D 키를 누름 : +1.0

Vertical 축의 경우

- **Vertical(수직) 축에 대응되는 키**
    - 음의 방향 : ↓(아래쪽 방향키), S 키
    - 양의 방향 : ↑(위쪽 방향키), W 키
- **Input.GetAxis("Vertical")의 출력값**
    - ↓ 또는 S 키를 누름 : -1.0
    - 아무것도 누르지 않음 : 0
    - ↑ 또는 W 키를 누름 : +1.0

개선된 Update() 메서드를 다시 봅시다. 새로 선언한 변수 xInput은 수평 방향 입력, 변수 zInput은 수직 방향 입력을 저장합니다.

```
float xInput = Input.GetAxis("Horizontal");
float zInput = Input.GetAxis("Vertical");
```

그리고 매 프레임마다 Input.GetAxis()를 이용해 Horizontal 축 입력과 Vertical 축 입력을 각각 xInput과 zInput에 저장합니다. 결과적으로 키보드 입력에 따라 Input.GetAxis() 메서드를 이용해 xInput과 zInput에 할당되는 값은 다음과 같습니다.

- ← 또는 A 키 : xInput = -1.0
- 아무것도 누르지 않음 : xInput = 0
- → 또는 D 키 : xInput = +1.0
- ↓ 또는 S 키 : zInput = -1.0
- 아무것도 누르지 않음 : zInput = 0
- ↑ 또는 W 키 : zInput = +1.0

6.7.5 속도 계산하기

계속해서 Update() 메서드를 살펴보면 xInput 값과 zInput 값을 기반으로 X와 Z 방향의 속도를 각각 계산하고 새로운 Vector3 데이터를 생성합니다.

```
float xInput = Input.GetAxis("Horizontal");
float zInput = Input.GetAxis("Vertical");

float xSpeed = xInput * speed;
float zSpeed = zInput * speed;
```

여기서 xSpeed는 X 방향 이동 속도, zSpeed는 Z 방향 이동 속도를 표현합니다. 먼저 xSpeed의 값이 설정되는 부분을 봅시다.

```
float xSpeed = xInput * speed;
```

여기서 xInput * speed가 왼쪽, 정지, 오른쪽 이동을 모두 표현할 수 있다는 점에 주목합니다.

- ← 또는 A 키를 누른 경우
  - xInput = -1.0
  - xSpeed = (-1.0) x speed = -speed (왼쪽 이동)
- 아무것도 누르지 않은 경우
  - xInput = 0
  - xSpeed = 0 x speed = 0 (정지)
- → 또는 D 키를 누른 경우
  - xInput = +1.0
  - xSpeed = (+1.0) x speed = speed (오른쪽 이동)

수직 방향도 같은 원리로 다음 한 줄의 코드로 앞쪽, 정지, 뒤쪽 이동을 모두 구현합니다.

```
float zSpeed = zInput * speed;
```

- ↓ 또는 S 키를 누른 경우
  - zInput = -1.0
  - zSpeed = (-1.0) x speed = -speed (뒤쪽 이동)
- 아무것도 누르지 않은 경우
  - zInput = 0
  - zSpeed = 0 x speed = 0 (정지)
- ↑ 또는 D 키를 누른 경우
  - zInput = +1.0
  - zSpeed = (+1.0) x speed = speed (앞쪽 이동)

xSpeed, zSpeed에 값을 할당한 다음 이들을 기반으로 새로운 Vector3 변수 newVelocity를 선언했습니다. newVeolocity는 X, Y, Z 방향으로의 속도를 나타내기 위한 변수입니다.

```
float xSpeed = xInput * speed;
float zSpeed = zInput * speed;

Vector3 newVelocity = new Vector3(xSpeed, 0f, zSpeed);
playerRigidbody.velocity = newVelocity;
```

newVelocity에 (xSpeed, 0f, zSpeed)를 가지는 Vector3 데이터를 생성하여 할당했습니다.

리지드바디 컴포넌트는 현재 속도를 표현하는 Vector3 타입의 velocity 변수를 제공합니다. 리지드바디의 velocity 변수로 현재 속도를 알 수 있으며, 반대로 해당 변수에 새로운 값을 할 당하여 현재 속도를 변경할 수 있습니다.

우리는 playerRigidbody.velocity에 newVelocity를 할당했습니다. 그러면 playerRigidbody 에 할당된 리지드바디 컴포넌트의 현재 속도가 newVelocity로 변경됩니다.

6.7.6 Vector3

여기서 사용한 Vector3는 원소 x, y, z를 가지는 타입입니다. 위치, 크기, 속도, 방향 등을 나타 낼 때 주로 사용합니다. 새로운 Vector3 값은 아래와 같은 형태로 생성합니다. x, y, z에 대응 하는 값을 넣으면 됩니다.

```
Vector3 vector = new Vector3(x, y, z);
```

예를 들어 (x=100, y=100, z=100)을 표현하는 새로운 Vector3 값을 생성하고 싶다면 다음과 같은 방법으로 생성합니다.

```
Vector3 vector = new Vector3(100f, 100f, 100f);
```

결론적으로 Vector3 newVelocity = new Vector3(xSpeed, 0f, zSpeed);는 X 방향으로 xSpeed, Y 방향으로 0, Z 방향으로 zSpeed만큼 가는 속도를 표현하는 Vector3 값을 생성하여 newVelocity라는 변수로 저장한 겁니다.

Vector3와 관련한 자세한 기능과 수학적 내용은 9장과 10장에서 다시 보게 됩니다. 지금은 Vector3가 x, y, z를 하나의 변수로 다루는 타입이라는 점만 알면 됩니다.

> **NOTE_ Rigidbody의 AddForce( )와 velocity의 차이**
> 이전 예제에서 조작이 무겁게 느껴졌던 이유는 관성 때문입니다. 기존 Update( ) 메서드에서는 AddForce( ) 메서드를 사용해 힘을 누적하고 속력을 점진적으로 증가시켰습니다.
> **Rigidbody의 velocity**를 수정하는 것은 이전 속도를 지우고 새로운 속도를 사용하는 겁니다. 따라서 관성 을 무시하고 속도가 즉시 변경됩니다.

6.7.7 완성된 스크립트 확인(2차)

지금까지 이 장에서 필요한 모든 코드를 작성했습니다. 완성된 PlayerController 스크립트는 다음과 같습니다.

```csharp
using System.Collections;
using System.Collections.Generic;
using UnityEngine;

public class PlayerController : MonoBehaviour {
    private Rigidbody playerRigidbody; // 이동에 사용할 리지드바디 컴포넌트
    public float speed = 8f; // 이동 속력

    void Start() {
        // 게임 오브젝트에서 Rigidbody 컴포넌트를 찾아 playerRigidbody에 할당
        playerRigidbody = GetComponent<Rigidbody>();
    }

    void Update() {
        // 수평축과 수직축의 입력값을 감지하여 저장
        float xInput = Input.GetAxis("Horizontal");
        float zInput = Input.GetAxis("Vertical");

        // 실제 이동 속도를 입력값과 이동 속력을 사용해 결정
        float xSpeed = xInput * speed;
        float zSpeed = zInput * speed;

        // Vector3 속도를 (xSpeed, 0, zSpeed)로 생성
        Vector3 newVelocity = new Vector3(xSpeed, 0f, zSpeed);
        // 리지드바디의 속도에 newVelocity 할당
        playerRigidbody.velocity = newVelocity;
    }

    public void Die() {
        // 자신의 게임 오브젝트를 비활성화
        gameObject.SetActive(false);
    }
}
```

코드를 제대로 작성했는지 확인합니다. 그다음 완성된 PlayerController 스크립트를 [Ctrl+S]로 저장하고 유니티 에디터로 돌아가서 테스트합니다.

[과정 01] 테스트하기

① 스크립트를 저장하고 유니티 에디터로 돌아가기
② **플레이 버튼**을 눌러 씬 테스트

테스트를 해보면 이번에는 관성을 무시하고 즉시 플레이어의 이동 방향을 전환할 수 있습니다. 조작이 전반적으로 이전보다 더 빠르게 반영된다고 느껴질 겁니다.

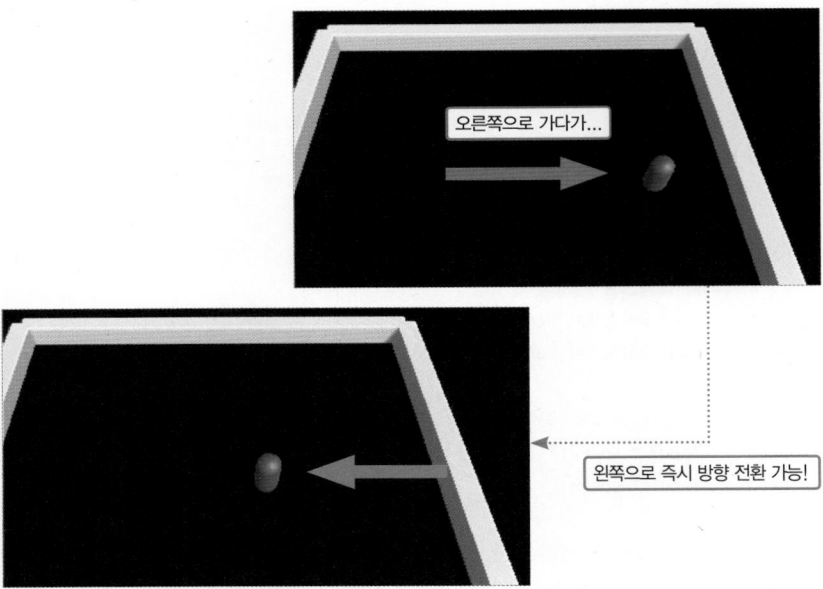

▶ 관성을 무시하고 즉시 방향 전환 가능

충분히 테스트해봤다면 플레이 모드를 해제하고 진행 사항을 저장합니다.

[과정 02] 씬 저장하기

① **플레이 버튼**을 눌러 플레이 모드 해제
② [Ctrl+S]로 씬 저장

이것으로 이 장의 모든 구현은 끝났습니다. 다음 절에서는 우리가 사용한 GetAxis() 메서드와 입력 매니저를 자세히 알아보겠습니다.

6.8 입력 매니저

우리는 Input.GetAxis() 메서드로 Input.GetKey() 메서드를 대체했습니다. 여기서 다음과 같은 의문이 들 수 있습니다.

1. GetAxis() 메서드에 입력한 Horizontal 축과 Vertical 축은 무엇이며 왜 사용하는가?
2. GetAxis() 메서드의 출력값은 어째서 true, false가 아닌 숫자인가?

정답부터 먼저 말하자면 다음과 같습니다.

1번 : 입력키 커스터마이제이션을 구현하기 위해
2번 : 조이스틱 같은 다양한 입력 장치에 대응하기 위해

6.8.1 GetAxis() 메서드와 입력축

처음에는 다음과 같이 Input.GetKey()를 사용하여 키보드의 특정 키 입력을 직접 검사했습니다.

```
if (Input.GetKey(KeyCode.UpArrow) == true) {
    playerRigidbody.AddForce(0f, 0f, speed);
}
```

이렇게 특정 키를 지목하는 방식은 조작 키를 실시간으로 변경할 수 없는 단점이 있습니다. 위 예시는 앞쪽으로 움직일 때 위쪽 방향키를 사용합니다. 이것을 W 키로 변경하려면 코드 자체를 다음과 같이 수정해야 합니다.

```
Input.GetKey(KeyCode.UpArrow) → Input.GetKey(KeyCode.W)
```

조작 키가 바뀔 때마다 이런 식으로 매번 코드를 변경하고 다시 빌드할 순 없습니다. 좀 더 영리한 방법이 필요합니다. 따라서 '입력 이름'을 거쳐 가는 방식을 사용합니다.

6.8.2 입력 이름

누구나 한 번쯤 게임의 조작 키를 변경해본 경험이 있습니다. 대부분의 조작 키 설정 창은 '기능의 이름'과 '매핑된 키' 쌍으로 구성됩니다.

예를 들면 이런 식입니다.

- 발사 ⇔ [마우스 왼쪽 버튼]
- 점프 ⇔ [스페이스바]

물론 설정 창에서 다음과 같이 매핑된 키를 마음대로 변경할 수 있습니다.

- 발사 ⇔ **[마우스 오른쪽 버튼]**
- 점프 ⇔ **[엔터]**

이것이 가능한 이유는 실제 총을 발사하는 코드에서는 '마우스 왼쪽 버튼'처럼 입력 장치의 구체적인 식별자를 사용하지 않기 때문입니다. 그 대신 '발사'라는 입력 이름을 통해 입력을 감지합니다.

예를 들어 아래와 같은 코드가 있다고 합시다.

```
if (마우스 왼쪽 버튼을 누름) {
    // 총 발사
}
```

위 방식은 게임 도중에 발사 키를 '마우스 오른쪽 버튼'으로 바꿀 수 없습니다. 하지만 아래처럼 코드를 작성하면 나중에 조작 키를 바꿀 수 있습니다.

```
if ("발사"에 대응되는 버튼을 누름) {
    // 총 발사
}
```

위 방식은 '발사'라는 입력 이름에 대응되는 버튼을 감지합니다. 중요한 점은 구체적으로 어떤 버튼을 감지할 것인지 명시하지 않는다는 겁니다.

정리하면 다음과 같은 식으로 연결된 구조입니다. 처음에는 다음과 같은 구성으로 입력이 설정됩니다.

코드 (실제 발사 기능) ⇔ 입력 이름 ("발사") ⇔ 입력 장치 (**마우스 왼쪽 버튼**)

만약 총 발사에 마우스 오른쪽 버튼을 사용하고 싶다면 **"발사"**라는 입력 이름에 대응하는 버튼을 변경합니다. 코드는 수정할 필요가 없습니다.

코드 (실제 발사 기능) ⇔ 입력 이름 ("발사") ⇔ 입력 장치 (마우스 오른쪽 버튼)

유니티에서 사용하는 축이 바로 위에서 설명한 입력 이름입니다. GetAxis() 메서드에서 사용한 Horizontal과 Vertical도 축입니다.

축은 축에 대응하는 버튼을 가집니다. 따라서 축을 사용하면 사용할 입력키를 직접 명시하지 않아도 됩니다. 축은 유니티의 입력 매니저에서 관리합니다.

6.8.3 입력 매니저 설정 창

입력 매니저에서 미리 설정된 축들을 확인합니다.

[과정 01] 입력 매니저와 축 확인하기

① **프로젝트 설정** 창 띄우기(유니티 상단 메뉴의 **Edit** > **Project Settings...**)

② **Input Manager** 탭 클릭 > **Axes** 리스트 **펼치기** → 미리 설정되어 있는 입력축들이 표시됨

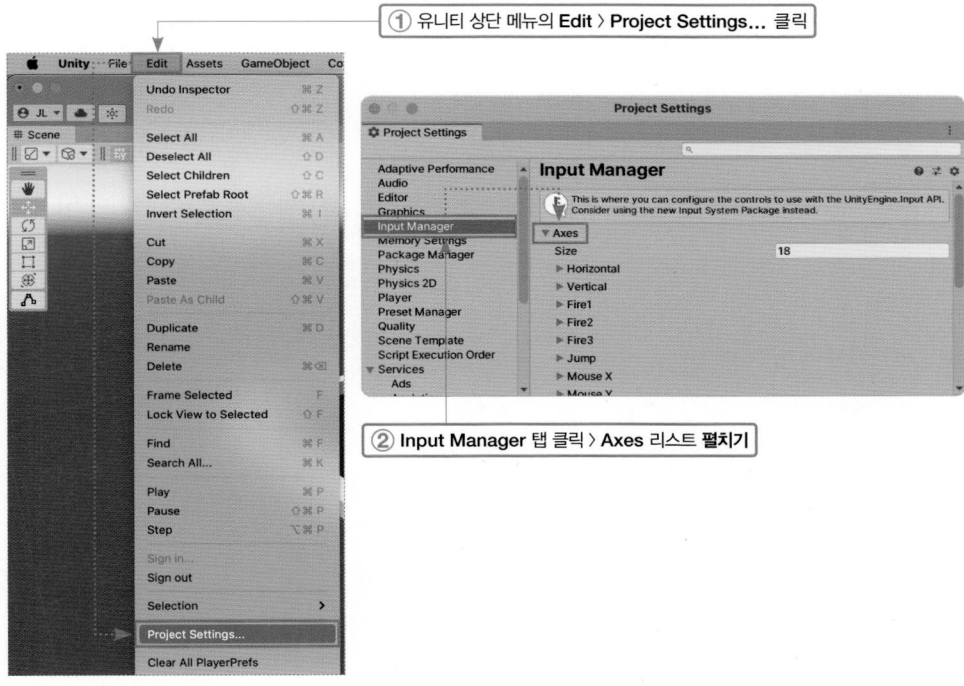

▶ 입력 매니저와 축 확인하기

그다음 표시된 축 중에서 최상단의 Horizontal 축을 찾아 펼쳐봅니다.

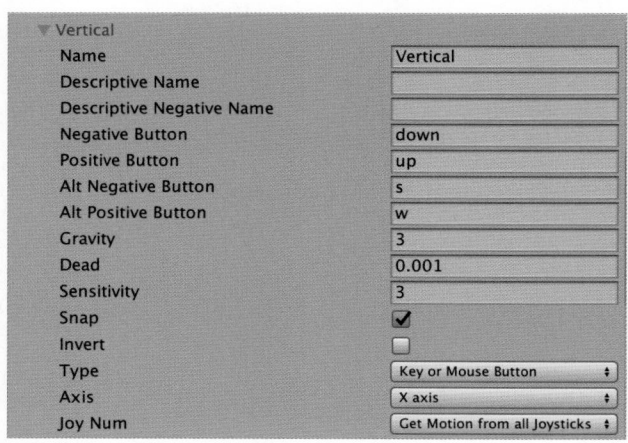

Horizontal	
Name	Horizontal
Descriptive Name	
Descriptive Negative Name	
Negative Button	left
Positive Button	right
Alt Negative Button	a
Alt Positive Button	d
Gravity	3
Dead	0.001
Sensitivity	3
Snap	☑
Invert	☐
Type	Key or Mouse Button ↕
Axis	X axis ↕
Joy Num	Get Motion from all Joysticks ↕

▶ Horizontal 축 설정

Horizontal에 대응하는 입력 버튼들이 미리 설정된 것을 확인할 수 있습니다.

- **음의 방향 버튼(Negative Button)** : left(왼쪽 방향키)
- **양의 방향 버튼(Positive Button)** : right(오른쪽 방향키)
- **음의 방향 보조 버튼(Alt Negative Button)** : a
- **양의 방향 보조 버튼(Alt Positive Button)** : d

그 아래의 Vertical 축을 펼쳐보면 역시 입력 버튼들이 미리 설정된 것을 확인할 수 있습니다.

Vertical	
Name	Vertical
Descriptive Name	
Descriptive Negative Name	
Negative Button	down
Positive Button	up
Alt Negative Button	s
Alt Positive Button	w
Gravity	3
Dead	0.001
Sensitivity	3
Snap	☑
Invert	☐
Type	Key or Mouse Button ↕
Axis	X axis ↕
Joy Num	Get Motion from all Joysticks ↕

▶ Vertical 축 설정

- **음의 방향 버튼(Negative Button)** : down(아래쪽 방향키)
- **양의 방향 버튼(Positive Button)** : up(위쪽 방향키)
- **음의 방향 보조 버튼(Alt Negative Button)** : s
- **양의 방향 보조 버튼(Alt Positive Button)** : w

정리하면 Input.GetAxis("Horizontal")이 실행될 때 다음 과정으로 입력값이 감지됩니다.

1. 입력 매니저에서 Horizontal 축을 찾음
2. Horizontal 축에 대응되는 버튼(←, a ,→ ,d)들로 현재 입력을 검사 〉감지된 입력값 반환

여러분은 기존 Horizontal과 Vertical 축의 설정을 변경하거나 Axes에 여러분만의 새로운 축을 추가하여 자신만의 입력 설정을 만들 수 있습니다.

다만 유니티의 기본 입력축들만으로 닷지를 완성하는 데 충분하기 때문에 닷지 프로젝트에서는 입력 매니저를 수정하지 않을 겁니다.

6.8.4 멀티플랫폼 입력 지원

잘 살펴보면 Horizontal 축과 Vertical 축이 각각 하나씩 더 있습니다.

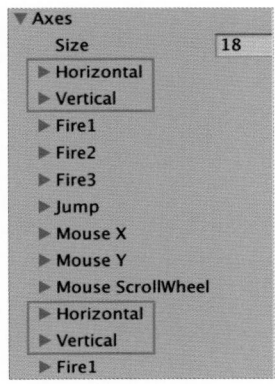

▶ Horizontal과 Vertical 축이 하나씩 더 있다

두 번째 Horizontal 축과 Vertical 축을 펼쳐보면 버튼 필드가 비어 있습니다. 대신 Type이 Joystick Axis로 설정되어 있습니다.

▼ Horizontal	
Name	Horizontal
Descriptive Name	
Descriptive Negative Name	
Negative Button	
Positive Button	
Alt Negative Button	
Alt Positive Button	
Gravity	0
Dead	0.19
Sensitivity	1
Snap	☐
Invert	☐
Type	Joystick Axis
Axis	X axis
Joy Num	Get Motion from all Joysticks

▶ 두 번째 Horizontal 축의 설정

두 번째 Horizontal 축과 Vertical 축은 엑스박스Xbox와 같은 콘솔 게임기 게임 패드의 조이
스틱(아날로그 스틱)에 대응됩니다.

즉, 별다른 처리를 추가하지 않아도 Input.GetAxis("Horizontal")을 사용했을 때 키보드와
게임 패드 모두에 대응할 수 있습니다. 키보드를 사용할 경우 첫 번째 Horizontal 축, 게임 패
드를 사용할 경우 두 번째 Horizontal 축이 자동으로 사용되기 때문입니다.

입력축을 사용하면 다양한 기기의 입력을 코드 한 줄로 쉽게 대응할 수 있습니다.

6.8.5 입력을 숫자로 받는 이유

입력축은 아날로그 스틱에도 대응된다는 사실에서 입력값을 true나 false가 아닌 숫자로 반환
하는 이유를 알 수 있습니다.

키보드의 키는 눌렀을 때 true, 누르지 않았을 때 false로 단순하게 구분할 수 있습니다. 하지
만 게임 패드의 아날로그 스틱은 '살짝' 미는 것이 가능합니다.

살짝 미는 것이 가능

▶ 게임 패드는 아날로그 스틱을 살짝 미는 것이 가능

`Input.GetAxis("Horizontal")`은 키보드뿐만 아니라 게임 패드 스틱의 수평 방향에도 대응합니다.

키보드를 사용할 때는 다음과 같이 입력값이 감지됐습니다.

- 왼쪽 방향키 : -1.0
- 아무것도 누르지 않으면 : 0
- 오른쪽 방향키 : +1.0

마찬가지로 게임 패드의 스틱을 다음 방향으로 '완전히' 밀면 다음과 같이 입력값이 감지됩니다.

- 스틱을 왼쪽으로 완전히 밀기 : -1.0
- 스틱을 가만히 내버려 두기 : 0
- 스틱을 오른쪽으로 완전히 밀기 : +1.0

하지만 스틱은 '살짝' 미는 것도 가능합니다. 만약 스틱을 왼쪽으로 '살짝' 밀면 -1.0과 0 사이의 값(예를 들면 -0.5)이 나옵니다.

입력을 `true`, `false`로 받으면 버튼을 단순히 눌렀나 안 눌렀나만 감지할 수 있습니다. 입력을 숫자로 받으면 스틱을 '얼마나' 밀었는지까지 감지할 수 있습니다. 따라서 스틱을 '살짝' 또는 '강하게' 미는 것까지 구별할 수 있습니다.

다음은 키보드와 게임 패드에서 `Input.GetAxis("Horizontal")`의 동작 차이를 그림으로 표현한 겁니다.

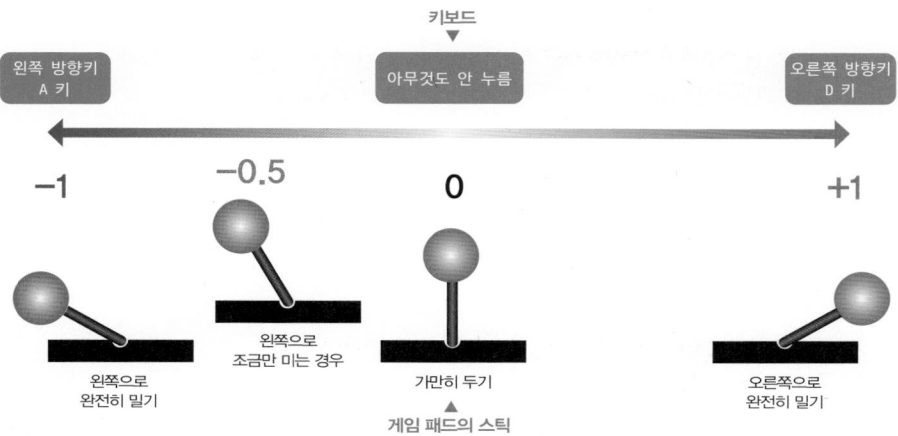

▶ 키보드와 게임 패드에서 **Horizontal** 동작의 차이

6.9 마치며

이 장에서는 씬을 구성하고 Player 게임 오브젝트와 플레이어 조작용 `PlayerController` 스크립트를 완성했습니다. 그리고 코드에서 변수에 컴포넌트를 할당하는 방법, 사용자 입력을 감지하는 방법, `Vector3`를 사용하는 방법을 배웠습니다.

다음 장에서는 플레이어를 공격하는 탄알과 탄알 생성기를 만들 겁니다.

이 장에서 배운 내용 요약

- 머티리얼은 게임 오브젝트 표면의 색을 결정합니다.
- 카메라 컴포넌트의 Clear Flags를 변경하여 게임 배경을 변경할 수 있습니다.
- Clear Flags에서 Skybox는 가상의 하늘을 그립니다. Solid Color는 단색으로 배경을 채웁니다.
- `Update()` 메서드는 매 프레임마다(게임 화면이 갱신될 때마다) 실행됩니다.
- `gameObject`는 자신의 게임 오브젝트로 접근하는 변수입니다.
- `GetComponent()` 메서드는 게임 오브젝트로부터 원하는 타입의 컴포넌트를 찾아옵니다.
- `Vector3`는 x, y, z 값을 가지는 타입입니다.
    - `Vector3`로 위치, 스케일, 속도 등을 나타낼 수 있습니다.
    - `new Vector3(x, y, z)`를 통해 새로운 Vector3 값을 생성합니다.
- 리지드바디 컴포넌트의 Constraints 필드에서 특정 축의 위치나 회전이 변경되지 않도록 고정할 수 있습니다.
- 리지드바디 컴포넌트는 현재 속도를 표현하는 변수 `velocity`를 제공합니다.
- `Input.GetKey()` 메서드로 키보드 특정 키의 입력을 감지할 수 있습니다.
- `Input.GetAxis()` 메서드로 입력축에 대응하는 버튼의 입력을 감지할 수 있습니다.
- `Input.GetAxis()` 메서드는 감지된 입력을 -1.0에서 +1.0 사이의 숫자로 반환합니다.
- 입력축(Axis)을 통해 코드 수정 없이 사용 버튼을 변경하고 멀티 플랫폼에 대응할 수 있습니다.
- 입력 매니저에서 입력축을 관리합니다.

7장 닷지

탄알 제작

앞 장에서는 레벨과 플레이어 게임 오브젝트를 만들었습니다. 이 장에서는 앞 장에서 만든 플레이어를 노리는 탄알을 만듭니다. 탄알 게임 오브젝트를 완성하고, 탄알 생성기로 탄알을 주기적으로 생성합니다. 또한 탄알과 플레이어 사이의 충돌을 감지하는 방법을 배웁니다.

이 장에서 다루는 내용

- 탄알과 탄알 생성기 만들기
- 프리팹
- 실시간으로 게임 오브젝트를 생성하는 방법
- 주기적으로 어떤 처리를 실행하는 방법
- 충돌을 감지하는 방법

7.1 탄알 게임 오브젝트 준비

먼저 탄알 게임 오브젝트를 만들고 필요한 컴포넌트를 추가합니다. 탄알은 생성된 후 앞쪽 방향으로 일정 속도로 날아갑니다. 또한 어떤 게임 오브젝트와 충돌했을 때 충돌한 게임 오브젝트가 플레이어라면 해당 게임 오브젝트를 파괴합니다.

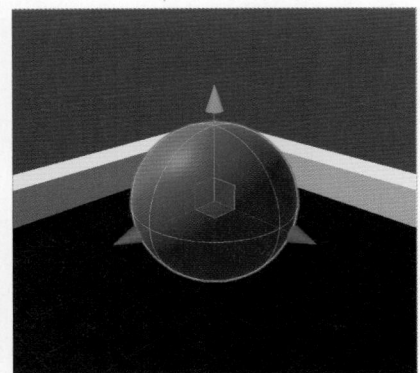

▶ 탄알의 모습

7.1.1 Bullet 게임 오브젝트 만들기

탄알이 될 Bullet 게임 오브젝트를 구성합니다. 구^{Sphere}를 생성하고 크기를 적당히 줄여 탄알로 사용합니다.

[과정 01] Bullet 게임 오브젝트 생성

① 구(Sphere) 게임 오브젝트 생성(**하이어라키** 창에서 **+ > 3D Object > Sphere**)

② Sphere 게임 오브젝트의 **이름**을 Bullet으로 변경

③ Bullet 게임 오브젝트의 **위치**를 **(0, 5, 0)**, **스케일**을 **(0.5, 0.5, 0.5)**로 변경

④ **하이어라키** 창에서 Bullet 더블 클릭 > Bullet 게임 오브젝트가 **씬** 창에서 포커스됨

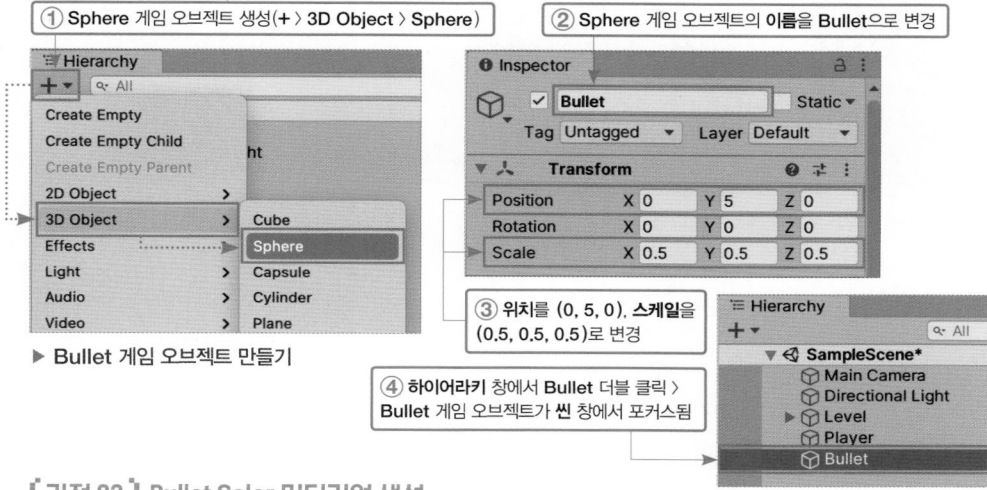

▶ Bullet 게임 오브젝트 만들기

[과정 02] Bullet Color 머티리얼 생성

① **프로젝트** 창에서 **+ > Material** 클릭

② 생성된 머티리얼의 **이름**을 Bullet Color로 변경

③ **인스펙터** 창에서 Bullet Color의 Albedo 필드 클릭 > **컬러**를 **(255, 0, 0)**으로 변경

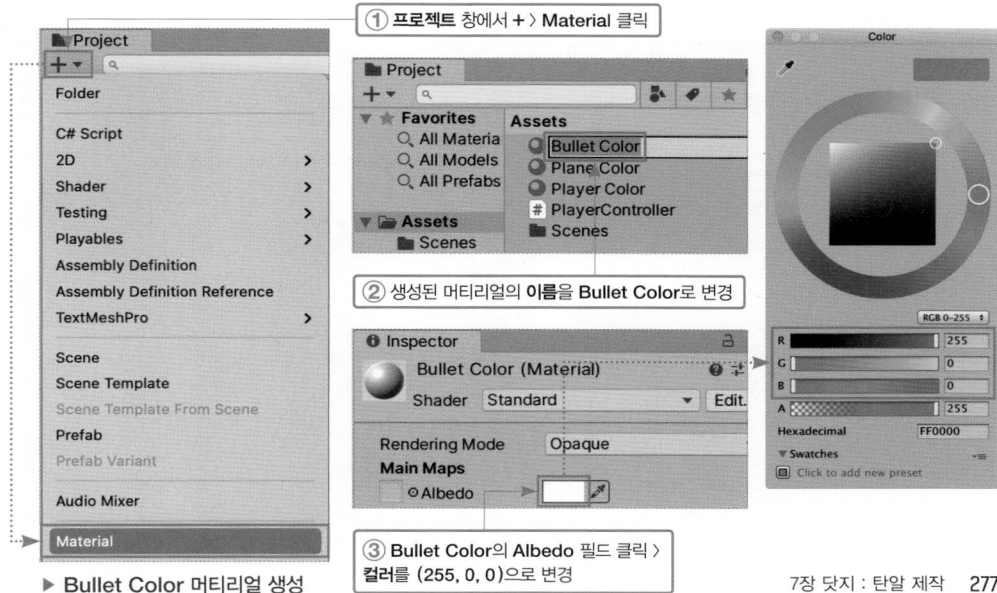

▶ Bullet Color 머티리얼 생성

[과정 03] **Bullet 게임 오브젝트를 붉은색으로 변경**

① **프로젝트** 창의 **Bullet Color** 머티리얼을 씬 창의 **Bullet** 게임 오브젝트로 **드래그&드롭**

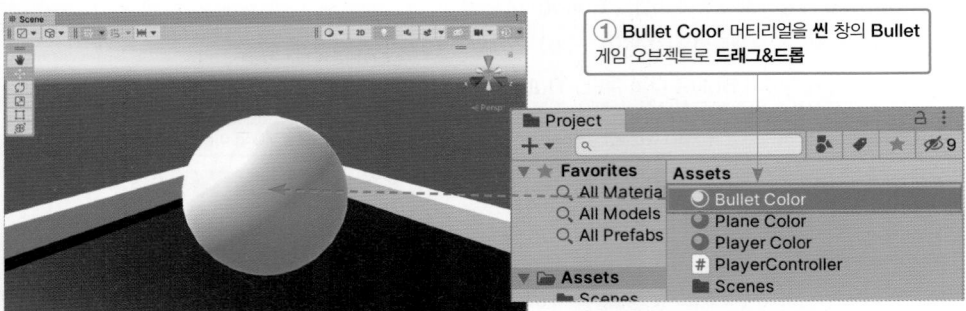

▶ **Bullet** 게임 오브젝트를 붉은색으로 변경

7.1.2 리지드바디 컴포넌트 설정하기

탄알이 속도를 가지도록 Bullet 게임 오브젝트에 리지드바디 컴포넌트를 추가합니다.

리지드바디 컴포넌트가 추가된 게임 오브젝트는 물리적인 상호작용이 가능합니다. 따라서 Bullet 게임 오브젝트가 중력의 영향을 받아 아래로 떨어집니다. 그러므로 리지드바디 컴포넌트의 중력 사용Use Gravity 필드를 체크 해제하여 중력을 무시합니다.

[과정 01] **리지드바디 컴포넌트 추가 및 설정**

① **하이어라키** 창에서 **Bullet** 게임 오브젝트 선택
② **인스펙터** 창에서 **Add Component** > **Physics** > **Rigidbody** 클릭
③ 추가된 **Rigidbody** 컴포넌트의 **Use Gravity** 체크 해제

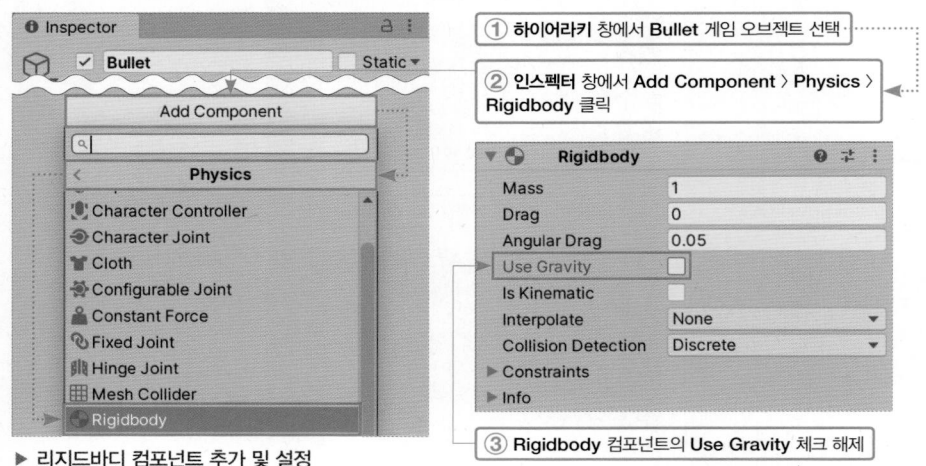

▶ 리지드바디 컴포넌트 추가 및 설정

7.1.3 콜라이더 설정하기

Bullet 게임 오브젝트에는 구 콜라이더^{Sphere Collider}가 추가되어 있어 물리적인 표면이 존재합니다. 따라서 Bullet 게임 오브젝트는 콜라이더를 가진 다른 게임 오브젝트와 충돌하면 튕겨나가 갈 수 있습니다.

우리는 탄알이 다른 탄알에 충돌했을 때 튕겨나가지 않고 그냥 통과하도록 만들 겁니다. 이때 트리거^{Trigger}로 설정된 콜라이더를 사용합니다.

트리거 콜라이더

트리거 콜라이더는 충돌한 물체를 밀어내는 물리적인 표면이 없습니다. 그래서 트리거 콜라이더는 다른 일반 콜라이더와 겹치거나 서로를 뚫고 지나갈 수 있지만 충돌 자체는 감지합니다. 따라서 트리거 콜라이더는 충돌이 감지되었을 때 어떤 기능을 실행하는 방아쇠로 많이 사용합니다.

예를 들어 플레이어가 특정 영역으로 진입했는지 검사할 때 트리거 콜라이더를 많이 사용합니다. 보이지 않는 트리거 콜라이더를 어떤 위치에 배치하고, 플레이어가 해당 트리거 콜라이더를 통과할 때 새로운 적을 출현시키거나 컷씬을 재생하는 방식으로 사용합니다.

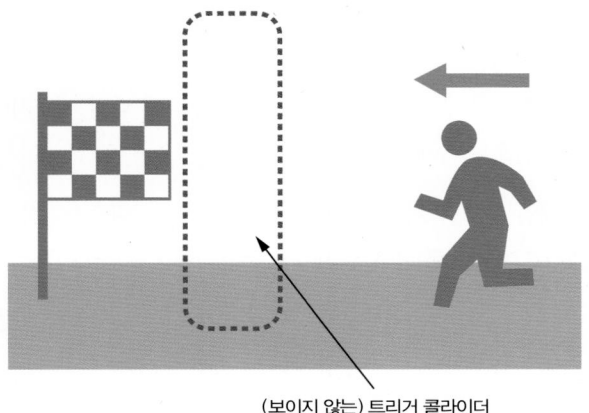

(보이지 않는) 트리거 콜라이더

▶ **트리거 콜라이더 활용법**

이외에도 트리거 콜라이더를 활용하는 방법은 굉장히 많습니다. 여기서는 트리거 콜라이더를 탄알이 충돌 자체는 감지하되 다른 게임 오브젝트를 밀어내지 않도록 하는 데 사용하겠습니다.

[과정 01] Bullet 게임 오브젝트의 콜라이더를 트리거로 만들기

① **인스펙터** 창에서 **Sphere Collider** 컴포넌트의 **Is Trigger** 체크

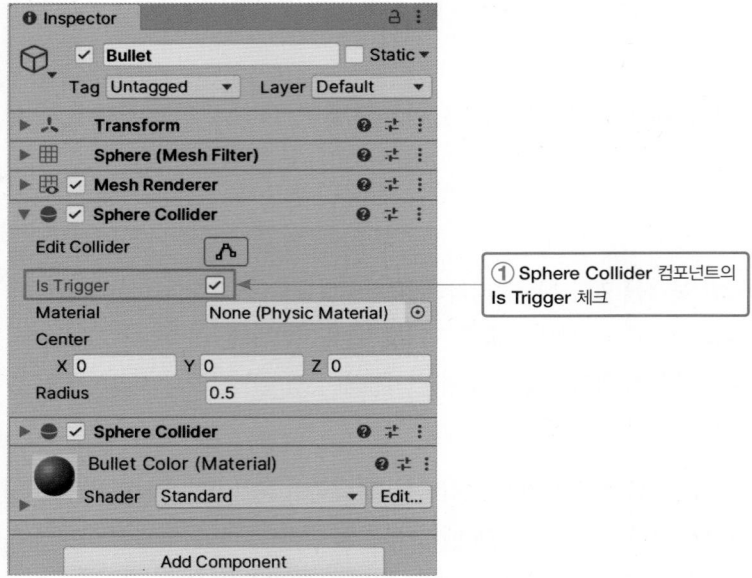

▶ **Bullet** 게임 오브젝트의 콜라이더를 트리거로 만들기

7.1.4 Bullet을 프리팹으로 만들기

이제 스크립트를 제외한 Bullet 게임 오브젝트의 구성이 완료되었습니다. 우리는 탄알 생성기로 Bullet 게임 오브젝트를 게임 도중 실시간으로 복제 생성할 겁니다.

탄알 생성기 입장에서는 생성할 Bullet 게임 오브젝트들의 원본 게임 오브젝트가 필요합니다. 따라서 게임 Bullet 게임 오브젝트를 프리팹Prefab으로 만들겠습니다.

프리팹

프리팹은 언제든지 재사용할 수 있는 미리 만들어진 게임 오브젝트 에셋(파일)입니다. 비슷한 게임 오브젝트를 여러 개 만들 때 매번 다시 설정하는 번거로움을 줄이기 위해 프리팹을 사용합니다.

게임 오브젝트를 프리팹으로 만들면 나중에 해당 게임 오브젝트와 똑같은 게임 오브젝트를 프리팹에서 복제 생성할 수 있습니다. 프리팹은 파일로 저장되기 때문에 현재 씬뿐만 아니라 다른 씬에서도 사용할 수 있습니다.

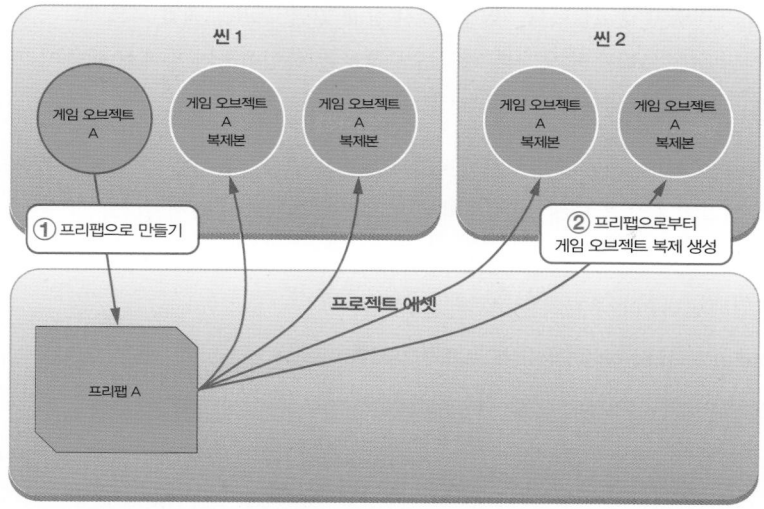

▶ 프리팹으로 게임 오브젝트 복제본 생성

어떤 게임 오브젝트를 프리팹으로 만들려면 해당 게임 오브젝트를 하이어라키 창에서 프로젝트 창으로 드래그&드롭합니다.

[과정 01] Bullet 프리팹 만들기

① **Bullet** 게임 오브젝트를 **하이어라키** 창에서 **프로젝트** 창으로 **드래그&드롭**

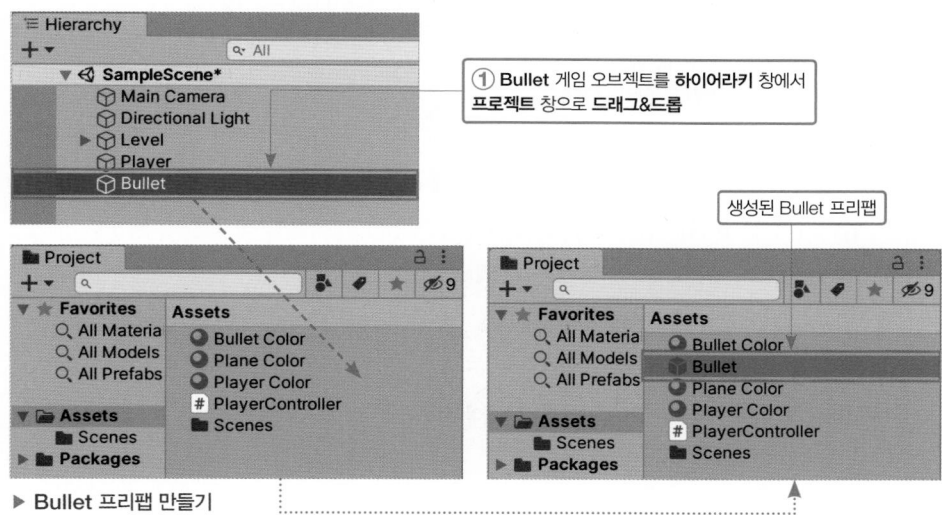

▶ Bullet 프리팹 만들기

프로젝트 창에 Bullet 프리팹이 생겼습니다. 하이어라키 창에 있던 Bullet 게임 오브젝트는 이름이 파란색으로 표시됩니다(프리팹의 복제본 게임 오브젝트는 하이어라키 창에서 이름이 파란색으로 표시됩니다).

연습 삼아 Bullet 프리팹에서 Bullet 게임 오브젝트의 복제본을 만들어봅시다. 프로젝트 창의 프리팹을 씬이나 하이어라키 창으로 드래그&드롭하면 프리팹의 복제본이 생성됩니다.

[과정 02] Bullet 프리팹에서 Bullet 게임 오브젝트 생성

① **프로젝트** 창의 **Bullet** 프리팹을 **하이어라키** 창으로 **드래그&드롭**

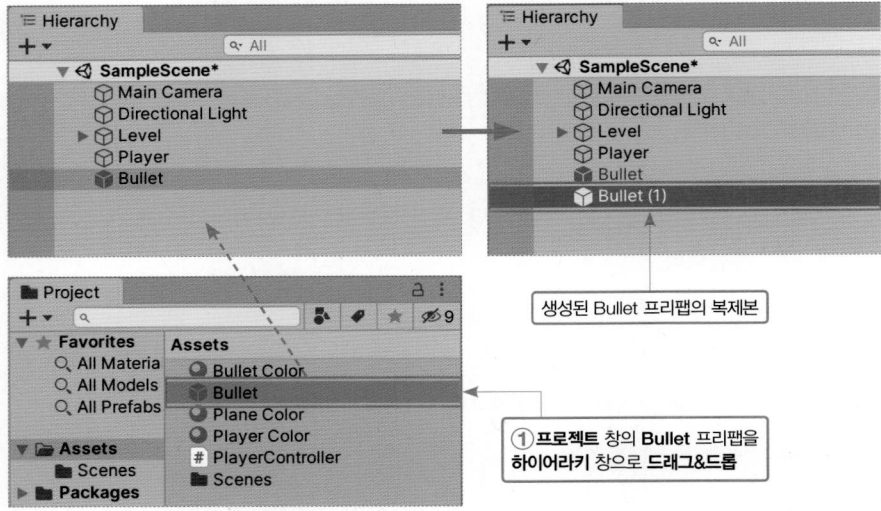

▶ **Bullet** 프리팹에서 **Bullet** 게임 오브젝트 생성

이런 식으로 프리팹을 원본으로 하여 같은 구성의 게임 오브젝트를 복제 생성할 수 있습니다. 다음 절로 넘어가기 전에 연습 삼아 만든 Bullet (1) 게임 오브젝트를 삭제합니다.

[과정 03] Bullet (1) 게임 오브젝트 삭제하기

① **인스펙터** 창에서 **Bullet (1)** 선택
② **[Delete]** 키를 눌러 삭제(맥은 **[command+delete]**).

7.2 탄알 스크립트 준비

이제 탄알이 실제로 동작할 수 있도록 Bullet 스크립트를 생성합니다.

[과정 01] Bullet 스크립트 생성

① **프로젝트** 창에서 **+ > C# Script** 클릭
② 생성된 C# 스크립트의 **이름을 Bullet**으로 변경
③ **Bullet** 스크립트를 **더블 클릭**하여 **열기**

7.2.1 Bullet의 변수

Bullet 스크립트에 필요한 변수는 다음과 같습니다. 이들을 Bullet 스크립트에 선언하겠습니다.

- speed : 이동 속력
- bulletRigidbody : Bullet 게임 오브젝트의 리지드바디 컴포넌트

[과정 01] Bullet에 변수 선언

① **Bullet** 스크립트를 다음과 같이 수정

```
using System.Collections;
using System.Collections.Generic;
using UnityEngine;

public class Bullet : MonoBehaviour {
    public float speed = 8f; // 탄알 이동 속력
    private Rigidbody bulletRigidbody; // 이동에 사용할 리지드바디 컴포넌트

    void Start() {

    }
}
```

이동 속력 speed의 기본값을 8로 지정했습니다. speed의 접근 한정자가 public이기 때문에 인스펙터 창에서 speed에 할당된 값을 변경할 수 있습니다. Update() 메서드는 사용하지 않을 것이기 때문에 지웠습니다.

7.2.2 탄알 속도 지정하기

Bullet 스크립트가 활성화될 때 실행될 Start() 메서드에서는 Bullet 게임 오브젝트의 리지드 바디 컴포넌트를 bulletRigidbody에 할당해야 합니다. 그리고 bulletRigidbody.velocity로 탄알의 속도를 변경합니다.

[과정 01] Start() 메서드에서 탄알 속도 지정하기

① Bullet 스크립트의 Start() 메서드를 다음과 같이 수정

```
void Start() {
    // 게임 오브젝트에서 Rigidbody 컴포넌트를 찾아 bulletRigidbody에 할당
    bulletRigidbody = GetComponent<Rigidbody>();
    // 리지드바디의 속도 = 앞쪽 방향 * 이동 속력
    bulletRigidbody.velocity = transform.forward * speed;
}
```

bulletRigidbody.velocity에 할당한 transform.forward * speed는 앞쪽 방향(transform. forward)에 이동 속력(speed)을 곱해서 '게임 오브젝트의 앞쪽 방향으로 speed만큼의 속도'를 표현한 값입니다. 따라서 탄알은 앞쪽으로 초당 speed만큼 이동합니다.

여기서 transform.forward는 현재 게임 오브젝트의 앞쪽 방향(Z축 방향)을 나타내는 Vector3 타입 변수입니다.

transform

Transform 타입의 변수 transform은 자신의 게임 오브젝트의 트랜스폼 컴포넌트로 바로 접근하는 변수입니다.

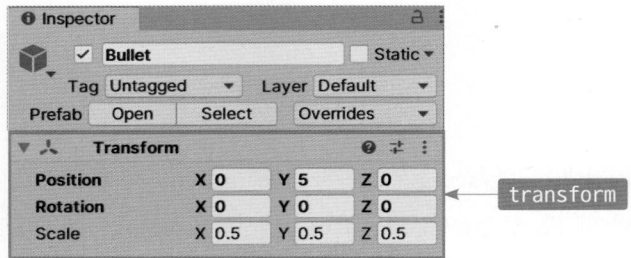

▶ transform은 자신의 트랜스폼 컴포넌트를 가리킨다

트랜스폼 컴포넌트는 게임 오브젝트의 위치, 크기, 회전을 담당하는 컴포넌트입니다. 따라서 모든 게임 오브젝트가 하나씩 가지고 있도록 강제되어 있으며 가장 자주 사용되는 컴포넌트입니다. 트랜스폼 컴포넌트가 없으면 3D 공간에서 위치를 가질 수 없기 때문입니다.

편의상 유니티의 C# 스크립트들은 자신의 게임 오브젝트의 트랜스폼 컴포넌트를 코드 상에서 transform 변수로 즉시 접근할 수 있도록 구성되어 있습니다. 따라서 트랜스폼 컴포넌트는 GetComponent<Transform>() 등을 사용하여 직접 찾아오는 과정을 거칠 필요가 없습니다.

우리는 다음과 같이 transform으로 자신의 트랜스폼 컴포넌트에 바로 접근한 다음 트랜스폼 컴포넌트가 제공하는 forward 변수로 게임 오브젝트의 앞쪽 방향을 알 수 있었습니다.

```
transform.forward;
```

트랜스폼 컴포넌트는 위치, 크기, 회전에 대한 여러 가지 편의 기능을 제공합니다. forward도 그중 하나로, 해당 트랜스폼을 가진 게임 오브젝트의 앞쪽 방향을 Vector3 값으로 제공합니다 (이외의 트랜스폼 컴포넌트가 제공하는 편의 기능은 10장에서 다룹니다).

> **NOTE_ transform과 Transform**
> 소문자로 시작하는 transform은 변수이고, 대문자로 시작하는 Transform은 타입입니다. 혼동하지 맙시다.

7.2.3 탄알 자동 파괴하기

게임 도중에는 탄알이 굉장히 많이 생성될 겁니다. 플레이어가 피한 탄알은 게임 화면 바깥으로 영원히 움직이면서 게임 화면에서는 보이지 않지만 씬에 계속 남게 됩니다.

사라지지 않고 화면 밖으로 날아간 탄알 수가 계속 증가하면 컴퓨터 메모리를 엄청나게 낭비하게 됩니다. 따라서 탄알이 생성된 후 일정 시간이 흐르면 탄알이 스스로 자동 파괴되게 합시다.

[과정 01] 탄알 자동 파괴 기능 추가

① Bullet 스크립트의 Start() 메서드를 다음과 같이 수정

```
void Start() {
    // 게임 오브젝트에서 Rigidbody 컴포넌트를 찾아 bulletRigidbody에 할당
    bulletRigidbody = GetComponent<Rigidbody>();
    // 리지드바디의 속도 = 앞쪽 방향 * 이동 속력
    bulletRigidbody.velocity = transform.forward * speed;

    // 3초 뒤에 자신의 게임 오브젝트 파괴
    Destroy(gameObject, 3f);
}
```

추가한 코드는 Bullet 게임 오브젝트를 3초 뒤에 파괴합니다.

Destroy( )

Destroy() 메서드는 입력한 오브젝트를 파괴합니다.

```
void Destroy(Object obj);
```

gameObject는 자신의 게임 오브젝트를 가리키는 변수이므로 Destroy(gameObject);를 실행하면 자신의 게임 오브젝트(여기서는 Bullet 게임 오브젝트)가 즉시 파괴됩니다.

```
void Destroy(Object obj, float t);
```

Destroy() 메서드에 두 번째 값으로 초 단위로 지연시간을 줄 수도 있습니다. 그러면 지연시간 뒤에 해당 오브젝트를 파괴합니다. 따라서 Destroy(gameObject, 3f);는 3초 뒤에 자신의 게임 오브젝트를 파괴합니다.

7.3 탄알의 충돌 처리

이제 Bullet 스크립트에 플레이어와의 충돌을 감지하는 기능을 작성합니다. 그전에 먼저 유니티에서 게임 오브젝트 간의 충돌을 어떻게 감지하는지 알아봅니다.

7.3.1 충돌 이벤트 메서드

유니티에서 콜라이더를 가진 게임 오브젝트 A와 B가 서로 충돌한 상황을 가정해봅시다. 이때 게임 오브젝트 A와 B 모두 자신이 충돌했다는 사실을 모릅니다.

게임 오브젝트는 자신이 충돌한 사실을 스스로 알 수 없습니다. 그 대신 충돌했음을 알려주는 메시지가 A와 B에 보내집니다. 충돌 메시지를 통해 게임 오브젝트와 해당 게임 오브젝트에 추가된 컴포넌트들은 충돌 사실을 알게 되고 충돌에 대응하는 메서드를 실행합니다.

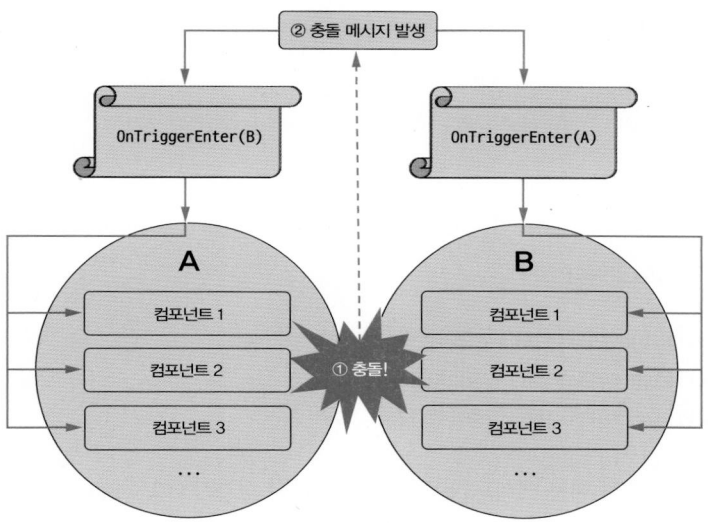

▶ 충돌한 게임 오브젝트에 전파되는 충돌 메시지

게임 오브젝트와 컴포넌트는 충돌 종류에 따라 `OnTriggerEnter` 혹은 `OnCollisionEnter` 메시지를 받습니다.

`Start()` 메서드나 `Update()` 메서드가 자동으로 실행되는 이유는 `Start`, `Update` 메시지와 같은 이름으로 메서드를 작성했기 때문입니다. 마찬가지로 충돌 메시지에 대응하려면 충돌 메시지와 같은 이름으로 메서드를 작성하면 됩니다.

또한 충돌 메시지에는 충돌한 상대방 게임 오브젝트에 대한 정보도 함께 첨부됩니다. A에는 충돌한 상대방 B 게임 오브젝트의 정보가 전달됩니다. B에는 충돌한 상대방 A 게임 오브젝트의 정보가 전달됩니다. 따라서 충돌한 상대방 게임 오브젝트가 어떠한 오브젝트인지 충돌 메시지를 통해 알 수 있으며, 어떤 대응을 해야 하는지도 결정할 수 있습니다.

결론적으로 메시지 기반 방식 덕분에 우리는 충돌을 어떻게 감지할까 고민하지 않아도 됩니다. 단지 충돌했을 때 무엇을 실행할지만 결정하면 됩니다.

> **NOTE_ 리지드바디 컴포넌트와 충돌 메시지**
>
> 위에서 언급한 충돌 메시지를 발생시키는 것은 리지드바디 컴포넌트입니다. 따라서 충돌 이벤트 메서드를 사용하려면 서로 충돌 중인 게임 오브젝트 중에서 최소 하나의 게임 오브젝트는 리지드바디 컴포넌트를 가지고 있어야 합니다.

충돌 메시지에 대응하는 메서드를 충돌 이벤트 메서드라고 부릅니다. 충돌 종류에 따라 충돌 이벤트 메서드 중 알맞은 것을 선택하여 구현합니다.

OnCollision 계열 : 일반 충돌

일반적인 콜라이더를 가진 두 게임 오브젝트가 충돌할 때 자동으로 실행됩니다. 충돌한 두 콜라이더는 서로 통과하지 않고 밀어냅니다.

- OnCollisionEnter(Collision collision) : 충돌한 순간
- OnCollisionStay(Collision collision) : 충돌하는 동안
- OnCollisionExit(Collision collision) : 충돌했다가 분리되는 순간

OnCollision 계열 메서드가 실행될 때는 메서드 입력으로 충돌 관련 정보가 Collision 타입으로 들어옵니다.

Collision 타입은 충돌 관련 정보를 담아두는 단순한 정보 컨테이너입니다. 따라서 입력으로 들어온 collision을 통해 충돌한 상대방 게임 오브젝트, 충돌 지점, 충돌 표면의 방향 등을 알 수 있습니다.

OnTrigger 계열 : 트리거 충돌

충돌한 두 게임 오브젝트의 콜라이더 중 최소 하나가 트리거 콜라이더라면 자동으로 실행됩니다. 이 경우 두 게임 오브젝트가 충돌했을 때 서로 그대로 통과합니다.

- OnTriggerEnter(Collider other) : 충돌한 순간
- OnTriggerStay(Collider other) : 충돌하는 동안
- OnTriggerExit(Collider other) : 충돌했다가 분리되는 순간

OnTrigger 계열의 메서드가 실행될 때는 메서드 입력으로 충돌한 상대방 게임 오브젝트의 콜라이더 컴포넌트가 Collider 타입으로 들어옵니다. 여기서 Collision이 아닌 Collider 타입을 입력받는 이유는 트리거 충돌에는 상세한 충돌 정보가 필요 없기 때문입니다.

트리거 충돌은 일반적인 충돌과 달리 서로를 밀어내지 않고 그대로 통과합니다. 따라서 물리적인 반발력이나 정확한 충돌 지점, 충격량 등이 존재하지 않으므로 충돌한 상대방 게임 오브젝트(의 콜라이더 컴포넌트)를 곧장 받습니다.

> **NOTE** **OnTrigger 계열의 메서드는 자신이 트리거 콜라이더가 아니어도 실행됩니다.**
> 충돌한 두 콜라이더 중 하나 이상이 트리거 콜라이더일 때 양쪽 모두에서 **OnTrigger** 계열의 메서드가 실행됩니다. 따라서 자신의 콜라이더가 일반 콜라이더라고 해도 충돌한 상대방 게임 오브젝트의 콜라이더가 트리거 콜라이더면 자신과 상대방 모두 **OnCollision**이 아닌 **OnTrigger** 계열의 충돌 이벤트 메서드가 실행됩니다.

7.3.2 탄알에 충돌 감지 구현

Bullet 게임 오브젝트의 콜라이더 컴포넌트는 Is Trigger가 체크된 트리거 콜라이더입니다. 따라서 Bullet 스크립트에 충돌 이벤트 메서드로 OnTriggerEnter()를 작성해야 합니다.

작성할 OnTriggerEnter() 메서드에서는 아래 처리를 구현합니다.

- 충돌한 상대방 게임 오브젝트가 플레이어인지 체크
- 상대방 게임 오브젝트가 플레이어이면 해당 게임 오브젝트의 PlayerController 컴포넌트의 Die() 메서드 실행

[과정 01] OnTriggerEnter() 메서드 작성

① **Bullet** 스크립트에 **OnTriggerEnter()** 메서드를 추가하고 다음과 같이 완성

```
// using 문 생략

public class Bullet : MonoBehaviour {
    public float speed = 8f; // 탄알 이동 속력
    private Rigidbody bulletRigidbody; // 이동에 사용할 리지드바디 컴포넌트

    void Start() {
```

```
        // Start() 메서드 내용 생략
    }

    // 트리거 충돌 시 자동으로 실행되는 메서드
    void OnTriggerEnter(Collider other) {
        // 충돌한 상대방 게임 오브젝트가 Player 태그를 가진 경우
        if (other.tag == "Player")
        {
            // 상대방 게임 오브젝트에서 PlayerController 컴포넌트 가져오기
            PlayerController playerController = other.GetComponent<PlayerController>();

            // 상대방으로부터 PlayerController 컴포넌트를 가져오는 데 성공했다면
            if (playerController != null)
            {
                // 상대방 PlayerController 컴포넌트의 Die() 메서드 실행
                playerController.Die();
            }
        }
    }
}
```

작성한 코드를 살펴봅시다. `OnTriggerEnter()`의 입력으로 들어오는 `other`는 충돌한 상대방 게임 오브젝트의 콜라이더 컴포넌트입니다.

먼저 `other`를 통해 충돌한 상대방 게임 오브젝트의 태그가 Player인지 검사합니다.

```
if (other.tag == "Player")
```

게임 오브젝트나 컴포넌트는 `tag`라는 변수를 제공하여 자신의 게임 오브젝트의 태그가 무엇인지 알려줍니다. 6장에서 Player 게임 오브젝트를 식별할 수 있도록 Player 게임 오브젝트에 Player 태그를 할당했습니다. 따라서 충돌한 상대방 게임 오브젝트의 태그 `other.tag`가 "Player"와 일치하면 상대방 게임 오브젝트는 Player 게임 오브젝트입니다.

그다음 충돌한 상대방이 Player 게임 오브젝트가 맞다면 `if` 문 블록이 실행되고 상대방 게임 오브젝트로부터 `PlayerController` 컴포넌트를 가져옵니다. 어떤 게임 오브젝트의 컴포넌트를 찾아 가져오려면 `GetComponent()` 메서드를 실행합니다.

```
PlayerController playerController = other.GetComponent<PlayerController>();

if (playerController != null)
{
    playerController.Die();
}
```

`other.GetComponent<PlayerController>();`가 실행되면 `other`의 게임 오브젝트에 추가된 `PlayerController` 컴포넌트를 찾아서 가져옵니다. 그리고 가져온 `PlayerController` 타입의 컴포넌트를 `playerController` 변수에 할당했습니다.

`playerController`를 통해 `PlayerController` 컴포넌트의 `Die()` 메서드를 실행하면 상대방 플레이어가 죽게 됩니다.

```
if (playerController != null)
{
    playerController.Die();
}
```

단, `playerController.Die();`를 실행하기 전에 `if (playerController != null)`을 검사했습니다. 따라서 `playerController`가 null이 아닌(`!=`) 경우에만 `playerController.Die();`가 실행됩니다.

이것은 충돌한 상대방 게임 오브젝트가 `PlayerController` 컴포넌트를 가지고 있지 않은 경우를 대비한 겁니다.

`other`의 게임 오브젝트에 `PlayerController` 컴포넌트가 없으면 `playerController = GetComponent<PlayerController>();`에서 `playerController`에 null이 할당됩니다. null은 변수에 어떠한 참조도 할당되지 못한 상태를 나타내는 값입니다.

null이 할당된 `playerController`는 어떠한 실체도 가리키지 않습니다. 그 상태에서 `playerController.Die();`를 실행하면 에러가 납니다. 존재하지 않는 실체를 사용하는 것은 불가능하기 때문입니다.

물론 우리는 6장에서 Player 게임 오브젝트에 분명히 `PlayerController` 스크립트를 컴포넌트로 추가했습니다. 하지만 실수를 대비하여 코드를 견고하게 만드는 것은 좋은 일입니다.

7.3.3 완성된 전체 Bullet 스크립트

지금까지 완성된 전체 Bullet 스크립트는 다음과 같습니다.

```
using System.Collections;
using System.Collections.Generic;
using UnityEngine;

public class Bullet : MonoBehaviour {
    public float speed = 8f; // 탄알 이동 속력
    private Rigidbody bulletRigidbody; // 이동에 사용할 리지드바디 컴포넌트

    void Start() {
        // 게임 오브젝트에서 Rigidbody 컴포넌트를 찾아 bulletRigidbody에 할당
        bulletRigidbody = GetComponent<Rigidbody>();
        // 리지드바디의 속도 = 앞쪽 방향 * 이동 속력
        bulletRigidbody.velocity = transform.forward * speed;

        // 3초 뒤에 자신의 게임 오브젝트 파괴
        Destroy(gameObject, 3f);
    }

    // 트리거 충돌 시 자동으로 실행되는 메서드
    void OnTriggerEnter(Collider other) {
        // 충돌한 상대방 게임 오브젝트가 Player 태그를 가진 경우
        if (other.tag == "Player")
        {
            // 상대방 게임 오브젝트에서 PlayerController 컴포넌트 가져오기
            PlayerController playerController = other.GetComponent<PlayerController>();

            // 상대방으로부터 PlayerController 컴포넌트를 가져오는 데 성공했다면
            if (playerController != null)
            {
                // 상대방 PlayerController 컴포넌트의 Die() 메서드 실행
                playerController.Die();
            }
        }
    }
}
```

코드를 제대로 작성했는지 확인했다면 [Ctrl+S]로 스크립트를 저장하고 유니티 에디터로 돌아갑니다.

7.3.4 Bullet 게임 오브젝트 완성

이제 완성된 Bullet 스크립트를 Bullet 게임 오브젝트에 컴포넌트로 추가합니다. 그리고 수정된 Bullet 게임 오브젝트의 변경 사항을 Bullet 프리팹에 반영합니다.

[과정 01] Bullet 스크립트 적용하기

① **프로젝트** 창의 Bullet 스크립트를 **하이어라키** 창의 **Bullet**으로 **드래그&드롭**
② **하이어라키** 창에서 **Bullet** 게임 오브젝트 선택 〉 **인스펙터** 창 상단의 Overrides 〉 Apply All 클릭

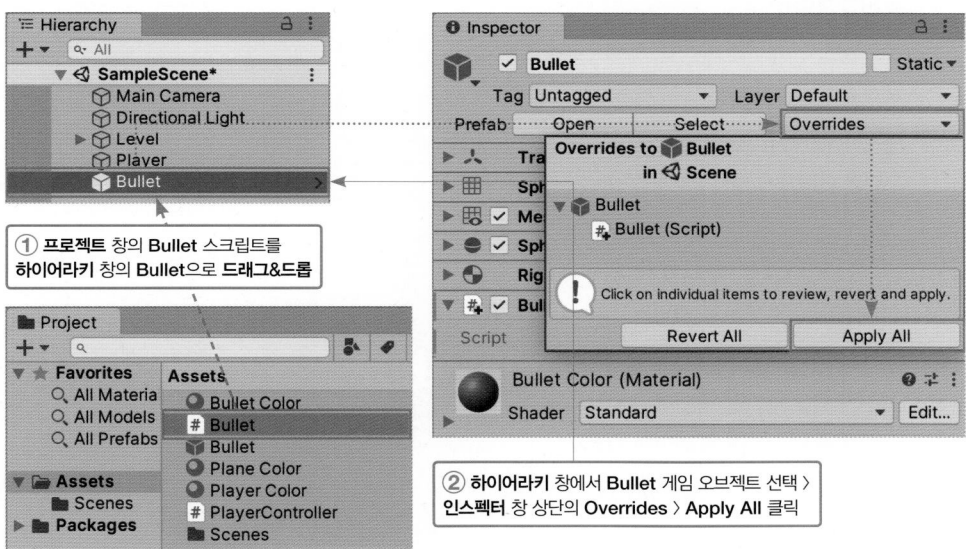

▶ **Bullet 스크립트 적용하기**

프리팹과 연동된 게임 오브젝트에서 **Apply All** 버튼을 누르면 해당 게임 오브젝트의 변경 사항이 프리팹에 반영됩니다. 반대로 **Revert All** 버튼을 누르면 게임 오브젝트의 변경 사항이 취소되고 연동된 프리팹과 같은 모습으로 되돌아갑니다.

Bullet 프리팹에 Bullet 게임 오브젝트의 변경 사항을 적용했으니 씬에 있는 Bullet 게임 오브젝트는 지우겠습니다. 다음부터는 코드로 Bullet 프리팹에서 실시간으로 Bullet 게임 오브젝트를 생성할 것이기 때문입니다.

[과정 02] 씬에 남은 Bullet 게임 오브젝트 삭제

① **하이어라키** 창에서 **Bullet** 게임 오브젝트 선택 〉 **[Delete]**로 삭제

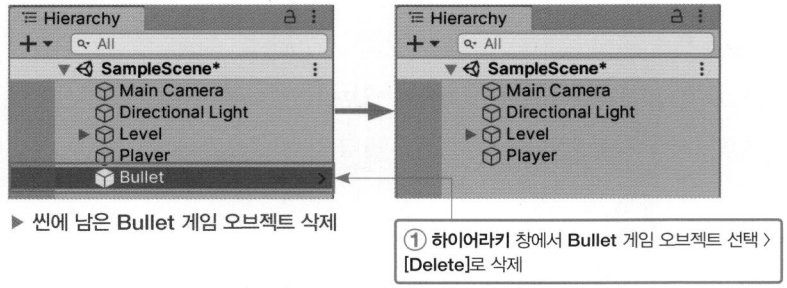

▶ 씬에 남은 Bullet 게임 오브젝트 삭제

① **하이어라키** 창에서 **Bullet** 게임 오브젝트 선택 〉 **[Delete]**로 삭제

프리팹 편집 모드

프리팹은 일반적으로 다음 두 가지 방법으로 편집할 수 있습니다.

- 인스턴스를 통한 프리팹 편집
- 프리팹 편집 모드 사용

첫 번째 방법은 프리팹으로부터 생성한 게임 오브젝트의 변경 사항을 프리팹에 반영하는 것으로, 과정 01에서 사용한 방법입니다.

프리팹으로부터 생성한 게임 오브젝트에 새로운 변경 사항이 생기면 해당 게임 오브젝트를 선택했을 때 인스펙터 창에서 다음과 같이 변경 사항을 비교할 수 있습니다.

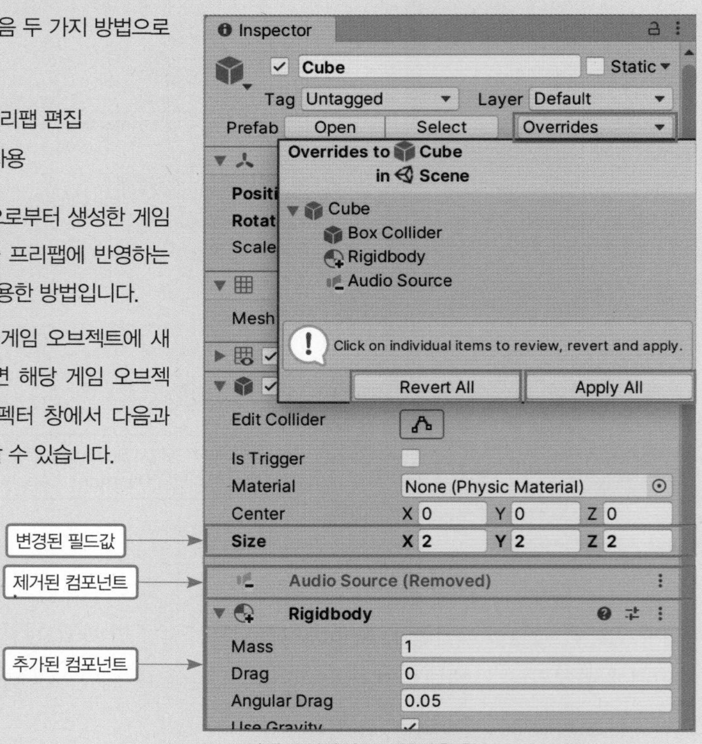

변경된 필드값 →

제거된 컴포넌트 →

추가된 컴포넌트 →

▶ 프리팹 오버라이드 드롭다운 창

위 그림에서 프리팹에 추가되거나 변경된 필드는 굵은 문자로 표시되고, 해당 필드 왼쪽 모서리에 파란 실선이 표시되는 것을 알 수 있습니다. 또한 제거된 컴포넌트는 **−**와 **(Removed)** 표시가 붙습니다. 반대로 새로 추가된 컴포넌트에는 **+** 표시가 붙습니다.

이렇게 원본 프리팹(프리팹 소스)과 복제본 게임 오브젝트 사이의 변경 사항들은 추적되고 있습니다. 그리고 변경 사항들은 인스펙터 창 상단의 **Overrides** 버튼을 눌러 오버라이드 드롭다운 창을 띄워 한번에 확인할 수 있습니다.

오버라이드 드롭다운 창에서 **Revert All** 버튼을 누르면 현재 게임 오브젝트의 변경 사항이 취소되고 원본 프리팹과 같은 모습으로 되돌아갑니다. 반대로 **Apply All** 버튼을 누르면 현재 게임 오브젝트의 변경 사항이 원본 프리팹에 반영됩니다.

만약 변경 사항들을 개별적으로 자세히 비교하거나 일부만 반영하고 싶다면 오버라이드 드롭다운 창에서 개별 컴포넌트 또는 게임 오브젝트를 클릭합니다. 그러면 해당 항목에 대한 변경 사항을 확인할 수 있는 비교창이 열립니다.

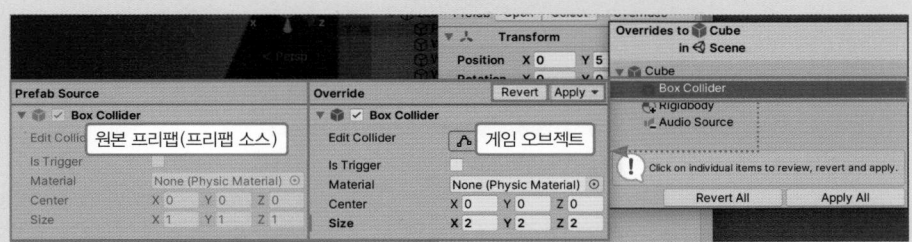

▶ 비교 창

비교 창에서 **Revert** 또는 **Apply** 버튼을 통해 해당 변경 사항만 골라서 취소하거나 원본 프리팹에 반영할 수 있습니다.

위와 같이 프리팹으로부터 생성한 복제본 게임 오브젝트를 편집하는 방법과 달리 프리팹 편집 모드에서 프리팹을 직접 변경할 수도 있습니다.

이 경우 프로젝트 창에서 프리팹을 더블 클릭하거나 하이어라키 창에서 프리팹으로부터 생성된 게임 오브젝트 옆에 있는 〉 표시를 클릭하면 됩니다. 그러면 대응하는 프리팹을 편집할 수 있는 전용 씬이 열리고 편집할 프리팹이 씬 창과 하이어라키 창에 표시됩니다.

경우에 따라서는 직전까지 열어두었던 씬과 게임 오브젝트들이 씬 창에 회색빛으로 어둡게 처리되어 프리팹 편집 모드에 함께 표시될 수 있습니다.

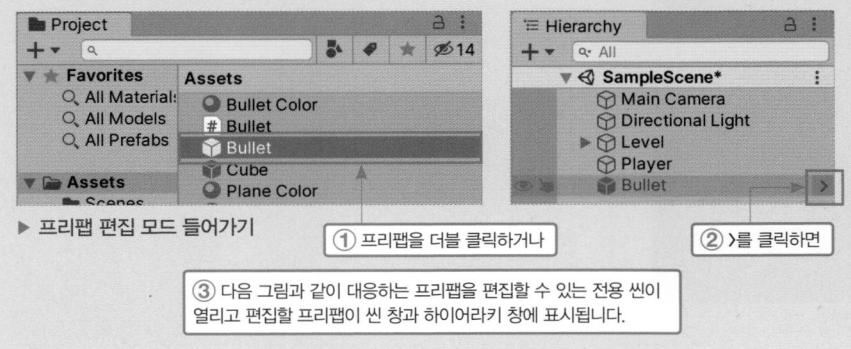

▶ 프리팹 편집 모드 들어가기

① 프리팹을 더블 클릭하거나

② 〉를 클릭하면

③ 다음 그림과 같이 대응하는 프리팹을 편집할 수 있는 전용 씬이 열리고 편집할 프리팹이 씬 창과 하이어라키 창에 표시됩니다.

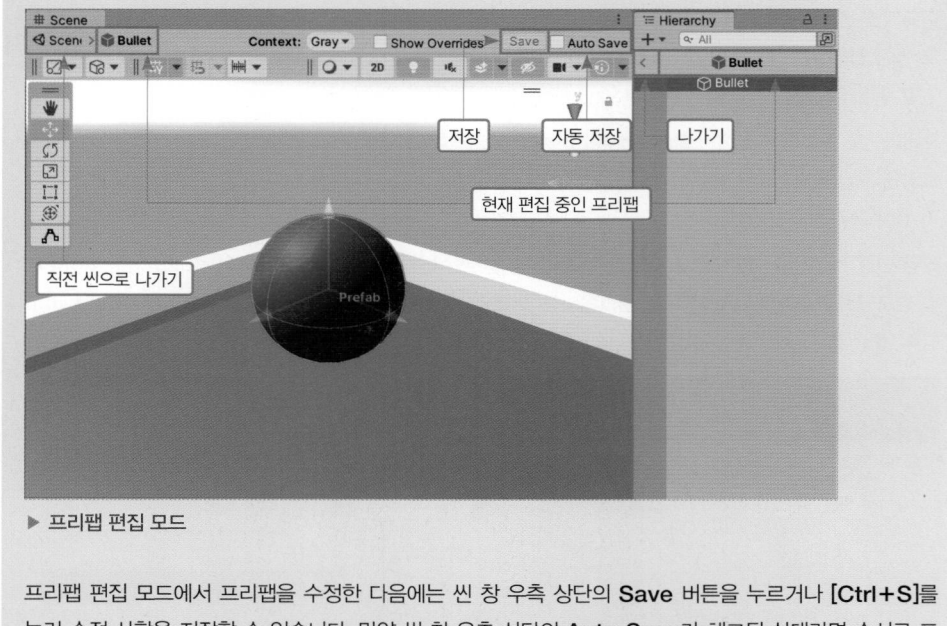

▶ 프리팹 편집 모드

프리팹 편집 모드에서 프리팹을 수정한 다음에는 씬 창 우측 상단의 **Save** 버튼을 누르거나 **[Ctrl+S]**를
눌러 수정 사항을 저장할 수 있습니다. 만약 씬 창 우측 상단의 **Auto Save**가 체크된 상태라면 수시로 프
리팹 수정 사항이 자동 저장됩니다.

프리팹 편집 모드를 나가고 싶다면 하이어라키 창에서 프리팹 이름 옆에 있는 **〈** 버튼을 클릭하면 됩니다.

7.4 탄알 생성기 준비

이제 탄알 생성기를 만듭니다. 탄알 생성기 게임 오브젝트는 랜덤한 시간 간격으로 탄알을 생
성하고 플레이어를 향해 발사합니다. 이들을 게임 월드의 네 방향 끝에 배치하겠습니다.

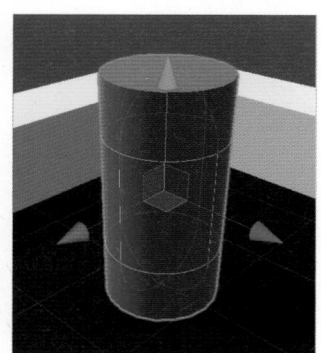

▶ 탄알 생성기의 모습

탄알 생성기의 기능은 다음과 같습니다.

- 붉은 원기둥 모양으로 생김
- 랜덤한 시간 간격으로 탄알을 계속 생성
- Bullet 프리팹을 원본으로 탄알을 생성
- 플레이어를 향하도록 탄알을 생성

7.4.1 Bullet Spawner 게임 오브젝트 준비

먼저 탄알 생성기가 될 게임 오브젝트를 만들고 배치합니다. 탄알 생성기를 만드는 데 원기둥 Cylinder 게임 오브젝트를 활용하겠습니다.

[과정 01] Bullet Spawner 게임 오브젝트 생성

① Cylinder 게임 오브젝트 생성(**하이어라키** 창에서 **+ > 3D Object > Cylinder**)
② 생성된 **Cylinder** 게임 오브젝트의 **이름**을 **Bullet Spawner**로 변경
③ **Bullet Spawner** 게임 오브젝트의 **위치**를 **(8, 1, 0)**으로 변경
④ **프로젝트** 창의 **Bullet Color** 머티리얼을 **씬** 창의 **Bullet Spawner** 게임 오브젝트로 **드래그&드롭**

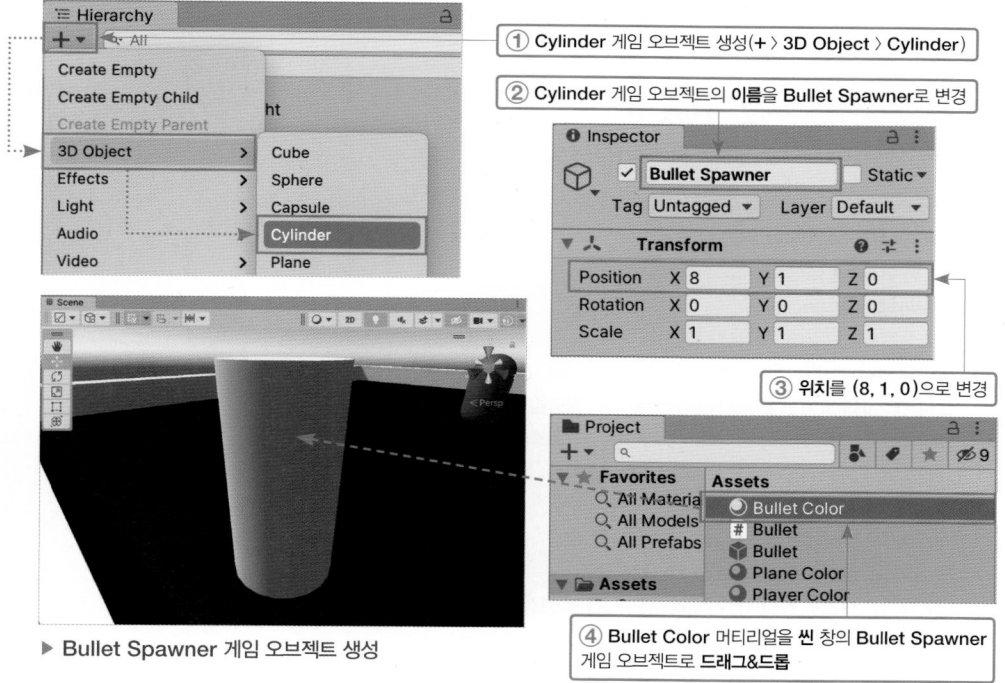

▶ Bullet Spawner 게임 오브젝트 생성

Bullet Spawner 게임 오브젝트를 만들어 오른쪽 벽 근처에 배치했습니다.

7.5 탄알 생성기 스크립트 만들기

탄알 생성기 Bullet Spawner 게임 오브젝트가 탄알을 생성할 수 있게 하는 BulletSpawner 스크립트를 만듭니다.

[과정 01] BulletSpawner 스크립트 생성

① **프로젝트** 창에서 **+ > C# Script** 클릭
② 생성된 스크립트 **이름을 BulletSpawner**으로 변경
③ **BulletSpawner** 스크립트를 **더블 클릭**으로 **열기**

7.5.1 BulletSpawner의 변수

BulletSpawner 스크립트에는 다음 역할을 수행할 변수들이 필요합니다. 이들을 BulletSpawner 스크립트에 선언합니다.

- 생성할 탄알의 원본
- 탄알을 발사하여 맞출 대상
- 탄알을 생성하는 시간 간격

[과정 01] BulletSpawner의 변수 선언하기

① **BulletSpawner** 스크립트를 다음과 같이 수정

```csharp
using System.Collections;
using System.Collections.Generic;
using UnityEngine;

public class BulletSpawner : MonoBehaviour {
    public GameObject bulletPrefab; // 생성할 탄알의 원본 프리팹
    public float spawnRateMin = 0.5f; // 최소 생성 주기
    public float spawnRateMax = 3f; // 최대 생성 주기

    private Transform target; // 발사할 대상
    private float spawnRate; // 생성 주기
    private float timeAfterSpawn; // 최근 생성 시점에서 지난 시간

    void Start() {
```

```
        }

    void Update() {

        }
    }
```

추가된 변수들의 역할은 다음과 같습니다.

public 변수

- bulletPrefab : 탄알을 생성하는 데 사용할 원본 프리팹
- spawnRateMin : 새 탄알을 생성하는 데 걸리는 시간의 최솟값
- spawnRateMax : 새 탄알을 생성하는 데 걸리는 시간의 최댓값

private 변수

- target : 조준할 대상 게임 오브젝트의 트랜스폼 컴포넌트
- spawnRate : 다음 탄알을 생성할 때까지 기다릴 시간. spawnRateMin과 spawnRateMax 사이의 랜덤값으로 설정됨.
- timeAfterSpawn : 마지막 탄알 생성 시점부터 흐른 시간을 표시하는 '타이머'

7.5.2 Start( ) 메서드

먼저 Start( ) 메서드를 완성합니다. Start( ) 메서드에서는 시간에 관한 변수를 초기화합니다. 그리고 탄알을 발사할 목표가 될 게임 오브젝트의 트랜스폼 컴포넌트를 찾아서 가져옵니다.

[과정 01] BulletSpawner 스크립트의 Start( ) 메서드 완성하기

① BulletSpawner 스크립트의 Start( ) 메서드를 다음과 같이 완성

```
void Start() {
    // 최근 생성 이후의 누적 시간을 0으로 초기화
    timeAfterSpawn = 0f;
    // 탄알 생성 간격을 spawnRateMin과 spawnRateMax 사이에서 랜덤 지정
    spawnRate = Random.Range(spawnRateMin, spawnRateMax);
    // PlayerController 컴포넌트를 가진 게임 오브젝트를 찾아 조준 대상으로 설정
    target = FindObjectOfType<PlayerController>().transform;
}
```

작성한 코드를 봅시다. 가장 먼저 마지막으로 탄알을 생성한지 몇 초 지났는지 기록하는 timeAf
terSpawn을 0으로 초기화합니다.

그리고 탄알의 생성 간격인 spawnRate의 초깃값으로 spawnRateMin과 spawnRateMax 사이의
랜덤값을 할당합니다.

```
spawnRate = Random.Range(spawnRateMin, spawnRateMax);
```

여기서 사용된 Random.Range() 메서드는 입력으로 최댓값과 최솟값을 순서대로 받고, 그 사이
의 랜덤한 숫자를 출력하는 유니티 내장 메서드입니다.

> **NOTE_ 입력 타입에 따른 Random.Range()의 동작 차이**
>
> Random.Range() 메서드는 float을 입력받을 때와 int를 입력받을 때의 동작이 다릅니다.
> - Random.Range(0, 3) : 0, 1, 2 중에 하나가 int 값으로 출력됨
> - Random.Range(0f, 3f) : 0f부터 3f 사이의 float 값이 출력됨(예 : 0.5f)

Start() 메서드 마지막에는 씬에서 PlayerController 타입의 컴포넌트를 가진 게임 오브젝트
를 찾고, 해당 게임 오브젝트의 트랜스폼 컴포넌트를 찾아서 target에 할당합니다.

```
target = FindObjectOfType<PlayerController>().transform;
```

FindObjectOfType() 메서드

target에는 탄알이 날아갈 대상, 즉 Player 게임 오브젝트의 트랜스폼 컴포넌트가 할당되어야
합니다. Player 게임 오브젝트의 트랜스폼으로 Player 게임 오브젝트의 위치를 파악할 수 있
기 때문입니다.

target에 Player 게임 오브젝트의 트랜스폼 컴포넌트를 할당하는 방법 중에는 target을 public
으로 선언하고 인스펙터 창에서 target 필드에 Player 게임 오브젝트를 직접 드래그&드롭하는
방법이 있습니다. 이 경우 탄알 생성기가 여러 개 존재하면 일일이 Player 게임 오브젝트를 여
러 탄알 생성기의 target 변수로 드래그&드롭해야 합니다.

여기서는 일일이 드래그&드롭하는 대신 코드 상에서 Player 게임 오브젝트의 트랜스폼 컴포
넌트를 찾아서 가져올 겁니다. 우리는 Player 게임 오브젝트에 PlayerController 컴포넌트가

추가되어 있는 것을 압니다.

FindObjectOfType() 메서드는 꺾쇠 <>에 어떤 타입을 명시하면 씬에 있는 모든 오브젝트를 검색해서 해당 타입의 오브젝트를 가져옵니다.

따라서 우리는 FindObjectOfType<PlayerController>()를 사용하여 씬에서 PlayerController 컴포넌트를 찾아냈습니다. 그리고 해당 컴포넌트를 가진 게임 오브젝트의 트랜스폼 컴포넌트를 transform으로 접근하여 target에 할당했습니다.

```
target = FindObjectOfType<PlayerController>().transform;
```

위 코드는 두 개의 처리를 한 번에 수행하기 때문에 혼란스러운 독자도 있을 겁니다. 아래는 위 한 줄짜리 코드를 두 줄로 나누어 표현한 겁니다.

```
PlayerController playerController = FindObjectOfType<PlayerController>();
target = playerController.transform;
```

NOTE_ FindObjectOfType( ) 메서드의 처리 비용

FindObjectOfType() 메서드는 씬에 존재하는 모든 오브젝트를 검색하여 원하는 타입의 오브젝트를 찾아냅니다. FindObjectOfType() 메서드는 처리 비용이 크기 때문에 Start() 메서드처럼 초기에 한두 번 실행되는 메서드에서만 사용해야 합니다.

만약 Update() 메서드에서 FindObjectOfType()을 사용하면 프로그램이 심각하게 느려질 수 있습니다.

NOTE_ FindObjectOfType( )과 FindObjectsOfType( )

FindObjectOfType()과 비슷한 이름을 가진 FindObjectsOfType()도 있습니다. 전자는 해당 타입의 오브젝트를 하나만 찾습니다. 후자는 해당 타입의 오브젝트를 모두 찾아 배열로 반환합니다. 혼동하지 맙시다.

7.5.3 일정 주기로 실행 반복하기

우리는 Update() 메서드에서 탄알을 생성할 겁니다. 그런데 Update() 메서드는 1초에 수십 번씩 실행됩니다. 무작정 Update() 메서드에 탄알 생성 코드를 넣으면 탄알이 1초에 수십 개씩 쉴 새 없이 생성됩니다.

따라서 탄알을 생성하기 전에 마지막으로 탄알을 생성한 시점에서 누적된 시간을 저장하는 변수 timeAfterSpwane를 체크합니다.

다음 그림처럼 timeAfterSpawn 값은 시간의 흐름에 맞춰 계속 증가합니다. 우리는 주기적으로 timeAfterSpawn을 체크해서 timeAfterSpawn이 탄알 생성 주기보다 커진 순간 탄알을 생성하고 timeAfterSpawn을 0으로 리셋합니다(아래 그림은 쉬운 설명을 위해 탄알 생성 주기를 3초로 고정했습니다).

[탄알 생성 주기가 3초 고정인 경우]

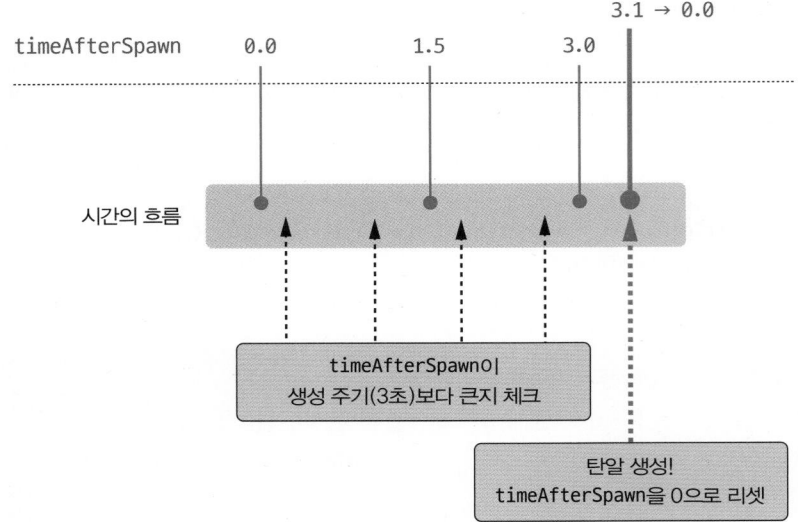

▶ 시간 간격을 두고 탄알 생성하기

그러면 timeAfterSpawn 값이 0부터 다시 시작되어 증가합니다. 이후에 다시 timeAfterSpawn 값이 탄알 생성 주기보다 커진 순간 탄알을 생성하고 timeAfterSpawn의 값을 0으로 리셋합니다. 이런 방식으로 탄알 생성을 일정 주기로 반복할 수 있습니다.

이때 필요한 것이 Update() 메서드의 실행 시간 간격입니다.

Update()의 실행 시간 간격

Update()는 화면이 한 번 갱신될 때마다 한 번 실행됩니다. 따라서 마지막 Update()가 실행된 시점과 현재 Update()가 실행된 시점 사이의 시간 간격이 프레임이 새로 그려지는 데 걸리는 시간입니다.

만약 1초에 60프레임으로 화면이 갱신되면 직전의 Update()가 실행되고 현재 Update()가 실행되기까지의 시간 간격은 1/60초입니다. 이 실행 '시간 간격'을 Update()가 실행될 때마다 어떤 변수에 누적하면 특정 시점에서 시간이 얼마만큼 흘렀는지 표현할 수 있습니다.

예를 들어 게임에서 Update()가 1초에 60번 실행된다고 합시다. 그리고 Update()가 실행될 때마다 timeAfterSpawn에 1/60을 더한다고 합시다.

게임이 시작된 이후 0.5초가 지나면 Update()는 총 30번 실행됩니다. 이때 timeAfterSpawn 값은 1/60을 30회 누적해서 더한 1/60 * 30 = 0.5가 됩니다. 이런 식으로 특정 시점에서 시간이 얼마만큼 흘렀는지 알 수 있습니다.

7.5.4 Time.deltaTime

초당 프레임은 컴퓨터 성능에 따라 다릅니다. 따라서 직전 Update() 실행과 현재 Update() 실행 사이의 시간 간격은 고정되어 있지 않습니다.

Update() 실행 사이의 시간 간격을 알기 위해 내장 변수 Time.deltaTime을 사용합니다. Time.deltaTime에는 이전 프레임과 현재 프레임 사이의 시간 간격이 자동으로 할당됩니다. 즉, 1초에 60프레임의 속도로 화면을 갱신하는 컴퓨터에서 Time.deltaTime의 값은 1/60입니다. 마찬가지로 1초에 120프레임의 속도로 화면을 갱신하는 컴퓨터에서 Time.deltaTime의 값은 1/120입니다.

따라서 Update() 메서드에서 어떤 변수에 Time.deltaTime 값을 계속 누적하면 특정 시점으로부터 시간이 얼마나 흘렀는지 표현할 수 있습니다.

7.5.5 Instantiate() 메서드

우리는 탄알을 복제 생성하는 데 Instantiate() 메서드를 사용할 겁니다. 유니티는 게임 도중에 실시간으로 오브젝트를 생성할 때 Instantiate() 메서드를 사용합니다.

```
Instantiate(원본);
```

Instantiate() 메서드는 원본 오브젝트를 주면 해당 오브젝트를 복제한 오브젝트를 생성합니다.

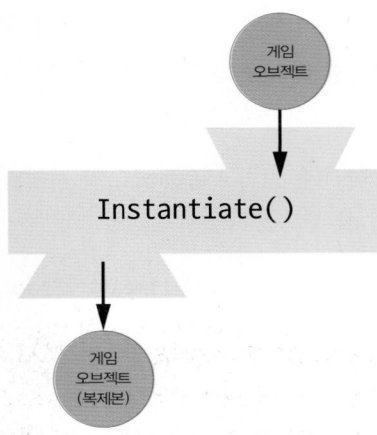

▶ Instantiate( ) 메서드의 동작

Instantiate는 '인스턴스화'로 번역합니다. 3장에서 접했던 단어입니다. 인스턴스화는 원본에서 복제본을 생성하는 행위를 표현하는 단어입니다. 원본으로부터 복제 생성된 오브젝트를 인스턴스라고 부릅니다.

우리는 생성할 탄알의 원본이 될 Bullet 프리팹을 미리 만들어두었습니다. 그리고 나중에 Bullet 프리팹을 bulletPrefab 변수에 할당할 겁니다.

따라서 Instantiate( ) 메서드에 bulletPrefab을 입력하고 실행하면 실시간으로 Bullet 프리팹을 복제한 새로운 Bullet 게임 오브젝트가 생성됩니다.

```
Instantiate(bulletPrefab);
```

하지만 이런 식으로 Instantiate( ) 메서드를 사용하면 복제 생성된 게임 오브젝트의 위치와 회전이 임의로 결정됩니다. 다행히 Instantiate( ) 메서드에 복제본을 생성할 위치와 회전을 지정할 수 있습니다.

```
Instantaite(원본, 위치, 회전);
```

우리는 Instantiate( ) 메서드에 (탄알의 원본, 탄알 생성기의 위치, 탄알 생성기의 회전)을 입력합니다.

탄알 생성기 자신의 위치와 회전은 다음 변수로 알 수 있습니다.

- transform.position : 자신의 위치
- transform.rotation : 자신의 회전

따라서 다음과 같이 bulletPrefab의 복제본이 탄알 생성기의 위치와 회전으로 생성됩니다.

```
Instantiate(bulletPrefab, transform.position, transform.rotation);
```

7.5.6 Update( ) 메서드

지금까지 얼마만큼 시간이 흘렀는지 아는 방법, 주기적으로 처리를 반복하는 방법, 오브젝트의 복제본을 생성하는 방법을 알아보았습니다. 이러한 방법을 활용하여 Update( ) 메서드에서 다음과 같은 처리를 하여 주기적으로 탄알을 생성하는 처리를 구현합니다.

- 탄알을 생성한 마지막 시점에서 지금까지 시간이 얼마나 지났는지 측정
- 탄알 생성 주기 이상의 시간이 흘렀다면 측정 시간을 리셋하고 탄알 생성

[과정 01] BulletSpawner 스크립트의 Update( ) 메서드 완성하기

① BulletSpawner 스크립트의 Update( ) 메서드를 다음과 같이 완성

```
void Update() {
    // timeAfterSpawn 갱신
    timeAfterSpawn += Time.deltaTime;

    // 최근 생성 시점에서부터 누적된 시간이 생성 주기보다 크거나 같다면
    if (timeAfterSpawn >= spawnRate)
    {
        // 누적된 시간을 리셋
        timeAfterSpawn = 0f;

        // bulletPrefab의 복제본을
        // transform.position 위치와 transform.rotation 회전으로 생성
        GameObject bullet
            = Instantiate(bulletPrefab, transform.position, transform.rotation);
        // 생성된 bullet 게임 오브젝트의 정면 방향이 target을 향하도록 회전
        bullet.transform.LookAt(target);
```

```
    // 다음번 생성 간격을 spawnRateMin, spawnRateMax 사이에서 랜덤 지정
    spawnRate = Random.Range(spawnRateMin, spawnRateMax);
  }
}
```

코드를 살펴봅시다. 현재 Update() 메서드의 동작은 이렇습니다.

- timeAfterSpawn에 Time.deltaTime을 계속 누적해서 더하기
- timeAfterSpawn >= spawnRate면 timerAfterSpawn을 0으로 리셋하고 탄알 생성
- 생성된 탄알이 target을 바라보도록 회전

주기적으로 반복하기

게임이 시작되면 Start() 메서드가 timeAfterSpawn을 0으로 초기화합니다. 이후 매 프레임마다 Update() 메서드가 실행되고 timeAfterSpawn에 Time.deltaTime이 누적됩니다. 여기서 timeAfterSpawn의 값은 게임이 시작된 이후 몇 초가 지났는지 표현합니다.

그렇게 timeAfterSpawn 값이 증가하다가 탄알 생성 주기 spawnRate 값 이상이 되면 if (timeAfterSpawn >= spawnRate)의 조건이 참이 됩니다. 그러면 if 문 블록의 timeAfterSpawn = 0f; 가 실행되고 탄알을 생성합니다.

탄알이 생성될 때마다 매번 timeAfterSpawn을 0으로 리셋하기 때문에 timeAfterSpawn의 값은 정확하게 '마지막 탄알 생성 시점에서 지난 시간'이 됩니다. 그리고 timeAfterSpawn이 spawnRate보다 크거나 같을 때마다 탄알을 생성하므로 탄알 생성이 spawnRate마다 반복됩니다.

탄알 복제 생성하기

if 문 블록에서 Instantiate() 메서드를 사용한 부분이 탄알을 생성하는 부분입니다.

```
if (timeAfterSpawn >= spawnRate)
{
    timeAfterSpawn = 0f;

    GameObject bullet
        = Instantiate(bulletPrefab, transform.position, transform.rotation);
    bullet.transform.LookAt(target);

    spawnRate = Random.Range(spawnRateMin, spawnRateMax);
}
```

Instantiate() 메서드는 복제본을 생성하고, 동시에 생성된 복제본을 메서드 출력으로 반환합니다. 따라서 Instantiate()로 복제 생성된 게임 오브젝트를 =로 받아올 수 있습니다. 즉, 다음 코드는 bulletPrefab의 복제본을 transform.position 위치와 transform.rotation 회전에 생성하고, 생성된 복제본을 코드 상에서 수정할 수 있도록 bullet이라는 변수로 받아 챙긴 겁니다.

```
GameObject bullet
    = Instantiate(bulletPrefab, transform.position, transform.rotation);
```

그리고 나서 bullet의 트랜스폼 컴포넌트의 LookAt() 메서드를 사용하여 복제 생성된 탄알이 target을 바라보도록 회전시켰습니다.

```
bullet.transform.LookAt(target);
```

트랜스폼의 LookAt() 메서드는 입력으로 다른 게임 오브젝트의 트랜스폼을 받습니다. LookAt() 메서드는 입력받은 트랜스폼의 게임 오브젝트를 바라보도록 자신의 트랜스폼 회전을 변경합니다.

target에는 Player 게임 오브젝트의 트랜스폼 컴포넌트가 할당됩니다. 즉, bullet.transform. LookAt(target);으로 복제 생성된 탄알은 Player 게임 오브젝트를 바라보는 방향으로 회전합니다.

다음 생성 시점 변경하기
if 문 블록 마지막에는 다음번 탄알 생성 시점을 랜덤하게 변경하는 처리를 구현했습니다.

```
spawnRate = Random.Range(spawnRateMin, spawnRateMax);
```

탄알이 생성될 때마다 위 코드에 의해 spawnRate 값이 spawnRateMin과 spawnRateMax 사이의 새로운 랜덤값으로 변경됩니다. 따라서 탄알이 생성될 때마다 다음번 탄알 생성까지의 시간 간격이 랜덤하게 바뀌기 때문에 탄알이 다소 불규칙한 간격으로 생성됩니다.

7.5.7 완성된 탄알 생성기 스크립트
지금까지 완성한 전체 BulletSpawner 스크립트는 다음과 같습니다.

```csharp
using System.Collections;
using System.Collections.Generic;
using UnityEngine;

public class BulletSpawner : MonoBehaviour {
    public GameObject bulletPrefab; // 생성할 탄알의 원본 프리팹
    public float spawnRateMin = 0.5f; // 최소 생성 주기
    public float spawnRateMax = 3f; // 최대 생성 주기

    private Transform target; // 발사할 대상
    private float spawnRate; // 생성 주기
    private float timeAfterSpawn; // 최근 생성 시점에서 지난 시간

    void Start() {
        // 최근 생성 이후의 누적 시간을 0으로 초기화
        timeAfterSpawn = 0f;
        // 탄알 생성 간격을 spawnRateMin과 spawnRateMax 사이에서 랜덤 지정
        spawnRate = Random.Range(spawnRateMin, spawnRateMax);
        // PlayerController 컴포넌트를 가진 게임 오브젝트를 찾아 조준 대상으로 설정
        target = FindObjectOfType<PlayerController>().transform;
    }

    void Update() {
        // timeAfterSpawn 갱신
        timeAfterSpawn += Time.deltaTime;

        // 최근 생성 시점에서부터 누적된 시간이 생성 주기보다 크거나 같다면
        if (timeAfterSpawn >= spawnRate)
        {
            // 누적된 시간을 리셋
            timeAfterSpawn = 0f;

            // bulletPrefab의 복제본을
            // transform.position 위치와 transform.rotation 회전으로 생성
            GameObject bullet
                = Instantiate(bulletPrefab, transform.position, transform.rotation);
            // 생성된 bullet 게임 오브젝트의 정면 방향이 target을 향하도록 회전
            bullet.transform.LookAt(target);

            // 다음번 생성 간격을 spawnRateMin, spawnRateMax 사이에서 랜덤 지정
            spawnRate = Random.Range(spawnRateMin, spawnRateMax);
```

```
            }
        }
    }
```

코드를 제대로 작성했는지 확인합니다. 그리고 [Ctrl+S]로 스크립트를 저장하고 유니티 에디터로 돌아갑니다.

7.5.8 BulletSpawner 스크립트 적용하기

완성된 BulletSpawner 스크립트를 Bullet Spawner 게임 오브젝트에 컴포넌트로 추가합니다. 그리고 BulletSpawner 컴포넌트가 동작할 수 있도록 설정합니다.

[과정 01] BulletSpawner 스크립트 적용

① BulletSpawner 스크립트를 **하이어라키** 창의 **Bullet Spawner** 게임 오브젝트로 **드래그&드롭**

② **하이어라키** 창에서 **Bullet Spawner** 게임 오브젝트 선택

③ **프로젝트** 창의 **Bullet** 프리팹을 **인스펙터** 창의 **Bullet Prefab** 필드로 **드래그&드롭**

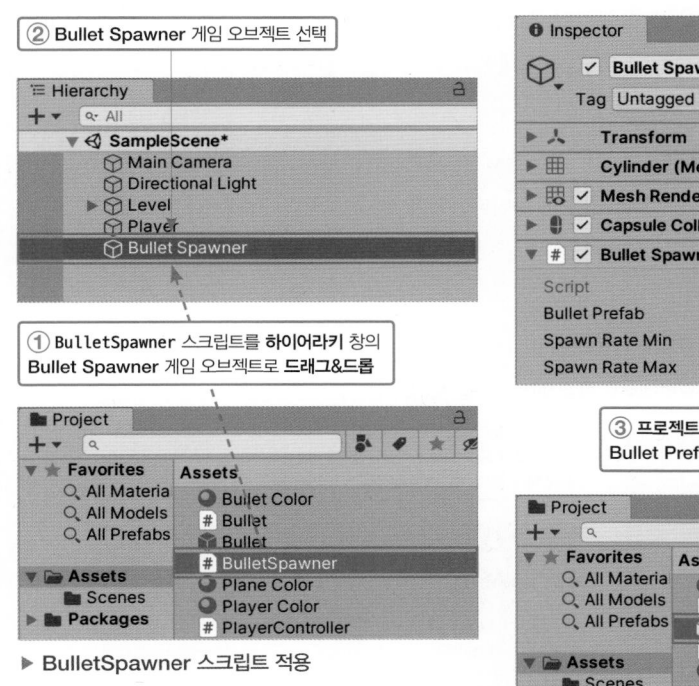

▶ BulletSpawner 스크립트 적용

BulletSpawner 스크립트를 추가하고 설정을 끝냈다면 플레이 버튼을 눌러 테스트해봅니다.

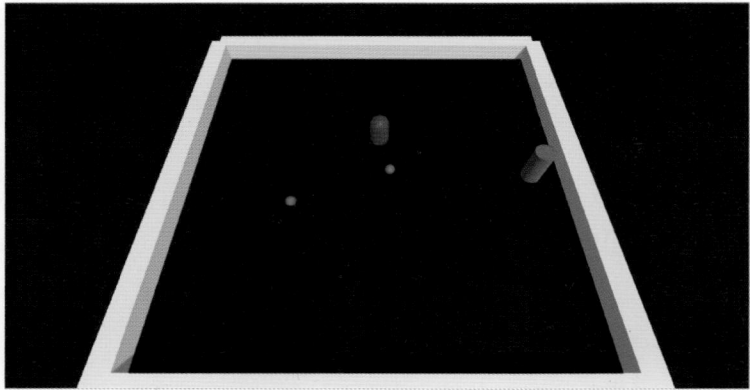

▶ 동작하는 탄알 생성기

게임이 시작되면 탄알 생성기에서 탄알이 주기적으로 생성됩니다. 플레이어를 움직이면 생성된 탄알들이 변경된 플레이어의 위치를 향해 날아올 겁니다.

또한 플레이어가 탄알에 맞으면 플레이어 게임 오브젝트가 비활성화되어 게임 화면에서 사라집니다. 동작을 확인했으면 플레이 모드를 해제하고 다음 절로 넘어갑니다.

7.5.9 탄알 생성기 배치하기

지금까지 탄알 생성기Bullet Spawner를 완성했습니다. 이제 완성된 탄알 생성기를 프리팹으로 만들고, 씬에 탄알 생성기를 여러 개 배치합니다.

[과정 01] Bullet Spawner 프리팹 만들기

① **Bullet Spawner** 게임 오브젝트를 **프로젝트** 창으로 **드래그&드롭**

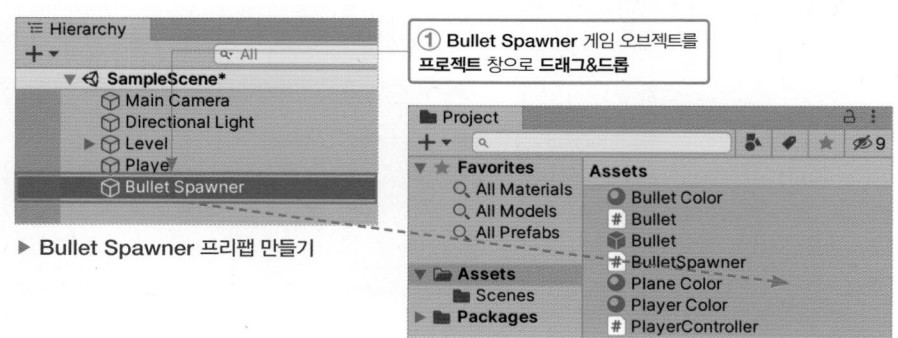

▶ Bullet Spawner 프리팹 만들기

그다음 생성된 Bullet Spawner 프리팹을 사용해 탄알 생성기 게임 오브젝트를 세 개 더 생성합니다.

[과정 02] Bullet Spawner 게임 오브젝트 생성하기

① **프로젝트** 창의 **Bullet Spawner** 프리팹을 **하이어라키** 창으로 **세 번 드래그&드롭**
② **Bullet Spawner (1)의 위치**를 (−8, 1, 0)으로 변경
③ **Bullet Spawner (2)의 위치**를 (0, 1, 8)로 변경
④ **Bullet Spawner (3)의 위치**를 (0, 1, −8)로 변경

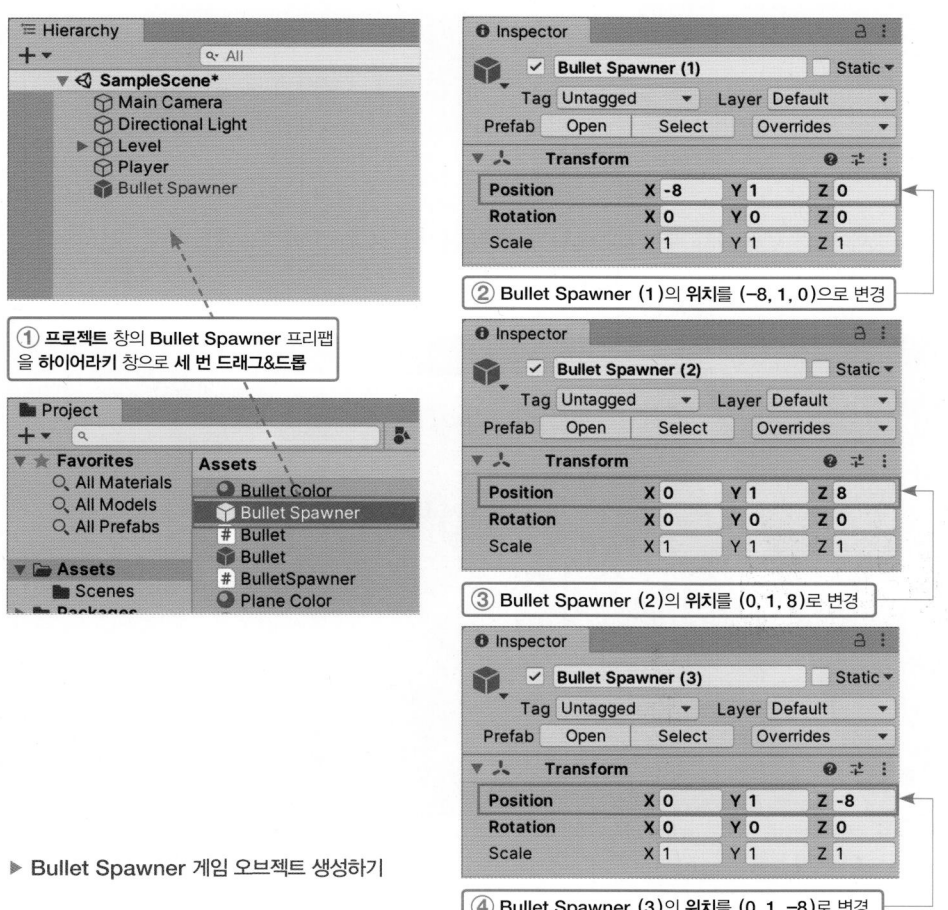

▶ Bullet Spawner 게임 오브젝트 생성하기

이제 배치된 네 개의 Bullet Spawner 게임 오브젝트를 모두 Level 게임 오브젝트의 자식으로 넣어 하이어라키 창을 깔끔하게 정리합니다. 이는 이후에 Level 게임 오브젝트가 회전할 때 탄알 생성기도 함께 회전하도록 하는 데 필요한 작업이기도 합니다.

① **하이어라키** 창에서 모든 **Bullet Spawner** 게임 오브젝트 선택 〉 **Level** 게임 오브젝트로 **드래그&드롭**

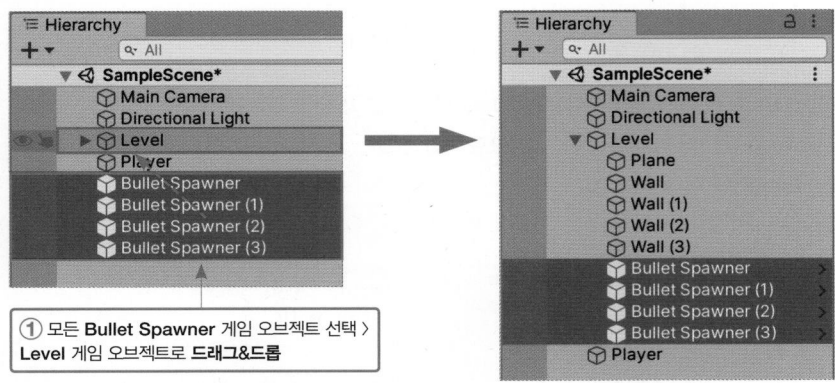

▶ **Bullet Spawner** 게임 오브젝트를 Level의 자식으로 넣기

이제 사방에 탄알 생성기가 배치되었습니다. 플레이 버튼을 눌러 테스트해봅니다. 사방에서 날아오는 탄알 피하는 게 쉽지 않을 겁니다.

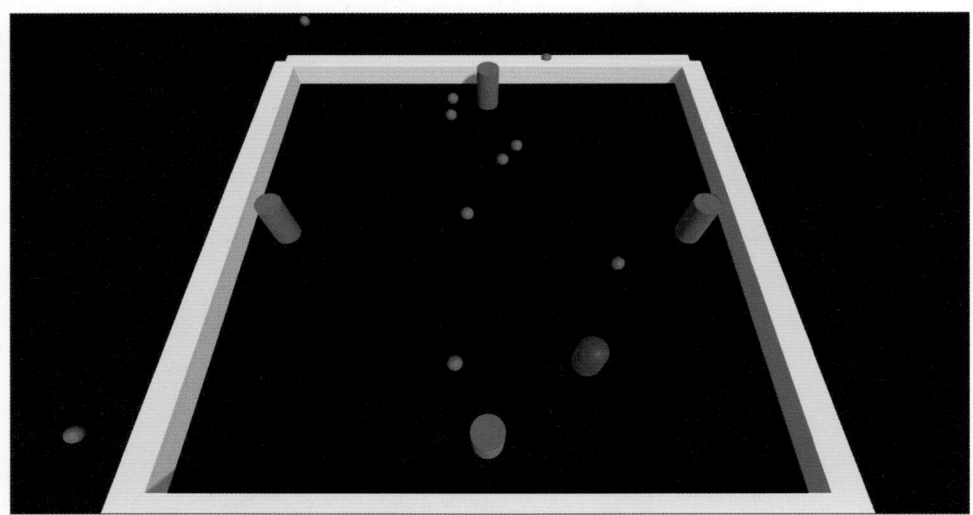

▶ 사방에서 날아오는 탄알

적당히 테스트하고 플레이 모드를 해제합니다. 그리고 유니티 에디터에서 **[Ctrl+S]**로 씬을 저장합니다.

7.6 마치며

이 장에서는 탄알과 탄알 생성기를 만들었습니다. 유니티에서 충돌을 감지하는 방법을 배우고 탄알과 플레이어 사이의 충돌 감지를 구현했습니다.

또한 Time.deltaTime으로 시간을 측정하는 방법, 프리팹을 만드는 방법, 게임 오브젝트의 복제본을 실시간으로 생성하는 방법을 배웠습니다. 이들을 활용하여 탄알을 주기적으로 실시간으로 생성하는 처리를 구현했습니다.

다음 장에서는 프로젝트 구조를 정리합니다. 그리고 게임오버와 UI를 관리하는 게임 관리자를 만들고 게임을 최종 완성합니다.

이 장에서 배운 내용 요약

- 게임 오브젝트를 프리팹으로 만들어 재활용할 수 있습니다.
- 프리팹으로부터 생성한 게임 오브젝트의 변경 사항을 Overrides 버튼으로 프리팹에 반영할 수 있습니다.
- 리지드바디 컴포넌트의 Use Gravity 필드를 해제하면 중력의 영향을 받지 않습니다.
- 변수 transform은 스크립트에서 자신의 트랜스폼 컴포넌트로 바로 접근하는 지름길입니다.
- Destroy() 메서드는 주어진 오브젝트를 파괴합니다.
- Destroy() 메서드에 파괴하기 전의 지연시간을 입력할 수 있습니다.
- 트리거 콜라이더는 충돌은 감지하되 상대방 콜라이더를 밀어내지 않습니다.
- OnTriggerEnter(), OnCollisionEnter() 메서드를 구현하면 충돌을 감지할 수 있습니다.
- OnCollisionEnter() 메서드는 일반 충돌 시 자동으로 실행됩니다.
- OnTriggerEnter() 메서드는 트리거 충돌 시 자동으로 실행됩니다.
- 충돌한 상대방 게임 오브젝트를 태그로 식별할 수 있습니다.
- FindObjectOfType()은 씬에 있는 모든 오브젝트를 검색하여 원하는 타입의 오브젝트를 가져옵니다.
- Random.Range()는 최솟값과 최댓값 사이의 랜덤한 숫자를 출력합니다.
- Time.deltaTime은 직전 Update() 실행과 현재 Update() 실행 사이의 시간 간격입니다.
- Instantiate() 메서드는 입력한 원본 오브젝트의 복제본을 생성합니다.

8장 닷지

게임 매니저와 UI, 최종 완성

앞 장까지 게임에 필요한 개별 요소(플레이어, 적, 적 생성기 등)를 완성했습니다. 이 장에서는 UI를 만들고, 게임의 규칙을 관리하고 게임오버 상태를 표현하는 게임 매니저를 만듭니다. 그리고 남은 게임 요소를 완성하고 게임을 빌드하여 닷지를 최종 완성합니다.

이 장에서 다루는 내용

- 게임 매니저와 UI 만들기
- 씬 관리자로 씬을 로드하는 방법
- PlayerPrefs를 사용해 데이터를 저장하는 방법
- 게임을 빌드하는 방법

8.1 프로젝트 정리

현재 프로젝트 창에 에셋들이 무작위로 나열되어 있습니다. 게임을 완성하기 전에 프로젝트 창에 폴더를 만들어 에셋과 스크립트를 정돈하겠습니다.

유니티 프로젝트의 Assets 폴더 내부에 또 다른 폴더를 만들고 에셋의 경로를 수정하는 것은 프로젝트와 씬에 영향을 미치지 않습니다. 예를 들어 프로젝트 내에서 머티리얼을 저장한 폴더를 변경한다고 해서 해당 머티리얼을 사용한 게임 오브젝트가 망가지지 않습니다.

따라서 안심하고 언제든지 개발 도중에 에셋의 경로를 바꾸고 정돈해도 됩니다.

[과정 01] 정리를 위한 폴더 생성

① **프로젝트** 창에서 **+** 〉 **Folder** 클릭 〉 **폴더명**을 Scripts로 변경
② **프로젝트** 창에서 **+** 〉 **Folder** 클릭 〉 **폴더명**을 Materials로 변경
③ **프로젝트** 창에서 **+** 〉 **Folder** 클릭 〉 **폴더명**을 Prefabs로 변경

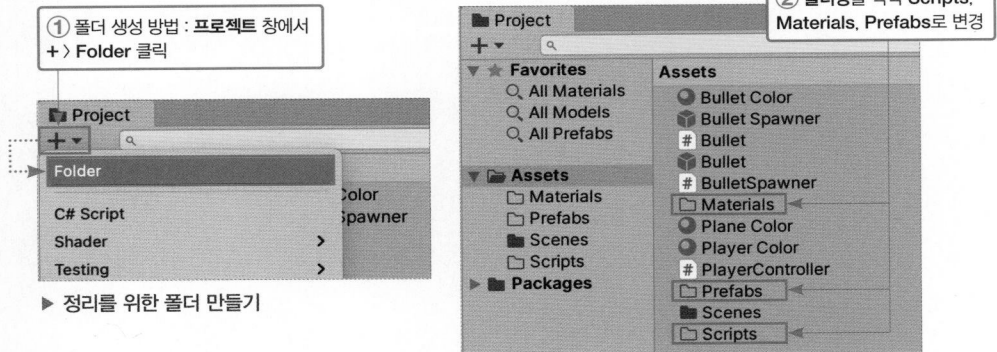

필요한 폴더를 만들었다면 에셋을 폴더에 넣어 정리합니다.

[과정 02] 에셋을 종류별로 폴더에 정리하기

① **스크립트** 에셋은 모두 **Scripts** 폴더로 **드래그&드롭**
② **머티리얼** 에셋은 모두 **Materials** 폴더로 **드래그&드롭**
③ **프리팹** 에셋은 모두 **Prefabs** 폴더로 **드래그&드롭**

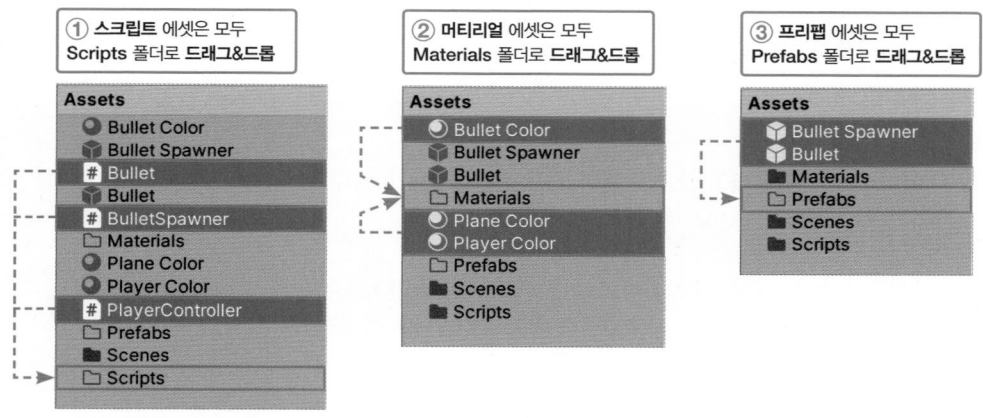

▶ 에셋을 종류별로 폴더에 정리하기

8.2 바닥 회전

플레이어 아래의 바닥을 일정 속도로 회전시키면 게임을 더 어렵고 재밌게 만들 수 있습니다.
바닥 회전 기능을 스크립트로 구현하여 Level 게임 오브젝트에 적용해보겠습니다.

8.2.1 Rotator 스크립트 준비

게임 오브젝트를 일정 속도로 회전시키는 Rotator 스크립트를 작성합니다.

[과정 01] Rotator 스크립트 생성

① **프로젝트** 창에서 **Scripts** 폴더로 이동
② **프로젝트** 창에서 **+ > C# Script** 클릭
③ 생성된 스크립트 **파일명**을 **Rotator**로 변경

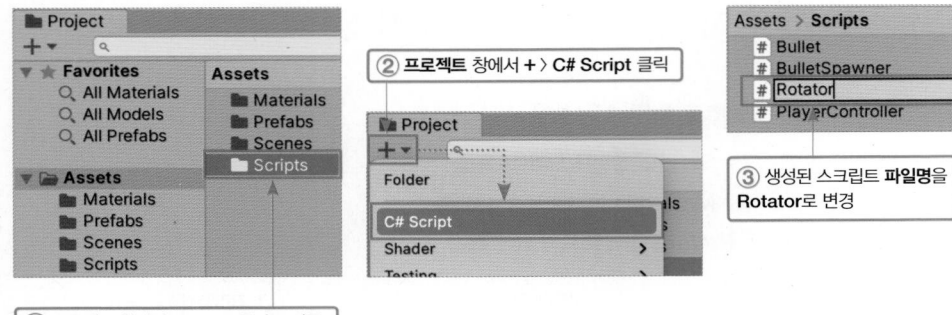

▶ Rotator 스크립트 생성

생성된 Rotator 스크립트를 더블 클릭하여 열고 편집을 시작합니다.

먼저 회전 속도를 나타내는 변수가 필요합니다. 그리고 회전 속도 값을 통해 실제로 회전하는 처리를 구현합니다. 두 사항을 Rotator 스크립트에 작성합니다.

[과정 02] Rotator 스크립트에 변수 선언

① **Rotator** 스크립트를 열고 다음과 같이 수정

```
using System.Collections;
using System.Collections.Generic;
using UnityEngine;

public class Rotator : MonoBehaviour {
    public float rotationSpeed = 60f;

    void Update() {
        transform.Rotate(0f, rotationSpeed, 0f);
    }
}
```

선언된 변수 rotationSpeed는 게임 오브젝트가 1초에 Y축 기준으로 몇 도 회전할지 나타냅니다. 초깃값으로 60을 할당했습니다.

게임 오브젝트를 회전시키는 데 트랜스폼 컴포넌트에 내장된 Rotate() 메서드를 사용했습니다.

```
Rotate(float xAngle, float yAngle, float zAngle)
```

Transform 타입의 Rotate() 메서드는 입력값으로 X, Y, Z축에 대한 회전값을 받고, 현재 회전 상태에서 입력된 값만큼 상대적으로 더 회전합니다.

따라서 Update() 메서드에서 사용된 transform.Rotate(0f, rotationSpeed, 0f);는 한 번에 Y축을 기준으로 자신의 게임 오브젝트를 rotationSpeed(60도)만큼 회전합니다. 즉, 방금 완성한 Rotator 스크립트는 (Update()가 실행될 때마다) 매 프레임마다 60도 회전합니다.

이것은 '1초에 60도'가 아니라 '한 번에 60도'를 회전하는 문제가 있는 코드입니다. 그 이유는 테스트를 한 다음에 알아보겠습니다.

[Ctrl+S]로 스크립트를 저장하고 유니티 에디터로 돌아갑니다. 스크립트를 적용하고 테스트합니다.

[과정 03] Rotator 스크립트 적용

① **Rotator** 스크립트를 **하이어라키** 창의 **Level** 게임 오브젝트로 **드래그&드롭**

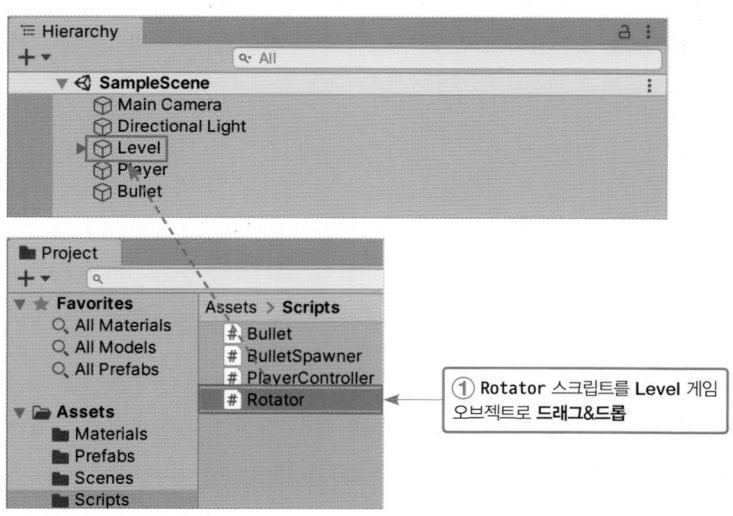

▶ Rotator 스크립트 적용

스크립트를 적용한 다음 플레이 버튼을 눌러 테스트해봅니다. 비정상적인 빠른 속도로 Level 게임 오브젝트가 회전합니다. 이것은 우리가 의도한 동작이 아닙니다.

▶ 비정상적으로 빠른 회전

플레이 버튼을 다시 눌러 플레이 모드를 해제하고 이유를 생각해봅시다. 의도와 다르게 바닥은 1초에 60도 회전하지 않습니다. 컴퓨터 성능에 따라서는 1초에 3600도 이상 엄청나게 빠른 속도로 회전합니다.

작성한 코드의 문제는 transform.Rotate(0f, rotationSpeed, 0f)가 **1초에 60도** 회전하는 코드가 아니라 **한 번(한 프레임)에 60도** 회전한다는 겁니다. 그리고 한 번에 60도 회전하는 코드를 Update() 메서드로 1초에 60번 이상 실행했습니다.

8.2.2 속도와 시간 간격

Update() 메서드는 게임 화면(프레임)이 한 번 갱신될 때 1회 실행됩니다. Update() 메서드는 평균적으로 1초에 60번 실행됩니다. 하지만 이것은 평균일 뿐 게임 화면을 갱신하는 주기는 컴퓨터 성능에 의존적이라서 Update()가 1초에 몇 번 실행될지는 알 수 없습니다.

따라서 Update() 메서드에서 초당 이동 속도나 회전 속도 등 시간과 관련된 수치를 다룰 때는 시간 간격을 고려해야 합니다. 그렇지 않으면 컴퓨터 성능에 따라 같은 코드가 다르게 동작할 수 있습니다. 이 문제와 관련된 흔한 현상으로 PC 게이머들이 '프레임 제한'을 해제했을 때 발생하는 문제가 있습니다.

프레임 제한 해제

PC와 달리 엑스박스, 플레이스테이션 같은 콘솔 게임기는 기기의 사양이 정확하게 정해져 있어서 PC보다 초당 프레임을 상대적으로 정확하게 추측할 수 있습니다. 따라서 많은 콘솔 게임이 초당 30프레임이나 초당 60프레임으로 제한된 고정 프레임을 주로 사용합니다. 그런데 몇몇 콘솔 게임은 PC로 출시될 때 프레임 제한을 그대로 유지하는 경우가 있습니다. 그러면 고성능 PC라 해도 프레임 제한 이상으로 초당 프레임을 높일 수 없어 고사양 PC 게이머들은 불만이 생깁니다.

몇몇 PC 게이머는 게임 파일을 수정하거나 해킹 프로그램을 사용하여 프레임 제한을 강제로 해제하기도 합니다. 그러면 고사양 PC에서 본래의 고정 프레임 이상으로 초당 프레임을 높여 게임을 부드럽게 즐길 수 있습니다.

그런데 일부 게임은 프레임 제한을 해제하면 게임 속 물체들의 속도가 몇 배 빨라지거나 물리 상호작용이 비현실적으로 변경되어 게임을 정상적으로 진행하기 힘들어지기도 합니다. 이것은 해당 게임이 고정 프레임을 기준으로 만들어졌기 때문입니다.

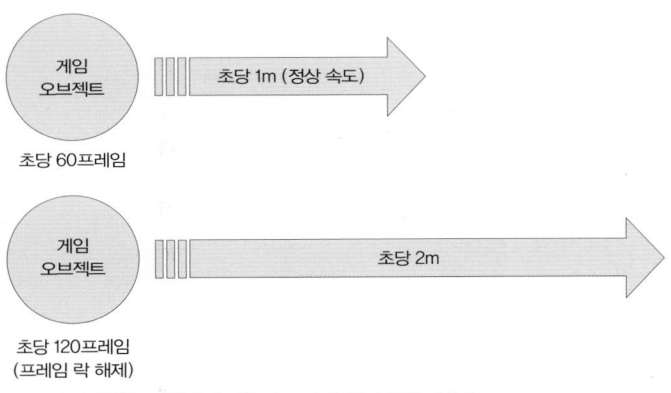

▶ 프레임 제한을 해제하면 이동 속도가 엄청나게 빨라진다

고정 프레임이 60인 게임을 가정해봅시다. 개발자는 초당 프레임이 60으로 고정되어 있으므로 어떤 게임 오브젝트가 1초 동안 1미터를 이동해야 한다면 Update() 메서드에서 한 번에 1/60 미터를 이동하도록 작성합니다.

```
void Update() {
    // 한 번에 1/60미터 이동
}
```

초당 프레임이 60이면 Update() 메서드도 1초에 60번 실행됩니다. 한 번에 1/60미터를 이동하는 코드가 1초 동안 60번 누적 실행되면 총 1미터를 이동합니다.

1/60미터 x 60번 = 1미터

그런데 강제로 프레임 제한을 해제하여 1초에 120번 게임 화면을 갱신한다고 가정해봅시다. 1초에 1미터 이동하던 게임 오브젝트가 1초에 2미터 이동합니다. Update() 메서드가 1초에 120번 실행되기 때문입니다.

1/60미터 x 120번 = 2미터

초당 프레임이 서로 다른 컴퓨터

결론적으로 Update() 메서드 안에 작성된 코드는 초당 프레임이 다른 경우를 고려해야 합니다. 이전에 작성한 Update() 메서드와 비슷한 예를 들어 문제 해결 방법을 알아봅시다.

다음과 같은 두 대의 컴퓨터가 있다고 하겠습니다.

- **A 컴퓨터** : 성능이 낮아 **1초에 60번** 게임 화면 갱신
- **B 컴퓨터** : 성능이 좋아 **1초에 120번** 게임 화면 갱신

그리고 각 컴퓨터에서 **초당 60도 회전을 의도하고** 아래 코드를 동작시켰다고 가정합니다.

```
void Update() {
    transform.Rotate(0f, 60f, 0f);
}
```

위 코드는 **한 번에 Y축으로 60도 회전**시킵니다. 그리고 이 코드는 **1초에 수십 번 실행**됩니다.

그러므로 **1초 동안 위 코드를 실행한 경우**

- A 컴퓨터 : (**60**도 회전) X (1초에 **60번** 실행) = 총 **3600**도 회전
- B 컴퓨터 : (**60**도 회전) X (1초에 **120번** 실행) = 총 **7200**도 회전

의도와 다르게 매우 빠르게 회전하며 컴퓨터 성능에 따라 결과가 다르게 나옵니다. 이것을 해결하는 방법은 '**시간 간격으로 쪼개서 누적하는 것**'입니다. 이것이 무슨 의미인지 봅시다.

정답부터 이야기하자면 초당 프레임의 역수를 회전값에 곱합니다. 1초에 코드가 실행되는 횟수 60에 역수를 취하면 1/60입니다. 이렇게 구한 1/60은 직전 프레임과 현재 프레임 사이의 시간 간격이 됩니다. 그리고 해당 값을 회전 속도인 60도에 곱합니다. 그러면 1초 동안 원래 의도했던 초당 회전값이 나옵니다.

(60도 회전) X (**1/60**) X (60번 실행) = 총 **60**도 회전

따라서 A 컴퓨터와 B 컴퓨터 모두 1초 동안 60도 회전하게 하는 방법은 다음과 같습니다.

- A 컴퓨터 : (60도 회전) X (**1/60**) X (1초에 **60**번 실행) = 총 **60**도 회전
- B 컴퓨터 : (60도 회전) X (**1/120**) X (1초에 **120**번 실행) = 총 **60**도 회전

이것을 좀 더 다르게 이해해보자면 '원래 값을 조각낸 다음 누적해서 더하는 것'으로 볼 수 있습니다.

Update( )가 1초에 60번 실행되는 환경을 기준으로 설명하면

1. 60도를 실행횟수인 60조각으로 나누기(1/60 곱하기) → 1조각은 1도
2. Update( )가 1초 동안 60번 실행 → 한 번에 1조각(1도)씩 60번 누적
3. 1초 동안 누적된 회전은 60도

이 방법은 Update( ) 메서드가 1초에 몇 번 실행되든 상관없이 적용할 수 있습니다. 결론은 초당 프레임의 역수를 취한 값(프레임의 주기)을 곱하면 '한 번에 x만큼 이동'에서 '1초 동안 x만큼 이동'을 구현할 수 있습니다.

7.5.4절 'Time.deltaTime'에서 이전 프레임과 현재 프레임(이전 Update( )와 현재 Update( ) 실행 시점) 사이의 시간 간격은 Time.deltaTime으로 제공된다는 사실을 배웠습니다. Time. deltaTime 값은 프레임의 주기이자 초당 프레임에 역수를 취한 값입니다. Time.deltaTime을 사용하여 지금까지 설명한 해결 방법을 구현할 수 있습니다.

8.2.3 Rotator 스크립트 수정

Rotator 스크립트를 다시 열고 Update( ) 메서드를 수정합니다.

① **Rotator** 스크립트의 **Update( )** 메서드를 다음과 같이 수정

```
void Update() {
    transform.Rotate(0f, rotationSpeed * Time.deltaTime, 0f);
}
```

이것으로 Rotator 스크립트가 완성되었습니다. **[Ctrl+S]**로 Rotator 스크립트를 저장하고 유니티로 돌아갑니다.

플레이 버튼을 눌러 씬을 테스트해보면 Level 게임 오브젝트가 이전과 달리 정상적인 속도로 회전할 겁니다. 동작을 확인했으면 플레이 모드를 해제하고 **[Ctrl+S]**로 씬을 저장합니다.

8.3 게임 UI 제작

여기서는 생존 시간, 게임오버, 최고 기록을 표현하는 UI를 만듭니다.

이전의 게임 엔진들은 게임 월드와 UI를 별개의 공간으로 다루는 경우가 많았습니다. 게임 월드(씬)에는 플레이어나 몬스터 등의 게임 오브젝트가 구성되고, 그것에 대한 정보를 표시하는 UI는 게임 오브젝트가 아닌 별개의 존재로 별개의 공간에서 다루는 경우가 많았습니다.

반대로 유니티의 UI 시스템[1]은 UI 요소를 게임 월드 속의 게임 오브젝트로 취급합니다. 즉, 하나의 UI 요소는 씬 속의 하나의 게임 오브젝트가 됩니다. UI 게임 오브젝트를 씬 내부에서 편집합니다. 그러므로 일반 게임 오브젝트를 다루는 방법과 같은 방법으로 UI 게임 오브젝트를 다룰 수 있다는 강력한 장점이 있습니다.

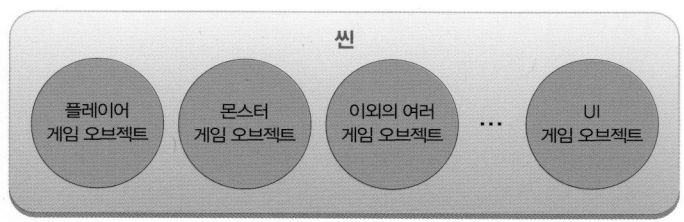

▶ 유니티에서는 **UI**도 게임 오브젝트

---

1 UGUI라고 부르기도 합니다.

그러면 유니티 UI 시스템을 사용하여 닷지 게임의 UI를 완성해봅시다.

8.3.1 생존 시간 텍스트 제작

닷지에서는 탄알을 피해 생존한 시간이 점수와 같은 의미를 가집니다. 따라서 게임이 시작된 지 몇 초가 지났는지 표시할 UI가 필요합니다.

그러면 씬 편집 모드를 2D 모드로 바꿔 UI를 편집하기 쉽게 하고, 시간을 표시하는 UI 텍스트 Text 게임 오브젝트를 만들어봅시다.

[과정 01] UI 텍스트 만들기

① 씬 창에서 **2D** 버튼 클릭 → 2D 편집 모드로 전환됨
② **하이어라키** 창에서 **+** 〉 **UI** 〉 **Legacy** 〉 **Text** 클릭
③ **하이어라키** 창에서 **Canvas** 더블 클릭 → 씬 창에서 Canvas가 포커스됨

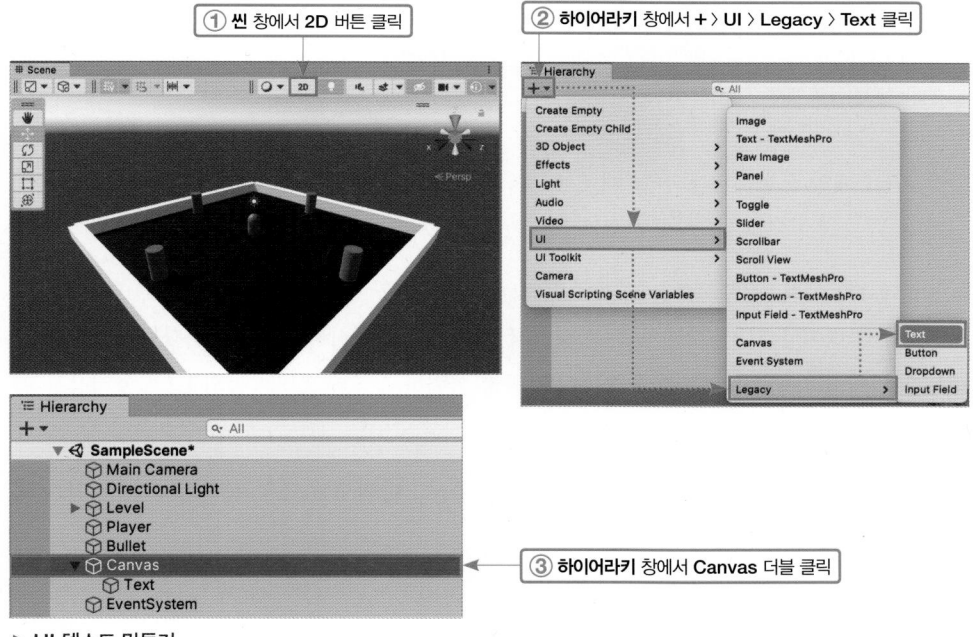

▶ UI 텍스트 만들기

Text 게임 오브젝트를 만드는 순간 총 세 개의 게임 오브젝트가 생성되는 것에 주목합니다. 텍스트Text뿐만 아니라 캔버스Canvas와 이벤트 시스템EventSystem 게임 오브젝트가 함께 생성됩니다.

캔버스와 이벤트 시스템

Text 게임 오브젝트는 Canvas 게임 오브젝트의 자식 오브젝트로 설정되어 있습니다. UI 요소들은 캔버스의 2차원 평면에 배치되기 때문입니다. UI 게임 오브젝트는 일반 게임 오브젝트와 달리 트랜스폼 컴포넌트를 확장한 사각 트랜스폼Rect Transform 컴포넌트를 가집니다. 즉, UI 요소는 자신이 배치될 2차원의 액자가 필요하고 Canvas 게임 오브젝트는 UI 요소가 배치될 수 있는 액자 역할을 합니다.

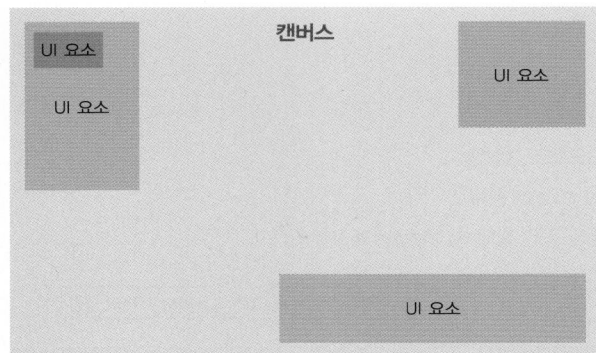

▶ 캔버스는 UI들의 액자

따라서 UI 게임 오브젝트를 만들 때 Canvas 게임 오브젝트가 씬에 없다면 자동으로 하나 생성됩니다. 그리고 모든 UI 게임 오브젝트는 Canvas 게임 오브젝트의 자식이 되어야 합니다.

EventSystem 게임 오브젝트는 이벤트 시스템 컴포넌트를 가진 게임 오브젝트로, UI 게임 오브젝트에 클릭이나 터치, 드래그 같은 상호작용을 이벤트 메시지로 전달합니다. 이 게임 오브젝트가 씬에 없다면 UI 버튼이나 슬라이드 바를 클릭하고 드래그하는 등의 UI 상호작용을 할 수 없습니다.

EventSystem 게임 오브젝트는 별다른 설정을 요구하지 않고 스스로 동작합니다. 우리가 직접 수정할 일은 거의 없습니다.

8.3.2 텍스트 배치

생성된 Text 게임 오브젝트의 위치는 독자마다 모두 다를 겁니다. 일부 독자는 하얀 실선으로 보이는 캔버스 영역 바깥쪽에 Text 게임 오브젝트가 배치되어 있을 수도 있습니다. 그래서 Text 게임 오브젝트가 씬 창이나 게임 창에서 보이지 않을 수 있습니다.

따라서 Text 게임 오브젝트의 이름을 변경하고 캔버스 중앙 상단으로 정렬하여 배치하겠습니다. 그러면 게임 화면 중앙 상단에 보일 겁니다. UI 게임 오브젝트를 정렬할 때는 앵커프리셋을 사용합니다.

하이어라키 창에서 Text 게임 오브젝트를 선택하고 다음 과정을 따라 합니다.

[과정 01] UI 텍스트 정렬하기

① **Text** 게임 오브젝트의 **이름**을 **Time Text**로 변경
② **인스펙터** 창에서 **앵커 프리셋** 클릭 → 앵커 프리셋 창이 열림
③ **[Alt]** 키를 누른 상태에서 **top-center** 클릭

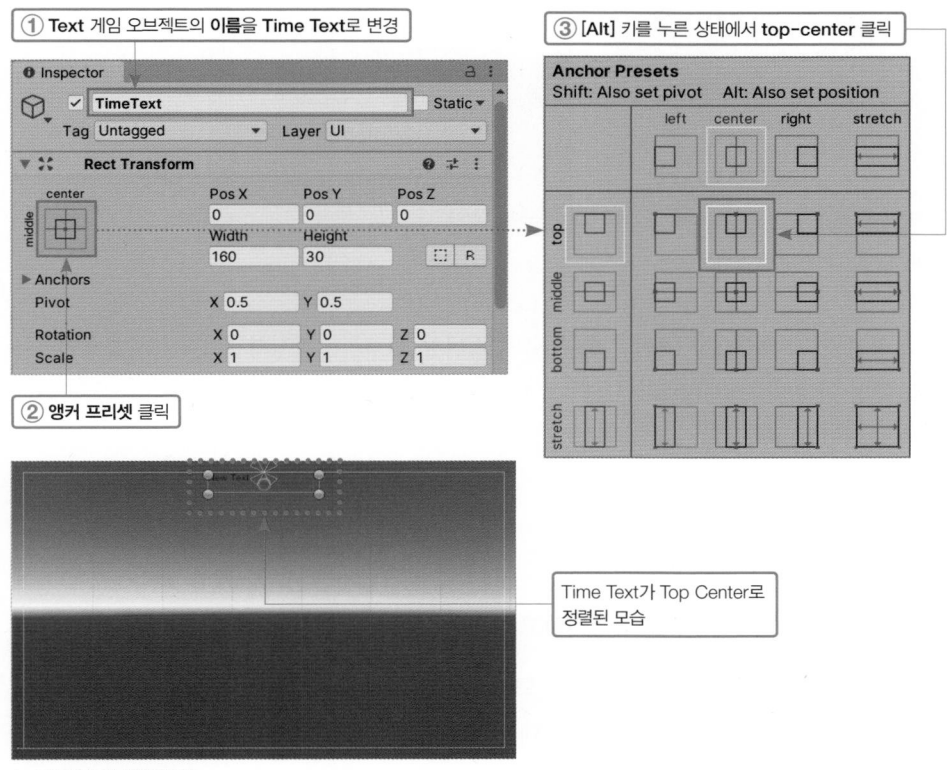

▶ UI 텍스트 정렬하기

이제 씬 창의 캔버스와 게임 창의 게임 화면에서 Time Text 게임 오브젝트가 캔버스 상단 중앙 Top Center에 배치됩니다.

앵커 프리셋(Anchor Presets)

UI 요소를 잘 배치하기 위해서는 앵커^{Anchor}, 피벗^{Pivot}, 포지션^{Position}값을 조정해야 합니다. 앵커 프리셋은 자주 사용되는 앵커, 피벗, 포지션값을 제공하여 UI 배치를 편하게 해주는 설정 모음 창입니다.

| [Alt] 키를 누르지 않았을 때(스냅핑 비활성화) | [Alt] 키를 누르고 있는 동안(스냅핑 활성화) |

▶ 스냅핑이 활성화된 앵커 프리셋

앵커 프리셋을 연 상태에서 **[Alt]** 키를 누르면 스냅핑^{Snapping}이 활성화됩니다. 이 상태에서는 앵커값 뿐만 아니라 포지션값도 변경되며, UI 게임 오브젝트가 해당 방향의 모서리에 달라붙는 형태로 정렬됩니다.

8.3.3 텍스트 꾸미기

UI 텍스트를 배치했으니 텍스트 내용과 폰트 색깔을 변경합시다. Text 게임 오브젝트에 추가된 텍스트 컴포넌트가 UI 텍스트로 동작하고 출력되는 내용을 결정합니다.

텍스트 컴포넌트의 Text 필드에는 UI 텍스트로 표시할 문자열이 할당됩니다. 그러므로 텍스트 컴포넌트의 Text 필드를 수정하면 표시할 텍스트 내용을 변경할 수 있습니다.

〔과정 01〕 Time Text의 텍스트 변경하기

① **Time Text** 게임 오브젝트의 **Text** 컴포넌트의 **Text** 필드 내용을 **Time : 0**으로 변경
② **Text** 컴포넌트의 **Alignment**를 **Center, Middle**로 변경
③ **Color** 필드 클릭 〉 폰트 컬러를 **하얀색(255, 255, 255)**으로 변경

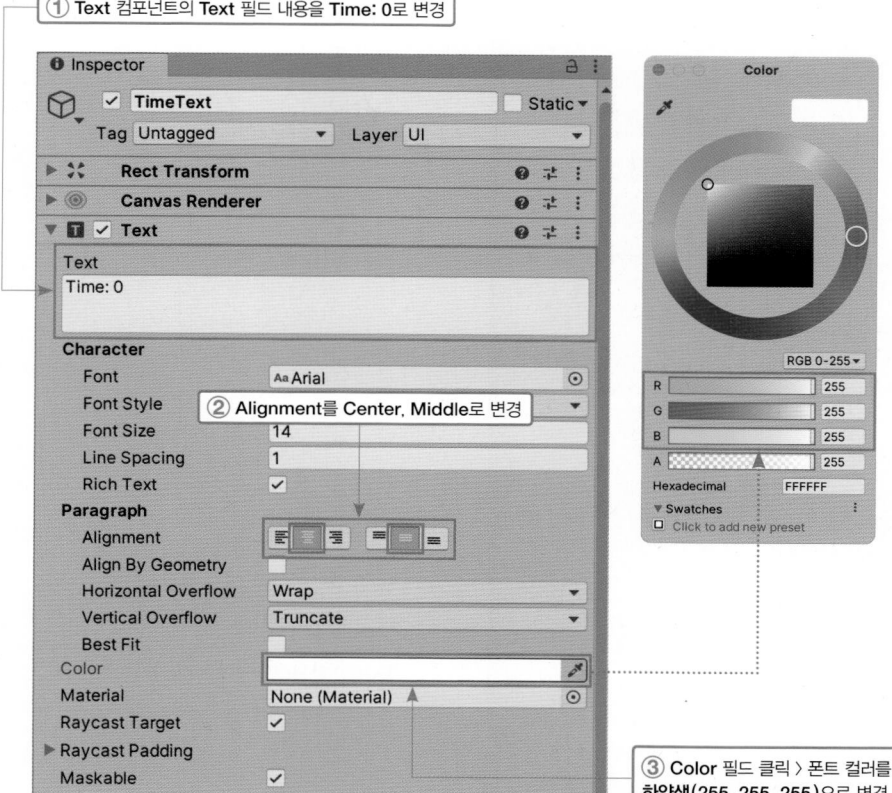

① Text 컴포넌트의 Text 필드 내용을 Time: 0로 변경

② Alignment를 Center, Middle로 변경

③ Color 필드 클릭 〉 폰트 컬러를
하얀색(255, 255, 255)으로 변경

▶ Time Text의 텍스트 변경하기

이것으로 Time: 0이라는 글자가 게임 화면에 하얀색으로 표시됩니다. 이외에도 텍스트 컴포넌트의 정렬Alignment 필드를 Center와 Middle로 변경하여 텍스트 컴포넌트의 글상자 정중앙에 텍스트가 표시되게 했습니다.

이제 텍스트 위치를 조금 내리고, 폰트 크기를 키우고, 그림자 효과를 추가하여 글자가 더욱 잘 보이도록 만듭니다.

[과정 02] Time Text의 폰트 크기 키우기

① **Rect Transform** 컴포넌트의 **Pos Y**를 **−30**으로 변경
② **Text** 컴포넌트의 **Font Size**를 **42**로 변경
③ **Horizontal Overflow**와 **Vertical** Overflow를 Overflow로 변경

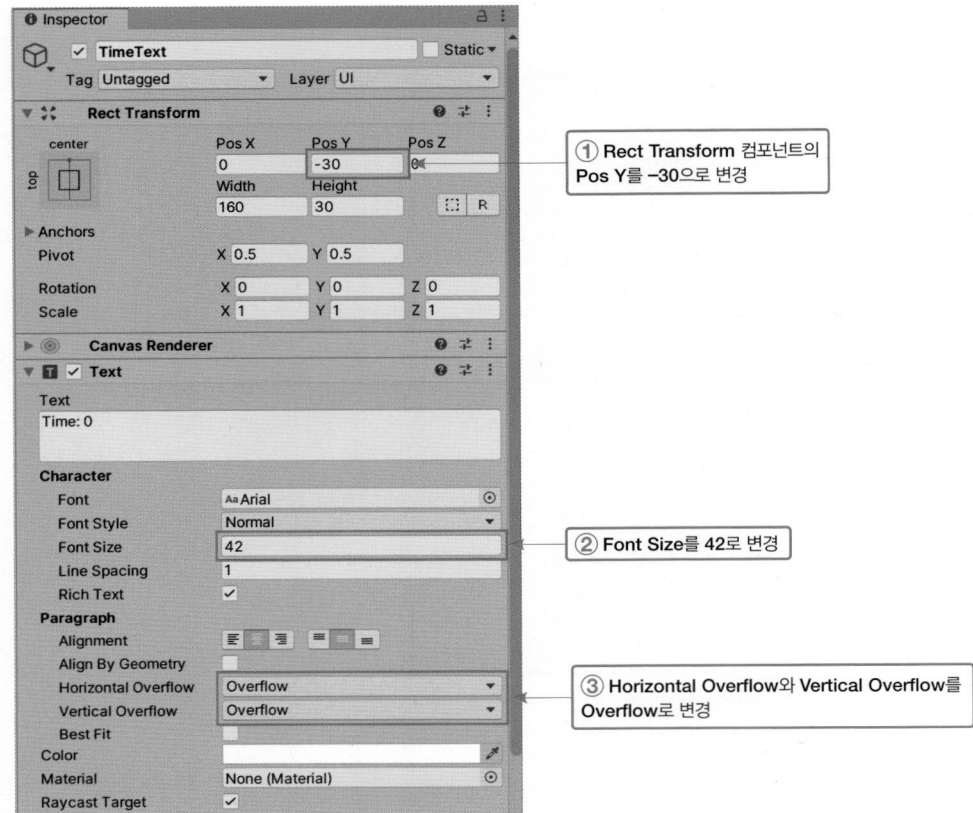

① Rect Transform 컴포넌트의 Pos Y를 −30으로 변경

② Font Size를 42로 변경

③ Horizontal Overflow와 Vertical Overflow를 Overflow로 변경

▶ Time Text의 폰트 크기 늘리기

Horizontal Overflow와 Vertical Overflow

과정 02에서 폰트 크기$^{Font Size}$를 42로 증가시키면 글자가 글상자를 넘쳐서 잘리기 때문에 텍스트가 보이지 않게 됩니다. 이와 같이 표시할 글자 크기가 너무 크거나 표시할 글자 수가 너무 많으면 글이 글상자를 넘치게(오버플로) 됩니다.

텍스트 컴포넌트의 수평 오버플로$^{Horizontal Overflow}$와 수직 오버플로$^{Vertical Overflow}$는 글이 글상자를 넘칠 경우 해당 방향으로의 글자를 잘라낼 것인지 혹은 그대로 넘치게 표시할 것인지 결정합니다.

수평 오버플로의 기본값인 랩핑^{Wrap}은 글자가 수평 방향으로 글상자를 넘칠 때 강제로 줄바꿈을 적용합니다. 랩핑 대신 오버플로를 선택하면 수평 방향으로 글상자를 벗어난 글자들이 줄바꿈하지 않고 그대로 표시됩니다.

수직 오버플로의 기본값인 자르기^{Truncate}는 글자가 수직 방향으로 글상자를 넘칠 때 넘친 글자들을 잘라냅니다. 자르기 대신 오버플로를 선택하면 수직 방향으로 글상자를 벗어난 글자들을 잘라내지 않고 그대로 표시합니다.

그림자 효과 추가

마지막으로 텍스트가 잘 보이도록 그림자 효과를 추가합니다.

[과정 01] 그림자 효과 추가

① **Time Text** 게임 오브젝트에 **Shadow** 컴포넌트 추가(**Add Component** 〉 **UI** 〉 **Effects** 〉 **Shadow** 클릭)

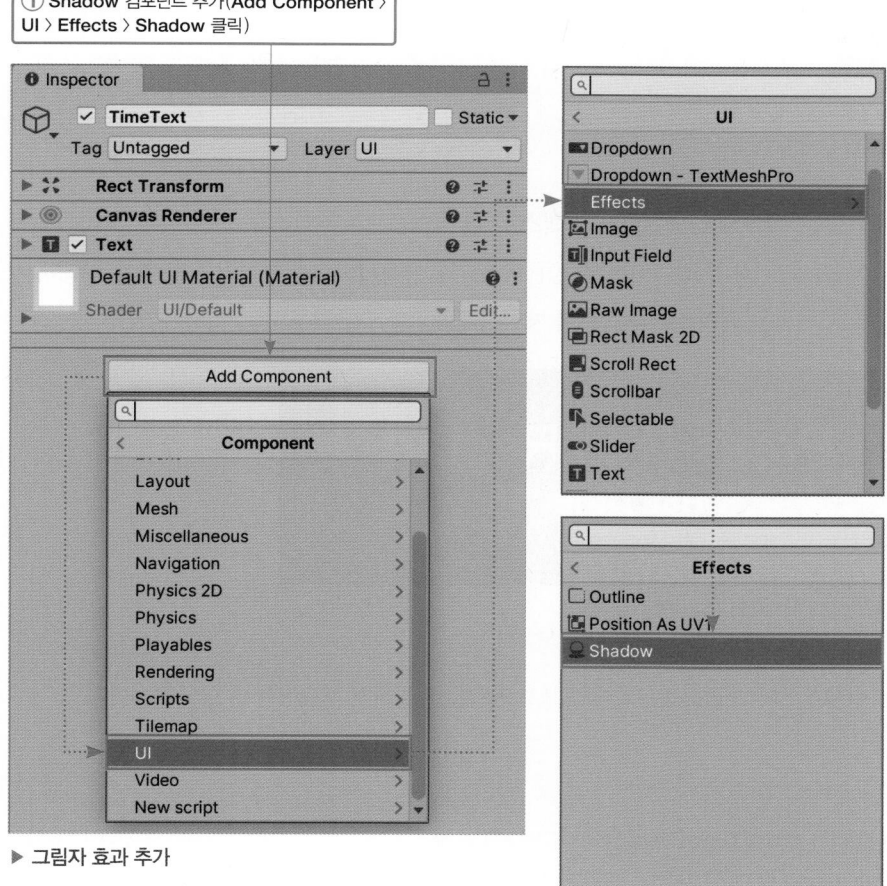

▶ 그림자 효과 추가

방금 추가한 그림자Shadow 컴포넌트는 자신이 추가된 UI 게임 오브젝트에 그림자 효과를 추가합니다. 이제 Time Text 게임 오브젝트에 그림자 효과가 추가되어 글자가 이전보다 더욱 잘 보이게 됩니다.

이것으로 시간을 표시하기 위한 UI 텍스트 게임 오브젝트인 Time Text를 완성했습니다.

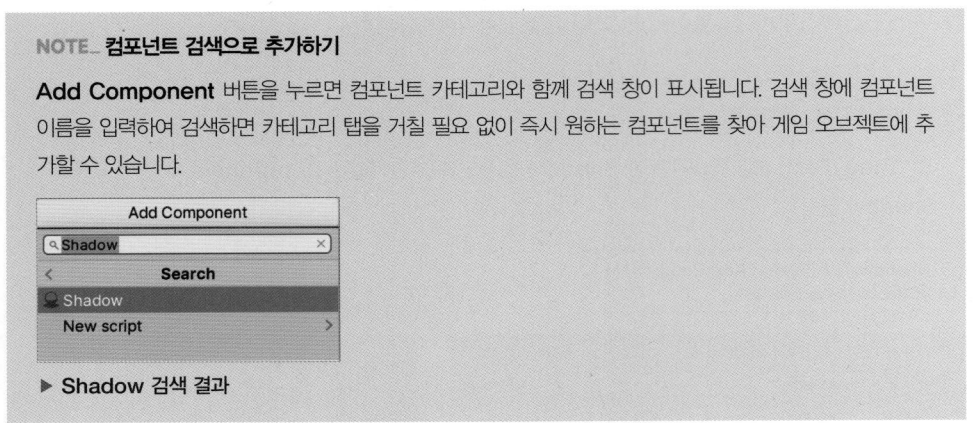

NOTE 컴포넌트 검색으로 추가하기

Add Component 버튼을 누르면 컴포넌트 카테고리와 함께 검색 창이 표시됩니다. 검색 창에 컴포넌트 이름을 입력하여 검색하면 카테고리 탭을 거칠 필요 없이 즉시 원하는 컴포넌트를 찾아 게임 오브젝트에 추가할 수 있습니다.

▶ Shadow 검색 결과

8.3.4 게임오버 텍스트와 최고 기록 텍스트

이번에는 게임오버되었을 때 활성화할 UI 텍스트를 만듭니다. 게임 재시작 방법을 안내하는 텍스트와 최고 기록을 표시하는 텍스트를 제작하겠습니다.

▶ 게임 재시작 안내 텍스트와 최고 기록 텍스트

이들은 직전에 완성한 Time Text 게임 오브젝트를 복제해서 재활용하여 만들겠습니다.

[**과정 01**] Gameover Text 만들기

① **하이어라키** 창에서 **Time Text** 선택 > **[Ctrl+D]**를 눌러 복제
② **Time Text (1)** 게임 오브젝트 **이름을** Gameover Text로 변경
③ **Gameover Text** 게임 오브젝트의 **Text** 컴포넌트의 **Text** 필드 값을 **Press R to Restart**로 변경

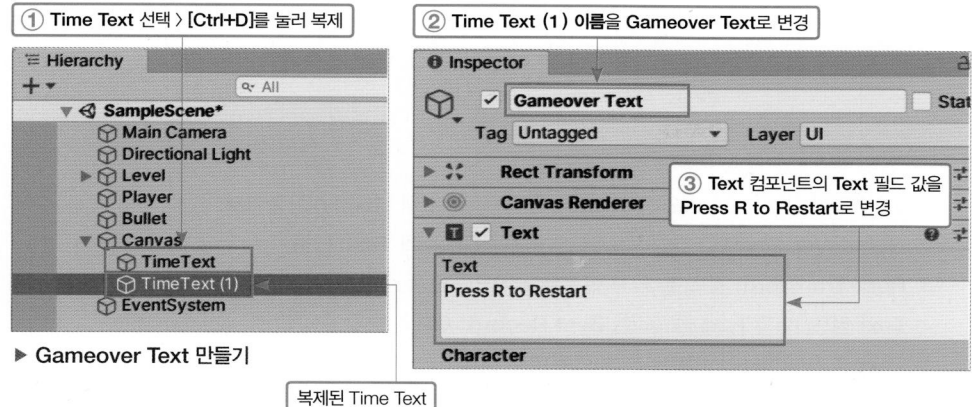

▶ Gameover Text 만들기

① Time Text 선택 > [Ctrl+D]를 눌러 복제

② Time Text (1) 이름을 Gameover Text로 변경

③ Text 컴포넌트의 Text 필드 값을 Press R to Restart로 변경

복제된 Time Text

이어서 Gameover Text 게임 오브젝트의 텍스트를 화면 정중앙에 배치합니다.

[과정 02] Gameover Text를 화면 정중앙에 배치하기

① 앵커 프리셋 클릭 → 앵커 프리셋 창이 나타남

② [Alt] 키를 누른 상태에서 middle-center 클릭

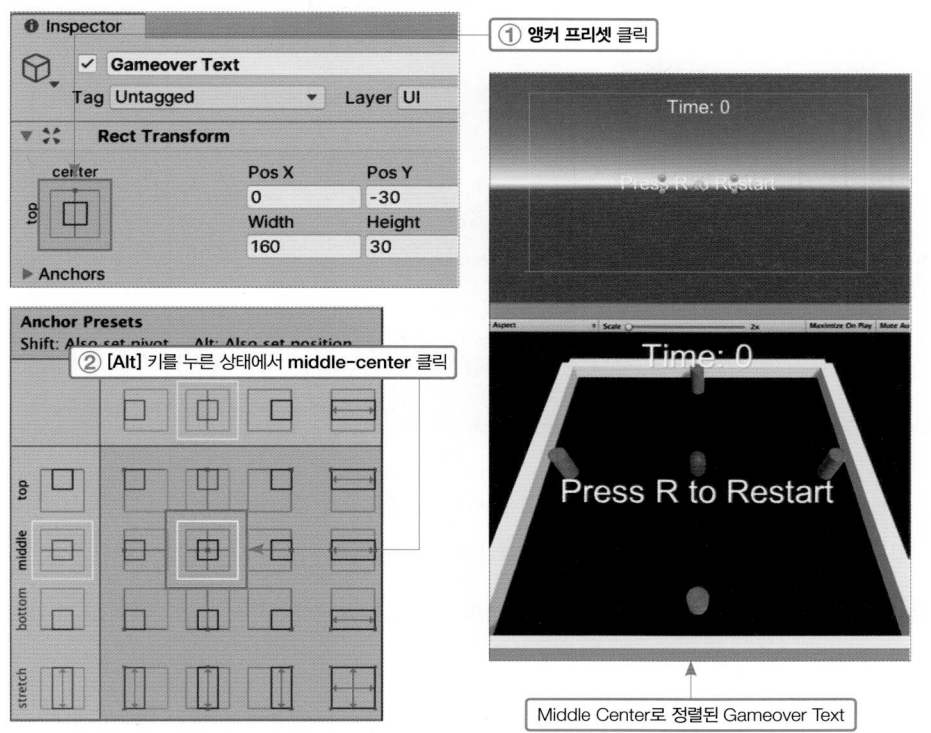

① 앵커 프리셋 클릭

② [Alt] 키를 누른 상태에서 middle-center 클릭

Middle Center로 정렬된 Gameover Text

▶ Gameover Text를 화면 정중앙에 배치하기

이제 게임 창을 확인해보면 화면 중앙에 게임오버 시 표시할 Press R to Restart 텍스트가 보입니다. 이어서 최고 기록을 표시하기 위한 UI 텍스트도 만들겠습니다.

[과정 03] Record Text 만들기

① **하이어라키** 창에서 **Gameover Text** 게임 오브젝트 선택 〉 [Ctrl+D]로 복제
② **Gameover Text (1)** 게임 오브젝트의 **이름을** Record Text로 변경
③ **Rect Transform** 컴포넌트의 **Pos Y**를 −40으로 변경
④ **Text** 컴포넌트의 **Text** 필드 값을 **Best Record : 0**으로 변경
⑤ **Text** 컴포넌트의 **Font Size**를 30으로 변경

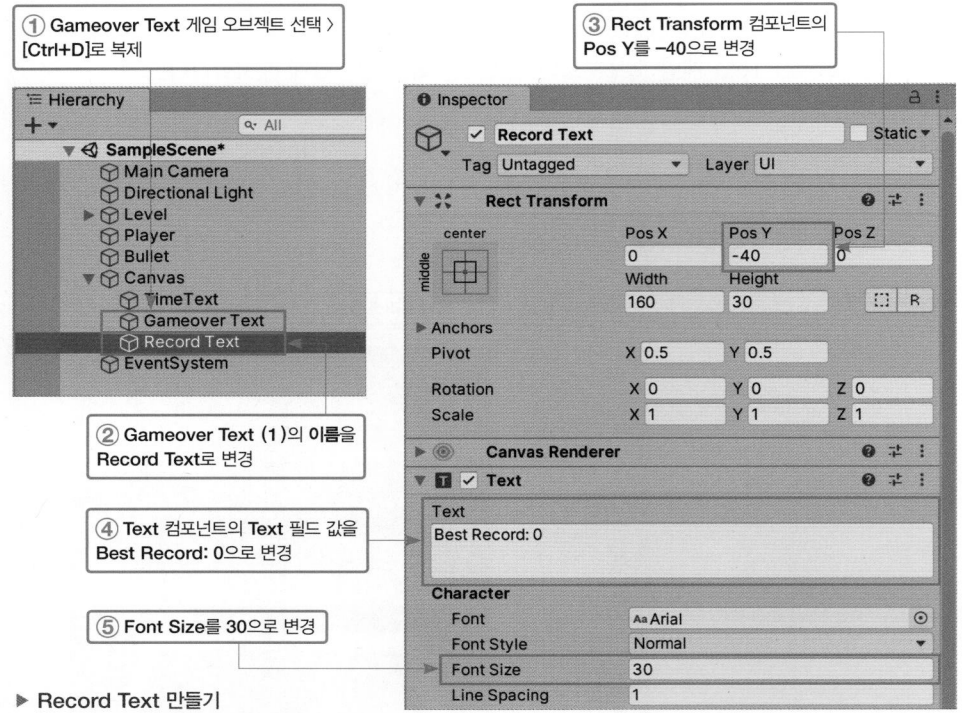

▶ Record Text 만들기

최고 기록 텍스트는 게임오버되었을 때 게임오버 텍스트와 함께 출력되어야 합니다. 자식 게임 오브젝트는 부모 게임 오브젝트와 함께 활성화/비활성화됩니다.

따라서 Gameover Text 게임 오브젝트가 활성화/비활성화될 때 Record Text 게임 오브젝트가 함께 활성화/비활성화될 수 있도록 Record Text 게임 오브젝트를 Gameover Text 게임 오브젝트의 자식으로 만들어야 합니다.

① **하이어라키** 창에서 **Record Text**를 **Gameover Text**로 드래그&드롭

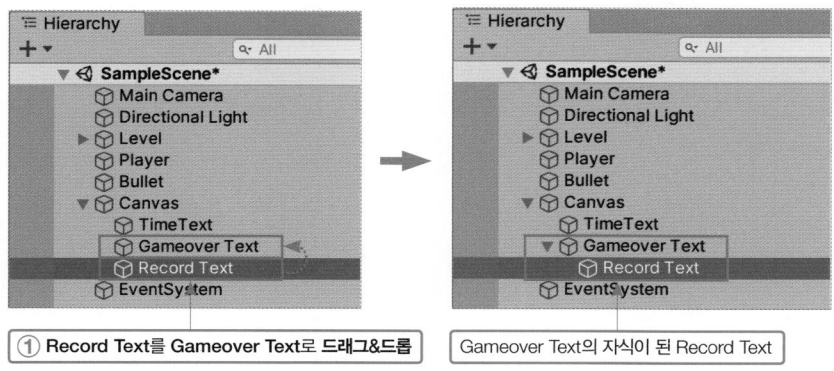

▶ Record Text를 Gameover Text의 자식으로 만들기

Time Text 게임 오브젝트는 항상 게임 화면에 출력되어야 합니다. 하지만 게임오버 시 활성화되는 Gameover Text 게임 오브젝트와 Record Text 게임 오브젝트는 평상시에는 비활성화되어 있어야 합니다.

따라서 Gameover Text 게임 오브젝트를 비활성화해둡니다. 하이어라키 창에서 Gameover Text 게임 오브젝트를 선택하고 아래 과정을 따라 합니다.

[과정 05] Gameover Text 비활성화

① **하이어라키** 창에서 **Gameover Text** 선택 > **인스펙터** 창에서 왼쪽 체크 박스 **체크 해제**

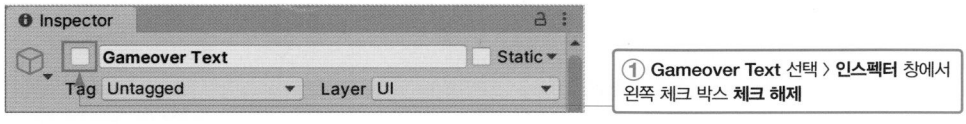

▶ Gameover Text 비활성화

이것으로 필요한 UI 게임 오브젝트를 모두 만들었습니다. 나중에 지금까지 완성한 UI 게임 오브젝트를 스크립트로 제어할 겁니다.

그러면 8.3.1절의 과정 01에서 UI를 편집하기 쉽게 하기 위해 클릭했던 씬 창의 2D 버튼을 다시 클릭해서 2D 뷰를 해제합니다. 그리고 **[Ctrl+S]**로 씬을 저장하고 다음 과정으로 넘어갑니다.

8.4 게임 매니저 제작

여기서는 게임의 규칙과 게임오버 상태를 표현하고, 생존 시간 등의 수치를 관리하고, 게임 UI를 갱신하는 게임 매니저Game Manager를 만듭니다.

닷지에서 만들 게임 매니저는 다음 기능을 가져야 합니다.

- 게임오버 상태 표현
- 생존 시간 갱신
- UI를 갱신하고 표시
- 게임오버 시 게임 재시작

8.4.1 GameManager 스크립트 준비

게임 매니저로서 동작할 GameManager 스크립트를 준비합니다.

[과정 01] GameManager 스크립트 만들기

① **프로젝트** 창의 **Scripts** 폴더에서 **+ > C# Script** 클릭
② 생성된 스크립트의 **이름**을 **GameManager**로 변경하고, 스크립트 **열기**

GameManager 스크립트는 UI 텍스트를 관리하고 게임을 재시작할 수 있어야 합니다. 따라서 가장 먼저 UI, 씬 관리와 관련된 코드를 using을 사용해 가져와야 합니다.

[과정 02] 필요한 라이브러리 가져오기

① **GameManager** 스크립트를 열고 전체 코드를 다음과 같이 수정

```
using System.Collections;
using System.Collections.Generic;
using UnityEngine;
using UnityEngine.UI; // UI 관련 라이브러리
using UnityEngine.SceneManagement; // 씬 관리 관련 라이브러리

public class GameManager : MonoBehaviour {
    void Start() {

    }
```

```
    void Update() {

    }
}
```

추가한 코드 중 `using UnityEngine.UI;`는 유니티 UI 시스템과 관련된 코드를 가져옵니다. 이 선언을 추가하지 않으면 UI 관련 컴포넌트를 변수로 선언하고 사용할 수 없습니다.

이어지는 `using UnityEngine.SceneManagement;`는 씬 관리자(SceneManager) 등이 포함된 씬 관리 관련 코드를 가져옵니다. 이 선언으로 게임 도중 씬을 재시작하는 기능을 작성할 수 있게 됩니다.

필요한 라이브러리를 모두 가져왔으니 이제 GameManager 스크립트에 필요한 변수와 메서드를 선언하겠습니다.

[과정 03] GameManager에 필요한 변수와 메서드 선언하기

① **GameManager** 스크립트를 다음과 같이 수정

```
using System.Collections;
using System.Collections.Generic;
using UnityEngine;
using UnityEngine.UI; // UI 관련 라이브러리
using UnityEngine.SceneManagement; // 씬 관리 관련 라이브러리

public class GameManager : MonoBehaviour {
    public GameObject gameoverText; // 게임오버 시 활성화할 텍스트 게임 오브젝트
    public Text timeText; // 생존 시간을 표시할 텍스트 컴포넌트
    public Text recordText; // 최고 기록을 표시할 텍스트 컴포넌트

    private float surviveTime; // 생존 시간
    private bool isGameover; // 게임오버 상태

    void Start() {
        // 생존 시간과 게임오버 상태 초기화
        surviveTime = 0;
        isGameover = false;
    }
```

```
    void Update() {

    }

    // 현재 게임을 게임오버 상태로 변경하는 메서드
    public void EndGame() {

    }
}
```

필요한 변수들을 선언하고 Start() 메서드를 완성했습니다. 그리고 게임오버 처리를 실행하는 EndGame() 메서드를 구현은 빼고 일단 선언만 추가해두었습니다. 수정한 스크립트를 살펴봅시다.

GameManager의 변수

추가된 변수들의 역할을 봅시다. 먼저 public 변수를 살펴봅니다.

- gameoverText : 게임오버 시 활성화할 텍스트 게임 오브젝트. Gameover Text를 할당할 겁니다.
- timeText : 생존 시간을 표시할 텍스트 컴포넌트. Time Text 게임 오브젝트의 Text 컴포넌트를 할당할 겁니다.
- recordText : 최고 기록을 표시할 텍스트 컴포넌트. Record Text 게임 오브젝트의 Text 컴포넌트를 할당할 겁니다.

여기서 timeText와 recordText는 텍스트 컴포넌트를 의미하는 Text 타입, gameoverText는 게임 오브젝트를 의미하는 GameObject 타입이라는 점에 주목합니다.

우리는 코드 상에서 어떤 게임 오브젝트의 컴포넌트를 해당 컴포넌트 타입의 변수에 할당하는 방법으로 사용할 수 있습니다. UI 컴포넌트도 예외가 아닙니다.

텍스트 컴포넌트가 표시하는 텍스트 내용을 변경하고 싶다면 텍스트 컴포넌트를 Text 타입의 변수에 할당합니다. 그리고 Text 타입에 내장된 text 필드에 접근하여 수정합니다. Text 타입의 text 필드는 우리가 인스펙터 창에서 편집했던 텍스트 컴포넌트의 Text 필드입니다.

따라서 Time Text 게임 오브젝트와 Record Text 게임 오브젝트의 텍스트 컴포넌트가 표시하는 내용을 실시간으로 변경하기 위해 이들에 대한 변수를 Text 타입으로 선언했습니다.

반대로, 게임오버 텍스트를 표시하는 Gameover Text 게임 오브젝트는 표시할 텍스트 내용이 변경되지 않습니다. Gameover Text 게임 오브젝트는 내용을 변경하지 않고 게임 오브젝트를 비활성화하거나 활성화하는 방식으로만 사용할 것이므로 GameObject 타입으로 선언했습니다.

그다음 private 변수를 살펴봅니다.

- surviveTime : 게임 시작 이후 현재까지 플레이어가 살아남은 시간
- isGameover : 게임오버 상태를 표현

surviveTime 값은 0으로 시작하여 플레이어가 살아 있는 동안 계속 갱신될 겁니다. isGameover의 값은 false로 시작하여 게임 도중 플레이어가 사망하여 게임오버 처리가 실행되면 true가 됩니다.

Start() 메서드

과정 03에서 수정한 Start() 메서드에는 surviveTime과 isGameover의 초깃값을 각각 지정해 주었습니다.

```
void Start() {
    surviveTime = 0;
    isGameover = false;
}
```

8.4.2 생존 시간 표시하기

이제 GameManager 스크립트에 생존 시간을 측정하고 표시하는 기능을 추가합니다.

게임이 시작되고 몇 초 지났는지는 Update() 메서드에서 surviveTime에 Time.deltaTime 값을 계속 더해서 누적함으로써 표현합니다. 그다음 timeText에 할당한 텍스트 컴포넌트의 Text 필드에 surviveTime 값을 이용해 생존 시간을 표시합니다.

[과정 01] 생존 시간 표시하기

① GameManager 스크립트의 Update() 메서드를 다음과 같이 수정

```
void Update() {
    // 게임오버가 아닌 동안
    if (!isGameover)
    {
        // 생존 시간 갱신
        surviveTime += Time.deltaTime;
        // 갱신한 생존 시간을 timeText 텍스트 컴포넌트를 이용해 표시
        timeText.text = "Time: " + (int) surviveTime;
    }
}
```

작성한 코드를 봅시다. 먼저 게임오버가 아닌 상태에서만 생존 시간을 갱신하도록 if 문을 사용했습니다.

```
if (!isGameover)
```

4장에서 !는 NOT이라고 읽으며 true를 false로, false를 true로 뒤집는 연산자라고 했습니다. 따라서 게임오버 상태를 나타내는 isGameover가 true일 경우 !isGameover는 false가 되어 if 문의 코드 블록이 동작하지 않습니다.

그다음 이어지는 if 문 블록의 코드는 게임오버가 되지 않은 동안 다음과 같은 일을 합니다.

- Time.deltaTime을 누적하여 생존 시간 surviveTime을 갱신
- timeText가 표시 중인 UI 텍스트 내용을 갱신된 생존 시간으로 변경

```
surviveTime += Time.deltaTime;
timeText.text = "Time: " + (int) surviveTime;
```

변수 timeText에는 Time Text 게임 오브젝트의 텍스트 컴포넌트를 할당할 것이기 때문에 timeText.text는 인스펙터 창에서 편집했던 Time Text 게임 오브젝트의 텍스트 컴포넌트의 Text 필드라는 점에 주목합니다.

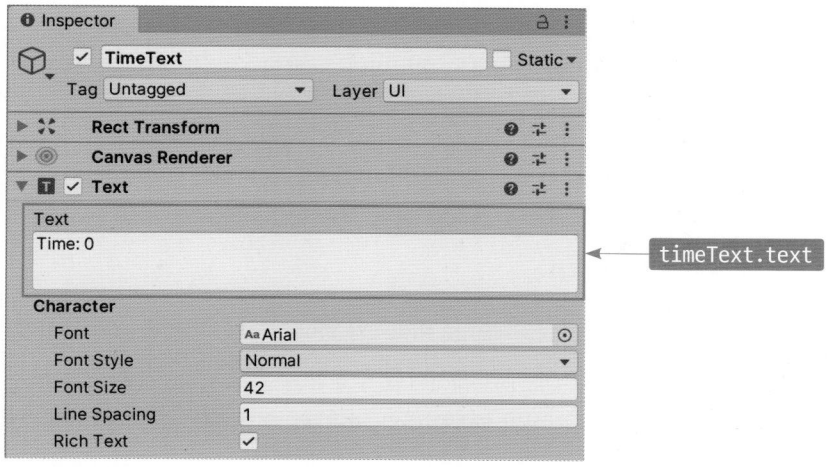

▶ timeText.text

인스펙터 창에 표시되는 컴포넌트의 공개된 필드들은 대부분 코드 상에서 접근하고 수정할 수 있습니다. 이전에 클래스에서 public으로 선언된 변수는 외부에서 접근 가능하며, 인스펙터 창에서 편집 가능하도록 표시된다고 했습니다. 즉, 인스펙터 창에서 편집 가능하도록 표시되는 컴포넌트의 필드 값들은 대부분 public으로 선언된 변수들입니다. 그리고 코드 상에서 해당 컴포넌트가 할당된 변수에서 점(.) 연산자로 접근할 수 있습니다.

예를 들어 Time Text 게임 오브젝트의 텍스트 컴포넌트의 폰트 사이즈를 접근해서 변경하고 싶다면 timeText.fontSize를 접근합니다. 폰트 컬러를 변경하고 싶다면 timeText.color를 접근합니다.

게임이 실행된 순간 처음에는 timeText.text 값이 앞서 인스펙터 창에서 할당한 "Time: 0"입니다. 우리가 작성한 코드는 Update()를 사용해 매 프레임마다 timeText.text에 할당된 이전 값을 지우고 "Time: " + (int)surviveTime을 할당한 겁니다.

여기서 (int)surviveTime은 float 타입의 surviveTime 값을 int 타입으로 형변환한 겁니다. 만약 텍스트를 갱신하는 코드를 timeText.text = "Time: " + surviveTime;이라고 작성했다면 surviveTime은 float 타입이므로 소수점 아래의 긴 숫자들이 그대로 표현됩니다.

따라서 텍스트를 표시할 때는 (int)surviveTime을 사용해 surviveTime 값을 정수로 형변환하여 소수점 아래를 잘라내고 표시했습니다.

8.4.3 게임 재시작 구현

isGameover가 true라는 것은 게임오버된 상태라는 의미입니다. 게임오버 상태에서는 특정 키를 눌러 게임을 재시작할 수 있어야 합니다.

게임을 재시작한다는 것은 현재 씬을 다시 로드한다는 의미입니다. 유니티에서 씬은 하나의 게임 월드입니다. 현재 활성화된 씬을 해제하고 새로운 씬을 로드하는 방식으로 어떤 게임 월드에서 다른 게임 월드로 전환할 수 있습니다.

새로운 씬이 로드되면 기존 씬에 있던 모든 게임 오브젝트가 파괴됩니다. 이것을 응용하면 현재 활성화된 씬을 다시 로드하는 방식으로 게임 재시작을 구현할 수 있습니다. 기존 씬의 모든 것을 지우고 같은 씬을 다시 로드하는 것이기 때문입니다. 따라서 닷지에서 게임 재시작을 구현하려면 현재 활성화된 SampleScene 씬을 다시 로드하면 됩니다.

GameManager 스크립트에 SampleScene 씬을 실시간으로 게임 도중에 로드하는 코드를 작성합시다.

[과정 01] SampleScene을 실시간으로 로드하기

① GameManager 스크립트의 Update() 메서드를 다음과 같이 수정

```
void Update() {
    // 게임오버가 아닌 동안
    if (!isGameover)
    {
        // 생존 시간 갱신
        surviveTime += Time.deltaTime;
        // 갱신한 생존 시간을 timeText 텍스트 컴포넌트를 이용해 표시
        timeText.text = "Time: " + (int) surviveTime;
    }
    else
    {
        // 게임오버 상태에서 R 키를 누른 경우
        if (Input.GetKeyDown(KeyCode.R))
        {
            // SampleScene 씬을 로드
            SceneManager.LoadScene("SampleScene");
        }
    }
}
```

작성한 코드를 살펴봅시다. 게임오버 상태에서 R 키를 누르면 SampleScene 씬을 다시 로드하는 방식으로 게임을 재시작하는 코드를 작성했습니다.

Update() 메서드가 실행될 때 isGameover가 true인 게임오버 상태라면 else 블록이 실행됩니다. 그리고 else 블록 내부에서 if (Input.GetKeyDown(KeyCode.R))을 이용해 R 키를 눌렀는지 감지합니다.

```
if (Input.GetKeyDown(KeyCode.R))
{
    SceneManager.LoadScene("SampleScene");
}
```

R 키를 눌렀다면 SceneManager.LoadScene("SampleScene");이 실행되어 SampleScene 씬이 로드됩니다.

SceneManager는 using UnityEngine.SceneManagement;로 가져온 유니티에 내장된 씬 관리자입니다. SceneManager의 LoadScene() 메서드는 입력으로 씬의 이름을 받아 해당 씬을 로드합니다.

```
SceneManager.LoadScene(string sceneName);
```

SampleScene 씬을 플레이하는 도중 SceneManager.LoadScene("SampleScene");이 실행되면 직전까지의 SampleScene 씬을 파괴하고 SampleScene 씬을 다시 로드합니다. 이것은 게임을 재시작하는 것과 같은 효과를 냅니다.

이것으로 게임오버 상태에서 게임을 재시작할 수 있는 기능을 구현했습니다.

> **NOTE_ 빌드에 등록된 씬**
>
> SceneManager.LoadScene() 메서드로 로드할 씬은 빌드 설정의 빌드 목록에 등록되어 있어야 합니다. 유니티 프로젝트를 생성할 때 자동 생성되는 SampleScene 씬은 빌드 목록에 자동 등록되어 있으므로 닷지를 만드는 동안 씬을 따로 빌드 목록에 추가할 필요는 없습니다.
>
> 빌드 설정 창과 빌드 목록은 유니티 상단 메뉴의 **File** > **Build Settings...**로 확인할 수 있습니다.

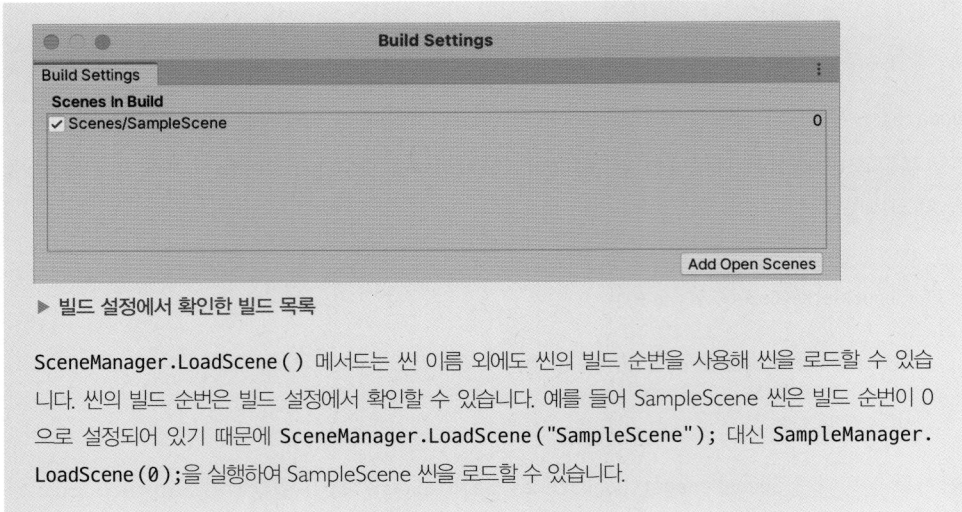

▶ 빌드 설정에서 확인한 빌드 목록

SceneManager.LoadScene() 메서드는 씬 이름 외에도 씬의 빌드 순번을 사용해 씬을 로드할 수 있습니다. 씬의 빌드 순번은 빌드 설정에서 확인할 수 있습니다. 예를 들어 SampleScene 씬은 빌드 순번이 0으로 설정되어 있기 때문에 SceneManager.LoadScene("SampleScene"); 대신 SampleManager.LoadScene(0);을 실행하여 SampleScene 씬을 로드할 수 있습니다.

8.4.4 EndGame() 구현

마지막으로 GameManager 스크립트에 현재 게임을 게임오버 상태로 만드는 EndGame() 메서드를 구현합니다. EndGame() 메서드는 플레이어가 죽을 때 실행되며, 현재 게임 상태를 게임오버 상태로 변경하고 게임오버 시 필요한 처리를 실행합니다.

EndGame() 메서드는 다음 기능을 가져야 합니다.

- 게임오버 상태 isGameover를 true로 변경
- 현재 생존 시간 기록과 최고 생존 시간 기록 비교
- 게임오버 UI를 활성화하고 최고 기록 표시

GameManager 스크립트에 구현된 EndGame() 메서드는 게임 매니저가 아니라 플레이어가 호출할 겁니다. 플레이어가 죽었을 때 PlayerController 스크립트에서 GameManager 컴포넌트로 접근하여 EndGame() 메서드를 실행합니다.

따라서 EndGame() 메서드는 외부에서 접근 가능하도록 public으로 지정했습니다. 그러면 EndGame() 메서드를 작성합시다.

[과정 01] EndGame() 메서드 작성하기

① GameManager 스크립트의 EndGame() 메서드를 다음과 같이 수정

```
public void EndGame() {
    // 현재 상태를 게임오버 상태로 전환
    isGameover = true;
    // 게임오버 텍스트 게임 오브젝트를 활성화
    gameoverText.SetActive(true);
}
```

작성한 코드를 살펴봅시다. 먼저 isGameover를 true로 만들고 gameoverText 게임 오브젝트를 활성화했습니다.

```
isGameover = true;
gameoverText.SetActive(true);
```

isGameover가 true가 되면 Update() 메서드에서 생존 시간 surviveTime이 더 이상 갱신되지 않습니다.

그리고 gameoverText.SetActive(true)가 실행될 때 gameoverText에는 씬에 있는 Gameover Text 게임 오브젝트를 할당할 것이므로 Gameover Text 게임 오브젝트가 활성화되고 게임 오버 안내 텍스트가 게임 화면에 표시됩니다.

그다음 EndGame() 메서드는 이전에 저장된 최고 기록을 불러와 현재 생존 시간과 비교하고, 최고 기록을 recordText에 할당된 텍스트 컴포넌트로 표시하고, 갱신된 최고 기록을 저장해야 합니다.

최고 기록 등의 수치를 컴퓨터에 저장해서 프로그램 종료 후에도 유지하고 나중에 다시 불러와 사용하는 처리는 PlayerPrefs로 구현할 수 있습니다.

8.4.5 PlayerPrefs

PlayerPrefs는 Player Preference(플레이어 설정)라고 읽으며, 간단한 방식으로 어떤 수치를 로컬(프로그램을 실행 중인 현재 컴퓨터)에 저장하고 나중에 다시 불러오는 메서드를 제공하는 유니티에 내장된 클래스입니다.

PlayerPrefs는 키-값 단위로 데이터를 로컬에 저장합니다. 값을 저장할 때 사용할 키가 무엇인지 기억하고 있다면 나중에 같은 키를 사용해 저장된 값을 다시 가져올 수 있습니다.

PlayerPrefs로 float 값을 저장할 때는 PlayerPrefs.SetFloat() 메서드를 사용합니다.
PlayerPrefs.SetFloat() 메서드는 입력으로 키와 키에 대응하는 값을 받습니다.

```
PlayerPrefs.SetFloat(string key, float value);
```

이전에 저장된 값을 불러올 때는 PlayerPrefs.GetFloat() 메서드를 사용합니다. 이 메서드는
입력으로 값을 저장하는 데 사용한 키를 받습니다.

```
PlayerPrefs.GetFloat(string key);
```

PlayerPrefs를 사용하는 방법

PlayerPrefs를 사용해 게임의 골드(Gold)와 점수(Score)를 저장한다고 가정해봅시다.

이전에 Gold와 Score를 저장한 적이 없다면 로컬에 저장된 데이터는 다음과 같이 비어 있는 상
태입니다.

키	값

이때 다음과 같은 코드를 실행했다고 가정합시다.

```
PlayerPrefs.SetFloat("Gold", 30f);
PlayerPrefs.SetFloat("Score", 50f);
```

SetFloat() 메서드는 로컬 데이터에서 주어진 키를 찾을 수 없다면 새로운 키-값 행을 만들어
데이터를 저장합니다. 이전에 저장된 Gold와 Score 키가 없기 때문에 Gold와 Score에 대한 각
각의 키-값 행이 만들어지고, 각각의 키에 대응하는 값이 저장됩니다.

키	값
Gold	30
Score	50

이 상태에서 다음 코드가 실행되었다고 합니다.

```
PlayerPrefs.SetFloat("Gold", 100f);
```

위 코드가 실행되면 프로그램은 로컬 데이터에 Gold 키가 미리 저장되어 있는지 찾습니다. 해당 키로 값이 이미 저장되어 있다면 해당 키로 저장된 값을 새로운 값으로 덮어쓰기 합니다.

따라서 저장된 데이터는 이렇게 바뀝니다.

키	값
Gold	100
Score	50

이런 식으로 PlayerPrefs를 사용해 저장한 키-값 데이터는 로컬에 파일로 저장되어 있습니다. 따라서 게임을 종료한 후에도 값이 유지됩니다. 나중에 값을 다시 불러올 수 있습니다.

게임을 종료한 후 나중에 저장된 Gold 값을 다시 가져오려면 아래와 같은 코드를 실행하면 됩니다.

```
float gold = PlayerPrefs.GetFloat("Gold");
```

위 코드는 Gold 키를 사용해 저장된 값 100을 가져옵니다.

PlayerPrefs 사용시 유의점

PlayerPrefs는 float 외에도 int와 string을 저장하고 가져올 수 있습니다.

int 저장/가져오기

- PlayerPrefs.SetInt(string key, int value);
- PlayerPrefs.GetInt(string key);

string 저장/가져오기

- PlayerPrefs.SetString(string key, string value);
- PlayerPrefs.GetString(string key);

PlayerPrefs의 Get 계열 메서드는 값을 가져올 때 주어진 키로 저장된 값이 존재하지 않으면 기본값default value을 반환합니다. GetInt()와 GetFloat()은 기본값으로 0을, GetString()은 빈 문자열 ""을 사용합니다.

예를 들어 이전에 SetFloat()을 사용해 Gold라는 키로 값을 저장한 적이 한 번도 없다면 아래 코드를 실행하면 gold에 0이 할당됩니다.

```
float gold = PlayerPrefs.GetFloat("Gold");
```

이와 별개로 해당 키로 이전에 값을 저장한 적이 있는지는 PlayerPrefs.HasKey()로 검사할 수 있습니다. HasKey() 메서드는 해당 키로 저장된 값이 존재하면 true, 그렇지 않으면 false를 반환합니다.

```
bool hasGoldKey = PlayerPrefs.HasKey("Gold");
```

8.4.6 최고 기록 저장/읽기 구현

GameManager 스크립트에서 작성한 EndGame() 메서드로 돌아가 최고 기록을 저장하고 읽는 부분을 추가합시다.

[과정 01] GameManager 스크립트의 EndGame() 메서드 완성

① GameManager 스크립트의 EndGame() 메서드를 다음과 같이 완성

```
public void EndGame() {
    // 현재 상태를 게임오버 상태로 전환
    isGameover = true;
    // 게임오버 텍스트 게임 오브젝트 활성화
    gameoverText.SetActive(true);

    // BestTime 키로 저장된 이전까지의 최고 기록 가져오기
    float bestTime = PlayerPrefs.GetFloat("BestTime");

    // 이전까지의 최고 기록보다 현재 생존 시간이 더 크다면
    if (surviveTime > bestTime)
    {
        // 최고 기록 값을 현재 생존 시간 값으로 변경
        bestTime = surviveTime;
        // 변경된 최고 기록을 BestTime 키로 저장
        PlayerPrefs.SetFloat("BestTime", bestTime);
```

```
        }

        // 최고 기록을 recordText 텍스트 컴포넌트를 이용해 표시
        recordText.text = "Best Time: " + (int) bestTime;
    }
```

추가한 코드를 살펴봅시다.

최고 기록을 저장할 변수 bestTime을 선언하고 이전까지의 최고 기록 값을 불러와 할당했습니다.

```
float bestTime = PlayerPrefs.GetFloat ("BestTime");
```

이전에 BestTime이라는 키로 저장된 값이 있다면 그 값이 bestTime에 할당됩니다. 저장된 값
이 없다면 bestTime에 0이 할당됩니다.

그다음 현재 생존 시간 surviveTime이 저장된 최고 기록 bestTime보다 큰지 비교합니다.

```
if (surviveTime > bestTime)
{
    bestTime = surviveTime;
    PlayerPrefs.SetFloat("BestTime", bestTime);
}
```

현재 생존 시간이 이전까지의 최고 기록보다 크면 if 문 블록이 실행되고 bestTime =
surviveTime;으로 최고 기록을 현재 생존 시간으로 갱신합니다. 그리고 PlayerPrefs.
SetFloat ("BestTime", bestTime);으로 갱신된 bestTime 값을 BestTime 키로 저장합니다.

EndGame ( )의 마지막 부분에서는 recordText가 출력할 텍스트 내용을 지정합니다.

```
recordText.text = "Best Time: " + (int) bestTime;
```

위 코드가 실행되면 recordText에 할당된 텍스트 컴포넌트를 이용해 최고 기록이 표시됩니다.
이것으로 GameManager 스크립트의 모든 코드를 작성했습니다.

8.4.7 완성된 GameManager 스크립트

지금까지 완성한 GameManager 스크립트의 전체 모습은 다음과 같습니다.

```csharp
using System.Collections;
using System.Collections.Generic;
using UnityEngine;
using UnityEngine.UI; // UI 관련 라이브러리
using UnityEngine.SceneManagement; // 씬 관리 관련 라이브러리

public class GameManager : MonoBehaviour {
    public GameObject gameoverText; // 게임오버 시 활성화할 텍스트 게임 오브젝트
    public Text timeText; // 생존 시간을 표시할 텍스트 컴포넌트
    public Text recordText; // 최고 기록을 표시할 텍스트 컴포넌트

    private float surviveTime; // 생존 시간
    private bool isGameover; // 게임오버 상태

    void Start() {
        // 생존 시간과 게임오버 상태 초기화
        surviveTime = 0;
        isGameover = false;
    }

    void Update() {
        // 게임오버가 아닌 동안
        if (!isGameover)
        {
            // 생존 시간 갱신
            surviveTime += Time.deltaTime;
            // 갱신한 생존 시간을 timeText 텍스트 컴포넌트를 이용해 표시
            timeText.text = "Time: " + (int) surviveTime;
        }
        else
        {
            // 게임오버인 상태에서 R 키를 누른 경우
            if (Input.GetKeyDown(KeyCode.R))
            {
                // SampleScene 씬을 로드
                SceneManager.LoadScene("SampleScene");
            }
```

```
        }
    }

    // 현재 게임을 게임오버 상태로 변경하는 메서드
    public void EndGame() {
        // 현재 상태를 게임오버 상태로 전환
        isGameover = true;
        // 게임오버 텍스트 게임 오브젝트를 활성화
        gameoverText.SetActive(true);

        // BestTime 키로 저장된 이전까지의 최고 기록 가져오기
        float bestTime = PlayerPrefs.GetFloat("BestTime");

        // 이전까지의 최고 기록보다 현재 생존 시간이 더 크다면
        if (surviveTime > bestTime)
        {
            // 최고 기록 값을 현재 생존 시간 값으로 변경
            bestTime = surviveTime;
            // 변경된 최고 기록을 BestTime 키로 저장
            PlayerPrefs.SetFloat("BestTime", bestTime);
        }

        // 최고 기록을 recordText 텍스트 컴포넌트를 이용해 표시
        recordText.text = "Best Time: " + (int) bestTime;
    }
}
```

GameManager 스크립트를 제대로 작성했는지 확인하고 [Ctrl+S]로 작성한 스크립트를 저장합니다.

8.4.8 PlayerController에서 EndGame( ) 실행

이제 PlayerController 스크립트를 편집해서 EndGame( ) 메서드를 실행해야 합니다. EndGame( ) 메서드는 게임 매니저가 스스로 실행하지 않고 플레이어가 실행할 것이기 때문입니다.

PlayerController 스크립트에는 사망 시 실행되는 Die( ) 메서드가 있습니다. 그러므로 PlayerController 스크립트의 Die( ) 메서드에서 GameManager 스크립트의 EndGame( ) 메서드를 실행합니다.

이전까지 편집한 GameManager 스크립트의 편집 창은 닫고, PlayerController 스크립트를 열고 편집을 시작합니다.

① **PlayerController** 스크립트 열기 > **Die()** 메서드를 다음과 같이 수정

```
public void Die() {
    // 자신의 게임 오브젝트를 비활성화
    gameObject.SetActive(false);

    // 씬에 존재하는 GameManager 타입의 오브젝트를 찾아서 가져오기
    GameManager gameManager = FindObjectOfType<GameManager>();
    // 가져온 GameManager 오브젝트의 EndGame() 메서드 실행
    gameManager.EndGame();
}
```

추가된 코드를 봅시다. 먼저 씬에서 GameManager 타입의 오브젝트를 FindObjectOfType() 메서드로 찾아서 GameManager 타입의 gameManager 변수에 할당합니다.

```
GameManager gameManager = FindObjectOfType<GameManager>();
```

그다음 해당 GameManager 타입의 오브젝트가 가지고 있던 EndGame() 메서드를 실행합니다.

```
gameManager.EndGame();
```

이제 플레이어가 사망해서 Die() 메서드가 실행되면 씬에 있는 GameManager 컴포넌트의 EndGame() 메서드가 실행되고 게임오버 처리가 실행됩니다.

이것으로 닷지 게임에 필요한 모든 코드를 작성했습니다. **[Ctrl+S]**로 수정된 PlayerController 스크립트를 저장하고 유니티 에디터로 돌아갑니다.

8.4.9 게임 매니저 오브젝트 설정

이제 게임 매니저 역할을 할 Game Manager 게임 오브젝트를 만들고 GameManager 스크립트를 해당 게임 오브젝트에 추가합니다.

[과정 01] Game Manager 게임 오브젝트 만들기

① **빈 게임 오브젝트** 생성(**하이어라키** 창에서 **+** 〉 **Create Empty**)

② 생성된 GameObject의 **이름**을 Game Manager로 변경

③ **프로젝트** 창의 **GameManager** 스크립트를 **하이어라키** 창의 **Game Manager** 게임 오브젝트로 **드래그&드롭**

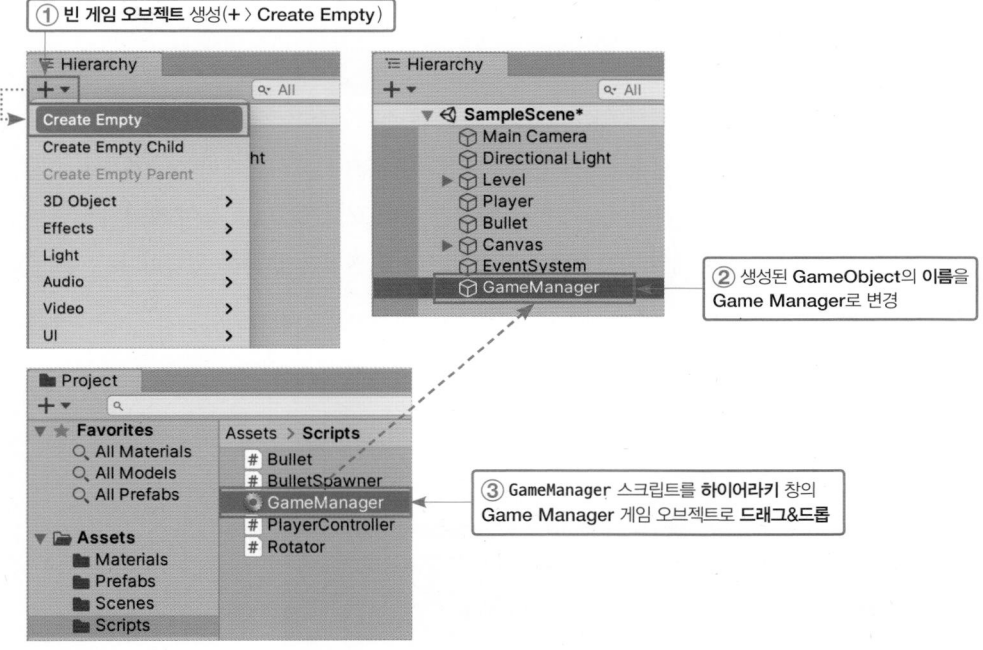

▶ 게임 매니저 만들기

그다음 Game Manager 게임 오브젝트에 추가된 GameManager 컴포넌트의 필드를 알맞게 설정합니다. Game Manager 게임 오브젝트가 선택된 상태에서 아래 과정을 따라 합니다.

[과정 02] GameManager 컴포넌트 설정

① **하이어라키** 창의 **Gameover Text** 게임 오브젝트를 GameManager 컴포넌트의 **Gameover Text** 필드로 **드래그&드롭**

② **하이어라키** 창의 **Time Text** 게임 오브젝트를 GameManager 컴포넌트의 **Time Text** 필드로 **드래그&드롭**

③ **하이어라키** 창의 **Record Text** 게임 오브젝트를 GameManager 컴포넌트의 **Record Text** 필드로 **드래그&드롭**

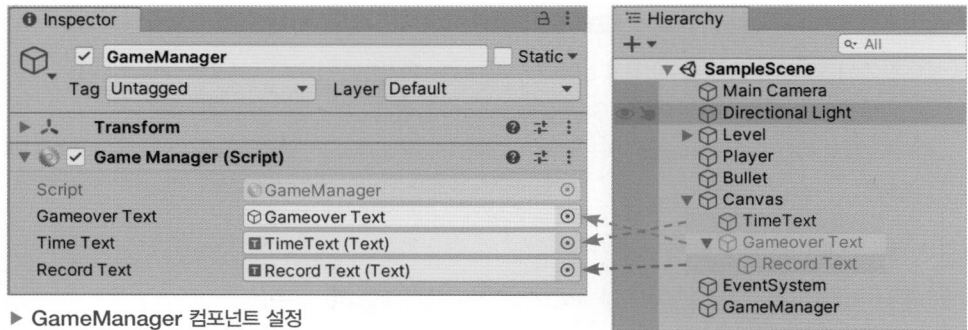

▶ GameManager 컴포넌트 설정

GameManager 컴포넌트의 필드에 할당할 UI 게임 오브젝트들은 Canvas 게임 오브젝트의 자식 게임 오브젝트로 존재합니다. 하이어라키 창에 할당할 게임 오브젝트의 이름이 보이지 않으면 하이어라키 창에서 Canvas 게임 오브젝트의 자식 리스트를 펼치면 찾을 수 있습니다.

이것으로 게임 매니저까지 모두 완성했습니다. 게임이 정상적으로 완성되었는지 플레이 버튼을 눌러 테스트해봅니다.

게임이 시작되면서 플레이어를 향해 사방에서 탄알이 계속 날아옵니다. 바닥은 계속 회전합니다. 플레이어가 살아 있는 동안 생존 시간이 계속 갱신됩니다.

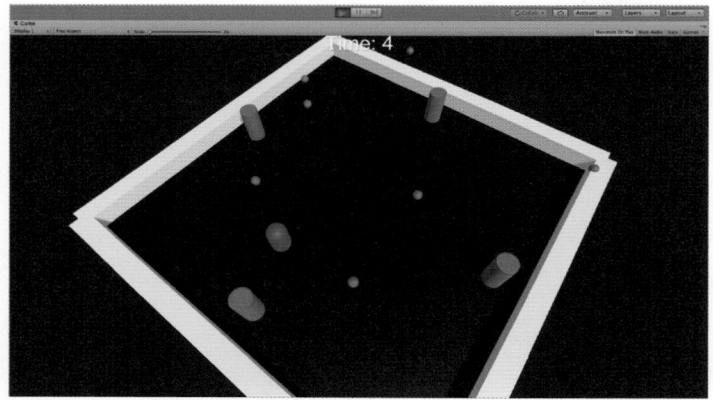

▶ 완성된 닷지의 플레이 화면

플레이어가 탄알에 닿으면 사망하며 게임 화면에서 사라집니다. 생존 시간이 더 이상 갱신되지 않으며, 게임을 다시 시작하려면 R 키를 누르라는 게임오버 안내 텍스트와 최고 기록이 나타납니다.

▶ 게임오버 화면

이 상태에서 R 키를 누르면 게임이 재시작됩니다. 재시작한 다음 다시 죽었을 때 현재 생존 시간이 이전 최고 기록보다 크면 갱신됩니다. 그렇지 않다면 최고 기록이 유지됩니다.

이것으로 우리의 첫 게임인 닷지를 완성했습니다.

정상적인 동작을 확인했다면 플레이 버튼을 다시 눌러 플레이 모드를 해제합니다. 그리고 [Ctrl+S]로 씬을 저장합니다.

NOTE_ 재시작 시 씬이 어두워지는 현상

몇몇 독자 분은 실시간으로 씬을 다시 로드할 때(게임을 재시작할 때) 씬의 명암이 전체적으로 어두워질 수 있습니다.

게임 도중 실시간으로 씬을 다시 로드했을 때

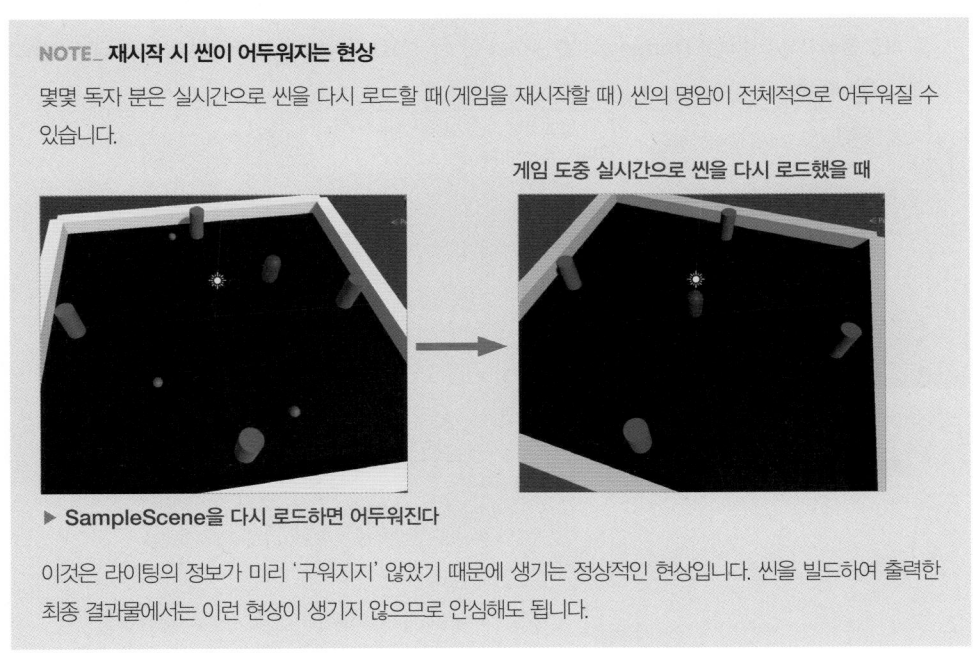

▶ SampleScene을 다시 로드하면 어두워진다

이것은 라이팅의 정보가 미리 '구워지지' 않았기 때문에 생기는 정상적인 현상입니다. 씬을 빌드하여 출력한 최종 결과물에서는 이런 현상이 생기지 않으므로 안심해도 됩니다.

8.5 빌드하기

완성된 유니티 프로젝트 닷지를 다른 사람에게 배포할 수 있는 형태로 빌드합니다. 빌드하기 전에 내 문서나 바탕 화면 등의 경로에 빌드된 파일을 저장할 빈 폴더를 하나 만들어둡니다.

[과정 01] 빌드를 저장할 폴더 만들기

① 바탕 화면이나 내 문서 등의 적당한 위치에 **Dodge**라는 이름의 **새 폴더** 생성

> **NOTE_ 빌드 생성 위치**
>
> 최종 결과물을 빌드할 위치는 가능한 한 유니티 프로젝트 폴더가 아닌 다른 곳으로 지정합니다. 바탕 화면 등에 빌드를 저장할 새 폴더를 만들어 놓는 것도 좋습니다.
>
> 원칙적으로 일부 예외를 제외하면 빌드 경로에 특별한 제한은 없습니다. 하지만 입문자가 유니티 프로젝트 폴더 내에 빌드 파일을 저장하여 프로젝트 에셋 파일과 빌드 파일이 뒤섞여 유니티 프로젝트가 망가지는 경우가 많습니다.

[과정 02] 빌드하기

① **빌드 설정** 창 열기(유니티 상단 메뉴의 **File** > **Build Settings...**)
② **빌드 설정** 창에서 **Build and Run** 클릭 → **파일 탐색기**가 실행됨
③ **파일 탐색기**에서 준비한 **Dodge** 폴더를 찾아서 선택 > (설정 가능한 경우) 저장할 파일명을 **Dodge**로 설정 > **Save** 클릭

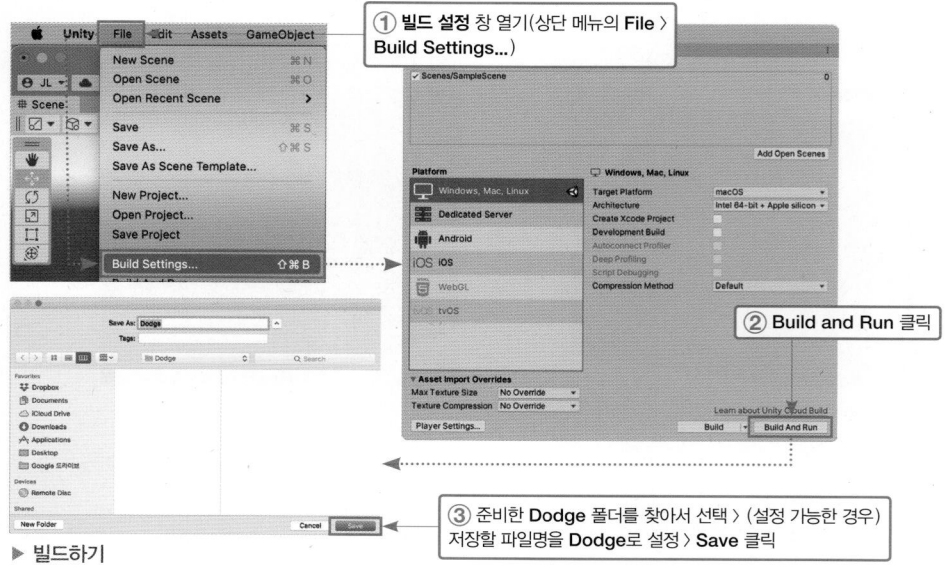

▶ 빌드하기

Save 버튼을 클릭하면 빌드가 진행됩니다. 빌드가 완료되면 빌드된 실행 파일이 실행됩니다. 생성된 빌드 파일은 Dodge 폴더에 저장됩니다.

빌드가 실행되면서 게임이 시작됩니다.

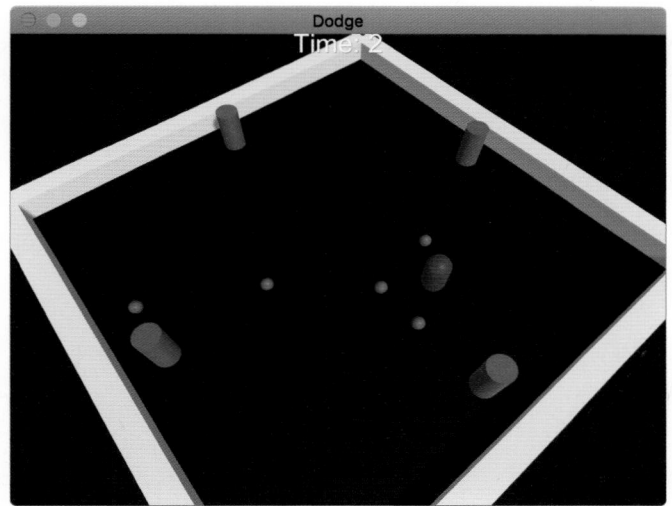

▶ 빌드된 게임 플레이하기

실행 도중에 게임을 종료하려면 윈도우는 **[Alt+F4]**, 맥은 **[Command+Q]**를 사용합니다.

이것으로 최종 출력물 빌드까지 마쳤습니다. 완성된 빌드가 저장된 Dodge 폴더를 압축하여 다른 사람에게 전달할 수 있습니다.

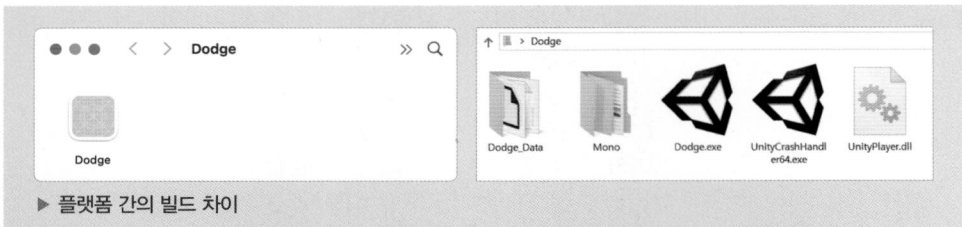

8.6 마치며

첫 번째 예제인 닷지 게임을 완성했습니다.

3부에서는 닷지를 완성하면서 유니티에서 게임을 만들 때 꼭 필요한 대부분의 기초 지식을 간략하게 다루었습니다.

4부(9장, 10장)에서는 3부에서 자세히 다루지 못했던 수학적인 내용(공간, 벡터, 위치, 회전 등)을 다룹니다.

이 장에서 배운 내용 요약

- 프로젝트 창에서 폴더를 만들어 에셋을 정리합니다.
- transform.Rotate()로 게임 오브젝트를 회전시킵니다.
- Update() 메서드에서 단위 시간당 이동을 구현하려면 속도에 Time.deltaTime을 곱합니다.
- 모든 UI 게임 오브젝트는 Canvas 게임 오브젝트의 자식이 되어야 합니다.
- 텍스트 컴포넌트는 게임 화면에 UI 텍스트를 출력합니다.
- 텍스트 컴포넌트가 출력하는 텍스트는 Text 타입의 text 필드의 값을 수정하여 변경할 수 있습니다.
- PlayerPrefs를 사용해 값을 로컬에 저장하고 나중에 가져올 수 있습니다.
- PlayerPrefs는 데이터를 키-값 형태로 저장합니다.
- PlayerPrefs.GetFloat()은 어떤 키로 저장된 float 값을 가져옵니다.
- PlayerPrefs.SetFloat()은 입력한 키로 float 값을 저장합니다.
- SceneManager.LoadScene() 메서드는 씬 이름을 입력받아 해당 씬을 로드합니다.
- 빌드 설정 창은 File > Build Settings...로 진입합니다.
- 빌드 설정 창에서 Build 또는 Build and Run을 클릭하여 프로젝트를 빌드할 수 있습니다.

4부

공간

게임 월드의 모든 오브젝트는 위치와 회전을 가집니다. 공간은 오브젝트들을 담는 틀이며, 오브젝트를 배치할 때 사용하는 위치와 회전을 측정하는 기준을 제공합니다.

어떤 오브젝트의 위치와 회전을 측정하는 기준은 상황에 따라 다르게 적용됩니다. 위치를 측정하는 기준은 '절대적인 원점에서의 거리'일 수도 있고, '다른 오브젝트와의 상대적인 거리'일 수도 있습니다.

공간에서 이동하는 오브젝트는 방향과 속력을 가집니다. 이때 방향과 속력을 절대적인 기준(원점)에서 계산할 수도 있고, 다른 오브젝트와 비교하여 상대적으로 계산할 수도 있습니다.

위치와 회전, 방향, 속력 등을 측정하는 기준은 상황에 따라 변합니다. 즉, 상황에 따라 어떤 기준을 제공하는 어떤 공간을 사용할지 결정해야 합니다. 그리고 그것을 컴퓨터에서 수학적으로 어떻게 표현할지 고민해야 합니다.

컴퓨터 공간에서 물체의 위치, 회전, 속도를 결정하는 방법은 일상적인 직관과 다릅니다. 이들을 제대로 이해한다면 감각에만 의존하여 게임 오브젝트의 위치, 회전, 속도를 조정하는 데 시간을 소모하지 않아도 됩니다.

4부에서는 게임 월드에서 게임 오브젝트를 원하는 곳에 배치하고, 의도한 방향으로 움직이기 위해 방향, 위치, 회전, 속력, 움직임, 공간과 관련된 기초적인 수학적 지식과 코딩을 배웁니다.

4부는 9장과 10장으로 나뉘며, 각각 아래와 같은 사항을 배웁니다.

- **9장 :** 방향, 크기, 회전을 담당하는 벡터 수학과 쿼터니언
- **10장 :** 9장에서 배운 수학을 응용하여 유니티에서 움직임 표현하기, 좌표계의 종류

9장 방향, 크기, 회전

이 장에서는 수학적인 내용과 배경 지식만 다룹니다. 벡터 수학과 쿼터니언의 기초를 배우며, 오브젝트의 위치, 방향, 속력, 회전을 표현하는 방법을 배웁니다. 다음 장에서 이들을 코드에서 직접 사용합니다.

이 장에서 다루는 내용

- 벡터 수학을 이해합니다.
- 방향과 크기를 나타내는 방법을 이해합니다.
- 벡터의 응용법을 파악합니다.
- 쿼터니언의 필요성을 이해합니다.

9.1 벡터 수학

3부에서 게임 오브젝트의 속도와 위치를 지정할 때 x, y, z 세 원소를 가지는 3D 벡터인 Vector3 타입을 사용했습니다. 벡터는 위치, 방향, 회전, 속도, 크기를 비롯한 온갖 종류의 계산에 사용됩니다. 따라서 벡터를 이해하는 것은 게임 개발에서 매우 중요합니다. 위치, 방향, 회전, 속도, 크기를 제대로 이해하고 활용할 수 있도록 벡터 수학과 활용법을 익혀봅시다.

쉽게 설명하기 위해 이 장의 예제는 대부분 2D 벡터(x, y)를 기준으로 설명합니다. 하지만 원소 수와 상관없이 벡터의 성질은 동일하기 때문에 3D 벡터(x, y, z)와 4D 벡터(x, y, z, w)에도 완전히 똑같은 수식이 적용됩니다.

9.1.1 벡터 정의

벡터의 실질적 정의는 분야에 따라 조금씩 다르게 적용됩니다. 일반적으로 세 가지 관점이 존재합니다. 이 책에서는 주로 첫 번째 관점으로 벡터를 사용합니다.

- 물리학자, 공학자, 게임 개발자에게 벡터는 공간상의 화살표로 사용됩니다.

    예) (10, 5, 0)은 오른쪽으로 10, 위쪽으로 5만큼 이동하는 화살표
- 데이터를 다루는 프로그래머에게 벡터는 나열된 숫자 데이터를 묶는 단위입니다.

    예) (172, 64)는 키 172, 몸무게 64를 나타내는 데이터
- 수학자에게는 벡터 연산을 만족하고 정해진 개수의 원소를 가지면 무엇이든 벡터입니다.

게임 개발에서 벡터는 주로 위치, 방향, 속도를 나타내는 데 사용됩니다. 벡터를 데이터로 다루는 경우 벡터는 단순한 데이터 묶음일 뿐입니다.

다만 수학자는 벡터를 여러 분야에 범용적으로 사용할 수 있도록 벡터를 위와 달리 좀 더 일반적인 의미로 정의합니다.

수학자들의 정의에서는 9.1 절에서 설명할 벡터 연산을 만족하고, 정해진 개수의 원소를 가진다면 무엇이든 벡터가 됩니다. 다르게 말하면, 어떤 벡터 집합에 속한 벡터는 해당 벡터 집합에서 요구하는 개수의 원소를 반드시 가져야 합니다.

즉, 3D 벡터인 Vector3 타입은 무조건 x, y, z에 대응하는 세 원소를 가져야 합니다. 원소를 한 개나 두 개만 가져선 안 됩니다. 다음은 3D 벡터의 예입니다.

- (0, 0, 0)
- (1, 4, 1)
- (−100, −100, −100)

유니티는 3D 벡터를 나타내는 **Vector3**를 사용해서 3D 공간에서의 x, y, z 좌표를 표현합니다. 새로운 **Vector3** 데이터는 다음과 같은 형태로 생성합니다.

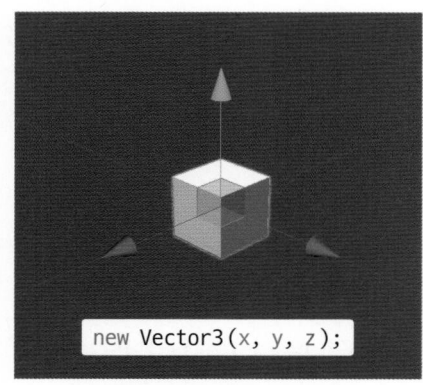

▶ **Vector3는 3차원 공간에 대응**

2D 벡터를 나타내는 **Vector2**는 2D 공간에서의 좌표를 표현합니다. 새로운 **Vector2** 데이터는 다음과 같은 형태로 생성합니다.

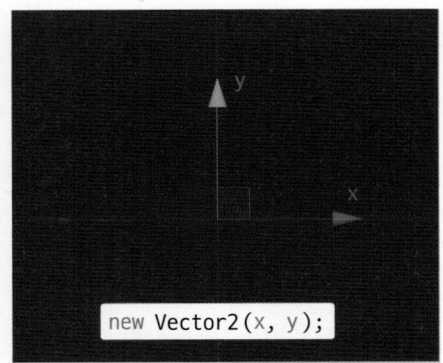

▶ Vector2는 2차원 공간에 대응

벡터는 공간에서 물체의 좌표를 나타내는 용도로 사용할 수 있습니다. 예를 들어 3D 벡터 (1, 1, 1)은 어떤 물체가 x = 1, y = 1, z = 1에 위치한다고 해석할 수 있습니다.

하지만 이것이 벡터의 전부는 아닙니다. 사실 물체의 절대적인 위치를 표현하는 벡터는 '특수한 조건을 사용한 벡터'입니다. 벡터의 값은 어떤 방향으로 얼마만큼 가고 있는지 표현하는 것이며, 출발점이 어디인지는 정하지 않기 때문입니다.

9.1.2 절대 위치와 상대 위치

벡터는 방향과 크기^{magnitude}를 가집니다. 이것은 화살표의 방향과 길이로 비유할 수 있습니다. 예를 들어 (1, 1)이라는 Vector2는 게임 월드에서 두 가지 의미를 가질 수 있습니다.

- **상대 좌표** : (내가 어디 있는지는 모르겠지만) 현재 좌표에서 (1, 1)만큼 더 가려고 한다.
- **절대 좌표** : 게임 세상 속에서 나의 좌표가 (1, 1)이다.

첫 번째는 현재 위치에서 상대적으로 x 방향으로 1칸, y 방향으로 1칸 더 이동하겠다는 의미입니다. 다음 그림처럼 벡터에는 화살표가 어디서 시작하는지 저장되어 있지 않습니다. 벡터의 값은 오직 화살표의 방향과 화살표의 길이만 표현하기 때문입니다.

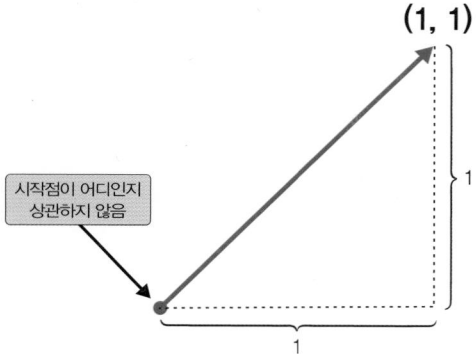

▶ 상대적인 방향과 크기로서의 (1, 1)

즉, 벡터란 절대적인 기준 없이 (현 위치에서) 상대적으로 어느 방향으로 얼마만큼의 크기(길이)로 갈 것인지 표현합니다.

단, 화살표의 시작점이 원점 (0, 0)이라는 특수한 전제를 가정하면 두 번째 의미로 해석할 수 있습니다. 이 경우 (1, 1)은 (0, 0)에서 x 방향으로 1칸, y 방향으로 1칸 이동하는 화살표이기 때문에 절대적인 좌표로서의 의미를 가지는 (1, 1)입니다.

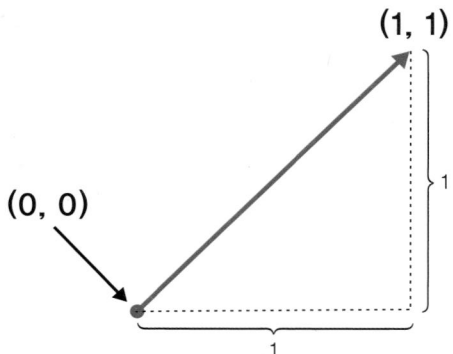

▶ 절대적인 좌표로서의 (1, 1)

정리하면 벡터값으로 두 가지 상태를 나타낼 수 있습니다.

- 절대적인 좌표
- 상대적인 방향과 크기(길이)

9.1.3 벡터의 크기

2D 벡터 $(-3, 4)$는 다음 그림과 같이 표현됩니다.

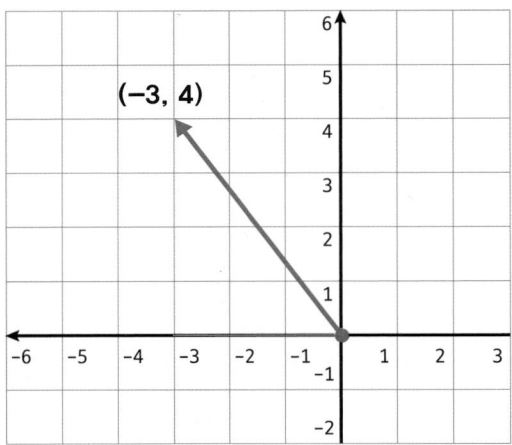

▶ (-3, 4)를 나타낸 벡터

벡터는 방향과 크기를 가집니다. $(-3, 4)$의 방향은 점 $(-3, 4)$로 향하는 화살표의 방향입니다. $(-3, 4)$의 크기는 화살표의 길이에 해당합니다. 화살표의 길이는 화살표를 빗변으로 하는 직각삼각형을 그린 뒤 피타고라스 정리를 사용하여 구할 수 있습니다.

$$(-3, 4)\text{의 크기} = \sqrt{(-3)^2 + 4^2} = 5$$

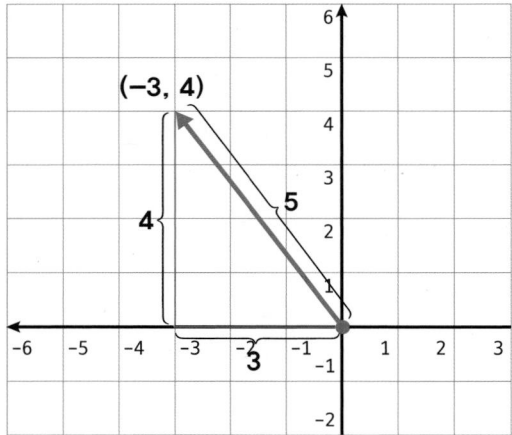

▶ Vector2 (-3, 4)의 크기

따라서 (−3, 4)의 크기는 5입니다. 정리하면 벡터의 크기는 모든 원소를 제곱하여 더한 값의
제곱근입니다.

$$\text{벡터의 크기} = \sqrt{x^2 + y^2 + z^2}$$

벡터의 크기는 화살표의 '길이'에 대응하므로 음수가 될 수 없습니다.

그런데 벡터의 방향과 크기가 별개의 값이라는 것은 방향은 같지만 크기만 다른 벡터가 존재할
수 있다는 의미입니다. 즉, 다음 그림처럼 방향은 같지만 크기가 다른 벡터를 셀 수 없이 많이
만들 수 있습니다.

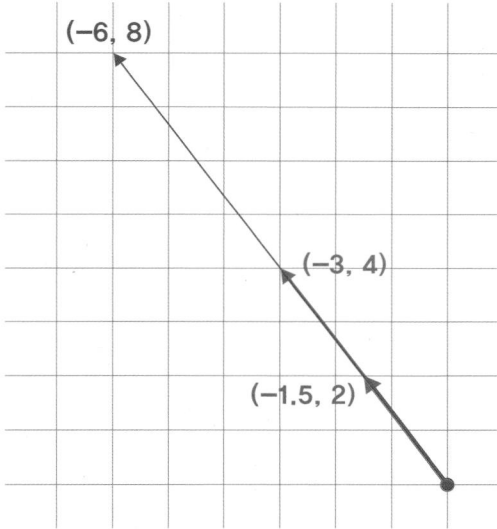

▶ (−3, 4)와 방향은 같지만 크기는 다른 벡터들

그림의 (−1.5, 2)와 (−3, 4)와 (−6, 8)은 모두 방향이 같습니다. 하지만 크기가 다릅니다.

- (−1.5, 2)의 크기 : 2.5
- (−3, 4)의 크기 : 5
- (−6, 8)의 크기 : 10

어떤 벡터 X의 크기를 수식으로 표현할때는 절대값 기호를 톨해 |X|로 표현합니다. 예를 들어
어떤 벡터 A가 (−1.5, 2)라면 다음과 같이 벡터 A의 크기를 표현할 수 있습니다.

- |A| = |(−1.5, 2)| = 2.5

9.1.4 벡터의 스칼라 곱

$(-6, 8)$의 크기 10은 $(-3, 4)$의 크기 5의 2배입니다. 마찬가지로 $(-6, 8)$의 x 값 -6, y 값
8은 각각 $(-3, 4)$의 x 값 -3, y 값 4의 2배입니다. 크기뿐만 아니라 개별 원소 모두 $(-6, 8)$
이 $(-3, 4)$의 2배입니다. 이 경우 $(-6, 8)$은 $(-3, 4)$의 2배곱이라고 할 수 있습니다.

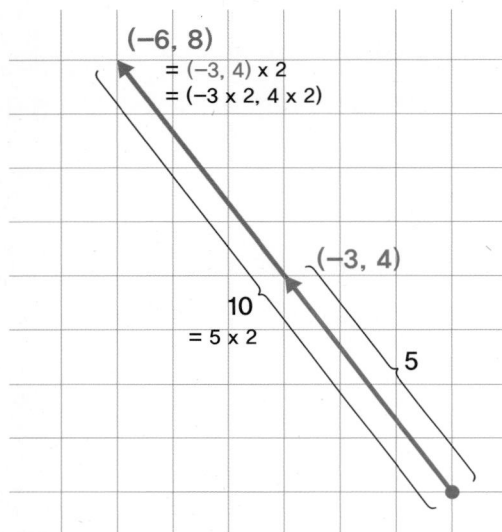

▶ 벡터에 배수 취하기

이렇게 벡터에는 배수를 취하는 숫자를 곱할 수 있으며 이것을 스칼라 곱이라고 합니다. 여기
서 곱하는 수를 스칼라^{Scalar}라고 부릅니다.[1] 벡터에 스칼라 곱을 하면 다음과 같이 벡터의 각
원소에 개별적으로 곱셈이 적용됩니다.

$(-3, 4) \times 2 = (-3 \times 2, 4 \times 2) = (-6, 8)$

위 그림에서 $(-3, 4)$에 2를 곱하면 화살표의 길이가 5에서 10으로 늘어납니다. 벡터에 스칼
라 곱을 하면 개별 x, y 원소의 값에 배수가 취해질 뿐만 아니라 벡터의 크기 또한 곱한 만큼 늘
어납니다.

결론적으로 스칼라 곱에 사용되는 스칼라 값은 기존 벡터를 잡아 늘리거나 줄이는 배율입니다.
스칼라 곱은 벡터의 크기는 늘리거나 줄일 수는 있어도 벡터의 방향은 변경할 수 없습니다.

------

1 배율(Scale)에서 파생된 단어입니다.

9.1.5 방향벡터

$(3, -3)$이라는 2D 벡터를 생각해봅시다.

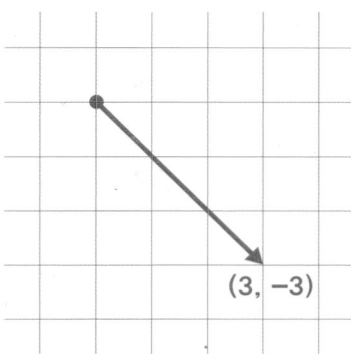

▶ 벡터 (3, −3)

벡터의 값은 여러 가지로 해석할 수 있습니다. 벡터를 속도라고 해석하면 벡터의 화살표 방향은 이동하려는 방향, 화살표 길이는 속력(이동거리)이 됩니다.

문제는 사람의 직관으로는 $(3, -3)$이라는 표현만 봐서는 어떤 방향으로 얼마만큼의 속력을 가지는지 떠올리기 힘들다는 겁니다. 이때 $(3, -3)$을 순수한 방향과 순수한 속력으로 나누어 표현하면 방향과 속력을 직관적으로 파악할 수 있습니다.

  $(3, -3) = $ (방향) $\times$ (속력 또는 이동거리)

우리는 벡터의 스칼라 곱을 배웠기 때문에 $(3, -3)$은 $(1, -1)$의 3배에 해당한다는 것을 알고 있습니다. 즉, 다음 그림과 같이 $(3, -3)$은 $(1, -1)$의 방향으로 $(1, -1)$의 3배의 속력으로 가고 있다고 표현할 수 있습니다.

  $(3, -3) = (1, -1) \times 3$

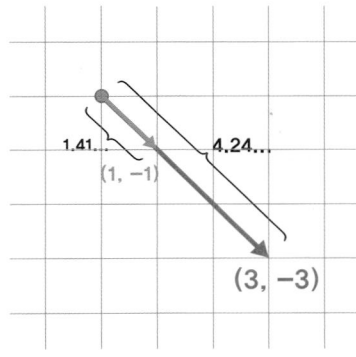

▶ (1, −1)의 3배에 해당하는 (3, −3)

하지만 완벽하게 속도와 방향을 나누어 표현하지는 못했습니다. (3, −3) = (1, −1) × 3은 (3, −3)의 속력이 (1, −1)의 3배라는 뜻은 됩니다. 하지만 (3, −3)의 속력 자체는 표현하지 못하고 있습니다. (3, −3)의 속력은 3이 아니기 때문입니다.

(1, −1)의 크기는 1이 아닙니다. (1, −1)의 크기는 대략 1.414…입니다. 다시 말해 (3, −3)의 속력은 1.414…의 3배에 해당하는 대략 4.242…입니다.

(1, −1)은 순수한 방향을 표현하는 벡터가 되지 못합니다. 예를 들어 (1, −1)의 방향으로 10만큼의 속력을 표현할 때 (1, −1) × 10이라고 하면 틀립니다. (1, −1)의 크기는 약 1.414이므로 (1, −1) × 10은 14.14만큼 가는 속력을 표현합니다.

즉, 'A의 방향으로 B만큼의 속력'을 '벡터 A × 스칼라 B'로 표현했을 때 벡터 A의 크기가 1이 아니면 '벡터 A × 스칼라 B'로 표현된 속도의 실제 속력은 B보다 크거나 작은 문제가 있습니다.

이때는 방향벡터를 사용합니다. 방향벡터는 크기가 1인 벡터로, 정규화된 벡터 ^{Normalized Vector}라고 부르기도 합니다. 크기가 1이므로 방향은 같지만 크기가 서로 다른 벡터를 비교하는 기준으로 삼을 수 있습니다.

만약 (1, −1)의 방향벡터를 구하고 싶다면 벡터의 시작점에서 반지름이 1인 원을 그려서 (1, −1)의 원 바깥 부분을 잘라냅니다. 이런 식으로 (방향은 유지하면서) 벡터의 크기를 1로 만드는 것이 벡터 정규화입니다.

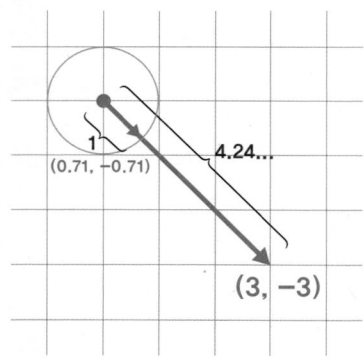

▶ 방향벡터 구하기

그림에서 보듯이 $(3, -3)$을 정규화해서 얻은 방향벡터는 대략 $(0.71, -0.71)$입니다.[2]

방향벡터는 순수하게 방향만 나타냅니다. 방향벡터의 크기는 1이고, 1은 곱셈의 항등원이기 때문입니다. 숫자 1에는 무엇을 곱해도 곱한 숫자가 결과로 나옵니다.

- $1 \times 3 = 3$
- $1 \times -11 = -11$
- $1 \times 0 = 0$

마찬가지로 크기가 1인 벡터는 어떠한 배수를 곱해도 곱한 배수가 그대로 계산된 벡터의 크기가 됩니다. 따라서 다음과 같이 $(3, -3)$을 순수하게 방향과 크기(속력)로 나누어 표현할 수 있습니다.

$(3, -3) = (0.71, -0.71) \times 4.24$

즉 $(3, -3)$이 표현하는 속도는 방향이 $(0.71, -0.71)$이고 속력이 4.24입니다. 이제는 직관적으로 $(3, -3)$의 정확한 속력을 알 수 있습니다. 마찬가지로 $(3, -3)$과 방향은 같지만 10의 속력을 가지는 속도를 다음과 같이 표현할 수 있습니다.

$(0.71, -0.71) \times 10$

이전에 $(1, -1) \times 10$을 사용했을 때는 $(1, -1)$의 크기가 1.41이므로 실제 표현된 속도의 속력은 14.1이었습니다. 하지만 $(0.71, -0.71)$은 크기는 1이므로 $(0.71, -0.71) \times 10$으로 계산된 벡터의 크기는 10입니다.

정리하면 벡터는 방향과 크기를 동시에 표현합니다. 그런데 어떤 벡터의 방향과 크기(속력)를 직관적으로 파악하기 쉽게 나누어 표현할 때는 '방향벡터 × 스칼라 곱'으로 표현할 수 있습니다. 이때 사용되는 방향벡터는 어떤 벡터의 크기를 1로 늘리거나 줄이는 정규화를 통해 얻을 수 있습니다.

9.1.6 벡터의 덧셈

벡터 간에는 덧셈이 가능합니다. 다음과 같이 두 벡터를 더하면 같은 자리의 성분끼리 합쳐집니다.

---

[2] 정확하게는 0.71이 아닌 0.707...입니다. 유니티 C#에서 방향벡터를 계산하면 소수점 아래 2~3번째 자리에서 반올림한 근삿값이 나오기 때문에 이 책에서도 방향벡터의 원소를 나타낼 때는 소수점 2~3번째 자리에서 반올림한 근삿값을 사용하겠습니다.

벡터 A(3, 2)와 벡터 B(1, 6)가 있다고 하고, 둘을 더하면 아래와 같은 결과가 나옵니다.

A + B = (3, 2) + (1, 6) = (3 + 1, 2 + 6) = (4, 8)

이렇게 두 벡터 A와 B를 더하는 행위를 공간상에서 보면 A만큼 이동한 상태에서 B만큼 더 이동한다는 의미입니다.

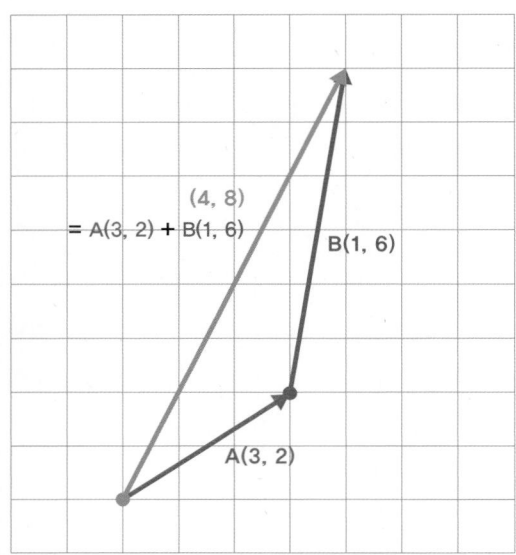

▶ A + B는 A만큼 이동한 상태에서 B만큼 더 이동한 것

그림에서 A와 B의 합인 벡터 (4, 8)이 가리키는 위치와 A만큼 이동한 다음 그 끝에서 B만큼 더 이동한 위치가 같다는 사실에 주목합니다. 즉, A와 B가 이동을 표현하는 벡터라면 A + B는 A만큼 이동한 다음 연속해서 B만큼 '더' 이동하는 것을 표현합니다.

이외에도 A를 위치, B를 이동을 표현하는 벡터로 사용하면 A + B = (4, 8)은 현재 위치 A(3, 2)에서 B(1, 6)만큼 더 이동한 도착 위치가 (4, 8)이라고 해석할 수 있습니다.

9.1.7 벡터의 뺄셈

벡터의 뺄셈을 이해하기 전에 먼저 일반적인 뺄셈의 의미를 이해해봅시다. 두 수 A = 3, B = 10을 가정하고, 두 수 사이의 뺄셈 B − A를 수평선상에 표현해봅시다.

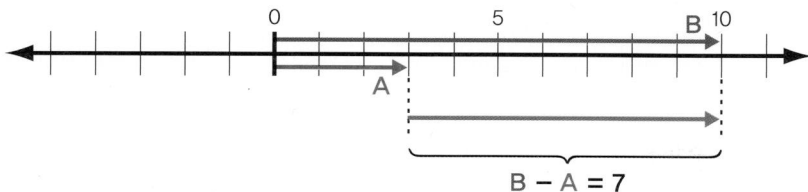

▶ B − A

그림에서 보듯이 B에서 A를 빼면 B − A = 10 − 3 = 7이 나옵니다. B − A의 결과 7의 의미는 A에서 B까지의 간격입니다. B − A = 7은 A에서 B로 가려면 + 방향인 오른쪽으로 7만큼 가야 한다는 의미입니다.

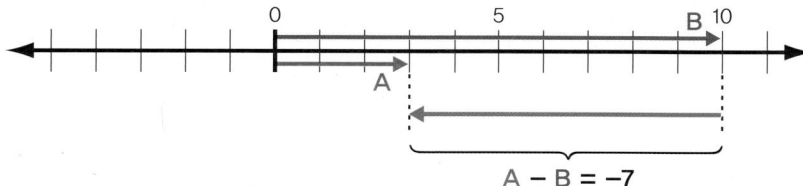

▶ A − B

반대로 A에서 B를 빼면 A − B = 3 − 10 = −7이 나옵니다. 여기서 A − B의 결과 −7은 B에서 A까지의 간격이며, B에서 A로 가려면 − 방향인 왼쪽으로 7만큼 가야 한다는 의미입니다. 즉, 뺄셈은 두 수 사이의 '간격'을 구하는 것이며, 뺄셈으로 계산된 결과는 어떤 수에서 다른 수에 도달하기 위한 '거리와 방향'을 나타낸다고 해석할 수 있습니다.

B − A = A에서 B까지의 간격 = A에서 B까지의 방향과 거리

이 법칙은 1차원 수평선뿐만 아니라 2차원, 3차원 좌표계에도 공통적으로 적용됩니다. 즉, 벡터의 경우도 마찬가지입니다. 벡터 또한 뺄셈이 가능하며, 몇 차원 벡터든 상관없이 B − A는 A에서 B로 가려면 어떤 방향으로 얼마만큼 가야 하는지 나타냅니다.

벡터 A(1, 3)과 벡터 B(−2, 8)이 있다고 가정해봅시다. B에서 A를 빼면 같은 자리의 성분끼리 뺄셈이 됩니다.

B − A = (−2, 8) − (1, 3) = (−2 − 1, 8 − 3) = (−3, 5)

여기서 B − A = (−3, 5)를 공간상에서 보면 B에서 A로 가는 방향과 거리를 표현한다는 것을 확인할 수 있습니다. 다음 그림에서 A(1, 3)에서 B(−2, 8)까지 선을 그었을 때 선의 방향과 길이가 B − A의 결과인 (−3, 5)와 완벽하게 일치한다는 사실에 주목합니다.

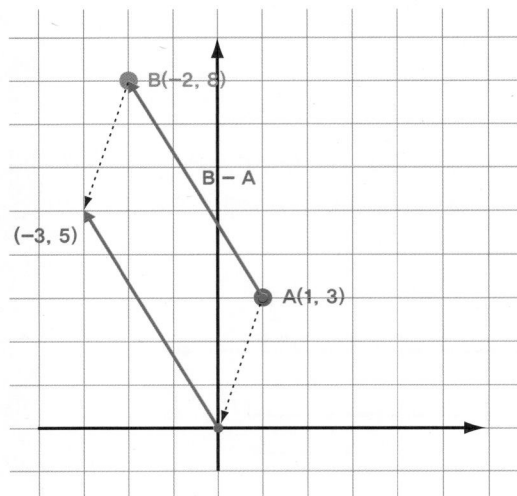

▶ 벡터의 뺄셈이 공간상에서 가지는 의미

정리하면 다음과 같이 도착 지점 벡터에서 현재 위치 벡터를 빼면 현재 위치에서 도착 지점까지의 방향과 거리가 나옵니다.

(목적지) − (현재 위치) = 현재 위치에서 목적지까지의 방향과 거리

이러한 벡터의 뺄셈으로 어떤 물체가 다른 물체를 추적할 때 어떤 방향으로 얼마만큼 가야 하는지 알 수 있습니다.

만약 인공지능 몬스터가 A(1, 3)에 있고 플레이어가 B(−2, 8)에 있다면 몬스터가 플레이어를 잡기 위해 이동해야 할 방향과 거리는 B − A = (−2, 8) − (1, 3) = (−3, 5)가 됩니다.

즉, 몬스터가 이동할 방향은 (−3, 5)의 방향벡터인 (−0.5, 0.9), 이동할 거리는 (−3, 5)의 크기인 약 5.83...이 됩니다.

9.1.8 벡터의 내적

벡터의 내적은 어떤 벡터 B를 다른 벡터 A로 '투영'합니다. 그리고 투영된 벡터 B에 벡터 A의

크기를 곱합니다. 이를 통해 벡터 B의 크기 변화가 벡터 A의 시선에서는 얼만큼에 해당하는지 표현하는 연산입니다.

내적은 점 연산[dot product]이라고 부르기도 합니다. 두 벡터 A와 B 사이의 내적은 $A \cdot B$로 표현합니다.

먼저 쉬운 이해를 위해 벡터 A의 크기가 1로 고정된 특수한 상태를 봅시다. 이 경우 어떤 수에 1을 곱하면 원래 수가 그대로 나오므로 벡터 A의 크기인 $|A|$를 곱하는 과정은 생략해도 됩니다.

벡터 A의 크기가 1인 경우 $A \cdot B$를 구하는 방법과 공식은 다음 그림과 같습니다.

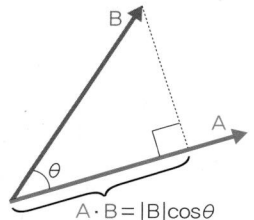

▶ **A의 크기가 1인 경우 A·B를 구하는 공식**

위 그림과 같은 경우 $A \cdot B$의 값은 벡터 B가 벡터 A로 끌어내려졌을 때의 길이가 됩니다. A와 B의 크기가 1로 고정되지 않은 일반적인 경우는 다음과 같습니다.

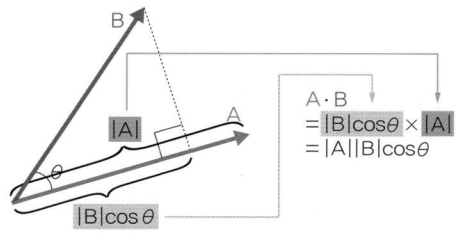

▶ **A·B를 구하는 공식**

이 경우 벡터 B가 먼저 벡터 A로 끌어내려진 다음 벡터 A의 크기를 곱하게 됩니다.

각각의 크기가 1인 방향 벡터 A와 방향 벡터 B 사이의 각도에 따른 대표적인 내적값들은 다음 그림과 같습니다. 하지만 지금 당장 위 그림의 내적 공식이나 다음 그림의 각도에 따른 결과를 외울 필요는 없습니다.

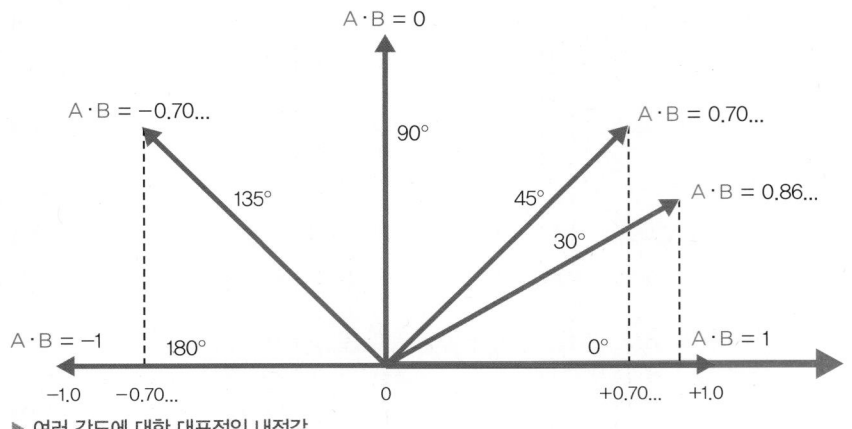

▶ 여러 각도에 대한 대표적인 내적값

공식을 외울 기회는 앞으로 얼마든지 있으며, 유니티 C#에는 벡터의 내적을 알아서 계산해주는 메서드가 있습니다. 내적 공식보다 중요한 것은 내적의 의미입니다.

벡터 A와 벡터 B의 내적 A·B는 벡터 B를 벡터 A의 지평선으로 끌어내리는 연산입니다. A·B를 구하는 공식을 나타낸 처음 그림을 다시 봅시다. 벡터 B의 끝점이 수직 낙하하듯이 벡터 A로 끌어내려지고 있습니다. 즉, 상대방 벡터가 자신의 지평선으로 끌어내려졌을 때(투영되었을 때) 가지는 길이가 내적의 결과가 됩니다. 이러한 벡터의 내적을 사용하는 이유는 '자신과 상대방 사이의 각도가 벌어질수록' 투영된 길이가 짧아지는 현상을 이용해 둘 사이의 각도를 알 수 있기 때문입니다.

이러한 현상은 바닥 위에 막대기를 세워 만든 해시계를 떠올리면 이해하기 쉽습니다. 빛이 바닥에 수직으로 내려온다고 가정했을 때 막대기를 수직에 가깝게 세울수록, 즉 막대기와 바닥 사이의 각도가 벌어질수록 바닥에 투영된 그림자의 길이가 짧아집니다.

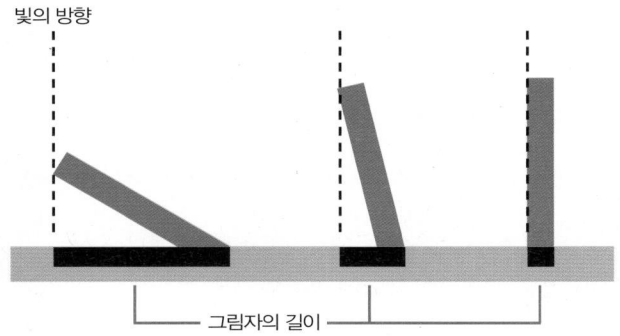

▶ 수직에 가깝게 막대기를 세울수록 그림자가 짧아진다

각도에 따른 내적 결과를 그린 앞의 그림을 다시 봅시다. 두 벡터의 방향이 일치하면 내적의 결과가 1이 되었다가, 두 벡터 사이의 각도가 증가하면 점점 내적값이 줄어드는 것을 알 수 있습니다.

그러다 두 벡터가 서로 수직이 되면 내적값은 0이 되고, 그 이상 각도가 더 벌어지면 내적값은 음수가 됩니다. 두 벡터가 완전히 반대 방향을 가리키게 되면(둘 사이의 각도가 180도가 되면) 내적 결과는 −1이 됩니다.

정리하면 두 방향벡터 사이의 각도에 따른 내적 결과는 다음과 같습니다.

둘 사이의 각도	내적 결과
0°	+1
0° ~ 90°	+1 ~ 0
90°	0
90° ~ 180°	0 ~ −1
180°	−1

따라서 내적을 이용하면 어떤 두 물체 사이의 각도가 얼마만큼 '벌어졌는지' 쉽게 파악할 수 있습니다.

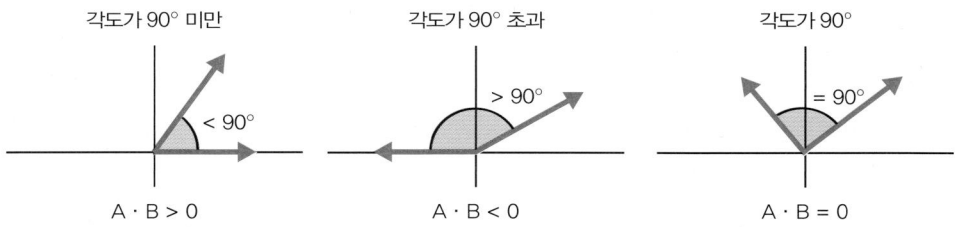

각도가 90° 미만   < 90°   A · B > 0

각도가 90° 초과   > 90°   A · B < 0

각도가 90°   = 90°   A · B = 0

▶ 내적을 이용하면 각도 차이를 쉽게 파악할 수 있다

게임에서 내적을 사용하면 탱크의 몸체와 탱크의 포신이 얼마만큼 벌어졌는지, 플레이어의 시선 방향과 플레이어가 실제로 이동하는 방향 사이의 각도가 얼마나 벌어졌는지 등을 쉽게 파악할 수 있습니다.

9.1.9 벡터의 외적

벡터의 외적^{outer product}은 두 벡터를 모두 수직으로 통과하는 벡터를 구하는 연산이며, 벡터 곱 vector product이나 교차 곱^{cross product}으로 부르기도 합니다.

벡터 A를 벡터 B로 외적하는 표현은 A × B입니다. 유니티는 두 벡터 사이의 외적을 쉽게 구하는 메서드를 제공하고 있으며, 외적을 구하는 구체적인 공식은 이 책의 범위를 벗어나므로 언급하지 않겠습니다. 단, 외적의 결과가 무엇이며 어떻게 활용할 수 있는지는 알아야 합니다.

외적의 의미는 공간상의 화살표로 표현해야 이해할 수 있습니다. 아래 그림은 벡터 A와 벡터 B를 외적한 벡터 C를 표현한 그림입니다. 여기서 벡터 A와 벡터 B는 평면 L에 속합니다.

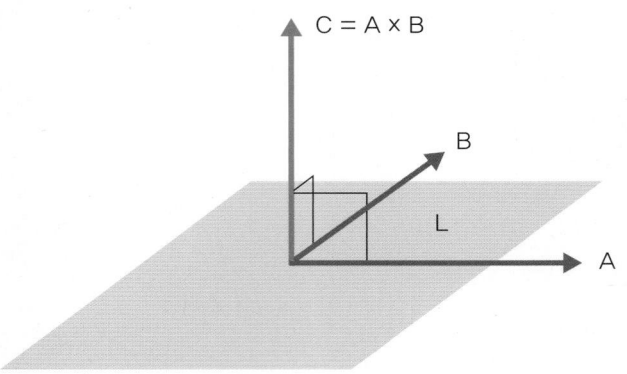

▶ A x B을 표현한 그림

연산 결과가 숫자인 내적과 달리 외적은 연산 결과가 벡터입니다. 그림에서 A × B = C, 즉 벡터 C는 벡터 A를 벡터 B로 외적한 결과입니다. 그리고 벡터 C는 벡터 A와 벡터 B 모두에 수직입니다. 즉, 두 벡터 사이의 외적 결과는 두 벡터에 모두 수직인 벡터입니다.

또한 A × B = C라고 했을 때 외적의 연산 순서를 뒤집은 B × A = − C입니다. C와 −C 모두 A와 B에 수직인 벡터지만 방향이 반대입니다. 즉, 외적의 연산 순서를 뒤집으면 결과 벡터의 방향이 반대가 됩니다.

이러한 외적의 성질을 조금만 응용하면 '어떤 표면에 수직인 방향'을 구할 수 있습니다. 하나의 면은 수없이 많은 선으로 구성됩니다. 위 그림에서 벡터 A와 벡터 B는 평면 L에 포함되는 벡터입니다.

그런데 벡터 C가 벡터 A와 벡터 B에 수직이면 벡터 C는 평면 L에도 수직입니다. 어떤 평면 위의 두 직선과 수직인 직선은 해당 평면 위의 다른 모든 직선과도 수직이기 때문입니다.

결론적으로 그림에서 벡터 C는 평면 L이 '바라보고 있는' 방향을 나타냅니다. 그림의 벡터 C를 크기 1로 정규화하면 실제로 평면 L의 방향으로 사용할 수 있습니다.

이렇게 어떤 평면과 수직이라서 해당 평면의 '얼굴'이 향하는 방향을 나타내는 벡터를 노말벡터 Normal Vector 또는 법선벡터라고 합니다.

정리하면 외적을 이용해 어떤 표면(평면)에 수직인 방향을 알 수 있습니다. 그리고 평면의 방향을 나타내는 벡터를 노말벡터라 부르며, 평면상의 두 벡터를 서로 외적하여 구합니다.

9.2 유니티 C# 벡터

지금까지 게임 개발에 필요한 기본적인 벡터 수학을 모두 다루었습니다. 이들을 유니티의 C# 에서 적용하는 방법을 알아봅시다. 이 절의 예시는 자주 사용되는 Vector3 타입으로 설명하고 있으나 다른 타입(Vector2, Vector4)에서도 같은 방식을 사용할 수 있습니다. 이 절에서는 Vector 타입의 사용법만 숙지하고, 실제 사용은 이어지는 게임 제작 실습에서 하겠습니다.

9.2.1 Vector 타입

유니티는 Vector2, Vector3, Vector4 타입을 지원합니다. 새로운 벡터값을 만들기 위해서는 다음과 같은 형태로 생성자를 호출합니다.

- new Vector2(x, y);
- new Vector3(x, y, z);
- new Vector4(x, y, z, w);

생성된 벡터값의 각 원소는 다음과 같이 개별적으로 접근과 수정이 가능합니다.

```
Vector3 a = new Vector3(1, 2, 3); // (1, 2, 3) 벡터 생성

// (1, 2, 3)을 (10, 20, 30)으로 수정
a.x = 10;
a.y = 20;
a.z = 30;
```

구조체

Vector 타입은 유니티 라이브러리 내부에 클래스가 아니라 구조체(struct)로 선언되어 있습니다.

```
public struct Vector3 {
    public float x;
    public float y;
    public float z;

    //... Vector3 내부 코드
}
```

구조체를 선언하는 방법은 클래스를 선언하는 방법과 비슷합니다. 하지만 구조체는 클래스와 달리 참조 타입으로 동작하지 않고 값 타입으로 동작합니다.

따라서 C# 기본 내장 변수처럼 변수가 값 자체로 동작합니다. 다음과 같은 코드를 실행했다고 가정합시다.

```
Vector3 a = new Vector3(0, 0, 0);
Vector3 b = a;
b.x = 100;
```

만약 Vector3가 클래스이자 참조 타입이라면 b를 수정하면 a도 수정됩니다. 이 경우 코드 실행 후 a와 b의 값은 다음과 같습니다.

- a : (100, 0, 0)
- b : (100, 0, 0)

실제로 Vector3는 구조체이자 값 타입이므로 b를 수정했을 때 a가 수정되지 않습니다. 코드 실행 후 a와 b의 값은 다음과 같습니다.

- a : (0, 0, 0)
- b : (100, 0, 0)

9.2.2 Vector3 연산

Vector3의 기본 연산은 모두 유니티의 C# 라이브러리에 정의되어 있습니다.

스칼라 곱

벡터에 배수를 취합니다.

```
Vector3 * 스칼라;
```

[예제] (3, 6, 9) * 10 = (30, 60, 90)

```
Vector3 a = new Vector3(3, 6, 9);
a = a * 10; // a는 (30, 60, 90)이 됨
```

벡터의 덧셈과 뺄셈

두 벡터를 서로 더하거나 뺍니다.

```
Vector3 + Vector3;
```

[예제] (2, 4, 8) + (3, 6, 9) = (5, 10, 17)

```
Vector3 a = new Vector3(2, 4, 8);
Vector3 b = new Vector3(3, 6, 9);

Vector3 c = a + b; // c는 (5, 10, 17)이 됨
```

```
Vector3 - Vector3;
```

[예제] (2, 4, 8) - (3, 6, 9) = (-1, -2, -1)

```
Vector3 a = new Vector3(2, 4, 8);
Vector3 b = new Vector3(3, 6, 9);

Vector3 c = a - b; // c는 (-1, 2, -1)이 됨
```

벡터 정규화(방향벡터로 만들기)

해당 벡터와 방향은 같지만 크기가 1인 벡터를 생성합니다.

```
Vector3.normalized;
```

   [예제] (3, 3, 3)의 방향벡터인 (0.57..., 0.57..., 0.57...) 생성[3]

----

3 실제 프로그램에서는 근삿값인 (0.6, 0.6, 0.6)이 출력될 수 있습니다.

```
Vector3 a = new Vector3(3, 3, 3)
Vector3 b = a.normalized; // b는 대략 (0.6, 0.6, 0.6)이 됨
```

벡터의 크기

벡터의 크기(길이)를 구합니다.

```
Vector3.magnitude;
```

[예제] (3, 3, 3)의 크기 5.19...

```
Vector3 a = new Vector3(3, 3, 3)
float b = a.magnitude; // b는 대략 5.19...가 됨
```

벡터의 내적

벡터 b를 벡터 a로 투영한 길이를 구합니다.

```
Vector3.Dot(a, b);
```

[예제] (0, 1, 0) · (1, 0, 0) = 0

```
Vector3 a = new Vector3(0, 1, 0); // 위쪽으로 향하는 벡터
Vector3 b = new Vector3(1, 0, 0); // 오른쪽으로 향하는 벡터
float c = Vector3.Dot(a, b); // 수직인 벡터끼리 내적하면 결과는 0
```

벡터의 외적

두 벡터 모두에 수직인 벡터를 구합니다.

```
Vector3.Cross(a, b);
```

[예제] (1, 0, 0) x (0, 0, 1) = (0, 1, 0)

```
Vector3 a = new Vector3(0, 0, 1); // 앞쪽(Z) 방향벡터
Vector3 b = new Vector3(1, 0, 0); // 오른쪽(X) 방향벡터
```

```
// 외적 결과 c는 앞쪽과 오른쪽 모두에 수직인 위쪽(Y) 방향벡터
Vector3 c = Vector3.Cross(a, b); // c는 (0, 1, 0)
```

9.2.3 Vector3 응용

벡터 연산을 응용할 수 있는 대표적인 예제 두 개를 보겠습니다.

위치를 나타내는 두 벡터 currentPos와 destPos가 있다고 합시다. currentPos는 현재 위치이며 시작점입니다. destPos는 목적지입니다. 그리고 currentPos에서 destPos로 가는 방향과 거리는 destPos - currentPos입니다.

코드 상에서도 destPos - currentPos로 현재 위치에서 목적지까지의 방향과 그 사이의 거리를 알 수 있습니다.

두 지점 사이의 거리

currentPos에서 destPos까지의 거리는 destPos - currentPos의 크기입니다. 따라서 다음과 같은 코드로 두 지점 사이의 거리를 구할 수 있습니다.

```
// 현재 위치(currentPos)에서 목적지(destPos)까지의 거리 구하기
Vector3 currentPos = new Vector3(1, 0, 1); // 현재 위치
Vector3 destPos = new Vector3(5, 3, 5);    // 목적지

// currentPos에서 destPos로 향하는 벡터
Vector3 delta = destPos - currentPos;

// currentPos에서 destPos까지의 거리(크기)
float distance = delta.magnitude;
```

두 벡터 사이의 거리를 계산하는 Distance() 메서드가 Vector3 타입에 내장되어 있기 때문에 위와 같은 처리를 다음과 같이 표현할 수도 있습니다.

```
Vector3 currentPos = new Vector3(1, 0, 1); // 현재 위치
Vector3 destPos = new Vector3(5, 3, 5);    // 목적지

// currentPos에서 destPos까지의 거리
float distance = Vector3.Distance(currentPos, destPos);
```

현재 위치에서 목적지로 향하는 방향

현재 위치에서 목적지를 향해 10만큼 이동한다고 가정해봅시다. currentPos에서 destPos로 향하는 방향벡터는 destPos - currentPos를 정규화한 벡터입니다.

```
(destPos - currentPos).normalized;
```

따라서 다음과 같은 코드로 현재 위치에서 목적지를 향해 10만큼 이동한 위치를 구할 수 있습니다.

```
// 현재 위치(currentPos)에서 목적지(destPos)를 향해 10만큼 이동한 위치 구하기
Vector3 currentPos = new Vector3(1, 0, 1); // 현재 위치
Vector3 destPos = new Vector3(5, 3, 5);    // 목적지

// currentPos에서 destPos으로 향하는 방향벡터
Vector3 direction = (destPos - currentPos).normalized;

// 목적지를 향해 10만큼 현재 위치에서 이동한 새로운 위치
Vector3 newPos = currentPos + direction * 10;
```

이러한 기본적인 연산과 응용 외에도 벡터를 응용하는 방법은 굉장히 많습니다. 일단 여기까지만 이해해도 벡터로 위치와 방향, 속도를 나타내는 데 필요한 기본 지식은 모두 갖추게 됩니다.

9.3 쿼터니언

쿼터니언^{Quaternion}은 회전을 나타내는 타입입니다.

인스펙터 창에서 트랜스폼 컴포넌트는 X, Y, Z를 가지는 Vector3로서 위치^{Position}와 회전^{Rotation}, 스케일^{Scale}을 나타냅니다.

▼ ⚙ Transform			❷ ⇄ ⋮
Position	X 0	Y 3.43	Z 3.789
Rotation	X 45	Y 130	Z 90
Scale	X 1	Y 1	Z 1

▶ 트랜스폼의 위치, 회전, 스케일

실제로 트랜스폼 컴포넌트의 멤버 변수 position(위치), localScale(로컬 스케일)의 타입은 Vector3입니다.[4] 하지만 트랜스폼 컴포넌트의 rotation(회전)의 타입은 Vector3가 아닌 Quaternion입니다.

그러므로 게임 오브젝트의 위치, 크기, 회전을 수정하는 다음과 같은 코드가 있을 때 회전을 수정하는 부분에서 에러가 발생해서 코드가 동작하지 않습니다.

```
transform.position = new Vector3(0, 0, 10);
transform.localScale = new Vector3(1, 1, 1);

// rotation은 Vector3 타입이 아닌 Quaternion 타입이므로 에러 발생
transform.rotation = new Vector3(30, 60, 90);
```

분명히 인스펙터에서 트랜스폼 컴포넌트의 rotation 필드는 Vector3로서 x, y, z 값을 받습니다. 하지만 이것은 Quaternion 타입이 비직관적이기 때문에 유니티가 인스펙터 창에서 rotation의 Quaternion 값을 Vector3로 다루도록 배려한 겁니다.

9.3.1 짐벌락(Gimbal Lock)

회전을 3D 벡터(Vector3)가 아닌 쿼터니언(Quaternion)으로 다루는 이유를 이해하려면 3D 벡터로만 회전을 표현하는 방식의 문제점을 알아야 합니다. 단, 수학적으로 이해하기 어려운 내용이기 때문에 완전히 이해하거나 분석하려 하지 말고 이러한 문제가 있다는 사실만 짚고 넘어가도록 합니다.

3D 벡터를 사용해 3D 회전을 나타내는 표현을 '오일러각Euler angle'이라고 합니다. 수학자 오일러가 고안한 이 표현법은 '물체가 회전하기 전의 좌표계'에서 '회전한 다음의 좌표계'로 바뀌려면 기존 좌표계를 세 번에 걸쳐 각각 얼마만큼 회전시키면 되는지 세 각도로 물체의 회전을 표현합니다. 쉽게 말해 회전하기 전 상태에서 회전한 다음 상태가 되려면 세 번 나누어 각각 얼마만큼 회전하면 되는지 계산하여 회전을 표현하는 방식입니다.

---

4 아래 예시에서 로컬 스케일을 사용한 이유는 연산 방식의 한계로 글로벌 스케일값을 정확하게 나타내는 멤버 변수가 존재하지 않기 때문입니다. 즉, 트랜스폼 컴포넌트에는 scale이라는 멤버 변수가 존재하지 않습니다. 대신 글로벌 스케일값의 근삿값을 출력하는 멤버 변수 lossyScale이 존재합니다. 단, lossyScale의 값은 읽기(readonly)만 가능합니다.

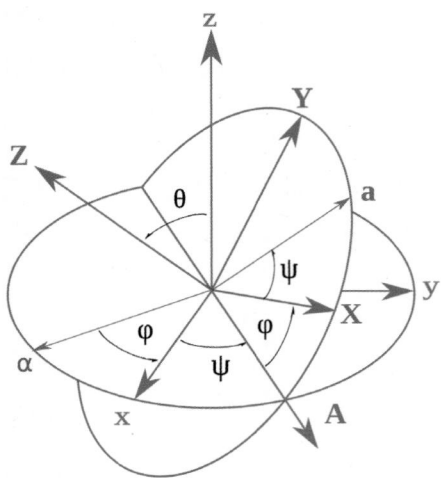

▶ 오일러각의 표현

그런데 오일러각 체계에서는 회전을 한 번에 계산하지 않고, 세 번 나누어서 순서대로 계산하기 때문에 축이 겹치는 문제가 발생할 수 있습니다.

예를 들어 오일러각에서 (30, 60, 90) 회전은 다음과 같은 순서로 계산됩니다.

- z축을 기준으로 90도 회전
- x축을 기준으로 30도 회전
- y축을 기준으로 60도 회전

이것이 문제가 되는 이유를 직관적으로 이해하려면 똑바로 서 있는 팽이와 기울어진 팽이의 차이를 떠올리면 됩니다.

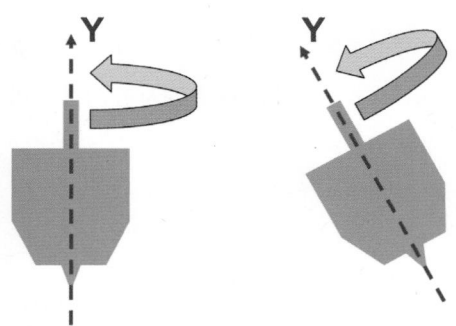

▶ 서 있는 팽이의 회전과 기울어진 팽이의 회전

물체의 Y축은 '물체가 서 있는' 방향이라고 생각할 수 있습니다. 그런데 똑바로 서 있는 팽이가 Y축을 기준으로 60도 회전하는 것과 기울어진 팽이가 Y축을 기준으로 60도 회전하는 것은 실제로는 다른 방향의 회전입니다.

오른쪽 팽이는 Z축을 기준으로 미리 조금 회전된 상태인데, 그 상태에서 Y축 회전은 Z축 회전의 영향을 받습니다. 그러므로 오른쪽 팽이의 Y축 회전은 왼쪽 팽이의 Y축 회전과 다릅니다.

어떤 축의 회전은 다른 축의 회전에 영향을 줍니다. 같은 논리로 오일러각 체계에서 X, Y, Z 회전을 나누어 순서대로 처리할 때 앞선 회전이 그다음 적용될 회전에 영향을 끼칩니다. X 또는 Z가 0도일 때 Y를 60도 회전하는 것과 X 또는 Z가 30도일 때 Y를 60도 회전하는 것은 다릅니다.

어떤 축의 회전이 다른 축의 회전에 영향을 미친다는 사실과 세 번 나누어 축을 회전하는 방식 때문에 오일러각 체계에서는 특정한 경우 앞선 두 번의 회전에 의해 세 번째 회전의 자유도가 상실되어 세 축 중 한 축의 회전을 사용할 수 없게 되는 현상이 발생합니다. 이것을 짐벌락이라 부릅니다(이 책의 범위를 벗어나는 복잡한 수학적 내용이 되기 때문에 자세한 증명은 생략합니다).

짐벌락 현상이 일어나는 이유를 간략하게 설명하자면 회전을 세 번 나누어 실행하는 도중에 축두 개가 겹쳐 하나의 축으로 '잠금'되기 때문입니다.

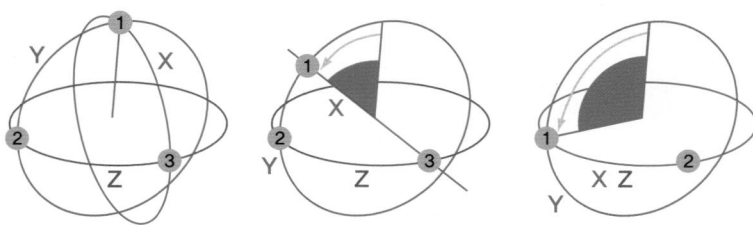

▶ 짐벌락의 예

위 그림은 어떤 물체를 Y축 기준으로 90도 회전하는 과정을 표현한 겁니다. 여기서 노란색 점 1, 2, 3은 여러분들이 잡고 움직일 수 있는 손잡이, 빨간색, 초록색, 파란색의 원형 실선은 손잡이가 움직일 수 있는 경로라고 가정해봅시다.

여러분이 1번 노란색 손잡이를 잡고 Y축 경로로 끌어내리는 것은 물체를 Y축 기준으로 회전시키는 겁니다. 그런데 Y축으로 회전할 때 X축도 함께 끌려와서 회전되는 것을 알 수 있습니다.

그러다 Y축을 90도 회전한 상태에서 멈추면 끌려온 X축이 Z축과 겹치게 됩니다. 그리고 1번 손잡이와 2번 손잡이가 겹쳐 하나가 됩니다. 이제 여러분이 어떤 손잡이를 X축 경로로 움직이는 것과 Z축 경로로 움직이는 것 사이에 차이가 없어집니다.

즉, 위 그림처럼 회전한 상태에서 다음 세 종류의 회전은 사실상 같은 회전입니다.

- X축으로 30도 회전 후 Z축으로 30도 회전
- X축으로 60도 회전
- Z축으로 60도 회전

X축과 Z축이 사실상 하나의 축을 가리키게 되므로 X축과 Z축 회전을 구분하는 것은 무의미합니다. 따라서 축 정보 하나가 사라져 더 이상 삼차원 회전을 제대로 표현할 수 없게 됩니다.

짐벌락 현상은 어떤 축을 90도 회전할 때 특히 자주 발생합니다. 그렇기 때문에 아주 오래 전에 만들어진 시뮬레이션 게임들은 90도 회전을 사용하지 않고 89.9x도 같은 값으로 회전을 처리하기도 합니다.

9.3.2 쿼터니언

쿼터니언은 원소로 x, y, z 외에도 w를 가지는 값으로, 사원수라고 부르기도 합니다.

쿼터니언은 '한 번에 회전하는' 방식이기 때문에 오일러각과 달리 짐벌락 현상이 없으며 90도 회전을 제대로 표현할 수 있습니다. 따라서 게임에서 회전을 구현할 때는 쿼터니언을 사용합니다.

하지만 쿼터니언은 복잡한 계산법을 기반으로 하기 때문에 직관적으로 이해하고 사용하기 힘듭니다. 그래서 유니티는 내부에서는 쿼터니언으로 처리하지만 인스펙터 창에서는 트랜스폼 컴포넌트의 회전을 Vector3(오일러각)로 다루고 있습니다.

같은 이유로 유니티는 코드 상에서 쿼터니언을 직접 생성하고, 쿼터니언 내부를 직접 수정하는 것을 허용하지 않습니다. 대신 Vector3 타입의 오일러각이나 다른 참고 값을 사용해 쿼터니언을 쉽게 생성하는 메서드를 제공합니다.

결론적으로 유니티는 쿼터니언의 복잡성 때문에 개발자가 쿼터니언 내부의 값을 직접 수정하고 제어할 수 없도록 막았지만, 쿼터니언을 쉽게 생성하고 다룰 수 있는 메서드를 제공합니다. 따라서 우리는 쿼터니언의 자세한 구조까지는 이해할 필요 없으며 쿼터니언 관련 편의 메서드를 사용하면 됩니다.

9.3.3 쿼터니언 예제

이제부터 다룰 예제는 유니티가 제공하는 쿼터니언 관련 편의 메서드를 사용해 회전값을 만들고 사용하는 방법 중 일부입니다. 이들에 대한 실습은 10장과 그 이후의 게임 제작 실습에서 진행합니다. 여기서는 대략적인 사용법만 숙지합니다.

새로운 회전 데이터 생성

오일러각을 표현하는 Vector3 값에서 새로운 Quaternion 값을 생성할 수 있습니다.

```
Quaternion.Euler(Vector3);
```

(0, 60, 0) 회전을 표현하는 쿼터니언 회전 데이터를 생성하는 코드는 다음과 같습니다.

```
Quaternion rotation = Quaternion.Euler(new Vector3(0, 60, 0));
```

회전을 Vector3(오일러각)로 가져오기

Quaternion 타입은 저장된 회전값을 Vector3 타입의 오일러각으로 변환한 변수 eulerAngles를 제공합니다.

```
Quaternion rotation = Quaternion.Euler(new Vector3(0, 60, 0));

// Vector3 타입의 값으로 (0, 60, 0)이 나옵니다.
Vector3 eulerRotation = rotation.eulerAngles;
```

현재 회전에서 '더' 회전하기

(30, 0 , 0)만큼 회전한 상태에서 (0, 60, 0)만큼 더 회전한 상태를 표현해봅시다.

이때 (30, 0, 0)을 회전한 상태에서 (0, 60, 0)만큼 더 회전하는 것은 (30, 0, 0)과 (0, 60, 0)을 합쳐서 한 번에 (30, 60, 0) 회전하는 것과 다르다는 점에 주의합니다. 참고로 이미 (30, 0, 0)을 회전한 상태에서 (0, 60, 0)을 회전한 결과는 근삿값으로 대략 (14.4 , 63.4 , 26.5) 정도입니다.

(30, 0, 0)만큼 이미 회전한 상태에서 (0, 60, 0)만큼 더 회전한 회전값을 생성하는 코드는 다음과 같습니다.

```
Quaternion a = Quaternion.Euler(30, 0, 0);
Quaternion b = Quaternion.Euler(0, 60, 0);

// a만큼 회전한 상태에서 b만큼 더 회전한 회전값을 표현
Quaternion rotation = a * b;
```

쿼터니언에서 a에서 b만큼 더 회전한 것은 덧셈 a + b가 아니라 곱셈 a * b로 표현합니다. 이 것은 쿼터니언 사이의 연산은 행렬을 사용하기 때문입니다. 이에 대한 내용은 이 책이 다루는 범위를 벗어나므로 생략하겠습니다.

9.4 마치며

이 장에서는 벡터 수학과 쿼터니언, 그리고 이 둘의 응용 예제를 살펴봤습니다. 다음 장에서는 이들을 실제로 사용하여 게임 오브젝트를 움직이고 배치합니다.

이 장에서 배운 내용 요약

- 벡터는 방향과 크기를 가집니다.
- 벡터는 절대적인 위치로 표현하거나 상대적인 위치로 표현할 수 있습니다.
- 벡터가 표현하는 화살표의 길이가 벡터의 크기입니다.
- 벡터는 스칼라 곱을 사용해 배수를 취할 수 있습니다.
    예 : $(1, 1) \times 5 = (5, 5)$
- 방향벡터는 크기가 1인 벡터로, 방향을 표현합니다.
- 어떤 벡터를 크기가 1인 방향벡터로 만드는 것을 정규화라고 합니다.
- 벡터끼리의 덧셈이 가능합니다.
    예 : $(1, 1) + (2, 2) = (3, 3)$
- 벡터끼리의 뺄셈이 가능합니다.
    예 : $(1, 1) - (2, 2) = (-1, -1)$
- B − A는 A에서 B로 향하는 벡터입니다.
- 벡터 A에 벡터 B를 내적한($A \cdot B$) 결과는 두 벡터의 크기와 두 벡터 사이의 각도로 결정됩니다.

- 방향벡터 A에 방향벡터 B를 내적한(A · B) 결과를 통해 두 벡터 사이의 각도 차이를 알 수 있습니다.

- 벡터 A에 벡터 B를 외적한(A×B) 결과는 A와 B 모두에 수직인 벡터입니다.

- 노말벡터는 어떤 평면에 수직이며, 해당 평면의 방향을 표현하는 벡터입니다.

- 새로운 벡터값은 `new Vector3(x, y, z);`로 생성합니다.

- 어떤 벡터의 정규화된 벡터(방향벡터)는 `Vector3.normalized;`로 구합니다.

- 어떤 벡터의 크기는 `Vector3.magnitude;`로 구합니다.

- 트랜스폼 컴포넌트의 회전값은 Vector3 타입이 아니라 Quaternion 타입입니다.

- Vector3를 사용하는 오일러각은 짐벌락이 생길 수 있으므로 유니티는 회전을 Quaternion 타입으로 표현합니다.

- `Quaternion.Euler()` 메서드로 Vector3 값에서 쿼터니언 회전값을 생성할 수 있습니다.

- 유니티는 쿼터니언에 대한 직접 접근을 막습니다. 대신 쿼터니언과 관련된 편의 메서드를 제공합니다.

10장 공간과 움직임

이 장에서는 유니티 게임 월드에서 사용하는 공간의 종류, 게임 오브젝트의 위치와 회전을 결정하는 좌표계를 알아봅니다. 그리고 C# 코드로 공간상에서 게임 오브젝트를 움직이고 회전하는 방법을 배웁니다. 공간에 물체를 어떻게 배치하는지, 그리고 C#으로 어떻게 제어하는지 알아봅니다.

이 장에서 다루는 내용

- 전역 공간, 오브젝트 공간, 지역 공간의 차이점
- 좌표계의 종류
- 부모-자식 관계
- 회전과 평행이동

10.1 유니티 공간

3D 공간에 배치하는 3D 오브젝트는 위치를 표현한 값, 즉 좌표를 가집니다. 원점을 기준으로 (x, y, z)에서 X 방향은 오른쪽, Y 방향은 위쪽, Z 방향은 앞쪽으로 이동한 위치입니다.

이렇게 좌표를 측정할 기준이 될 원점의 위치와 X, Y, Z축 방향을 설정하여 물체가 어디에 배치되어 있는지 표현하는 기준과 체계를 좌표계$^{coordinate\ system}$라 부릅니다. 좌표계는 공간에서 '어떤 방향으로' 얼마만큼 이동한 거리에 배치할 것인지 결정하는 기준입니다. 간단히 말해, 씬 창에 표현되는 평행이동 툴의 화살표가 좌표계를 표현한 겁니다.

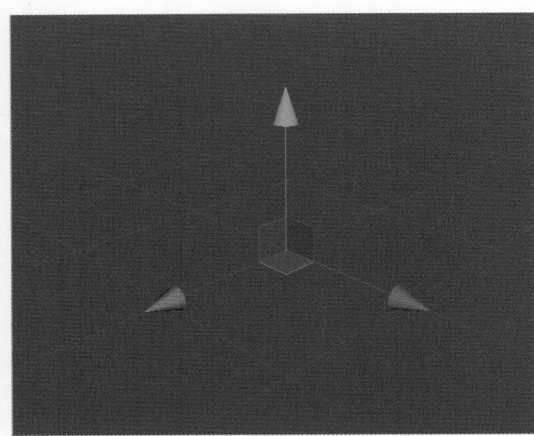

▶ 3D 좌표계

좌표계는 여러 종류가 존재합니다. 어떤 좌표계를 사용하고, 어떤 방향을 X, Y, Z 방향으로 정의하느냐에 따라 같은 위치에 있는 오브젝트를 표현하는 좌표가 달라집니다. 여기서 공간은 좌표계를 사용하여 물체를 배치하는 틀이며, 어떤 좌표계를 사용하느냐에 따라 공간의 종류가 달라집니다.

주목할 점은 게임 월드는 하나지만 하나의 좌표계(공간)로는 게임 월드의 모든 속성을 표현할 수 없다는 겁니다. 즉, 본문에서 설명할 전역 공간, 오브젝트 공간, 자식 공간은 하나의 게임 월드를 서로 다른 좌표계로 관측하여 표현한 겁니다.

예를 들어 전역 공간에서는 게임 월드의 앞쪽 방향은 나타낼 수 있지만 자식 오브젝트가 부모 오브젝트에 상대적으로 움직이는 방향은 나타낼 수 없습니다. 오브젝트 공간에서는 어떤 오브젝트의 앞쪽 방향은 알 수 있지만 게임 월드의 앞쪽 방향은 알 수 없습니다.

따라서 우리는 하나의 게임 월드를 상황에 따라 서로 다른 공간에서 관측해야 합니다.

10.1.1 전역 공간

전역 공간Global Space은 월드의 중심이라는 절대 기준이 존재하는 공간이며 월드 공간World Space이라 부르기도 합니다. 전역 공간에서 X, Y, Z 방향을 정하고 좌표를 계산하는 기준을 전역 좌표계Global Coordinate System라고 합니다.

전역 공간에서는 게임 월드의 원점(0, 0, 0)이 존재하며 모든 오브젝트가 원점에서 얼마만큼 떨어져 있느냐가 오브젝트의 좌표가 됩니다. 새로운 프로젝트를 하나 만들어 전역 공간을 확인합시다.

[과정 01] 새로운 프로젝트 생성하기

① 새로운 3D 유니티 프로젝트를 만듭니다.

새로운 프로젝트의 이름은 Space로, 경로는 바탕 화면이나 내 문서 등에 적당한 폴더를 생성해 지정합니다. 프로젝트가 생성되면 곧바로 3D 큐브 게임 오브젝트를 씬에 추가합니다. 단, 전역 공간의 특징을 알아보기 위해 Y축을 기준으로 회전을 주겠습니다.

① **Cube** 게임 오브젝트 생성(**하이어라키** 창에서 **+** 〉 **3D Object** 〉 **Cube** 클릭)

② **Cube** 게임 오브젝트의 **회전**을 **(0, 60, 0)**으로 변경

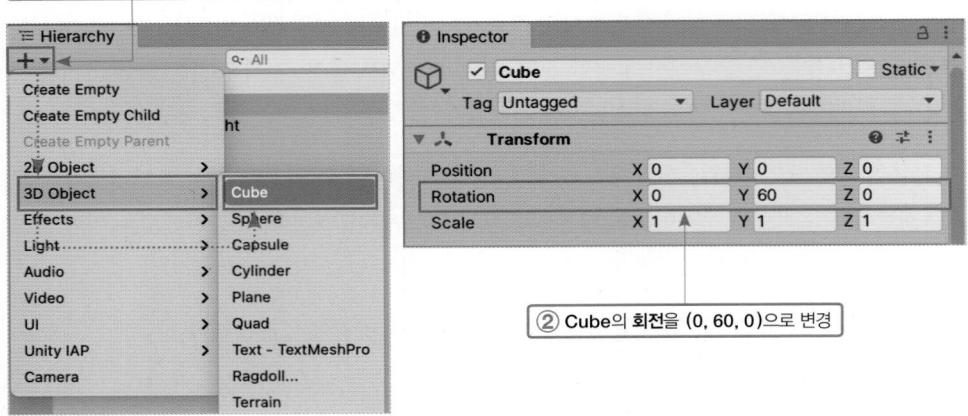

▶ 3D 큐브 추가

그다음 유니티의 공간 모드를 지역^{Local, 로컬}에서 전역^{Global, 글로벌}으로 바꾸겠습니다. 씬 창 상단에는 토글 툴 핸들^{Toggle Tool handle}이 두 개 있습니다. 여기서 로컬/글로벌 전환 버튼은 씬 창에서 편집 툴이 표현되는 방식(기즈모)을 오브젝트 공간과 전역 공간 사이에서 전환합니다.

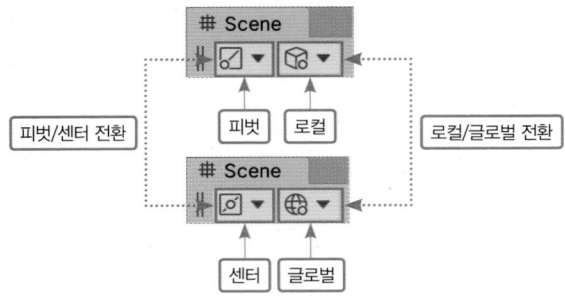

▶ 툴 핸들 토글 버튼

Pivot/Center

Pivot/Center 전환 버튼의 기본값은 Pivot이고, Local/Global 전환 버튼의 기본값은 Local입니다. 평상시에는 기본값인 피벗(Pivot)과 로컬(Local)을 사용할 것을 추천합니다.

로컬과 글로벌의 차이점은 10.1.2절 '오브젝트 공간'을 진행하면서 설명합니다. 피벗과 센터에서 피벗은 '오브젝트의 실제 기준점'을 기준으로 오브젝트를 배치하며, 센터는 '눈으로 보이는 중점'을 기준으로 오브젝트를 배치합니다.

일반적으로 사람 형태의 3D 모델은 발바닥 근처를 기준점으로 모델링합니다. 그러한 3D 모델을 유니티로 가져와서 피벗 모드로 씬 창에서 보면 다음과 같이 모델의 실제 위치인 발바닥 근처에 편집 툴이 표시됩니다.

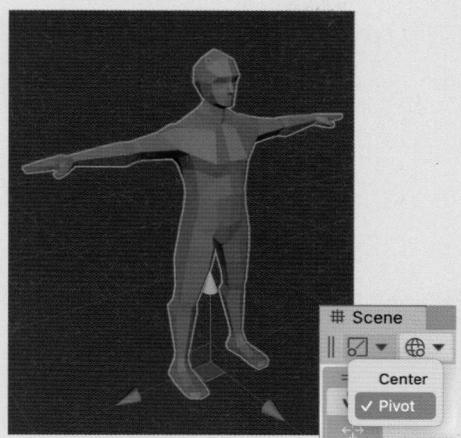

▶ 피벗 모드로 배치할 때

센터 모드로 전환하면 오브젝트의 실제 위치를 무시하고 겉으로 보이는 형태의 중심에 편집 툴이 표시됩니다.

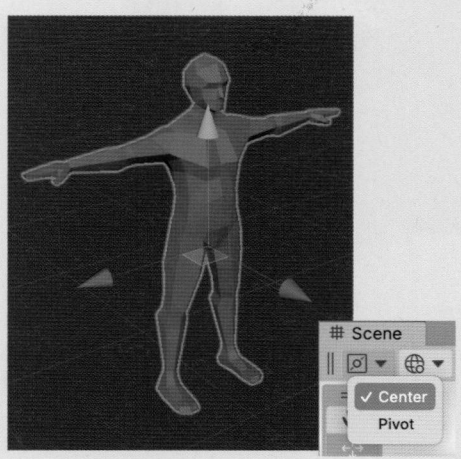

▶ 센터 모드로 배치할 때

위 3D 모델의 실제 좌표는 발바닥 근처지만 씬 창의 편집 툴이 가슴 근처에 표시됩니다. 따라서 오브젝트 배치에 혼란을 겪을 수 있으니 가급적 기본값인 피벗 모드를 사용하는 것이 좋습니다.

씬 창의 기즈모 표시 방식을 전역 공간으로 변경합니다.

[과정 03] 전역 공간 모드로 전환

① **Local/Global 전환 버튼 클릭 → Global** 선택

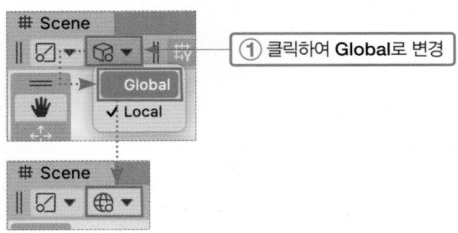

▶ 전역 공간 모드로 전환

씬 창의 기즈모 표시 방식을 전역 공간으로 바꾸면 큐브에 나타나는 평행이동 툴의 화살표가
큐브의 회전을 무시하고 게임 월드를 기준으로 나타납니다(평행이동 툴이 아닌 다른 툴이 표
시된다면 툴바에서 평행이동 툴을 선택합니다).

 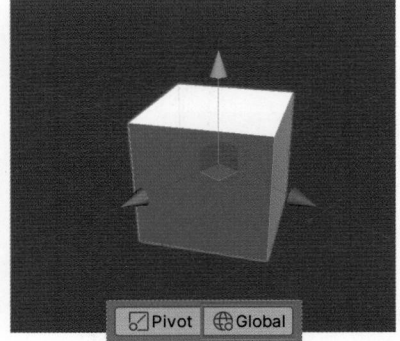

▶ 오브젝트 공간 모드와 전역 공간 모드의 차이

즉, Y축 기준 60도 회전된 큐브를 배치할 때 전역 공간 모드에서는 큐브의 회전을 무시하고 게
임 월드(전역 공간)를 기준으로 배치합니다. 이것은 전역 공간이 사용하는 전역 좌표계의 특
징입니다.

전역 좌표계에서는 특정 오브젝트 공간의 X, Y, Z 방향이 아니라 전역 공간의 X, Y, Z 방향을
좌표계의 기준 방향으로 삼습니다. 전역 공간 모드에서 큐브를 '앞쪽'으로 옮기면 큐브의 앞쪽
이 아니라 게임 월드의 기준에서 앞쪽으로 옮긴다는 의미입니다.

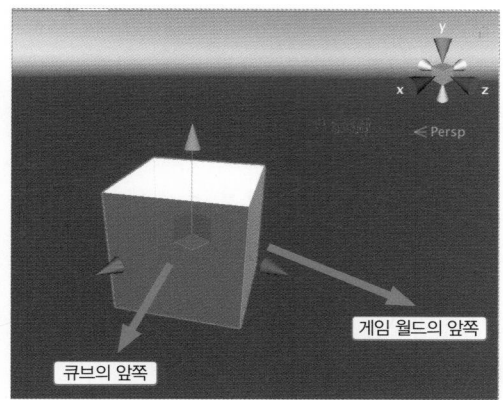

큐브의 앞쪽

게임 월드의 앞쪽

▶ 전역 공간과 오브젝트 공간에서의 앞쪽

위 그림은 전역 공간에서의 앞쪽과 오브젝트 공간에서의 앞쪽을 나타낸 겁니다. 두 파란색 화살표는 모두 Z축(앞쪽)이지만 하나는 큐브의 Z축 방향, 다른 하나는 전역 공간의 Z축 방향이라는 것에 주목합니다. 같은 앞쪽 방향이지만 이동하는 실제 방향이 다릅니다.

이처럼 전역 공간에서는 게임 월드의 X, Y, Z 방향(전역 좌표계)으로 오브젝트를 배치합니다. 전역 공간에서 오브젝트의 좌표는 오브젝트가 게임 월드의 원점 (0, 0, 0)에서 게임 월드의 X, Y, Z 방향으로 각각 얼마만큼 떨어져 있느냐로 결정됩니다.

10.1.2 오브젝트 공간

전역 좌표계와 원점을 기준으로 배치하는 전역 공간과 반대로 오브젝트 공간은 오브젝트 자신의 X, Y, Z 방향(오브젝트 좌표계)을 배치 기준으로 사용합니다.

유니티 상단에서 공간 모드를 Local로 변경하여 씬 창의 표시 모드를 오브젝트 공간 모드로 바꿔봅시다.

[과정 01] 오브젝트 공간 모드로 전환

① Local/Global 전환 버튼 클릭 → Local 선택

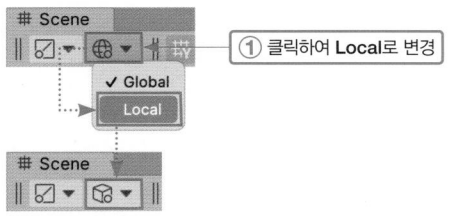

① 클릭하여 Local로 변경

▶ 오브젝트 공간 모드로 전환

주의해야 할 사실이 있습니다. 유니티 상단 툴바에 표시되는 공간 모드는 Local이지만 Local 모드에서 씬 창에 표현되는 좌표계의 모습은 로컬 공간이 아니라 오브젝트 공간입니다. 이것은 쉬운 접근성을 위해 유니티는 오브젝트 공간의 일부 개념을 로컬 공간에 편입시켜 사용하기 때문입니다.

오브젝트 공간은 오브젝트 자신이 기준이 됩니다. 따라서 물체가 평행이동할 때 스스로의 방향을 기준으로 평행이동합니다. 이는 큐브의 앞쪽은 월드의 앞쪽과 다를 수도 있다는 의미입니다.

이것을 이해하기 위해 큐브를 회전시켜 큐브의 Z축 방향을 게임 월드의 X축 방향과 일치시키고, 큐브를 Z축 방향으로 평행이동하면 어떻게 되는지 살펴봅시다.

[과정 02] 큐브를 회전시키고 Z축으로 평행이동하기

① **Cube** 게임 오브젝트의 **Y축** 회전을 90으로 변경
② **씬** 창에서 **Cube**에 표시된 **평행이동 도구**의 **Z축** 화살표를 누르고 **Z축** 방향으로 **드래그**

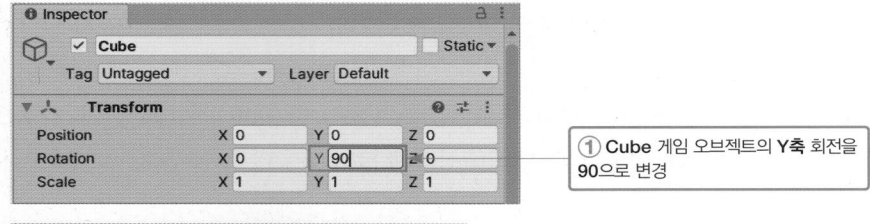

① Cube 게임 오브젝트의 **Y축** 회전을 90으로 변경

② Z축 방향으로 **드래그**하여 평행이동

▶ **3D 큐브를 회전시키고 Z축으로 평행이동**

이렇게 하면 큐브는 Z축 방향으로 움직이지만 인스펙터 창에 나타나는 큐브 좌표는 X 값이 변경됩니다.

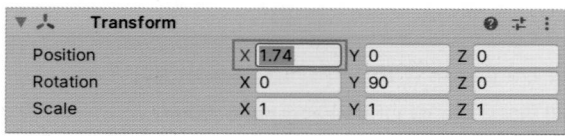

▶ X 값이 변경됨

큐브의 Y축 회전을 90도로 설정하면 전역 공간의 X축과 큐브에 대한 오브젝트 공간의 Z축이 일치하게 됩니다. 이는 오브젝트의 '앞쪽'은 게임 월드의 '오른쪽'이라는 의미가 됩니다.

이것으로 오브젝트가 '스스로' 생각하는 기준 방향과 게임 월드의 기준 방향이 다르다는 것을 확인했습니다.

또한 인스펙터 창에 표시된 큐브 위치는 오브젝트 공간에서 측정한 것이 아니라는 사실을 알 수 있습니다. 오브젝트 공간은 오브젝트 스스로를 원점으로 삼습니다. 따라서 게임 월드에서의 오브젝트 실제 위치가 어디든 상관없이 오브젝트 공간에서 오브젝트의 위치는 항상 (0, 0, 0) 입니다. 즉, 오브젝트 공간에서의 평행이동은 오브젝트는 가만히 있고, 주변 풍경이 움직이는 것으로 이해할 수 있습니다. 비유하자면 배가 앞으로 움직이는 것이 아니라 지구가 뒤로 움직이는 겁니다.

10.1.3 지역 공간

위 그림에서 인스펙터 창에 표시된 위치는 전역 공간을 기준으로 측정된 겁니다. 하지만 '지금만' 전역 공간 기준으로 표시된 것이고, 원래 인스펙터 창에는 지역 공간에서의 위치가 표시됩니다. 하지만 부모 오브젝트가 존재하지 않으면 지역 좌표계와 전역 좌표계가 일치하기 때문에 지역 공간상의 위치가 곧 전역 공간상의 위치가 됩니다.

지역 공간은 게임 월드나 오브젝트 자신이 아닌 자신의 부모 오브젝트를 기준으로 한 지역 좌표계로 좌표를 측정합니다. 그리고 인스펙터 창에 표시되는 게임 오브젝트의 위치, 회전, 스케일은 모두 지역 공간에서 측정된 값입니다.

이것을 부모-자식 관계를 가지는 게임 오브젝트를 만들어 확인하겠습니다. 큐브의 위치와 회전을 리셋하고, 구 오브젝트를 만들어 큐브의 자식으로 지정하겠습니다.

[과정 01] 큐브의 자식 만들기

① **인스펙터** 창에서 **Cube** 게임 오브젝트의 **Transform** 컴포넌트의 **:** 버튼 〉 **Reset** 클릭

② **Sphere** 게임 오브젝트 생성(**하이어라키** 창에서 **+** 〉 **3D Object** 〉 **Sphere** 클릭)

③ **Sphere** 게임 오브젝트의 **위치**를 **(2, 0, 0)**으로 변경

④ **하이어라키** 창에서 **Sphere**를 **Cube**로 **드래그&드롭**

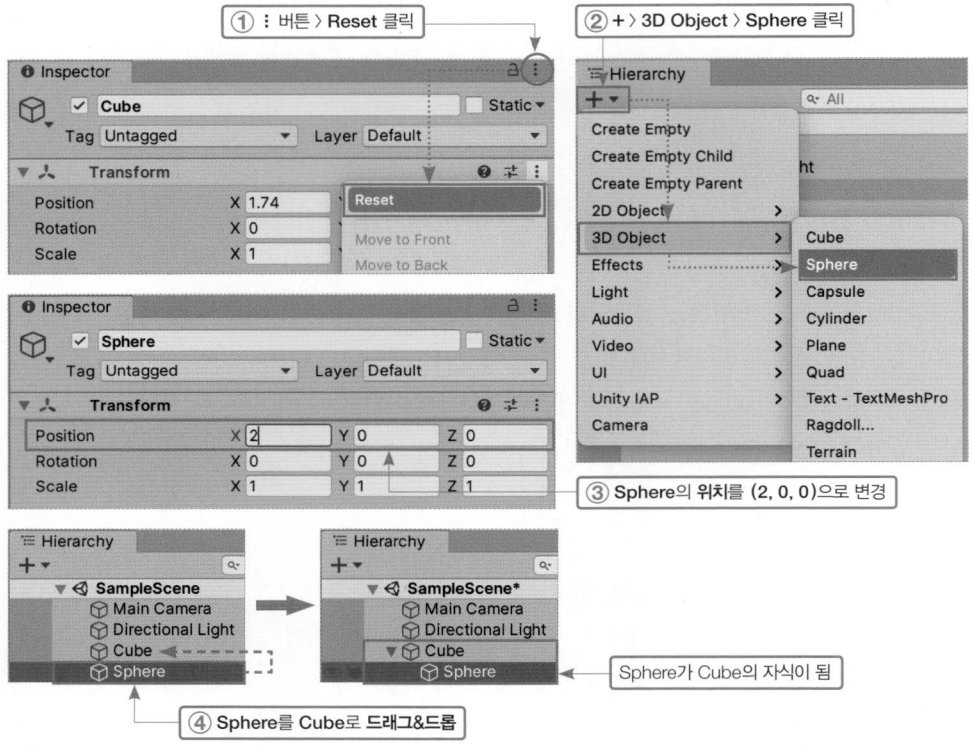

▶ 큐브의 자식 오브젝트 만들기

Sphere 게임 오브젝트가 Cube 게임 오브젝트의 자식이 된 뒤 인스펙터 창에 표시되는 Sphere 의 위치는 (2, 0, 0)입니다. 현재 Sphere의 게임 월드 속의 위치, 즉 전역 공간에서의 위치(전 역 위치) 또한 (2, 0, 0)입니다.

현재까지는 '인스펙터 창에서 표시되는 위치'와 '실제 위치'가 일치합니다. 이 상태에서 Sphere 게임 오브젝트의 부모인 Cube 게임 오브젝트를 옮기면 상태가 어떻게 변하는지 살펴보겠습 니다.

[과정 02] 큐브 위치 옮기기

① **하이어라키** 창에서 **Cube** 선택 > **Cube**의 위치를 (−2, 0, 0)으로 변경

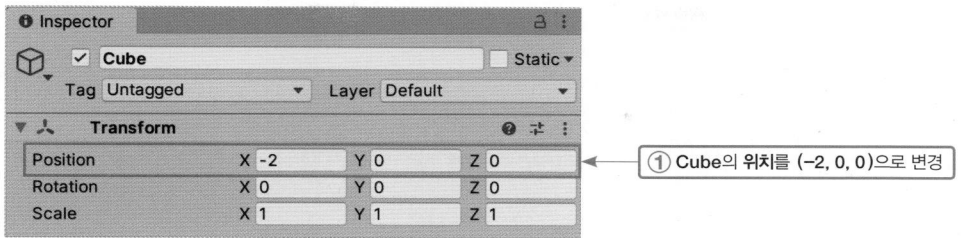

▶ 큐브 위치 옮기기

Cube 게임 오브젝트의 위치를 변경하면 Cube의 자식인 Sphere 게임 오브젝트의 위치 또한 Cube를 따라 함께 변경되는 것을 씬 창에서 확인할 수 있습니다. 자식 게임 오브젝트는 부모 게임 오브젝트에 묶여 있으며, 부모가 움직이면 함께 움직입니다.

이 상태에서 Sphere 게임 오브젝트의 위치를 인스펙터 창에서 확인해보면 여전히 (2, 0, 0)입니다. 하지만 우리는 Sphere 게임 오브젝트의 실제 위치가 Cube 게임 오브젝트를 따라 변경되었다는 사실을 알고 있습니다.

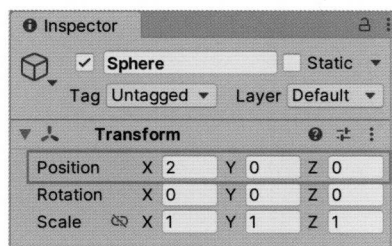

▶ 변경되지 않은 Sphere의 위치

Sphere 게임 오브젝트의 실제 위치를 파악하기 위해 부모인 Cube 게임 오브젝트로부터 풀어주겠습니다.

① **하이어라키** 창에서 **Sphere**를 **Cube** 바깥쪽으로 **드래그&드롭**하여 부모로부터 풀어주기

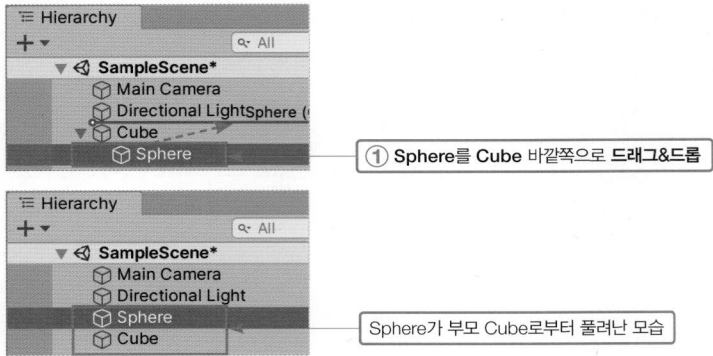

① Sphere를 Cube 바깥쪽으로 **드래그&드롭**

Sphere가 부모 Cube로부터 풀려난 모습

▶ **Sphere**를 자신의 부모 Cube로부터 풀어주기

인스펙터 창에서 다시 Sphere 게임 오브젝트의 위치를 확인하면 (2, 0, 0)에서 (0, 0, 0)으로 변경된 것을 알 수 있습니다. (0, 0, 0)이 현재 Sphere 게임 오브젝트의 실제 전역 위치입니다.

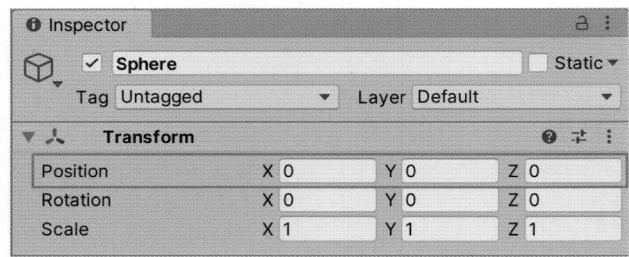

▶ **Sphere**의 전역 위치

이렇게 되는 이유는 모든 게임 오브젝트는 자신의 '부모'를 세상의 중심으로 여기고 좌표를 측정하기 때문입니다. 이것이 지역 공간이며, 인스펙터 창에 보이는 위치, 회전, 스케일은 언제나 지역 공간을 기준으로 표시됩니다.

Sphere 게임 오브젝트가 Cube 게임 오브젝트의 자식이었을 때를 생각해봅시다. Sphere가 Cube의 자식으로 설정된 동안에는 Sphere의 좌표는 자신의 부모인 Cube에 상대적으로 측정됩니다.

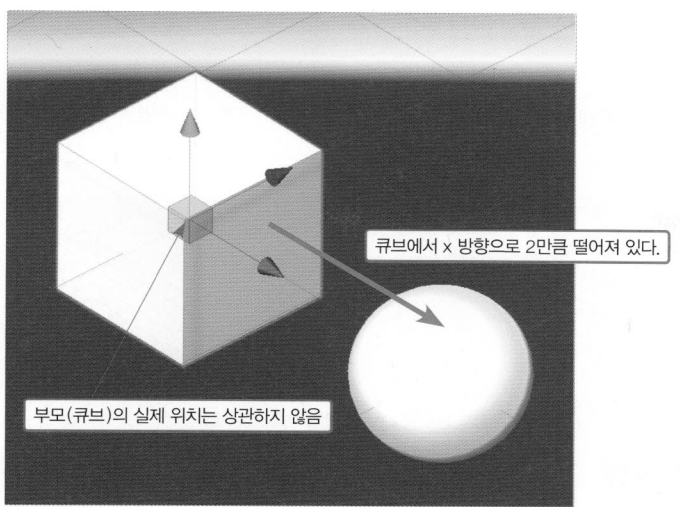

큐브에서 x 방향으로 2만큼 떨어져 있다.

부모(큐브)의 실제 위치는 상관하지 않음

▶ 모든 것을 부모를 기준으로 생각하게 된다

이때 인스펙터 창에 표시된 Sphere의 위치 (2, 0, 0)은 부모 Cube에서 (2, 0, 0)만큼 떨어져 있다는 의미입니다. 그리고 부모 Cube의 전역 공간상에서의 실제 위치가 어디더라도 상관없이 같은 결과가 나옵니다.

또한 Sphere의 위치 (2, 0, 0)의 x 값 2는 전역 공간에서의 X 방향이 아니라 부모 Cube의 X 방향으로 2만큼 떨어져 있다는 것을 의미합니다. Sphere의 위치뿐만 아니라 회전과 스케일도 부모 Cube에 상대적으로 측정됩니다.

그런데 어떤 게임 오브젝트에 부모 게임 오브젝트가 존재하지 않는다면 존재하지 않는 부모 게임 오브젝트 대신 전역 공간의 원점(0, 0, 0)을 기준으로 좌표를 측정합니다.

따라서 부모 게임 오브젝트가 없는 경우에 한해서만 인스펙터 창에 표시되는 지역 위치, 지역 회전, 지역 스케일이 전역 공간에서의 전역 위치, 전역 회전, 전역 스케일과 일치하게 됩니다.

그러면 회전과 스케일에 대해서도 부모-자식 관계에 의한 측정값의 변화를 확인해봅시다.

① Sphere를 Cube의 자식으로 만들기(**하이어라키** 창에서 Sphere를 Cube로 **드래그&드롭**)

② **하이어라키** 창에서 Cube 선택 > Cube의 **위치**를 (0, 0, 0), **회전**을 (0, 0, 90), **스케일**을 (2, 2, 2)로 **변경**

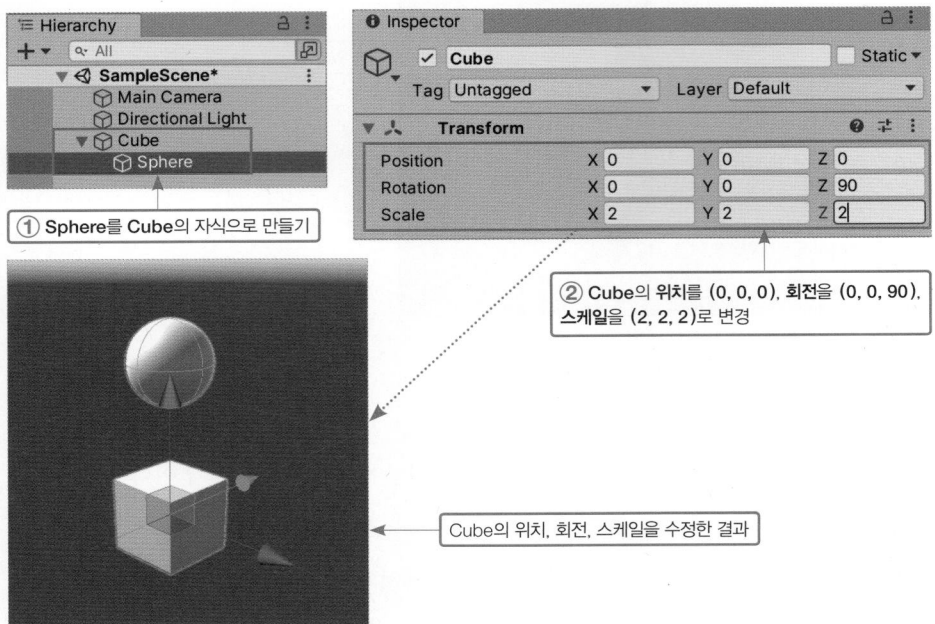

▶ 부모에 의한 자식의 회전과 스케일 변경 확인하기

이번에도 부모 Cube를 따라 Sphere 게임 오브젝트가 함께 회전하고 스케일도 커집니다. 하지만 인스펙터 창에 표시되는 Sphere 게임 오브젝트의 위치는 (2, 0, 0), 회전은 (0, 0, 0), 스케일은 (1, 1, 1)입니다. 즉, 부모 Cube 게임 오브젝트의 위치, 회전, 스케일을 변경해도 부모 Cube에 상대적으로 측정된 자식 Sphere 게임 오브젝트의 위치, 회전, 스케일은 여전히 같은 값으로 표시됩니다.

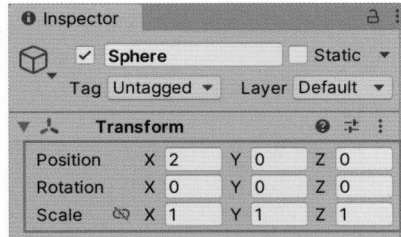

▶ 변하지 않은 Sphere의 위치, 회전, 스케일

물론 Sphere 게임 오브젝트를 부모 Cube 게임 오브젝트로부터 해제하면 인스펙터 창에 Sphere 게임 오브젝트의 전역 공간에서의 실제 위치, 회전, 스케일을 확인할 수 있습니다.

[과정 05] 구를 부모 Cube로부터 풀어주기

① **하이어라키** 창에서 **Sphere**를 **Cube** 바깥쪽으로 **드래그&드롭**하여 부모로부터 풀어주기

① Sphere를 드래그&드롭하여 Cube로부터 해제

Sphere의 실제 위치, 회전, 스케일

▶ Sphere를 자신의 부모 Cube로부터 풀어주기

Sphere 게임 오브젝트의 실제 위치, 회전, 스케일은 Cube 게임 오브젝트의 자식이었을 때와 전혀 다르게 측정됩니다.

- 지역 위치 (2, 0, 0) → 전역 위치 (0, 4, 0)
- 지역 회전 (0, 0, 0) → 전역 회전 (0, 0, 90)
- 지역 스케일 (1, 1, 1) → 전역 스케일 (2, 2, 2)

Sphere 게임 오브젝트가 Cube 게임 오브젝트의 자식이었을 때는 Cube 게임 오브젝트의 스케일이 2배가 되면 Sphere 게임 오브젝트의 전역 스케일도 2배가 됩니다. 하지만 부모 Cube에 상대적으로 측정된 Sphere의 스케일은 여전히 (1, 1, 1)이기 때문에 Sphere의 지역 스케일이 (1, 1, 1)로 표시된 겁니다.

회전도 마찬가지로 실제 Sphere의 전역 회전은 (0, 0, 90)이지만 (0, 0, 90) 회전된 부모 Cube를 기준으로 Sphere의 회전을 측정했기 때문에 Cube의 자식이었을 때 측정된 Sphere의 지역 회전은 (0, 0, 0)이었습니다.

위치의 경우 Sphere의 지역 위치는 부모 Cube를 기준으로 (2, 0, 0)이었습니다. 즉, Sphere는 부모 Cube에서 X 방향으로 2만큼 떨어져 있었습니다. 하지만 회전된 Cube의 X 방향은 전역 공간에서는 Y 방향이었습니다. 즉, 전역 공간에서 봤을 때 Sphere는 Cube로부터 X 방향이 아니라 Y 방향으로 떨어져 있었습니다.

또한 (2, 0, 0)은 스케일이 두 배가 된 부모 Cube를 기준으로 측정된 위치이기 때문에 실제 Sphere와 Cube 사이의 거리는 지역 공간에서 측정된 거리보다 2배 큽니다. 따라서 Sphere의 전역 위치는 (0, 4, 0)이 됩니다.

10.1.4 지역 공간과 오브젝트 공간의 차이

지금까지의 내용을 정리하면 이렇습니다.

- **전역 공간** : 게임 월드의 원점을 기준으로 위치를 측정합니다.
- **지역 공간** : 자신의 부모 게임 오브젝트를 기준으로 위치를 측정합니다.
- **오브젝트 공간** : 자기 자신을 기준으로 위치를 측정합니다.

유니티는 편의상 지역 공간과 오브젝트 공간을 합쳐 지역 공간으로 부르고 있습니다. 인스펙터 창에 표시되는 트랜스폼 컴포넌트의 위치, 회전, 스케일은 부모에 상대적입니다. 즉, 지역 공간으로 측정된 값들이 맞습니다.

그런데 지역 공간에서는 '앞쪽으로' 평행이동하면 게임 오브젝트 자신의 앞쪽이 아니라 부모 게임 오브젝트의 앞쪽으로 이동합니다.

하지만 씬 창에서 지역 공간을 의미하는 Local 모드를 사용하여 어떤 게임 오브젝트를 X축 방향으로 평행이동하면 부모 게임 오브젝트의 X축 방향이 아니라 자기 자신의 X축 방향으로 이동합니다. 즉, 평행이동에 대해서는 지역 공간이라고 표기하면서, 실제로는 오브젝트 공간을 사용합니다.

정리하면 유니티는 지역 공간과 오브젝트 공간을 다음과 같은 방식으로 합쳐서 지역 공간이라고 부릅니다.

- 지역 공간에서 위치, 회전, 스케일값 측정 : 부모 게임 오브젝트를 기준으로 측정(지역 공간)
- 지역 공간에서 평행이동 : 게임 오브젝트 자신의 방향을 기준으로 평행이동(오브젝트 공간)

> 지금부터는 유니티의 공식 문서와 코드를 따르기 위해 오브젝트 공간과 지역 공간을 구분하지 않고 모두 지역 공간으로 용어를 통일하겠습니다.

10.2 오브젝트의 이동과 회전

공간에 관해 모두 설명했으니 이제 코드로 공간 내부에서 물체를 배치하고 움직여봅시다.

우리는 이미 리지드바디 컴포넌트를 사용해 게임 오브젝트를 이동시켜봤습니다. 하지만 리지드바디 컴포넌트를 사용한 이동은 실제 위치를 직접 변경하지 않고 물리적인 상호작용을 이용한 것이므로 의도한 위치에 물체를 정확하게 배치하기 힘듭니다.

따라서 아래에서 실습할 예제처럼 물리 처리를 거치지 않고 트랜스폼 컴포넌트의 위치나 회전값을 직접 변경하여 게임 오브젝트를 움직이는 것이 더 좋은 경우도 있습니다.

실습을 위해 10.1절 '유니티 공간'에서 만든 Cube 게임 오브젝트와 Sphere 게임 오브젝트의 위치와 부모–자식 관계를 조정하겠습니다.

[과정 01] 실습 준비하기

① Cube 게임 오브젝트와 Sphere 게임 오브젝트의 Transform 컴포넌트를 각각 리셋
② 하이어라키 창에서 Cube를 Sphere로 드래그&드롭하여 Sphere의 자식으로 만들기

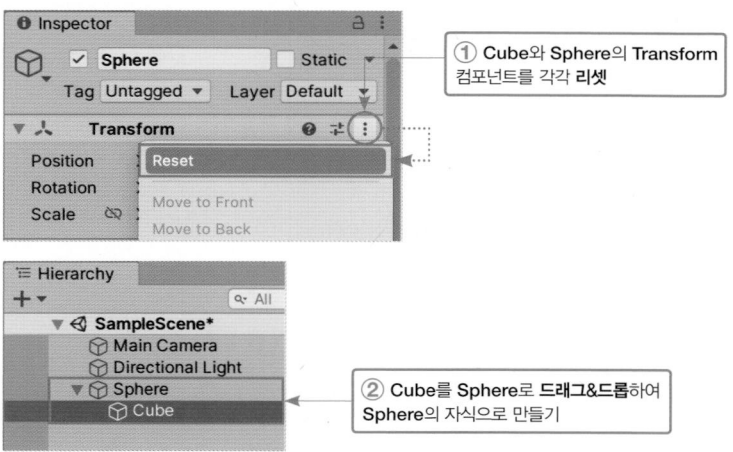

▶ 실습 준비하기

씬이 준비되었으면 다음 과정으로 넘어갑니다.

10.2.1 스크립트 작성하기

스크립트로 전역 공간과 지역 공간을 구분하여 Sphere 게임 오브젝트와 Cube 게임 오브젝트를 움직여보겠습니다.

[과정 01] Move 스크립트 생성

① **프로젝트** 창에서 **+** > **C# Script** 클릭
② 생성된 스크립트의 이름을 **Move**로 변경하고 열기

작성할 Move 스크립트는 키보드 입력에 따라 Sphere와 Cube 게임 오브젝트의 위치와 회전을 변경합니다.

[과정 02] Move 스크립트 작성

① **Move** 스크립트를 다음과 같이 완성

```
using System.Collections;
using System.Collections.Generic;
using UnityEngine;

public class Move : MonoBehaviour {
    public Transform childTransform; // 움직일 자식 게임 오브젝트의 트랜스폼

    void Start() {
        // 자신의 전역 위치를 (0, -1, 0)으로 변경
        transform.position = new Vector3(0, -1, 0);
        // 자식의 지역 위치를 (0, 2, 0)으로 변경
        childTransform.localPosition = new Vector3(0, 2, 0);

        // 자신의 전역 회전을 (0, 0, 30)으로 변경
        transform.rotation = Quaternion.Euler(new Vector3(0, 0, 30));
        // 자식의 지역 회전을 (0, 60, 0)으로 변경
        childTransform.localRotation = Quaternion.Euler(new Vector3(0, 60, 0));
    }

    void Update() {
        if (Input.GetKey(KeyCode.UpArrow))
        {
```

```
        // 위쪽 방향키를 누르면 초당 (0, 1, 0)의 속도로 평행이동
        transform.Translate(new Vector3(0, 1, 0) * Time.deltaTime);
    }

    if (Input.GetKey(KeyCode.DownArrow))
    {
        // 아래쪽 방향키를 누르면 초당 (0, -1, 0)의 속도로 평행이동
        transform.Translate(new Vector3(0, -1, 0) * Time.deltaTime);
    }

    if (Input.GetKey(KeyCode.LeftArrow))
    {
        // 왼쪽 방향키를 누르면
        // 자신을 초당 (0, 0, 180) 회전
        transform.Rotate(new Vector3(0, 0, 180) * Time.deltaTime);
        // 자식을 초당 (0, 180, 0) 회전
        childTransform.Rotate(new Vector3(0, 180, 0) * Time.deltaTime);
    }

    if (Input.GetKey(KeyCode.RightArrow))
    {
        // 오른쪽 방향키를 누르면
        // 자신을 초당 (0, 0, -180) 회전
        transform.Rotate(new Vector3(0, 0, -180) * Time.deltaTime);
        // 자식을 초당 (0, -180, 0) 회전
        childTransform.Rotate(new Vector3(0, -180, 0) * Time.deltaTime);
    }
    }
}
```

작성한 코드를 살펴봅시다. 가장 먼저 Sphere 게임 오브젝트의 자식 게임 오브젝트인 Cube 게임 오브젝트의 트랜스폼 컴포넌트를 할당할 변수 childTransform이 선언되어 있습니다.

```
public Transform childTransform;
```

Sphere 게임 오브젝트의 트랜스폼 컴포넌트는 transform 변수를 사용해 바로 접근 가능합니다. 따라서 Sphere 게임 오브젝트의 트랜스폼 컴포넌트를 할당할 별개의 Transform 타입의 변수를 선언하지 않았습니다.

10.2.2 위치와 회전 결정하기

Start() 메서드에서는 트랜스폼 컴포넌트를 나타내는 Transform 타입에 내장된 변수들의 값을 변경하여 Sphere 게임 오브젝트와 Cube 게임 오브젝트의 위치와 회전을 변경합니다.

```
void Start() {
    // 자신의 전역 위치를 (0, -1, 0)으로 변경
    transform.position = new Vector3(0, -1, 0);
    // 자식의 지역 위치를 (0, 2, 0)으로 변경
    childTransform.localPosition = new Vector3(0, 2, 0);

    // 자신의 전역 회전을 (0, 0, 30)으로 변경
    transform.rotation = Quaternion.Euler(new Vector3(0, 0, 30));
    // 자식의 지역 회전을 (0, 60, 0)으로 변경
    childTransform.localRotation = Quaternion.Euler(new Vector3(0, 60, 0));
}
```

위 코드는 Sphere 게임 오브젝트의 위치는 (0, −1, 0), 자식인 Cube 게임 오브젝트의 지역 위치는 (0, 2, 0)으로 변경합니다. Transform 타입은 전역 위치는 position, 지역 위치는 localPosition이라는 변수로 제공합니다.

이어서 Sphere 게임 오브젝트의 회전은 (0, 0, 30), 자식인 Cube 게임 오브젝트의 지역 회전은 (0, 60, 0)으로 변경했습니다. Transform 타입은 전역 회전은 rotation, 지역 회전은 localRotation이라는 변수로 제공합니다.

여기서 변경한 전역 위치, 전역 회전은 전역 공간에서의 실제 위치와 회전이며, 지역 위치와 지역 회전은 부모 게임 오브젝트에 상대적으로 측정된 위치와 회전이라는 점에 주의합니다. 또한 회전값을 생성할 때 Quaternion.Euler() 메서드를 사용한다는 점에 유의합니다.

10.2.3 Update() 메서드 구현

이어지는 Update() 메서드에서는 키보드 입력에 따라 평행이동과 회전을 합니다.

```
void Update() {
    if (Input.GetKey(KeyCode.UpArrow))
    {
        // 위쪽 방향키를 누르면 초당 (0, 1, 0)의 속도로 평행이동
        transform.Translate(new Vector3(0, 1, 0) * Time.deltaTime);
```

```
        }

        if (Input.GetKey(KeyCode.DownArrow))
        {
            // 아래쪽 방향키를 누르면 초당 (0, -1, 0)의 속도로 평행이동
            transform.Translate(new Vector3(0, -1, 0) * Time.deltaTime);
        }

        if (Input.GetKey(KeyCode.LeftArrow))
        {
            // 왼쪽 방향키를 누르면
            // 자신을 초당 (0, 0, 180) 회전
            transform.Rotate(new Vector3(0, 0, 180) * Time.deltaTime);
            // 자식을 초당 (0, 180, 0) 회전
            childTransform.Rotate(new Vector3(0, 180, 0) * Time.deltaTime);
        }

        if (Input.GetKey(KeyCode.RightArrow))
        {
            // 오른쪽 방향키를 누르면
            // 자신을 초당 (0, 0, -180) 회전
            transform.Rotate(new Vector3(0, 0, -180) * Time.deltaTime);
            // 자식을 초당 (0, -180, 0) 회전
            childTransform.Rotate(new Vector3(0, -180, 0) * Time.deltaTime);
        }
    }
}
```

키보드 입력에 따라 다음과 같이 평행이동과 회전을 실행합니다.

- **키보드 위쪽 방향키**
  - 자신의 Y 방향으로 초당 1의 속도로 평행이동
- **키보드 아래쪽 방향키**
  - 자신의 Y 방향으로 초당 −1의 속도로 평행이동
- **키보드 왼쪽 방향키**
  - 자신을 Z축 기준으로 초당 180도 반시계 방향으로 회전
  - 자식을 Y축 기준으로 초당 180도 반시계 방향으로 회전
- **키보드 오른쪽 방향키**
  - 자신을 Z축 기준으로 초당 180도 시계 방향으로 회전
  - 자식을 Y축 기준으로 초당 180도 시계 방향으로 회전

10.2.4 평행이동

평행이동은 Transform 타입이 제공하는 Translate() 메서드로 실행할 수 있습니다. 작성한 Update() 메서드에서 키보드 위쪽이나 아래쪽 방향키로 평행이동하는 부분을 봅시다.

```
if (Input.GetKey(KeyCode.UpArrow))
{
    transform.Translate(new Vector3(0, 1, 0) * Time.deltaTime);
}

if (Input.GetKey(KeyCode.DownArrow))
{
    transform.Translate(new Vector3(0, -1, 0) * Time.deltaTime);
}
```

Translate() 메서드는 입력으로 Vector3 값을 받습니다. Translate() 메서드가 실행되면 트랜스폼 컴포넌트가 현재 위치에서 입력받은 Vector3 값만큼 상대적으로 더 이동합니다.

위 코드에서 만약 Time.deltaTime을 곱하지 않고 아래와 같이 코드를 작성하면 1초에 (0, 1, 0)만큼 이동하지 않고 한 프레임에 (0, 1, 0)만큼 이동한다는 점에 주의합니다.

```
transform.Translate(new Vector3(0, 1, 0));
```

전역 평행이동과 지역 평행이동

Translate() 메서드에 의한 평행이동은 전역 공간이 아니라 지역 공간을 기준으로 이루어집니다. 예를 들어 transform.Translate(0, 0, 1);을 실행하면 자신의 앞쪽(z) 방향으로 1만큼 움직이지만, 게임 월드의 앞쪽과는 다른 방향으로 움직일 수도 있다는 의미입니다.

원한다면 평행이동 기준을 전역 공간으로 선택할 수 있습니다. 아래 예제처럼 Translate() 메서드는 두 번째 값으로 Space 타입을 받아 평행이동의 기준을 전역 공간(Space.World)으로 할지, 지역 공간(Space.Self)으로 할지 지정할 수 있습니다.

- **전역 공간 기준으로 평행이동**

  아래 코드는 자신의 Y축 방향과 상관없이 전역 공간을 기준으로 한 Y축 방향으로 평행이동합니다.

  ```
  transform.Translate(new Vector3(0, 1, 0) * Time.deltaTime, Space.World);
  ```

- **지역 공간 기준으로 평행이동**

아래 코드는 게임 월드의 Y축 방향과 상관없이 자신의 Y축 방향으로 평행이동합니다.

```
transform.Translate(new Vector3(0, 1, 0) * Time.deltaTime, Space.Self);
```

10.2.5 회전

작성한 Update() 메서드에서 키보드 왼쪽 방향키나 오른쪽 방향키를 눌렀을 때 게임 오브젝트를 회전하는 부분을 봅시다. 트랜스폼 컴포넌트의 회전은 Transform 타입의 Rotate() 메서드로 실행합니다.

```
if (Input.GetKey(KeyCode.LeftArrow))
{
    transform.Rotate(new Vector3(0, 0, 180) * Time.deltaTime);
    childTransform.Rotate(new Vector3(0, 180, 0) * Time.deltaTime);
}

if (Input.GetKey(KeyCode.RightArrow))
{
    transform.Rotate(new Vector3(0, 0, -180) * Time.deltaTime);
    childTransform.Rotate(new Vector3(0, -180, 0) * Time.deltaTime);
}
```

Rotate() 메서드는 입력으로 Vector3 값을 받아 현재 회전 상태에서 입력된 회전만큼 게임 오브젝트를 더 회전합니다.

전역 회전과 지역 회전

Rotate() 메서드 또한 지역 공간을 기준으로 동작합니다. 즉, childTransform.Rotate(new Vector3(0, 180, 0) * Time.deltaTime);은 게임 월드의 Y축이 아니라 childTransform에 할당된 트랜스폼의 Y축을 기준으로 초당 180도 회전합니다.

물론 Rotate() 메서드도 Translate() 메서드처럼 전역 공간을 기준으로 회전할 수 있습니다. Rotate() 메서드도 두 번째 입력값으로 기준 공간을 받을 수 있습니다.

- **전역 공간 기준으로 회전하기**

아래 코드는 자신의 Z축 기울기와 상관없이 전역 공간의 Z축을 기준으로 1초에 180도 회전합니다.

```
transform.Rotate(new Vector3(0, 0, 180) * Time.deltaTime, Space.World);
```

- **지역 공간 기준으로 회전하기**

아래 코드는 전역 공간의 Z축 방향과 상관없이 자신의 Z축을 기준으로 1초에 180도 회전합니다.

```
transform.Rotate(new Vector3(0, 0, 180) * Time.deltaTime, Space.Self);
```

10.2.6 테스트

그러면 [Ctrl+S]로 작성한 Move 스크립트를 저장하고 유니티 에디터로 돌아갑니다. 작성한 코드를 테스트해봅시다.

[과정 01] 스크립트 적용하기

① Sphere 게임 오브젝트에 Move 스크립트 추가(Move 스크립트를 하이어라키 창의 Sphere로 드래그&드롭)

② 하이어라키 창에서 Sphere 게임 오브젝트 선택 〉 하이어라키 창의 Cube를 Move 컴포넌트의 Child Transform 필드로 드래그&드롭

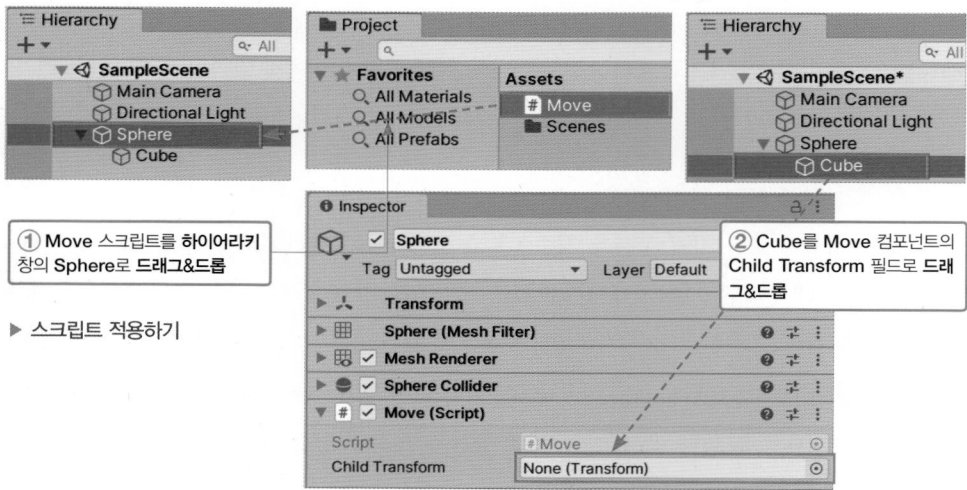

▶ 스크립트 적용하기

플레이 버튼을 눌러 씬을 플레이하면 Sphere 게임 오브젝트의 전역 위치가 (0, −1, 0)으로 변경되고, Z축을 기준으로 반시계 방향으로 30도 회전한 것을 확인할 수 있습니다. Cube 게임 오브젝트의 위치는 지역 위치 (0, 2, 0)으로 변경됩니다. 따라서 Cube 게임 오브젝트는 부모인 Sphere 게임 오브젝트를 기준으로 위쪽 방향으로 2만큼 이동한 곳에 위치합니다.

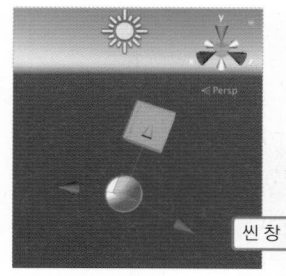 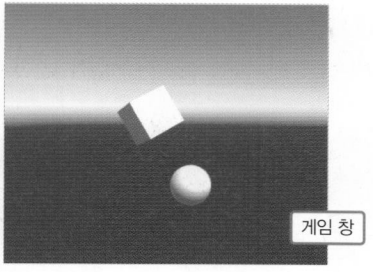

▶ 실행 결과

이 상태에서 왼쪽 방향키를 누르면 반시계 방향, 오른쪽 방향키를 누르면 시계 방향으로 Sphere 게임 오브젝트가 Z축 기준으로 회전합니다. 이때 Cube 게임 오브젝트는 언제나 Sphere 게임 오브젝트로부터 지역 공간 기준 Y축 방향으로 2만큼 떨어져 있습니다.

Cube 게임 오브젝트 입장에서는 언제나 Sphere의 Y 방향으로 2만큼 떨어진 위치에 고정된 상태지만 기준이 되는 Sphere 게임 오브젝트 자체가 회전하고 있으므로 전역 공간에서는 Cube 게임 오브젝트가 Sphere 게임 오브젝트 주위를 공전하는 것으로 보입니다.

또한 Cube 게임 오브젝트는 Sphere 주위를 공전할 뿐만 아니라 `childTransform`에서 실행한 `Rotate()` 메서드에 의해 스스로의 Y축을 기준으로 회전합니다.

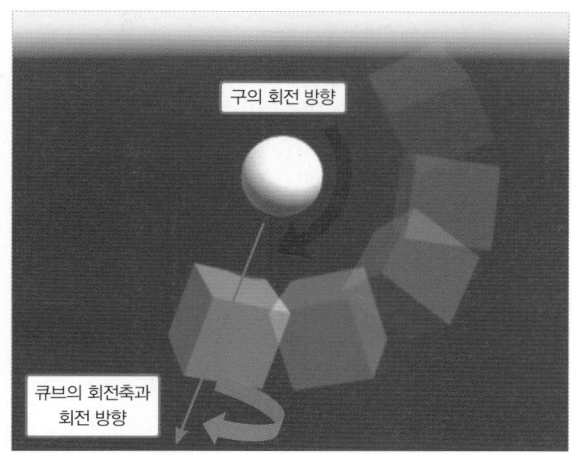

▶ 키보드 오른쪽 방향키를 눌렀을 때의 회전

위쪽이나 아래쪽 방향키를 누르면 Sphere 게임 오브젝트를 위(y)나 아래(-y)로 평행이동할 수 있습니다. 하지만 지역 공간 기준으로 움직이고 있기 때문에 전역 공간 기준의 위나 아래로 이동하지 않을 수도 있습니다. 즉, 다음 그림과 같이 똑같은 위쪽 방향이라고 해도 Sphere 게임 오브젝트의 회전 상태에 따라 전역 공간에서의 실제 이동 방향은 달라집니다.

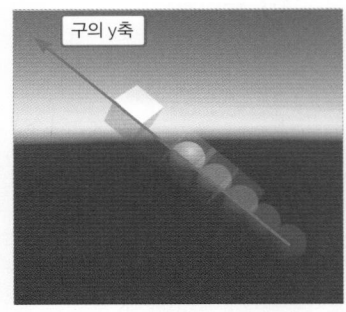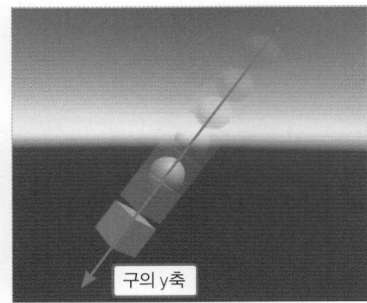

▶ 키보드 위쪽 방향키를 눌렀을 때의 평행이동

이것으로 게임 오브젝트를 평행이동하고 회전하는 기본적인 방법을 모두 살펴봤습니다. 씬의 플레이 모드를 해제하고 씬과 프로젝트를 저장한 다음 유니티를 종료합니다.

10.3 벡터 연산으로 평행이동 구현하기

10장과 4부를 마치기 전에 특정 벡터값을 쉽게 생성하는 방법과 벡터 연산으로 10.2절 '오브젝트의 이동과 회전'에서 배운 평행이동을 다르게 표현하는 방법을 알아보겠습니다.

10.3.1 벡터의 속기

Vector3 타입에는 속기^{shorthand}라는 미리 만들어진 편리한 변수들이 있습니다. 자주 사용되는 Vector3 값은 속기를 사용해 다음과 같은 형태로 즉시 생성할 수 있습니다.

```
Vector3 position = Vector3.up;
```

위 코드는 Vector3 position = new Vector3(0, 1, 0);과 같은 동작을 합니다. 이외에 다른 속기도 봅시다.

Vector3의 속기

- Vector3.forward : new Vector3(0, 0, 1)
- Vector3.back : new Vector3(0, 0, -1)
- Vector3.right : new Vector3(1, 0, 0)
- Vector3.left : new Vector3(-1, 0, 0)
- Vector3.up : new Vector3(0, 1, 0)
- Vector3.down : new Vector3(0, -1, 0)

이들은 모두 크기가 1인 방향벡터라는 점에 유의합니다.

10.3.2 트랜스폼의 방향

트랜스폼 컴포넌트를 표현하는 Transform 타입은 자신의 앞쪽, 뒤쪽, 오른쪽 등을 나타내는 방향벡터를 즉시 접근할 수 있는 변수들을 제공합니다. 현재 게임 오브젝트의 방향을 알고 싶다면 transform에 접근하여 다음과 같은 변수를 사용합니다.

Transform 타입의 방향

- transform.forward : 자신의 앞쪽을 가리키는 방향벡터
- transform.right : 자신의 오른쪽을 가리키는 방향벡터
- transform.up : 자신의 위쪽을 가리키는 방향벡터

뒤쪽, 왼쪽, 아래쪽에 관한 변수는 따로 없지만 −1을 곱하여 앞쪽, 오른쪽, 위쪽 방향을 뒤집으면 쉽게 표현할 수 있습니다.

- 자신의 뒤쪽 : -1 * transform.forward
- 자신의 왼쪽 : -1 * transform.right
- 자신의 아래쪽 : -1 * transform.up

10.3.3 벡터 연산으로 평행이동

우리는 Translate() 메서드로 평행이동을 구현했습니다. 9장에서 배운 벡터 연산을 응용하면 Translate() 메서드를 사용하지 않고 Transform의 position 값을 직접 수정하여 평행이동을 구현할 수 있습니다.

자신의 앞쪽으로 평행이동

게임 오브젝트가 지역 공간을 기준으로 (0, 1, 0)만큼 평행이동하는 코드는 다음과 같습니다.

```
transform.Translate(new Vector3(0, 1, 0));
```

같은 동작을 다음과 같이 표현할 수 있습니다.

```
transform.position = transform.position + transform.up * 1;
```

전역 공간 앞쪽으로 평행이동

게임 오브젝트가 전역 공간을 기준으로 (0, 1, 0)만큼 평행이동하는 코드는 다음과 같습니다.

```
transform.Translate(new Vector3(0, 1, 0), Space.World);
```

같은 동작을 다음과 같이 표현할 수 있습니다.

```
transform.position = transform.position + Vector3.up * 1;
```

10.4 마치며

이 장에서는 공간과 좌표계를 이해하고, 게임 오브젝트의 위치, 회전, 스케일을 코드로 어떻게 제어하는지 배웠습니다.

이것으로 벡터와 공간에 관해 다루었던 4부를 마칩니다. 5부에서는 2D 예제 게임 '유니런'을 개발합니다.

> **이 장에서 배운 내용 요약**
> - 전역 공간은 게임 월드를 기준으로 합니다.
> - 지역 공간은 부모 게임 오브젝트를 기준으로 합니다.
> - 오브젝트 공간은 자기 자신을 기준으로 합니다.

- 인스펙터 창에 표시되는 위치, 회전, 스케일은 지역 공간 기준으로 측정된 값입니다.
- Transform의 Translate( ) 메서드로 평행이동합니다.
- Transform의 Rotate( ) 메서드로 회전합니다.
- Translate( ), Rotate( )는 기본적으로 지역 공간 기준으로 동작합니다.
- Translate( ), Rotate( )에 Space 타입을 입력하여 기준 공간을 지역 공간이나 전역 공간으로 결정할 수 있습니다.
- Vector3.up 등의 속기를 이용하면 자주 사용되는 Vector3 값을 즉시 생성할 수 있습니다.
- Transform 타입이 제공하는 방향 관련 변수(transform.forward 등)로 게임 오브젝트의 방향을 쉽게 알 수 있습니다.

5부

2D 러너 게임 _ 유니런

게임 소개

난이도	★★☆
예제 위치	11 폴더, 12 폴더, 13 폴더
완성본 빌드	https://retro-book.itch.io/uni-run
목표	2D 러너 게임 유니런을 제작합니다.
미션	계속 뛰면서 발판(플랫폼) 사이를 점프해 낭떠러지로 떨어지지 않고 살아남아라!

▶ 점프하는 캐릭터

기능	① 발판은 무한 생성됩니다. 발판의 생성 간격과 높이는 랜덤입니다. 각각의 발판 위에는 1~3개의 장애물이 일정 확률로 배치됩니다.
	② 캐릭터가 점프 후 새로운 발판에 착지할 때마다 점수가 추가됩니다.
	③ 플레이어는 마우스 왼쪽 버튼으로 점프합니다. 이단 점프도 가능합니다.
	④ 마우스 왼쪽 버튼을 누르는 시간으로 점프 높이를 조정할 수 있습니다. 버튼을 오래 누르면 상대적으로 높이 점프합니다.
	⑤ 플레이어 캐릭터에 애니메이션이 적용됩니다. 상황에 따라서 뛰거나, 점프하거나, 죽는 애니메이션이 재생됩니다.

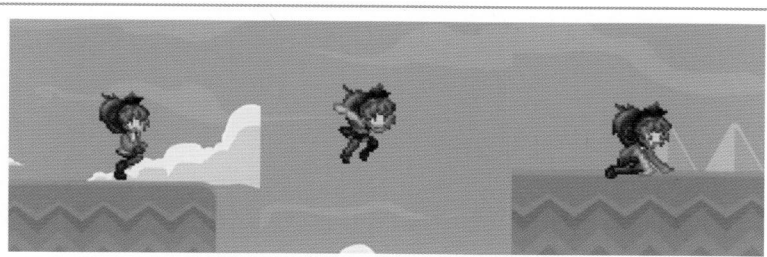

▶ 캐릭터의 애니메이션

조작법
- 점프 : 마우스 왼쪽 버튼
- (사망 후) 게임 재시작 : 마우스 왼쪽 버튼

11장 유니런
플레이어 제작

이 장에서는 2D 플레이어 캐릭터를 구현합니다. 2D 플레이어 캐릭터를 구현하면서 2D 프로젝트의 간단한 특징, 2D 그래픽 소스를 사용하는 방법, 애니메이션 클립을 만드는 방법, 상황에 맞는 애니메이션을 재생하는 방법을 다룹니다.

이 장에서 다루는 내용

- 여러 이미지를 스프라이트 하나로 다루는 방법
- 오디오 소스를 사용해 사운드를 재생하는 방법
- 유한 상태 머신을 사용하여 어떤 애니메이션을 재생할지 결정하는 방법
- 애니메이터와 애니메이터 컨트롤러
- 이단 점프를 구현하고, 바닥을 감지하는 방법

11.1 유니티 2D 프로젝트 열기

5부 '유니런' 개발에서는 미리 준비한 2D 프로젝트를 사용합니다. 씬과 코드를 제외한 모든 에셋이 준비된 상태에서 미완성 프로젝트를 완성해나감으로써 코딩과 기능 구현에 집중하겠습니다.

사용할 유니티 프로젝트 폴더는 예제 데이터 11장 폴더에 있는 Uni-Run입니다. Uni-Run 프로젝트 폴더에는 뼈대만 작성된 미완성 스크립트, 그래픽 이미지, 오디오 파일 등 게임 개발에 필요한 모든 에셋이 들어 있습니다.

11.1.1 유니티 2D 프로젝트

유니티 2D 프로젝트와 3D 프로젝트는 유의미한 차이가 없습니다. 유니티 프로젝트 생성 이후 언제든지 현재 프로젝트 설정을 2D와 3D 사이에서 변경할 수 있습니다. 아래는 2D 프로젝트의 주요 특징입니다.

- 이미지 파일을 스프라이트 타입으로 임포트합니다
- 기본 생성 카메라가 직교(Orthographic) 모드를 사용합니다.
- 라이팅 설정 중 일부가 비활성화됩니다.
- 씬 창이 2D 뷰로 보입니다.

위 설정을 각각 따로 변경하거나, 유니티 프로젝트 모드를 2D 또는 3D로 하여 일괄 변경할 수 있습니다. 우리는 2D 프로젝트를 사용하는 동안 물리와 렌더링에 관해서는 리지드바디 2D 같은 2D 컴포넌트를 주로 사용하게 됩니다. 하지만 프로젝트의 2D/3D 모드 설정과 사용할 컴

포넌트의 종류는 서로 관련 없습니다. 게임 장르에 따라서 2D 프로젝트에서 2D가 아닌 일반 컴포넌트를 사용해도 문제없습니다.

2D 컴포넌트는 대부분 Vector2로 동작하거나 Vector3로 동작하되 z 값을 무시합니다. 하지만 2D 게임 오브젝트의 실제 위치값이 Vector2인 것은 아닙니다. 2D 프로젝트의 2D 게임 오브젝트도 실제로는 위치와 스케일 등을 Vector3로 저장합니다. 다만 원근감이 없으니 z 값이 의미 없을 뿐입니다.

11.1.2 Uni-Run 프로젝트 열기

예제 데이터의 11장 폴더에 있는 Uni-Run 프로젝트 폴더를 엽니다.

[과정 01] 유니런 시작 프로젝트 열기

① **유니티 허브** 실행 > **Projects** 화면에서 **Open** 클릭
② **예제 폴더** > **11 폴더** > **Uni-Run** 폴더 선택 > **열기**

프로젝트가 열리면 [**Ctrl+N**](맥에서는 [**Command+N**])을 눌러 새로운 2D 씬을 생성하고 Main이라는 이름으로 프로젝트에 저장합니다. 씬 저장 경로는 기본 경로인 프로젝트의 Assets 폴더를 그대로 사용합니다(씬을 저장할 때 저장 경로를 변경하지 않으면 기본 경로에 그대로 저장됩니다).

[과정 02] 새로운 씬 만들기

① [**Ctrl+N**] 누르기 → 새 씬 생성 창이 표시됨
② **Basic 2D** 씬 템플릿 선택 > **Create**를 클릭하여 새로운 씬 생성
③ [**Ctrl+S**]를 누르기 → 씬 저장 창이 표시됨
④ 생성된 씬을 **Main**이라는 이름으로 저장

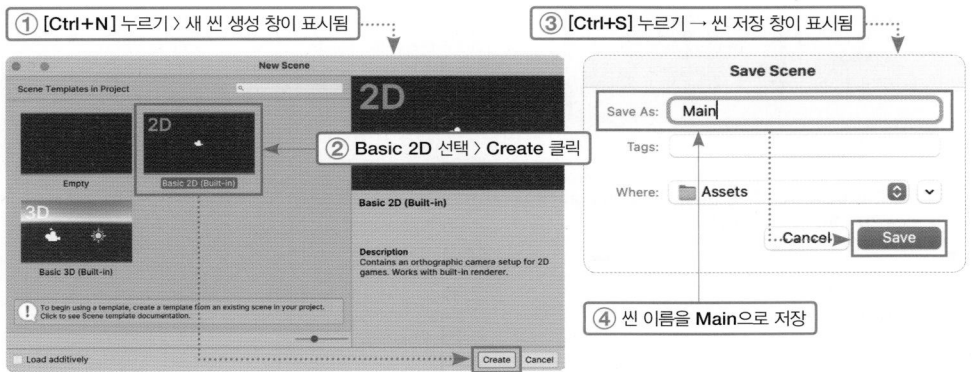

▶ 새로운 씬 만들기

11.2 시작 지점 만들기

가장 먼저 캐릭터가 배치될 시작 지점을 구성합니다. 시작 지점에는 캐릭터가 서 있을 기본 발판과 낙사 판정 영역을 만듭니다.

11.2.1 시작 지점 발판

프로젝트에 미리 포함된 스프라이트 에셋을 사용해 시작 지점의 발판을 만듭니다. 스프라이트는 2D 그래픽과 UI를 그릴 때 사용하는 텍스처 에셋(이미지 파일)입니다.

프로젝트 창에서 스프라이트를 하이어라키 창으로 드래그&드롭하면 해당 스프라이트를 사용하는 스프라이트 렌더러^{Sprite Renderer} 컴포넌트가 추가된 게임 오브젝트가 자동 생성됩니다.

[과정 01] 시작 지점 발판 만들기

① **프로젝트** 창에서 **Sprites** 폴더로 이동 › **Platform_Long** 스프라이트를 **하이어라키** 창으로 **드래그&드롭**
② 생성된 **Platform_Long** 게임 오브젝트의 **이름**을 **Start Platform**으로 변경
③ **Start Platform** 게임 오브젝트의 **위치**를 (0, −1, 0)으로 변경
④ **Box Collider 2D** 컴포넌트 추가(**Add Component** › **Physics 2D** › **Box Collider 2D**)

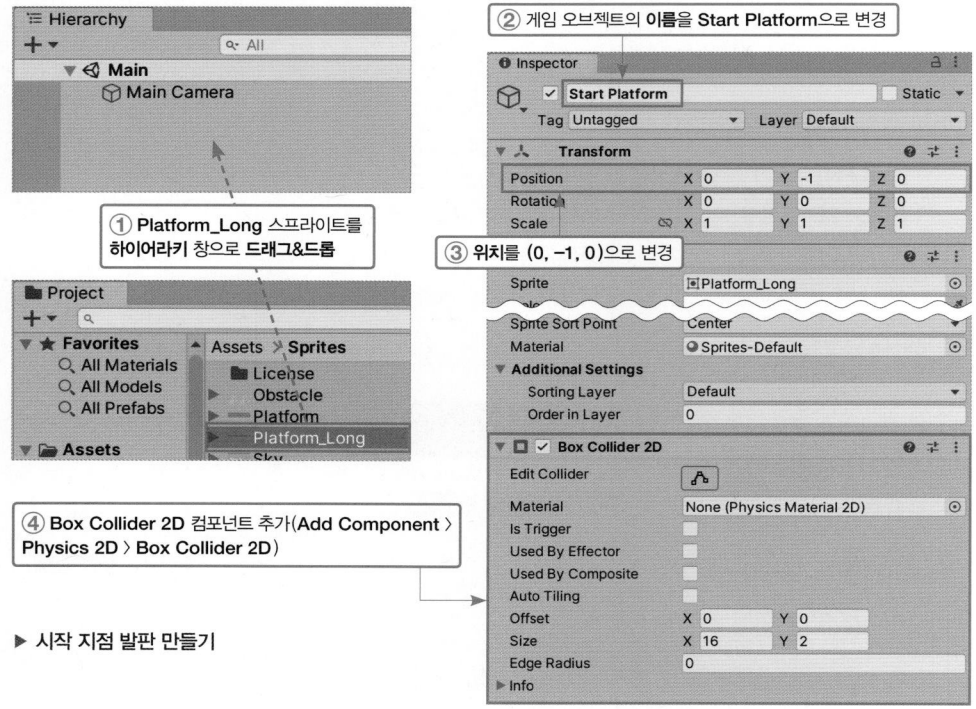

▶ 시작 지점 발판 만들기

이것으로 게임 시작과 동시에 플레이어 캐릭터가 가장 먼저 밟을 발판을 만들었습니다. 발판에 물리적인 표면을 추가하기 위해 박스 콜라이더 2D 컴포넌트를 사용했는데, 컴포넌트 끝에 2D 가 붙는다는 사실에 주의합니다.

11.2.2 데드존 만들기

플레이어 캐릭터가 점프하여 다음 발판에 착지하지 못하고 아래로 떨어지는 것을 감지하고, 플레이어 캐릭터가 죽게 하는 낙사 판정 영역(데드존)을 만듭니다.

낙사 판정은 게임 화면의 하단 영역에 가로로 긴 트리거 콜라이더를 만들어 구현합니다. 그렇게 데드존 게임 오브젝트를 만든 다음 Dead 태그를 할당할 겁니다.

Dead 태그는 플레이어 캐릭터를 죽게 하는 게임 오브젝트에 할당할 태그이며, 저자가 미리 프로젝트에 추가해두었습니다. 11.6절 'PlayerController 스크립트'에서 플레이어 캐릭터를 위한 스크립트를 작성할 때 Dead 태그를 가진 게임 오브젝트와 플레이어 캐릭터가 닿으면 플레이어 캐릭터가 사망하게 할 겁니다.

[과정 01] 데드존 만들기

① **빈 게임 오브젝트** 생성(**하이어라키** 창에서 + 〉 **Create Empty** 클릭)
② 생성된 게임 오브젝트의 **이름**은 **Deadzone**, 태그는 **Dead**, **위치**는 **(0, −8, 0)**으로 변경
③ **Box Collider 2D** 컴포넌트 추가(**Add Component** 〉 **Physics 2D** 〉 **Box Collider 2D** 클릭)
④ **Box Collider 2D** 컴포넌트의 **Is Trigger** 체크, **Size**는 **(50, 2)**로 변경

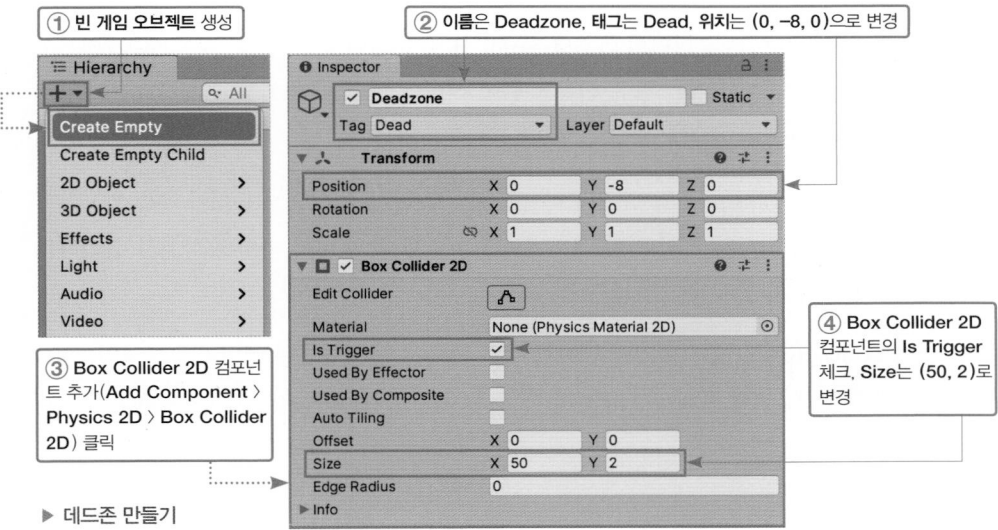

▶ 데드존 만들기

11.3 캐릭터 스프라이트 편집

시작 지점을 완성했으니 플레이어 캐릭터를 위한 2D 그래픽을 준비합니다.

11.3.1 Multiple 스프라이트

프로젝트 창의 Sprites 폴더에는 여러 스프라이트 에셋이 준비되어 있습니다. 여기서 플레이어 캐릭터에 사용할 스프라이트는 Toko_Die, Toko_Jump, Toko_Run입니다.

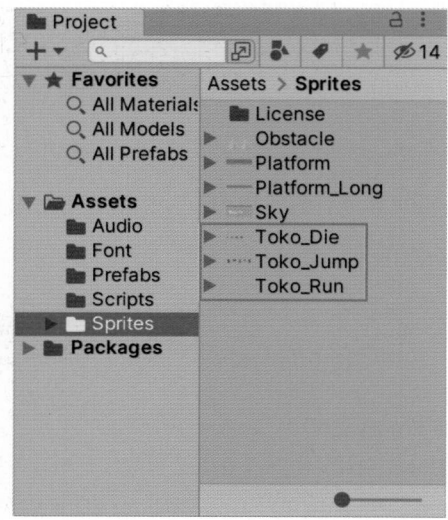

▶ Sprites 폴더

각각의 스프라이트는 일본 유니티의 마스코트 캐릭터 중 하나인 토고^{Toko}가 죽는 모습, 점프하는 모습, 뛰는 모습을 담고 있습니다. 이들은 단일 이미지 파일에 캐릭터의 여러 모습을 합친 스프라이트 시트^{Sprite Sheet}입니다.

스프라이트 시트는 여러 이미지를 하나의 이미지 파일로 합친 겁니다. 캐릭터가 연속적으로 움직이는 모습을 여러 이미지 파일로 만드는 것보다 이렇게 한 이미지 파일로 합쳐서 관리하는 것이 리소스 관리가 편하고 성능도 좋습니다.

예를 들어 Toko_Run.png를 이미지 뷰어로 열면 토고가 뛰는 연속된 이미지가 하나의 PNG 이미지에 합쳐져 있습니다. Toko_Die.png나 Toko_Jump.png도 마찬가지입니다.

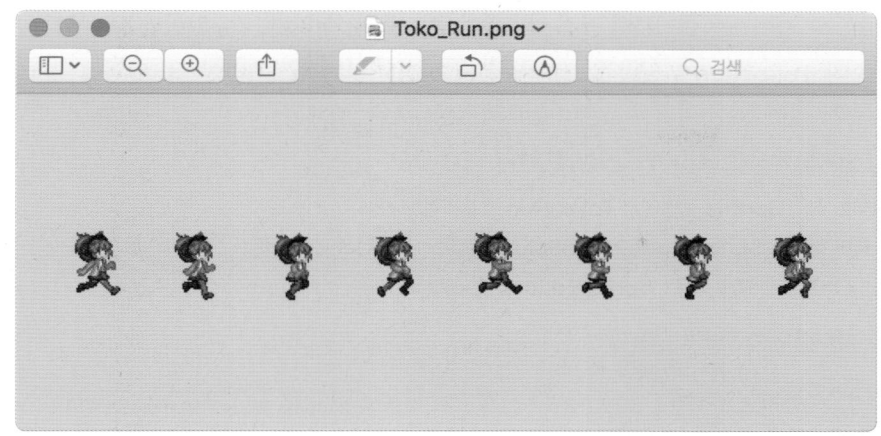

▶ Toko_Run.png의 모습

유니티는 2D 프로젝트에서 이미지를 기본적으로 싱글Single 스프라이트 모드로 가져옵니다. 싱글 스프라이트에서 하나의 스프라이트 에셋은 하나의 스프라이트를 표현합니다. 스프라이트 에셋을 멀티플Multiple 스프라이트 모드로 변경하면 하나의 스프라이트 에셋을 여러 개의 개별 스프라이트로 잘라 사용할 수 있습니다. 따라서 우리가 사용할 캐릭터 스프라이트 시트 또한 멀티플 스프라이트로 사용해야 합니다.

프로젝트의 Toko_Die 스프라이트와 Toko_Jump 스프라이트는 저자가 미리 멀티플 스프라이트로 변경해 개별 스프라이트로 잘라두었습니다. 프로젝트 창에서 Toko_Die 스프라이트와 Toko_Jump 스프라이트를 펼쳐서 잘려진 스프라이트들을 확인할 수 있습니다.

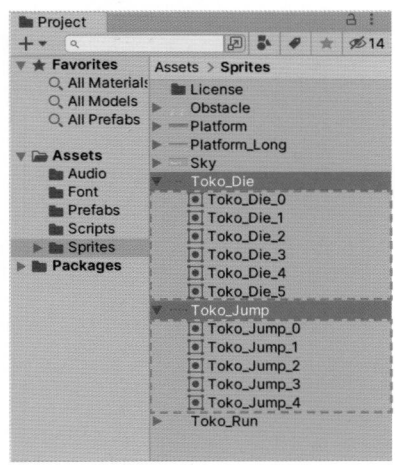

▶ 미리 잘라둔 스프라이트

Toko_Run 스프라이트는 여러분이 직접 잘라볼 수 있도록 하기 위해 저자가 미리 잘라두지 않았습니다. 이제 Toko_Run을 멀티플 스프라이트로 변경하고 직접 스프라이트를 잘라봅시다.

[과정 01] Toko_Run 스프라이트 편집 창 열기

① **프로젝트** 창의 **Sprites** 폴더에서 **Toko_Run** 스프라이트 선택
② **인스펙터** 창에서 **Sprite Mode**를 **Multiple**로 변경
③ **Apply** 버튼을 클릭해 적용 〉 **Sprite Editor** 버튼 클릭

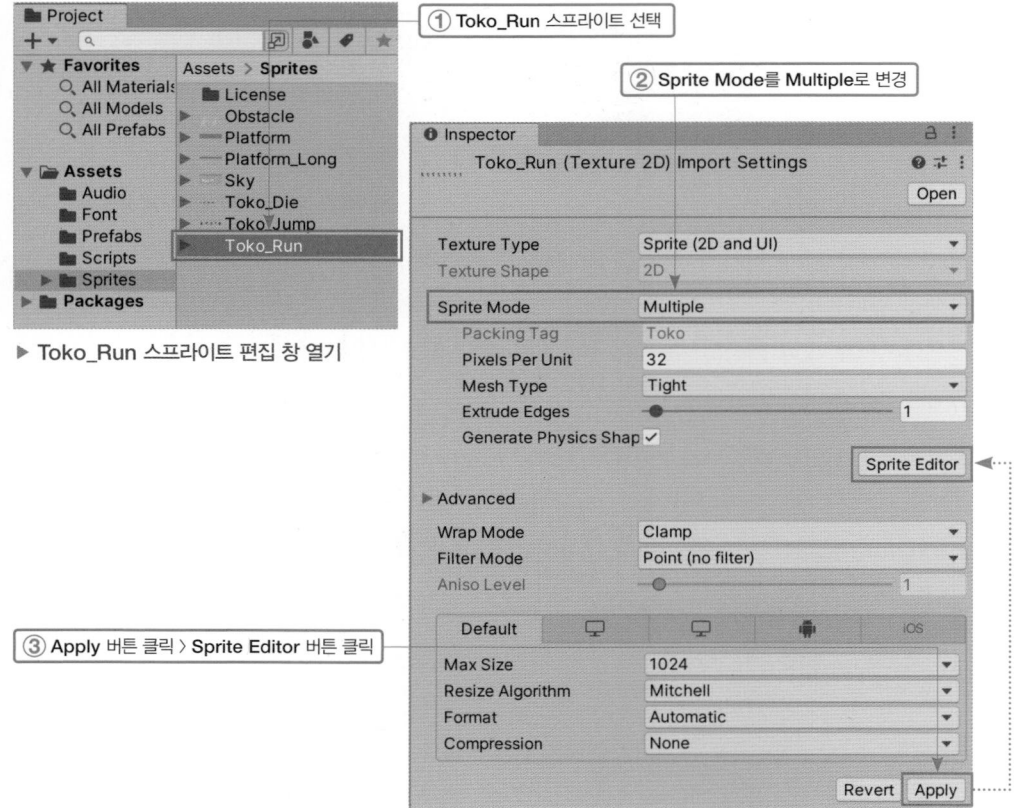

▶ Toko_Run 스프라이트 편집 창 열기

[과정 02] Toko_Run 스프라이트 자르기

① **스프라이트 편집** 창에서 **Slice** 버튼 클릭
② **Type**은 **Grid by Cell Size**로, **Pixel Size**는 (64, 64)로 변경
③ **Slice** 클릭
④ **Apply** 버튼을 클릭해 저장 〉 **스프라이트 편집** 창 닫기

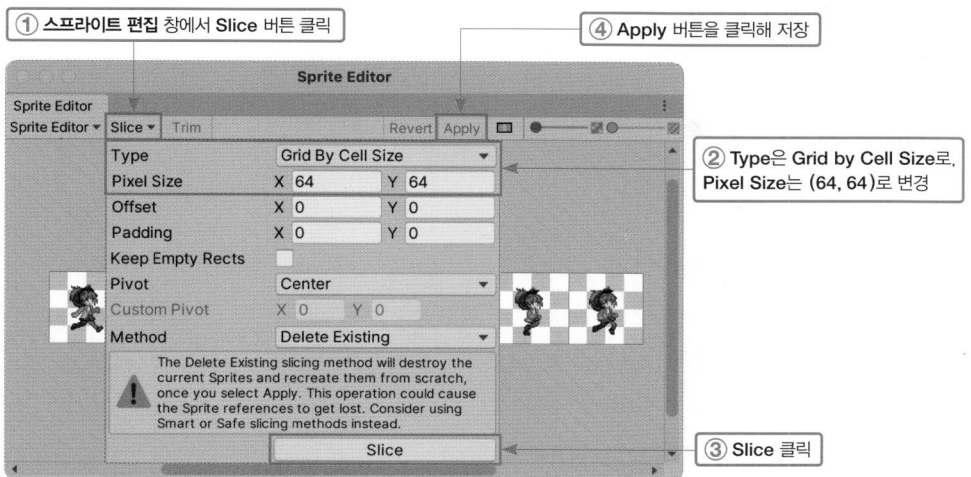

▶ Toko_Run 스프라이트 자르기

이것으로 Toko_Run 스프라이트를 Toko_Run_0에서 Toko_Run_7까지 총 8개의 개별 스프라이트로 잘랐습니다.

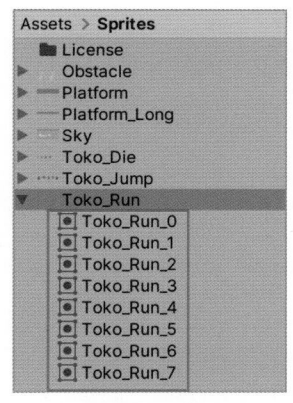

▶ 잘라낸 Toko_Run 스프라이트

참고로 위 그림에서 Slice 버튼을 눌러 나오는 자르기 설정 중 Method 필드는 Delete Existing이 기본값입니다. Delete Existing은 직전까지의 스프라이트를 자른 편집 내역을 지우고 다시 스프라이트를 자르는 설정입니다. 따라서 위 그림처럼 노란 경고 마크가 표시될 수도 있으나 무시하고 진행하면 됩니다.

11.4 2D 캐릭터 게임 오브젝트 준비

잘라낸 Toko_Run 스프라이트를 기반으로 2D 캐릭터를 만들어봅시다. 구현할 플레이어 캐릭터는 다음과 같은 기능을 가져야 합니다.

- 물리 상호작용
- 조작을 감지하고 점프
- 사망
- 애니메이션 재생과 제어
- 효과음 재생

11.4.1 게임 오브젝트 준비하기

플레이어 캐릭터가 될 게임 오브젝트를 만들고 필요한 컴포넌트들을 추가합니다. 먼저 Toko_Run_0 스프라이트를 사용한 Player 게임 오브젝트를 만들고, Player 태그를 할당하겠습니다.

[과정 01] 플레이어 게임 오브젝트 생성

① **프로젝트** 창에서 **Toko_Run** 스프라이트 펼치기 > **Toko_Run_0** 스프라이트를 **하이어라키** 창으로 **드래그&드롭**

② 생성된 **Toko_Run_0** 게임 오브젝트의 **이름**은 **Player**, 태그는 **Player**로 변경

③ **Player** 게임 오브젝트의 **위치**를 (−6, 2, 0)으로 변경

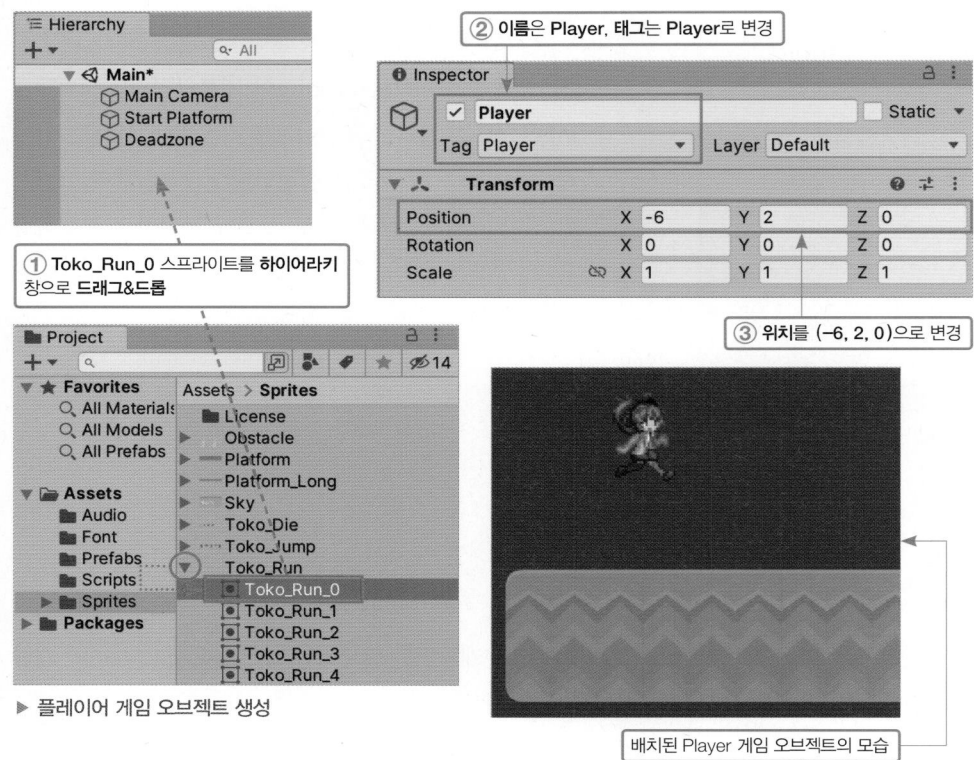

▶ 플레이어 게임 오브젝트 생성

그다음 필요한 컴포넌트를 추가합니다. Player 게임 오브젝트가 중력에 의해 떨어지려면 리지드바디 2D 컴포넌트, 발판 위에 서 있으려면 콜라이더 2D 컴포넌트가 필요합니다.

먼저 리지드바디 2D 컴포넌트를 추가합니다.

[과정 02] 리지드바디 2D 컴포넌트 추가

① **Player** 게임 오브젝트에 **Rigidbody 2D** 컴포넌트 추가(**Add Component** 〉 **Physics 2D** 〉 **Rigidbody 2D**)
② **Rigidbody 2D** 컴포넌트의 **Collision Detection**을 **Continuous**로 변경
③ **Rigidbody 2D** 컴포넌트의 **Constraints** 펼치기 〉 **Freeze Rotation**의 **Z** 체크

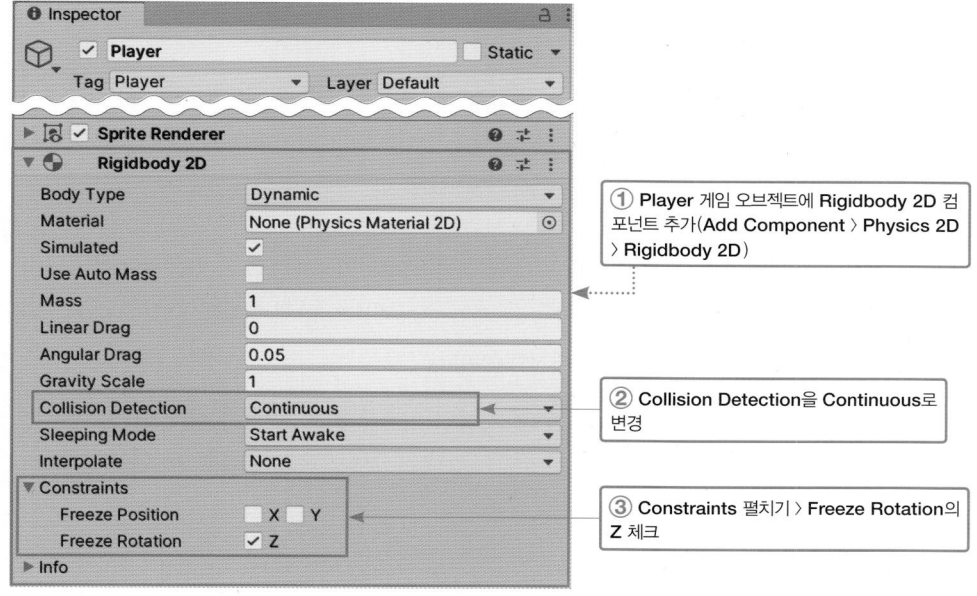

▶ 리지드바디 2D 컴포넌트 추가

리지드바디 2D 컴포넌트의 충돌 감지 방식을 이산^{Discrete}에서 연속^{Continuous}으로 변경했습니다. 이산은 충돌 감지를 일정 시간 간격으로 끊어서 실행합니다. 연속은 움직이기 이전 위치와 움직인 다음 위치 사이에서 예상되는 충돌까지 함께 감지합니다. 그러므로 연속이 이산보다 충돌 감지가 상대적으로 정확하지만 성능을 더 요구합니다. 그리고 Freeze Rotation Z를 체크하여 캐릭터가 회전하는 상황까지 예방했습니다.

다음에는 콜라이더 2D 컴포넌트를 추가합니다.

[과정 03] 써클 콜라이더 2D 컴포넌트 추가

① **Player** 게임 오브젝트에 **Circle Collider 2D** 추가(**Add Component** 〉 **Physics 2D** 〉 **Circle Collider 2D**)

② **Circle Collider 2D** 컴포넌트의 **Offset**을 (0, −0.57), **Radius**를 0.2로 변경

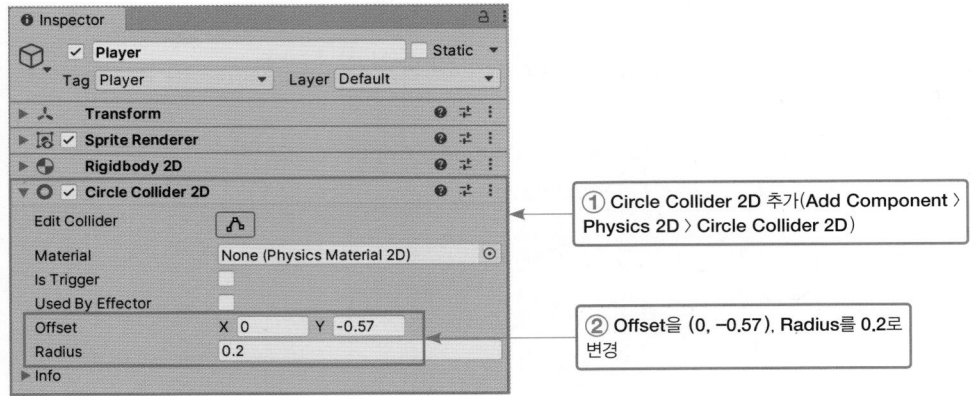

▶ 써클 콜라이더 2D 컴포넌트 추가

Player 게임 오브젝트에 원 모양 콜라이더인 써클 콜라이더 2D$^{Circle\ Collider\ 2D}$를 추가했습니다. 그리고 써클 콜라이더 2D 컴포넌트가 Player 게임 오브젝트의 하체 일부만 차지할 수 있도록 오프셋^{Offset}과 반지름^{Radius}을 조정하여 배치했습니다.

박스 콜라이더 2D 대신 써클 콜라이더 2D를 사용한 이유는 Player 게임 오브젝트가 점프 후 각진 모서리에 안착했을 때 부드럽게 모서리를 타고 올라가도록 만들기 위해서입니다.

11.4.2 오디오 소스

오디오 소스$^{Audio\ Source}$ 컴포넌트는 게임 오브젝트에 소리를 낼 수 있는 능력을 부여합니다. Player 게임 오브젝트가 점프 소리를 내도록 오디오 소스 컴포넌트를 추가합니다.

[과정 01] 오디오 소스 컴포넌트 추가

① **Player** 게임 오브젝트에 **Audio Source** 컴포넌트 추가(**Add Component** 〉 **Audio** 〉 **Audio Source**)

② **Audio Source** 컴포넌트에서 **AudioClip** 필드 옆의 **선택 버튼** 〉 **선택** 창에서 **jump** 오디오 클립 **더블 클릭**

③ **Audio Source** 컴포넌트의 **Play On Awake** 체크 해제

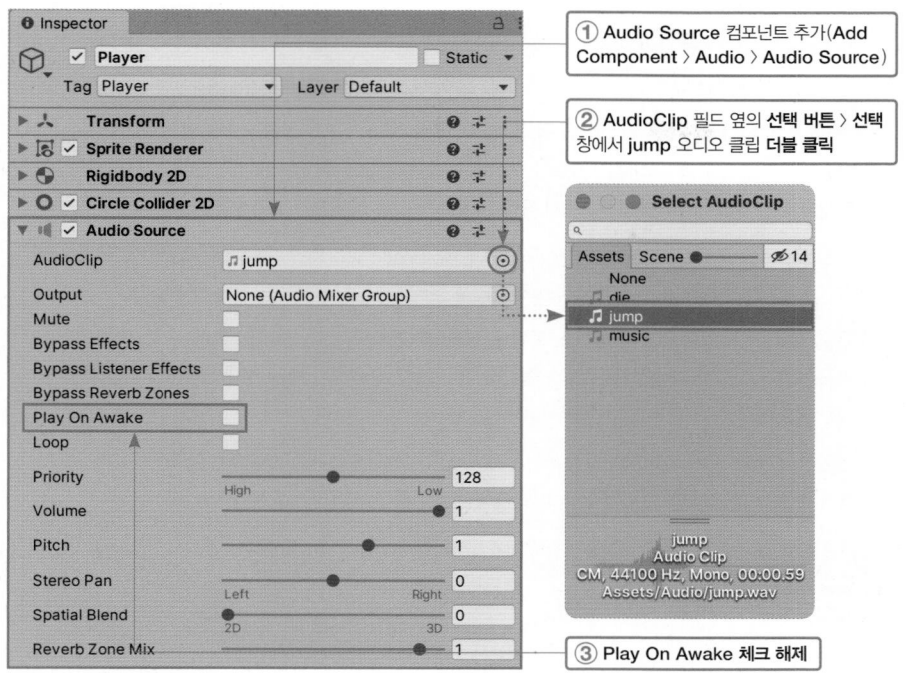

① Audio Source 컴포넌트 추가(Add Component > Audio > Audio Source)

② AudioClip 필드 옆의 **선택 버튼** > 선택 창에서 jump 오디오 클립 **더블 클릭**

③ Play On Awake 체크 해제

▶ 오디오 소스 컴포넌트 추가

Player 게임 오브젝트에 오디오 소스 컴포넌트를 추가하고, 미리 준비된 jump 오디오 클립을 해당 오디오 소스 컴포넌트가 재생할 오디오 클립으로 할당했습니다.

여기서 오디오 소스 컴포넌트는 소리를 재생하는 부품이지, 소리를 담은 파일이 아니라는 점에 주의합니다. 소리를 담은 파일은 오디오 클립입니다. 비유하자면 오디오 소스 컴포넌트는 '카세트테이프 플레이어'에 해당하고, 오디오 클립은 '카세트테이프'에 해당합니다.

오디오 소스 컴포넌트에서 체크 해제한 Play On Awake는 오디오 소스 컴포넌트가 활성화 되었을 때 최초 1회 오디오를 자동 재생하는 옵션입니다. 해당 설정이 활성화되어 있으면 게임 시작과 동시에 점프 소리가 1회 무조건 재생되므로 해제했습니다.

오디오 리스너

오디오 소스 컴포넌트는 소리를 내는 컴포넌트입니다. 그런데 오디오 소스 컴포넌트가 소리를 재생해도 소리를 듣는 오디오 리스너(Audio Listener) 컴포넌트가 없으면 씬에서 재생되는 소리가 플레이어에 들리지 않습니다.

오디오 리스너 컴포넌트는 사용자의 귀를 대표하여 게임 월드 속의 소리를 듣는 컴포넌트입니다. 오디오 리스너 컴포넌트가 게임 속에서 듣는 소리가 게임에 최종 출력되는 소리가 됩니다.

현재 프로젝트에서는 사용하지 않지만 오디오 소스 컴포넌트는 3D 사운드 설정을 사용할 수 있습니다. 3D 사운드 설정을 사용하는 오디오 소스 컴포넌트가 오디오 리스너 컴포넌트를 가진 게임 오브젝트에 가까워질수록 해당 오디오 소스 컴포넌트의 소리가 크게 들립니다.

오디오 소스 컴포넌트는 소리를 내는 오브젝트 수만큼 씬에 존재합니다. 반면 오디오 리스너는 씬에 하나만 존재해야 합니다. '한 명의 플레이어가 여러 장소의 소리를 동시에 듣는' 상황을 막기 위해서입니다.

만약 씬에 두 개 이상의 오디오 리스너 컴포넌트가 활성화되어 있다면 씬을 플레이할 때 두 개 이상의 오디오 리스너 컴포넌트가 존재한다는 경고 로그가 출력됩니다. 그리고 둘 중 하나의 오디오 리스너 컴포넌트만 정상적으로 동작합니다.

씬을 새로 생성하면 자동 추가되는 Main Camera 게임 오브젝트에는 오디오 리스너 컴포넌트가 추가되어 있습니다. 그래서 씬을 생성할 때 Audio Listener 컴포넌트를 직접 추가할 필요는 없습니다.

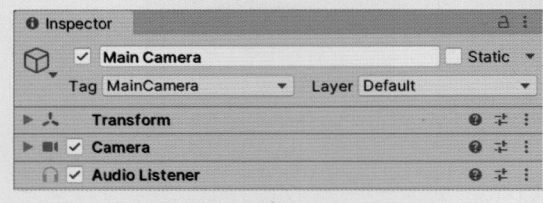

▶ 오디오 리스너가 추가되어 있는 Main Camera

11.5 캐릭터 애니메이션 준비하기

플레이어 캐릭터가 사용할 애니메이션을 만들고, 플레이어 게임 오브젝트에 애니메이션을 재생할 수 있는 컴포넌트를 추가합니다.

그러면 제작할 애니메이션을 저장할 폴더를 먼저 만들고 애니메이션 제작을 시작하겠습니다.

[과정 01] 애니메이션 저장용 폴더 만들기

① **프로젝트** 창의 **Assets** 폴더 하위에 **새 폴더** 생성(**프로젝트** 창에서 **+ > Folder** 클릭)
② 생성된 폴더 이름을 **Animations**로 변경

11.5.1 애니메이션 만들기

여러 장의 스프라이트 이미지를 사용해 캐릭터의 애니메이션을 만들겠습니다. 유니티 에디터에서 애니메이션을 제작하려면 애니메이션 창을 열어야 합니다.

[과정 01] 애니메이션 창 열기

① 상단 메뉴에서 **Window** 〉 **Animation** 〉 **Animation** 클릭
② 열린 **애니메이션** 창을 적절한 곳에 **드래그**하여 배치

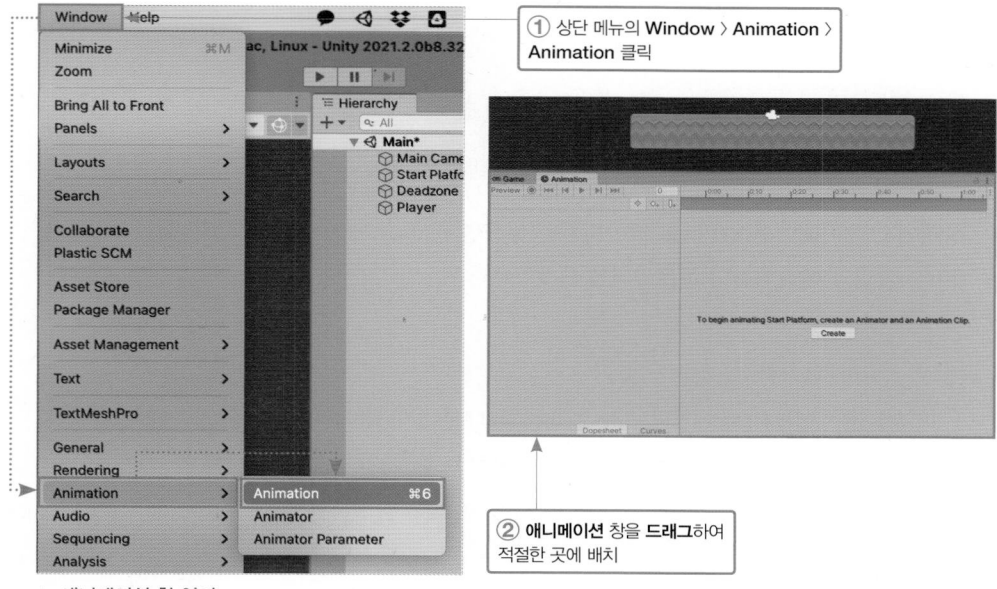

▶ 애니메이션 창 열기

열린 애니메이션 창은 원하는 곳에 배치하거나 개별 창 그대로 사용해도 됩니다. 저자는 편의상 게임 창이 있었던 위치에 애니메이션 창을 배치했습니다.

애니메이션 창을 띄웠으니 캐릭터에 대한 애니메이션 클립을 만들겠습니다. 가장 먼저 Toko_Run의 스프라이트를 연속으로 배치하여 캐릭터가 뛰는 Run 애니메이션 클립을 만들겠습니다.

Run 애니메이션 클립 만들기

현재 애니메이션 창에는 'Player에 대한 애니메이팅을 하기 위해 애니메이터와 애니메이션 클립 만들기 To begin animating Player, create an Animator and an Animation Clip'라는 메시지와 Create 버튼이 출

력됩니다. 만일 이러한 메시지가 출력되지 않으면 하이어라키 창에서 Player 게임 오브젝트를
선택하면 출력됩니다.

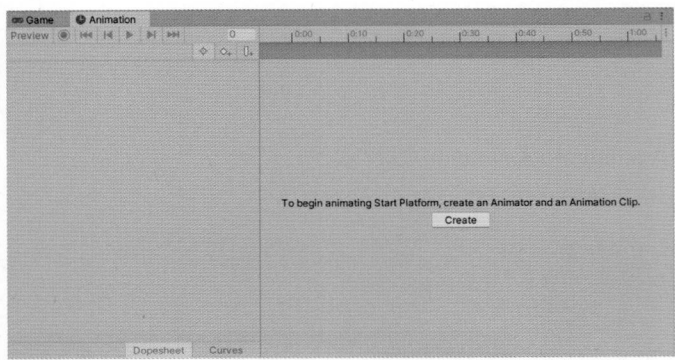

▶ 현재 애니메이션 창의 모습

이 상태에서 애니메이션 창의 Create 버튼을 누르면 Player 게임 오브젝트에 관한 새로운 애
니메이션 클립과 애니메이터 컨트롤러를 생성합니다.

[과정 01] Run 애니메이션 클립 만들기

① **애니메이션** 창에서 **Create** 클릭 → 애니메이션 클립 저장 창이 열림
② 새로운 애니메이션 클립을 **Run**이라는 이름으로 **Assets** 폴더 내부의 **Animations** 폴더에 저장

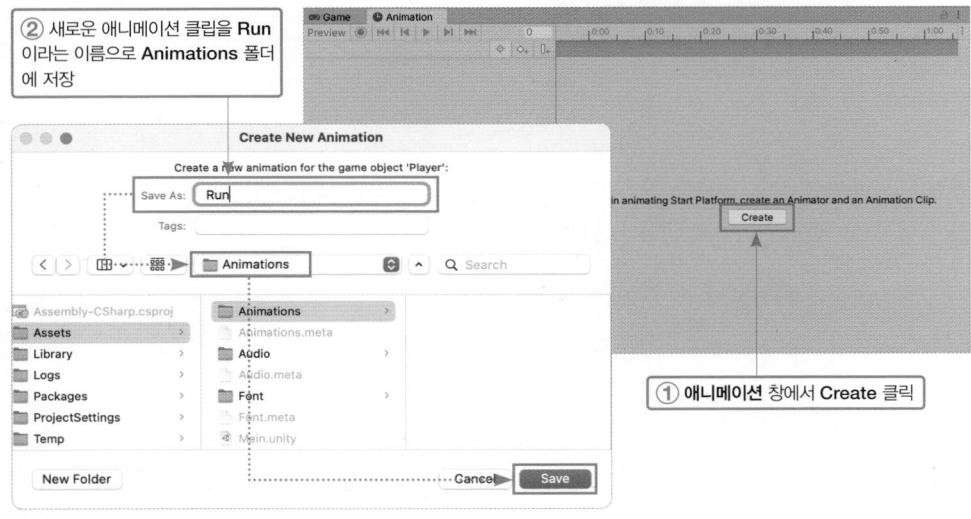

▶ Run 애니메이션 클립 만들기

이제 프로젝트의 Animations 폴더에 Run 애니메이션 클립이 생성되고, 애니메이션 창에서 Run 애니메이션 클립을 편집할 수 있게 됩니다.

[과정 02] Run 애니메이션 클립 구성하기

① **프로젝트** 창에서 **Sprites** 폴더로 이동
② **Toko_Run** 스프라이트 펼치기 〉 **[Shift+클릭]**으로 Toko_Run_0 ~ Toko_Run_7까지 모두 선택
③ 애니메이션 창의 **타임라인**으로 **드래그&드롭**

▶ Run 애니메이션 클립 구성하기

드래그&드롭한 Toko_Run 스프라이트들이 Run 애니메이션 클립의 타임라인에 키프레임으로 배치됩니다. 2D 애니메이션 클립을 만드는 방법 중 하나는 이런 식으로 연속된 스프라이트를 타임라인 위에 키프레임으로 배치하는 겁니다.

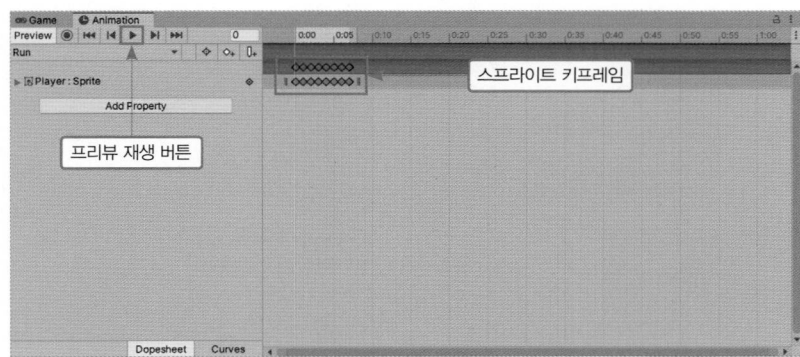

▶ 키프레임이 추가된 Run 애니메이션 클립

방금 구성된 Run 애니메이션 클립이 어떻게 보일지는 애니메이터 창의 프리뷰 재생 버튼을 클릭하여 확인할 수 있습니다. 그런데 프리뷰 버튼을 눌러 Run 애니메이션 클립을 미리보기 해보면 애니메이션 재생 속도가 지나치게 빠른 것을 알 수 있습니다. 현재 Run 애니메이션 클립의 초당 샘플 레이트가 60으로 설정되어 있기 때문입니다(1초에 60번 스프라이트 교체). 따라서 샘플 레이트를 낮은 값으로 변경합니다.

[과정 03] 샘플 레이트 변경

① 샘플 레이트 필드 **활성화**(애니메이션 창에서 타임라인 위에 있는 **⋮ 버튼 클릭** 〉 **Show Sample Rate** 체크 활성화)

② 애니메이션 창에서 **Samples**를 16으로 변경

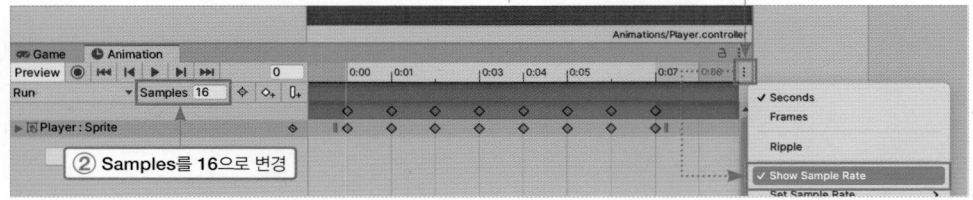

▶ 샘플 레이트 변경

샘플 레이트를 16으로 변경하고 다시 프리뷰 재생 버튼을 누르면 이전보다 애니메이션 재생 속도가 느려진 것을 확인할 수 있습니다. 이것으로 Run 애니메이션 클립을 완성했습니다.

Jump 애니메이션 클립 만들기

이번에는 점프하는 모습을 담은 Jump 애니메이션 클립을 만듭니다.

[과정 04] Jump 애니메이션 클립 만들기

① **애니메이션** 창에서 **Run** 클릭 〉 **Create New Clip...** 클릭

② 새로운 애니메이션 클립을 **Jump**라는 이름으로 **Animations** 폴더에 저장

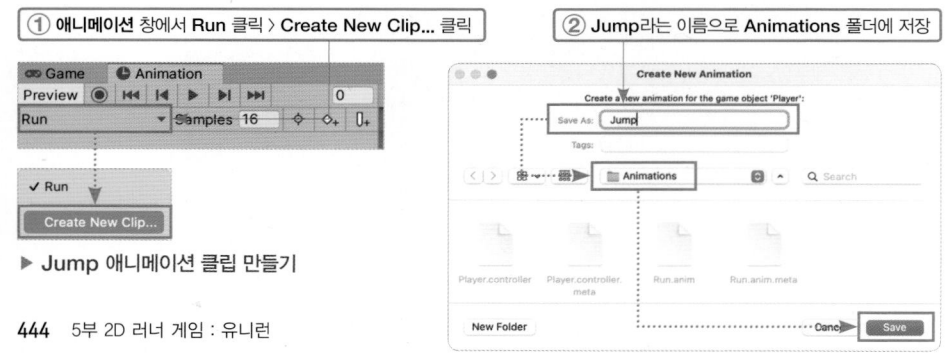

▶ Jump 애니메이션 클립 만들기

그다음 Run과 같은 방법으로 Jump 애니메이션 클립을 구성합니다.

[과정 02] Jump 애니메이션 클립 구성하기

① **프로젝트** 창의 **Sprites** 폴더에서 **Toko_Jump** 스프라이트 펼치기 〉 [**Shift+클릭**]으로 **Toko_Jump_0**부터 **Toko_Jump_4**까지 모두 선택

② **애니메이션** 창의 **타임라인**으로 **드래그&드롭**

③ **애니메이션** 창에서 **Samples**를 **6**으로 변경

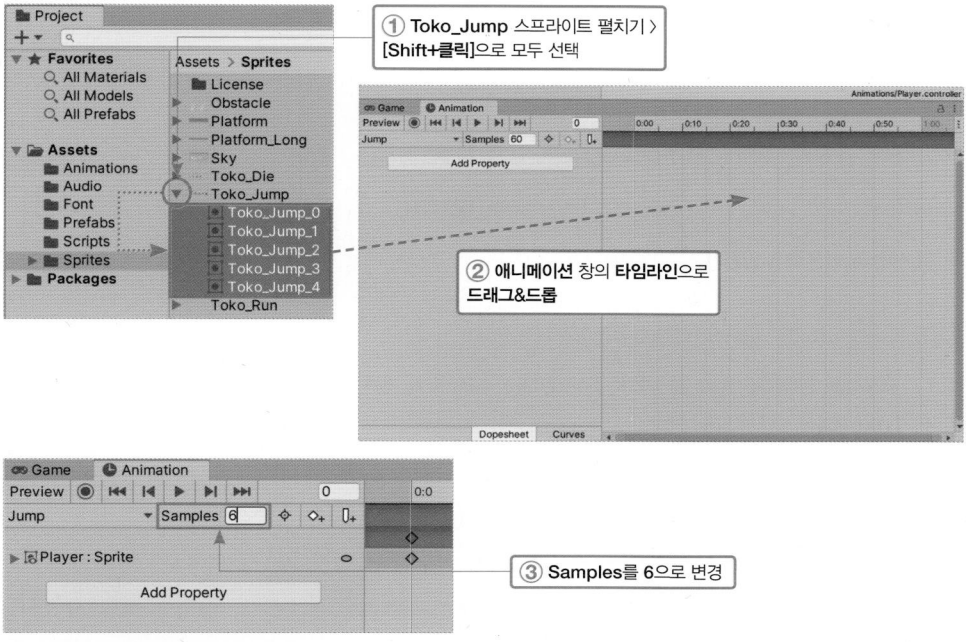

▶ **Jump** 애니메이션 클립 구성하기

Die 애니메이션 클립 만들기

Die 애니메이션 클립도 Run, Jump와 같은 방법으로 만듭니다.

[과정 이] Die 애니메이션 클립 만들기

① **애니메이션** 창에서 **Jump** 클릭 〉 **Create New Clip...** 클릭

② 새로운 애니메이션 클립을 **Die**라는 이름으로 **Animations** 폴더에 저장

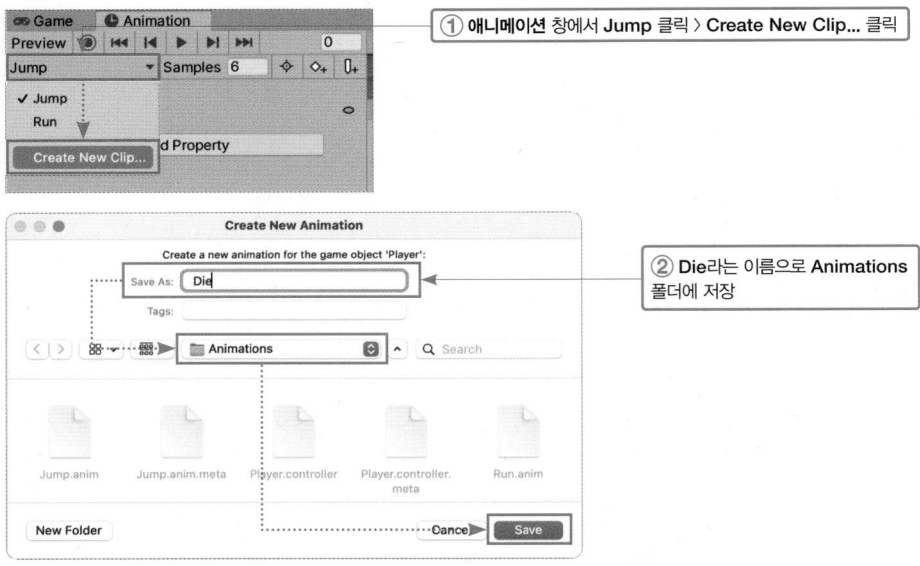

① 애니메이션 창에서 Jump 클릭 〉 Create New Clip... 클릭

② Die라는 이름으로 Animations 폴더에 저장

▶ Die 애니메이션 클립 만들기

[과정 02] Die 애니메이션 클립 구성하기

① **프로젝트** 창의 **Sprites** 폴더에서 **Toko_Die** 스프라이트 펼치기 〉 **[Shift+클릭]**으로 **Toko_Die_0**부터 **Toko_Die_5**까지 모두 선택

② **애니메이션** 창의 **타임라인**으로 **드래그&드롭**

③ **Samples**를 6으로 변경

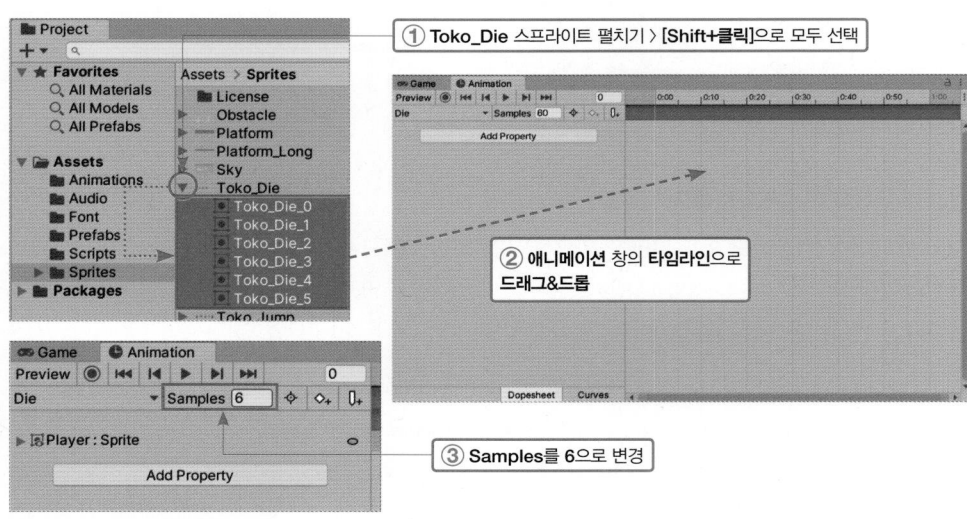

① Toko_Die 스프라이트 펼치기 〉 [Shift+클릭]으로 모두 선택

② 애니메이션 창의 **타임라인**으로 **드래그&드롭**

③ Samples를 6으로 변경

▶ Die 애니메이션 클립 구성하기

이것으로 Die 애니메이션 클립도 만들었습니다. 그런데 새 애니메이션 클립들은 기본적으로 애니메이션을 반복 재생하는 루프 재생이 활성화되어 있습니다. Run과 Jump는 문제 없지만 Die 애니메이션 클립은 반복 재생되면 안 됩니다. 따라서 Die 애니메이션 클립의 루프 설정을 해제합니다.

[과정 03] Die 애니메이션 클립의 루프 설정 해제

① **프로젝트** 창에서 **Animations** 폴더로 이동 › **Die** 애니메이션 클립 선택
② **인스펙터** 창에서 **Loop Time** 체크 해제

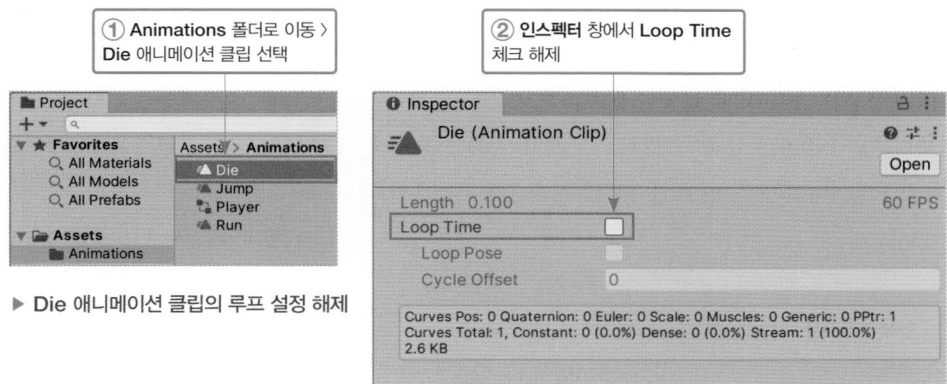

▶ Die 애니메이션 클립의 루프 설정 해제

이것으로 Run, Jump, Die 애니메이션 클립을 모두 완성했습니다.

11.5.2 유한 상태 머신

현재 애니메이션 클립은 준비되었지만 아직 어떤 애니메이션 클립을 어떤 상황에서 어떻게 재생할지 결정하지 않았습니다. 상황에 맞는 애니메이션을 재생하려면 애니메이터 컨트롤러가 필요합니다.

애니메이터 컨트롤러는 상황에 따라 어떤 애니메이션 클립을 재생해야 하는지 저장한 지도이며, 유한 상태 머신[Finite State Machine, FSM] 모델을 사용합니다.

유한 상태 머신은 유한한 수의 상태[State]가 존재하며, 한 번에 한 상태만 '현재 상태'가 되도록 프로그램을 설계하는 모델입니다. 유한 상태 머신에서는 어떤 상태에서 다른 상태로 전이[Transition]하여 현재 상태를 전환할 수 있습니다.

기초적인 게임의 적 AI는 유한 상태 머신의 대표적인 예입니다. 유한 상태 머신으로 게임 속 적 AI를 구현한다고 가정해봅시다. 유한 상태 머신으로 구현한 적 AI는 총 3가지 상태(탐색, 추적, 공격)를 가집니다.

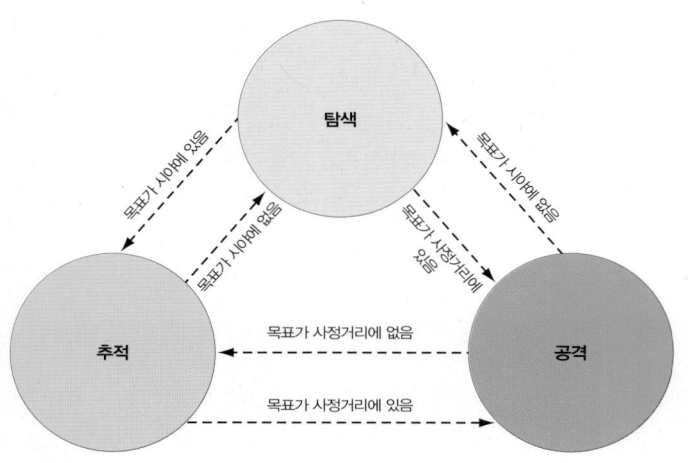

▶ 적 AI의 상태도

- **탐색** : 목표를 찾아다닙니다.
- **추적** : 목표를 쫓습니다.
- **공격** : 목표를 공격합니다.

위와 같이 유한 상태 머신을 표현한 그림을 상태도라고 부릅니다. 위 상태도에서 적 AI의 현재 상태는 탐색, 추적, 공격 중 어떠한 것이라도 될 수 있습니다. 다만 두 개 이상의 상태가 동시에 현재 상태가 될 수는 없습니다. 예를 들어 현재 상태가 탐색 상태이면서 동시에 추적 상태일 수는 없습니다.

유한 상태 머신에서는 전이를 통해 현재 상태에서 다른 상태로 이동할 수 있습니다. 상태도에서는 전이를 화살표로 표현합니다. 전이에는 전이가 발동될 조건을 추가할 수 있습니다.

결론적으로 여러 상태 중 하나의 상태만 현재 상태가 되지만 전이를 통해 현재 상태를 다른 상태로 이동할 수 있습니다.

처음에는 적 AI가 탐색 상태로 시작합니다. 목표인 플레이어를 찾을 때까지 탐색 모드가 유지되어 플레이어를 계속 찾아다닙니다. 그러다가 플레이어를 발견하면 탐색에서 추적으로 전이가 일어나 적 AI의 현재 상태가 추적 상태로 됩니다. 추적 상태에서 플레이어가 사정거리 안으로 들어오면 추적에서 공격으로 전이가 일어나 적 AI의 현재 상태가 공격 상태로 됩니다. 반대로 플레이어가 시야 밖으로 도망치면 적 AI의 현재 상태가 추적 상태에서 탐색 상태로 전이합니다.

적 AI의 예에서 보듯이 유한 상태 머신은 현재 상태가 어떤 상태이며 어떤 조건에서는 어떤 상태가 현재 상태가 되어야 하는지 분명하게 표현할 수 있습니다. 같은 이유로 유니티는 애니메이션 제어에 유한 상태 머신 모델을 사용합니다.

직전에 설명한 적 AI의 상태도를 애니메이션 상태도라고 생각해봅시다. 탐색 상태일 때는 탐색 애니메이션, 추적 상태일 때는 추적 애니메이션, 공격 상태일 때는 공격 애니메이션이 재생됩니다. 한 번에 단 하나의 애니메이션만 재생될 수 있지만 어떤 애니메이션이 현재 재생되는 애니메이션이 될지는 전이를 통해 결정할 수 있습니다.

11.5.3 애니메이터 컨트롤러와 애니메이터

애니메이터 컨트롤러^{Animator Controller}는 유한 상태 머신을 사용해 재생할 애니메이션을 결정하는 상태도를 표현하는 에셋입니다. 애니메이터는 애니메이터 컨트롤러를 참고하여 게임 오브젝트에 애니메이션을 적용하는 컴포넌트입니다.

새로운 애니메이터 컨트롤러는 프로젝트 창에서 Create > Animator Controller로 생성할 수 있습니다.

애니메이터 컨트롤러는 에셋이며, 애니메이터는 컴포넌트라는 점에 주의합니다. 비유하자면 애니메이터 컨트롤러 에셋은 애니메이션을 재생하는 방법에 관한 '지도'에 해당하며, 애니메이터 컴포넌트는 지도를 통해 실제 애니메이션을 재생하는 '부품'입니다. 따라서 애니메이션을 게임에서 재생하려면 애니메이터 컨트롤러와 애니메이터 컴포넌트 모두 필요합니다.

이전에 Run 애니메이션 클립을 만들 때 Player 애니메이터 컨트롤러가 자동 생성되었고, Player 게임 오브젝트에 Player 애니메이터 컨트롤러 에셋을 사용한 애니메이터 컴포넌트가 자동 추가되었습니다. 따라서 유니런 프로젝트에서는 우리가 직접 애니메이터 컨트롤러를 생성할 필요가 없습니다.

프로젝트 창의 Animations 폴더에서 Player 애니메이터 컨트롤러, Player 게임 오브젝트에서 애니메이터 컴포넌트를 찾을 수 있습니다.

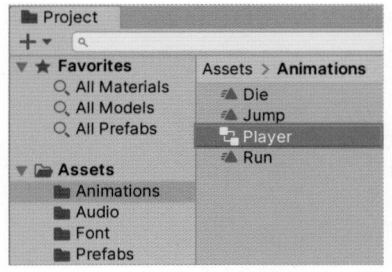

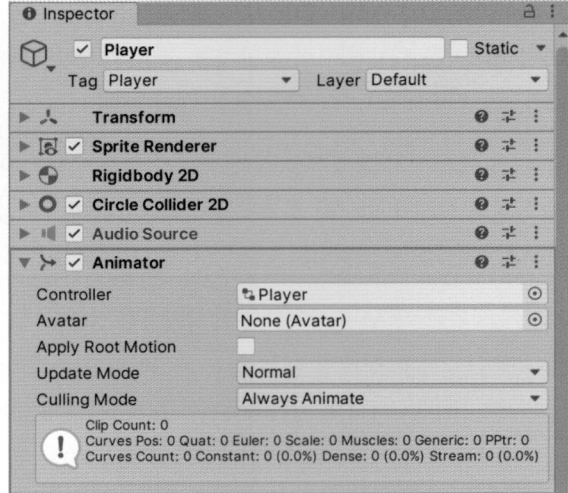

▶ Player 애니메이터 컨트롤러와 애니메이터

더 이상 사용하지 않을 애니메이션 창은 닫습니다. 그리고 애니메이터 창을 열어 Player 게임 오브젝트에 할당된 애니메이터 컨트롤러의 상태도를 확인합니다.

[**과정 이**] 애니메이터 창 열기

① **애니메이션** 창의 우측 상단 **⋮** 버튼 > Close Tab 클릭
② 유니티 **상단 메뉴**에서 **Window** > **Animation** > **Animator** 클릭
③ **애니메이터** 창을 적절한 위치로 **드래그**하여 배치

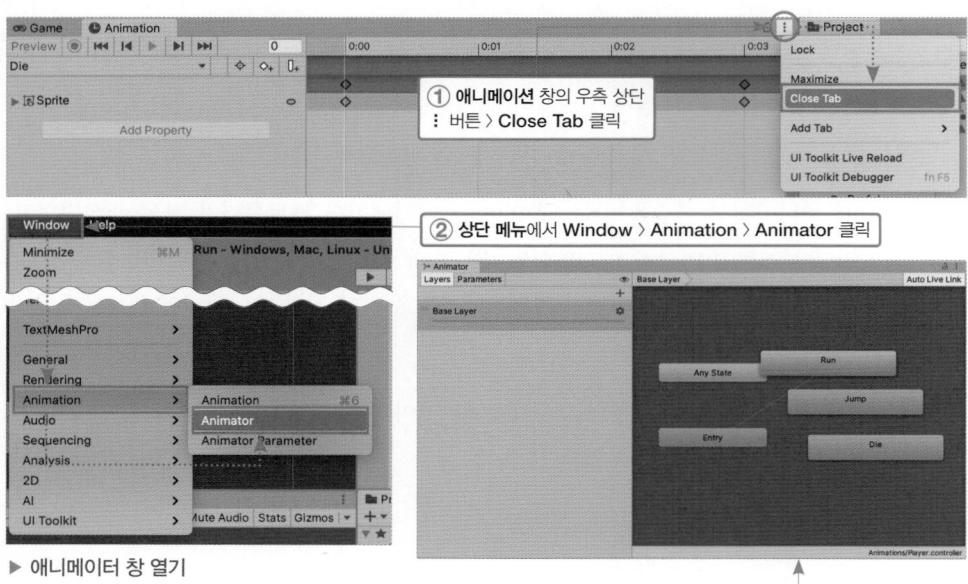

▶ 애니메이터 창 열기

③ **애니메이터** 창을 적절한 위치로 **드래그**하여 배치

애니메이터 창은 현재 선택된 게임 오브젝트의 애니메이터 컴포넌트가 사용 중인 애니메이터 컨트롤러의 상태도를 표시합니다.

11.5.4 Player 애니메이터 컨트롤러의 상태

현재 애니메이터 창에 표시된 상태도는 Player 애니메이터 컨트롤러의 상태입니다. 만약 Player 애니메이터 컨트롤러에 대한 상태도가 표시되지 않는다면 하이어라키 창에서 Player 게임 오브젝트를 선택하면 표시됩니다.

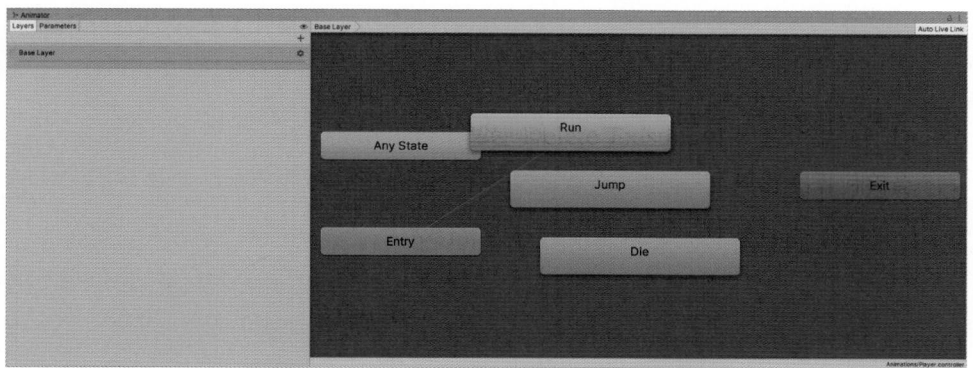

▶ **Player** 애니메이터 컨트롤러의 상태

Player 애니메이터 컨트롤러에는 다음과 같은 상태가 존재합니다. 애니메이터 창에 보이지 않는 상태는 마우스 휠 스크롤링으로 상태도를 줌아웃하면 볼 수 있습니다.

우리가 직접 구현한 상태

- **Run** : Run 애니메이션 클립을 재생하는 상태
- **Jump** : Jump 애니메이션 클립을 재생하는 상태
- **Die** : Die 애니메이션 클립을 재생하는 상태

기본 포함되는 특수 상태

- **Entry** : 현재 상태가 진입하는 '입구'
- **Exit** : 상태 머신의 동작이 종료되는 '출구'
- **Any State** : 현재 상태가 무엇이든 상관없이 특정 상태로 즉시 전이하게 허용하는 상태

애니메이터 창에서 상태의 위치는 드래그해서 옮길 수 있습니다. 상태들이 한 곳에 모여 있어 구분하기 불편하다면 상태를 드래그하여 넓게 배치해도 됩니다.

Run 상태, Jump 상태, Die 상태는 우리가 Run, Jump, Die 애니메이션 클립을 생성하면서 같이 생성된 상태입니다. 반대로 Entry 상태, Exit 상태, Any State 상태는 애니메이터 컨트롤러에 기본 포함되어 있는 상태입니다.

Entry 상태는 애니메이터 동작이 시작되는 진입점입니다. Entry 상태와 전이로 연결된 상태는 가장 먼저 현재 상태로 활성화되는 기본 상태^{Default State}가 됩니다. 현재는 Run 상태가 기본 상태로 지정되어 있습니다. 기본 상태는 주황색으로 하이라이트됩니다.

어떤 상태를 기본 상태로 변경하려면 해당 상태에서 **마우스 오른쪽 클릭** > **Set as Layer Default State**를 클릭합니다. 우리는 Run 상태를 기본 상태 그대로 사용합니다. 만약 어떠한 이유로 기본 상태가 Run 상태가 아니라면 Run 상태를 기본 상태로 변경하도록 합니다.

Exit 상태는 애니메이터의 동작이 끝나는 지점입니다. 현재 상태가 이곳으로 전이하면 애니메이터 동작이 완전히 종료됩니다.

Any State 상태는 현재 상태가 무엇이든 상관없이 특정 상태로의 즉시 전이를 가능하게 만듭니다. 피격 애니메이션이나 사망 애니메이션처럼 현재 상태와 상관없이 즉시 재생해야 하는 애니메이션에 자주 사용됩니다.

예를 들어 Any State 상태에서 Die 상태로 전이를 연결했다고 가정해봅시다. 현재 상태가 Run, Jump, Die 중 어떠한 것이라도 상관없이 Any State → Die 전이 조건만 만족하면 즉시 현재 상태가 Die 상태로 전이합니다.

11.5.5 전이 구성하기

이제 Player 애니메이터 컨트롤러의 상태들을 전이로 연결하겠습니다.

플레이어 캐릭터는 특별한 사건이 일어나지 않는 한 Run 상태를 현재 상태로 유지합니다. 그

렇게 계속 Run 상태를 현재 상태로 재생하는 도중 플레이어 캐릭터가 점프를 시작하면 현재 상태가 Jump 상태로 변화해야 합니다.

그리고 플레이어 캐릭터가 점프 후 발판에 착지하면 Jump 상태에서 Run 상태로 변화해야 합니다. 따라서 Run 상태와 Jump 상태는 전이를 양방향으로 연결해야 합니다.

플레이어 캐릭터가 낙하하거나 장애물에 부딪쳐 죽으면 현재 상태가 무엇이든 상관없이 현재 상태가 무조건 Die 상태로 변화해야 합니다. 따라서 Any State 상태에서 Die 상태로 전이를 연결해야 합니다.

그러면 위 내용에 따라 전이를 구성해봅시다.

[과정 01] 전이 구성하기

① Run 상태에서 **마우스 오른쪽 클릭** > Make Transition 클릭
② **전이 화살표**를 Jump 상태에 연결(**전이 화살표**를 끌어다 Jump 상태에 클릭)
③ Jump 상태에서 **마우스 오른쪽 클릭** > Make Transition 클릭
④ **전이 화살표**를 Run 상태에 연결
⑤ Any State 상태에서 **마우스 오른쪽 클릭** > Make Transition 클릭
⑥ **전이 화살표**를 Die 상태에 연결

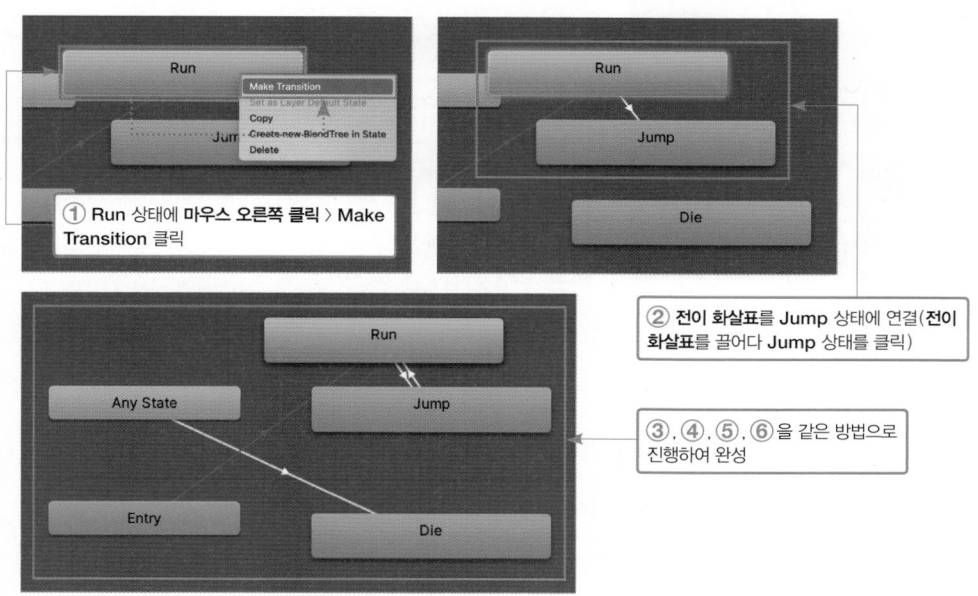

▶ 전이 구성하기

이것으로 Run 상태와 Jump 상태가 서로 전이를 통해 전환될 수 있습니다. 그리고 어떤 상태든 상관없이 조건만 맞으면 Die 상태로 즉시 전환할 수 있습니다. 실수로 전이를 잘못 연결한 경우 애니메이터 창에서 해당 전이 화살표를 클릭하고 **[Delete]** 키로 삭제하고 다시 만들면 됩니다.

이제 전이가 언제 발동될지 결정하는 조건을 구성합니다. 전이의 조건은 애니메이터 컨트롤러의 파라미터^{Parameter}를 사용해서 구성합니다.

조건을 구성하는 데 필요한 파라미터를 추가해봅시다.

[과정 02] 파라미터 추가

① **애니메이터** 창에서 **Parameters** 탭 클릭
② **+** 버튼 클릭 〉 **Bool** 클릭 〉 생성된 파라미터 **이름**을 **Grounded**로 변경
③ **+** 버튼 클릭 〉 **Trigger** 클릭 〉 생성된 파라미터 **이름**을 **Die**로 변경

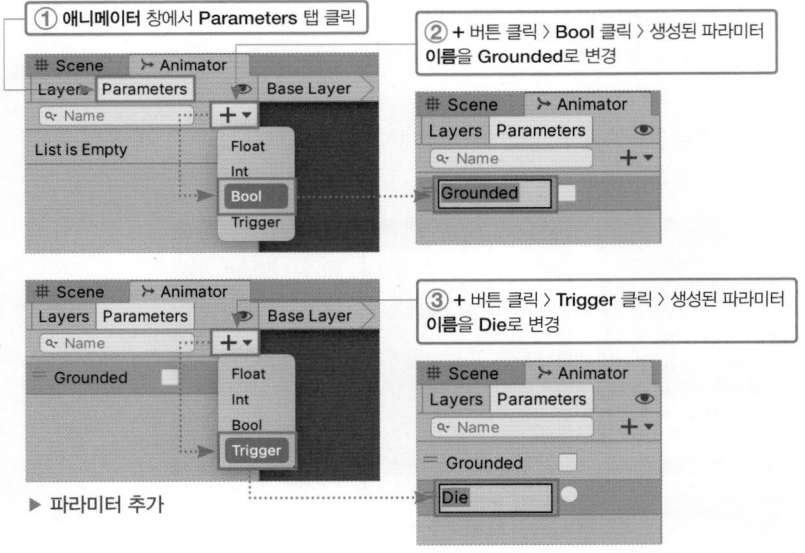

▶ 파라미터 추가

파라미터는 전이의 조건으로 사용할 수 있는 수치입니다. 파라미터로 가능한 타입에는 실수 (float), 정수(int), 불리언(bool), 트리거(trigger)가 있습니다.

우리는 bool 타입인 Grounded 파라미터를 플레이어 캐릭터가 발판에 닿았을 때는 true, 닿지 않았을 때는 false로 지정할 겁니다. 그리고 Grounded 파라미터를 기준으로 Run 상태와 Jump 상태 중 어떤 상태를 현재 상태로 재생할 것인지 결정할 겁니다.

Grounded 파라미터와 달리 Die 파라미터는 트리거 타입으로 설정했습니다. 트리거 타입의 파라미터는 다른 타입과 달리 특정 값을 할당할 수 없습니다. 트리거 타입의 파라미터는 트리거를 셋Set 또는 발동Invoke하여 '방아쇠를 당기는' 방식으로 사용합니다. 트리거 타입은 셋하는 순간 즉시 true가 되고 곧바로 false가 되도록 구현되어 있습니다.

지속적으로 어떤 수치를 비교하는 것이 아니라 어떤 사건이 발생했을 때 전이가 일어나도록 조건을 구성할 때는 트리거 파라미터를 쓰는 것이 좋습니다.

그러면 이제 추가한 파라미터들을 전이의 조건으로 사용해봅시다. 그리고 전이의 다른 여러 설정값을 적절한 값으로 변경해봅시다.

[과정 03] Run → Jump 전이 설정하기

① 애니메이터 창에서 Run → Jump 전이(화살표) 클릭
② 인스펙터 창에서 Has Exit Time 체크 해제
③ Settings 탭 펼치기 > Transition Duration을 0으로 변경
④ 조건에 Grounded 추가(Conditions의 + 버튼 클릭)
⑤ Grounded의 조건값을 false로 변경

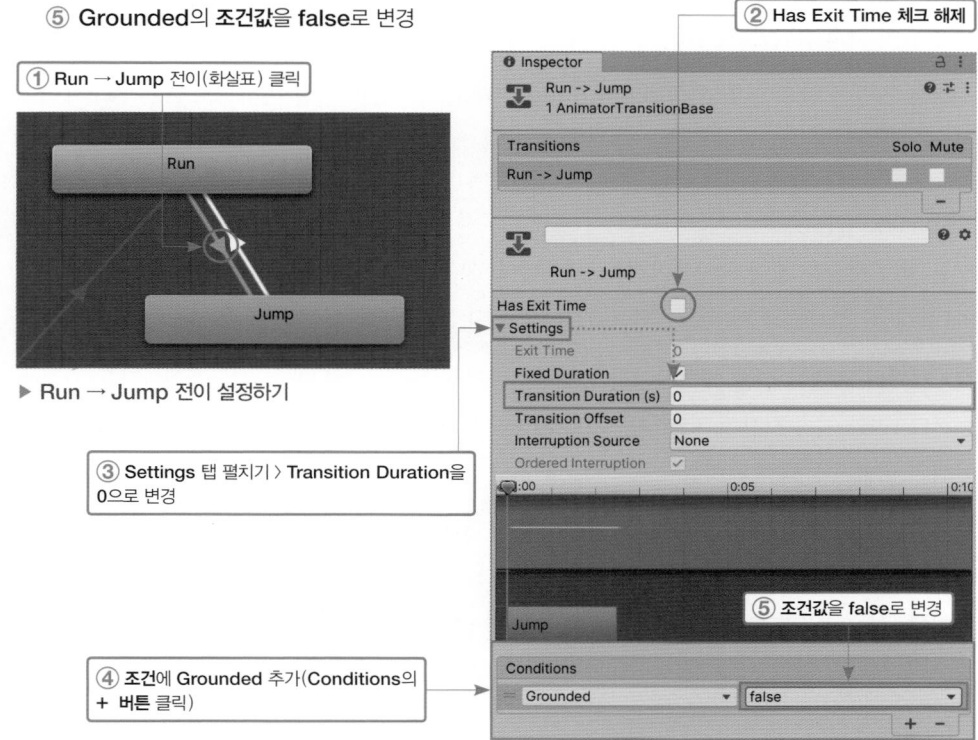

▶ Run → Jump 전이 설정하기

① Run → Jump 전이(화살표) 클릭
② Has Exit Time 체크 해제
③ Settings 탭 펼치기 > Transition Duration을 0으로 변경
④ 조건에 Grounded 추가(Conditions의 + 버튼 클릭)
⑤ 조건값을 false로 변경

이것으로 Run → Jump 전이의 조건을 'Grounded가 false인 경우', 즉 '발이 발판에 닿지 않을 때'로 설정했습니다. 그리고 Has Exit Time을 해제하고 전환 지속 시간^{Transition Duration}의 값을 0으로 변경했습니다.

Has Exit Time

Has Exit Time은 종료 시점^{Exit Time}을 활성화하는 옵션입니다. 활성화된 종료 시점의 값은 Exit Time 필드에서 변경할 수 있습니다. 종료 시점이란 전이에서 현재 상태를 탈출하여 다음 상태로 넘어가는 시점입니다.

Has Exit Time이 활성화되면 종료 시점이 존재하게 되어 전이의 조건을 만족해도 즉시 다음 상태로 전이하지 않습니다. 즉, 현재 상태의 애니메이션 클립의 재생 시간이 종료 시점에 도달할 때까지 전이가 지연됩니다. 반대로 Has Exit Time이 비활성화되면 전이 조건을 만족하는 즉시 전이가 실행됩니다.

예를 들어 Run → Jump 전이에서 Has Exit Time이 활성화되어 있고, 종료 시점이 0.5(50%)로 설정된 경우를 가정해봅시다. 이 경우 Run → Jump 전이의 조건을 만족해도 Run 애니메이션 클립이 최소 절반은 재생되어야 전이가 이루어집니다.

우리는 조건만 맞으면 Run 상태에서 Jump 상태로 즉시 전이하길 원하므로 Has Exit Time을 해제했습니다.

Transition Duration

전환 지속 시간은 전이가 이루어지는 동안 현재 애니메이션 클립과 다음 애니메이션 클립을 섞어(블렌딩) 부드럽게 이어주는 시간을 결정합니다.

3D 캐릭터 모델이 뛰는 애니메이션을 재생하다가 점프하는 애니메이션을 재생한다고 가정해봅시다. 전환 지속 시간이 0.2초라면 0.2초 동안 뛰는 애니메이션 클립과 점프하는 애니메이션 클립이 섞여 부드럽게 이어집니다.

하지만 2D 스프라이트를 사용한 애니메이션 클립에서는 전환 지속 시간 동안의 블렌딩이 정상적으로 동작하지 않고 전이 시점만 지연됩니다. 2D 스프라이트는 3D 모델과 달리 두 애니메이션 클립 사이의 중간 위치를 계산할 '관절'이 존재하지 않기 때문입니다. 따라서 우리는 전환 지속 시간의 값을 0으로 변경했습니다.

이제 나머지 전이 설정을 진행해봅시다.

나머지 전이 설정하기

[과정 01] Jump → Run 전이 설정하기

① **애니메이터** 창에서 **Jump → Run** 전이 클릭
② **인스펙터** 창에서 **Has Exit Time** 체크 해제
③ **Settings** 탭 펼치기 〉 **Transition Duration**을 0으로 변경
④ **조건**에 **Grounded** 추가(**Conditions**의 + **버튼** 클릭)
⑤ **Grounded**의 **조건값**을 **true**로 변경

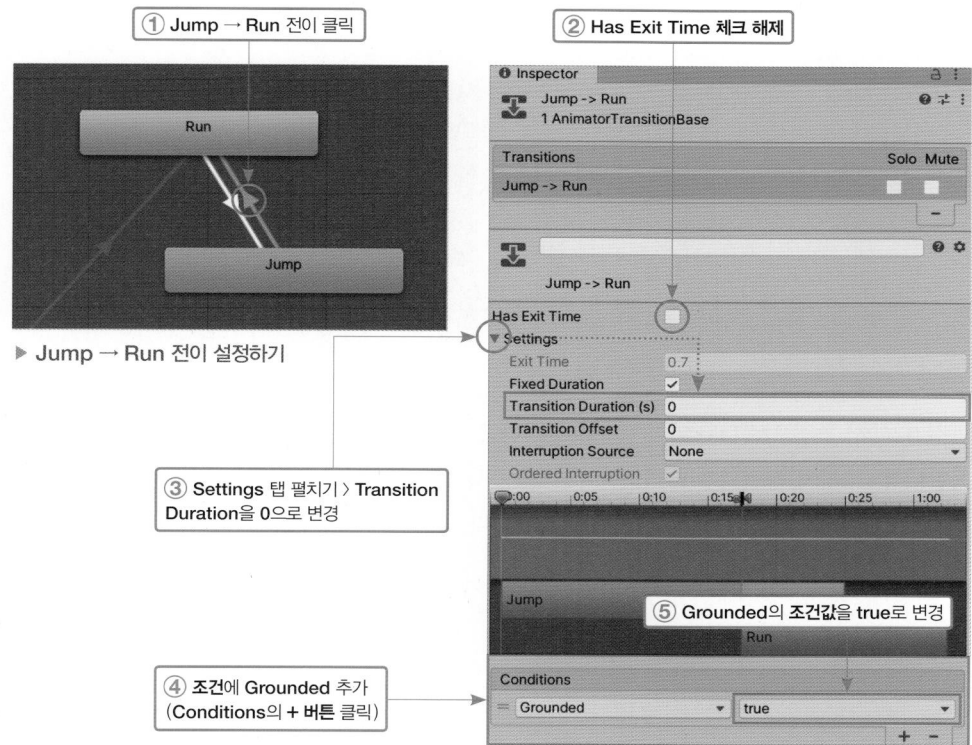

▶ Jump → Run 전이 설정하기

[과정 02] Any State → Die 전이 설정하기

① **애니메이터** 창에서 **Any State → Die** 전이 클릭
② **인스펙터** 창에서 **Settings** 탭 펼치기 〉 **Transition Duration**을 0으로 변경
③ **조건**에 **Die** 추가(**Conditions**의 + **버튼** 클릭 〉 추가된 파라미터를 **Die**로 변경)

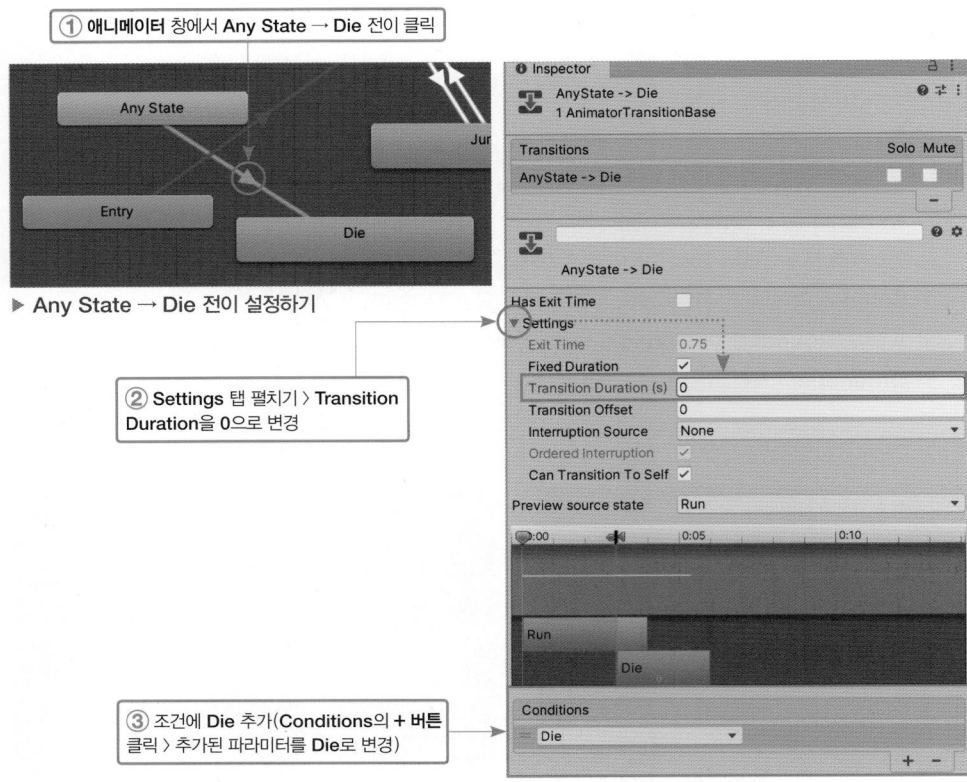

▶ Any State → Die 전이 설정하기

① 애니메이터 창에서 Any State → Die 전이 클릭

② Settings 탭 펼치기 > Transition Duration을 0으로 변경

③ 조건에 Die 추가(Conditions의 + 버튼 클릭 > 추가된 파라미터를 Die로 변경)

과정 02에서 조건으로 Die 파라미터를 선택한 경우 값을 설정하는 필드가 표시되지 않음에 주목합니다. 트리거 타입의 파라미터를 조건으로 사용하면 수치를 검사하는 것이 아니라 트리거의 '발동'을 감지하는 방식으로 전이가 실행됩니다.

이것으로 애니메이션 클립과 애니메이터 컨트롤러 준비가 끝났습니다.

11.6 PlayerController 스크립트

이제 Player 게임 오브젝트를 조종하는 PlayerController 스크립트를 작성합니다. 유니런 프로젝트에는 사용할 스크립트들이 미리 포함되어 있습니다. 단, 내부 구현은 비어 있는 미완성 스크립트이기 때문에 책을 진행하면서 직접 완성해야 합니다.

PlayerController 스크립트는 사용자 입력을 감지하여 점프하고, 충돌을 감지하여 장애물에 닿았을 때 사망 처리를 실행합니다. 그리고 상황에 알맞은 효과음과 애니메이션을 재생합니다.

그러면 PlayerController 스크립트를 Player 게임 오브젝트에 추가하고 PlayerController 스크립트 편집을 시작하겠습니다.

[과정 01] PlayerController 스크립트 추가

① **프로젝트** 창의 **Scripts** 폴더로 이동 > **PlayerController** 스크립트를 **하이어라키** 창의 **Player**로 드래그&드롭

② **인스펙터** 창에서 **PlayerController** 스크립트를 **더블 클릭**하여 **열기**

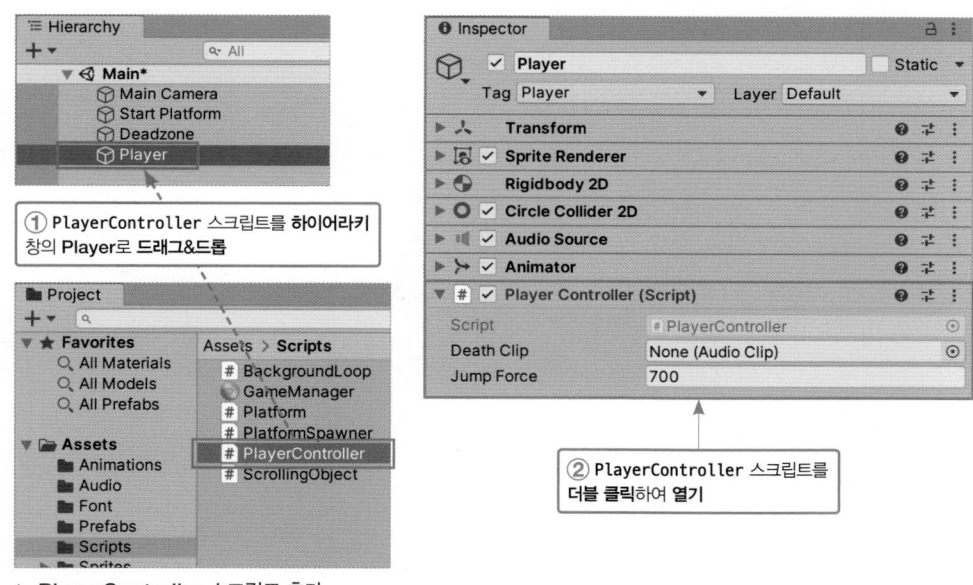

▶ **PlayerController 스크립트 추가**

열린 PlayerController 스크립트는 다음과 같습니다.

```
using UnityEngine;

// PlayerController는 플레이어 캐릭터로서 Player 게임 오브젝트를 제어함
public class PlayerController : MonoBehaviour {
    public AudioClip deathClip; // 사망 시 재생할 오디오 클립
    public float jumpForce = 700f; // 점프 힘
```

```
    private int jumpCount = 0; // 누적 점프 횟수
    private bool isGrounded = false; // 바닥에 닿았는지 나타냄
    private bool isDead = false; // 사망 상태

    private Rigidbody2D playerRigidbody; // 사용할 리지드바디 컴포넌트
    private Animator animator; // 사용할 애니메이터 컴포넌트
    private AudioSource playerAudio; // 사용할 오디오 소스 컴포넌트

    private void Start() {
        // 초기화
    }


    private void Update() {
        // 사용자 입력을 감지하고 점프하는 처리
    }

    private void Die() {
        // 사망 처리
    }

    private void OnTriggerEnter2D(Collider2D other) {
        // 트리거 콜라이더를 가진 장애물과의 충돌을 감지
    }

    private void OnCollisionEnter2D(Collision2D collision) {
        // 바닥에 닿았음을 감지하는 처리
    }

    private void OnCollisionExit2D(Collision2D collision) {
        // 바닥에서 벗어났음을 감지하는 처리
    }
}
```

필요한 변수들은 미리 선언되어 있습니다. 메서드들은 선언만 되어 있고 처리가 구현되어 있지 않으므로 우리가 직접 완성해야 합니다.

11.6.1 PlayerController의 변수

PlayerController의 변수들을 살펴봅시다.

가장 먼저 사망 시 재생할 오디오 클립을 할당할 AudioClip 타입의 변수 deathClip, 점프에 사용할 힘인 float 타입의 변수 jumpForce가 선언되어 있습니다.

```
public AudioClip deathClip;
public float jumpForce = 700f;
```

그다음 플레이어 캐릭터의 상태를 나타내는 변수들이 있습니다.

```
private int jumpCount = 0;
private bool isGrounded = false;
private bool isDead = false;
```

int 타입의 변수 jumpCount는 플레이어 캐릭터가 점프한 횟수를 나타냅니다. jumpCount는 플레이어 캐릭터가 바닥에 닿을 때마다 매번 0으로 리셋됩니다. jumpCount는 이단 점프나 삼단 점프 등을 구현할 때 캐릭터가 현재 몇 회까지 점프했는지 검사하기 위해 사용합니다.

bool 타입의 변수 isGrounded는 플레이어 캐릭터가 바닥에 닿아 있는지 나타냅니다. 기본값은 false입니다.

bool 타입의 변수 isDead는 플레이어 캐릭터의 사망 상태를 표현합니다. 기본값은 false입니다. isDead를 사용하면 '죽은 상태에서 다시 죽는' 비논리적인 상황을 막을 수 있습니다.

마지막으로 Player 게임 오브젝트의 컴포넌트들을 할당할 변수들이 선언되어 있습니다.

```
private Rigidbody 2D playerRigidbody;
private Animator animator;
private AudioSource playerAudio;
```

playerRigidbody에는 Player 게임 오브젝트의 리지드바디 2D 컴포넌트, animator에는 Player 게임 오브젝트의 애니메이터 컴포넌트, playerAudio에는 Player 게임 오브젝트의 오디오 소스 컴포넌트가 할당됩니다.

11.6.2 Start( ) 메서드

이제 PlayerController 스크립트의 메서드들을 구현합니다. 먼저 Start( ) 메서드부터 구현하겠습니다. Start( ) 메서드에서는 GetComponent( ) 메서드를 사용하여 Player 게임 오브젝트로부터 사용할 컴포넌트들의 참조를 가져와 변수에 할당합니다.

[과정 01] Start( ) 메서드 완성하기

① **Start( )** 메서드를 다음과 같이 완성

```
private void Start() {
    // 게임 오브젝트로부터 사용할 컴포넌트들을 가져와 변수에 할당
    playerRigidbody = GetComponent<Rigidbody2D>();
    animator = GetComponent<Animator>();
    playerAudio = GetComponent<AudioSource>();
}
```

11.6.3 Update( ) 메서드

이어서 Update( ) 메서드를 완성합니다. Update( ) 메서드는 다음과 같은 처리를 실행해야 합니다.

- 현재 상황에 알맞은 애니메이션 재생
- 마우스 왼쪽 클릭을 감지하고 점프
- 마우스 왼쪽 버튼을 오래 누르면 높이 점프
- 최대 점프 횟수에 도달하면 점프를 못하게 막기

[과정 01] Update( ) 메서드 완성하기

① **Update( )** 메서드를 다음과 같이 완성

```
private void Update() {
    if (isDead)
    {
        // 사망 시 처리를 더 이상 진행하지 않고 종료
        return;
    }
```

```
    // 마우스 왼쪽 버튼을 눌렀으며 && 최대 점프 횟수(2)에 도달하지 않았다면
    if (Input.GetMouseButtonDown(0) && jumpCount < 2)
    {
        // 점프 횟수 증가
        jumpCount++;
        // 점프 직전에 속도를 순간적으로 제로(0, 0)로 변경
        playerRigidbody.velocity = Vector2.zero;
        // 리지드바디에 위쪽으로 힘 주기
        playerRigidbody.AddForce(new Vector2(0, jumpForce));
        // 오디오 소스 재생
        playerAudio.Play();
    }
    else if (Input.GetMouseButtonUp(0) && playerRigidbody.velocity.y > 0)
    {
        // 마우스 왼쪽 버튼에서 손을 떼는 순간 && 속도의 y 값이 양수라면(위로 상승 중)
        // 현재 속도를 절반으로 변경
        playerRigidbody.velocity = playerRigidbody.velocity * 0.5f;
    }

    // 애니메이터의 Grounded 파라미터를 isGrounded 값으로 갱신
    animator.SetBool("Grounded", isGrounded);
}
```

작성한 코드를 살펴봅시다. 가장 먼저 Update() 메서드 최상단에 플레이어 캐릭터가 죽은 상태(isDead가 true인 상태)에서는 그 이하의 처리에 도달하지 못하도록 막는 if 문을 추가했습니다.

```
if (isDead)
{
    return;
}
```

플레이어 캐릭터가 사망한 경우 입력을 감지하고 점프하거나 애니메이션을 갱신하면 안 되기 때문입니다. isDead가 false인 경우에는 Update()의 처리가 계속 진행되어 마우스 입력을 감지하고 점프를 실행하는 부분에 도달합니다.

```
if (Input.GetMouseButtonDown(0) && jumpCount < 2)
{
    jumpCount++;
    playerRigidbody.velocity = Vector2.zero;
    playerRigidbody.AddForce(new Vector2(0, jumpForce));
    playerAudio.Play();
}
```

앞의 if 문 블록은 누적 점프 횟수가 최대 허용 점프 횟수인 2보다 작은 상태에서 마우스 왼쪽 버튼을 누르면 점프를 실행합니다. if 문 조건으로는 Input.GetMouseButtonDown(0) && jumpCount < 2를 사용합니다.

두 조건이 &&로 엮여 있으니 누적 점프 횟수가 2보다 작은 것(jumpCount < 2)과 마우스 왼쪽 버튼을 누르는 것(Input.GetMouseButtonDown(0))이 동시에 만족되어야 if 문 블록이 실행됩니다.

따라서 누적 점프 횟수가 최대 점프 횟수에 도달했을 때는 마우스 왼쪽 버튼을 눌러도 점프할 수 없습니다. 누적 점프 횟수를 가리키는 jumpCount는 11.6.6절에서 플레이어가 바닥에 닿을 때마다 매번 0으로 리셋되게 할 겁니다.

여기서 사용한 Input.GetMouseButtonDown() 메서드는 마우스 버튼 입력을 감지합니다. 마우스 입력이 감지되면 true, 그렇지 않으면 false가 반환됩니다.

Input.GetMouseButtonDown() 메서드는 마우스 버튼 식별자를 int 타입으로 입력받습니다.

- 0 : 마우스 왼쪽 버튼
- 1 : 마우스 오른쪽 버튼
- 2 : 마우스 휠 스크롤 버튼

참고로 6장에서 본 Input.GetKeyDown(), Input.GetKey(), Input.GetKeyUp() 메서드처럼 마우스 입력을 감지하는 메서드 또한 세 가지 형태가 있습니다.

- Input.GetMouseButtonDown() : 마우스 버튼을 '누르는 순간'
- Input.GetMouseButton() : 마우스 버튼을 '누르고 있는 동안'
- Input.GetMouseButtonUp() : 마우스 버튼에서 '손을 떼는 순간'

즉, Input.GetMouseButtonDown(0)은 마우스 왼쪽 버튼을 누르기 시작한 순간에만 true가 되고, 마우스 왼쪽 버튼을 누르고 있는 동안에는 false를 반환합니다.

if 문 블록 내부에서는 점프를 실행하고 오디오를 재생합니다.

```
jumpCount++;
playerRigidbody.velocity = Vector2.zero;
playerRigidbody.AddForce(new Vector2(0, jumpForce));
playerAudio.Play();
```

먼저 jumpCount++로 점프 횟수를 증가시킨 다음, playerRigidbody.velocity = Vector2.zero; 를 이용해 점프 직전에 속도를 제로(0, 0)로 만듭니다(Vector2.zero는 new Vector2(0, 0)과 같은 표현입니다). 점프 직전에 순간적으로 속도를 제로로 만들어야 하는 이유는 직전까지의 힘 (또는 속도)이 상쇄되거나 합쳐져서 점프 높이가 비일관적으로 되는 현상을 막기 위해서입니다.

다음 두 경우를 비교한다고 가정해봅시다.

1. 점프 사이에 충분한 시간 간격을 두고 이단 점프 실행(마우스 왼쪽 버튼을 여유 있게 두 번 클릭)
2. 매우 짧은 간격으로 이단 점프 실행(마우스 왼쪽 버튼을 빠르게 두 번 클릭)

2의 경우 첫 번째 점프의 힘과 속력이 두 번째 점프의 힘과 속력에 그대로 합쳐집니다. 따라서 2의 경우 두 번째 점프에 의한 상승 속도와 높이가 1의 경우에 비해 비약적으로 증가합니다.

또 다른 예로 캐릭터가 떨어지고 있는 도중에 공중 점프를 실행한다고 가정해봅시다. 이 경우 점프에 의한 상승 힘이 낙하 속도에 의해 상쇄됩니다. 즉, 점프를 실행해도 낙하 속도만 순간적으로 조금 줄어들 뿐입니다.

따라서 플랫포머 게임에서 점프를 구현할 때는 직전 속도에 영향을 받지 않도록 순간적으로 속도를 제로로 만드는 것이 일반적입니다.

그다음 playerRigidbody.AddForce(new Vector2(0, jumpForce))를 이용해 위쪽 방향으로 jumpForce만큼 힘을 줍니다. playerRigidbody는 리지드바디 2D를 표현하는 Rigidbody2D 타입이므로 AddForce() 메서드의 입력이 Vector2 타입이라는 점에 주의합니다.

그다음 playerAudio.Play()로 오디오 소스 컴포넌트가 소리를 재생하게 했습니다. 오디오 소스 컴포넌트를 나타내는 AudioSource 타입은 자신에게 할당된 오디오 클립을 재생하는 Play() 메서드를 제공합니다.

우리는 Player 게임 오브젝트의 오디오 소스 컴포넌트에 Jump 오디오 클립을 할당했습니다. 따라서 playerAudio.Play()가 실행될 때마다 점프 소리가 재생됩니다.

그다음 이어지는 else if 문 블록에서는 마우스 왼쪽 버튼에서 손을 뗐을 때 실행할 처리를 구현합니다.

```
else if (Input.GetMouseButtonUp(0) && playerRigidbody.velocity.y > 0)
{
    playerRigidbody.velocity = playerRigidbody.velocity * 0.5f;
}
```

앞의 코드는 아래 조건을 모두 만족하는 경우 현재 속도를 절반으로 줄입니다.

- 조건 Input.GetMouseButtonDown(0) && jumpCount < 2의 결과가 false
- Input.GetMouseButtonUp(0) : 마우스 왼쪽 버튼에서 손을 떼는 순간
- playerRigidbody.velocity.y > 0 : y 방향 속도가 0보다 큼

플레이어 캐릭터는 마우스 왼쪽 버튼을 오래 누르면 상대적으로 높이 점프합니다. 이 기능을 마우스 왼쪽 버튼에서 손을 떼는 순간 속도를 절반으로 줄이는 방식으로 간단하게 구현했습니다.

점프하자마자 버튼에서 손을 뗐다고 가정해봅시다. 캐릭터가 충분히 높게 상승하기도 전에 속도가 절반으로 줄어듭니다. 따라서 도달 가능한 점프 높이가 낮아집니다.

반대로 마우스 왼쪽 버튼을 지긋이 누르고 있다가 뒤늦게 버튼에서 손을 뗐다고 가정해봅시다. 이미 플레이어 캐릭터가 충분히 높게 상승한 상태이며, 최고점에서의 속도는 제로에 가깝습니다. 이 시점에서는 속도를 절반으로 줄여도 영향이 거의 없습니다.

그런데 여기서 점프 속도가 아닌 낙하 속도를 절반으로 줄이는 문제가 생길 수 있습니다. 마우스 왼쪽 버튼을 너무 오래 누르고 있다가 캐릭터가 최고 높이에 도달한 후 낙하하기 시작한 시점에 손을 뗐다고 가정해봅시다. y 방향 속도 값이 0 이하일 때 속도를 절반으로 줄이면 상승 속도가 아니라 낙하 속도가 절반 줄어듭니다.

따라서 y 방향 속도(playerRigidbody.velocity.y)가 0보다 클 때만 속도를 절반으로 줄이도록 했습니다.

if 문과 else if 문이 끝난 다음 Update() 메서드 가장 아래에는 애니메이터 컴포넌트의 Grounded 파라미터의 값을 isGrounded의 값으로 변경하는 처리를 추가했습니다.

```
animator.SetBool("Grounded", isGrounded);
```

애니메이터 컴포넌트를 나타내는 Animator 타입은 애니메이터의 파라미터값을 변경할 수 있는 Set 계열의 메서드를 제공합니다.

- SetBool(string name, bool value)
- SetInt(string name, int value)
- SetFloat(string name, float value)

첫 번째 입력에는 파라미터 이름, 두 번째 입력에는 해당 파라미터에 할당할 새로운 값을 입력합니다.

만약 플레이어 캐릭터의 발이 바닥에 닿아 있어 isGrounded의 값이 false라면 animator.SetBool("Grounded", isGrounded)가 실행되었을 때 애니메이터의 Grounded 파라미터의 값이 false가 됩니다.

Player 애니메이터 컨트롤러에서 Run → Jump 전이의 조건은 Grounded 파라미터가 false인 경우, Jump → Run 전이의 조건은 Grounded 파라미터가 true인 경우로 구성했습니다. 따라서 animator.SetBool("Grounded", isGrounded)에 의해 Run과 Jump 애니메이션이 상황에 맞춰 재생될 겁니다.

11.6.4 Die( ) 메서드

이어서 플레이어 캐릭터가 사망 시 실행할 Die( ) 메서드를 작성합니다. Die( ) 메서드는 플레이어 캐릭터의 죽음을 구현합니다. 사망 애니메이션을 재생하고, 플레이어 캐릭터의 현재 상태를 사망 상태로 변경합니다.

[과정 01] Die( ) 메서드 완성하기

① Die( ) 메서드를 다음과 같이 완성

```
private void Die() {
    // 애니메이터의 Die 트리거 파라미터를 셋
    animator.SetTrigger("Die");
```

```
    // 오디오 소스에 할당된 오디오 클립을 deathClip으로 변경
    playerAudio.clip = deathClip;
    // 사망 효과음 재생
    playerAudio.Play();

    // 속도를 제로(0, 0)로 변경
    playerRigidbody.velocity = Vector2.zero;
    // 사망 상태를 true로 변경
    isDead = true;
}
```

작성한 코드를 살펴봅시다. 먼저 사망 애니메이션을 재생하기 위해 애니메이터 컴포넌트의 Die 파라미터에 접근합니다.

```
animator.SetTrigger("Die");
```

이전과 마찬가지로 Animator 타입에 내장된 Set 계열 메서드를 사용합니다. SetBool(), SetInteger(), SetFloat()과 달리 SetTrigger() 메서드는 파라미터의 이름만 입력하고, 파라미터에 할당할 새로운 값은 입력하지 않는다는 점에 주목합니다.

SetTrigger() 메서드는 트리거 타입 파라미터의 '방아쇠'를 당길 뿐입니다. 트리거 타입의 파라미터는 셋하는 즉시 true가 되었다가 곧바로 false가 되기 때문에 별도의 값을 지정하지 않는다고 했습니다.

animator.SetTrigger("Die")가 실행되면 Die 트리거를 조건으로 사용한 Any State → Die 전이가 실행됩니다. 따라서 현재 상태가 Run이든 Jump든 상관없이 곧바로 Die 상태로 전환되어 죽는 애니메이션 클립이 재생됩니다.

사망 애니메이션을 재생한 다음에는 플레이어 캐릭터가 죽는 효과음을 재생합니다.

```
playerAudio.clip = deathClip;
playerAudio.Play();
```

원래는 오디오 소스 컴포넌트에 Jump 오디오 클립이 할당되어 있었습니다. 따라서 오디오 소스를 재생하기 전에 playerAudio.clip = deathClip;을 실행하여 오디오 소스에 할당된 오디

오 클립을 deathClip으로 교체했습니다. 그리고 AudioSource 타입에 내장된 Play() 메서드를 실행하여 교체한 오디오 클립을 오디오 소스로 재생했습니다.

그다음 플레이어 캐릭터의 속도를 제로(0, 0)로 변경합니다.

```
playerRigidbody.velocity = Vector2.zero;
```

플레이어 캐릭터가 사망과 동시에 멈추지 않으면 어색하게 보일 수 있습니다. 예를 들어 점프 도중에 장애물에 닿아 죽은 경우 캐릭터가 공중으로 상승하면서 동시에 사망 애니메이션 클립이 재생될 수 있습니다. 따라서 플레이어 캐릭터가 사망하는 순간 잠시 속도를 제로로 변경합니다.

마지막으로 플레이어 캐릭터의 현재 상태를 사망 상태로 변경합니다.

```
isDead = true;
```

11.6.5 OnTriggerEnter2D() 메서드

이제 완성한 Die() 메서드를 언제 실행할지 결정해야 합니다. 우리는 플레이어 캐릭터를 사망하게 할 낙사 영역과 장애물 게임 오브젝트에 Dead라는 태그를 할당하고, 트리거 콜라이더를 추가할 겁니다.

따라서 트리거 충돌을 감지하는 OnTriggerEnter() 메서드에서 Dead 태그를 가진 콜라이더와 닿았는지 검사하고 Die() 메서드를 실행하면 됩니다.

그런데 2D 콜라이더를 사용하는 경우 OnTriggerEnter()의 2D 버전인 OnTriggerEnter2D() 메서드를 사용해야 합니다.

[과정 01] OnTriggerEnter2D() 완성하기

① OnTriggerEnter2D() 메서드를 다음과 같이 완성

```
private void OnTriggerEnter2D(Collider2D other) {
    if (other.tag == "Dead" && !isDead)
    {
```

```
        // 충돌한 상대방의 태그가 Dead이며 아직 사망하지 않았다면 Die() 실행
        Die();
    }
}
```

작성한 코드는 충돌한 상대방 콜라이더 2D 컴포넌트 other를 통해 상대방 게임 오브젝트의 태그가 Dead인지 검사합니다.

만약 상대방 게임 오브젝트의 태그가 Dead이며, 변수 isDead의 값이 false라서 플레이어 캐릭터가 아직 죽지 않은 상태라면 Die() 메서드를 실행하여 플레이어 캐릭터가 사망하게 합니다.

11.6.6 OnCollisionEnter2D( )와 OnCollisionExit2D( )

Update() 메서드에서 jumpCount와 isGrounded를 사용했지만 isGrounded 값을 결정하는 부분과 jumpCount를 리셋하는 부분을 아직 구현하지 않았습니다. 마지막으로 isGrounded 값을 결정하고 jumpCount를 리셋하는 부분을 구현합니다.

isGrounded는 플레이어 캐릭터가 바닥에 닿은 동안 true, 바닥과 떨어져 있는 동안 false가 됩니다. 이것을 일반 콜라이더와 닿는 순간에는 isGrounded를 true로, 일반 콜라이더와 떨어지는 순간에는 isGrounded를 false로 변경하는 방법으로 구현하겠습니다. 같은 방식으로 플레이어 캐릭터가 바닥에 닿는 순간 jumpCount를 0으로 리셋합니다.

따라서 일반 충돌이 시작되는 순간 실행되는 OnCollisionEnter() 메서드와 충돌한 두 콜라이더가 서로 떨어지는 순간 실행되는 OnCollisionExit() 메서드를 사용합니다. 단, 2D 콜라이더에 의한 충돌을 검사할 때는 2D 버전을 사용해야 합니다. 따라서 OnCollisionEnter2D() 메서드와 OnCollisionExit2D() 메서드를 구현합니다.

[과정 01] OnCollisionEnter2D( )와 OnCollisionExit2D( ) 완성하기

① OnCollisionEnter2D( )와 OnCollisionExit2D( )를 다음과 같이 완성

```
private void OnCollisionEnter2D(Collision2D collision) {
    // 어떤 콜라이더와 닿았으며, 충돌 표면이 위쪽을 보고 있으면
    if (collision.contacts[0].normal.y > 0.7f)
    {
```

```
            // isGrounded를 true로 변경하고, 누적 점프 횟수를 0으로 리셋
            isGrounded = true;
            jumpCount = 0;
        }
    }

    private void OnCollisionExit2D(Collision2D collision) {
        // 어떤 콜라이더에서 떨어진 경우 isGrounded를 false로 변경
        isGrounded = false;
    }
```

여기서 OnCollisionEnter2D()에서 노말벡터의 방향을 검사했다는 것에 주목합니다.

OnCollision 계열의 충돌 이벤트 메서드는 여러 충돌 정보를 담는 Collision 타입의 데이터를 입력받습니다. Collision 타입은 충돌 지점들의 정보를 담는 ContactPoint 타입의 데이터를 contacts라는 배열 변수로 제공합니다. 따라서 contacts 배열의 길이는 충돌 지점의 개수와 일치합니다.

같은 방식이 2D 버전인 Collision2D 타입과 ContactPoint2D 타입에도 동일하게 적용됩니다.

즉, OnCollisionEnter2D()에서 사용한 collision.contacts[0]은 두 물체 사이의 여러 충돌 지점 중에서 첫 번째 충돌 지점의 정보를 가져온 겁니다. ContactPoint와 ContactPoint2D 타입은 충돌 지점에서 충돌 표면의 방향(노말벡터)을 알려주는 변수인 normal을 제공합니다.

어떤 표면의 노말벡터의 y 값이 1.0인 경우 해당 표면의 방향은 위쪽입니다. 반대로 y 값이 0인 경우 해당 표면의 방향은 완전히 오른쪽이나 왼쪽입니다. y 값이 -1.0인 경우 해당 표면은 아래를 향합니다.

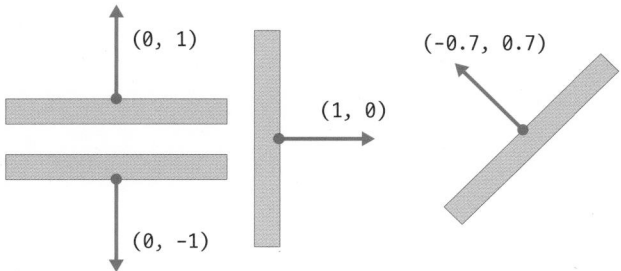

▶ 충돌 표면의 방향에 따른 노말벡터 값의 예시

만약 어떤 표면의 노말벡터의 y 값이 **0.7**이라면 대략 45도의 경사를 가진 채 표면이 위로 향한 다는 의미입니다. 그리고 노말벡터의 y 값이 **1.0**에 가까울수록 경사는 완만해집니다.

즉, OnCollisionEnter2D()에서 검사한 조건(collision.contacts[0].normal.y > 0.7f)은 첫 번째 충돌 지점의 표면의 방향이 '위쪽이며', '경사가 너무 급하지는 않은지' 검사하는 겁니다.

위 조건을 검사함으로써 '절벽'이나 '천장'을 '바닥'으로 인식하는 문제를 해결한 겁니다.

11.6.7 PlayerController 스크립트 전체 코드

이것으로 PlayerController 스크립트를 완성했습니다. 스크립트의 전체 코드는 다음과 같습니다.

```
using UnityEngine;

// PlayerController는 플레이어 캐릭터로서 Player 게임 오브젝트를 제어함
public class PlayerController : MonoBehaviour {
    public AudioClip deathClip; // 사망 시 재생할 오디오 클립
    public float jumpForce = 700f; // 점프 힘

    private int jumpCount = 0; // 누적 점프 횟수
    private bool isGrounded = false; // 바닥에 닿았는지 나타냄
    private bool isDead = false; // 사망 상태

    private Rigidbody2D playerRigidbody; // 사용할 리지드바디 컴포넌트
    private Animator animator; // 사용할 애니메이터 컴포넌트
    private AudioSource playerAudio; // 사용할 오디오 소스 컴포넌트

    private void Start() {
        // 게임 오브젝트로부터 사용할 컴포넌트들을 가져와 변수에 할당
        playerRigidbody = GetComponent<Rigidbody2D>();
        animator = GetComponent<Animator>();
        playerAudio = GetComponent<AudioSource>();
    }

    private void Update() {
        if (isDead)
        {
            // 사망 시 처리를 더 이상 진행하지 않고 종료
            return;
        }
```

```
    // 마우스 왼쪽 버튼을 눌렀으며 && 최대 점프 횟수(2)에 도달하지 않았다면
    if (Input.GetMouseButtonDown(0) && jumpCount < 2)
    {
        // 점프 횟수 증가
        jumpCount++;
        // 점프 직전에 속도를 순간적으로 제로(0, 0)로 변경
        playerRigidbody.velocity = Vector2.zero;
        // 리지드바디에 위쪽으로 힘 주기
        playerRigidbody.AddForce(new Vector2(0, jumpForce));
        // 오디오 소스 재생
        playerAudio.Play();
    }
    else if (Input.GetMouseButtonUp(0) && playerRigidbody.velocity.y > 0)
    {
        // 마우스 왼쪽 버튼에서 손을 떼는 순간 && 속도의 y 값이 양수라면(위로 상승 중)
        // 현재 속도를 절반으로 변경
        playerRigidbody.velocity = playerRigidbody.velocity * 0.5f;
    }

    // 애니메이터의 Grounded 파라미터를 isGrounded 값으로 갱신
    animator.SetBool("Grounded", isGrounded);
}

private void Die() {
    // 애니메이터의 Die 트리거 파라미터를 셋
    animator.SetTrigger("Die");

    // 오디오 소스에 할당된 오디오 클립을 deathClip으로 변경
    playerAudio.clip = deathClip;
    // 사망 효과음 재생
    playerAudio.Play();

    // 속도를 제로(0, 0)로 변경
    playerRigidbody.velocity = Vector2.zero;
    // 사망 상태를 true로 변경
    isDead = true;
}

private void OnTriggerEnter2D(Collider2D other) {
    if (other.tag == "Dead" && !isDead)
    {
```

```
                // 충돌한 상대방의 태그가 Dead이며 아직 사망하지 않았다면 Die() 실행
                Die();
            }
        }

    private void OnCollisionEnter2D(Collision2D collision) {
        // 어떤 콜라이더와 닿았으며, 충돌 표면이 위쪽을 보고 있으면
        if (collision.contacts[0].normal.y > 0.7f)
        {
            // isGrounded를 true로 변경하고, 누적 점프 횟수를 0으로 리셋
            isGrounded = true;
            jumpCount = 0;
        }
    }

    private void OnCollisionExit2D(Collision2D collision) {
        // 어떤 콜라이더에서 떨어진 경우 isGrounded를 false로 변경
        isGrounded = false;
    }
}
```

PlayerController 스크립트를 제대로 작성한 것을 확인하고 [Ctrl+S]로 스크립트를 저장합니다. 그리고 유니티 에디터로 돌아갑니다.

11.6.8 PlayerController 컴포넌트 설정하기

이제 Player 게임 오브젝트에 추가한 PlayerController 컴포넌트의 필드를 설정합니다.

private로 선언된 컴포넌트 관련 변수 playerRigidbody, animator, playerAudio는 GetComponent() 메서드로 참조를 가져왔기 때문에 인스펙터 창에서 별도로 설정할 필요가 없습니다.

따라서 public으로 선언한 AudioClip 타입의 변수 deathClip만 설정하면 됩니다.

[과정 01] deathClip에 오디오 클립 할당

① **하이어라키** 창에서 **Player** 게임 오브젝트 선택
② **인스펙터** 창에서 PlayerController 컴포넌트의 **Death Clip** 필드 옆의 **선택 버튼** 클릭
③ **선택** 창에서 **die** 오디오 클립을 **더블 클릭**하여 **Death Clip** 필드에 할당

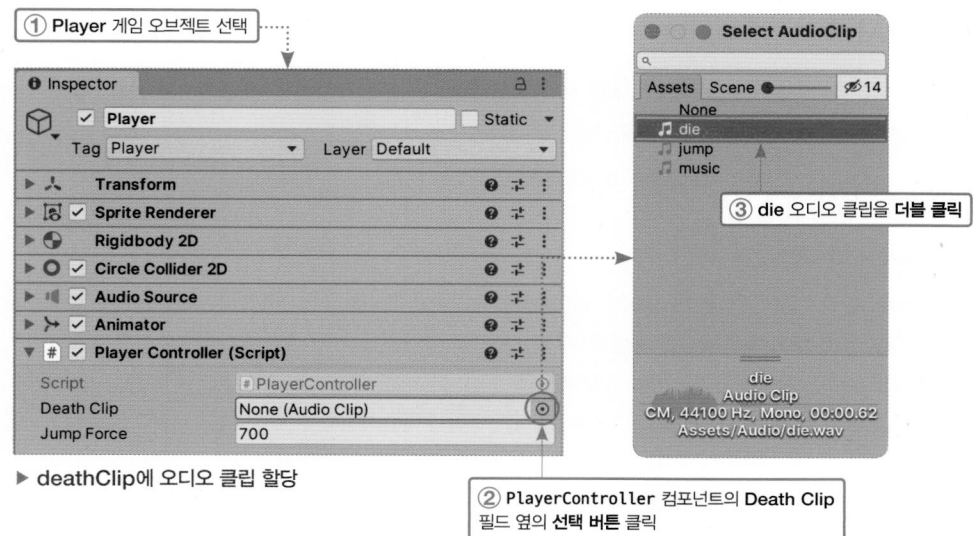

① Player 게임 오브젝트 선택

② PlayerController 컴포넌트의 Death Clip 필드 옆의 **선택 버튼** 클릭

③ die 오디오 클립을 **더블 클릭**

▶ deathClip에 오디오 클립 할당

이것으로 Player 게임 오브젝트를 완성했습니다. 이제 플레이 버튼을 눌러 플레이어 캐릭터가 잘 동작하는지 확인해봅시다.

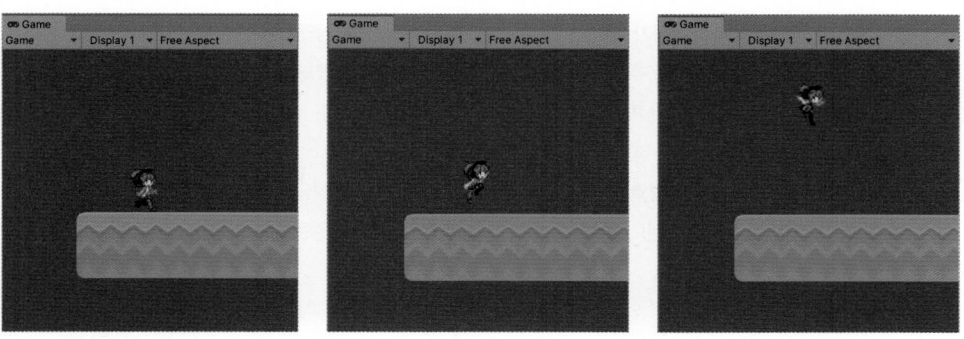

▶ Player 게임 오브젝트 테스트

테스트하는 동안 발판에 발이 닿았을 때는 플레이어 캐릭터가 뛰는 애니메이션을 재생하고, 마우스 왼쪽 버튼을 눌러 점프하는 동안에는 점프 애니메이션을 재생합니다.

그리고 마우스 왼쪽 버튼을 누르자마자 손을 떼면 낮게 점프하고, 오래 누르면 조금 더 높게 점프하는 것을 확인할 수 있습니다.

또한 jumpCount를 이용해 더블 점프를 구현했으므로 공중에서 다시 한 번 점프할 수 있습니다. 충분히 테스트했다면 플레이 모드를 해제하고 [Ctrl+S]로 씬을 저장합니다.

11.7 마치며

이 장에서는 Player 게임 오브젝트를 구현하면서 2D 프로젝트에서 스프라이트를 다루는 방법, 애니메이터를 제어하여 어떤 애니메이션을 재생할지 결정하는 방법을 배웠습니다. 다음 장에서는 움직이는 발판과 장애물을 구현합니다.

이 장에서 배운 내용 요약

- Multiple 모드를 사용하면 하나의 스프라이트를 여러 스프라이트로 잘라 사용할 수 있습니다.
- 오디오 소스 컴포넌트는 소리를 재생합니다.
- 오디오 클립은 재생할 오디오 파일(에셋)입니다.
- 오디오 소스 컴포넌트는 재생할 오디오 클립을 할당해야 소리를 재생할 수 있습니다.
- 오디오 소스 컴포넌트가 재생하는 소리는 오디오 리스너 컴포넌트가 듣습니다.
- 애니메이션 창에서 스프라이트를 배치하여 2D 애니메이션 클립을 만들 수 있습니다.
- 애니메이터 컨트롤러는 유한 상태 머신(FSM)으로 재생할 애니메이션을 결정하는 에셋입니다.
- 유한 상태 머신은 유한한 개수의 상태 중 한 번에 하나만 현재 상태가 될 수 있지만, 상태와 상태 사이를 전이를 통해 이동할 수 있는 설계 모델입니다.
- 애니메이터 컴포넌트는 애니메이터 컨트롤러를 사용하여 애니메이션을 재생하는 컴포넌트입니다.
- 애니메이터 창에서 애니메이터가 사용 중인 애니메이터 컨트롤러의 상태도를 편집합니다.
- 애니메이터 창에서 파라미터를 추가하여 전이의 조건으로 사용할 수 있습니다.
- 애니메이터에서 트리거 타입의 파라미터에는 값을 할당하지 않습니다. 트리거 타입의 파라미터는 트리거를 발동시키는 방식으로 사용합니다.
- 애니메이터 컴포넌트의 Set 계열 메서드로 파라미터에 새로운 값을 할당할 수 있습니다.
- 2D 콜라이더에 대한 충돌 이벤트 메서드는 OnTriggerEnter2D( ) 같은 2D 버전을 사용해야 합니다.

12장 유니런
배경 스크롤링과 게임 매니저

이 장에서는 움직이는 배경과 움직이는 발판을 만듭니다. 플레이어 캐릭터는 계속 뛰는 것처럼 보이지만 캐릭터의 실제 X축 위치는 고정되어 있습니다. 대신 배경과 발판이 플레이어를 향해 계속 다가옵니다.

그다음 다양한 비율과 크기의 게임 화면에 대응하는 UI를 만듭니다. 그리고 게임의 상태와 규칙을 정의하는 게임 매니저를 만듭니다.

이 장에서 다루는 내용

- 2D 스프라이트가 그려지는 순서 조정하기
- 반복되는 배경을 만드는 방법
- static의 개념
- 여러 해상도에서 일관된 UI를 유지하는 방법
- 싱글턴 패턴

12.1 배경 추가하기

먼저 게임에 배경 하늘을 추가합니다.

[과정 01] 배경 추가

① **Sprites** 폴더의 **Sky** 스프라이트를 **하이어라키** 창으로 **드래그&드롭**
② **Sky** 게임 오브젝트의 **위치**를 **(0, 0, 0)**으로 변경

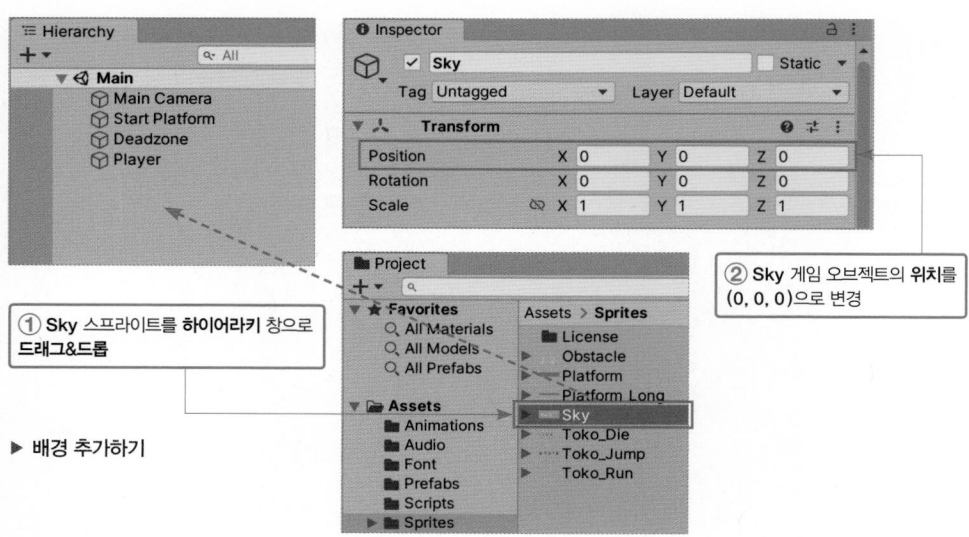

▶ 배경 추가하기

그다음 카메라의 배경색을 Sky 스프라이트에 어울리도록 변경합니다.

[과정 02] 카메라의 배경색 변경

① **하이어라키** 창에서 **Main Camera** 게임 오브젝트 선택
② **Camera** 컴포넌트의 **Clear Flags**를 **Solid Color**로 변경
③ **Background** 컬러 필드 클릭 〉 **컬러**를 (163, 185, 194)로 변경

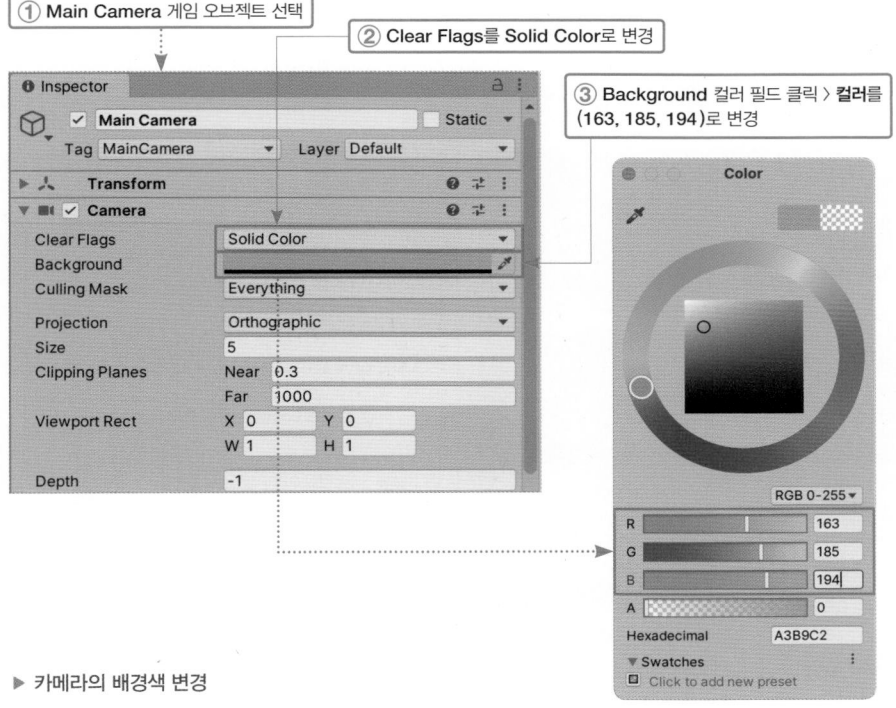

▶ 카메라의 배경색 변경

12.1.1 정렬 레이어

몇몇 독자분은 Sky 스프라이트를 배경으로 추가하면 플레이어 캐릭터와 시작 지점의 발판이 Sky 스프라이트에 의해 가려질 겁니다. 이런 경우 Sky 게임 오브젝트가 Player 게임 오브젝트와 Start Platform 게임 오브젝트 뒤에 그려지도록 수정해야 합니다.

스프라이트 렌더러 컴포넌트가 그리는 그래픽의 앞뒤 정렬은 트랜스폼 컴포넌트의 위치값과 상관없습니다. 2D 게임 오브젝트가 그려지는 순서는 스프라이트 렌더러의 정렬 레이어[Sorting Layer]가 결정합니다.

그러면 먼저 2D 게임 오브젝트의 스프라이트를 정렬하는 데 사용할 정렬 레이어를 추가합시다.

[과정 01] 정렬 레이어 추가하기

① Sprite Renderer 컴포넌트의 Sorting Layer의 Default 클릭 〉 Add Sorting Layer... 클릭
② Tags & Layers 창에서 Sorting Layers 리스트의 + 버튼 클릭
③ 생성된 Layer 이름을 Background로 변경
④ + 버튼 클릭 〉 생성된 Layer 이름을 Middleground로 변경
⑤ + 버튼 클릭 〉 생성된 Layer 이름을 Foreground로 변경

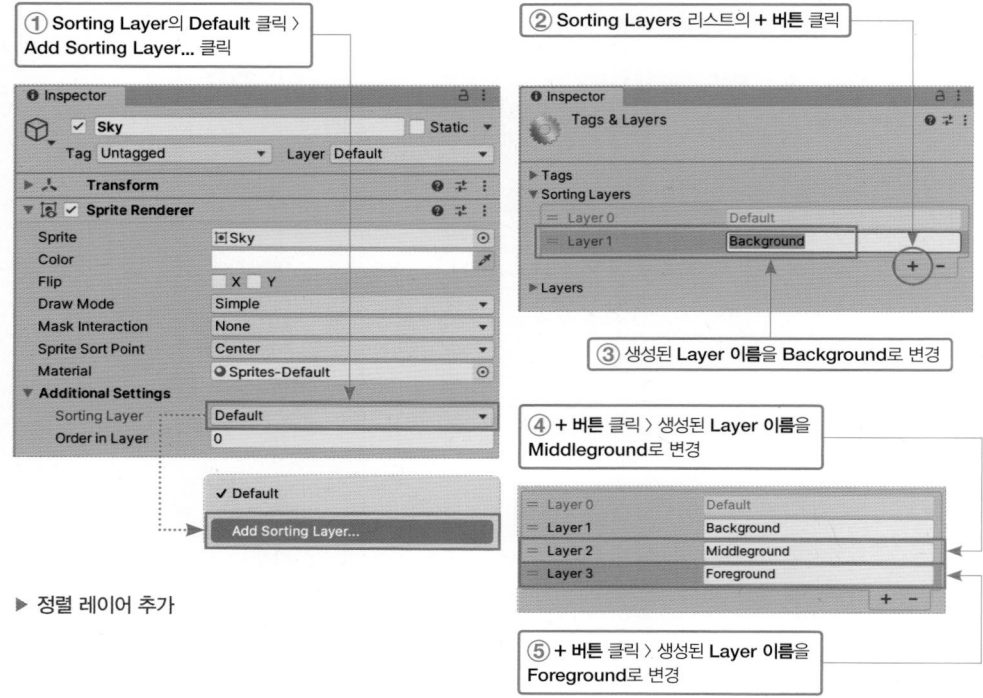

▶ 정렬 레이어 추가

정렬 레이어를 사용하는 방법은 포토샵 같은 이미지 편집 프로그램에서 레이어로 이미지의 순서를 조정하는 방법과 유사합니다. 단, 포토샵에서는 가장 위쪽 레이어의 이미지가 가장 앞쪽에 그려집니다. 하지만 유니티에서는 가장 아래쪽 정렬 레이어가 가장 앞쪽에 그려진다는 점에 주의합니다.

따라서 뒤쪽에 그려질 배경 게임 오브젝트에 위쪽 정렬 레이어를 할당하고, 앞쪽에 그려질 플레이어 캐릭터에 아래쪽 정렬 레이어를 할당합니다.

[과정 02] 정렬 레이어 할당하기

① **하이어라키** 창에서 **Sky** 게임 오브젝트 선택 > **Sprite Renderer** 컴포넌트의 **Sorting Layer**를 **Background**로 변경

② **Player** 게임 오브젝트 선택 > **Sprite Renderer** 컴포넌트의 **Sorting Layer**를 **Foreground**로 변경

③ **Start Platform** 게임 오브젝트 선택 > **Sprite Renderer** 컴포넌트의 **Sorting Layer**를 **Foreground**로 변경

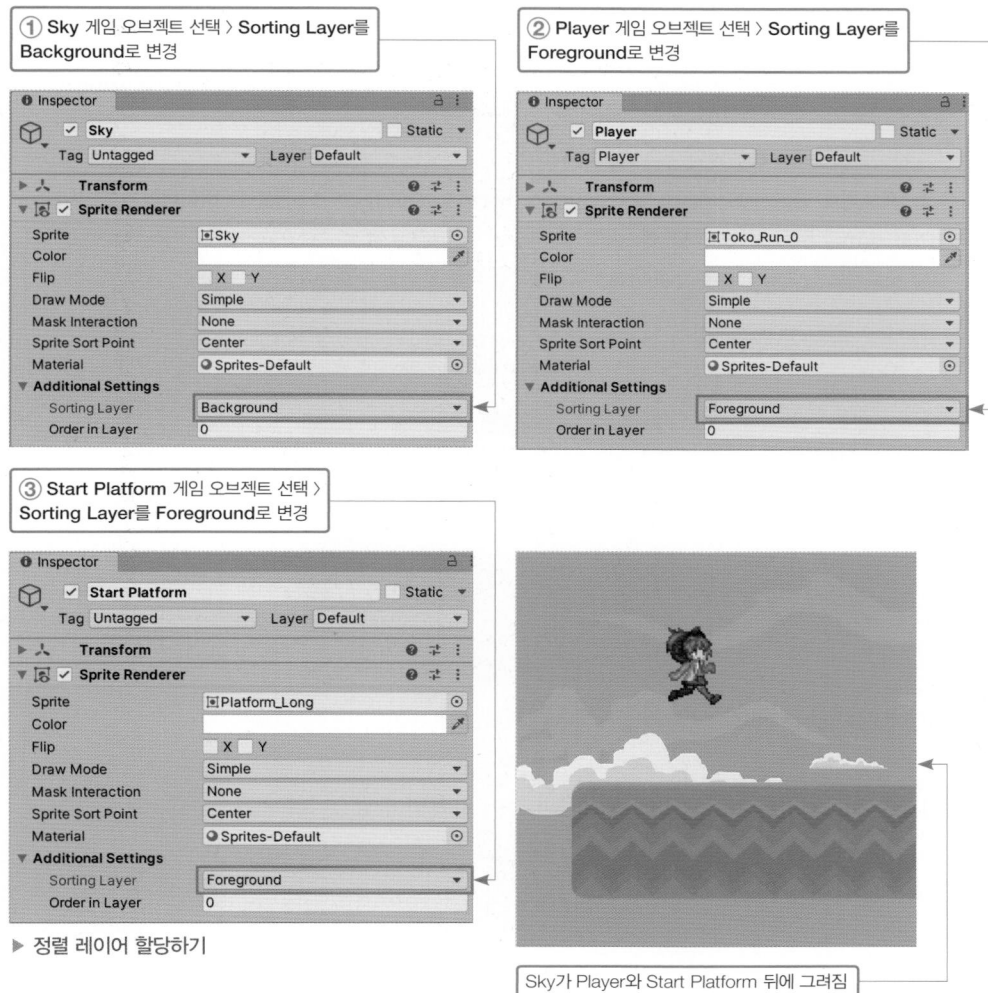

▶ 정렬 레이어 할당하기

Sky가 Player와 Start Platform 뒤에 그려짐

이제 배경이 플레이어 캐릭터와 발판 뒤에 그려질 겁니다.

12.2 움직이는 배경과 발판

이제 움직이는 배경과 발판을 만듭니다. 우리는 ScrollingObject 스크립트를 완성하고 게임 오브젝트에 추가하여 해당 게임 오브젝트가 일정 속도로 움직이게 할 겁니다.

12.2.1 ScrollingObject

ScrollingObject 스크립트를 배경 Sky 게임 오브젝트와 발판 Start Platform 게임 오브젝트에 추가하고 스크립트를 완성합니다.

[과정 이] ScrollingObject 스크립트 추가하기

① **프로젝트** 창에서 **Scripts** 폴더로 이동 > ScrollingObject 스크립트를 **하이어라키** 창의 **Start Platform**과 **Sky**로 **드래그&드롭**

② **프로젝트** 창에서 ScrollingObject 스크립트를 **더블 클릭**하여 **열기**

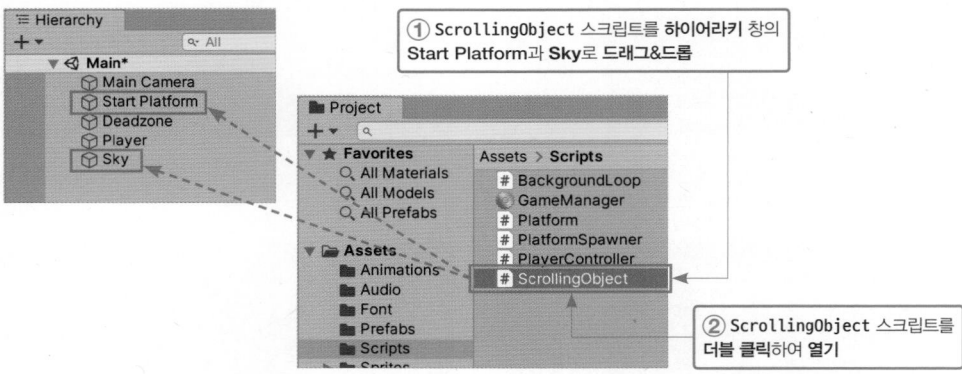

▶ ScrollingObject 스크립트 추가하기

열린 ScrollingObject 스크립트는 다음과 같이 구성되어 있습니다.

```
using UnityEngine;

// 게임 오브젝트를 계속 왼쪽으로 움직이는 스크립트
public class ScrollingObject : MonoBehaviour {
    public float speed = 10f; // 이동 속도

    private void Update() {
```

```
        // 게임 오브젝트를 일정 속도로 왼쪽으로 평행이동하는 처리
    }
}
```

`ScrollingObject` 스크립트의 변수 `speed`는 초당 이동거리를 나타냅니다. `Update()` 메서드에서는 초당 `speed`만큼 왼쪽으로 평행이동하는 처리를 구현합니다.

[과정 02] ScrollingObject 스크립트 완성하기

① **ScrollingObject** 스크립트를 다음과 같이 완성

```
using UnityEngine;

// 게임 오브젝트를 계속 왼쪽으로 움직이는 스크립트
public class ScrollingObject : MonoBehaviour {
    public float speed = 10f; // 이동 속도

    private void Update() {
        // 초당 speed의 속도로 왼쪽으로 평행이동
        transform.Translate(Vector3.left * speed * Time.deltaTime);
    }
}
```

`Update()` 메서드에 코드 한 줄을 추가했습니다.

```
transform.Translate(Vector3.left * speed * Time.deltaTime);
```

위 코드는 게임 오브젝트를 초당 (-speed, 0, 0)만큼 이동시킵니다. 트랜스폼 컴포넌트의 `Translate()` 메서드는 10장에서 본 평행이동 메서드입니다. `Translate()` 메서드는 이동할 거리를 Vector3 타입으로 받습니다.

여기서 사용한 Vector3.left의 값은 (-1, 0, 0)입니다. 따라서 Vector3.left * speed의 값은 (-speed, 0, 0)이 됩니다.

이제 작성한 스크립트를 [Ctrl+S]로 저장하고 유니티 에디터로 돌아갑니다. 플레이 버튼을 눌러 테스트하면 시작 지점의 발판과 배경이 왼쪽으로 움직이는 것을 확인할 수 있습니다.

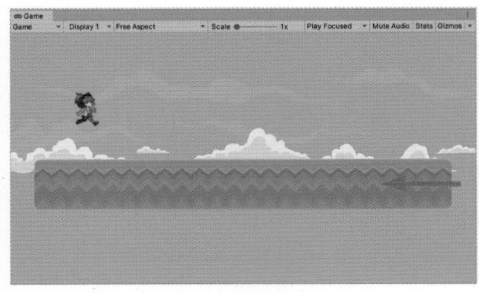 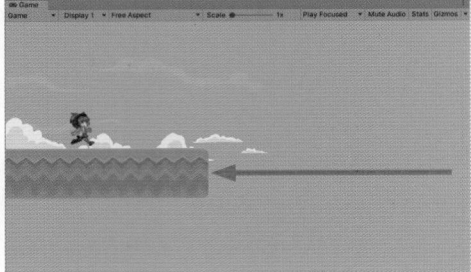

▶ ScrollingObject 테스트하기

12.2.2 반복되는 배경 만들기

배경은 끊임없이 반복 스크롤링되야 합니다. 2D 게임에서 반복되는 배경을 만드는 방법은 '크랭키 박스^{Crankie Box}'[1]와 비슷합니다. 우리가 사용할 방법을 다음 그림으로 비유할 수 있습니다.

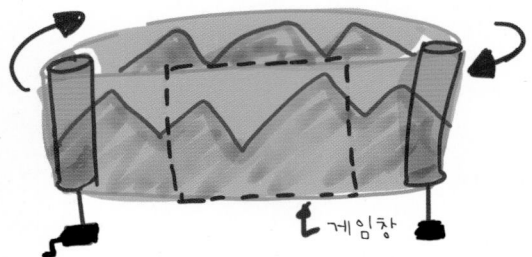

▶ 배경을 무한 스크롤링하기

우리는 배경인 Sky 게임 오브젝트를 두 개 이어붙여 길게 만들 겁니다. 각 배경 게임 오브젝트는 왼쪽으로 계속 움직이다가 일정 거리 이상 움직이면 오른쪽 화면 끝으로 순간 이동합니다.

좀 더 구체적으로 봅시다. 다음 그림에서 width는 배경 하나의 가로 길이입니다. 게임이 시작되면 각각의 배경이 계속해서 왼쪽으로 이동합니다.

----

1 가로로 긴 그림 두루마리를 막대기로 감아서 움직이는 그림을 보여주는 도구

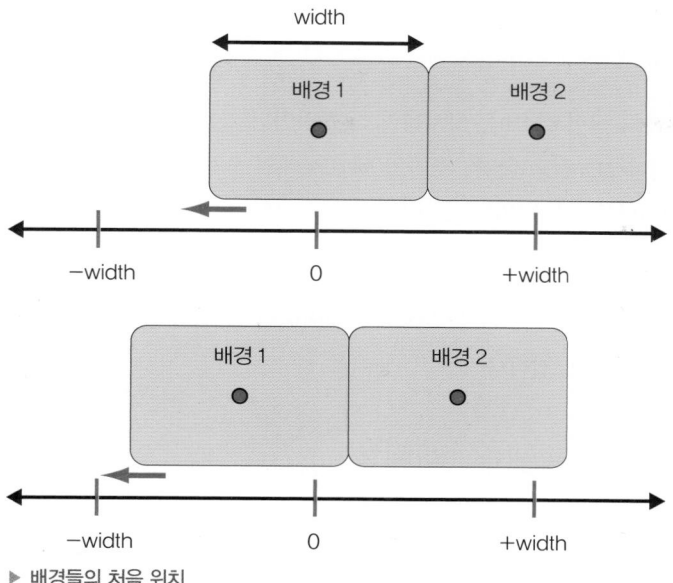

▶ 배경들의 처음 위치

작성할 BackgroundLoop 스크립트는 게임 오브젝트의 X축 위치(transform.position.x)를 계속 검사합니다. 만약 게임 오브젝트의 X축 위치값이 -width 이하라면 '너무 많이 왼쪽으로' 이동했다고 판단하고 현재 위치에 2 * width를 더합니다.

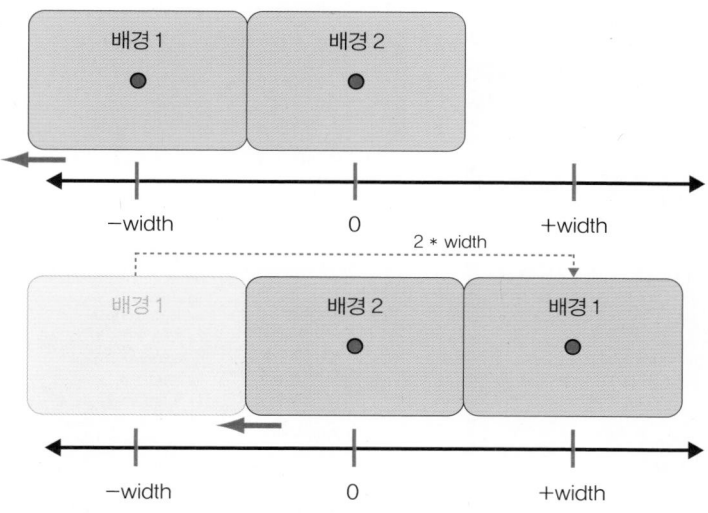

▶ 재배치되는 배경

결론적으로 게임 오브젝트의 X축 위치가 -width가 되는 순간 +width로 변경되어(오른쪽으로 순간 이동하여) 배경 스크롤링이 무한 반복됩니다.

여기서 Sky 게임 오브젝트의 가로 길이 width는 Sky에 박스 콜라이더 2D 컴포넌트를 추가해 구할 수 있습니다. 박스 콜라이더 2D 컴포넌트는 추가될 때 2D 게임 오브젝트의 스프라이트에 맞춰서 크기가 자동 설정됩니다. 따라서 박스 콜라이더 2D 컴포넌트의 size 필드의 x 값을 게임 오브젝트의 가로 길이로 볼 수 있습니다.

단, Sky 게임 오브젝트가 다른 게임 오브젝트를 물리적으로 밀어내면 안 되니 추가한 박스 콜라이더 2D 컴포넌트는 트리거로 설정할 겁니다.

[과정 01] 박스 콜라이더 2D와 BackgroundLoop 준비하기

① **하이어라키** 창에서 **Sky** 게임 오브젝트 선택
② **Sky** 게임 오브젝트에 **Box Collider 2D** 컴포넌트 추가(**Add Component** > **Physics 2D** > **Box Collider 2D**)
③ **Box Collider 2D** 컴포넌트의 **Is Trigger** 체크
④ **Scripts** 폴더에서 **BackgroundLoop** 스크립트를 **하이어라키** 창의 **Sky**로 **드래그&드롭**
⑤ **BackgroundLoop** 스크립트를 **더블 클릭**으로 열기

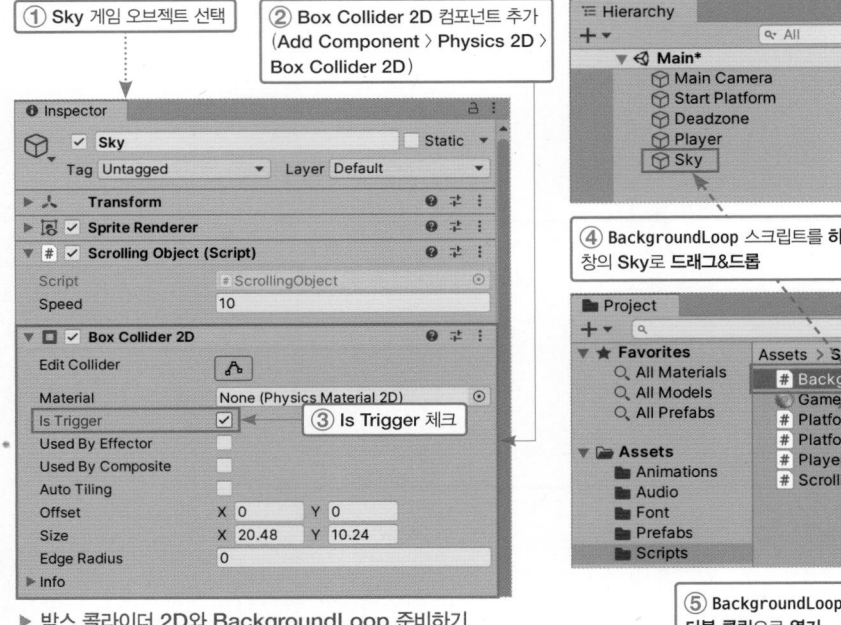

▶ 박스 콜라이더 2D와 BackgroundLoop 준비하기

열린 BackgroundLoop 스크립트의 모습은 다음과 같습니다.

```csharp
using UnityEngine;

// 왼쪽 끝으로 이동한 배경을 오른쪽 끝으로 재배치하는 스크립트
public class BackgroundLoop : MonoBehaviour {
    private float width; // 배경의 가로 길이

    private void Awake() {
        // 가로 길이를 측정하는 처리
    }

    private void Update() {
        // 현재 위치가 원점에서 왼쪽으로 width 이상 이동했을 때 위치를 재배치
    }

    // 위치를 재배치하는 메서드
    private void Reposition() {

    }
}
```

width는 배경 Sky 게임 오브젝트의 가로 길이가 할당될 변수이며 Awake() 메서드에서 계산할 겁니다.

Awake() 메서드는 Start() 메서드처럼 초기 1회 자동 실행되는 유니티 이벤트 메서드지만, Start() 메서드보다 실행 시점이 한 프레임 더 빠릅니다.

Update() 메서드에서는 매 프레임 현재 위치를 검사합니다. 만약 게임 오브젝트가 -width보다 더 왼쪽으로 이동하면 게임 오브젝트를 재배치하는 메서드를 실행합니다.

Reposition()은 재배치를 실제로 실행하는 메서드이며 Update() 메서드에 의해 실행됩니다.

그러면 빈 메서드를 채워 스크립트를 완성해봅시다.

Awake() 메서드

[과정 01] BackgroundLoop 스크립트의 Awake() 메서드 완성하기

① **Awake()** 메서드 부분을 다음과 같이 완성

```
private void Awake() {
    // BoxCollider2D 컴포넌트의 Size 필드의 x 값을 가로 길이로 사용
    BoxCollider2D backgroundCollider = GetComponent<BoxCollider2D>();
    width = backgroundCollider.size.x;
}
```

Awake() 메서드에서는 자신의 게임 오브젝트에서 박스 콜라이더 2D 컴포넌트의 참조를 가져옵니다. 그다음 박스 콜라이더 2D의 가로 길이 backgroundCollider.size.x의 값을 width에 할당합니다.

Update() 메서드

[과정 01] BackgroundLoop 스크립트의 Update() 메서드 완성하기

① Update() 메서드 부분을 다음과 같이 완성

```
private void Update() {
    // 현재 위치가 원점에서 왼쪽으로 width 이상 이동했을 때 위치를 재배치
    if (transform.position.x <= -width)
    {
        Reposition();
    }
}
```

Update() 메서드에서는 게임 오브젝트의 x축 위치(transform.position.x)를 매 프레임마다 검사합니다. 현재 위치의 x 값이 -width보다 작거나 같다면 왼쪽으로 '너무 많이' 이동했다는 의미입니다. 이때는 Reposition() 메서드를 실행하여 게임 오브젝트를 오른쪽으로 밀어냅니다.

Reposition() 메서드

[과정 01] BackgroundLoop 스크립트의 Reposition() 메서드 완성하기

① Reposition() 메서드 부분을 다음과 같이 완성

```
private void Reposition() {
    // 현재 위치에서 오른쪽으로 가로 길이 * 2만큼 이동
    Vector2 offset = new Vector2(width * 2f, 0);
    transform.position = (Vector2) transform.position + offset;
}
```

Reposition() 메서드 내부에 선언된 Vector2 offset은 현재 위치에서 얼마만큼 오른쪽으로 밀어낼지 저장할 변수입니다.

우리는 가로 길이(width)의 두 배를 x 값으로 가지는 Vector2 값을 offset에 할당했습니다. 따라서 이어지는 transform.position + offset;에서 게임 오브젝트가 현재 위치에서 가로 길이의 두 배만큼 오른쪽으로 밀려납니다.

여기서 offset은 Vector2 타입이지만 transform.position은 Vector3 타입입니다. Vector3 타입에 Vector2 타입을 그냥 더할 수는 없습니다. 따라서 (Vector2) transform.position + offset에서 transform.position을 Vector2로 형변환하여 사용했습니다.

단, Vector2 값을 Vector3 변수에 할당하는 것은 가능합니다. 이 경우 할당하려는 Vector2 값이 z 값이 0인 Vector3 타입으로 자동 형변환되어 할당됩니다. 따라서 덧셈 연산으로 계산된 Vector2 값을 transform.position에 명시적인 형변환 없이 할당할 수 있습니다.

전체 BackgroundLoop 스크립트
작성한 BackgroundLoop 스크립트의 전체 코드는 다음과 같습니다.

```
using UnityEngine;

// 왼쪽 끝으로 이동한 배경을 오른쪽 끝으로 재배치하는 스크립트
public class BackgroundLoop : MonoBehaviour {
    private float width; // 배경의 가로 길이

    private void Awake() {
        // BoxCollider2D 컴포넌트의 Size 필드의 x 값을 가로 길이로 사용
        BoxCollider2D backgroundCollider = GetComponent<BoxCollider2D>();
        width = backgroundCollider.size.x;
    }

    private void Update() {
        // 현재 위치가 원점에서 왼쪽으로 width 이상 이동했을 때 위치를 재배치
        if (transform.position.x <= -width)
        {
            Reposition();
        }
    }
}
```

```
    // 위치를 재배치하는 메서드
    private void Reposition() {
        // 현재 위치에서 오른쪽으로 가로 길이 * 2만큼 이동
        Vector2 offset = new Vector2(width * 2f, 0);
        transform.position = (Vector2) transform.position + offset;
    }
}
```

완성된 스크립트를 [Ctrl+S]로 저장하고 유니티 에디터로 돌아갑니다.

배경 스크롤링 완성

이제 Sky 게임 오브젝트를 두 개 만들어 이어붙이고 무한 스크롤링되는 배경을 완성합시다.

[과정 01] Sky 추가 배치

① **하이어라키** 창에서 **Sky** 게임 오브젝트 선택 > [Ctrl+D]로 복제
② 복제된 **Sky (1)** 게임 오브젝트의 **위치**를 (20.48, 0, 0)으로 변경

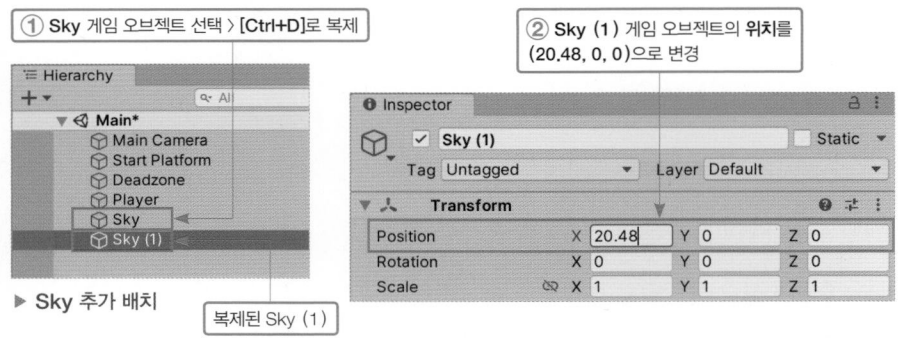

▶ Sky 추가 배치

이제 플레이 버튼을 눌러 배경이 제대로 반복되는지 테스트합니다. 씬을 시작하면 Sky 게임 오 브젝트가 왼쪽으로 가다가 오른쪽으로 순간 이동하는 방식으로 배경이 무한 반복되는 것을 확 인할 수 있습니다.

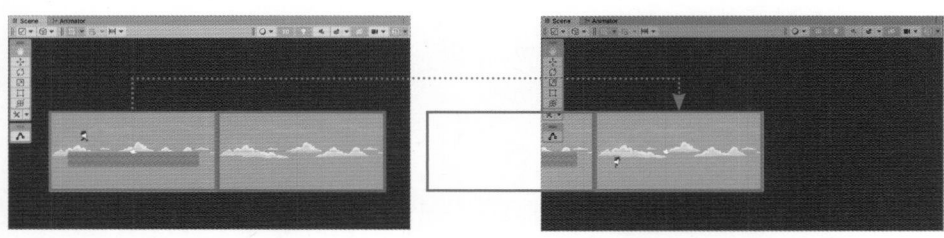

▶ 반복되는 배경

확인 후 씬의 플레이 모드를 해제합니다. 마지막으로 두 개의 Sky 게임 오브젝트를 하나의 게임 오브젝트의 자식으로 만들어 하이어라키 창을 정리합니다.

[과정 02] 배경 오브젝트 정리하기

① **빈 게임 오브젝트** 생성(**+ > Create Empty**)
② 생성된 게임 오브젝트의 **이름**을 Background로 변경, **위치**를 (0, 0, 0)으로 변경
③ **하이어라키** 창에서 **Sky**와 **Sky (1)**을 Background로 **드래그&드롭**하여 **Background**의 자식으로 만들기

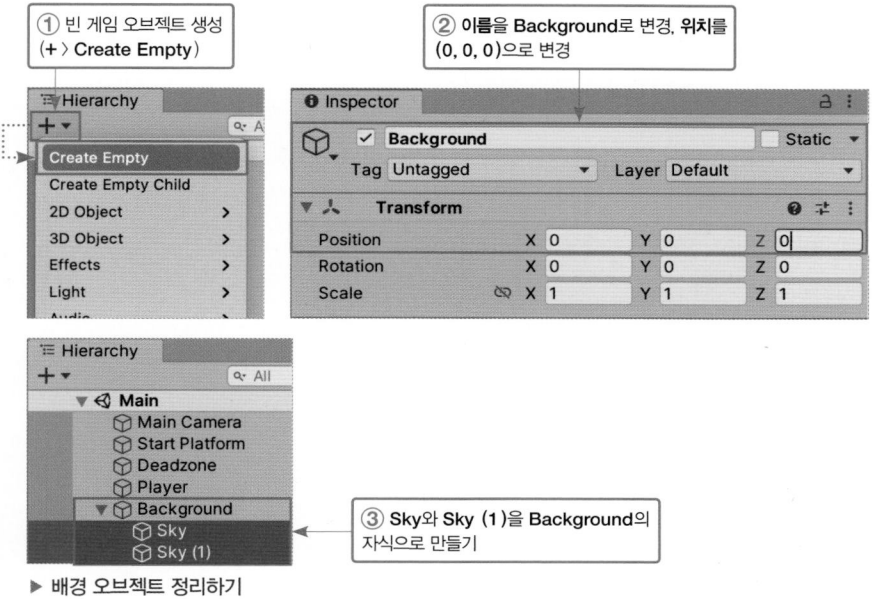

▶ 배경 오브젝트 정리하기

이것으로 움직이는 배경을 완성했습니다.

12.3 게임 UI 만들기

점수와 게임오버 메시지를 표시하는 UI를 만듭시다. UI를 구성하기 위해서는 먼저 캔버스 게임 오브젝트부터 만들어야 합니다. 캔버스는 모든 UI 요소를 잡아주는 루트^{Root} 게임 오브젝트이기 때문입니다.

먼저 유니런의 캔버스가 다양한 해상도에 대응되게 만든 다음 UI 게임 오브젝트를 생성할 겁니다.

12.3.1 고정 픽셀 크기

캔버스는 UI를 잡아두는 틀이기 때문에 캔버스의 크기나 가로세로 비율이 달라지면 캔버스에 배치된 UI의 모습도 다르게 보입니다.

캔버스의 크기는 게임을 실행 중인 화면의 해상도로 결정됩니다. 그런데 캔버스 컴포넌트의 UI 스케일 모드^{UI Scale Mode}의 기본 설정인 고정 픽셀 크기^{Constant Pixel Size}는 캔버스 크기가 변해도 배치된 UI 요소의 크기를 변경하지 않습니다. 이 경우 화면 크기가 달라지면 UI 요소의 크기나 UI 요소 사이의 간격이 의도와 다르게 크거나 작아지는 문제가 생깁니다.

640×360 해상도를 기준으로 게임 UI를 만들었다고 가정합시다. 이 경우 200×200 크기의 UI 이미지는 세로 방향으로 게임 화면 절반 이상을 차지합니다. 그런데 같은 게임을 1280×720 해상도로 플레이하면 200×200 크기의 UI 이미지는 세로 방향으로 게임 화면의 절반보다 작은 영역을 차지합니다.

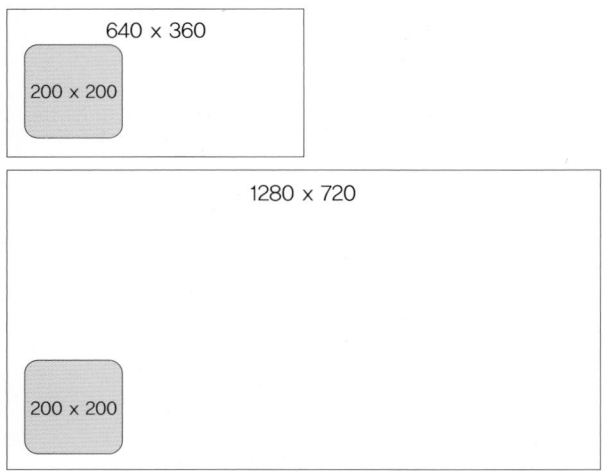

▶ 고정 픽셀 크기

이것은 UI 요소의 크기는 같지만 화면(캔버스) 크기가 커져서 UI 요소가 상대적으로 작게 보이는 문제입니다. 일부 게임이 초고해상도 모니터에서 플레이할 경우 UI가 알아보기 힘들 정도로 작아지는 문제가 생기는 것도 같은 이유입니다.

즉, 고정 픽셀 크기에서는 'UI의 크기와 배치'가 사용자의 화면 크기에 따라 달라지는 문제가 생길 수 있습니다.

12.3.2 화면 크기에 따라 스케일

우리는 다양한 크기와 비율의 화면에서도 유니런 UI의 크기와 배치를 일정하게 유지하고 싶습니다.

이때는 기준 화면 크기를 정하고, 실행 화면이 기준 화면보다 크거나 작을 때는 자동으로 확대/축소(스케일업/스케일다운)하는 '화면 크기에 따라 스케일Scale With Screen Size' 모드를 UI 스케일 모드로 사용할 수 있습니다.

이 방식으로 640×360 해상도에서 UI를 배치했다고 가정합시다. '화면 크기에 따라 스케일' 모드에서는 게임을 실행 중인 화면의 해상도가 640×360보다 크거나 작아도 무조건 캔버스의 크기를 640×360으로 취급합니다. 다른 크기의 화면에 캔버스가 그려질 때는 캔버스 자체를 확대/축소합니다.

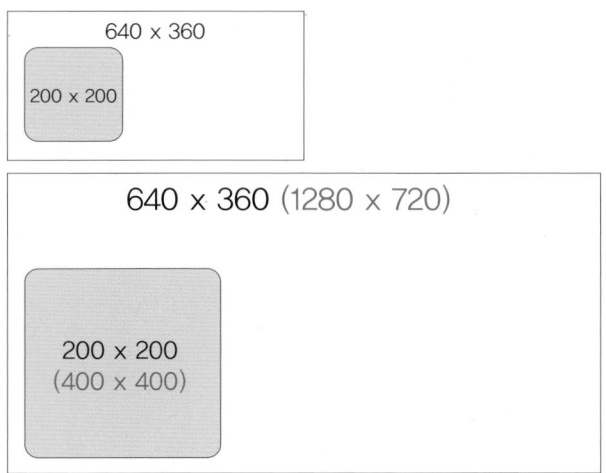

▶ 다양한 크기의 해상도에서도 동일한 UI 배치를 유지함

위 그림에서 '640×360 (1280×720)'으로 표시한 부분에 주목합니다. 여기서 640×360은 인스펙터 창에 표시되는 캔버스 크기입니다. 붉게 표시된 (1280×720)은 캔버스의 실제 픽셀 크기입니다. 즉, 캔버스의 실제 픽셀 크기는 1280×720, 이미지의 픽셀 크기는 400×400으로 증가하지만, 수치상으로는 여전히 640×360 크기의 캔버스와 200×200의 이미지라고 가정

을 하는 방식입니다. 그럼으로써 640×360 화면에서의 UI 배치 모습을 다른 크기의 화면에서도 유지합니다.

또한 '화면 크기에 따라 스케일' 모드는 작은 픽셀 크기로 그려진 최종 화면을 강제로 잡아 늘리는 방식이 아니기 때문에 이미지가 깨지는 현상은 걱정하지 않아도 됩니다.

방향 매치

'화면 크기에 따라 스케일' 모드는 실제 화면과 기준 해상도 사이의 화면 비율이 다른 경우 캔버스 스케일러 컴포넌트의 일치^{Match} 필드 값이 높은 방향의 길이를 유지하고 다른 방향의 길이를 조절합니다.

기준 해상도가 640×360일 때 가로로 긴 600×100 크기의 UI 요소를 배치했다고 가정합시다. 이때 1280×900 크기의 게임 화면에서 일치 필드의 값에 따라 인스펙터 창에 표시되는 캔버스 크기는 다음과 같습니다.

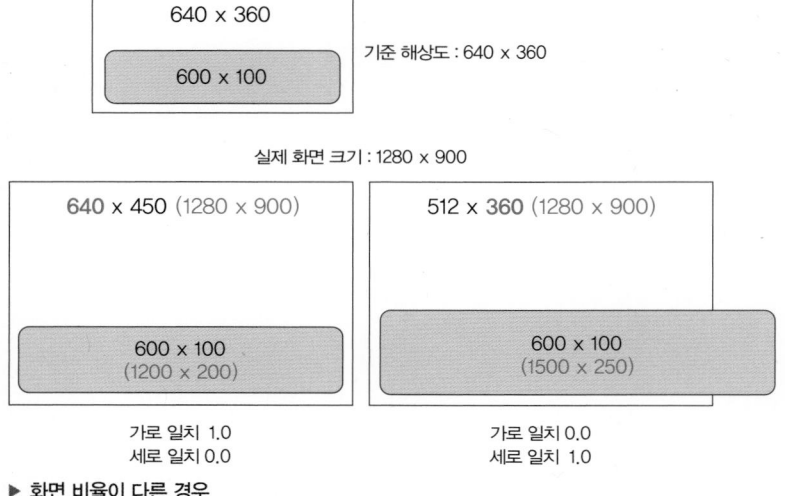

▶ 화면 비율이 다른 경우

그림에서 볼 수 있듯이 가로 일치가 1.0이면 캔버스의 가로 길이를 640으로 고정하고 세로 길이를 변경합니다. 세로 일치가 1.0이면 캔버스의 세로 길이를 360으로 고정하고 가로 길이를 변경합니다.

일치 값이 높은 방향은 UI 레이아웃이 그대로 유지되지만 다른 방향의 레이아웃이 망가질 수도 있습니다. 위 그림은 세로 일치를 높이면 가로 방향의 배치가 망가지는 경우입니다.

일치 값을 결정하는 데는 정해진 기준이 없습니다. 저자 경험상 UI 요소가 많이 나열된 방향의 일치 값을 높게 주는 것이 좋습니다. 예를 들어 세로 방향으로 버튼이 많이 나열되어 있다면 화면 비율이 변했을 때 가로 방향보다 세로 방향의 레이아웃이 망가지기 쉽습니다. 이때는 세로 일치 값을 높이는 게 좋습니다.

12.3.3 캔버스 스케일러 설정

'화면 크기에 따라 스케일' 모드를 사용해 640×360을 기준 해상도로 사용하여 UI를 배치하겠습니다. 캔버스 스케일 모드는 캔버스 스케일러 컴포넌트에서 설정합니다.

[과정 01] 캔버스를 만들고 기준 해상도 사용

① **Canvas** 게임 오브젝트 생성(+ 〉 **UI** 〉 **Canvas**)
② **Canvas Scaler** 컴포넌트의 **UI Scale Mode**를 **Scale With Screen Size**로 변경
③ **Reference Resolution**을 (640, 360)으로 변경

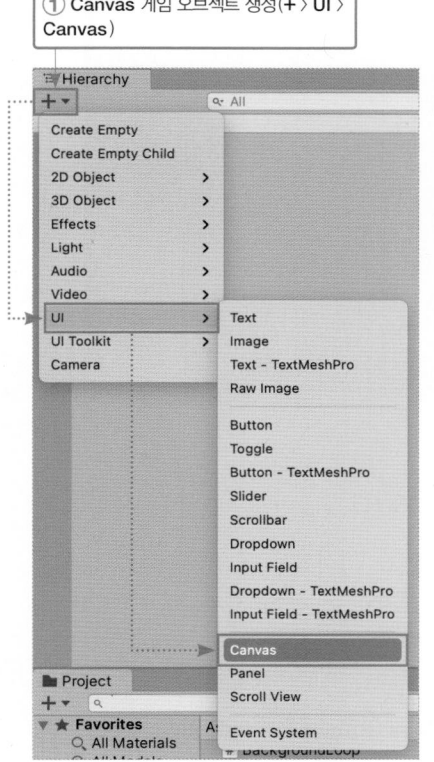

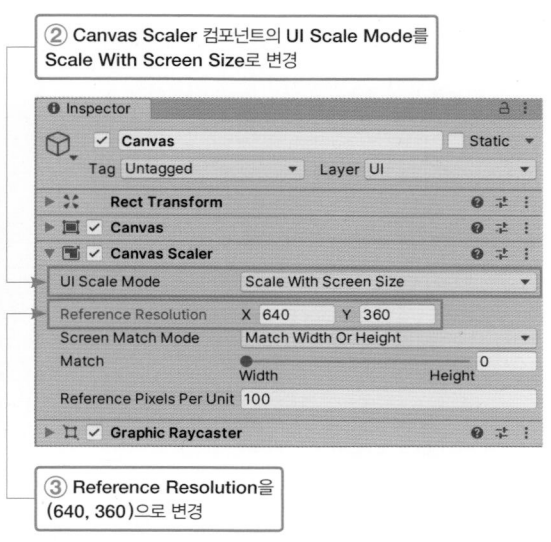

이제 실제 화면 크기와 상관없이 640×360 해상도에서의 UI 배치만 신경 쓰면 됩니다.

▶ 캔버스를 만들고 기준 해상도 사용

12.3.4 점수 UI 텍스트 만들기

점수를 표시하기 위한 UI 텍스트를 만들겠습니다. 그리고 텍스트 내용과 폰트를 변경하고 그림자 효과를 주겠습니다.

[과정 01] 점수 UI 텍스트 만들기

① 새로운 **Text** 게임 오브젝트 생성(**+** 〉 **UI** 〉 **Legacy** 〉 **Text**)
② **Text** 게임 오브젝트의 **이름**을 **Score Text**로 변경
③ **Rect Transform** 컴포넌트의 **Width**를 300, **Height**를 80으로 변경
④ **Anchor Preset** 클릭 〉 [**Alt+Shift**]를 누른 채로 bottom-center 클릭

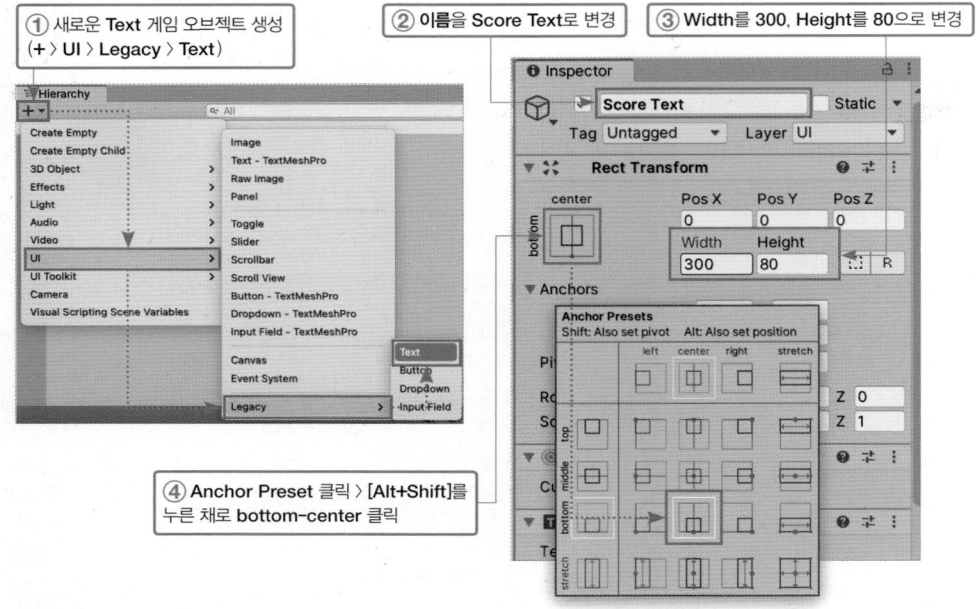

▶ 점수 UI 텍스트 만들기

Score Text 텍스트가 캔버스 하단 중앙에 정렬됩니다. 이어서 Score Text 텍스트의 내용을 바꾸고 효과를 추가합니다.

[과정 02] Score Text의 텍스트 컴포넌트 설정

① **Text** 컴포넌트의 **Text** 필드를 **Score : 0**으로 변경
② **Font** 필드 옆의 **선택 버튼** 클릭 〉 선택 창에서 **Kenney Mini Square** 폰트 **더블 클릭**

③ Font Size를 50으로 변경

④ Alignment를 Center, Middle로 변경

⑤ Color 필드 클릭 〉 폰트 컬러를 (255, 255, 255)로 변경

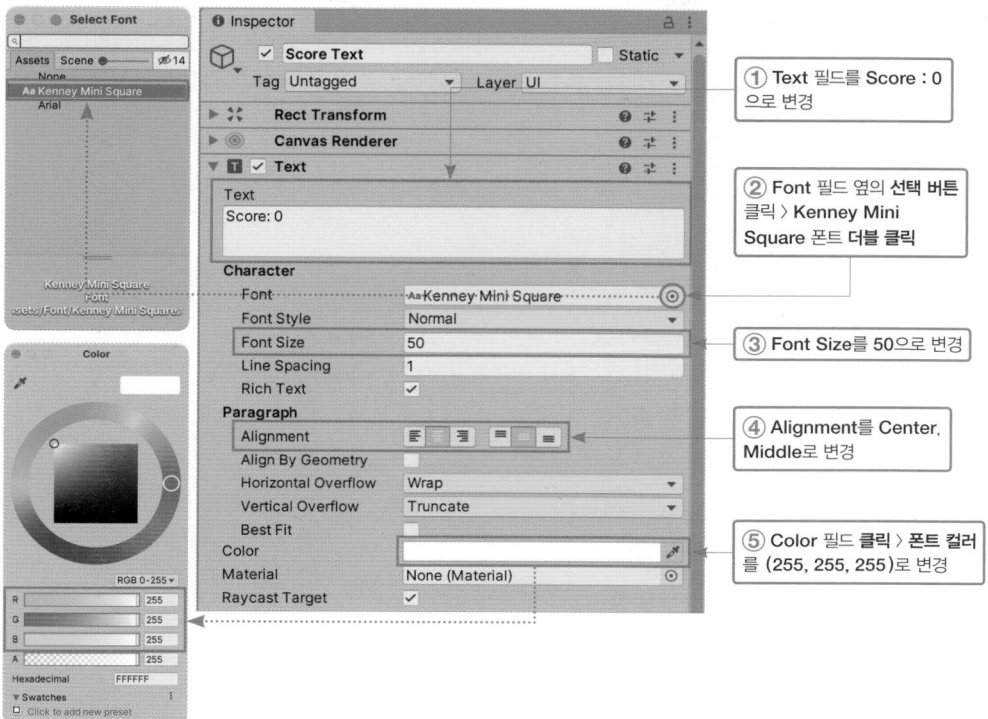

▶ Score Text의 텍스트 컴포넌트 설정

[과정 03] Score Text에 그림자 추가

① **Score Text** 게임 오브젝트에 **Shadow** 컴포넌트 추가(**Add Component** 〉 **UI** 〉 **Effects** 〉 **Shadow**)

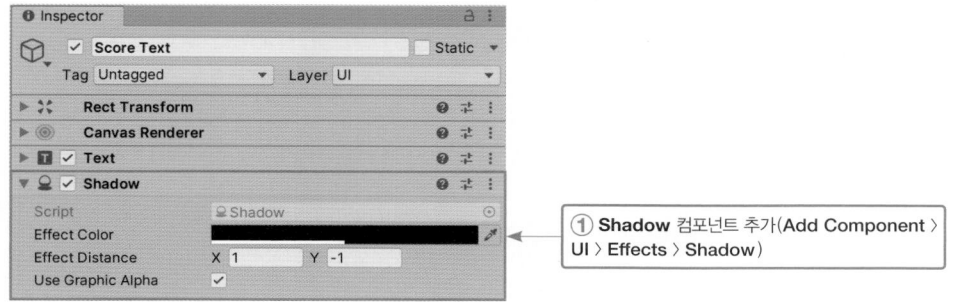

▶ Score Text에 그림자 추가

이것으로 점수를 표시하는 Score Text 게임 오브젝트가 완성되었습니다.

▶ 완성된 Score Text 게임 오브젝트의 모습

12.3.5 게임오버 텍스트 만들기

이번에는 게임오버 메시지를 표시할 Gameover Text 게임 오브젝트를 만듭니다. 빠르게 만들기 위해 Score Text 게임 오브젝트를 복제하겠습니다.

[과정 01] 게임오버 텍스트 만들기

① 하이어라키 창에서 Score Text 선택 > [Ctrl+D]로 복제
② Score Text (1)의 이름을 Gameover Text로 변경
③ Anchor Preset 클릭 > [Alt+Shift]를 누른 채 top-center 클릭

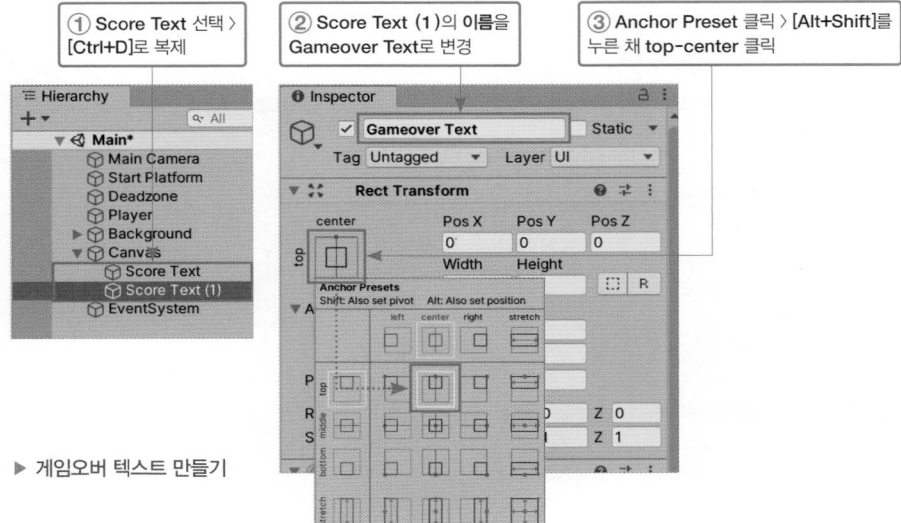

▶ 게임오버 텍스트 만들기

[과정 02] 게임오버 텍스트의 Text 컴포넌트 설정하기

① Text 컴포넌트의 Text 필드 값을 Gameover!로 변경
② Color 필드 클릭 〉 폰트 컬러를 (255, 66, 85)로 변경

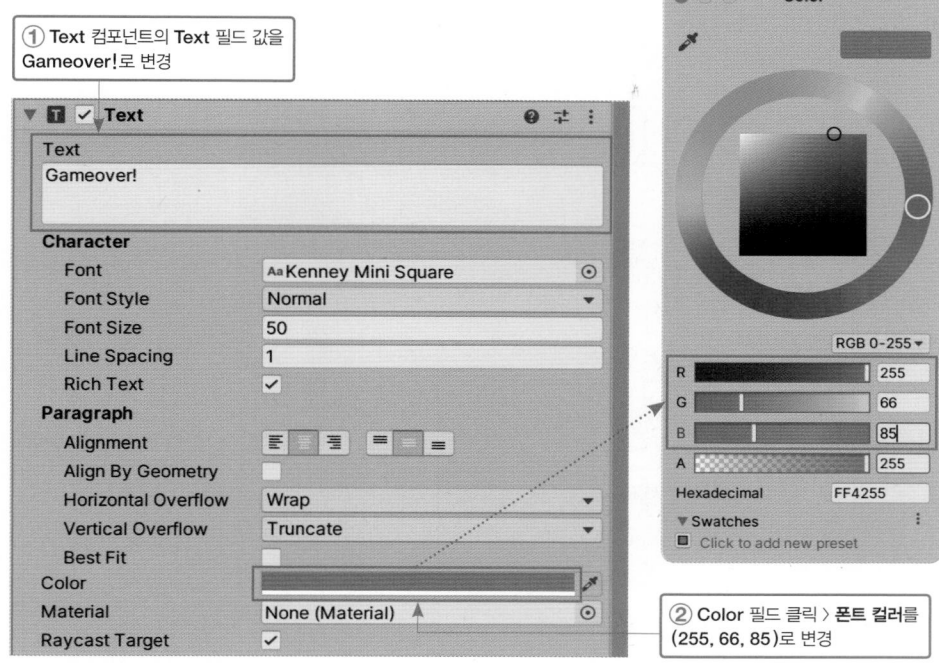

▶ 게임오버 텍스트의 Text 컴포넌트 설정하기

지금까지 Gameover Text 게임 오브젝트를 생성하고 앵커 프리셋을 사용해 화면 중앙 상단에 배치했습니다. 그리고 텍스트 내용을 수정하고 컬러를 붉은색으로 변경했습니다.

이제 Gameover Text 아래에 게임 재시작 방법을 안내할 UI 텍스트인 Restart Text 게임 오브젝트를 만들겠습니다.

[과정 03] 게임 재시작 안내 텍스트 만들기

① **하이어라키** 창에서 Gameover Text 선택 〉 [Ctrl+D]로 복제
② Gameover Text (1)의 **이름**을 Restart Text로 변경
③ Restart Text의 Rect Transform 컴포넌트의 Pos Y 값을 −40으로 변경
④ Text 컴포넌트의 Text 필드를 Jump To Restart로 변경
⑤ Font Size를 33으로 변경

⑥ **Restart Text**를 Gameover Text의 자식으로 만들기(**하이어라키** 창에서 **Restart Text**를
Gameover Text로 **드래그&드롭**)

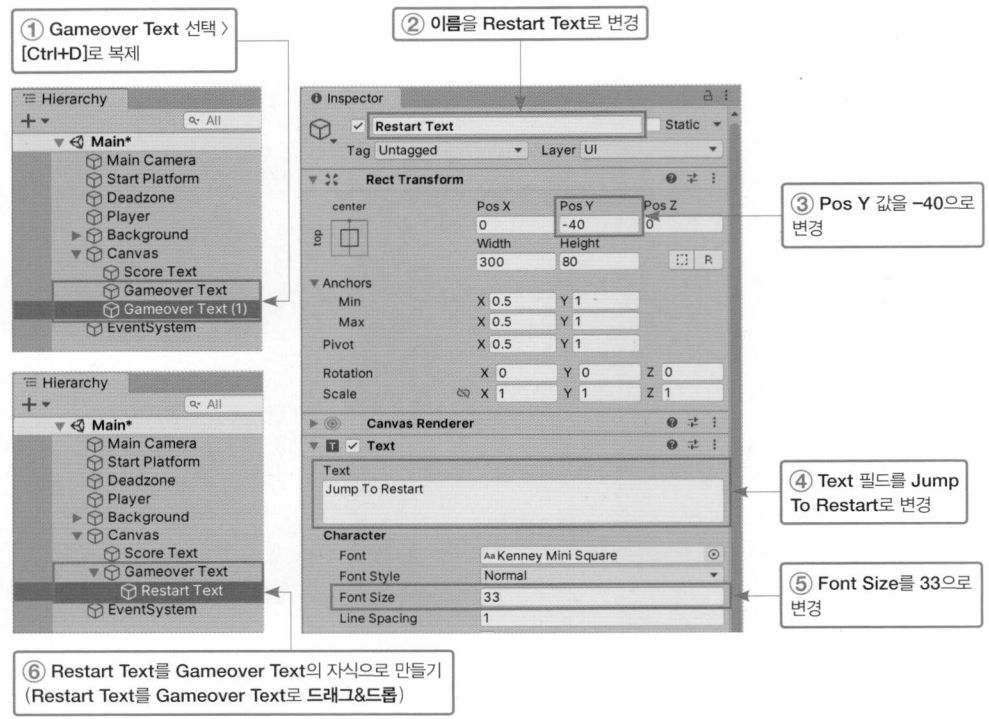

① **Gameover Text** 선택 〉
[Ctrl+D]로 복제

② 이름을 Restart Text로 변경

③ Pos Y 값을 −40으로
변경

④ Text 필드를 Jump
To Restart로 변경

⑤ Font Size를 33으로
변경

⑥ Restart Text를 Gameover Text의 자식으로 만들기
(Restart Text를 Gameover Text로 **드래그&드롭**)

▶ 게임 재시작 안내 텍스트 만들기

이제 Restart Text의 텍스트 컴포넌트는 'Jump To Restart!점프 버튼을 눌러 재시작하세요!'라는 메시
지를 띄웁니다.

▶ 완성된 **UI** 모습

Restart Text 게임 오브젝트는 Gameover Text 게임 오브젝트의 자식이기 때문에 Gameover Text가 비활성화/활성화되면 함께 비활성화/활성화됩니다.

Gameover Text 게임 오브젝트는 평소에는 비활성화해 두었다가 게임오버가 된 순간 활성화합니다. 따라서 Gameover Text 게임 오브젝트를 미리 비활성화해 둡니다.

[과정 04] 게임오버 텍스트 비활성화하기
    ① 하이어라키 창에서 **Gameover Text** 게임 오브젝트 선택
    ② 인스펙터 창에서 **활성화 체크 해제**

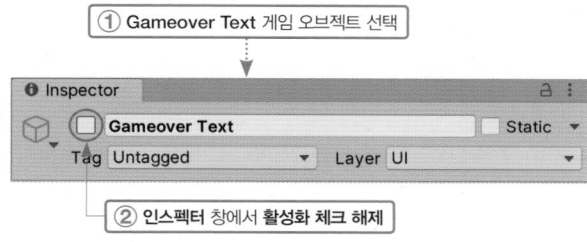

▶ 게임오버 텍스트 비활성화하기

이제 게임 화면에 게임오버 메시지가 보이지 않게 됩니다. 이것으로 UI를 모두 완성했습니다.

12.4 게임 매니저 만들기

이제 UI는 물론 플레이어의 상태에 따라 게임의 전반적인 상태를 관리하는 게임 매니저를 만들어야 합니다. 게임 매니저의 역할은 다음과 같습니다.

- 점수 저장
- 게임오버 상태 표현
- 플레이어의 사망을 감지해 게임오버 처리 실행
- 점수에 따라 점수 UI 텍스트 갱신
- 게임오버되었을 때 게임오버 UI 활성화

12.4.1 싱글턴 패턴의 필요성

게임 매니저처럼 관리자 역할을 하는 오브젝트(예를 들면 파일 매니저, 몬스터 매니저, 점수 매니저 등)는 일반적으로 프로그램에 단 하나만 존재해야 합니다(단일 오브젝트). 그리고 언제 어디서든 즉시 접근 가능해야 합니다(손쉬운 접근).

우리가 만들 게임 매니저 또한 이 두 가지 조건을 만족해야 합니다.

단일 오브젝트

점수를 관리하는 점수 매니저가 두 개라고 가정해봅시다. 이 경우 최고 점수도 두 개가 될 수 있습니다. 비논리적입니다.

또 다른 예로 파일에 접근하고 수정하는 파일 매니저가 두 개 있다고 가정해봅시다. 이 경우 두 파일 매니저가 동시에 하나의 파일에 접근하고 수정하면서 에러가 날 수 있습니다. 따라서 파일 매니저는 프로그램에 하나만 있는 것이 좋습니다.

이와 같은 이유로 점수와 UI, 게임 상태를 관리하는 게임 매니저 또한 게임에 단 하나만 존재해야 합니다.

손쉬운 접근

매니저라고 불리는 오브젝트들은 보통 프로그램의 특정 영역이 아니라 어느 곳에서도 사용할 수 있는 편의 기능을 제공합니다. 따라서 매니저 오브젝트는 코드 어느 곳에서도 쉽게 접근하여 사용할 수 있도록 구현합니다.[2]

우리가 구현할 게임 매니저는 게임오버 상태와 점수를 관리합니다. 게임오버 상태와 점수는 게임의 거의 모든 부분에서 사용됩니다. 따라서 어떤 스크립트에서도 씬에 있는 게임 매니저에 쉽게 접근할 수 있어야 합니다.

싱글턴을 사용하는 이유

정리하면 게임 매니저는 아래 두 조건을 만족해야 합니다.

- 게임 매니저 오브젝트는 단 하나만 존재
- 어떤 곳에서도 손쉽게 게임 매니저 오브젝트에 접근 가능

---

2 상황에 따라 다를 수 있습니다. 싱글턴 패턴이 남용되면 너무 많고 다양한 곳에서 오브젝트에 접근하므로 코드의 흐름을 읽기 힘든 경우가 발생합니다.

이런 조건에서는 주로 싱글턴이라는 디자인 패턴을 사용합니다.[3]

싱글턴 패턴은 '어떤 오브젝트가 프로그램에 단 하나만 존재해야 하며, 어느 곳에서도 쉽게 접근 가능해야 할 때' 사용됩니다. 싱글턴 패턴을 사용하면 게임 매니저가 씬에 단 하나만 있게 하고, 어느 곳에서도 게임 매니저에 즉시 접근할 수 있게 만들 수 있습니다.

12.4.2 정적

싱글턴 패턴을 구현할 때는 정적static 변수의 특징을 활용합니다.

클래스에 선언된 변수들은 해당 클래스 타입의 오브젝트가 생성되면 함께 생성됩니다. 이것은 메모리 상에 멤버 변수가 오브젝트 수만큼 존재한다는 의미입니다.

다음과 같은 Dog 클래스가 있다고 가정합시다. 간략화한 예이므로 구체적인 처리나 문법은 신경 쓰지 않고 개념에만 집중합니다.

```
public class Dog : MonoBehaviour {
    public string dogName; // 개의 이름
    public int count = 0;  // 프로그램에 존재하는 개의 총 수

    void Awake() {
        count++;
    }
}
```

위 코드에서 Dog 오브젝트는 자신이 생성되고 활성화될 때 Awake() 메서드에 의해 count 값을 1 증가시킵니다.

Dog 클래스로부터 Dog 타입의 오브젝트 A, B, C를 순서대로 생성했다고 가정합시다. 이때 count 값의 변화는 다음 그림과 같습니다.

---

[3] 디자인 패턴이란 어떤 문제를 해결하는 데 좋다고 알려진 구조입니다. 프로그래머 사이에서 경험적으로 어떤 문제에는 어떤 구조가 좋다고 공유하는 방법이라고 할 수도 있습니다.

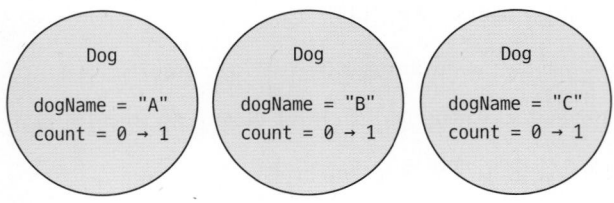

▶ 각각의 Dog 오브젝트에서 count가 증가

그림에서 보듯이 Dog 오브젝트가 3개 있기 때문에 변수 count도 3개 존재합니다. count는 Dog 의 총 수를 나타내야 합니다. 의도대로라면 count의 값은 3이 되어야 하지만 현재 각각의 Dog 오브젝트의 count 값은 1입니다.

위 구현의 문제점은 count가 '각 개체의' count라는 겁니다. 위 그림에서 보듯이 count가 1 증 가하는 처리는 3번 실행되었지만 3개의 Dog 오브젝트에서 각각 일어난 일이기 때문에 count는 3이 되지 않습니다.

count가 Dog 오브젝트의 총 수를 나타내기 위해서는 count가 Dog 오브젝트마다 하나씩 존재 하면 안 됩니다. 다음 그림과 같이 count는 단 하나만 존재하고 모든 Dog 오브젝트가 하나의 count를 공유해야 합니다.

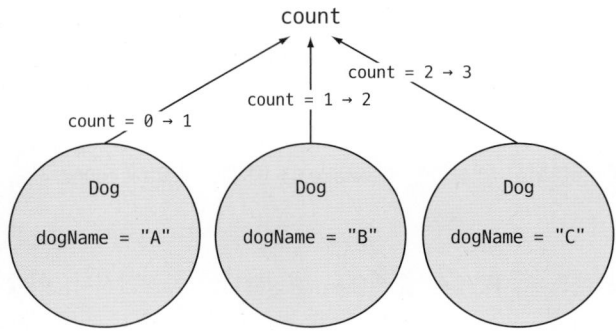

▶ 하나의 count를 3개의 Dog가 공유

그림에서 보듯이 Dog 오브젝트가 3개지만 이들이 단 하나의 count를 공유하면 어떤 Dog 오브 젝트가 count 값을 변경했을 때 다른 Dog 오브젝트에서 사용하는 count 값도 같이 변경됩니다. 3개의 Dog 오브젝트가 각자 count 값을 1씩 증가시켰지만 사실 하나의 count를 공유하고 있으 므로 count 값이 0 → 1 → 2 → 3으로 증가하면서 count는 3이 됩니다.

어떤 변수를 static으로 선언하면 여러 오브젝트가 해당 변수 하나를 공유합니다. 정적 선언된 변수는 해당 타입의 오브젝트를 몇 개를 생성하든 그 수에 상관없이 메모리에 하나만 존재합니다.

처음 Dog 예제에서 count를 정적 변수로 변경하면 다음과 같습니다.

```
public class Dog : MonoBehaviour {
    public string dogName; // 개의 이름
    public static int count = 0; // 프로그램에 존재하는 개의 총 수

    void Awake() {
        count++;
    }
}
```

정적 선언된 변수는 특정 오브젝트에 속하지 않고 같은 타입의 모든 오브젝트가 공유합니다. 따라서 Dog 클래스 외부에서는 count 변수를 다음과 같이 클래스 이름과 점(.) 연산자를 이용해 접근합니다.

예를 들어 Dog 스크립트 외부에서 Dog의 count에 새로운 값 100을 할당하려면 다음과 같은 코드를 작성합니다.

```
Dog.count = 100;
```

static 변수는 해당 클래스와 관련 있지만 개별 오브젝트마다 하나씩 가지고 있는 것보다는 모든 오브젝트가 공유하는 것이 더 나은 값을 표현할 때 사용합니다. 그러한 값의 예로는 직전까지 살펴봤던 '오브젝트의 전체 개수'가 있습니다.

정리하면 static 변수는 다음과 같은 특징이 있습니다.

- 메모리에 단 하나만 존재하고 모든 오브젝트가 공유합니다.
- 클래스 이름과 점(.) 연산자를 이용해 접근할 수 있습니다.

static의 이러한 특징은 싱글턴을 구현하는 데도 활용됩니다.

12.4.3 GameManager 스크립트 준비

정적 변수로 싱글턴을 구현하는 방법을 살펴본 다음 GameManager 스크립트를 완성하겠습니다.

먼저 게임 매니저가 될 게임 오브젝트를 만들고 GameManager 스크립트를 열겠습니다.

[과정 01] 게임 매니저 준비

① **빈 게임 오브젝트** 생성(+ > **Create Empty**)

② 생성된 게임 오브젝트의 **이름**을 **Game Manager**로 변경

③ **프로젝트** 창에서 **Scripts** 폴더의 **GameManager** 스크립트를 **하이어라키** 창의 **Game Manager**로 드래그&드롭

④ **GameManager** 스크립트를 **더블 클릭**하여 **열기**

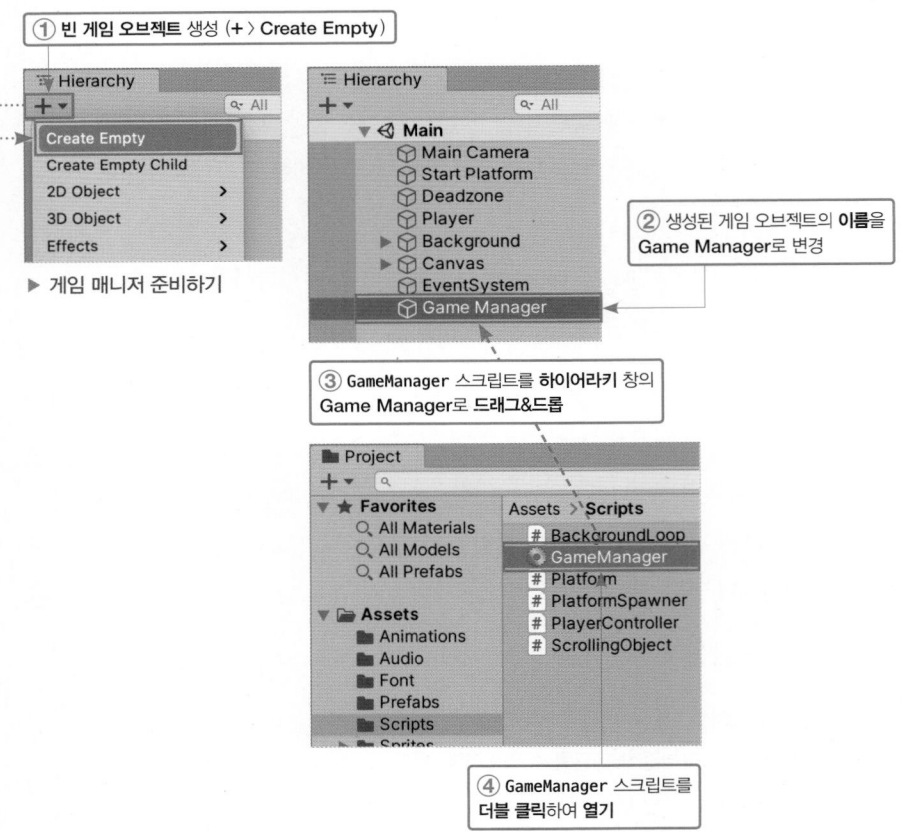

▶ 게임 매니저 준비하기

GameManager 스크립트를 열면 다음과 같이 구성되어 있습니다.

```csharp
using UnityEngine;
using UnityEngine.SceneManagement;
using UnityEngine.UI;

// 게임오버 상태를 표현하고, 게임 점수와 UI를 관리하는 게임 매니저
// 씬에는 단 하나의 게임 매니저만 존재할 수 있음
public class GameManager : MonoBehaviour {
    public static GameManager instance; // 싱글턴을 할당할 전역 변수

    public bool isGameover = false; // 게임오버 상태
    public Text scoreText; // 점수를 출력할 UI 텍스트
    public GameObject gameoverUI; // 게임오버 시 활성화할 UI 게임 오브젝트

    private int score = 0; // 게임 점수

    // 게임 시작과 동시에 싱글턴을 구성
    void Awake() {
        // 싱글턴 변수 instance가 비어 있는가?
        if (instance == null)
        {
            // instance가 비어 있다면(null) 그곳에 자기 자신을 할당
            instance = this;
        }
        else
        {
            // instance에 이미 다른 GameManager 오브젝트가 할당되어 있는 경우

            // 씬에 두 개 이상의 GameManager 오브젝트가 존재한다는 의미
            // 싱글턴 오브젝트는 하나만 존재해야 하므로 자신의 게임 오브젝트를 파괴
            Debug.LogWarning("씬에 두 개 이상의 게임 매니저가 존재합니다!");
            Destroy(gameObject);
        }
    }

    void Update() {
        // 게임오버 상태에서 게임을 재시작할 수 있게 하는 처리
    }

    // 점수를 증가시키는 메서드
    public void AddScore(int newScore) {
```

```
    }

    // 플레이어 캐릭터 사망 시 게임오버를 실행하는 메서드
    public void OnPlayerDead() {

    }
}
```

12.4.4 GameManager 싱글턴 구현

GameManager에서 싱글턴을 구현한 부분을 먼저 살펴보고 다른 부분을 완성하겠습니다.

```
public static GameManager instance; // 싱글턴을 할당할 전역 변수

void Awake() {
    if (instance == null)
    {
        instance = this;
    }
    else
    {
        Debug.LogWarning("씬에 두 개 이상의 게임 매니저가 존재합니다!");
        Destroy(gameObject);
    }
}
```

GameManager 스크립트의 최상단에는 싱글턴 오브젝트를 할당하기 위한 static 선언된 GameManager 타입의 변수 instance가 있습니다. Awake() 메서드에서는 현재 오브젝트를 싱글턴 오브젝트로 만들고 instance에 할당하는 작업을 실행합니다. instance는 싱글턴이 될 GameManager 오브젝트가 저장될 변수입니다.

static으로 선언된 변수는 모든 오브젝트가 공유하는 단 하나의 변수가 됩니다. 이것을 다르게 생각하면 instance는 '단 하나뿐인 왕좌'라고 생각할 수 있습니다.

instance에는 GameManager 타입 오브젝트의 참조를 할당할 수 있습니다. 그런데 씬에 GameManager 타입의 오브젝트가 100개 존재해도 instance는 메모리에 단 하나만 존재하므로 instance에 할당될 수 있는 GameManager 오브젝트도 단 하나뿐입니다.

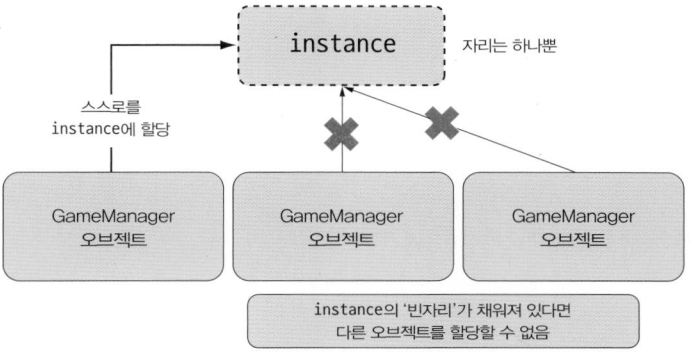

▶ 단 하나의 GameManager 오브젝트만이 자신을 instance 변수에 할당할 수 있다

즉, 싱글턴이 될 GameManager 오브젝트는 스스로를 instance에 할당합니다. 이 과정은 비어 있는 왕좌를 경쟁적으로 차지하려는 과정으로 비유할 수 있습니다.

Awake() 메서드의 if 문 블록에서는 instance가 비어 있다면 그곳에 자기 자신을 할당합니다.

```
if (instance == null)
{
    instance = this;
}
```

만약 instance의 값이 null이라면 instance에 아직 어떠한 GameManager 타입의 오브젝트도 할당되지 않은 상태입니다. 따라서 현재 Awake() 메서드를 실행하고 있는 GameManager 오브젝트가 this를 instance에 할당하여 스스로를 instance에 할당합니다. this는 오브젝트가 자기 자신을 가리키는 키워드로서 스스로에 대한 참조값이 출력됩니다.

이렇게 instance에 할당된 GameManager 오브젝트는 GameManager.instance로 즉시 접근할 수 있습니다.

GameManager 타입의 오브젝트는 씬에 단 하나만 존재해야 합니다. 어떠한 이유로 GameManager 오브젝트가 둘 이상 존재하는 경우 싱글턴이 된 GameManager 오브젝트 하나만 남기고 나머지 GameManager 오브젝트는 모두 파괴해야 합니다.

이어지는 else 문 블록은 instance가 null이 아닌 경우에 실행됩니다. 즉, 자신이 아닌 다른 GameManager 오브젝트가 instance에 이미 할당된 경우입니다.

```
if (instance == null)
{
    instance = this;
}
else
{
    Debug.LogWarning("씬에 두 개 이상의 게임 매니저가 존재합니다!");
    Destroy(gameObject);
}
```

이 경우 경고 로그를 출력하고 싱글턴이 될 수 없는 자신의 게임 오브젝트를 Destory() 메서드로 파괴했습니다. 위 코드의 처리 과정은 아래의 그림으로 이해할 수 있습니다.

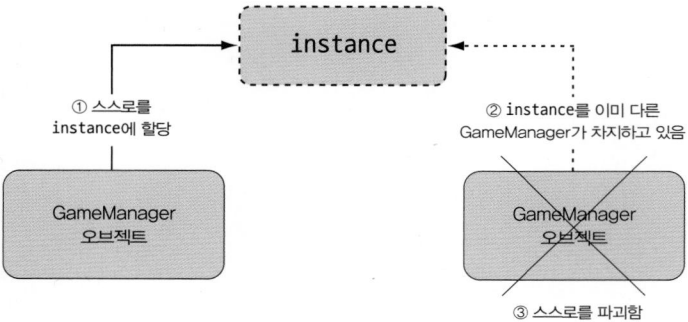

▶ 스스로 파괴되는 두 번째 GameManager 오브젝트

12.4.5 GameManager의 필드

싱글턴 구현 부분을 살펴봤으니 이제 GameManager의 다른 변수들을 살펴보고 나머지 메서드를 완성합시다.

싱글턴을 위한 변수 instance 이외의 다른 변수들은 다음과 같습니다.

```
public bool isGameover = false; // 게임오버 상태
public Text scoreText; // 점수를 출력할 UI 텍스트
public GameObject gameoverUI; // 게임오버 시 활성화할 UI 게임 오브젝트

private int score = 0; // 게임 점수
```

- isGameover : 게임오버 상태
- scoreText : 점수를 출력할 UI 텍스트 컴포넌트에 대한 참조
- gameoverUI : 게임오버 시 활성화할 UI 게임 오브젝트에 대한 참조
- score : 현재 게임 점수

12.4.6 GameManager의 Update( ) 메서드

이제 GameManager 스크립트의 Update( ) 메서드에서 게임오버 상태일 때 게임을 재시작하는 기능을 만듭니다. 게임오버 상태는 isGameover의 값으로 알 수 있습니다.

게임 재시작은 현재 활성화된 씬을 다시 로드하는 방식으로 구현할 수 있다고 했습니다. 따라서 씬 관리자 SceneManager가 필요하므로 스크립트 상단에 다음과 같은 선언을 미리 추가해두었습니다.

```
using UnityEngine.SceneManagement;
```

그러면 Update( ) 메서드를 완성하겠습니다.

[과정 01] Update( ) 메서드 완성하기

① **GameManager** 스크립트의 **Update( )** 메서드를 다음과 같이 완성

```
void Update() {
    if (isGameover && Input.GetMouseButtonDown(0))
    {
        // 게임오버 상태에서 마우스 왼쪽 버튼을 클릭하면 현재 씬 재시작
        SceneManager.LoadScene(SceneManager.GetActiveScene().name);
    }
}
```

먼저 if 문으로 isGameover가 true인지 확인하여 게임오버 상태인지 확인합니다. 동시에 Input.GetMouseButtonDown(0)을 검사하여 마우스 왼쪽 버튼을 눌렀는지도 확인합니다.

게임오버 상태에서 마우스 왼쪽 버튼을 누르면 if 문 블록 코드가 실행되고 현재 활성화된 씬을 다시 로드하여 게임을 재시작합니다.

```
SceneManager.LoadScene(SceneManager.GetActiveScene().name);
```

여기서 SceneManager.GetActiveScene()은 현재 활성화된 씬의 정보를 Scene 타입의 오브젝트로 가져오는 메서드입니다. 그리고 Scene 타입의 오브젝트는 씬의 이름을 변수 name으로 제공합니다. 즉, SceneManager.GetActiveScene().name은 현재 씬의 이름을 가져온 겁니다.

그렇게 가져온 현재 씬의 이름을 SceneManager.LoadScene() 메서드에 입력하여 현재 씬을 다시 로드했습니다.

12.4.7 GameManager의 AddScore() 메서드

점수를 추가하는 AddScore() 메서드를 구현합니다. AddScore() 메서드는 입력으로 추가할 점수를 받아 입력된 값만큼 점수를 증가시키고, 점수 UI 텍스트에 출력되는 점수를 갱신합니다.

[과정 01] AddScore() 메서드 완성하기

① GameManager 스크립트의 AddScore() 메서드를 다음과 같이 완성

```
public void AddScore(int newScore) {
    // 게임오버가 아니라면
    if (!isGameover)
    {
        // 점수를 증가
        score += newScore;
        scoreText.text = "Score : " + score;
    }
}
```

먼저 if (!isGameover)를 사용해 게임오버가 아닌 상태에서만 점수를 추가하도록 했습니다. 게임오버인 상태에서는 어떠한 상황에서도 점수가 증가하면 안 됩니다.

이어서 score += newScore;를 이용해 score를 newScore만큼 증가시켰습니다. score += newScore;는 score = score + newScore;의 단축형입니다.

마지막으로 scoreText.text = "Score : " + score;에서는 Score Text 게임 오브젝트의 Text 컴포넌트의 Text 필드인 scoreText.text의 값을 "Score : " + score로 변경합니다. 이

로써 점수가 추가될 때마다 Score Text 게임 오브젝트의 Text 컴포넌트는 갱신된 점수를 출력합니다.

12.4.8 GameManager의 OnPlayerDead() 메서드

플레이어가 사망했을 때 실행할 처리를 구현하는 OnPlayerDead() 메서드를 완성합니다. 플레이어가 사망하면 게임오버 상태가 되며 게임오버 UI가 활성화되어야 합니다.

[과정 01] OnPlayerDead() 메서드 완성하기

① GameManager 스크립트의 OnPlayerDead() 메서드를 다음과 같이 완성

```
public void OnPlayerDead() {
    isGameover = true;
    gameoverUI.SetActive(true);
}
```

이로써 OnPlayerDead() 메서드가 실행될 때 isGameover가 true가 되며, gameoverUI에 할당된 Gameover Text 게임 오브젝트가 활성화됩니다.

12.4.9 GameManager 스크립트 전체 코드

이것으로 GameManager 스크립트 작성을 완료했습니다. GameManager 스크립트의 전체 코드는 다음과 같습니다.

```
using UnityEngine;
using UnityEngine.SceneManagement;
using UnityEngine.UI;

// 게임오버 상태를 표현하고, 게임 점수와 UI를 관리하는 게임 매니저
// 씬에는 단 하나의 게임 매니저만 존재할 수 있음
public class GameManager : MonoBehaviour {
    public static GameManager instance; // 싱글턴을 할당할 전역 변수

    public bool isGameover = false; // 게임오버 상태
    public Text scoreText; // 점수를 출력할 UI 텍스트
    public GameObject gameoverUI; // 게임오버 시 활성화할 UI 게임 오브젝트
```

```csharp
    private int score = 0; // 게임 점수

    // 게임 시작과 동시에 싱글턴을 구성
    void Awake() {
        // 싱글턴 변수 instance가 비어 있는가?
        if (instance == null)
        {
            // instance가 비어 있다면(null) 그곳에 자기 자신을 할당
            instance = this;
        }
        else
        {
            // instance에 이미 다른 GameManager 오브젝트가 할당되어 있는 경우

            // 씬에 두 개 이상의 GameManager 오브젝트가 존재한다는 의미
            // 싱글턴 오브젝트는 하나만 존재해야 하므로 자신의 게임 오브젝트를 파괴
            Debug.LogWarning("씬에 두 개 이상의 게임 매니저가 존재합니다!");
            Destroy(gameObject);
        }
    }


    void Update() {
        if (isGameover && Input.GetMouseButtonDown(0))
        {
            // 게임오버 상태에서 마우스 왼쪽 버튼을 클릭하면 현재 씬 재시작
            SceneManager.LoadScene(SceneManager.GetActiveScene().name);
        }
    }

    // 점수를 증가시키는 메서드
    public void AddScore(int newScore) {
        // 게임오버가 아니라면
        if (!isGameover)
        {
            // 점수를 증가
            score += newScore;
            scoreText.text = "Score : " + score;
        }
    }

    // 플레이어 캐릭터 사망 시 게임오버를 실행하는 메서드
    public void OnPlayerDead() {
```

```
        // 현재 상태를 게임오버 상태로 변경
        isGameover = true;
        // 게임오버 UI를 활성화
        gameoverUI.SetActive(true);
    }
}
```

GameManager 스크립트를 제대로 작성했는지 확인하고 [Ctrl+S]로 스크립트를 저장합니다.

12.4.10 PlayerController 스크립트 수정

GameManager의 게임오버 기능인 OnPlayerDead()를 알맞은 시점에 실행하려면 PlayerController 스크립트에 간단한 수정이 필요합니다.

OnPlayerDead() 메서드는 플레이어가 사망할 때 실행되므로 PlayerController 스크립트의 Die() 메서드에서 실행되어야 합니다. 따라서 PlayerController 스크립트의 Die() 메서드를 수정합니다.

[과정 01] PlayerController 스크립트 수정하기

① **PlayerController** 스크립트를 열고 **Die()** 메서드를 다음과 같이 수정

```
private void Die() {
    // 애니메이터의 Die 트리거 파라미터를 셋
    animator.SetTrigger("Die");

    // 오디오 소스에 할당된 오디오 클립을 deathClip으로 변경
    playerAudio.clip = deathClip;
    // 사망 효과음 재생
    playerAudio.Play();

    // 속도를 제로(0, 0)로 변경
    playerRigidbody.velocity = Vector2.zero;
    // 사망 상태를 true로 변경
    isDead = true;

    // 게임 매니저의 게임오버 처리 실행
    GameManager.instance.OnPlayerDead();
}
```

수정된 `PlayerController`의 `Die()` 메서드는 씬의 `GameManager` 오브젝트에 접근해 `OnPlayerDead()` 메서드를 사용합니다. 이제 플레이어 캐릭터가 죽는 순간 게임오버 처리가 실행됩니다.

여기서 씬에 유일하게 존재하는 `GameManager` 오브젝트로 접근하는 데 싱글턴 변수 `GameManager.instance`를 사용했음에 주목합니다.

12.4.11 ScrollingObject 스크립트 수정

게임오버인 상태에서는 움직이던 발판과 배경이 멈춰야 합니다. `GameManager`의 변수 `isGameover`가 게임오버 상태를 나타내고 있으므로 `ScrollingObject` 스크립트에서 `GameManager`의 `isGameover`를 검사하여 움직임 여부를 결정하면 됩니다.

[과정 01] ScrollingObject 스크립트 수정하기

① `ScrollingObject` 스크립트를 열고 `Update()` 메서드를 다음과 같이 수정

```
private void Update() {
    // 게임오버가 아니라면
    if (!GameManager.instance.isGameover)
    {
        // 초당 speed의 속도로 왼쪽으로 평행이동
        transform.Translate(Vector3.left * speed * Time.deltaTime);
    }
}
```

`if (!GameManager.instance.isGameover)`로 게임오버가 아닌 동안에만 평행이동하도록 코드를 수정했습니다. 이번에도 `GameManager.instance`로 씬의 `GameManager` 오브젝트에 손쉽게 접근했다는 사실에 주목합니다.

지금까지 수정한 스크립트들을 [Ctrl+S]로 저장하고 유니티 에디터 창으로 돌아갑니다.

12.4.12 GameManager 컴포넌트 설정하기

Game Manager 게임 오브젝트의 `GameManager` 컴포넌트의 필드를 설정합니다.

[과정 01] GameManager 컴포넌트 설정하기

① **하이어라키** 창에서 **GameManager** 게임 오브젝트 선택

② **하이어라키** 창의 **Score Text** 게임 오브젝트를 GameManager 컴포넌트의 **Score Text** 필드로 **드래그&드롭**

③ **하이어라키** 창의 **Gameover Text** 게임 오브젝트를 GameManager 컴포넌트의 **Gameover UI** 필드로 **드래그&드롭**

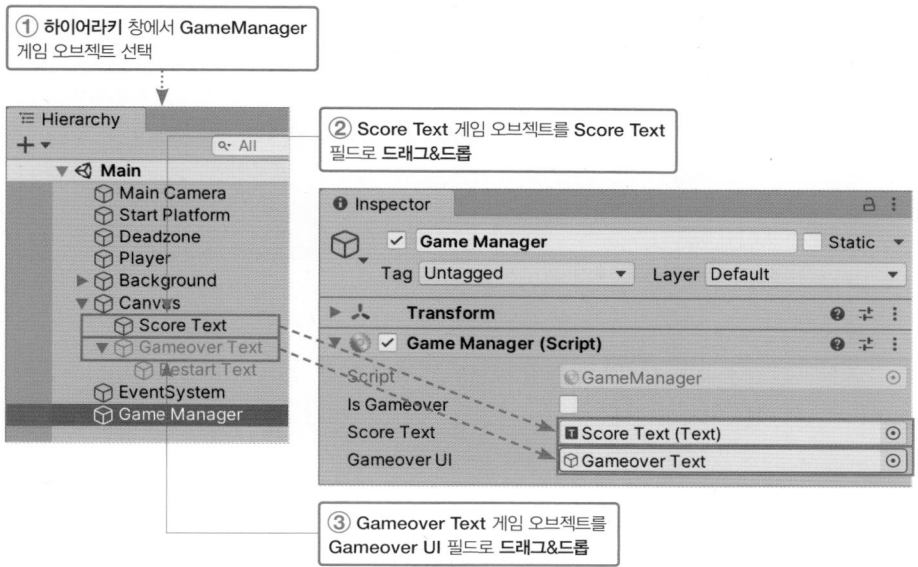

▶ GameManager 컴포넌트 설정하기

위 과정에서 Score Text 게임 오브젝트와 Gameover Text 게임 오브젝트는 Canvas 게임 오브젝트의 자식에서 찾을 수 있습니다.

이것으로 게임 매니저 구현이 끝났습니다. 플레이 버튼을 눌러 씬을 테스트해봅니다.

플레이어 캐릭터가 낙사하면 게임오버 UI가 활성화되며 더 이상 배경이나 발판이 움직이지 않는 것을 확인할 수 있습니다. 게임오버 상태에서 마우스 왼쪽 버튼을 누르면 게임이 다시 시작됩니다.

▶ 게임 매니저 테스트하기

이것으로 움직이는 배경과 발판, UI와 게임 매니저까지 모두 완성했습니다. 플레이 모드를 해제하고 [Ctrl+S]로 씬을 저장합니다.

12.5 마치며

이 장에서는 배경과 발판을 지속적으로 움직이고, 배경을 반복하는 방법을 배웠습니다. 게임 UI를 구성하면서 다양한 크기와 비율의 화면에서 의도한 UI의 모습을 유지하는 방법도 배웠습니다. 그리고 싱글턴을 사용하여 게임 매니저를 구현했습니다.

다음 장에서는 발판 프리팹과 장애물을 구성하고, 발판을 무한 반복 배치하는 기능을 만들어 게임을 완성합니다.

이 장에서 배운 내용 요약

- 2D 게임 오브젝트를 그리는 순서는 정렬 레이어로 조정합니다.
- 캔버스 스케일러 컴포넌트의 스케일 모드는 다양한 화면 크기에 대해 캔버스의 크기가 어떻게 변경될지 결정합니다.

- '고정 픽셀 크기' 모드에서는 화면 크기가 달라져도 UI 요소의 크기는 달라지지 않습니다.
- '고정 픽셀 크기' 모드에서는 화면의 크기가 커졌을 때 UI가 상대적으로 작게 보이는 문제가 있습니다.
- '화면 크기에 따른 스케일' 모드에서는 기준 해상도를 정하고, 게임 화면 크기에 맞춰 캔버스를 확대/축소하는 방식으로 동작합니다.
- '화면 크기에 따른 스케일' 모드에서는 다양한 크기와 비율의 화면에서도 기준 해상도에서의 UI 모습을 최대한 유지할 수 있습니다.
- static으로 선언된 정적 변수는 하나의 변수를 여러 오브젝트가 공유하는 방식으로 동작합니다.
- 정적 변수는 클래스 이름과 점 연산자를 이용해서 접근합니다.
- 싱글턴 패턴은 '단 하나만 존재해야 하며, 손쉽게 접근 가능한' 오브젝트를 구현하는 디자인 패턴입니다.

13장 유니런

발판 반복 생성과 게임 완성

이 장에서는 발판을 만들고, 발판을 반복 생성하는 발판 생성기를 만듭니다. 그리고 게임을 완성하고 빌드합니다.

시작 지점의 발판과 달리 일반 발판은 밟는 순간 점수가 증가합니다. 일반 발판 위에는 장애물이 랜덤 생성됩니다. 발판을 만들고 나면 발판 생성기를 만듭니다. 발판 생성기는 발판을 매번 새로 생성하는 대신 미리 만들어진 발판 게임 오브젝트를 재활용하는 방식으로 메모리를 아낍니다.

> **이 장에서 다루는 내용**
> - 발판 구현
> - OnEnable() 메서드
> - 발판 생성기 구현
> - 오브젝트 풀링
> - 미리 생성된 발판을 재사용하는 방법

13.1 발판 만들기

현재 씬에는 시작 지점의 발판인 Start Platform 게임 오브젝트만 있습니다. Start Platform 게임 오브젝트에는 별다른 기능이 없습니다. 하지만 시작 지점 이후의 일반 발판은 플레이어 캐릭터가 밟을 경우 점수가 올라가는 기능과 발판 위에 장애물을 생성하는 기능을 가집니다.

발판 위에 장애물을 배치하는 시간을 아끼기 위해 발판의 초안은 저자가 프리팹으로 미리 만들어두었습니다. 발판 프리팹을 편집할 수 있도록 씬에 추가합니다.

[과정 01] Platform 프리팹 배치하기 (1)

① **Prefabs** 폴더에서 **Platform** 프리팹을 **하이어라키** 창으로 **드래그&드롭**
② 생성된 **Platform** 게임 오브젝트의 **Sprite Renderer** 컴포넌트의 **Sorting Layer**를 **Foreground**로 변경

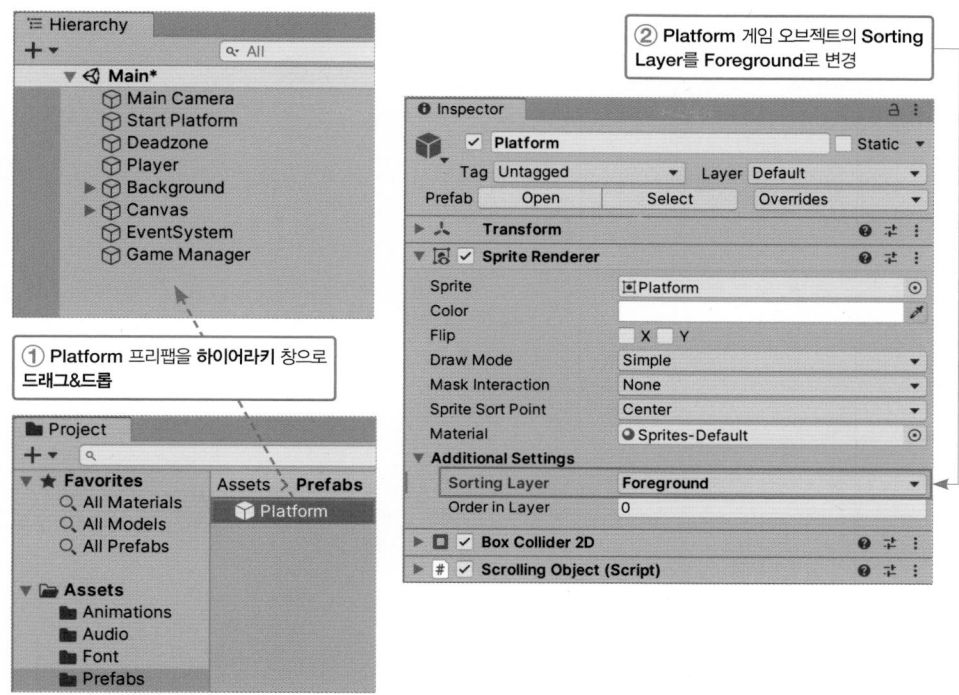

② Platform 게임 오브젝트의 Sorting Layer를 Foreground로 변경

① Platform 프리팹을 하이어라키 창으로 드래그&드롭

▶ Platform 프리팹 배치하기(1)

[과정 02] Platform 프리팹 배치하기(2)

① **Platform** 게임 오브젝트의 자식들(**Obstacle Left, Obstacle Mid, Obstacle Right**)을 [Shift+클릭]으로 모두 선택

② 자식들의 **Sprite Renderer** 컴포넌트의 **Sorting Layer**를 **Middleground**로 변경

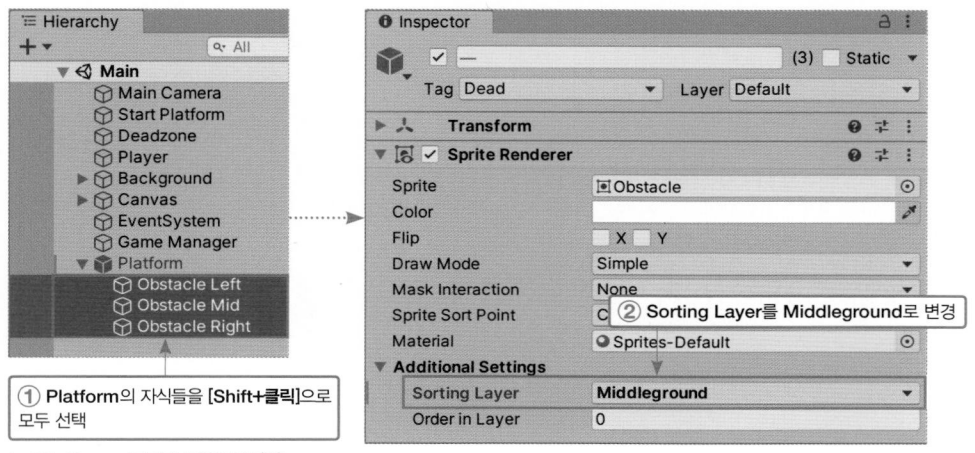

② Sorting Layer를 Middleground로 변경

① Platform의 자식들을 [Shift+클릭]으로 모두 선택

▶ Platform 프리팹 배치하기(2)

Platform 프리팹으로부터 생성한 Platform 게임 오브젝트는 박스 콜라이더 2D, 스프라이트 렌더러, Scrolling Object 스크립트를 가지고 있습니다. 자식으로는 장애물 게임 오브젝트를 3개(Obstacle Right, Obstacle Mid, Obstacle Left) 가지고 있습니다.

장애물 게임 오브젝트는 배경보다는 앞에, 플레이어 캐릭터와 발판보다는 뒤에 그려지도록 정렬 레이어를 Middleground로 변경했습니다.

또한 장애물 게임 오브젝트는 모두 트리거로 설정된 박스 콜라이더 2D를 가지고 있으며, Dead 태그를 가지고 있습니다. 따라서 플레이어 캐릭터는 발판 위의 장애물에 닿는 즉시 사망합니다.

13.1.1 Platform 스크립트

발판은 플레이어 캐릭터가 자신을 밟으면 게임 점수를 증가시켜야 합니다. 또한 자신의 장애물 게임 오브젝트를 일정한 확률로 활성화해야 합니다.

해당 기능을 구현하는 Platform 스크립트를 Platform 게임 오브젝트에 추가하고 Platform 스크립트를 완성해봅시다.

[과정 01] Platform 스크립트 적용하기

① **Scripts** 폴더에서 **Platform** 스크립트를 **하이어라키** 창의 **Platform** 게임 오브젝트로 **드래그&드롭**
② **Platform** 스크립트를 **더블 클릭**으로 **열기**

열린 Platform 스크립트는 다음과 같은 모습입니다.

```
using UnityEngine;

// 발판으로서 필요한 동작을 담은 스크립트
public class Platform : MonoBehaviour {
    public GameObject[] obstacles; // 장애물 오브젝트들
    private bool stepped = false; // 플레이어 캐릭터가 밟았는가

    // 컴포넌트가 활성화될 때마다 매번 실행되는 메서드
    private void OnEnable() {
        // 발판을 리셋하는 처리
    }
```

```
    void OnCollisionEnter2D(Collision2D collision) {
        // 플레이어 캐릭터가 자신을 밟았을 때 점수를 추가하는 처리
    }
}
```

먼저 Platform 스크립트의 변수를 살펴봅시다.

```
public GameObject[] obstacles;
private bool stepped = false;
```

obstacles는 Platform 게임 오브젝트의 자식으로 있는 장애물 게임 오브젝트를 할당할 변수입니다. 여러 장애물 게임 오브젝트를 한 번에 다룰 수 있도록 배열 타입으로 선언했습니다.

stepped는 플레이어 캐릭터가 자신을 이미 밟았는지 알려주는 상태 변수입니다. stepped의 초깃값은 false입니다. 플레이어가 발판을 밟으면 stepped는 true가 됩니다.

stepped를 사용해 발판을 중복해서 밟았을 때 점수가 반복 상승되는 것을 막을 수 있습니다.

13.1.2 Platform의 OnEnable( ) 메서드

Platform 스크립트의 OnEnable( ) 메서드를 완성합니다.

OnEnable( ) 메서드는 Awake( )나 Start( ) 같은 유니티 이벤트 메서드입니다. Start( ) 메서드처럼 컴포넌트가 활성화될 때 자동으로 한 번 실행됩니다. 하지만 처음 한 번만 실행되는 Start( ) 메서드와 달리 OnEnable( ) 메서드는 컴포넌트가 활성화될 때마다 매번 다시 실행됩니다. 따라서 OnEnable( ) 메서드는 컴포넌트를 끄고 다시 켜는 방식으로 재실행할 수 있습니다.

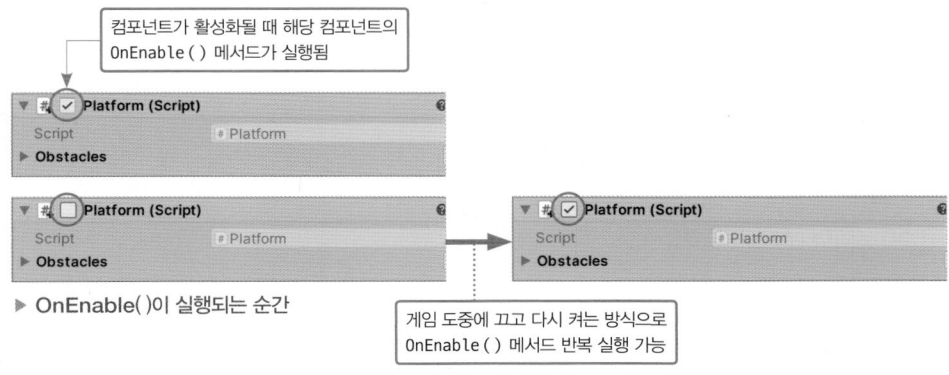

▶ OnEnable( )이 실행되는 순간

게임 오브젝트가 활성화/비활성화되면 게임 오브젝트의 모든 컴포넌트도 함께 활성화/비활성화됩니다. 따라서 개별 컴포넌트를 끄고 켜지 않고 게임 오브젝트를 끄고 켜는 방식으로 컴포넌트의 OnEnable() 메서드를 재실행하는 것도 가능합니다.

OnEnable() 메서드는 게임 오브젝트가 활성화될 때마다 상태를 리셋하는 기능을 구현할 때 주로 이용됩니다. OnEnable()에 초기화 코드를 넣어두고, 게임 오브젝트의 정보를 리셋해야 할 때마다 게임 오브젝트를 끄고 다시 켜는 방식으로 활용합니다.

우리는 OnEnable() 메서드에 발판을 리셋하는 코드를 넣을 겁니다. 그리고 리셋이 필요할 때마다 발판 게임 오브젝트를 끄고 다시 켤 겁니다.

그럼 Platform 스크립트의 OnEnable() 메서드에 발판의 상태를 리셋하는 초기화를 구현해봅시다.

[과정 01] Platform 스크립트의 OnEnable() 완성하기

① **Platform** 스크립트의 **OnEnable()** 메서드를 다음과 같이 완성

```
private void OnEnable() {
    // 밟힘 상태를 리셋
    stepped = false;

    // 장애물의 수만큼 루프
    for (int i = 0; i < obstacles.Length; i++)
    {
        // 현재 순번의 장애물을 1/3의 확률로 활성화
        if (Random.Range(0, 3) == 0)
        {
            obstacles[i].SetActive(true);
        }
        else
        {
            obstacles[i].SetActive(false);
        }
    }
}
```

작성한 코드를 살펴봅시다. 먼저 밟힘 상태 stepped를 false로 초기화합니다.

```
stepped = false;
```

이어지는 for 문에서는 각각의 장애물 게임 오브젝트를 1/3의 확률로 활성화합니다.

```
for (int i = 0; i < obstacles.Length; i++)
{
    if (Random.Range(0, 3) == 0)
    {
        obstacles[i].SetActive(true);
    }
    else
    {
        obstacles[i].SetActive(false);
    }
}
```

for (int i = 0; i < obstacles.Length; i++)를 사용해 순번 i를 0부터 시작해 장애물 수 obstacles.Length에 도달하기 전까지 1씩 증가시키며 루프를 돕니다.

for 문 블록에서는 obstacles 배열에 있는 장애물 게임 오브젝트들을 순번 i를 사용해 순서대로 접근하고 각각 1/3의 확률로 활성화합니다.

```
if (Random.Range(0, 3) == 0)
{
    obstacles[i].SetActive(true);
}
else
{
    obstacles[i].SetActive(false);
}
```

Random.Range(0, 3)은 0, 1, 2 중에서 한 숫자를 랜덤으로 반환합니다. 따라서 Random. Range(0, 3)의 반환값이 0일 확률은 1/3입니다. 즉, obstacles[i].SetActive(true);가

실행되어 해당 장애물 게임 오브젝트가 활성화될 확률은 1/3입니다. 반대로 obstacles[i].SetActive(false);가 실행되어 해당 장애물 게임 오브젝트가 비활성화될 확률은 2/3입니다.

이것으로 발판을 리셋하는 OnEnable() 메서드를 완성했습니다. 이제 발판 게임 오브젝트가 비활성화된 후 다시 활성화될 때마다 밟힘 상태가 리셋되고 활성화될 장애물 수가 랜덤하게 변경될 겁니다.

13.1.3 Platform의 OnCollisionEnter2D() 메서드

플레이어 캐릭터가 새로운 발판을 밟을 때마다 점수가 상승합니다. 플레이어 캐릭터가 가진 2D 콜라이더와 발판의 2D 콜라이더 간의 충돌은 OnCollisionEnter2D() 메서드로 감지할 수 있습니다.

OnCollisionEnter2D() 메서드에 플레이어 캐릭터를 감지하고 점수를 추가하는 코드를 작성해봅시다.

[과정 01] Platform 스크립트의 OnCollisionEnter2D() 메서드 완성하기

① Platform 스크립트의 OnCollisionEnter2D() 메서드를 다음과 같이 완성

```
void OnCollisionEnter2D(Collision2D collision) {
    // 충돌한 상대방의 태그가 Player이고 이전에 플레이어 캐릭터가 밟지 않았다면
    if (collision.collider.tag == "Player" && !stepped)
    {
        // 점수를 추가하고 밟힘 상태를 참으로 변경
        stepped = true;
        GameManager.instance.AddScore(1);
    }
}
```

작성한 코드를 봅시다. 먼저 if 문에서 충돌한 상대방 게임 오브젝트의 태그가 Player이며, !stepped가 참인지 검사합니다. 따라서 플레이어 캐릭터가 같은 발판을 두 번 이상 밟았을 때 점수가 중복 상승하는 상황이 발생하지 않습니다.

if 문 블록 내부에서는 점수를 추가하는 처리를 구현합니다.

```
stepped = true;
GameManager.instance.AddScore(1);
```

먼저 stepped를 true로 갱신하여 이후에 같은 발판을 다시 밟았을 때 if 문 블록이 실행되지 않
도록 막습니다. 그리고 게임 매니저를 싱글턴으로 접근하여 AddScore() 메서드를 실행해 점수
를 1점 추가합니다.

13.1.4 Platform 스크립트 전체 코드

Platform 스크립트를 완성했습니다. 완성된 Platform 스크립트의 전체 코드는 다음과 같습니다.

```
using UnityEngine;

// 발판으로서 필요한 동작을 담은 스크립트
public class Platform : MonoBehaviour {
    public GameObject[] obstacles; // 장애물 오브젝트들
    private bool stepped = false; // 플레이어 캐릭터가 밟았는가

    // 컴포넌트가 활성화될 때마다 매번 실행되는 메서드
    private void OnEnable() {
        // 밟힘 상태를 리셋
        stepped = false;

        // 장애물의 수만큼 루프
        for (int i = 0; i < obstacles.Length; i++)
        {
            // 현재 순번의 장애물을 1/3의 확률로 활성화
            if (Random.Range(0, 3) == 0)
            {
                obstacles[i].SetActive(true);
            }
            else
            {
                obstacles[i].SetActive(false);
            }
        }
    }
}
```

```
    void OnCollisionEnter2D(Collision2D collision) {
        // 충돌한 상대방의 태그가 Player이고 이전에 플레이어 캐릭터가 밟지 않았다면
        if (collision.collider.tag == "Player" && !stepped)
        {
            // 점수를 추가하고, 밟힘 상태를 참으로 변경
            stepped = true;
            GameManager.instance.AddScore(1);
        }
    }
}
```

완성된 스크립트를 [Ctrl+S]로 저장하고 유니티 에디터로 돌아갑니다.

13.1.5 Platform 컴포넌트 설정하기

완성된 Platform 컴포넌트를 설정합니다.

[과정 01] Platform 컴포넌트 설정하기

① **하이어라키** 창에서 **Platform** 게임 오브젝트 선택

② **Platform** 컴포넌트의 **Obstacles**의 **배열 크기를 3으로 변경** 〉 **Obstacles** 필드 **펼치기**

③ **Obstacles**에 **Obstacle Left**, **Obstacle Mid**, **Obstacle Right** 할당

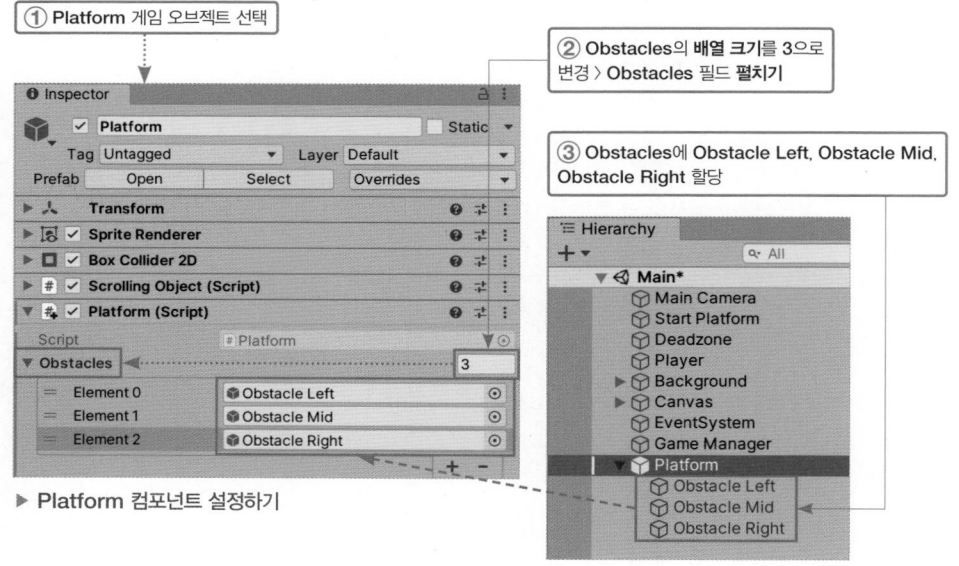

▶ Platform 컴포넌트 설정하기

Platform 컴포넌트를 설정한 다음 플레이 버튼을 눌러 Platform 게임 오브젝트의 동작을 테스트해봅니다.

Platform 게임 오브젝트가 플레이어를 향해 다가옵니다. Platform 게임 오브젝트 위에는 0~3개의 장애물이 랜덤으로 활성화됩니다.

▶ **Platform 게임 오브젝트의 동작 테스트하기**

플레이어 캐릭터가 점프해서 다가오는 발판 위로 올라가는 데 성공하면 점수가 추가됩니다. 캐릭터가 발판 위의 장애물과 부딪히면 사망하며, 이때 배경과 발판의 움직임이 멈추며 게임오버 UI가 활성화됩니다.

▶ **장애물과 부딪혀 사망한 플레이어**

테스트했다면 플레이 모드를 해제합니다. 그리고 다음 절로 넘어가기 전에 Prefabs 폴더의 Platform 프리팹을 씬에서 완성한 Platform 게임 오브젝트로 갱신하겠습니다.

① **하이어라키** 창에서 **Platform** 게임 오브젝트 선택

② **인스펙터** 창에서 **Overrides** 〉 **Apply All** 클릭

③ **Platform** 게임 오브젝트 삭제(**하이어라키** 창에서 **Platform**에 **마우스 오른쪽 클릭** 〉 **Delete**)

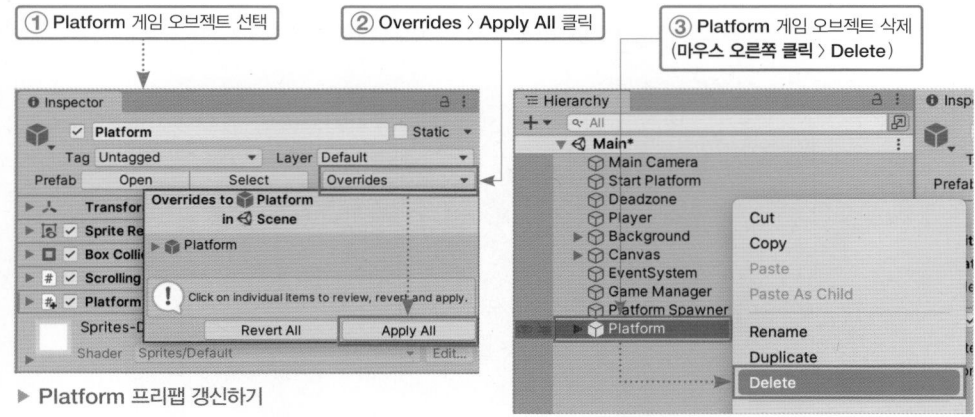

▶ Platform 프리팹 갱신하기

Apply All 버튼을 누르면 Platform 게임 오브젝트의 수정 사항이 Platform 프리팹에 반영됩니다. Platform 프리팹을 갱신한 다음 씬에 있는 Platform 게임 오브젝트를 삭제했습니다. Platform 게임 오브젝트를 Platform 프리팹을 원본으로 게임 도중 실시간 생성할 것이기 때문입니다.

13.2 발판 생성기 만들기

발판 프리팹으로 발판을 무한 반복 생성해서 배치하는 발판 생성기를 구현합니다.

무한 반복 생성되는 발판을 구현하는 가장 간단한 방법은 필요할 때마다 매번 새로운 발판을 생성하는 겁니다. 하지만 발판 오브젝트 수가 계속 늘어나기 때문에 메모리 사용량이 계속 증가합니다. 또한 새로운 발판을 생성할 때마다 처리량이 늘어나 게임이 끊길 수 있습니다.

이러한 문제를 해결하기 위해 발판을 오브젝트 풀링 방식으로 생성하고 관리하겠습니다.

13.2.1 오브젝트 풀링

오브젝트 풀링 Object Pooling 이란 초기에 필요한 만큼 오브젝트를 미리 만들어 '풀 Pool (웅덩이)'에 쌓아두는 방식입니다.

풀에 오브젝트를 생성해둔 이후에는 새로운 오브젝트가 필요할 때 새로운 오브젝트를 생성하지 않고 풀에 있는 오브젝트를 가져다 씁니다. 오브젝트를 필요 없을 때는 오브젝트를 파괴하는 대신 오브젝트를 비활성화하고 풀에 반환합니다.

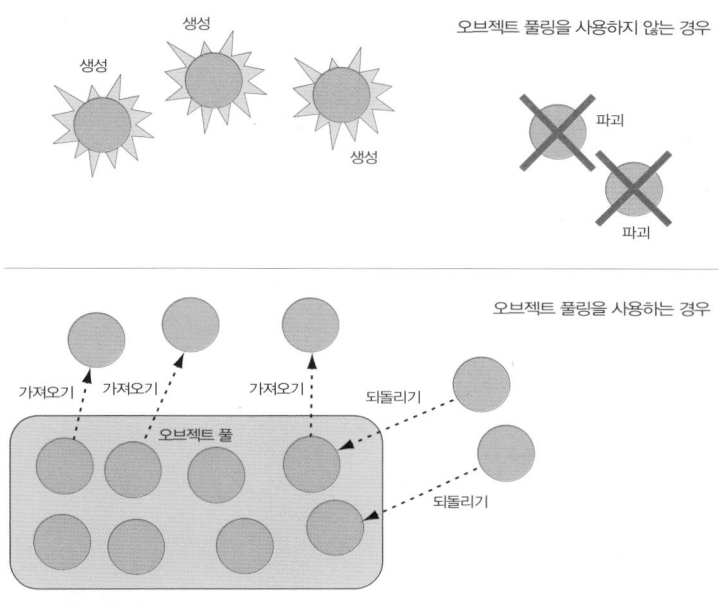

▶ 오브젝트 풀링

Instantiate() 메서드처럼 오브젝트를 실시간으로 생성하거나, Destroy() 메서드처럼 오브젝트를 실시간으로 파괴하는 처리는 성능을 많이 요구합니다. 또한 메모리를 정리하는 GC(가비지 컬렉션)를 유발하기 쉽습니다. 따라서 게임 도중에 오브젝트를 너무 자주 생성하거나 파괴하면 게임 끊김(프리즈) 현상을 겪게 됩니다.

오브젝트 풀링을 사용하면 생성할 오브젝트를 생성하지 않고 풀에서 가져다 쓰고, 파괴할 오브젝트를 파괴하지 않고 풀에 반납합니다. 그리고 풀에 반납한 오브젝트는 나중에 다시 꺼내 재사용할 수 있습니다. 따라서 오브젝트 풀링을 사용하면 게임 끊김 현상이 현저하게 줄어듭니다.

오브젝트 풀링은 필요한 오브젝트를 게임 초반에 미리 생성합니다. 따라서 로딩 시간이 길어질 수 있습니다. 로딩이 긴 게임이 대체로 게임 도중에 끊김이 없는 이유는 게임 초반에 필요한 오브젝트를 미리 생성하기 때문입니다.

이 장에서 오브젝트 풀링의 모든 부분을 구현하지는 않습니다. 대신 오브젝트 풀링이 기존 오브젝트를 재활용하는 방식을 사용해 간단한 발판 생성기를 완성합니다.

13.2.2 발판 무한 배치 과정

오브젝트 풀링의 개념을 사용해 미리 생성한 3개의 발판을 재사용하여 끊임없이 발판이 생성되는 것처럼 보이게 합시다. 구체적으로는 다음과 같은 방법을 사용합니다.

[과정 01] 발판 풀 생성

① 3개의 발판 오브젝트를 미리 만들어 풀에 배치

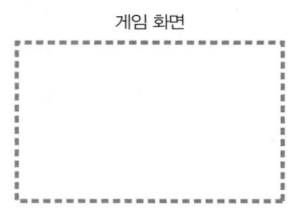

▶ 발판 풀 생성

게임이 시작되면 필요한 만큼 발판 오브젝트를 생성하여 게임 화면에 보이지 않는 구석진 장소 (풀)에 배치합니다. 생성된 발판들은 각자 가지고 있는 ScrollingObject 컴포넌트에 의해 항상 왼쪽으로 이동합니다.

그다음 게임이 시작되고 일정 시간이 지나면 순서대로 발판 배치를 시작합니다.

[과정 02] 첫 번째 배치 루프

① 일정 시간 후 1번 발판을 리셋하고 화면 오른쪽에 재배치
② 일정 시간 후 다음(1번 → 2번) 발판을 리셋하고 화면 오른쪽에 재배치
③ 일정 시간 후 다음(2번 → 3번) 발판을 리셋하고 화면 오른쪽에 재배치

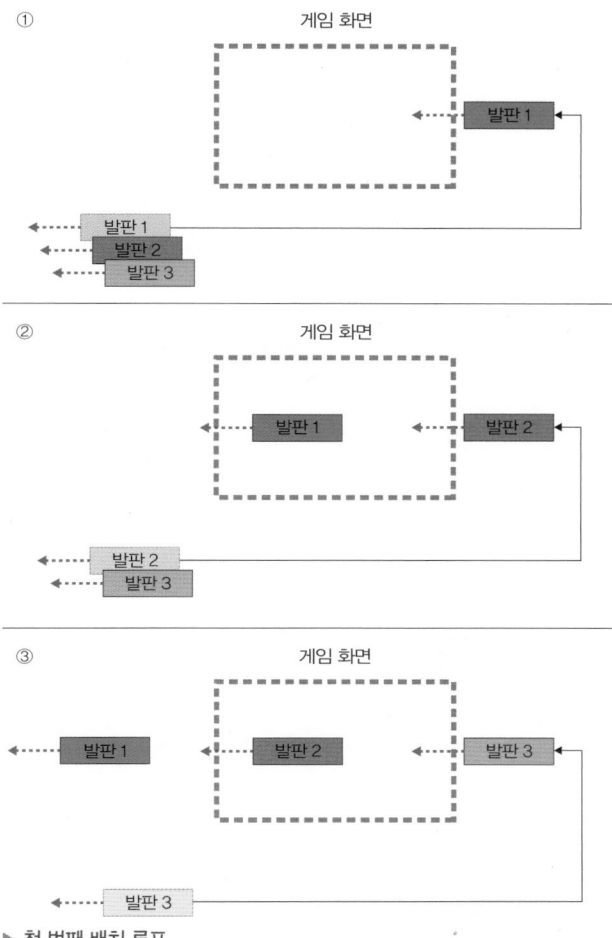

▶ 첫 번째 배치 루프

생성된 발판은 순서대로 일정 간격을 두고 게임 화면 오른쪽에 배치됩니다. 발판은 재배치되기 전에 상태를 리셋하는 과정을 거칩니다.

그런데 과정 02의 ③에서 발판 3까지 재배치하면 다음 순번에 배치할 발판이 없습니다. 여기서 발판 3이 배치될 때 발판 1은 이미 게임 화면을 벗어난 상태라는 점에 주목합니다.

발판 1은 이미 게임 화면을 벗어났기 때문에 어떠한 쓸모도 없습니다. 따라서 쓸모없게 된 발판 1을 리셋하여 발판 3의 다음 순번으로 사용합니다.

이렇게 게임 화면을 벗어난 발판을 다시 사용하는 방식으로 3개의 발판만 가지고 발판을 무한 생성하는 것처럼 만들 수 있습니다.

① 일정 시간 후 다음(3번 → 1번) 발판을 리셋하고 화면 오른쪽에 재배치

② 일정 시간 후 다음(1번 → 2번) 발판을 리셋하고 화면 오른쪽에 재배치

③ 일정 시간 후 다음(2번 → 3번) 발판을 리셋하고 화면 오른쪽에 재배치

④ …반복

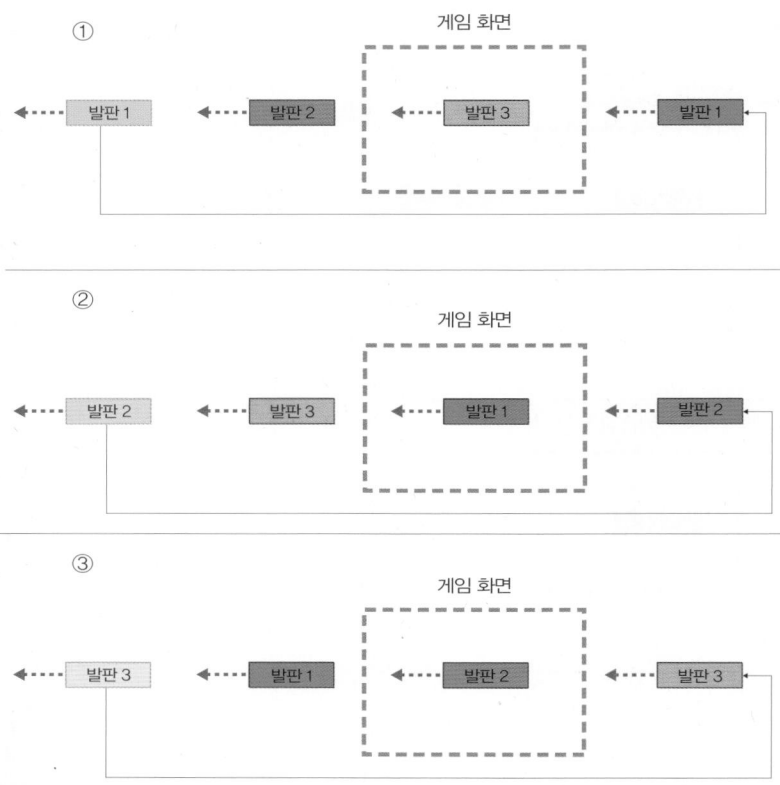

▶ 발판 반복 배치하기

13.2.3 PlatformSpawner 스크립트 작성하기

앞에서 다룬 원리를 이용해 발판을 생성하고 주기적으로 재배치하는 PlatformSpawner 스크립트를 게임 오브젝트에 추가하고 스크립트를 완성해봅시다.

[과정 01] PlatformSpawner 스크립트 열기

① **빈 게임 오브젝트** 생성(**하이어라키** 창에서 **+** 〉 **Create Empty**)

② 생성된 게임 오브젝트의 **이름**을 **Platform Spawner**로 변경

③ **Scripts** 폴더의 `PlatformSpawner` 스크립트를 **하이어라키** 창의 **Platform Spawner** 게임 오브젝트로 **드래그&드롭**

④ `PlatformSpawner` 스크립트를 **더블 클릭**하여 **열기**

PlatformSpawner 스크립트를 열면 다음과 같이 구성되어 있습니다.

```
using UnityEngine;

// 발판을 생성하고 주기적으로 재배치하는 스크립트
public class PlatformSpawner : MonoBehaviour {
    public GameObject platformPrefab; // 생성할 발판의 원본 프리팹
    public int count = 3; // 생성할 발판 수

    public float timeBetSpawnMin = 1.25f; // 다음 배치까지의 시간 간격 최솟값
    public float timeBetSpawnMax = 2.25f; // 다음 배치까지의 시간 간격 최댓값
    private float timeBetSpawn; // 다음 배치까지의 시간 간격

    public float yMin = -3.5f; // 배치할 위치의 최소 y 값
    public float yMax = 1.5f; // 배치할 위치의 최대 y 값
    private float xPos = 20f; // 배치할 위치의 x 값

    private GameObject[] platforms; // 미리 생성한 발판들
    private int currentIndex = 0; // 사용할 현재 순번의 발판

    // 초반에 생성한 발판을 화면 밖에 숨겨둘 위치
    private Vector2 poolPosition = new Vector2(0, -25);
    private float lastSpawnTime; // 마지막 배치 시점

    void Start() {
        // 변수를 초기화하고 사용할 발판을 미리 생성
    }

    void Update() {
        // 순서를 돌아가며 주기적으로 발판을 배치
    }
}
```

13.2.4 PlatformSpawner의 필드

PlatformSpawner 스크립트에서 변수를 선언한 부분(필드)을 먼저 살펴봅시다.

```
public GameObject platformPrefab;
public int count = 3;
```

platformPrefab에는 복제 생성할 발판 게임 오브젝트의 원본 프리팹이 할당됩니다. count는
복제 생성할 발판 수를 결정합니다. 만약 발판 3개가 돌아가며 사용하기에 충분하지 않다면
count 값을 늘려도 됩니다.

그 아래에는 생성 주기와 관련된 변수가 선언되어 있습니다.

```
public float timeBetSpawnMin = 1.25f;
public float timeBetSpawnMax = 2.25f;
private float timeBetSpawn;
```

timeBetSpawn은 현재 순번의 발판이 배치된 후 다음번 발판을 배치할 때까지 소요되는 시간입
니다. 우리는 timeBetSpawn의 값을 발판을 배치할 때마다 매번 랜덤하게 변경할 겁니다. 그러
면 게임이 더 어렵고 재미있게 느껴질 겁니다.

timeBetSpawn 위에 선언된 timeBetSpawnMin, timeBetSpawnMax는 timeBetSpawn의 최솟값과
최댓값을 결정합니다.

그다음 발판을 재배치할 위치를 결정하는 변수들이 선언되어 있습니다.

```
public float yMin = -3.5f;
public float yMax = 1.5f;
private float xPos = 20f;
```

xPos는 발판을 배치할 X축 위치입니다. 발판을 배치할 가로 방향 X축 위치는 항상 게임 화면
오른쪽 20으로 고정입니다.

높이(Y축)는 yMin과 yMax 사이에서 랜덤 결정합니다. 그러면 매번 배치되는 발판의 높이가 달
라져 게임이 재미있게 느껴질 겁니다.

그다음 생성한 발판 게임 오브젝트를 저장할 배열과 배열에 할당된 발판 중 현재 사용할 발판
의 순번을 가리킬 변수가 선언되어 있습니다.

```
private GameObject[] platforms;
private int currentIndex = 0;
```

platforms는 프리팹으로부터 생성한 발판 게임 오브젝트를 저장할 배열 변수이고, currentIndex 는 platforms에 할당된 발판 중에서 지금 사용할 발판을 가리키는 순번입니다.

마지막으로 발판 게임 오브젝트를 초반에 모아둘 장소와 마지막으로 재배치를 실행한 시점을 저장하는 변수가 선언되어 있습니다.

```
private Vector2 poolPosition = new Vector2(0, -25);
private float lastSpawnTime;
```

poolPosition은 게임 시작 시 생성한 발판 게임 오브젝트를 배치할 곳입니다. 생성한 발판 게임 오브젝트는 초반에는 게임 화면에 보여선 안 되기 때문에 위치값을 (0, -25)로 할당했습니다.

lastSpawnTime은 가장 최근에 발판을 재배치한 시점입니다. 발판을 재배치할 때마다 매번 갱신 되며, 발판을 언제 재배치해야 하는지 계산할 때 사용합니다.

13.2.5 PlatformSpawner의 Start( ) 메서드

PlatformSpanwer 스크립트의 Start( ) 메서드를 완성합니다.

Start( ) 메서드에서는 상태를 표현하는 변수를 초기화하고, 사용할 발판 게임 오브젝트를 미 리 생성합니다.

[과정 01] PlatformSpawner의 Start( ) 메서드 완성하기

① PlatformSpawner의 Start( ) 메서드를 다음과 같이 완성

```
void Start() {
    // count만큼의 공간을 가지는 새로운 발판 배열 생성
    platforms = new GameObject[count];

    // count만큼 루프하면서 발판 생성
    for (int i = 0; i < count; i++)
    {
```

```
        // platformPrefab을 원본으로 새 발판을 poolPosition 위치에 복제 생성
        // 생성된 발판을 platform 배열에 할당
        platforms[i] = Instantiate(platformPrefab, poolPosition, Quaternion.identity);
    }

    // 마지막 배치 시점 초기화
    lastSpawnTime = 0f;
    // 다음번 배치까지의 시간 간격을 0으로 초기화
    timeBetSpawn = 0f;
}
```

작성한 코드를 살펴봅시다. 먼저 발판 게임 오브젝트의 수 count만큼의 공간을 가지는 GameObject 배열을 생성하여 platforms에 할당합니다.

```
platforms = new GameObject[count];
```

이것으로 배열에 방들이 마련됐지만, 배열의 각 방(원소)에 입주민(오브젝트)이 없습니다. 따라서 for 문으로 count만큼 루프하면서 발판 게임 오브젝트를 생성하여 배열의 각 원소에 순서대로 할당합니다.

```
for (int i = 0; i < count; i++)
{
    platforms[i] = Instantiate(platformPrefab, poolPosition, Quaternion.identity);
}
```

for 문 블록에서는 Instantiate() 메서드로 platformPrefab에 할당된 Platform 프리팹의 복제본을 생성합니다. 생성할 위치는 poolPosition, 회전은 Quaternion.identity로 지정했습니다(Quaternion.identity는 오일러각의 (0, 0, 0) 회전에 대응합니다). poolPosition 값이 (0, -25)이므로 복제 생성된 발판은 게임 화면에서 아래쪽으로 멀리 벗어나 보이지 않습니다.

이렇게 복제 생성한 발판 게임 오브젝트를 0번째부터 count-1번째까지 i를 사용해 platforms의 각 원소에 하나씩 할당했습니다.

```
platforms[i] = Instantiate (platformPrefab, poolPosition, Quaternion.identity);
```

Start() 메서드의 마지막 부분에서는 가장 최근의 재배치 시점을 나타내는 lastSpawnTime과 다음번 배치까지의 시간 간격인 timeBetSpawn의 값을 0으로 초기화했습니다. timeBetSpawn 의 처음 값이 0으로 시작하면 게임이 시작되자마자 지연시간 없이 즉시 첫 번째 발판이 배치됩니다.

```
lastSpawnTime = 0f;
timeBetSpawn = 0f;
```

13.2.6 PlatformSpanwer의 Update() 메서드

PlatformSpanwer 스크립트의 Update() 메서드에서는 Start() 메서드에서 만든 발판 게임 오브젝트를 돌아가며 사용하는 방식으로 발판 무한 배치를 구현합니다.

[과정 01] PlatformSpawner 스크립트의 Update() 메서드 완성하기

① PlatformSpawner 스크립트의 Update() 메서드를 다음과 같이 완성

```
void Update() {
    // 게임오버 상태에서는 동작하지 않음
    if (GameManager.instance.isGameover)
    {
        return;
    }

    // 마지막 배치 시점에서 timeBetSpawn 이상 시간이 흘렀다면
    if (Time.time >= lastSpawnTime + timeBetSpawn)
    {
        // 기록된 마지막 배치 시점을 현재 시점으로 갱신
        lastSpawnTime = Time.time;

        // 다음 배치까지의 시간 간격을 timeBetSpawnMin, timeBetSpawnMax 사이에서 랜덤 설정
        timeBetSpawn = Random.Range(timeBetSpawnMin, timeBetSpawnMax);

        // 배치할 위치의 높이를 yMin과 yMax 사이에서 랜덤 설정
        float yPos = Random.Range(yMin, yMax);

        // 사용할 현재 순번의 발판 게임 오브젝트를 비활성화하고 즉시 다시 활성화
        // 이때 발판의 Platform 컴포넌트의 OnEnable 메서드가 실행됨
```

```
        platforms[currentIndex].SetActive(false);
        platforms[currentIndex].SetActive(true);

        // 현재 순번의 발판을 화면 오른쪽에 재배치
        platforms[currentIndex].transform.position = new Vector2(xPos, yPos);
        // 순번 넘기기
        currentIndex++;

        // 마지막 순번에 도달했다면 순번을 리셋
        if (currentIndex >= count)
        {
            currentIndex = 0;
        }
    }
}
```

작성한 코드를 살펴봅시다. 먼저 Update() 메서드 최상단에서 if 문으로 게임오버 상태에서는 더 이상 처리가 진행되지 않게 막고 있습니다.

```
if (GameManager.instance.isGameover)
{
    return;
}
```

GameManager.instance.isGameover로 싱글턴 게임 매니저에 접근하여 게임오버 상태를 확인합니다. isGameover가 true인 경우 이곳에서 Update() 메서드가 매번 종료되어 발판 재배치가 완전히 멈춥니다. isGameover가 false라면 Update() 처리가 여기서 종료되지 않고 계속 진행됩니다.

그다음 if 문에서는 발판을 재배치한 가장 최근 시점에서 지금까지 시간이 얼마나 지났는지 확인합니다.

```
if (Time.time >= lastSpawnTime + timeBetSpawn)
```

Time.time은 유니티 라이브러리에 내장되어 있으며, 게임 시작 후 시간이 몇 초 지났는지 출력하는 변수입니다. 따라서 Time.time을 '현재 시점'으로 취급할 수 있습니다.

lastSpawnTime + timeBetSpawn의 값은 가장 최근에 발판을 배치한 시점 lastSpawnTime에서 다음번 배치까지의 시간 간격 timeBetSpawn만큼 시간이 더 지났을 때의 시점입니다. 따라서 lastSpawnTime + timeBetSpawn은 다음번 배치가 예약된 시점입니다.

Time.time >= lastSpawnTime + timeBetSpawn은 현재 시점(Time.time)이 다음번 배치가 예약된 시점(lastSpawnTime + timeBetSpawn)과 같거나 그 이상의 시간이 지났는지 검사하는 겁니다.

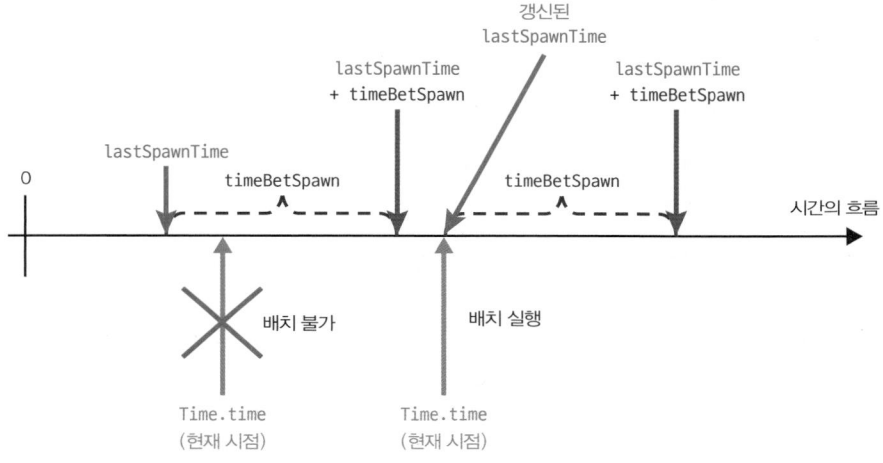

▶ 재배치 시점을 표현한 타임라인

해당 조건을 만족하면 if 문 블록이 실행되어 가장 최근 배치 시점을 갱신하고 발판을 실제로 배치합니다.

```
lastSpawnTime = Time.time;
timeBetSpawn = Random.Range(timeBetSpawnMin, timeBetSpawnMax);
```

먼저 lastSpawnTime을 현재 시점 Time.time으로 갱신하고, 다음번 발판 배치까지의 시간 간격 timeBetSpawn을 timeBetSpawnMin과 timeBetSpawnMax 사이의 랜덤 값으로 변경합니다.

그리고 발판을 재배치할 높이를 랜덤 값으로 설정합니다.

```
float yPos = Random.Range(yMin, yMax);
```

그다음 재배치할 현재 순번의 발판 게임 오브젝트를 비활성화하고 즉시 다시 활성화합니다. 현재 사용할 순번의 발판 게임 오브젝트는 platforms[currentIndex]로 접근합니다.

```
platforms[currentIndex].SetActive(false);
platforms[currentIndex].SetActive(true);
```

발판 게임 오브젝트를 껐다 켠 것은 해당 발판 게임 오브젝트의 상태를 리셋하기 위해서입니다. 발판 게임 오브젝트에 추가한 Platform 스크립트는 발판의 상태를 리셋하고 자신의 장애물 게임 오브젝트를 무작위로 활성화하는 OnEnable() 메서드를 가지고 있습니다.

OnEnable() 메서드는 컴포넌트가 활성화될 때마다 매번 실행됩니다. 즉, 게임 오브젝트를 껐다 켜는 방식으로 Platform 컴포넌트의 OnEnable() 메서드를 실행하여 발판 게임 오브젝트를 리셋한 겁니다.

재배치할 발판 게임 오브젝트를 리셋했다면 위치를 변경하고 순번을 넘깁니다.

```
platforms[currentIndex].transform.position = new Vector2(xPos, yPos);
currentIndex++;
```

발판을 배치할 위치의 X 값 xPos는 고정이지만, Y 값 yPos는 랜덤이기 때문에 배치되는 발판의 높이가 매번 달라진다는 점에 주목합니다. 발판을 배치한 다음에는 currentIndex++로 다음번 배치에 사용할 발판의 순번을 증가시켰습니다.

그리고 순번의 마지막에 도달하면 순번을 리셋합니다.

```
if (currentIndex >= count)
{
    currentIndex = 0;
}
```

배열의 순번은 0부터 셉니다. 따라서 배열의 마지막 발판을 가리키는 순번은 count-1입니다. currentIndex++로 값이 1 증가한 currentIndex가 count보다 크거나 같다는 것은 방금 재배치했던 발판이 배열의 마지막 발판이었다는 의미입니다. 이 경우 currentIndex를 0으로 리셋해 순번을 0부터 다시 시작합니다. 그러므로 미리 생성한 발판 게임 오브젝트를 순번을 돌아가며 무한 반복 사용할 수 있습니다.

13.2.7 PlatformSpawner 스크립트 전체 코드

지금까지 PlatformSpawner 스크립트를 완성했습니다. 완성된 스크립트의 전체 코드는 다음과 같습니다.

```csharp
using UnityEngine;

// 발판을 생성하고 주기적으로 재배치하는 스크립트
public class PlatformSpawner : MonoBehaviour {
    public GameObject platformPrefab; // 생성할 발판의 원본 프리팹
    public int count = 3; // 생성할 발판 수

    public float timeBetSpawnMin = 1.25f; // 다음 배치까지의 시간 간격 최솟값
    public float timeBetSpawnMax = 2.25f; // 다음 배치까지의 시간 간격 최댓값
    private float timeBetSpawn; // 다음 배치까지의 시간 간격

    public float yMin = -3.5f; // 배치할 위치의 최소 y 값
    public float yMax = 1.5f; // 배치할 위치의 최대 y 값
    private float xPos = 20f; // 배치할 위치의 x 값

    private GameObject[] platforms; // 미리 생성한 발판들
    private int currentIndex = 0; // 사용할 현재 순번의 발판

    // 초반에 생성한 발판을 화면 밖에 숨겨둘 위치
    private Vector2 poolPosition = new Vector2(0, -25);
    private float lastSpawnTime; // 마지막 배치 시점

    // 변수를 초기화하고 사용할 발판을 미리 생성
    void Start() {
        // count만큼의 공간을 가지는 새로운 발판 배열 생성
        platforms = new GameObject[count];

        // count만큼 루프하면서 발판 생성
        for (int i = 0; i < count; i++)
        {
            // platformPrefab을 원본으로 새 발판을 poolPosition 위치에 복제 생성
            // 생성된 발판을 platform 배열에 할당
            platforms[i] = Instantiate(platformPrefab, poolPosition, Quaternion.identity);
        }

        // 마지막 배치 시점 초기화
        lastSpawnTime = 0f;
```

```
        // 다음번 배치까지의 시간 간격을 0으로 초기화
        timeBetSpawn = 0f;
    }

    void Update() {
        // 게임오버 상태에서는 동작하지 않음
        if (GameManager.instance.isGameover)
        {
            return;
        }

        // 마지막 배치 시점에서 timeBetSpawn 이상 시간이 흘렀다면
        if (Time.time >= lastSpawnTime + timeBetSpawn)
        {
            // 기록된 마지막 배치 시점을 현재 시점으로 갱신
            lastSpawnTime = Time.time;

            // 다음 배치까지의 시간 간격을 timeBetSpawnMin, timeBetSpawnMax 사이에서 랜덤 설정
            timeBetSpawn = Random.Range(timeBetSpawnMin, timeBetSpawnMax);

            // 배치할 위치의 높이를 yMin과 yMax 사이에서 랜덤 설정
            float yPos = Random.Range(yMin, yMax);

            // 사용할 현재 순번의 발판 게임 오브젝트를 비활성화하고 즉시 다시 활성화
            // 이때 발판의 Platform 컴포넌트의 OnEnable 메서드가 실행됨
            platforms[currentIndex].SetActive(false);
            platforms[currentIndex].SetActive(true);

            // 현재 순번의 발판을 화면 오른쪽에 재배치
            platforms[currentIndex].transform.position = new Vector2(xPos, yPos);
            // 순번 넘기기
            currentIndex++;

            // 마지막 순번에 도달했다면 순번을 리셋
            if (currentIndex >= count)
            {
                currentIndex = 0;
            }
        }
    }
}
```

이제 PlatformSpawner 스크립트를 [Ctrl+S]로 저장하고 유니티 에디터로 돌아갑니다.

13.2.8 PlatformSpawner 컴포넌트 설정하기

완성한 PlatformSpawner 컴포넌트를 설정하고 동작시켜봅시다.

[과정 01] PlatformSpawner 컴포넌트 설정하기

① **하이어라키** 창에서 **Platform Spawner** 게임 오브젝트 선택

② **Prefabs** 폴더의 **Platform** 프리팹을 PlatformSpawner 컴포넌트의 **Platform Prefab** 필드로 **드래그&드롭**

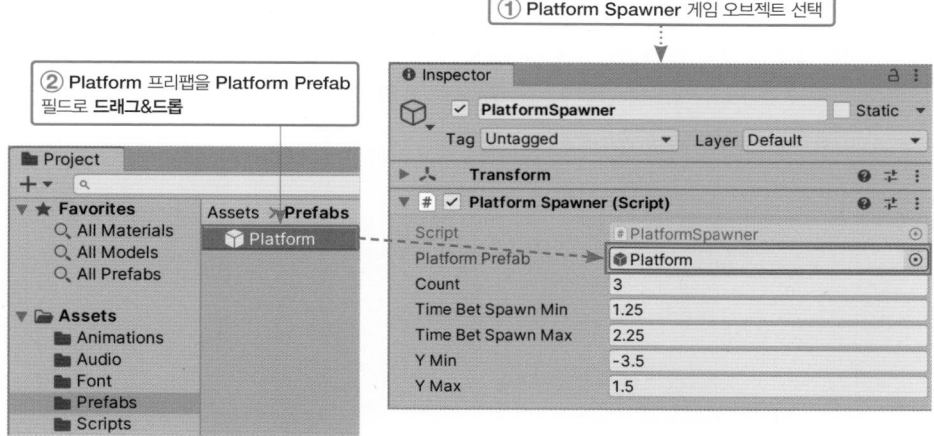

▶ PlatformSpawner 컴포넌트 설정하기

이제 완성된 발판 생성기를 테스트해봅시다. 플레이 버튼을 눌러 게임을 시작합니다. 플레이하는 동안 발판이 일정 주기로 화면 오른쪽에 배치되는 것을 확인할 수 있습니다.

배치되는 발판의 높이와 활성화된 장애물 수는 매번 달라집니다. 씬 창에서 게임의 전체 모습을 잘 관찰해보면 발판을 무한 생산하지 않고 3개의 발판 게임 오브젝트를 계속 돌려쓰고 있는 것을 확인할 수 있습니다.

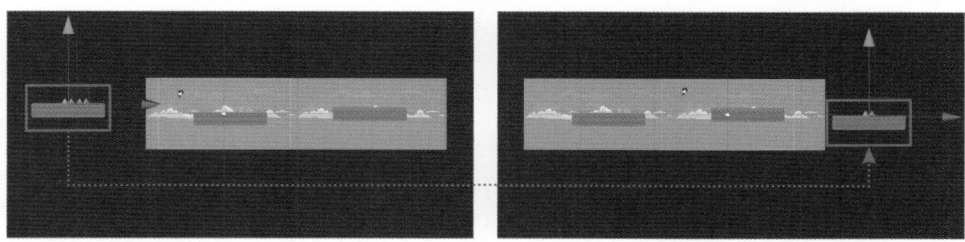

▶ 발판 생성기와 발판의 동작

이것으로 게임의 모든 코드와 게임 오브젝트를 완성했습니다. 충분히 테스트한 다음 플레이 모드를 해제합니다. 이제 게임에 배경음악을 추가하고 최종 출력물을 빌드하겠습니다.

13.3 빌드하기

빌드하기 전에 완성한 게임의 주요 기능을 확인해봅시다.

플레이어 캐릭터는 상황에 따라 뛰고, 점프하고, 사망하는 애니메이션을 재생합니다. 게임이 시작되면 배경이 반복되고 새로운 발판이 주기적으로 게임 화면 오른쪽에 배치됩니다.

그리고 플레이어 캐릭터가 다가오는 발판을 향해 점프하고 무사히 착지할 때마다 점수가 1점씩 증가합니다. 증가한 점수는 UI로 확인할 수 있습니다.

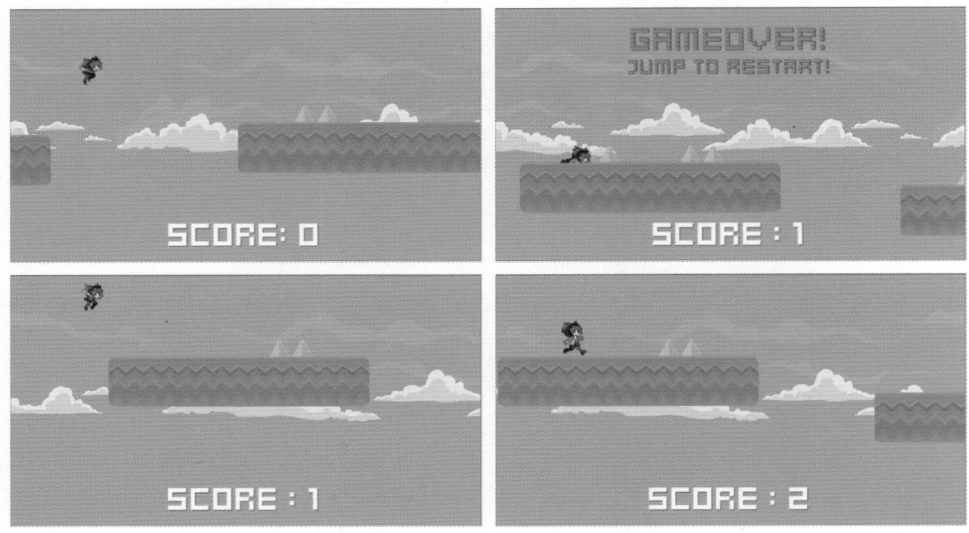

▶ 유니런의 기능

만약 플레이어 캐릭터가 낙사하거나 장애물을 밟으면 게임오버되어 사망 애니메이션과 효과음이 재생되고 게임오버 UI가 활성화됩니다. 게임오버 상태에서는 점프 버튼에 해당하는 마우스 왼쪽 버튼을 클릭해 다시 게임을 시작할 수 있습니다.

13.3.1 배경음악 추가하기

빌드하기 전에 마지막으로 게임에 배경음악을 추가합니다.

[과정 01] 배경음악 추가하기

① **프로젝트** 창의 Audio 폴더에서 music 오디오 클립을 **하이어라키** 창으로 **드래그&드롭**
② 생성된 music 게임 오브젝트의 Audio Source 컴포넌트의 Loop 체크

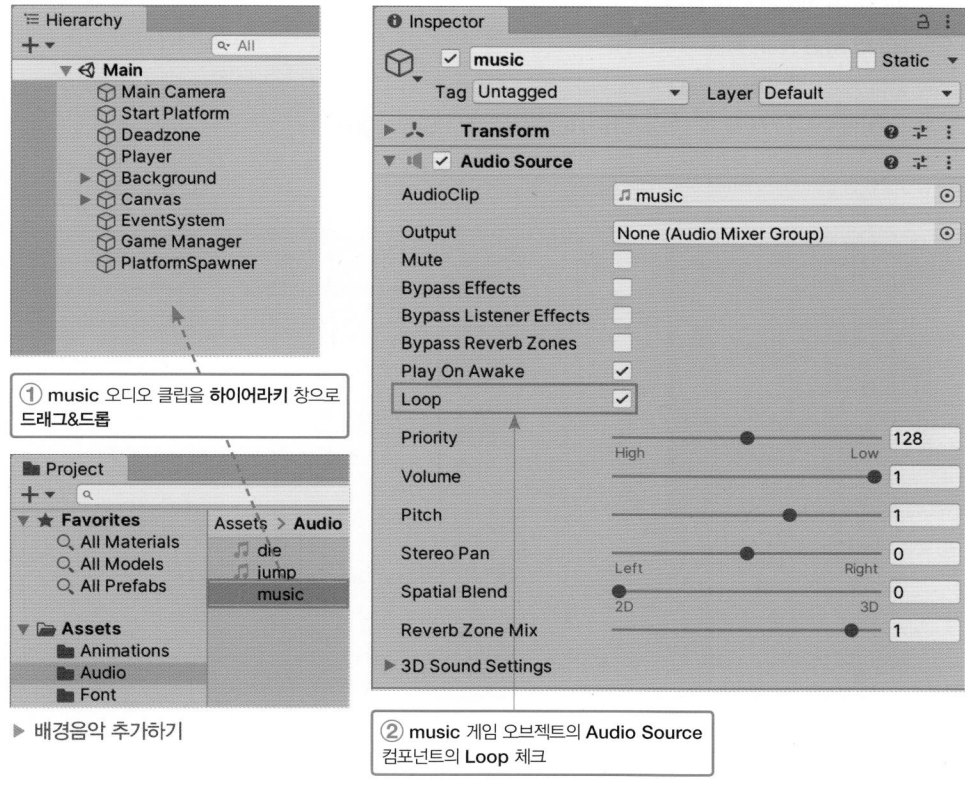

▶ 배경음악 추가하기

music 오디오 클립은 반복 재생할 배경음악 파일입니다. 오디오 클립을 하이어라키 창으로 드래그&드롭하면 해당 오디오 클립을 사용하는 오디오 소스 컴포넌트가 추가된 게임 오브젝트가 자동 생성됩니다. 오디오 소스 컴포넌트의 Loop는 오디오 클립을 반복 재생하는 설정입니다.

이것으로 유니런에서 반복 재생할 배경음악을 추가했으며, 게임의 모든 부분을 완성했습니다. [Ctrl+S]로 씬을 저장합니다.

13.3.2 유니런 빌드하기

게임을 최종 빌드합니다. 빌드하기 전에 빌드를 저장할 폴더를 적당한 경로에 미리 만들어둡니다. 저자는 Uni-Run이라는 이름의 폴더를 바탕 화면에 미리 준비했습니다.

[과정 이] 유니런 빌드하기

① **빌드 설정** 창 열기(상단 메뉴의 **File** > **Build Settings...**)
② **빌드 설정** 창에서 **Add Open Scenes** 클릭
③ **Build and Run** 클릭
④ **탐색** 창에서 빌드를 저장할 폴더로 이동
⑤ (가능한 경우) 저장할 빌드명을 **Uni-Run**으로 설정 > **Save** 클릭

▶ 유니런 빌드하기

참고로 윈도우에서 빌드할 경우 빌드를 저장할 폴더 이름이 빌드 파일 이름이 됩니다. 따라서 윈도우에서는 저장할 폴더만 지정할 수 있고 빌드명을 따로 지정할 수 없을 수도 있습니다.

빌드가 끝나면 실행 파일이 지정한 폴더에 저장됩니다. 그리고 유니티 런처가 실행되며, Play 버튼을 눌러 게임을 플레이할 수 있습니다.

▶ 빌드된 게임

13.4 마치며

이것으로 두 번째 예제 게임 유니런을 완성했습니다. 6부에서는 3D 프로젝트를 활용해 더 높은 난이도의 슈터 게임을 개발합니다.

이 장에서 배운 내용 요약

- OnEnable() 메서드는 컴포넌트가 활성화될 때마다 매번 실행됩니다.
- 오브젝트 풀링은 필요한 오브젝트를 미리 생성하여 사용하는 방식입니다.
- 오브젝트 풀링에서는 오브젝트를 실시간 생성하지 않고 풀에 있는 오브젝트를 가져다 씁니다.
- 오브젝트 풀링에서는 오브젝트를 실시간으로 파괴하지 않고 파괴할 오브젝트를 풀로 반환합니다.
- 오브젝트 풀링을 사용하면 초기 로딩은 길어지지만 실시간 생성/파괴에 의한 성능 저하를 막을 수 있습니다.
- 오디오 소스 컴포넌트의 Loop를 체크하면 오디오가 반복 재생됩니다.

소문난 명강사 '레트로'가
게임 개발 입문자에게 보내는 선물 같은 책

게임을 만드는 '완벽한 준비'를 위해 시간을 낭비하지 마세요. 이 책은 기본을 빠르게 익히고 나서 게임을 직접 만들며 필요한 기능을 알아가는 입문 + 활용서로서 여러분의 시간을 아껴줍니다. C#을 몰라도, 유니티 엔진을 몰라도 게임을 만들 수 있습니다. C# 입문 + 유니티 에디터 + 실전 게임 개발을 한 권으로 전달하니까요. 또한 아주 낮은 눈높이로 설명하고 차츰차츰 높은 난도의 게임을 완성해나가기 때문에 초보자가 책을 완독하는 데 무리가 없습니다.

이 책에서 제공하는 4가지 게임을 만들다 보면 유니티로 게임을 개발하는 데 필요한 실무 능력을 제대로 갖추게 될 겁니다.

이 책에서 만드는 4가지 게임

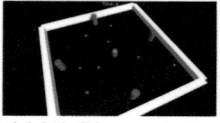
탄막 슈팅 게임
닷지

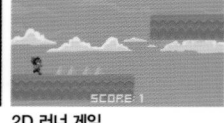
2D 러너 게임
유니런

탑 다운 슈터 게임
좀비 서바이버

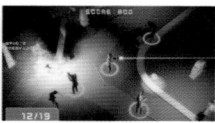
네트워크 협동 게임
좀비 서바이버 멀티플레이어

개정판에서 추가된 내용

- 유니티 2021에 맞춰 내용을 갱신했습니다.
- 스크립터블 에셋에 관한 내용이 추가되었습니다.
- 어드레서블 시스템을 별도의 부록으로 다룹니다.

추천사

- 유니티에 매력을 느끼고, 게임 프로그래밍을 이해하고 자신만의 게임을 개발하고 싶은 사람에게 꼭 추천합니다. 단순한 따라 하기가 아니라 코드의 모든 부분을 이해하고 온전히 내 것으로 만들고 싶은 사람에게 꼭 추천합니다. 게다가 비전공자를 위해 쓰인 만큼, 프로그래머와 협력해야 하는 다른 직군의 게임 개발자에게도 추천할 만한 책입니다. **-오지현** 유니티 코리아, 리드 에반젤리스트

- 책 끝에 언급했듯이 피카소는 '위대한 예술가는 훔친다'고 했습니다. 여러분은 이 책에서 훔칠 가치가 있는 많은 것을 찾을 겁니다. 그러니 레오나르도 다빈치와 같이 창작자의 숲에서 우뚝 선 나무를 꿈꾼다면 이 책이 그 위대한 씨앗을 안겨줄 겁니다. **-서덕영** 경희대학교 소프트웨어융합대학, 게임 트랙 교수

소문난 명강의 시리즈

오준석의
안드로이드
생존코딩
코틀린 편

시험장에
몰래 가져갈
이경오의
SQL+SQLD
비밀노트

김도형의
데이터
사이언스 스쿨
수학 편

게임 / 유니티

93000
9 791162 245149
ISBN 979-11-6224-514-9

예제 소스 github.com/IJEMIN/Unity-Programming-Essence-2021

정가 60,000원

레트로의

유니티

게임 프로그래밍
에센스 개정판

C#으로 배우는 입문부터
4가지 게임 제작까지

이제민 지음

2권
6부~

Unity
2021/2022
호환

부록:
어드레서블
시스템

2022
호환 가이드
별도 제공

 한빛미디어
Hanbit Media, Inc.

레트로의
유니티
게임 프로그래밍
에센스 개정판

이제민 지음

2권
6부~

한빛미디어
Hanbit Media, Inc.

레트로의 유니티 게임 프로그래밍 에센스 개정판

C#으로 배우는 입문부터 4가지 게임 제작까지

초판 1쇄 발행 2019년 2월 20일
개정판 6쇄 발행 2024년 9월 30일

지은이 이제민 / **펴낸이** 전태호
초판 베타리더 문주헌, 이민우, Darkttd, 이수연, 고양이 매니저, 김종욱, 서준수, 고유진, 최효범
펴낸곳 한빛미디어(주) / **주소** 서울시 서대문구 연희로2길 62 한빛미디어(주) IT출판2부
전화 02-325-5544 / **팩스** 02-336-7124
등록 1999년 6월 24일 제 25100-2017-000058호 / **ISBN** 979-11-6224-514-9 93000

총괄 송경석 / **책임편집** 홍성신 / **기획** 박민아 / **교정 · 전산편집** 김철수 / **진행** 김대현
디자인 표지 윤혜원 내지 박정화
영업 김형진, 조유미, 장경환 / **마케팅** 박상용, 한종진, 이행은, 김선아, 고광일, 성화정, 김한솔 / **제작** 박성우, 김정우

이 책에 대한 의견이나 오탈자 및 잘못된 내용에 대한 수정 정보는 한빛미디어(주)의 홈페이지나 아래 이메일로
알려주십시오. 잘못된 책은 구입하신 서점에서 교환해드립니다. 책값은 뒤표지에 표시되어 있습니다.

한빛미디어 홈페이지 www.hanbit.co.kr / **이메일** ask@hanbit.co.kr

지금 하지 않으면 할 수 없는 일이 있습니다.
책으로 펴내고 싶은 아이디어나 원고를 메일(writer@hanbit.co.kr)로 보내주세요.
한빛미디어(주)는 여러분의 소중한 경험과 지식을 기다리고 있습니다.

레트로의

{ 유니티 }

게임 프로그래밍
에센스 개정판

이제민 지음

★ ★ ★ ★ ★
소문난 명강의 시리즈 소개

이 시리즈는 단기간에 실무 능력을 갖추게 도와줍니다. 유튜브, 블로그, 학원, 대학 등에서 이미 검증된 강의 본연의 장점을 극대화하고 더 체계화해 책으로 담았습니다. 입문자 눈높이에서 설명하고 작고 실용적인 프로젝트를 수행해 실전 능력을 키워줍니다. 빠르게 개발 능력을 키우려는 입문자와 더 다양한 경험을 쌓으려는 기존 개발자에게 유용합니다.

HB 한빛미디어
Hanbit Media, Inc.

위대한 창작자는 예술과 기술의 경계를 넘나듭니다. 레오나르도 다빈치가 21세기에 태어났다면 아마 모나리자를 3D 그래픽으로 그리고, 게임 엔진에서 헬리콥터를 시뮬레이션했을 겁니다. 그리고 우리는 누구나 다빈치가 될 수 있는 유니티라는 도구를 가지고 있습니다.

이 책의 저자를 완전하게 정의하는 직업명은 아직 없는 것 같습니다. 그는 게임을 개발하면서, 게임 개발 강의로 가장 유명한 유튜버로 활동하며, 전국에 초청되어 오프라인 강의를 하고, 학교에서는 게임 동아리의 회장이자 멘토입니다. 저자는 예술 콘텐츠 학과에 입학하여 예술적 요소인 디자인과 스토리텔링을 배운 후 컴퓨터 공학으로 전과하여 공학과 컴퓨터 과학을 배웠습니다.

따라서 그는 아티스트 입장에서 기술을 잘 풀어 설명하고, 기술자 입장에서 예술을 잘 풀어 설명할 수 있습니다. 그가 쓴 유니티 입문서는 예술 대학 학생, 공과 대학 학생, 강사와 게임 개발자의 입장을 모두 반영하고 있습니다. 그렇기에 디자인과 기술의 융합을 중시하는 우리 단과 대학에서는 이 책을 학부 2학년 게임 제작 실습용 교재로 사용합니다.

더 빨리 더 재미있고 풍부한 게임을 만들고 싶습니까? 게임이 표현할 수 있는 세계는 무한한 만큼 유니티의 기능도 무궁무진합니다. 하지만 어디서부터 시작해야 할까요?

저자는 그동안의 게임 개발 경험과 강의 경험을 토대로 반드시 필요한 핵심 기능들을 선택하였고, 여러분이 이들을 모두 적용할 수 있는 자연스러운 게임 개발 커리큘럼을 만들었습니다. 이 책에 나오는 몇 가지 게임을 따라 만들다 보면 출시 가능한 수준의 2D와 3D 게임을 여러분 손으로 직접 만들어 PC나 스마트폰에서 플레이할 수 있습니다. 그리고 이것을 변형해가며 자신만의 게임 개발을 시작할 수 있습니다.

저자가 책 끝에 언급했듯이 피카소는 '위대한 예술가는 훔친다'고 했습니다. 여러분은 이 책에서 훔칠 가치가 있는 많은 것을 찾을 겁니다.

그러니 레오나르도 다빈치와 같이 창작자의 숲에서 우뚝 선 나무를 꿈꾼다면 이 책이 그 위대한 씨앗을 안겨줄 겁니다.

_서덕영 / 경희대학교 소프트웨어융합대학, 게임 트랙 교수

'유니티를 처음 공부할 때 보면 좋은 책이나 강의를 추천해 달라'는 요청을 종종 받습니다. 시중에 이미 좋은 책과 강의가 너무 많아 추천하기 유독 망설여지지만 그때마다 절대 빠지지 않는 단 한 권의 책이 있습니다. 바로 『소문난 명강의 : 레트로의 유니티 게임 프로그래밍 에센스』입니다.

이 책은 처음 유니티를 시작하는 사람들에게 유니티 엔진의 기본 기능부터 게임을 만들기 위해 필요한 기초 지식까지 알기 쉽고 명료하게 전달합니다. 그리고 배운 지식을 이용하여 실제 사례를 들어가며 설명하여 게임 개발 과정을 누구나 쉽게 따라 할 수 있게끔 구성되어 있습니다.

특히 놀라운 부분은 배우지 않은 개념이 갑자기 나오거나 난이도가 툭 튀어오르는 부분이 없다는 것입니다. 프로그래밍에 대한 기본 지식을 예제를 설명하는 중간 중간에 잘 배치한 것도 개인적으로 좋았던 부분입니다.

강의를 구성하다 보면 학습 곡선을 일정 각도로 유지하기 정말 어렵습니다. 하지만 이 책을 보면 저자의 내공을 느낄 수 있습니다. 일정한 난이도 상승을 유지하고 있기 때문에 중간에 이탈하지 않고 끝까지 책을 읽기 매우 용이합니다.

게임을 개발할 때 정말 중요하고 많이 사용하는 핵심 기능 위주로 구현되어 있는 점도 이 책을 추천하는 이유입니다. 간결하고 정확한 설명을 순차적으로 볼 수 있다면 처음에 방황하는 시간이 줄어들어 매우 효율적으로 공부할 수 있습니다.

이 책은 각 구현을 특정 프로젝트에서만 사용되는 것이 아니라 어느 프로젝트를 하더라도 사용할 수 있도록 자세하게 모든 부분을 설명하고 있습니다. 사용된 이미지들 또한 이해를 돕기에 적절해서 좋습니다.

예제 프로젝트를 따라 하다 보면 자연스럽게 다른 프로젝트를 작업할 때도 어떤 식으로 구현을 하면 좋을지 응용 방법이 떠오를 것입니다.

자신만의 프로젝트를 만들고 싶다면 『소문난 명강의 : 레트로의 유니티 게임 프로그래밍 에센스』를 꼭 읽어보기 바랍니다.

_박동민 / 마둠파 테크니컬 아트 연구소, 소장

많은 초심자가 튜토리얼을 통해 유니티의 매력에 빠집니다. 인터넷에 '유티니 튜토리얼'에 관한 수많은 문서와 비디오가 쏟아져 나옵니다. 튜토리얼을 하나씩 따라 하면서 게임을 완성하는 것은 어렵지 않습니다. 하지만 단순히 튜토리얼을 따라 해서는 입문자가 C# 프로그래밍의 이치를 깨달을 수 없습니다. 초심자가 나만의 게임을 만들려는 순간 프로그래밍과 수학의 장벽에 부딪치고, 게임 개발의 재미와 희열은 막막함과 답답함으로 바뀝니다.

이 책은 장르별 게임(탄막 슈팅 게임, 러너 게임, 슈터 게임, 멀티플레이어 게임)을 완성하는 튜토리얼을 제공합니다. 하지만 단순히 구현과 완성에 집중하는 것이 아니라 각 과정이 어떻게 맞물리고 각 기능을 왜 사용하는지 이유를 밝힙니다. 튜토리얼 앞뒤로는 수학, 코딩, 객체지향 등의 기본기를 놓치지 않고 쉽게 가르쳐주고 있습니다. 즉, 튜토리얼을 통해 배운 것을 자신만의 게임에 어떻게 적용할지 다양한 방식으로 알려줍니다.

그렇기에 유니티에 매력을 느끼고, 게임 프로그래밍을 이해하고 자신만의 게임을 개발하고 싶은 사람에게 꼭 추천합니다. 단순한 따라 하기가 아니라 코드의 모든 부분을 이해하고 온전히 내 것으로 만들고 싶은 사람에게 꼭 추천합니다. 게다가 비전공자를 위해 쓰인 만큼, 프로그래머와 협력하는 다른 직군의 게임 개발자에게도 추천할 만한 책입니다. 어떤 직군이든 게임 개발자라면 프로그래밍을 잘 이해하고 있어야 좋은 개발자가 될 수 있습니다. 프로그래밍은 게임 제작의 기초가 되는 기술이기 때문입니다.

게임 개발자는 프로그래머만 말하는 것이 아닙니다. 프로그래머가 아트 리소스가 제작되는 파이프라인을 이해하고 게임 기획의 기본을 이해해야 하듯이, 아티스트나 기획자도 어느 정도 프로그래밍을 이해해야 서로 부드럽게 협업할 수 있습니다. 좋은 게임은 모든 직군이 개발자로서 협업한 결과물이라는 것은 더 말할 나위 없습니다.

현재 자신이 어떠한 위치에 있든 이 책으로 자신의 게임을 만드는 출발점을 찾을 수 있을 겁니다. 꽉 막혔던 가슴이 청량음료를 마신듯 뻥 뚫릴 겁니다.

_오지현 / 유니티 코리아, 리드 에반젤리스트

프로그래밍은 전문적으로 공부하지 않은 사람에게는 무척 접근이 어려운 분야입니다. 하지만 시대가 변하고 툴이 좋아지는 개발 환경에서 프로그래머와 비프로그래머의 경계가 갈수록 모호해지고 있습니다. 나도 한번 유니티로 게임을 만들어볼까라는 호기심에서 유니티에서 어떻게 게임이 만들어지고 작동하는지 알고 싶어 공부를 시작하는 이들에게 이 책은 매우 좋은 길잡이 역할을 할 것이라 생각합니다.

코드나 유니티 엔진에서 각 기능을 단순하게 따라 하는 것에 그치지 않고 각각의 역할이 왜 필요한지, 어떻게 작동하는지 세세하게 설명한 부분을 하나하나 읽고 따라 하다 보면 자연스럽게 게임 제작에 필요한 지식을 쌓을 수 있을 것이라 생각합니다. 어렵지 않게 쓰여진 책의 내용은 비전공자라 할지라도 게임 제작에 꼭 알아야 하는 기본 사항을 매우 친절하게 배울 수 있게 만들어줍니다.

게임 제작에서 비프로그래머 직군이 이러한 기술적인 내용을 군이 알아야 하느냐는 질문은 더이상 의미가 없을 정도로 게임 제작을 할 때 이제 다양한 포지션에서 게임 제작과 관련된 기술적인 지식을 요구받는 시대입니다. 유니티는 이러한 기본적인 지식을 익히기에 매우 좋은 개발 도구이며, 저자의 책은 이러한 이해를 돕기 위한 최고의 지침서 중 하나가 아닐까 생각합니다.

앞으로의 시대는 게임 제작을 위해 쌓은 전문 지식이 게임뿐 아니라 다양한 산업 분야에서 요구받는 시대로 이미 나아가고 있습니다. 앞으로 몸담게 될 분야에서 자신만의 무기를 찾는 이들에게 큰 도움을 줄 책을 쓰신 저자에게 감사드리며, 이 책을 길잡이로 선택하신 분들께 응원을 보냅니다.

_이상윤 / 유니티 코리아, Senior Advocate/Technical Artist

이번 개정판은 크게 다음 수정 사항이 추가되었습니다.

- 유니티 2021에 맞춰 내용을 갱신했습니다.
- 스크립터블 에셋에 관한 내용을 추가했습니다.
- 어드레서블 시스템을 별도의 부록으로 다룹니다.

버전 업에 따라 책의 내용이 유효하지 않거나 예외 사항이 많아져 IT 서적을 구매해놓고 그대로 읽지 않게 되는 경우가 있습니다. 이 책은 초판을 낼 때부터 이 점을 감안해 어떤 미래 버전을 사용해도 문제없도록 최대한 신경을 썼습니다.

더 나아가 이번 개정판은 유니티 2022 등 이후의 버전을 사용할 때 참고할 수 있는 외부 가이드 문서를 제공합니다. 이를 통해 책을 언제 보든 상관없이 매끄럽게 진행할 수 있는 환경을 만들었습니다.

어드레서블 시스템은 추가 콘텐츠를 유연하게 관리하고 배포하는 데 꼭 필요합니다. 특히 게임에 패치 또는 추가 콘텐츠 다운로드 시스템이 있다면 꼭 사용해야 합니다.

어드레서블 시스템은 확장성이 높지만 반드시 어떤 식으로 사용해야 한다는 일관된 가이드 자료가 없습니다. 이에 독자들에게 명확한 방향을 제시하기 위해 어드레서블만 다루는 부록을 추가했습니다. 또한 그 중요성 때문에 70페이지의 많은 분량으로 상세히 설명했습니다.

책을 출간한 이후 감사하게도 지난 몇 년간 정말 많은 독자분으로부터 최고의 책이라는 메시지를 받았습니다. 저를 곳곳에서 알아보는 사람도 많아졌습니다. 정말 환상적인 경험이었습니다.

특히 다음과 같은 피드백을 많이 받았습니다.

- 간결하고 명백해서 감탄했다.
- 텍스트를 싫어하는 사람도 시원하게 읽힌다.
- 예제를 따라 하는 데 오류가 나지 않는다.

아무리 어려운 내용이라 할지라도 조금 더 쉬운 설명이 언제나 존재합니다. 이 책을 만드는 과정은 모든 것을 한번에 쉽게 설명하는 완벽한 단 하나의 설명을 찾을 때까지 계속 땅을 파는 작업이었습니다.

"언제나 더 나은 설명이 존재한다."

이를 증명한 것 같아 기쁩니다.

이제민 [I_Jemin]   i_jemin@outlook.com

수천 명의 유료 온라인 수강생을 가진 게임 개발 트레이너입니다. 또한 유니티 코리아의 인증을 받아 유니티 마스터로 선정되었습니다. 해외 온라인 강의 플랫폼 유데미(Udemy)의 베스트셀러 유니티 강의 「retr0의 유니티 게임 프로그래밍 에센스」를 제작했습니다. 이는 현재까지 유데미에서 가장 평점과 판매량이 높은 한국어 강의입니다. 또한 유니티 코리아가 선정한 유니티 마스터입니다. '승리의 여신: 니케'의 애니메이션과 물리 시뮬레이션, 최적화 및 로컬라이즈를 구현했습니다.

유튜브에 무료 게임 프로그래밍 교육 채널 retr0를 운영 중입니다.

동영상 강의 사이트 : boxcollider.io
유튜브 : youtube.com/c/jemindev
도서 관련 문의 디스코드 : retr0.io/discord

이 책을 집필하는 데 도움을 주신 분들께 감사를 표합니다.

부모님과 동생들은 집필에 최고로 몰입할 수 있도록 많은 것을 양보했습니다. 친구 황승원은 수백 장이 넘는 스크린샷을 촬영하고 책의 모든 프로젝트를 테스트해주었습니다. Kenney와 Quaternius가 제작한 3D 모델이 없었다면 상용 게임 수준의 예제를 만들 수 없었을 겁니다. 유니티 에반젤리스트인 오지현 님은 최신 버전의 유니티와 어긋나는 내용이 생기지 않도록 조언해주셨습니다. 덕분에 가장 최신의 정보만 책에 담을 수 있었습니다.

초판 베타리뷰를 해주신 최성욱 님, 김성현 님, 정영우 님, 고양이 매니저 님, 문주현 님, 이민우 님, DarkttD 님, 김종욱 님, 서준수 님, 고유진 님 덕분에 예상하지 못한 모든 오류를 찾아내고 책을 완벽하게 만들 수 있었습니다.

이외에도 책을 쓸 수 있도록 많은 영향을 준 경희대 친구들과 교수님께도 감사를 표합니다. 동아리 친구 김민수, 최효범, 이수연은 베타리딩을 도와주었습니다. 학과 동기인 오세준은 초판의 색인 작업을 도와주었습니다.

이성원 교수님은 게임 개발 동아리 retr0를 만들고, 새로운 분야에 도전할 수 있도록 영감을 주셨습니다. 서덕영 교수님은 대학에 새로운 창작 문화를 도입하기 위해 항상 노력해주셨으며, 이 책의 추천사를 써주셨습니다.

초판 집필 당시 한빛미디어의 차장님이었던 최현우 님의 엄격한 교정과 독려는 이 책이 형편없는 책이 되는 걸 막아주었습니다. 개정판을 만드는 데는 한빛미디어의 홍성신 팀장님과 박민아 과장님의 도움이 컸습니다.

GDG에서 만난 한연희님은 오탈자를 점검하고 모든 프로젝트를 유니티 2021 버전에서 테스트하고 스크린샷을 교체해주었습니다. 덕분에 더 늦지 않게 개정판을 낼 수 있었습니다. 유니티 테크니컬 아티스트인 이상윤님과 마둠파 테크니컬 아트 연구소의 박동민님은 기술을 다루는 아티스트로서 개정판의 멋진 추천사를 써주셨습니다.

이외에도 영감을 준 정말 끝없이 많은 사람이 있습니다. 모두들 고맙습니다.

_이제민

이 책의 특징

입문자와 비전공자를 배려한 진행 순서

이 책은 유니티는 물론 프로그래밍에 대한 지식이 전혀 없는 입문자와 비전공자, 아티스트 등을 대상으로 합니다. 따라서 비전공자가 쉽게 이해할 수 있는 순서로 구성되어 있습니다. 수학적 내용은 전문적인 단어 대신 비전공자가 이해할 수 있도록 풀어 쓴 예시를 사용합니다.

수많은 예시와 그림

어려운 개념은 비유와 예시로, 복잡한 서술은 그림으로 대체했습니다. 700장 이상의 그림으로 실습 과정을 놓치지 않고 따라 할 수 있습니다.

올인원 패키지

유니티의 동작 원리, C# 프로그래밍, 객체지향, 선형대수, UI, 모바일, 후처리, 네트워크, 프로그래밍은 물론 게임 개발에 필요한 모든 요소를 기초부터 고급까지 충실하게 다룹니다. 이 책 하나로 C# 프로그래밍 입문서와 게임 엔진 입문서를 모두 대체할 수 있습니다.

예제의 난이도 안내

난이도를 다음과 같이 별의 개수로 표현했습니다.

초급 − ★☆☆

중급 − ★★☆

고급 − ★★★

유니티 에디터

_ 유니티 엔진의 원리를 다룹니다.

_ 유니티 허브와 유니티 에디터를 사용하는 대부분의 방법을 다룹니다.

_ 유니티 패키지 매니저를 사용합니다.

C# 프로그래밍

_ 프로그래밍 입문에 필수적인 기초를 다룹니다.

_ 유니티 내부에서 사용하는 C# 문법 대부분을 다룹니다.

_ 필수적인 유니티 컴포넌트와 메서드 대부분을 배웁니다.

_ 객체지향을 이해합니다.

애니메이션

_ 유한 상태 머신을 이해하고, 원하는 2D/3D 애니메이션을 재생하는 방법을 배웁니다.

_ 애니메이션 블렌딩, IK를 사용해 기존 애니메이션 클립을 변형하는 방법을 배웁니다.

_ 2D 애니메이션을 직접 만듭니다.

벡터 수학

_ 공간과 위치, 방향을 표현하는 데 필요한 수학적 지식을 배웁니다.

_ 쿼터니언을 사용하는 방법을 배웁니다.

유니티 UI(UGUI)

_ UGUI를 이해하고 사용하여 게임 UI를 만듭니다.

_ UI 레이아웃을 구성하는 방법을 이해합니다.

아트

_ 머티리얼, 라이팅, 글로벌 일루미네이션 등을 이해합니다.

_ 후처리 효과를 이용해 게임 화면에 아름다운 영상미를 주는 방법을 배웁니다.

디자인 패턴

_ 기초적인 디자인 패턴을 배웁니다.

_ 이벤트 주도 방식을 이해하고 사용합니다.

네트워크

_ 서버, 로컬, 동기화 등 네트워크 게임 개발에 필요한 개념을 이해합니다.

_ 포톤을 사용하여 멀티플레이어 게임을 만듭니다.

그외

_ 시네머신으로 카메라 자동 추적을 구현합니다.

_ 게임 속 AI를 구현합니다.

_ 안드로이드, iOS 모바일 빌드 방법을 배웁니다.

_ 스크립터블 오브젝트를 사용합니다.

_ 어드레서블 에셋 시스템을 배웁니다.

개발 환경과 예제 파일

개발 환경

_ 이 책의 모든 예제는 유니티 2021.2를 기준으로 만들었습니다.

_ 모든 예제는 맥과 윈도우 환경에서 정상 동작을 테스트했습니다.

_ 맥을 기준으로 설명하지만 윈도우 환경과 차이점은 없습니다. 다른 점이 있을 때는 윈도우를 함께 설명합니다.

_ 이 책에서 소개하는 예제 중 일부는 미리 준비한 프로젝트를 사용합니다.

유니티 2021.2, 유니티 2022.1 이후 버전과의 호환

_ 이 책의 모든 예제와 그림은 유니티 2021.2 버전으로 제작했습니다.

_ 모든 프로젝트는 유니티 2022.1 버전에서도 호환됩니다.

프로젝트의 코드들은 유니티 2021.2 이후 버전에도 호환성 문제없이 동작하도록 특정 버전의 유니티 기능에 의존하지 않게 구성했습니다. 또한 모든 프로젝트는 유니티 2022.1 버전에서도 테스트하여 정상 동작하는 것을 확인했습니다.

_ 유니티 2022.1과 이후 버전에서도 책을 따라 할 수 있도록 **업그레이드 가이드**를 제공합니다.

유니티 2022.1과 이후 버전을 사용하는 경우 유니티 에디터 사용법이 달라지거나 집필 시점에서 확인하지 못한 호환성 문제가 발생할 수 있습니다. 그러한 문제점을 겪지 않고 책을 따라할 수 있도록 업그레이드 가이드 문서를 제공합니다. 만약 2022.1과 그 이후 버전을 사용한다면 예제 폴더에 포함된 가이드 문서인 **UPGRADE_GUIDE.md** 파일을 읽으면 됩니다.

가이드 문서는 예제 깃허브 페이지에서도 제공하며 계속 업데이트됩니다.

예제 파일

필요한 예제 파일과 프로젝트, 게임 완성본, 전체 예시 코드 등을 묶은 예제 압축 파일을 인터넷으로 제공하고 있습니다.

예제 압축 파일 다운로드

깃허브와 한빛미디어 홈페이지에서 예제 압축 파일을 다운로드할 수 있습니다. 분실 방지와 원활한 갱신을 위해 예제 압축 파일은 다운로드 링크로 제공됩니다.

- **깃허브** : github.com/IJEMIN/Unity-Programming-Essence-2021
- **한빛미디어** : www.hanbit.co.kr/src/10514

예제 압축 파일 사용 방법

다운로드한 예제 압축 파일의 압축을 풀면 안내 문서 파일과 각 장에 대한 폴더가 생성됩니다 (예제 프로젝트를 사용하지 않는 장은 폴더가 없습니다).

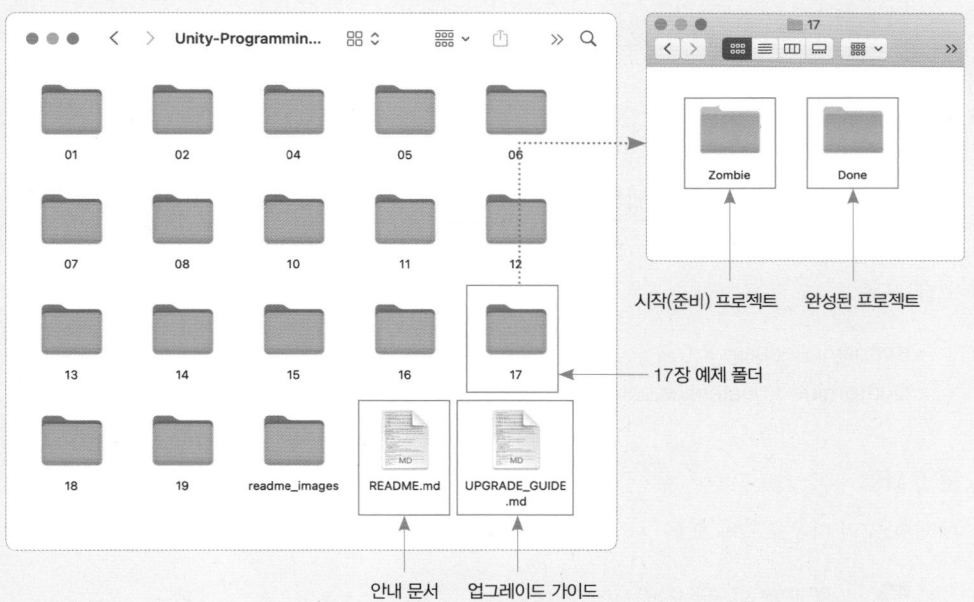

각 장의 폴더에는 최대 두 개 폴더가 존재합니다.

- **시작 프로젝트** : 장을 시작하면서 사용할 유니티 프로젝트 (예 : Zombie)
- **Done** : 장을 마쳤을 때의 결과물이 저장된 폴더

개발 환경과 예제 파일

만약 어떤 장의 완성본을 미리 보고 싶다면 Done 폴더 내부에 있는 유니티 프로젝트 폴더를 열면 됩니다.

안내 문서 파일인 README에서 오탈자나 새로운 변경 사항 등을 확인할 수 있습니다. 프로젝트를 열기 전에 먼저 읽어볼 것을 추천합니다.

라이선스와 크레딧

이 책의 5부 '유니런'에서는 유니티 재팬에서 제작한 유니티짱 에셋을 사용합니다. 유니티짱 캐릭터와 에셋의 모든 권한은 © Unity Technologies Japan/UCL에 있습니다. 이 책에서 사용하는 유니티짱 에셋은 유니티짱 라이선스 2.0에 따라 제공됩니다. 유니티짱에 관한 자세한 정보는 다음 주소에서 확인할 수 있습니다.

- unity-chan.com

이 책의 6부 '좀비 서바이버'의 레벨 디자인에서는 Kenney와 Quaternius가 제작한 3D 모델을 사용합니다. 이들은 훌륭한 아트 에셋을 만들어 퍼블릭 도메인(CC0)으로 배포하고 있습니다. 이들의 에셋은 아티스트를 구하기 힘든 초보 개발자나 독립 개발자에게 많은 도움을 주고 있습니다.

- **Kenney** : kenney.nl
- **Quaternius** : quaternius.com

문의 사항

예제 파일의 다운로드와 오류 등의 문제는 저자의 메일이나 블로그로 문의해주세요.

- **메일** : i_jemin@outlook.com
- **블로그** : ijemin.com
- **유튜브** : youtube.com/c/jemindev
- **디스코드** : discord.gg/NPXkVq2

이 책은 총 7부로 구성되어 있습니다.

1부와 2부에서는 유니티와 코딩을 당장 이해하는 데 가장 필수적인 핵심을 빠르게 배웁니다. 실습 프로젝트를 진행하는 3부, 5부, 6부에서는 장르별로 게임을 하나씩 완성하면서 실습을 통해 이론을 이해합니다. 실습 프로젝트는 기존 지식으로 해결할 수 없는 문제를 새로운 방법으로 돌파하는 방식으로 진행합니다. 4부에서는 비전공자 입장에서 게임 개발에 필요한 수학적 기반을 배웁니다. 7부에서는 멀티플레이 게임 구현을 배웁니다. 부록에서는 모바일 빌드에 대해 알아봅니다.

1부 : 유니티 준비하기

유니티를 준비하고, 유니티 동작 원리와 인터페이스를 배웁니다.

유니티 개발 환경을 준비하고 맛보기 프로젝트를 만듭니다. 게임 오브젝트와 컴포넌트의 원리와 동작을 이해합니다. 게임 엔진의 구조와 개발 방식을 이해합니다.

2부 : C# 프로그래밍

왕초보자 입장에서 C# 프로그래밍과 객체지향을 배웁니다.

코딩 원리와 객체지향을 즉시 이해할 수 있는 그림 예시로 설명합니다. C# 스크립트를 직접 작성하면서 필요한 대부분의 C# 문법을 익힙니다.

1부에서 살펴본 유니티의 동작 원리가 C#의 객체지향과 어떻게 맞물리고, 스크립트가 어떻게 게임 오브젝트와 컴포넌트를 통제할 수 있는지 이해합니다.

3부 : 탄막 슈팅 게임 - 닷지

3D 탄알 피하기 게임을 만듭니다.

키보드 조작으로 공을 굴리는 작은 예제에서 시작하여 탄알, UI, 게임 매니저를 만들고 최종 빌드까지 게임 완성에 필요한 모든 부분을 진행합니다. 또한 주기적으로 탄알 생성을 반복하는 방법, 점수를 저장하는 방법을 배웁니다.

플레이어의 입력을 받아 힘과 속도를 제어하는 방법을 배웁니다. 입력 매니저와 시간 간격 같은 기초 개념이 꼭 필요한 이유를 현실 사례로 설명합니다.

4부 : 공간

공간, 속도, 회전을 통제하기 위한 선형대수를 배웁니다.

벡터 수학, 지역 공간과 전역 공간, 회전에 사용되는 쿼터니언을 배우게 됩니다.

비전공자와 선형대수를 따로 공부할 여유가 없는 개발자를 위해 복잡한 증명 과정은 직관적이고 간결한 그림으로 대체했습니다. 또한 수학적 지식을 이론이 아닌 실제 코드를 통해 사용법 위주로 빠르게 이해합니다.

5부 : 2D 러너 게임 - 유니런

발판이 무한 랜덤 생성되는 2D 러너 게임을 개발합니다.

2D 애니메이션을 만드는 방법, 캐릭터의 상황에 따라 적절한 애니메이션을 재생하는 방법을 배웁니다. 오브젝트 풀링을 구현하여 배경과 장애물을 무한 반복 배치하는 방법을 배웁니다. 또한 디자인 패턴 중 하나인 싱글턴을 직접 구현하고 사용합니다.

6부 : 탑다운 슈터 게임 - 좀비 서바이버

몰려오는 인공지능 좀비들을 총으로 쏘는 탑다운 슈터 게임을 제작합니다.

IK와 애니메이션 마스크를 구현합니다. 점수와 인공지능 적 소환 시스템과 인게임 UI를 만듭니다. 유니티의 내비게이션 시스템을 사용하여 인공지능을 구현하며, 레이캐스트로 정확한 탄알 충돌을 구현합니다.

C# 인터페이스, 이벤트, 람다 표현식을 사용하여 플레이어와 인공지능 적의 대미지 처리 코드를 간결하게 줄이는 방법을 배우게 됩니다. 후처리를 사용하여 영상미를 구현합니다.

7부 : 네트워크 협동 게임 – 좀비 서바이버 멀티플레이어

싱글플레이어 전용 좀비 게임을 멀티플레이어 협력 게임으로 포팅합니다.

API와 상관없이 모든 종류의 네트워크 게임에 공통적으로 필요한 이론을 배웁니다. 포톤을 사용해 로비와 매치메이킹 시스템, 플레이어 사이의 동기화를 구현합니다. 동기화 절차와 클라이언트와 호스트, 로컬과 리모트, 조작 권한을 배웁니다.

부록

유니티 게임을 안드로이드와 iOS로 빌드하는 방법을 배웁니다.

어드레서블 에셋 시스템을 사용하여 콘텐츠를 관리하고, 원격 배포하는 방법을 배웁니다.

이 책에서는 총 4가지 게임을 구현합니다.

탄막 슈팅 게임 - 닷지 ★☆☆

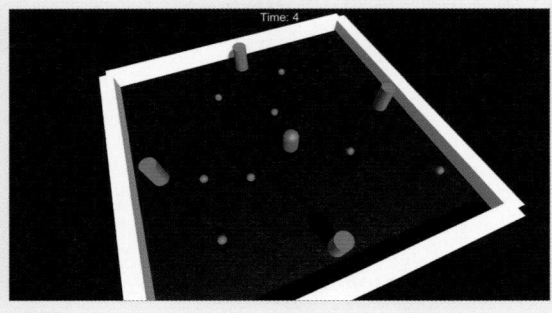

사방에서 무수히 날아오는 탄알을 피하며 가능한 한 오랫동안 버티는 게임입니다.

바닥은 끊임없이 회전하며 탄알은 항상 플레이어를 향해 날아옵니다.

최고 기록이 저장되므로 게임을 다시 실행해도 최고 기록이 유지됩니다.

2D 러너 게임 - 유니런 ★★☆

랜덤한 높이로 무한 생성되는 바닥을 점프하면서 앞으로 달려가는 러너 게임입니다.

화면 아래로 떨어지거나 장애물에 닿지 않고 오래 버텨야 합니다. 캐릭터의 상태에 따라 여러 애니메이션이 재생됩니다.

바닥의 생성 간격과 높이, 바닥 위의 장애물 수가 랜덤하므로 세밀한 컨트롤이 중요합니다.

탑다운 슈터 게임 - 좀비 서바이버 ★★★

끊임없이 나타나는 좀비들로부터 최대한 오래 살아남는 탑다운 슈터 게임입니다.

플레이어는 기관총으로 사방에서 나타나는 AI 좀비들을 죽여야 합니다.

아이템이 랜덤 위치에 생성되므로 플레이어는 한곳에 머무르지 말고 끊임없이 이동해야 합니다. 후처리 효과를 사용하여 멋진 영상미를 보여줍니다.

네트워크 협동 게임 - 좀비 서바이버 멀티플레이어 ★★★

좀비 서바이버 게임을 포톤을 사용한 멀티플레이어 게임으로 포팅합니다.

클라우드 서버를 이용한 4인 매치메이킹을 지원합니다.

싱글플레이어 전용으로 설계된 게임을 멀티플레이어로 전환하는 여러 기법을 이해합니다.

이 책의 모태인 소문난 명강의 「retr0의 유니티 프로그래밍 에센스」는 저자가 유튜브 채널 retr0와 온라인 강의 사이트에 공개한 유니티 프로그래밍 강의 시리즈입니다.

동아리 구성원에게 도움을 주고자 유튜브에 업로드한 강좌가 이제는 많은 구독자를 보유한 인기 강좌로 자리 잡게 되었습니다. retr0 유튜브에는 **「프로그래밍 기초 시리즈」**, 비디오 하나로 개발 시작부터 프로그램 완성까지 다루는 **「한방에 개발하기 시리즈」**, 이외에 다양한 장르의 게임 개발이나 머신러닝 튜토리얼이 업로드됩니다.

• **유튜브 retr0** : youtube.com/c/JeminDEV

또한 온라인 강의 플랫폼 유데미에 제공한 유료 강좌는 유데미에서 전 기간 가장 많이 팔린 한국어 강의 1위 자리를 지키고 있습니다. 유료 강의는 즉흥적인 개발보다는 순서대로 학습할 수 있는 커리큘럼을 담고 있습니다.

• 온라인 강의 사이트 : boxcollider.io

이 책의 모태는 retr0 강좌지만 기존 비디오의 텍스트 버전이 아닌 새로운 내용과 새로운 예제로 책을 썼습니다. 동영상 강좌와 정돈된 책은 정보를 제공하는 방법이 다르므로 서로 상호보완적입니다.

따라서 이미 온라인 강좌로 유니티 개발 방법을 학습했더라도 간결하게 정리된 콘텐츠를 제공하는 이 책이 도움이 될 겁니다. 그 반대로 이 책을 본 이후에도 저자가 제공하는 동영상 강좌가 도움이 될 겁니다.

책과 동영상 강좌 모두를 효율적으로 활용해 개발자로 빠르게 성장하길 응원합니다.

6부

탑다운 슈터 게임 _ **좀비 서바이버**

난이도	★★★
예제 위치	14 폴더, 15 폴더, 16 폴더, 17 폴더
완성본 빌드	https://retro-book.itch.io/zombie
목표	6부에서는 웨이브형 좀비 탑다운 슈터 게임 '좀비 서바이버(Zombie Survival)'를 제작합니다.
미션	좀비들이 끊임없이 다가옵니다. 플레이어는 기관총으로 좀비들을 쏴죽이면서 점수를 모으고 가능한 한 오래 살아남아야 합니다.

▶ 플레이어를 추적하는 인공지능 좀비

기능	① 좀비는 일정 주기로 생성됩니다. 시간이 지날수록 한 번에 생성되는 좀비 수가 늘어납니다.
	② 좀비는 플레이어의 위치를 주기적으로 파악하고 언제나 최적의 경로를 찾아 플레이어를 추적합니다.
	③ 좀비의 이동 속도와 공격력, 체력은 랜덤으로 지정됩니다.
	④ 강하고 빠른 좀비일수록 피부 색깔이 붉어집니다.

▶ 강한 좀비일수록 피부가 붉다

⑤ 플레이어의 체력은 캐릭터를 따라다니는 원형바로 확인할 수 있습니다.

⑥ 플레이어의 기관총 탄알은 무한하지 않고, 체력도 자동 회복되지 않습니다. 플레이어는 계속해서 탄알 아이템과 체력 아이템을 찾아야 합니다.

⑦ 아이템은 주기적으로 플레이어 근처의 랜덤한 위치에 생성됩니다. 생성된 아이템은 일정 시간 뒤에 사라집니다. 몰려오는 좀비를 피하고 아이템을 찾기 위해 플레이어는 멈추지 않고 계속 움직여야 합니다.

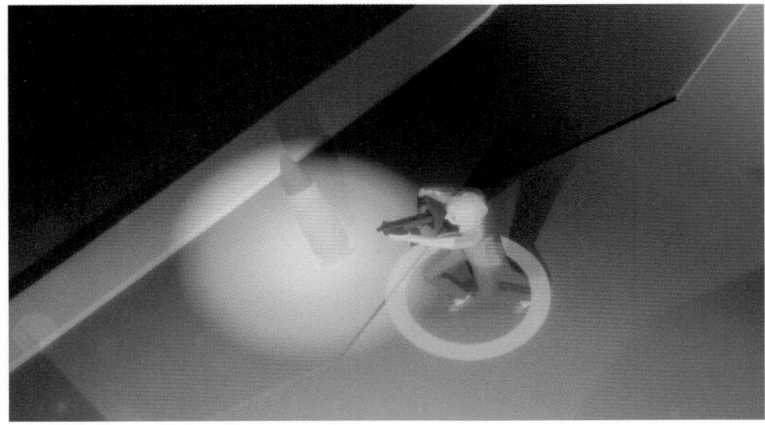

▶ 랜덤한 주기와 위치로 배치되는 아이템

⑧ 후처리(Post-Processing) 효과를 사용해 게임 화면을 보정합니다.

좀비 서바이버를 만들면서 슈터 장르를 개발하기 위한 지식뿐만 아니라 게임의 아트 분위기를 개선하는 방법을 배웁니다.

후처리 X   후처리 O

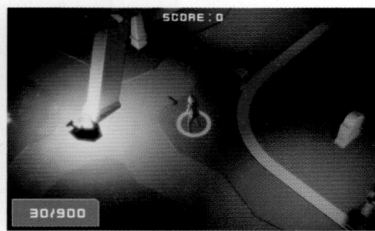

▶ 후처리에 의한 영상미 차이

⑨ 유니티 최신 버전에 추가된 공식 패키지(패키지 매니저, 시네머신, 포스트-프로세싱 스택)를 사용하는 방법을 배웁니다.

조작법
- 캐릭터 회전 : ←, → 또는 A, D
- 캐릭터 전진/후진 : ↑, ↓ 또는 W, S
- 발사 : 마우스 왼쪽 버튼
- 재장전 : R

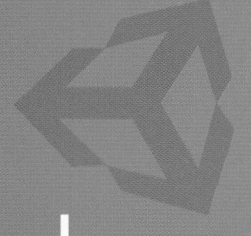

14장 좀비 서바이버

레벨 아트와 플레이어 준비

이 장에서는 프로젝트의 씬과 플레이어 캐릭터를 만듭니다.

씬을 구성하는 레벨 아트를 준비하고 라이팅을 설정합니다. 글로벌 일루미네이션과 환경광을 설정해서 수준 높은 아트 분위기를 만드는 방법을 배웁니다. 플레이어 입력과 움직임, 애니메이션을 구현하고 애니메이션을 신체 부위별로 나누어 적용하는 방법을 배웁니다. 시네머신 Cinemachine을 사용하여 자동 추적 카메라를 쉽게 구현하는 방법도 알아봅니다.

이 장에서 다루는 내용

- 패키지 매니저
- 라이트 설정으로 씬의 전반적인 색 분위기를 조절하는 방법
- 라이트맵과 글로벌 일루미네이션
- 여러 애니메이션 클립을 섞어 사용하는 방법
- 애니메이션을 특정 신체 부위에만 적용하는 방법
- 플레이어의 입력과 플레이어 캐릭터의 움직임 구현
- 시네머신으로 자동 추적 카메라 만들기

14.1 프로젝트 구성

좀비 서바이버 프로젝트를 열고 구성을 살펴봅니다.

좀비 서바이버는 미리 준비된 프로젝트를 사용하여 완성합니다. 예제 데이터의 14장 폴더를 열고 Zombie 프로젝트를 엽니다. 이번 프로젝트는 유니티의 패키지 매니저를 사용합니다. 따라서 프로젝트를 처음 열 때는 반드시 인터넷이 연결되어 있어야 합니다.

[과정 01] 좀비 서바이버 프로젝트 열기

① 예제 데이터의 **14** 폴더 내부의 **Zombie** 프로젝트 폴더를 유니티로 열기

이번 프로젝트는 많은 에셋과 라이브러리를 사용합니다. 프로젝트 창에 있는 폴더를 개략적으로 살펴보겠습니다.

Assets 폴더

Assets 폴더에는 준비된 에셋들을 분류한 폴더들이 들어 있습니다. 각 폴더의 내용은 다음과 같습니다.

- Animations : 캐릭터 애니메이션
- Audios : 효과음과 음악 오디오 클립
- Fonts : 폰트
- Gizmos : 시네머신이 사용하는 기즈모 아이콘(시네머신 패키지 추가 시 자동 생성됨)
- Materials : 3D 모델에 사용할 머티리얼
- Models : 3D 모델
- Post-Process Profile : 후처리에 사용할 프로파일(프리셋)
- Prefabs : 프리팹
- Scripts : 스크립트
- Sprites : 2D 텍스처(스프라이트)
- Textures : 3D 모델의 텍스처

Packages 폴더

Packages 폴더에는 패키지 매니저^{Package Manager}를 사용해 임포트한 패키지가 들어 있습니다. 기본 포함되는 패키지들은 유니티 버전 등에 따라서 달라질 수 있습니다.

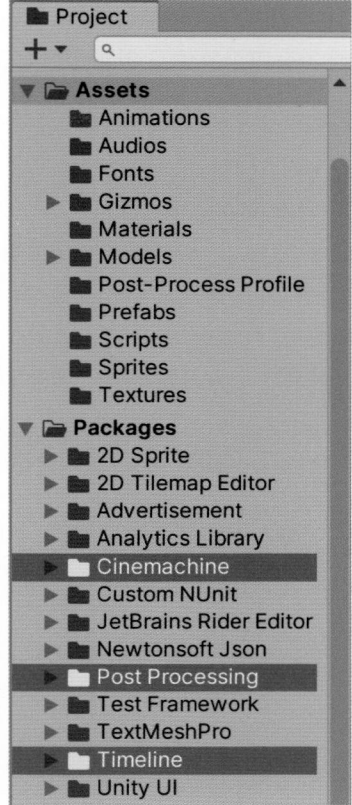

▶ 프로젝트에 포함된 폴더와 패키지

좀비 서바이버 프로젝트에 사용하기 위해 직접 저자가 추가한 패키지들은 다음과 같습니다.

- Cinemachine : 스마트 추적 카메라와 복잡한 카메라 연출을 손쉽게 구현합니다.
- Post-process : 전체 이름은 포스트 프로세싱 스택(Post-processing Stack)입니다. 후처리 효과를 구현합니다.
- Timeline : 영상 편집 프로그램을 닮은 시퀀스 편집 툴입니다. 실시간 시네마틱 컷신, 게임 플레이 이벤트 시퀀스 등을 쉽게 만들 수 있습니다. Cinemachine 패키지가 필요로하는 의존 패키지입니다.

   Timeline 패키지의 경우 좀비 서바이버 프로젝트에서는 직접 사용하지 않지만 Cinemachine 패키지가 필요로 하는 패키지이므로 함께 설치하였습니다.

위 패키지들이 여러분 컴퓨터에 미리 설치되어 있지 않다면 프로젝트를 여는 동안 자동으로 다운로드되고 설치됩니다. 이들은 프로젝트 창의 Packages 폴더를 펼쳐 확인할 수 있습니다.

Analytics Library, In App Purchasing... 등의 기본 포함 패키지들이 패키지 매니저에 의해 자동 포함될 수도 있으며 현재 프로젝트와 직접적인 관련은 없습니다.

시네머신과 포스트 프로세싱 스택에 대한 자세한 설명은 실습을 진행하면서 하겠습니다.

패키지 매니저

패키지 매니저는 유니티 2018부터 정식 추가되었습니다. 패키지 매니저로 여러 유니티 프로젝트가 공유하는 패키지들을 한 곳에서 쉽게 관리할 수 있습니다.

패키지 매니저는 유니티 상단 메뉴의 Window > Package Manager로 열 수 있습니다(유니티 버전에 따라 패키지 매니저 창이 아래 그림과 다르게 보일 수 있습니다).

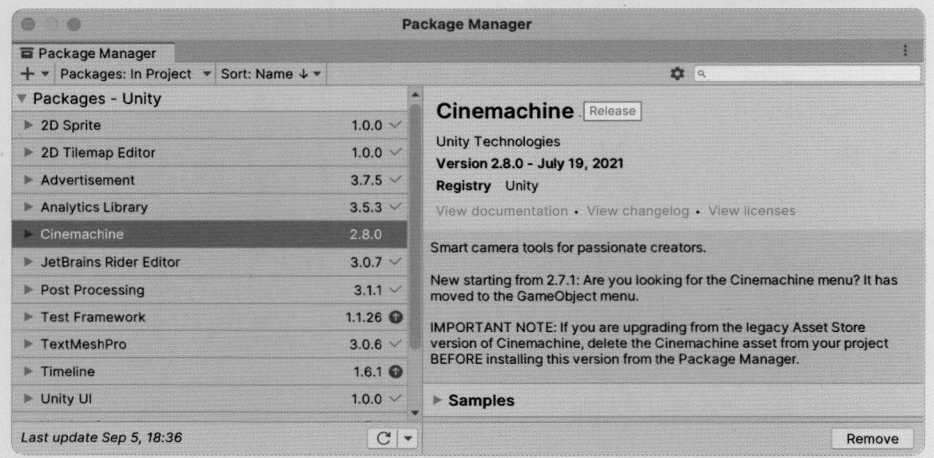

▶ 패키지 매니저의 모습

패키지란 아트 에셋, 플러그인, 스크립트 등을 모아서 압축한 파일입니다. 전통적인 방식에서는 에셋 스토어 등에서 패키지를 다운로드하고, 프로젝트의 Assets 폴더에 패키지의 압축을 풀어 에셋을 추가합니다.

새로 도입된 패키지 매니저를 사용하면 에셋 스토어를 거치지 않고 패키지를 다운로드하며, 프로젝트의 Assets 폴더에 에셋을 직접 추가하지 않고 사용할 수 있습니다.

패키지 매니저를 사용해 다운로드한 패키지는 여러분 컴퓨터에 생성된 '글로벌 캐시' 폴더에 설치됩니다. 각 유니티 프로젝트는 패키지를 자신의 프로젝트 폴더에 직접 추가하지 않고, 글로벌 캐시의 패키지를 참조해서 사용합니다. 따라서 패키지 매니저를 사용하면 유니티 프로젝트의 크기가 가벼워집니다.

또한 프로젝트를 협업자와 공유할 때 패키지 파일을 함께 공유할 필요가 없습니다. 만약 협업자 컴퓨터에 필요한 패키지가 설치되어 있지 않다면 프로젝트를 여는 동안 유니티가 필요로 하는 패키지를 인터넷으로 다운로드하고 설치합니다.

이제 새로운 씬을 만들고 개발을 시작하겠습니다.

[과정 02] 새로운 씬 만들기

① **프로젝트** 창의 **Assets** 폴더에 **Scenes**라는 이름으로 **새 폴더 생성**

② **[Ctrl+S]**로 **씬 저장** 창 열기 > 새 씬을 **Main**이라는 이름으로 **Scenes** 폴더에 저장

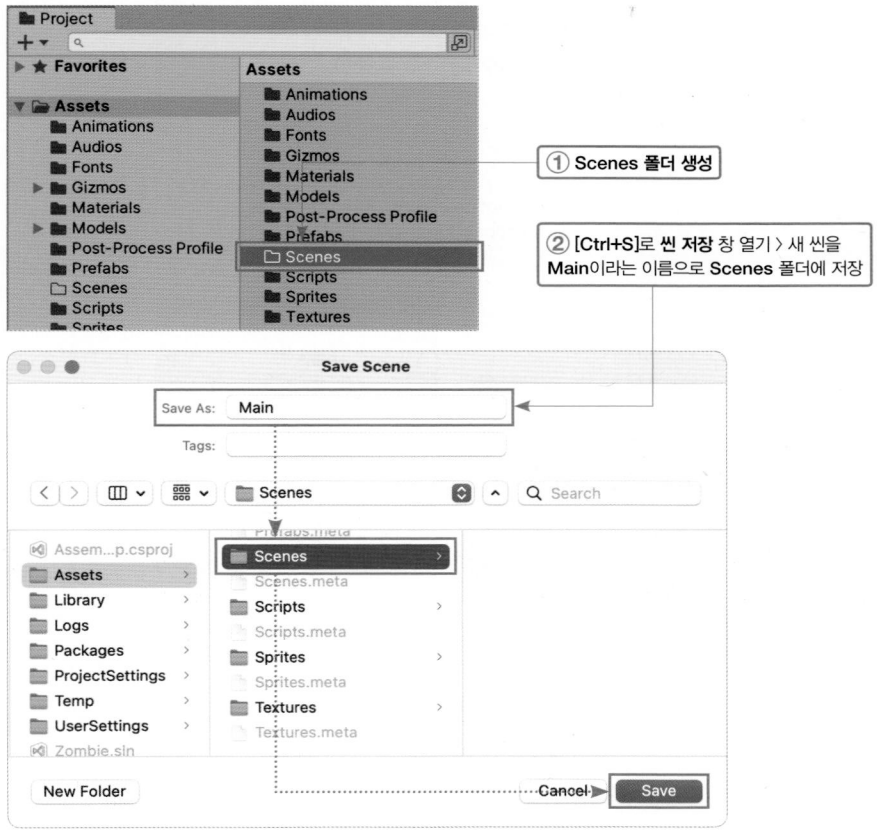

▶ 새로운 씬 만들기

14.2 레벨 아트와 라이팅 설정

씬에 레벨 아트를 추가하고 라이팅을 구성합니다. 레벨 아트는 아티스트가 미리 만들어둔 것을 사용할 겁니다. 그다음 라이팅을 조정해 전반적인 아트 분위기를 조정합니다.

14.2.1 레벨 아트 추가하기

Prefabs 폴더에서 미리 제작된 레벨 아트인 Level Art 프리팹을 찾을 수 있습니다. 이것을 씬에
추가합니다.

[과정 이] 레벨 아트 구성하기

① **Directional Light** 게임 오브젝트 **삭제**(Directional Light 선택 > [Delete] 키 누르기)
② **Prefabs** 폴더의 **Level Art** 프리팹을 **하이어라키** 창으로 **드래그&드롭**

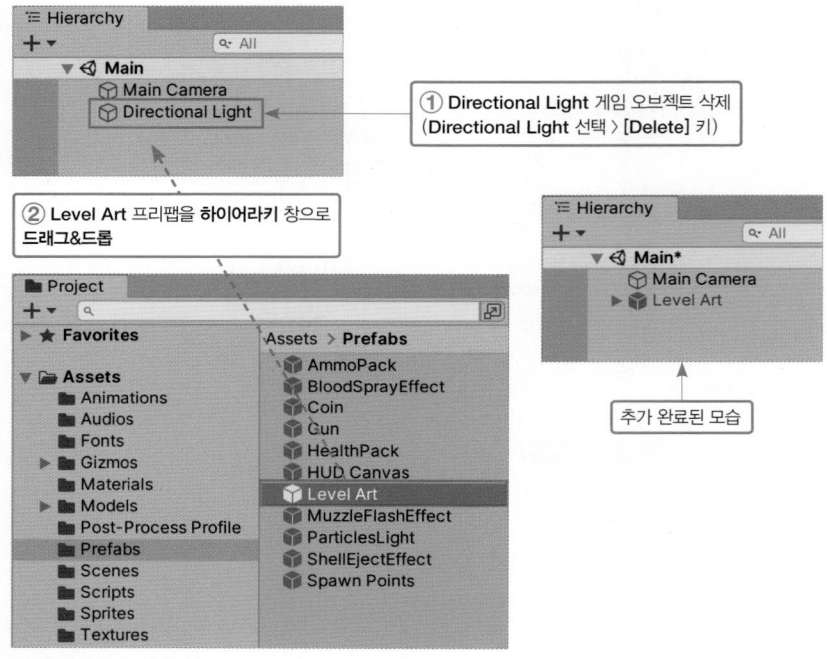

▶ 레벨 아트 구성하기

Level Art 프리팹에는 빛을 내는 라이트 게임 오브젝트가 추가되어 있습니다. 따라서 새로운
씬과 함께 기본 생성되었던 Directional Light 게임 오브젝트는 지웠습니다.

생성된 Level Art 게임 오브젝트를 선택하고 씬 창에서 살펴보면 여러 사물과 울타리를 감싸
도록 콜라이더가 꼼꼼하게 추가된 것을 알 수 있습니다. 따라서 캐릭터가 장애물이나 울타리를
뚫고 지나갈 수 없습니다.

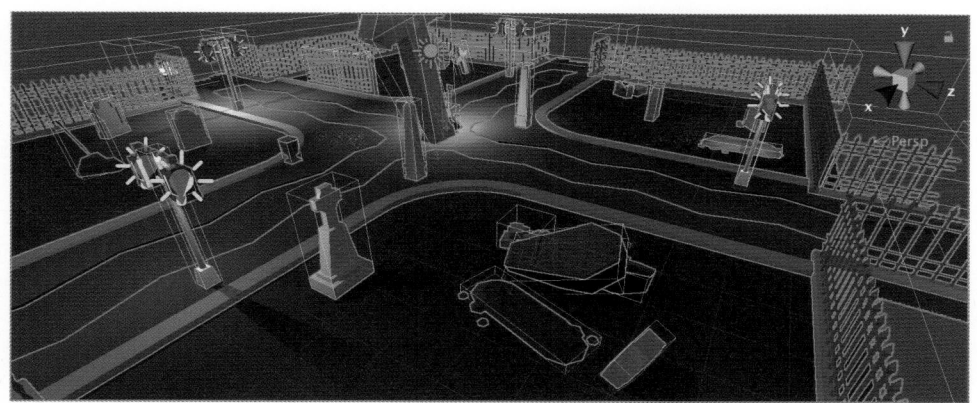

▶ 미리 추가되어 있는 콜라이더들

자세히 보면 3D 모델을 감싸고 있는 콜라이더 대부분은 간단한 큐브 형태인 것을 알 수 있습니다. 성능을 위해 Level Art 프리팹은 주로 기본^{Primitive} 콜라이더를 사용하여 제작했습니다. 기본 콜라이더는 박스 콜라이더나 스피어 콜라이더처럼 간단한 형태의 콜라이더를 뜻합니다.

메시 콜라이더 컴포넌트를 사용하면 3D 모델의 외형과 일치하는 콜라이더를 만들 수 있습니다. 하지만 메시 콜라이더는 복잡한 형태 때문에 처리량을 크게 증가시키므로 중요한 몇 가지 게임 오브젝트에만 선택적으로 사용하는 것이 좋습니다.

14.2.2 라이트맵

Level Art 프리팹을 씬에 추가하면 일부 독자는 컴퓨터가 갑자기 느려지거나 팬 소음이 커지는 현상을 겪을 수 있습니다. 이것은 유니티가 라이트맵과 여러 추가 라이팅 정보를 포함한 라이팅 데이터 에셋^{Lighting Data Asset}을 굽고^{Baking} 있기 때문입니다. 유니티가 라이팅 데이터 에셋을 굽고 있을 때는 유니티 에디터 화면 우측 하단에 진행바가 표시됩니다.

Baking...

▶ 라이트맵 굽기 진행바

라이팅은 연산 비용이 비쌉니다. 따라서 유니티는 라이팅 데이터 에셋을 사용하여 라이팅 효과의 실시간 연산량을 줄이며, 씬에 변화가 감지될 때마다 매번 새로운 라이팅 데이터 에셋을 생성합니다.

라이팅 데이터 에셋에 포함된 주요 데이터 중 하나는 라이트맵^{Lightmap}입니다. 라이트맵은 '오브젝트가 빛을 받았을 때 어떻게 보일지' 미리 그려둔 텍스처라고 할 수 있습니다. 라이트맵의 동작은 물체의 표면 위에 데칼을 입히는 것으로 이해할 수 있습니다.

아래 그림은 큐브 근처에 노란 빛을 내는 라이트 오브젝트를 배치하고, 실시간 광원 효과를 라이트맵으로 대체한 겁니다.

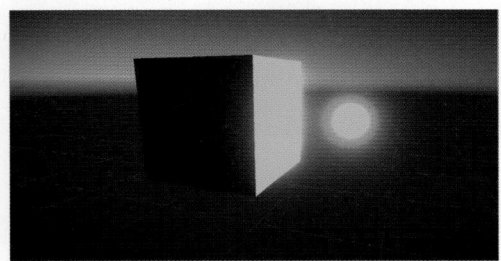

▶ 노란 빛을 받은 큐브

위 그림에서 실시간으로 빛을 내는 오브젝트는 없습니다. 여기서 라이트 오브젝트는 실제로 빛을 내는 것이 아니라 빛을 내는 것처럼 보이는 겁니다.

라이트 오브젝트를 삭제한 아래 그림에서도 여전히 큐브에 빛이 비칩니다. 큐브에 비친 노란 빛은 실시간으로 계산된 빛이 아닙니다. 미리 구워둔 라이트맵 텍스처를 큐브에 입혀서 '빛을 받은 것처럼' 눈속임한 겁니다.

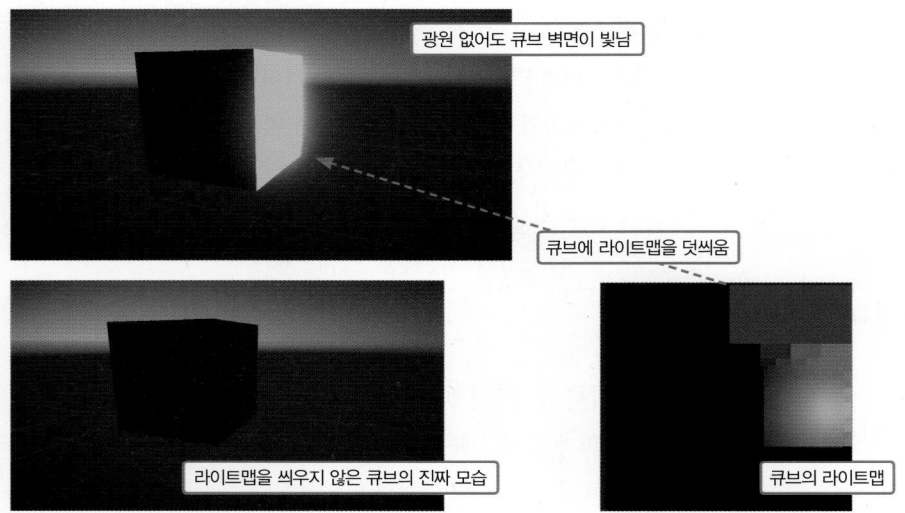

광원 없어도 큐브 벽면이 빛남

큐브에 라이트맵을 덧씌움

라이트맵을 씌우지 않은 큐브의 진짜 모습

큐브의 라이트맵

▶ 라이트맵이 입혀진 큐브

라이트맵은 오브젝트가 빛을 받았을 때의 모습을 미리 계산해 생성한 텍스처입니다. 라이트맵을 생성하는 것을 '라이트맵을 굽는다'라고 표현합니다.

라이트맵을 구워두면 오브젝트가 빛을 받았을 때 실시간 라이팅 연산을 하는 대신 오브젝트 표면에 라이트맵을 씌워서 빛 효과를 표현합니다. 덕분에 런타임[1]에 컴퓨터가 감당해야 할 라이팅 연산량이 크게 줄어듭니다.

하지만 라이트맵을 굽는 처리는 부하가 크고 시간이 오래 걸립니다. 우리는 처음 한 번만 씬의 라이트맵을 굽겠습니다. 그렇지 않으면 씬에 변화가 조금이라도 생길 때마다 유니티가 라이트맵을 새로 구우려 하기 때문에 컴퓨터가 계속 버벅거릴 수 있습니다.

14.2.3 라이팅 설정하기

라이팅을 설정하고 라이트맵을 굽겠습니다. 유니티 상단 메뉴에서 **Window** > **Rendering** > **Lighting**으로 들어가 라이팅 설정 창을 엽니다.

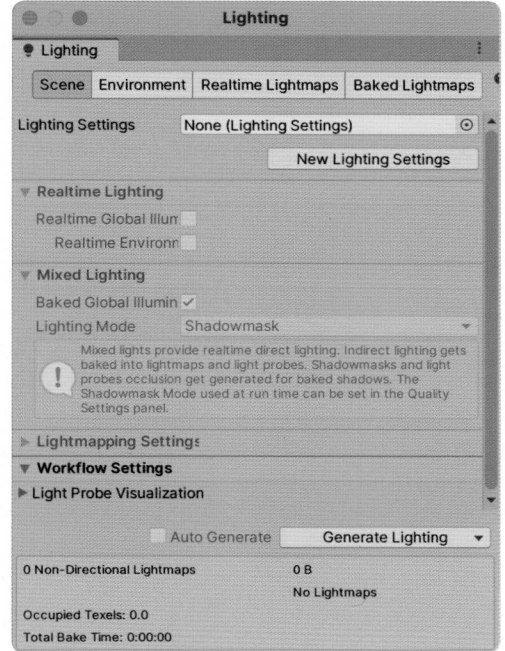

▶ 라이팅 설정 창의 모습

....

1 프로그램이 실시간으로 실행되고 있는 동안의 시간

먼저 현재 씬을 위한 새로운 라이트 설정 에셋을 생성합니다. 그리고 라이팅 설정 라이팅맵 자동 생성을 해제합니다. 그러면 라이팅맵을 원할 때 수동으로 구울 수 있습니다.

[과정 01] 라이트맵 설정 에셋 생성

① 라이팅 창 상단에서 **New Light Settings** 버튼 클릭 › 라이트 설정 에셋 **New Light Settings**가 생성됨

② **New Light Settings 이름**을 **Main Light Settings**로 변경 › **Main Light Settings**를 Scenes 폴더로 옮김

③ **라이팅** 창 하단의 **Auto Generate** 체크 해제

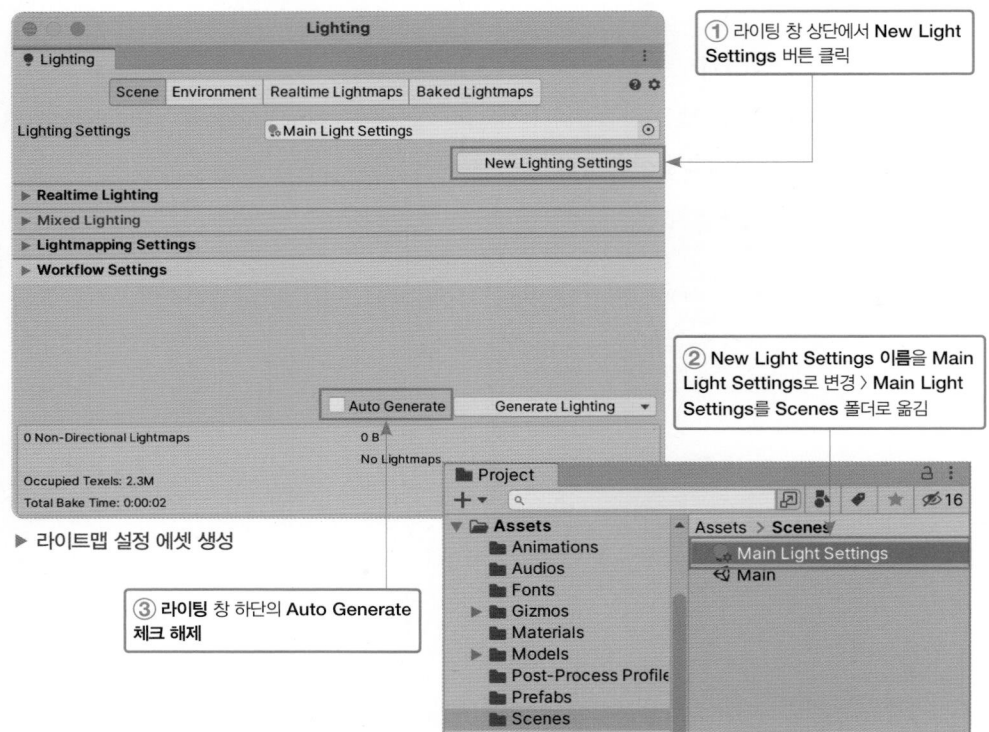

▶ 라이트맵 설정 에셋 생성

그다음 환경광Environment Lighting을 설정합니다.

환경광은 씬에 가장 기본으로 깔리는 빛입니다. 환경광은 모든 게임 오브젝트에 적용되며, 모든 방향에서 같은 세기로 들어오기 때문에 그림자나 명암을 만들지 않습니다. 환경광을 변경하면 게임의 전체 색 분위기가 바뀌게 됩니다.

① **라이팅** 창 상단의 **Environment** 탭 클릭 〉 **Enviroment** 패널에서 **Source**를 **Color**로 변경

② **Ambient Color**의 **컬러 필드 클릭** 〉 **컬러를 (65, 23, 12)**로 변경

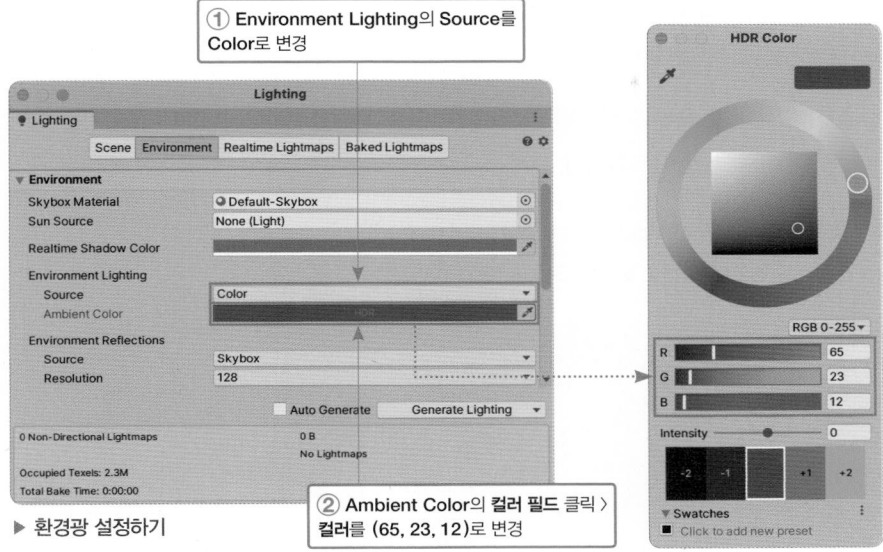

▶ 환경광 설정하기

환경광을 짙은 갈색으로 변경했습니다. 환경광을 바꾸면 씬의 전체 컬러와 분위기가 변경됩니다.

14.2.4 글로벌 일루미네이션

이어서 글로벌 일루미네이션을 설정합니다. 글로벌 일루미네이션Global Illumination은 물체의 표면에 직접 들어오는 빛뿐만 아니라 다른 물체의 표면에서 반사되어 들어온 간접광까지 표현합니다. 줄여서 GI라고 부릅니다.

GI를 사용하지 않은 경우

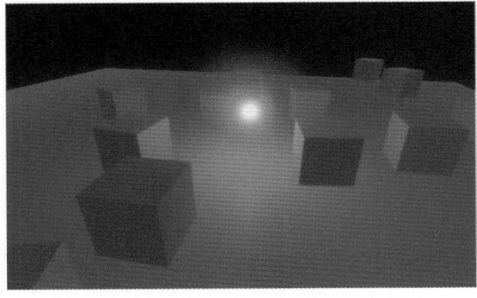

GI를 사용한 경우

▶ 글로벌 일루미네이션의 적용 여부에 따른 차이

글로벌 일루미네이션은 매우 높은 처리량을 요구합니다. 오늘날 PC 성능으로도 완전한 실시간 글로벌 일루미네이션을 사용하기 힘들며, 실시간으로 사용하더라도 여러 제약과 대안을 함께 사용합니다.

유니티는 글로벌 일루미네이션을 라이트맵과 여러 대안을 함께 사용하여 구현합니다. 우리가 생성할 라이트맵에는 글로벌 일루미네이션의 처리량을 줄이기 위한 정보가 포함됩니다.

라이팅 창에서는 두 가지 종류의 글로벌 일루미네이션을 선택할 수 있습니다. 두 가지를 함께 사용하거나 둘 중 한 가지를 사용합니다.

- 실시간 글로벌 일루미네이션(Realtime Global Illumination)
- 베이크된 글로벌 일루미네이션(Baked Global Illumination)

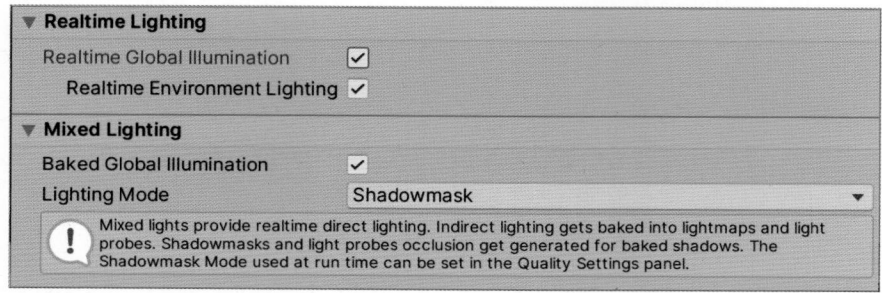

▶ 글로벌 일루미네이션 설정

글로벌 일루미네이션은 최신 PC에서도 실시간으로 처리하기 힘듭니다. 따라서 우리가 사용할 실시간 글로벌 일루미네이션은 진정한 의미의 실시간 글로벌 일루미네이션은 아니라는 점에 유의합니다.

또한 실시간 글로벌 일루미네이션과 베이크된 글로벌 일루미네이션 모두 고정된 오브젝트에게 만 적용된다는 것에 주의합니다. 두 설정의 차이점은 글로벌 일루미네이션에 반영될 빛이 실시 간으로 변할 수 있도록 허용하냐는 것입니다.

즉, 두 설정 모두 빛이 입혀질 대상이 될 오브젝트들은 고정되어 있어야 합니다.

실시간 글로벌 일루미네이션

실시간 글로벌 일루미네이션은 빛의 세기와 방향 등이 달라졌을 때 그 변화를 간접광에 실시간 으로 반영합니다.

실시간 글로벌 일루미네이션을 사용하면 라이트맵을 여러 방향에 대해 생성합니다. 그리고 여러 가지 경우에 대한 빛의 예상 반사 방향과 광원의 예상 이동 경로 등의 정보를 미리 계산해서 저장합니다.

이렇게 미리 계산된 정보 덕분에 게임 도중 물체 표면에 들어오는 빛의 방향 등이 달라져도 간접광이 어떤 방향에 어떤 세기로 반사되어야 하는지 적은 비용으로 추측할 수 있으며, 광원의 변화를 실시간으로 간접광에 반영할 수 있습니다.

결론적으로 '실시간' 글로벌 일루미네이션을 사용해도 미리 계산해야 하는 정보가 있으므로 라이팅 데이터 에셋을 구워야 합니다. 따라서 미리 계산된 실시간 GI Precomputed realtime GI 라고 부르기도 합니다.

베이크된 글로벌 일루미네이션

베이크된 글로벌 일루미네이션은 고정된 빛에 의한 간접광들을 라이트맵으로 구워 게임 오브젝트 위에 미리 입힙니다. 반영된 간접광 효과는 게임 도중에 실시간으로 변하지 않습니다.

베이크된 글로벌 일루미네이션은 실시간 글로벌 일루미네이션보다 표현의 질과 런타임 성능이 더 좋습니다. 하지만 빛의 밝기나 방향이 게임 도중에 달라져도 간접광에 반영되지 않습니다. 따라서 게임 도중에 갑자기 주변이 밝아지거나 어두워지면 이질감을 느낄 수 있습니다.

참고로 베이크된 글로벌 일루미네이션은 다음과 같은 세부 라이팅 모드를 제공합니다. 우리는 기본값인 섀도우마스크 모드를 그대로 사용할 것입니다.

- 베이크된 간접(Baked Indirect) 모드
  - 간접광만 구워서 미리 계산
  - 직사광과 그림자는 실시간으로 처리
- 섀도우마스크(Shadowmask) 모드
  - 간접광을 위한 라이트맵 이외에 그림자 맵(섀도우마스크 맵)을 추가로 구워서 사용
  - 실시간 그림자와 미리 구워진 그림자가 자연스럽게 합성됨
- 감산(Subtractive) 모드
  - 간접광, 직사광, 그림자까지 하나의 라이트맵에 모두 구워버림
  - 실시간 그림자와 미리 구워진 그림자가 자연스럽게 합성되지 않음
  - 가장 오버헤드가 적음(성능이 제일 좋음)

라이트 컴포넌트의 모드

씬에 있는 라이트 게임 오브젝트들에는 라이트 컴포넌트가
있어 빛을 표현합니다.

라이트 컴포넌트의 모드 필드는 해당 라이트가 실시간으로
빛 효과를 반영할 것인지 또는 빛 효과를 라이트맵 등에 미
리 구워서 사용할지 결정합니다. 또한 해당 라이트가 실시간
글로벌 일루미네이션과 베이크된 글로벌 일루미네이션 중
어느 쪽에 반영될지 결정합니다.

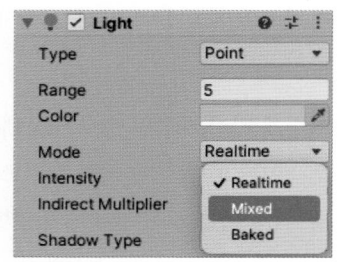

▶ 라이트 컴포넌트의 모드

각 모드는 현재 활성화된 글로벌 일루미네이션 설정에 따라 비활성화될 수 있습니다. 예를 들
어 베이크된 글로벌 일루미네이션을 사용하지 않는다면 베이크됨 모드를 사용할 수 없습니다.

베이크됨(Baked) 모드 : 빛을 미리 라이트 맵에 굽습니다.

베이크됨으로 설정된 라이트는 베이크된 글로벌 일루미네이션에 반영됩니다. 미리 해당 라
이트에 의한 효과를 라이트맵에 굽는 설정이므로 아래와 같은 오브젝트에는 빛을 비추거나
그림자를 그릴 수 없습니다.

- 라이트를 굽는 시점에는 없던 게임 오브젝트
- 게임 도중 움직일 수 있는 동적 게임 오브젝트

베이크됨으로 설정된 라이트는 런타임 도중에 밝기나 컬러 등을 변경할 수 없으며 강제로
변경해도 반영되지 않습니다.

실시간(Realtime) 모드 : 실시간으로 빛을 연산합니다.

런타임에 실시간 라이트의 설정이나 위치가 변경되면 오브젝트에 반영됩니다. 베이크된 라
이트와 달리 실시간으로 움직이거나 생성되는 오브젝트의 그림자도 그릴 수 있습니다. 하지
만 시간을 들여 빛을 구워내는 베이크된 라이트에 비해 빛의 표현이나 그림자의 질감이 떨
어질 수 있습니다.

실시간 글로벌 일루미네이션이 활성화된 경우에는 실시간 라이트도 간접광을 표현할 수 있
습니다. 물론 베이크된 라이트보다는 질감이 떨어집니다.

혼합(Mixed) 모드 : 실시간과 베이크됨 사이의 동작을 가집니다.

혼합 모드로 설정된 라이트는 가볍거나 동적 게임 오브젝트에만 적용할 연산은 실시간, 무
겁거나 정적 게임 오브젝트에만 적용할 연산은 베이크된 라이트로 동작합니다.

혼합 라이트의 설정은 런타임에 변경할 수 있습니다. 하지만 혼합 라이트 효과 중 실시간으로 연산되는 것들만 변화가 반영됩니다.

혼합 라이트는 베이크된 글로벌 일루미네이션의 세부 모드에 따라 조금씩 다르게 동작합니다. 여기서는 섀도우마스크 모드를 기준으로 설명하겠습니다.

동적 게임 오브젝트는 다음과 같은 빛 효과를 받습니다.

- 실시간 직사광
- 실시간 그림자
- 그림자 맵을 활용한 실시간 그림자

정적 게임 오브젝트는 다음과 같은 빛 효과를 받습니다.

- 실시간 직사광
- 라이트맵을 통해 미리 구워진 간접광
- 미리 구워진 그림자
- 그림자 맵을 활용한 실시간 그림자

런타임에 혼합 라이트의 컬러를 변경하면 정적과 동적 게임 오브젝트 모두 직사광에 의한 표면의 컬러가 변경됩니다. 하지만 정적 게임 오브젝트에 반영된 간접광 표현은 변화하지 않습니다.

또한 혼합 라이트는 동적 게임 오브젝트가 만드는 그림자는 실시간으로 그리고, 정적 게임 오브젝트가 만드는 그림자는 미리 구워진 그림자를 사용합니다. 단, 구워진 그림자와 실시간 그림자가 겹치는 경우 그림자 맵을 활용하여 실시간 그림자를 그립니다.

예를 들어 정적인 건물의 구워진 그림자와 건물 옆에 서 있는 동적인 캐릭터의 실시간 그림자가 겹치는 경우 이 둘을 자연스럽게 합성합니다. 그리고 각 동적 게임 오브젝트와 정적 게임 오브젝트 위에 실시간 그림자를 그립니다.

글로벌 일루미네이션 설정하기

우리는 실시간 글로벌 일루미네이션과 베이크된 글로벌 일루미네이션을 모두 사용하여 라이트맵을 굽겠습니다.

이 경우 고정된 물체에 고정된 빛에 의한 상세한 간접광과 그림자가 표현됩니다. 동시에 고정된 물체에 움직이는 빛에 의한 간접광도 표현될 것입니다.

[과정 01] 라이트맵 굽기

① **라이팅** 창에서 **Realtime Lighting**의 **Realtime Global Illumination** 체크

② **Mixed Lighting**의 **Baked Global Illumination** 체크

③ **Lightmapping Settings**에서 다음과 같이 변경

- **Direct Samples**를 16으로 변경
- **Indirect Samples**를 256으로 변경
- **Environment Samples**를 128로 변경
- **Indirect Resolution**을 0.5로 변경
- **Lightmap Resolution**을 10으로 변경

④ **Generate Lighting** 클릭

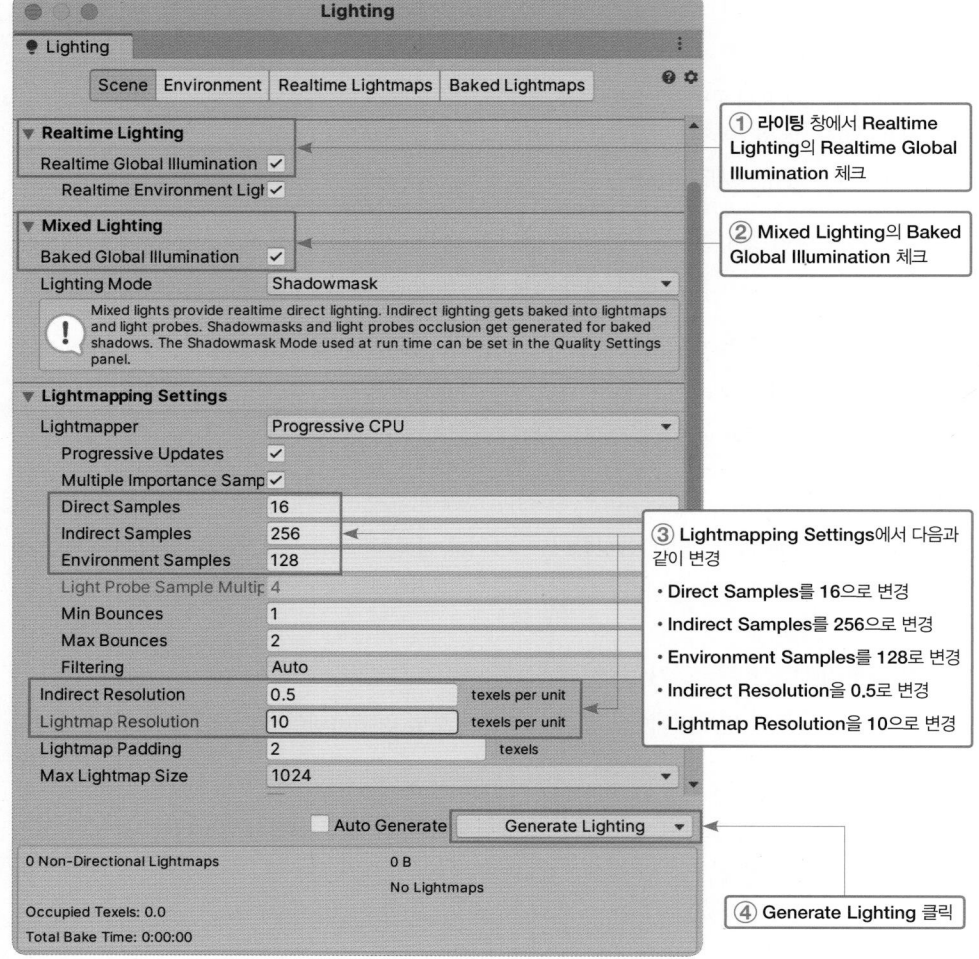

▶ 라이트맵 굽기

라이트 데이터를 생성하는 과정은 굉장히 오래 걸리기 때문에 라이트 품질을 다음과 같이 일부 낮추었습니다. 라이팅 효과의 정교함은 떨어지겠지만 우리는 로우 폴리 스타일의 3D 모델을 사용하므로 거의 티 나지 않습니다.

- 직사광 연산을 위한 샘플링 횟수는 16으로 줄임
- 간접광 연산을 위한 샘플링 횟수는 256으로 줄임
- 환경광 연산을 위한 샘플링 횟수는 128로 줄임
- 간접광 텍스처 해상도를 유닛당 0.5텍셀(texel)^{2}로 줄임
- 라이트맵 텍스처 해상도를 유닛당 10텍셀로 줄임

Generate Lighting을 클릭하면 라이트맵을 얼마 간 굽습니다. 라이트맵 굽기가 완료되면 Main 씬을 저장한 폴더에 씬과 같은 이름으로 라이팅 정보를 저장한 폴더가 생성됩니다. 해당 폴더에서 Main 씬에 관한 라이팅 정보를 저장한 에셋들을 확인할 수 있습니다.

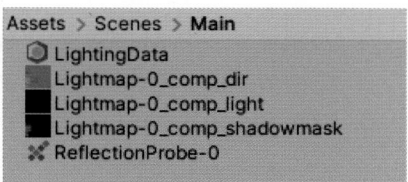

▶ 생성된 라이팅 데이터 에셋

이것으로 라이팅을 조정하고 레벨 아트를 완성했습니다. 이제 라이트 설정 창을 닫고 플레이어 캐릭터 제작으로 넘어가겠습니다.

NOTE_ 정적 게임 오브젝트

글로벌 일루미네이션은 정적(Static) 게임 오브젝트에만 적용됩니다. Static을 활성화하는 체크박스는 인스펙터 창 오른쪽 상단에서 확인할 수 있습니다.

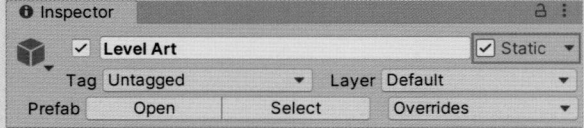

▶ Static이 체크된 게임 오브젝트

현재 사용하는 Level Art 게임 오브젝트와 그 자식 게임 오브젝트는 모두 정적 체크되어 있습니다. 따라서 글로벌 일루미네이션이 적용됩니다.

정적 게임 오브젝트는 게임 도중에 위치가 변경될 수 없습니다. 대신 정적 게임 오브젝트에는 유니티가 상대적으로 더 많은 성능 최적화를 적용합니다.

---

2 텍셀은 텍스처의 화소입니다. 화면의 1화소가 1픽셀이라면 텍스처의 1화소는 1텍셀입니다.

14.3 플레이어 캐릭터와 애니메이션 구성

플레이어 캐릭터를 준비하고 움직임과 애니메이션을 구현하겠습니다.

14.3.1 플레이어 캐릭터 준비하기

프로젝트 창의 Models 폴더에는 미리 준비한 3D 캐릭터 모델이 있습니다. 이 모델을 사용하겠습니다.

[과정 01] 캐릭터 추가하기

① **Models** 폴더에서 **Woman** 모델을 **하이어라키** 창으로 **드래그&드롭**
② 생성된 **Woman** 게임 오브젝트의 **이름**을 **Player Character**로, **태그**를 **Player**로 변경
③ **위치**를 **(0, 0, 0)**으로 변경

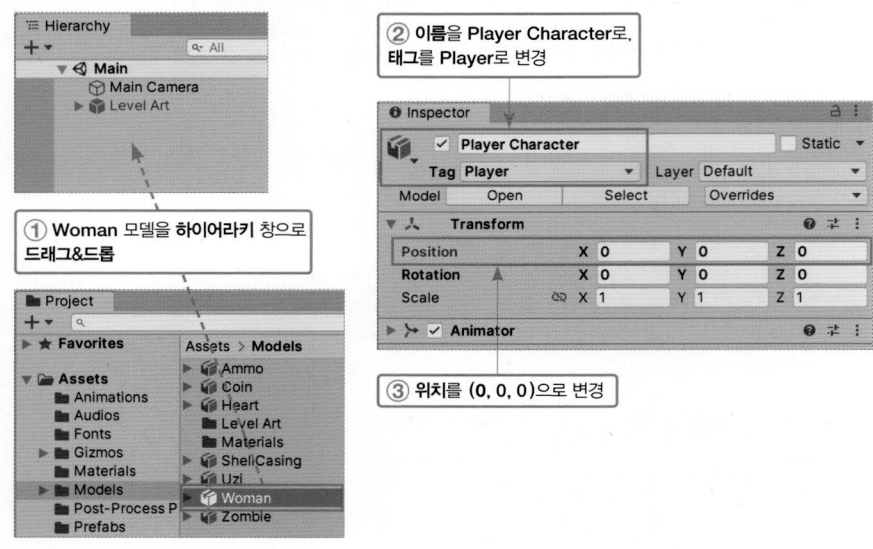

▶ 캐릭터 추가하기

3D 모델 에셋(FBX 파일)을 하이어라키 창으로 드래그&드롭하여 해당 3D 모델을 사용하는 게임 오브젝트를 생성했습니다.

3D 모델로부터 생성된 게임 오브젝트는 애니메이터 컴포넌트를 가집니다. 또한 3D 모델의 계층 구조나 본Bone 구조가 유지되어 함께 추가됩니다(Player Character 게임 오브젝트의 자식 게임 오브젝트 명단을 펼쳐서 확인할 수 있습니다).

계속해서 플레이어 캐릭터에 필요한 컴포넌트를 추가합니다.

[과정 02] 캐릭터에 리지드바디 추가하기

① **Rigidbody** 컴포넌트 추가(**Add Component** 〉 **Physics** 〉 **Rigidbody**)
② **Rigidbody** 컴포넌트의 **Angular Drag**를 20으로 변경
③ **Rigidbody** 컴포넌트의 **Constraints** 탭 펼치기 〉 **Freeze Rotation X**와 **Z** 체크

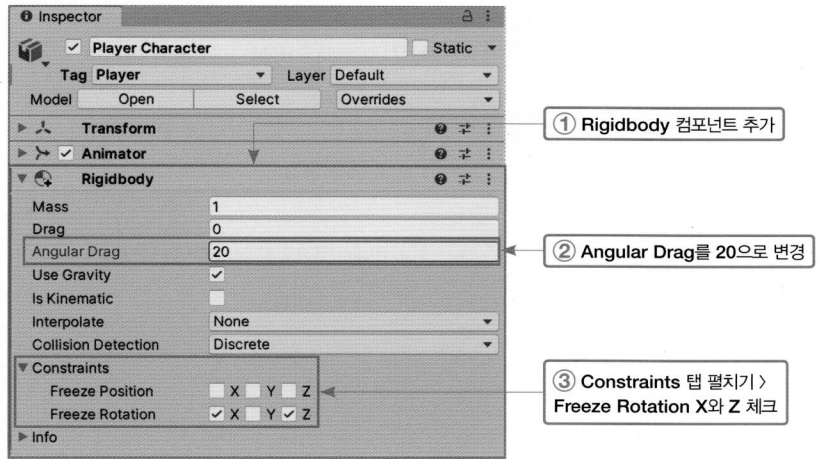

▶ 캐릭터에 리지드바디 컴포넌트 추가하기

캐릭터에 리지드바디 컴포넌트를 추가하여 물리 상호작용이 가능하게 했습니다. 설정한 Angular Drag^각 항력는 회전에 대한 마찰력입니다. 이 값을 높이면 물체가 잘 회전하지 않거나 회전해도 금방 멈추게 됩니다.

벽이나 좀비에 부딪히고 밀려날 때 캐릭터가 미끄러지듯이 회전하는 상황을 막기 위해 Angular Drag의 값을 높였습니다. 그리고 X와 Z축 회전을 고정하여 해당 방향으로 캐릭터가 넘어지지 않도록 막았습니다.

그다음 캐릭터에 콜라이더를 추가하여 물리적인 표면을 만들고 오디오 소스를 추가하여 소리를 낼 수 있게 합니다.

[과정 03] 캐릭터에 캡슐 콜라이더 추가하기

① Capsule Collider 컴포넌트 추가(Add Component > Physics > Capsule Collider)

② Capsule Collider 컴포넌트의 Center를 (0, 0.75, 0)으로 변경

③ Capsule Collider 컴포넌트의 Radius를 0.2, Height를 1.5로 변경

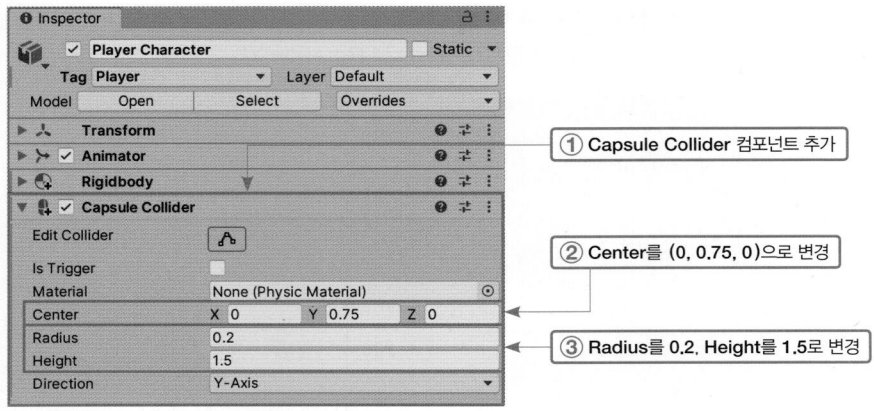

▶ 캐릭터에 캡슐 콜라이더 추가하기

[과정 04] 캐릭터에 오디오 소스 추가하기

① Audio Source 컴포넌트 추가(Add Component > Audio > Audio Source)

② Audio Source 컴포넌트의 Play On Awake 체크 해제

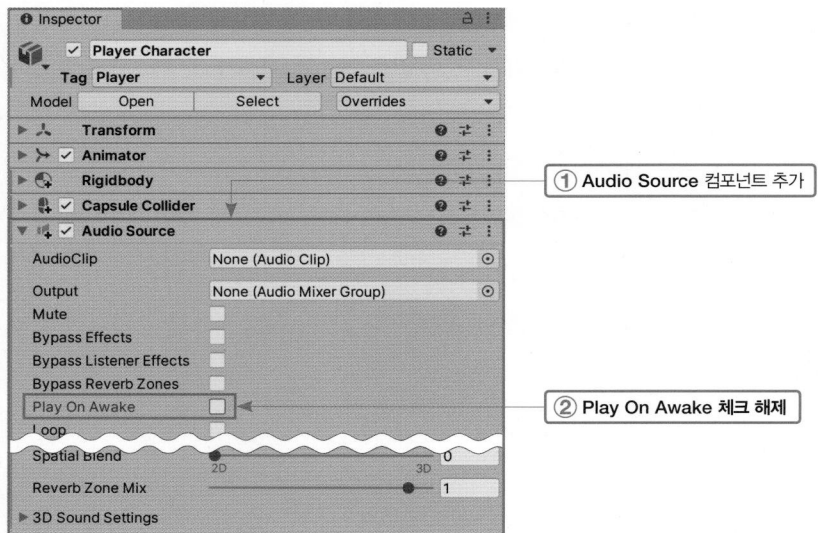

▶ 캐릭터에 오디오 소스 추가하기

14.3.2 애니메이터 설정

이어서 Player Character의 애니메이터를 설정합니다.

저자가 미리 플레이어 캐릭터에 사용할 ShooterAnimator 애니메이터 컨트롤러를 Animations 폴더에 넣어두었습니다. ShooterAnimator 애니메이터 컨트롤러는 캐릭터의 걷고 달리는 움직임, 재장전, 조준에 대한 애니메이션 상태로 구성되어 있습니다.

[과정 이] 캐릭터의 애니메이터 설정하기

① **하이어라키** 창에서 **Player Character** 게임 오브젝트 선택
② **Animator** 컴포넌트의 **Controller** 필드에 **ShooterAnimator** 애니메이터 컨트롤러 할당 (**Controller** 필드의 **선택 버튼** 클릭 〉 **선택** 창에서 **ShooterAnimator 더블 클릭**)
③ **Animator** 컴포넌트의 **Apply Root Motion 체크 해제**

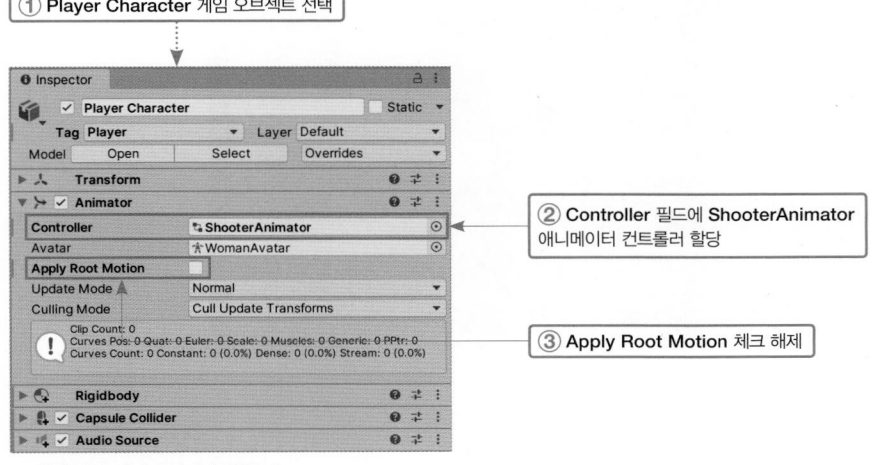

▶ 캐릭터의 애니메이터 설정하기

애니메이터 컴포넌트에 ShooterAnimator 애니메이터 컨트롤러를 할당하고, 루트 모션 적용 Apply Root Motion을 해제했습니다. 루트 모션 적용은 게임 오브젝트의 위치와 회전을 애니메이션 이 제어하도록 허용합니다.

아티스트가 앞으로 움직이는 캐릭터 애니메이션을 만들었다고 가정해봅시다. 루트 모션 적용 을 사용하면 걷는 애니메이션을 재생하는 동안 게임 오브젝트의 실제 위치가 이전보다 앞쪽으 로 변경됩니다. 루트 모션 적용을 사용하지 않으면 제자리에서 걷는 애니메이션이 재생됩니다.

루트 모션 적용을 사용하면 아티스트의 의도를 반영한 움직임을 만들 수 있지만 스크립트로 움직임을 제어하기 힘듭니다. 스크립트만 사용해서 캐릭터를 움직이기 위해 우리는 루트 모션 적용을 사용하지 않겠습니다.

14.3.3 애니메이터 레이어

ShooterAnimator 애니메이터 컨트롤러의 구성을 확인해봅시다.

[과정 01] ShooterAnimator 애니메이터 컨트롤러 표시하기

① **하이어라키** 창에서 **Player Character** 게임 오브젝트 선택
② **애니메이터** 창 띄우기(유니티 상단 메뉴의 **Window > Animation > Animator**)

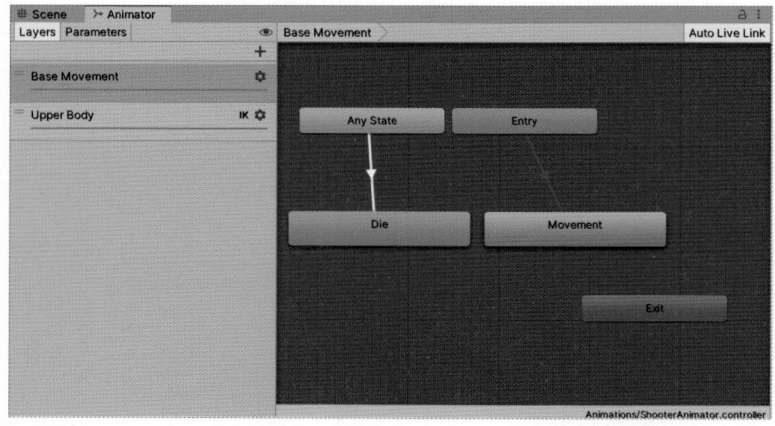

▶ 열린 애니메이터 창

애니메이터 창의 Layers 탭에서 두 개의 레이어(Base Movement, Upper Body)를 확인할 수 있습니다.

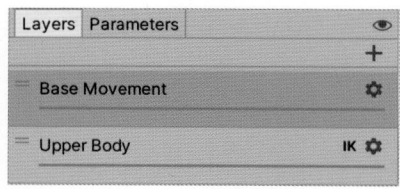

▶ 두 레이어

유한 상태 머신에서는 하나의 상태만 현재 상태가 될 수 있습니다. 하지만 여러 개의 유한 상태 머신을 병렬로 실행하는 방식으로 여러 상태가 동시에 현재 상태로 중첩되게 할 수 있습니다.

같은 원리로, 레이어를 여러 개 사용함으로써 여러 애니메이션 상태가 게임 오브젝트 하나에 중첩되게 할 수 있습니다.

Base Movement 레이어는 걷고 뛰는 기본 움직임에 관한 애니메이션을 재생합니다. Upper Body 레이어는 캐릭터 상체에만 적용할 조준, 재장전 애니메이션을 재생합니다. 두 레이어의 애니메이션이 어떻게 하나의 게임 오브젝트에 동시에 적용될 수 있는지는 14.3.8절 '아바타 마스크'에서 자세히 설명하겠습니다. 지금은 애니메이터와 레이어의 구성을 먼저 확인하겠습니다.

ShooterAnimator의 파라미터

먼저 ShooterAnimator 애니메이터 컨트롤러의 파라미터를 확인해봅시다. Layers 탭 옆의 Parameter 탭을 클릭하여 파라미터를 표시합니다.

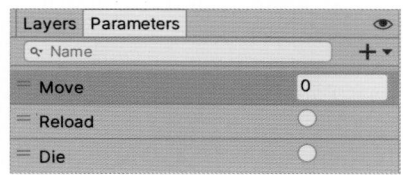

▶ 파라미터 리스트

- Move : 앞뒤 움직임에 관한 입력값
- Reload : 재장전을 알리는 트리거
- Die : 사망을 알리는 트리거

이 파라미터들은 애니메이터에 구성된 상태들 사이의 전이 조건으로 사용됩니다. 각 파라미터에 할당될 값은 스크립트를 사용해 결정할 겁니다.

14.3.4 Base Movement 레이어

Base Movement 레이어의 구성을 확인해봅시다.

애니메이터 창에서 다시 Layers 탭을 눌러 레이어를 표시합니다. 그리고 Base Movement 레이어를 선택합니다. 다음과 같은 상태도가 표시됩니다(상태도 구성이 한눈에 보이지 않을 경우 마우스 휠 스크롤로 줌인/줌아웃합니다).

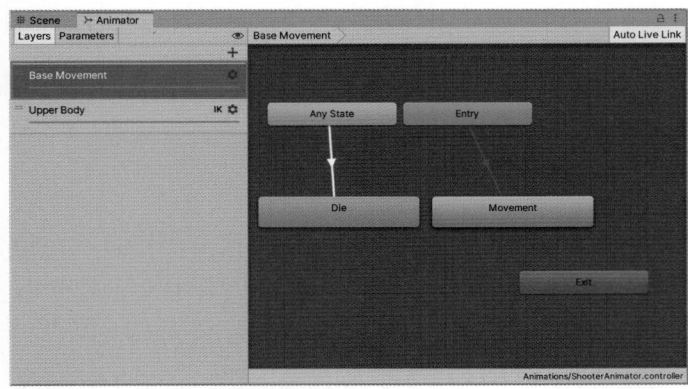

▶ **Base Movement 레이어**

Bese Movement 레이어에는 Die 상태와 Movement 상태가 보입니다.

Movement 상태는 Entry 상태와 이어져 있습니다. 따라서 애니메이터가 활성화될 때에는 Movement 상태가 가장 먼저 재생됩니다. Movement 상태는 캐릭터의 앞뒤 움직임에 관한 애니메이션을 재생합니다.

Die 상태는 사망 애니메이션을 재생합니다. Any State → Die 전이의 조건은 Die 트리거이며 Any State → Die 전이를 클릭하여 확인할 수 있습니다. 어떠한 경우라도 Die 트리거가 발동되면 Any State → Die 전이가 실행되어 사망 애니메이션이 재생됩니다.

▶ **Any State → Die 전이의 조건**

14.3.5 블렌드 트리

일반적으로 애니메이터의 상태에는 애니메이션 클립이 할당됩니다. 예를 들어 Die 상태에는 Human Death 애니메이션 클립이 할당되어 있습니다. 하지만 평범한 애니메이션 클립이 아닌 특수한 종류의 모션(움직임을 나타내는 에셋)을 상태에 할당하는 것도 가능합니다.

그중 하나가 애니메이션 클립을 혼합하는 블렌드 트리^{Blend Tree} 모션입니다. 블렌드 트리를 가진 상태는 애니메이터 창에서 '마우스 오른쪽 클릭 > Create State > From New Blend Tree 클릭'으로 만들 수 있습니다.

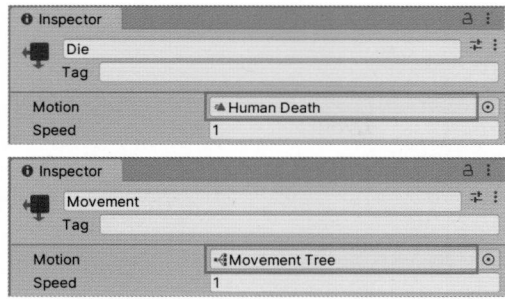

▶ Die 상태에는 애니메이션 클립, Movement 상태에는 블렌드 트리가 할당됨

우리가 사용할 Base Movement 레이어의 Movement 상태에는 Movement Tree라는 블렌드 트리가 할당되어 있습니다. Movement 상태를 더블 클릭하면 할당된 블렌드 트리의 그래프를 볼 수 있습니다.

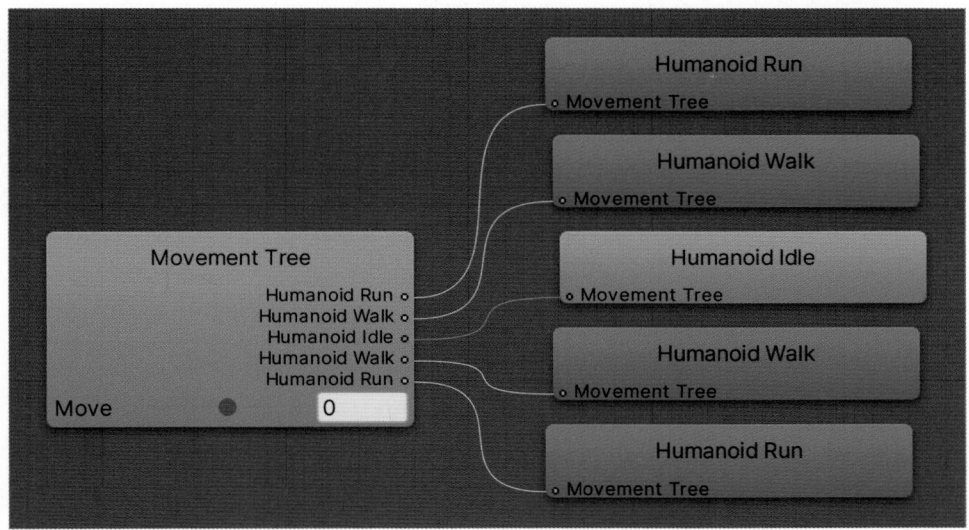

▶ Movement 상태의 블렌드 트리 그래프

블렌드 트리는 여러 애니메이션 클립을 파라미터값에 따라 적절히 혼합^{Blend}하는 모션입니다. 블렌드 트리를 사용하면 여러 애니메이션 클립을 현재 상태에 알맞게 섞어 사용할 수 있습니다.

위 그림에서 각각의 사각형을 노드라 부릅니다. Movement Tree 노드를 클릭하고 인스펙터 창을 확인해보면 Movement Tree 노드의 상태가 다음과 같이 표시됩니다.

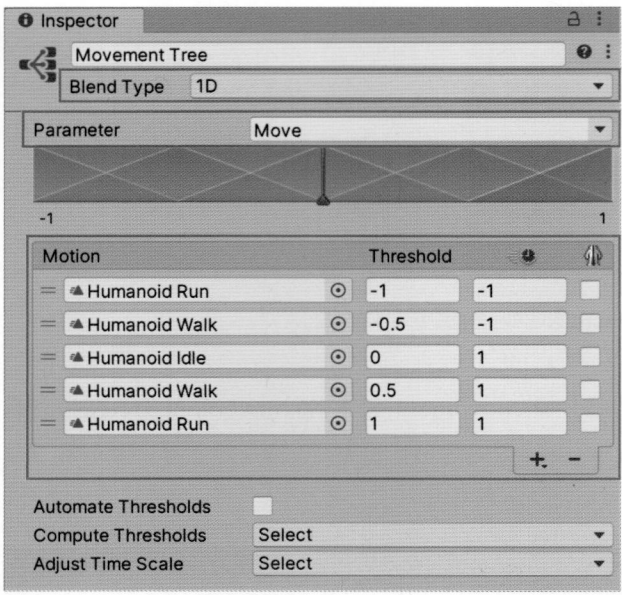

▶ **Movement 상태의 Blend Tree 모션 구성**

Movement Tree의 블렌드 타입$^{Blend\ Type}$은 파라미터를 하나만 사용하는 1D이고, 파라미터로 Move를 사용합니다. Motion 리스트에는 사용할 애니메이션 클립이 나열되며, + 버튼을 눌러 새로운 애니메이션 클립을 추가할 수 있습니다.

Movement Tree의 Motion 리스트에는 저자가 미리 애니메이션 클립 다섯 개를 할당해두었습니다. 아래 애니메이션 클립이 Move 값에 따라 서로 섞이게 됩니다.

순서	애니메이션 클립(Motion)	임곗값(Threshold)	애니메이션 재생속도(Animation Speed)
1	Humanoid Run (뒤로 뛰기)	−1	−1
2	Humanoid Walk (뒤로 걷기)	−0.5	−1
3	Humanoid Idle (대기)	0	1
4	Humanoid Walk (걷기)	0.5	1
5	Humanoid Run (뛰기)	1	1

1번 클립과 2번 클립의 애니메이션 재생속도가 −1이라는 점에 주목합니다. 기존의 걷는 애니메이션 클립과 뛰는 애니메이션 클립을 거꾸로 재생하는 방식으로, 뒤로 걷는 애니메이션 클립과 뒤로 뛰는 애니메이션 클립을 대체했습니다.

그다음 임곗값^{Treshold}에 주목합니다. 임곗값은 자신의 애니메이션 클립이 100% 섞이는 지점
입니다. 애니메이션 클립의 임곗값이 파라미터값에 가까울수록 해당 애니메이션 클립이 많
이 섞입니다. 예를 들어 파라미터 Move의 값이 1.0이라고 가정해봅시다. 이 경우 5번 클립이
100% 사용됩니다. Move 값이 0.5와 1.0의 중간값인 0.75라면 4번 클립과 5번 클립이 반반
씩 섞이게 됩니다.

이번에는 Move 값이 0에서 −1.0으로 천천히 변한다고 가정해봅시다. Move 값이 변화하는
동안 재생하는 애니메이션은 3번 클립 → 2번 클립 → 1번 클립의 모습으로 자연스럽게 변경됩
니다.

결론적으로 블렌드 트리를 사용하는 Movement 상태는 Move 값에 따라 '뒤로 뛰기 ⇔ 뒤로
걷기 ⇔ 대기 ⇔ 걷기 ⇔ 뛰기' 사이에서 애니메이션 클립을 자연스럽게 섞어 사용합니다.

참고로 현재 Movement Tree의 블렌드 타입은 1D이기 때문에 하나의 파라미터만 사용합니
다. 블렌드 타입을 2D 타입으로 변경하면 두 개의 파라미터를 사용하여 애니메이션 클립을 좀
더 다양한 조건으로 섞는 것도 가능합니다.

14.3.6 Upper Body 레이어

Base Movement 레이어를 확인했으니 Upper Body 레이어를 확인해봅시다. 애니메이터 창
의 Layers 탭에서 Upper Body 레이어를 클릭하여 Upper Body 레이어의 상태도를 표시합
니다.

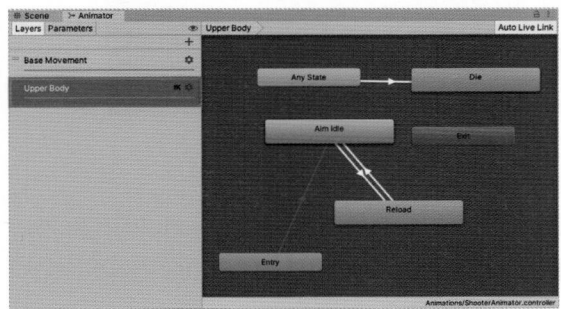

▶ **Upper Body** 레이어의 구성

Upper Body 레이어의 Die 상태는 Base Movement 레이어의 Die 상태와 같은 방식으로
동작합니다. Die 트리거가 발동되는 순간 Any State → Die 전이에 의해 Die 상태가 재생됩
니다.

하지만 Base Movement 레이어의 Die 상태에서도 동시에 사망 애니메이션 클립을 재생할 것이므로 Upper Body 레이어의 Die 상태에는 애니메이션 클립을 할당하지 않았습니다.

▶ **Motion 필드가 빈 Die 상태**

Upper Body 레이어의 Aim Idle 상태는 Upper Body 레이어에서 가장 먼저 재생됩니다. Aim Idle 상태는 캐릭터가 총을 들고 조준하는 애니메이션 클립을 재생합니다. Aim Idle 상태와 전이로 연결된 Reload 상태는 재장전 애니메이션 클립을 재생합니다.

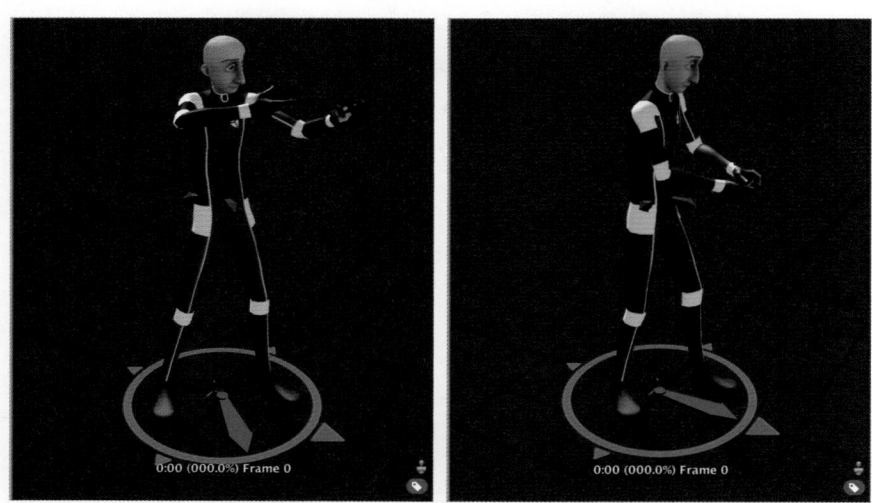

▶ **Aim Idle 상태와 Reload 상태에 할당된 애니메이션 클립**

Aim Idle 상태와 Reload 상태는 양방향으로 전이가 연결되어 있습니다. Aim Idle → Reload 전이는 Reload 트리거를 조건으로 사용합니다. 반대로 Reload → Aim Idle 전이는 조건이 없습니다.

게임이 시작되면 평상시에는 Aim Idle 상태를 이용해 조준하는 애니메이션을 재생합니다. 그러다 Reload 트리거가 발동되면 Aim Idle 상태에서 Reload 상태로 현재 상태가 이동합니다. 그리고 Reload 상태의 재장전 애니메이션이 끝나면 다시 Aim Idle 상태로 돌아갑니다.

14.3.7 애니메이터 레이어 나누기

현재 애니메이터 컨트롤러에는 두 개의 레이어 Base Movement와 Upper Body가 있습니다.

애니메이터 컨트롤러에 레이어를 두 개 이상 만들면 각 레이어에서 재생하는 애니메이션은 위에서 아래 순서로 덮어쓰기override 방식으로 적용됩니다. 즉, ShooterAnimator 애니메이터 컨트롤러에서는 Base Movement 레이어의 애니메이션이 먼저 캐릭터에 반영됩니다. 그다음 Upper Body 레이어의 애니메이션이 Base Movement 레이어의 애니메이션을 덮어쓰기 하면서 캐릭터에 반영됩니다.

이 과정에서 Base Movement 레이어와 Upper Body 레이어의 부위 중 겹치지 않는 부위는 애니메이션이 합쳐집니다. 겹치는 부위는 Upper Body 레이어의 애니메이션이 Base Movement 레이어의 애니메이션을 덮어쓰기 합니다.

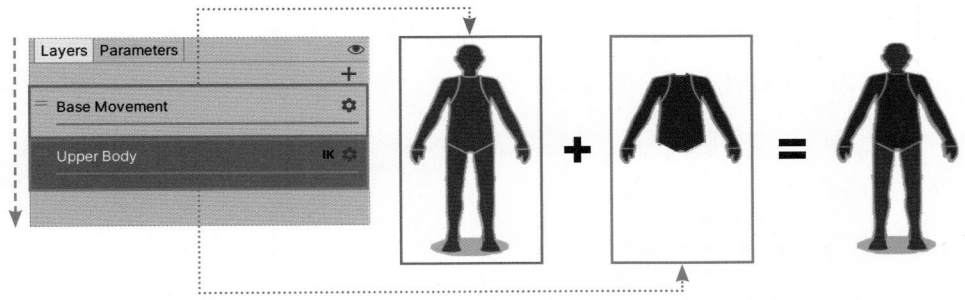

▶ **Base Movement** 레이어와 **Upper Body** 레이어의 혼합

이렇게 레이어를 나눈 이유는 더 적은 애니메이션 클립으로 다양한 경우에 대응하기 위해서입니다.

게임에서 뛰면서 재장전하는 애니메이션이 필요한 경우를 생각해봅시다. 레이어를 나누지 않으면 '뛰면서 재장전하는' 새로운 애니메이션 클립을 제작해야 합니다. 레이어를 나누면 Base Movement 레이어에서는 뛰는 애니메이션, Upper Body 레이어에서는 재장전하는 애니메이션을 재생하고 이 둘을 합쳐서 사용할 수 있습니다.

14.3.8 아바타 마스크

애니메이터의 레이어별로 부위를 다르게 적용하려면 아바타 마스크Avatar Mask를 설정해야 합니다.

휴머노이드 릭(Humanoid Rig)

사람 형태의 3D 모델은 대부분 휴머노이드[Humanoid] 타입으로 리깅[Rigging][3]됩니다. 우리가 사용할 Models 폴더의 Woman 모델과 Zombie 모델은 휴머노이드 타입으로 리깅되어 있습니다.

유니티에서 휴머노이드 타입으로 리깅된 3D 모델은 체형이 달라도 애니메이션 클립이 호환됩니다. 따라서 어떤 3D 모델의 애니메이션 클립을 다른 3D 모델의 애니메이션에 사용할 수 있습니다. 또한 신체 골격의 정보가 3D 모델에 포함되어 있으므로 애니메이션 클립을 특정 신체 부위에만 적용할 수 있습니다.

아바타 마스크

휴머노이드 타입의 3D 모델에서 특정 신체 부위에만 애니메이션을 적용하려면 아바타 마스크를 사용합니다. 아바타 마스크는 프로젝트 창에서 + 〉 Avatar Mask로 만들 수 있습니다.

우리가 사용할 아바타 마스크는 편의상 저자가 미리 만들어두었습니다. Animations 폴더에서 Upper Body Mask라는 이름으로 찾을 수 있습니다.

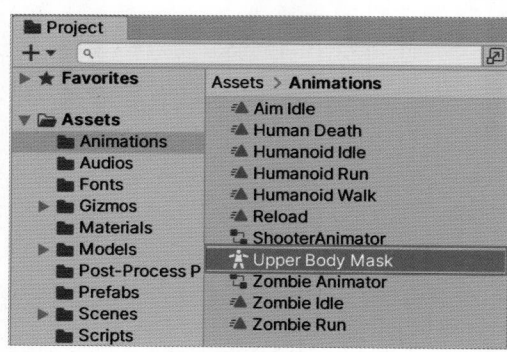

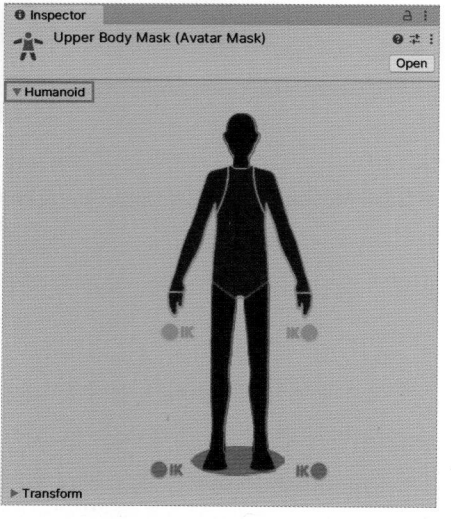

▶ **Upper Body Mask 아바타 마스크**

Upper Body Mask를 클릭하면 인스펙터 창에 아바타 마스크 정보가 표시됩니다. 인스펙터 창에서 Humanoid 탭을 클릭해 펼치면 위 그림처럼 애니메이션을 적용할 부위(초록색)와 적용하지 않을 부위(붉은색)를 확인할 수 있습니다.

---

3 3D 모델의 골격과 움직임을 정의하는 조인트 계층 구조를 만드는 것

아바타 마스크에서 부위별 애니메이션 적용 여부는 인스펙터 창에 표시되는 신체 그림에서 해당 부위를 클릭하여 전환할 수 있습니다. 현재 Upper Body Mask 아바타 마스크는 머리를 제외한 상체에 애니메이션을 적용합니다.

이제 애니메이터 창으로 다시 돌아갑니다. Upper Body 레이어에 Upper Body Mask 마스크를 할당하겠습니다.

[과정 01] Upper Body 레이어에 아바타 마스크 적용

① **Upper Body** 레이어의 **톱니바퀴 버튼** 클릭
② **Mask** 필드의 **선택 버튼** 클릭 > **선택** 창에서 **Upper Body Mask** 더블 클릭

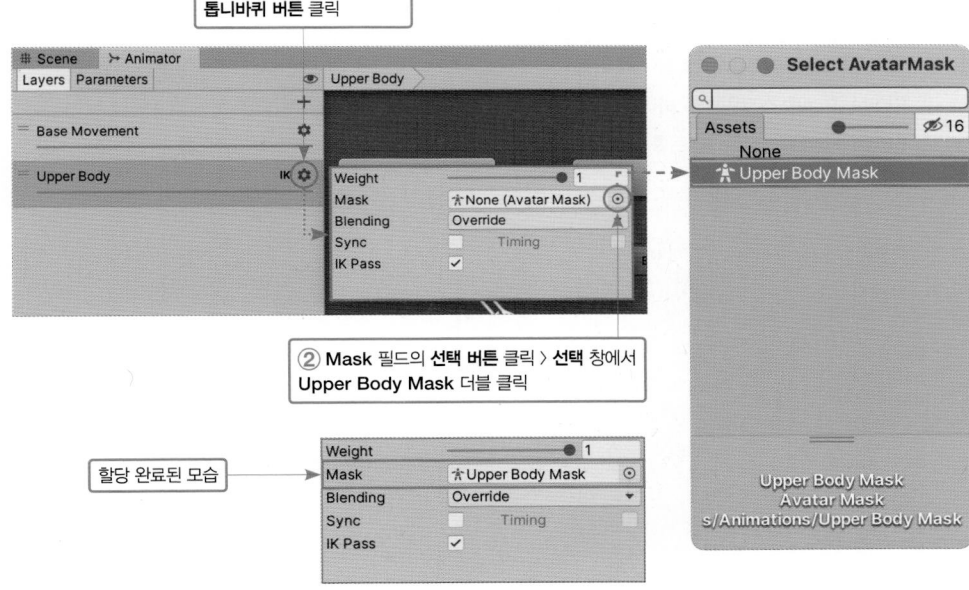

▶ **Upper Body** 레이어에 아바타 마스크 적용하기

이제 Upper Body 레이어에서 재생되는 애니메이션들은 3D 모델의 상체에만 적용됩니다. 즉, Upper Body 레이어는 Base Movement 레이어에서 재생 중인 애니메이션의 상체 부분만 덮어씁니다.

또한 위 그림에서 IK Pass 옵션이 체크되어 있는 것을 확인할 수 있습니다. 이는 Upper Body

레이어의 애니메이션에 IK^{Inverse Kinematics}를 적용한다는 의미입니다. IK는 15장에서 설명하겠습니다.

이것으로 애니메이터 컨트롤러의 레이어 구성을 모두 확인했습니다. 애니메이터 창을 닫고 다음 절로 넘어갑니다.

14.4 캐릭터 이동 구현

이제 캐릭터 이동을 구현하는 스크립트를 Player Character 게임 오브젝트에 추가합니다.

[과정 01] 캐릭터 이동을 위한 스크립트 추가

① **프로젝트** 창에서 **Scripts** 폴더로 이동
② **PlayerInput** 스크립트를 **하이어라키** 창의 **Player Character**로 드래그&드롭
③ **PlayerMovement** 스크립트를 **하이어라키** 창의 **Player Character**로 드래그&드롭

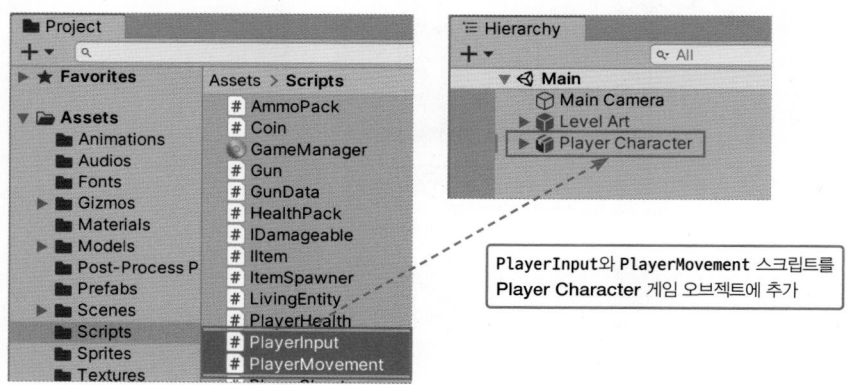

▶ 캐릭터 이동을 위한 스크립트 추가

Player Character 게임 오브젝트에 PlayerInput 스크립트와 PlayerMovement 스크립트를 컴포넌트로 추가했습니다.

PlayerInput 스크립트는 플레이어의 입력을 감지하고 이를 다른 컴포넌트에 알려줍니다. PlayerMovement 스크립트는 플레이어 입력에 따라 캐릭터를 앞뒤로 움직이고 좌우로 회전합니다.

14.4.1 입력과 액터 나누기

이전에는 하나의 스크립트에 캐릭터를 움직이는 코드와 사용자 입력을 감지하는 코드를 함께 작성했습니다. 하지만 이번에는 입력과 입력에 의한 행위(액터)를 나눕니다.

플레이어의 입력 감지는 PlayerInput 컴포넌트에서 담당합니다. Player Character 게임 오브 젝트의 PlayerMovement 컴포넌트와 나중에 추가될 다른 컴포넌트(스크립트)는 플레이어 입 력을 PlayerInput 컴포넌트를 통해 받습니다. 즉, PlayerInput 이외의 스크립트에서는 입력 을 감지하기 위한 코드를 작성할 필요가 없습니다. 따라서 전체적인 코드양이 줄어들고, 필요 할 때마다 입력 감지 코드를 쉽게 수정할 수 있습니다.

▶ 플레이어 입력을 별개의 컴포넌트로 만드는 경우

예를 들어 좀비 서바이버의 플랫폼을 PC에서 모바일이나 콘솔로 바꾸면서 입력 감지 방법을 변경하고 개선한다고 가정해봅시다. 우리는 PlayerInput 스크립트에 입력 감지 코드를 몰아두 었기 때문에 PlayerInput 스크립트만 수정하면 됩니다.

14.4.2 PlayerInput 스크립트

PlayerInput 스크립트는 플레이어의 입력을 감지하고 다른 컴포넌트에 알려줍니다. 전체 코드는 간단하기 때문에 프로젝트의 PlayerInput 스크립트는 저자가 미리 완성해두었습니다.

PlayerInput 스크립트를 프로젝트 창이나 인스펙터 창에서 더블 클릭해 열어봅시다.

```csharp
using UnityEngine;

// 플레이어 캐릭터를 조작하기 위한 사용자 입력을 감지
// 감지된 입력값을 다른 컴포넌트가 사용할 수 있도록 제공
public class PlayerInput : MonoBehaviour {
    public string moveAxisName = "Vertical"; // 앞뒤 움직임을 위한 입력축 이름
    public string rotateAxisName = "Horizontal"; // 좌우 회전을 위한 입력축 이름
    public string fireButtonName = "Fire1"; // 발사를 위한 입력 버튼 이름
    public string reloadButtonName = "Reload"; // 재장전을 위한 입력 버튼 이름

    // 값 할당은 내부에서만 가능
    public float move { get; private set; } // 감지된 움직임 입력값
    public float rotate { get; private set; } // 감지된 회전 입력값
    public bool fire { get; private set; } // 감지된 발사 입력값
    public bool reload { get; private set; } // 감지된 재장전 입력값

    // 매프레임 사용자 입력을 감지
    private void Update() {
        // 게임오버 상태에서는 사용자 입력을 감지하지 않음
        if (GameManager.instance != null && GameManager.instance.isGameover)
        {
            move = 0;
            rotate = 0;
            fire = false;
            reload = false;
            return;
        }

        // move에 관한 입력 감지
        move = Input.GetAxis(moveAxisName);
        // rotate에 관한 입력 감지
        rotate = Input.GetAxis(rotateAxisName);
        // fire에 관한 입력 감지
        fire = Input.GetButton(fireButtonName);
```

```
    // reload에 관한 입력 감지
    reload = Input.GetButtonDown(reloadButtonName);
  }
}
```

가장 먼저 보이는 string 변수 4개는 사용할 입력축과 버튼의 이름입니다.

- moveAxisName : 앞뒤 움직임에 사용할 입력축(Vertical)
- rotateAxisName : 좌우 회전에 사용할 입력축(Horizontal)
- fireButtonName : 발사에 사용할 입력 버튼(Fire1)
- reloadButtonName : 재장전에 사용할 입력 버튼(Reload)

이들에 할당한 입력축과 입력 버튼은 입력 매니저(Edit > Projects Settings > Input Manager)에서 확인할 수 있습니다.

사용할 입력축 Horizontal과 Vertical은 6장에서 다루었으므로 여기서는 설명을 생략합니다. Horizontal, Vertical과 달리 Fire1, Reload는 입력축이 아니라 입력 버튼입니다.

축은 감지된 입력값으로 숫자가 반환되지만, 버튼은 버튼을 눌렀을 때는 true, 버튼을 누르지 않았을 때는 false가 반환됩니다.

Fire1은 입력 매니저에 기본 추가되어 있는 입력 버튼입니다. 사용할 버튼^{Positive Button}으로 왼쪽 **Ctrl** 키와 왼쪽 마우스 버튼^{mouse 0}이 할당되어 있습니다. Reload는 좀비 프로젝트를 위해 저자가 별개로 추가해둔 입력 버튼입니다. Reload는 키보드 **R** 키를 사용합니다.

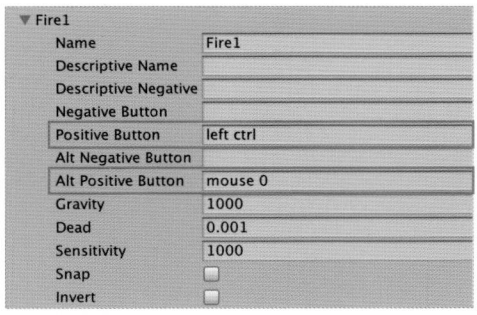
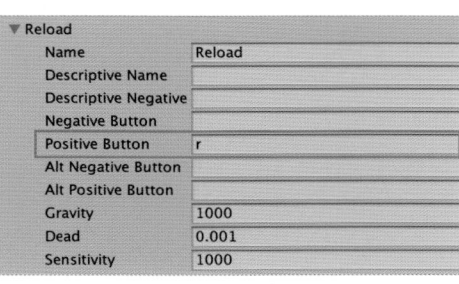

▶ 입력 매니저에서 확인한 Fire1과 Reload

감지할 입력축과 입력 버튼에 대한 변수 다음에는 감지된 입력값을 나타낼 프로퍼티가 있습니다.

```
public float move { get; private set; }
public float rotate { get; private set; }
public bool fire { get; private set; }
public bool reload { get; private set; }
```

- move : 감지된 움직임 입력. -1.0일 때 후진, +1.0일 때 전진
- rotate : 감지된 회전 입력. -1.0일 때 왼쪽으로 회전, +1.0일 때 오른쪽으로 회전
- fire : 감지된 발사 입력. true일 때 탄알 발사
- reload : 감지된 재장전 입력. true일 때 탄알 재장전

14.4.3 프로퍼티

프로퍼티Property는 변숫값을 읽거나 쓰는 과정에서 유연한 처리를 삽입할 수 있는 클래스 멤버입니다. 프로퍼티는 변수처럼 보이지만 변수가 아닌 특수한 형태의 메서드입니다.

예를 들어 디스크의 용량을 기록하는 VolumeInfo 클래스를 작성한다고 가정해봅시다. VolumeInfo 클래스는 바이트byte 단위로 디스크의 용량을 계산하여 기록합니다. 그리고 필요 시 킬로바이트kilobyte 등의 다른 단위로 디스크의 용량을 변환하여 제공합니다.

```
public class VolumeInfo {
    public float megaBytes
    {
        get { return m_bytes * 0.000001f; }

        set
        {
            if (value <= 0) {
                m_bytes = 0;
            } else {
                m_bytes = value * 1000000f;
            }
        }
    }

    public float kiloBytes
    {
        get { return m_bytes * 0.001f; }
```

```
        set
        {
            if (value <= 0) {
                m_bytes = 0;
            } else {
                m_bytes = value * 1000f;
            }
        }
    }

    public float bytes
    {
        get { return m_bytes; }

        set
        {
            if (value <= 0) {
                m_bytes = 0;
            } else {
                m_bytes = value;
            }
        }
    }

    private float m_bytes = 0; // 바이트 단위로 용량 기록
}
```

그다음 VolumeInfo 오브젝트를 생성하여 새로운 디스크 용량을 기록하고 다양한 단위로 출력한다고 생각해봅시다(물론 간략화한 예시이며 실제로는 이런 식으로 용량을 기록하지 않습니다).

```
VolumeInfo info = new VolumeInfo(); // 새로운 디스크 용량 정보 생성

info.bytes = 1000000; // bytes의 set 실행... m_bytes가 1000000이 됨
Debug.Log(info.kiloBytes); // kiloBytes의 get 실행... 1000 출력됨
Debug.Log(info.megaBytes); // megaBytes의 get 실행... 1 출력됨

info.megaBytes = 4; // megaBytes의 set 실행... m_bytes가 4000000이 됨
Debug.Log(info.bytes); // bytes의 get 실행.... 4000000 출력됨
```

프로퍼티에 새로운 값을 할당할 경우 프로퍼티의 set 접근자가 실행됩니다. 예시 코드에서 info.bytes = 1000000;이 실행되면 bytes의 set이 실행되고 할당 연산자 =을 통해 전달받은 값이 set 내부의 value 키워드로 전달됩니다.

```
set
{
    if (value <= 0) {
        m_bytes = 0;
    } else {
        m_bytes = value;
    }
}
```

bytes의 set 접근자는 value 값이 0 이상인 경우 m_bytes에 value 값을 할당합니다. 따라서 info.bytes = 1000000;이 실행되면 m_bytes에 1000000이 할당됩니다.

반대로 Debug.Log(info.kiloBytes);처럼 프로퍼티값을 가져오려는 경우 프로퍼티의 get 접근자가 실행됩니다. kiloBytes 프로퍼티의 get 접근자는 m_bytes의 값에 0.001을 곱한 값을 반환합니다.

```
get { return m_bytes * 0.001f; }
```

따라서 m_bytes에 1000000이 저장된 상태에서 info.kiloBytes에 접근하여 값을 출력하면 1000이 출력됩니다.

마찬가지로 info.megaBytes = 4;가 실행되면 실제로는 megaBytes의 set 접근자가 실행되기 때문에 info 내부에서는 m_bytes에 4 * 1000000을 할당하는 처리가 실행됩니다.

```
set
{
    if (value <= 0) {
        m_bytes = 0;
    } else {
        m_bytes = value * 1000000f;
    }
}
```

따라서 info.megaBytes = 4;를 실행한 다음 info.bytes를 이용해 m_bytes의 값을 출력하면 4000000이 출력됩니다.

자동 변환

VolumeInfo 예시에서 바이트 단위로 저장된 용량을 여러 단위의 값으로 즉시 출력할 수 있었습니다. 이처럼 프로퍼티를 사용하면 어떤 값을 다른 맥락에 맞춰 제공할 수 있습니다.

예를 들어 체력 값을 이용해 캐릭터가 사망했는지 알려주는 프로퍼티를 만들 수 있습니다. 아래 예시에서는 수동으로 bool dead의 값을 변경할 필요가 없다는 점에 주목합니다.

```
public float health = 100;

public bool dead {
    get
    {
        if (health <= 0) {
            return true;
        }
        return false;
    }
}
```

안전성 증가

프로퍼티는 데이터를 안전하게 다루는 데 도움이 됩니다. 프로퍼티를 이용해 값을 읽고 할당하는 처리에 '필터'를 추가하면 외부에서 잘못된 값을 할당했을 때 내부에서 걸러낼 수 있습니다.

예제의 VolumeInfo는 실제 용량을 m_bytes에 기록합니다. 그리고 외부에서는 m_bytes의 값을 반드시 bytes 프로퍼티를 거쳐서 사용하도록 구현되어 있습니다.

```
public float bytes
{
    get { return m_bytes; }

    set
    {
        if (value <= 0) {
            m_bytes = 0;
```

```
    } else {
        m_bytes = value;
    }
  }
}
```

이러한 구조에서는 m_bytes에 올바르지 못한 데이터가 할당될 확률이 줄어듭니다. 예를 들어 0 보다 작은 용량을 VolumeInfo로 저장했다고 가정해봅시다.

```
info.bytes = -1000;
```

디스크가 0보다 작은 용량을 가진다는 것은 불가능합니다. 즉, -1000은 잘못된 값입니다. bytes의 set 접근자는 0보다 작은 값이 할당된 경우 해당 값을 사용하지 않고 m_bytes에 0을 할당합니다.

접근자 개별 설정

프로퍼티의 get과 set 접근자는 접근 권한을 각각 다르게 부여할 수 있습니다. 예를 들어 VolumeInfo의 megaBytes의 set만 private로 선언할 수도 있습니다.

```
public float megaBytes
{
    get { return m_bytes * 0.000001f; }

    private set
    {
        if (value <= 0) {
            m_bytes = 0;
        } else {
            m_bytes = value * 1000000f;
        }
    }
}
```

그러면 VolumeInfo 클래스 외부에서는 megaBytes의 값을 가져오는 것(get)은 가능하지만 info.megaBytes = 4;처럼 megaBytes에 새 값을 할당하는 것(set)은 불가능하고 에러가 납니다.

또한 다음과 같이 프로퍼티의 get과 set 중 하나만 사용하는 것도 가능합니다.

```
public float megaBytes
{
    get { return m_bytes * 0.000001f; }
}
```

이 경우 megaBytes는 완전한 읽기 전용 프로퍼티가 됩니다. megaBytes의 값을 읽는 것은 가능하지만 어떠한 경우에도 megaBytes에 새 값을 할당할 수 없습니다.

자동 구현 프로퍼티

PlayerInput 클래스에 선언된 move, rotate, fire, reload는 자동 구현 프로퍼티 Auto Implemented Properties입니다. 자동 구현 프로퍼티는 get과 set의 접근 권한을 분리하는 것 이외의 처리가 필요하지 않을 때 사용합니다.

```
public float move { get; private set; }
```

PlayerInput에서 자동 구현 프로퍼티 move는 아래 코드를 간결하게 자동 생성하는 것으로 이해할 수 있습니다.

```
public float move {
    get { return m_move; }
    private set { m_move = value; }
}

private float m_move;
```

결론적으로 move, rotate, fire, reload는 PlayerInput 외부에서는 값을 읽기만 가능하고, 값할당은 PlayerInput 내부에서만 가능한 자동 구현 프로퍼티입니다.

14.4.4 PlayerInput의 Update( ) 메서드

PlayerInput 클래스의 변수와 프로퍼티를 모두 봤습니다. 이어지는 Update( ) 메서드에서는 입력을 감지하고 감지된 입력값을 프로퍼티에 할당합니다.

```
private void Update() {
    // 게임오버 상태에서는 사용자 입력을 감지하지 않음
    if (GameManager.instance != null && GameManager.instance.isGameover)
    {
        move = 0;
        rotate = 0;
        fire = false;
        reload = false;
        return;
    }

    // move에 관한 입력 감지
    move = Input.GetAxis(moveAxisName);
    // rotate에 관한 입력 감지
    rotate = Input.GetAxis(rotateAxisName);
    // fire에 관한 입력 감지
    fire = Input.GetButton(fireButtonName);
    // reload에 관한 입력 감지
    reload = Input.GetButtonDown(reloadButtonName);
}
```

여기서 GameManager는 17장에서 살펴볼 게임 매니저입니다. GameManager.instance에서 알 수 있듯이 게임 매니저는 싱글턴으로 구현되어 있으며, 변수 isGameover를 이용해 게임오버 상태를 알려줍니다.

Update() 메서드 상단에는 게임 매니저가 씬에 존재하며 게임오버 상태에서는 사용자 입력값을 강제로 초기화하고 Update() 메서드를 종료합니다.

```
if (GameManager.instance != null && GameManager.instance.isGameover)
{
    move = 0;
    rotate = 0;
    fire = false;
    reload = false;
    return;
}
```

즉, 게임오버 상태에서 사용자 입력이 감지되어 플레이어 캐릭터가 동작하는 상황을 막았습니다. 게임오버가 아니거나 게임오버 상태를 표시하는 게임 매니저가 씬에 존재하지 않는 경우 이어지는 입력 감지 코드가 실행됩니다.

```
move = Input.GetAxis(moveAxisName);
rotate = Input.GetAxis(rotateAxisName);
fire = Input.GetButton(fireButtonName);
reload = Input.GetButtonDown(reloadButtonName);
```

Input.GetAxis()는 입력으로 감지할 축 이름을 받아 감지된 입력을 숫자로 반환합니다. 이어지는 Input.GetButton()은 입력으로 감지할 버튼 이름을 받아 해당 버튼을 누르고 있는 동안에는 true, 그렇지 않은 동안에는 false를 반환합니다.

Input.GetButtonDown()은 Input.GetButton()과 유사하지만 버튼을 누르기 시작한 순간에만 true가 반환되고, 나머지 경우에는 false가 반환됩니다. 즉, 누르는 동안에는 false가 반환됩니다.

지금까지 PlayerInput 스크립트의 전체 코드를 확인했습니다. 플레이어의 입력을 감지해야 하는 다른 스크립트는 직접 입력 감지를 구현할 필요없이 PlayerInput 컴포넌트의 move, rotate, fire, reload의 값만 확인하면 됩니다.

14.4.5 PlayerMovement 스크립트

이번에는 PlayerMovement 스크립트를 구현합니다.

PlayerMovement 스크립트는 플레이어 입력에 맞춰 플레이어 캐릭터를 이동하고 적절한 애니메이션을 재생합니다. PlayerInput 스크립트를 닫고 프로젝트 창이나 인스펙터 창에서 PlayerMovement 스크립트를 더블 클릭해서 열고 편집을 시작합니다.

열린 PlayerMovement 스크립트는 다음과 같은 모습입니다.

```
using UnityEngine;

// 사용자 입력에 따라 플레이어 캐릭터를 움직이는 스크립트
public class PlayerMovement : MonoBehaviour {
    public float moveSpeed = 5f; // 앞뒤 움직임의 속도
```

```
    public float rotateSpeed = 180f; // 좌우 회전 속도

    private PlayerInput playerInput; // 플레이어 입력을 알려주는 컴포넌트

    private Rigidbody playerRigidbody; // 플레이어 캐릭터의 리지드바디
    private Animator playerAnimator; // 플레이어 캐릭터의 애니메이터

    private void Start() {
        // 사용할 컴포넌트들의 참조 가져오기
    }

    // FixedUpdate는 물리 갱신 주기에 맞춰 실행됨
    private void FixedUpdate() {
        // 물리 갱신 주기마다 움직임, 회전, 애니메이션 처리 실행
    }

    // 입력값에 따라 캐릭터를 앞뒤로 움직임
    private void Move() {

    }

    // 입력값에 따라 캐릭터를 좌우로 회전
    private void Rotate() {

    }
}
```

비어 있는 메서드는 우리가 직접 완성해야 합니다. 메서드를 완성하기 전에 선언된 변수를 먼저 확인해봅시다.

```
public float moveSpeed = 5f;
public float rotateSpeed = 180f;

private PlayerInput playerInput;
private Rigidbody playerRigidbody;
private Animator playerAnimator;
```

moveSpeed와 rotateSpeed는 앞뒤 이동 속력과 좌우 회전 속력입니다.

PlayerInput 타입의 변수 playerInput에는 플레이어 입력을 전달하는 PlayerInput 컴포넌트를 할당할 겁니다.

Rigidbody 타입의 변수 playerRigidbody에는 플레이어 캐릭터의 리지드바디 컴포넌트가 할당될 겁니다. Animator 타입의 변수 playerAnimator에는 플레이어 캐릭터의 애니메이터 컴포넌트가 할당될 겁니다.

14.4.6 PlayerMovement의 Start() 메서드

PlayerMovement 스크립트의 Start() 메서드는 사용할 컴포넌트를 Player Character 게임 오브젝트에서 GetComponent() 메서드로 찾아 변수에 할당합니다.

[과정 01] PlayerMovment의 Start() 메서드 완성하기

① PlayerMovement 스크립트의 Start() 메서드를 다음과 같이 완성

```
private void Start() {
    // 사용할 컴포넌트의 참조 가져오기
    playerInput = GetComponent<PlayerInput>();
    playerRigidbody = GetComponent<Rigidbody>();
    playerAnimator = GetComponent<Animator>();
}
```

14.4.7 PlayerMovement의 FixedUpdate() 메서드

FixedUpdate()는 Update()처럼 유니티 이벤트 메서드로서 주기적으로 자동 실행됩니다. 화면 갱신 주기에 맞춰 실행되는 Update()와 달리 FixedUpdate()는 물리 정보 갱신 주기(기본값 0.02초)에 맞춰 실행됩니다.

우리는 PlayerMovement 스크립트의 FixedUpdate() 메서드에서 물리 갱신 주기마다 Move()와 Rotate()를 실행해 캐릭터를 움직일 겁니다. 이동과 회전을 Update() 메서드에서 실행해도 되지만, 물리 주기에 맞춰 실행되는 FixedUpdate()에서 실행할 경우 오차가 날 확률이 상대적으로 줄어듭니다.

여기서 사용할 Move()와 Rotate()는 각각 플레이어 캐릭터를 움직이고 회전하는 메서드로, FixedUpdate() 메서드를 완성하고 나서 완성합니다. 이동과 회전을 실행한 다음에는 애니메이

터의 Move 파라미터에 움직임에 관한 플레이어 입력값 move를 전달하여 적절한 애니메이션이
재생되게 합니다.

[과정 01] PlayerMovment의 FixedUpdate( ) 메서드 완성하기

① **PlayerMovement** 스크립트의 **FixedUpdate( )** 메서드를 다음과 같이 완성

```
private void FixedUpdate() {
    // 회전 실행
    Rotate();
    // 움직임 실행
    Move();

    // 입력값에 따라 애니메이터의 Move 파라미터값 변경
    playerAnimator.SetFloat("Move", playerInput.move);
}
```

Move 파라미터는 애니메이터의 Movement 상태의 블렌드 트리에서 사용합니다. 따라서 사용자
입력에 따라 캐릭터의 걷고 뛰는 애니메이션이 자연스럽게 변경됩니다.

> **NOTE_ Time.fixedDeltaTime**
>
> **Time.deltaTime**의 값이 프레임의 갱신 주기, 즉 **Update( )** 메서드의 실행 간격을 표시한다면 **Time.
> fixedDeltaTime**의 값은 물리 정보의 갱신 주기, 즉 **FixedUpdate( )** 메서드의 실행 간격을 표시합니다.
>
> 유니티는 개발자의 편의를 위해 **FixedUpdate( )** 내부에서 **Time.deltaTime**의 값에 접근할 경우 자동으
> 로 **Time.fixedDeltaTime**의 값을 출력합니다.

14.4.8 PlayerMovement의 Move( ) 메서드

Move( ) 메서드는 감지된 플레이어 입력에 플레이어 캐릭터를 실제로 이동합니다.

[과정 01] PlayerMovment의 Move( ) 메서드 완성하기

① **PlayerMovement** 스크립트의 **Move( )** 메서드를 다음과 같이 완성

```
private void Move() {
    // 상대적으로 이동할 거리 계산
    Vector3 moveDistance =
        playerInput.move * transform.forward * moveSpeed * Time.deltaTime;
    // 리지드바디를 이용해 게임 오브젝트 위치 변경
    playerRigidbody.MovePosition(playerRigidbody.position + moveDistance);
}
```

Vector3 moveDistance는 한 프레임(Time.deltaTime) 동안 현재 위치에서 상대적으로 더 이동할 거리와 방향을 나타냅니다.

```
Vector3 moveDistance =
    playerInput.move * transform.forward * moveSpeed * Time.deltaTime;
```

플레이어 캐릭터가 앞쪽 방향으로 이동한다고 가정했을 때 이동할 거리와 방향은 앞쪽 방향 ∗ 속력 ∗ 시간이며, 다음과 같은 코드로 표현할 수 있습니다.

```
transform.forward * moveSpeed * Time.deltaTime;
```

우리는 이렇게 계산된 이동거리에 감지된 사용자 입력값 playerInput.move를 곱했습니다.

```
playerInput.move * transform.forward * moveSpeed * Time.deltaTime;
```

플레이어 입력이 없다면 playerInput.move는 0이므로 최종 계산된 moveDistance 값은 0이 되고 플레이어 캐릭터가 움직이지 않습니다.

만약 playerInput.move가 1.0이라면 앞쪽 방향을 기준으로 계산된 이동거리가 그대로 moveDistance의 값으로 사용됩니다. 반대로 playerInput.move가 -1.0이라면 계산된 이동거리가 반대 방향으로 뒤집혀 moveDistance의 값은 뒤로 이동하는 값이 됩니다.

이동거리와 방향을 계산한 다음, 리지드바디의 MovePosition() 메서드로 게임 오브젝트의 위치를 변경합니다.

```
playerRigidbody.MovePosition(playerRigidbody.position + moveDistance);
```

리지드바디의 MovePosition() 메서드는 이동할 Vector3 위치를 입력받습니다. MovePosition() 메서드는 상대 위치가 아닌 전역 위치를 사용한다는 점에 주의합니다. 예를 들어 MovePosition() 메서드에 (0, 0, 3)을 입력하면 현재 위치에서 (0, 0, 3)만큼 상대적으로 이동한 위치가 아니라 전역 좌표 (0, 0, 3)으로 이동합니다.

따라서 우리는 MovePosition() 메서드에 playerRigidbody.position + moveDistance를 입력했습니다. playerRigidbody.position + moveDistance의 값은 '현재 위치 + 상대적으로 더 이동할 거리'가 되기 때문입니다.

참고로, 리지드바디 컴포넌트를 사용하지 않고 트랜스폼 컴포넌트를 사용하여 같은 방식의 이동을 구현할 수도 있습니다.

```
transform.position = transform.position + moveDistance;
```

그렇게 하지 않은 이유는 트랜스폼의 위칫값을 직접 변경하면 물리 처리를 무시하고 위치를 덮어쓰기 때문입니다. 따라서 막힌 벽 등을 무시하고 벽 반대쪽으로 이동할 수도 있습니다.

리지드바디의 MovePosition() 메서드로 위칫값을 변경하면 이동 경로에 다른 콜라이더가 존재하는 경우 밀어내거나 밀려나는 물리 처리가 실행됩니다. 따라서 벽 반대쪽으로 '순간이동'하는 사고를 방지할 수 있습니다.

14.4.9 PlayerMovement의 Rotate() 메서드

Rotate() 메서드는 플레이어 회전에 관한 입력값 playerInput.rotate를 사용하여 캐릭터를 회전시킵니다.

[과정 01] PlayerMovment의 Rotate() 메서드 완성하기

① PlayerMovement 스크립트의 Rotate() 메서드를 다음과 같이 완성

```
private void Rotate() {
    // 상대적으로 회전할 수치 계산
    float turn = playerInput.rotate * rotateSpeed * Time.deltaTime;
    // 리지드바디를 이용해 게임 오브젝트 회전 변경
    playerRigidbody.rotation =
        playerRigidbody.rotation * Quaternion.Euler(0, turn, 0f);
}
```

여기서 turn은 사용자 입력에 따라 한 프레임 동안 회전할 각도를 저장하는 변수입니다. turn의 값은 사용자 입력 * 회전 속도 * 시간으로 계산하였습니다.

```
playerInput.rotate * rotateSpeed * Time.deltaTime
```

그다음 현재 회전에서 turn만큼 Y축 기준으로 더 회전합니다. 이것은 쿼터니언 곱으로 구현합니다.

```
playerRigidbody.rotation =
    playerRigidbody.rotation * Quaternion.Euler(0, turn, 0f);
```

여기서 playerRigidbody.rotation은 리지드바디를 이용해 가져온 게임 오브젝트의 회전이며, Quaternion.Euler(0, turn, 0f)는 (0, turn, 0)만큼의 회전을 표현하는 쿼터니언을 생성합니다.

10장에서 언급했듯이 어떤 회전 상태에서 상대적으로 더 회전할 때는 쿼터니언 곱을 사용합니다. 즉, playerRigidbody.rotation * Quaternion.Euler(0, turn, 0f)의 결괏값은 현재 회전에서 (0, turn, 0)만큼 더 회전한 상태를 나타내는 쿼터니언입니다.

그렇게 계산된 쿼터니언 회전값을 playerRigidbody.rotation에 할당하여 캐릭터의 회전값을 변경했습니다. transform.rotation에 할당해도 되지만 playerRigidbody.rotation에 할당하면 물리 처리를 무시하고 회전하는 사고를 방지할 수 있습니다.

14.4.10 PlayerMovement 스크립트 전체 코드

이것으로 PlayerMovement 스크립트가 완성되었습니다. 작성한 PlayerMovement 스크립트의 전체 코드는 다음과 같습니다.

```
using UnityEngine;

// 사용자 입력에 따라 플레이어 캐릭터를 움직이는 스크립트
public class PlayerMovement : MonoBehaviour {
    public float moveSpeed = 5f; // 앞뒤 움직임의 속도
    public float rotateSpeed = 180f; // 좌우 회전 속도
```

```
    private PlayerInput playerInput; // 플레이어 입력을 알려주는 컴포넌트
    private Rigidbody playerRigidbody; // 플레이어 캐릭터의 리지드바디
    private Animator playerAnimator; // 플레이어 캐릭터의 애니메이터

    private void Start() {
        // 사용할 컴포넌트의 참조 가져오기
        playerInput = GetComponent<PlayerInput>();
        playerRigidbody = GetComponent<Rigidbody>();
        playerAnimator = GetComponent<Animator>();
    }

    // FixedUpdate는 물리 갱신 주기에 맞춰 실행됨
    private void FixedUpdate() {
        // 회전 실행
        Rotate();
        // 움직임 실행
        Move();

        // 입력값에 따라 애니메이터의 Move 파라미터값 변경
        playerAnimator.SetFloat("Move", playerInput.move);
    }

    // 입력값에 따라 캐릭터를 앞뒤로 움직임
    private void Move() {
        // 상대적으로 이동할 거리 계산
        Vector3 moveDistance =
            playerInput.move * transform.forward * moveSpeed * Time.deltaTime;
        // 리지드바디를 이용해 게임 오브젝트 위치 변경
        playerRigidbody.MovePosition(playerRigidbody.position + moveDistance);
    }

    // 입력값에 따라 캐릭터를 좌우로 회전
    private void Rotate() {
        // 상대적으로 회전할 수치 계산
        float turn = playerInput.rotate * rotateSpeed * Time.deltaTime;
        // 리지드바디를 이용해 게임 오브젝트 회전 변경
        playerRigidbody.rotation =
            playerRigidbody.rotation * Quaternion.Euler(0, turn, 0f);
    }
}
```

이제 PlayerMovement 스크립트를 저장하고 유니티 에디터로 돌아갑니다. 그리고 PlayerMovement 스크립트가 잘 동작하는지 테스트해봅시다.

▶ 움직이는 플레이어 캐릭터

플레이 버튼을 눌러 씬을 시작하고, 키보드 방향키 또는 WASD 키를 눌러 플레이어 캐릭터를 움직여봅니다. 플레이어 캐릭터가 잘 움직이고, 적절한 애니메이션을 재생하는지 확인합니다.

플레이어 캐릭터를 충분히 테스트했다면 [Ctrl+S]로 씬을 저장하고 다음 절로 넘어갑니다.

14.5 시네머신 추적 카메라 구성하기

이제 플레이어 캐릭터를 따라다니는 카메라를 만듭니다. 플레이어 추적 카메라는 시네머신으로 구현하겠습니다.

14.5.1 시네머신 소개

시네머신Cinemachine 은 카메라의 움직임을 손쉽게 제어하는 유니티 공식 패키지입니다.

▶ 시네머신과 타임라인 에디터를 함께 사용한 모습

뛰어난 카메라 연출이 되어 있는 게임은 카메라 추적을 구현하는 데 복잡한 수학적 모델과 수식을 사용하고 그것을 코드로 직접 구현합니다. 게임 컷신을 만드는 경우에는 좋은 장면이 나올 때까지 카메라 위치를 계속 변경하면서 카메라가 움직일 궤도를 애니메이션으로 녹화하기도 합니다. 카메라 연출은 시간과 노력이 필요한 작업입니다.

시네머신은 카메라 연출에 필요한 코드와 조정 작업 대부분을 대체할 수 있습니다. 시네머신을 사용하면 레이싱, 어드벤처, TPS 등 장르마다 고유한 카메라 동작을 별다른 스크립트 작성 없이 구현할 수 있습니다. 게임 플레이뿐만 아니라 게임 컷신에서도 많은 부분을 자동화할 수 있습니다.

시네머신의 컴포넌트들은 카메라 초점, 화면상의 피사체 배치, 추적의 지연시간이나 카메라 흔들림, 여러 카메라 사이에서의 전환 등 카메라 연출과 관련된 다양한 수치를 제공합니다. 이 값들을 연출 의도에 맞춰 변경하고 카메라가 추적할 대상만 지정하면 시네머신 카메라가 알아서 목표물을 화면에 담아냅니다.

14.5.2 시네머신의 원리

시네머신의 기본 동작 원리를 알아봅니다. 시네머신이 제공하는 카메라는 다음과 같이 크게 두 가지로 나뉩니다.

- 브레인 카메라(Brain Camera)
- 가상 카메라(Virtual Camera)

시네머신으로 카메라 추적을 구현하려면 먼저 브레인 카메라를 만들어야 합니다. 브레인 카메라는 게임 월드를 촬영하는 '진짜' 카메라이며 씬에 하나만 존재합니다.

가상 카메라는 브레인 카메라의 '분신' 역할을 하며 씬에 여러 개 존재할 수 있습니다. 브레인 카메라는 여러 가상 카메라 중 하나를 골라 현재 활성화된 카메라로 사용합니다. 이것은 머리 하나에 몸을 여러 개를 준비하고 상황에 따라 몸을 바꿔 사용하는 것으로 이해할 수 있습니다.

가상 카메라는 실제 카메라로 동작하지는 않지만 브레인 카메라를 위한 여러 설정값을 제공합니다. 브레인 카메라가 어떤 가상 카메라를 현재 활성화된 카메라로 설정하면 브레인 카메라는 해당 가상 카메라의 위치로 이동합니다. 그리고 해당 가상 카메라의 설정값들을 브레인 카메라 자신의 설정값으로 사용합니다.

씬에 가상 카메라 A, B, C를 배치했다고 가정해봅시다. 브레인 카메라는 한 번에 하나의 가상 카메라만 현재 활성화된 카메라로 사용 가능합니다.

브레인 카메라가 가상 카메라 A를 현재 카메라로 활성화하여 사용했다고 가정해봅시다. 브레인 카메라는 가상 카메라 A의 위치로 이동하고, 가상 카메라 A의 모든 설정을 자신의 설정으로 사용합니다.

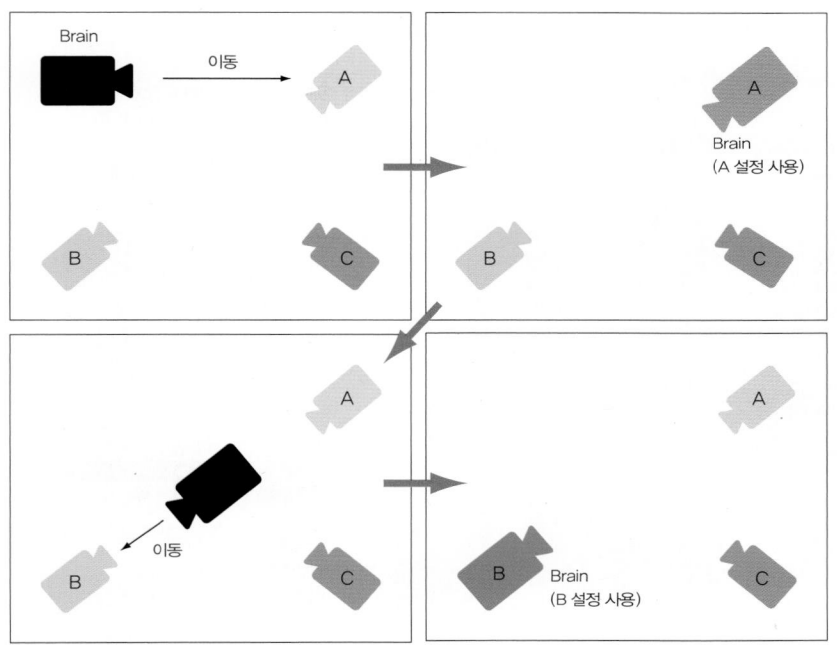

▶ 시네머신 카메라의 동작 원리

이후 브레인 카메라가 가상 카메라 B를 현재 카메라로 활성한다고 생각해봅시다. 이전 가상 카메라 A에서 다음 가상 카메라 B 위치로 브레인 카메라가 부드럽게 이동합니다. 동시에 브레인 카메라가 사용하는 값도 이전 가상 카메라 A의 값에서 다음 가상 카메라 B의 값으로 부드럽게 변합니다.

이런 방식으로 시네머신 카메라는 롱테이크 연출이나 여러 카메라 사이에서의 부드러운 전환을 구현합니다. 다만 이 장에서는 캐릭터 추적 카메라를 만들 것이므로 카메라 전환 기능은 사용하지 않습니다.

14.5.3 추적 카메라 만들기

그러면 추적 카메라를 만들어봅시다. 현재 씬에 있는 Main Camera 게임 오브젝트를 브레인 카메라로 만들고 브레인 카메라가 사용할 가상 카메라도 하나 만들겠습니다.

[**과정 01**] 브레인 카메라와 가상 카메라 만들기

① **하이어라키** 창에서 **Main Camera** 게임 오브젝트 선택
② **Cinemachine Brain** 컴포넌트 추가(**Add Component** 〉 **Cinemachine** 〉 **Cinemachine Brain**)
③ **새 가상 카메라** 생성(**하이어라키** 창에서 **+** 〉 **Cinemachine** 〉 **Virtual Camera** 클릭)
④ 생성된 **가상 카메라** 게임 오브젝트의 **이름**을 **Follow Cam**으로 변경

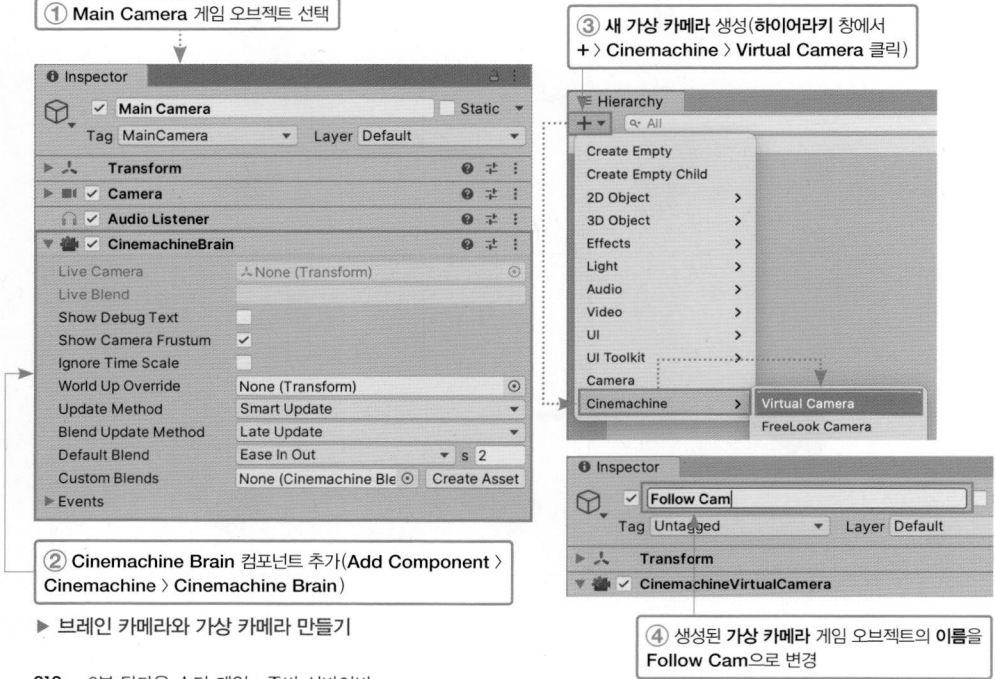

▶ 브레인 카메라와 가상 카메라 만들기

브레인 카메라인 Main Camera 게임 오브젝트가 씬을 촬영하지만 촬영하는 방법을 결정하는 것은 가상 카메라인 Follow Cam 게임 오브젝트입니다. 가상 카메라 Follow Cam이 플레이어 캐릭터를 추적하도록 설정하겠습니다.

[과정 02] Follow Cam의 추적 대상 설정하기

① **하이어라키** 창에서 **Follow Cam** 게임 오브젝트 선택

② **Cinemachine Virtual Camera** 컴포넌트의 **Follow** 필드와 **Look At** 필드에 **Player Character** 게임 오브젝트 **드래그&드롭**

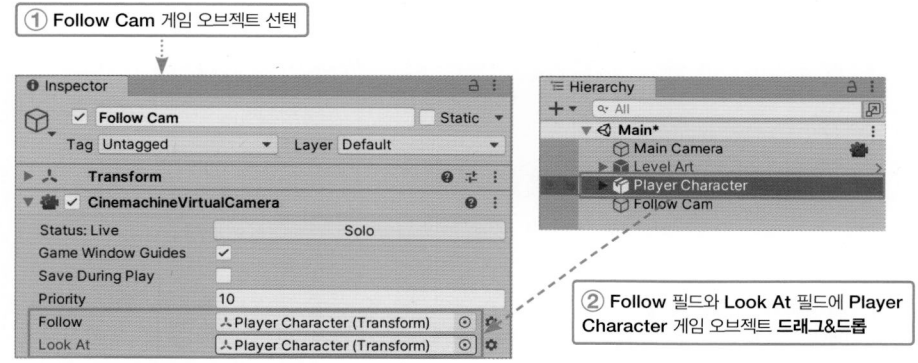

▶ Follow Cam의 추적 대상 설정하기

가상 카메라는 Follow 필드에 할당된 게임 오브젝트를 따라다닙니다. 이를 위해 자신의 위치를 변경합니다.

가상 카메라는 Look At 필드에 할당된 게임 오브젝트를 주시합니다. 이를 위해 자신의 회전을 변경합니다.

14.5.4 데드존, 소프트존, 하드 리밋

시네머신 가상 카메라Cinemachine Virtual Camera 컴포넌트의 Look At 필드에 플레이어 캐릭터를 할당하는 순간 게임 창에 붉은색과 푸른색으로 그려진 영역과 안내선이 보입니다.

이들은 카메라의 자연스러운 추적을 구현하는 데 사용하는 소프트존Soft Zone과 하드 리밋Hard Limits입니다. 또한 현재 게임 창에는 작아서 보이지 않지만 데드존Dead Zone이라는 영역도 있습니다. 이들 크기는 가상 카메라 컴포넌트의 숫자값을 직접 변경하거나 게임 창에 그려진 안내선을 드래그하여 조정할 수 있습니다.

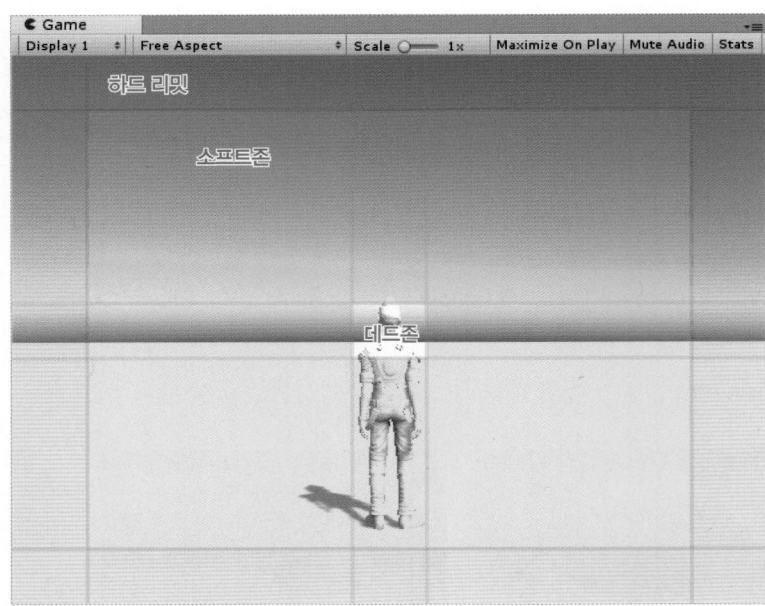

▶ 데드존, 소프트존, 하드 리밋

시네머신 카메라는 대상을 주시하는 동안 카메라 연출이 자연스럽게 느껴지도록 지연시간을 두고 카메라를 부드럽게 회전합니다. 데드존, 소프트존, 하드리밋은 주시하는 물체가 게임 화면 밖으로 벗어나지 않게 추적의 세기를 단계별로 설정합니다.

카메라가 주시하는 물체가 화면의 데드존에 있는 동안에는 카메라가 회전하지 않습니다.

주시하는 물체가 화면의 소프트존에 있다면 물체가 화면의 조준점^{Aim}에 오도록 카메라가 부드럽게 회전합니다. 만약 물체가 너무 빠르게 움직여 화면의 소프트존을 벗어나 하드 리밋에 도달하려 한다면 카메라가 격하게 회전합니다. 따라서 카메라가 주시하는 물체는 화면의 소프트존을 벗어나지 않습니다.

데드존과 소프트존의 크기를 줄이면 물체가 조금이라도 화면 중앙을 벗어나려 할 때 지연시간 없이 카메라가 즉시 물체를 향해 회전하게 됩니다. 하지만 화면의 움직임이 딱딱하게 느껴질 수 있습니다. 반대로 데드존과 소프트존의 크기를 늘리면 물체를 쫓는 화면의 움직임이 느리게 느껴질 수 있습니다.

14.5.5 Body와 Aim 설정

좀비 서바이버의 플레이어 캐릭터는 이동 속도가 빠릅니다. 따라서 카메라의 데드존과 소프트존을 최대한 작게 만들어 캐릭터를 빠르게 추적하겠습니다. 시네머신 가상 카메라 컴포넌트의 값을 다음 과정으로 조정합니다.

[과정 01] 가상 카메라 시야각과 Body 파라미터 설정하기

① **Field Of View**를 20으로 변경
② **Body** 탭 펼치기 > **Binding Mode**를 **World Space**로 변경
③ **Follow Offset**을 (−8, 16, −8)로 변경
④ **X Damping, Y Damping, Z Damping**을 0.1로 변경

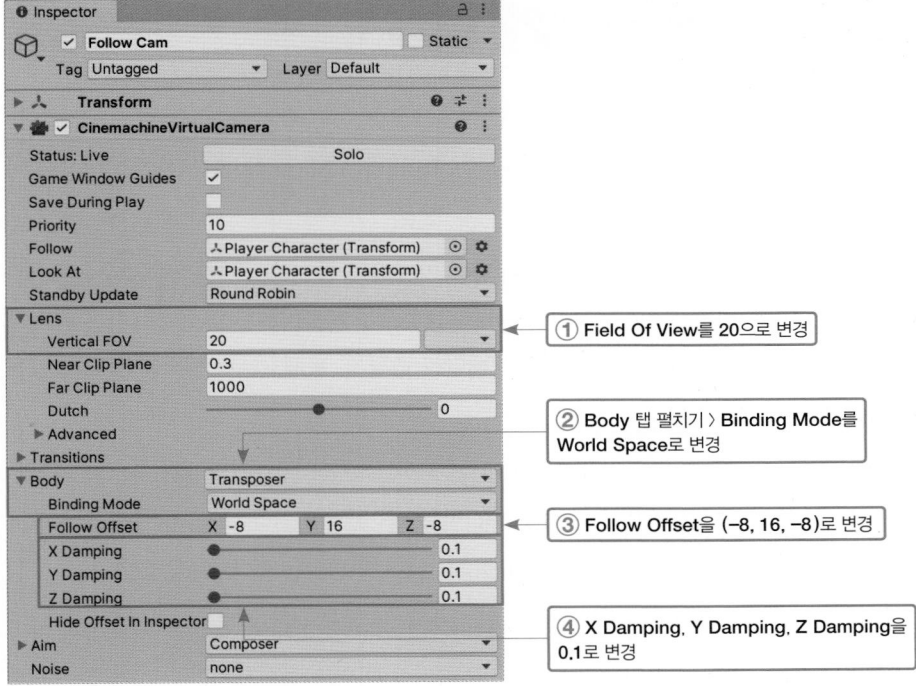

▶ 가상 카메라 Body 파라미터 설정하기

먼저 시야각Field of View, FOV을 줄여 게임 화면을 줌인했습니다. 시야각은 카메라가 한 번에 볼 수 있는 각도입니다. 시야각을 줄이면 좁은 영역을 보게 되므로 줌인 효과가 나타납니다. 시야각을 넓히면 넓은 영역을 보게 되므로 줌아웃 효과가 나타납니다.

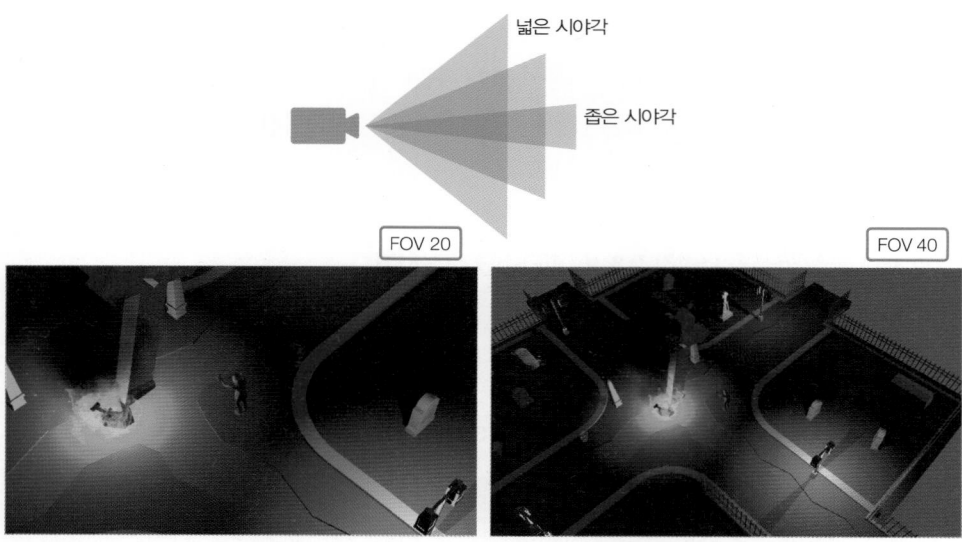

▶ 시야각

변경한 시네머신 가상 카메라의 Body 파라미터는 카메라가 Follow에 할당된 추적 대상을 어떻게 따라다닐지 결정합니다.

카메라를 머리로 보았을 때 카메라의 추적 대상은 카메라의 몸^{Body}으로 생각할 수 있습니다. 몸이 움직이면 머리가 따라 움직이기 때문입니다. 즉, Body 파라미터는 추적할 대상을 카메라의 몸체로 보고, 머리 카메라가 몸체에 어떻게 매달려 다닐지, 몸체로부터 얼마나 떨어져 있을지 결정합니다.

과정 01에서 카메라와 몸체 사이의 간격을 전역 공간$^{World\ Space}$을 기준으로 계산하도록 변경하고, 카메라와 몸체 사이의 간격을 (−8, 16, −8)만큼 떨어뜨렸습니다. 따라서 카메라는 추적 대상인 Player Character 게임 오브젝트를 (−8, 16, −8)만큼 거리를 두고 추적합니다.

그다음 변경한 제동^{Damping}값은 값의 급격한 변화를 '꺾어' 이전 값과 이후 값을 부드럽게 이어주는 비율입니다. 이 값이 커지면 카메라 위치의 급격한 변화는 줄어들지만 위치가 신속하게 변경되지 않고 지연시간이 늘어납니다.

우리는 추적 속도에 대한 XYZ 방향 제동값을 모두 1에서 0.1로 줄였습니다. 따라서 가상 카메라가 캐릭터를 더 신속하게 쫓아갑니다.

이어서 카메라가 조준하는 지점을 설정하는 Aim 파라미터 값을 수정합니다.

[과정 02] 가상 카메라의 Aim 파라미터 설정하기

① Tracked Object Offset을 (0, 0.5, 0)으로 변경
② Horizontal Damping과 Vertical Damping을 0으로 변경
③ Soft Zone Width와 Soft Zone Height를 0으로 변경

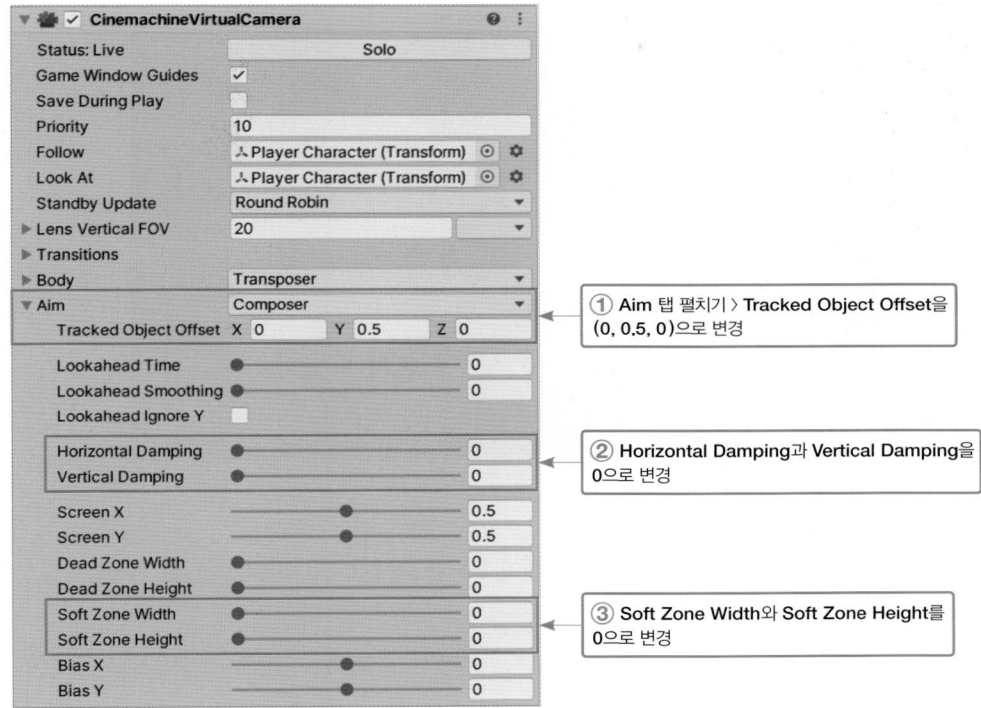

▶ 가상 카메라의 Aim 파라미터 설정하기

기본적으로 가상 카메라는 Look At에 할당된 게임 오브젝트를 항상 조준하도록 회전합니다. Tracked Object Offset 필드는 원래 추적 대상에서 얼마나 더 떨어진 곳을 조준할지 결정합니다.

우리는 Tracked Object Offset의 Y 값을 조금 늘려 카메라가 플레이어 캐릭터의 실제 위치보다 조금 높은 곳을 조준하게 변경했습니다.

그다음 회전 속도에 대한 제동값을 가로와 세로 방향 모두 0으로 변경하고, 소프트존의 가로와 세로 크기를 모두 0으로 변경하여 소프트존을 없앴습니다. 따라서 카메라가 지연시간 없이 Player Character 게임 오브젝트를 즉시 조준하게 됩니다.

지금까지 가상 카메라 설정을 마쳤습니다. 현재 씬에는 가상 카메라가 Follow Cam 하나밖에 없습니다. 따라서 게임이 시작되면 브레인 카메라는 자동으로 Follow Cam을 현재 카메라로 사용합니다.

플레이 버튼을 눌러 씬을 테스트해봅시다. 플레이어 캐릭터가 어딜 가든 카메라가 잘 쫓아갑니다.

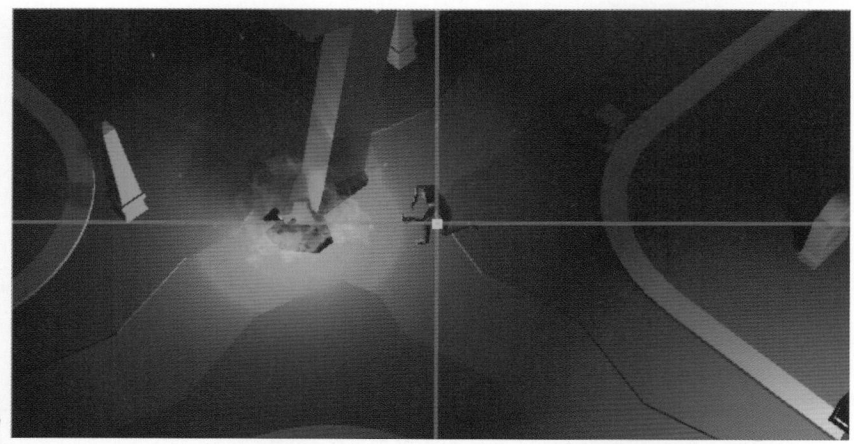

▶ 추적 카메라 완성

카메라가 잘 동작하는 것을 확인했다면 플레이 모드를 해제하고 [Ctrl+S]로 씬을 저장합니다.

14.6 마치며

이 장에서는 레벨 아트를 준비하고 플레이어 캐릭터의 움직임과 애니메이션을 만들었습니다.

게임의 전체 분위기에 영향을 주는 라이팅 설정 방법과 여러 애니메이션을 섞어 표현하는 방법, 입력과 입력에 의한 액터를 분리하는 구조와 C#의 프로퍼티를 알아봤습니다. 또한 시네머신으로 자동 추적 카메라를 만드는 방법도 알아봤습니다.

다음 장에서는 총과 슈터 컴포넌트를 구현합니다.

이 장에서 배운 내용 요약

- 유니티 패키지 매니저를 사용해 유니티 공식 패키지를 다운로드할 수 있습니다.
- 유니티 패키지 매니저는 중앙 저장소 패키지들을 다운로드합니다.

- 라이트맵을 사용하면 적은 실시간 연산 비용으로 라이트 효과를 구현할 수 있습니다.
- 글로벌 일루미네이션으로 간접광을 구현합니다.
- 환경광을 설정하면 게임의 전체 색 분위기를 조절할 수 있습니다.
- 블렌드 트리를 사용해 여러 애니메이션 클립을 섞어서 사용할 수 있습니다.
- 애니메이터 레이어를 여러 개 만들어 동시에 여러 상태 머신을 동작시킬 수 있습니다.
- 애니메이터 레이어는 위에서 아래 순서로 적용됩니다.
- 아바타 마스크를 사용해 애니메이션을 3D 모델의 특정 부위에만 적용할 수 있습니다.
- 입력과 액터를 나누면 사용자 입력을 나중에 개선하기 편합니다.
- 프로퍼티를 사용하면 값을 가져오거나 새 값을 할당할 때 중간 처리를 삽입할 수 있습니다.
- 자동 구현 프로퍼티를 사용해 프로퍼티를 간결하게 생성할 수 있습니다.
- 리지드바디의 MovePosition( ) 메서드는 입력으로 전역 위치를 받습니다.
- 시네머신으로 다양한 종류의 카메라 동작을 손쉽게 만들 수 있습니다.
- 시네머신의 브레인 카메라는 실제 화면을 촬영하는 카메라입니다.
- 시네머신의 가상 카메라는 브레인 카메라의 분신 역할을 합니다.
- 브레인 카메라는 여러 개의 가상 카메라 중 하나를 현재 카메라로 사용합니다.
- 시네머신 가상 카메라의 Follow에는 카메라가 움직이면서 추적할 대상을 할당합니다.
- 시네머신 가상 카메라의 Look At에는 카메라가 회전하면서 조준할 대상을 할당합니다.
- 시네머신 카메라의 데드존, 소프트존, 하드 리밋으로 카메라 추적의 강도를 조절할 수 있습니다.

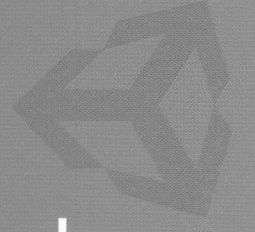

15장 좀비 서바이버
총과 슈터

이 장에서는 총과 총을 쏘는 슈터 컴포넌트를 제작합니다.

또한 레이캐스트를 사용해 사격 감지를 하고, 파티클 시스템을 사용해 시각 효과를 만들고, 코루틴을 이용해 처리 중간에 대기 시간을 삽입하는 방법을 배웁니다. 그리고 C# 인터페이스를 사용해 통일된 대미지 메서드를 구현합니다. 슈터를 구현하면서 IK를 사용해 캐릭터가 총을 자연스럽게 잡게 합니다.

> **이 장에서 다루는 내용**
> - C# 인터페이스를 사용한 '느슨한 커플링'
> - 슈터 게임의 총 제작 방법
> - 라인 렌더러를 사용해 광선 그리기
> - 레이캐스트를 사용해 탄알 발사 구현하기
> - 코루틴을 사용해 대기 시간 삽입하기
> - IK를 사용해 총을 잡도록 애니메이션 변경하기

15.1 인터페이스

일반적으로 게임 속 플레이어는 상대방 캐릭터뿐만 아니라 상자나 울타리 같은 다양한 오브젝트를 공격할 수 있습니다.

게임 속 오브젝트들은 타입에 따라 공격을 받았을 때의 반응이 서로 다를 겁니다. 예를 들어 몬스터를 공격하면 몬스터의 체력이 깎일 것이고, 상자를 공격하면 상자가 부서지고 아이템이 나올 겁니다.

이때 공격에 대한 서로 다른 반응을 구현하는 가장 나쁜 방법은 공격당한 오브젝트의 타입을 일일이 검사하고 if 문으로 각 타입마다 서로 다른 반응을 구현하는 겁니다.

세련된 방법은 인터페이스를 사용하는 겁니다. 인터페이스를 사용하면 공격당한 다양한 타입의 오브젝트를 하나의 인터페이스로 추상화하여 다룰 수 있습니다.

좀비 서바이버에서는 공격받을 수 있는 모든 물체를 IDamageable 인터페이스를 사용하여 구현합니다. IDamageable 인터페이스를 사용하면 총으로 어떤 물체를 쏠 때 그 물체가 '어떤 타입의 물체인지' 정확하게 파악할 필요 없이 공격 처리가 동작하게 구현할 수 있습니다.

그럼 사용되는 C# 인터페이스가 무엇이며 왜 필요한지 살펴봅시다.

15.1.1 C# 인터페이스

인터페이스란 외부와 통신하는 공개 통로이며, 통로의 규격입니다. 인터페이스는 통로의 규격은 강제하지만 그 아래에 어떤 일이 일어날지는 결정하지 않습니다.

USB 인터페이스를 생각해봅시다. USB 인터페이스를 가진 장비라면 USB 슬롯에 꽂아서 데이터를 주고받을 수 있습니다. 하지만 USB로 연결된 장비 내부에서 일어나는 일은 USB 인터페이스 그 자체와는 상관없습니다.

C# 인터페이스도 마찬가지입니다. C# 인터페이스는 어떤 메서드를 구현하도록 강제하는 계약입니다. 인터페이스를 상속하는 클래스는 해당 인터페이스의 메서드를 반드시 구현해야 합니다. 따라서 해당 인터페이스의 메서드를 구현했음이 보장됩니다.

16장과 17장에서 사용할 IItem 인터페이스를 잠시 살펴보겠습니다. IItem은 아이템 클래스들이 상속하는 인터페이스입니다(인터페이스는 이름 앞에 I를 붙여 선언하는 것이 관례입니다).

```
public interface IItem {
    void Use(GameObject target);
}
```

IItem의 Use() 메서드는 아이템을 사용하는 메서드입니다. 아이템을 사용할 대상을 GameObject 타입으로 입력받습니다.

인터페이스의 메서드는 선언만 존재하고 구현이 없습니다. 인터페이스는 메서드 형태만 결정하고 메서드 구현 방법은 자신을 상속하는 클래스에 맡깁니다.

인터페이스를 상속한 클래스는 인터페이스에 선언된 메서드를 반드시 public으로 구현해야 합니다. IItem을 상속해서 만든 두 아이템 클래스를 봅시다(예시를 위해 17장에서 사용할 아이템 스크립트를 간략화해서 가져왔습니다).

```
public class AmmoPack : MonoBehaviour, IItem {
    public int ammo = 30;

    public void Use(GameObject target) {
        // target에 탄알을 추가하는 처리
        Debug.Log("탄알이 증가했다 : " + ammo);
```

```
        }
    }

public class HealthPack : MonoBehaviour, IItem {
    public float health = 50;

    public void Use(GameObject target) {
        // target의 체력을 회복하는 처리
        Debug.Log("체력을 회복했다 : " + health);
    }
}
```

IItem을 상속한 클래스는 Use() 메서드를 반드시 구현해야 합니다. 따라서 AmmoPack 클래스와 HealthPack 클래스는 Use() 메서드를 구현합니다. 단, Use() 메서드의 내부 구현은 클래스마다 달라도 상관없습니다. 따라서 Use() 메서드의 구현은 아이템의 역할에 따라 달라집니다.

15.1.2 느슨한 커플링

어떤 스크립트에서 IItem 인터페이스를 상속한 클래스로부터 생성된 오브젝트에 접근했다고 가정해봅시다. IItem 인터페이스를 상속한 클래스는 Use() 메서드를 구현했음이 보장됩니다. 따라서 어떤 오브젝트가 IItem 타입으로 취급 가능하다면 구체적인 타입을 검사하지 않고 Use() 메서드를 실행할 수 있습니다.

어떤 스크립트에서 충돌한 아이템을 사용하는 처리를 구현한다고 가정해봅시다.

```
void OnTriggerEnter(Collider other) {
    AmmoPack ammoPack = other.GetComponent<AmmoPack>();
    if (ammoPack != null) {
        ammoPack.Use();
    }

    HealthPack healthPack = other.GetComponent<HealthPack>();
    if (healthPack != null) {
        healthPack.Use();
    }
}
```

앞의 코드는 충돌한 상대방 컴포넌트를 가능한 한 모든 아이템 타입으로 검사합니다. 충돌한 상대방의 컴포넌트가 AmmoPack 타입인지 HealthPack 타입인지 모르기 때문입니다.

실제 게임에는 수백 개 아이템이 존재할 수 있습니다. 앞의 방식을 사용하면 수백 개 아이템의 타입을 전부 검사해야 합니다. 인터페이스를 사용하면 앞의 코드를 간결하게 바꿀 수 있습니다.

```
void OnTriggerEnter(Collider other) {
    IItem item = other.GetComponent<IItem>();
    if (item != null) {
        item.Use();
    }
}
```

위 코드는 상대방으로부터 IItem 타입의 컴포넌트를 가져와서 Use() 메서드를 사용합니다.

IItem 인터페이스를 상속한 클래스의 오브젝트는 IItem 타입으로 취급할 수 있습니다(정확한 이유는 16.1절 '다형성'에서 설명합니다). 따라서 GetComponent<IItem>()으로 가져온 컴포넌트의 실제 타입은 HealthPack이거나 AmmoPack일 수 있습니다.

하지만 구체적인 타입은 중요하지 않습니다. IItem 타입을 상속하면 반드시 Use() 메서드를 가지고 있기 때문입니다.

item.Use()가 실행될 때 item에 할당된 오브젝트가 HealthPack 타입이면 HealPack의 Use() 가 실행되고 체력이 회복됩니다. item에 할당된 오브젝트가 AmmoPack 타입이면 AmmoPack의 Use()가 실행되고 탄알이 추가됩니다.

즉, 아이템을 사용하는 측은 하나의 IItem 타입으로 아이템을 사용하지만, 실제 동작은 아이템 종류별로 다릅니다. 이처럼 인터페이스를 사용하는 방식은 '약속된 일'만 해준다면 세부 타입과 구체적인 구현을 따지지 않습니다.

인터페이스의 이러한 특징을 '느슨한 커플링loose coupling'이라고 부릅니다. 느슨한 커플링은 어떤 코드가 특정 클래스의 구현에 결합되지 않아 유연하게 변경 가능한 상태를 가리키는 용어입니다.

즉, 위 예시에서 인터페이스를 사용한 OnTriggerEnter() 메서드는 HealthPack과 AmmoPack의 구현에 더 이상 영향을 받지 않게 되었으므로 느슨한 커플링이 구현되었다고 할 수 있습니다.

15.1.3 IDamageable

좀비 서바이버에서 공격당할 수 있는 모든 대상은 `IDamageable` 인터페이스를 상속해야 합니다. `IDamageable` 인터페이스는 프로젝트의 Scripts 폴더에 있습니다.

```
using UnityEngine;

public interface IDamageable {
    void OnDamage(float damage, Vector3 hitPoint, Vector3 hitNormal);
}
```

`IDamageable` 인터페이스를 상속하는 클래스는 `OnDamage()` 메서드를 반드시 구현해야 합니다. `OnDamage()` 메서드는 다음 입력을 받습니다.

- `damage` : 대미지 크기
- `hitPoint` : 공격당한 위치
- `hitNormal` : 공격당한 표면의 방향

우리는 플레이어 캐릭터가 총을 쏴서 오브젝트를 공격할 때 공격당한 오브젝트의 구체적인 타입은 검사하지 않을 겁니다. 공격당한 오브젝트가 `IDamageable`을 상속했다면 해당 오브젝트의 `OnDamage()` 메서드를 실행하기만 하면 되기 때문입니다.

15.2 총 게임 오브젝트 준비

이 절에서는 플레이어가 사용할 총을 만듭니다. 그런데 총^{Gun} 자체와 총을 쏘는 슈터^{Shooter}가 분리된다는 점에 주목합니다. 우선 총을 완성하고 슈터를 완성하겠습니다.

슈터 게임에서 총과 슈터를 분리하는 이유는 간결함과 확장성 때문입니다. 예를 들어 총과 슈터를 분리하면 총을 쏘는 사람은 변경하지 않고 들고 있는 총만 교체하면 되므로 기능을 구현하기 쉽습니다.

15.2.1 Gun 게임 오브젝트 준비하기

먼저 Player Character 게임 오브젝트에 총을 배치할 기준점이 될 자식 게임 오브젝트를 추가하겠습니다. 그다음 준비된 총 프리팹을 이용해 총 게임 오브젝트를 추가하고 필요한 컴포넌트를 추가합니다.

[과정 01] Gun 배치 지점 생성

① 하이어라키 창에서 **Player Character**를 **마우스 오른쪽 클릭** 〉 **Create Empty** 클릭
② 생성된 **자식 게임 오브젝트**의 이름을 **Gun Pivot**으로, **위치**를 **(0, 1, 0.5)**로 변경

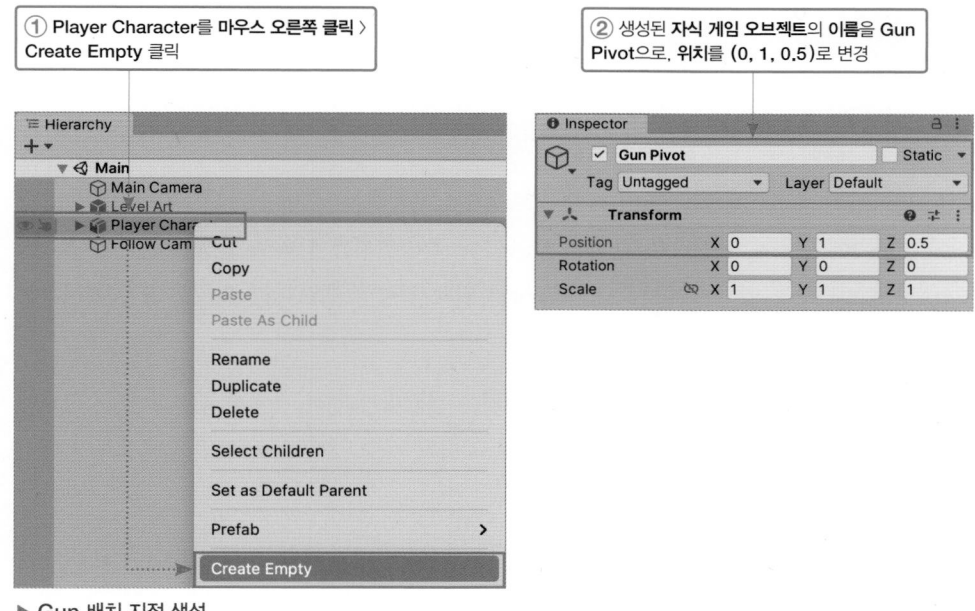

▶ Gun 배치 지점 생성

[과정 02] Gun 게임 오브젝트 생성

① **Prefabs** 폴더의 **Gun** 프리팹을 **하이어라키** 창의 **Gun Pivot**으로 **드래그&드롭**
② 생성된 **Gun** 게임 오브젝트의 **위치**를 **(−0.2, −0.04, 0.17)**로 변경

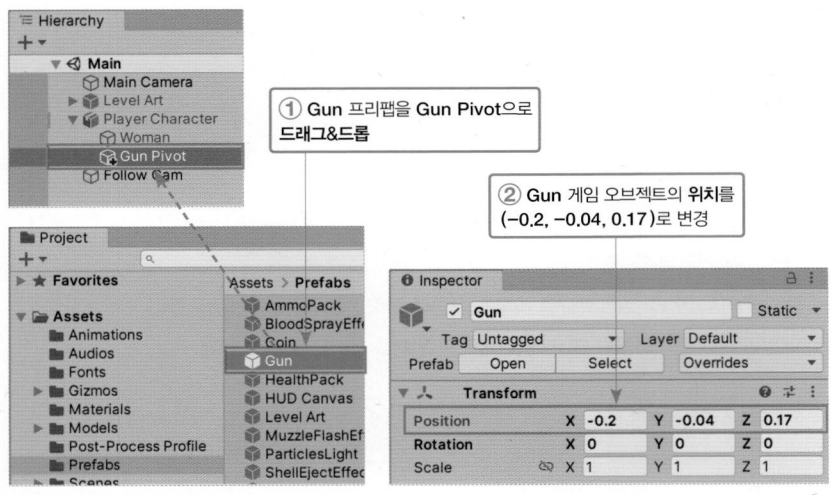

▶ Gun 게임 오브젝트 생성

Gun Pivot 게임 오브젝트는 Gun 게임 오브젝트를 배치하는 데 사용할 기준점이며, 항상 오른쪽 팔꿈치에 위치해야 합니다. 현재는 Gun Pivot의 위치를 임의로 설정했지만, 15.5.7절 'OnAnimatorIK() 메서드'에서 Gun Pivot의 위치가 항상 캐릭터의 오른쪽 팔꿈치 위치로 이동하는 기능을 구현합니다.

또한 위에서 설정한 Gun 게임 오브젝트의 위치는 캐릭터가 견착 자세를 취하고 있는 상태에서 Gun Pivot이 오른쪽 팔꿈치에 위치할 경우 캐릭터 가슴 앞에 Gun 게임 오브젝트가 배치되도록 조정한 값입니다.

생성된 Gun 게임 오브젝트에는 여러 자식 게임 오브젝트가 있습니다. 이들은 다음과 같은 역할을 합니다.

- Model : 총 3D 모델
- Left Handle : 캐릭터의 왼손이 위치할 곳
- Right Handle : 캐릭터의 오른손이 위치할 곳
- Fire Position : 탄알 발사 위치

이어서 Gun 게임 오브젝트에 필요한 컴포넌트를 추가해봅시다. 먼저 총을 쏠 때 탄알의 궤적을 그리기 위한 라인 렌더러Line Renderer가 필요합니다. 라인 렌더러는 주어진 점들을 이은 선을 그리는 컴포넌트입니다.

① **Gun** 게임 오브젝트에 **Line Renderer** 컴포넌트 추가(**Add Component** 〉 **Effects** 〉 **Line Renderer**)

② **Line Renderer** 컴포넌트를 **체크 해제**하여 **비활성화**

③ **Positions** 탭 펼치기 〉 **Size**를 0으로 변경

④ **Width**를 0.02로 변경

⑤ **Materials** 탭 펼치기 〉 Element 0에 **Bullet** 머티리얼 할당(**Element 0** 옆의 **선택 버튼 클릭** 〉 **선택** 창에서 **Bullet** 머티리얼을 찾아 **더블 클릭**)

⑥ **Lighting** 탭의 **Cast Shadows**를 **Off**로 변경, **Receive Shadows 체크 해제**

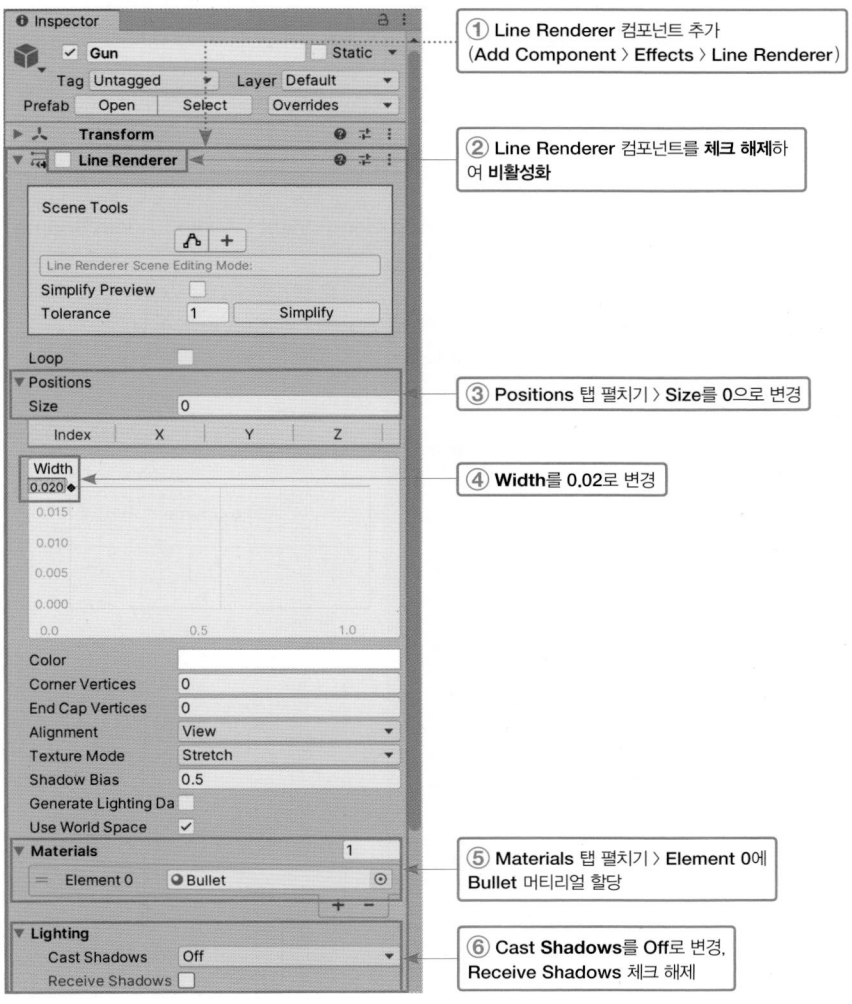

▶ Gun에 라인 렌더러 추가하기

라인 렌더러 컴포넌트를 추가하고, 라인 렌더러의 Cast Shadows와 Receive Shadows를 비활성화했습니다. 라인 렌더러가 그리는 탄알 궤적이 그림자를 만들거나 탄알 궤적 위에 그림자가 비칠 필요가 없기 때문입니다.

라인 렌더러가 그릴 선의 색깔로는 빛나는 노란색 머티리얼인 Bullet 머티리얼을 사용했으며, 라인 렌더러의 두께Width를 0.02로 줄여 탄알 궤적의 두께를 줄였습니다.

라인 렌더러는 Positions 필드에 설정된 점 사이를 이어 선을 그립니다. Positions 필드에서 사용할 점의 개수 Size와 점의 위치는 스크립트에서 결정할 겁니다. 따라서 지금은 라인 렌더러가 선을 그리지 못하도록 Size를 0으로 변경했습니다. 또한 총을 쏘는 순간 잠시 라인 렌더러를 켜고 즉시 끌 것이기 때문에 라인 렌더러 컴포넌트를 미리 비활성화했습니다.

이어서 총 쏘는 소리와 재장전 소리를 재생하는 오디오 소스 컴포넌트를 추가합니다.

[과정 04] Gun에 오디오 소스 추가하기

① Gun 게임 오브젝트에 Audio Source 컴포넌트 추가(Add Component > Audio > Audio Source)

② Audio Source 컴포넌트의 Play On Awake 체크 해제

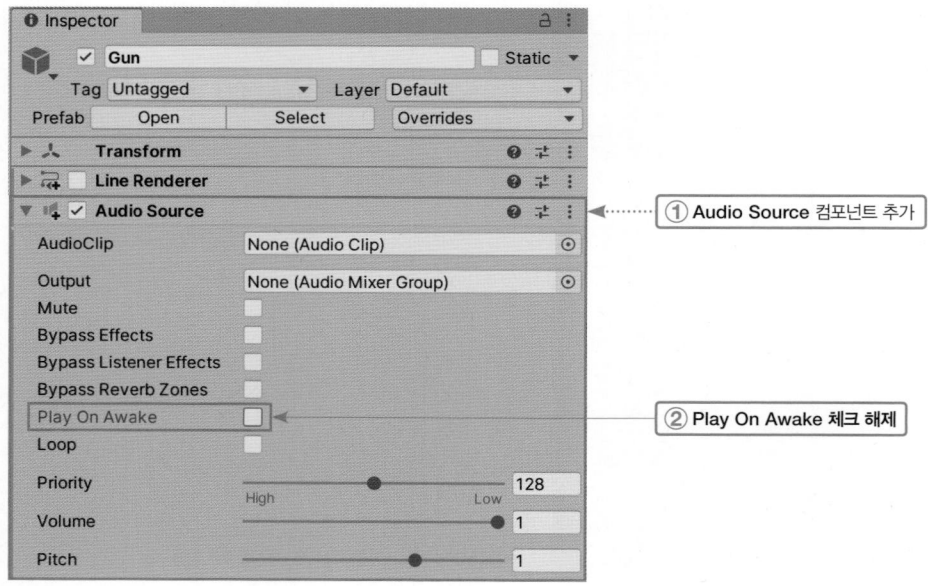

▶ Gun에 오디오 소스 추가하기

15.2.2 파티클 효과 추가하기

이번에는 총구 화염과 탄피 배출 효과를 추가합니다.

유니티에서 연기, 화염재 등의 시각 효과는 파티클 시스템Particle System 컴포넌트를 사용합니다. 파티클 시스템은 기본적으로 여러 작은 스프라이트 이미지를 랜덤하게 휘날리는 방식으로 동작하며 여기에 여러 가지 물리 시뮬레이션과 다양한 추가 기법을 응용하여 시각 효과를 만듭니다.

사용할 총구 화염 효과(MuzzleFlashEffect)와 탄피 배출 효과(ShellEjectEffect)는 아티스트가 미리 만들어 프리팹으로 준비해두었습니다. 이들을 Gun 게임 오브젝트에 추가하겠습니다.

[과정 01] Gun에 사격 효과 추가하기

① Prefabs 폴더의 MuzzleFlashEffect와 ShellEjectEffect 프리팹을 하이어라키 창의 Gun 게임 오브젝트로 드래그&드롭

② MuzzleFlashEffect 게임 오브젝트의 위치를 (0, 0.08, 0.2)로 변경

③ ShellEjectEffect 게임 오브젝트의 위치를 (0.01, 0.09, −0.02)로 변경

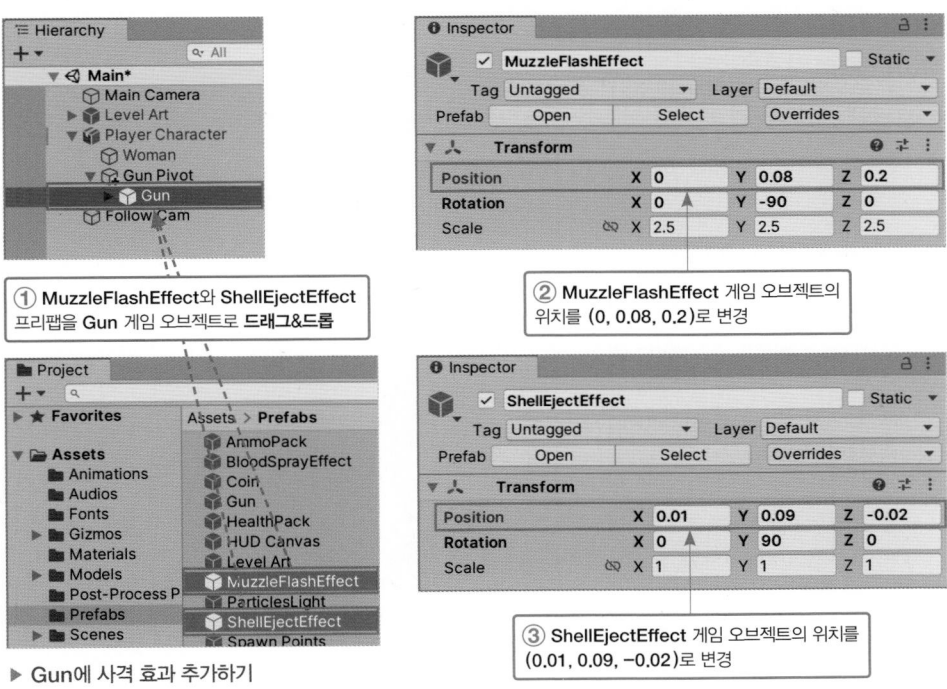

▶ Gun에 사격 효과 추가하기

15.3 GunData 스크립트

Gun 게임 오브젝트 준비가 끝났습니다. 이제 총의 동작을 구현하는 Gun 스크립트를 완성해야 합니다. 그런데 우리는 여러 종류의 총을 만들 때를 대비하여 총에서 수치에 해당하는 데이터를 에셋 형태의 별개 오브젝트로 분리할 것입니다.

만약 Gun 스크립트 내에 Gun의 모든 데이터가 변수로 선언되어 있으면 다음과 같은 문제가 생깁니다.

- 총의 수치 데이터만 따로 관리하기 힘듭니다.
- 같은 수치를 가진 같은 타입의 총들이 데이터를 각자 가지게 됩니다.
- 게임 도중에 총의 외형은 가만히 두고 데이터만 교체하기 힘듭니다.

이러한 문제를 해결하기 위해 스크립터블 오브젝트Scriptable Object를 사용하여 기존 Gun 스크립트를 개선할 것입니다. 스크립터블 오브젝트는 유니티 프로젝트의 에셋 형태로 데이터를 담을 수 있는 타입입니다.

15.3.1 Gun의 확장성 문제

스크립터블 오브젝트가 필요한 이유를 이해하기 위해 우리가 작성할 Gun 스크립트의 필수 부분이 다음과 같이 구성되어 있다고 가정해봅시다.

```
using System.Collections;
using UnityEngine;

public class Gun : MonoBehaviour {

    public AudioClip shotClip; // 발사 소리
    public AudioClip reloadClip; // 재장전 소리

    public float damage = 25; // 공격력
    public int magCapacity = 25; // 탄창 용량

    public float timeBetFire = 0.12f; // 탄알 발사 간격
    public float reloadTime = 1.8f; // 재장전 소요 시간

    // 이하 생략....
}
```

만약 프로젝트를 완성한 후 프로젝트를 확장하여 다양한 총을 구현하게 된다면 위 코드에서 다음 변수들은 총마다 다른 값을 가지게 될 것입니다.

- 총의 사운드 : shotClip, reloadClip
- 공격력 : damage
- 탄창 용량 : magCapacity
- 연사력과 재장전 시간 관련 : timeBetFire, reloadTime

그런데 이 수치들은 Gun 컴포넌트에 종속되어 있습니다. 만약 위와 같이 구현한다면 이후에 완성한 Gun 게임 오브젝트나 프리팹을 찾아서 Gun 컴포넌트에서 다음 그림에 표시된 수치들을 직접 변경해야 합니다.

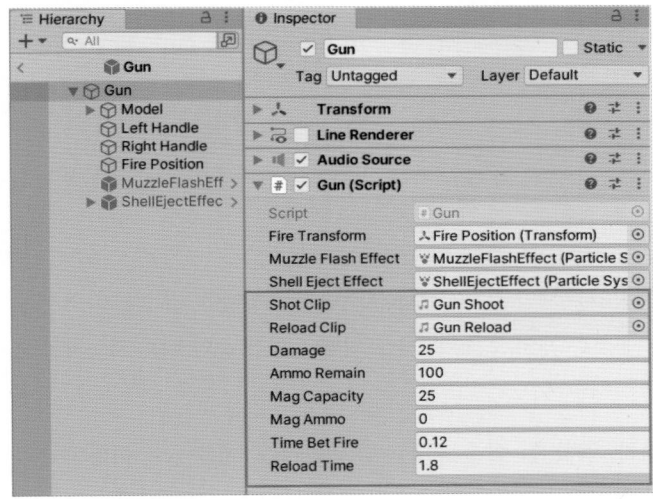

▶ 수치들을 프리팹에서 직접 변경해야 함

편집할 데이터가 게임 오브젝트의 컴포넌트의 컴포넌트에 존재합니다. 따라서 같은 타입의 총 게임 오브젝트가 여러 개 존재할 때 실수로 각 총 게임 오브젝트마다 다른 수치를 할당할 수 있습니다.

좀비 게임에서 세 종류의 총 A, B, C를 준비했다고 가정해봅시다. 그러면 총의 데이터도 세 종류 존재합니다.

그런데 총의 종류 또는 준비된 총 프리팹은 세 종류인데 반해 총 프리팹의 복제본인 총 게임 오브젝트는 씬에서 여러 개 존재할 수 있습니다. 따라서 같은 종류의 총 게임 오브젝트들 사이에 서로 다른 수치가 사용되지 않도록 주의해야 합니다.

예를 들어 씬에 A 총 프리팹으로부터 만들어진 여러 개의 A 총 게임 오브젝트가 있다고 가정해 봅시다. 어떤 A 총 게임 오브젝트의 수치를 수정하면 다른 A 총 게임 오브젝트의 수치도 함께 수정해야 합니다. 그렇지 않으면 다음과 같이 같은 종류의 총이 서로 다른 수치를 가질 수 있습니다.

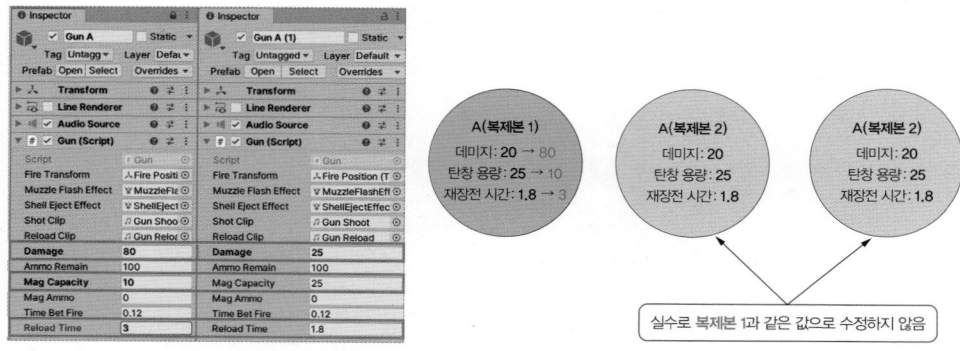

▶ 같은 종류의 총이 다른 수치를 가지게 되는 실수

또한 총의 데이터만 수정하려고 해도 총 게임 오브젝트나 프리팹을 수정해야 합니다. 따라서 수치 데이터를 편집하는 과정에서 해당 총 게임 오브젝트나 프리팹을 편집 중인 다른 작업자와 혼선이 생길 수 있습니다.

그리고 런타임에 총이 사용할 수치 데이터를 쉽게 교체할 수 없습니다. 예를 들어 하나의 총에 여러 발사 모드가 존재한다고 생각해봅시다. 다음과 같이 각 발사 모드 A와 B에 대응하는 데이터들을 필드로 선언하고 값을 할당하는 것은 불편합니다.

```
using System.Collections;
using UnityEngine;

public class Gun : MonoBehaviour {

    // MODE A
    public AudioClip shotClipA; // 모드 A 발사 소리
    public AudioClip reloadClipA; // 모드 A 재장전 소리
```

```
    public float damageA = 25; // 모드 A 공격력
    private float fireDistanceA = 50f; // 모드 A 사정거리

    // MODE B
    public AudioClip shotClipB; // 모드 B 발사 소리
    public AudioClip reloadClipB; // 모드 B 재장전 소리

    public float damageB = 25; // 모드 B 공격력
    private float fireDistanceB = 50f; // 모드 B 사정거리

    // 생략...
}
```

반대로 총의 외형은 같은데 총의 수치 데이터만 다른 경우가 있다고 가정해봅시다. 예를 들어 기존 총에서 성능이 강화된 총이 존재할 수 있습니다.

그런 경우 같은 총에 대한 프리팹을 두 개 만들어야 합니다. 다음과 같이 외형은 같지만 Gun 컴포넌트의 필드에 할당된 수치 값만 다른 프리팹을 두 개 만들어야 합니다.

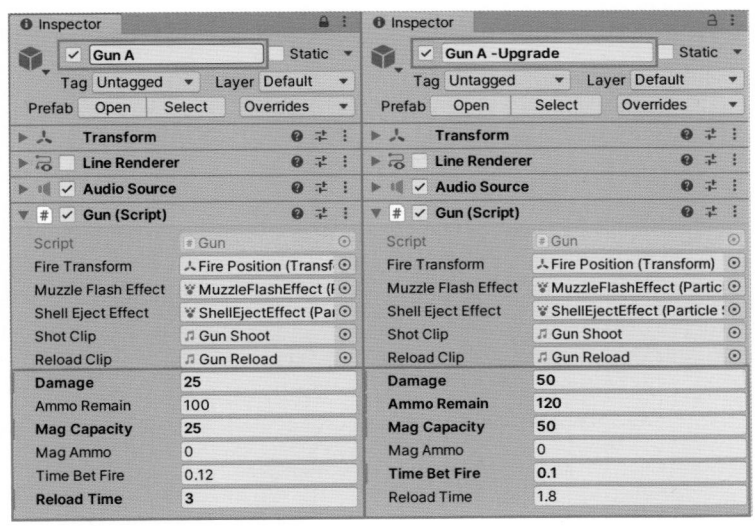

▶ 같은 총에 대한 여러 개의 프리팹

즉, 단순히 총의 수치 데이터만 달라지는 경우라도 각 데이터마다 새로운 버전의 총 프리팹을 만들어야 합니다. 이때 총 자체에 데이터가 종속되어 있으므로 사용할 데이터를 변경하려면 캐릭터가 들고 있는 총 게임 오브젝트 자체를 교체해야 합니다.

15.3.2 Gun과 GunData 분리

앞서 언급한 문제는 Gun 클래스에서 데이터에 해당하는 부분을 개별 클래스 GunData로 추출하여 일부 해결할 수 있습니다.

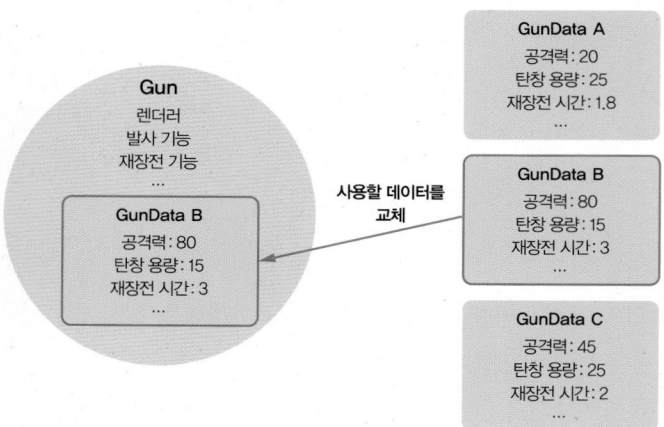

▶ Gun과 GunData 분리(1)

그러면 위 그림과 같이 Gun 게임 오브젝트를 수정하지 않고 Gun 게임 오브젝트가 사용할 GunData만 교체하면 됩니다.

또한 다음과 같이 다수의 Gun 게임 오브젝트가 하나의 GunData를 참조하도록 할 수도 있습니다.

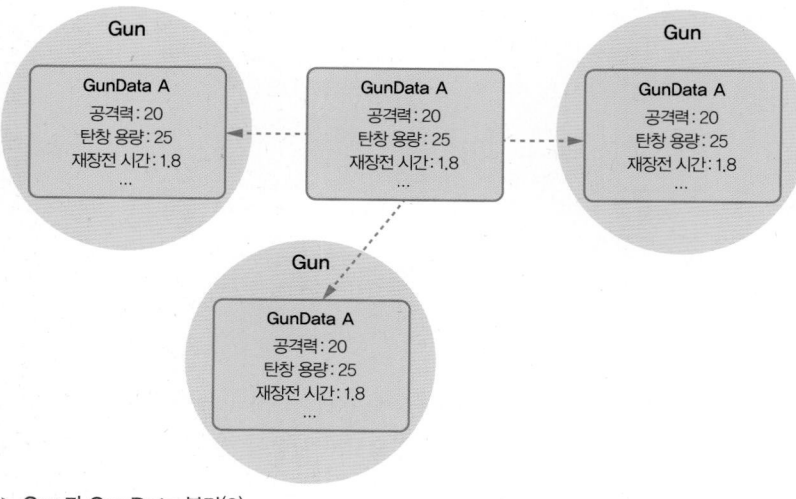

▶ Gun과 GunData 분리(2)

그러면 한 종류의 총에 대한 여러 복제본이 하나의 총 데이터를 공유합니다. 따라서 어떤 총 하나만 실수로 다른 수치를 사용하는 경우를 막을 수 있습니다. 또한 Gun 오브젝트는 여러 개지만 GunData 오브젝트는 하나만 존재하므로 메모리 사용량에서도 이득입니다.

그리고 GunData는 Gun과 분리되어 존재하므로 Gun 게임 오브젝트를 열지 않고 GunData만 수정할 수 있습니다.

15.3.3 스크립터블 오브젝트

15.3.1절에서 언급한 문제를 완전히 해결하려면 GunData 오브젝트가 유니티 에디터에서 편집할 수 있는 형태로 존재해야 합니다. 또한 씬 위의 게임 오브젝트가 아닌 형태로 존재해야 합니다. 씬 위의 게임 오브젝트는 해당 씬을 열어야 편집할 수 있기 때문입니다.

GunData는 간단한 데이터 컨테이너입니다. 따라서 MonoBehaviour를 상속받아서는 안 됩니다. 만약 MonoBehaviour를 상속받아 컴포넌트로 동작한다면 단순 데이터 컨테이너임에도 불필요하게 게임 오브젝트가 필요합니다.

이런 문제는 스크립터블 오브젝트로 해결할 수 있습니다. 스크립터블 오브젝트는 여러 오브젝트가 사용할 데이터를 유니티 에셋 형태로 저장할 수 있는 타입입니다. 스크립터블 오브젝트는 다음과 같은 경우에 유용합니다.

- 여러 오브젝트가 공유하여 사용할 데이터를 에셋 형태로 분리
- 데이터를 유니티 인스펙터 창에서 편집 가능한 형태로 관리

스크립터블 오브젝트를 통해 GunData를 편집하기 쉬운 에셋 형태로 분리하여 프로젝트에 저장할 수 있습니다. 다음 그림은 이후 완성할 GunData 스크립트로부터 스크립터블 오브젝트 에셋을 임의로 세 개 만든 예시입니다.

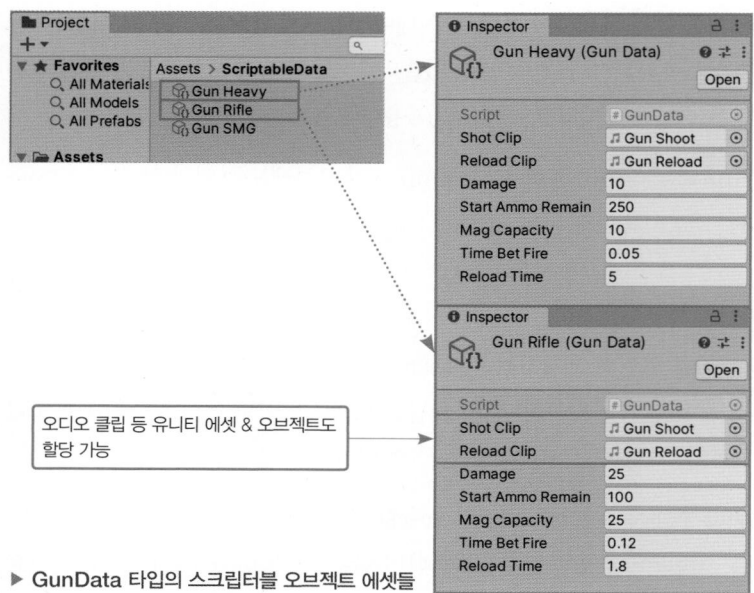

오디오 클립 등 유니티 에셋 & 오브젝트도
할당 가능

▶ GunData 타입의 스크립터블 오브젝트 에셋들

위 예시 그림에서 보이는 다음 에셋들은 모두 GunData 타입입니다.

- Gun Heavy
- Gun Rifle
- Gun SMG

하지만 공격력Damage이나 재장전 시간Reload Time 등을 각 에셋에 다르게 할당했다는 것에 주목합니다. 총의 종류에 따라 세 개의 GunData 에셋 중 하나를 Gun의 데이터로 사용할 수 있습니다.

데이터를 단순 텍스트, XML이나 JSON 포맷 등의 텍스트 파일로 저장할 수도 있습니다. 하지만 이 경우 해당 데이터는 유니티 에디터의 인스펙터 창에서 바로 편집할 수 없습니다. 따라서 텍스트 편집기 등으로 열어서 편집해야 합니다.

또한 위 그림에서 GunData 에셋의 Shot Clip 필드와 Reload Clip 필드에 오디오 클립 에셋인 Gun Shoot과 Gun Reload가 할당된 것에 주목합니다.

스크립터블 오브젝트 에셋의 필드에는 오디오 클립이나 3D 모델, 프리팹 등 다른 유니티 오브젝트나 유니티 에셋을 바로 할당할 수 있습니다. 반면 사용할 데이터를 텍스트 파일 등으로 저장한 경우 해당 데이터의 어떤 필드에 유니티 오브젝트나 에셋을 곧장 할당하기 어렵습니다.

15.3.4 GunData 구현하기

이제 GunData를 구현해봅시다. 미리 저자가 GunData 스크립트를 프로젝트에 포함시켜 두었습니다. GunData 스크립트를 열어 구성을 살펴봅시다.

[과정 01] GunData 스크립트 열기

① **Scripts** 폴더의 **GunData** 스크립트를 **더블 클릭**으로 열기

```
using UnityEngine;

public class GunData
{
    public AudioClip shotClip; // 발사 소리
    public AudioClip reloadClip; // 재장전 소리

    public float damage = 25; // 공격력

    public int startAmmoRemain = 100; // 처음에 주어질 전체 탄알
    public int magCapacity = 25; // 탄창 용량

    public float timeBetFire = 0.12f; // 탄알 발사 간격
    public float reloadTime = 1.8f; // 재장전 소요 시간
}
```

GunData에 필요한 필드는 미리 선언해두었습니다. 먼저 필드를 살펴봅시다.

shotClip과 reloadClip에는 총 쏘는 소리 오디오 클립과 재장전 소리 오디오 클립이 각각 할당됩니다.

그다음 총의 수치를 저장하는 변수가 선언되어 있습니다.

```
public float damage = 25; // 공격력

public int startAmmoRemain = 100; // 처음에 주어질 전체 탄알
public int magCapacity = 25; // 탄창 용량
```

damage는 탄알 한 발의 공격력입니다. startAmmoRemain은 총이 처음 활성화될 때 주어질 전체

탄알 수입니다. magCapacity는 탄창의 용량입니다. magCapacity보다 많은 탄알을 탄창에 넣을 수 없습니다.

마지막으로 시간과 관련된 변수가 선언되어 있습니다.

```
public float timeBetFire = 0.12f; // 탄알 발사 간격
public float reloadTime = 1.8f; // 재장전 소요 시간
```

timeBetFire는 발사 사이의 시간 간격입니다. 이 값을 낮추면 연사력이 올라갑니다. reloadTime은 재장전에 소요되는 시간입니다. 재장전이 시작되면 reloadTime 동안 총을 쏘거나 재장전을 취소할 수 없습니다.

ScriptableObject로 만들기

현재 GunData는 단순 클래스로 선언되어 있습니다. 따라서 메모리상에서의 오브젝트로는 존재할 수 있지만 에셋으로는 존재할 수 없습니다. GunData를 스크립터블 오브젝트 에셋으로 생성할 수 있도록 스크립터블 오브젝트 타입으로 만들겠습니다. 그리고 에셋 생성 메뉴를 추가하겠습니다.

[과정 01] GunData 스크립트를 ScriptableObject로 만들기

① **GunData** 스크립트 상단을 다음과 같이 수정

```
using UnityEngine;

[CreateAssetMenu(menuName = "Scriptable/GunData", fileName = "Gun Data")]
public class GunData : ScriptableObject
{
    public AudioClip shotClip; // 발사 소리
    public AudioClip reloadClip; // 재장전 소리

    public float damage = 25; // 공격력

    public int startAmmoRemain = 100; // 처음에 주어질 전체 탄알
    public int magCapacity = 25; // 탄창 용량

    public float timeBetFire = 0.12f; // 탄알 발사 간격
```

```
    public float reloadTime = 1.8f; // 재장전 소요 시간
}
```

먼저 GunData가 스크립터블 오브젝트로 동작할 수 있도록 GunData 클래스가 ScriptableObject 클래스를 상속하도록 했습니다.

```
public class GunData : ScriptableObject
```

또한 유니티의 에셋 생성 메뉴에서 GunData 타입의 에셋을 생성하는 메뉴를 만들기 위해 다음과 같은 특성Attribute을 클래스에 추가하였습니다.

```
[CreateAssetMenu(menuName = "Scriptable/GunData", fileName = "Gun Data")]
```

특성은 어떤 클래스나 메서드, 변수 등에 대한 추가 정보를 제공하는 C# 문법입니다. 사용할 특성 이름을 대괄호([])로 묶고, 필요에 따라 추가 값을 전달합니다.

CreateAssetMenu 특성은 스크립터블 오브젝트 타입에 추가할 수 있습니다. CreateAsset Menu 특성은 해당 타입의 에셋을 생성할 수 있는 버튼을 Assets와 Create(+ 버튼) 메뉴에 추가합니다.

```
[CreateAssetMenu(menuName = "메뉴 경로", fileName = "기본 파일명", order = 메뉴 상에서 순서)]
```

메뉴 상에서 순서는 생략하고 메뉴 경로는 Scriptable/GunData로, 생성될 에셋에 기본 할당될 파일명은 Gun Data로 명시했습니다. 이후 프로젝트 창에서 **+ → Create** 메뉴에 진입하면 다음과 같이 GunData 에셋 생성 메뉴가 추가될 것입니다.

▶ 추가된 GunData 메뉴 버튼

이것으로 GunData가 준비되었습니다. 수정한 GunData 스크립트를 저장하고 계속 진행합니다.

15.3.5 GunData 에셋 생성하기

이제 GunData 스크립터블 오브젝트로부터 Gun에 사용할 데이터 에셋을 미리 생성하겠습니다.

[과정 01] GunData 에셋 생성하기

① **프로젝트** 창의 **Assets** 폴더에 **ScriptableData** 폴더 생성 → **ScriptableData** 폴더로 **이동**

② 새로운 **GunData** 에셋 생성(**프로젝트** 창 상단의 **+** > **Scriptable** > **GunData** 클릭)

▶ GunData 에셋 생성하기

그러면 GunData 에셋이 생성됩니다. 15.3.4절에서 기본 생성되는 에셋 파일명을 Gun Data 라고 했기 때문에 에셋 이름이 Gun Data로 지어집니다. 생성된 에셋 이름은 나중에 변경해도 됩니다.

그러면 Gun Data 에셋의 필드를 완성하고 계속 진행하겠습니다. Gun Data 에셋을 선택한 상태에서 다음 과정을 따라 합니다.

[과정 02] Gun Data의 필드 완성하기

① **Shot Clip** 필드에 **Gun Shoot** 오디오 클립 할당(필드 옆 **선택 버튼** 사용)

② **Reload Clip** 필드에 **Gun Reload** 오디오 클립 할당(필드 옆 **선택 버튼** 사용)

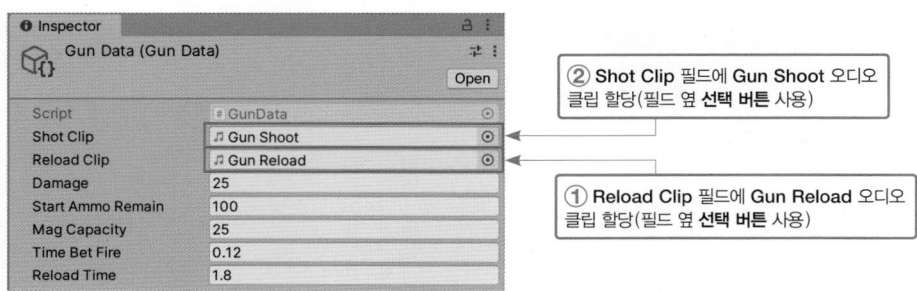

▶ Gun Data의 필드 완성하기

Shot Clip 필드와 Reload Clip 필드에 오디오 클립을 할당할 때 필드 옆의 선택 버튼을 사용하면 Gun Shoot과 Gun Reload 오디오 클립을 빠르게 찾아서 할당할 수 있습니다.

Shot Clip과 Reload Clip 이외의 필드는 할당된 기본값을 사용할 것입니다. 이것으로 총에 사용할 총의 데이터 구현을 완료했습니다.

15.4 Gun 스크립트

이것으로 Gun 게임 오브젝트와 GunData 스크립트 준비가 모두 끝났습니다. 이제 총의 동작을 구현하는 Gun 스크립트를 Gun 게임 오브젝트에 추가하고 스크립트를 완성합니다.

[과정 01] Gun 스크립트 추가하기

① Scripts 폴더의 Gun 스크립트를 하이어라키 창의 Gun 게임 오브젝트로 드래그&드롭
② Gun 스크립트를 더블 클릭하여 열기

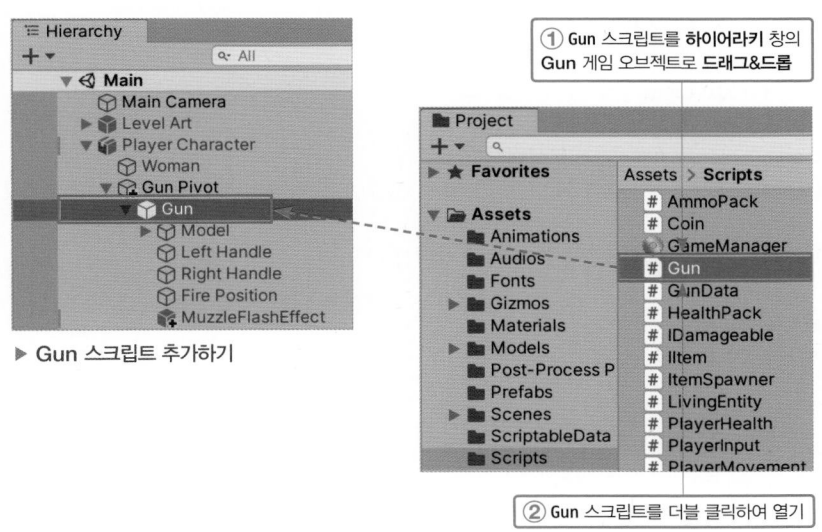

▶ Gun 스크립트 추가하기

열린 Gun 스크립트는 다음과 같은 모습입니다.

```
using System.Collections;
using UnityEngine;
```

```csharp
// 총을 구현
public class Gun : MonoBehaviour {
    // 총의 상태를 표현하는 데 사용할 타입을 선언
    public enum State {
        Ready, // 발사 준비됨
        Empty, // 탄창이 빔
        Reloading // 재장전 중
    }

    public State state { get; private set; } // 현재 총의 상태

    public Transform fireTransform; // 탄알이 발사될 위치

    public ParticleSystem muzzleFlashEffect; // 총구 화염 효과
    public ParticleSystem shellEjectEffect; // 탄피 배출 효과

    private LineRenderer bulletLineRenderer; // 탄알 궤적을 그리기 위한 렌더러

    private AudioSource gunAudioPlayer; // 총 소리 재생기

    public GunData gunData; // 총의 현재 데이터

    private float fireDistance = 50f; // 사정거리

    public int ammoRemain = 100; // 남은 전체 탄알
    public int magAmmo; // 현재 탄창에 남아 있는 탄알

    private float lastFireTime; // 총을 마지막으로 발사한 시점

    private void Awake() {
        // 사용할 컴포넌트의 참조 가져오기
    }

    private void OnEnable() {
        // 총 상태 초기화
    }

    // 발사 시도
    public void Fire() {

    }
}
```

```csharp
        // 실제 발사 처리
        private void Shot() {

        }

        // 발사 이펙트와 소리를 재생하고 탄알 궤적을 그림
        private IEnumerator ShotEffect(Vector3 hitPosition) {
            // 라인 렌더러를 활성화하여 탄알 궤적을 그림
            bulletLineRenderer.enabled = true;

            // 0.03초 동안 잠시 처리를 대기
            yield return new WaitForSeconds(0.03f);

            // 라인 렌더러를 비활성화하여 탄알 궤적을 지움
            bulletLineRenderer.enabled = false;
        }

        // 재장전 시도
        public bool Reload() {
            return false;
        }

        // 실제 재장전 처리를 진행
        private IEnumerator ReloadRoutine() {
            // 현재 상태를 재장전 중 상태로 전환
            state = State.Reloading;

            // 재장전 소요 시간만큼 처리 쉬기
            yield return new WaitForSeconds(gunData.reloadTime);

            // 총의 현재 상태를 발사 준비된 상태로 변경
            state = State.Ready;
        }
    }
```

15.4.1 Gun의 메서드

Gun 스크립트의 변수들을 살펴보고 메서드 구현을 시작하기 전에 Gun 스크립트의 메서드 이름과 역할을 살펴봅시다. Gun 스크립트의 메서드들을 보면 Gun 스크립트의 목적과 기능이 무엇인지 알 수 있습니다.

Awake() 메서드는 사용할 컴포넌트를 가져오고 OnEnable() 메서드는 총의 상태를 초기화합니다. Fire() 메서드는 총을 발사합니다. 하지만 실제 발사 처리는 Shot() 메서드에서 이루어지며 Fire() 메서드는 Shot() 메서드를 안전하게 감싸는 껍데기입니다.

Gun 클래스 외부에서는 public인 Fire() 메서드를 사용해 발사를 시도합니다. Fire() 메서드는 총이 발사 가능한 상태에서만 Shot() 메서드를 실행합니다.

ShotEffect() 메서드는 발사 효과를 재생하고 탄알 궤적을 그립니다.

Reload() 메서드는 재장전을 시도하는 메서드입니다. 재장전을 실행하는 데 성공하면 true, 재장전을 실행할 수 없는 경우 false를 반환합니다.

실제 재장전은 ReloadRoutine() 메서드에서 이루어지며, Reload() 메서드는 재장전이 가능할 때만 실제 재장전이 이루어지도록 ReloadRoutine() 메서드를 감싸는 역할을 합니다.

ShotEffect() 메서드와 ReloadRoutine() 메서드는 IEnumerator라는 생소한 타입을 반환합니다. 이들은 코루틴 메서드입니다. 코루틴 메서드가 무엇인지는 이들을 구현하면서 설명합니다.

15.4.2 Gun의 필드

이제 Gun 스크립트의 변수를 살펴봅시다.

스크립트 상단에는 총의 현재 상태를 표현하는 State라는 새로운 enum 타입을 정의했습니다.

```
public enum State {
    Ready, // 발사 준비됨
    Empty, // 탄창이 빔
    Reloading // 재장전 중
}
```

enum 타입의 변수는 미리 정의된 여러 값 중 하나를 가질 수 있습니다.[1]

위에서 정의한 State 타입으로 gunState라는 변수를 선언했다고 가정해봅시다. gunState에는 다음과 같이 총의 현재 상태에 따라 서로 다른 값을 할당할 수 있습니다.

----

[1] enum flag를 사용하면 하나의 enum 변수가 두 개 이상의 값을 동시에 가질 수 있습니다. 이 책에서는 다루지 않습니다.

```
State gunState;
gunState = State.Ready; // 현재 총이 발사 준비된 상태
gunState = State.Empty; // 현재 총의 탄창이 빈 상태
gunState = State.Reloading; // 현재 총이 재장전 중인 상태
```

enum 타입의 변수에는 미리 나열한 여러 값 중 하나가 할당됩니다. 따라서 유한 상태 머신처럼 여러 상태 중에서 상태 하나를 고르는 방식을 구현하는 데 적절합니다.

State 타입을 정의한 다음에는 현재 총의 상태를 표현하는 state 프로퍼티를 선언했습니다.

```
public State state { get; private set; } // 현재 총의 상태
```

state의 접근자가 public get, private set으로 설정되었으므로 Gun 클래스 외부에서는 총의 상태를 읽을 수 있지만 총의 상태를 임의로 변경할 수는 없습니다.

state 프로퍼티 아래에는 Gun 게임 오브젝트로부터 가져와서 사용할 컴포넌트들에 대한 변수가 선언되어 있습니다.

```
public Transform fireTransform; // 탄알이 발사될 위치

public ParticleSystem muzzleFlashEffect; // 총구 화염 효과
public ParticleSystem shellEjectEffect; // 탄피 배출 효과

private LineRenderer bulletLineRenderer; // 탄알 궤적을 그리기 위한 렌더러

private AudioSource gunAudioPlayer; // 총 소리 재생기
```

fireTransform은 총구 위치와 방향을 알려주는 트랜스폼 컴포넌트입니다. Gun 게임 오브젝트의 자식으로 있던 Fire Position 게임 오브젝트의 트랜스폼 컴포넌트가 이곳에 할당됩니다.

bulletLineRenderer는 탄알 궤적을 그리기 위해 추가한 Gun 게임 오브젝트의 라인 렌더러 컴포넌트입니다. muzzleFlashEffect와 shellEjectEffect에는 Gun 게임 오브젝트의 자식으로 추가한 총구 화염 효과와 탄피 배출 효과의 파티클 시스템 컴포넌트가 할당됩니다.

gunAudioPlayer는 Gun 게임 오브젝트에 추가된 오디오 소스 컴포넌트가 할당될 변수이며 총 소리를 재생합니다.

그다음 총의 데이터를 저장하는 `GunData` 타입의 변수가 선언되어 있습니다.

```
public GunData gunData; // 총의 현재 데이터
```

`GunData` 스크립터블 오브젝트에는 총의 수치를 저장하는 변수들이 이미 선언되어 있습니다. 따라서 총의 공격력, 탄창 용량, 재장전 시간 등에 해당하는 변수들은 `Gun` 스크립트에 선언하지 않았습니다.

대신 다음과 같이 `gunData`로부터 총에 필요한 수치들을 가져와 사용할 것입니다.

- `gunData.shotClip` : 발사 소리
- `gunData.reloadClip` : 재장전 소리
- `gunData.damage` : 공격력
- `gunData.startAmmoRemain` : 시작시 주어질 탄알
- `gunData.magCapacity` : 탄창 용량
- `gunData.timeBetFire` : 탄알 발사 간격
- `gunData.reloadTime` : 재장전 소요 시간

참고로 좀비 게임에서는 하나의 총 데이터만 사용할 것이지만 `gunData`는 `public`으로 선언되어 있으므로 게임 도중에 `Gun`의 `gunData` 변수에 접근하여 다른 `GunData` 에셋을 할당할 수 있습니다. 이를 통해 게임 도중에 총의 데이터를 교체하는 방식으로 구현을 확장할 수 있습니다.

이어서 현재 총의 상태를 나타내는 변수들이 선언되어 있습니다.

```
private float fireDistance = 50f; // 사정거리

public int ammoRemain = 100; // 남은 전체 탄알
public int magAmmo; // 현재 탄창에 남아 있는 탄알
```

`fireDistance`는 총의 최대 사정거리입니다. 너무 먼 거리에 있는 오브젝트에는 피격 연산이 실행되지 않도록 제한하기 위해 사용합니다.

`ammoRemain`은 남아 있는 전체 탄알이며, `magAmmo`는 현재 탄창에 남아 있는 탄알입니다. `GunData`의 `magCapacity`는 탄창의 용량이므로 `magAmmo`에는 `magCapacity`보다 많은 탄알을 할당할 수 없습니다.

마지막으로 lastFireTime은 총을 마지막으로 발사한 시점이며, 연사를 구현할 때 사용합니다.

```
private float lastFireTime; // 총을 마지막으로 발사한 시점
```

15.4.3 Awake( ) 메서드

먼저 Gun 스크립트의 Awake( ) 메서드를 완성합니다.

[과정 01] Awake( ) 메서드 완성하기

① Gun 스크립트의 Awake( ) 메서드를 다음과 같이 완성

```
private void Awake() {
    // 사용할 컴포넌트의 참조 가져오기
    gunAudioPlayer = GetComponent<AudioSource>();
    bulletLineRenderer = GetComponent<LineRenderer>();

    // 사용할 점을 두 개로 변경
    bulletLineRenderer.positionCount = 2;
    // 라인 렌더러를 비활성화
    bulletLineRenderer.enabled = false;
}
```

먼저 GetComponent( ) 메서드로 오디오 소스 컴포넌트와 라인 렌더러 컴포넌트를 Gun 게임
오브젝트로부터 가져옵니다.

```
gunAudioPlayer = GetComponent<AudioSource>();
bulletLineRenderer = GetComponent<LineRenderer>();
```

그다음 라인 렌더러가 사용할 점의 수를 2로 변경하고, 라인 렌더러 컴포넌트를 미리 비활성화
합니다(인스펙터 창에서 라인 렌더러 컴포넌트를 직접 비활성화했지만 코드에서도 확실하게
비활성화하는 것이 좋습니다).

```
bulletLineRenderer.positionCount = 2;
bulletLineRenderer.enabled = false;
```

나중에 총을 쏠 때 라인 렌더러의 첫 번째 점에는 총구 위치, 두 번째 점에는 탄알이 닿을 위치를 할당할 겁니다.

15.4.4 OnEnable( ) 메서드

OnEnable() 메서드는 컴포넌트가 활성화될 때마다 실행됩니다. Gun 스크립트에서 OnEnable() 메서드는 Gun 컴포넌트가 활성화될 때마다 총의 상태와 기본 탄알을 초기화하는 처리를 구현합니다.

[과정 01] OnEnable() 메서드 완성하기

① **Gun** 스크립트의 **OnEnable()** 메서드를 다음과 같이 완성

```
private void OnEnable() {
    // 전체 예비 탄알 양을 초기화
    ammoRemain = gunData.startAmmoRemain;
    // 현재 탄창을 가득 채우기
    magAmmo = gunData.magCapacity;

    // 총의 현재 상태를 총을 쏠 준비가 된 상태로 변경
    state = State.Ready;
    // 마지막으로 총을 쏜 시점을 초기화
    lastFireTime = 0;
}
```

OnEnable() 메서드는 총이 활성화될 때 먼저 전체 예비 탄창을 초기화합니다. 그리고 현재 탄창에 탄알을 최대 용량까지 채웁니다.

이때 초기화시 사용할 탄알 양은 gunData의 startAmmoRemain, 탄창 용량은 gunData의 magCapacity를 통해 알 수 있습니다.

```
ammoRemain = gunData.startAmmoRemain;
magAmmo = gunData.magCapacity;
```

그다음 총의 현재 상태를 발사 준비된 상태로 만들고, 마지막 발사 시점을 초기화합니다.

```
state = State.Ready;
lastFireTime = 0;
```

15.4.5 코루틴

이어서 발사 시각 효과를 재생하는 ShotEffect() 메서드를 완성해야 합니다. ShotEffect() 메서드는 사격 효과를 재생하고 탄알 궤적을 그립니다.

번쩍이는 탄알 궤적을 구현하려면 라인 렌더러를 켜서 선을 그린 다음 라인 렌더러를 다시 꺼야 합니다. 이때 매우 짧은 시간 동안 처리를 일시 정지합니다. 따라서 라인 렌더러를 끄고 켜는 처리 사이에 대기 시간이 필요합니다. 이때 코루틴이 사용됩니다.

유니티의 코루틴^{Coroutine} 메서드는 대기 시간을 가질 수 있는 메서드입니다. 유니티에서 코루틴 메서드는 IEnumerator 타입을 반환해야 하며, 처리가 일시 대기할 곳에 yield 키워드를 명시해야 합니다.

코루틴의 동작 원리

집을 청소하는 메서드가 있다고 가정해봅시다. 일반적인 메서드는 한 번에 모든 방을 청소하는 방식으로 동작합니다. 모든 방을 청소하기 전에는 절대 쉬지 않습니다.

```
void CleaningHouse() {
    // A방 청소
    // B방 청소
    // C방 청소
}
```

위 CleaningHouse() 메서드를 실행하면 처음부터 마지막 줄까지 중간에 멈추지 않고 처리가 진행됩니다. 따라서 A, B, C가 한 번에 모두 청소됩니다.

코루틴은 집의 구역을 나누어 오늘은 어떤 구역을 청소하고 쉰 다음 내일은 남은 구역을 청소하는 방식입니다.

```
IEnumerator CleaningHouse() {
    // A방 청소
    yield return new WaitForSeconds(10f); // 10초 동안 쉬기
    // B방 청소
    yield return new WaitForSeconds(20f); // 20초 동안 쉬기
    // C방 청소
}
```

코루틴 메서드는 StartCoroutine() 메서드로 실행합니다.

```
StartCoroutine(CleaningHouse());
```

CleaningHouse() 코루틴을 실행하면 먼저 A를 청소합니다. 그리고 다음의 yield 문을 만나는 순간 10초 동안 코루틴 진행이 일시 정지됩니다.

```
yield return new WaitForSeconds(10f);
```

코루틴이 처리를 쉬는 동안에는 프로그램의 다른 코드가 실행될 수 있습니다. 대기 시간이 끝나면 프로그램의 처리가 코루틴의 마지막 실행 줄로 되돌아갑니다. 그리고 남은 처리를 이어서 진행합니다.

따라서 CleaningHouse() 코루틴을 실행하면 다음과 같은 순서로 집이 청소됩니다.

• A방 청소 → 10초 대기 → B방 청소 → 20초 대기 → C방 청소

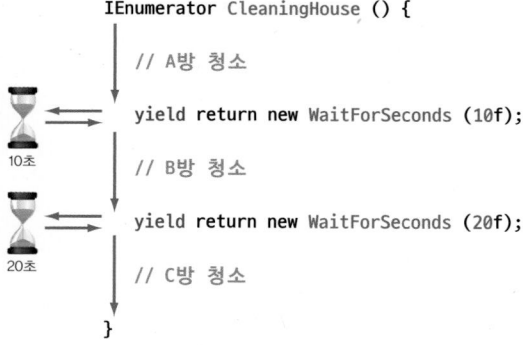

▶ CleaningHouse() 코루틴의 동작

15.4.6 ShotEffect() 메서드

코루틴을 사용해 **ShotEffect()** 메서드를 완성해봅시다.

[과정 01] ShotEffect() 메서드 완성하기

① **Gun** 스크립트의 **ShotEffect()** 메서드를 다음과 같이 완성

```
private IEnumerator ShotEffect(Vector3 hitPosition) {
    // 총구 화염 효과 재생
    muzzleFlashEffect.Play();
    // 탄피 배출 효과 재생
    shellEjectEffect.Play();

    // 총격 소리 재생
    gunAudioPlayer.PlayOneShot(gunData.shotClip);
```

```
// 선의 시작점은 총구의 위치
bulletLineRenderer.SetPosition(0, fireTransform.position);
// 선의 끝점은 입력으로 들어온 충돌 위치
bulletLineRenderer.SetPosition(1, hitPosition);
// 라인 렌더러를 활성화하여 탄알 궤적을 그림
bulletLineRenderer.enabled = true;

// 0.03초 동안 잠시 처리를 대기
yield return new WaitForSeconds(0.03f);

// 라인 렌더러를 비활성화하여 탄알 궤적을 지움
bulletLineRenderer.enabled = false;
}
```

완성된 ShotEffect() 코루틴 메서드를 살펴봅시다. 먼저 총구 화염 효과와 탄피 배출 효과를 재생합니다. 파티클 시스템 컴포넌트의 효과는 Play() 메서드로 재생합니다.

```
muzzleFlashEffect.Play();
shellEjectEffect.Play();
```

그리고 다음과 같이 총 쏘는 소리 오디오 클립을 gunData.shotClip으로 가져와 오디오 소스의 PlayOneShot() 메서드로 재생합니다.

```
gunAudioPlayer.PlayOneShot(gunData.shotClip);
```

이전에는 오디오 소스 컴포넌트를 재생하는 데 Play() 메서드를 사용했습니다. Play() 메서드는 이미 재생 중인 오디오가 있다면 정지하고 처음부터 오디오를 다시 재생합니다. 따라서 총연사 소리처럼 효과음을 연달아 재생하는 경우에는 맞지 않습니다. 소리가 중첩되지 않기 때문입니다.

PlayOneShot() 메서드는 재생할 오디오 클립을 입력받습니다. 그리고 현재 오디오 소스가 이미 재생 중인 소리가 있어도 정지하지 않고, 재생할 오디오와 이미 재생 중인 오디오를 중첩하여 재생합니다.

총 쏘는 소리를 재생한 다음에는 탄알 궤적을 그립니다.

```
bulletLineRenderer.SetPosition(0, fireTransform.position);
bulletLineRenderer.SetPosition(1, hitPosition);
bulletLineRenderer.enabled = true;
```

bulletLineRenderer에 할당된 라인 렌더러 컴포넌트가 그리는 선분의 첫 번째 점은 총구 위치를, 두 번째 점은 탄알이 닿는 곳의 위치를 설정합니다. 여기서 총구 위치는 fireTransform.position이고, 탄알이 닿는 곳의 위치는 ShotEffect() 메서드가 입력으로 받은 hitPosition입니다. 그다음 비활성화되어 있던 라인 렌더러를 다시 활성화했습니다.

이와 같이 라인 렌더러는 두 점을 잇는 선을 그리며, 이것이 탄알 궤적이 됩니다.

그다음 yield 문을 사용해 0.03초 동안 처리를 쉽니다. 그동안 라인 렌더러는 켜진 채로 유지됩니다.

```
yield return new WaitForSeconds(0.03f);
bulletLineRenderer.enabled = false;
```

0.03초가 지나면 처리가 이어서 진행되어 라인 렌더러가 비활성화되고, 탄알 궤적이 사라집니다. 이것으로 발사 효과를 재생하는 코루틴 메서드를 완성했습니다. 완성한 ShotEffect() 코루틴은 Shot() 메서드에서 사용합니다.

15.4.7 Fire() 메서드

총 발사를 시도하는 Fire() 메서드를 완성합시다. Fire() 메서드는 public으로 외부에 공개된 메서드이며, 총을 발사 가능한 상태에서만 Shot() 메서드가 실행되도록 감싸는 역할을 합니다.

[과정 이] Fire() 메서드 완성하기

① Gun 스크립트의 Fire() 메서드를 다음과 같이 완성

```
public void Fire() {
    // 현재 상태가 발사 가능한 상태
    // && 마지막 총 발사 시점에서 gunData.timeBetFire 이상의 시간이 지남
    if (state == State.Ready && Time.time >= lastFireTime + gunData.timeBetFire)
    {
```

```
        // 마지막 총 발사 시점 갱신
        lastFireTime = Time.time;
        // 실제 발사 처리 실행
        Shot();
    }
}
```

if 문에서 두 개 조건을 만족할 때만 총을 발사합니다. 첫 번째 조건으로 총의 현재 상태 state 의 값이 총을 발사할 준비된 상태 State.Ready인지 검사합니다.

총을 발사하면 발사 간격인 gunData.timeBetFire만큼 시간이 지나야 총을 다시 발사할 수 있습니다. 따라서 두 번째 조건으로 Time.time >= lastFireTime + gunData.timeBetFire를 사용해서 '현재 시간'이 '총을 최근에 발사한 시점 + 발사 간격' 이후인지 검사합니다.

두 조건을 모두 만족한다면 마지막 발사 시점을 갱신하고 Shot() 메서드를 실행해 총을 실제로 발사합니다.

15.4.8 레이캐스트

탄알을 직선으로 쏘는 Shot() 메서드를 완성하려면 먼저 레이캐스트를 이해해야 합니다. 레이캐스트[Raycast]는 보이지 않는 광선을 쐈을 때 광선이 다른 콜라이더와 충돌하는지 검사하는 처리입니다. 이때 사용하는 광선을 레이라고 부르며 Ray 타입으로 레이의 정보만 따로 표현할 수도 있습니다.

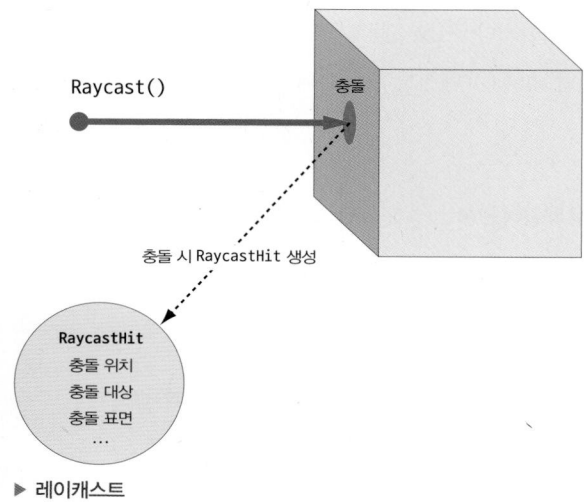

▶ 레이캐스트

레이캐스트를 실행했을 때 레이가 콜라이더를 가진 게임 오브젝트와 충돌하면 RaycastHit 타입으로 충돌 정보가 생성됩니다. 생성된 RaycastHit 오브젝트를 살펴보면 레이와 충돌한 게임 오브젝트, 충돌한 위치, 충돌한 표면의 방향 등을 알 수 있습니다.

FPS, TPS 등의 슈터 게임은 대부분 레이캐스트를 이용해 총을 구현합니다. 일반적으로 총구에서 레이를 발사해 다른 오브젝트와 충돌하는지 검사하고, 충돌한 오브젝트를 총에 맞은 것으로 처리하는 방식을 사용합니다.

15.4.9 Shot( ) 메서드

레이캐스트를 이용해 총을 쏘고, 총에 맞은 오브젝트를 찾아 대미지를 주는 Shot ( ) 메서드를 완성합시다.

[과정 01] Shot( ) 메서드 완성하기

① Gun 스크립트의 Shot ( ) 메서드를 다음과 같이 완성

```
private void Shot() {
    // 레이캐스트에 의한 충돌 정보를 저장하는 컨테이너
    RaycastHit hit;
    // 탄알이 맞은 곳을 저장할 변수
    Vector3 hitPosition = Vector3.zero;

    // 레이캐스트(시작 지점, 방향, 충돌 정보 컨테이너, 사정거리)
    if (Physics.Raycast(fireTransform.position, fireTransform.forward, out hit, fireDistance))
    {
        // 레이가 어떤 물체와 충돌한 경우

        // 충돌한 상대방으로부터 IDamageable 오브젝트 가져오기 시도
        IDamageable target = hit.collider.GetComponent<IDamageable>();

        // 상대방으로부터 IDamageable 오브젝트를 가져오는 데 성공했다면
        if (target != null)
        {
            // 상대방의 OnDamage 함수를 실행시켜 상대방에 대미지 주기
            target.OnDamage(gunData.damage, hit.point, hit.normal);
        }

        // 레이가 충돌한 위치 저장
        hitPosition = hit.point;
```

```
    }
    else
    {
        // 레이가 다른 물체와 충돌하지 않았다면
        // 탄알이 최대 사정거리까지 날아갔을 때의 위치를 충돌 위치로 사용
        hitPosition = fireTransform.position + fireTransform.forward * fireDistance;
    }

    // 발사 이펙트 재생 시작
    StartCoroutine(ShotEffect(hitPosition));

    // 남은 탄알 수를 -1
    magAmmo--;
    if (magAmmo <= 0)
    {
        // 탄창에 남은 탄알이 없다면 총의 현재 상태를 Empty로 갱신
        state = State.Empty;
    }
}
```

작성한 코드를 살펴봅시다. 먼저 레이캐스트의 결과를 저장할 변수를 선언했습니다.

```
RaycastHit hit;
Vector3 hitPosition = Vector3.zero;
```

hit는 레이캐스트의 결과를 저장할 변수입니다. hitPosition은 탄알이 충돌한 위치를 저장합니다. Shot() 메서드에서 계산된 hitPosition은 나중에 ShotEffect() 메서드의 입력으로 사용됩니다.

그다음 레이캐스트를 이용해 총을 쏘고, 총에 맞은 오브젝트가 있는지 검사합니다. Physics. Raycast() 메서드는 레이를 쏴서 레이와 충돌한 콜라이더가 있는지 검사합니다. 레이가 충돌했다면 true, 그렇지 않다면 false가 반환됩니다.

Raycast() 메서드는 입력을 다양한 형태로 받을 수 있습니다. 우리가 사용할 형태는 다음과 같습니다.

```
Raycast(Vector3 origin, Vector3 direction, out RaycastHit hitInfo, float maxDistance);
```

- Vector3 origin : 레이의 시작점
- Vector3 direction : 레이의 방향
- RaycastHit hitInfo : 레이가 충돌한 경우 hitInfo에 자세한 충돌 정보가 채워짐
- float maxDistance : 레이 충돌을 검사할 최대 거리

여기서 hitInfo는 out 키워드를 붙여 입력한다는 점에 주목합니다. Raycast() 메서드는 레이 충돌 여부를 bool로 반환합니다. 그런데 우리는 그보다 더 자세한 충돌 정보가 필요합니다.

out 키워드는 메서드가 return 이외의 방법으로 추가 정보를 반환할 수 있게 만듭니다. out 키워드로 입력된 변수는 메서드 내부에서 변경된 사항이 반영된 채 되돌아오기 때문입니다.

Raycast() 메서드는 자신의 내부에서 hitInfo에 충돌 정보를 채웁니다. Raycast() 메서드가 종료되었을 때 변경 사항이 유지된 채로 hitInfo가 되돌아옵니다.

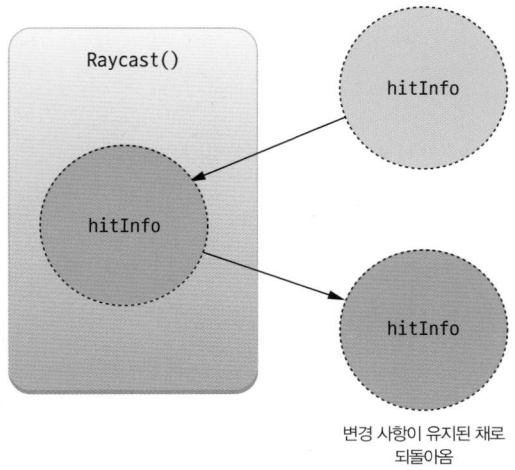

변경 사항이 유지된 채로
되돌아옴

▶ out 키워드의 동작

따라서 Raycast() 메서드 실행 후 hitInfo에 채워진 정보를 꺼내 충돌 정보를 알 수 있습니다. 우리는 Raycast() 메서드에 다음 값을 입력해서 실행합니다.

- origin : fireTransform.position(총구 위치)
- direction : fireTransfom.forward(총구의 앞쪽 방향)
- hitInfo : hit(충돌 정보 컨테이너)
- maxDistance : fireDistance(사정거리)

즉, 총구 위치에서 총구의 앞쪽 방향으로 최대 fireDistance 길이로 레이를 쏘고, 충돌 정보는 hit에 저장합니다. 우리는 위에서 설명한 내용대로 레이캐스트를 실행하고 충돌 여부를 if 문으로 검사했습니다.

```
if (Physics.Raycast(fireTransform.position, fireTransform.forward, out hit, fireDistance))
{
    IDamageable target =
        hit.collider.GetComponent<IDamageable>();

    if (target != null)
    {
        target.OnDamage(gunData.damage, hit.point, hit.normal);
    }

    hitPosition = hit.point;
}
else
{
    hitPosition = fireTransform.position + fireTransform.forward * fireDistance;
}
```

레이가 어떤 게임 오브젝트의 콜라이더와 충돌하면 if 문 블록이 실행되고, 충돌한 상대방 게임 오브젝트로부터 IDamageable 타입의 컴포넌트를 가져와 target에 할당을 시도합니다.

```
IDamageable target = hit.collider.GetComponent<IDamageable>();

if (target != null)
{
    target.OnDamage(gunData.damage, hit.point, hit.normal);
}
```

여기서 사용한 hit.collider는 충돌한 상대방 게임 오브젝트의 콜라이더 컴포넌트입니다. 상대방 게임 오브젝트로부터 IDamageable 타입의 컴포넌트를 가져오는 데 성공했다는 것은 해당 컴포넌트가 OnDamabe() 메서드를 구현한 '공격받을 수 있는' 오브젝트라는 의미입니다.

이때는 상대방 컴포넌트의 OnDamage() 메서드를 실행하고 대미지, 탄알이 맞은 위치, 탄알이 맞은 표면의 방향을 입력합니다.

```
target.OnDamage(gunData.damage, hit.point, hit.normal);
```

여기서 탄알의 대미지는 gunData.damage의 값입니다. 탄알이 맞은 위치와 탄알이 맞은 표면의 방향은 hit를 통해 알 수 있습니다. RaycastHit 타입은 레이가 충돌한 위치를 point, 레이가 충돌한 표면의 방향을 normal이라는 필드로 제공합니다. 따라서 OnDamage() 메서드에 탄알이 충돌한 위치는 hit.point, 탄알이 충돌한 표면의 방향은 hit.normal의 값을 입력하면 됩니다.

레이가 충돌하지 않으면 else 블록이 실행됩니다. else 블록에서는 탄알이 최대 사정거리까지 날아갔을 때의 위치를 계산하여 hitPosition에 저장합니다.

```
hitPosition = fireTransform.position + fireTransform.forward * fireDistance;
```

이렇게 하면 탄알이 어디에도 맞지 않았을 경우 라인 렌더러가 그리는 탄알 궤적의 끝점이 최대 사정거리에 위치하게 됩니다.

레이캐스트 처리가 끝나면 ShotEffect() 코루틴을 실행하고 탄알의 충돌 위치 hitPosition을 입력으로 넘겨줍니다. 그리고 탄창에 남은 탄알 수에서 1을 뺍니다.

```
StartCoroutine(ShotEffect(hitPosition));

magAmmo--;
if (magAmmo <= 0)
{
    state = State.Empty;
}
```

만약 탄창에 탄알이 하나도 남지 않게 되면 총의 현재 상태를 Empty 상태로 변경하고 Shot() 메서드가 종료됩니다.

15.4.10 Reload() 메서드

Reload() 메서드는 재장전을 시도하는 메서드입니다. 재장전 실행에 성공하면 true, 재장전을 할 수 없는 상태면 false를 반환합니다.

재장전은 대기 시간이 필요하기 때문에 실질적인 재장전은 코루틴 메서드인 ReloadRoutine()에서 수행됩니다.

① **Gun** 스크립트의 **Reload()** 메서드를 다음과 같이 완성

```
public bool Reload() {
    if (state == State.Reloading || ammoRemain <= 0 || magAmmo >= gunData.magCapacity)
    {
        // 이미 재장전 중이거나 남은 탄알이 없거나
        // 탄창에 탄알이 이미 가득한 경우 재장전할 수 없음
        return false;
    }

    // 재장전 처리 시작
    StartCoroutine(ReloadRoutine());
    return true;
}
```

Reload() 메서드는 다음과 같은 상황에서는 재장전을 실행하지 않습니다.

- state == state.Reloading : 이미 재장전을 하고 있는 중
- ammoRemain <= 0 : 재장전에 사용할 남은 탄알이 없음
- magAmmo >= gunData.magCapacity : 탄창에 탄알이 이미 가득 차 있음

if 문으로 위 조건을 검색하여 하나라도 만족하면 재장전을 실행하지 않고 false를 반환하거나 Reload() 메서드를 즉시 종료합니다. 반대로 재장전 가능한 상태라면 ReloadRoutine() 코루틴을 실행하고 true를 반환합니다.

15.4.11 ReloadRoutine() 코루틴

ReloadRoutine() 코루틴 메서드는 탄창에 탄알을 채우고, 재장전 소리를 재생하며, 재장전 시간 동안 총의 다른 기능이 동작하지 않도록 총을 잠급니다.

[과정 01] ReloadRoutine() 코루틴 메서드 완성하기

① **Gun** 스크립트의 **ReloadRoutine()** 코루틴 메서드를 다음과 같이 완성

```
private IEnumerator ReloadRoutine() {
    // 현재 상태를 재장전 중 상태로 전환
```

```
    state = State.Reloading;
    // 재장전 소리 재생
    gunAudioPlayer.PlayOneShot(gunData.reloadClip);

    // 재장전 소요 시간만큼 처리 쉬기
    yield return new WaitForSeconds(gunData.reloadTime);

    // 탄창에 채울 탄알 계산
    int ammoToFill = gunData.magCapacity - magAmmo;

    // 탄창에 채워야 할 탄알이 남은 탄알보다 많다면
    // 채워야 할 탄알 수를 남은 탄알 수에 맞춰 줄임
    if (ammoRemain < ammoToFill)
    {
        ammoToFill = ammoRemain;
    }

    // 탄창을 채움
    magAmmo += ammoToFill;
    // 남은 탄알에서 탄창에 채운만큼 탄알을 뺌
    ammoRemain -= ammoToFill;

    // 총의 현재 상태를 발사 준비 상태로 변경
    state = State.Ready;
}
```

코드를 살펴봅시다. 먼저 현재 상태를 재장전 중인 상태로 변경합니다.

```
state = State.Reloading;
```

그리고 오디오 소스로 재장전 오디오 클립을 1회 재생합니다.

```
gunAudioPlayer.PlayOneShot(gunData.reloadClip);
```

그다음 재장전 시간만큼 처리를 쉽니다.

```
yield return new WaitForSeconds(gunData.reloadTime);
```

대기 시간 동안 state의 값이 Reloading으로 고정됩니다. 따라서 Fire()나 Reload()가 실행되어도 탄알이 발사되거나 중복 재장전이 실행되지 않습니다.

대기 시간이 끝나면 탄창에 채워 넣어야 할 탄알 수 ammoToFill을 계산합니다. 채워 넣을 탄알 수는 탄창의 최대 용량에서 탄창에 남아 있는 탄알 수를 빼서 구합니다.

```
int ammoToFill = magCapacity - magAmmo;

if (ammoRemain < ammoToFill)
{
    ammoToFill = ammoRemain;
}
```

이때 남은 전체 탄알이 탄창에 채워 넣어야 하는 탄알보다 적다면 채워 넣을 탄알을 남은 탄알에 맞춥니다. 가지고 있는 탄알보다 더 많은 탄알을 장전할 수 없기 때문입니다.

채워 넣을 탄알 ammoToFill의 값을 계산한 다음에는 그만큼 탄창에 탄알을 집어넣습니다. 그리고 탄창에 넣은 탄알만큼 전체 탄알을 감소시킵니다. 그다음 총의 현재 상태를 발사 준비된 상태 Ready로 변경하여 총의 잠금을 해제합니다.

```
magAmmo += ammoToFill;
ammoRemain -= ammoToFill;

state = State.Ready;
```

15.4.12 완성된 Gun 스크립트

지금까지 Gun 스크립트를 완성했습니다. 완성된 전체 Gun 스크립트는 다음과 같습니다.

```
using System.Collections;
using UnityEngine;

// 총을 구현
public class Gun : MonoBehaviour {
    // 총의 상태를 표현하는 데 사용할 타입을 선언
    public enum State {
```

```csharp
    Ready, // 발사 준비됨
    Empty, // 탄창이 빔
    Reloading // 재장전 중
}

public State state { get; private set; } // 현재 총의 상태

public Transform fireTransform; // 탄알이 발사될 위치

public ParticleSystem muzzleFlashEffect; // 총구 화염 효과
public ParticleSystem shellEjectEffect; // 탄피 배출 효과

private LineRenderer bulletLineRenderer; // 탄알 궤적을 그리기 위한 렌더러

private AudioSource gunAudioPlayer; // 총 소리 재생기

public GunData gunData; // 총의 현재 데이터

private float fireDistance = 50f; // 사정거리

public int ammoRemain = 100; // 남은 전체 탄알
public int magAmmo; // 현재 탄창에 남아 있는 탄알

private float lastFireTime; // 총을 마지막으로 발사한 시점

private void Awake() {
    // 사용할 컴포넌트의 참조 가져오기
    gunAudioPlayer = GetComponent<AudioSource>();
    bulletLineRenderer = GetComponent<LineRenderer>();

    // 사용할 점을 두 개로 변경
    bulletLineRenderer.positionCount = 2;
    // 라인 렌더러를 비활성화
    bulletLineRenderer.enabled = false;
}

private void OnEnable() {
    // 전체 예비 탄알 양을 초기화
    ammoRemain = gunData.startAmmoRemain;
    // 현재 탄창을 가득 채우기
    magAmmo = gunData.magCapacity;
```

```
        // 총의 현재 상태를 총을 쏠 준비가 된 상태로 변경
        state = State.Ready;
        // 마지막으로 총을 쏜 시점을 초기화
        lastFireTime = 0;
    }

    // 발사 시도
    public void Fire() {
        // 현재 상태가 발사 가능한 상태
        // && 마지막 총 발사 시점에서 timeBetFire 이상의 시간이 지남
        if (state == State.Ready && Time.time >= lastFireTime + gunData.timeBetFire)
        {
            // 마지막 총 발사 시점 갱신
            lastFireTime = Time.time;
            // 실제 발사 처리 실행
            Shot();
        }
    }

    // 실제 발사 처리
    private void Shot() {
        // 레이캐스트에 의한 충돌 정보를 저장하는 컨테이너
        RaycastHit hit;
        // 탄알이 맞은 곳을 저장할 변수
        Vector3 hitPosition = Vector3.zero;

        // 레이캐스트(시작 지점, 방향, 충돌 정보 컨테이너, 사정거리)
        if (Physics.Raycast(fireTransform.position, fireTransform.forward, out hit,
            fireDistance))
        {
            // 레이가 어떤 물체와 충돌한 경우

            // 충돌한 상대방으로부터 IDamageable 오브젝트 가져오기 시도
            IDamageable target = hit.collider.GetComponent<IDamageable>();

            // 상대방으로부터 IDamageable 오브젝트를 가져오는 데 성공했다면
            if (target != null)
            {
                // 상대방의 OnDamage 함수를 실행시켜 상대방에 대미지 주기
                target.OnDamage(gunData.damage, hit.point, hit.normal);
            }
```

```
            // 레이가 충돌한 위치 저장
            hitPosition = hit.point;
        }
        else
        {
            // 레이가 다른 물체와 충돌하지 않았다면
            // 탄알이 최대 사정거리까지 날아갔을 때의 위치를 충돌 위치로 사용
            hitPosition = fireTransform.position + fireTransform.forward * fireDistance;
        }

        // 발사 이펙트 재생 시작
        StartCoroutine(ShotEffect(hitPosition));

        // 남은 탄알 수를 -1
        magAmmo--;
        if (magAmmo <= 0)
        {
            // 탄창에 남은 탄알이 없다면 총의 현재 상태를 Empty로 갱신
            state = State.Empty;
        }
    }

    // 발사 이펙트와 소리를 재생하고 탄알 궤적을 그림
    private IEnumerator ShotEffect(Vector3 hitPosition) {
        // 총구 화염 효과 재생
        muzzleFlashEffect.Play();
        // 탄피 배출 효과 재생
        shellEjectEffect.Play();

        // 총격 소리 재생
        gunAudioPlayer.PlayOneShot(gunData.shotClip);

        // 선의 시작점은 총구의 위치
        bulletLineRenderer.SetPosition(0, fireTransform.position);
        // 선의 끝점은 입력으로 들어온 충돌 위치
        bulletLineRenderer.SetPosition(1, hitPosition);
        // 라인 렌더러를 활성화하여 탄알 궤적을 그림
        bulletLineRenderer.enabled = true;

        // 0.03초 동안 잠시 처리를 대기
        yield return new WaitForSeconds(0.03f);
```

```csharp
        // 라인 렌더러를 비활성화하여 탄알 궤적을 지움
        bulletLineRenderer.enabled = false;
    }

    // 재장전 시도
    public bool Reload() {
        if (state == State.Reloading || ammoRemain <= 0 || magAmmo >= gunData.magCapacity)
        {
            // 이미 재장전 중이거나 남은 탄알이 없거나
            // 탄창에 탄알이 이미 가득 찬 경우 재장전할 수 없음
            return false;
        }

        // 재장전 처리 시작
        StartCoroutine(ReloadRoutine());
        return true;
    }

    // 실제 재장전 처리를 진행
    private IEnumerator ReloadRoutine() {
        // 현재 상태를 재장전 중 상태로 전환
        state = State.Reloading;
        // 재장전 소리 재생
        gunAudioPlayer.PlayOneShot(gunData.reloadClip);

        // 재장전 소요 시간만큼 처리 쉬기
        yield return new WaitForSeconds(gunData.reloadTime);

        // 탄창에 채울 탄알 계산
        int ammoToFill = gunData.magCapacity - magAmmo;

        // 탄창에 채워야 할 탄알이 남은 탄알보다 많다면
        // 채워야 할 탄알 수를 남은 탄알 수에 맞춰 줄임
        if (ammoRemain < ammoToFill)
        {
            ammoToFill = ammoRemain;
        }

        // 탄창을 채움
        magAmmo += ammoToFill;
        // 남은 탄알에서 탄창에 채운만큼 탄알을 뺌
        ammoRemain -= ammoToFill;
```

```
        // 총의 현재 상태를 발사 준비된 상태로 변경
        state = State.Ready;
    }
}
```

제대로 스크립트를 작성했는지 확인한 다음 **[Ctrl+S]**로 스크립트를 저장하고 유니티 에디터로
돌아갑니다.

15.4.13 Gun 컴포넌트 설정

이제 완성된 Gun 컴포넌트의 필드를 채워 Gun 게임 오브젝트를 완성해봅시다. 하이어라키 창
에서 Gun 게임 오브젝트를 선택하고 다음 과정을 따라 합니다.

[과정 01] Gun 컴포넌트의 필드 채우기

① **Fire Position** 게임 오브젝트를 **Fire Transform** 필드로 **드래그&드롭**

② **MuzzleFlashEffect** 게임 오브젝트를 **Muzzle Flash Effect** 필드로 **드래그&드롭**

③ **ShellEjectEffect** 게임 오브젝트를 **Shell Eject Effect** 필드로 **드래그&드롭**

④ **Gun Data** 스크립터블 오브젝트 에셋을 **Gun Data** 필드에 할당

(필드 옆 **선택 버튼** 사용 또는 ScriptableData 폴더의 Gun Data를 **드래그&드롭**)

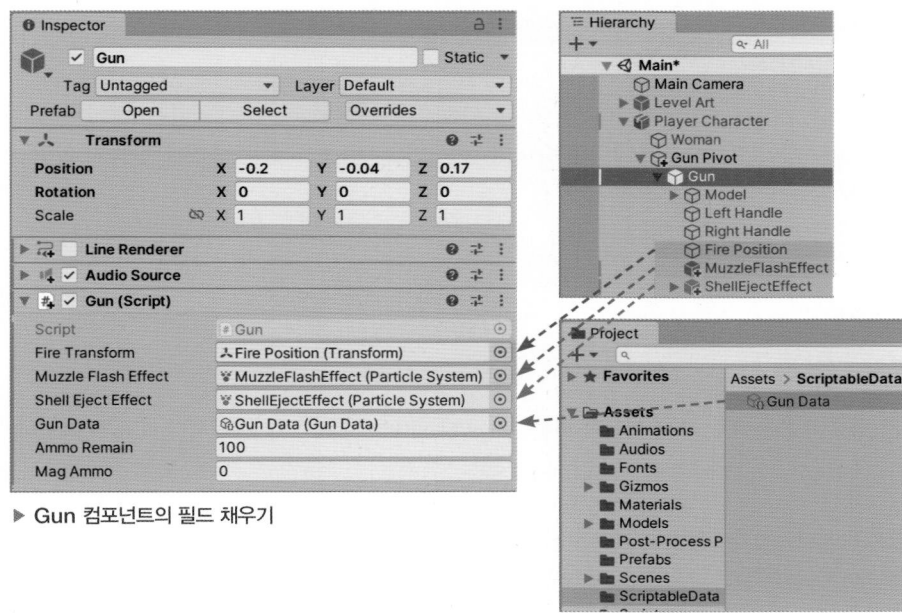

▶ Gun 컴포넌트의 필드 채우기

Gun Data 에셋을 할당할 때 필드 옆 선택 버튼을 사용하면 빠르게 찾아서 할당할 수 있습니다.

이제 마지막으로 Gun 프리팹에 변경 사항을 모두 반영하는 것으로 Gun 게임 오브젝트와 프리팹을 완성합니다. Gun 게임 오브젝트를 선택한 상태에서 다음 과정을 따라합니다.

[과정 02] Gun 프리팹 갱신하기

① **인스펙터** 창 상단의 **Overrides** 〉 **Apply All** 클릭

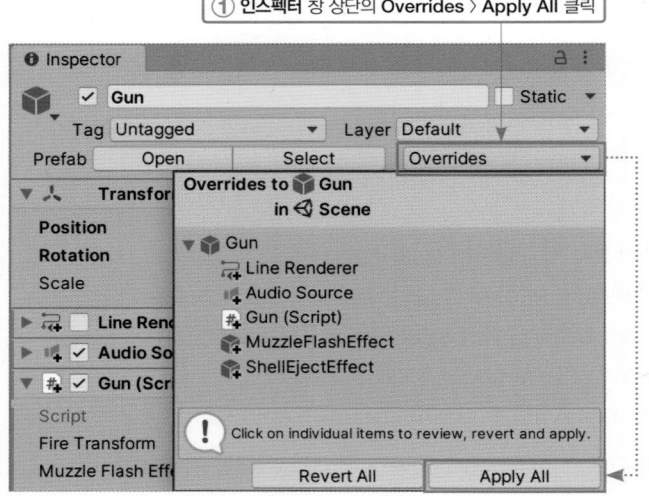

▶ Gun 프리팹 갱신하기

이것으로 Gun 게임 오브젝트를 완성했습니다. 하지만 아직 총을 쏘는 슈터를 만들지 않았기 때문에 총을 쏘거나 재장전할 수 없습니다.

15.5 슈터 만들기

총을 완성했으니 총을 쏘는 슈터 역할을 하는 PlayerShooter 스크립트를 만듭시다. PlayerShooter 스크립트는 다음과 같은 기능을 가집니다.

- 플레이어 입력에 따라 총을 쏘거나 재장전합니다.
- 플레이어 캐릭터의 손이 항상 총의 손잡이에 위치하도록 합니다.

그런데 어떤 애니메이션을 사용하든 상관없이 캐릭터 손의 위치가 항상 총의 손잡이에 위치하려면 애니메이터의 IK를 사용해야 합니다.

15.5.1 IK

IK를 이해하려면 먼저 FK를 알아야 합니다.

FK

캐릭터 애니메이션은 기본적으로 FK$^{\text{Forward Kinematics}}$(전진 운동학)로 동작합니다.

FK에서는 부모 조인트^{joint}[2]에서 자식 조인트 순서로 움직임을 적용합니다. 자식 조인트는 부모 조인트에 종속되어 있기 때문에 부모 조인트가 움직이면 자식 조인트도 함께 움직입니다.

FK로 물건을 집는 애니메이션을 재생한다고 가정해봅시다.

1. 어깨를 움직입니다. 어깨에 종속된 팔이 같이 움직입니다.
2. 팔을 움직입니다. 팔에 종속된 손이 같이 움직입니다.
3. 손을 움직입니다.

FK는 큰 단위의 관절에서 세부적인 관절 순서로 움직임을 적용합니다. 따라서 FK에서는 손의 최종 위치는 어깨(상위 조인트)에서 손(하위 조인트)까지 순서대로 누적된 움직임으로 결정됩니다.

즉, FK에서 손의 위치는 순서대로 계산된 최종 결과입니다. 손의 위치를 먼저 정하고 거기에 맞춰 애니메이션을 변형할 수 없습니다. 따라서 FK로 물건을 집는 애니메이션을 재생하면 물건의 위치에 맞춰 손의 위치를 변형할 수 없기 때문에 손의 위치로 물건을 순간이동해야 합니다.

IK

IK$^{\text{Inverse Kinematics}}$(역운동학)는 자식 조인트의 위치를 먼저 결정하고 부모 조인트가 거기에 맞춰 변형됩니다.

IK로 물건을 집는 애니메이션을 재생한다고 가정해봅시다.

---

2 조인트는 두 축을 결합하는 부분입니다. 신체의 관절에 비유할 수 있습니다.

1. 손의 위치를 물건의 위치로 이동합니다.
2. 팔이 손의 위치에 맞춰 움직입니다.
3. 어깨가 팔의 위치에 맞춰 움직입니다.

IK는 하위 조인트의 최종 위치를 먼저 결정할 수 있습니다. 따라서 물건의 위치에 맞춰 손의 위치를 먼저 결정하고, 거기에 맞춰 팔과 어깨의 위치를 결정할 수 있습니다. 따라서 물건이 어디에 있든 자연스럽게 물건을 집을 수 있습니다.

결론적으로 FK는 이미 만들어진 애니메이션에 맞춰 물건의 위치를 손으로 옮겨야 하지만 IK는 물건의 위치에 손이 위치하도록 애니메이션을 변형할 수 있습니다.

IK를 사용하려면 애니메이터 컨트롤러의 레이어에서 IK Pass 설정이 켜져 있어야 합니다. 저자가 프로젝트의 ShooterAnimator 애니메이터 컨트롤러에서 Upper Body 레이어의 IK Pass를 미리 켜두었습니다. 따라서 캐릭터 상체에 재생되는 애니메이션에 IK가 적용됩니다.

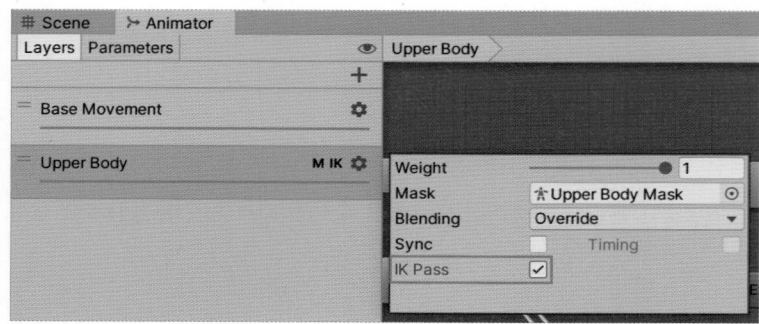

▶ 활성화되어 있는 IK Pass

애니메이터 컴포넌트가 IK 정보를 갱신할 때마다 OnAnimatorIK 메시지가 발생합니다. 스크립트에서 IK 정보가 갱신될 때마다 자동 실행되는 OnAnimatorIK() 메서드를 구현하면 IK를 어떻게 사용할지 코드로 작성할 수 있습니다.

PlayerShooter 스크립트에는 캐릭터의 손이 항상 총의 손잡이에 위치하도록 OnAnimatorIK() 메서드에서 IK를 사용할 겁니다.

15.5.2 PlayerShooter 스크립트

PlayerShooter 스크립트를 플레이어 캐릭터에 추가하고 내용을 살펴봅시다.

[과정 01] PlayerShooter 스크립트 추가하기

① **Scripts** 폴더의 **PlayerShooter** 스크립트를 **Player Character** 게임 오브젝트로 **드래그&드롭**
② **PlayerShooter** 스크립트를 **더블 클릭**으로 **열기**

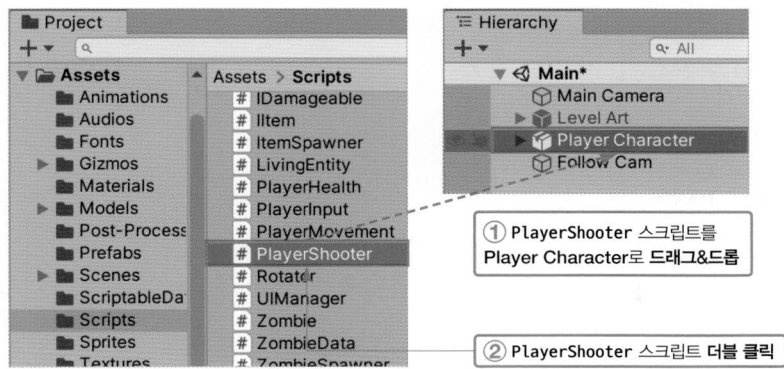

▶ PlayerShooter 스크립트 추가하기

열린 PlayerShooter 스크립트는 다음과 같습니다.

```
using UnityEngine;

// 주어진 Gun 오브젝트를 쏘거나 재장전
// 알맞은 애니메이션을 재생하고 IK를 사용해 캐릭터 양손이 총에 위치하도록 조정
public class PlayerShooter : MonoBehaviour {
    public Gun gun; // 사용할 총
    public Transform gunPivot; // 총 배치의 기준점
    public Transform leftHandMount; // 총의 왼쪽 손잡이, 왼손이 위치할 지점
    public Transform rightHandMount; // 총의 오른쪽 손잡이, 오른손이 위치할 지점

    private PlayerInput playerInput; // 플레이어의 입력
    private Animator playerAnimator; // 애니메이터 컴포넌트

    private void Start() {
        // 사용할 컴포넌트 가져오기
        playerInput = GetComponent<PlayerInput>();
        playerAnimator = GetComponent<Animator>();
    }

    private void OnEnable() {
```

```
        // 슈터가 활성화될 때 총도 함께 활성화
        gun.gameObject.SetActive(true);
    }

    private void OnDisable() {
        // 슈터가 비활성화될 때 총도 함께 비활성화
        gun.gameObject.SetActive(false);
    }

    private void Update() {
        // 입력을 감지하고 총을 발사하거나 재장전
    }

    // 탄알 UI 갱신
    private void UpdateUI() {
        if (gun != null && UIManager.instance != null)
        {
            // UI 매니저의 탄알 텍스트에 탄창의 탄알과 남은 전체 탄알 표시
            UIManager.instance.UpdateAmmoText(gun.magAmmo, gun.ammoRemain);
        }
    }

    // 애니메이터의 IK 갱신
    private void OnAnimatorIK(int layerIndex) {

    }
}
```

빈 메서드를 채우기 전에 먼저 변수를 살펴봅시다.

```
public Gun gun;
```

gun은 사용할 Gun 게임 오브젝트의 Gun 컴포넌트입니다.

이어서 IK 갱신에 사용할 변수들이 선언되어 있습니다.

```
public Transform gunPivot;
public Transform leftHandMount;
public Transform rightHandMount;
```

gunPivot은 Gun 게임 오브젝트를 배치하는 기준점으로 사용할 트랜스폼입니다. Gun Pivot 게임 오브젝트의 트랜스폼을 gunPivot에 할당할 겁니다.

우리는 IK를 사용해 gunPivot의 위치가 언제나 팔의 오른쪽 팔꿈치가 되도록 조정할 겁니다. 따라서 캐릭터의 상체가 흔들릴 때 총도 함께 흔들리게 됩니다.

leftHandMount와 rightHandMount는 총의 왼쪽 손잡이와 오른쪽 손잡이 위치를 표시할 트랜스폼 컴포넌트입니다. 각자 Gun 게임 오브젝트의 자식으로 있는 Left Hand 게임 오브젝트와 Right Hand 게임 오브젝트의 트랜스폼이 할당됩니다.

우리는 IK를 이용해 캐릭터의 왼손과 오른손의 위치가 항상 leftHandMount와 rightHandMount 위치에 맞춰지도록 조정할 겁니다.

그다음 사용할 PlayerCharacter 게임 오브젝트의 컴포넌트에 대한 변수가 선언되어 있습니다.

```
private PlayerInput playerInput;
private Animator playerAnimator;
```

playerInput은 플레이어 입력을 전달하는 PlayerInput 컴포넌트, playerAnimator는 플레이어 캐릭터의 애니메이션을 재생하는 애니메이터 컴포넌트가 할당될 변수입니다.

15.5.3 Start( ) 메서드

PlayerShooter 스크립트의 Start( ) 메서드에서는 사용할 애니메이터 컴포넌트와 PlayerInput 컴포넌트에 대한 참조를 Player Character 게임 오브젝트로부터 가져옵니다.

이 메서드는 간단하기 때문에 저자가 다음과 같이 미리 완성해두었습니다.

```
private void Start() {
    // 사용할 컴포넌트 가져오기
    playerInput = GetComponent<PlayerInput>();
    playerAnimator = GetComponent<Animator>();
}
```

15.5.4 OnEnable( ), OnDisable( ) 메서드

OnEnable() 메서드와 OnDisable() 메서드는 간단하기 때문에 저자가 미리 완성해두었습니다.

OnEnable() 메서드는 PlayerShooter 컴포넌트가 활성화될 때 자동으로 실행됩니다. 총을 쏘는 슈터가 활성화되면 총도 함께 활성화되어야 하므로 OnEnable() 메서드에는 총 게임 오브젝트를 활성화하는 처리를 구현합니다.

```
private void OnEnable() {
    // 슈터가 활성화될 때 총도 함께 활성화
    gun.gameObject.SetActive(true);
}
```

OnDisable() 메서드는 OnEnable() 메서드와 같은 이벤트 기반 메서드로서 PlayerShooter 컴포넌트가 비활성화될 때 자동으로 실행됩니다. 총을 쏘는 슈터가 비활성화되면 총도 함께 비활성화되어야 하므로 OnDisable() 메서드에는 총 게임 오브젝트를 비활성화하는 처리를 구현합니다.

```
private void OnDisable() {
    // 슈터가 비활성화될 때 총도 함께 비활성화
    gun.gameObject.SetActive(false);
}
```

15.5.5 Update( ) 메서드

PlayerShooter 스크립트의 Update() 메서드에서는 매 프레임마다 플레이어 입력을 감지하고 총을 발사하거나 재장전합니다.

[과정 01] Update( ) 메서드 완성하기

① **PlayerShooter** 스크립트의 **Update()** 메서드를 다음과 같이 완성

```
private void Update() {
    // 입력을 감지하고 총을 발사하거나 재장전
    if (playerInput.fire)
    {
```

```
        // 발사 입력 감지 시 총 발사
        gun.Fire();
    }
    else if (playerInput.reload)
    {
        // 재장전 입력 감지 시 재장전
        if (gun.Reload())
        {
            // 재장전 성공 시에만 재장전 애니메이션 재생
            playerAnimator.SetTrigger("Reload");
        }
    }

    // 남은 탄알 UI 갱신
    UpdateUI();
}
```

먼저 플레이어의 발사 입력이 감지되면 gun.Fire()를 실행하여 총을 발사합니다. 플레이어의
발사 입력은 playerInput.fire의 값으로 확인할 수 있습니다.

만약 플레이어의 재장전 입력이 감지되면 gun.Reload()를 실행하여 총을 재장전합니다. 플레
이어의 재장전 입력은 playerInput.reload의 값으로 확인할 수 있습니다.

Gun 스크립트의 Fire()와 Reload()는 내부에서 if 문으로 총의 상태를 검사하여 발사하거나
재장전할 수 없는 경우 알아서 발사와 재장전을 실행하지 않습니다. 따라서 PlayerShooter 스
크립트에서 총의 상태를 직접 검사할 필요가 없습니다.

재장전을 시도한 경우 재장전에 성공한 경우에만 재장전 애니메이션을 재생해야 합니다. 따라서
gun.Reload()로 재장전을 시도한 결과를 if 문으로 검사하여 재장전에 성공한 경우에만 애니
메이터의 Reload 트리거를 발동합니다.

```
if (gun.Reload())
{
    playerAnimator.SetTrigger("Reload");
}
```

그다음 Update() 메서드의 마지막 줄에서는 UpdateUI() 메서드를 실행하여 매 프레임마다
탄알 UI를 갱신합니다.

15.5.6 UpdateUI() 메서드

UpdateUI() 메서드는 남은 탄알 UI를 갱신합니다. 이 장에서는 아직 구현되지 않은 기능을 사용하기 때문에 혼란을 방지하기 위해 저자가 미리 완성해두었습니다.

```
private void UpdateUI() {
    if (gun != null && UIManager.instance != null)
    {
        // UI 매니저의 탄알 텍스트에 탄창의 탄알과 남은 전체 탄알 표시
        UIManager.instance.UpdateAmmoText(gun.magAmmo, gun.ammoRemain);
    }
}
```

좀비 서바이버의 탄알 UI는 17.1절 'HUD Canvas와 UI 매니저'에서 설명하는 HUD Canvas 게임 오브젝트와 UIManager 스크립트를 이용해 추가되고 관리됩니다. UIManager는 싱글턴으로서 각종 게임 UI에 즉시 접근할 수 있는 통로를 제공하는 스크립트입니다.

UIManager의 UpdateAmmoText() 메서드는 탄알 UI에 즉시 접근하여 현재 탄창의 탄알과 전체 탄알을 UI로 표시해줍니다. 게임 UI의 구현 방식과 UIManager는 17.1절에서 상세히 다룹니다.

따라서 아직 UI를 구현하지 않은 이 장에서는 UIManager를 사용하도록 구현하되 UIManager와 상관없이 PlayerShooter 스크립트의 모든 기능이 동작하도록 구현해두었습니다.

if 문 조건에 의해 위 코드는 gun에 사용할 총이 할당되었으며 UIManager 싱글턴이 씬에 존재하는 경우에만 UIManager의 기능을 실행합니다. 따라서 UIManager를 가진 게임 오브젝트를 만들지 않은 현재 상태에서는 UI 갱신 코드가 실행되지 않으므로 에러가 나지 않습니다.

15.5.7 OnAnimatorIK() 메서드

OnAnimatorIK() 메서드에서는 두 가지 일을 해야 합니다.

- 총을 상체와 함께 흔들기
- 캐릭터의 양손을 총의 양쪽 손잡이에 위치시키기

총을 상체와 함께 흔드는 것은 Gun 게임 오브젝트의 부모 게임 오브젝트인 Gun Pivot 게임 오브젝트를 항상 캐릭터의 오른쪽 팔꿈치 위치에 배치하는 것으로 구현합니다. 이 기능을 구현

하지 않으면 상체가 숨을 쉬면서 위아래로 움직이는 동안 총은 제자리에 가만히 떠 있는 것처럼 보입니다.

그다음 캐릭터의 양손을 총의 양쪽 손잡이에 맞추는 것을 IK로 구현합니다.

[과정 01] OnAnimatorIK ( ) 메서드 완성하기

① **PlayerShooter** 스크립트의 **OnAnimatorIK ( )** 메서드를 다음과 같이 완성

```
private void OnAnimatorIK(int layerIndex) {
    // 총의 기준점 gunPivot을 3D 모델의 오른쪽 팔꿈치 위치로 이동
    gunPivot.position = playerAnimator.GetIKHintPosition(AvatarIKHint.RightElbow);

    // IK를 사용하여 왼손의 위치와 회전을 총의 왼쪽 손잡이에 맞춤
    playerAnimator.SetIKPositionWeight(AvatarIKGoal.LeftHand, 1.0f);
    playerAnimator.SetIKRotationWeight(AvatarIKGoal.LeftHand, 1.0f);

    playerAnimator.SetIKPosition(AvatarIKGoal.LeftHand, leftHandMount.position);
    playerAnimator.SetIKRotation(AvatarIKGoal.LeftHand, leftHandMount.rotation);

    // IK를 사용하여 오른손의 위치와 회전을 총의 오른쪽 손잡이에 맞춤
    playerAnimator.SetIKPositionWeight(AvatarIKGoal.RightHand, 1.0f);
    playerAnimator.SetIKRotationWeight(AvatarIKGoal.RightHand, 1.0f);

    playerAnimator.SetIKPosition(AvatarIKGoal.RightHand, rightHandMount.position);
    playerAnimator.SetIKRotation(AvatarIKGoal.RightHand, rightHandMount.rotation);
}
```

코드를 살펴봅시다. 먼저 캐릭터의 오른쪽 팔꿈치 위치를 찾아 gunPivot의 위치로 사용합니다.

```
gunPivot.position = playerAnimator.GetIKHintPosition(AvatarIKHint.RightElbow);
```

애니메이터 컴포넌트의 GetIKHintPosition ( ) 메서드는 AvatarIKHint 타입으로 부위를 입력받아 해당 부위의 현재 위치를 가져옵니다.

여기서 사용한 AvatarIKHint 타입은 IK 대상 중 다음 부위를 표현하는 타입입니다.

• AvatarIKHint.LeftElbow : 왼쪽 팔꿈치

- AvatarIKHint.RightEblow : 오른쪽 팔꿈치

- AvatarIKHint.LeftKnee : 왼쪽 무릎

- AvatarIKHint.RightKnee : 오른쪽 무릎

이어서 캐릭터 왼손의 위치와 회전을 leftHandMount의 위치와 회전으로 변경합니다. 그러기 위해 먼저 왼손 IK에 대한 위치와 회전 가중치를 1.0(100%)으로 변경합니다.

```
playerAnimator.SetIKPositionWeight(AvatarIKGoal.LeftHand, 1.0f);
playerAnimator.SetIKRotationWeight(AvatarIKGoal.LeftHand, 1.0f);
```

IK 대상의 가중치를 설정할 때 위치는 SetIKPositionWeight(), 회전은 SetIKRotationWeight() 를 사용합니다. 이 두 메서드는 가중치를 변경할 IK 대상과 적용할 가중치를 입력받습니다.

여기서 사용한 AvatarIKGoal 타입은 IK 대상 중 다음 부위를 표현하는 타입입니다.

- AvatarIKGoal.LeftHand : 왼손

- AvatarIKGoal.RightHand : 오른손

- AvatarIKGoal.LeftFoot : 왼발

- AvatarIKGoal.RightFoot : 오른발

IK 가중치의 범위는 0에서 1까지입니다. IK 가중치는 해당 부위의 원래 위치와 IK에 의한 목표 위치 사이에서 실제로 적용할 중간값을 결정합니다. 예를 들어 IK의 가중치가 0.5(50%)라면 원래 위치와 IK 목표 위치가 절반씩 섞여 적용됩니다.

그다음 왼손 IK의 목표 위치와 목표 회전을 leftHandMount의 위치와 회전으로 지정합니다. 애니메이터의 SetIKPosition()과 SetIKRotation()은 IK 대상이 사용할 목표 위치와 목표 회전을 설정합니다.

```
playerAnimator.SetIKPosition(AvatarIKGoal.LeftHand, leftHandMount.position);
playerAnimator.SetIKRotation(AvatarIKGoal.LeftHand, leftHandMount.rotation);
```

적용할 IK 대상은 왼손 AvatarIKGoal.LeftHand, 목표 위치는 총의 왼손 손잡이의 위치 leftHandMount.position, 목표 회전은 왼손 손잡이의 회전 leftHandMount.rotation으로 설정했습니다.

이것으로 왼손 IK 설정을 완성했습니다. 오른손은 `AvatarIKGoal.RightHand`를 대상으로 하여 같은 방식으로 IK를 적용합니다.

```
playerAnimator.SetIKPositionWeight(AvatarIKGoal.RightHand, 1.0f);
playerAnimator.SetIKRotationWeight(AvatarIKGoal.RightHand, 1.0f);

playerAnimator.SetIKPosition(AvatarIKGoal.RightHand, rightHandMount.position);
playerAnimator.SetIKRotation(AvatarIKGoal.RightHand, rightHandMount.rotation);
```

15.5.8 완성된 PlayerShooter 스크립트

완성된 PlayerShooter 스크립트의 전체 코드는 다음과 같습니다.

```csharp
using UnityEngine;

// 주어진 Gun 오브젝트를 쏘거나 재장전
// 알맞은 애니메이션을 재생하고 IK를 사용해 캐릭터 양손이 총에 위치하도록 조정
public class PlayerShooter : MonoBehaviour {
    public Gun gun; // 사용할 총
    public Transform gunPivot; // 총 배치의 기준점
    public Transform leftHandMount; // 총의 왼쪽 손잡이, 왼손이 위치할 지점
    public Transform rightHandMount; // 총의 오른쪽 손잡이, 오른손이 위치할 지점

    private PlayerInput playerInput; // 플레이어의 입력
    private Animator playerAnimator; // 애니메이터 컴포넌트

    private void Start() {
        // 사용할 컴포넌트 가져오기
        playerInput = GetComponent<PlayerInput>();
        playerAnimator = GetComponent<Animator>();
    }

    private void OnEnable() {
        // 슈터가 활성화될 때 총도 함께 활성화
        gun.gameObject.SetActive(true);
    }

    private void OnDisable() {
        // 슈터가 비활성화될 때 총도 함께 비활성화
        gun.gameObject.SetActive(false);
    }
```

```csharp
    private void Update() {
        // 입력을 감지하고 총을 발사하거나 재장전
        if (playerInput.fire)
        {
            // 발사 입력 감지 시 총 발사
            gun.Fire();
        }
        else if (playerInput.reload)
        {
            // 재장전 입력 감지 시 재장전
            if (gun.Reload())
            {
                // 재장전 성공 시에만 재장전 애니메이션 재생
                playerAnimator.SetTrigger("Reload");
            }
        }

        // 남은 탄알 UI 갱신
        UpdateUI();
    }

    // 탄알 UI 갱신
    private void UpdateUI() {
        if (gun != null && UIManager.instance != null)
        {
            // UI 매니저의 탄알 텍스트에 탄창의 탄알과 남은 전체 탄알 표시
            UIManager.instance.UpdateAmmoText(gun.magAmmo, gun.ammoRemain);
        }
    }

    // 애니메이터의 IK 갱신
    private void OnAnimatorIK(int layerIndex) {
        // 총의 기준점 gunPivot을 3D 모델의 오른쪽 팔꿈치 위치로 이동
        gunPivot.position = playerAnimator.GetIKHintPosition(AvatarIKHint.RightElbow);

        // IK를 사용하여 왼손의 위치와 회전을 총의 왼쪽 손잡이에 맞춤
        playerAnimator.SetIKPositionWeight(AvatarIKGoal.LeftHand, 1.0f);
        playerAnimator.SetIKRotationWeight(AvatarIKGoal.LeftHand, 1.0f);

        playerAnimator.SetIKPosition(AvatarIKGoal.LeftHand, leftHandMount.position);
        playerAnimator.SetIKRotation(AvatarIKGoal.LeftHand, leftHandMount.rotation);
```

```
// IK를 사용하여 오른손의 위치와 회전을 총의 오른쪽 손잡이에 맞춤
playerAnimator.SetIKPositionWeight(AvatarIKGoal.RightHand, 1.0f);
playerAnimator.SetIKRotationWeight(AvatarIKGoal.RightHand, 1.0f);

playerAnimator.SetIKPosition(AvatarIKGoal.RightHand, rightHandMount.position);
playerAnimator.SetIKRotation(AvatarIKGoal.RightHand, rightHandMount.rotation);
    }
}
```

스크립트를 제대로 작성했는지 확인하고 스크립트를 저장한 다음 유니티 에디터로 돌아갑니다.

15.5.9 PlayerShooter 컴포넌트 설정하기

이제 완성된 PlayerShooter 컴포넌트의 필드를 설정합니다. 하이어라키 창에서 Player Character 게임 오브젝트를 선택하고 다음 과정을 따라 합니다.

[과정 01] PlayerShooter 컴포넌트 설정하기

① Gun 게임 오브젝트를 Gun 필드로 **드래그&드롭**
② Gun Pivot 게임 오브젝트를 Gun Pivot 필드로 **드래그&드롭**
③ Left Handle 게임 오브젝트를 Left Hand Mount 필드로 **드래그&드롭**
④ Right Handle 게임 오브젝트를 Right Hand Mount 필드로 **드래그&드롭**

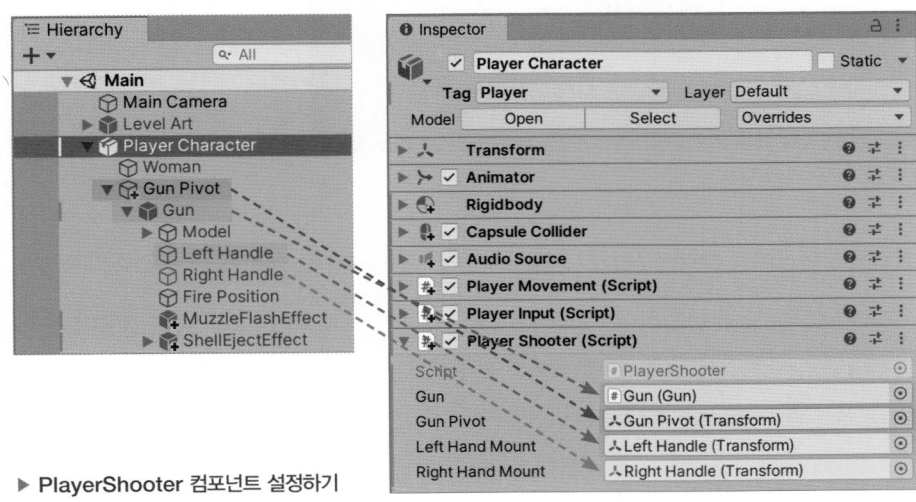

▶ PlayerShooter 컴포넌트 설정하기

드래그&드롭으로 게임 오브젝트를 찾아 할당할 때 사용할 일부 게임 오브젝트는 Gun 게임 오브젝트의 자식에서 찾을 수 있다는 점에 주의합니다.

이것으로 슈터 시스템을 완성했습니다. 플레이 버튼을 눌러 완성된 씬을 테스트해봅시다.

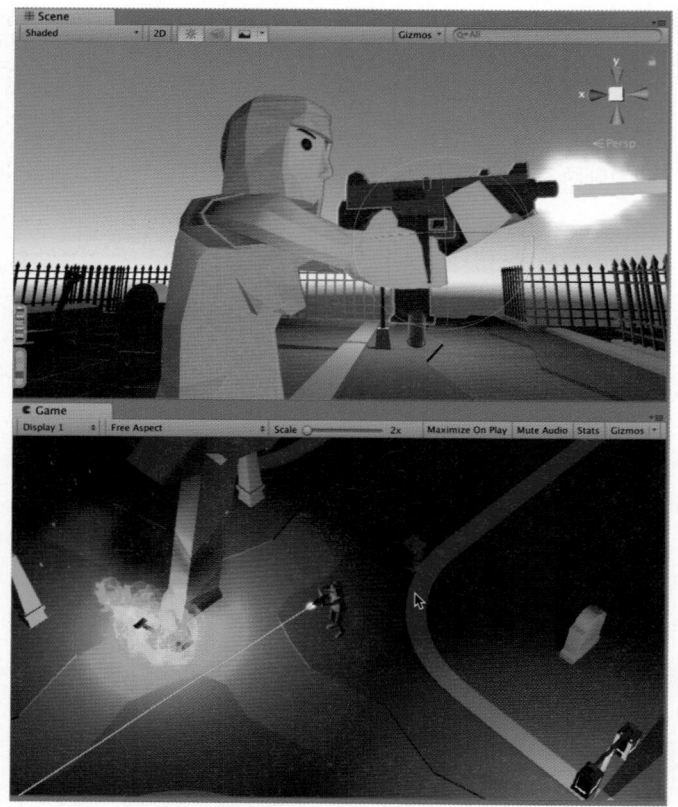

▶ 총을 쏘는 플레이어 캐릭터

씬을 시작하면 플레이어 캐릭터가 IK에 의해 양손을 총에 가져다 놓는 것을 확인할 수 있습니다.

마우스 왼쪽 버튼을 눌러 탄창이 빌 때까지 총을 쏠 수 있습니다. 총을 쏘는 동안 총구 화염 효과가 재생되고, 탄피가 배출되며, 탄알 궤적이 그려지는 것을 확인할 수 있습니다. 탄창은 R 키를 눌러 재장전할 수 있습니다. 단, 남은 탄알이 없는 상태에서는 총을 더 쏘거나 재장전할 수 없습니다.

총과 슈터가 잘 동작하는 것을 확인했다면 플레이 모드를 해제하고 [Ctrl+S]로 씬을 저장합니다.

15.6 마치며

이 장에서는 총과 총을 쏘는 슈터 컴포넌트를 완성했습니다. 그리고 이 과정에서 인터페이스, 레이캐스트, 코루틴, IK를 배웠습니다.

인터페이스는 자신을 상속한 클래스가 어떤 메서드를 반드시 가지고 있음을 보장합니다. 따라서 우리는 IDamageable 인터페이스를 이용해 상대방의 세부 타입을 정확하게 검사할 필요 없이 OnDamage() 메서드를 실행할 수 있었습니다.

스크립터블 오브젝트를 사용하면 데이터를 유니티 프로젝트의 에셋 형태로 저장할 수 있습니다. 이를 통해 우리는 총이 사용할 총 데이터를 에셋으로 분리하여 쉽게 편집할 수 있고, 여러 총들이 하나의 총 데이터를 공유할 수 있도록 구현했습니다.

레이캐스트는 총뿐만 아니라 직선상의 물체를 감지하는 대부분의 게임 플레이 요소에 사용됩니다. 참고로 레이캐스트는 콜라이더를 사용한 충돌 감지보다 성능이 좋고, 필요할 때마다 즉시 실행할 수 있으며, 충돌하기 전에 미리 충돌 여부를 알 수 있는 장점이 있습니다.

예를 들어 낙하 중인 플레이어가 아래 방향으로 레이캐스트를 실행하면 충돌이 일어나기 전에 미리 충돌할 것이라는 사실을 알 수 있습니다.

코루틴은 처리 중간에 대기 시간을 삽입할 때 사용합니다. 우리는 코루틴을 사용해 라인 렌더러를 켜고 끄는 처리 사이에 대기 시간을 삽입했습니다.

IK는 손이나 발의 위치를 먼저 정하고, 거기에 맞춰서 애니메이션을 변형해 사용할 수 있게 합니다. 예를 들어 손잡이의 위치가 다른 여러 종류의 무기가 있다고 가정했을 때 IK를 사용하면 하나의 애니메이션으로 여러 무기에 대응할 수 있습니다.

다음 장에서는 플레이어 캐릭터의 체력 시스템과 인공지능 좀비를 구현합니다.

이 장에서 배운 내용 요약

- 인터페이스는 어떤 메서드를 반드시 구현한다는 계약입니다.
- 인터페이스를 상속한 클래스는 반드시 인터페이스의 메서드를 public으로 구현해야 합니다.
- 여러 타입을 하나의 인터페이스로 다룰 수 있습니다.
- 스크립터블 오브젝트를 통해 데이터를 유니티 에셋 형태로 저장할 수 있습니다.
- 특수 시각 효과는 파티클 시스템 컴포넌트로 만듭니다.
- 코루틴 메서드는 처리 중간에 대기 시간을 삽입할 수 있습니다.

- 코루틴 메서드는 IEnumerator 타입을 반환합니다.
- 코루틴에서 대기 시간은 yield return new WaitForSeconds(시간);으로 지정합니다.
- 코루틴은 StartCoroutine() 메서드로 실행합니다.
- 레이캐스트는 광선을 쏴서 충돌하는 콜라이더가 있는지 검사하는 방법입니다.
- 레이캐스트는 Physics.Raycast() 메서드로 실행합니다.
- 레이캐스트를 실행하면 충돌 결과 정보가 RaycastHit 타입으로 생성됩니다.
- IK는 하위 조인트를 먼저 결정하고, 그것에 상위 조인트를 맞추는 애니메이팅 방식입니다.
- IK 적용은 스크립트에서 OnAnimatorIK() 메서드로 구현합니다.
- IK 가중치는 SetIKPositionWeight()와 SetIKRotationWeight()로 결정합니다.
- IK 대상의 위치와 회전은 SetIKPosition()과 SetIKRotation()으로 결정합니다.
- IK 대상은 AvatarIKGoal 타입으로 나타낼 수 있습니다.

16장 좀비 서바이버

생명과 좀비 AI

이 장에서는 생명체의 기반이 되는 LivingEntity 클래스를 만듭니다. 그리고 LivingEntity 클래스를 확장하여 플레이어 캐릭터의 체력과 좀비 AI의 체력을 구성합니다. 플레이어 체력 UI를 만들면서 UI 슬라이더를 만드는 방법과 게임 월드 내부에 UI를 배치하는 방법을 배웁니다.

또한 좀비 AI를 만들면서 유니티 내비게이션 시스템을 사용하여 목적지까지의 경로를 자동으로 계산하고 이동하는 인공지능을 구현합니다.

이 장에서 다루는 내용
- 다형성을 사용해 여러 타입을 하나의 타입으로 다루기
- 오버라이드를 사용해 부모 클래스의 기존 메서드 확장하기
- 이벤트를 사용해 견고한 커플링을 해소하고 코드를 간결하게 만들기
- UI 슬라이더 사용하기
- 게임 월드 내부에 UI 배치하기
- 내비게이션 시스템을 사용해 인공지능 구현하기

16.1 다형성

이 장에서는 적 AI인 좀비와 플레이어 캐릭터를 포함하여 생명체로 동작할 모든 클래스가 공유하는 기반 클래스 LivingEntity를 사용합니다. 생명체로 동작할 모든 클래스는 LivingEntity 클래스를 상속하고 그 위에 자신만의 기능을 추가합니다.

LivingEntity를 상속한 자식 클래스는 LivingEntity의 구현을 재사용할 수 있을 뿐만 아니라 LivingEntity 타입으로 취급될 수 있습니다. 따라서 LivingEntity를 상속한 다양한 타입의 게임 속 생명체를 LivingEntity 타입으로 일괄 처리할 수 있습니다.

이것은 다형성Polymorphism이라는 객체지향의 특징 덕분입니다. LivingEntity 클래스를 사용하기 전에 상속을 이해하고 다형성이 무엇인지 살펴보겠습니다. 그리고 다형성이 코드를 쉽고 간결하게 만드는 데 어떻게 도움을 주는지 알아보겠습니다.

16.1.1 상속 관계에서 다형성

다형성을 문자 그대로 해석하면 '여러 형태'입니다. C#에서 다형성은 자식 클래스 타입을 부모 클래스 타입으로 다룰 수 있게 합니다.

상속이란 부모 클래스를 기반으로 자식 클래스를 만드는 방법입니다. 따라서 자식 클래스는 부모 클래스의 필드와 메서드를 가지고 있습니다. 어떠한 자식 클래스든 부모 클래스 타입으로 취급하고 사용할 수 있습니다.

이것은 현실에서 어떤 물체를 더 '포괄적인 분류'로 다루는 것에 비유할 수 있습니다. 예를 들어 동물이나 식물은 더 포괄적인 분류인 생명체로 다룰 수 있습니다.

몬스터 클래스를 만들고 그것을 상속한 오크 클래스와 드래곤 클래스를 만든다고 가정해봅시다. Monster 클래스는 공격력을 나타내는 damage 변수와 공격을 실행하는 Attack() 메서드를 가집니다. Orc 클래스와 Dragon 클래스는 이러한 Monster 클래스를 상속해서 만듭니다.

```
public class Monster : MonoBehaviour {
    public float damage = 100;

    public void Attack() {
        Debug.Log("공격!");
        // 공격 처리...
    }
}

public class Orc : Monster {
    public void WarCry() {
        Debug.Log("전투함성!");
        // 전투함성 처리...
    }
}

public class Dragon : Monster {
    public void Fly() {
        Debug.Log("날기");
        // 공중을 나는 처리...
    }
}
```

Orc와 Dragon은 Monster의 필드와 메서드는 물론 자신의 고유한 필드와 메서드도 함께 가집니다. Orc의 WarCry() 메서드는 주변 동료 몬스터의 공격력을 증가시키는 전투함성 스킬입니다. Dragon의 Fly() 메서드는 드래곤이 공중을 날아다니는 스킬입니다.

Orc와 Dragon은 Monster를 상속하므로 Monster 타입으로 취급할 수 있습니다. 다음은 씬에서 Orc 타입의 오브젝트를 찾아 Monster 타입의 변수에 할당하는 예시입니다.

```
Orc orc = FindObjectOfType<Orc>(); // 씬에서 오크를 찾음
Monster monster = orc; // 몬스터 타입의 변수에 오크를 할당
monster.Attack(); // 실행 가능
monster.WarCry(); // 실행 불가능(에러)
```

예시의 Monster monster = orc;가 실행되면 orc에 할당된 Orc 타입의 오브젝트가 Monster 타입으로 취급됩니다. 이어지는 monster.Attack();은 Orc 오브젝트의 Attack() 메서드를 Monster 타입으로 실행합니다.

단, 이 과정은 실제로 Orc 타입의 오브젝트를 Monster 타입으로 변형하는 것이 아닙니다. Monster 타입의 변수 monster에 할당된 오브젝트의 실제 타입은 여전히 Orc 타입입니다. 하지만 컴퓨터는 monster에 할당된 오브젝트가 Orc 타입이라는 것을 추측할 수 없기 때문에 monster.WarCry();는 실행할 수 없습니다. WarCry() 메서드는 Monster 타입에 없기 때문입니다.

16.1.2 다형성을 사용한 패턴

다형성을 사용하면 다양한 자식 타입을 하나의 부모 타입으로 다뤄 코드를 쉽고 간결하게 만들 수 있습니다(15.1.2절 '느슨한 커플링'도 다형성을 이용한 겁니다).

몬스터 예제에서 Orc 클래스의 WarCry() 메서드는 주변 몬스터의 공격력을 증가시킨다고 했습니다. 다형성을 이용하면 WarCry()를 구현할 때 몬스터를 종류별로 찾을 필요가 없습니다.

Orc의 WarCry() 메서드는 다음과 같은 방식으로 구현할 수 있습니다.

```
public void WarCry() {
    Debug.Log("전투함성!");

    // 모든 Monster 오브젝트를 찾아 공격력을 10 증가시킴
    Monster[] monsters = FindObjectsOfType<Monster>();
    for (int i = 0; i < monsters.Length; i++) {
        monsters[i].damage += 10;
    }
}
```

FindObjectsOfType() 메서드는 씬에서 명시한 타입의 모든 오브젝트를 찾아 배열로 반환합니다. Monster[] monsters = FindObjectsOfType<Monster>();가 실행되면 씬에 있는 모든 Monster 타입의 오브젝트가 monsters 배열에 저장됩니다.

이때 Orc 타입과 Dragon 타입을 따로 검색하지 않는다는 점에 주목합니다. 다형성에 의해 Orc 타입과 Dragon 타입은 Monster 타입으로 취급할 수 있으므로 FindObjectsOfType<Monster>()는 Orc 타입과 Dragon 타입의 오브젝트도 찾아냅니다.

monsters 배열에 저장된 오브젝트들의 실제 타입은 Orc 또는 Dragon일 수 있지만 실제 타입은 중요하지 않습니다. 이들은 Monster 타입을 상속했기 때문에 damage 변수를 가지고 있습니다. 따라서 monsters 배열에 저장된 모든 오브젝트의 damage에 접근해 공격력을 증가시킬 수 있습니다.

16.1.3 오버라이드

메서드에도 다형성을 적용하여 같은 이름의 메서드가 서로 다른 방식으로 동작하게 할 수 있습니다. 그러한 방법 중 하나가 오버라이드override입니다. 오버라이드는 부모 클래스에서 작성한 메서드를 자식 클래스에서 재정의하는 겁니다.

게임 속 모든 몬스터를 공격 기능의 기본 동작은 동일하지만 공격 대사는 다르게 구현한다고 가정해봅시다. 다음은 같은 이름의 Attack() 메서드가 자식 타입에 따라 서로 다른 공격 대사를 출력하는 예시입니다.

```csharp
public class Monster : MonoBehaviour {
    public virtual void Attack() {
        Debug.Log("공격!");
        // 공격 처리...
    }
}

public class Orc : Monster {
    public override void Attack() {
        base.Attack();
        Debug.Log("우리는 노예가 되지 않는다!");
    }
}
```

```
public class Dragon : Monster {
    public override void Attack() {
        base.Attack();
        Debug.Log("모든 것이 불타오를 것이다!");
    }
}
```

virtual 키워드로 지정된 메서드는 가상 메서드가 됩니다. 가상 메서드는 자식 클래스가 오버라이드할 수 있도록 허용된 메서드입니다. 자식 클래스는 override 키워드를 사용해 부모 클래스의 가상 메서드를 재정의할 수 있습니다.

Orc 타입의 오브젝트를 Monster 타입의 변수에 저장하고 Attack() 메서드를 실행했다고 가정해봅시다.

```
Orc orc = FindObjectOfType<Orc>();
Monster monster = orc;
monster.Attack(); // Orc의 Attack()이 실행됨
```

monster.Attack();이 실행되면 Orc 클래스에서 재정의한 Attack() 메서드가 실행됩니다. 따라서 '공격!'과 '우리는 노예가 되지 않는다!'라는 로그가 순서대로 출력됩니다. 즉, 기존 메서드를 부모 타입으로 실행해도 실제로는 자식 타입에서 재정의한 메서드가 실행됩니다.

base

자식이 부모의 메서드를 오버라이드할 때는 부모 메서드의 원형을 유지하면서 확장할 수도 있고 완전히 처음부터 메서드를 다시 만들 수도 있습니다.

예시의 Orc와 Dragon은 Monster의 Attack() 메서드 구현을 유지한 채 자신만의 대사를 추가했습니다. Orc에서 재정의한 Attack() 메서드를 다시 봅시다.

```
public class Orc : Monster {
    public override void Attack() {
        base.Attack(); // Monster의 Attack()이 실행됨
        Debug.Log("우리는 노예가 되지 않는다!");
    }
}
```

base.Attack();은 부모 클래스인 Monster의 Attack() 메서드를 실행합니다. base 키워드는 부모 클래스를 지칭하며, base를 사용해 오버라이드되기 전의 원형 메서드로 접근할 수 있습니다.

만약 위 예시에서 base.Attack();을 사용하지 않았다면 Orc에서 Monster의 Attack() 메서드를 확장하는 것이 아니라 바닥부터 새롭게 만드는 것이 됩니다.

오버라이드 활용

오버라이드를 활용하면 다양한 자식 클래스 타입이 같은 이름의 메서드를 실행하되 실제 처리는 각자 다르게 만들 수 있습니다.

다음은 Attack() 메서드로 여러 타입의 몬스터가 동시에 공격을 실행하되 각자 공격 대사는 다르게 출력하는 예시입니다.

```
Monster[] monsters = FindObjectsOfType<Monster>();
for (int i = 0; i < monsters.Length; i++) {
    monsters[i].Attack();
}
```

위 코드에서 monsters에 할당된 오브젝트들은 Orc 또는 Dragon 타입일 수 있습니다. 여기서 Attack() 메서드는 Monster 타입으로 실행되지만 실제로는 Orc와 Dragon 등 자식 클래스에서 재정의한 Attack() 메서드가 실행됩니다.

16.2 LivingEntity 기반 클래스

다형성을 배웠으니 생명체로 동작할 모든 클래스가 상속할 LivingEntity 클래스를 살펴보겠습니다.

적 AI와 플레이어 캐릭터를 포함해 게임 속 생명체들은 몇 가지 공통 기능을 가져야 합니다.

- 체력을 가진다.
- 체력을 회복할 수 있다.
- 공격을 받을 수 있다.
- 살거나 죽을 수 있다.

LivingEntity 클래스는 앞의 기능을 적 AI와 플레이어 캐릭터에 생명체로서 갖춰야 하는 기반으로 제공합니다. 또한 LivingEntity를 상속하는 자식 클래스는 LivingEntity의 기존 메서드를 오버라이드하여 자신만의 기능을 덧붙일 수 있습니다.

16.2.1 LivingEntity 전체 스크립트

LivingEntity 스크립트는 저자가 미리 완성해두었습니다. 완성된 구현을 설명하면서 살펴보겠습니다. 프로젝트의 Scripts 폴더에서 LivingEntity 스크립트를 열어보세요.

```csharp
using System;
using UnityEngine;

// 생명체로 동작할 게임 오브젝트들을 위한 뼈대를 제공
// 체력, 대미지 받아들이기, 사망 기능, 사망 이벤트를 제공
public class LivingEntity : MonoBehaviour, IDamageable {
    public float startingHealth = 100f; // 시작 체력
    public float health { get; protected set; } // 현재 체력
    public bool dead { get; protected set; } // 사망 상태
    public event Action onDeath; // 사망 시 발동할 이벤트

    // 생명체가 활성화될 때 상태를 리셋
    protected virtual void OnEnable() {
        // 사망하지 않은 상태로 시작
        dead = false;
        // 체력을 시작 체력으로 초기화
        health = startingHealth;
    }

    // 대미지를 입는 기능
    public virtual void OnDamage(float damage, Vector3 hitPoint, Vector3 hitNormal) {
        // 대미지만큼 체력 감소
        health -= damage;

        // 체력이 0 이하 && 아직 죽지 않았다면 사망 처리 실행
        if (health <= 0 && !dead)
        {
            Die();
        }
    }
```

```
    // 체력을 회복하는 기능
    public virtual void RestoreHealth(float newHealth) {
        if (dead)
        {
            // 이미 사망한 경우 체력을 회복할 수 없음
            return;
        }

        // 체력 추가
        health += newHealth;
    }

    // 사망 처리
    public virtual void Die() {
        // onDeath 이벤트에 등록된 메서드가 있다면 실행
        if (onDeath != null)
        {
            onDeath();
        }

        // 사망 상태를 참으로 변경
        dead = true;
    }
}
```

본격적으로 스크립트를 살펴보기 전에 LivingEntity 클래스가 IDamageable 인터페이스를 상속한다는 점에 주목합니다.

```
public class LivingEntity : MonoBehaviour, IDamageable
```

LivingEntity 클래스는 IDamageable을 상속하므로 OnDamage() 메서드를 반드시 구현해야 합니다.

16.2.2 LivingEntity의 필드

LivingEntity 클래스의 필드를 살펴봅시다.

```
public float startingHealth = 100f;
public float health { get; protected set; }
public bool dead { get; protected set; }
public event Action onDeath;
```

startingHealth는 LivingEntity가 활성화될 때 health에 할당될 기본 체력입니다.

health는 현재 체력을 나타냅니다. dead는 사망 상태를 나타냅니다. 여기서 health와 dead는 public get, protected set으로 설정된 프로퍼티입니다. protected 접근 한정자로 지정된 멤버는 클래스 외부에서는 접근 불가능하지만 자식 클래스에서는 접근 가능합니다. 따라서 health와 dead의 값을 클래스 외부에서는 변경할 수 없지만 LivingEntity를 상속하는 자식 클래스에서는 변경할 수 있습니다.

event Action OnDeath;에서 OnDeath는 사망 시 발동될 이벤트입니다. OnDeath 이벤트에는 사망 시 실행할 메서드들이 등록됩니다. OnDeath 이벤트를 사용해 LivingEntity 오브젝트가 죽었을 때 어떤 일이 발생할지 결정할 수 있습니다.

16.2.3 Action

Action 타입은 입력과 출력이 없는 메서드를 가리킬 수 있는 델리게이트^{delegate}입니다. 델리게이트는 '대리자'로 번역되며 메서드를 값으로 할당받을 수 있는 타입입니다.

Action 타입의 변수에는 void SomeFunction()처럼 입력과 출력이 없는 메서드를 등록할 수 있습니다. 등록된 메서드는 원하는 시점에 매번 실행할 수 있습니다.

청소를 원하는 시점에 '대리' 실행하는 간단한 예시를 봅시다. 다음은 마우스를 클릭할 때마다 onClean에 등록된 방청소 메서드가 실행되는 예시입니다.

```
public class Cleaner : MonoBehaviour {
    Action onClean;

    void Start() {
        onClean += CleaningRoomA;
        onClean += CleaningRoomB;
    }

    void Update() {
        if (Input.GetMouseButtonDown(0)) {
```

```
        onClean(); // CleaningRoomA()와 CleaningRoomB() 실행
    }
}

void CleaningRoomA() {
    Debug.Log("A방 청소");
}

void CleaningRoomB() {
    Debug.Log("B방 청소");
}
}
```

예시의 Start() 메서드는 onClean에 방을 청소하는 메서드를 등록합니다.

```
void Start() {
    onClean += CleaningRoomA;
    onClean += CleaningRoomB;
}
```

Action 타입의 변수에는 +=을 사용해 메서드를 등록할 수 있습니다. 이때 등록할 메서드 끝에는 괄호를 붙이지 않고 이름만 명시합니다. 괄호를 붙이면 메서드를 '등록'하는 것이 아니라 '실행'하고 그 반환값을 할당하는 것이 됩니다.

다음 코드는 CleaningRoomA()를 먼저 실행하고 그 결괏값을 onClean에 더하는 형태가 되므로 에러가 발생합니다.

```
// CleanRoomA();의 실행 결괏값을 onClean에 추가(에러)
onClean += CleaningRoomA();
```

onClean에 메서드를 등록한 후 onClean();을 실행하면 등록된 메서드가 일괄 실행됩니다.

```
void Update() {
    if (Input.GetMouseButtonDown(0)) {
        onClean(); // CleaningRoomA()와 CleaningRoomB() 실행
    }
}
```

앞의 코드는 Update() 메서드에서 마우스 왼쪽 버튼을 클릭할 때마다 onClean();을 실행합니다. onClean();이 실행되면 onClean에 등록된 CleaningRoomA()와 CleaningRoomB() 메서드가 실행되어 'A방 청소', 'B방 청소' 로그가 순서대로 출력됩니다.

16.2.4 이벤트

이벤트는 연쇄 동작을 이끌어내는 사건입니다. 이벤트 자체는 어떤 일을 실행하지 않지만 이벤트가 발생하면 이벤트를 구독하는 처리들이 연쇄적으로 실행됩니다.

이벤트를 사용하면 어떤 클래스에서 특정 사건이 일어났을 때 다른 클래스에서 그것을 감지하고 관련된 처리를 실행할 수 있습니다. 이벤트를 구현할 때는 이벤트와 이벤트에 관심이 있는 이벤트 리스너^{Event Listener}로 오브젝트를 구분합니다.

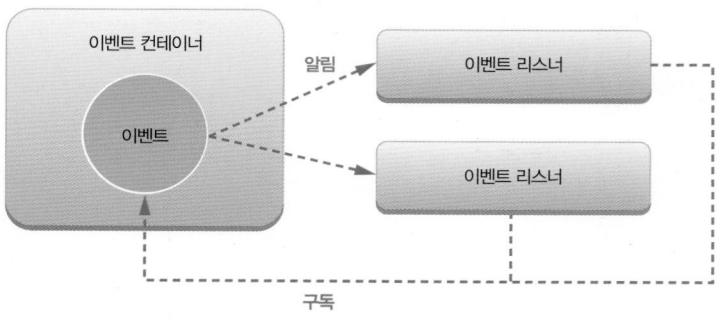

▶ 이벤트와 이벤트 리스너

C#에서 이벤트를 구현하는 대표적인 방법은 델리게이트를 클래스 외부로 공개하는 겁니다. 외부로 공개된 델리게이트는 클래스 외부의 메서드가 등록될 수 있는 명단이자 이벤트가 됩니다. 그리고 이벤트가 발동^{invoke}하면 이벤트에 등록된 메서드들이 모두 실행됩니다.

여기서 이벤트를 항상 듣고 있다가 이벤트가 발동될 때 실행되는 메서드들을 이벤트 리스너라고 합니다. 이벤트 리스너를 이벤트에 등록하는 것을 '이벤트 리스너가 이벤트를 구독한다'고 표현합니다.

이벤트는 자신을 구독하는 이벤트 리스너들이 어떤 처리를 실행하는지 상관하지 않는다는 점에 주목합니다. 이벤트는 자신의 명단에 등록된 메서드들의 내부 구현을 알지 못한 채 그들을 실행합니다.

견고한 커플링 해소

이벤트는 자신을 구독하는 메서드의 구현과 상관없이 동작하므로 '견고한 커플링' 문제를 해소합니다. 견고한 커플링은 어떤 클래스가 다른 클래스의 구현에 강하게 결합되어 코드를 유연하게 변경할 수 없는 상태입니다.

플레이어가 죽었을 때 게임 데이터를 저장하는 기능을 구현한다고 가정해봅시다.

```
public class Player : MonoBehaviour {
    public GameData gameData;

    public void Die() {
        // 실제 사망 처리...
        gameData.Save();
    }
}

public class GameData : MonoBehaviour {
    public void Save() {
        Debug.Log("게임 저장...");
    }
}
```

위 코드는 Player 클래스가 자신과 상관없는 GameData 클래스와 강하게 결합되어 있습니다.

Player 클래스는 플레이어에 관한 기능만 처리하면 되므로 GameData 클래스의 기능이 필요하지 않습니다. 하지만 GameData 클래스는 Player 클래스의 Die() 메서드에서 '사망 사건'이 일어나면 Save() 메서드를 실행해야 합니다. 따라서 Player 클래스에서 GameData 클래스에 관한 코드를 추가해야 합니다.

이 경우 GameData의 구현이 변경되면(예를 들어 Save() 메서드의 이름이 변경되는 경우) Player 클래스의 구현도 변경해야 하므로 코드를 유연하게 유지보수하기 어렵습니다.

위 예시 코드는 Player 클래스에서 onDeath라는 이벤트를 제공하는 방식으로 개선할 수 있습니다.

```
public class Player : MonoBehaviour {
    public Action onDeath;

    public void Die() {
        // 실제 사망 처리...
        onDeath();
    }
}

public class GameData : MonoBehaviour {
    void Start() {
        Player player = FindObjectOfType<Player>();
        player.onDeath += Save;
    }

    public void Save() {
        Debug.Log("게임 저장...");
    }
}
```

변경된 코드에서 Player 클래스는 GameData 타입의 오브젝트를 비롯해 자신의 사망 사건에 관심 있는 상대방 오브젝트를 파악할 필요가 없습니다. Player의 사망 사건에 관심 있는 오브젝트는 Player의 onDeath 이벤트를 구독하면 됩니다.

event

델리게이트 타입의 변수는 event 키워드를 붙여 선언할 수 있습니다. 어떤 델리게이트 변수를 event로 선언하면 클래스 외부에서는 해당 델리게이트를 실행할 수 없게 됩니다.

event를 사용하면 이벤트를 소유하지 않은 측에서 멋대로 이벤트를 발동하는 것을 막을 수 있습니다. 다음은 event를 사용해 Player 클래스 외부에서 이벤트를 실행하지 못하게 막는 예시입니다.

```
public class Player : MonoBehaviour {
    public event Action onDeath;

    public void Die() {
```

```
        // 실제 사망 처리...
        onDeath();
    }
}

public class GameData : MonoBehaviour {
    void Start() {
        Player player = FindObjectOfType<Player>();
        player.onDeath += Save;
        player.onDeath(); // 에러(Player 밖에서는 onDeath 발동 불가)
    }

    public void Save() {
        Debug.Log("게임 저장...");
    }
}
```

이것으로 LivingEntity의 필드를 모두 살펴보고 이벤트를 알아보았습니다. 이제 LivingEntity 의 메서드를 살펴보겠습니다.

16.2.5 OnEnable()

LivingEntity의 OnEnable() 메서드는 생명체의 상태를 리셋합니다. 사망 상태를 false로, 체력을 시작 체력값으로 초기화합니다. OnEnable() 메서드는 LivingEntity가 활성화될 때 실행됩니다.

```
protected virtual void OnEnable() {
    // 사망하지 않은 상태로 시작
    dead = false;
    // 체력을 시작 체력으로 초기화
    health = startingHealth;
}
```

OnEnable() 메서드는 virtual로 선언된 가상 메서드이므로 자식 클래스에서 확장할 수 있습니다. 단, 자식 클래스에서 OnEnable() 메서드를 접근 가능해야 확장 가능하므로 접근자를 private가 아닌 protected를 사용했습니다.

16.2.6 OnDamage()

OnDamage() 메서드는 외부에서 LivingEntity를 공격하는 데 사용됩니다.

```
public virtual void OnDamage(float damage, Vector3 hitPoint, Vector3 hitNormal) {
    // 대미지만큼 체력 감소
    health -= damage;

    // 체력이 0 이하 && 아직 죽지 않았다면 사망 처리 실행
    if (health <= 0 && !dead)
    {
        Die();
    }
}
```

OnDamage() 메서드는 입력으로 받은 대미지^{damage}만큼 현재 체력^{health}을 깎습니다. 그리고 현재 체력이 0보다 작거나 같고, 아직 사망한 상태가 아니라면 Die() 메서드를 실행해 사망 처리를 실행합니다.

OnDamage() 메서드는 virtual로 선언된 가상 메서드이므로 자식 클래스에서 확장할 수 있습니다.

16.2.7 RestoreHealth()

RestoreHealth()는 체력을 회복하는 메서드입니다.

```
public virtual void RestoreHealth(float newHealth) {
    if (dead)
    {
        // 이미 사망한 경우 체력을 회복할 수 없음
        return;
    }

    // 체력 추가
    health += newHealth;
}
```

RestoreHealth() 메서드는 입력받은 회복량 newHealth만큼 현재 체력 health를 증가시킵니

다. 단, 이미 죽은 상태에서는 체력을 회복할 수 없습니다. 따라서 if 문을 사용해 사망 상태에서는 체력을 회복하지 않고 곧장 메서드를 종료합니다.

RestoreHealth() 메서드는 가상 메서드이므로 자식 클래스에서 확장할 수 있습니다.

16.2.8 Die()

Die() 메서드는 LivingEntity의 죽음을 구현합니다.

```
public virtual void Die() {
    // onDeath 이벤트에 등록된 메서드가 있다면 실행
    if (onDeath != null)
    {
        onDeath();
    }

    // 사망 상태를 참으로 변경
    dead = true;
}
```

Die() 메서드는 먼저 onDeath 이벤트를 발동하여 이벤트에 등록된 메서드를 실행합니다.

```
if (onDeath != null) {
    OnDeath();
}
```

onDeath에 어떠한 메서드도 등록되어 있지 않은 경우 onDeath의 값은 null이 되며 onDeath를 발동할 수 없습니다. 따라서 if 문으로 onDeath가 null이 아님을 검사하여 메서드가 하나 이상 등록된 경우에만 onDeath 이벤트를 발동합니다.

이어서 dead를 true로 변경해 자신의 상태를 사망한 상태로 변경합니다.

```
dead = true;
```

지금까지 LivingEntity 클래스의 필드와 메서드를 모두 살펴봤습니다. 이제 LivingEntity를 확장하여 플레이어 캐릭터의 체력과 적 AI를 직접 구현하겠습니다.

16.3 플레이어 체력 UI

플레이어 캐릭터의 체력을 구현하기 전에 먼저 체력을 띄울 UI를 구현하겠습니다. 체력은 원형
슬라이더로 플레이어 캐릭터의 몸체에 표시됩니다.

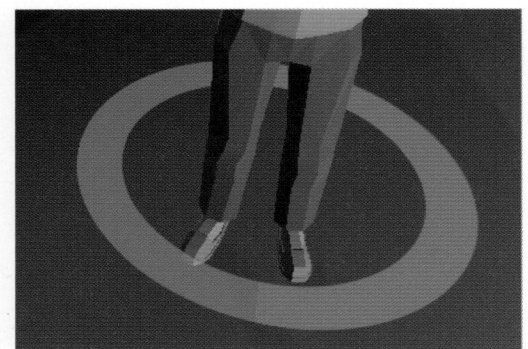

▶ 체력 슬라이더의 모습

16.3.1 UI 슬라이더 준비

먼저 체력을 표시할 UI 슬라이더를 만듭니다.

[과정 01] UI 슬라이더 만들기

① 새 **슬라이더** 게임 오브젝트 생성(**+** 〉 **UI** 〉 **Slider**)

② **하이어라키** 창에서 **Canvas** 게임 오브젝트 선택

③ **Canvas** 컴포넌트의 **Render Mode**를 World Space로 변경

④ **Canvas Scaler** 컴포넌트의 **Reference Pixels per Unit**을 **1**로 변경

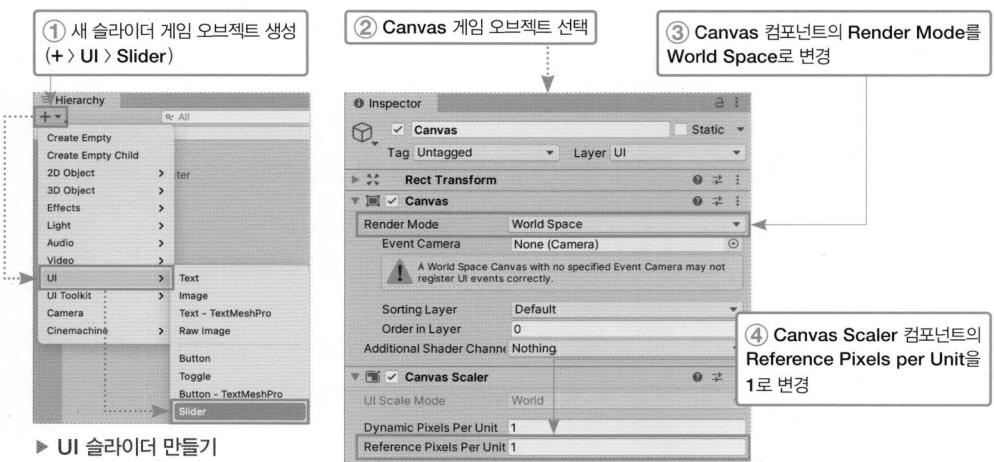

▶ UI 슬라이더 만들기

UGUI의 캔버스는 게임 화면을 기준으로 UI를 배치합니다. 하지만 체력 슬라이더는 3D 공간에서 플레이어 캐릭터를 따라다녀야 합니다. 그러므로 캔버스 컴포넌트의 렌더 모드Render Mode를 전역 공간World Space으로 변경합니다. 이 경우 캔버스와 그 위의 UI 게임 오브젝트들은 3D 게임 월드에 배치되며, 캔버스 게임 오브젝트는 일반적인 게임 오브젝트처럼 게임 월드 상의 위치, 회전, 크기를 가지게 됩니다.

그다음 변경한 '단위당 레퍼런스 픽셀Reference Pixels per Unit'은 UI 스프라이트의 픽셀 크기와 게임 월드의 유닛 크기가 대응되는 비율을 결정합니다. 이 값은 UI의 스프라이트 화질에 영향을 줍니다.

단위당 레퍼런스 픽셀이 100이라고 가정해봅시다. 이 경우 1픽셀이 100유닛에 대응되므로 1유닛당 0.01픽셀이 대응됩니다. 이 값을 1로 변경하면 1유닛에 1픽셀이 대응되므로 유닛당 픽셀 집적도가 높아지고 UI가 깔끔하게 보입니다.

이어서 캔버스를 플레이어 캐릭터 하체에 배치하고 크기를 변경합니다.

[과정 02] 캔버스의 위치와 크기 설정

① **Canvas** 게임 오브젝트를 **Player Character** 게임 오브젝트의 **자식**으로 만들기(**하이어라키** 창에서 **Canvas**를 **Player Character**로 **드래그&드롭**)
② **Canvas** 게임 오브젝트 선택
③ **Rect Transform** 컴포넌트의 **위치**를 (0, 0.3, 0), **Width**와 **Height**를 **1**로 변경
④ **Rect Transform** 컴포넌트의 **Rotation**을 (90, 0, 0)으로 변경

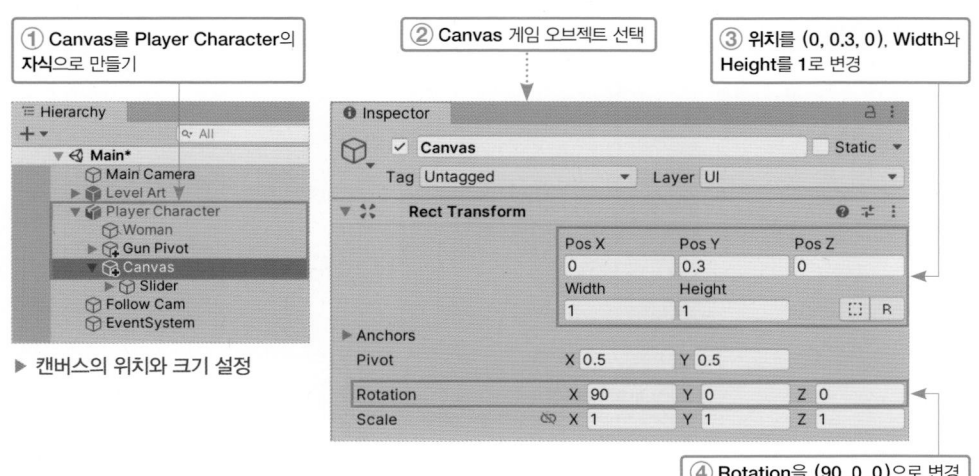

① Canvas를 Player Character의 **자식**으로 만들기

② Canvas 게임 오브젝트 선택

③ **위치**를 (0, 0.3, 0), Width와 Height를 1로 변경

④ Rotation을 (90, 0 ,0)으로 변경

▶ 캔버스의 위치와 크기 설정

이와 같이 캔버스의 위치와 크기를 변경하면 캔버스가 오른쪽 그림과 같이 캐릭터 근처에 배치됩니다.

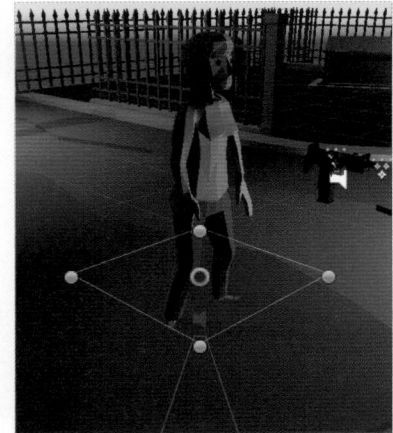

이제 변경된 캔버스 크기에 맞춰 슬라이더 크기를 변경합니다.

▶ 플레이어 캐릭터 근처에 배치된 캔버스

[과정 03] 슬라이더 크기 변경

① **하이어라키** 창에서 **Canvas** 옆의 펼치기 버튼을 **[Alt＋클릭]** → Canvas의 모든 자식 게임 오브젝트가 표시됨

② **Handle Slide Area** 게임 오브젝트를 **[Del]** 키로 삭제

③ **Slider, Background, Fill Area, Fill** 게임 오브젝트를 **모두 선택**

④ **앵커 프리셋** 클릭 〉 **[Alt]** 키를 누른 상태에서 **우측 하단**의 stretch 클릭

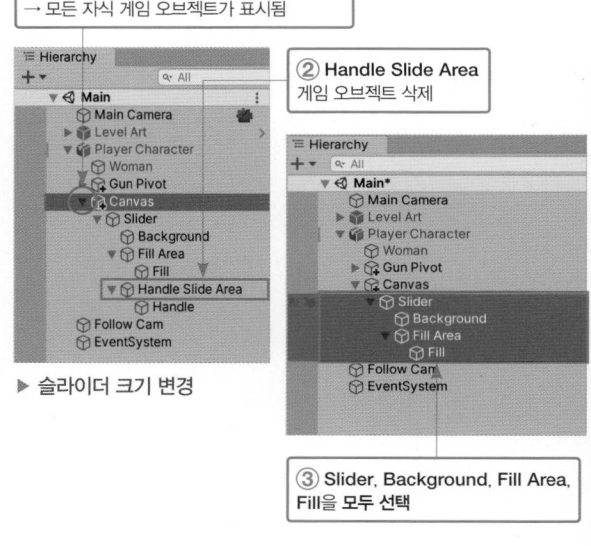

▶ 슬라이더 크기 변경

Handle Slide Area 게임 오브젝트는 슬라이더의 손잡이를 그립니다. 체력 슬라이더에는 손잡이가 필요 없기 때문에 Handle Slide Area 게임 오브젝트를 삭제했습니다. 그다음 앵커 프리셋을 사용하여 슬라이더와 슬라이더의 배경을 그리는 UI 게임 오브젝트의 크기를 캔버스의 크기에 맞춰 잡아 늘렸습니다.

이어서 슬라이더 컴포넌트의 필드를 설정합니다.

[과정 04] 슬라이더 컴포넌트 설정

① Slider 게임 오브젝트 선택 〉 게임 오브젝트의 **이름을 Health Slider**로 변경
② Slider 컴포넌트에서 **Interactable 체크 해제**
③ **Transition을 None**으로 변경
④ **Max Value**와 **Value**를 **100**으로 변경

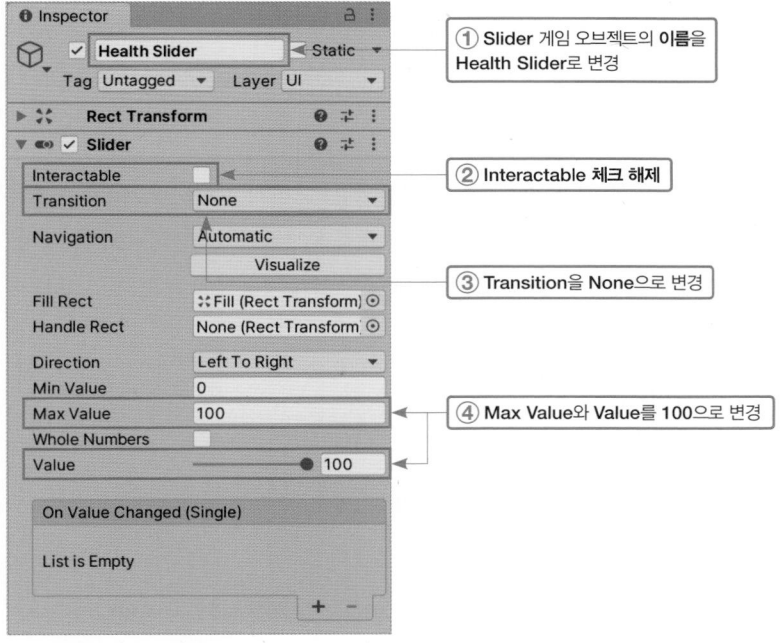

▶ 슬라이더 컴포넌트 설정

UGUI에서 상호작용이 가능한Interactable UI 컴포넌트는 상호작용이 가능한 필드를 가집니다. Interactable이 체크된 경우 사용자가 클릭이나 드래그 등을 이용해 UI 게임 오브젝트와 상호작용할 수 있습니다.

앞서 우리는 슬라이더의 손잡이를 그리는 Handle Slider Area 게임 오브젝트를 삭제했습니다. 하지만 슬라이더 손잡이를 삭제해도 사용자가 여전히 슬라이더를 클릭하고 드래그할 수 있습니다. Interactable을 체크 해제해야 사용자가 슬라이더를 움직일 수 없습니다.

전환^{Transition} 필드는 UI와 상호작용 시 일어나는 시각 피드백을 설정합니다. 예를 들어 전환이 컬러 틴트$^{Color\ Tint}$로 설정된 경우 UI 요소에 마우스를 가져다 대거나 클릭하면 색이나 투명도가 잠시 변합니다. 체력 슬라이더에는 그러한 시각 피드백이 필요 없으므로 None으로 변경했습니다.

슬라이더 컴포넌트는 최솟값$^{Min\ Value}$, 최댓값$^{Max\ Value}$, 현잿값^{Value} 필드를 가집니다. 슬라이더 컴포넌트는 최솟값과 최댓값 사이에서 현잿값이 차지하는 퍼센티지에 맞춰 슬라이더를 채웁니다. 플레이어 캐릭터의 기본 체력은 100이 될 것이므로 Max Value와 Value의 값을 100으로 변경했습니다.

16.3.2 UI 슬라이더의 그래픽 변형

이제 슬라이더의 모습을 변경하겠습니다.

슬라이더 컴포넌트는 슬라이더의 배경과 채우기 이미지를 직접 그리지 않습니다. 대신 슬라이더 컴포넌트는 Value 값에 따라 Fill Rect 필드에 할당된 게임 오브젝트의 크기를 조정합니다. 이때 Fill Rect 필드에 할당된 게임 오브젝트의 크기는 해당 게임 오브젝트의 부모 게임 오브젝트에 상대적으로 결정됩니다.

다음과 같은 상태를 가정해봅시다.

- 슬라이더 컴포넌트의 최솟값이 0, 최댓값이 100, 현잿값이 50
- 슬라이더 컴포넌트의 Fill Rect에 어떤 UI 게임 오브젝트 A가 할당됨
- 게임 오브젝트 A는 게임 오브젝트 B의 자식임

이 상태에서 슬라이더 컴포넌트는 게임 오브젝트 A의 크기를 B 크기의 50%로 줄입니다. 만약 현잿값이 100이라면 슬라이더 컴포넌트는 게임 오브젝트 A의 크기가 게임 오브젝트 B와 100% 일치하도록 늘립니다.

현재 Health Slider 게임 오브젝트의 슬라이더 컴포넌트의 Fill Rect 필드에는 Fill 게임 오브젝트가 할당되어 있습니다. 그리고 Fill 게임 오브젝트의 부모는 Fill Area 게임 오브젝트입니다.

즉, 슬라이더 컴포넌트는 Fill 게임 오브젝트의 크기를 Fill Area 게임 오브젝트에 상대적으로 잡아 늘리거나 줄임으로써 슬라이더가 줄어들거나 채워지는 것을 구현합니다.

마찬가지로 슬라이더의 배경 이미지는 Background 게임 오브젝트의 이미지 컴포넌트가 그립니다. 따라서 슬라이더의 모습을 변경하려면 Background 게임 오브젝트와 Fill 게임 오브젝트의 이미지 컴포넌트를 수정해야 합니다.

Background 게임 오브젝트와 Fill 게임 오브젝트는 Health Slider 게임 오브젝트의 자식에서 찾을 수 있다는 점에 주의하면서 다음 과정을 따라 슬라이더의 모습을 변경합니다.

[과정 01] 슬라이더 배경 이미지 변경

① **하이어라키** 창에서 **Background** 게임 오브젝트 선택
② **Image** 컴포넌트의 **Source Image**에 **Heath Circle** 스프라이트 할당(**Source Image** 옆의 **선택 버튼 클릭** > **선택** 창에서 **Health Circle** 더블 클릭)
③ **Image** 컴포넌트의 **Color** 필드 클릭 > **알파(A)를 30으로 변경**

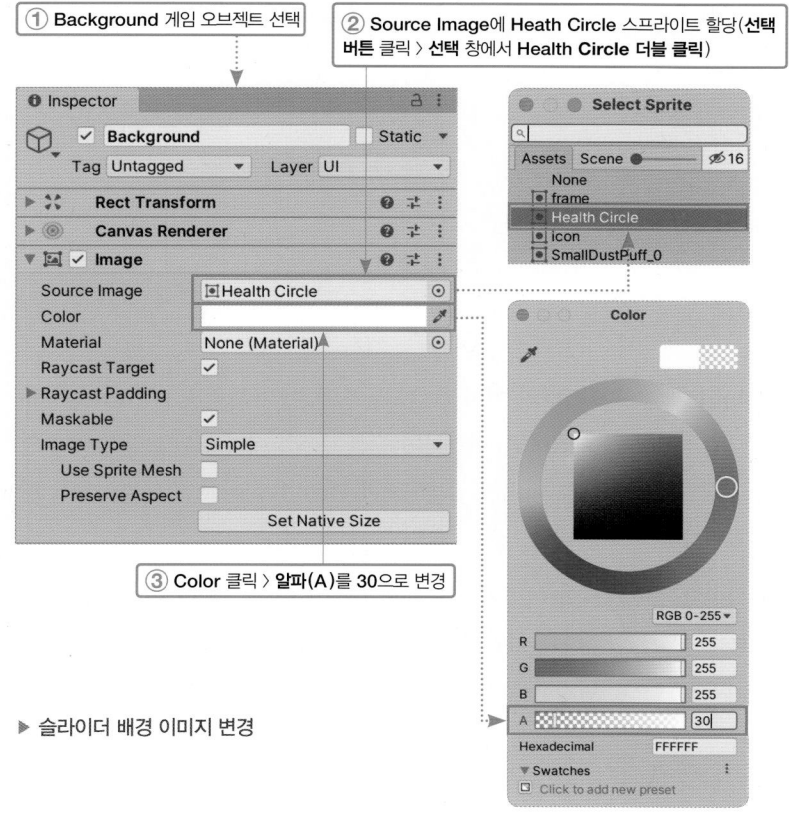

▶ 슬라이더 배경 이미지 변경

[과정 02] 슬라이더 채우기 이미지 변경

① **Fill** 게임 오브젝트 선택
② **Image** 컴포넌트의 **Source Image**에 **Health Circle** 스프라이트 할당
③ **Image** 컴포넌트의 **Color** 필드 클릭 > 컬러를 **(255, 0, 0, 150)**으로 변경
④ **Image Type**을 **Filled**로 변경

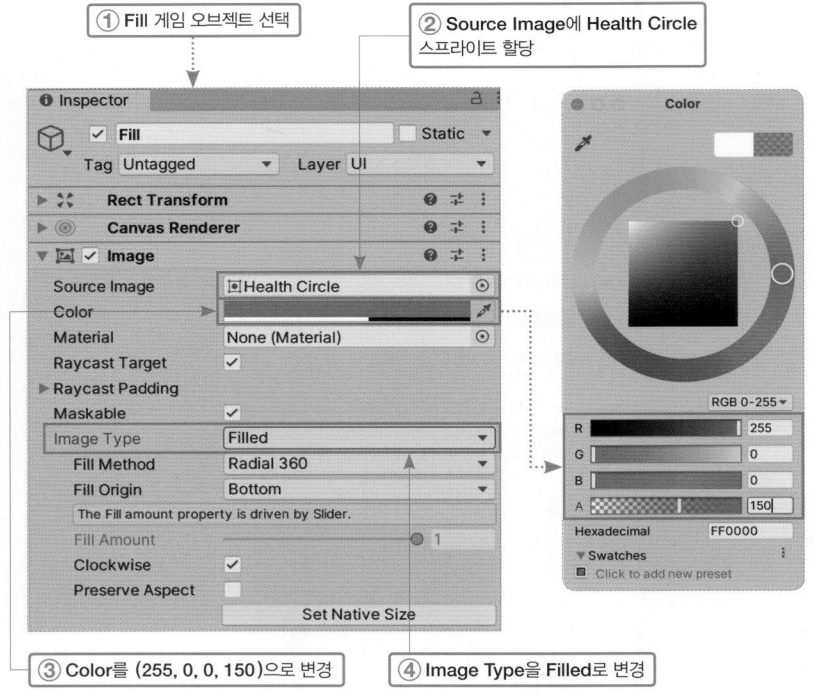

▶ 슬라이더 채우기 이미지 변경

우리는 먼저 Background 게임 오브젝트의 이미지 컴포넌트에 미리 준비된 Health Circle 스프라이트를 할당하고, 컬러 알파값을 30으로 변경하여 슬라이더의 배경을 다소 투명하게 만들었습니다. 그다음 Fill 게임 오브젝트의 이미지 컴포넌트에 Health Circle 스프라이트를 할당하고 반투명한 붉은 컬러를 할당했습니다.

Fill 게임 오브젝트의 이미지 컴포넌트의 이미지 타입Image Type이 단순Simple인 경우 슬라이더 컴포넌트는 Fill 게임 오브젝트를 단순하게 가로나 세로로 잡아 늘려서 슬라이더를 채웁니다. 우리는 이미지 타입을 채움Filled으로 변경했는데, 이 경우 Fill 게임 오브젝트가 원형으로 슬라이더를 채우게 됩니다.

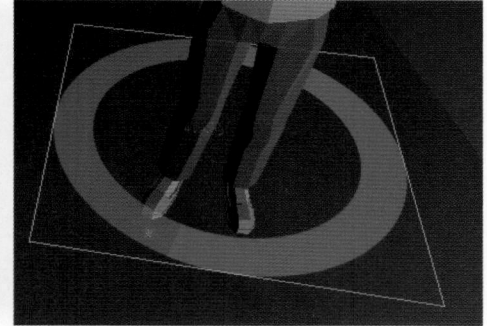

▶ 단순과 채움의 차이

이것으로 체력 UI를 완성했습니다. **[Ctrl+S]**로 씬을 저장합니다.

16.4 PlayerHealth 스크립트

LivingEntity 클래스를 확장하여 플레이어 캐릭터의 체력을 구현하는 PlayerHealth 스크립트를 구현합니다. PlayerHealth 스크립트는 다음 기능을 가져야 합니다.

- LivingEntity의 생명체 기본 기능
- 체력이 변경되면 체력 슬라이더에 반영
- 공격받으면 피격 효과음 재생
- 사망 시 플레이어의 다른 컴포넌트를 비활성화
- 사망 시 사망 효과음과 사망 애니메이션 재생
- 아이템을 감지하고 사용

16.4.1 PlayerHealth 스크립트 열기

PlayerHeath 스크립트를 플레이어 캐릭터에 추가하고 스크립트를 열겠습니다.

[과정 01] PlayerHealth 스크립트 열기

① **Scripts** 폴더의 PlayerHealth 스크립트를 **Player Character** 게임 오브젝트로 **드래그&드롭**
② PlayerHealth 스크립트를 **더블 클릭**으로 열기

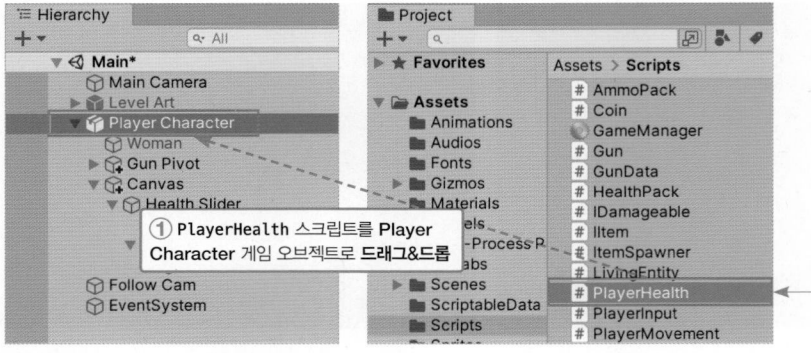

① PlayerHealth 스크립트를 Player Character 게임 오브젝트로 **드래그&드롭**

② PlayerHealth 스크립트를 **더블 클릭**으로 열기

▶ PlayerHealth 스크립트 열기

열린 PlayerHealth 스크립트는 다음과 같습니다.

```csharp
using UnityEngine;
using UnityEngine.UI; // UI 관련 코드

// 플레이어 캐릭터의 생명체로서의 동작을 담당
public class PlayerHealth : LivingEntity {
    public Slider healthSlider; // 체력을 표시할 UI 슬라이더

    public AudioClip deathClip; // 사망 소리
    public AudioClip hitClip; // 피격 소리
    public AudioClip itemPickupClip; // 아이템 습득 소리

    private AudioSource playerAudioPlayer; // 플레이어 소리 재생기
    private Animator playerAnimator; // 플레이어의 애니메이터

    private PlayerMovement playerMovement; // 플레이어 움직임 컴포넌트
    private PlayerShooter playerShooter; // 플레이어 슈터 컴포넌트

    private void Awake() {
        // 사용할 컴포넌트 가져오기
    }

    protected override void OnEnable() {
        // LivingEntity의 OnEnable() 실행(상태 초기화)
        base.OnEnable();
    }
```

```
    // 체력 회복
    public override void RestoreHealth(float newHealth) {
        // LivingEntity의 RestoreHealth() 실행(체력 증가)
        base.RestoreHealth(newHealth);
    }

    // 대미지 처리
    public override void OnDamage(float damage, Vector3 hitPoint, Vector3 hitDirection) {
        // LivingEntity의 OnDamage() 실행(대미지 적용)
        base.OnDamage(damage, hitPoint, hitDirection);
    }

    // 사망 처리
    public override void Die() {
        // LivingEntity의 Die() 실행(사망 적용)
        base.Die();
    }

    private void OnTriggerEnter(Collider other) {
        // 아이템과 충돌한 경우 해당 아이템을 사용하는 처리
    }
}
```

필드와 메서드를 살펴보기 전에 먼저 PlayerHealth 클래스의 선언부를 봅시다.

```
public class PlayerHealth : LivingEntity
```

PlayerHealth 클래스는 LivingEntity를 상속합니다. 따라서 LivingEntity 클래스의 메서드와 필드를 가집니다.

16.4.2 PlayerHealth의 필드

PlayerHealth 클래스의 필드를 봅시다.

먼저 UI 체력 슬라이더를 할당할 healthSlider가 선언되어 있습니다. healthSlider에는 16.3 절 '플레이어 체력 UI'에서 제작한 Health Slider 게임 오브젝트의 슬라이더 컴포넌트가 할당됩니다.

```
public Slider healthSlider;
```

그다음 상황에 따라 재생할 오디오 클립 변수가 선언되어 있습니다.

```
public AudioClip deathClip;
public AudioClip hitClip;
public AudioClip itemPickupClip;
```

deathClip에는 사망 시 재생할 오디오 클립, hitClip에는 공격받을 때 재생할 오디오 클립,
itemPickupClip에는 아이템을 주웠을 때 재생할 오디오 클립이 할당됩니다.

그다음 사용할 컴포넌트에 대한 변수가 선언되어 있습니다.

```
private AudioSource playerAudioPlayer;
private Animator playerAnimator;
```

playerAudioPlayer에는 오디오 소스 컴포넌트, playerAnimator에는 애니메이터 컴포넌트가
할당됩니다.

```
private PlayerMovement playerMovement;
private PlayerShooter playerShooter;
```

playerMovement와 playerShooter는 각각 Player Character 게임 오브젝트의 PlayerMovement
컴포넌트와 PlayerShooter 컴포넌트가 할당됩니다.

지금까지 선언된 필드를 모두 살펴봤습니다. 이제 PlayerHealth 스크립트의 메서드를 완성하겠
습니다.

16.4.3 Awake()

Awake() 메서드는 플레이어 게임 오브젝트에서 필요한 컴포넌트를 찾아 변수에 할당하고 수치
를 초기화합니다.

[과정 01] Awake() 메서드 완성하기

① Awake() 메서드를 다음과 같이 완성

```
private void Awake() {
    // 사용할 컴포넌트 가져오기
    playerAnimator = GetComponent<Animator>();
    playerAudioPlayer = GetComponent<AudioSource>();

    playerMovement = GetComponent<PlayerMovement>();
    playerShooter = GetComponent<PlayerShooter>();
}
```

먼저 Player Character 게임 오브젝트에서 애니메이터 컴포넌트와 오디오 소스 컴포넌트를 가져옵니다.

```
playerAnimator = GetComponent<Animator>();
playerAudioPlayer = GetComponent<AudioSource>();
```

그다음 Player Character 게임 오브젝트에서 PlayerMovement와 PlayerShooter 컴포넌트를 가져옵니다.

```
playerMovement = GetComponent<PlayerMovement>();
playerShooter = GetComponent<PlayerShooter>();
```

PlayerMovement와 PlayerShooter 컴포넌트를 PlayerHealth 스크립트에서 변수에 할당하고 관리하는 이유는 플레이어 캐릭터가 사망한 경우 플레이어 캐릭터가 움직이거나 총을 쏠 수 없도록 조작에 맞춰 동작하는 컴포넌트들을 비활성화하기 위해서입니다.

16.4.4 OnEnable()

OnEnable() 메서드에서는 PlayerHealth 컴포넌트가 활성화될 때마다 체력 상태를 리셋하는 처리를 구현합니다. LivingEntity 클래스의 OnEnable() 메서드를 오버라이드하여 구현합니다.

[과정 01] OnEnable() 메서드 완성하기

① **OnEnable()** 메서드를 다음과 같이 완성

```
protected override void OnEnable() {
    // LivingEntity의 OnEnable() 실행(상태 초기화)
    base.OnEnable();

    // 체력 슬라이더 활성화
    healthSlider.gameObject.SetActive(true);
    // 체력 슬라이더의 최댓값을 기본 체력값으로 변경
    healthSlider.maxValue = startingHealth;
    // 체력 슬라이더의 값을 현재 체력값으로 변경
    healthSlider.value = health;

    // 플레이어 조작을 받는 컴포넌트 활성화
    playerMovement.enabled = true;
    playerShooter.enabled = true;
}
```

먼저 base.OnEnable()에 의해 LivingEntity의 OnEnable() 메서드가 실행됩니다. LivingEntity의 OnEnable() 메서드는 health의 값을 startingHealth의 값으로 초기화합니다.

그다음 체력 슬라이더 게임 오브젝트를 활성화하고, 체력 슬라이더의 최댓값은 시작 체력인 staringhealth로, 체력 슬라이더의 현잿값은 현재 체력인 health로 변경합니다.

```
healthSlider.gameObject.SetActive(true);
healthSlider.maxValue = startingHealth;
healthSlider.value = health;
```

마지막으로 Player Character 게임 오브젝트의 PlayerShooter와 PlayerMovement 컴포넌트를 활성화합니다.

```
playerMovement.enabled = true;
playerShooter.enabled = true;
```

여기서 **PlayerHealth**의 **OnEnable( )** 메서드는 '부활 기능'을 염두에 둔 구현이라는 점에 주목합니다.

좀비 서바이버는 플레이어 캐릭터가 사망하면 그대로 게임오버됩니다. 따라서 현재는 **OnEnable( )**의 처리를 **Awake( )** 메서드로 옮기거나, **OnEnable( )**에서 Health Slider 게임 오브젝트와 **PlayerShooter**, **PlayerMovement** 컴포넌트를 활성화하는 처리를 삭제해도 됩니다.

굳이 **OnEnable( )** 메서드에서 활성화하지 않아도 플레이어 캐릭터의 Health Slider 게임 오브젝트와 **PlayerShooter**, **PlayerMovement** 컴포넌트는 미리 활성화된 상태이기 때문입니다.

참고로 우리는 **PlayerHealth**의 **Die( )** 메서드에서 플레이어 캐릭터가 사망할 경우 체력 슬라이더와 **PlayerShooter**, **PlayerMovement** 컴포넌트를 모두 비활성화할 겁니다.

만약 프로젝트 완성 후 사망한 플레이어 캐릭터가 부활하는 기능을 여러분이 확장 구현한다면 컴포넌트가 다시 활성화될 때마다 매번 실행되는 **OnEnable( )** 메서드는 플레이어 캐릭터가 부활하면서 비활성화된 게임 오브젝트와 컴포넌트를 다시 활성화하는 '자동 리셋' 기능을 담당하게 됩니다.

16.4.5 RestoreHealth( )

PlayerHealth 클래스의 **RestoreHealth( )** 메서드는 **LivingEntity** 클래스의 **RestoreHealth( )** 메서드를 오버라이드합니다.

생명체의 체력을 회복하는 처리는 **LivingEntity** 클래스의 **RestoreHealth( )** 메서드에 이미 구현되어 있습니다. **PlayerHealth** 클래스의 **RestoreHealth( )** 메서드에는 회복된 체력을 슬라이더에 반영하는 처리를 추가합니다(기존 회복 처리를 확장하여).

[과정 01] RestoreHealth[] 메서드 완성하기

① **RestoreHealth( )** 메서드를 다음과 같이 완성

```
public override void RestoreHealth(float newHealth) {
    // LivingEntity의 RestoreHealth() 실행(체력 증가)
    base.RestoreHealth(newHealth);
    // 갱신된 체력으로 체력 슬라이더 갱신
    healthSlider.value = health;
}
```

16.4.6 OnDamage()

PlayerHealth 클래스의 OnDamage() 메서드는 LivingEntity 클래스의 OnDamage() 메서드를 오버라이드합니다.

체력을 대미지만큼 깎고 경우에 따라 사망 처리를 실행하는 코드는 LivingEntity의 OnDamage() 메서드에 이미 구현되어 있습니다. PlayerHealth 클래스의 OnDamage() 메서드는 기존 OnDamage()의 처리에 효과음을 재생하고 체력 슬라이더를 갱신하는 처리를 덧붙입니다.

[과정 01] OnDamage() 메서드 완성하기

① OnDamage() 메서드를 다음과 같이 완성

```
public override void OnDamage(float damage, Vector3 hitPoint, Vector3 hitDirection) {
    if (!dead)
    {
        // 사망하지 않은 경우에만 효과음 재생
        playerAudioPlayer.PlayOneShot(hitClip);
    }

    // LivingEntity의 OnDamage() 실행(대미지 적용)
    base.OnDamage(damage, hitPoint, hitDirection);
    // 갱신된 체력을 체력 슬라이더에 반영
    healthSlider.value = health;
}
```

먼저 피격 사운드를 재생합니다. 단, 플레이어 캐릭터가 이미 사망한 상태에서 공격을 받았을 때 효과음이 재생되는 것을 막기 위해 if 문으로 사망하지 않은 경우에만 효과음을 재생합니다.

```
if (!dead)
{
    playerAudioPlayer.PlayOneShot(hitClip);
}
```

그다음 LivingEntity의 OnDamage() 메서드를 실행해 대미지를 적용합니다.

```
base.OnDamage(damage, hitPoint, hitDirection);
```

마지막으로 대미지가 적용되어 변경된 체력을 체력 슬라이더에 반영합니다.

```
healthSlider.value = health;
```

16.4.7 Die()

PlayerHealth 클래스의 Die() 메서드는 LivingEntity 클래스의 Die() 메서드를 오버라이드 합니다.

기본 사망 처리는 LivingEntity의 Die() 메서드에서 구현합니다. PlayerHealth 클래스의 Die() 메서드에는 기존 Die()의 처리에 사망 애니메이션과 효과음을 재생하고 체력 슬라이더 와 다른 컴포넌트들을 비활성화하는 처리를 덧붙입니다.

[과정 01] Die() 메서드 완성

① Die() 메서드를 다음과 같이 완성

```
public override void Die() {
    // LivingEntity의 Die() 실행(사망 적용)
    base.Die();

    // 체력 슬라이더 비활성화
    healthSlider.gameObject.SetActive(false);

    // 사망음 재생
    playerAudioPlayer.PlayOneShot(deathClip);
    // 애니메이터의 Die 트리거를 발동시켜 사망 애니메이션 재생
    playerAnimator.SetTrigger("Die");

    // 플레이어 조작을 받는 컴포넌트 비활성화
    playerMovement.enabled = false;
    playerShooter.enabled = false;
}
```

먼저 base.Die()를 실행하여 LivingEntity의 사망 처리를 실행한 다음, 체력 슬라이더의 게임 오브젝트를 비활성화합니다.

```
base.Die();
healthSlider.gameObject.SetActive(false);
```

그다음 오디오 소스로 사망 효과음을 재생하고 애니메이터의 Die 트리거를 발동시켜 사망 애니
메이션을 재생합니다.

```
playerAudioPlayer.PlayOneShot(deathClip);
playerAnimator.SetTrigger("Die");
```

마지막으로 Player Character 게임 오브젝트에 추가된 PlayerShooter와 PlayerMovement 컴
포넌트를 비활성화합니다. 그러면 어떤 상황에서도 플레이어 캐릭터가 움직이거나 총을 쏘지
못합니다.

```
playerMovement.enabled = false;
playerShooter.enabled = false;
```

16.4.8 OnTriggerEnter()

OnTriggerEnter() 메서드는 트리거 충돌한 상대방 게임 오브젝트가 아이템인지 판단하고 아
이템을 사용하는 처리를 구현합니다.

[과정 01] OnTriggerEnter() 메서드 완성

① OnTriggerEnter() 메서드를 다음과 같이 완성

```
private void OnTriggerEnter(Collider other) {
    // 아이템과 충돌한 경우 해당 아이템을 사용하는 처리
    // 사망하지 않은 경우에만 아이템 사용 가능
    if (!dead)
    {
        // 충돌한 상대방으로부터 IItem 컴포넌트 가져오기 시도
        IItem item = other.GetComponent<IItem>();

        // 충돌한 상대방으로부터 IItem 컴포넌트를 가져오는 데 성공했다면
        if (item != null)
```

```
        {
            // Use 메서드를 실행하여 아이템 사용
            item.Use(gameObject);
            // 아이템 습득 소리 재생
            playerAudioPlayer.PlayOneShot(itemPickupClip);
        }
    }
}
```

먼저 if (!dead)를 사용해 사망하지 않은 경우에만 아이템을 사용합니다. 즉, 이미 사망한 상
태에서 아이템을 먹어 체력이나 탄알이 상승하는 경우를 막습니다.

이어지는 if 문 블록에서는 GetComponent() 메서드로 충돌한 상대방 게임 오브젝트에서
IItem 타입의 컴포넌트를 가져오려 시도합니다(IItem 인터페이스는 15.1.1절 'C# 인터페이
스'에서 살펴봤습니다. IItem을 상속해 만든 다양한 아이템은 17.4.7절 '아이템 프리팹'에서 설
명합니다).

IItem 타입의 컴포넌트를 가져오는 데 성공했다면 해당 IItem 컴포넌트의 Use() 메서드를 실
행하여 아이템을 사용하고, 자신의 게임 오브젝트를 Use() 메서드에 아이템 사용 대상으로 입
력합니다. 그리고 오디오 소스의 PlayOneShot() 메서드로 아이템을 줍는 오디오 클립을 재생
합니다.

```
IItem item = other.GetComponent<IItem>();

if (item != null)
{
    item.Use(gameObject);
    playerAudioPlayer.PlayOneShot(itemPickupClip);
}
```

16.4.9 완성된 PlayerHealth 스크립트

지금까지 완성한 PlayerHealth 스크립트의 전체 모습은 다음과 같습니다.

```
using UnityEngine;
using UnityEngine.UI; // UI 관련 코드
```

```csharp
// 플레이어 캐릭터의 생명체로서의 동작을 담당
public class PlayerHealth : LivingEntity {
    public Slider healthSlider; // 체력을 표시할 UI 슬라이더

    public AudioClip deathClip; // 사망 소리
    public AudioClip hitClip; // 피격 소리
    public AudioClip itemPickupClip; // 아이템 습득 소리

    private AudioSource playerAudioPlayer; // 플레이어 소리 재생기
    private Animator playerAnimator; // 플레이어의 애니메이터

    private PlayerMovement playerMovement; // 플레이어 움직임 컴포넌트
    private PlayerShooter playerShooter; // 플레이어 슈터 컴포넌트

    private void Awake() {
        // 사용할 컴포넌트 가져오기
        playerAnimator = GetComponent<Animator>();
        playerAudioPlayer = GetComponent<AudioSource>();

        playerMovement = GetComponent<PlayerMovement>();
        playerShooter = GetComponent<PlayerShooter>();
    }

    protected override void OnEnable() {
        // LivingEntity의 OnEnable() 실행(상태 초기화)
        base.OnEnable();

        // 체력 슬라이더 활성화
        healthSlider.gameObject.SetActive(true);
        // 체력 슬라이더의 최댓값을 기본 체력값으로 변경
        healthSlider.maxValue = startingHealth;
        // 체력 슬라이더의 값을 현재 체력값으로 변경
        healthSlider.value = health;

        // 플레이어 조작을 받는 컴포넌트 활성화
        playerMovement.enabled = true;
        playerShooter.enabled = true;
    }

    // 체력 회복
    public override void RestoreHealth(float newHealth) {
        // LivingEntity의 RestoreHealth() 실행(체력 증가)
        base.RestoreHealth(newHealth);
```

```
        // 갱신된 체력으로 체력 슬라이더 갱신
        healthSlider.value = health;
    }

    // 대미지 처리
    public override void OnDamage(float damage, Vector3 hitPoint, Vector3 hitDirection) {
        if (!dead)
        {
            // 사망하지 않은 경우에만 효과음 재생
            playerAudioPlayer.PlayOneShot(hitClip);
        }

        // LivingEntity의 OnDamage() 실행(대미지 적용)
        base.OnDamage(damage, hitPoint, hitDirection);
        // 갱신된 체력을 체력 슬라이더에 반영
        healthSlider.value = health;
    }

    // 사망 처리
    public override void Die() {
        // LivingEntity의 Die() 실행(사망 적용)
        base.Die();

        // 체력 슬라이더 비활성화
        healthSlider.gameObject.SetActive(false);

        // 사망음 재생
        playerAudioPlayer.PlayOneShot(deathClip);
        // 애니메이터의 Die 트리거를 발동시켜 사망 애니메이션 재생
        playerAnimator.SetTrigger("Die");

        // 플레이어 조작을 받는 컴포넌트 비활성화
        playerMovement.enabled = false;
        playerShooter.enabled = false;
    }

    private void OnTriggerEnter(Collider other) {
        // 아이템과 충돌한 경우 해당 아이템을 사용하는 처리
        // 사망하지 않은 경우에만 아이템 사용 가능
        if (!dead)
        {
            // 충돌한 상대방으로부터 IItem 컴포넌트 가져오기 시도
            IItem item = other.GetComponent<IItem>();
```

```
            // 충돌한 상대방으로부터 IItem 컴포넌트를 가져오는 데 성공했다면
            if (item != null)
            {
                // Use 메서드를 실행하여 아이템 사용
                item.Use(gameObject);
                // 아이템 습득 소리 재생
                playerAudioPlayer.PlayOneShot(itemPickupClip);
            }
        }
    }
}
```

PlayerHealth를 제대로 작성했는지 확인한 뒤 [Ctrl+S]로 스크립트를 저장하고 유니티 에디터로 돌아갑니다.

16.4.10 PlayerHealth 컴포넌트 설정

이제 Player Character 게임 오브젝트에 추가된 PlayerHealth 컴포넌트의 필드를 설정합니다.

[과정 01] PlayerHealth 컴포넌트 설정

① **하이어라키** 창에서 **Player Character** 게임 오브젝트 선택
② **Player Health** 컴포넌트의 **Health Slider** 필드에 **Health Slider** 게임 오브젝트 할당
③ **Death Clip** 필드에 **Woman Die** 오디오 클립 할당
④ **Hit Clip** 필드에 **Woman Damage** 오디오 클립 할당
⑤ **Item Pickup Clip** 필드에 **Pick Up** 오디오 클립 할당

▶ PlayerHealth 컴포넌트 설정

이것으로 플레이어 캐릭터 체력을 모두 구현했습니다. 단, 플레이어 캐릭터를 노리는 적이 없어서 PlayerHealth의 동작을 아직 눈으로 확인할 수는 없습니다.

[Ctrl+S]로 씬을 저장합니다. 이제 좀비 AI를 만들기 위한 준비를 시작하겠습니다.

16.5 내비게이션 시스템과 좀비 준비

경로를 자동으로 계산하는 인공지능 좀비를 구현하기 위해 먼저 유니티 내비게이션 시스템을 살펴보고 좀비 게임 오브젝트를 준비합니다.

16.5.1 내비게이션 시스템

유니티는 한 위치에서 다른 위치로의 경로를 계산하고 실시간으로 장애물을 피하며 이동하는 인공지능을 만드는 내비게이션 Navigation 시스템을 제공합니다. 내비게이션 시스템에 사용되는 오브젝트는 크게 4가지입니다.

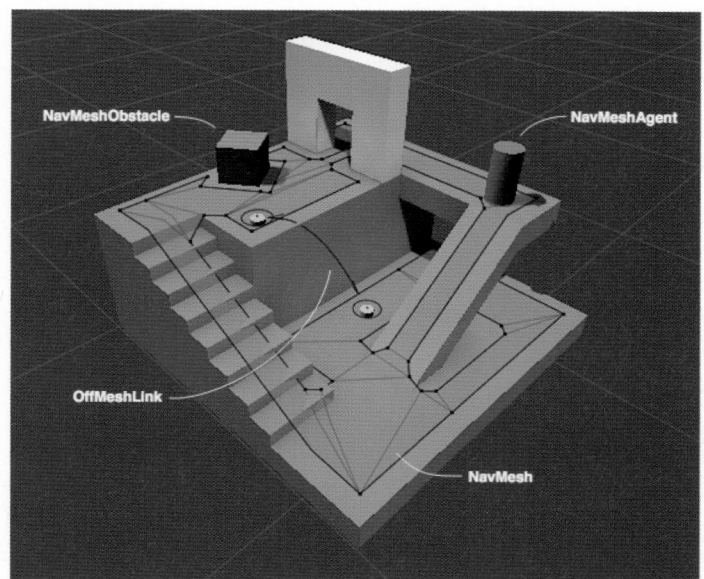

▶ 내비게이션 시스템의 구성 요소

- **내비메시(NavMesh)** : 에이전트가 걸어 다닐 수 있는 표면
- **내비메시 에이전트(NavMesh Agent)** : 내비메시 위에서 경로를 계산하고 이동하는 캐릭터 또는 컴포넌트

- **내비메시 장애물**(NavMesh Obstacle) : 에이전트의 경로를 막는 장애물
- **오프메시 링크**(Off Mesh Link) : 끊어진 내비메시 영역 사이를 잇는 연결 지점(뛰어넘을 수 있는 울타리나 타고 올라갈 수 있는 담벼락을 구현하는 데 사용)

우리는 내비메시와 내비메시 에이전트를 이용해 자동으로 플레이어 캐릭터를 추적하는 좀비 AI를 만들 겁니다.

16.5.2 내비메시 빌드

내비메시는 게임 월드에서 내비메시 에이전트가 걸어 다닐 표면입니다. 내비메시 에이전트는 내비메시 위에 있는 한 점에서 다른 점으로 경로를 계산하고 이동할 수 있습니다.

내비메시는 정적 게임 오브젝트를 대상으로 생성됩니다. 우리가 사용하는 Level 게임 오브젝트와 그 자식 게임 오브젝트는 정적 체크가 되어 있으므로 그 위에 내비메시가 생성될 수 있습니다. 내비메시는 게임 플레이 도중에 실시간으로 생성할 수 없습니다. 내비메시를 미리 구워[Bake] 생성해봅시다.

［과정 01］ 내비메시 굽기

① **내비게이션** 창 열기(Window > AI > Navigation)
② **내비게이션** 창에서 **Bake** 탭 클릭
③ **Agent Radius**를 0.4, **Agent Height**를 1.8로 변경
④ **Bake** 버튼 클릭

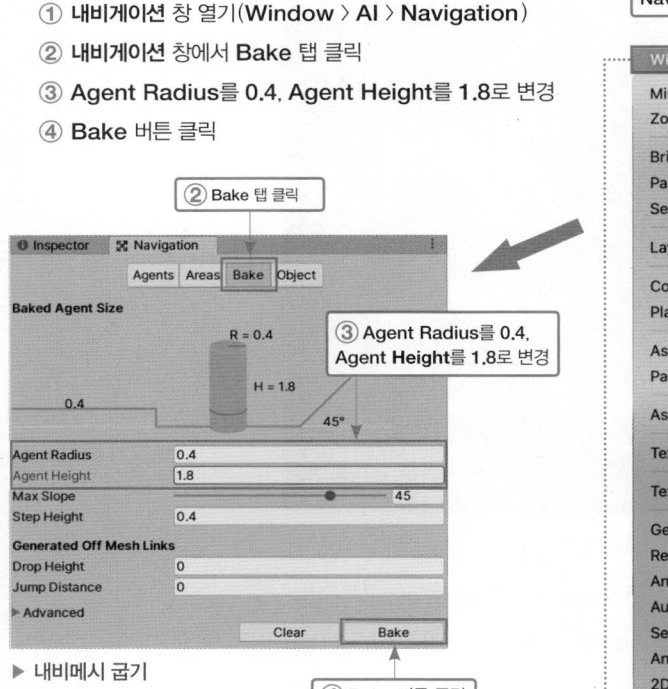

▶ 내비메시 굽기

구워진 내비메시는 씬 창에서 파란색으로 표시됩니다. 파란색으로 표시된 표면이 내비메시 에이전트가 이동 가능한 영역입니다.

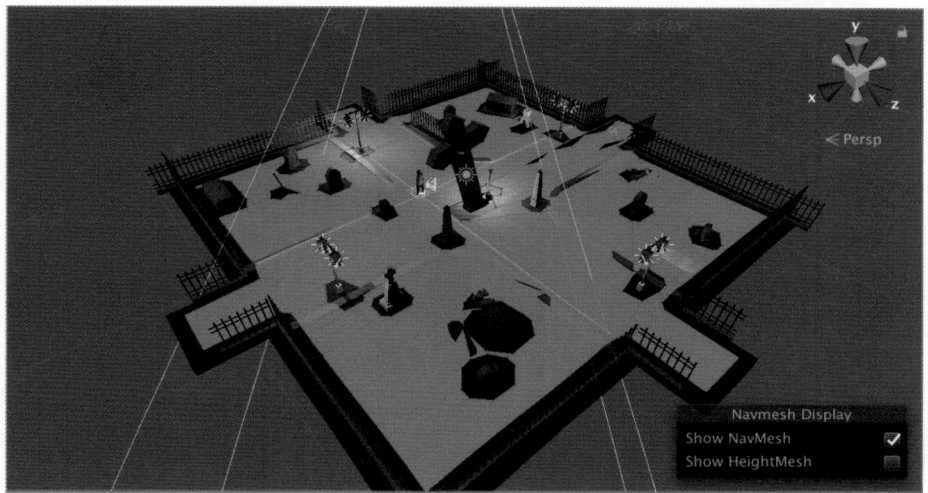

▶ 생성된 내비메시

과정 01에서 변경한 값은 구워진 에이전트의 키^{Agent Height}와 반지름^{Agent Radius}입니다. 구워진 에이전트는 씬을 돌아다니며 에이전트가 이동 가능한 영역을 측정합니다.

만약 구워진 에이전트의 키와 반지름을 늘리면 내비메시의 크기가 작게 구워지고 게임 도중 인공지능이 다닐 수 있는 영역이 좁아집니다. 반대로 키와 반지름을 줄이면 내비메시가 넓어지지만 이동해선 안 되는 너무 좁고 낮은 장소까지 에이전트가 이동할 수도 있습니다.

16.5.3 좀비 게임 오브젝트 준비

내비메시를 생성했으니 그 위를 돌아다닐 적 AI인 좀비 게임 오브젝트를 준비하겠습니다.

[과정 01] 좀비 게임 오브젝트 추가

① Models 폴더에서 Zombie 모델을 하이어라키 창으로 드래그&드롭
② 생성된 Zombie 게임 오브젝트의 위치를 (−2, 0, 0)으로 변경
③ Animator 컴포넌트의 Controller 필드에 Zombie Animator 애니메이터 컨트롤러 할당(Controller 필드 옆 선택 버튼 클릭 〉 선택 창에서 Zombie Animator 더블 클릭)
④ Animator 컴포넌트의 Apply Root Motion 체크 해제

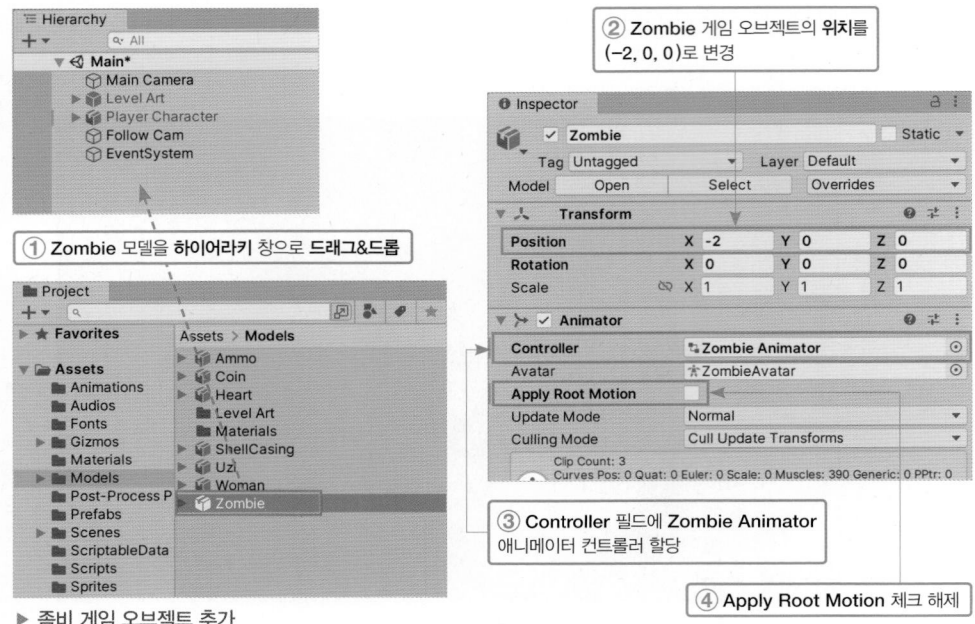

② **Zombie** 게임 오브젝트의 **위치**를 (−2, 0, 0)로 변경

① **Zombie** 모델을 하이어라키 창으로 **드래그&드롭**

③ **Controller** 필드에 **Zombie Animator** 애니메이터 컨트롤러 할당

④ **Apply Root Motion** 체크 해제

▶ 좀비 게임 오브젝트 추가

3D 좀비 모델로부터 Zombie 게임 오브젝트를 생성했습니다. 그리고 Zombie 게임 오브젝트의 애니메이터 컴포넌트에 사용할 Zombie Animator 애니메이터 컨트롤러를 할당하고, 루트 모션 사용을 해제했습니다.

Zombie Animator 애니메이터 컨트롤러 구성

Zombie 게임 오브젝트가 사용하는 Zombie Animator 애니메이터 컨트롤러는 다음과 같이 구성되어 있습니다.

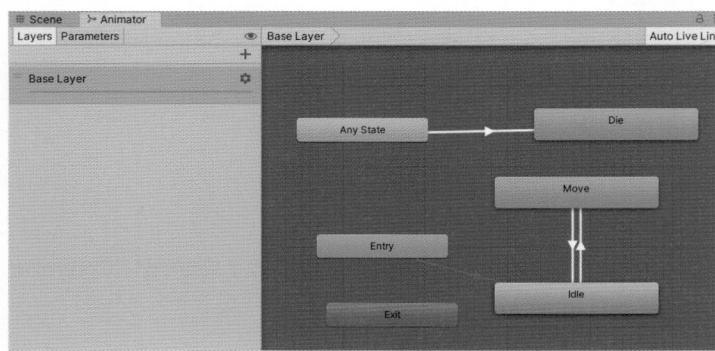

▶ **Zombie Animator** 애니메이터 컨트롤러 구성

Zombie Animator에는 세 가지 상태가 존재합니다.

- **Idle** : 가만히 서 있는 애니메이션 클립 재생
- **Move** : 뛰는 애니메이션 클립 재생
- **Die** : 사망 애니메이션 클립 재생

파라미터는 두 개입니다.

- **Die** : 트리거 타입. 사망 시 발동
- **HasTarget** : `bool` 타입. 추적 대상이 있으면 `true`, 추적 대상이 없으면 `false`

Zombie 게임 오브젝트의 애니메이터 컴포넌트가 처음 활성화될 때는 Idle 상태가 재생됩니다.

Idle → Move 전이의 조건은 HasTarget이 **true**인 경우이고, Move → Idle 전이의 조건은 HasTarget이 **false**인 경우입니다. 따라서 좀비가 추적할 대상이 있다면 Move 상태가 재생되고, 그렇지 않다면 Idle 상태가 재생됩니다.

Any State → Die 전이의 조건은 Die 트리거입니다. 따라서 어떠한 상태를 재생 중이던 상관없이 Die 트리거가 발동되면 Die 상태가 재생됩니다.

16.5.4 좀비 컴포넌트 설정

Zombie 게임 오브젝트에 필요한 컴포넌트를 추가하겠습니다. 하이어라키 창에서 Zombie 게임 오브젝트 선택하고 아래 과정을 따라 합니다.

[**과정 01**] 콜라이더 추가

① **Capsule Collider** 컴포넌트 추가(**Add Component** 〉 **Physics** 〉 **Capsule Collider**)
② **Capsule Collider** 컴포넌트의 **Center**를 (0, 0.75, 0), **Radius**를 0.2, **Height**를 1.5로 변경
③ **Box Collider** 컴포넌트 추가(**Add Component** 〉 **Physics** 〉 **Box Collider**)
④ **Box Collider** 컴포넌트의 **Is Trigger** 체크
⑤ **Box Collider** 컴포넌트의 **Center**를 (0, 1, 0.25), **Size**를 (0.5, 0.5, 0.5)로 변경

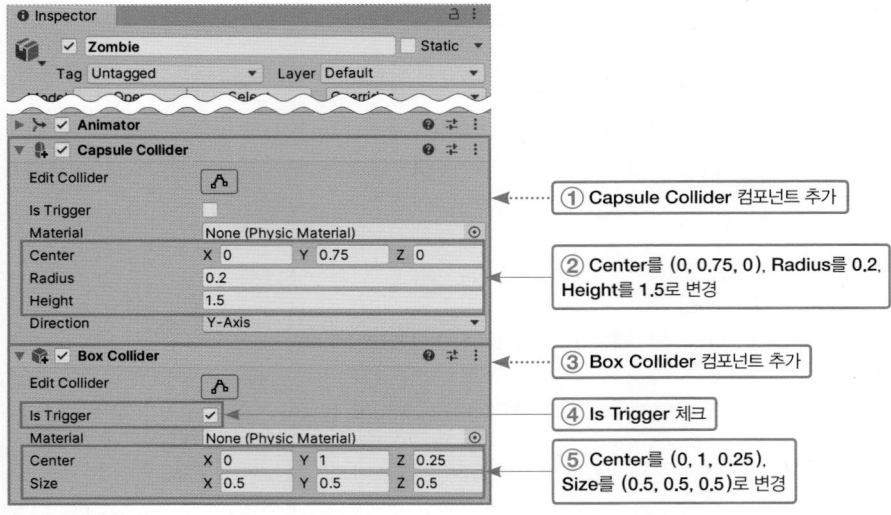

① **Capsule Collider** 컴포넌트 추가

② **Center**를 (0, 0.75, 0), **Radius**를 0.2, **Height**를 1.5로 변경

③ **Box Collider** 컴포넌트 추가

④ **Is Trigger** 체크

⑤ **Center**를 (0, 1, 0.25), **Size**를 (0.5, 0.5, 0.5)로 변경

▶ 콜라이더 추가

추가한 캡슐 콜라이더는 좀비의 물리적인 표면이 됩니다. 이어서 추가한 작은 크기의 박스 콜라이더를 트리거로 설정하여 좀비의 전면에 배치했습니다. 이 박스 콜라이더의 영역은 좀비의 공격 범위로 사용됩니다.

그다음 소리를 재생할 오디오 소스를 추가합니다.

[과정 02] 오디오 소스 추가하기

① **Audio Source** 컴포넌트 추가(**Add Component 〉 Audio 〉 Audio Source**)
② **Audio Source** 컴포넌트의 **Play On Awake** 체크 해제

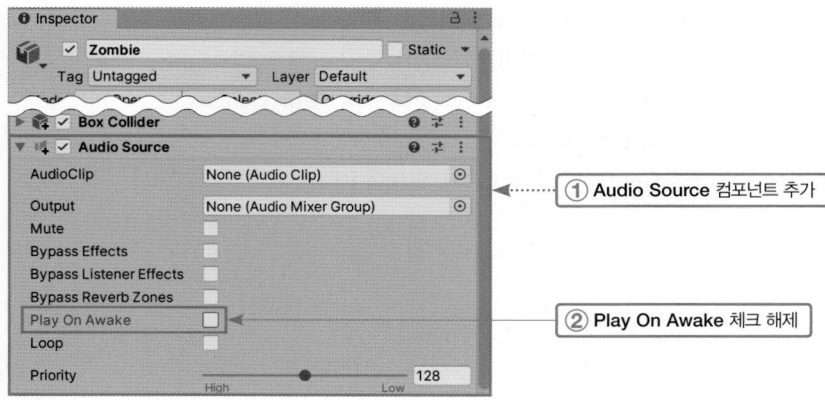

① **Audio Source** 컴포넌트 추가

② **Play On Awake** 체크 해제

▶ 오디오 소스 추가

그다음 Zombie 게임 오브젝트에 내비메시 에이전트 컴포넌트(경로 계산과 이동을 담당)와 Zombie 스크립트(내비메시 에이전트를 조종하여 좀비 AI를 구현)를 추가합니다.

[과정 03] 인공지능 추가하기

① Nav Mesh Agent 컴포넌트 추가(Add Component > Navigation > Nav Mesh Agent)
② Zombie 스크립트 추가(Scripts 폴더의 Zombie 스크립트를 Zombie 게임 오브젝트로 **드래그&드롭**)

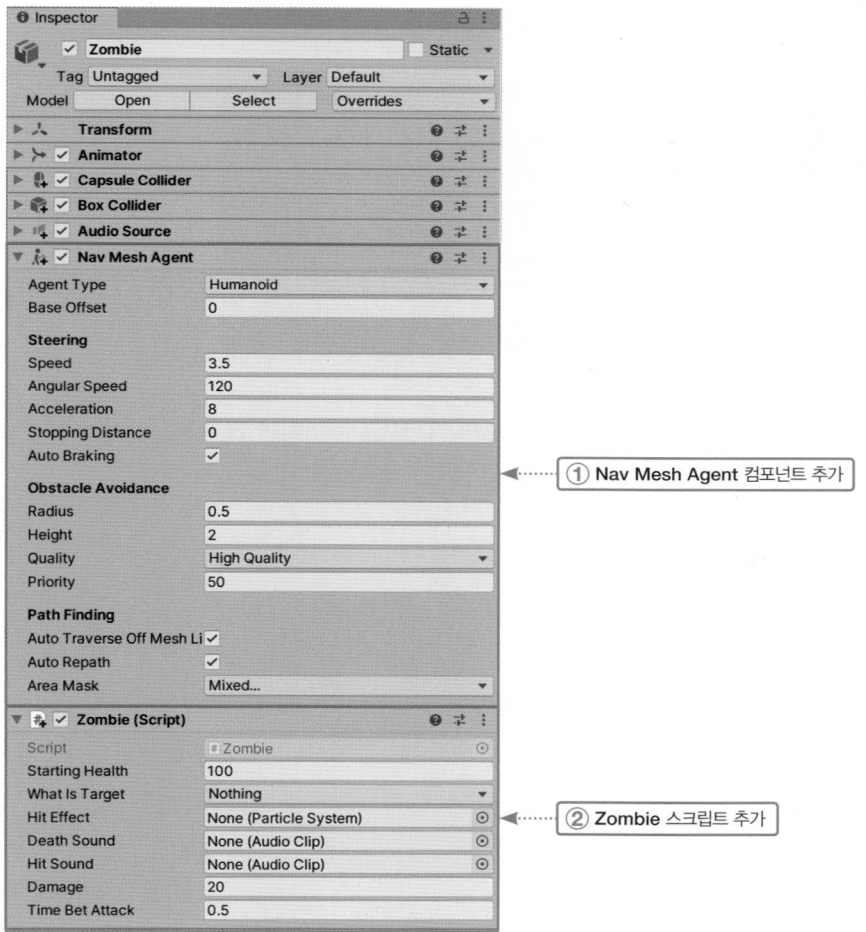

▶ 인공지능 추가

마지막으로 좀비가 총에 맞았을 때 재생할 피탄 효과를 추가하겠습니다. 피를 뿜는 효과를 재생하는 BloodSprayEffect 프리팹을 저자가 미리 Prefabs 폴더에 추가해두었습니다.

BloodSprayEffect 프리팹을 Zombie 게임 오브젝트의 자식으로 추가해서 사용합니다.

[과정 04] 피탄 효과 추가하기

① **Prefabs** 폴더의 **BloodSprayEffect** 프리팹을 **Zombie** 게임 오브젝트로 **드래그&드롭**

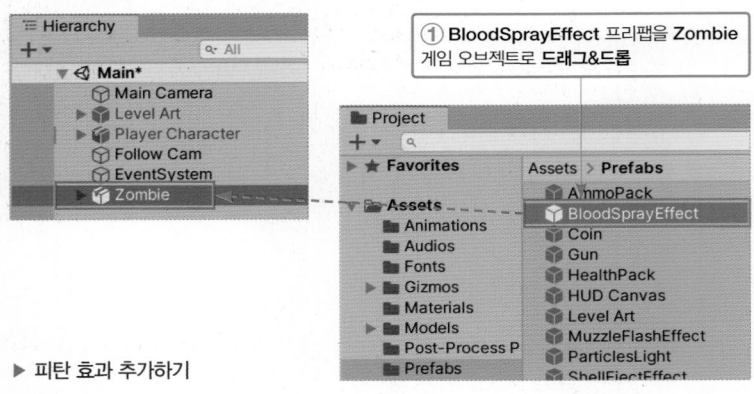

▶ 피탄 효과 추가하기

BloodSprayEffect 게임 오브젝트를 Zombie의 자식으로 추가하면 Zombie 게임 오브젝트 준비가 끝납니다. **[Ctrl+S]**로 씬을 저장합니다.

16.6 Zombie 스크립트

이제 좀비 AI 동작을 구현하는 Zombie 스크립트를 완성합니다. Zombie 스크립트는 다음과 같은 기능을 가져야 합니다.

- LivingEntity에서 제공하는 기본 생명체 기능
- 외부에서 Zombie 초기 능력치 셋업 가능
- 주기적으로 목표 위치를 찾아 경로 갱신
- 공격받았을 때 피탄 효과 재생
- 트리거 콜라이더를 이용해 감지된 상대방을 공격
- 사망 시 추적 중단
- 사망 시 사망 효과 재생

Zombie 게임 오브젝트에 추가된 Zombie 스크립트를 더블 클릭하여 엽니다. 열린 Zombie 스크립트는 다음과 같습니다.

```
using System.Collections;
using UnityEngine;
using UnityEngine.AI; // AI, 내비게이션 시스템 관련 코드 가져오기

// 좀비 AI 구현
public class Zombie : LivingEntity {
    public LayerMask whatIsTarget; // 추적 대상 레이어

    private LivingEntity targetEntity; // 추적 대상
    private NavMeshAgent navMeshAgent; // 경로 계산 AI 에이전트

    public ParticleSystem hitEffect; // 피격 시 재생할 파티클 효과
    public AudioClip deathSound; // 사망 시 재생할 소리
    public AudioClip hitSound; // 피격 시 재생할 소리

    private Animator zombieAnimator; // 애니메이터 컴포넌트
    private AudioSource zombieAudioPlayer; // 오디오 소스 컴포넌트
    private Renderer zombieRenderer; // 렌더러 컴포넌트

    public float damage = 20f; // 공격력
    public float timeBetAttack = 0.5f; // 공격 간격
    private float lastAttackTime; // 마지막 공격 시점

    // 추적할 대상이 존재하는지 알려주는 프로퍼티
    private bool hasTarget
    {
        get
        {
            // 추적할 대상이 존재하고, 대상이 사망하지 않았다면 true
            if (targetEntity != null && !targetEntity.dead)
            {
                return true;
            }

            // 그렇지 않다면 false
            return false;
        }
    }
```

```csharp
private void Awake() {
    // 초기화
}

// 좀비 AI의 초기 스펙을 결정하는 셋업 메서드
public void Setup(ZombieData zombieData) {

}

private void Start() {
    // 게임 오브젝트 활성화와 동시에 AI의 추적 루틴 시작
    StartCoroutine(UpdatePath());
}

private void Update() {
    // 추적 대상의 존재 여부에 따라 다른 애니메이션 재생
    zombieAnimator.SetBool("HasTarget", hasTarget);
}

// 주기적으로 추적할 대상의 위치를 찾아 경로 갱신
private IEnumerator UpdatePath() {
    // 살아 있는 동안 무한 루프
    while (!dead)
    {
        // 0.25초 주기로 처리 반복
        yield return new WaitForSeconds(0.25f);
    }
}

// 대미지를 입었을 때 실행할 처리
public override void OnDamage(float damage, Vector3 hitPoint, Vector3 hitNormal) {
    // LivingEntity의 OnDamage()를 실행하여 대미지 적용
    base.OnDamage(damage, hitPoint, hitNormal);
}

// 사망 처리
public override void Die() {
    // LivingEntity의 Die()를 실행하여 기본 사망 처리 실행
    base.Die();
}

private void OnTriggerStay(Collider other) {
```

```
            // 트리거 충돌한 상대방 게임 오브젝트가 추적 대상이라면 공격 실행
      }
   }
```

Zombie 클래스의 필드와 메서드를 살펴보기 전에 상단의 using 선언을 먼저 살펴봅시다. 상단의 using UnityEngine.AI;는 내비게이션 시스템 등의 유니티 인공지능 관련 클래스를 가져옵니다.

또한 Zombie 클래스의 선언부에서 Zombie는 LivingEntity 클래스를 상속합니다.

```
public class Zombie : LivingEntity
```

따라서 Zombie는 체력을 가지고 죽거나 살 수 있으며 대미지를 받을 수 있습니다.

16.6.1 Zombie의 필드

이어서 Zombie의 필드를 살펴봅시다.

가장 먼저 씬에서 추적 대상을 검색할 때 사용할 레이어 마스크(LayerMask)가 선언되어 있습니다.

```
public LayerMask whatIsTarget;
```

레이어 마스크는 특정 레이어를 가진 게임 오브젝트에 물리 또는 그래픽 처리 등을 적용시킬 때 사용합니다. 우리는 씬에서 whatIsTarget에 대응하는 레이어를 가진 게임 오브젝트를 좀비 AI가 자동으로 찾아 추적하게 만들 겁니다.

그다음 추적할 대상을 할당할 변수 targetEntity가 LivingEntity 타입으로 선언되어 있습니다.

```
private LivingEntity targetEntity;
```

추적할 대상을 LivingEntity로 다루는 이유는 AI가 생명체 대상만 추적하도록 구현하기 위해서입니다. 또한 LivingEntity 타입은 dead라는 프로퍼티를 제공하기 때문에 추적할 대상이 사망했는지 쉽게 알 수 있다는 장점이 있습니다.

그다음 NavMeshAgent 타입의 변수 navMeshAgent가 선언되어 있습니다.

```
private NavMeshAgent navMeshAgent;
```

Zombie 게임 오브젝트에 추가한 내비메시 에이전트 컴포넌트가 navMeshAgent에 할당될 것이며, navMeshAgent는 targetEntity에 할당된 생명체로 도달하는 경로를 계산하고 추적을 실행하는 데 사용됩니다.

그다음 피격 시 재생할 이펙트와 오디오에 대한 변수가 선언되어 있습니다.

```
public ParticleSystem hitEffect;
public AudioClip deathSound;
public AudioClip hitSound;
```

hitEffect에는 Zombie 게임 오브젝트의 자식으로 추가한 BloodSprayEffect 게임 오브젝트의 파티클 시스템 컴포넌트가 할당됩니다. 오디오 클립 변수인 deathSound와 hitSound에는 저자가 미리 준비해둔 좀비 사망 효과음과 좀비 피격 효과음이 할당됩니다.

그다음 사용할 Zombie 게임 오브젝트의 컴포넌트에 대한 변수가 선언되어 있습니다.

```
private Animator zombieAnimator;
private AudioSource zombieAudioPlayer;
private Renderer zombieRenderer;
```

zombieAnimator에는 Zombie 게임 오브젝트의 애니메이터 컴포넌트가 할당되며, 상황에 따라 적절한 애니메이션을 재생하는 데 사용됩니다. zombieAudioPlayer에는 Zombie 게임 오브젝트의 오디오 소스 컴포넌트가 할당되며, 상황에 따라 적절한 효과음을 재생하는 데 사용됩니다.

zombieRenderer는 좀비의 외형 색을 변경하는 데 사용되며, Zombie 게임 오브젝트의 자식 게임 오브젝트에 들어 있는 렌더러 컴포넌트가 할당됩니다. 좀비의 외형을 그리는 렌더러 컴포넌트는 Zombie 게임 오브젝트가 아니라 Zombie 게임 오브젝트의 자식 게임 오브젝트인 Zombie_Cylinder 게임 오브젝트에 추가되어 있기 때문입니다.

그다음 공격에 사용할 수치가 선언되어 있습니다.

```
public float damage = 20f;
public float timeBetAttack = 0.5f;
private float lastAttackTime;
```

damage는 공격력, timeBetAttack은 공격 사이의 시간 간격, lastAttackTime은 가장 최근에 공격을 실행한 시점입니다. 좀비 AI는 lastAttackTime에서 timeBetAttack 이상의 시간이 지나야 다음 공격을 실행할 수 있습니다.

마지막으로 추적할 대상이 존재하는지 알려주는 hasTarget 프로퍼티가 선언되어 있습니다.

```
private bool hasTarget
{
    get
    {
        if (targetEntity != null && !targetEntity.dead)
        {
            return true;
        }
        return false;
    }
}
```

hasTarget은 set 접근자가 없으므로 임의로 값을 할당할 수 없으며, 값을 읽는 것만 가능합니다. hasTarget의 get 접근자는 추적할 대상 targetEntity가 존재하고 targetEntity가 사망하지 않은 경우(targetEntity가 null이 아니고 targetEntity.dead가 false인 경우)에만 true를 반환합니다.

따라서 hasTarget으로 AI가 추적할 대상이 존재하는지 알 수 있습니다.

16.6.2 Awake()

Zombie 클래스에서 가장 먼저 실행되는 Awake() 메서드는 사용할 컴포넌트를 찾아 변수에 할당합니다.

[과정 01] Awake() 메서드 완성하기

① Awake() 메서드를 다음과 같이 완성

```
private void Awake() {
    // 게임 오브젝트로부터 사용할 컴포넌트 가져오기
    navMeshAgent = GetComponent<NavMeshAgent>();
    zombieAnimator = GetComponent<Animator>();
    zombieAudioPlayer = GetComponent<AudioSource>();

    // 렌더러 컴포넌트는 자식 게임 오브젝트에 있으므로
    // GetComponentInChildren() 메서드 사용
    zombieRenderer = GetComponentInChildren<Renderer>();
}
```

Awake() 메서드를 사용해 내비메시 에이전트, 애니메이터, 오디오 소스 컴포넌트를 게임 오브젝트에서 찾아옵니다.

그런데 좀비의 외형을 그리는 렌더러 컴포넌트는 Zombie 게임 오브젝트의 자식인 Zombie_Cylinder 게임 오브젝트에 추가되어 있습니다. 따라서 zombieRenderer에 할당할 렌더러 컴포넌트는 자식 게임 오브젝트에서 컴포넌트를 찾는 GetComponentInChildren() 메서드를 사용해 찾아옵니다.

16.6.3 Setup()

Setup() 메서드는 공격력, 체력, 이동 속도 등 좀비의 능력치를 설정합니다. Setup() 메서드는 입력으로 17장에서 살펴볼 ZombieData 오브젝트를 받습니다. ZombieData는 다음과 같은 필드를 제공해줍니다.

- float **health** : 체력
- float **damage** : 공격력
- float **speed** : 이동 속도
- Color **skinColor** : 피부색

Setup() 메서드를 Zombie 스크립트 내부에서 직접 사용하지 않는다는 점에 주목합니다. Setup() 메서드는 좀비가 스스로가 실행하는 메서드가 아닙니다. 좀비를 실시간으로 생성하는 '좀비 생성기'가 생성한 좀비의 초기 능력치를 설정하기 위해 실행하는 메서드입니다.

따라서 Setup ( ) 메서드는 public으로 지정되어 외부에서 사용할 수 있도록 공개되어 있습니다.

[과정 01] Setup ( ) 메서드 완성하기

① Setup ( ) 메서드를 다음과 같이 완성

```
public void Setup(ZombieData zombieData) {
    // 체력 설정
    startingHealth = zombieData.health;
    health = zombieData.health;
    // 공격력 설정
    damage = zombieData.damage;
    // 내비메시 에이전트의 이동 속도 설정
    navMeshAgent.speed = zombieData.speed;
    // 렌더러가 사용 중인 머티리얼의 컬러를 변경, 외형 색이 변함
    zombieRenderer.material.color = zombieData.skinColor;
}
```

먼저 입력받은 좀비 데이터의 체력과 공격력을 그대로 좀비의 체력과 공격력으로 사용합니다.

```
startingHealth = zombieData.health;

health = zombieData.health;
damage = zombieData.damage
```

그다음 인공지능이 움직이는 속도를 조정합니다. navMeshAgent에 할당된 내비메시 에이전트 컴포넌트는 이동 속도를 나타내는 speed 필드를 가지고 있습니다. speed의 값을 zombieData를 통해 입력받은 새로운 속도값인 zombieData.speed의 값으로 변경합니다.

```
navMeshAgent.speed = zombieData.speed;
```

렌더러 컴포넌트가 3D 모델의 외형을 그릴 때 사용하는 머티리얼은 material 필드를 사용해 접근할 수 있습니다. 해당 머티리얼의 기본 컬러(알베도 컬러)는 material.color로 접근합니다. 따라서 이어지는 코드는 좀비의 외형 색을 zombieData.skinColor의 색으로 변경합니다.

```
zombieRenderer.material.color = zombieData.skinColor;
```

16.6.4 Start( )와 Update( )

Start() 메서드와 Update() 메서드는 매우 간단하기 때문에 저자가 미리 작성해두었습니다. Start() 메서드는 경로 갱신을 위한 코루틴 UpdatePath()를 시작합니다.

```
private void Start() {
    // 게임 오브젝트 활성화와 동시에 AI의 추적 루틴 시작
    StartCoroutine(UpdatePath());
}
```

Update() 메서드는 애니메이터의 HasTarget 파라미터에 hasTarget 프로퍼티의 값을 할당하여 추적 대상의 존재 여부에 따라 알맞은 애니메이션이 재생되도록 합니다.

```
private void Update() {
    // 추적 대상의 존재 여부에 따라 다른 애니메이션을 재생
    zombieAnimator.SetBool("HasTarget", hasTarget);
}
```

16.6.5 UpdatePath( )

UpdatePath()는 추적할 대상의 갱신된 위치를 일정 주기로 파악하고, 인공지능의 목적지를 재설정하는 코루틴 메서드입니다.

지속적인 경로 갱신을 위해 UpdatePath()는 AI 스스로가 살아 있고, 추적할 대상이 존재하는 동안 영원히 실행되어야 합니다. 따라서 UpdatePath()는 무한 루프를 사용한 코루틴 메서드로 구현합니다.

일반적으로 무한 루프는 컴퓨터 자원을 과도하게 사용하여 프로그램을 망가뜨립니다. 하지만 코루틴을 사용하면 루프 회차 사이에 적절한 휴식 시간을 삽입하여 에러 없는 무한 루프를 구현할 수 있습니다.

[과정 01] UpdatePath[ ] 메서드 완성하기

① UpdatePath( ) 메서드를 다음과 같이 완성

```
// 추적할 대상의 위치를 주기적으로 찾아 경로 갱신
private IEnumerator UpdatePath() {
    // 살아 있는 동안 무한 루프
    while (!dead)
    {
        if (hasTarget)
        {
            // 추적 대상 존재 : 경로를 갱신하고 AI 이동을 계속 진행
            navMeshAgent.isStopped = false;
            navMeshAgent.SetDestination(
                targetEntity.transform.position);
        }
        else
        {
            // 추적 대상 없음 : AI 이동 중지
            navMeshAgent.isStopped = true;

            // 20유닛의 반지름을 가진 가상의 구를 그렸을 때 구와 겹치는 모든 콜라이더를 가져옴
            // 단, whatIsTarget 레이어를 가진 콜라이더만 가져오도록 필터링
            Collider[] colliders =
                Physics.OverlapSphere(transform.position, 20f, whatIsTarget);

            // 모든 콜라이더를 순회하면서 살아 있는 LivingEntity 찾기
            for (int i = 0; i < colliders.Length; i++)
            {
                // 콜라이더로부터 LivingEntity 컴포넌트 가져오기
                LivingEntity livingEntity = colliders[i].GetComponent<LivingEntity>();

                // LivingEntity 컴포넌트가 존재하며, 해당 LivingEntity가 살아 있다면
                if (livingEntity != null && !livingEntity.dead)
                {
                    // 추적 대상을 해당 LivingEntity로 설정
                    targetEntity = livingEntity;

                    // for 문 루프 즉시 정지
                    break;
                }
            }
        }
```

```
        // 0.25초 주기로 처리 반복
        yield return new WaitForSeconds(0.25f);
    }
}
```

가장 먼저 while (!dead)로 AI 자신이 사망하지 않은 동안 처리를 영원히 반복하여 실행하고 있는 것을 알 수 있습니다. 이어지는 while 문 블록 내부에서는 추적 대상의 존재 여부를 hasTarget 프로퍼티로 체크하고, 추적 대상의 존재 여부에 따라 서로 다른 처리를 실행합니다.

만약 hasTarget이 true인 경우 추적 대상이 존재하므로 추적 및 이동을 계속 진행합니다.

```
if (hasTarget)
{
    navMeshAgent.isStopped = false;
    navMeshAgent.SetDestination(targetEntity.transform.position);
}
```

내비메시 에이전트 컴포넌트는 이동 중단 여부를 나타내는 isStopped 필드와 목표 위치를 입력받아 이동 경로를 갱신하는 SetDestination() 메서드를 가지고 있습니다. isStopped를 false로 변경하여 이동을 계속 진행하며, SetDestination() 메서드를 실행하고 추적 대상의 위치를 입력하여 경로를 갱신합니다.

반대로 hasTarget이 false라면 추적할 대상이 없으므로 내비메시 에이전트 컴포넌트의 isStopped의 값을 true를 변경하여 추적과 이동을 중단합니다.

```
else
{
    navMeshAgent.isStopped = true;

    Collider[] colliders =
        Physics.OverlapSphere(transform.position, 20f, whatIsTarget);

    for (int i = 0; i < colliders.Length; i++)
    {
        LivingEntity livingEntity = colliders[i].GetComponent<LivingEntity>();

        if (livingEntity != null && !livingEntity.dead)
```

```
            {
                targetEntity = livingEntity;

                break;
            }
        }
    }
}
```

그다음 자신의 위치에서 화면에 보이지 않는 반지름 20유닛의 가상의 구를 그리고, 구와 겹치는 모든 콜라이더를 찾아 배열로 가져옵니다.

```
Collider[] colliders = Physics.OverlapSphere(transform.position, 20f, whatIsTarget);
```

여기서 사용된 Physics.OverlapSphere() 메서드는 중심 위치와 반지름을 입력받아 가상의 구를 그리고, 구에 겹치는 모든 콜라이더를 반환합니다. 그런데 아무런 필터링 없이 OverlapSphere() 메서드를 실행하면 성능을 낭비하게 되므로 세 번째 값으로 레이어 마스크를 입력하여 특정 레이어만 감지하게 할 수 있습니다.

즉, 위에서 실행된 Physics.OverlapSphere() 메서드는

- 자신의 위치 transform.position에서 반지름 20f 유닛의 가상의 구를 그리고
- 추적 대상인 레이어 마스크 whatIsTarget에 대응하는 레이어를 가진 콜라이더에 한해서
- 구와 겹치는 모든 콜라이더를 배열로 가져옵니다.

그렇게 콜라이더 배열을 colliders로 가져온 다음 모든 콜라이더를 순회하면서 해당 콜라이더를 가진 게임 오브젝트가 살아 있는 LivingEntity인지 체크합니다.

```
// 모든 콜라이더를 순회하면서 살아 있는 LivingEntity 찾기
for (int i = 0; i < colliders.Length; i++)
{
    // 콜라이더로부터 LivingEntity 컴포넌트 가져오기
    LivingEntity livingEntity = colliders[i].GetComponent<LivingEntity>();

    // LivingEntity 컴포넌트가 존재하며 해당 LivingEntity가 살아 있다면
    if (livingEntity != null && !livingEntity.dead)
    {
```

```
            // 추적 대상을 해당 LivingEntity로 설정
            targetEntity = livingEntity;

            // for 문 루프 즉시 정지
            break;
        }
    }
```

만약 살아 있는 `LivingEntity`를 찾았다면 해당 `LivintEntity`를 추적 대상 `targetEntity`로 삼습니다. 그리고 `break;`로 for 문 루프를 곧장 종료합니다.

이것으로 추적 대상이 사망하거나 사라진 경우 좀비 AI는 자동으로 새로운 추적 대상을 찾게 됩니다. 만약 새로운 추적 대상을 찾는 데 성공했다면 `hasTarget`이 `true`가 되므로 while 문의 다음번 루프 회차에서는 `navMeshAgent.isStopped = false;`가 실행되어 인공지능 추적이 재시작됩니다.

`if` 또는 `else` 블록의 모든 처리가 끝난 다음에는 마지막으로 while 문의 다음 루프 회차가 실행되기 전 `yield` 문을 사용하여 0.25초 동안 처리를 쉽니다. 즉, while 문 내부의 경로 갱신 코드는 좀비 AI가 살아 있는 동안 0.25초마다 반복 실행됩니다.

```
yield return new WaitForSeconds(0.25f);
```

16.6.6 OnDamage()

OnDamage() 메서드는 공격받았을 때 실행할 처리를 구현합니다.

대미지를 적용하는 처리는 부모 클래스 `LivingEntity`의 OnDamage() 메서드에 구현된 것을 그대로 사용합니다. `Zombie` 스크립트에서는 기존 OnDamage() 메서드에 파티클 효과와 효과음 재생을 추가합니다.

[과정 01] OnDamage() 메서드 완성

① **OnDamage()** 메서드를 다음과 같이 완성

```
public override void OnDamage(float damage, Vector3 hitPoint, Vector3 hitNormal) {
    // 아직 사망하지 않은 경우에만 피격 효과 재생
    if (!dead)
```

```
    {
        // 공격받은 지점과 방향으로 파티클 효과 재생
        hitEffect.transform.position = hitPoint;
        hitEffect.transform.rotation = Quaternion.LookRotation(hitNormal);
        hitEffect.Play();

        // 피격 효과음 재생
        zombieAudioPlayer.PlayOneShot(hitSound);
    }

    // LivingEntity의 OnDamage()를 실행하여 대미지 적용
    base.OnDamage(damage, hitPoint, hitNormal);
}
```

먼저 피격 파티클 효과와 피격 효과음을 재생합니다. 단 if (!dead)를 이용해 사망하지 않은 경우에만 파티클 효과와 효과음을 재생합니다.

```
if (!dead)
{
    hitEffect.transform.position = hitPoint;
    hitEffect.transform.rotation = Quaternion.LookRotation(hitNormal);
    hitEffect.Play();

    zombieAudioPlayer.PlayOneShot(hitSound);
}
```

우리는 파티클 효과를 재생하기 전에 파티클 효과의 위치와 회전을 다음 값으로 변경해야 합니다.

- **위치** : 공격받은 지점(피격 위치)
- **회전** : 공격이 날아온 방향을 바라보는 방향(피격 방향)

이때 필요한 피격 위치와 피격 방향은 OnDamage() 메서드의 입력인 hitPoint와 hitNoraml로 제공됩니다. 아래 코드는 파티클 효과의 위치를 피격 위치로 옮기고, 파티클 효과의 회전을 피격 방향을 바라보도록 수정한 다음 파티클 효과를 재생합니다.

```
hitEffect.transform.position = hitPoint;
hitEffect.transform.rotation = Quaternion.LookRotation(hitNormal);
hitEffect.Play();
```

여기서 사용된 Quaternion.LookRotation() 메서드는 방향벡터를 입력받아 해당 방향을 바라보는 쿼터니언 회전값을 반환합니다. 파티클 효과를 재생한 다음에는 오디오 소스 컴포넌트를 사용해 hitSound에 할당된 피격 효과음을 재생했습니다.

```
zombieAudioPlayer.PlayOneShot(hitSound);
```

파티클 효과와 효과음 재생이 끝나면 마지막으로 LivingEntity 클래스의 OnDamage() 메서드를 실행해 대미지를 실제로 적용합니다.

```
base.OnDamage(damage, hitPoint, hitNormal);
```

16.6.7 Die()

Die() 메서드는 사망 처리를 구현합니다.

기본적인 사망 처리는 LivingEntity의 Die() 메서드에 구현된 것을 그대로 사용합니다. Zombie 스크립트는 기존 Die() 메서드에 내비메시 에이전트를 비활성화하고 애니메이션과 효과음을 재생하는 처리를 덧붙입니다.

[과정 이] Die() 메서드 완성

① Die() 메서드를 다음과 같이 완성

```
public override void Die() {
    // LivingEntity의 Die()를 실행하여 기본 사망 처리 실행
    base.Die();

    // 다른 AI를 방해하지 않도록 자신의 모든 콜라이더를 비활성화
    Collider[] zombieColliders = GetComponents<Collider>();
    for (int i = 0; i < zombieColliders.Length; i++)
    {
        zombieColliders[i].enabled = false;
    }

    // AI 추적을 중지하고 내비메시 컴포넌트 비활성화
    navMeshAgent.isStopped = true;
```

```
    nevMeshAgent.enabled = false;

    // 사망 애니메이션 재생
    zombieAnimator.SetTrigger("Die");
    // 사망 효과음 재생
    zombieAudioPlayer.PlayOneShot(deathSound);
}
```

가장 먼저 base.Die();를 실행하여 기본 사망 처리를 실행합니다.

그다음 자신의 게임 오브젝트에 추가된 모든 콜라이더 컴포넌트를 찾아 비활성화합니다. 사망한 좀비 AI의 시체에 남은 콜라이더가 다른 AI와 플레이어 캐릭터의 이동을 방해할 수 있기 때문입니다.

```
Collider[] zombieColliders = GetComponents<Collider>();
for (int i = 0; i < zombieColliders.Length; i++)
{
    zombieColliders[i].enabled = false;
}
```

여기서 GetComponent() 메서드가 아니라 GetComponents() 메서드를 사용했다는 점에 주목합니다. Zombie 게임 오브젝트에 두 개의 콜라이더를 사용했기 때문에 GetComponents() 메서드를 사용했습니다. GetComponents() 메서드는 자신의 게임 오브젝트에서 주어진 타입의 모든 컴포넌트를 찾아 배열로 반환합니다.

그다음 사망한 좀비 AI가 더 이상 목표물을 향해 움직이지 않도록 내비메시 에이전트의 이동을 중단합니다.

```
navMeshAgent.isStopped = true;
navMeshAgent.enabled = false;
```

여기서 navMeshAgent.isStopped = true;를 실행하는 것만으로 내비메시 에이전트가 이동을 중지합니다. navMeshAgent.enabled = false;까지 사용하여 내비메시 에이전트 컴포넌트를 완전히 비활성화한 이유는 내비메시 에이전트들은 서로를 방해하지 않도록 경로를 계산하기 때문입니다.

사망해서 정지한 좀비 AI의 내비메시 에이전트 컴포넌트를 비활성화하지 않으면 다른 좀비 AI가 사망한 좀비 AI의 시체를 넘어가지 못하고 피해 다니므로 경로를 방해하게 됩니다.

그다음 Die() 메서드 마지막 부분에서는 애니메이터와 오디오 소스를 사용해 사망 애니메이션과 사망 효과음을 재생합니다.

```
zombieAnimator.SetTrigger("Die");
zombieAudioPlayer.PlayOneShot(deathSound);
```

16.6.8 OnTriggerStay()

OnTriggerStay() 메서드는 충돌한 상대방 게임 오브젝트가 자신이 공격하려는 대상이 맞는지 체크하고, 맞다면 상대방을 공격합니다.

OnTriggerStay() 메서드는 트리거 충돌이 일어나고 있는 동안 물리 갱신 주기(기본값 0.02초)에 맞춰 지속적으로 실행됩니다. 즉, 우리가 Zombie 게임 오브젝트에 트리거 설정하여 추가한 박스 콜라이더와 콜라이더를 가진 다른 게임 오브젝트와 겹치는 동안 OnTriggerStay() 메서드가 지속적으로 실행됩니다.

[과정 01] OnTriggerStay() 메서드 완성

① OnTriggerStay() 메서드를 다음과 같이 완성

```
private void OnTriggerStay(Collider other) {
    // 자신이 사망하지 않았으며,
    // 최근 공격 시점에서 timeBetAttack 이상 시간이 지났다면 공격 가능
    if (!dead && Time.time >= lastAttackTime + timeBetAttack)
    {
        // 상대방의 LivingEntity 타입 가져오기 시도
        LivingEntity attackTarget = other.GetComponent<LivingEntity>();

        // 상대방의 LivingEntity가 자신의 추적 대상이라면 공격 실행
        if (attackTarget != null && attackTarget == targetEntity)
        {
            // 최근 공격 시간 갱신
            lastAttackTime = Time.time;
```

```
        // 상대방의 피격 위치와 피격 방향을 근삿값으로 계산
        Vector3 hitPoint = other.ClosestPoint(transform.position);
        Vector3 hitNormal = transform.position - other.transform.position;

        // 공격 실행
        attackTarget.OnDamage(damage, hitPoint, hitNormal);
    }
  }
}
```

먼저 if 문으로 현재 상태가 공격 가능한 상태인지 검사합니다.

```
if (!dead && Time.time >= lastAttackTime + timeBetAttack)
```

여기서 검사하는 조건은 다음과 같습니다.

- !dead : 사망 상태가 아님
- Time.time >= lastAttackTime + timeBetAttack : 최근 공격 시점에서 공격 주기 이상의 시간이 흐름

공격 가능 조건을 만족하면 첫 if 문 블록이 실행됩니다. 첫 if 문 블록에서는 충돌한 상대방 게임 오브젝트에서 LivingEntity 컴포넌트를 가져와 attackTarget에 할당합니다.

```
LivingEntity attackTarget = other.GetComponent<LivingEntity>();
```

만약 상대방 게임 오브젝트가 LivingEntity 타입의 컴포넌트를 가지고 있다면 해당 컴포넌트가 attackTarget에 성공적으로 할당됩니다.

이어지는 두 번째 if 문에서는 attackTarget에 LivingEntity 타입이 할당되었는지, attackTarget이 자신의 추적 대상 targetEntity와 일치하는지 검사합니다.

```
if (attackTarget != null && attackTarget == targetEntity)
{
    lastAttackTime = Time.time;

    Vector3 hitPoint = other.ClosestPoint(transform.position);
```

```
        Vector3 hitNormal = transform.position - other.transform.position;

        attackTarget.OnDamage(damage, hitPoint, hitNormal);
    }
```

만약 attackTarget에 할당된 LivingEntity 컴포넌트가 추적 대상인 targetEntity가 맞다면 공격을 실행합니다. 먼저 lastAttackTime = Time.time;으로 최근 공격 실행 시점을 현재 시점으로 갱신하고, attackTarget의 OnDamage() 메서드를 실행하여 attackTarget을 공격합니다.

OnDamage() 메서드에는 상대방이 공격받을 위치와 공격받을 (표면의) 방향을 입력받습니다. 여기서 우리는 공격받을 위치 hitPoint와 공격받을 방향 hitNormal의 값을 근삿값으로 측정 했습니다. 단순히 트리거 콜라이더와 다른 콜라이더가 겹쳤는지로 공격 대상을 감지했기 때문에 레이 캐스트를 사용한 총과 달리 구체적인 타격 위치와 방향이 존재하지 않기 때문입니다.

콜라이더 컴포넌트의 ClosestPoint() 메서드는 콜라이더 표면 위의 점 중 특정 위치와 가장 가까운 점을 반환합니다. 따라서 다음 코드는 상대방 콜라이더 표면에서 자신의 위치와 가장 가까운 점의 위치를 찾아 hitPoint로 사용합니다.

```
    Vector3 hitPoint = other.ClosestPoint(transform.position);
```

hitNormal의 값은 공격 대상 위치에서 자신의 위치로 향하는 방향을 할당했습니다. 공격 대상 위치에서 자신의 위치로 향하는 방향은 자신의 위치에서 공격 대상의 위치를 빼면 됩니다.

```
    Vector3 hitNormal = transform.position - other.transform.position;
```

hitPoint, hitNormal의 값을 계산한 다음에는 attackTarget의 OnDamage() 메서드를 실행하고 damage, hitPoint, hitTarget을 입력하여 공격을 실제로 실행합니다.

```
    attackTarget.OnDamage(damage, hitPoint, hitNoraml);
```

16.6.9 완성된 Zombie 스크립트

이것으로 Zombie 스크립트를 완성했습니다. 완성된 전체 Zombie 스크립트는 다음과 같습니다.

```csharp
using System.Collections;
using UnityEngine;
using UnityEngine.AI; // AI, 내비게이션 시스템 관련 코드 가져오기

// 좀비 AI 구현
public class Zombie : LivingEntity {
    public LayerMask whatIsTarget; // 추적 대상 레이어

    private LivingEntity targetEntity; // 추적 대상
    private NavMeshAgent navMeshAgent; // 경로 계산 AI 에이전트

    public ParticleSystem hitEffect; // 피격 시 재생할 파티클 효과
    public AudioClip deathSound; // 사망 시 재생할 소리
    public AudioClip hitSound; // 피격 시 재생할 소리

    private Animator zombieAnimator; // 애니메이터 컴포넌트
    private AudioSource zombieAudioPlayer; // 오디오 소스 컴포넌트
    private Renderer zombieRenderer; // 렌더러 컴포넌트

    public float damage = 20f; // 공격력
    public float timeBetAttack = 0.5f; // 공격 간격
    private float lastAttackTime; // 마지막 공격 시점

    // 추적할 대상이 존재하는지 알려주는 프로퍼티
    private bool hasTarget
    {
        get
        {
            // 추적할 대상이 존재하고, 대상이 사망하지 않았다면 true
            if (targetEntity != null && !targetEntity.dead)
            {
                return true;
            }

            // 그렇지 않다면 false
            return false;
        }
    }

    private void Awake() {
```

```csharp
        // 게임 오브젝트에서 사용할 컴포넌트 가져오기
        navMeshAgent = GetComponent<NavMeshAgent>();
        zombieAnimator = GetComponent<Animator>();
        zombieAudioPlayer = GetComponent<AudioSource>();

        // 렌더러 컴포넌트는 자식 게임 오브젝트에 있으므로
        // GetComponentInChildren() 메서드 사용
        zombieRenderer = GetComponentInChildren<Renderer>();
    }

    // 좀비 AI의 초기 스펙을 결정하는 셋업 메서드
    public void Setup(ZombieData zombieData) {
        // 체력 설정
        startingHealth = zombieData.health;
        health = zombieData.damage;
        // 공격력 설정
        damage = zombieData.damage;
        // 내비메시 에이전트의 이동 속도 설정
        navMeshAgent.speed = zombieData.speed;
        // 렌더러가 사용 중인 머티리얼의 컬러를 변경, 외형 색이 변함
        zombieRenderer.material.color = zombieData.skinColor;
    }

    private void Start() {
        // 게임 오브젝트 활성화와 동시에 AI의 추적 루틴 시작
        StartCoroutine(UpdatePath());
    }

    private void Update() {
        // 추적 대상의 존재 여부에 따라 다른 애니메이션 재생
        zombieAnimator.SetBool("HasTarget", hasTarget);
    }

    // 추적할 대상의 위치를 주기적으로 찾아 경로 갱신
    private IEnumerator UpdatePath() {
        // 살아 있는 동안 무한 루프
        while (!dead)
        {
            if (hasTarget)
            {
```

```
            // 추적 대상 존재 : 경로를 갱신하고 AI 이동을 계속 진행
            navMeshAgent.isStopped = false;
            navMeshAgent.SetDestination(
                targetEntity.transform.position);
        }
        else
        {
            // 추적 대상 없음 : AI 이동 중지
            navMeshAgent.isStopped = true;

            // 20유닛의 반지름을 가진 가상의 구를 그렸을 때 구와 겹치는 모든 콜라이더를 가져옴
            // 단, whatIsTarget 레이어를 가진 콜라이더만 가져오도록 필터링
            Collider[] colliders =
                Physics.OverlapSphere(transform.position, 20f, whatIsTarget);

            // 모든 콜라이더를 순회하면서 살아 있는 LivingEntity 찾기
            for (int i = 0; i < colliders.Length; i++)
            {
                // 콜라이더로부터 LivingEntity 컴포넌트 가져오기
                LivingEntity livingEntity = colliders[i].GetComponent<LivingEntity>();

                // LivingEntity 컴포넌트가 존재하며, 해당 LivingEntity가 살아 있다면
                if (livingEntity != null && !livingEntity.dead)
                {
                    // 추적 대상을 해당 LivingEntity로 설정
                    targetEntity = livingEntity;

                    // for 문 루프 즉시 정지
                    break;
                }
            }
        }

        // 0.25초 주기로 처리 반복
        yield return new WaitForSeconds(0.25f);
    }
}

// 대미지를 입었을 때 실행할 처리
public override void OnDamage(float damage,
    Vector3 hitPoint, Vector3 hitNormal) {
```

```
        // 아직 사망하지 않은 경우에만 피격 효과 재생
        if (!dead)
        {
            // 공격받은 지점과 방향으로 파티클 효과 재생
            hitEffect.transform.position = hitPoint;
            hitEffect.transform.rotation =
                Quaternion.LookRotation(hitNormal);
            hitEffect.Play();

            // 피격 효과음 재생
            zombieAudioPlayer.PlayOneShot(hitSound);
        }

        // LivingEntity의 OnDamage()를 실행하여 대미지 적용
        base.OnDamage(damage, hitPoint, hitNormal);
    }

    // 사망 처리
    public override void Die() {
        // LivingEntity의 Die()를 실행하여 기본 사망 처리 실행
        base.Die();

        // 다른 AI를 방해하지 않도록 자신의 모든 콜라이더를 비활성화
        Collider[] zombieColliders = GetComponents<Collider>();
        for (int i = 0; i < zombieColliders.Length; i++)
        {
            zombieColliders[i].enabled = false;
        }

        // AI 추적을 중지하고 내비메시 컴포넌트를 비활성화
        navMeshAgent.isStopped = true;
        navMeshAgent.enabled = false;

        // 사망 애니메이션 재생
        zombieAnimator.SetTrigger("Die");
        // 사망 효과음 재생
        zombieAudioPlayer.PlayOneShot(deathSound);
    }

    private void OnTriggerStay(Collider other) {
```

```
// 자신이 사망하지 않았으며,
// 최근 공격 시점에서 timeBetAttack 이상 시간이 지났다면 공격 가능
if (!dead && Time.time >= lastAttackTime + timeBetAttack)
{
    // 상대방의 LivingEntity 타입 가져오기 시도
    LivingEntity attackTarget =
        other.GetComponent<LivingEntity>();

    // 상대방의 LivingEntity가 자신의 추적 대상이라면 공격 실행
    if (attackTarget != null && attackTarget == targetEntity)
    {
        // 최근 공격 시간 갱신
        lastAttackTime = Time.time;

        // 상대방의 피격 위치와 피격 방향을 근삿값으로 계산
        Vector3 hitPoint =
            other.ClosestPoint(transform.position);
        Vector3 hitNormal =
            transform.position - other.transform.position;

        // 공격 실행
        attackTarget.OnDamage(damage, hitPoint, hitNormal);
    }
}
}
}
}
```

코드를 확인했다면 [**Ctrl+S**]로 스크립트를 저장하고 유니티 에디터로 돌아갑니다.

16.6.10 Zombie 컴포넌트 설정

완성한 Zombie 컴포넌트의 필드들을 설정하고 좀비를 완성합시다.

그런데 **Zombie** 컴포넌트에 대한 설정을 하기 전에 **Zombie** 컴포넌트는 추적 대상을 레이어를 이용해 감지하므로 Player Character 게임 오브젝트에 유의미한 레이어를 할당해야 합니다.

하이어라키 창에서 Player Character 게임 오브젝트를 선택하고 다음 과정을 따라 합니다.

[과정 01] Player Character에 레이어 할당

① **Player Character** 게임 오브젝트의 **레이어**를 **Player**로 변경(**Layer** 드롭다운 버튼 클릭 〉 **Player** 선택)

② **팝업** 창에서 **No, this object only** 클릭

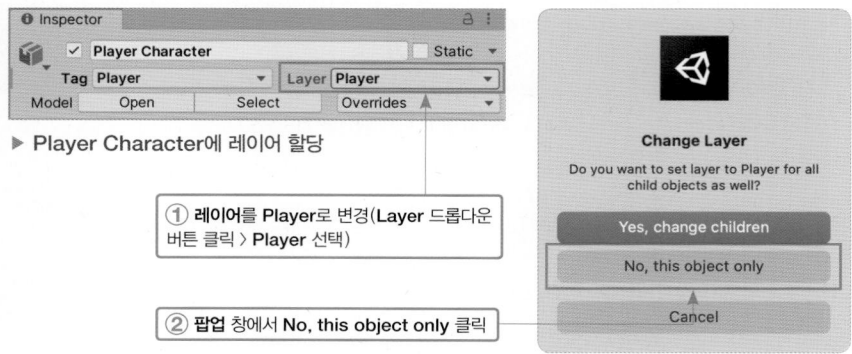

▶ Player Character에 레이어 할당

이제 Player Character 게임 오브젝트는 이제 완성되었으니 Player Character 게임 오브젝트를 별개의 Prefab으로 만들어줍니다.

[과정 02] Player Chracter를 프리팹으로 만들기

① **Player Character** 게임 오브젝트를 **하이어라키** 창에서 **프로젝트** 창의 Prefabs 폴더로 **드래그&드롭**

② **팝업** 창에서 **Original Prefab**으로 생성 선택

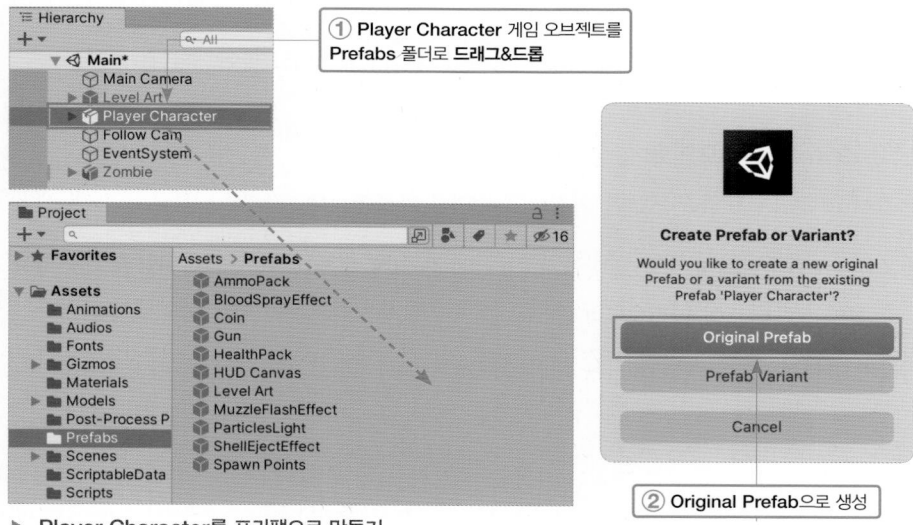

▶ Player Character를 프리팹으로 만들기

그다음 하이어라키 창에서 Zombie 게임 오브젝트를 선택하고 Zombie 게임 오브젝트의
Zombie 컴포넌트에서 아래 과정을 따라 합니다.

[과정 03] Zombie 컴포넌트 설정

① **What Is Target** 레이어 마스크에 **Player** 레이어 등록(**Nothing**으로 표시된 **드롭다운 버튼** 클릭 〉
Player 선택)

② **Hit Effect** 필드에 **Zombie**의 자식으로 있는 **BloodSprayEffect** 게임 오브젝트 할당

③ **Death Sound** 필드에 **Zombie Die** 오디오 클립 할당

④ **Hit Sound** 필드에 **Zombie Damage** 오디오 클립 할당

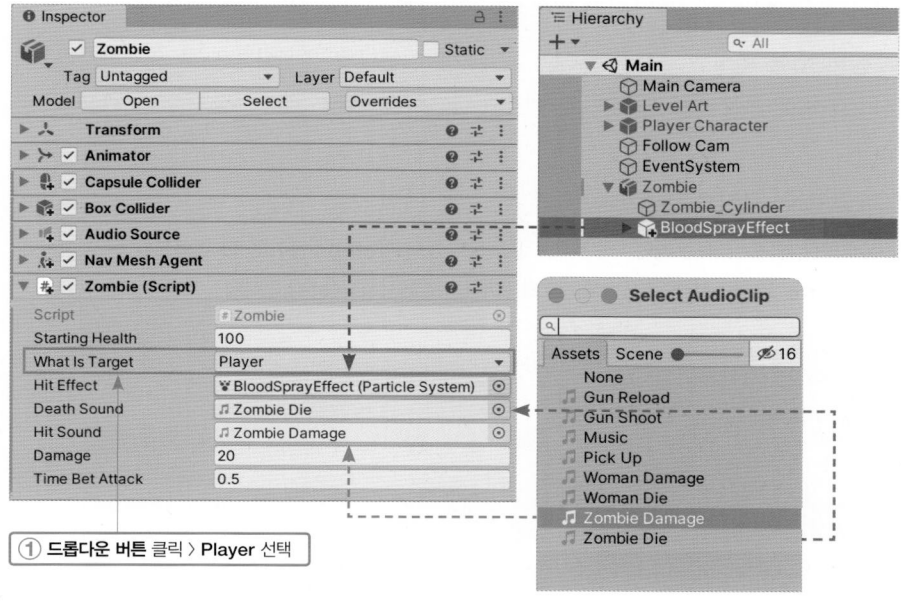

▶ Zombie 컴포넌트 설정

Zombie 컴포넌트 설정을 완료했습니다. 이제 플레이 버튼을 눌러 테스트하면 좀비가 플레이어
캐릭터를 쫓아옵니다. 중간에 장애물을 만나면 장애물을 우회하여 쫓아옵니다. 플레이어 캐릭
터가 총을 쏴서 좀비를 맞추면 좀비는 피를 흘리며 대미지를 받습니다. 좀비가 일정량 이상 총
을 맞으면 그 자리에서 사망합니다.

 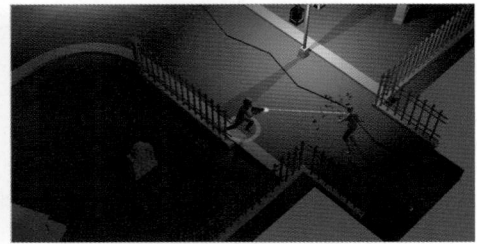

▶ 플레이어 캐릭터를 추적하는 좀비

반대로 좀비가 플레이어 캐릭터에 가까이 다가와 플레이어 캐릭터를 공격하면 플레이어 캐릭터의 체력이 줄어듭니다. 줄어든 체력은 체력 슬라이더를 보면 알 수 있습니다.

이것으로 좀비 AI를 완성했습니다. 좀비의 동작을 확인했다면 플레이 모드를 해제합니다. 이제 완성된 Zombie 게임 오브젝트를 프리팹으로 만듭니다.

[과정 03] Zombie 프리팹 만들기

① 하이어라키 창의 Zombie 게임 오브젝트를 프로젝트 창의 Prefabs 폴더로 드래그&드롭
② 씬에 남아 있는 Zombie 게임 오브젝트를 하이어라키 창에서 [Delete]로 삭제

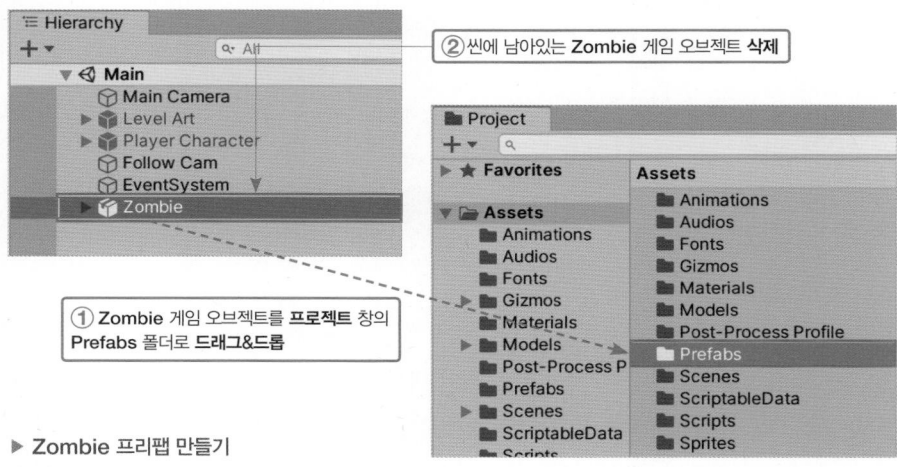

▶ Zombie 프리팹 만들기

생성된 Zombie 프리팹은 다음 장에서 좀비를 실시간 생성할 때 사용합니다. 씬에 남아 있는 Zombie 게임 오브젝트는 더 이상 필요 없기 때문에 삭제했습니다. 이제 [Ctrl+S]로 씬을 저장하고 이 장을 마무리합니다.

16.7 마치며

이 장에서는 플레이어 체력과 인공지능 좀비를 완성했습니다. 그리고 이 과정에서 다형성, 오버라이드, 내비메시를 배웠습니다. 또한 델리게이트와 이벤트가 무엇이며 Action 타입을 사용해 이벤트를 구현하는 방법을 배웠습니다. 또한 UI 슬라이더를 만들고, UI 캔버스를 게임 월드에 배치하는 방법을 배웠습니다.

다음 장에서는 좀비를 실시간 생성하는 좀비 생성기, 다양한 아이템, 게임의 룰을 관리하는 게임 매니저와 UI, 영상미를 추가하는 후처리를 구현하여 게임을 최종 완성합니다.

이 장에서 배운 내용 요약

- 다형성을 사용하여 자식 클래스 타입의 오브젝트를 부모 클래스 타입으로 다룰 수 있습니다.
- virtual로 선언된 가상 메서드는 자식 클래스에서 override로 재정의할 수 있습니다.
- 델리게이트(delegate)는 메서드를 할당받아 원하는 시점에 할당된 메서드를 매번 실행할 수 있는 타입입니다.
- Action은 입력과 출력이 없는 메서드를 등록할 수 있는 델리게이트 타입입니다.
- 이벤트는 연쇄적인 처리를 발생시키는 사건입니다.
- 이벤트를 사용해 한 클래스에서 일어난 사건을 다른 클래스에서 알 수 있습니다.
- 이벤트를 구독하는 메서드를 이벤트 리스너라고 부릅니다.
- 이벤트는 클래스 외부로 델리게이트 변수를 공개하여 구현할 수 있습니다.
- event 키워드는 이벤트를 클래스 외부에서 발동할 수 없게 합니다.
- 슬라이더 컴포넌트는 Value 값에 따라 슬라이더를 채웁니다.
- 슬라이더 컴포넌트는 슬라이더의 모습을 그리지 않습니다.
- Fill 게임 오브젝트의 이미지 컴포넌트가 슬라이더의 모습을 그립니다.
- UI 컴포넌트의 Interactable 필드를 체크 해제하면 상호작용이 불가능합니다.
- 캔버스 컴포넌트의 렌더 모드를 World Space로 변경하면 UI를 게임 월드에 배치할 수 있습니다.
- 내비메시는 내비메시 에이전트가 이동할 수 있는 영역입니다.
- 내비메시는 실시간으로 생성되지 않으므로 미리 구워야 합니다.
- 내비메시 에이전트는 내비메시 상의 한 점에서 다른 점으로 경로를 자동으로 계산하고 이동하는 인공지능 컴포넌트입니다.
- 내비메시 에이전트 컴포넌트의 SetDestination() 메서드를 사용해 에이전트가 이동할 위치를 지정할 수 있습니다.
- 내비메시 에이전트 컴포넌트의 isStopped 필드를 사용해 에이전트의 이동을 멈추거나 재개할 수 있습니다.

17장 좀비 서바이버

최종 완성과 포스트 프로세싱

이 장에서는 좀비 서바이버를 최종 완성합니다. 게임의 전반적인 정보를 표시하는 UI, 게임오버 상태와 점수를 관리하는 게임 매니저, 좀비 생성기, 아이템 생성기를 씬에 추가합니다.

게임의 모든 시스템을 완성한 다음에는 포스트 프로세싱을 사용해 게임의 비주얼을 개선합니다. 그리고 게임을 최종 빌드합니다.

이 장에서 다루는 내용

- UI 버튼의 OnClick 유니티 이벤트
- 좀비 생성기와 아이템 생성기 구현 방법
- 익명 함수와 람다식
- 내비메시에서 랜덤한 점 찾는 방법
- 포스트 프로세싱으로 게임 비주얼의 퀄리티를 높이는 방법

17.1 HUD Canvas와 UI 매니저

게임의 전반적인 상태를 표시하는 UI를 가진 HUD Canvas 게임 오브젝트와 HUD Canvas의 여러 UI 요소에 즉시 접근하여 표시 상태를 변경할 수 있는 UIManager 스크립트를 추가하겠습니다.

17.1.1 HUD Canvas 추가

▶ HUD Canvas의 모습

화면에 남은 탄알과 적 웨이브, 점수, 게임오버 등을 표시할 HUD Canvas를 추가합니다. HUD Canvas 게임 오브젝트는 저자가 미리 제작해서 Prefabs 폴더에 넣어두었습니다.

[과정 01] HUD Canvas 추가

① **Prefabs** 폴더의 **HUD Canvas** 프리팹을 **하이어라키** 창으로 **드래그&드롭**
② **하이어라키** 창에서 **HUD Canvas** 옆의 **펼치기** 버튼을 **[Alt+클릭]**하여 자식 리스트 모두 펼치기

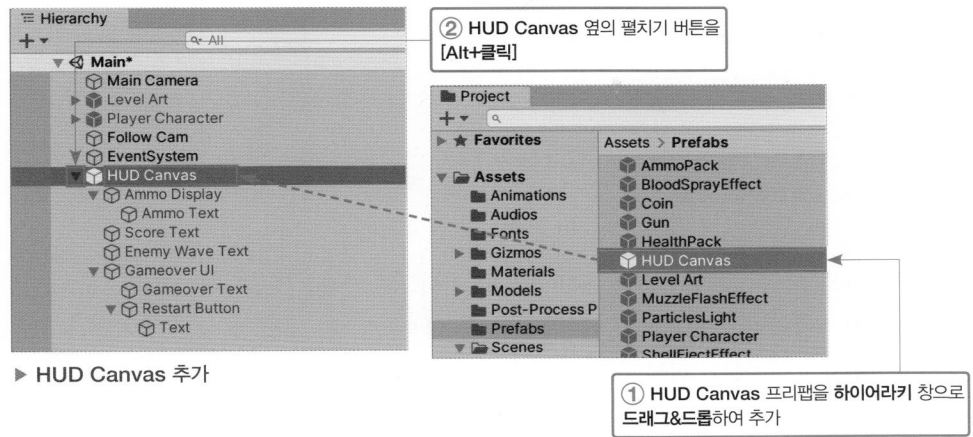

▶ **HUD Canvas** 추가

HUD Canvas는 자식으로 다음과 같은 UI 게임 오브젝트를 가집니다.

- **Ammo Display** : 남은 탄알을 표시하는 창
  - **Ammo Text** : 탄알을 표시하는 텍스트
- **Score Text** : 점수를 표시하는 텍스트
- **Enemy Wave Text** : 현재 적 웨이브와 남은 적 수를 표시하는 텍스트
- **Gameover UI** : 게임오버 시 활성화되는 패널
  - **Gameover Text** : 게임오버 안내 텍스트
  - **Restart Button** : 게임 재시작 버튼
    - **Text** : 버튼의 텍스트

HUD Canvas 게임 오브젝트의 캔버스 스케일러 컴포넌트는 UI 스케일 모드는 Scale with Screen Size를 사용하고 기준 해상도는 1280×720으로 설정합니다. 따라서 HUD Canvas는 16:9 비율의 화면에 최적화됩니다.

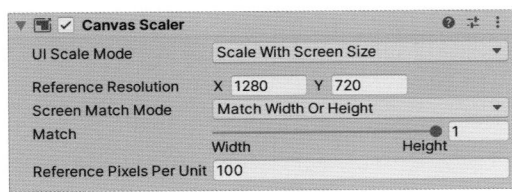

▶ **HUD Canvas**의 캔버스 스케일러 컴포넌트

17.1.2 UIManager 스크립트

HUD Canvas 게임 오브젝트에는 `UIManager` 스크립트를 저자가 미리 완성하여 추가해두었습니다.

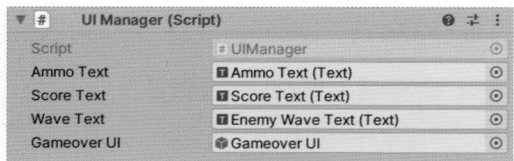

▶ **HUD Canvas의 UIManager**

HUD Canvas 게임 오브젝트는 여러 UI 요소를 자식으로 가지고 있습니다. HUD Canvas의 UI 요소들을 사용하려는 스크립트가 HUD Canvas의 UI 요소를 직접 접근하고 사용한다면 UI 구현을 유연하게 변경하기 힘듭니다. HUD Canvas의 UI 구현이 변경되면 각각의 UI 요소를 참조하고 있던 여러 스크립트의 구현도 함께 변경해야 하는 상황이 생길 수 있기 때문입니다.

따라서 우리는 `UIManager`라는 UI 관리용 스크립트에 HUD Canvas의 자식으로 있는 개별 UI 를 관리하는 코드를 몰아넣습니다. 그리고 다른 스크립트들이 `UIManager`를 통해 UI를 갱신할 수 있도록 합니다. 그러면 HUD Canvas 게임 오브젝트의 UI 구성이 변경되어도 `UIManager` 스크립트 이외의 다른 스크립트를 수정해야 하는 상황이 발생하지 않습니다.

정리하면 `UIManager` 스크립트의 역할은 두 가지입니다.

- HUD Canvas의 UI 요소에 즉시 접근할 수 있는 통로
- HUD Canvas의 UI 관련 구현을 모아두는 스크립트

미리 완성해둔 `UIManager` 스크립트의 전체 코드는 다음과 같습니다.

```csharp
using UnityEngine;
using UnityEngine.SceneManagement; // 씬 관리자 관련 코드
using UnityEngine.UI; // UI 관련 코드

// 필요한 UI에 즉시 접근하고 변경할 수 있도록 허용하는 UI 매니저
public class UIManager : MonoBehaviour {
    // 싱글턴 접근용 프로퍼티
    public static UIManager instance
    {
```

```
        get
        {
            if (m_instance == null)
            {
                m_instance = FindObjectOfType<UIManager>();
            }

            return m_instance;
        }
    }

    private static UIManager m_instance; // 싱글턴이 할당될 변수

    public Text ammoText; // 탄알 표시용 텍스트
    public Text scoreText; // 점수 표시용 텍스트
    public Text waveText; // 적 웨이브 표시용 텍스트
    public GameObject gameoverUI; // 게임오버 시 활성화할 UI

    // 탄알 텍스트 갱신
    public void UpdateAmmoText(int magAmmo, int remainAmmo) {
        ammoText.text = magAmmo + "/" + remainAmmo;
    }

    // 점수 텍스트 갱신
    public void UpdateScoreText(int newScore) {
        scoreText.text = "Score : " + newScore;
    }

    // 적 웨이브 텍스트 갱신
    public void UpdateWaveText(int waves, int count) {
        waveText.text = "Wave : " + waves + "\nEnemy Left : " + count;
    }

    // 게임오버 UI 활성화
    public void SetActiveGameoverUI(bool active) {
        gameoverUI.SetActive(active);
    }

    // 게임 재시작
    public void GameRestart() {
        SceneManager.LoadScene(SceneManager.GetActiveScene().name);
    }
}
```

17.1.3 싱글턴 프로퍼티

UIManager 스크립트 상단에서는 씬에 존재하는 UIManager 타입의 오브젝트를 다른 스크립트에서 즉시 접근할 수 있도록 정적 프로퍼티 instance와 정적 변수 m_instance로 싱글턴을 구현합니다.

```
public static UIManager instance
{
    get
    {
        if (m_instance == null)
        {
            m_instance = FindObjectOfType<UIManager>();
        }

        return m_instance;
    }
}

private static UIManager m_instance;
```

여기서 씬에 존재하는 UIManager 타입의 오브젝트가 실제로 할당될 변수는 m_instance입니다. m_instance는 private이기 때문에 UIManager 클래스 내부에서만 m_instance에 값을 할당할 수 있습니다.

instance는 public get만 존재하는 프로퍼티이며 m_instance를 반환합니다. 외부 스크립트에서 UIManager.instance를 최초로 접근할 때는 m_instance에 아직 아무런 값도 할당되지 않아 m_instance의 값이 null이라는 사실에 주목합니다.

instance의 get이 실행될 때 m_instance에 할당된 값이 없다면 아래 if 문 블록이 실행되어 씬에 존재하는 UIManager 타입의 오브젝트를 하나 찾아 m_instance에 할당합니다. 그러고 나서 m_instance를 반환합니다.

```
if (m_instance == null)
{
    m_instance = FindObjectOfType<UIManager>();
}
return m_instance;
```

m_instance에 UIManager 타입의 오브젝트가 할당된 이후에는 UIManager.instance를 접근할 때 get의 if 문 블록이 실행되지 않고 즉시 m_instance 값이 반환됩니다.

17.1.4 UIManager의 필드

싱글턴 구현 아래에는 HUD Canvas 게임 오브젝트의 자식으로 있는 UI 게임 오브젝트를 할당해 넣을 변수가 선언되어 있습니다.

```
public Text ammoText;
public Text scoreText;
public Text waveText;
public GameObject gameoverUI;
```

- Text **ammoText** : 탄알 표시 텍스트
  - Ammo Text 게임 오브젝트의 텍스트 컴포넌트가 할당됨
- Text **scoreText** : 점수 표시 UI 텍스트
  - Score Text 게임 오브젝트의 텍스트 컴포넌트가 할당됨
- Text **waveText** : 현재 웨이브 번호와 남아 있는 적 수를 표시하는 텍스트
  - Enemy Wave Text 게임 오브젝트의 텍스트 컴포넌트가 할당됨
- GameObject **gameoverUI** : 게임오버 시 활성화되는 UI 게임 오브젝트
  - Gameover UI 게임 오브젝트가 할당됨

17.1.5 UI 갱신 메서드들

UIManager 스크립트에는 UI 게임 오브젝트가 표시하는 내용을 갱신하는 메서드가 선언되어 있습니다.

```
public void UpdateAmmoText(int magAmmo, int remainAmmo) {
    ammoText.text = magAmmo + "/" + remainAmmo;
}

public void UpdateScoreText(int newScore) {
    scoreText.text = "Score : " + newScore;
}

public void UpdateWaveText(int waves, int count) {
    waveText.text = "Wave : " + waves + "\nEnemy Left : " + count;
}
```

```
public void SetActiveGameoverUI(bool active) {
    gameoverUI.SetActive(active);
}
```

- void UpdateAmmoText(int magAmmo, int remainAmmo)
  - 탄알 표시 UI 갱신
  - 탄창의 탄알 magAmmo, 남은 탄알 remainAmmo를 입력받아 표시
- void UpdateScoreText(int newScore)
  - 점수 표시 UI 갱신. 표시할 점수 newScore를 입력받음
- void UpdateWaveText(int waves, int count)
  - 적 웨이브 정보 UI 갱신
  - 현재 적 웨이브 waves와 남아 있는 적 수 count를 입력받아 표시
- void SetActiveGameoverUI(bool active)
  - 게임오버 UI 패널을 활성/비활성화

이들은 단순히 텍스트 컴포넌트가 표시하는 내용을 변경하거나 UI를 표시하는 게임 오브젝트를 활성화/비활성화하는 기능만 가지고 있다는 점에 주목합니다.

UIManager는 게임의 주요 메커니즘에 관여하는 스크립트가 아닙니다. UIManager는 다른 스크립트가 HUD Canvas 게임 오브젝트의 각 UI 요소를 편리하게 접근해서 쉽게 갱신하도록 접근 경로를 만드는 스크립트입니다.

다시 말해, 탄알을 갱신하기 위해 HUD Canvas 게임 오브젝트의 Ammo Text 게임 오브젝트의 텍스트 컴포넌트를 직접 찾아갈 수도 있지만 UIManager의 UpdateAmmoText() 메서드를 실행하는 것이 구현이 좀 더 간결합니다.

17.1.6 게임 재시작 메서드

UIManager 스크립트의 마지막 부분에는 게임 재시작을 구현하는 GameRestart() 메서드가 있습니다.

```
public void GameRestart() {
    SceneManager.LoadScene(SceneManager.GetActiveScene().name);
}
```

게임 재시작은 현재 씬을 다시 로드하는 방식으로 구현합니다. GameRestart() 메서드는 HUD

Canvas 게임 오브젝트의 자식으로 있는 UI 버튼인 Restart Button에 등록하여 사용할 겁니다. 지금까지 UIManager 스크립트의 구현을 모두 살펴봤습니다.

17.1.7 재시작 버튼 설정

UIManager 스크립트의 GameRestart() 메서드를 게임오버 시 활성화될 Restart Button의 버튼 컴포넌트에 등록하겠습니다. 그러면 게임오버 시 재시작 버튼을 눌러 게임을 재시작할 수 있게 됩니다.

[과정 01] 재시작 버튼 설정

① **하이어라키** 창에서 **Restart Button** 게임 오브젝트 선택
② **Button** 컴포넌트의 **On Click ()** 리스트의 **+ 버튼 클릭**
③ 생성된 슬롯에 **HUD Canvas** 게임 오브젝트를 **드래그&드롭**
④ **이벤트 리스너로 UIManager.GameRestart** 등록(**No Function** 〉 **UIManager** 〉 **GameRestart()** 클릭)

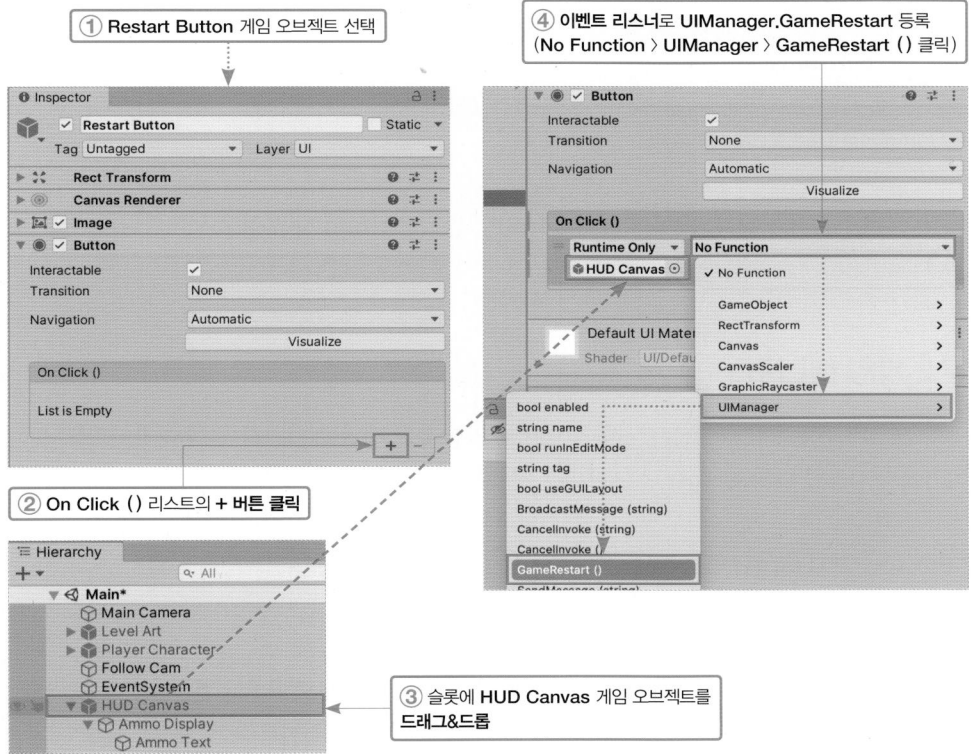

▶ 재시작 버튼 설정

UGUI의 버튼^{Button} 컴포넌트는 사용자가 클릭할 수 있는 UI 버튼을 구현합니다. 버튼 컴포넌트는 버튼을 클릭할 때 매번 발동되는 `OnClick`이라는 유니티 이벤트를 가지고 있습니다.[1]

버튼 컴포넌트의 OnClick 필드의 + 버튼을 누르면 `OnClick` 이벤트를 구독할 이벤트 리스너를 등록할 수 있는 슬롯이 추가됩니다. 우리는 Restart Button의 버튼 컴포넌트의 `OnClick` 이벤트에 `UIManager` 컴포넌트의 `GameRestart()` 메서드를 등록했습니다. 따라서 Restart Button을 클릭할 때마다 `GameRestart()` 메서드가 실행되어 게임이 재시작됩니다.

게임오버 시 사용할 재시작 버튼을 설정했으니 Gameover UI 게임 오브젝트를 비활성화하겠습니다. Gameover UI 게임 오브젝트는 평상시에는 비활성화했다가 게임오버 시에만 활성화할 것이기 때문입니다.

[과정 02] Gameover UI 비활성화

① **하이어라키** 창에서 **Gameover UI** 게임 오브젝트 선택 〉 **인스펙터** 창에서 **활성화 체크 해제**

▶ Gameover UI 비활성화

이것으로 UI 준비가 완료되었습니다. **[Ctrl+S]**로 씬을 저장하고 다음 절로 넘어갑니다.

17.2 게임 매니저

이제 게임의 전반적인 규칙을 관리하고 상태를 표시하는 게임 매니저를 씬에 추가하겠습니다. 여기에서 사용할 `GameManager` 스크립트는 저자가 미리 완성해 넣어두었습니다.

[과정 01] 게임 매니저 추가

① **빈 게임 오브젝트** 생성(+ 〉 **Create Empty**)

---

1 유니티 이벤트(UnityEvent)는 일반적인 C# 이벤트 타입과 달리 인스펙터 창에 표시되며, 이벤트 리스너 명단을 인스펙터 창에서 직접 편집할 수 있는 유니티 전용 타입입니다.

② 생성된 빈 게임 오브젝트의 **이름을** Game Manager로 변경

③ **Game Manager** 게임 오브젝트에 GameManager 스크립트 추가(**Scripts** 폴더의 **GameManager** **스크립트를 Game Manager** 게임 오브젝트로 **드래그&드롭**)

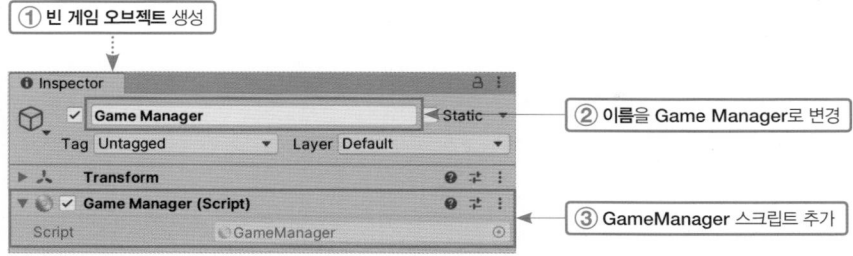

▶ 게임 매니저 추가

추가된 게임 매니저는 다음과 같은 역할을 합니다.

- 싱글턴으로 존재
- 점수 관리
- 게임오버 상태 관리
- UIManager를 이용해 점수와 게임오버 UI 갱신

GameManager 스크립트의 구현을 살펴봅시다. GameManager 스크립트를 더블 클릭해서 열면 다음과 같이 구성되어 있습니다.

```
using UnityEngine;

// 점수와 게임오버 여부를 관리하는 게임 매니저
public class GameManager : MonoBehaviour {
    // 싱글턴 접근용 프로퍼티
    public static GameManager instance
    {
        get
        {
            // 만약 싱글턴 변수에 아직 오브젝트가 할당되지 않았다면
            if (m_instance == null)
            {
                // 씬에서 GameManager 오브젝트를 찾아서 할당
                m_instance = FindObjectOfType<GameManager>();
            }
```

```
        // 싱글턴 오브젝트 반환
        return m_instance;
    }
}

private static GameManager m_instance; // 싱글턴이 할당될 static 변수

private int score = 0; // 현재 게임 점수
public bool isGameover { get; private set; } // 게임오버 상태

private void Awake() {
    // 씬에 싱글턴 오브젝트가 된 다른 GameManager 오브젝트가 있다면
    if (instance != this)
    {
        // 자신을 파괴
        Destroy(gameObject);
    }
}

private void Start() {
    // 플레이어 캐릭터의 사망 이벤트 발생 시 게임오버
    FindObjectOfType<PlayerHealth>().onDeath += EndGame;
}

// 점수를 추가하고 UI 갱신
public void AddScore(int newScore) {
    // 게임오버가 아닌 상태에서만 점수 추가 가능
    if (!isGameover)
    {
        // 점수 추가
        score += newScore;
        // 점수 UI 텍스트 갱신
        UIManager.instance.UpdateScoreText(score);
    }
}

// 게임오버 처리
public void EndGame() {
    // 게임오버 상태를 참으로 변경
    isGameover = true;
```

```
        // 게임오버 UI 활성화
        UIManager.instance.SetActiveGameoverUI(true);
    }
}
```

17.2.1 싱글턴 프로퍼티

GameManager 스크립트 상단에는 씬에 존재하는 GameManager 타입의 오브젝트를 다른 스크립트에서 즉시 접근할 수 있도록 만드는 싱글턴 프로퍼티가 구현되어 있습니다.

```
public static GameManager instance
{
    get
    {
        if (m_instance == null)
        {
            m_instance = FindObjectOfType<GameManager>();
        }

        return m_instance;
    }
}

private static GameManager m_instance;
```

GameManager 스크립트의 싱글턴 구현은 타입만 변경되었을 뿐 UIManager 스크립트의 싱글턴 구현과 구조가 완전히 동일합니다.

17.2.2 GameManager의 필드

싱글턴 구현 아래에는 게임의 상태를 나타내는 변수와 프로퍼티가 선언되어 있습니다.

```
private int score;
public bool isGameover { get; private set; }
```

- int **score** : 현재 게임 점수
- bool **isGameover** : 게임오버 상태

여기서 isGameover는 public get, private set으로 선언된 프로퍼티이기 때문에 GameManager 클래스 외부에서는 isGameover의 값을 읽을 수만 있고 변경할 수 없다는 점에 주목합니다.

17.2.3 Awake()

GameManager 스크립트에서 가장 먼저 실행되는 Awake() 메서드는 씬에 둘 이상의 GameManager 타입의 오브젝트가 존재하지 못하도록 막습니다.

```
private void Awake() {
    if (instance != this)
    {
        Destroy(gameObject);
    }
}
```

Awake()의 if 문 블록은 싱글턴 프로퍼티 instance를 이용해 접근한 싱글턴 오브젝트가 자기 자신(this)이 아니라면, 즉 이미 다른 GameManager 타입의 오브젝트가 싱글턴으로 존재하고 있다면 자신의 게임 오브젝트를 파괴합니다. 싱글턴 오브젝트는 하나만 존재해야 하기 때문입니다.

17.2.4 Start()

Awake() 다음에 실행되는 Start() 메서드에서는 플레이어 캐릭터가 사망하면 게임오버 처리를 실행하도록 합니다.

```
private void Start() {
    FindObjectOfType<PlayerHealth>().onDeath += EndGame;
}
```

위 코드는 씬에서 PlayerHealth 타입의 오브젝트를 찾고, 해당 오브젝트의 onDeath 이벤트를 EndGame() 메서드가 구독하는 처리입니다. 따라서 플레이어 캐릭터가 사망하면서 onDeath 이벤트가 발동될 때 onDeath를 구독 중인 EndGame() 메서드가 함께 실행되어 게임오버 처리가 실행됩니다.

17.2.5 AddScore()

AddScore() 메서드는 점수를 입력받아 현재 점수에 추가하고 점수 UI를 갱신합니다.

```
public void AddScore(int newScore) {
    if (!isGameover)
    {
        score += newScore;
        UIManager.instance.UpdateScoreText(score);
    }
}
```

단, if (!isGameover)를 사용해 게임오버가 아닌 상태에서만 점수를 추가하고 UI 텍스트를 갱신합니다. 또한 GameManager 스크립트에서 UI 게임 오브젝트를 직접 수정하지 않고 UIManager 싱글턴을 거쳐 점수 UI를 갱신한다는 점에 주목합니다.

다시 말해 UIManager 덕분에 GameManager 스크립트에서는 점수 UI가 갱신되는 처리의 세부 구현을 신경 쓸 필요가 없으므로 깔끔한 코드를 작성할 수 있습니다.

17.2.6 EndGame()

EndGame() 메서드는 현재 게임 상태를 게임오버 상태로 전환하고 게임오버 UI를 활성화합니다.

```
public void EndGame() {
    isGameover = true;
    UIManager.instance.SetActiveGameoverUI(true);
}
```

AddScore()처럼 EndGame() 메서드도 UIManager 싱글턴을 거쳐 UI를 갱신한다는 점에 주목합니다. 이로써 GameManager 스크립트의 구성을 모두 살펴봤습니다.

17.3 좀비 생성기

이제 게임 상에서 좀비 게임 오브젝트를 실시간으로 생성할 좀비 생성기를 구현합니다. 좀비 생성기는 다음과 같이 동작합니다.

- 새로운 웨이브(Wave)가 시작될 때 좀비를 한꺼번에 생성
- 현재 웨이브의 좀비가 모두 사망해야 다음 웨이브로 넘어감
- 웨이브가 증가할 때마다 한 번에 생성되는 좀비 수 증가
- 좀비를 생성할 때 미리 준비된 데이터를 통해 좀비의 능력치를 랜덤 설정
- 게임오버 시 좀비 생성 중단

17.3.1 ZombieData

16.6.3절에서 구현한 Zombie의 Setup() 메서드를 통해 좀비의 능력치를 설정할 수 있었습니다. ZombieData 타입은 Zombie의 Setup() 메서드가 입력으로 받는 타입으로 생성할 좀비의 수치 데이터를 가집니다.

좀비 생성기는 좀비를 생성하는 과정에서 생성한 좀비의 능력치를 ZombieData 오브젝트를 통해 설정할 것입니다.

따라서 좀비 생성기를 만들기 전에 먼저 좀비 데이터에 해당하는 ZombieData 스크립트를 살펴보고 미리 데이터를 생성하겠습니다.

ZombieData는 유니티 에디터로 편집하고 에셋 형태로 저장할 수 있도록 스크립터블 오브젝트 에셋으로 구현합니다.

[과정 01] ZombieData 스크립트 열기

① **Scripts** 폴더의 **ZombieData** 스크립트를 **더블 클릭**으로 열기

열린 스크립트는 다음과 같습니다.

```
using UnityEngine;

// 좀비 생성시 사용할 셋업 데이터
[CreateAssetMenu(menuName = "Scriptable/ZombieData", fileName = "Zombie Data")]
public class ZombieData : ScriptableObject {
    public float health = 100f; // 체력
    public float damage = 20f; // 공격력
    public float speed = 2f; // 이동 속도
    public Color skinColor = Color.white; // 피부색
}
```

ZombieData는 단순히 좀비를 생성할 때 사용할 수치를 모아두는 데이터 컨테이너입니다. 생성할 좀비에 할당할 체력, 공격력, 이동 속도, 피부색이 선언되어 있습니다.

CreateAssetMenu 특성의 menuName에 "Scriptable/ZombieData"를 할당했으므로 ZombieData 에셋은 프로젝트 창에서 + > Scriptable > ZombieData 메뉴로 생성할 수 있습니다.

그러면 좀비 생성기가 사용할 좀비 데이터를 미리 생성하겠습니다.

[과정 02] 좀비 셋업 데이터 생성하기

① **프로젝트** 창에서 **Assets/ScriptableData** 폴더로 이동
② **ScriptableData** 폴더에 **ZombieData** 에셋을 다음과 같은 이름으로 **3개** 생성(**프로젝트** 창 상단의
+ > **Scriptable** > **ZombieData**를 클릭하여 생성)
  - **Zombie Default**
  - **Zombie Fast**
  - **Zombie Heavy**

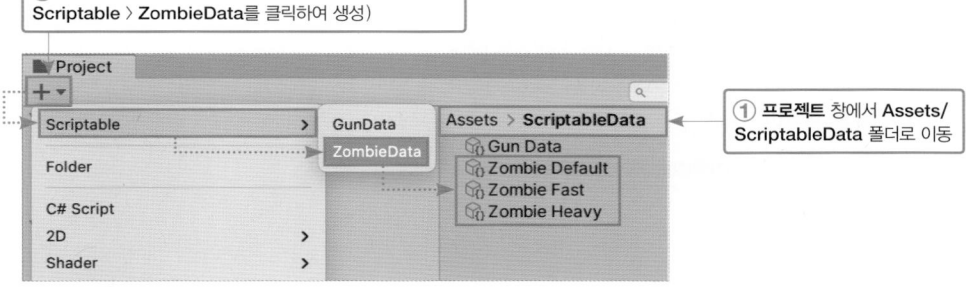

▶ 좀비 셋업 데이터 생성하기

[과정 03] 좀비 셋업 데이터 필드 생성하기

① **Zombie Default**는 기본값을 사용
② **Zombie Fast**의 설정은 다음과 같이 변경
  - **Health**를 50으로 변경
  - **Damage**를 10으로 변경
  - **Speed**를 4로 변경
  - **SkinColor**를 (255, 0, 0)으로 변경

③ **Zombie Heavy**의 설정은 다음과 같이 변경

· **Health**를 **250**으로 변경

· **Damage**를 **50**으로 변경

· **Speed**를 **1**로 변경

· **SkinColor**를 **(0, 0, 0)**으로 변경

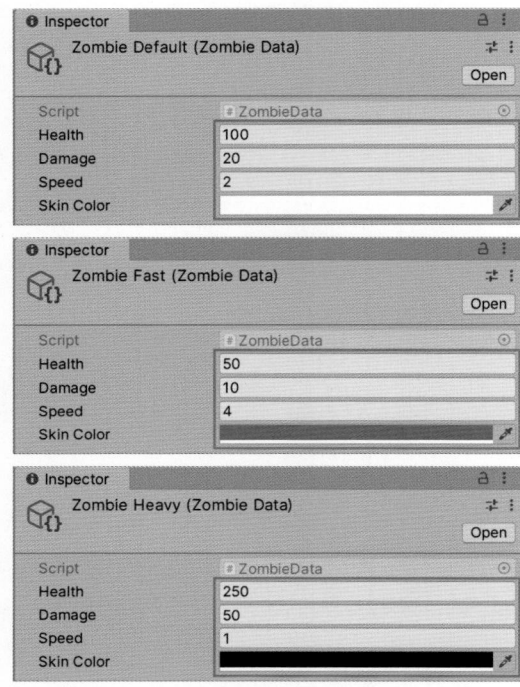

▶ 좀비 셋업 데이터 필드 생성하기

이것으로 좀비를 생성할 때 사용할 좀비 데이터를 세 종류 준비했습니다.

17.3.2 ZombieSpawner 게임 오브젝트 준비

그러면 이제 좀비를 생성할 위치를 표시할 게임 오브젝트와 좀비 생성기를 씬에 추가해봅시다.

【 **과정 01** 】 생성 위치 추가

① **Prefabs** 폴더의 **Spawn Points** 프리팹을 **하이어라키** 창으로 **드래그&드롭**

② **하이어라키** 창에서 **Spawn Points** 게임 오브젝트의 자식 명단 펼치기

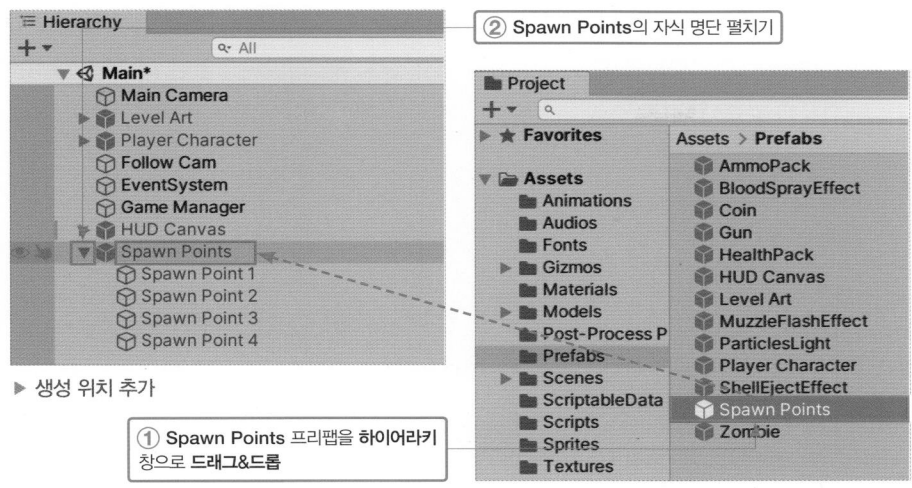

▶ 생성 위치 추가

Spawn Points와 그 자식 게임 오브젝트 모두 빈 게임 오브젝트로, 단순히 좀비를 생성할 위치를 표시하는 역할만 합니다. 이제 씬에 좀비 생성기가 될 게임 오브젝트를 추가합니다.

[과정 02] 좀비 생성기 추가

① 빈 게임 오브젝트 생성(+ 〉 Create Empty)
② 생성된 빈 게임 오브젝트의 이름을 Zombie Spawner로 변경
③ Zombie Spawner 게임 오브젝트에 ZombieSpawner 스크립트 추가(Scripts 폴더의 ZombieSpawner 스크립트를 Zombie Spawner 게임 오브젝트로 드래그&드롭)

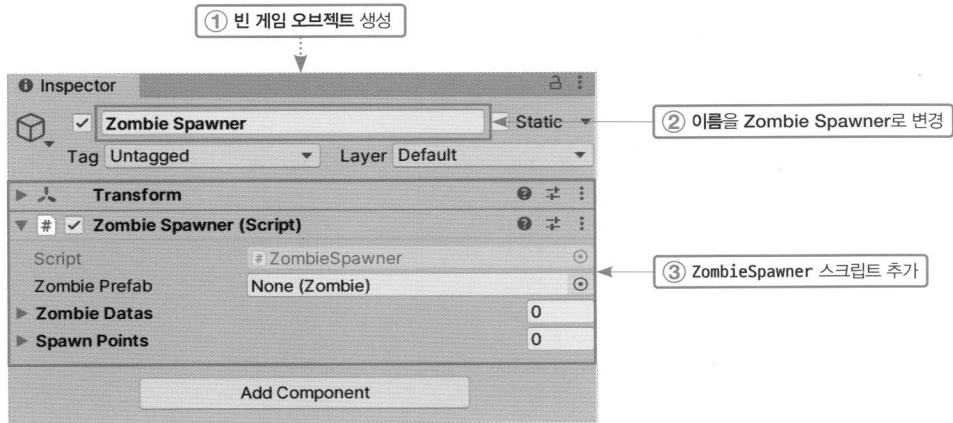

▶ 좀비 생성기 추가

Zombie Spawner 게임 오브젝트에 추가한 ZombieSpawner 스크립트는 좀비 생성기를 구현합니다. ZombieSpawner 스크립트를 완성하기 위해 더블 클릭해서 엽니다. 열린 ZombieSpawner 스크립트는 다음과 같습니다.

```
using System.Collections.Generic;
using UnityEngine;

// 좀비 게임 오브젝트를 주기적으로 생성
public class ZombieSpawner : MonoBehaviour {
    public Zombie zombiePrefab; // 생성할 좀비 원본 프리팹

    public ZombieData[] zombieDatas; // 사용할 좀비 셋업 데이터
    public Transform[] spawnPoints; // 좀비 AI를 소환할 위치

    private List<Zombie> zombies = new List<Zombie>(); // 생성된 좀비를 담는 리스트
    private int wave; // 현재 웨이브

    private void Update() {
        // 게임오버 상태일 때는 생성하지 않음
        if (GameManager.instance != null && GameManager.instance.isGameover)
        {
            return;
        }

        // 좀비를 모두 물리친 경우 다음 스폰 실행
        if (zombies.Count <= 0)
        {
            SpawnWave();
        }

        // UI 갱신
        UpdateUI();
    }

    // 웨이브 정보를 UI로 표시
    private void UpdateUI() {
        // 현재 웨이브와 남은 좀비 수 표시
        UIManager.instance.UpdateWaveText(wave, zombies.Count);
    }
```

```
    // 현재 웨이브에 맞춰 좀비 생성
    private void SpawnWave() {

    }

    // 좀비를 생성하고 좀비에 추적할 대상 할당
    private void CreateZombie() {

    }
}
```

17.3.3 ZombieSpawner의 필드

ZombieSpawner 스크립트의 필드를 살펴봅시다.

먼저 실시간 생성할 좀비의 원본 프리팹을 할당할 Zombie 타입의 변수 zombiePrefab이 선언되어 있습니다.

```
public Zombie zombiePrefab;
```

zombieDatas는 생성할 좀비들의 능력치를 설정하는 데 사용할 ZombieData를 저장하는 배열입니다.

```
public ZombieData[] zombieDatas;
```

spawnPoints는 생성 위치로 사용할 트랜스폼들을 저장하는 배열입니다.

```
public Transform[] spawnPoints;
```

그다음 생성한 좀비들을 등록하고 추적하는 데 사용할 리스트 zombies가 선언되어 있습니다.

```
private List<Zombie> zombies = new List<Zombie>();
```

zombies는 현재 살아 있는 좀비 수를 파악하는 데 사용됩니다.

wave는 현재 좀비 생성 웨이브를 나타냅니다. 현재 웨이브의 모든 좀비를 제거할 때마다 웨이브가 1씩 증가하며, 웨이브 값이 클수록 한 번에 생성되는 좀비 수도 많아집니다.

```
private int wave = 0;
```

리스트

ZombieSpawner에서 생성된 좀비들을 등록할 변수 zombies는 리스트(List) 타입입니다. 리스트 타입은 배열처럼 여러 오브젝트를 하나의 변수에 할당할 수 있는 타입입니다. 단, 배열과 달리 저장 공간의 크기가 자유롭게 변하는 특징이 있습니다.

배열은 처음 정한 배열의 길이를 도중에 변경할 수 없습니다.[2] 10개의 좀비 오브젝트를 저장하는 배열은 10개보다 더 많은 수의 좀비 오브젝트를 저장할 수 없습니다.

리스트는 배열과 달리 추가하거나 제거한 오브젝트 수만큼 자동으로 크기가 늘어나거나 줄어듭니다. 예를 들어 5개의 오브젝트가 미리 추가된 리스트가 있다고 가정해봅시다. 해당 리스트에 오브젝트를 10개 추가하면 리스트의 크기가 자동으로 15로 늘어납니다.

리스트는 사용할 오브젝트의 총 수를 미리 알 수 없거나 오브젝트 수가 실시간으로 변경되는 경우에 사용합니다. 즉, 좀비 서바이버에서 좀비 수는 실시간으로 늘어나거나 줄어들기 때문에 생성한 좀비들을 배열이 아닌 리스트에 저장한 겁니다.

리스트 변수를 선언하고 새로운 리스트를 생성할 때는 다음과 같이 <> 안에 리스트가 대응할 타입을 명시합니다.

```
List<string> names = new List<string>();
```

리스트에 새로운 오브젝트를 추가할 때는 Add() 메서드, 리스트에서 오브젝트를 제거할 때는 Remove() 메서드를 사용합니다.

```
names.Add("Lee"); // 리스트에 Lee 추가
names.Remove("Kim"); // 리스트에서 Kim 제거
```

---

2 배열 변수에 새로운 길이의 배열을 생성해서 재할당할 수 있지만, 그 경우 기존 배열 정보는 파괴됩니다.

리스트에 추가된 오브젝트는 배열처럼 []에 순번을 명시해 접근할 수 있습니다.

```
string name = names[0];
```

리스트에 추가된 오브젝트 수는 Count 필드를 사용해 접근할 수 있습니다.

```
int numberOfNames = names.Count;
```

17.3.4 Update( )

지금부터 17.3.7절까지 ZombieSpawner의 메서드를 살펴봅니다. 먼저 Update( ) 메서드를 살펴보겠습니다. 이 메서드는 저자가 미리 완성해두었으며, 매 프레임마다 조건을 검사하고 좀비 생성 웨이브를 실행합니다.

```
private void Update() {
    // 게임오버 상태일 때는 생성하지 않음
    if (GameManager.instance != null && GameManager.instance.isGameover)
    {
        return;
    }

    // 좀비를 모두 물리친 경우 다음 스폰 실행
    if (zombies.Count <= 0)
    {
        SpawnWave();
    }

    // UI 갱신
    UpdateUI();
}
```

Update( ) 메서드의 최상단에는 GameManager 싱글턴이 존재하며, GameManager 싱글턴의 isGameover가 true인 게임오버 상태라면 처리를 더 이상 진행하지 않고 즉시 Update( ) 메서드를 종료합니다.

```
if (GameManager.instance != null && GameManager.instance.isGameover)
{
    return;
}
```

게임오버 상태가 아니라면 처리가 계속 진행되어 좀비 생성 웨이브를 실행할 조건을 검사합니다. 만약 좀비 리스트 zombies에 등록된 좀비 수가 0보다 작거나 같은 경우, 즉 씬에 좀비가 남아 있지 않다면 좀비 생성 웨이브 메서드인 SpawnWave()를 실행하여 좀비를 생성합니다.

```
if (zombies.Count <= 0)
{
    SpawnWave();
}
```

Update() 메서드 마지막에는 UpdateUI() 메서드를 실행하여 남은 좀비와 현재 웨이브를 표시하는 UI를 갱신합니다.

17.3.5 UpdateUI()

Update() 메서드에서 실행되는 UpdateUI() 메서드는 현재 웨이브 번호와 씬에 남아 있는 좀비 수를 표시하는 UI를 갱신합니다. UpdateUI() 메서드는 미리 저자가 완성해두었습니다.

```
private void UpdateUI() {
    // 현재 웨이브와 남은 적 수 표시
    UIManager.instance.UpdateWaveText(wave, zombies.Count);
}
```

좀비 웨이브 정보를 표시하는 UI 텍스트는 HUD Canvas 게임 오브젝트의 자식으로 있는 Enemy Wave Text 게임 오브젝트입니다.

UIManager 싱글턴이 Enemy Wave Text의 텍스트 컴포넌트가 출력 중인 내용을 갱신하는 UpdateWaveText() 메서드를 제공하므로 해당 메서드를 사용하여 UI를 갱신합니다.

17.3.6 SpawnWave()

SpawnWave() 메서드는 좀비 생성 웨이브를 구현하는 메서드입니다. 좀비를 실제 생성하는 메서드는 SpawnWave() 다음에 구현할 CreateZombie() 메서드입니다. SpawnWave() 메서드는 좀비를 직접 생성하지 않는 대신 현재 웨이브에 생성할 좀비 수만큼 CreateZombie() 메서드를 반복 실행합니다.

[과정 01] SpawnWave() 메서드 완성

① SpawnWave() 메서드를 다음과 같이 완성

```
private void SpawnWave() {
    // 웨이브 1 증가
    wave++;

    // 현재 웨이브 * 1.5를 반올림한 수만큼 좀비 생성
    int spawnCount = Mathf.RoundToInt(wave * 1.5f);

    // spawnCount만큼 좀비 생성
    for (int i = 0; i < spawnCount; i++)
    {
        // 좀비 생성 처리 실행
        CreateZombie();
    }
}
```

먼저 새로운 웨이브를 시작하면서 wave를 1 증가시킵니다. 그다음 wave에 1.5를 곱하고 반올림한 값을 생성할 좀비 수인 spawnCount의 값으로 사용합니다.

```
wave++;
int spawnCount = Mathf.RoundToInt(wave * 1.5f);
```

반올림에 사용한 Mathf.RoundToInt() 메서드는 float 값을 입력받고 입력값을 반올림한 정수를 반환합니다.

그다음 spawnCount만큼 CreateZombie() 메서드를 반복 실행하여 좀비를 생성합니다.

```
for (int i = 0; i < spawnCount; i++)
{
    CreateZombie();
}
```

17.3.7 CreateZombie( )

CreateZombie() 메서드는 생성할 좀비의 설정을 랜덤 선택하고 프리팹으로부터 좀비를 복제 생성합니다. 그리고 씬에 총 몇 개의 좀비가 존재하는지 파악할 수 있도록 생성한 좀비를 좀비 리스트에 등록합니다.

[과정 01] CreateZombie( ) 메서드 완성

① CreateZombie( ) 메서드를 다음과 같이 완성

```
private void CreateZombie() {
    // 사용할 좀비 데이터 랜덤으로 결정
    ZombieData zombieData = zombieDatas[Random.Range(0, zombieDatas.Length)];

    // 생성할 위치를 랜덤으로 결정
    Transform spawnPoint = spawnPoints[Random.Range(0, spawnPoints.Length)];

    // 좀비 프리팹으로부터 좀비 생성
    Zombie zombie = Instantiate(zombiePrefab, spawnPoint.position, spawnPoint.rotation);

    // 생성한 좀비의 능력치 설정
    zombie.Setup(zombieData);

    // 생성된 좀비를 리스트에 추가
    zombies.Add(zombie);

    // 좀비의 onDeath 이벤트에 익명 메서드 등록
    // 사망한 좀비를 리스트에서 제거
    zombie.onDeath += () => zombies.Remove(zombie);
    // 사망한 좀비를 10초 뒤에 파괴
    zombie.onDeath += () => Destroy(zombie.gameObject, 10f);
```

```
    // 좀비 사망 시 점수 상승
    zombie.onDeath += () => GameManager.instance.AddScore(100);
}
```

먼저 생성할 좀비에 사용할 데이터를 랜덤하게 선택하여 zombieData 변수에 저장합니다.

```
ZombieData zombieData = zombieDatas[Random.Range(0, zombieDatas.Length)];
```

zombieDatas에 할당된 여러 좀비 데이터 중 하나를 랜덤 선택하여 zombieData에 할당했습니다. 랜덤 선택에 사용한 배열 순번은 Random.Range()를 사용해 0부터 배열의 크기인 zombieDatas.Length 사이에서 결정합니다.

그다음 같은 방식으로 좀비를 생성할 위치가 될 트랜스폼을 결정합니다.

```
Transform spawnPoint = spawnPoints[Random.Range(0, spawnPoints.Length)];
```

이어서 좀비를 생성하고 생성한 좀비의 능력치를 설정합니다.

```
Zombie zombie = Instantiate(zombiePrefab, spawnPoint.position, spawnPoint.rotation);
zombie.Setup(zombieData);
```

위 코드는 Instantiate() 메서드로 좀비 프리팹 zombiePrefab의 복제본을 생성하고 spawnPoint의 위치와 회전에 배치합니다. 그리고 생성된 좀비 복제본을 Zombie 타입 변수 zombie로 받아 Setup() 메서드를 실행하고 zombieData를 입력하여 생성된 좀비의 능력치를 결정합니다.

그리고 생성된 좀비 zombie를 추적할 수 있도록 좀비 리스트 zombies에 등록합니다.

```
zombies.Add(zombie);
```

마지막으로 생성된 좀비의 onDeath 이벤트에 다음과 같은 처리를 등록합니다. onDeath 이벤트는 생성된 좀비가 사망할 때 실행됩니다.

- zombies.Remove(zombie) : 자신을 리스트에서 제거
- Destroy(zombie.gameObject, 10f) : 10초 뒤에 자신의 게임 오브젝트 파괴
- GameManager.instance.AddScore(100) : 게임 점수를 100점 증가

이러한 처리는 사망한 좀비를 좀비 리스트에서 빼고, 좀비 시체가 계속 늘어나지 않도록 사망한 좀비 게임 오브젝트를 10초 뒤에 파괴하고, 게임 점수를 100점 증가시킵니다.

그런데 zombies.Remove(zombie); Destroy(zombie.gameObject, 10f); GameManager.instance.AddScore(100);을 실행하는 메서드가 ZombieSpawner 클래스에 미리 준비되어 있지 않습니다. 이 경우 이들을 실행하는 익명 함수^{Anonymous Function}를 만들어 이벤트에 등록할 수 있습니다.

익명 함수와 람다식

익명 함수는 미리 정의하지 않고, 인라인(실행 중인 코드 블록 내부)에서 즉석 생성할 수 있는 메서드입니다.

익명 함수는 실시간으로 생성할 수 있으며, 변수에 저장할 수 있는 값이나 오브젝트로 취급되며, 생성된 익명 함수는 델리게이트 타입의 변수에 저장할 수 있습니다. 단, 익명 함수는 미리 정의하지 않고 대부분 일회용으로 실시간 생성해서 사용하기 때문에 스코프 외부에서 따로 지칭할 수 있는 이름을 가지고 있지 않습니다.

익명 함수를 사용하면 실시간으로 일회용 메서드를 생성하고 이벤트에 등록할 수 있습니다. 따라서 우리는 zombies.Remove(zombie); Destroy(zombie.gameObject, 10f); GameManager.instance.AddScore(100);을 실행하는 익명 함수를 각각 만들어서 onDeath 이벤트에 등록했습니다.

```
zombie.onDeath += () => zombies.Remove(zombie);
zombie.onDeath += () => Destroy(zombie.gameObject, 10f);
zombie.onDeath += () => GameManager.instance.AddScore(100);
```

위 코드에서 () => zombies.Remove(zombie); 부분 자체가 메서드이자 오브젝트라는 점에 주목합니다. 우리는 () => zombies.Remove(zombie); 형태의 메서드를 '즉석' 생성하여 onDeath 이벤트에 할당한 겁니다.

본래 메서드는 프로그램 실행 전에 미리 정의합니다. 일반적으로 메서드는 실시간 생성되는 오브젝트가 아닙니다.[3] 하지만 익명 함수를 사용하면 프로그램 실행 도중에 미리 정의되지 않은 메서드를 오브젝트를 찍어내듯이 생성할 수 있습니다.

여기서 익명 함수를 만드는 데 사용된 표현을 람다식 또는 람다 표현식[Lambda Expression]이라고 부릅니다. 다음과 같은 람다식을 사용해 익명 함수를 생성할 수 있습니다.

```
(입력) => 내용;
```

17.3.8 ZombieSpawner 전체 스크립트

이것으로 ZombieSpawner 스크립트를 완성했습니다. 완성된 ZombieSpawner 스크립트의 전체 모습은 다음과 같습니다.

```csharp
using System.Collections.Generic;
using UnityEngine;

// 좀비 게임 오브젝트를 주기적으로 생성
public class ZombieSpawner : MonoBehaviour {
    public Zombie zombiePrefab; // 생성할 좀비 원본 프리팹

    public ZombieData[] zombieDatas; // 사용할 좀비 셋업 데이터
    public Transform[] spawnPoints; // 좀비 AI를 소환할 위치

    private List<Zombie> zombies = new List<Zombie>(); // 생성한 좀비를 담는 리스트
    private int wave; // 현재 웨이브

    private void Update() {
        // 게임오버 상태일 때는 생성하지 않음
        if (GameManager.instance != null && GameManager.instance.isGameover)
        {
            return;
        }
```

---

[3] 사실 프로그래밍 언어마다 다릅니다. 함수형 언어는 함수를 값이나 복제 생성 가능한 오브젝트로 취급합니다.

```
        // 좀비를 모두 물리친 경우 다음 스폰 실행
        if (zombies.Count <= 0)
        {
            SpawnWave();
        }

        // UI 갱신
        UpdateUI();
    }

    // 웨이브 정보를 UI로 표시
    private void UpdateUI() {
        // 현재 웨이브와 남은 좀비 수 표시
        UIManager.instance.UpdateWaveText(wave, zombies.Count);
    }

    // 현재 웨이브에 맞춰 좀비 생성
    private void SpawnWave() {
        // 웨이브 1 증가
        wave++;

        // 현재 웨이브 * 1.5를 반올림한 수만큼 좀비 생성
        int spawnCount = Mathf.RoundToInt(wave * 1.5f);

        // spawnCount만큼 좀비 생성
        for (int i = 0; i < spawnCount; i++)
        {
            // 좀비 생성 처리 실행
            CreateZombie();
        }
    }

    // 좀비를 생성하고 좀비에 추적할 대상 할당
    private void CreateZombie() {
        // 사용할 좀비 데이터 랜덤으로 결정
        ZombieData zombieData = zombieDatas[Random.Range(0, zombieDatas.Length)];

        // 생성할 위치를 랜덤으로 결정
        Transform spawnPoint = spawnPoints[Random.Range(0, spawnPoints.Length)];
```

```
        // 좀비 프리팹으로부터 좀비 생성
        Zombie zombie = Instantiate(zombiePrefab, spawnPoint.position, spawnPoint.rotation);

        // 생성한 좀비의 능력치 설정
        zombie.Setup(zombieData);

        // 생성된 좀비를 리스트에 추가
        zombies.Add(zombie);

        // 좀비의 onDeath 이벤트에 익명 메서드 등록
        // 사망한 좀비를 리스트에서 제거
        zombie.onDeath += () => zombies.Remove(zombie);
        // 사망한 좀비를 10초 뒤에 파괴
        zombie.onDeath += () => Destroy(zombie.gameObject, 10f);
        // 좀비 사망 시 점수 상승
        zombie.onDeath += () => GameManager.instance.AddScore(100);
    }
}
```

코드를 제대로 작성했음을 확인했다면 [Ctrl+S]로 스크립트를 저장하고 유니티 에디터로 돌아
갑니다.

17.3.9 ZombieSpawner 컴포넌트 설정

완성된 ZombieSpawner 컴포넌트를 설정합니다. 하이어라키 창에서 Zombie Spawner 게임
오브젝트를 선택하고 아래 과정을 따라 합니다.

[과정 01] ZombieSpawner 컴포넌트 설정

① ZombieSpawner 컴포넌트의 **Zombie Prefab**에 **Prefabs** 폴더의 **Zombie** 프리팹 할당
② **ZombieDatas** 필드의 배열 크기를 **3**으로 변경
③ **ZombieDatas** 필드의 각 원소에 **ScriptableData** 폴더에 있던 **Zombie Default, Zombie Fast, Zombie Heavy** 할당
④ **SpawnPoints** 필드의 배열 크기를 **4**로 변경
⑤ **SpawnPoints** 필드의 각 원소에 **Spawn Point 1, 2, 3, 4** 할당

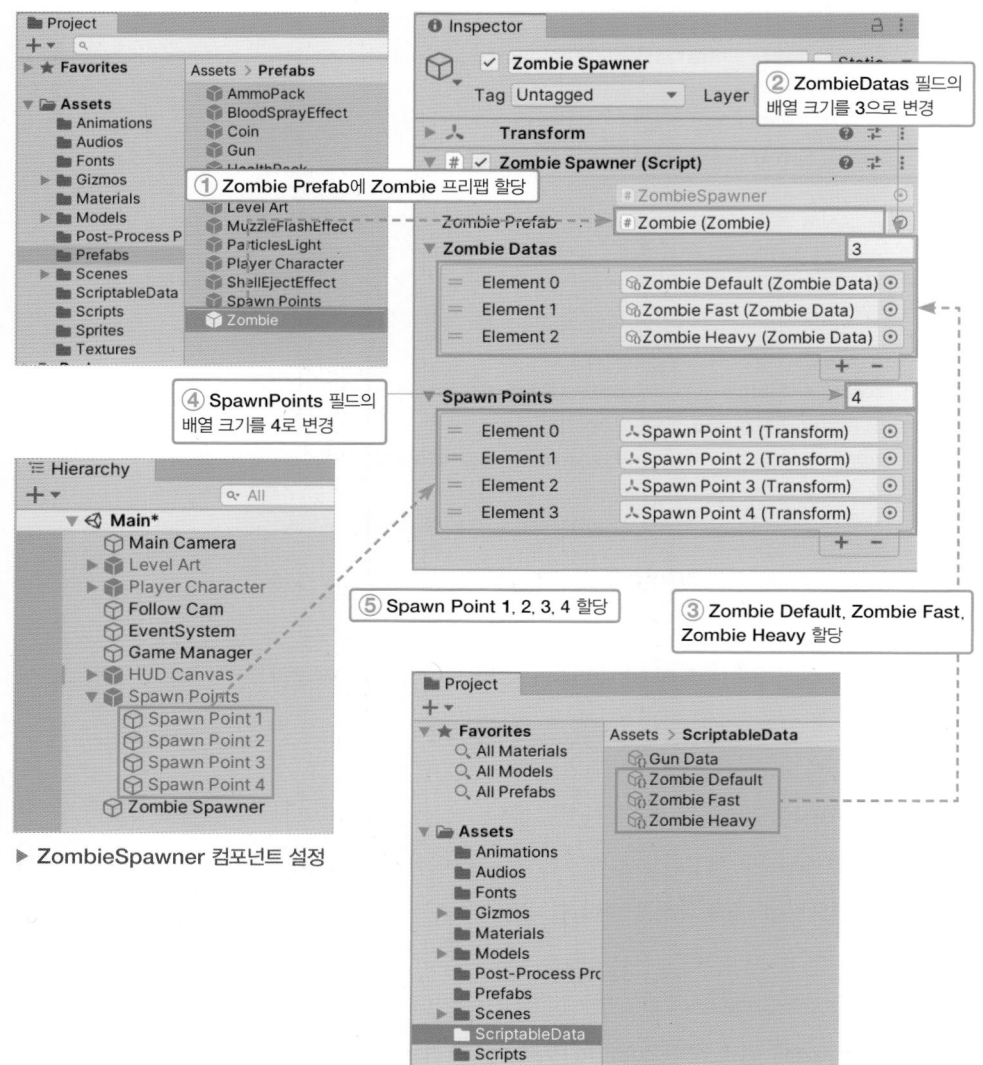

① Zombie Prefab에 Zombie 프리팹 할당

② ZombieDatas 필드의 배열 크기를 3으로 변경

③ Zombie Default, Zombie Fast, Zombie Heavy 할당

④ SpawnPoints 필드의 배열 크기를 4로 변경

⑤ Spawn Point 1, 2, 3, 4 할당

▶ ZombieSpawner 컴포넌트 설정

ZombieSpawner 컴포넌트를 설정한 다음 플레이 버튼을 눌러 씬을 테스트합니다. 첫 번째 웨이브가 시작되면서 UI에 현재 웨이브와 생성된 좀비 수가 표시되고, 플레이어 캐릭터를 추적하는 좀비가 생성될 겁니다.

총을 쏴서 좀비를 죽이면 좀비의 onDeath 이벤트가 실행되면서 점수가 증가하고 UI에서 남은 좀비 수 표시가 줄어듭니다.

좀비를 모두 죽이면 웨이브가 1 증가하고 이전 웨이브보다 더 많은 수의 좀비가 생성됩니다. 또한 생성된 좀비들은 이동 속도나 피부색 등이 각각 다른 것을 알 수 있습니다.

▶ 생성된 좀비들

또한 좀비의 공격으로 플레이어 캐릭터가 사망한 경우 게임오버 UI가 표시되며 게임 재시작 버튼을 누르면 게임이 재시작되는 것을 확인할 수 있습니다.

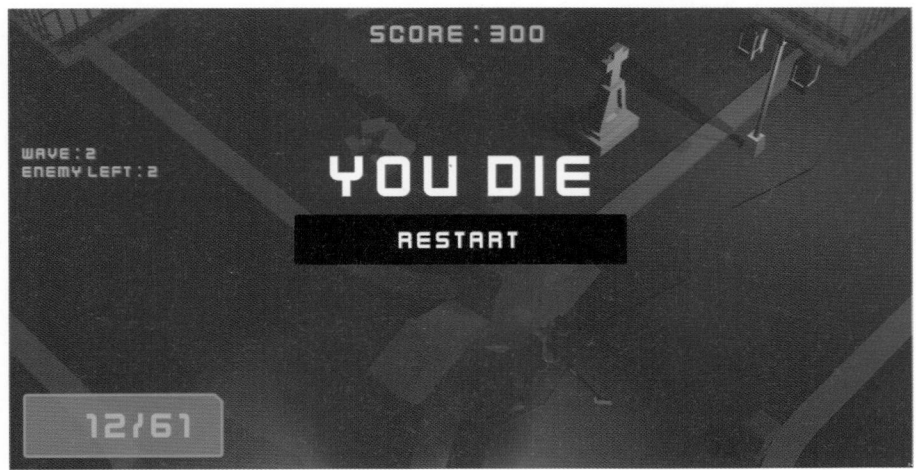

▶ 게임오버 상태

테스트를 충분히 했다면 플레이 모드를 해제하고 [Ctrl+S]로 씬을 저장합니다.

17.4 아이템 생성

플레이어 캐릭터가 사용할 수 있는 아이템을 추가하고 아이템 생성기를 사용해 실시간으로 아이템을 생성합니다.

생성할 아이템 프리팹은 저자가 Prefabs 폴더에 미리 제작하여 추가해두었습니다. 먼저 아이템 생성기 게임 오브젝트를 제작한 다음 생성할 아이템 프리팹의 구성을 살펴보겠습니다.

아이템 생성기 ItemSpawner 스크립트는 다음 기능을 가집니다.

1. 주기적으로 아이템 생성
2. 플레이어 근처의 내비메시 위에서 랜덤한 한 점을 선택하여 아이템 생성 위치로 사용

ItemSpawner 스크립트에서 주기적으로 아이템을 생성하는 원리는 직전의 ZombieSpawner 스크립트나 7장 닷지 프로젝트의 탄알 생성기 등 이전에 제작했던 여러 생성기 스크립트의 동작 원리와 동일합니다.

단, 내비메시 위의 랜덤한 점을 선택하는 기능은 이전에 작성한 생성기 스크립트에는 없는 기능이며, 이 책의 범위를 벗어나며, 구현 난이도가 높습니다. 따라서 ItemSpawner 스크립트는 미리 저자가 완성하여 프로젝트에 포함시켜 두었으며, 전체 코드가 어떻게 구현되었는지 살펴보는 방식으로 설명을 진행하겠습니다.

그럼 먼저 아이템 생성기가 될 게임 오브젝트를 씬에 추가하고, 아이템 생성기 ItemSpawner 스크립트를 열겠습니다.

[과정 01] 아이템 생성기 추가

① 빈 게임 오브젝트 생성(**하이어라키** 창에서 **+ > Create Empty**)
② 생성된 게임 오브젝트의 **이름**을 **Item Spawner**로 변경
③ **Item Spawner** 게임 오브젝트에 **Script** 폴더의 ItemSpawner 스크립트 추가

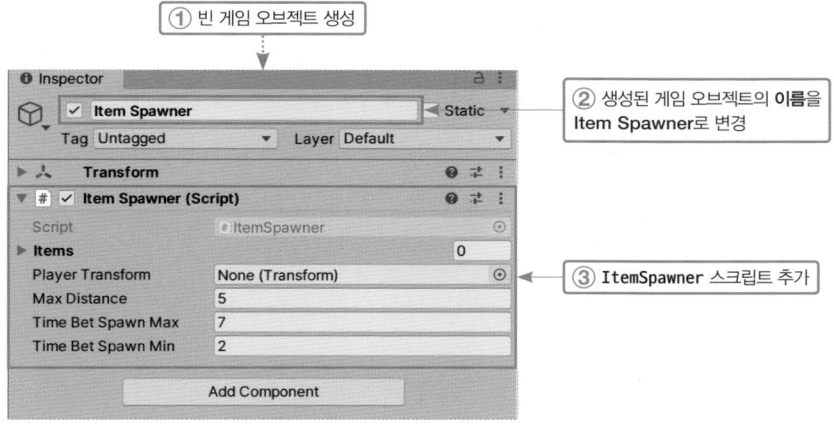

① 빈 게임 오브젝트 생성

② 생성된 게임 오브젝트의 **이름**을 Item Spawner로 변경

③ ItemSpawner 스크립트 추가

▶ 아이템 생성기 추가

추가한 `ItemSpawner` 스크립트를 완성하기 위해 더블 클릭으로 엽니다. 열린 `ItemSpawner` 스크립트는 다음과 같은 모습입니다.

```
using UnityEngine;
using UnityEngine.AI; // 내비메시 관련 코드

// 주기적으로 아이템을 플레이어 근처에 생성하는 스크립트
public class ItemSpawner : MonoBehaviour {
    public GameObject[] items; // 생성할 아이템
    public Transform playerTransform; // 플레이어의 트랜스폼

    public float maxDistance = 5f; // 플레이어 위치에서 아이템이 배치될 최대 반경

    public float timeBetSpawnMax = 7f; // 최대 시간 간격
    public float timeBetSpawnMin = 2f; // 최소 시간 간격
    private float timeBetSpawn; // 생성 간격

    private float lastSpawnTime; // 마지막 생성 시점

    private void Start() {
        // 생성 간격과 마지막 생성 시점 초기화
        timeBetSpawn = Random.Range(timeBetSpawnMin, timeBetSpawnMax);
        lastSpawnTime = 0;
    }
```

```
// 주기적으로 아이템 생성 처리 실행
private void Update() {
    // 현재 시점이 마지막 생성 시점에서 생성 주기 이상 지남
    // && 플레이어 캐릭터가 존재함
    if (Time.time >= lastSpawnTime + timeBetSpawn && playerTransform != null)
    {
        // 마지막 생성 시간 갱신
        lastSpawnTime = Time.time;
        // 생성 주기를 랜덤으로 변경
        timeBetSpawn = Random.Range(timeBetSpawnMin, timeBetSpawnMax);
        // 아이템 생성 실행
        Spawn();
    }
}


// 실제 아이템 생성 처리
private void Spawn() {
    // 플레이어 근처에서 내비메시 위의 랜덤 위치 가져오기
    Vector3 spawnPosition =
        GetRandomPointOnNavMesh(playerTransform.position, maxDistance);
    // 바닥에서 0.5만큼 위로 올리기
    spawnPosition += Vector3.up * 0.5f;

    // 아이템 중 하나를 무작위로 골라 랜덤 위치에 생성
    GameObject selectedItem = items[Random.Range(0, items.Length)];
    GameObject item = Instantiate(selectedItem, spawnPosition, Quaternion.identity);

    // 생성된 아이템을 5초 뒤에 파괴
    Destroy(item, 5f);
}


// 내비메시 위의 랜덤한 위치를 반환하는 메서드
// center를 중심으로 distance 반경 안에서의 랜덤한 위치를 찾음
private Vector3 GetRandomPointOnNavMesh(Vector3 center, float distance) {
    // center를 중심으로 반지름이 maxDistance인 구 안에서의 랜덤한 위치 하나를 저장
    // Random.insideUnitSphere는 반지름이 1인 구 안에서의 랜덤한 한 점을 반환하는 프로퍼티
    Vector3 randomPos = Random.insideUnitSphere * distance + center;

    // 내비메시 샘플링의 결과 정보를 저장하는 변수
    NavMeshHit hit;
```

```
        // maxDistance 반경 안에서 randomPos에 가장 가까운 내비메시 위의 한 점을 찾음
        NavMesh.SamplePosition(randomPos, out hit, distance, NavMesh.AllAreas);

        // 찾은 점 반환
        return hit.position;
    }
}
```

17.4.1 ItemSpawner의 필드

먼저 ItemSpawner의 필드를 봅시다.

```
public GameObject[] items;
public Transform playerTransform;
```

GameObject 타입의 배열 items에는 생성할 아이템 프리팹이 할당됩니다. Transform 타입의 변수 playerTransform에는 플레이어 캐릭터의 트랜스폼 컴포넌트가 할당됩니다. playerTransform 은 플레이어 캐릭터의 위치를 파악하는 데 사용됩니다.

```
public float maxDistance = 5f;
```

maxDistance는 플레이어 캐릭터로부터 아이템 생성 위치까지의 최대 거리입니다.

```
public float timeBetSpawnMax = 7f;
public float timeBetSpawnMin = 2f;
private float timeBetSpawn;
```

timeBetSpawnMax와 timeBetSpawnMin은 아이템 생성 시간 간격의 최댓값과 최솟값입니다. timeBetSpawn은 다음번 아이템 생성까지의 시간 간격입니다. timeBetSpawn의 값은 timeBetSpawnMin과 timeBetSpawnMax 사이의 값으로 결정됩니다.

```
private float lastSpawnTime;
```

lastSpawnTime은 마지막으로 아이템을 생성한 시점입니다.

17.4.2 Start( )

```
private void Start() {
    // 생성 간격과 마지막 생성 시점 초기화
    timeBetSpawn = Random.Range(timeBetSpawnMin, timeBetSpawnMax);
    lastSpawnTime = 0;
}
```

ItemSpawner 스크립트에서 가장 먼저 실행되는 Start() 메서드는 생성 간격 timeBetSpawn을 최솟값 timeBetSpawnMin과 최댓값 timeBetSpawnMax 사이에서 랜덤 설정합니다. 그리고 마지막 생성 시점 lastSpawnTime을 0으로 초기화합니다.

17.4.3 Update( )

Update() 메서드는 매 프레임마다 현재 시점이 아이템 생성을 처리하는 Spawn()을 실행할 수 있는 시점인지 체크하고, 가능한 경우 Spawn() 메서드를 실행합니다.

```
private void Update() {
    // 현재 시점이 마지막 생성 시점에서 생성 주기 이상 지남
    // && 플레이어 캐릭터가 존재함
    if (Time.time >= lastSpawnTime + timeBetSpawn && playerTransform != null)
    {
        // 마지막 생성 시간 갱신
        lastSpawnTime = Time.time;
        // 생성 주기를 랜덤으로 변경
        timeBetSpawn = Random.Range(timeBetSpawnMin, timeBetSpawnMax);
        // 아이템 생성 실행
        Spawn();
    }
}
```

코드에서 if 문은 다음 두 가지를 검사합니다.

- Time.time >= lastSpawnTime + timeBetSpawn : 마지막 생성 시점에서 생성 시간 간격 이상의 시간이 지났는가
- playerTransform != null : (생성 위치의 기준이 될) 플레이어 캐릭터의 트랜스폼 컴포넌트가 존재하는가

조건을 만족한다면 마지막 생성 시점 lastSpawnTime을 현재 시점 Time.time으로 갱신하고, 다음번 생성까지의 시간 간격 timeBetSpawn 값을 다시 랜덤 설정합니다. 그리고 Spawn() 메서드를 실행해 아이템을 생성합니다.

17.4.4 Spawn()

Spawn() 메서드는 플레이어 캐릭터의 위치에서 일정 반경 내부의 내비메시 위의 랜덤한 위치를 찾아 그곳에 아이템을 생성합니다.

```
private void Spawn() {
    // 플레이어 근처에서 내비메시 위의 랜덤 위치 가져오기
    Vector3 spawnPosition = GetRandomPointOnNavMesh(playerTransform.position, maxDistance);

    // 바닥에서 0.5만큼 위로 올리기
    spawnPosition += Vector3.up * 0.5f;

    // 아이템 중 하나를 무작위로 골라 랜덤 위치에 생성
    GameObject selectedItem = items[Random.Range(0, items.Length)];
    GameObject item = Instantiate(selectedItem, spawnPosition, Quaternion.identity);

    // 생성된 아이템을 5초 뒤에 파괴
    Destroy(item, 5f);
}
```

먼저 플레이어 캐릭터의 위치를 나타내는 playerTransform을 중심으로 maxDistance 반경 내부에서 내비메시 위의 랜덤 위치를 찾습니다.

```
Vector3 spawnPosition = GetRandomPointOnNavMesh(playerTransform.position, maxDistance);
```

내비메시 위의 랜덤한 위치를 찾는 데 사용한 GetRandomPointOnNavMesh() 메서드는 다음 절에서 살펴봅니다. GetRandomPointOnNavMesh()로 생성한 랜덤 위치는 변수 spawnPosition에 저장했습니다.

그다음 바닥에 아이템이 딱 붙어서 생성되지 않도록 spawnPosition의 y 값을 0.5만큼 높입니다.

```
spawnPosition += Vector3.up * 0.5f;
```

그다음 items에 할당된 여러 아이템 프리팹 중 생성할 아이템 프리팹을 하나 랜덤 선택합니다.

```
GameObject selectedItem = items[Random.Range(0, items.Length)];
```

그리고 Instantiate() 메서드로 아이템 프리팹의 복제본을 생성합니다. 복제본을 배치할 위치는 spawnPosition, 회전은 Quaternion.identity(오일러각 $(0,0,0)$ 회전에 대응)입니다.

```
GameObject item = Instantiate(selectedItem, spawnPosition, Quaternion.identity);
```

그리고 Instantiate() 메서드로 생성된 복제본을 item 변수에 할당했습니다. 마지막으로 Destroy() 메서드로 item에 할당된 게임 오브젝트를 5초 뒤에 파괴합니다.

```
Destroy(item, 5f);
```

이렇게 하면 생성된 아이템이 5초 뒤에 파괴되므로 아이템이 씬에 무한정 늘어나지 않습니다.

17.4.5 GetRandomPointOnNavMesh()

아이템 생성기는 내비메시 위의 랜덤한 위치를 선택해 아이템을 생성해야 합니다. 내비메시 위의 랜덤한 점을 반환하는 메서드는 유니티에 미리 구현되어 있지 않습니다. 따라서 GetRandomPointOnNavMesh() 메서드를 저자가 미리 구현해두었습니다.

GetRandomPointOnNavMesh(Vector3 center, float distance) 메서드는 입력된 center를 중심으로 distance 반경 안에서 내비메시 위의 랜덤한 한 점을 찾아서 반환합니다.

```
private Vector3 GetRandomPointOnNavMesh(Vector3 center, float distance) {
    // center를 중심으로 반지름이 maxDistance인 구 안에서의 랜덤한 위치 하나를 저장
    // Random.insideUnitSphere는 반지름이 1인 구 안에서의 랜덤한 한 점을 반환하는 프로퍼티
    Vector3 randomPos = Random.insideUnitSphere * distance + center;

    // 내비메시 샘플링의 결과 정보를 저장하는 변수
    NavMeshHit hit;

    // maxDistance 반경 안에서 randomPos에 가장 가까운 내비메시 위의 한 점을 찾음
    NavMesh.SamplePosition(randomPos, out hit, distance, NavMesh.AllAreas);
```

```
    // 찾은 점 반환
    return hit.position;
}
```

먼저 center를 중심으로 distance만큼의 반지름을 가지는 구가 있다고 가정하고, 해당 구의
내부에서 랜덤한 한 점을 선택합니다. 그리고 해당 점의 위치를 randomPos에 할당합니다.

```
Vector3 randomPos = Random.insideUnitSphere * distance + center;
```

Random.insideUnitSphere 프로퍼티는 반지름이 1유닛인 구 내부의 한 점을 반환합니다. 여기
에 distance를 곱하고 center를 더하면 위치가 center이며 반지름이 distance인 구 내부의
랜덤한 한 점을 선택하는 것과 같습니다.

그다음 내비메시 샘플링을 실행하여 randomPos와 가장 가까운 내비메시 위의 한 점을 찾습니
다. 내비메시 샘플링은 특정 반경 내부에서 어떤 위치와 가장 가까운 내비메시 위의 한 점을 찾
는 처리입니다.

내비메시 샘플링의 실행 결과는 레이캐스트처럼 별개의 정보 저장용 변수에 할당됩니다. 따라
서 내비메시 샘플링 정보를 저장할 NavMeshHit 타입의 변수 hit를 선언했습니다.

```
NavMeshHit hit;
```

그다음 내비메시 위의 모든 영역(NavMesh.AllAreas)에 대해 randomPos에 가장 가까운 한 점
을 distance 반경 내에서 찾는 샘플링을 실행합니다. 샘플링 실행 결과는 hit에 저장합니다.

```
NavMesh.SamplePosition(randomPos, out hit, distance, NavMesh.AllAreas);
```

마지막으로 샘플링으로 계산한 위치를 반환합니다.

```
return hit.position;
```

지금까지 ItemSpawner 스크립트의 전체 구현을 모두 살펴보았습니다. 이제 유니티 에디터로
돌아갑니다.

17.4.6 ItemSpawner 컴포넌트 설정

ItemSpawner 컴포넌트가 아이템을 생성하도록 필요한 설정을 합니다. 하이어라키 창에서 Item Spawner 게임 오브젝트를 선택하고 아래 과정을 따라 합니다.

[과정 01] ItemSpawner 컴포넌트 설정

① ItemSpawner 컴포넌트의 **Items** 배열 크기를 3으로 변경
② Prefabs 폴더의 **AmmoPack, Coin, HealthPack** 프리팹을 **Items**의 각 원소에 할당
③ **Player Character** 게임 오브젝트를 **PlayerTransform** 필드로 **드래그&드롭**하여 할당

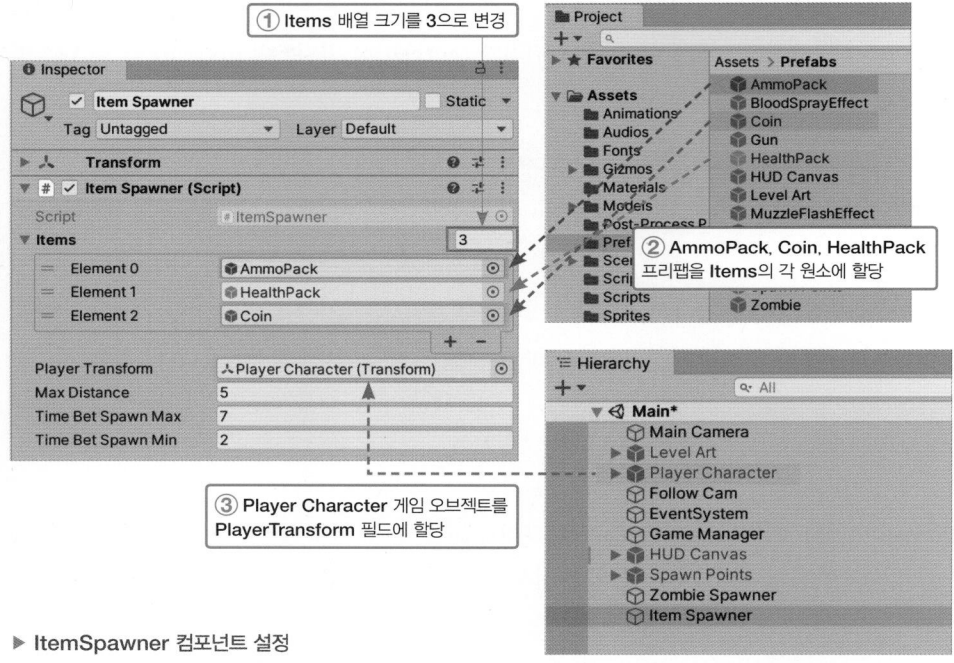

▶ ItemSpawner 컴포넌트 설정

이것으로 아이템 생성기가 완성되었습니다. 아이템 생성기를 테스트하기 전에 아이템 생성기에 할당한 아이템 프리팹의 구성을 살펴보겠습니다.

17.4.7 아이템 프리팹

AmmoPack, Coin, HealthPack 아이템 프리팹은 각각 남은 탄알을 증가시키고, 게임 점수를 증가시키며, 플레이어 캐릭터 체력을 증가시킵니다.

아이템 프리팹은 공통적으로 다음과 같은 컴포넌트를 가지고 있습니다.

- 트리거 설정된 스피어 콜라이더
- 라이트
- Rotator 스크립트

트리거 설정된 콜라이더는 플레이어 캐릭터가 트리거 충돌을 통해 아이템을 감지할 수 있도록 합니다. 라이트 컴포넌트는 아이템 게임 오브젝트 주변을 밝게 만들어 아이템이 잘 보이게 합니다.

Rotator 스크립트는 게임 오브젝트를 실시간 회전하는 단순 스크립트입니다.

```
public class Rotator : MonoBehaviour {
    public float rotationSpeed = 60f;

    private void Update() {
        transform.Rotate(0f, rotationSpeed * Time.deltaTime, 0f);
    }
}
```

또한 아이템 프리팹들은 아이템 역할에 따라 각자 AmmoPack, Coin, HealthPack 스크립트를 가지고 있습니다.

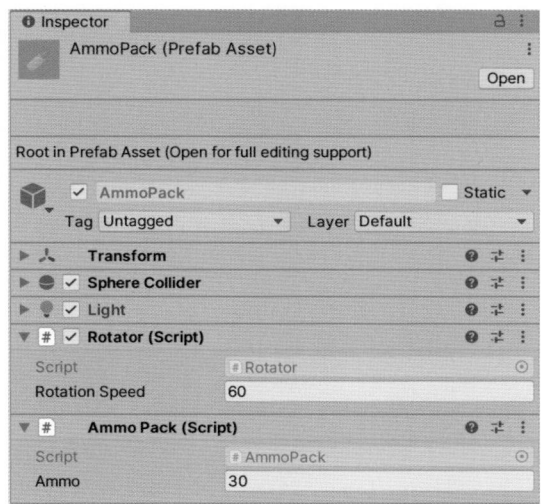

▶ AmmoPack 프리팹의 구성

AmmoPack, Coin, HealthPack 스크립트는 IItem 인터페이스를 상속하고 Use() 메서드를 구현해 아이템으로서의 동작을 담당합니다. 이들의 구성은 다음과 같습니다.

Coin 스크립트

Coin의 Use() 메서드는 게임 매니저에 접근해 AddScore() 메서드를 실행하여 점수를 추가합니다.

```
using UnityEngine;

// 게임 점수를 증가시키는 아이템
public class Coin : MonoBehaviour, IItem {
    public int score = 200; // 증가할 점수

    public void Use(GameObject target) {
        // 게임 매니저에 접근해 점수 추가
        GameManager.instance.AddScore(score);
        // 사용되었으므로 자신을 파괴
        Destroy(gameObject);
    }
}
```

사용된 아이템은 사라져야 하므로 Use() 메서드 마지막에 Destory() 메서드를 실행하여 자신의 게임 오브젝트를 파괴합니다.

AmmoPack 스크립트

AmmoPack의 Use() 메서드는 입력된 게임 오브젝트의 PlayerShooter 컴포넌트에 접근합니다. PlayerShooter 컴포넌트를 통해 플레이어가 사용 중인 총에 접근하고, 총의 남은 탄알을 증가시킵니다.

```
using UnityEngine;

// 탄알을 충전하는 아이템
public class AmmoPack : MonoBehaviour, IItem {
    public int ammo = 30; // 충전할 탄알 수

    public void Use(GameObject target) {
```

```
        // 전달받은 게임 오브젝트로부터 PlayerShooter 컴포넌트 가져오기 시도
        PlayerShooter playerShooter = target.GetComponent<PlayerShooter>();

        // PlayerShooter 컴포넌트가 있으며 총 오브젝트가 존재하면
        if (playerShooter != null && playerShooter.gun != null)
        {
            // 총의 남은 탄알 수를 ammo만큼 더함
            playerShooter.gun.ammoRemain += ammo;
        }

        // 사용되었으므로 자신을 파괴
        Destroy(gameObject);
    }
}
```

HealthPack 스크립트

HealthPack의 Use() 메서드는 입력받은 상대방 게임 오브젝트로부터 LivingEntity 타입의
컴포넌트를 찾아 RestoreHealth() 메서드를 실행하여 체력을 증가시킵니다.

```
using UnityEngine;

// 체력을 회복하는 아이템
public class HealthPack : MonoBehaviour, IItem {
    public float health = 50; // 체력을 회복할 수치

    public void Use(GameObject target) {
        // 전달받은 게임 오브젝트로부터 LivingEntity 컴포넌트 가져오기 시도
        LivingEntity life = target.GetComponent<LivingEntity>();

        // LivingEntity 컴포넌트가 있다면
        if (life != null)
        {
            // 체력 회복 실행
            life.RestoreHealth(health);
        }

        // 사용되었으므로 자신을 파괴
        Destroy(gameObject);
    }
}
```

17.4.8 아이템 생성기 테스트

이것으로 아이템 생성기를 완성하고 아이템 프리팹의 모든 구성도 살펴봤습니다. 이제 플레이 버튼을 눌러 씬을 테스트해봅니다. 아이템들이 주기적으로 플레이어 캐릭터 근처에서 랜덤 생성됩니다.

▶ 생성되는 아이템

코인을 먹으면 점수가 증가하며, 탄알을 먹으면 남은 탄알이 증가하며, 체력을 먹으면 남은 체력이 증가합니다. 또한 생성된 아이템을 먹지 않으면 자동으로 일정 시간 뒤에 파괴되는 것을 확인할 수 있습니다.

아이템 생성기를 충분히 테스트한 다음 플레이 모드를 해제하고 [Ctrl+S]로 씬을 저장합니다.

17.5 포스트 프로세싱

지금까지 게임의 모든 스크립트와 게임 오브젝트, 시스템을 완성했습니다. 이제 거의 완성된 게임에 포스트 프로세싱 스택을 사용하여 게임에 영상미를 추가합니다.

17.5.1 포스트 프로세싱 스택

포스트 프로세싱$^{Post Processing}$은 흔히 후처리라고 번역되며, 게임 화면이 최종 출력되기 전에 카메라의 이미지 버퍼에 삽입하는 추가 처리입니다. 포스트 프로세싱을 사용하면 적은 노력으로 뛰어난 영상미를 구현할 수 있습니다.

포스트 프로세싱 적용 전

포스트 프로세싱 적용 후

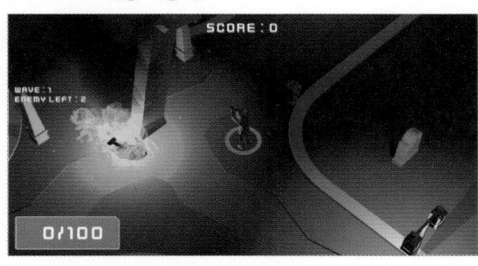 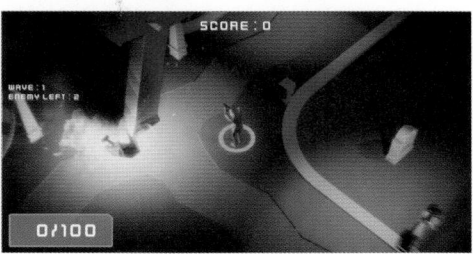

▶ 포스트 프로세스 적용 전후 비교

포스트 프로세싱을 적용하는 과정은 인스타그램 같은 카메라 앱의 필터를 사용하는 것과 비슷합니다. 모바일 앱의 카메라 필터는 사진을 촬영하는 동안에 적용되는 것이 아니라 사진을 촬영한 다음에 적용되기 때문입니다. 마찬가지로 대부분의 포스트 프로세싱 연산은 렌더링 파이프라인의 주요 과정에서 적용되지 않고 마지막 부분에 적용됩니다.

유니티는 포스트 프로세싱을 쉽게 사용할 수 있는 포스트 프로세싱 스택$^{Post-processing Stack}$ 패키지를 제공합니다. 포스트 프로세싱 스택은 v1과 v2 버전이 있습니다. 우리는 최신 버전인 v2를 사용합니다. 좀비 서바이버 프로젝트에는 14장에서 설명한 패키지 매니저를 사용해 포스트 프로세싱 스택 v2 패키지가 미리 추가되어 있습니다.

17.5.2 렌더링 경로

포스트 프로세싱을 적용하기 전에 최선의 품질을 얻기 위해 카메라의 렌더 설정을 변경합니다.

[과정 01] 카메라 렌더 설정 변경

① **하이어라키** 창에서 **Main Camera** 게임 오브젝트 선택
② **Camera** 컴포넌트의 **Rendering Path**를 **Deferred**로 변경
③ **Allow MSAA**를 해제(**Off**)

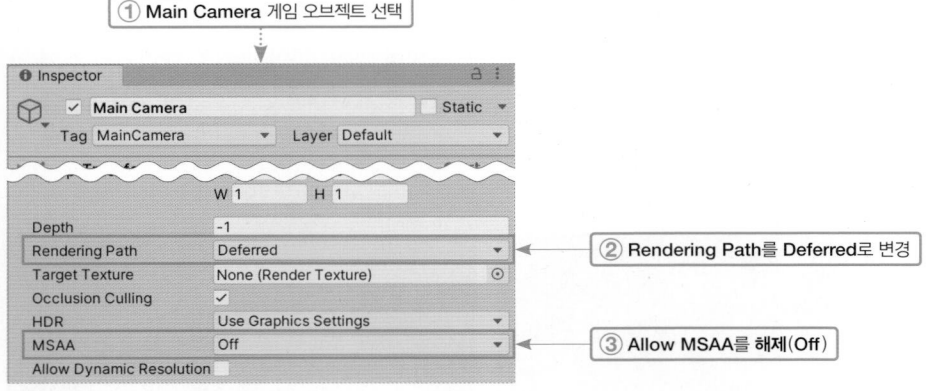

▶ 카메라 렌더 설정 변경

카메라 컴포넌트의 렌더링 경로^{Rendering Path}는 렌더링이 처리되는 순서와 방법을 결정하는 옵션입니다. 기본값인 Use Graphics Settings는 프로젝트 설정에 맞춰 자동으로 렌더링 경로를 결정하며, 일반적으로 포워드 렌더링^{Forward Rendering} 옵션으로 설정합니다.

포워드 렌더링은 성능이 가볍지만 라이팅 표현이 실제보다 간략화되고 왜곡됩니다. 이것을 디퍼드 셰이딩^{Deferred Shading}으로 바꿔 빛을 온전하게 표현합니다.

포워드 렌더링

포워드 렌더링은 각각의 오브젝트를 그릴 때마다 해당 오브젝트에 영향을 주는 모든 라이팅도 함께 계산하는 전통적인 방식입니다. 메모리 사용량이 적고 저사양에서도 비교적 잘 동작합니다. 하지만 연산 속도가 느리며, 오브젝트와 광원이 움직이거나 수가 많아질수록 연산량이 급증하여 사용하기 힘듭니다.

포워드 렌더링은 하나의 게임 오브젝트에 대해 최대 4개의 광원만 제대로 개별 연산합니다. 나머지 '중요하지 않은' 광원과 라이팅 효과는 부하를 줄이기 위해 합쳐서 한 번에 연산합니다. 따라서 라이팅 효과가 실제와 다르게 표현될 수 있습니다.

디퍼드 셰이딩

디퍼드 셰이딩은 라이팅 연산을 미뤄서^{deffered} 실행하는 방식입니다.

디퍼드 셰이딩의 첫 번째 패스에서는 오브젝트의 메시를 그리되 라이팅을 계산하거나 색을 채우지 않습니다. 대신 오브젝트의 여러 정보를 종류별로 버퍼에 저장합니다. 두 번째 패스에서 첫 번째 패스의 정보를 활용해 라이팅을 계산하고 최종 컬러를 결정합니다.

유니티의 디퍼드 셰이딩은 개수 제한 없이 광원을 표현할 수 있습니다. 또한 모든 광원의 효과가 올바르게 표현됩니다. 단, 디퍼드 셰이딩은 MSAA 같은 일부 안티앨리어싱(계단 현상 제거) 설정을 제대로 지원하지 않습니다. 그래서 카메라 컴포넌트의 MSAA 설정을 체크 해제했습니다.

17.5.3 포스트 프로세싱 적용

카메라 컴포넌트의 렌더 설정을 변경했으니 이제 포스트 프로세싱을 적용합니다. 포스트 프로세싱을 적용하기 위해서는 먼저 씬의 카메라에 포스트 프로세스 레이어^{Post-process Layer} 컴포넌트를 할당해야 합니다.

[과정 01] 카메라에 포스트 프로세스 레이어 추가

① **Main Camera** 게임 오브젝트에 **Post-process Layer** 컴포넌트 추가(**Add Component > Rendering > Post-process Layer**)
② **Post-process Layer** 컴포넌트의 **Layer**를 **PostProcessing**으로 변경
③ **Anti-aliasing**의 **Mode**를 **FXAA**로 변경

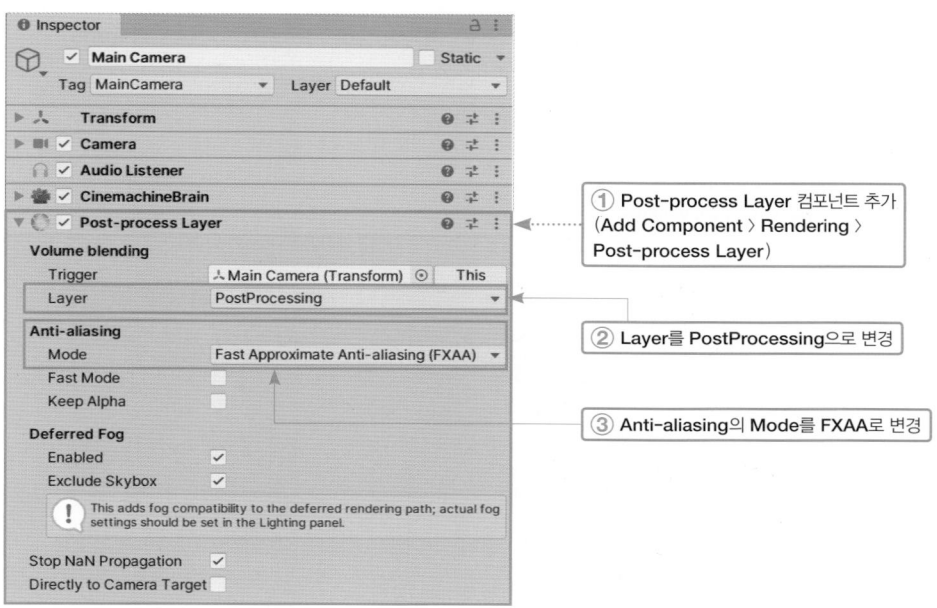

▶ 카메라에 포스트 프로세스 레이어 추가

포스트 프로세스 레이어 컴포넌트 자체는 적용할 설정을 가지고 있지 않다는 점에 주목합니다. 포스트 프로세스 레이어는 포스트 프로세싱 볼륨Post-process Volume을 감지하고 포스트 프로세싱 볼륨으로부터 설정을 얻어와 카메라에 적용합니다.

단, 씬의 모든 게임 오브젝트에 대해 포스트 프로세싱 볼륨을 찾으려 하면 성능에 악영향을 미칩니다. 따라서 포스트 프로세스 레이어는 특정 레이어에 대해서만 포스트 프로세싱 볼륨을 감지하도록 설정합니다.

과정 01의 ②에서 포스트 프로세스 레이어의 Layer 필드에 PostProcessing을 할당한 것은 PostProcessing이라는 레이어를 가진 게임 오브젝트에 대해서만 포스트 프로세싱 볼륨을 감지하도록 변경한 겁니다.

안티앨리어싱 모드Antialiasing Mode는 물체의 경계선을 매끄럽게 그리도록 계단 현상을 제거합니다. FXAAFast Approximate Anti-Aliasing는 전반적인 품질은 높지 않지만 성능 저하가 가장 적고 연산이 빠른 방식입니다.

포스트 프로세싱 컴포넌트를 설정했으니 이제 포스트 프로세스 볼륨을 추가합시다.

[과정 02] 포스트 프로세스 볼륨 추가

① **Post-process Volume** 게임 오브젝트 생성(**+** > **3D Object** > **Post-process Volume**)
② **Post-process Volume** 게임 오브젝트의 레이어를 **PostProcessing**으로 변경
③ **Post-process Volume** 컴포넌트의 **Is Global** 체크

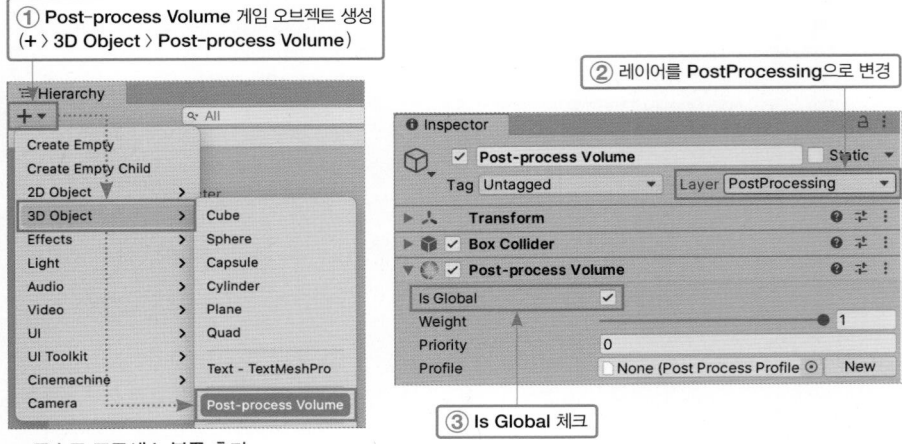

▶ 포스트 프로세스 볼륨 추가

포스트 프로세스 볼륨은 본래 트리거 콜라이더와 함께 사용합니다. 포스트 프로세스 볼륨의 콜라이더와 포스트 프로세스 레이어의 Trigger 필드에 할당된 게임 오브젝트의 위치가 겹치면 해당 포스트 프로세스 볼륨의 효과가 포스트 프로세스 레이어 컴포넌트를 거쳐 카메라에 적용됩니다.

하지만 우리는 카메라의 위치가 어디든 일괄적으로 효과를 적용하고 싶습니다. 따라서 포스트 프로세스 볼륨 컴포넌트의 Is Global을 체크하여 위치와 상관없이 효과를 전역으로 사용합니다.

이제 마지막으로 포스트 프로세스 볼륨에 포스트 프로세스 프로파일을 할당하여 효과를 추가합니다.

[과정 03] 포스트 프로세스 프로파일 할당

① **Post Process Volume** 컴포넌트의 **Profile** 필드에 **Global Profile** 할당(**Profile** 필드 옆의 **선택 버튼 클릭** 〉 **Global Profile** 더블 클릭)

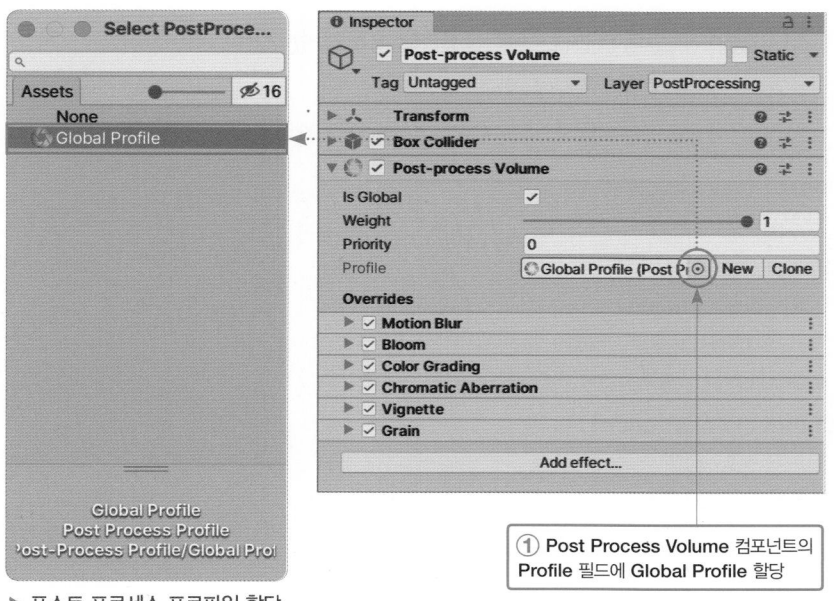

▶ 포스트 프로세스 프로파일 할당

Global Profile은 저자가 미리 만들어둔 포스트 프로세스 프로파일이며, Global Profile을 사용하는 순간 게임의 전체 화면 색감이 변화할 겁니다.

▶ 적용된 모습

포스트 프로세스 프로파일은 사용할 효과 목록을 기록하는 프리셋 파일입니다. 포스트 프로세스 볼륨 컴포넌트의 Profile 필드 옆의 New 버튼을 클릭해 새로운 프로파일을 생성하거나, 누군가가 기존에 만들어둔 프로파일을 가져와서 사용할 수 있습니다.

우리가 사용한 Global Profile은 다음과 같은 설정을 사용하고 있습니다.

- **모션 블러(Motion Blur)**
  - 빠르게 움직이는 물체에 대한 잔상
- **블룸(Bloom)**
  - 일명 '뽀샤시'
  - 밝은 물체의 경계에서 빛이 산란되는 효과
- **컬러 그레이딩(Color Grading)**
  - 일명 '인스타그램 사진 필터'
  - 최종 컬러, 대비, 감마 등을 교정
- **색 수차(Chromatic Aberration)**
  - 일명 '방사능 중독 효과'
  - 이미지의 경계가 번지고 삼원색이 분리되는 효과
  - 게임에서 방사능이나 독 중독 효과를 표현할 때 주로 사용
- **비네트(Vignette)**
  - 화면 가장자리의 채도와 명도를 낮추는 효과
  - 화면 중심에 포커스를 주고 차분한 느낌을 줄 때 주로 사용
- **그레인(Grain)**
  - 화면에 입자 노이즈 추가
  - 필름 영화 같은 효과를 내거나 공포 분위기를 강화할 때 주로 사용

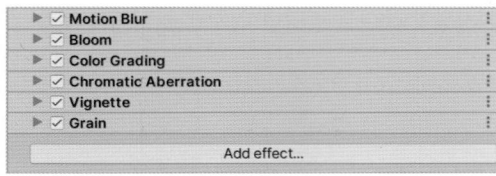

▶	✓ Motion Blur	⋮
▶	✓ Bloom	⋮
▶	✓ Color Grading	⋮
▶	✓ Chromatic Aberration	⋮
▶	✓ Vignette	⋮
▶	✓ Grain	⋮
	Add effect...	

▶ Global Profile의 사용 효과 목록

물론 여러분이 직접 Global Profile에 이미 추가되어 있는 효과의 설정값을 변경하거나 삭제하고 프로파일 하단의 Add effect 버튼을 클릭하여 기존 목록에 다른 효과를 추가할 수도 있습니다.

그러면 [Ctrl+S]로 씬을 저장하고 최종 빌드를 준비합니다.

17.6 최종 빌드

지금까지 게임의 모든 부분을 완성했습니다. 마지막으로 반복되는 배경음을 추가하고 게임을 빌드합시다.

[과정 01] 배경음 추가

① Audio 폴더의 Music 오디오 클립을 **하이어라키** 창의 Game Manager로 **드래그&드롭**
② Game Manager 게임 오브젝트의 Audio Source 컴포넌트의 Loop **체크**

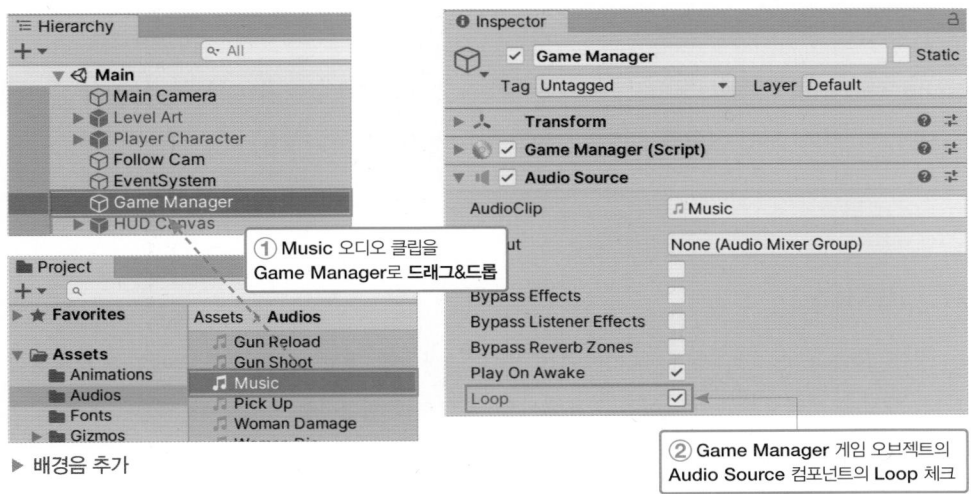

▶ 배경음 추가

이제 게임을 빌드합니다. 빌드하기 전에 빌드를 저장할 폴더를 적당한 위치에 생성해둘 것을 추천합니다.

[과정 02] 빌드하기

   ① **빌드 설정** 창 열기(상단 메뉴의 **File** 〉 **Build Settings…**)
   ② 현재 **씬**을 **빌드 목록**에 등록(**Add Open Scenes** 클릭)
   ③ **Build and Run**을 클릭하고 원하는 경로에 빌드

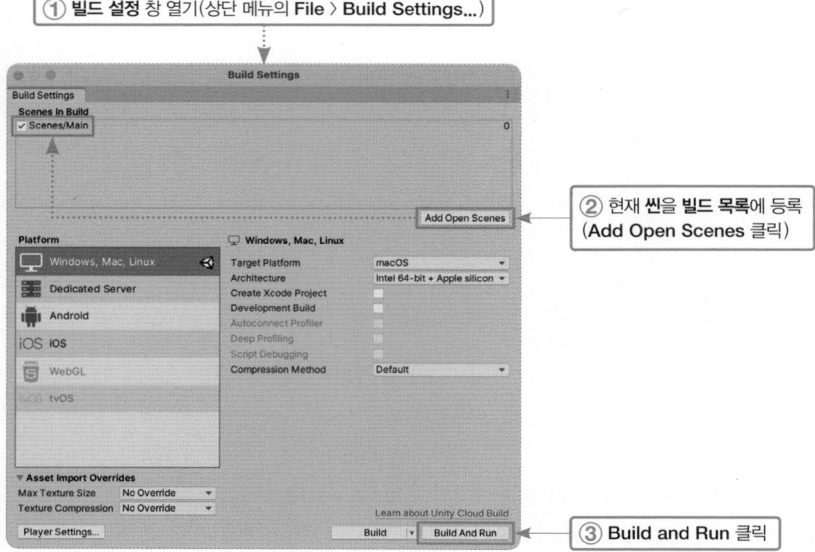

▶ 빌드하기

Build And Run 버튼을 클릭하면 빌드가 얼마간 진행되다가 완성된 게임 프로그램이 실행될 겁니다. 이것으로 다른 사람에게 배포 가능한 빌드 생성까지 완료했습니다.

17.7 마치며

이 장에서는 UI 매니저, 게임 매니저, 좀비 생성기, 아이템 생성기를 추가하고 게임을 완성했습니다. 새로운 개념으로는 람다식을 사용해서 익명 함수를 생성하는 방법을 배웠으며, 포스트 프로세싱으로 영상미를 추가하는 방법을 배웠습니다.

람다식을 사용하면 일회용 메서드 인스턴스를 즉석에서 생성할 수 있습니다. 우리는 좀비가 사망했을 때 실행할 처리(좀비 명단에서 사망한 좀비 제거, 게임 점수 상승 등)를 익명 함수로 즉석 생성해 이벤트에 등록했습니다.

본문에서는 언급하지 않았지만 익명 함수와 람다식은 코드를 간결하게 리팩토링하거나 어떤 메서드가 다른 메서드의 종료 시점에 연쇄적으로 실행되도록 하는 콜백을 구현하는 데 매우 유용합니다. 따라서 C# 익명 함수와 람다식에 대한 추가 정보를 인터넷으로 찾아볼 것을 추천합니다.

마지막으로 포스트 프로세싱을 사용해 적은 노력으로 게임 비주얼을 크게 향상시켰습니다. 포스트 프로세싱의 어떤 효과를 어떻게 사용하느냐는 아트에 관한 영역이므로 딱 떨어지는 답이 없고 도중에 자주 변경되기 쉽습니다. 따라서 포스트 프로세싱은 게임이 절반 이상 완성된 단계에 적용할 것을 추천합니다.

이 장에서 배운 내용 요약

- 버튼 컴포넌트는 클릭했을 때 실행되는 OnClick 유니티 이벤트를 가지고 있습니다.
- OnClick 유니티 이벤트에 다른 컴포넌트의 메서드를 등록할 수 있습니다.
- Random.insideUnitSphere는 반지름이 1인 구 내부의 랜덤 위치를 반환합니다.
- NavMesh.SamplePosition() 메서드는 입력된 위치에서 가장 가까운 내비메시 위의 한 점을 찾아서 NavMeshHit 타입으로 저장합니다.
- 카메라 렌더 경로의 포워드 렌더링은 한 오브젝트에 대해 4개까지의 광원만 제대로 표현할 수 있습니다.
- 카메라 렌더 경로의 디퍼드 렌더링은 모든 광원을 표현할 수 있습니다.
- 포스트 프로세싱은 게임 화면이 표시되기 전에 삽입하는 이미지 처리입니다.
- 유니티는 포스트 프로세싱 스택 패키지로 포스트 프로세싱을 제공합니다.
- 포스트 프로세스 레이어 컴포넌트는 포스트 프로세스를 적용합니다.
- 포스트 프로세스 볼륨 컴포넌트는 포스트 프로세싱 레이어에 효과를 전달합니다.
- 포스트 프로세스 프로파일은 미리 사용할 효과 목록을 기록하는 프리셋 파일입니다.
- 포스트 프로세스 볼륨 컴포넌트에 포스트 프로세스 프로파일을 할당합니다.

7부

네트워크 협동 게임 _ 좀비 서바이버 멀티플레이어

 **게임 소개**

난이도	★★★
예제 위치	18 폴더, 19 폴더
완성본 빌드	https://retro-book.itch.io/zombie-multiplayer
목표	7부에서는 좀비 서바이버를 멀티플레이어 게임으로 포팅합니다.
미션	최대 4명의 플레이어가 서로 협동하여 좀비를 학살하라!

▶ 한 룸에 접속한 **4명의 플레이어**

기능	① 기본 게임 플레이 구성은 싱글플레이어 버전과 같습니다.
	② 싱글플레이어 게임을 최대 4인 멀티플레이어로 포팅합니다.
	③ 사망한 플레이어는 5초 뒤에 다시 부활합니다.

▶ 사망한 플레이어 캐릭터

④ 매치메이킹 시스템을 지원합니다. 로비에서 인터넷을 통해 자동으로 빈 룸을 찾아 다른
플레이어의 게임에 참가합니다.

ZOMBIE SURVIVE

온라인 : 마스터 서버와 연결됨

JOIN

▶ 매치메이킹 로비

게임 소개

조작법	• 캐릭터 회전 : ←, → 또는 A, D
	• 캐릭터 전진/후진 : ↑, ↓ 또는 W, S
	• 발사 : 마우스 왼쪽 버튼
	• 재장전 : R
	• 룸 나가기 : Esc

18장 좀비 서바이버 멀티플레이어

네트워크 이론과 로비 구현

7부에서는 6부에서 완성한 좀비 서바이버 게임을 멀티플레이어 협동 게임으로 포팅합니다. 포팅 과정에서 멀티플레이어 게임을 개발하는 데 필요한 네트워크 이론과 개념을 익히고 코드로 구현합니다.

좀비 서바이버 멀티플레이어는 포톤 솔루션을 사용합니다. 단, 솔루션과 상관없이 멀티플레이어 게임에 공통적으로 적용되는 프로그램 구조를 구현하는 데 집중합니다.

좀비 서바이버 멀티플레이어는 6부의 Zombie 프로젝트를 기반으로 하므로 6부를 완성한 상태에서 진행해야 합니다. 이전에 이미 완성한 기능은 다시 구현하지 않습니다. 대신 기존 게임 오브젝트와 일부 코드를 멀티플레이어용으로 재구성하고 변형하는 데 집중합니다.

7부에서는 설명에 집중하기 위해 대부분의 코드를 완성해서 제공합니다. 또한 사소한 밑작업에 시간을 소모하지 않도록 게임 오브젝트의 일부 변경 사항을 저자가 미리 적용해두었습니다.

7부의 시작인 18장에서는 네트워크 기본 개념을 먼저 알아봅니다. 그다음 플레이어가 대기하거나 다른 플레이어를 찾는 장소인 로비, 플레이어가 모이는 룸, 이 과정에서 플레이어를 찾아 한 룸에 모이도록 하는 매치메이킹 시스템을 구현합니다.

이 장에서 다루는 내용
- 로컬과 리모트의 구분
- 네트워크 권한에 따라 코드를 분리하는 방법
- 클라이언트 사이에서 수치가 동기화되는 흐름
- 게임 서버의 종류
- RPC
- PUN(Photon Unity Network) 준비하기
- 로비를 만들고 매치메이킹을 구현하는 방법

18.1 네트워크 동기화

이 장에서 소개하는 모든 네트워크 개념은 먼저 다음 문장을 제대로 이해해야 설명 가능합니다.

4인 멀티플레이어 게임에서 플레이어 캐릭터는 총 16명이다.

네트워크상에서 각 클라이언트의 게임 월드는 평행우주처럼 동작합니다. 클라이언트는 서버에

접속하여 서비스를 제공받는 단말기(컴퓨터), 프로그램, 사용자를 뜻합니다.

다음은 4인 멀티플레이어 게임에서 각 클라이언트의 게임 월드 모습을 그린 그림입니다. 그림에서 네트워크에 존재하는 게임 월드는 총 4개입니다.

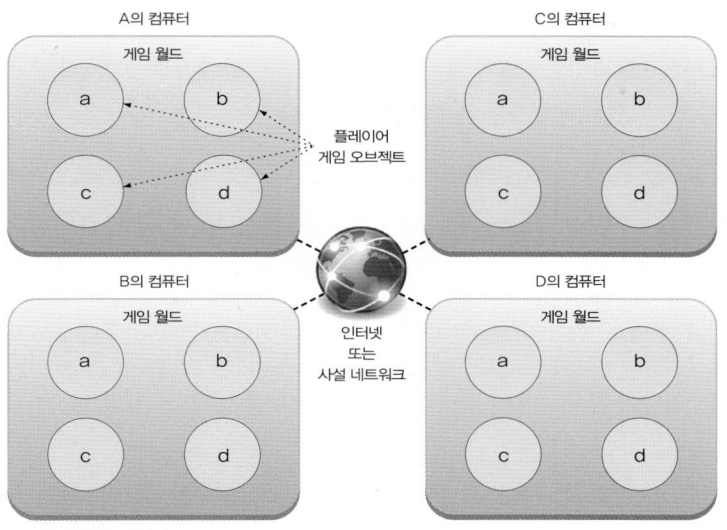

▶ **4인 멀티플레이어**

위 그림에서 게임 월드 속의 a, b, c, d는 플레이어 캐릭터로 동작하는 게임 오브젝트입니다. 여기서 플레이어 A가 직접 조작하는 플레이어 캐릭터는 a라고 가정합니다.

A의 컴퓨터, 즉 클라이언트 A에서 동작하는 게임 월드에는 a, b, c, d라는 4명의 플레이어 캐릭터가 존재합니다. 마찬가지로 클라이언트 B의 게임 월드에도 a, b, c, d라는 4명의 플레이어 캐릭터가 존재합니다.

각자의 클라이언트에 각각 4명의 플레이어 캐릭터가 존재하므로 4인 멀티플레이어 게임에서 네트워크상에 존재하는 총 플레이어 캐릭터는 16명입니다.

여기서 아래 둘은 다른 게임 오브젝트라는 점에 주목합니다.

- 클라이언트 A의 플레이어 캐릭터 a
- 클라이언트 B의 플레이어 캐릭터 a

비유하자면 나와 똑같이 생긴 사람이 다른 우주에 다른 버전으로 존재하는 겁니다. 이 둘은 본래 서로를 알지 못하고 영향을 줄 수 없습니다. 따라서 서로 같은 시간에 다른 행동을 할 수 있습니다.

그런데 만약 내가 다른 우주의 나를 찾아 통신을 할 수 있다면 서로 같은 시간에 같은 행동을 하도록 합을 맞출 수 있습니다.

우리는 네트워크 매니저를 통해 클라이언트 A와 클라이언트 B에 있는 각각의 캐릭터 a가 같은 캐릭터를 표현하는 것임을 알 수 있는 식별자를 부여할 수 있습니다.

즉, 클라이언트 A의 캐릭터 a와 클라이언트 B의 캐릭터 a는 서로 다른 인스턴스지만 네트워크를 통해 같은 캐릭터 a에 대한 서로 다른 버전임을 각각의 클라이언트가 알 수 있습니다. 그리고 이 두 인스턴스를 네트워크를 통해 동기화함으로 서로 동일한 상태로 만들 수 있습니다.

- 플레이어 캐릭터 a(클라이언트 A) ← 동기화 → 플레이어 캐릭터 a(클라이언트 B)

다르게 표현하면 네트워크 연결이 끊어진 순간 클라이언트 A의 a와 클라이언트 B의 a는 서로 완전히 다른 존재가 됩니다.

18.1.1 로컬과 리모트

네트워크에서 로컬은 물리적으로 사용자의 위치에 존재하는 단말기나 프로그램, 오브젝트를 표현하는 단어입니다. 반대로 리모트는 원격 접속을 통해 접근할 수 있는 단말기나 프로그램, 오브젝트를 표현하는 단어입니다.

예를 들어 로컬 데스크톱은 사용자가 직접 사용 중인 컴퓨터, 리모트 데스크톱은 인터넷 등을 통해 접속한 타인의 컴퓨터를 가리키는 데 사용할 수 있습니다.

마찬가지로 네트워크 게임에서 씬에 존재하는 게임 오브젝트는 로컬 오브젝트와 리모트 오브젝트로 구분할 수 있습니다. 로컬과 리모트를 나누는 기준 중 하나는 해당 게임 오브젝트의 주도권을 가진 사람입니다. 특히 게임 오브젝트가 플레이어로 동작하는 게임 오브젝트를 로컬 플레이어 캐릭터, 그렇지 않으면 리모트 플레이어 캐릭터로 구분할 수 있습니다.

- **로컬 오브젝트** : 주도권이 자신에게 있음
- **리모트 오브젝트** : 주도권이 네트워크 너머의 타인에게 있음

로컬 오브젝트는 로컬 클라이언트(플레이어 자신의 컴퓨터)의 게임 월드에서 생성되며 주도권은 로컬 클라이언트에 있습니다.

반대로 리모트 오브젝트는 타인의 게임 월드에서 건너온 겁니다. 타인의 게임 월드에서 어떤 게임 오브젝트가 생성된 다음 네트워크를 통해 여러분 게임 월드에 같은 게임 오브젝트로 복제 생성되었다고 했을 때 해당 게임 오브젝트가 리모트 게임 오브젝트입니다.

리모트 게임 오브젝트는 로컬 클라이언트에 주도권이 없습니다. 따라서 특별한 경우를 제외하면 로컬 클라이언트가 리모트 오브젝트를 임의로 삭제하거나 주요 상태를 변경할 수 없습니다.

모든 플레이어의 컴퓨터에는 각각 4명의 플레이어(a, b, c, d) 게임 오브젝트가 존재합니다. 4인 멀티플레이어 그림에서 로컬과 리모트를 구분하여 다시 표현하면 다음과 같습니다.

▶ 로컬과 리모트의 구분

플레이어 A 입장에서는 게임 오브젝트 a가 로컬 플레이어 캐릭터, 나머지 b, c, d는 리모트 플레이어 캐릭터입니다. 플레이어 B 입장에서는 게임 오브젝트 b가 로컬 플레이어 캐릭터, 나머지 a, c, d는 리모트 플레이어 캐릭터입니다.

> **NOTE_ 플레이어와 플레이어 캐릭터**
> 계속 진행하기 전에 플레이어와 플레이어 캐릭터를 다시 정의하겠습니다. 본래 플레이어는 게임을 플레이하는 사용자와 해당 사용자의 분신으로서 게임 속에 존재하는 캐릭터를 모두 표현하는 단어입니다.
> 혼란을 막기 위해 7부에서는 사용자는 플레이어 또는 클라이언트로, 사용자의 입력을 받아 동작하는 게임 속 캐릭터는 플레이어 캐릭터 또는 플레이어 게임 오브젝트라고 표현하겠습니다.

18.1.2 동기화

플레이어 A가 자신의 게임 월드에서 로컬 플레이어 캐릭터 a를 움직였다고 가정해봅시다. 이 경우 나머지 B, C, D의 게임 월드에서도 리모트 플레이어 캐릭터 a가 움직여야 합니다.

그런데 B, C, D의 게임 월드에서 플레이어 캐릭터 a는 A의 게임 월드에서의 a와 다른 존재입니다. 그러므로 특별한 처리 없이는 움직이지 않습니다. 따라서 플레이어 A는 플레이어 캐릭터 a를 움직인 다음 변경된 a의 위치를 사용자 B, C, D의 게임 월드에 있는 a의 분신에 동기화 신호로 전달해야 합니다. 그러면 B, C, D에서의 a도 움직입니다.

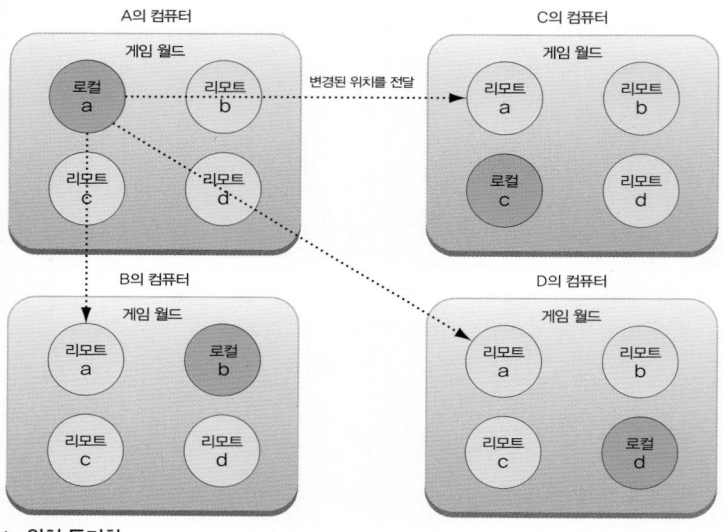

▶ 위치 동기화

즉, 로컬 플레이어 캐릭터 a의 정보를 다른 월드에 있는 리모트 플레이어 캐릭터 a에 전달하여 로컬 플레이어 캐릭터 a의 변경 사항을 리모트 플레이어 캐릭터 a에 반영합니다. 이러한 방식으로 4개의 게임 월드를 끊임없이 같은 모습으로 동기화할 수 있습니다.

여기서 동기화 간격이 길거나 인터넷 속도가 느리면 4개의 게임 월드의 모습이 조금씩 달라질 수 있습니다. 또한 네트워크 접속이 끊기면 4개의 게임 월드는 서로 완전히 독립적으로 동작하게 됩니다.

18.1.3 로컬 권한 검사

로컬 플레이어 게임 오브젝트든 리모트 플레이어 게임 오브젝트든 플레이어 게임 오브젝트의 컴포넌트 구성은 달라지지 않습니다. 따라서 로컬과 리모트 플레이어 캐릭터 모두 사용자 입력을 받을 수 있습니다.

즉, A 게임 월드에 존재하는 a, b, c, d라는 플레이어 캐릭터는 모두 플레이어 A의 조작을 받을 수 있습니다. 하지만 플레이어 A의 조작 입력은 로컬 플레이어 캐릭터인 a에만 반영되어야 합니다. 리모트 플레이어 캐릭터인 b, c, d에는 반영되면 안 됩니다.

이것을 구현하려면 오브젝트가 로컬 권한을 가지고 있는지 검사해야 합니다. 다음 그림처럼 코드마다 if 문을 삽입하여 오브젝트 자신이 로컬 오브젝트라면 사용자 입력을 그대로 받고, 리모트라면 사용자 입력을 무시합니다.

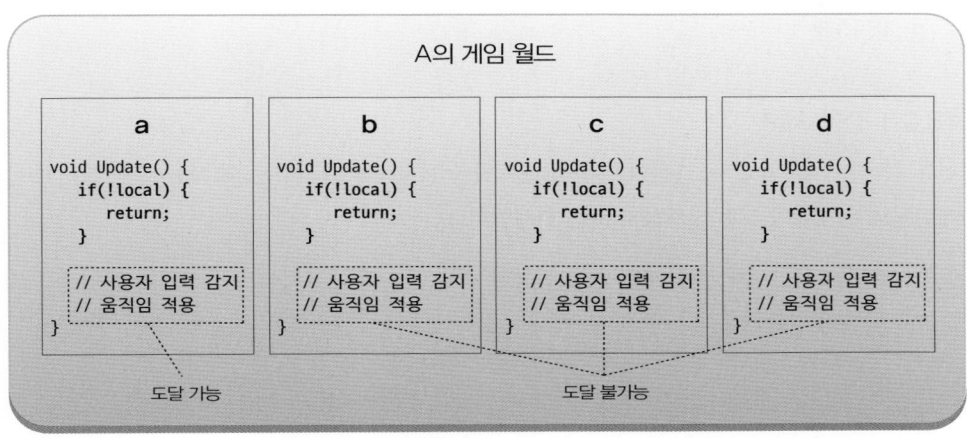

▶ 로컬 권한 검사

위 그림은 플레이어 A의 조작이 플레이어 게임 오브젝트 a, b, c, d의 Update() 메서드에서 어떻게 처리되는지 보여줍니다. 여기서 local은 로컬 오브젝트임을 나타내는 bool 변수입니다. 만약 리모트 오브젝트라면 local은 false, !local은 true가 됩니다.

즉, 플레이어 A 입장에서 a 게임 오브젝트는 로컬이므로 사용자 입력을 감지하는 하단의 코드로 처리가 계속 진행됩니다. 나머지 b, c, d 게임 오브젝트는 if 문 조건에 걸려 처리가 더 이상 진행되지 않습니다. 따라서 A 게임 월드의 b, c, d 게임 오브젝트의 위치는 네트워크 동기화를 통해서만 변경됩니다.

18.2 게임 서버의 종류

이번에는 게임 서버와 관련된 용어를 살펴봅시다. 기본적으로 네트워크 기반 게임은 대기 중인 서버에 클라이언트들이 참가하는 서버-클라이언트 방식으로 동작합니다.

서버는 클라이언트들이 참가할 수 있는 네트워크 공간을 마련하는 컴퓨터이며 호스트^{host}라고 부르기도 합니다. 서버에 참가하여 게임을 플레이하는 컴퓨터는 클라이언트^{client}입니다. 여기서 서버는 단순히 고정된 네트워크 공간을 마련하는 것뿐만 아니라 게임 속 상호작용 연산도 담당합니다.

네트워크 게임의 서버-클라이언트 방식은 대부분 다음과 같은 방식으로 구현됩니다.

- 전용 서버(Dedicated Server)
- 리슨 서버(Listen Server)
- P2P(Peer-to-Peer)

18.2.1 전용 서버

전용 서버는 서버의 모든 자원이 온전히 네트워크 서비스를 유지하는 데 사용되며, 서버가 플레이어로서 게임에 직접 참가하지 않는 형태입니다.

클라이언트 A, B, C가 전용 서버 D에 접속한 경우 각자의 컴퓨터에서 그려지는 게임 월드의 모습은 다음과 같습니다.

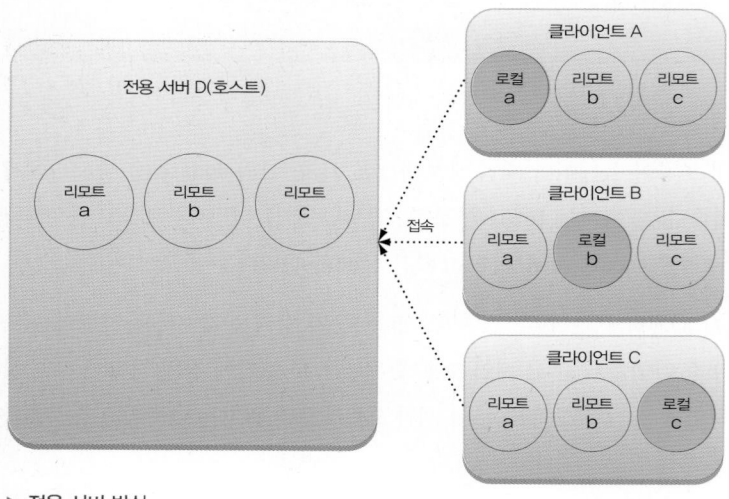

▶ 전용 서버 방식

전용 서버 방식에서는 언제든지 참가 가능하며, 고정된 고성능 서버를 제공하기 때문에 서버에 접속한 클라이언트는 쾌적한 환경에서 게임을 즐길 수 있습니다. 하지만 전용 서버는 다른 방식에 비해 고정비용이 많이 발생합니다.

18.2.2 리슨 서버

리슨 서버 방식은 전용 서버가 없는 대신 플레이어 클라이언트 중 하나가 서버 역할을 맡습니다. 리슨 서버는 게임에 플레이어로 참가하기 때문에 리슨 서버 방식을 'Play as Host'라고 부르기도 합니다. 서버 역할을 맡은 클라이언트를 방장, 호스트, 마스터 클라이언트 등으로 부릅니다.

다음 그림은 클라이언트 A, B, C 중에서 C가 호스트를 맡아 리슨 서버 방식으로 게임을 진행하는 경우를 보여줍니다.

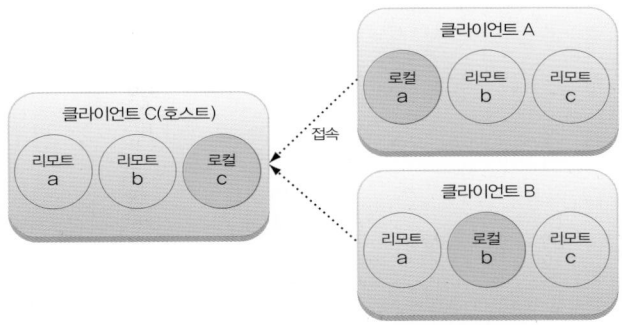

▶ 리슨 서버 방식

리슨 서버 방식은 전용 서버에 비해 서비스 유지비용이 적습니다. 또한 물리적으로 매우 가까운 위치에 있는 플레이어들끼리는 네트워크 반응 속도가 전용 서버보다 빠를 수 있습니다.

리슨 서버 방식에서는 호스트 플레이어의 컴퓨터 성능에 따라 네트워크 품질이 크게 달라집니다. 또한 호스트가 게임을 종료할 경우 진행 중인 게임을 일시 정지하고 남은 클라이언트 중에서 새로운 호스트를 선정하는 절차Host Migration가 필요합니다.

18.2.3 P2P

P2P 방식은 게임에 참가한 클라이언들 모두가 호스트 역할을 겸합니다. P2P는 클라이언트들이 특정 단일 호스트에 참가하는 방식이 아니라 서로 직접 연결된 형태입니다.

일반적으로 네트워크 게임에서 호스트는 클라이언트에 비해 연산 부담이 큽니다. 호스트는 네트워크 룸을 유지하는 데 필요한 연산과 게임 속 중요한 연산 대부분을 수행합니다.

반면 P2P 방식에서는 연산 대부분을 독점하는 특정 호스트가 없습니다. 클라이언트가 각자 자신의 월드에서 자신의 담당 연산을 실행하고 다른 클라이언트에 결과를 전파합니다.

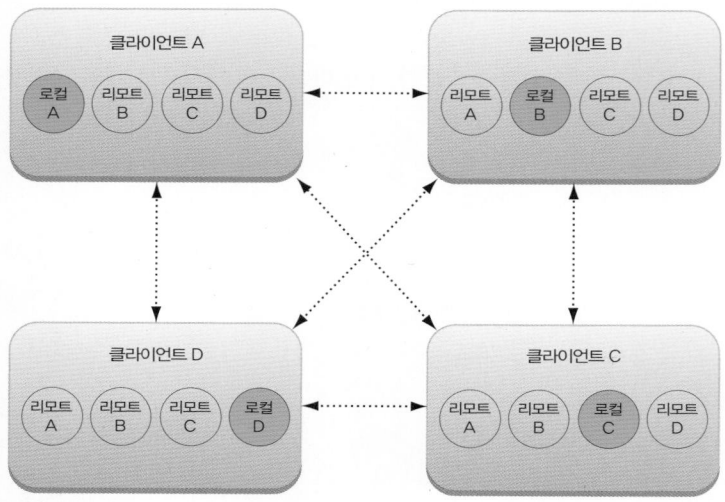

▶ P2P 방식

이 방식은 전용 서버가 없다는 점에서 리슨 서버 방식과 유사하지만 호스트가 게임 도중 접속을 종료했을 때 호스트를 교체하는 과정이 불필요합니다. 서버 유지비용 또한 발생하지 않으며 클라이언트끼리 직접 연결되기 때문에 클라이언트 수가 적은 경우에 한해서 다른 방법보다 네트워크 반응 속도가 빠릅니다. 또한 개발자 입장에서 P2P를 사용하면 프로그램의 처리 흐름을 직관적으로 설계할 수 있습니다.

하지만 P2P 방식은 참가자가 증가할수록 반응 속도가 눈에 띄게 느려집니다. 따라서 P2P 방식에서는 통상 16명을 참가자 상한선으로 여깁니다. 다른 방법보다 참가자 인원 대비 유지해야 하는 연결 회선 수가 많기 때문입니다.

호스트가 정해져 있는 방식에서는 호스트를 통해 다른 클라이언트의 정보를 알 수 있습니다. 하지만 P2P 방식에서는 각각의 클라이언트가 자신을 제외한 다른 모든 클라이언트와 직접 연결되어 있어야 합니다.

같은 이유로 연결수가 늘어날수록 각 클라이언트가 부담하게 되는 연산양이 빠르게 늘어나다가 어느 순간부터는 P2P의 개별 클라이언트가 호스트-클라이언트 방식의 호스트보다 더 많은 연산 부담을 가지게 됩니다.

또한 P2P 방식은 수치 변조에 제일 취약합니다. 호스트가 있으면 중요한 연산과 데이터는 호스트에서 관리하고, 클라이언트는 호스트의 실행 결과만 받습니다. 이 경우 특정 클라이언트가 점수나 체력 등과 관련된 중요한 연산과 수치를 위조하는 것이 상대적으로 어렵습니다.

반면 P2P 방식에서는 각 클라이언트가 연산을 실행하고 서로 동기화하기 때문에 특정 중요 수치를 위조(가령 탄알 수를 무한으로 변경한다든지)하여 다른 클라이언트에 전파할 위험이 큽니다.

18.2.4 매치메이킹 서버

좀비 서바이버 멀티플레이어는 리슨 서버 방식을 사용하여 구현할 겁니다. 다만 매치메이킹 과정에서는 포톤^{Photon}에서 제공하는 전용 클라우드 서버를 사용합니다.

리슨 서버나 P2P 방식을 사용하더라도 참가할 클라이언트들이 서로를 찾아 방 하나에 모이는 과정에서 사용할 전용 서버가 필요합니다. 이러한 전용 서버를 매치메이킹 서버라고 부릅니다.

MMO RPG 게임에서는 대부분의 요소를 전용 서버로 처리합니다. 반면 플레이어들이 한 룸(세션)에 모여 레이드나 팀 데스매치를 진행하는 종류의 게임에서는 매치메이킹은 전용 서버를 사용하지만, 룸이 구성되고 라운드를 시작할 때는 플레이어 중 한 명을 호스트로 삼는 리슨 서버 방식을 많이 사용합니다.

18.2.5 포톤 룸

게임을 플레이하기 위해서는 네트워크를 통해 여러 클라이언트가 하나의 세션에 모여야 합니다. 포톤은 이렇게 여러 클라이언트가 모인 네트워크상의 가상의 공간을 룸이라는 단위로 부릅니다.

우리는 서로 떨어져 있는 클라이언트들이 매치메이킹을 통해 하나의 룸에 모이도록 할 겁니다.

단, 포톤의 룸은 유니티의 씬이 아니라는 점에 주의합니다. 포톤의 룸은 유니티의 씬과 다른 계층에서 동작합니다. 따라서 플레이어들이 같은 룸에 있지만 서로 다른 씬을 로드하는 것도 가능합니다.

하나의 룸에 플레이어들이 모인 상태는 여러 사람이 각자 무전기를 든 채 같은 주파수를 공유하고 있는 것으로 이해할 수 있습니다. 주파수를 공유한 사람들끼리 정보를 공유하고 같은 장소로 이동할 수 있습니다.

하지만 주파수를 공유한다는 사실(같은 룸에 입장) 자체와 사람들이 위치한 물리적인 장소(씬) 사이에는 연관성이 없습니다.

18.3 네트워크 권한 분리

네트워크 게임은 공정한 결과를 보장하고 수치에 대한 위변조를 방지해야 합니다.

멀티플레이어 게임에서 보안성을 높이는 방법은 굉장히 많습니다. 하지만 방법과 상관없이 서버와 클라이언트 사이의 권한을 분리하여 '중요한 연산은 모두 서버(호스트)에 위임'하라는 규칙을 가능하면 지켜야 합니다(보통 게임 승패와 직접 관련된 기능들이 중요한 연산에 속합니다).

이 방식에서 클라이언트는 서버 연산의 결과를 표시하는 화면일 뿐입니다. 서버에 중요한 연산을 위임하는 방식이 어떻게 동작하며, 왜 중요한지 살펴봅시다.

18.3.1 호스트에 위임

중요한 연산을 호스트에 위임하는 두 가지 대표적인 이유가 있습니다.

- 동기화에 오차가 존재하는 경우 기준이 되는 월드를 정하기 위해
- 클라이언트의 변조나 위조 행위를 막기 위해

호스트에 중요한 연산을 위임하지 않는 방식으로 구현된 FPS 게임을 가정해봅시다. 해당 게임을 리슨 서버 방식으로 구현하고, 4명의 플레이어 A, B, C, D가 게임에 참가했으며 A가 호스트라고 가정하겠습니다. a, b, c, d는 각자의 플레이어로 동작하는 플레이어 게임 오브젝트입니다.

▶ 현재 상태

사용자 B가 마우스를 클릭하여 b가 c를 향해 총을 쐈다고 가정해봅시다. B의 게임 월드에서 로컬 플레이어 캐릭터 b가 c를 쏘는 처리를 실행합니다. 동시에 로컬 플레이어 캐릭터 b가 총을 쏘는 행위를 다른 클라이언트의 리모트 플레이어 캐릭터 b에 동기화합니다.

그러면 다른 게임 월드에 있는 리모트 플레이어 캐릭터 b도 총을 쏘게 됩니다.

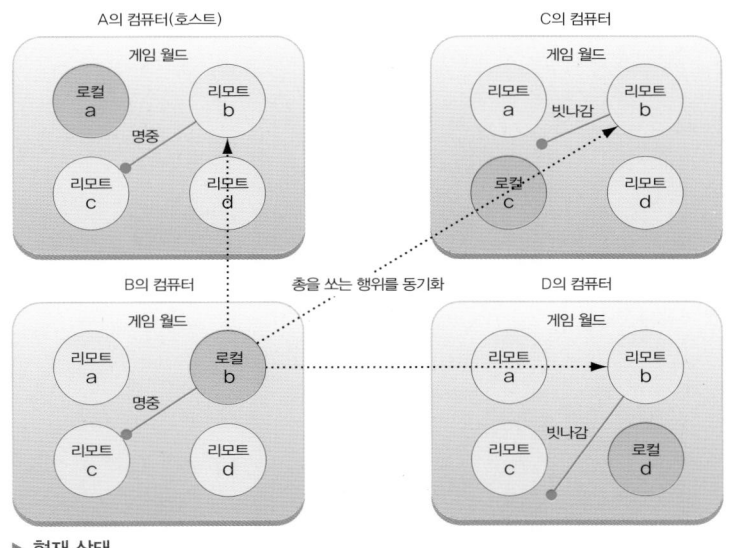

▶ 현재 상태

총을 쏘고 맞는 처리는 게임 승패와 직결되므로 중요합니다. 네트워크 동기화는 전송 속도나 패킷 손실이라는 현실적인 문제 때문에 완벽하지 않습니다. 즉, b의 위치나 b가 총을 조준한 방향 등은 클라이언트마다 조금씩 오차가 존재할 수 있습니다. 이러한 오차 때문에 A와 B 월드에서는 b가 c를 총으로 맞췄는데, C와 D 월드에서는 b가 c를 맞추지 못한 경우가 생길 수도 있습니다.

이렇게 동기화에 오차가 생겨 동일한 행위에 대한 결과가 각자의 클라이언트마다 다를 경우 어떤 결과를 따라야 하는지 결정할 수 없는 문제가 생깁니다.

또 다른 문제를 살펴봅시다. 사용자 B가 해킹 프로그램을 사용하여 로컬 플레이어 캐릭터 b가 1초에 수백 발씩 탄알을 쏜다고 가정해봅시다. 클라이언트 B의 연산 결과를 그대로 다른 클라이언트들이 동기화해서 받기 때문에 A, B, C의 리모트 플레이어 캐릭터 b에도 비정상적인 동작이 그대로 적용됩니다. 이처럼 특정 클라이언트의 비정상적인 행위나 수치 변조가 네트워크를 넘어 다른 클라이언트에도 그대로 적용되는 문제도 있습니다.

위 두 문제는 호스트를 정하면 해결할 수 있습니다. 중요한 연산은 호스트의 게임 월드에서 실행하고, 그 결과를 다른 클라이언트가 따르게 하면 됩니다.

사격과 같은 중요한 연산을 호스트(아래 그림에서는 A의 컴퓨터)에서 담당하도록 개선했다고 가정해봅시다. 이 경우 B 월드에서 로컬 플레이어 캐릭터 b가 c를 향해 사격했을 때 실제 사격은 B 월드에서 실행되지 않습니다.

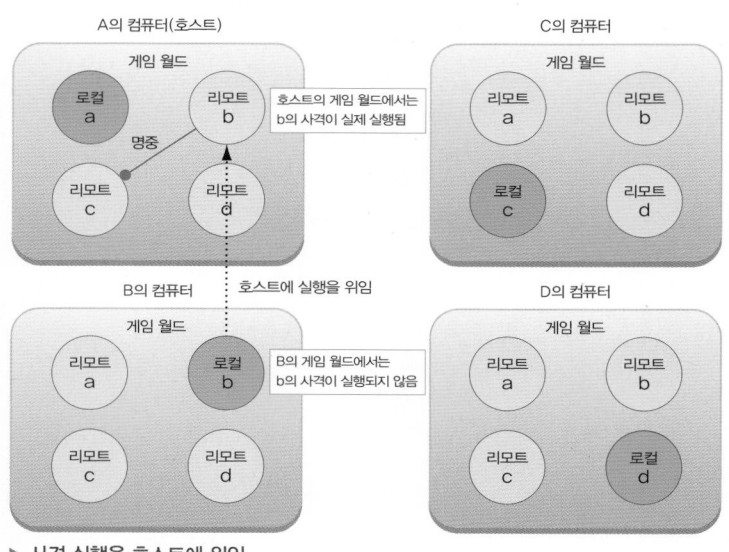

▶ 사격 실행을 호스트에 위임

클라이언트 B는 b가 c를 향해 사격하는 동작을 '실행하는 척'만 합니다. 대신 실제 사격 실행을 호스트 A에 맡깁니다. 호스트 A는 b가 c를 쏘는 처리를 실행하고, 그 결과와 변경된 체력 수치 등을 클라이언트 B, C, D에 전파합니다.

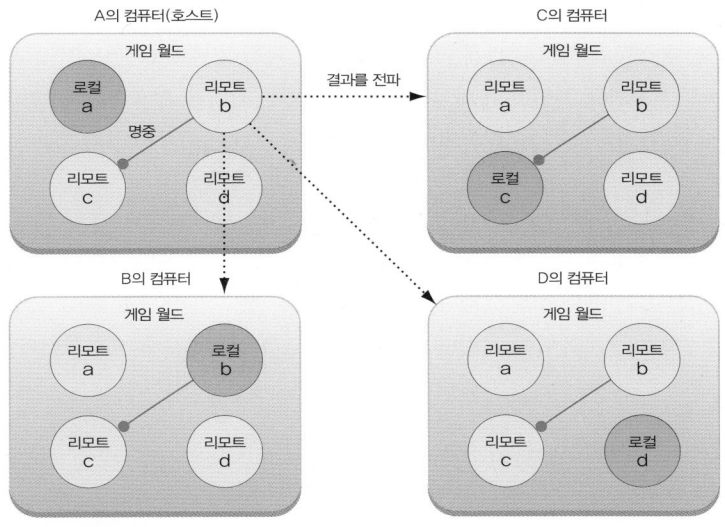

▶ 사격 결과를 전파

클라이언트 B, C, D는 변경된 수치를 받아들이고, 겉으로 보이는 효과음이나 파티클 이펙트 등의 처리만 직접 실행합니다. 즉, 실제 사격은 호스트 A에서 실행되며, 클라이언트 B, C, D 는 그 처리 결과를 받고 후속 효과만 재생합니다.

이 방식에서는 모든 처리와 수치의 기준이 호스트의 게임 월드입니다. 따라서 클라이언트마다 실행 결과가 달라서 우선순위를 정할 수 없는 문제가 생기지 않습니다. 또한 클라이언트 B가 남은 탄알 수나 연사 속도 등을 위조하여 1초에 수백 발씩 발사하는 등의 위변조를 실행해도 무시됩니다.

플레이어 캐릭터 b의 실제 사격은 호스트 A의 게임 월드에서 실행되는데, 위변조가 적용되지 않은 A 월드에서는 b가 탄알을 수백 발씩 발사하는 처리가 애초에 불가능합니다.

이처럼 게임 승패와 직접적인 관련이 있는 중요한 처리는 호스트에 위임해야 합니다. 그리고 클라이언트는 호스트의 결과를 받아들이고, 시각적인 처리만 수행하면 됩니다.

비주얼 이펙트, 효과음 재생, 애니메이션 재생 등은 게임 승패에 중요한 처리가 아닙니다. 이러한 처리는 호스트에 위임할 필요가 없습니다. 오히려 반응 속도를 높이고 네트워크 대역폭을 줄이려면 별로 중요하지 않은 처리는 클라이언트에서 직접 수행하는 것이 더 좋을 수 있습니다.

18.3.2 RPC

호스트에 처리를 위임하고, 호스트가 처리 결과를 클라이언트에 전파하려면 RPC[remote procedure call](원격 프로시저 호출)를 구현해야 합니다. RPC는 어떤 메서드나 처리를 네트워크를 넘어 다른 클라이언트에서 실행하는 겁니다. 대부분의 멀티플레이어 API에는 RPC가 구현되어 있습니다.

앞에서 다룬 사격 예제에서 사격 메서드가 Shot(), 사격 효과 재생 메서드가 ShotEffect()라고 가정해봅시다. 클라이언트 B는 플레이어 캐릭터 b가 총을 쏘는 처리 Shot()을 직접 실행하지 않고 RPC를 통해 호스트 A의 플레이어 캐릭터 b에서 Shot()을 실행하도록 요청합니다.

1. 사용자 B가 발사 버튼 누름
2. 클라이언트 B → 호스트 A로 RPC(b.Shot()) 전달
3. 호스트 A에서 b.Shot() 실행

위 처리가 실행되면 호스트 A는 자신의 게임 월드에 있는 플레이어 캐릭터 b에서 Shot()을 실행하여 총을 쏘고 결과를 동기화합니다.

그다음 모든 클라이언트가 플레이어 캐릭터 b에서 ShotEffect() 메서드를 실행하여 발사 이펙트를 재생하도록 해야 합니다. 이 경우 호스트 A는 게임 오브젝트 b에서 ShotEffect()를 실행하라는 신호를 RPC를 통해 스스로를 포함한 모든 클라이언트에 보냅니다(리슨 서버 방식에서 호스트 A는 클라이언트 A이기도 하다는 사실에 유의합니다).

1. 호스트 A → 클라이언트 A, B, C, D에 RPC(b.ShotEffect()) 전달
2. 클라이언트 A, B, C, D의 각 게임 월드에서 게임 오브젝트 b가 ShotEffect()를 실행하여 사격 효과를 재생

이렇게 호스트와 클라이언트가 RPC를 통해 실행을 위임하는 과정에는 다음 그림과 같은 패턴이 존재합니다.

그림을 보면 특정 클라이언트가 호스트에 위임하고, 호스트는 모든 클라이언트에 그 결과를 전파합니다.

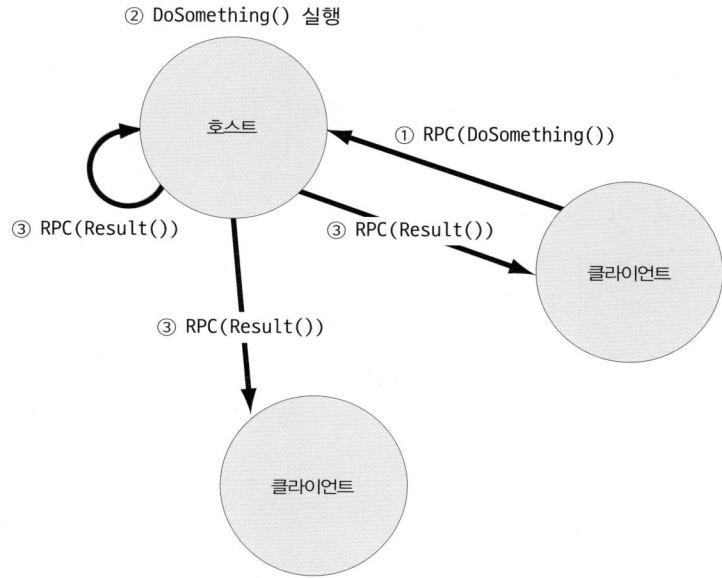

② DoSomething() 실행

호스트

① RPC(DoSomething())

③ RPC(Result())

③ RPC(Result())

클라이언트

③ RPC(Result())

클라이언트

▶ 호스트와 클라이언트 사이의 실행 흐름

18.4 포톤 준비하기

필수적인 네트워크 개념을 모두 살펴봤으니 본격적으로 좀비 서바이버를 멀티플레이어 게임으로 구현하겠습니다. 이를 위해 우리가 사용할 포톤이 무엇인지 알아보고, 포톤을 유니티 프로젝트에 연동해봅시다.

18.4.1 유니티 네트워크 솔루션

유니티 네트워크 게임을 개발하는 가장 대중적인 솔루션은 포톤 PUN과 Mirror입니다. 이 책에서는 포톤 PUN을 사용합니다.

이전에는 UNet이라는 유니티에 기본 내장된 공식 라이브러리가 존재했지만 2018.3 버전부터는 '사용되지 않음Deprecated'으로 선언되었고, 2020 버전부터는 완전히 제거되었습니다. MLAPI라는 새로운 유니티 라이브러리가 개발되고 있지만 집필 시점에서는 아직 실험 버전만 존재합니다.

18.4.2 PUN 2

포톤은 다양한 플랫폼과 게임 엔진을 지원하는 네트워크 종합 솔루션입니다. 포톤은 멀티플레이어 게임에 필요한 클라우드 서버 대여 서비스, 실시간으로 게임 서버를 관리할 수 있는 웹 서비스, 여러 게임 엔진에 플러그인 형태로 삽입할 수 있는 네트워크 엔진 등을 제공합니다.

PUN$^{Photon\ Unity\ Network}$은 유니티용으로 제작된 포톤 네트워크 엔진입니다. 본래 포톤의 여러 기능은 플랫폼과 상관없이 동작합니다. PUN의 기능 중 하나는 Photon Realtime 등 포톤의 여러 API를 유니티 컴포넌트로 랩핑하여 제공하는 겁니다. PUN을 사용해 포톤의 여러 기능을 게임 오브젝트에 컴포넌트로 추가할 수 있습니다.

우리가 사용할 버전은 PUN 2입니다. PUN 2는 유니티 에셋 스토어에 무료 버전(PUN 2 - FREE)과 전문가용 유료 버전(PUN 2+)이 함께 제공됩니다. 유료 버전을 사용하지 않아도 멀티플레이어를 구현하는 데 필요한 대부분의 기능을 사용할 수 있습니다.

그러면 18장 예제 프로젝트를 열고 PUN 2를 통한 멀티플레이어 구현을 시작해봅시다.

[과정 01] 프로젝트 열기

① 예제 18번 폴더의 **Zombie Multiplayer** 프로젝트를 유니티로 열기

여기서 버전에 따른 차이가 발생하거나 새 버전으로 업데이트했을 경우의 에러에 대비하여 저자가 미리 PUN2를 프로젝트에 임포트해두었습니다. PUN 2 에셋은 Assets/Photon 폴더에서 확인할 수 있습니다.

만약 PUN 2를 직접 최신 버전으로 임포트하여 사용하고 싶다면 다음 과정을 따라 합니다. 단, 새 버전의 PUN 2에서는 책의 설명과 동작 방식이 달라졌을 위험이 있다는 점에 주의합니다.

[과정 02] PUN 2 직접 임포트하기(1) - 필수 아님

① 유니티 **에셋 스토어**(https://assetstore.unity.com)에 접속하여 로그인
② **PUN 2 - Free** 검색 > **구매**(무료)

▶ PUN 2 직접 임포트하기(1)

[과정 03] PUN 2 직접 임포트하기(2) - 필수 아님

① 유니티 **패키지 매니저** 열기(**Window** > **Package Manager**)

② 패키지 **목록 필터**를 **My Assets**로 변경

③ **PUN 2 - FREE**를 찾아 선택 > **Download** 버튼 클릭 > 다운로드 후 **Import** 버튼 클릭

▶ PUN 2 직접 임포트하기(2)

만약 이 과정에서 'Script Update Consent' 또는 'API update required' 등의 경고가 표시되면 'Yes, for these and other files that might be found later' 또는 'Go Ahead!' 버튼을 선택합니다. 그러면 유니티 최신 버전에 맞춰 에셋을 자동 갱신합니다.

참고로 Zombie Multiplayer 프로젝트의 많은 기존 스크립트가 PUN을 사용하도록 변경되었습니다. 17장의 좀비 프로젝트에서 어떤 코드가 변경되었는지는 프로젝트를 진행하면서 모두 살펴볼 겁니다.

PUN 2를 새로 임포트하거나 아직 PUN 2에 맞춰 프로젝트를 갱신하지 않았다면 PUN Wizard가 실행되어 AppID 입력을 요구합니다. 만약 PUN Wizard가 실행되지 않은 상태라면 다음과 같이 PUN Wizard를 실행하고 Project Setup 탭으로 이동합니다.

[과정 04] PUN Wizard 실행

① PUN Wizard 열기(Window > Photon Unity Networking > PUN Wizard)
② Setup Project 클릭

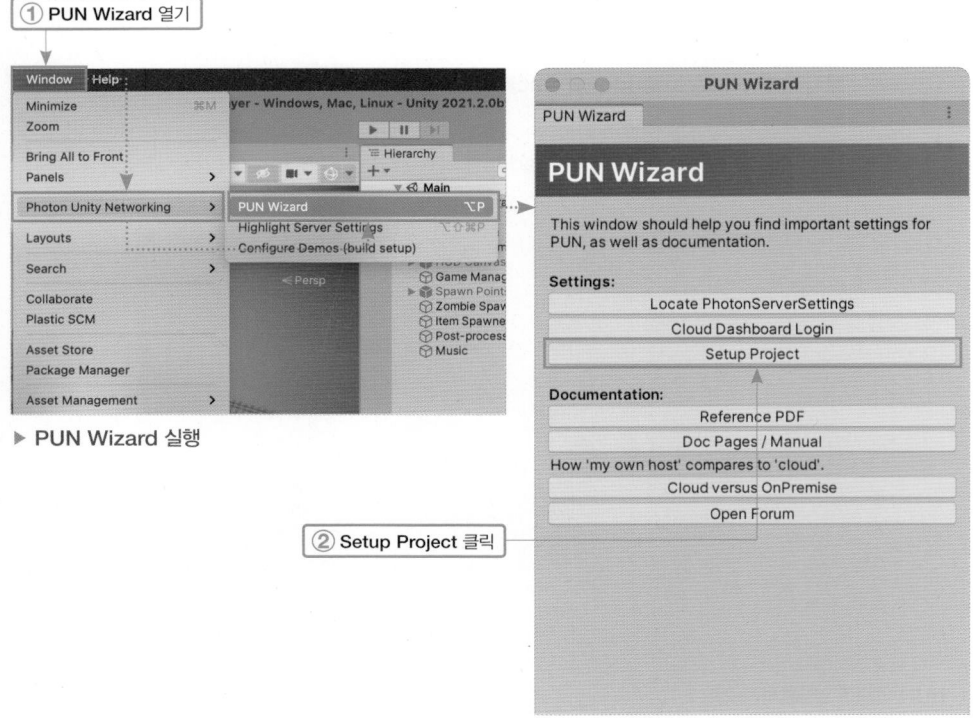

▶ PUN Wizard 실행

포톤의 서비스들은 포톤 클라우드 서버를 경유하여 제공되며, 개발자용 AppID(애플리케이션 ID)를 지급받아야 사용 가능합니다. 포톤은 무료 회원에게 20명이 동시 접속 가능한 클라우드 서버를 이용할 수 있는 AppID를 지급합니다.

포톤 클라우드 계정을 이미 가지고 있다면 포톤 공식 웹사이트(www.photonengine.com)에서 AppID를 조회할 수 있습니다. 미리 만들어둔 Photon 계정이 존재하지 않으면 PUN Wizard에 이메일을 입력하고 계정을 생성해 AppID를 즉시 발급받을 수 있습니다.

그러면 PUN Wizard를 통해 AppID를 설정해봅시다.

[과정 05] AppID 설정하기

   ① **PUN Wizard**에 **AppID** 또는 **이메일** 입력
   ② **Setup Project** 클릭 → Done! 메시지가 표시됨

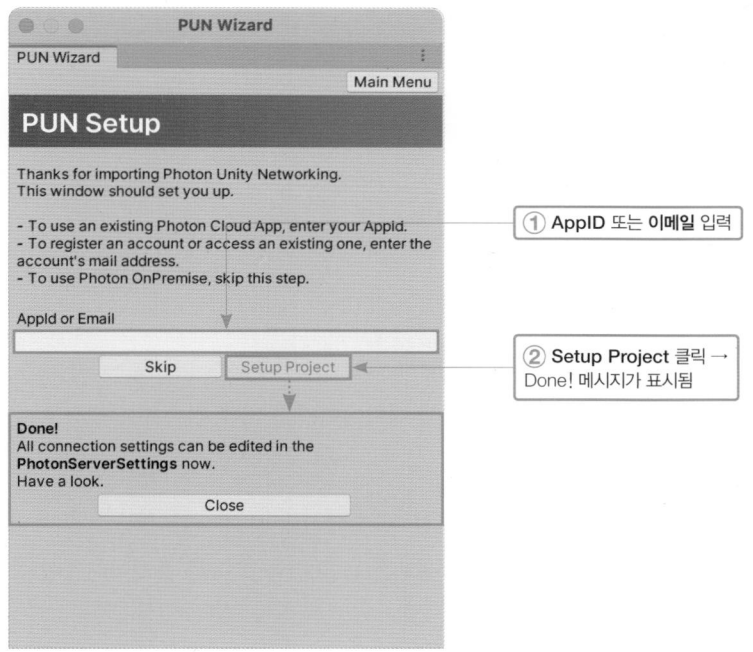

▶ AppID 설정하기

AppID를 가지고 있는 경우 AppID, 그렇지 않다면 이메일을 입력합니다. 이메일을 입력한 경우 기존 Photon 클라우드 계정이 존재하면 해당 계정의 AppID를 가져와서 자동 연동합니

다. 기존 계정이 존재하지 않으면 새로운 계정이 생성되고 무료 AppID가 발급되며, 여러분 프로젝트에 자동으로 연동됩니다.

그런데 PUN Wizard에 이메일을 입력하면 포톤 서버와의 접속이 불안정하여 인증이나 가입에 실패하는 경우가 자주 있습니다. 이 경우 포톤 공식 웹사이트에서 회원 가입 후 회원 정보 페이지에서 AppID를 복사해오는 것이 더 빠릅니다.

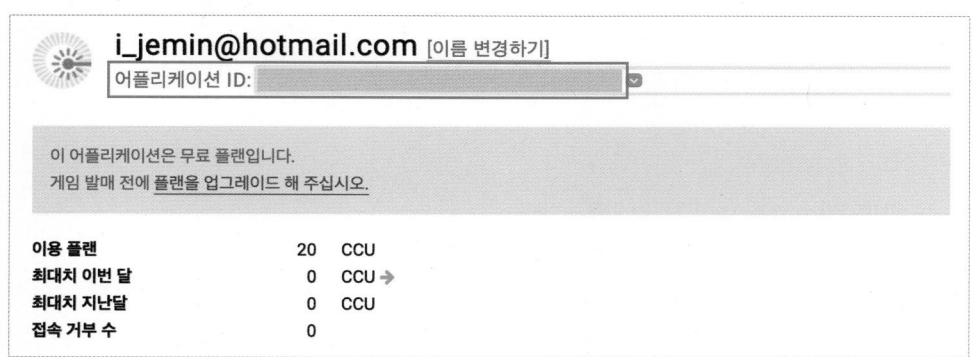

▶ 포톤 공식 웹에서 확인한 AppID

이것으로 유니티 프로젝트와 포톤 클라우드 연동이 완료되었습니다.

18.5 로비 만들기

좀비 프로젝트에서 플레이어들이 룸에 참가하기 전에 매치메이킹 서버에 접속을 수행하고 대기하는 장소인 로비를 만들어봅시다.

플레이어가 로비에서 참가 버튼을 누르면 참가 가능한 빈 룸이 있는지 검색합니다. 그리고 빈 룸이 있다면 참가합니다. 참가 가능한 룸이 없다면 새로운 룸을 만들고 다른 플레이어들이 참가하도록 허용합니다.

로비를 구현하기 위해 저자가 미리 Scenes 폴더에 Lobby라는 씬을 만들어두었습니다. 해당 씬은 UI만 준비된 상태이며, 우리가 직접 코딩해서 네트워크 로비를 완성합니다.

그러면 Lobby 씬을 열고 네트워크 로비 제작을 시작합시다.

[과정 01] 로비 씬 열기

① **프로젝트** 창에서 Scenes 폴더의 Lobby 씬 열기

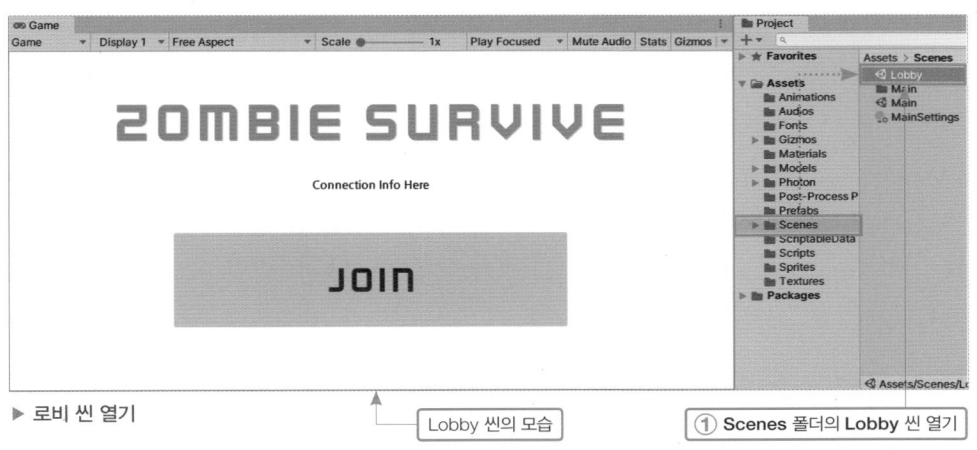

▶ 로비 씬 열기

Lobby 씬의 모습

① Scenes 폴더의 Lobby 씬 열기

18.5.1 Lobby 씬 살펴보기

하이어라키 창에서 Lobby 씬은 다음과 같은 게임 오브젝트로 구성되어 있음을 알 수 있습니다.

- **Main Camera** : 카메라
- **Lobby Manager** : 네트워크 로비 관리자
- **Canvas** : UI 캔버스
  - Panel : 단순 배경 패널
    - Title Text : 단순 제목 텍스트
    - Connection Info Text : 네트워크 접속 정보 표시 텍스트
    - Join Button : 룸 접속 시작 버튼
- **EventSystem** : UI 이벤트 관리자

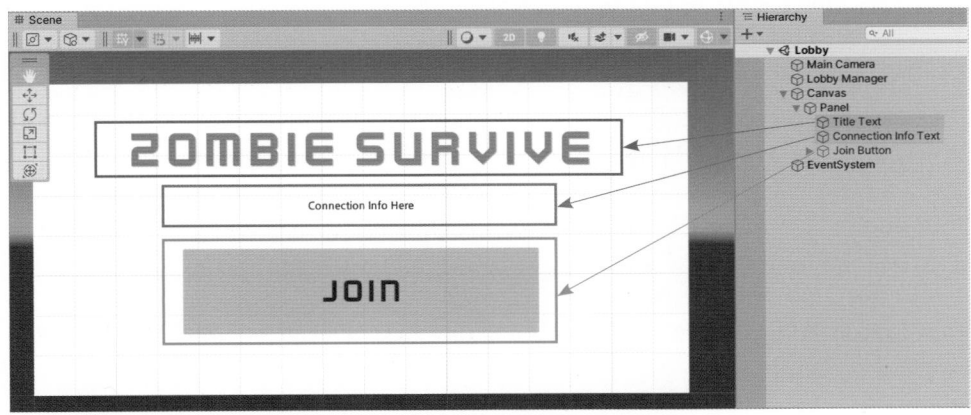

▶ Lobby 씬 구성

여기서 Main Camera, Canvas, EventSystem은 씬을 만들거나 새로운 UI 게임 오브젝트를 생성할 때 기본 생성되는 게임 오브젝트입니다.

Panel 게임 오브젝트는 하얀 배경을 그리는 UI 이미지입니다. Title Text 게임 오브젝트는 ZOMBIE SURVIVE라는 제목을 띄우는 UI 텍스트입니다. 이들은 단순히 UI 외형을 그리는 역할만 합니다.

Lobby Manager는 LobbyManager라는 스크립트만 컴포넌트로 추가된 빈 게임 오브젝트입니다. LobbyManager 컴포넌트에는 Connection Info Text, Join Button이라는 필드가 존재하며, 각각 Connection Info Text 게임 오브젝트의 텍스트 컴포넌트와 Join Button 게임 오브젝트의 버튼 컴포넌트가 할당되어 있습니다.

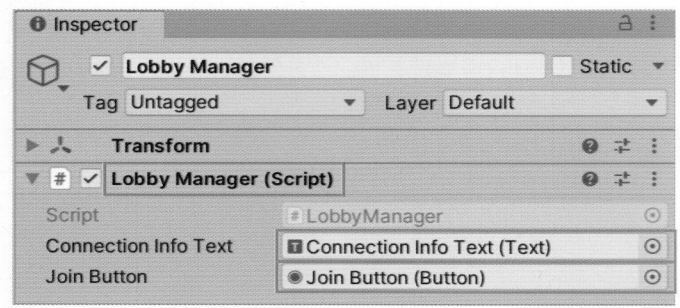

▶ Lobby Manager의 모습

LobbyManager는 Lobby 씬이 네트워크 로비로 동작하도록 구현하는 스크립트이며, 18.5.2절 'LobbyManager 스크립트'에서 완성할 겁니다.

네트워크와 관련된 역할을 부여하여 우리가 실제로 사용할 UI 게임 오브젝트는 Connection Info Text 게임 오브젝트와 Join Button 게임 오브젝트입니다.

Connection Info Text 게임 오브젝트 자체는 텍스트 컴포넌트만 가진 UI 텍스트입니다. 하지만 LobbyManager 스크립트를 사용해 Connection Info Text의 텍스트 컴포넌트에 현재 네트워크 접속 상태를 표시할 겁니다.

Join Button 게임 오브젝트는 버튼 컴포넌트를 가진 UI 버튼입니다. 플레이어가 Join Button을 누르면 매치메이킹 서버를 통해 룸에 접속하고 메인 게임으로 이동하게 됩니다.

Join Button 게임 오브젝트의 버튼 컴포넌트의 OnClick 이벤트에는 Lobby Manager 게임 오브젝트의 LobbyManager 컴포넌트의 Connect( ) 메서드가 등록되어 있습니다. LobbyManager 스크립트의 Connect( )는 룸에 접속을 시도하는 메서드이며, 우리가 직접 완성할 겁니다.

Join Button 게임 오브젝트의 버튼 컴포넌트의 Interactable 체크가 해제되어 있음에 주목합니다.

▶ Join Button 게임 오브젝트

버튼 컴포넌트의 Interactable이 해제되면 사용자가 해당 버튼을 클릭할 수 없습니다. 우리는 LobbyManager 스크립트에서 매치메이킹 서버에 정상적으로 접속된 상태에서만 버튼 컴포넌트의 Interactable을 true로 전환할 겁니다.

즉, 사용자는 매치메이킹 서버에 접속된 상태에서만 Join Button을 클릭하여 룸에 접속할 수 있습니다.

18.5.2 LobbyManager 스크립트

그러면 LobbyManager 스크립트를 열고 네트워크 로비 기능을 완성해봅시다.

[과정 01] LobbyManager 스크립트 열기

① **Scripts** 폴더의 **LobbyManager** 스크립트 열기

열린 LobbyManager 스크립트는 다음과 같은 모습입니다.

```
using Photon.Pun; // 유니티용 포톤 컴포넌트
using Photon.Realtime; // 포톤 서비스 관련 라이브러리
using UnityEngine;
using UnityEngine.UI;

// 마스터(매치메이킹) 서버와 룸 접속 담당
public class LobbyManager : MonoBehaviourPunCallbacks {
    private string gameVersion = "1"; // 게임 버전

    public Text connectionInfoText; // 네트워크 정보를 표시할 텍스트
    public Button joinButton; // 룸 접속 버튼

    // 게임 실행과 동시에 마스터 서버 접속 시도
    private void Start() {

    }

    // 마스터 서버 접속 성공 시 자동 실행
    public override void OnConnectedToMaster() {

    }

    // 마스터 서버 접속 실패 시 자동 실행
    public override void OnDisconnected(DisconnectCause cause) {

    }

    // 룸 접속 시도
    public void Connect() {

    }
```

```
        // (빈 방이 없어) 랜덤 룸 참가에 실패한 경우 자동 실행
        public override void OnJoinRandomFailed(short returnCode, string message) {

        }

        // 룸에 참가 완료된 경우 자동 실행
        public override void OnJoinedRoom() {

        }
    }
```

제일 먼저 나오는 using 문에서는 사용할 포톤 라이브러리를 가져옵니다.

```
using Photon.Pun;
using Photon.Realtime;
```

Photon.Realtime은 포톤의 실시간 네트워크 게임 개발용 C# 라이브러리입니다. Photon.Pun
은 Photon.Realtime을 포함한 여러 포톤 C# 라이브러리를 유니티 게임 오브젝트와 컴포넌트
로 사용할 수 있게 하는 PUN 라이브러리입니다.

이어지는 클래스 선언에서는 LobbyManager 클래스가 MonoBehaviourPunCallbacks를 상속하
고 있습니다.

```
public class LobbyManager : MonoBehaviourPunCallbacks
```

MonoBehaviourPunCallbacks는 MonoBehaviour를 확장한 클래스로, Photon.Pun에서 제공합
니다. MonoBehaviourPunCallbacks는 MonoBehaviour의 기능을 유지한 채 컴포넌트가 포톤 서
비스에 의해 발생하는 콜백(이벤트나 메시지)도 감지할 수 있게 합니다.

즉, 기존 MonoBehaviour가 Update() 또는 Start() 등의 메시지만 감지할 수 있었던 것에 비해
MonoBehaviourPunCallbacks는 후술할 OnConnectedToMaster() 등의 포톤 이벤트까지 감지
하고 대응되는 메서드를 자동 실행합니다(단, PUN 구현 한계상 포톤 전용 이벤트는 override
를 사용하여 구현해야 합니다).

그다음에는 사용할 변수들이 선언되어 있습니다.

```
private string gameVersion = "1";

public Text connectionInfoText;
public Button joinButton;
```

gameVersion은 같은 버전끼리 매칭할 때 사용할 게임 버전입니다. 같은 게임이더라도 버전에 따라 콘텐츠나 밸런스 등이 다르기 때문에 같은 버전의 플레이어만 매칭되게 합니다. 숫자 외의 단어를 넣어도 되지만 여기서는 간단히 숫자를 사용했습니다.

connectionInfoText는 현재 접속 정보를 표시할 때 사용할 텍스트 컴포넌트입니다. 씬에 있는 Connection Info Text 게임 오브젝트의 텍스트 컴포넌트가 이곳에 할당됩니다.

joinButton은 접속에 사용할 버튼 컴포넌트입니다. 씬에 있는 Join Button 게임 오브젝트의 버튼 컴포넌트가 이곳에 할당됩니다.

지금까지 클래스 선언과 변수를 살펴봤습니다. 이제 빈 메서드들을 완성해봅시다.

18.5.3 Start( ) 메서드

LobbyManager의 Start( ) 메서드는 Photon 마스터 서버에 접속해 매치메이킹을 시도합니다. 접속하는 동안에는 룸 접속을 시도할 수 없도록 접속 버튼을 비활성화합니다.

[과정 01] LobbyManager의 Start( ) 메서드 완성하기

① Start( ) 메서드를 다음과 같이 완성

```
void Start() {
    // 접속에 필요한 정보(게임 버전) 설정
    PhotonNetwork.GameVersion = gameVersion;
    // 설정한 정보로 마스터 서버 접속 시도
    PhotonNetwork.ConnectUsingSettings();

    // 룸 접속 버튼 잠시 비활성화
    joinButton.interactable = false;
    // 접속 시도 중임을 텍스트로 표시
    connectionInfoText.text = "마스터 서버에 접속 중...";
}
```

마스터 서버에 접속하기 전에 접속 옵션을 먼저 설정합니다. 설정 가능한 네트워크 옵션은 많지만 여기서는 게임 버전만 설정하고 그외 옵션은 기본 설정을 그대로 사용했습니다. 그리고 해당 설정으로 마스터 서버에 접속을 시도합니다.

```
PhotonNetwork.GameVersion = gameVersion;
PhotonNetwork.ConnectUsingSettings();
```

이어지는 코드에서는 마스터 서버에 접속을 시도하면서 동시에 joinButton의 interactable을 해제합니다.

```
joinButton.interactable = false;
```

Lobby 씬의 Join Button 게임 오브젝트에서 버튼 컴포넌트의 Interactable 필드는 미리 체크 해제되어 있습니다. 하지만 예외 상황을 대비하여 코드에서도 버튼을 상호작용 불가능하게 만들었습니다.

그다음 Connection Info Text의 텍스트 컴포넌트를 사용해 마스터 서버에 접속 중임을 표시하고 Start() 메서드가 종료됩니다.

```
connectionInfoText.text = "마스터 서버에 접속 중...";
```

18.5.4 OnConnectedToMaster() 메서드

OnConnectedToMaster() 메서드는 포톤 마스터 서버에 접속 성공한 경우 자동으로 실행됩니다. 즉, Start() 메서드에서 실행한 PhotonNetwork.ConnectUsingSettings();에 의해 마스터 서버에 정상적으로 접속된 경우 자동 실행됩니다.

LobbyManager의 OnConnectedToMaster() 메서드는 접속에 성공했다는 메시지를 표시하고, 접속 버튼인 Join Button이 상호작용 가능하도록 전환해야 합니다.

[과정 01] LobbyManager의 OnConnectedToMaster() 메서드 완성하기

① OnConnectedToMaster() 메서드를 다음과 같이 완성

```
public override void OnConnectedToMaster() {
    // 룸 접속 버튼 활성화
    joinButton.interactable = true;
    // 접속 정보 표시
    connectionInfoText.text = "온라인 : 마스터 서버와 연결됨";
}
```

작성한 `OnConnectedToMaster()` 메서드가 실행되면 Join Button의 버튼 컴포넌트의 Interactable이 체크되어 접속 버튼을 클릭할 수 있게 됩니다. 동시에 Connection Info Text의 텍스트 컴포넌트는 현재 접속 정보를 표시하게 됩니다.

18.5.5 OnDisconnected( ) 메서드

`OnDisconnected()` 메서드는 마스터 서버 접속에 실패했거나, 이미 마스터 서버에 접속된 상태에서 어떠한 이유로 접속이 끊긴 경우 자동으로 실행됩니다.

`OnDisconnected()` 메서드가 실행될 때 접속 끊김의 원인에 대한 정보가 `DisconnectCause` 타입으로 메서드에 자동 입력됩니다.

LobbyManager의 `OnDisconnected()` 메서드는 접속이 끊겼을 때 접속이 끊긴 사실을 표시하고 룸 접속 버튼을 비활성화해야 합니다. 그리고 마스터 서버로의 재접속을 시도해야 합니다.

[과정 01] LobbyManager의 OnDisconnected( ) 메서드 완성

① `OnDisconnected()` 메서드를 다음과 같이 완성

```
public override void OnDisconnected(DisconnectCause cause) {
    // 룸 접속 버튼 비활성화
    joinButton.interactable = false;
    // 접속 정보 표시
    connectionInfoText.text = "오프라인 : 마스터 서버와 연결되지 않음\n접속 재시도 중...";

    // 마스터 서버로의 재접속 시도
    PhotonNetwork.ConnectUsingSettings();
}
```

18.5.6 Connect( ) 메서드

LobbyManager의 Connect( ) 메서드는 씬의 Join Button을 클릭했을 때 실행할 메서드입니다. Connect( ) 메서드는 매치메이킹 서버(마스터 서버)를 통해 빈 무작위 룸에 접속을 시도합니다.

[과정 01] LobbyManager의 Connect( ) 메서드 완성하기

① Connect( ) 메서드를 다음과 같이 완성

```
public void Connect() {
    // 중복 접속 시도를 막기 위해 접속 버튼 잠시 비활성화
    joinButton.interactable = false;

    // 마스터 서버에 접속 중이라면
    if (PhotonNetwork.IsConnected)
    {
        // 룸 접속 실행
        connectionInfoText.text = "룸에 접속...";
        PhotonNetwork.JoinRandomRoom();
    }
    else
    {
        // 마스터 서버에 접속 중이 아니라면 마스터 서버에 접속 시도
        connectionInfoText.text = "오프라인 : 마스터 서버와 연결되지 않음\n접속 재시도 중...";
        // 마스터 서버로의 재접속 시도
        PhotonNetwork.ConnectUsingSettings();
    }
}
```

먼저 Join Button 버튼의 interactable을 해제하여 Connect( ) 메서드의 룸 접속 처리가 끝나기 전에 버튼을 다시 클릭하여 Connect( ) 메서드가 실행되고 룸 접속이 중복 시도되는 상황을 막습니다.

```
joinButton.interactable = false;
```

그다음 마스터 서버에 접속이 안 된 상태에서 접속을 시도하는 예외 상황을 막기 위해 if 문으로 접속 상태 PhotonNetwork.IsConnected를 검사합니다. 그리하여 마스터 서버에 접속된 상

태에서만 랜덤 룸 접속을 시도하고 접속 정보 텍스트의 내용을 갱신합니다.

```
if (PhotonNetwork.IsConnected)
{
    connectionInfoText.text = "룸에 접속...";
    PhotonNetwork.JoinRandomRoom();
}
```

만약 어떠한 이유로든 마스터 서버에 접속된 상태가 아니라면 룸 접속을 시도하지 않고 마스터 서버로의 재접속을 실행합니다.

```
else
{
    connectionInfoText.text = "오프라인 : 마스터 서버와 연결되지 않음\n접속 재시도 중...";
    PhotonNetwork.ConnectUsingSettings();
}
```

18.5.7 OnJoinRandomFailed() 메서드

OnJoinRandomFailed() 메서드는 랜덤 룸 접속에 실패한 경우 자동 실행됩니다. 이것은 마스터 서버와의 연결이 끊긴 것이 아니라는 점에 주의합니다.

OnJoinRandomFailed()가 실행되는 가장 대표적인 상황은 참가 가능한(빈 자리가 있는) 랜덤 룸이 없는 경우입니다. 따라서 LobbyManager의 OnJoinRandomFailed() 메서드는 완전히 새로운 룸을 만들어 그곳에 접속하는 처리를 구현해야 합니다.

[과정 01] LobbyManager의 OnJoinRandomFailed() 메서드 완성하기

① OnJoinRandomFailed() 메서드를 다음과 같이 완성

```
public override void OnJoinRandomFailed(short returnCode, string message) {
    // 접속 상태 표시
    connectionInfoText.text = "빈 방이 없음, 새로운 방 생성...";
    // 최대 4명을 수용 가능한 빈 방 생성
    PhotonNetwork.CreateRoom(null, new RoomOptions {MaxPlayers = 4});
}
```

작성한 코드는 먼저 접속 상태 텍스트에 새로운 룸을 생성하고 있음을 표시합니다. 그다음 PhotonNetwork.CreateRoom() 메서드를 이용해 새로운 룸을 생성합니다.

PhotonNetwork.CreateRoom() 메서드는 입력으로 생성할 룸의 이름(방 제목)을 string 타입, 생성할 룸의 옵션을 RoomOptions 타입으로 받습니다.

생성된 룸 목록을 확인하는 기능은 만들지 않으므로 룸의 이름은 입력하지 않고 null을 입력했습니다. 그리고 생성할 룸의 최대 수용 인원을 4명으로 제한했습니다.

참고로 생성된 룸은 리슨 서버 방식으로 동작하며 룸을 생성한 클라이언트가 호스트 역할을 맡게 됩니다.

18.5.8 OnJoinedRoom() 메서드

OnJoinedRoom() 메서드는 룸 참가에 성공한 경우 자동 실행됩니다. 참고로 PhotonNetwork.CreateRoom()을 사용해 자신이 룸을 직접 생성하고 참가한 경우에도 OnJoinedRoom()이 실행됩니다.

대부분의 네트워크 게임은 룸에 접속한 다음 모든 플레이어가 (마음의) 준비가 될 때까지 대기 시간을 제공합니다.

하지만 우리는 예제를 간단하게 하기 위해 좀비 룸에 접속하자마자 바로 메인 게임이 시작되게 하겠습니다. 따라서 LobbyManager의 OnJoinedRoom() 메서드에서는 본격적인 게임이 진행되는 Main 씬을 로드합니다.

[과정 01] LobbyManager의 OnJoinedRoom() 메서드 완성하기

① OnJoinedRoom() 메서드를 다음과 같이 완성

```
public override void OnJoinedRoom() {
    // 접속 상태 표시
    connectionInfoText.text = "방 참가 성공";
    // 모든 룸 참가자가 Main 씬을 로드하게 함
    PhotonNetwork.LoadLevel("Main");
}
```

여기서 SceneManager.LoadScene("Main") 대신 PhotonNetwork.LoadLevel("Main")을 사용했다는 점에 주목합니다.

SceneManager.LoadScene()은 이전 씬의 모든 게임 오브젝트를 삭제하고 다음 씬을 로드하므로 로비 씬의 네트워크 정보가 유지되지 않습니다. 또한 플레이어들이 서로 동기화 없이 각자 Main 씬을 로드하기 때문에 다른 사람의 캐릭터가 보이지 않습니다.

반면 PhotonNetwork.LoadLevel() 메서드는 어떤 씬을 로드하고, 해당 씬의 구성이 플레이어 사이에서 동기화되도록 유지합니다.

> **PhotonNetwork.LoadLevel()의 동작**
>
> PhotonNetwork.LoadLevel() 메서드는 룸의 플레이어들이 '함께 새로운 무대로 이동'하는 메서드입니다.
>
> 만약 룸을 생성한 '방장' 플레이어가 PhotonNetwork.LoadLevel() 메서드를 실행하면 다른 플레이어들의 컴퓨터에서도 자동으로 PhotonNetwork.LoadLevel()이 실행되어 방장과 같은 씬을 로드합니다.
>
> 물론 방장 플레이어가 아닌 플레이어들이 각자 따로 PhotonNetwork.LoadLevel() 메서드를 실행하는 것도 가능합니다. 단, 다른 플레이어들이 자동으로 같은 씬을 로드하진 않기 때문에 혼자만 다른 씬에 있는 상황이 생길 수 있습니다.
>
> PhotonNetwork.LoadLevel()은 뒤늦게 입장한 플레이어를 위한 별도의 작업을 구현할 필요가 없어 편리합니다.
>
> 이미 몇 명의 플레이어가 참가하여 게임이 진행 중인 룸이 있다고 가정해봅시다. 뒤늦게 해당 룸에 입장한 다른 플레이어가 PhotonNetwork.LoadLevel()로 기존 플레이어들과 같은 씬에 도착했을 때 도중에 참가한 플레이어에게도 해당 씬의 모습이 다른 플레이어들이 보는 씬의 모습과 동일하게 자동 구성됩니다.

18.5.9 완성된 LobbyManager 스크립트

이것으로 LobbyManager 스크립트를 완성했습니다. 완성된 LobbyManager 스크립트의 전체 코드는 다음과 같습니다.

```
using Photon.Pun; // 유니티용 포톤 컴포넌트
using Photon.Realtime; // 포톤 서비스 관련 라이브러리
using UnityEngine;
using UnityEngine.UI;

// 마스터(매치메이킹) 서버와 룸 접속 담당
public class LobbyManager : MonoBehaviourPunCallbacks {
```

```
private string gameVersion = "1"; // 게임 버전

public Text connectionInfoText; // 네트워크 정보를 표시할 텍스트
public Button joinButton; // 룸 접속 버튼

// 게임 실행과 동시에 마스터 서버 접속 시도
private void Start() {
    // 접속에 필요한 정보(게임 버전) 설정
    PhotonNetwork.GameVersion = gameVersion;
    // 설정한 정보로 마스터 서버 접속 시도
    PhotonNetwork.ConnectUsingSettings();

    // 룸 접속 버튼을 잠시 비활성화
    joinButton.interactable = false;
    // 접속 시도 중임을 텍스트로 표시
    connectionInfoText.text = "마스터 서버에 접속 중...";
}


// 마스터 서버 접속 성공 시 자동 실행
public override void OnConnectedToMaster() {
    // 룸 접속 버튼을 활성화
    joinButton.interactable = true;
    // 접속 정보 표시
    connectionInfoText.text = "온라인 : 마스터 서버와 연결됨";
}


// 마스터 서버 접속 실패 시 자동 실행
public override void OnDisconnected(DisconnectCause cause) {
    // 룸 접속 버튼 비활성화
    joinButton.interactable = false;
    // 접속 정보 표시
    connectionInfoText.text = "오프라인 : 마스터 서버와 연결되지 않음\n접속 재시도 중...";

    // 마스터 서버로의 재접속 시도
    PhotonNetwork.ConnectUsingSettings();
}


// 룸 접속 시도
public void Connect() {
    // 중복 접속 시도를 막기 위해 접속 버튼 잠시 비활성화
    joinButton.interactable = false;
```

```
    // 마스터 서버에 접속 중이라면
    if (PhotonNetwork.IsConnected)
    {
        // 룸 접속 실행
        connectionInfoText.text = "룸에 접속...";
        PhotonNetwork.JoinRandomRoom();
    }
    else
    {
        // 마스터 서버에 접속 중이 아니라면 마스터 서버에 접속 시도
        connectionInfoText.text = "오프라인 : 마스터 서버와 연결되지 않음\n접속 재시도 중...";
        // 마스터 서버로의 재접속 시도
        PhotonNetwork.ConnectUsingSettings();
    }
}

// (빈 방이 없어) 랜덤 룸 참가에 실패한 경우 자동 실행
public override void OnJoinRandomFailed(short returnCode, string message) {
    // 접속 상태 표시
    connectionInfoText.text = "빈 방이 없음, 새로운 방 생성...";
    // 최대 4명을 수용 가능한 빈 방 생성
    PhotonNetwork.CreateRoom(null, new RoomOptions {MaxPlayers = 4});
}

// 룸에 참가 완료된 경우 자동 실행
public override void OnJoinedRoom() {
    // 접속 상태 표시
    connectionInfoText.text = "방 참가 성공";
    // 모든 룸 참가자가 Main 씬을 로드하게 함
    PhotonNetwork.LoadLevel("Main");
}
}
```

완성된 스크립트를 [Ctrl+S]로 저장하고 유니티 에디터로 돌아갑니다. Lobby 씬에 필요한 모든 작업을 마쳤습니다.

18.6 마치며

이 장에서는 플레이어들이 모이는 Lobby 씬을 구현했습니다. 다음 장에서는 로비의 접속 버튼을 눌러 한 룸에 모인 플레이어들이 로드할 Main 씬과 플레이어 캐릭터, 좀비, 각종 아이템을 네트워크에 알맞게 재구성합니다.

이 장에서 배운 내용 요약

- 4인 멀티플레이어 게임에서 플레이어 게임 오브젝트는 16개입니다.
- 로컬 오브젝트는 로컬 클라이언트에서 생성된 오브젝트입니다.
- 리모트 오브젝트는 리모트 클라이언트에서 생성되어 로컬에 복제 생성된 오브젝트입니다.
- 로컬 오브젝트의 상태를 리모트 오브젝트로 동기화하여 클라이언트 사이에서 씬을 같은 모습으로 유지합니다.
- 전용 서버 방식에서는 고정된 호스트 서버가 존재합니다.
- 리슨 서버 방식에서는 플레이어 클라이언트 중 하나를 호스트로 삼습니다.
- P2P 방식에서는 모든 플레이어 클라이언트가 호스트 역할을 겸합니다.
- 매치메이킹 서버는 플레이어들이 서로 검색하고 한 룸에 모이는 데 사용하는 전용 서버입니다.
- RPC는 네트워크를 넘어 다른 클라이언트에서 원하는 메서드를 실행하는 겁니다.
- 승패에 민감한 처리는 호스트에 전담시키는 것이 좋습니다.
- MonoBehaviourPunCallbacks는 포톤 서비스가 발생시키는 콜백을 감지합니다.
- OnConnectedToMaster()는 마스터 서버 접속 성공 시 자동 실행됩니다.
- OnDisconnected()는 마스터 서버와의 접속이 해제되면 자동 실행됩니다.
- OnJoinRandomFailed()는 랜덤 룸을 찾아 접속하는 데 실패하면 자동 실행됩니다.
- OnJoinRoom()은 룸 접속에 성공하면 자동 실행됩니다.
- PhotonNetwork.LoadLevel() 메서드로 씬을 로드해야 플레이어 사이에 씬이 같은 모습으로 동기화됩니다.

19장 좀비 서바이버 멀티플레이어
네트워크 게임 월드 구현

이 장에서는 Main 씬을 포함하여 기존 프로젝트의 게임 오브젝트와 스크립트를 멀티플레이어로 포팅하는 과정을 살펴봅시다.

포팅 과정에서 Zombie 프로젝트의 스크립트 대부분을 멀티플레이어용으로 다시 작성하게 되므로 작업량이 많습니다. 따라서 개념과 코드에만 집중할 수 있도록 이 장에서 살펴볼 스크립트 대부분은 이미 포팅 작업을 완료했습니다.

대신 이미 완성된 코드가 이전 Zombie 프로젝트의 코드와 어떻게 다른지 분석하는 데 집중합니다.

변경된 코드는 예시 코드에서 볼드체로 표기했습니다.

이 장에서 다루는 내용

- 싱글플레이어 게임을 멀티플레이어로 포팅하는 전반적인 방향
- 로컬과 리모트를 코드로 구별하는 방법
- 호스트에서만 특정 처리를 실행하고, 결과를 클라이언트에 전파하는 방법
- PUN의 다양한 컴포넌트
- Photon View 컴포넌트를 사용해 로컬과 리모트 사이의 동기화
- [PunRPC] 속성
- 직렬화와 역직렬화

19.1 네트워크 플레이어 캐릭터 준비

18장에 이어서 Main 씬을 열고 플레이어 캐릭터와 좀비 그리고 각종 아이템을 네트워크에 알맞게 재구성할 준비를 합시다. 먼저 플레이어 캐릭터인 Player Character 게임 오브젝트를 네트워크에 알맞게 구성해봅시다.

[과정 01] Main 씬 준비하기

① 프로젝트의 **Scenes** 폴더에 있는 **Main** 씬 열기

Main 씬을 열면 17장에서 완성했던 Player Character 게임 오브젝트가 보이지 않을 겁니다.

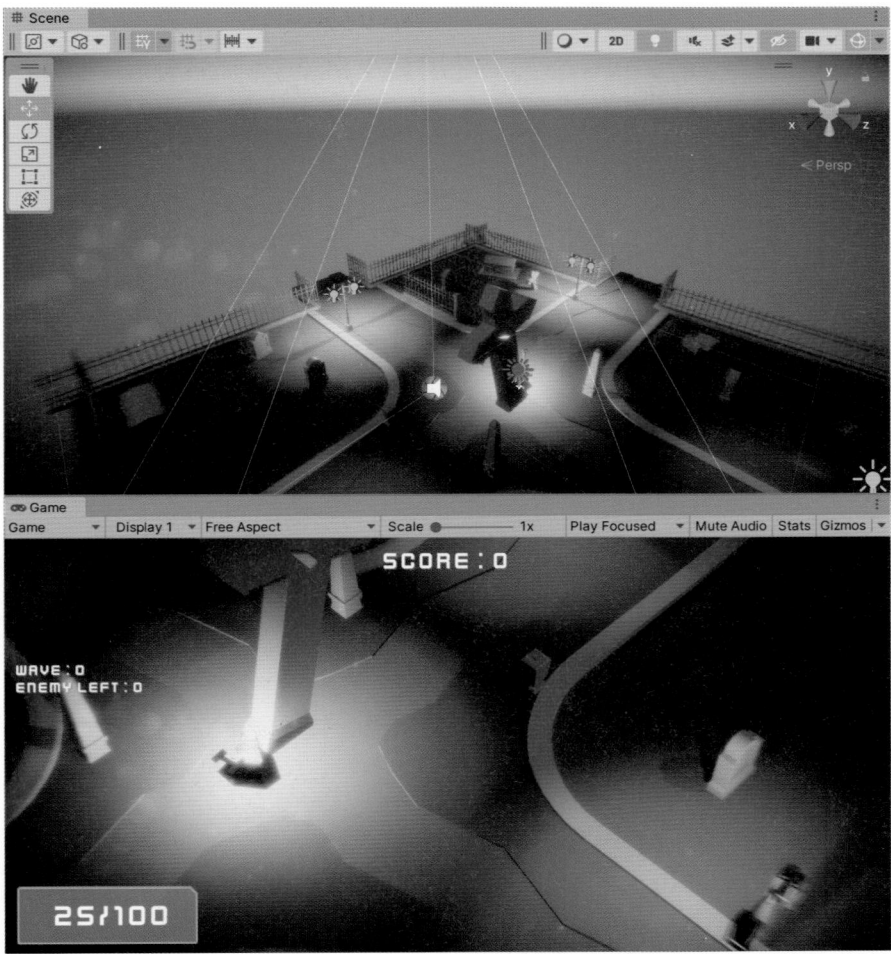

▶ 열린 Main 씬

Prefabs 폴더에서 Player Character 프리팹을 찾아 Main 씬에 Player Character를 생성하
겠습니다.

[과정 01] Player Character 게임 오브젝트 준비

① **Prefabs** 폴더의 **Player Character** 프리팹을 **하이어라키** 창으로 **드래그&드롭**

생성된 Player Character 게임 오브젝트를 보면 17장에서 완성한 Player Character 게임 오
브젝트에 몇 가지 컴포넌트가 더 추가되었을 겁니다.

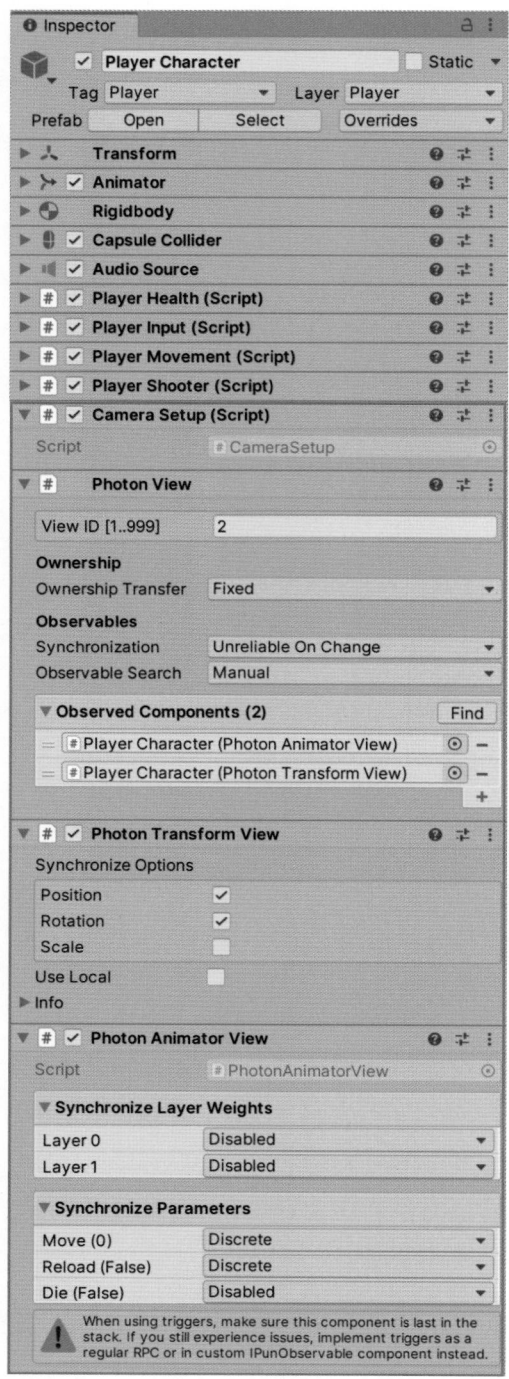

▶ 새로 추가된 컴포넌트

Player Character 게임 오브젝트에 새로 추가된 컴포넌트는 다음과 같습니다.

- Camera Setup
- Photon View
- Photon Transform View
- Photon Animator View

PUN 2에 기본 포함된 Photon View, Photon Transform View, Photon Animator View 컴포넌트를 먼저 살펴보고, 우리가 직접 완성할 Camera Setup 컴포넌트를 살펴보겠습니다.

19.1.1 Photon View 컴포넌트

네트워크를 통해 동기화될 모든 게임 오브젝트는 Photon View 컴포넌트를 가져야 합니다.

Photon View 컴포넌트는 게임 오브젝트에 네트워크상에서 구별 가능한 식별자인 View ID 를 부여합니다.[1] 또한 Observed Components 리스트에 등록된 컴포넌트들의 변화한 수치 를 관측하고, 네트워크를 넘어서 다른 클라이언트에 전달할 수 있습니다. 즉, Photon View 컴포넌트를 가진 게임 오브젝트는 로컬과 리모트 구분이 가능해지며, 다른 클라이언트에 있는 '다른 버전의 자신'에게 관측된 수치를 전달하고 동기화할 수 있습니다(18.1.2절 '동기화' 참조).

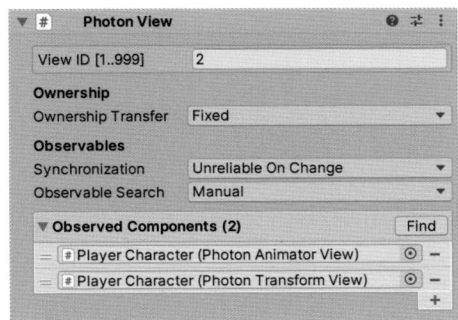

▶ Photon View 컴포넌트

클라이언트 A가 Photon View 컴포넌트를 가진 게임 오브젝트 a를 생성한 다음 동기화를 통 해 다른 클라이언트 B에서도 게임 오브젝트 a를 생성하게 했다고 가정해봅시다.

----

1 할당된 View ID는 네트워크 게임 오브젝트 수, 오브젝트가 생성된 순서 등에 따라 달라질 수 있습니다.

원래는 클라이언트 A의 게임 오브젝트 a가 클라이언트 B의 게임 오브젝트 a와 같은 게임 오브젝트인지 알 수 없습니다. 네트워크에서 클라이언트들의 게임 월드는 각자 독립된 평행우주로 동작하기 때문입니다.

하지만 Photon View 컴포넌트를 사용해 A 월드의 a와 B 월드의 a가 같은 네트워크 ID를 부여 받기 때문에 A 월드의 a와 B 월드의 a를 같은 것으로 취급하고 둘을 동기화할 수 있습니다.

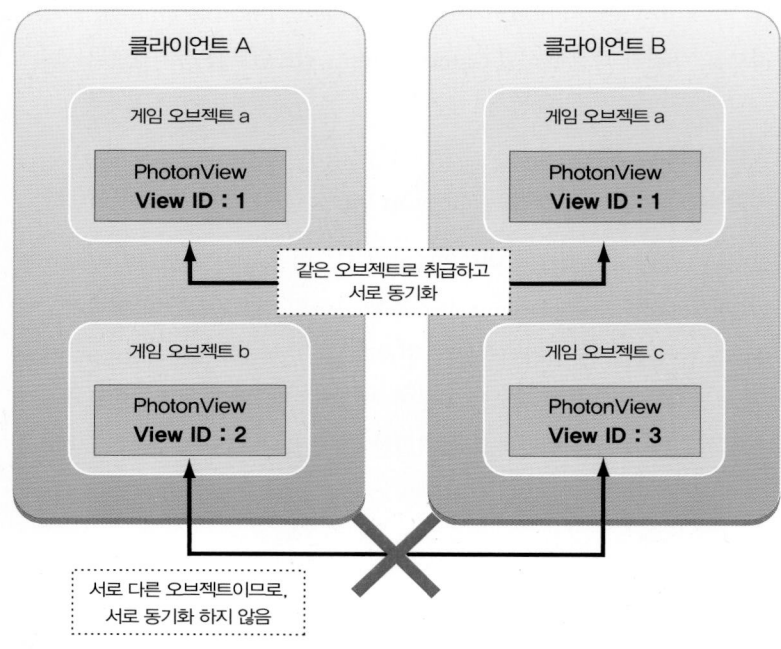

▶ **View ID를 이용해 같은 게임 오브젝트를 식별**

A 입장에서 a 게임 오브젝트는 로컬 오브젝트, B 입장에서 a 게임 오브젝트는 리모트입니다. Photon View 컴포넌트를 사용해 로컬 게임 오브젝트에서 관측된 수치들은 네트워크 너머의 리모트 게임 오브젝트로 전달됩니다. 즉, 클라이언트 A가 로컬 게임 오브젝트인 a의 위치를 변경하면 a의 Photon View 컴포넌트를 사용해 변경된 위치가 관측되고, 클라이언트 B의 리모트 게임 오브젝트 a에 전달됩니다. 따라서 클라이언트 B에서도 변경된 a의 위치가 적용됩니다.

Photon View 컴포넌트가 관측할 컴포넌트는 Observed Components 리스트에 할당하면 됩니다. 단, 모든 컴포넌트가 관측 가능한 것은 아니며, `IPunObservable` 인터페이스를 상속한 컴포넌트만 관측할 수 있습니다.

현재 Player Character 게임 오브젝트의 Photon View 컴포넌트의 Observed Components 리스트에는 Photon Transform View 컴포넌트와 Photon Animator View 컴포넌트를 저자가 미리 할당해뒀습니다.

NOTE_ 동기화 방법

Photon View 컴포넌트의 Observe option 필드에서는 값을 관측하고 동기화하는 방식을 변경할 수 있습니다. Observe option으로 가능한 설정은 다음과 같습니다.

- Off : 동기화하지 않습니다.
- Reliable Delta Compressed : 상대방이 최근에 수신한 값과 동일한 값은 송신하지 않습니다.
- Unreliable : 패킷의 수신 여부를 검사하지 않고 지속적으로 송신합니다.
- Unreliable On Change : Unreliable과 동일하나 값의 변화가 감지될 때만 송신합니다.

현재는 Unreliable On Change로 설정되어 있습니다. 경우에 따라 Reliable Delta Compressed를 선택해 대역폭을 더 아낄 수 있습니다.

Photon View를 거치지 않고 RPC 등의 별개의 방법으로 값을 동기화할 경우에도 Off를 사용하여 대역폭을 아낄 수 있습니다.

19.1.2 Photon Transform View 컴포넌트

Photon Transform View 컴포넌트는 자신의 게임 오브젝트에 추가된 트랜스폼 컴포넌트 값의 변화를 측정하고, Photon View 컴포넌트를 사용해 동기화합니다.

현재 Player Character 게임 오브젝트의 Photon Transform View 컴포넌트는 트랜스폼의 위치와 회전을 동기화하도록 설정되어 있습니다.

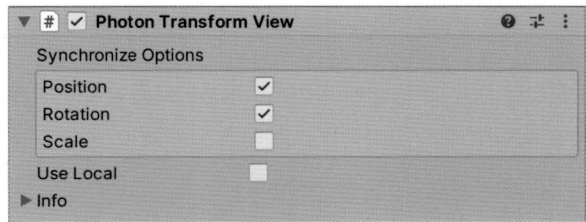

▶ **Photon Transform View 컴포넌트**

Photon Transform View 컴포넌트는 자신이 로컬이라면 트랜스폼 컴포넌트의 속성값들을 감지하고 Photon View 컴포넌트를 사용해 네트워크 너머의 리모트로 보냅니다. 자신이 리모

트라면 Photon View 컴포넌트를 사용해 송신된 로컬의 값을 받아 자신의 트랜스폼 컴포넌트에 적용합니다. 즉, Photon Transform View 컴포넌트가 추가되면 네트워크를 넘어 로컬 게임 오브젝트와 리모트 게임 오브젝트 사이에서 트랜스폼 컴포넌트의 위치, 회전, 스케일을 동기화할 수 있습니다.

단, Photon Transform View 컴포넌트는 Photon View 컴포넌트 없이는 동작할 수 없다는 사실에 유의합니다.

19.1.3 Photon Animator View 컴포넌트

Photon Animator View 컴포넌트는 네트워크를 넘어 로컬 게임 오브젝트와 리모트 게임 오브젝트 사이에서 애니메이터 컴포넌트의 파라미터를 동기화하여 서로 같은 애니메이션을 재생하도록 합니다.

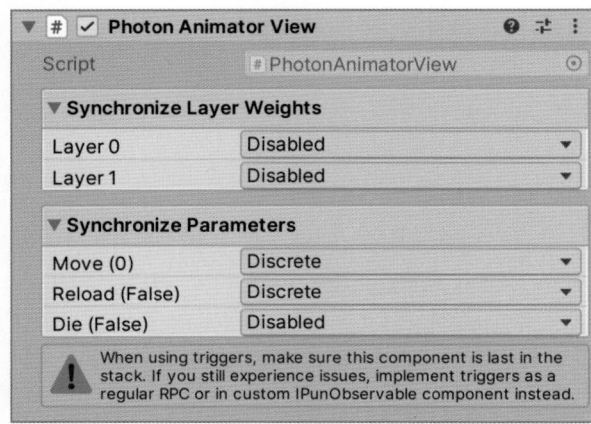

▶ Photon Animator View 컴포넌트

Photon Animator View 컴포넌트가 로컬일 때는 자신의 애니메이터 컴포넌트의 파라미터들을 관측하고, Photon View 컴포넌트를 사용해 다른 클라이언트에 있는 자신의 리모트에 전달합니다.

리모트일 때는 네트워크를 통해 로컬이 건넨 수치들을 받아 자신의 애니메이터 컴포넌트의 파라미터를 덮어쓰기합니다.

동기화를 원하는 파라미터는 드롭다운 메뉴를 클릭하고 Discrete 또는 Continuous로 동기화

옵션을 설정하면 됩니다. Discrete는 값의 연속적인 변화를 Continuous에 비해 잘 반영하지 못하지만 대역폭을 아낄 수 있습니다. 또한 동기화를 할 필요가 없는 경우에는 Disabled로 설정하여 대역폭을 아낄 수 있습니다.

현재 Player Character 게임 오브젝트의 Photon Animator View 컴포넌트에서 애니메이터 컴포넌트의 레이어들의 가중치는 동기화하지 않도록 Disabled로 설정되었습니다.

좀비 서바이버에서 플레이어 캐릭터에 대한 애니메이터 컨트롤러에서 레이어를 두 개 설정했습니다. 그런데 이 두 레이어의 가중치가 게임 도중에 변화할 일이 없으므로 네트워크를 통해 동기화하지 않아도 됩니다.

이어서 Move, Reload 파라미터를 동기화하도록 설정되어 있습니다. Die 파라미터는 로컬과 리모트 모두 직접 Die 트리거 파라미터를 사용하도록 구현할 것이므로 둘 사이의 동기화는 설정하지 않았습니다.

19.1.4 CameraSetup 스크립트

CameraSetup 스크립트는 씬의 시네머신 가상 카메라가 로컬 플레이어만 추적하도록 설정합니다.

좀비 서바이버 멀티플레이어는 한 씬에 두 개 이상의 Player Character 게임 오브젝트가 존재할 수 있습니다. 사용자 A 입장에서 로컬 플레이어 a와 리모트 플레이어 b가 존재한다고 가정했을 때 시네머신 가상 카메라는 로컬 플레이어 a를 추적해야 합니다. 따라서 CameraSetup 스크립트는 자신의 게임 오브젝트가 로컬 게임 오브젝트인지 검사합니다. 자신의 게임 오브젝트가 로컬이 맞다면 시네머신 가상 카메라의 추적 대상을 자신의 게임 오브젝트로 변경합니다.

Scripts 폴더에서 CameraSetup 스크립트를 찾아 열고 완성해봅시다.

[과정 01] CameraSetup 스크립트 열기

① **Scripts** 폴더에서 **CameraSetup** 스크립트 열기

열린 CameraSetup 스크립트는 다음과 같습니다.

```
using Cinemachine; // 시네머신 관련 코드
using Photon.Pun; // PUN 관련 코드
using UnityEngine;
```

```
// 시네머신 카메라가 로컬 플레이어를 추적하도록 설정
public class CameraSetup : MonoBehaviourPun {
    void Start() {

    }
}
```

CameraSetup 클래스가 MonoBehaviourPun 클래스를 상속하고 있습니다.

MonoBehaviourPun은 MonoBehaviour에서 photonView 프로퍼티만 추가하여 단순 확장한 클래스입니다. photonView는 자신의 게임 오브젝트에 추가된 Photon View 컴포넌트에 즉시 접근할 수 있는 지름길 프로퍼티입니다.

그러면 Start() 메서드에서 Player Character 게임 오브젝트에 추가된 Photon View 컴포넌트를 사용해 자신이 로컬인지 리모트인지 판별하고, 로컬이 맞다면 시네머신 가상 카메라가 자신을 추적하는 코드를 구현합니다.

[과정 이] CameraSetup의 Start() 메서드 완성하기

① Start() 메서드를 다음과 같이 완성

```
void Start() {
    // 만약 자신이 로컬 플레이어라면
    if (photonView.IsMine)
    {
        // 씬에 있는 시네머신 가상 카메라를 찾고
        CinemachineVirtualCamera followCam =
            FindObjectOfType<CinemachineVirtualCamera>();
        // 가상 카메라의 추적 대상을 자신의 트랜스폼으로 변경
        followCam.Follow = transform;
        followCam.LookAt = transform;
    }
}
```

Photon View 컴포넌트는 IsMine이라는 프로퍼티를 사용해 해당 Photon View 컴포넌트가 추가되어 있는 게임 오브젝트의 소유권(주도권)이 로컬 클라이언트에 있는지 알려줍니다.

IsMine이 true면 해당 게임 오브젝트는 로컬 게임 오브젝트이며, false면 다른 클라이언트에

서 생성되어 건너온 리모트 게임 오브젝트입니다. 즉, 우리가 작성한 코드는 현재 게임 오브젝트가 로컬 게임 오브젝트이면 photonView.IsMine은 true입니다. 이 경우 if 문 블록이 실행되어 FindObjectOfType() 메서드로 씬에 있는 시네머신 가상 카메라 컴포넌트를 찾고, 해당 가상 카메라의 추적 대상 Follow와 주시 대상 LookAt을 모두 자신의 트랜스폼 컴포넌트로 지정합니다.

완성한 CameraSetup 스크립트를 저장하고 유니티 에디터로 돌아갑니다. 지금까지 Player Character 게임 오브젝트에 새로 추가된 모든 컴포넌트를 살펴봤습니다. 새로 추가한 컴포넌트들의 역할을 요약하면 다음과 같습니다.

Photon View
- Player Character 게임 오브젝트가 네트워크상에서 식별되게 함
- 컴포넌트들의 값을 네트워크를 넘어 로컬-리모트 사이에서 동기화함

Photon Transform View
- 로컬 Player Character의 트랜스폼 컴포넌트의 위치와 회전을 리모트 Player Character의 트랜스폼 컴포넌트에 동기화함

Photon Animator View
- 로컬 Player Character의 애니메이터 컴포넌트의 파라미터를 리모트 Player Character의 애니메이터 컴포넌트에 동기화함

Camera Setup
- 자신의 게임 오브젝트가 로컬 오브젝트면 시네머신 카메라가 자신을 추적하게 함

19.2 네트워크용 플레이어 캐릭터 컴포넌트

다음과 같은 Player Character 게임 오브젝트의 기존 스크립트들이 네트워크용으로 어떻게 포팅되었는지 살펴보겠습니다.

- PlayerInput
- PlayerMovement
- PlayerShooter
- LivingEntity
- PlayerHealth

설명에 집중하기 위해 위 스크립트들은 저자가 미리 멀티플레이어용으로 포팅하여 Zombie Multiplayer 프로젝트에 적용해두었습니다.

6부에서 이미 구현한 부분은 설명을 생략하고, 네트워크 게임을 구현하기 위해 기존 코드에 새로 추가했거나 변경한 부분 위주로 설명하겠습니다.

19.2.1 PlayerInput 스크립트

- **기존 기능** : 사용자 입력을 감지
- **변경된 기능** : 로컬 플레이어 캐릭터인 경우에만 사용자 입력 감지

새로운 PlayerInput 스크립트는 자신의 게임 오브젝트가 로컬 플레이어인 경우에만 사용자 입력을 감지하고, 그렇지 않은 경우 사용자 입력을 무시하도록 재구성되었습니다.

멀티플레이어 게임에는 씬에 둘 이상의 플레이어 캐릭터가 존재합니다. 그런데 PlayerInput 스크립트는 Player Character 게임 오브젝트가 로컬 플레이어든 리모트 플레이어든 무조건 추가되어 있습니다.

이때 기존 PlayerInput 스크립트를 사용하면 내 것이 아닌 다른 사람의 플레이어 캐릭터도 조종할 수 있는 문제가 생깁니다(18.1.3절 '로컬 권한 검사' 참조).

Scripts 폴더에서 재구성된 PlayerInput 스크립트를 열면 다음과 같은 모습입니다.

```
using Photon.Pun;
using UnityEngine;

// 플레이어 캐릭터를 조작하기 위한 사용자 입력을 감지
// 감지된 입력값을 다른 컴포넌트가 사용할 수 있도록 제공
public class PlayerInput : MonoBehaviourPun {
    // 변수 선언부 생략(기존 코드와 동일함)

    // 매 프레임 사용자 입력을 감지
    private void Update() {
        // 로컬 플레이어가 아닌 경우 입력을 받지 않음
        if (!photonView.IsMine)
        {
            return;
        }
```

```
        // 게임오버 상태에서는 사용자 입력을 감지하지 않음
        if (GameManager.instance != null
            && GameManager.instance.isGameover)
        {
            move = 0;
            rotate = 0;
            fire = false;
            reload = false;
            return;
        }

        // move에 관한 입력 감지
        move = Input.GetAxis(moveAxisName);
        // rotate에 관한 입력 감지
        rotate = Input.GetAxis(rotateAxisName);
        // fire에 관한 입력 감지
        fire = Input.GetButton(fireButtonName);
        // reload에 관한 입력 감지
        reload = Input.GetButtonDown(reloadButtonName);
    }
}
```

새로운 PlayerInput 스크립트는 기존 PlayerInput 스크립트에서 단 두 부분만 변경되었습니다.[2]

- MonoBehaviour 대신 MonoBehaviourPun 사용
- Update() 메서드 상단에 새로운 if 문 추가

MonoBehaviourPun은 photonView 프로퍼티를 통해 게임 오브젝트의 Photon View 컴포넌트에 즉시 접근하기 위해 사용했습니다.

두 번째 변경 사항인 Update() 메서드의 최상단에 새로 추가된 if 문 블록을 주목합니다.

```
if (!photonView.IsMine)
{
    return;
}
```

---

2 using Photon.Pun;은 제외하고 세었습니다.

photonView.IsMine은 현재 게임 오브젝트가 로컬 게임 오브젝트인 경우에만 true가 됩니다. 즉, 어떤 Player Character 게임 오브젝트가 리모트 플레이어인 경우 !photonView.IsMine은 true가 되어 위 if 문의 조건을 만족하고 즉시 return;이 실행됩니다. 따라서 Update() 메서드 하단의 입력 감지 부분에 처리가 도달하지 못합니다.

19.2.2 PlayerMovement 스크립트

- **기존 기능** : 사용자 입력에 따라 이동, 회전, 애니메이터 파라미터 지정
- **변경된 기능** : 로컬 플레이어 캐릭터인 경우에만 이동, 회전, 애니메이터 파라미터 지정

네트워크 게임에서 리모트 플레이어 캐릭터는 네트워크 너머의 로컬 플레이어 캐릭터로부터 위치, 회전, 애니메이터 파라미터값을 받아 자신의 값으로 사용합니다.

따라서 기존 PlayerMovement 스크립트의 이동, 회전, 애니메이션 처리는 로컬 플레이어 캐릭터인 경우에만 실행되도록 재구성해야 합니다. 리모트 플레이어 캐릭터는 동기화를 통해 위치, 회전, 애니메이션 파라미터를 로컬 플레이어 캐릭터로부터 자동으로 받아 사용하기 때문입니다.

Scripts 폴더에서 재구성된 PlayerMovement 스크립트를 열면 다음과 같은 모습입니다. 지면을 아끼고자 기존 좀비 프로젝트에서 달라지지 않은 부분의 코드는 일부 생략했습니다.

```csharp
using Photon.Pun;
using UnityEngine;

// 플레이어 캐릭터를 사용자 입력에 따라 움직이는 스크립트
public class PlayerMovement : MonoBehaviourPun {
    // 변수 선언부 생략(기존 코드와 동일함)

    private void Start() {
        // 코드 생략(기존 코드와 동일함)
    }

    // FixedUpdate는 물리 갱신 주기에 맞춰 실행됨
    private void FixedUpdate() {
        // 로컬 플레이어만 직접 위치와 회전 변경 가능
        if (!photonView.IsMine)
        {
            return;
        }
```

```
        // 회전 실행
        Rotate();
        // 움직임 실행
        Move();

        // 입력값에 따라 애니메이터의 Move 파라미터값 변경
        playerAnimator.SetFloat("Move", playerInput.move);
    }

    // 입력값에 따라 캐릭터를 앞뒤로 움직임
    private void Move() {
        // 코드 생략(기존 코드와 동일함)
    }

    // 입력값에 따라 캐릭터를 좌우로 회전
    private void Rotate() {
        // 코드 생략(기존 코드와 동일함)
    }
}
```

새로운 PlayerMovement 스크립트의 주요 변경 사항은 다음과 같습니다.

- MonoBehaviour 대신 MonoBehaviourPun 사용
- FixedUpdate() 메서드 상단에 로컬 여부를 검사하는 if 문 추가

PlayerMovement 스크립트는 FixedUpdate() 메서드의 최상단에 다음과 같은 if 문을 추가하여 현재 게임 오브젝트가 로컬 게임 오브젝트인 경우에만 이동, 회전, 애니메이션 파라미터 갱신 처리를 실행하도록 구현했습니다.

```
if (!photonView.IsMine)
{
    return;
}
```

19.2.3 PlayerShooter 스크립트

- **기존 기능** : 사용자 입력에 따라 사격 실행 및 탄알 UI 갱신
- **변경된 기능** : 로컬 플레이어 캐릭터인 경우에만 사격 실행 및 탄알 UI 갱신

기존 PlayerShooter 스크립트는 PlayerInput을 통해 전달받은 입력값으로 총 발사를 시도하고 탄알 UI를 갱신합니다.

변경된 PlayerShooter 스크립트는 자신의 게임 오브젝트가 로컬 플레이어인 경우에만 총 발사를 시도하고 탄알 UI를 갱신합니다.

로컬 플레이어 입장에서는 네트워크 너머의 다른 사람이 조작하는 리모트 플레이어 캐릭터의 남은 탄알이 UI로 표시될 필요가 없습니다. 따라서 PlayerShooter 스크립트가 붙어 있는 게임 오브젝트가 로컬 플레이어 캐릭터일 때만 탄알 UI를 갱신합니다.

리모트 플레이어 캐릭터에 붙어 있는 PlayerShooter 스크립트는 입력을 감지하는 부분이 동작하지 않아야 합니다. 동기화를 통해 로컬의 총 발사 처리에 따라서 리모트의 총 발사가 자동으로 이루어질 것이기 때문입니다. 총 발사 처리의 동기화는 19.3절 '네트워크 Gun'에서 구현합니다.

결론적으로 리모트 플레이어 입장에서는 조작을 감지하고 다른 메서드를 직접 실행하는 부분이 동작하지 않도록 막아야 합니다.

Scripts 폴더에서 PlayerShooter 스크립트를 열면 다음과 같은 모습입니다.

```
using Photon.Pun;
using UnityEngine;

// 주어진 Gun 오브젝트를 쏘거나 재장전
// 알맞은 애니메이션을 재생하고 IK를 사용해 캐릭터 양손이 총에 위치하도록 조정
public class PlayerShooter : MonoBehaviourPun {
    // 변수 선언부 생략(기존 코드와 동일함)

    private void Start() {
        // 코드 생략(기존 코드와 동일함)
    }

    private void OnEnable() {
        // 코드 생략(기존 코드와 동일함)
    }

    private void OnDisable() {
        // 코드 생략(기존 코드와 동일함)
    }
```

```
    private void Update() {
        // 로컬 플레이어만 총을 직접 사격. 탄알 UI 갱신 가능
        if (!photonView.IsMine)
        {
            return;
        }

        // 입력을 감지하여 총을 발사하거나 재장전
        if (playerInput.fire)
        {
            // 발사 입력 감지 시 총 발사
            gun.Fire();
        }
        else if (playerInput.reload)
        {
            // 재장전 입력 감지 시 재장전
            if (gun.Reload())
            {
                // 재장전 성공 시에만 재장전 애니메이션 재생
                playerAnimator.SetTrigger("Reload");
            }
        }

        // 남은 탄알 UI 갱신
        UpdateUI();
    }

    // 탄알 UI 갱신
    private void UpdateUI() {
        // 코드 생략(기존 코드와 동일함)
    }

    // 애니메이터의 IK 갱신
    private void OnAnimatorIK(int layerIndex) {
        // 코드 생략(기존 코드와 동일함)
    }
}
```

새로운 PlayerShooter 스크립트의 주요 변경 사항은 다음과 같습니다.

- MonoBehaviour 대신 MonoBehaviourPun 사용
- Update() 메서드 상단에 로컬 여부를 검사하는 새로운 if 문 추가

즉, `PlayerInput`이나 `PlayerMovement`와 마찬가지로 `Update()` 메서드의 최상단에 다음과 같은 `if` 문을 추가하여 현재 게임 오브젝트가 로컬 게임 오브젝트인 경우에만 사용자 입력에 의한 탄알 발사와 UI 갱신이 실행되도록 구현했습니다.

```
if (!photonView.IsMine)
{
    return;
}
```

19.2.4 LivingEntity 스크립트

`PlayerHealth` 스크립트는 `LivingEntity` 스크립트를 상속하므로 `LivingEntity`의 변경 사항을 먼저 살펴보겠습니다.

- **기존 기능** : 체력과 사망 상태 관리, 대미지 처리, 사망 처리
- **변경된 기능** : 호스트에서만 체력 관리와 대미지 처리 실행

기존의 `LivingEntity` 스크립트는 체력과 사망 상태를 관리했습니다. 네트워크에서 동작하는 `LivingEntity`도 체력과 사망 상태를 관리하되 그 값들을 클라이언트 사이에서 동기화해야 합니다.

그런데 체력과 사망 상태는 게임 승패에 매우 민감한 처리입니다. 따라서 `LivingEntity`의 체력과 사망 상태에 관련된 처리가 무조건 호스트에서 실행되고, 그 결과를 클라이언트가 받아들이도록 구현해야 합니다(18.3.1절 '호스트에 위임' 참조).

그러면 Scripts 폴더에서 `LivingEntity` 스크립트를 열고 변경 사항을 살펴봅시다.

```
using System;
using Photon.Pun;
using UnityEngine;

// 생명체로 동작할 게임 오브젝트를 위한 뼈대 제공
// 체력, 대미지 받아들이기, 사망 기능, 사망 이벤트 제공
public class LivingEntity : MonoBehaviourPun, IDamageable {
    // 변수 선언부 생략(기존 코드와 동일함)

    // 호스트->모든 클라이언트 방향으로 체력과 사망 상태를 동기화하는 메서드
```

```
[PunRPC]
public void ApplyUpdatedHealth(float newHealth, bool newDead) {
    health = newHealth;
    dead = newDead;
}

// 생명체가 활성화될 때 상태 리셋
protected virtual void OnEnable() {
    // 사망하지 않은 상태로 시작
    dead = false;
    // 체력을 시작 체력으로 초기화
    health = startingHealth;
}

// 데미지 처리
// 호스트에서 먼저 단독 실행되고, 호스트를 통해 다른 클라이언트에서 일괄 실행됨
[PunRPC]
public virtual void OnDamage(float damage, Vector3 hitPoint, Vector3 hitNormal) {
    if (PhotonNetwork.IsMasterClient)
    {
        // 데미지만큼 체력 감소
        health -= damage;

        // 호스트에서 클라이언트로 동기화
        photonView.RPC("ApplyUpdatedHealth", RpcTarget.Others, health, dead);

        // 다른 클라이언트도 OnDamage를 실행하도록 함
        photonView.RPC("OnDamage", RpcTarget.Others, damage, hitPoint, hitNormal);
    }

    // 체력이 0 이하 && 아직 죽지 않았다면 사망 처리 실행
    if (health <= 0 && !dead)
    {
        Die();
    }
}

// 체력을 회복하는 기능
[PunRPC]
public virtual void RestoreHealth(float newHealth) {
    if (dead)
```

```
        {
            // 이미 사망한 경우 체력을 회복할 수 없음
            return;
        }

        // 호스트만 체력을 직접 갱신 가능
        if (PhotonNetwork.IsMasterClient)
        {
            // 체력 추가
            health += newHealth;
            // 서버에서 클라이언트로 동기화
            photonView.RPC("ApplyUpdatedHealth", RpcTarget.Others, health, dead);

            // 다른 클라이언트도 RestoreHealth를 실행하도록 함
            photonView.RPC("RestoreHealth", RpcTarget.Others, newHealth);
        }
    }

    public virtual void Die() {
        // onDeath 이벤트에 등록된 메서드가 있다면 실행
        if (onDeath != null)
        {
            onDeath();
        }

        // 사망 상태를 참으로 변경
        dead = true;
    }
}
```

새로운 LivingEntity 스크립트의 주요 변경 사항은 다음과 같습니다.

- MonoBehaviourPun 사용
- 체력, 사망 상태 동기화를 위한 ApplyUpdatedHealth() 메서드 추가
- OnDamage(), RestoreHealth()에 [PunRPC] 선언
- OnDamage()에서 대미지 처리는 호스트에서만 실행
- RestoreHealth()에서 체력 추가 처리는 호스트에서만 실행

주요 변경 사항을 하나씩 살펴봅시다.

[PunRPC]

[PunRPC]는 18.3.2절 'RPC'에서 설명한 RPC를 구현하는 속성[3]입니다. [PunRPC]로 선언된 메서드는 다른 클라이언트에서 원격 실행할 수 있습니다.

DoSomething()이라는 메서드가 [PunRPC]로 선언되었다고 가정해봅시다. 클라이언트 A는 자신의 월드에서는 DoSomething()을 실행하지 않고, 클라이언트 B에 있는 DoSomething()을 원격 실행할 수 있습니다. A 자신을 포함한 모든 클라이언트에서 DoSomething() 메서드를 실행시키는 것도 가능합니다.

RPC를 통해 어떤 메서드를 다른 클라이언트에서 원격 실행할 때는 Photon View 컴포넌트의 RPC() 메서드를 사용합니다. RPC() 메서드는 입력으로 다음 값을 받습니다.

- 원격 실행할 메서드 이름(string 타입)
- 원격 실행할 대상 클라이언트(RpcTarget 타입)
- 원격 실행할 메서드에 전달할 값(필요한 경우)

예를 들어 아래 코드는 자신의 Photon View 컴포넌트를 사용해 DoSomething() 메서드를 모든 클라이언트에서 원격 실행합니다.

```
photonView.RPC("DoSomething", RpcTarget.All);
```

ApplyUpdateHealth()

새로 추가된 ApplyUpdateHealth() 메서드는 [PunRPC] 속성으로 선언되었습니다.

```
[PunRPC]
public void ApplyUpdatedHealth(float newHealth, bool newDead) {
    health = newHealth;
    dead = newDead;
}
```

ApplyUpdateHealth()는 새로운 체력값과 새로운 사망 상탯값을 받아 기존 변숫값을 갱신하는 단순한 메서드입니다. 겉보기에는 ApplyUpdatedHealth() 메서드를 사용할 필요 없이 health

----

3 속성(Attribute)은 어떤 처리를 직접 실행하진 않지만 컴파일러에 해당 메서드나 변수에 대한 메타 정보를 알려주는 키워드입니다. 프로퍼티(Property) 또한 속성으로 번역되지만 Attribute와 Property는 다른 개념입니다.

와 dead 값을 직접 변경하는 게 나아보입니다.

ApplyUpdatedHealth()는 호스트 측 LivingEntity의 체력, 사망 상탯값을 다른 클라이언트의 LivingEntity에 전달하기 위해 사용됩니다.

게임 속에 LivingEntity 오브젝트 a가 있다고 가정해봅시다. 호스트 클라이언트는 a의 체력과 사망 상태를 변경합니다. 동시에 같은 코드로 ApplyUpdateHealth() 메서드에 변경된 체력과 사망 상태를 입력하고, 다른 모든 클라이언트에서 원격 실행합니다.

```
photonView.RPC("ApplyUpdatedHealth", RpcTarget.Others, health, dead);
```

그러면 호스트에서 a의 체력과 사망 상태가 다른 모든 클라이언트의 a에 적용됩니다.

OnDamage()

변경된 OnDamage() 메서드는 [PunRPC] 속성이 선언되었으므로 다른 곳의 클라이언트가 원격으로 실행할 수 있습니다.

```
[PunRPC]
public virtual void OnDamage(float damage, Vector3 hitPoint, Vector3 hitNormal) {
    if (PhotonNetwork.IsMasterClient)
    {
        // 대미지만큼 체력 감소
        health -= damage;

        // 호스트에서 클라이언트로 동기화
        photonView.RPC("ApplyUpdatedHealth", RpcTarget.Others, health, dead);

        // 다른 클라이언트도 OnDamage를 실행하도록 함
        photonView.RPC("OnDamage", RpcTarget.Others, damage, hitPoint, hitNormal);
    }

    // 체력이 0 이하 && 아직 죽지 않았다면 사망 처리 실행
    if (health <= 0 && !dead)
    {
        Die();
    }
}
```

OnDamage() 내부 구현에서 추가한 코드는 호스트인 경우에만 대미지 수치를 적용하고, 그것을 호스트에서 다른 클라이언트로 전파하는 처리를 수행합니다.

OnDamage()에 새로 추가한 if 문을 살펴봅시다. 추가한 if 문은 기존의 대미지 적용 부분을 감싸고 있습니다.

```
if (PhotonNetwork.IsMasterClient)
{
    health -= damage;

    photonView.RPC("ApplyUpdatedHealth", RpcTarget.Others, health, dead);
    photonView.RPC("OnDamage", RpcTarget.Others, damage, hitPoint, hitNormal);
}
```

if 문의 조건으로 사용한 PhotonNetwork.IsMasterClient는 현재 코드를 실행하는 클라이언트가 마스터 클라이언트, 즉 호스트인지 반환하는 프로퍼티입니다. 코드를 실행하는 클라이언트가 호스트면 true, 아니면 false를 반환합니다.

즉, 위 if 문 블록은 호스트에서만 실행되므로 모든 클라이언트에서 동시에 OnDamage()가 실행되었다고 가정했을 때 체력을 깎는 처리 health -= damage;는 호스트에서만 실행됩니다. 그리고 ApplyUpdatedHealth() 메서드를 원격 실행하여 호스트에서 변경된 체력을 다른 클라이언트에 적용합니다.

```
photonView.RPC("ApplyUpdatedHealth", RpcTarget.Others, health, dead);
```

그다음 다른 클라이언트에서도 OnDamage() 메서드를 원격 실행하는 처리가 이어집니다.

```
photonView.RPC("OnDamage", RpcTarget.Others, damage, hitPoint, hitNormal);
```

최종 완성된 빌드에서는 보안상의 이유로 OnDamage() 메서드의 최초 실행이 호스트에서만 이루어질 겁니다. 다른 클라이언트에서는 OnDamage() 메서드를 RPC를 통해 간접 실행할 겁니다. 즉, 위 OnDamage()는 더블탭[4]처럼 동작합니다.

----

4 방아쇠를 빠르게 두 번 잡아당기는 기술

먼저 호스트에서만 OnDamage()가 실행되고, 대미지 처리가 이루어집니다. 그리고 호스트의 OnDamage() 메서드가 끝날 때 다른 모든 클라이언트의 OnDamage()를 원격 실행합니다. 따라서 OnDamage() 메서드의 실행이 호스트에서 모든 클라이언트로 전파됩니다.

흐름을 표현하면 다음과 같습니다.

1. 호스트에서의 LivingEntity가 공격을 맞아 OnDamage()가 실행됨
2. 호스트에서 체력을 변경하고 클라이언트에 변경된 체력을 동기화
3. 호스트가 다른 모든 클라이언트의 LivingEntity의 OnDamage()를 원격 실행

호스트가 아닌 클라이언트는 OnDamage()를 실행했을 때 if (PhotonNetwork.IsMasterClient)로 묶인 체력 처리 부분은 실행되지 않고, 나머지 부가적인 처리만 실행된다는 사실에 주목합니다.

RestoreHealth() 메서드

변경된 RestoreHealth() 메서드는 [PunRPC] 속성이 선언되었으므로 어떤 클라이언트가 다른 클라이언트에서 원격 실행할 수 있습니다.

```
// 체력을 회복하는 기능
[PunRPC]
public virtual void RestoreHealth(float newHealth) {
    if (dead)
    {
        // 이미 사망한 경우 체력을 회복할 수 없음
        return;
    }

    // 호스트만 체력을 직접 갱신 가능
    if (PhotonNetwork.IsMasterClient)
    {
        // 체력 추가
        health += newHealth;
        // 서버에서 클라이언트로 동기화
        photonView.RPC("ApplyUpdatedHealth", RpcTarget.Others, health, dead);

        // 다른 클라이언트도 RestoreHealth를 실행하도록 함
        photonView.RPC("RestoreHealth", RpcTarget.Others, newHealth);
```

```
            }
    }
```

RestoreHealth() 메서드에서 체력이 실제로 변경되는 기존 부분은 OnDamage() 메서드와 마찬가지로 if (PhotonNetwork.IsMasterClient)로 감쌌습니다.

RestoreHealth() 메서드도 OnDamage() 메서드와 같은 원리로 동작합니다. 호스트에서 RestoreHealth()를 가장 먼저 실행하고 체력을 변경합니다. 그리고 ApplyUpdatedHealth() 메서드를 원격 실행하여 변경된 체력을 다른 클라이언트에 적용합니다.

또한 호스트의 RestoreHealth()가 종료되기 전 다른 모든 클라이언트에서 RestoreHealth() 를 원격 실행합니다. 단, 다른 모든 클라이언트에서 실행하는 RestoreHealth()에서는 체력을 변경하는 코드는 실행되지 않고 부가적인 처리만 실행됩니다.

19.2.5 PlayerHealth 스크립트

- **기존 기능** : 플레이어 캐릭터의 체력 관리, 체력 UI 갱신
- **변경된 기능** : 리스폰 기능 추가, 아이템을 호스트에서만 사용

PlayerHealth 스크립트는 LivingEntity를 상속하며, 기존 체력 관리 기능에 상호작용 효과와 체력 UI 갱신 처리를 추가합니다. 또한 아이템과의 충돌을 감지하고 사용합니다.

변경된 PlayerShooter 스크립트는 LivingEntity에서 RPC로 지정된 메서드들의 RPC 선언을 유지하며, 충돌 감지된 아이템을 호스트에서만 사용합니다.

```
using Photon.Pun;
using UnityEngine;
using UnityEngine.UI; // UI 관련 코드

// 플레이어 캐릭터의 생명체로서의 동작 담당
public class PlayerHealth : LivingEntity {
    // 변수 선언부 생략(기존 코드와 동일함)

    private void Awake() {
        // 코드 생략(기존 코드와 동일함)
    }
```

```csharp
    protected override void OnEnable() {
        // 코드 생략(기존 코드와 동일함)
    }


    // 체력 회복
    [PunRPC]
    public override void RestoreHealth(float newHealth) {
        // 코드 생략(기존 코드와 동일함)
    }



    // 대미지 처리
    [PunRPC]
    public override void OnDamage(float damage, Vector3 hitPoint,
        Vector3 hitDirection) {
        // 코드 생략(기존 코드와 동일함)
    }

    public override void Die() {
        // LivingEntity의 Die() 실행(사망 적용)
        base.Die();

        // 체력 슬라이더 비활성화
        healthSlider.gameObject.SetActive(false);

        // 사망음 재생
        playerAudioPlayer.PlayOneShot(deathClip);

        // 애니메이터의 Die 트리거를 발동시켜 사망 애니메이션 재생
        playerAnimator.SetTrigger("Die");

        // 플레이어 조작을 받는 컴포넌트 비활성화
        playerMovement.enabled = false;
        playerShooter.enabled = false;

        // 5초 뒤에 리스폰
        Invoke("Respawn", 5f);
    }

    private void OnTriggerEnter(Collider other) {
        // 아이템과 충돌한 경우 해당 아이템을 사용하는 처리
        // 사망하지 않은 경우에만 아이템 사용 가능
        if (!dead)
```

```csharp
        {
            // 충돌한 상대방으로부터 Item 컴포넌트 가져오기 시도
            IItem item = other.GetComponent<IItem>();

            // 충돌한 상대방으로부터 Item 컴포넌트 가져오는 데 성공했다면
            if (item != null)
            {
                // 호스트만 아이템 직접 사용 가능
                // 호스트에서는 아이템 사용 후 사용된 아이템의 효과를 모든 클라이언트에 동기화시킴
                if (PhotonNetwork.IsMasterClient)
                {
                    // Use 메서드를 실행하여 아이템 사용
                    item.Use(gameObject);
                }

                // 아이템 습득 소리 재생
                playerAudioPlayer.PlayOneShot(itemPickupClip);
            }
        }
    }

    // 부활 처리
    public void Respawn() {
        // 로컬 플레이어만 직접 위치 변경 가능
        if (photonView.IsMine)
        {
            // 원점에서 반경 5유닛 내부의 랜덤 위치 지정
            Vector3 randomSpawnPos = Random.insideUnitSphere * 5f;
            // 랜덤 위치의 y 값을 0으로 변경
            randomSpawnPos.y = 0f;

            // 지정된 랜덤 위치로 이동
            transform.position = randomSpawnPos;
        }

        // 컴포넌트를 리셋하기 위해 게임 오브젝트를 잠시 껐다가 다시 켜기
        // 컴포넌트의 OnDisable(), OnEnable() 메서드가 실행됨
        gameObject.SetActive(false);
        gameObject.SetActive(true);
    }
}
```

새로운 PlayerHealth 스크립트의 주요 변경 사항은 다음과 같습니다.

- RestoreHealth(), OnDamage()에 [PunRPC] 선언
- Respawn() 메서드 추가
- Die() 메서드 하단에서 Respawn() 실행
- OnTriggerEnter()의 item.Use()를 if 문으로 감싸기

변경 사항을 하나씩 살펴봅시다.

[PunRPC] 선언

LivingEntity에서 RestoreHealth()와 OnDamage() 메서드는 [PunRPC] 속성이 선언되어 있었습니다.

오버라이드하는 측에서도 원본 메서드와 동일하게 [PunRPC] 속성을 선언해야 정상적으로 RPC를 통해 원격 실행할 수 있습니다. 따라서 PlayerHealth 스크립트의 RestoreHealth()와 OnDamage()에도 동일한 [PunRPC] 속성을 선언했습니다.

어떤 클라이언트에서 PlayerHealth 스크립트의 OnDamage()가 실행되었다고 가정했을 때 클라이언트가 호스트가 맞든 아니든 효과음을 재생하고 체력 슬라이더를 갱신하는 부분은 모두 제대로 실행됩니다. 단, 체력을 변경하는 부분은 호스트에서만 실행됩니다.

PlayerHealth의 OnDamage() 메서드에서 base.OnDamage(damage, hitPoint, hitDirection);은 LivingEntity의 OnDamage()를 실행하는 겁니다. 그런데 LivingEntity의 OnDamage()에서 체력을 변경하는 처리는 호스트에서만 실행됩니다.

즉, 모든 클라이언트에서 PlayerHealth의 OnDamage()가 동시에 실행된다고 가정했을 때 실제 대미지 적용은 호스트에서만 실행됩니다. 나머지 클라이언트는 대미지를 입었을 때 겉으로 보이는 효과만 재생하게 됩니다. PlayerHealth의 RestoreHealth() 메서드도 마찬가지입니다.

Die() 메서드

기존 Die() 메서드에 Invoke("Respawn", 5f);를 추가했습니다. Invoke() 메서드는 특정 메서드를 지연 실행하는 메서드입니다. Invoke() 메서드는 지연 실행할 메서드의 이름과 지연시간을 입력받습니다.

따라서 Die() 메서드가 실행되고 사망 후 5초 뒤에 Respawn() 메서드가 실행됩니다.

Respawn() 메서드

새로 추가한 Respawn() 메서드는 사망한 플레이어 캐릭터를 부활시켜 재배치(리스폰)하는 메서드입니다.

```
public void Respawn() {
    // 로컬 플레이어만 직접 위치 변경 가능
    if (photonView.IsMine)
    {
        // 원점에서 반경 5유닛 내부의 랜덤 위치 지정
        Vector3 randomSpawnPos = Random.insideUnitSphere * 5f;
        // 랜덤 위치의 y 값을 0으로 변경
        randomSpawnPos.y = 0f;

        // 지정된 랜덤 위치로 이동
        transform.position = randomSpawnPos;
    }

    // 컴포넌트를 리셋하기 위해 게임 오브젝트를 잠시 껐다가 다시 켜기
    // 컴포넌트의 OnDisable(), OnEnable() 메서드가 실행됨
    gameObject.SetActive(false);
    gameObject.SetActive(true);
}
```

부활 처리는 단순히 게임 오브젝트를 끄고 다시 켜는 간단한 방식으로 구현합니다.

```
gameObject.SetActive(false);
gameObject.SetActive(true);
```

이것이 가능한 이유는 6부에서 플레이어 캐릭터 관련 스크립트를 작성할 때 수치 초기화를 Awake() 또는 Start() 대신 OnEnable() 메서드에 몰아뒀기 때문입니다.

예를 들어 LivingEntity에서 체력을 최대 체력값으로 초기화하는 코드는 OnEnable() 메서드에 있습니다. 즉, 게임 오브젝트를 끄고 다시 켜면 PlayerHealth, LivingEntity 등의 스크립트의 OnEnable() 메서드가 자동 실행되고, 체력 등 각종 수치가 기본값으로 다시 리셋됩니다.

게임 오브젝트를 끄고 다시 켜는 처리 앞에는 자신의 게임 오브젝트 위치를 임의 위치로 옮기는 처리가 있습니다. 랜덤 위치는 반지름 5의 구 내부에서 임의 위치를 찾고, 높이 y 값을 0으

로 변경하여 구현했습니다.

```
if (photonView.IsMine)
{
    Vector3 randomSpawnPos = Random.insideUnitSphere * 5f;
    randomSpawnPos.y = 0f;

    transform.position = randomSpawnPos;
}
```

그런데 위치를 랜덤 지정하는 처리는 if (photonView.IsMine)에 의해 현재 게임 오브젝트가 로컬인 경우에만 실행됩니다.

클라이언트 A, B, C가 있고, 플레이어 캐릭터 a가 사망했다고 가정합시다. 클라이언트 A 입장에서 a는 로컬 플레이어, B와 C 입장에서는 리모트 플레이어입니다. 플레이어 캐릭터 a에서의 Respawn() 메서드는 모든 클라이언트 A, B, C에서 실행됩니다.

클라이언트 B, C에서 실행된 a의 Respawn() 메서드는 앞의 if 문 블록이 실행되지 못하고, 게임 오브젝트를 끄고 켜는 처리만 실행합니다. 클라이언트 A에서의 a는 위 if 문 블록 조건을 만족하기 때문에 캐릭터 a의 위치를 랜덤 위치로 변경하는 처리까지 함께 실행됩니다. 즉, 리스폰 과정에서 실제 위치는 클라이언트 A에서만 변경됩니다.

단, Player Character 게임 오브젝트에 Photon View 컴포넌트와 Photon Transform View 컴포넌트가 추가되어 있기 때문에 클라이언트 A의 로컬 게임 오브젝트 a는 클라이언트 B와 C의 리모트 게임 오브젝트 a와 위치를 동기화합니다. 따라서 리모트 플레이어인 경우 리스폰 과정에서 직접 위치를 변경할 필요가 없습니다.

OnTriggerEnter() 메서드

기존 OnTriggerEnter() 메서드는 충돌한 아이템을 감지하고 사용하는 처리를 구현했습니다.

변경된 OnTriggerEnter()는 기존 아이템 사용 처리 item.Use(gameObject);를 if 문으로 감싸서 호스트에서만 실행합니다.

```
if (PhotonNetwork.IsMasterClient)
{
```

```
        item.Use(gameObject);
    }

    playerAudioPlayer.PlayOneShot(itemPickupClip);
```

즉, 아이템을 먹는 효과음은 모든 클라이언트에서 실행되지만, 아이템 효과를 적용하는 부분은 호스트에서만 실행됩니다.

따라서 호스트가 아이템의 사용 결과를 다른 클라이언트로 전파할 수 있도록 아이템 스크립트를 수정해야 합니다. 해당 수정 사항은 19.5절 '네트워크 아이템'에서 구현합니다.

지금까지 Player Character 게임 오브젝트에 추가된 기존 스크립트의 변경 사항을 모두 살펴 봤습니다.

19.3 네트워크 Gun

이번에는 Player Character 게임 오브젝트의 자식으로 추가된 Gun 게임 오브젝트와 Gun 스크립트의 변경 사항을 살펴봅니다.

현재 Player Character의 자식으로 있는 Gun 게임 오브젝트의 모습을 살펴보면 이전과 달리 Photon View 컴포넌트가 추가되어 있습니다. 또한 Photon View 컴포넌트의 Observed Components 명단에 Gun 게임 오브젝트의 Gun 컴포넌트(스크립트)가 등록되어 있습니다.

▶ Gun 게임 오브젝트의 모습

참고로 부모 게임 오브젝트에 Photon View 컴포넌트가 이미 추가되어 있다고 해도 자식 게임 오브젝트에서 독자적으로 실행할 네트워크 처리가 있다면 자식 게임 오브젝트에도 Photon View 컴포넌트를 추가하여 View ID를 부여해야 합니다.

19.3.1 변경된 Gun 스크립트

- **기존 기능** : 사격 실행, 사격 이펙트 재생, 재장전 실행, 탄알 관리
- **변경된 기능** : 실제 사격 처리 부분을 호스트에서만 실행, 상태 동기화

Gun 게임 오브젝트에 추가된 Gun 스크립트의 변경 사항을 살펴봅시다. Scripts 폴더에서 Gun 스크립트를 열면 다음과 같은 모습입니다.

```
using System.Collections;
using Photon.Pun;
using UnityEngine;

// 총을 구현
public class Gun : MonoBehaviourPun, IPunObservable {
    // 변수 선언부 생략(기존 코드와 동일함)

    // 주기적으로 자동 실행되는 동기화 메서드
    public void OnPhotonSerializeView(PhotonStream stream, PhotonMessageInfo info) {
        // 로컬 오브젝트라면 쓰기 부분이 실행됨
        if (stream.IsWriting)
        {
            // 남은 탄알 수를 네트워크를 통해 보내기
            stream.SendNext(ammoRemain);
            // 탄창의 탄알 수를 네트워크를 통해 보내기
            stream.SendNext(magAmmo);
            // 현재 총의 상태를 네트워크를 통해 보내기
            stream.SendNext(state);
        }
        else
        {
            // 리모트 오브젝트라면 읽기 부분이 실행됨
            // 남은 탄알 수를 네트워크를 통해 받기
            ammoRemain = (int) stream.ReceiveNext();
            // 탄창의 탄알 수를 네트워크를 통해 받기
            magAmmo = (int) stream.ReceiveNext();
```

```
        // 현재 총의 상태를 네트워크를 통해 받기
        state = (State) stream.ReceiveNext();
    }
}

// 남은 탄알을 추가하는 메서드
[PunRPC]
public void AddAmmo(int ammo) {
    ammoRemain += ammo;
}

private void Awake() {
    // 코드 생략(기존 코드와 동일함)
}

private void OnEnable() {
    // 코드 생략(기존 코드와 동일함)
}

// 발사 시도
public void Fire() {
    // 코드 생략(기존 코드와 동일함)
}

private void Shot() {
    // 실제 발사 처리는 호스트에 대리
    photonView.RPC("ShotProcessOnServer", RpcTarget.MasterClient);

    // 남은 탄환 수를 -1
    magAmmo--;
    if (magAmmo <= 0)
    {
        // 탄창에 남은 탄알이 없다면 총의 현재 상태를 Empty로 갱신
        state = State.Empty;
    }
}

// 호스트에서 실행되는 실제 발사 처리
[PunRPC]
private void ShotProcessOnServer() {
    // 레이캐스트에 의한 충돌 정보를 저장하는 컨테이너
    RaycastHit hit;
```

```
        // 탄알이 맞은 곳을 저장할 변수
        Vector3 hitPosition = Vector3.zero;

        // 레이캐스트(시작 지점, 방향, 충돌 정보 컨테이너, 사정거리)
        if (Physics.Raycast(fireTransform.position,
            fireTransform.forward, out hit, fireDistance))
        {
            // 레이가 어떤 물체와 충돌한 경우

            // 충돌한 상대방으로부터 IDamageable 오브젝트 가져오기 시도
            IDamageable target =
                hit.collider.GetComponent<IDamageable>();

            // 상대방으로부터 IDamageable 오브젝트를 가져오는 데 성공했다면
            if (target != null)
            {
                // 상대방의 OnDamage 함수를 실행시켜 상대방에게 대미지 주기
                target.OnDamage(damage, hit.point, hit.normal);
            }

            // 레이가 충돌한 위치 저장
            hitPosition = hit.point;
        }
        else
        {
            // 레이가 다른 물체와 충돌하지 않았다면
            // 탄알이 최대 사정거리까지 날아갔을 때의 위치를 충돌 위치로 사용
            hitPosition = fireTransform.position +
                    fireTransform.forward * fireDistance;
        }

        // 발사 이펙트 재생. 이펙트 재생은 모든 클라이언트에서 실행
        photonView.RPC("ShotEffectProcessOnClients", RpcTarget.All, hitPosition);
    }

    // 이펙트 재생 코루틴을 랩핑하는 메서드
    [PunRPC]
    private void ShotEffectProcessOnClients(Vector3 hitPosition) {
        StartCoroutine(ShotEffect(hitPosition));
    }

    // 발사 이펙트와 소리를 재생하고 탄알 궤적을 그림
    private IEnumerator ShotEffect(Vector3 hitPosition) {
```

```
        // 코드 생략(기존 코드와 동일함)
    }

    // 재장전 시도
    public bool Reload() {
        // 코드 생략(기존 코드와 동일함)
    }

    // 실제 재장전 처리를 진행
    private IEnumerator ReloadRoutine() {
        // 코드 생략(기존 코드와 동일함)
    }
}
```

새로운 Gun 스크립트에는 다음과 같은 주요 변경 사항이 적용되었습니다.

- MonoBehaviourPun 사용
- IPunObservable 인터페이스 상속, OnPhotonSerializeView() 메서드 구현
- 새로운 RPC 메서드 AddAmmo() 추가
- Shot()의 사격 처리 부분을 새로운 RPC 메서드 ShotProcessOnServer()로 옮김
- ShotEffect()를 새로운 RPC 메서드 ShotEffectPocessOnClients()로 감쌈

IPunObservable 인터페이스와 OnPhotonSerializeView() 메서드

Photon View 컴포넌트를 사용해 동기화를 구현할 모든 컴포넌트(스크립트)는 IPunObservable 인터페이스를 상속하고 OnPhotonSerializeView() 메서드를 구현해야 합니다. OnPhotonSerializeView() 메서드는 Photon View 컴포넌트를 사용해 로컬과 리모트 사이에서 어떤 값을 어떻게 주고받을지 결정합니다.

IPunObservable 인터페이스를 상속한 컴포넌트는 Photon View 컴포넌트의 Observed Components에 등록되어 로컬과 리모트에서 동기화될 수 있습니다.

Gun 스크립트에 추가된 OnPhotonSerializeView() 메서드를 살펴봅시다. 해당 메서드는 Photon View 컴포넌트에 의해 자동으로 실행됩니다.

```
// 주기적으로 자동 실행되는 동기화 메서드
public void OnPhotonSerializeView(PhotonStream stream, PhotonMessageInfo info) {
    // 로컬 오브젝트라면 쓰기 부분이 실행됨
    if (stream.IsWriting)
```

```
        {
            // 남은 탄알 수를 네트워크를 통해 보내기
            stream.SendNext(ammoRemain);
            // 탄창의 탄알 수를 네트워크를 통해 보내기
            stream.SendNext(magAmmo);
            // 현재 총의 상태를 네트워크를 통해 보내기
            stream.SendNext(state);
        }
        else
        {
            // 리모트 오브젝트라면 읽기 부분이 실행됨
            // 남은 탄알 수를 네트워크를 통해 받기
            ammoRemain = (int) stream.ReceiveNext();
            // 탄창의 탄알 수를 네트워크를 통해 받기
            magAmmo = (int) stream.ReceiveNext();
            // 현재 총의 상태를 네트워크를 통해 받기
            state = (State) stream.ReceiveNext();
        }
    }
}
```

Gun 스크립트의 OnPhotonSerializeView() 메서드는 ammoRemain, magAmmo, state 값을 로컬에서 리모트 방향으로 동기화합니다. 남은 전체 탄알, 탄창의 탄알, 총의 상태가 클라이언트 사이에서 동기화됩니다.

OnPhotonSerializeView() 메서드의 입력으로 들어오는 stream은 현재 클라이언트에서 다른 클라이언트로 보낼 값을 쓰거나, 다른 클라이언트가 보내온 값을 읽을 때 사용할 스트림[5] 형태의 데이터 컨테이너입니다.

stream.IsWriting은 현재 스트림이 쓰기 모드인지 반환합니다. 현재 게임 오브젝트가 로컬 게임 오브젝트면 쓰기 모드가 되어 true, 리모트 게임 오브젝트면 읽기 모드가 되어 false가 반환됩니다. 즉, 클라이언트 A와 B가 있다고 가정했을 때 A에서 플레이어 캐릭터 a가 들고 있는 총의 Gun 스크립트에서는 stream.IsWriting이 true입니다. 따라서 SendNext() 메서드로 스트림에 값을 삽입하여 네트워크를 통해 전송합니다.

클라이언트 B에서의 플레이어 캐릭터 a가 들고 있는 총의 Gun 스크립트에서는 stream.IsWriting이 false입니다. 따라서 스트림으로 들어온 값을 ReceiveNext() 메서드로 가져옵

---

5 연속적으로 이어지며 송신 또는 수신되는 데이터 타입

니다. 이렇게 클라이언트 B의 a의 총은 클라이언트 A의 a의 총이 가지고 있는 값으로 동기화 됩니다.

여기서 `ReceiveNext()` 메서드를 통해 값이 들어올 때는 범용적인 `object` 타입으로 들어오기 때문에 읽는 측에서 원본 타입으로 형변환합니다. 또한 스트림에 삽입한 순서대로 값이 도착하기 때문에 `SendNext()`와 `ReceiveNext()` 메서드를 사용해 주고받는 변수들의 나열 순서가 일치해야 합니다.

AddAmmo() 메서드

`AddAmmo()` 메서드는 탄알 추가 메서드입니다. 호스트가 아이템을 사용하여 탄알을 추가했을 때 다른 클라이언트에서도 탄알이 추가되게 하는 RPC 메서드입니다.

좀비 서바이버 멀티플레이어에서 아이템을 사용하는 측이 호스트라고 했습니다.

클라이언트 A와 B가 있으며, A가 호스트라고 가정해봅시다. 클라이언트 B가 자신의 로컬 플레이어 캐릭터 b를 움직여 탄알 아이템을 먹었을 때 위치가 동기화되므로 클라이언트 A의 리모트 플레이어 캐릭터 b도 탄알 아이템을 먹게 됩니다.

그런데 19.2.5절 'PlayerHealth 스크립트'에서 확인했듯이 클라이언트 B의 플레이어 캐릭터 b는 아이템을 사용할 수 없습니다. 실제 탄알 아이템 사용은 호스트인 클라이언트 A의 리모트 플레이어 캐릭터 b에서 실행됩니다.

따라서 호스트인 클라이언트 A는 모든 클라이언트 A와 B에서 b의 탄알이 증가하도록 RPC를 통해 모든 클라이언트에서 `AddAmmo()`를 실행할 겁니다.

호스트에 발사 처리 위임

`Shot()`과 `ShotEffect()`는 클라이언트의 발사 처리를 호스트에 맡기는 구조로 변경되었습니다.

레이캐스트를 사용해 공격을 실행하고 상대방에게 대미지를 적용하는 코드가 `Shot()` 메서드에서 새로 추가된 `ShotProcessOnServer()`로 옮겨졌습니다. 대신 `Shot()` 메서드는 `ShotProcessOnServer()` 메서드를 클라이언트에서 호스트로 원격 실행합니다. 여기서 호스트 클라이언트를 나타내는 값은 `RpcTarget.MasterClient`입니다.

단, 발사 처리는 호스트에서만 실행해도 눈으로 보이는 사격 효과는 모든 클라이언트에서 실행되어야 합니다.

따라서 기존 ShotEffect() 코루틴 메서드를 [PunRPC]로 선언 가능한 일반 메서드 ShotEffect ProcessOnClients()로 감싼 다음 해당 메서드를 호스트를 포함한 전체 클라이언트에서 원격 실행합니다.

이는 18.3.1절 '호스트에 위임'에서 설명한 '호스트에 중요한 처리를 위임하는' 구조를 그대로 반영한 겁니다. 클라이언트 A, B, C가 존재하며 A가 호스트라고 가정했을 때 Shot() 메서드는 다음과 같이 실행됩니다.

1. 클라이언트 B의 로컬 플레이어 b의 총에서 Shot() 메서드 실행
2. Shot()에서 photonView.RPC("ShotProcessOnServer", RpcTarget.MasterClient); 실행
3. 실제 사격 처리를 하는 ShotProcessOnServer()는 호스트 클라이언트 A에서만 실행
4. ShotProcessOnServer()에서 photonView.RPC("ShotEffectProcessOnClients", RpcTarget. All, hitPosition); 실행
5. 사격 효과 재생인 ShotEffectProcessOnClients()는 모든 클라이언트 A, B, C에서 실행됨

이것으로 Gun 게임 오브젝트와 Gun 스크립트의 모든 변경 사항을 살펴봤습니다.

이제 씬에 남은 Player Character 게임 오브젝트를 지웁니다. 필요한 부분은 모두 확인했으며, Player Character 게임 오브젝트는 프리팹을 사용해 생성할 것이기 때문입니다.

[과정 01] 씬에 남은 Player Character 게임 오브젝트 삭제
① 하이어라키 창에서 Player Character 게임 오브젝트 선택 > [Delete]키로 삭제

19.4 네트워크 좀비

이번에는 적 좀비를 구현하는 Zombie 게임 오브젝트와 Zombie 스크립트가 네트워크용으로 어떻게 변경되었는지 살펴보겠습니다.

변경된 Zombie 프리팹(게임 오브젝트)은 Prefabs 폴더에서 확인할 수 있습니다. 기존 좀비 서바이버 프로젝트와 달리 Zombie 프리팹에 Photon View, Photon Transform View, Photon Animator View 컴포넌트가 새로 추가된 것을 알 수 있습니다.

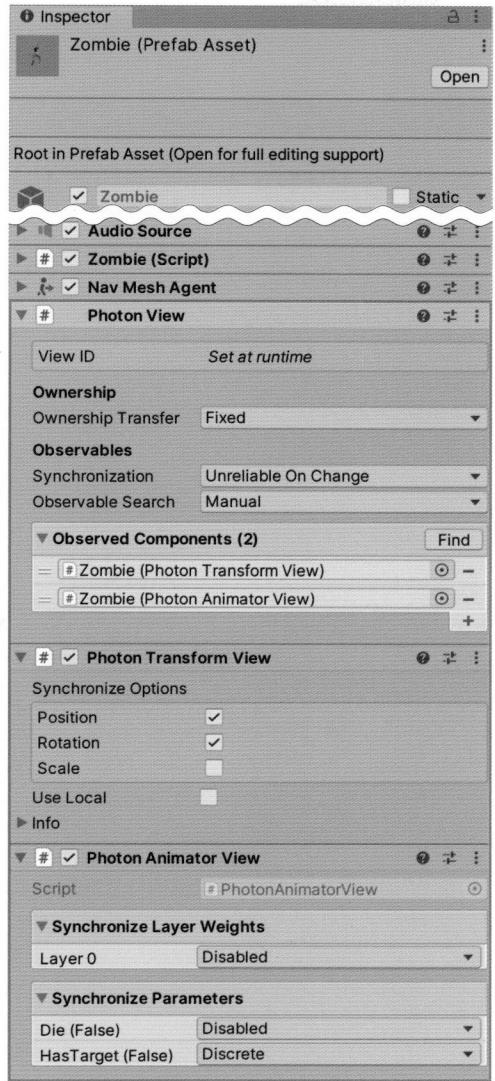

▶ Zombie 프리팹

즉, Zombie 게임 오브젝트는 네트워크를 넘어서 위치와 애니메이션을 동기화할 수 있습니다.

참고로 프로젝트 창의 프리팹을 선택하고 해당 프리팹의 Photon View 컴포넌트를 보면 위 그림과 같이 Photon View 컴포넌트의 View ID가 'Set at runtime'으로 표기됩니다. 이는 View ID는 인스턴스화된 게임 오브젝트에 런타임시 부여되기 때문입니다.

19.4.1 변경된 Zombie 스크립트

- **기존 기능** : 경로 계산, 목표 추적 및 공격
- **변경된 기능** : 호스트에서만 경로 계산, 추적, 공격을 실행

Zombie 게임 오브젝트에 추가된 Zombie 스크립트의 변경 사항을 살펴봅시다. Scripts 폴더에서 Zombie 스크립트를 열면 다음과 같습니다.

```csharp
using System.Collections;
using Photon.Pun;
using UnityEngine;
using UnityEngine.AI; // AI, 내비게이션 시스템 관련 코드 가져오기

// 좀비 AI 구현
public class Zombie : LivingEntity {
    // 변수 선언부 생략(기존 코드와 동일함)

    // 추적할 대상이 존재하는지 알려주는 프로퍼티
    private bool hasTarget
    {
        // 코드 생략(기존 코드와 동일함)
    }

    private void Awake() {
        // 코드 생략(기존 코드와 동일함)
    }

    // 좀비 AI의 초기 스펙을 결정하는 셋업 메서드
    [PunRPC]
    public void Setup(float newHealth, float newDamage,
        float newSpeed, Color skinColor) {
        // 체력 설정
        startingHealth = newHealth;
        health = newHealth;
        // 공격력 설정
        damage = newDamage;
        // 내비메시 에이전트의 이동 속도 설정
        navMeshAgent.speed = newSpeed;
        // 렌더러가 사용 중인 머테리얼의 컬러를 변경, 외형색이 변함
        zombieRenderer.material.color = skinColor;
    }
```

```csharp
private void Start() {
    // 호스트가 아니라면 AI의 추적 루틴을 실행하지 않음
    if (!PhotonNetwork.IsMasterClient)
    {
        return;
    }

    // 게임 오브젝트 활성화와 동시에 AI의 추적 루틴 시작
    StartCoroutine(UpdatePath());
}

private void Update() {
    // 호스트가 아니라면 애니메이션의 파라미터를 직접 갱신하지 않음
    // 호스트가 파라미터를 갱신하면 클라이언트에 자동으로 전달되기 때문
    if (!PhotonNetwork.IsMasterClient)
    {
        return;
    }

    // 추적 대상의 존재 여부에 따라 다른 애니메이션 재생
    zombieAnimator.SetBool("HasTarget", hasTarget);
}

// 주기적으로 추적할 대상의 위치를 찾아 경로 갱신
private IEnumerator UpdatePath() {
    // 코드 생략(기존 코드와 동일함)
}



// 대미지를 입었을 때 실행할 처리
[PunRPC]
public override void OnDamage(float damage, Vector3 hitPoint, Vector3 hitNormal) {
    // 코드 생략(기존 코드와 동일함)
}

// 사망 처리
public override void Die() {
    // 코드 생략(기존 코드와 동일함)
}

private void OnTriggerStay(Collider other) {
```

```
        // 호스트가 아니라면 공격 실행 불가
        if (!PhotonNetwork.IsMasterClient)
        {
            return;
        }

        // 자신이 사망하지 않았으며,
        // 최근 공격 시점에서 timeBetAttack 이상 시간이 지났다면 공격 가능
        if (!dead && Time.time >= lastAttackTime + timeBetAttack)
        {
            // 코드 생략(기존 코드와 동일함)
        }
    }
}
```

새로운 Zombie 스크립트는 기존 Zombie 스크립트에 다음과 같은 변경 사항이 적용되었습니다.

- Setup(), OnDamage() 메서드에 [PunRPC] 선언
- Start(), Update(), OnTriggerStay()를 호스트에서만 실행

변경 사항을 하나씩 살펴봅시다.

Setup(), OnDamage() 메서드에 [PunRPC] 선언

16장에서 구현한 Zombie 스크립트의 Setup() 메서드는 생성된 좀비의 능력치를 설정합니다. 19.7절 '좀비 생성기 포팅'에서 다룰 좀비 생성기는 좀비를 모든 클라이언트에 동일하게 생성하고, 생성한 좀비의 능력치를 설정합니다.

생성한 좀비가 모든 클라이언트에서 동일한 능력치를 가지게 하려면 모든 클라이언트에서 좀비의 Setup() 메서드가 실행되어야 합니다. 따라서 Setup() 메서드는 [PunRPC] 속성으로 선언되어야 합니다.

그런데 본래 Zombie 스크립트의 기존 Setup() 메서드에서는 ZombieData 타입을 직접 받도록 되어 있습니다.

하지만 ZombieData는 스크립터블 오브젝트 에셋으로서 좀비에 필요한 데이터 외에도 유니티 오브젝트로서 필수적인 다른 데이터도 포함되어 있습니다. 즉, ZombieData 에셋을 직접 다른 클라이언트에 전송하면 실질적인 데이터에 비해 보내야 할 패킷 크기가 커집니다.

따라서 ZombieData를 통해 전달받던 체력, 공격력, 속도, 피부색을 Setup() 메서드의 입력 파라미터로 직접 받도록 했습니다.

또한 19.2.4절 'LivingEntity 스크립트'에서 OnDamage() 메서드에 이미 [PunRPC] 속성을 선언했지만 Zombie 스크립트에서 OnDamage()를 오버라이드하면서 [PunRPC] 속성이 해지되었기 때문에 Zombie의 OnDamage() 메서드에서 [PunRPC] 속성을 다시 선언했습니다.

Start() 메서드를 호스트에서만 실행

Zombie의 Start() 메서드는 UpdatePath() 코루틴을 실행하여 Zombie 게임 오브젝트에 추가된 내비메시 에이전트가 좀비를 찾고 경로를 계산하여 이동하게 합니다.

만약 모든 클라이언트에서 내비메시 에이전트가 독자적으로 동작하면 내비메시 에이전트가 계산한 경로가 클라이언트마다 조금씩 다를 수 있습니다. 즉, 좀비 AI가 클라이언트마다 서로 다른 경로로 이동할 수 있습니다.

따라서 Zombie 게임 오브젝트의 내비메시 에이전트의 경로 계산과 이동은 호스트에서만 실행합니다. 변경된 Start() 메서드는 최상단에 다음과 같은 if 문을 추가하여 현재 코드를 실행 중인 클라이언트가 호스트가 아닌 경우에는 경로 계산을 시작하는 UpdatePath() 코루틴을 실행하지 못하도록 막습니다.

```
if (!PhotonNetwork.IsMasterClient)
{
    return;
}
```

즉, 호스트가 아닌 다른 클라이언트들의 Zombie 게임 오브젝트는 경로를 스스로 계산하지 않고, 호스트의 Zombie 게임 오브젝트의 위치를 동기화해서 이동합니다.

Zombie 게임 오브젝트는 호스트에서 먼저 생성되고, 다른 클라이언트에서 복제 생성되기 때문에 호스트의 Zombie 게임 오브젝트는 로컬이며, 다른 클라이언트의 Zombie 게임 오브젝트는 리모트입니다.

따라서 호스트의 Zombie 게임 오브젝트 위치를 다른 클라이언트의 Zombie 게임 오브젝트가 받아 적용하는 과정은 Photon View 컴포넌트에 의해 자동으로 이루어집니다.

Update() 메서드를 호스트에서만 실행

변경된 Update() 메서드 또한 if 문을 추가하여 클라이언트가 호스트가 아닌 경우에는 애니메이션 파라미터를 갱신하는 처리를 실행하지 못하게 합니다. 물론 호스트에서만 좀비의 애니메이터 파라미터를 직접 갱신해도 Photon Animator View 컴포넌트에 의해 동기화되어 클라이언트에서도 같은 애니메이션이 재생되기 때문에 문제없습니다.

OnTriggerStay() 메서드를 호스트에서만 실행

Zombie 스크립트의 OnTriggerStay() 메서드는 트리거 콜라이더를 사용해 감지된 상대방 게임 오브젝트가 추적 대상인 경우 해당 게임 오브젝트를 공격하는 처리를 구현합니다.

변경된 OnTriggerStay() 메서드는 최상단에 if 문을 추가하여 클라이언트가 호스트가 아닌 경우에는 공격을 실행하지 못하게 막습니다. 즉, Zombie의 공격은 호스트에서만 이루어집니다.

단, 공격을 받는 LivingEntity 타입은 19.2.4절 'LivingEntity 스크립트'에서 살펴봤듯이 공격 당한 결과를 다른 클라이언트에 RPC로 전파합니다. 따라서 좀비가 플레이어 캐릭터를 공격한 결과는 호스트가 아닌 다른 클라이언트에도 무사히 적용됩니다.

19.5 네트워크 아이템

이번에는 멀티플레이어용으로 변경된 아이템 스크립트와 프리팹을 확인해봅시다.

Prefabs 폴더의 AmmoPack 프리팹을 살펴보면 Photon View 컴포넌트가 추가된 것을 알 수 있습니다. HealthPack 프리팹, Coin 프리팹에도 같은 변경 사항이 적용되었습니다.

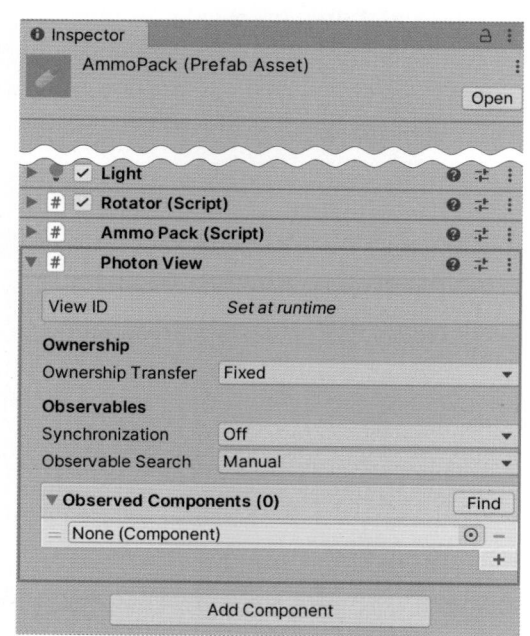

▶ AmmoPack 프리팹

Photon View 컴포넌트가 추가되어야 아이템이 네트워크상의 식별자를 이용해 여러 클라이언트 사이에서 정보를 동기화할 수 있기 때문입니다.

19.5.1 AmmoPack 스크립트

- **기존 기능** : 플레이어의 탄알 추가. 효과 적용 후 스스로를 파괴
- **변경된 기능** : 탄알 추가를 모든 클라이언트에서 실행. 모든 클라이언트에서 스스로를 파괴

먼저 AmmoPack 스크립트의 변경 사항을 살펴봅시다. Scripts 폴더에서 AmmoPack 스크립트를 열면 다음과 같습니다.

```
using Photon.Pun;
using UnityEngine;

// 탄알을 충전하는 아이템
public class AmmoPack : MonoBehaviourPun, IItem {
    public int ammo = 30; // 충전할 탄알 수

    public void Use(GameObject target) {
        // 전달받은 게임 오브젝트로부터 PlayerShooter 컴포넌트 가져오기 시도
        PlayerShooter playerShooter = target.GetComponent<PlayerShooter>();

        // PlayerShooter 컴포넌트가 있고 총 오브젝트가 존재하면
        if (playerShooter != null && playerShooter.gun != null)
        {
            // 총의 남은 탄환 수를 ammo만큼 더하기. 모든 클라이언트에서 실행
            playerShooter.gun.photonView.RPC("AddAmmo", RpcTarget.All, ammo);
        }

        // 모든 클라이언트에서 자신 파괴
        PhotonNetwork.Destroy(gameObject);
    }
}
```

AmmoPack 스크립트는 다음과 같은 변경 사항이 적용되었습니다.

- MonoBehaviourPun 사용
- AddAmmo()를 RPC로 원격 실행하여 탄알 추가
- Destory() 대신 PhotonNetwork.Destroy() 메서드 사용

변경 사항의 역할을 요약하면 다음과 같습니다.

- 모든 클라이언트에서 탄알 추가
- 네트워크상에서 동일 게임 오브젝트를 모두 파괴

AddAmmo( ) 원격 실행

기존 AmmoPack 스크립트는 플레이어 캐릭터가 가지고 있는 Gun 게임 오브젝트의 Gun 스크립트로 접근하여 남은 탄알 수를 증가시켰습니다. 이때 변경 전의 AmmoPack 스크립트를 사용할 경우 호스트에서만 총의 남은 탄알이 증가합니다.

19.2.5절 'PlayerHealth 스크립트'에서 아이템들의 Use( ) 메서드를 호스트에서만 실행하도록 변경했기 때문입니다.

또한 Gun 스크립트는 로컬에서 리모트 방향으로 남은 탄알을 항상 동기화하지만, 호스트에서 다른 클라이언트 방향으로는 자동 동기화를 하지 않습니다. 즉, 호스트 A에서의 플레이어 B의 탄알이 증가할 경우 다른 클라이언트로 동기화가 이루어지지 않습니다.

따라서 모든 클라이언트에서 원격으로 AddAmmo( ) 메서드가 실행되도록 코드를 변경했습니다. 즉, 변경된 코드는 아이템 사용 자체는 호스트에서만 이루어지지만, 아이템을 사용하여 탄알이 증가하는 효과는 모든 클라이언트에서 동일하게 적용되게 한 겁니다.

```
playerShooter.gun.photonView.RPC("AddAmmo", RpcTarget.All, ammo);
```

PhotonNetwork.Destroy( ) 메서드 사용

어떤 클라이언트에서 Destroy( ) 메서드를 실행하여 네트워크상의 게임 오브젝트 a를 파괴했다고 가정합시다. 게임 오브젝트 a는 해당 클라이언트에서는 존재하지 않지만 다른 클라이언트에서는 멀쩡히 존재합니다.

따라서 네트워크상의 모든 클라이언트에서 동일하게 파괴되어야 하는 게임 오브젝트는 Destroy( ) 메서드 대신 PhotonNetwork.Destroy( ) 메서드를 사용합니다.

PhotonNetwork.Destroy( )는 Photon View 컴포넌트를 가지고 있는 게임 오브젝트를 입력받습니다. 입력된 게임 오브젝트는 모든 클라이언트에서 동시에 파괴됩니다. 즉, 사용된 탄알 아이템이 호스트에서 PhotonNetwork.Destroy(gameObject);를 실행하면 호스트를 포함한 모든 클라이언트에서 탄알 아이템 게임 오브젝트가 파괴됩니다.

19.5.2 HealthPack 스크립트

- **기존 기능** : 플레이어의 체력 추가. 효과 적용 후 스스로를 파괴
- **변경된 기능** : 모든 클라이언트에서 스스로를 파괴

HealthPack 스크립트의 변경 사항을 살펴봅시다. Scripts 폴더에서 HealthPack 스크립트를 열면 다음과 같습니다.

```csharp
using Photon.Pun;
using UnityEngine;

// 체력을 회복하는 아이템
public class HealthPack : MonoBehaviourPun, IItem {
    public float health = 50; // 체력을 회복할 수치

    public void Use(GameObject target) {
        // 전달받은 게임 오브젝트로부터 LivingEntity 컴포넌트 가져오기 시도
        LivingEntity life = target.GetComponent<LivingEntity>();

        // LivingEntity컴포넌트가 있다면
        if (life != null)
        {
            // 체력 회복 실행
            life.RestoreHealth(health);
        }

        // 모든 클라이언트에서 자신 파괴
        PhotonNetwork.Destroy(gameObject);
    }
}
```

HealthPack은 AmmoPack과 달리 RPC를 사용하지 않습니다. 19.2.4절 'LivingEntity 스크립트'에서 확인한 RestoreHealth() 메서드는 호스트에서 실행하면 자동으로 다른 클라이언트에서도 원격 실행되기 때문입니다.

HealthPack 스크립트의 Use() 메서드 마지막에는 네트워크상의 모든 클라이언트에서 체력 아이템을 파괴하도록 PhotonNetwork.Destroy(gameObject);를 실행합니다.

19.5.3 Coin 스크립트

- **기존 기능** : 게임 점수 추가. 효과 적용 후 스스로를 파괴
- **변경된 기능** : 모든 클라이언트에서 스스로를 파괴

Coin 스크립트의 변경 사항을 살펴봅시다. Scripts 폴더에서 Coin 스크립트를 열면 다음과 같습니다.

```
using Photon.Pun;
using UnityEngine;

// 게임 점수를 증가시키는 아이템
public class Coin : MonoBehaviourPun, IItem {
    public int score = 200; // 증가할 점수

    public void Use(GameObject target) {
        // 게임 매니저로 접근해 점수 추가
        GameManager.instance.AddScore(score);
        // 모든 클라이언트에서 자신 파괴
        PhotonNetwork.Destroy(gameObject);
    }
}
```

Coin 스크립트 또한 Destroy() 메서드를 PhotonNetwork.Destroy() 메서드로 대체한 것 외에는 변경 사항이 없습니다.

19.6절 '네트워크 게임 매니저'에서 살펴볼 변경된 GameManager 스크립트는 호스트에서 점수를 갱신하면 자동으로 모든 클라이언트에 갱신된 점수가 적용되도록 작성되었기 때문입니다. 따라서 RPC를 사용하지 않았습니다.

19.5.4 PhotonNetwork.Instantiate()

지금까지 기존 아이템에 적용된 모든 변경 사항을 살펴봤습니다. 아이템 프리팹들은 아이템 생성기에 의해 주기적으로 생성됩니다.

기존에는 Instantiate() 메서드로 프리팹의 복제본을 씬에 생성했습니다. 하지만 네트워크상의 클라이언트들은 제각각 평행우주로 존재하므로 Instantiate() 메서드를 사용해 자신의 로컬 씬에 생성한 게임 오브젝트는 다른 클라이언트의 씬에는 존재하지 않습니다.

따라서 자신의 게임 월드에서 어떤 게임 오브젝트를 생성하고, 같은 게임 오브젝트를 타인의 게임 월드에도 생성되게 하기 위해서는 PhotonNetwork.Instantiate() 메서드를 사용합니다.

PhotonNetwork.Instantiate() 메서드는 입력으로 Photon View 컴포넌트가 추가된 프리팹을 받아 해당 프리팹의 복제본을 모든 클라이언트에서 생성합니다. 생성된 게임 오브젝트의 소유권은 PhotonNetwork.Instantiate()를 직접 실행한 측에 있습니다.

단, PUN 구현상의 문제로 PhotonNetwork.Instantiate()를 사용해 생성한 프리팹들은 Resources라는 이름의 폴더에 있어야 합니다. 또한 PhotonNetwork.Instantiate()는 생성할 프리팹 자체를 입력받지 않고, 생성할 프리팹의 이름을 string 타입으로 입력받습니다.

그러면 실시간으로 생성할 아이템 프리팹과 Player Character 프리팹, Zombie 프리팹을 Resources 폴더로 옮겨봅시다.

[과정 01] Resources 폴더로 프리팹 옮기기

① 프로젝트에 **Resources** 폴더 생성
② 프로젝트의 **Prefabs** 폴더에서 다음 프리팹 선택
  • **AmmoPack**
  • **Coin**
  • **HealthPack**
  • **Player Character**
  • **Zombie**
③ 선택한 프리팹을 **Resource** 폴더로 옮김

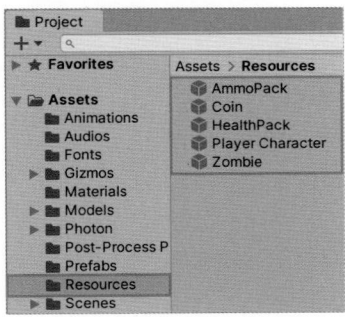

▶ **Resources** 폴더로 프리팹 옮기기

이것으로 해당 프리팹을 네트워크상에서 복제 생성할 준비가 끝났습니다.

19.5.5 ItemSpawner 스크립트

- **기존 기능** : 플레이어 캐릭터 근처에 아이템 생성
- **변경된 기능** : 맵 중심에 아이템 생성. 생성된 아이템을 일정 시간 후 모든 클라이언트에서 파괴

Main 씬의 Item Spawner 게임 오브젝트는 네트워크상에서 식별 가능하도록 Photon View 컴포넌트가 추가된 상태입니다. 그리고 ItemSpawner 컴포넌트에서 Player Transform 필드가 사라졌습니다.

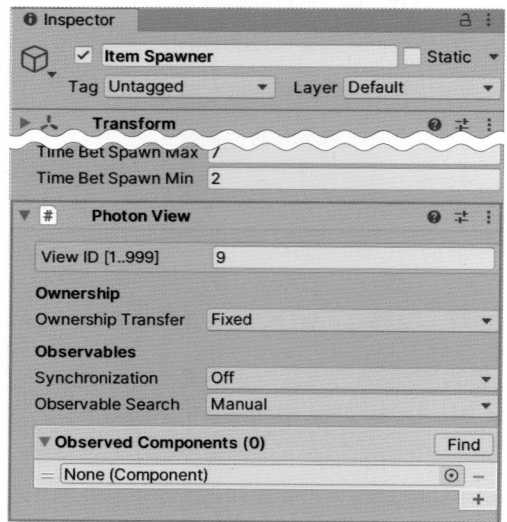

▶ Item Spawner 게임 오브젝트

Item Spawner 게임 오브젝트에 추가된 **ItemSpawner** 스크립트의 변경 사항을 살펴봅시다.
Scripts 폴더에서 포팅된 **ItemSpawner** 스크립트를 열면 다음과 같습니다.

```
using System.Collections;
using Photon.Pun;
using UnityEngine;
using UnityEngine.AI; // 내비메시 관련 코드

// 주기적으로 아이템을 플레이어 근처에 생성하는 스크립트
public class ItemSpawner : MonoBehaviourPun {
    public GameObject[] items; // 생성할 아이템

    public float maxDistance = 5f; // 플레이어 위치에서 아이템이 배치될 최대 반경

    public float timeBetSpawnMax = 7f; // 최대 시간 간격
    public float timeBetSpawnMin = 2f; // 최소 시간 간격

    private float timeBetSpawn; // 생성 간격
    private float lastSpawnTime; // 마지막 생성 시점

    private void Start() {
        // 코드 생략(기존 코드와 동일함)
    }

    // 주기적으로 아이템 생성 처리 실행
    private void Update() {
        // 호스트에서만 아이템 직접 생성 가능
        if (!PhotonNetwork.IsMasterClient)
        {
            return;
        }

        if (Time.time >= lastSpawnTime + timeBetSpawn)
        {
            // 마지막 생성 시간 갱신
            lastSpawnTime = Time.time;
            // 생성 주기를 랜덤으로 변경
            timeBetSpawn = Random.Range(timeBetSpawnMin, timeBetSpawnMax);
            // 실제 아이템 생성
            Spawn();
```

```
        }
    }

    // 실제 아이템 생성 처리
    private void Spawn() {
        // (0, 0, 0)을 기준으로 maxDistance 안에서 내비메시 위의 랜덤 위치 지정
        Vector3 spawnPosition = GetRandomPointOnNavMesh(Vector3.zero, maxDistance);
        // 바닥에서 0.5만큼 위로 올리기
        spawnPosition += Vector3.up * 0.5f;

        // 생성할 아이템을 무작위로 하나 선택
        GameObject selectedItem = items[Random.Range(0, items.Length)];

        // 네트워크의 모든 클라이언트에서 해당 아이템 생성
        GameObject item = PhotonNetwork.Instantiate(selectedItem.name, spawnPosition,
            Quaternion.identity);

        // 생성한 아이템을 5초 뒤에 파괴
        StartCoroutine(DestroyAfter(item, 5f));
    }

    // 포톤의 PhotonNetwork.Destroy()를 지연 실행하는 코루틴
    IEnumerator DestroyAfter(GameObject target, float delay) {
        // delay만큼 대기
        yield return new WaitForSeconds(delay);

        // target이 파괴되지 않았으면 파괴 실행
        if (target != null)
        {
            PhotonNetwork.Destroy(target);
        }
    }


    // 네브메시 위의 랜덤한 위치를 반환하는 메서드
    // center를 중심으로 distance 반경 안에서 랜덤한 위치를 찾음
    private Vector3 GetRandomPointOnNavMesh(Vector3 center, float distance) {
        // 코드 생략(기존 코드와 동일함)
    }
}
```

주요 변경 사항은 다음과 같습니다.

- 플레이어 캐릭터 위치를 사용하지 않음
- 호스트에서만 아이템 생성
- 아이템 생성은 Instantiate() 대신 PhotonNetwork.Instantiate() 사용
- 아이템 파괴는 Destroy() 대신 PhotonNetwork.Destroy() 사용

플레이어 캐릭터 위치를 사용하지 않음

기존의 ItemSpawner 스크립트는 플레이어 캐릭터 근처에서 랜덤 위치를 정하여 아이템을 생성했습니다. 플레이어 캐릭터의 위치를 찾기 위해 playerTransform이라는 Transform 타입의 변수를 사용했었습니다.

게임이 멀티플레이어로 변형되면서 플레이어 캐릭터가 둘 이상 존재하게 되었으므로 변경된 ItemSpawner는 아이템을 월드의 중심에서 maxDistance 반경 내의 랜덤 위치에 생성합니다.

따라서 기존 변수 playerTransform 선언을 삭제했으며, Spawn() 메서드에서 playerTransform.position을 사용한 부분을 다음과 같이 (0, 0, 0)에 대응하는 Vector3.zero로 변경했습니다.

```
Vector3 spawnPosition = GetRandomPointOnNavMesh(Vector3.zero, maxDistance);
```

호스트에서만 아이템 생성

아이템 생성은 호스트에서 전담합니다. 따라서 Update() 메서드 상단에 다음 if 문을 삽입하여 호스트가 아닌 클라이언트에서는 Spawn() 실행에 도달하지 못하도록 변경했습니다.

```
if (!PhotonNetwork.IsMasterClient)
{
    return;
}
```

PhotonNetwork.Instantiate() 사용

Instantiate() 메서드를 사용하면 로컬에서만 게임 오브젝트가 생성됩니다. 호스트의 씬뿐만 아니라 다른 클라이언트의 씬에서도 동일한 게임 오브젝트가 생성되고, 네트워크상에서 동일한 게임 오브젝트로 취급되도록 하려면 PhotonNetwork.Instantiate()를 사용해야 합니다.

단, `PhotonNetwork.Instantiate()` 메서드는 프리팹을 직접 받지 못하고 프리팹의 이름을 받기 때문에 여러 개의 아이템 프리팹 중 선택한 아이템 프리팹의 이름을 넣도록 Spawn()의 코드를 수정했습니다.

기존 코드

```
GameObject selectedItem = items[Random.Range(0, items.Length)];
GameObject item = Instantiate(selectedItem, spawnPosition, Quaternion.identity);
```

수정된 코드

```
GameObject selectedItem = items[Random.Range(0, items.Length)];

GameObject item = PhotonNetwork.Instantiate(selectedItem.name, spawnPosition,
    Quaternion.identity);
```

PhotonNetwork.Destroy() 사용

기존 `ItemSpawner` 스크립트는 다음과 같은 코드로 생성한 아이템을 5초 뒤에 파괴했습니다.

```
Destroy(item, 5f);
```

좀비 서바이버 멀티플레이어에서는 생성한 아이템을 모든 클라이언트에서 동시에 파괴해야 하므로 Destroy() 메서드 대신 PhotonNetwork.Destroy() 메서드를 사용합니다.

단, `PhotonNetwork.Destroy()` 메서드는 지연시간을 받지 못합니다. 따라서 `ItemSpawner` 스크립트에 PhotonNetwork.Destroy() 메서드를 지연 생성하도록 감싸는 DestroyAfter() 코루틴을 추가했습니다.

```
// 포톤의 PhotonNetwork.Destroy()를 지연 실행하는 코루틴
IEnumerator DestroyAfter(GameObject target, float delay) {
    // delay만큼 대기
    yield return new WaitForSeconds(delay);

    // target이 아직 파괴되지 않았으면 파괴 실행
    if (target != null)
```

```
        {
            PhotonNetwork.Destroy(target);
        }
    }
}
```

그다음 Spawn() 메서드에서 Destroy() 메서드 실행 부분을 DestroyAfter() 코루틴 실행으로 대체했습니다.

```
StartCoroutine(DestroyAfter(item, 5f));
```

지금까지 아이템과 아이템 생성기의 모든 변경 사항을 확인했습니다.

19.6 네트워크 게임 매니저

이번에는 Game Manager 게임 오브젝트와 GameManager 스크립트의 변경 사항을 살펴봅니다. 씬의 Game Manager 게임 오브젝트를 선택하면 다음과 같은 변경 상태를 확인할 수 있습니다.

▶ Game Manager 게임 오브젝트

GameManager 컴포넌트에 이전에는 없던 Player Prefab 필드가 생겼으며, Player Character

프리팹이 할당되어 있습니다. 또한 Photon View 컴포넌트가 추가되었고, Observed Components에 GameManager 컴포넌트가 추가되었습니다.

19.6.1 GameManager 스크립트

- **기존 기능** : 게임 점수와 게임오버 상태 관리
- **변경된 기능** : 네트워크 플레이어 캐릭터 생성, 게임 점수 동기화, 룸 나가기 구현

GameManager 스크립트를 열면 다음과 같습니다.

```
using Photon.Pun;
using UnityEngine;
using UnityEngine.SceneManagement;

// 점수와 게임오버 여부, 게임 UI를 관리하는 게임 매니저
public class GameManager : MonoBehaviourPunCallbacks, IPunObservable {
    // 외부에서 싱글턴 오브젝트를 가져올 때 사용할 프로퍼티
    public static GameManager instance
    {
        // 코드 생략(기존 코드와 동일함)
    }

    private static GameManager m_instance; // 싱글턴이 할당될 static 변수

    public GameObject playerPrefab; // 생성할 플레이어 캐릭터 프리팹

    private int score = 0; // 현재 게임 점수
    public bool isGameover { get; private set; } // 게임오버 상태

    // 주기적으로 자동 실행되는 동기화 메서드
    public void OnPhotonSerializeView(PhotonStream stream, PhotonMessageInfo info) {
        // 로컬 오브젝트라면 쓰기 부분이 실행됨
        if (stream.IsWriting)
        {
            // 네트워크를 통해 score 값 보내기
            stream.SendNext(score);
        }
        else
        {
```

```
            // 리모트 오브젝트라면 읽기 부분이 실행됨

            // 네트워크를 통해 score 값 받기
            score = (int) stream.ReceiveNext();
            // 동기화하여 받은 점수를 UI로 표시
            UIManager.instance.UpdateScoreText(score);
        }
    }


    private void Awake() {
        // 코드 생략(기존 코드와 동일함)
    }

    // 게임 시작과 동시에 플레이어가 될 게임 오브젝트 생성
    private void Start() {
        // 생성할 랜덤 위치 지정
        Vector3 randomSpawnPos = Random.insideUnitSphere * 5f;
        // 위치 y 값은 0으로 변경
        randomSpawnPos.y = 0f;

        // 네트워크상의 모든 클라이언트에서 생성 실행
        // 해당 게임 오브젝트의 주도권은 생성 메서드를 직접 실행한 클라이언트에 있음
        PhotonNetwork.Instantiate(playerPrefab.name, randomSpawnPos, Quaternion.identity);
    }

    // 점수를 추가하고 UI 갱신
    public void AddScore(int newScore) {
        // 게임오버가 아닌 상태에서만 점수 추가 가능
        if (!isGameover)
        {
            // 점수 추가
            score += newScore;
            // 점수 UI 텍스트 갱신
            UIManager.instance.UpdateScoreText(score);
        }
    }

    // 게임오버 처리
    public void EndGame() {
        // 코드 생략(기존 코드와 동일함)
    }
```

```
    // 키보드 입력을 감지하고 룸을 나가게 함
    private void Update() {
        if (Input.GetKeyDown(KeyCode.Escape))
        {
            PhotonNetwork.LeaveRoom();
        }
    }

    // 룸을 나갈 때 자동 실행되는 메서드
    public override void OnLeftRoom() {
        // 룸을 나가면 로비 씬으로 돌아감
        SceneManager.LoadScene("Lobby");
    }
}
```

주요 변경 사항은 다음과 같습니다.

- MonoBehaviourPunCallbacks 상속
- 룸 나가기(로비로 돌아가기) 구현
- IPunObservable 상속, OnPhotonSerializeView() 구현
- Start()에서 로컬 플레이어 캐릭터 생성

MonoBehaviourPunCallbacks 상속, 룸 나가기 구현

MonoBehaviourPunCallbacks를 상속한 스크립트는 여러 Photon 이벤트를 감지할 수 있습니다. GameManager 스크립트는 OnLeftRoom() 이벤트를 감지하고 해당 메서드를 자동 실행하기 위해 MonoBehaviourPunCallbacks를 상속했습니다.

먼저 OnLeftRoom() 메서드를 살펴봅시다. OnLeftRoom() 메서드는 로컬 플레이어가 현재 게임 룸을 나갈 때 자동 실행됩니다.

```
public override void OnLeftRoom() {
    // 룸을 나가면 로비 씬으로 돌아감
    SceneManager.LoadScene("Lobby");
}
```

OnLeftRoom() 메서드는 룸을 나가는 로컬 클라이언트에서만 실행되고, 다른 클라이언트에서

는 실행되지 않습니다. 따라서 SceneManager.LoadScene("Lobby");에 의해 로컬 클라이언트의 씬만 Lobby 씬으로 변경되고, 다른 클라이언트는 여전히 룸에 접속된 상태로 남습니다.

룸을 나간 사용자는 언제든지 다시 Lobby 씬에서 매치메이킹을 사용해 새로운 랜덤 룸을 찾아 게임에 접속할 수 있습니다.

GameManager 스크립트에 새로 추가된 Update() 메서드에서는 키보드의 Esc 키(KeyCode.Escape)를 눌렀을 때 네트워크 룸 나가기를 실행합니다.

```
private void Update() {
    if (Input.GetKeyDown(KeyCode.Escape))
    {
        PhotonNetwork.LeaveRoom();
    }
}
```

여기서 사용된 PhotonNetwork.LeaveRoom()은 현재 네트워크 룸을 나가는 메서드입니다. 단, 룸을 나가고 네트워크 접속이 종료된다고 해도 그것이 씬을 전환한다는 의미는 아니므로 OnLeftRoom()을 구현하여 로비 씬으로 돌아간 겁니다.

IPunObservable 상속, OnPhotonSerializeView() 구현

Photon View 컴포넌트가 추가된 네트워크 게임 오브젝트가 PhotonNetwork.Instantiate()를 사용해 게임 도중에 생성된 것이 아닌 처음부터 씬에 있었던 게임 오브젝트라면 그 소유권은 호스트에 있습니다. 즉, Game Manager 게임 오브젝트는 호스트 클라이언트에 로컬인 게임 오브젝트입니다.

19.7절 '좀비 생성기 포팅'에서 다룰 좀비 생성기는 생성된 좀비 사망 시 호스트의 GameManager 컴포넌트에서만 AddScore() 메서드가 실행도록 할 겁니다. 즉, 다른 클라이언트에서의 GameManager 컴포넌트는 점수 증가 메서드인 AddScore()가 실행되지 않습니다. 그러려면 호스트의 GameManager 컴포넌트에서 다른 클라이언트의 GameManager 컴포넌트로 점수를 동기화해야 합니다.

호스트 입장에서 Game Manager 게임 오브젝트는 로컬입니다. 따라서 다음과 같이 IPunObservable 인터페이스를 상속하고 OnPhotonSerializeView() 메서드를 구현하여 로컬에서 리모트로의 점수 동기화를 구현하면 호스트에서 갱신된 점수가 다른 클라이언트에도 자동 반영됩니다.

```
// 주기적으로 자동 실행되는 동기화 메서드
public void OnPhotonSerializeView(PhotonStream stream, PhotonMessageInfo info) {
    // 로컬 오브젝트라면 쓰기 부분이 실행됨
    if (stream.IsWriting)
    {
        // 네트워크를 통해 score 값 보내기
        stream.SendNext(score);
    }
    else
    {
        // 리모트 오브젝트라면 읽기 부분이 실행됨

        // 네트워크를 통해 score 값 받기
        score = (int) stream.ReceiveNext();
        // 동기화하여 받은 점수를 UI로 표시
        UIManager.instance.UpdateScoreText(score);
    }
}
```

이 과정에서 리모트 GameManager는 네트워크를 통해 점수를 받아오는 시점에서 UIManager.instance.UpdateScoreText(score);를 실행하여 UI를 갱신하도록 코드를 작성했습니다.

호스트에서는 AddScore() 메서드가 실행되면서 UIManager.instance.UpdateScoreText(score);에 의해 UI가 갱신됩니다. 그런데 다른 클라이언트에서는 AddScore() 메서드가 실행되지 못하므로 동기화가 실행되는 시점에 UI를 갱신하도록 한 겁니다.

Start( )에서 로컬 플레이어 캐릭터 생성

룸에 접속한 클라이언트들은 자신의 분신으로 싸울 플레이어 캐릭터를 생성해야 합니다. 이들은 각각의 클라이언트 입장에서 로컬 플레이어 캐릭터가 됩니다.

변경된 GameManager 스크립트의 Start() 메서드는 PhotonNetwork.Instantiate() 메서드를 실행해 자신의 로컬 플레이어 캐릭터를 네트워크상에서 생성합니다. 즉, 자신의 입장에서는 로컬, 타인의 입장에서는 리모트인 플레이어 캐릭터가 생성됩니다.

```
private void Start() {
    // 생성할 랜덤 위치 지정
    Vector3 randomSpawnPos = Random.insideUnitSphere * 5f;
    // 위치 y 값은 0으로 변경
    randomSpawnPos.y = 0f;

    // 네트워크상의 모든 클라이언트에서 생성 메서드 실행
    // 해당 게임 오브젝트의 주도권은 생성 메서드를 직접 실행한 클라이언트에 있음
    PhotonNetwork.Instantiate(playerPrefab.name, randomSpawnPos, Quaternion.identity);
}
```

이때 GameManager 스크립트의 Start() 메서드와 그 안의 PhotonNetwork.Instantiate() 메서드는 각각의 클라이언트에서 따로 실행된다는 사실에 주목합니다.

클라이언트 A와 B가 있다고 가정하고, A가 이미 접속한 상태에서 B가 나중에 룸에 접속했다고 가정해봅시다.

1. 클라이언트 B가 룸에 접속 → B에서 GameManager의 Start() 실행
2. PhotonNetwork.Instantiate()에 의해 플레이어 캐릭터 b를 A와 B에 생성

클라이언트 B에서 GameManager의 Start() 메서드가 실행될 때 A에서는 실행되지 않는다는 사실에 주목합니다. A가 먼저 룸을 만들고 들어가면서 이미 GameManager의 Start() 메서드를 실행한 상태입니다.

PhotonNetwork.Instantiate() 메서드는 생성된 네트워크 게임 오브젝트의 소유권을 해당 코드를 직접 실행한 클라이언트에 줍니다. 또한 PUN은 어떤 클라이언트가 룸에 접속하기 전에 해당 룸에서 PhotonNetwork.Instantiate()를 사용해 이미 생성된 네트워크 게임 오브젝트가 있을 때 뒤늦게 들어온 클라이언트에도 해당 네트워크 게임 오브젝트를 자동 생성해줍니다.

위 사실을 종합해서 다시 자세히 풀어쓰면 다음과 같습니다.

1. 클라이언트 A가 룸을 생성하고 접속
2. A에서 GameManager의 Start() 실행
3. A가 PhotonNetwork.Instantiate()에 의해 플레이어 캐릭터 a를 A에 생성
4. 클라이언트 B가 룸에 접속 → 클라이언트 B에 자동으로 a가 생성됨
5. B에서 GameManager의 Start() 실행
6. B가 PhotonNetwork.Instantiate()에 의해 플레이어 캐릭터 b를 A와 B에 생성

19.7 좀비 생성기 포팅

좀비 생성기인 Zombie Spawner 게임 오브젝트와 ZombieSpawner 스크립트의 변경 사항을 살펴봅시다. 씬의 Zombie Spawner 게임 오브젝트를 선택하면 다음과 같은 변경 상태를 확인할 수 있습니다.

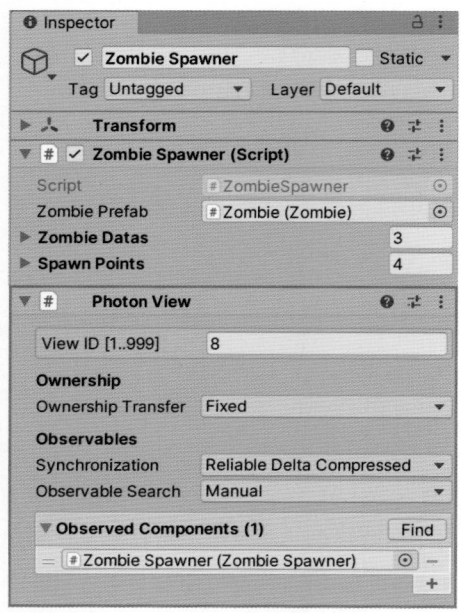

▶ Zombie Spawner 게임 오브젝트

Zombie Spawner 게임 오브젝트에 이전에는 없던 Photon View 컴포넌트가 추가되었습니다. Photon View 컴포넌트의 Observed Components에는 ZombieSpawner 스크립트가 추가되었습니다.

19.7.1 ZombieSpawner 스크립트

- **기존 기능** : 좀비 생성과 사망 시의 처리 등록. 남은 좀비를 UI로 표시
- **변경된 기능** : 네트워크상에서 좀비 생성. 남은 좀비 수 동기화

ZombieSpawner 스크립트가 어떻게 변경되었는지 살펴봅시다. Scripts 폴더에서 ZombieSpawner 스크립트를 열면 다음과 같습니다.

```
using System.Collections;
using System.Collections.Generic;
using ExitGames.Client.Photon;
using Photon.Pun;
using UnityEngine;

// 좀비 게임 오브젝트를 주기적으로 생성
public class ZombieSpawner : MonoBehaviourPun, IPunObservable {
    public Zombie zombiePrefab; // 생성할 좀비 원본 프리팹

    public ZombieData[] zombieDatas; // 사용할 좀비 셋업 데이터
    public Transform[] spawnPoints; // 좀비 AI를 소환할 위치

    private List<Zombie> zombies = new List<Zombie>(); // 생성된 좀비를 담는 리스트

    private int zombieCount = 0; // 남은 좀비 수
    private int wave; // 현재 웨이브

    // 주기적으로 자동 실행되는 동기화 메서드
    public void OnPhotonSerializeView(PhotonStream stream, PhotonMessageInfo info) {
        // 로컬 오브젝트라면 쓰기 부분이 실행됨
        if (stream.IsWriting)
        {
            // 남은 좀비 수를 네트워크를 통해 보내기
            stream.SendNext(zombies.Count);
            // 현재 웨이브를 네트워크를 통해 보내기
            stream.SendNext(wave);
        }
        else
        {
            // 리모트 오브젝트라면 읽기 부분이 실행됨
            // 남은 좀비 수를 네트워크를 통해 받기
            zombieCount = (int) stream.ReceiveNext();
            // 현재 웨이브를 네트워크를 통해 받기
            wave = (int) stream.ReceiveNext();
        }
    }

    private void Awake() {
```

```csharp
        PhotonPeer.RegisterType(typeof(Color), 128, ColorSerialization.SerializeColor,
            ColorSerialization.DeserializeColor);
    }

    private void Update() {
        // 호스트만 좀비를 직접 생성할 수 있음
        // 다른 클라이언트는 호스트가 생성한 좀비를 동기화를 통해 받아옴
        if (PhotonNetwork.IsMasterClient)
        {
            // 게임오버 상태일 때는 생성하지 않음
            if (GameManager.instance != null && GameManager.instance.isGameover)
            {
                return;
            }

            // 좀비를 모두 물리친 경우 다음 스폰 실행
            if (zombies.Count <= 0)
            {
                SpawnWave();
            }
        }

        // UI 갱신
        UpdateUI();
    }

    // 웨이브 정보를 UI로 표시
    private void UpdateUI() {
        if (PhotonNetwork.IsMasterClient)
        {
            // 호스트는 직접 갱신한 좀비 리스트를 이용해 남은 좀비 수 표시
            UIManager.instance.UpdateWaveText(wave, zombies.Count);
        }
        else
        {
            // 클라이언트는 좀비 리스트를 갱신할 수 없으므로
            // 호스트가 보내준 zombieCount를 이용해 좀비 수 표시
            UIManager.instance.UpdateWaveText(wave, zombieCount);
        }
    }
```

```
// 현재 웨이브에 맞춰 좀비 생성
private void SpawnWave() {
    // 코드 생략(기존 코드와 동일함)
}

// 좀비 생성
private void CreateZombie() {
    // 사용할 좀비 데이터 랜덤으로 결정
    ZombieData zombieData = zombieDatas[Random.Range(0, zombieDatas.Length)];

    // 생성할 위치를 랜덤으로 결정
    Transform spawnPoint = spawnPoints[Random.Range(0, spawnPoints.Length)];

    // 좀비 프리팹으로부터 좀비 생성. 네트워크상의 모든 클라이언트에 생성됨
    GameObject createdZombie = PhotonNetwork.Instantiate(zombiePrefab.gameObject.name,
        spawnPoint.position,
        spawnPoint.rotation);

    // 생성한 좀비를 셋업하기 위해 Zombie 컴포넌트를 가져옴
    Zombie zombie = createdZombie.GetComponent<Zombie>();

    // 생성한 좀비의 능력치 설정
    zombie.photonView.RPC("Setup", RpcTarget.All, zombieData.health, zombieData.damage,
        zombieData.speed, zombieData.skinColor);

    // 생성된 좀비를 리스트에 추가
    zombies.Add(zombie);

    // 좀비의 onDeath 이벤트에 익명 메서드 등록
    // 사망한 좀비를 리스트에서 제거
    zombie.onDeath += () => zombies.Remove(zombie);
    // 사망한 좀비를 10초 뒤에 파괴
    zombie.onDeath += () => StartCoroutine(DestroyAfter(zombie.gameObject, 10f));
    // 좀비 사망 시 점수 상승
    zombie.onDeath += () => GameManager.instance.AddScore(100);
}

// 포톤의 Network.Destroy()는 지연 파괴를 지원하지 않으므로 지연 파괴를 직접 구현함
IEnumerator DestroyAfter(GameObject target, float delay) {
    // delay만큼 쉬고
    yield return new WaitForSeconds(delay);
```

```
        // target이 아직 파괴되지 않았다면
        if (target != null)
        {
            // target을 모든 네트워크상에서 파괴
            PhotonNetwork.Destroy(target);
        }
    }
}
```

주요 변경 사항은 다음과 같습니다.

- zombieCount 변수 추가
- IPunObservable 상속, OnPhotonSerializeView() 구현
- CreateZombie()에서 Zombie의 Setup() 메서드를 RPC로 원격 실행
- DestoryAfter() 코루틴 메서드 추가
- Awake() 메서드에서 Photon.Peer.RegisterType() 실행

19.7.2 웨이브 정보 동기화

ZombieSpawner 스크립트에 의한 좀비 생성은 호스트의 로컬에서만 실행됩니다. 다른 클라이언트는 호스트가 생성한 좀비 게임 오브젝트의 복제본을 네트워크를 통해 건네받습니다.

ZombieSpawner 스크립트는 남은 좀비와 현재 웨이브 수를 UI로 표시합니다. ZombieSpawner 스크립트는 생성한 좀비를 zombies 리스트에 추가하므로 남은 좀비 수는 zombies 리스트에 등록된 오브젝트 수로 알 수 있습니다.

그런데 zombies 리스트에 생성한 좀비를 등록하는 절차는 호스트의 ZombieSpawner에서만 실행되고 다른 클라이언트에서는 실행되지 않습니다.

따라서 추가 변수 zombieCount를 선언했습니다. 그리고 호스트의 zombies.Count 값을 리모트의 zombieCount로 전달하는 방식으로 남은 좀비 수를 다른 클라이언트에서 알 수 있게 합니다.

정리하면 남은 좀비 수 zombieCount와 현재 웨이브 wave 값은 OnPhotonSerializeView() 메서드를 구현하여 다음과 같이 동기화합니다.

```
// 주기적으로 자동 실행되는 동기화 메서드
public void OnPhotonSerializeView(PhotonStream stream, PhotonMessageInfo info) {
```

```
    // 로컬 오브젝트라면 쓰기 부분이 실행됨
    if (stream.IsWriting)
    {
        // 남은 좀비 수를 네트워크를 통해 보내기
        stream.SendNext(zombies.Count);
        // 현재 웨이브를 네트워크를 통해 보내기
        stream.SendNext(wave);
    }
    else
    {
        // 리모트 오브젝트라면 읽기 부분이 실행됨
        // 남은 좀비 수를 네트워크를 통해 받기
        zombieCount = (int) stream.ReceiveNext();
        // 현재 웨이브를 네트워크를 통해 받기
        wave = (int) stream.ReceiveNext();
    }
}
```

Zombie Spawenr 게임 오브젝트를 로컬로 가지고 있는 호스트에서는 `zombies.Count`를 남은 좀비 수를 파악하는 데 사용 가능하지만, 다른 클라이언트에서는 `zombieCount`를 대신 사용해야 합니다.

따라서 현재 웨이브와 남은 좀비 수를 표시하던 `UpdateUI()` 메서드도 다음과 같이 변경했습니다.

```
// 웨이브 정보를 UI로 표시
private void UpdateUI() {
    if (PhotonNetwork.IsMasterClient)
    {
        // 호스트는 직접 갱신한 좀비 리스트를 이용해 남은 좀비 수 표시
        UIManager.instance.UpdateWaveText(wave, zombies.Count);
    }
    else
    {
        // 클라이언트는 좀비 리스트를 갱신할 수 없으므로
        // 호스트가 보내준 zombieCount를 이용해 좀비 수 표시
        UIManager.instance.UpdateWaveText(wave, zombieCount);
    }
}
```

19.7.3 Setup() 원격 실행

좀비 서바이버 멀티플레이어에서는 네트워크상의 모든 클라이언트에서 같은 좀비를 생성해야
합니다.

따라서 CreateZombie() 메서드에서 Instantiate()를 사용하여 zombiePrefab의 복제본을
생성하던 부분을 PhotonNetwork.Instantiate()를 사용하도록 변경했습니다.

기존 코드

```
Zombie zombie = Instantiate(zombiePrefab, spawnPoint.position, spawnPoint.rotation);
```

변경된 코드

```
GameObject createdZombie = PhotonNetwork.Instantiate(zombiePrefab.gameObject.name,
    spawnPoint.position,
    spawnPoint.rotation);

Zombie zombie = createdZombie.GetComponent<Zombie>();
```

그다음 생성한 좀비 zombie에서 Setup() 메서드를 실행하여 좀비의 능력치를 설정합니다. 단,
현재 호스트 로컬에서만 Setup()을 실행한 경우 다른 클라이언트에는 변경된 좀비의 능력치가
적용되지 않습니다.

따라서 호스트뿐만 아니라 모든 클라이언트에서 생성된 좀비에 대해 Setup() 메서드를 원격 실
행합니다.

기존 코드

```
zombie.Setup(zombieData);
```

변경된 코드

```
zombie.photonView.RPC("Setup", RpcTarget.All, zombieData.health, zombieData.damage,
    zombieData.speed, zombieData.skinColor);
```

이렇게 하면 해당 좀비의 능력치와 피부색이 모든 클라이언트에서 같아질 겁니다.

단, 이전에는 zombieData를 직접 Zombie의 Setup() 메서드에 전달하였지만 ZombieData 에셋을 다른 클라이언트에 그대로 네트워크를 통해 전송하기에는 필요한 바이트 용량이 큽니다. 따라서 수정된 Setup() 메서드에서는 ZombieData 대신 ZombieData의 각 필드(health, damage, speed, skinColor)를 전달했다는 점에 주의합니다.

19.7.4 좀비 사망 이벤트

CreateZombie() 메서드 마지막 부분에는 Zombie의 onDeath 이벤트에 생성한 좀비가 사망할 경우 실행될 메서드를 등록했습니다.

```
// 좀비의 onDeath 이벤트에 익명 메서드 등록
// 사망한 좀비를 리스트에서 제거
zombie.onDeath += () => zombies.Remove(zombie);
// 사망한 좀비를 10초 뒤에 파괴
zombie.onDeath += () => Destroy(zombie.gameObject, 10f);
// 좀비 사망 시 점수 상승
zombie.onDeath += () => GameManager.instance.AddScore(100);
```

CreateZombie() 메서드가 호스트에서만 실행되므로 onDeath 이벤트에 이벤트 리스너를 등록하는 위 코드는 호스트에서만 실행됩니다. 따라서 좀비가 사망하면 해당 좀비를 리스트에서 제거하고, 사망한 좀비를 10초 뒤에 파괴하며, 게임 매니저에 100점을 추가하는 처리는 호스트에서만 실행됩니다.

여기서 좀비 리스트에서 사망한 좀비를 제거하고 게임 매니저에 점수를 추가하는 처리는 호스트에서만 실행해도 됩니다. 남은 좀비 수와 현재 게임 점수는 호스트에서 변경되었을 때 자동으로 다른 클라이언트에도 반영되도록 구현되었기 때문입니다.

하지만 좀비 게임 오브젝트를 파괴하는 처리는 다른 클라이언트에 자동 반영되지 않습니다. 따라서 Destroy() 메서드를 PhotonNetwork.Destroy() 메서드로 대체하여 호스트에서 좀비 게임 오브젝트가 파괴될 때 다른 모든 클라이언트에서도 좀비 게임 오브젝트가 파괴되게 해야 합니다.

하지만 PhotonNetwork.Destroy() 메서드는 지연시간을 받지 않습니다. 따라서 PhotonNetwork.Destroy() 메서드를 지연하여 실행하는 코루틴 메서드를 만들어 기존 Destroy() 메서드를 대체했습니다.

```
IEnumerator DestroyAfter(GameObject target, float delay) {
    // delay만큼 쉬고
    yield return new WaitForSeconds(delay);

    // target이 아직 파괴되지 않았다면
    if (target != null)
    {
        // target을 모든 네트워크상에서 파괴
        PhotonNetwork.Destroy(target);
    }
}
```

위 코드를 사용하여 기존 zombie.onDeath += () => Destroy(zombie.gameObject, 10f);를
다음 코드로 대체했습니다.

```
zombie.onDeath += () => StartCoroutine(DestroyAfter(zombie.gameObject, 10f));
```

19.7.5 직렬화와 역직렬화

PUN은 RPC로 원격 실행할 메서드에 함께 첨부할 수 있는 입력 타입에 제약이 있습니다. RPC
를 통해 다른 클라이언트로 전송 가능한 대표적인 타입으로는 byte, bool, int, float, string,
Vector3, Quaternion이 있습니다. 이들은 직렬화/역직렬화가 PUN에 의해 자동으로 이루어집
니다.

본래 Color 타입의 값은 RPC 메서드의 입력으로 첨부할 수 없습니다. 따라서 CreateZombie()
메서드에서 Setup() 메서드의 RPC 실행에 zombieData.skinColor를 입력으로 넘겨줄 수 없
습니다. 단, 기존에 RPC에서 지원하지 않던 타입을 여러분이 직접 지원하도록 정의하는 것은
가능합니다. PhotonPeer.RegisterType() 메서드를 실행하고, 원하는 타입을 명시하고, 어떻
게 해당 타입을 직렬화Serialize, 시리얼라이즈/역직렬화Deserialize, 디시리얼라이즈할지 명시하면 됩니다.

```
PhotonPeer.RegisterType(타입, 번호, 직렬화 메서드, 역직렬화 메서드);
```

추상적인 오브젝트는 물리적인 통신 회선을 통해 '그냥' 전송할 수 없습니다. 따라서 오브젝트
를 물리적인 회선으로 전송하려면 해당 오브젝트를 '날것Raw' 그대로의 타입인 바이트 데이터
로 변경해야 합니다.

직렬화는 어떤 오브젝트를 바이트 데이터로 변환하는 처리입니다. 역직렬화는 바이트 데이터를 다시 원본 오브젝트로 변환하는 처리입니다. 송신 측은 오브젝트를 직렬화해 바이트 데이터로 변경하여 보내고, 수신 측은 받은 바이트 데이터를 역직렬화해 원본 데이터로 복구합니다.

PhotonPeer.RegisterType() 메서드에서 원하는 타입에 대한 직렬화와 역직렬화 메서드를 등록하면 PUN이 해당 메서드를 네트워크상에서 해당 타입을 주고받는 데 사용합니다.

따라서 ZombieSpawner의 Awake() 메서드에 다음과 같은 처리를 추가했습니다.

```
void Awake() {
    PhotonPeer.RegisterType(typeof(Color), 128, ColorSerialization.SerializeColor,
        ColorSerialization.DeserializeColor);
}
```

위 코드는 Color 타입을 RPC로 전송 가능하게 PUN에 등록합니다. 사용한 숫자 128은 이미 등록된 다른 타입과 겹치지 않도록 무작위로 선택한 숫자입니다. RPC 전송에 사용할 커스텀 타입은 255개까지 등록 가능하며, 각각의 타입은 고유 번호를 할당받아야 합니다.

ColorSerialization.SerializeColor()와 ColorSerialization.DeserializeColor()는 저자가 미리 만들어둔 컬러 직렬화와 역직렬화 메서드입니다. 각각 컬러를 바이트 데이터로, 바이트 데이터를 다시 컬러로 변환합니다.

해당 메서드들은 프로젝트의 Scripts 폴더에 있는 ColorSerialization 스크립트에서 확인 가능합니다.

```
using ExitGames.Client.Photon;
using UnityEngine;

public class ColorSerialization {
    private static byte[] colorMemory = new byte[4 * 4];

    public static short SerializeColor(StreamBuffer outStream, object targetObject) {
        Color color = (Color) targetObject;

        lock (colorMemory)
        {
            byte[] bytes = colorMemory;
            int index = 0;
```

```
            Protocol.Serialize(color.r, bytes, ref index);
            Protocol.Serialize(color.g, bytes, ref index);
            Protocol.Serialize(color.b, bytes, ref index);
            Protocol.Serialize(color.a, bytes, ref index);
            outStream.Write(bytes, 0, 4 * 4);
        }

        return 4 * 4;
    }

    public static object DeserializeColor(StreamBuffer inStream, short length) {
        Color color = new Color();

        lock (colorMemory)
        {
            inStream.Read(colorMemory, 0, 4 * 4);
            int index = 0;

            Protocol.Deserialize(out color.r,colorMemory, ref index);
            Protocol.Deserialize(out color.g,colorMemory, ref index);
            Protocol.Deserialize(out color.b,colorMemory, ref index);
            Protocol.Deserialize(out color.a,colorMemory, ref index);
        }

        return color;
    }
}
```

Color 타입을 byte 배열로 변환하는 처리는 책의 범위를 벗어납니다. 따라서 간략하게 설명하겠습니다.

SerializeColor()

SerializeColor() 메서드는 들어온 오브젝트를 Color 타입으로 가정하고, 바이트 배열 데이터 byte[]로 직렬화합니다. 동시에 직렬화된 데이터의 길이를 short(int보다 더 적은 범위의 정수) 타입으로 반환합니다.

SerializeColor() 메서드는 직렬화할 object와 byte 배열로 직렬화된 object를 담아갈 StreamBuffer를 입력받습니다.

코드를 살펴보면 SerializeColor() 메서드는 먼저 입력으로 들어온 오브젝트 targetObject를 Color 타입으로 취급하여 변수 color에 저장합니다. 그리고 color의 r, g, b, a를 각각 바이트 데이터로 변환하여 바이트 배열인 bytes에 써 넣습니다. 이 과정에서 Protocol.Serialize() 메서드를 사용합니다.

함께 사용된 index 변수와 ref 키워드는 Protocol.Serialize() 메서드가 데이터를 바이트 배열로 변환할 때 직전까지 변환된 데이터들의 길이를 누적하면서 얼마만큼인지 기억한 다음 bytes의 배열 공간상에서 데이터를 써 넣은 마지막 지점에 이어서 데이터를 쓰기 하는데 사용됩니다.

또한 직렬화 과정에서 매번 임시 바이트 배열을 생성하는 것은 메모리 낭비이기 때문에 미리 4 * 4의 길이를 가지는 colorMemory 바이트 배열을 미리 선언하여 재활용하면서 사용하고 있습니다. 단, 동시에 여러 곳에서 colorMemory를 접근하여 사용하는 일이 없도록 직렬화를 처리하는 동안 명시적으로 잠금 lock을 걸었습니다.

사용할 바이트 배열 colorMemory의 크기가 4 * 4인 이유는 컬러의 각 r, g, b, a 채널은 float 타입으로 저장되는데 float의 크기는 4바이트에 해당하기 때문입니다. 즉, 컬러의 채널은 4개고, 각 채널의 데이터 크기가 4이므로 4 * 4 크기로 배열을 선언했습니다.

color를 변환하여 bytes에 덮어쓰기 한 다음에는 출력으로 데이터를 보내는 데 사용될 스트림인 outStream에 bytes를 적재합니다. 즉, SerializeColor() 메서드는 object → Color → byte[]로 변환한 다음 해당 바이트 배열을 스트림에 적재하여 내보냅니다. 그리고 출력으로는 변환된 데이터의 길이 4 * 4를 반환합니다.

DeserializeColor()

DeserializeColor() 메서드는 직렬화된 바이트 배열 데이터를 본래 타입인 Color 타입으로 변환합니다. DeserializeColor() 메서드는 직렬화된 byte 배열을 꺼내가도록 제공해줄 StreamBuffer와 데이터의 길이를 알려줄 short 타입의 값을 length라는 이름으로 입력받습니다.

DeserializeColor() 메서드에서 먼저 임시 Color 변수인 color를 선언합니다. 그리고 inStream에서 컬러 데이터의 크기인 4 * 4 크기만큼 바이트 데이터를 읽어 colorMemory에 저장합니다.

그다음 colorMemory에서 바이트 데이터를 순서대로 읽어 color의 r, g, b, a에 각각 저장합니다. 이 과정에서 Protocol.Deserialize()에 사용된 index 변수는 마지막으로 데이터를 읽은 지점부터 colorMemory의 데이터를 읽는 데 사용됩니다.

위와 같은 방식으로 DeserializeColor() 메서드는 byte[] → Color 순서로 바이트 데이터를 원본 컬러로 변환한 다음 반환합니다.

19.8 완성본 테스트

이것으로 프로젝트의 스크립트와 변경 사항을 모두 살펴봤습니다. 이제 포팅된 Zombie Multiplayer 프로젝트를 빌드하고 테스트하면서 7부를 마치겠습니다.

빌드 및 테스트를 위해 Main 씬을 저장하고 Lobby 씬으로 돌아간 다음 다음 과정을 따라 합니다.

[과정 01] 빌드하기

① 적절한 경로에 **빌드 및 실행**(File > Build Settings > Build and Run)

빌드가 끝나면 빌드된 Zombie Multiplayer가 실행될 겁니다. 실행과 동시에 로비 씬이 시작되고, 매치메이킹 서버에 접속을 시도합니다. 접속이 완료되면 룸 참가 버튼이 활성화됩니다.

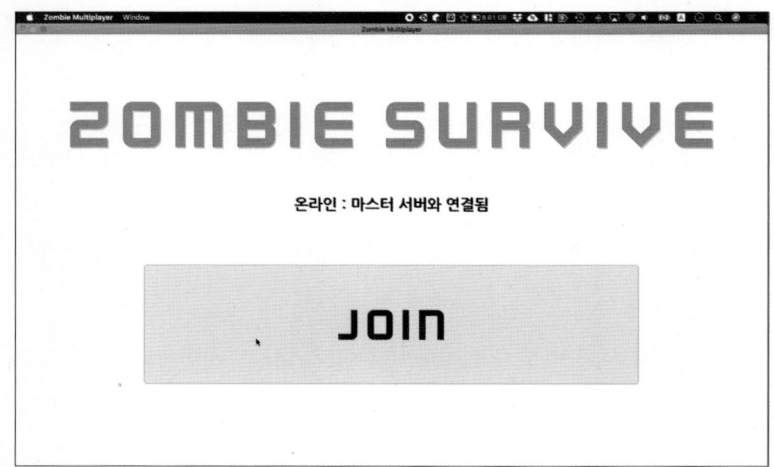

▶ 접속 준비된 로비

멀티플레이어가 제대로 동작하는지 확인하려면 둘 이상의 클라이언트를 실행해야 합니다. 만약 같이 플레이할 사람이 없다면 컴퓨터 하나에서 클라이언트 두 개를 실행합니다.

클라이언트 하나는 빌드된 프로그램을 창 모드로 띄워서 준비하고(창 모드 단축키 : 윈도우 [Alt+Enter], 맥 [Command+F]), 다른 하나는 유니티 프로젝트를 사용하면 됩니다.

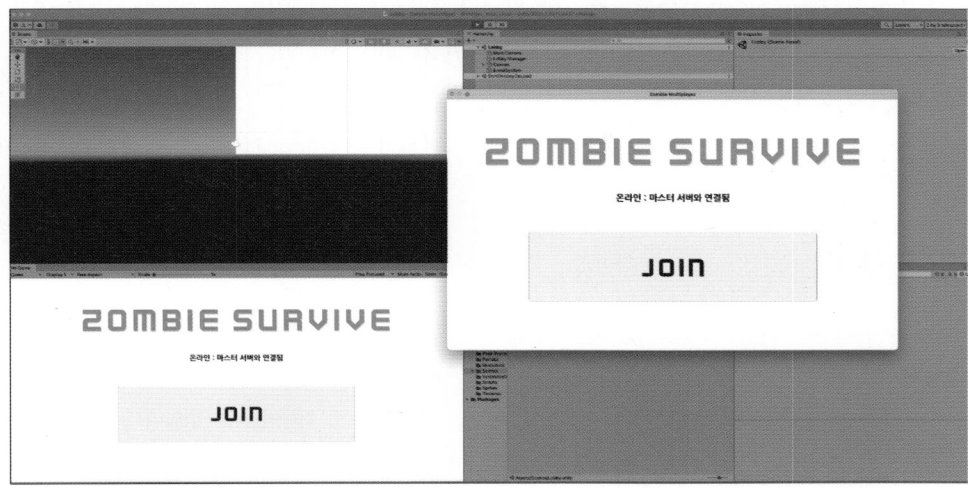

▶ 한 컴퓨터에서 두 개의 클라이언트 띄우기

함께 플레이할 친구가 있다면 한 컴퓨터에서 두 개의 클라이언트를 실행할 필요 없이 각자 다른 컴퓨터에서 빌드된 게임을 실행하고 접속합니다. 참고로 현재 설정에서는 룸에 4명까지 참가 가능합니다.

준비되었으면 각 클라이언트에서 Join 버튼을 눌러 게임에 참가합니다. 버튼을 누르고 참가하는 순서는 상관없습니다. 먼저 참가하는 측이 룸을 생성하므로 호스트 역할을 맡게 됩니다.

▶ 여러 명의 플레이어와 함께 플레이

여러 플레이어 캐릭터가 각자 이동하고, 총을 쏘고, 아이템을 먹고, 좀비를 사살하여 점수를 증가시킵니다. 이 모든 것이 모든 클라이언트에서 같은 모습으로 출력됩니다. 물론 동기화 지연시간이나 호스트 컴퓨터의 성능에 의해 어떤 플레이어의 행위가 다른 플레이어의 화면에서는 지연되는 상황도 가끔 확인할 수 있습니다.

플레이어 캐릭터는 사망하면 5초 뒤에 부활합니다. 현재 룸에서 나가고 싶다면 Esc 키를 누르면 됩니다. 호스트 역할을 맡은 플레이어가 나간다면 PUN에 의해 다른 플레이어가 호스트로 지정되는 처리가 자동 실행됩니다.

19.9 마치며

이것으로 포톤을 사용하여 멀티플레이어 게임을 완성하는 방법을 모두 살펴봤으며 7부가 끝났습니다. 이 장에서는 포톤을 사용했지만 싱글플레이어 전용 코드를 멀티플레이어로 변형하는데 사용하는 기법 대부분은 특정 솔루션과 상관없이 공통적으로 적용할 수 있습니다.

여기서 언급한 기법 대부분은 현재 게임 오브젝트가 '로컬인가 리모트인가' 또는 '호스트인가 호스트가 아닌가'에 따라 다른 처리를 구현하는 것을 기본으로 한다는 점을 기억해야 합니다.

또한 RPC를 통해 특정 클라이언트 → 호스트 → 모든 클라이언트로 메서드가 연쇄적으로 실행되도록 구현하여 특정 클라이언트의 상호작용이 다른 모든 클라이언트에서도 적용되도록 구현했습니다.

마지막에 간단히 언급한 직렬화와 역직렬화는 프로그램 상의 어떠한 오브젝트나 데이터도 날 것 그대로의 바이트 데이터로 변환 가능하다는 사실을 알려줍니다. 그렇게 특정 시스템 내부에서만 동작하는 오브젝트를 바이트 데이터로 변환함으로써 회선을 통해 외부 시스템에 전송하거나 다른 타입의 파일로 저장할 수 있습니다.

이 장에서 배운 내용 요약

- 동기화할 게임 오브젝트는 Photon View 컴포넌트를 가지고 있어야 합니다.
- Photon View 컴포넌트의 Observed Components 리스트에는 관측 및 동기화할 컴포넌트가 등록됩니다.
- Photon Transform View 컴포넌트와 Photon Animator View 컴포넌트는 위치와 애니메이션을 Photon View 컴포넌트를 사용해 동기화합니다.

- MonoBehaviourPun을 상속한 스크립트는 photonView 프로퍼티를 사용해 자신의 게임 오브젝트에 추가된 Photon View 컴포넌트에 접근할 수 있습니다.
- RPC를 통해 원격 실행할 메서드에는 [PunRPC] 속성이 선언되어야 합니다.
- photonView.RPC() 메서드로 [PunRPC] 선언된 메서드를 다른 클라이언트에서 원격 실행합니다.
- IPunObservable 인터페이스를 상속한 컴포넌트는 Photon View 컴포넌트를 사용해 동기화될 수 있습니다.
- IPunObservable 인터페이스를 상속하면 OnPhotonSerializeView() 메서드를 구현해야 합니다.
- OnPhotonSerializeView() 메서드에서 stream.IsWriting을 이용해 현재 스트림이 송신(쓰기) 모드인지 수신(읽기) 모드인지 검사할 수 있습니다.
- 로컬 오브젝트에서는 stream.IsWriting 값이 true입니다. 이때는 SendNext() 메서드로 값을 보냅니다.
- 리모트 오브젝트에서는 stream.IsWriting 값이 false입니다. 이때는 ReceiveNext() 메서드로 값을 받습니다.
- 모든 클라이언트에서 동일하게 게임 오브젝트가 생성되게 하려면 PhotonNetwork.Instantiate() 메서드를 사용합니다.
- PhotonNetwork.Instantiate() 메서드로 생성할 프리팹은 Resources 폴더에 있어야 합니다.
- 모든 클라이언트에서 동일하게 게임 오브젝트가 파괴되게 하려면 PhotonNetwork.Destroy() 메서드를 사용합니다.
- 오브젝트를 네트워크 통신을 통해 주고받으려면 오브젝트를 바이트 형태로 변환해야 합니다.
- 직렬화는 오브젝트를 바이트 데이터로 변환하는 겁니다.
- 역직렬화는 바이트 데이터를 원본 오브젝트로 변환하는 겁니다.

여기가 책의 마지막 부분입니다. 어떠한 종류의 일이라도 단단하게 끝맺음 짓는 것은 가장 어려운 일입니다. 오늘 대단한 일을 한 자신에게 조금의 휴식과 간식을 선물해주세요. 그리고 좀 더 높은 도전과제를 찾아가길 바랍니다.

이 책을 다 읽었다면 유니티 클라이언트 개발자로서 스스로 게임을 개발할 수 있는 능력은 모두 갖춘 셈입니다. 하지만 개발 능력을 가지는 것과 실제 제품을 완성하는 것은 전혀 다릅니다. 여러분이 독립 개발자라면 좀 더 높은 수준의 게임을 완성하고 싶을 것이며, 취업을 원한다면 고용주에게 능력을 증명할 방법을 찾고 싶을 겁니다.

이를 위한 몇 가지 조언과 자료가 있습니다.

조언

1. 당장 자신만의 게임을 제작하고 배포하세요. 완성된 제품이 가장 좋은 포트폴리오입니다.

책을 따라 완성한 예제만으로는 다른 사람에게 자신이 좋은 개발자라는 것을 증명할 수 없습니다. 냉정하게 말하면 똑같은 책을 따라 똑같은 코드로 똑같은 예제를 완성한 사람들이 주변에 많기 때문입니다.

따라서 어떠한 경우라도 스스로 완성한 프로그램을 스토어에 출시하거나 웹을 통해 배포하는 것이 여러 인증서나 좋은 학점보다 낫습니다. 최종 소비자가 사용할 수 있는 제품을 개발하고 프로젝트를 완결 짓는 것은 코드뿐만 아니라 모든 부분에서 힘든 일입니다.

따라서 최종 결과물의 질이 어떻든 간에 끝까지 완성하여 대중에게 공개한 프로젝트가 존재한다는 것 자체가 여러분의 능력을 증명해줍니다.

2. 작은 카피캣 게임 개발부터 시작하세요.

피카소는 '위대한 예술가는 훔친다'고 했습니다. 여러분이 처음부터 모든 부분에서 새로운 게임을 개발하려 한다면 절대 완성품을 볼 수 없을 겁니다.

필자는 여러분의 첫 오리지널 프로젝트로 평소에 좋아한 장르의 미니게임을 카피캣으로 구현할 것을 추천합니다. 첫 프로젝트에 명확한 한계나 마감 시간이 없으면 가능한 모든 부분을 시도만 하다가 완성된 게임 없이 흐지부지 끝나기 때문입니다.

이미 존재하는 미니게임의 카피캣을 만든다는 것은 여러분의 구현 범위에 제약이 생긴다는 겁니다. 따라서 불필요한 고민을 덜게 되고, 중요한 기능 구현에 좀 더 집중할 수 있게 됩니다. 또한 미니게임을 만드는 만큼 밸런스 조절 등 코딩 외적인 부분에 시간을 덜 뺏기고 마감 시간을 앞당길 수 있습니다.

무엇보다 자신이 좋아한 장르의 게임을 베끼는 과정에서 아쉬웠던 부분이나 좀 더 극대화하고 싶었던 기능을 자신만의 형식으로 다듬게 되면서 더 나은 게임이 탄생하기도 합니다.

따라서 반드시 자신이 애정을 가진 작품의 카피캣을 만들어야 합니다. 그러면 기존 게임을 좀 더 나은 모습으로 베끼는 과정에서 자신만의 색을 넣은 오리지널 작품이 탄생하게 됩니다. 그러므로 당장 첫 프로젝트부터 모든 부분이 오리지널인 작품을 만들려 고민할 필요 없습니다.

추가 도전 과제

여러분은 독립 게임 개발자로서 자신만의 게임을 개발할 수도 있고, 프로그래머로서 좀 더 공부를 할 수 있습니다. 어느 쪽이든 여러분은 개발자로 계속 성장해야 합니다.

이 책을 덮은 다음 디자인 패턴, 버전 관리, C#의 고급 사용법을 가장 먼저 익힐 것을 추천합니다. 이들은 기본 소양이며, 배우기 어렵지 않으며 재밌습니다. 무엇보다 배운 즉시 적용 가능하며, 코드와 프로젝트가 가볍고 읽기 쉬워지는 것을 바로 체감할 수 있습니다.

이들 분야에 적합한 도서를 추천합니다. 아래 도서들은 모두 한빛미디어에서 출간되었습니다.

- **디자인 패턴 & 클린 코드** : 『게임 프로그래밍 패턴』
- **Git과 버전 관리** : 『만들면서 배우는 Git+GitHub 입문』
- **C# 고급 기능과 팁** : 『이펙티브 C#』

만약 유니티를 게임이 아닌 애니메이션 영화 등의 창작 도구로 사용하고 싶다면 다음 패키지를 공부합니다.

- 유니티 시네머신
- 유니티 타임라인 에디터

이외에 다음 분야를 공부할 것을 추천합니다.

- 유니티 셰이더
- 소프트웨어 장인 정신 : 로버트 C 마틴의 저서 추천

만약 당장의 게임과 응용 프로그램을 완성하는 것보다 엔지니어링과 로우레벨을 공부하고, 대자본 게임 프로젝트의 일원으로 참가하고 싶다면 다음 순서로 공부할 수 있습니다.

- C++ → SDL과 기본 API → 그래픽스 API(OpenGL/Vulkan/DirectX 등)와 수학

이 경우 완성된 제품을 만드는 수준까지 도달하는 데 상당한 인내와 시간이 필요하며, 최종 제품의 룩앤필에는 관여하기 힘들다는 것을 이해해야 합니다.

온라인 유튜브 채널

유니티는 유튜브 무료 튜토리얼 제작이 가장 활발한 개발 도구입니다. 다음과 같은 유튜브 채널을 구독할 것을 추천합니다.

- **Unity : www.youtube.com/user/Unity3D**
  유니티 공식 유튜브 채널입니다.
- **Brackey : www.youtube.com/user/Brackeys**
  가장 유명한 유니티 종합 튜토리얼 제작자입니다.
- **Skyoo : www.youtube.com/user/SykooTV**
  주로 유니티 레벨 디자인 튜토리얼을 업로드하는 채널입니다. 아트 중심

- **Sebastian Lague : www.youtube.com/user/Cercopithecan**
  탑다운 슈터, RPG 제작 시리즈 등의 유니티 튜토리얼을 제공합니다. 코딩 중심

- **Infallible Code : www.youtube.com/user/charlesamat**
  유니티를 통한 디자인 패턴, 테스트 주도 개발 등의 튜토리얼을 제공합니다.

- **retr0 : youtube.com/c/JeminDEV**
  저자의 유튜브 채널로, 한국어 유니티 튜토리얼 비디오를 제공합니다.

부록 A
안드로이드 빌드

안드로이드 개발 환경을 준비하며 유니티 프로젝트를 안드로이드 앱으로 빌드하고 실행하는 방법을 알아봅니다.

A.1 안드로이드 장치의 개발자 모드 활성화

안드로이드 앱 빌드는 안드로이드 기기가 없어도 가능합니다. 따라서 빌드된 APK 또는 앱번들 파일을 안드로이드 기기로 복사해서 설치하고 테스트할 수도 있습니다.

유니티에서 빌드한 앱을 수동으로 옮기지 않고 즉시 안드로이드 기기에 설치하여 실행하거나 컴퓨터에 설치된 유용한 개발자 도구를 안드로이드 기기와 연동하고 싶다면 안드로이드 기기의 개발자 모드를 활성화하면 됩니다.

A.1.1 개발자 모드 활성화

안드로이드에서 개발자 모드를 활성화시키는 옵션은 숨겨져 있습니다. 개발자 옵션을 활성화하는 과정은 OS 버전이나 제조사에 따라 메뉴 이름 등이 조금씩 다를 수 있습니다. 다만 빌드 번호를 여러 번 터치해야 한다는 점은 똑같습니다. 일반적으로 개발자 옵션 활성화 방법은 다음과 같습니다.

[과정 01] 개발자 모드 활성화

① 안드로이드 기기의 **설정** > **휴대전화 정보** > **소프트웨어 정보**로 이동

② **빌드 번호** 여러 번 터치

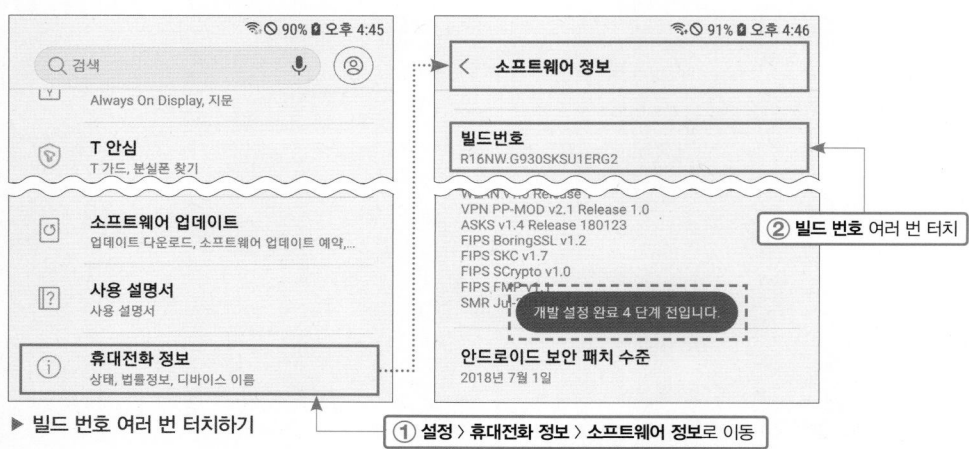

▶ 빌드 번호 여러 번 터치하기

빌드 번호를 계속 터치하면 '개발 설정 완료 X 단계 전입니다'라는 메시지가 표시되다가 개발자 모드가 활성화됩니다. 그리고 설정 메뉴에 개발자 옵션이라는 새로운 항목이 생깁니다.

A.1.2 USB 디버깅 허용

개발자 모드가 활성화되면 개발자의 컴퓨터에서 USB를 통해 안드로이드 기기를 통제할 수 있도록 USB 디버깅을 허용합니다.

[과정 01] USB 디버깅 활성화

① 안드로이드 기기의 **설정** 메뉴 > **개발자 옵션**

② **개발자 옵션**에서 **USB 디버깅** 활성화

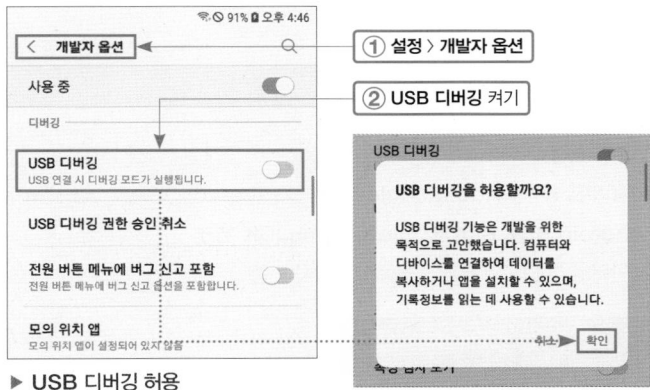

▶ USB 디버깅 허용

나중에 컴퓨터와 안드로이드가 연결된 상태에서 빌드 등을 위해 개발자 도구가 안드로이드에 접근할 때 USB 디버깅 허용을 묻는 팝업이 실행될 수 있습니다. 이때 **항상 허용**을 체크하고 승인합니다. 최초 승인 이후에는 이미 승인된 컴퓨터에 대해 다시 물어보지 않을 겁니다.

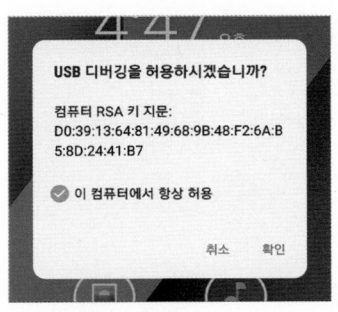

▶ USB 디버깅 권한 팝업

A.2 안드로이드 SDK 준비

안드로이드 앱을 개발하기 위해서는 다음과 같은 소프트웨어가 설치되어 있어야 합니다(유니티 허브를 통해 유니티를 설치하는 경우 이들 소프트웨어를 함께 설치할 수도 있습니다).

- JDK(라이센스 문제가 없는 OpenJDK 추천)
- 안드로이드 SDK & NDK

만약 1.2.4절 '유니티 에디터 설치'에서 Android SDK & NDK Tools를 추가 설치한 경우 A.2절과 A.3절의 내용을 건너뛰고, 안드로이드 빌드를 원하는 아무 유니티 프로젝트나 열고 A.4절로 넘어갑니다.

A.2.1 안드로이드 SDK 설치

과정 01 추가 모듈 설치하기

① 유니티 허브 열기 > **Installs** 탭으로 이동
② 유니티 에디터 항목 옆의 **톱니바퀴** 버튼 클릭 > **Add modules** 클릭
③ **Android Build Support, Android SDK & JDK Tools, OpenJDK** 체크
④ **Continue** 클릭 > (SDK 약관 안내 등이 나오면 동의 등을 선택) 설치 진행

▶ 안드로이드 SDK 설치

A.3 유니티와 안드로이드 SDK 연동 확인

안드로이드 SDK는 유니티 에디터와 독립적으로 존재합니다. 따라서 유니티 에디터가 사용할 안드로이드 SDK의 경로를 설정해야 합니다. 단, 유니티 허브를 통해 SDK를 설치한 경우 설치된 SDK 경로가 자동으로 유니티 에디터의 설정에 등록됩니다. 물론 유니티 허브가 아닌 다른 방법으로 다른 경로에 설치한 안드로이드 SDK를 유니티 에디터가 사용하도록 설정할 수도 있습니다.

설치된 안드로이드 SDK가 유니티 에디터에 등록되었는지 확인해봅시다. 계속하기 전에 안드로이드로 빌드할 유니티 프로젝트를 열어둡니다. 부록 A에서는 12장에서 완성한 유니런 프로젝트를 사용합니다. 해당 프로젝트는 예제 폴더의 12/Done 폴더에 들어 있습니다.

[과정 01] 유니티와 안드로이드 SDK 연동 확인

① 유니티 **Preferences** 창 띄우기(**Edit**(윈도우)/**Unity**(맥) 〉 **Preferences...** 클릭)
② **External Tools** 탭 클릭
③ **Android** 항목에서 **JDK, Android SDK, Android NDK, Gradle** 경로 확인

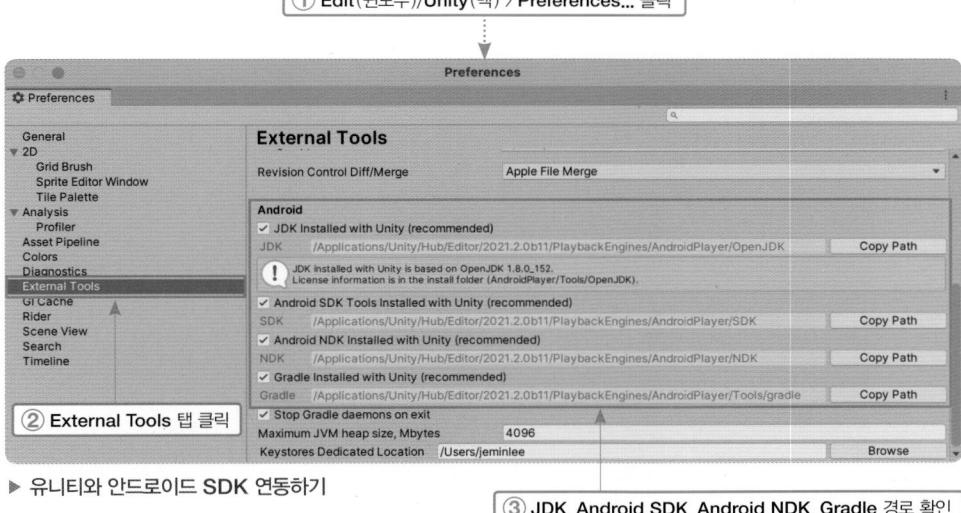

▶ 유니티와 안드로이드 SDK 연동하기

유니티 허브를 통해 JDK, 안드로이드 SDK, 안드로이드 NDK 등을 설치한 경우 각각의 필드에 '~Installed with Unity' 옵션이 기본 활성화되어 있는 것을 알 수 있습니다. 해당 필드가 체크되면 유니티 허브를 통해 설치된 프로그램들의 경로를 자동으로 찾아 사용합니다.

만약 다른 경로에 미리 설치해둔 프로그램들을 사용하고 싶다면 ~Installed with Unity를 체크 해제하고 각각의 필드에 직접 경로를 입력하면 됩니다.

NOTE_ NDK와 IL2CPP

NDK는 안드로이드 앱 일부를 C와 C++ 같은 네이티브 언어로 구현하는 도구입니다. 유니티는 안드로이드 앱을 IL2CPP를 사용해 빌드할 때 NDK를 사용합니다. IL2CPP를 사용한 빌드에 대해서는 950쪽 '스크립트 백엔드와 타깃 아키텍처'에서 자세히 설명합니다.

A.4 안드로이드 빌드 설정

이제 유니티 프로젝트를 안드로이드 앱으로 빌드합니다. 유니티 프로젝트를 안드로이드로 빌드하려면 먼저 프로젝트의 플랫폼을 안드로이드로 변경합니다.

A.4.1 빌드 대상 변경

[과정 01] 안드로이드로 플랫폼 변경

① 빌드 설정 열기(File > Build Settings... 클릭)
② Platform에서 Android 클릭
③ Switch Platform 클릭

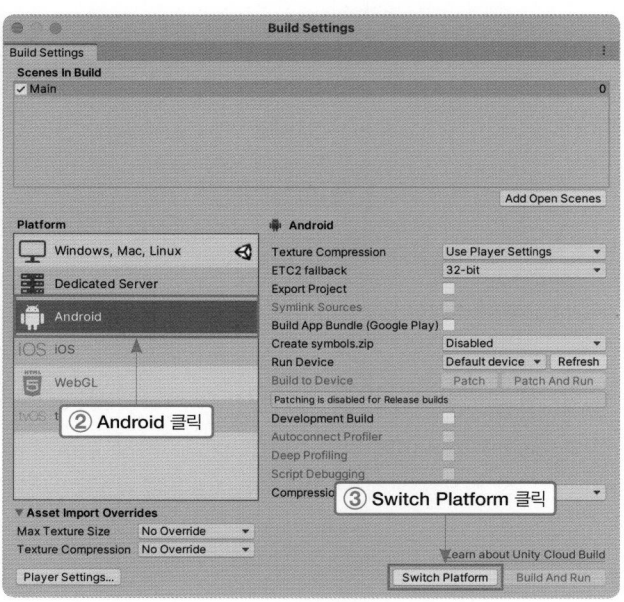

빌드 대상을 변경하면 안드로이드에 맞게 에셋 설정을 전부 변경하고 다시 임포트하므로 빌드 대상 변경이 완료되는 데 시간이 조금 걸립니다.

과정 01에서 **Switch Platform** 버튼이 활성화되지 않는다면 유니티 안드로이드 빌드 모듈이 설치되지 않은 겁니다. 그때는 A.2절을 따라 안드로이드 빌드 모듈을 다운로드하여 설치합니다.

A.4.2 안드로이드 플레이어 설정

빌드 대상이 안드로이드로 변경된 다음에는 상세한 빌드 설정을 담당하는 플레이어 설정으로 이동하여 몇몇 설정을 변경해야 합니다.

[과정 01] 플레이어 설정으로 이동

① 빌드 설정 창에서 **Player Settings...** 클릭 〉 **프로젝트 설정** 창이 열리고 **Player** 탭으로 이동함

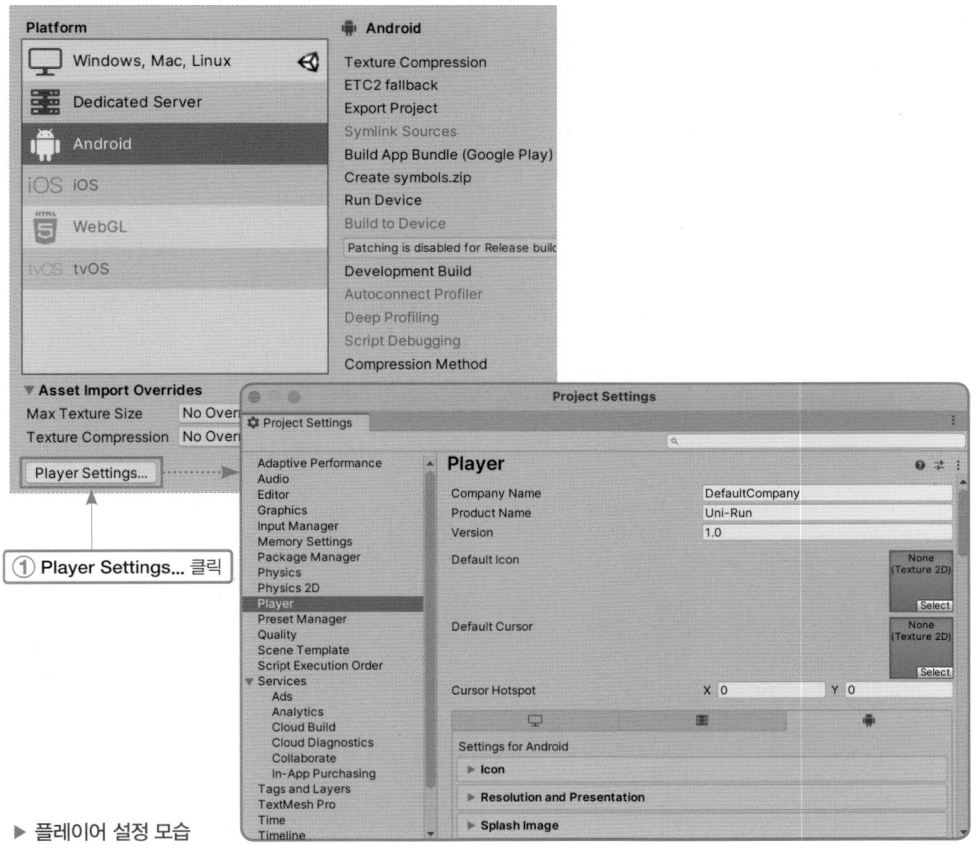

▶ 플레이어 설정 모습

플레이어 설정^{Player Settings}에서는 자세한 빌드 설정을 할 수 있습니다. 참고로 플레이어 설정에서 '플레이어'는 사용자가 아니라 '안드로이드 플레이어', 'iOS 플레이어' 등 각 플랫폼에 대한 구동기를 가리키는 단어입니다.

플레이어 설정에서는 각 플랫폼별 설정 탭을 확인할 수 있습니다. 우리는 안드로이드를 빌드 대상으로 삼았으므로 안드로이드 설정 탭을 사용합니다.

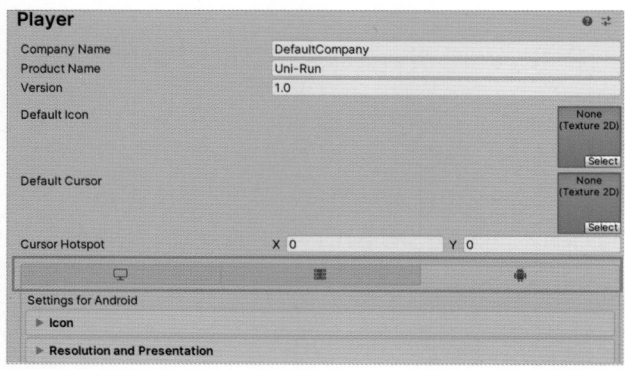

▶ 플랫폼별 설정 탭

A.4.3 애플리케이션 ID 변경

애플리케이션 ID는 앱을 구분하는 데 사용됩니다. 구글 플레이에서는 하나의 애플리케이션 ID로 두 개 이상의 앱을 공유할 수 없습니다. 또한 구글 플레이에 앱을 업로드한 이후에는 애플리케이션 ID를 변경할 수 없습니다(애플리케이션 ID를 변경하면 완전히 새로운 앱으로 인식합니다).

애플리케이션 ID는 웹 주소와 반대 방향으로 작성하면 됩니다. 예를 들어 다음과 같이 작성할 수 있습니다. Company에는 회사나 스튜디오 이름, ProductName에는 게임 이름을 넣습니다.

```
com.Company.ProductName
```

애플리케이션 ID는 다음과 같은 제약이 있습니다.

- 영문자, 숫자, 밑줄만 사용할 수 있습니다.
- 점(.)을 이용해 두 부분 이상으로 나눠야 합니다.
- 각 부분은 영문자로 시작해야 합니다.

애플리케이션 ID는 플레이어 설정의 Other Settings 탭의 Package Name 항목에 있습니다

따로 설정하지 않는다면 이곳에는 플레이어 설정 창 상단에 전역으로 설정된 Company Name, Product Name에 맞춰 com.DefaultCompany.ProductName 같은 형태로 입력되어 있을 겁니다(유니런 프로젝트의 경우 com.DefaultCompany.Uni-Run으로 되어 있습니다).

저자는 안드로이드 애플리케이션 ID를 com.retr0.unirun으로 하겠습니다. 테스트용이기 때문에 같은 ID를 사용해도 되고, 여러분만의 새로운 ID를 사용해도 됩니다.

[과정 01] 애플리케이션 ID 변경

① 플레이어 설정의 **Other Settings** 탭 열기
② **Override Default Package Name** 체크 > **Package Name** 변경(**Identification** 항목 아래에 있음)

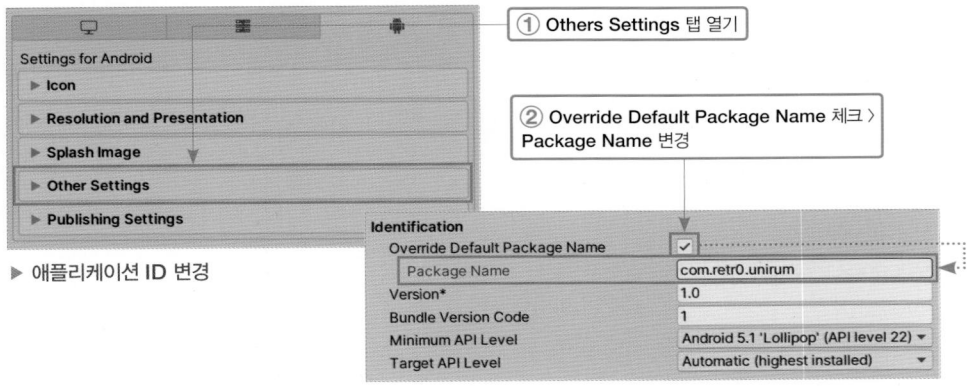

▶ 애플리케이션 ID 변경

A.4.4 안드로이드 빌드 설정 확인하기

계속해서 안드로이드 빌드를 할 때 확인해야 할 중요한 설정을 일부 살펴봅시다.

그래픽스 API 설정

Other Settings의 Rendering 탭에서는 그래픽스 관련 설정을 변경하고, 사용할 그래픽스 API를 변경할 수 있습니다.

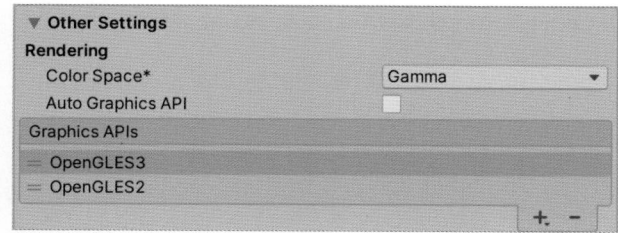

▶ Rendering 설정

위 그림에서 Graphic APIs 리스트의 + 버튼을 눌러 프로젝트에서 사용할 그래픽스 API를 수동으로 추가하고 활성화 순서를 결정할 수 있습니다.

예를 들어 위 그림에서는 OpenGLES3이 OpenGLES2보다 위에 있습니다. 따라서 기기에서 OpenGLES3 사용을 시도한 다음 현재 기기에서 지원되지 않는다면 OpenGLES2 사용을 시도합니다.

집필 시점에 안드로이드 빌드에 사용할 수 있는 그래픽스 API는 다음과 같습니다. 아래로 내려갈수록 더 최신 API입니다. 지원하는 기기는 줄어들지만 더 높은 수준의 그래픽스 기술을 지원합니다.

- OpenGLES2
- OpenGLES3(ES3.1, ES3.2 포함)
- Vulkan

우리는 빠른 설정을 위해 사용할 그래픽스 API 리스트를 자동으로 지정하는 Auto Graphics API를 체크하겠습니다.

[과정 01] Auto Graphics API 체크

① Other Settings 탭 > Rendering 항목의 Auto Graphics API 체크

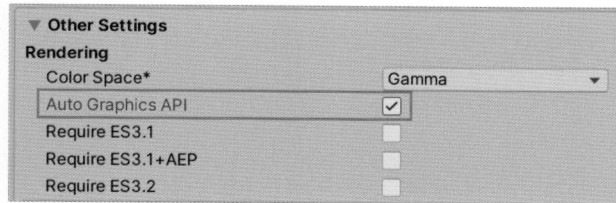

▶ Auto Graphics API 체크

그러면 유니티는 기기에서 먼저 OpenGLES3.2 사용을 시도하고 순서대로 OpenGLES3.1, OpenGLES3, OpenGLES2 사용을 시도할 것입니다.

API 레벨 설정

Other Settings 탭의 Identification 항목에서는 지원할 안드로이드 API 버전을 설정할 수 있습니다. 최소 API 레벨$^{\text{Minimum API Level}}$은 최소 지원 API, 목표 API 레벨$^{\text{Target API Level}}$은 주력 대상으로 하는 API 레벨입니다.

Identification		
Override Default Package Name	☑	
Package Name	com.retr0.unirum	
Version*	1.0	
Bundle Version Code	1	
Minimum API Level	Android 5.1 'Lollipop' (API level 22)	▾
Target API Level	Automatic (highest installed)	▾

▶ API 레벨 설정

여기서는 프로젝트에 기본 설정된 다음 값들을 그대로 사용하겠습니다.

- 최소 API 레벨 : 안드로이드 5.1(API level 22)
- 목표 API 레벨 : 자동(설치된 버전 중 최신 버전)

목표 API 레벨보다 높은 버전의 API를 사용하는 기기에서는 앱이 잘 동작할 것이나 최소 지원 API보다 낮은 버전의 API를 사용하는 기기에서는 동작하지 않을 것입니다.

최대한 많은 기기를 지원하기 위해 최소 API 레벨을 무작정 낮게 잡는 것은 좋지 않습니다. 만약 최소 API 레벨보다 더 높은 버전의 API에서 추가된 기능을 사용할 때 오래된 기기가 해당 기능을 지원하지 않는다면 앱이 오작동할 것입니다.

또한 성능상의 이유로 지원하기 힘든 기기를 지원 목록에 추가함으로써, 마케팅에 부정적인 영향을 줄 수도 있습니다.

목표 API 레벨의 경우 가능하면 최신 버전으로 설정하는 것이 좋습니다. 단, 프로젝트에 외부 안드로이드 플러그인 등을 추가로 사용할 경우 최신 버전 API와 충돌할 수도 있습니다.

외부 플러그인을 함께 사용하는 데 안드로이드 빌드가 실패한다면 현재 사용하는 API 레벨과 플러그인 사이의 호환성을 확인하는 것이 좋습니다.

스크립팅 백엔드와 타깃 아키텍처

Other Settings 탭의 Configuration 탭에서 빌드에 사용할 백엔드와 API 호환 레벨, 타깃 아키텍처를 지정할 수 있습니다.

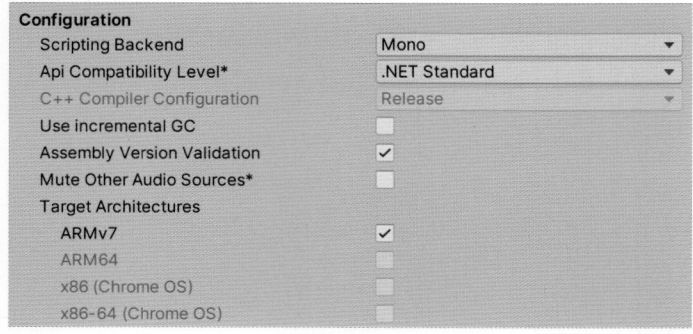

▶ Configuration

스크립팅 백엔드Scripting Backend는 빌드 과정에서 C# 코드를 컴파일하고 실행하는 프로그램과 방식을 결정합니다. 다음 두 종류 중 하나를 선택할 수 있습니다. 기본값은 Mono로 지정되어 있습니다.

- Mono
- IL2CPP

상세한 설명은 이 책의 범위를 벗어나지만 쉽게 설명한다면 Mono는 C# 코드를 .NET을 지원하는 여러 플랫폼에 호환되는 중간 언어인 CIL (공용 중간 언어)로 컴파일합니다. 그리고 공용 언어 런타임이라는 전용 실행기를 통해 중간 언어로 된 프로그램을 실행합니다.

반면 IL2CPP는 C# 코드를 CIL로 컴파일한 다음 CIL을 다시 C++로 변환합니다. 그다음 C++ 코드를 전용 실행기를 거치지 않고 직접 실행되는 네이티브 기계어 코드로 다시 컴파일합니다.

IL2CPP로 빌드한 경우 실행기가 필요한 중간 언어가 아닌 네이티브 기계 언어로 프로그램이 빌드되기 때문에 더 좋은 성능을 보여줍니다. 집필 시점에 구글 플레이 스토어와 애플 앱스토어에서는 64비트 아키텍처 지원(안드로이드의 경우 ARM64)이 필수인데, Mono 대신 IL2CPP를 사용해야 64비트 앱을 빌드할 수 있습니다.

따라서 배포용 빌드를 만들 때는 Mono보다는 IL2CPP 사용을 강력 추천합니다.

이외에 C++와 컴파일러에 대한 지식이 있다면 IL2CPP을 사용하는 과정에서 몇 가지 기법을 사용하여 코드의 보안과 성능을 유의미하게 개선할 수 있습니다. 반면 프로젝트의 일부 C# 코드나 외부 플러그인이 IL2CPP와 호환되지 않거나 코드가 변환되는 과정에서 C++에 대한 지식이 없으면 해결하기 힘든 예외 등이 발생할 수 있습니다.

IL2CPP 빌드는 Mono 빌드보다 시간이 오래 걸립니다. 또한 빌드에서 로그를 추적할 때 IL2CPP로 빌드된 경우 콜스택에서 함수명 등이 변형되어 문제점을 파악하기 힘들 수 있습니다. 따라서 테스트용 빌드는 Mono로, 배포용 빌드는 IL2CPP로 빌드하는 경우도 있습니다.

그러면 스크립팅 백엔드를 IL2CPP로 변경하고, 64비트 앱을 빌드할 수 있도록 대상 아키텍처 설정을 변경하겠습니다.

[과정 01] 스크립팅 백엔드와 대상 아키텍처 변경

① **Other Settings** 탭 〉 **Configuration** 항목의 **Scripting Backend**를 **IL2CPP**로 변경
② **target Architectures**에서 **ARM64** 체크

Configuration	
Scripting Backend	IL2CPP ▼
Api Compatibility Level*	.NET Standard ▼
C++ Compiler Configuration	Release ▼
Use incremental GC	☐
Assembly Version Validation (editor only)	☑
Mute Other Audio Sources*	☐
Target Architectures	
ARMv7	☑
ARM64	☑

▶ 스크립팅 백엔드와 대상 아키텍처 변경

A.4.5 키스토어 생성

개발자는 개인 키를 이용해 안드로이드 앱을 서명합니다. 키스토어는 서명에 사용되는 개인 키를 모아두는 저장소 파일입니다.

서명은 개발자가 자신을 증명하는 방법입니다. 기존 앱의 새로운 버전을 구글 플레이에 업로드할 때 이전 버전과 같은 서명이 첨부되어 있지 않다면 구글 플레이는 업로드를 거부합니다. 따라서 일단 앱을 출시한 이후에는 키스토어 파일을 잃어버려선 안 됩니다.

만약 유니티 에디터에서 앱을 빌드할 때 서명에 사용할 키를 지정하지 않는다면 디버그용 키가 사용됩니다. 디버그용 키는 어디까지나 테스트 빌드용으로 앱을 배포하는 데 사용할 수 없습니다.

그러면 키스토어 관리자에서 키스토어 파일을 생성하고 사용해봅시다.

[과정 01] 키스토어 관리자 열기

① 플레이어 설정의 **Publishing Settings** 탭 열기
② **Keystore Manager...** 클릭

▶ 키스토어 관리자 열기

키스토어 관리자 창이 열리면 키스토어 파일을 저장할 장소를 지정합니다.

[과정 02] 키스토어 파일 생성하기

① **키스토어 관리자** 창에서 **Keystore... > Create New > Anywhere...** 클릭 > 적당한 장소에 키스토어 파일 **저장**

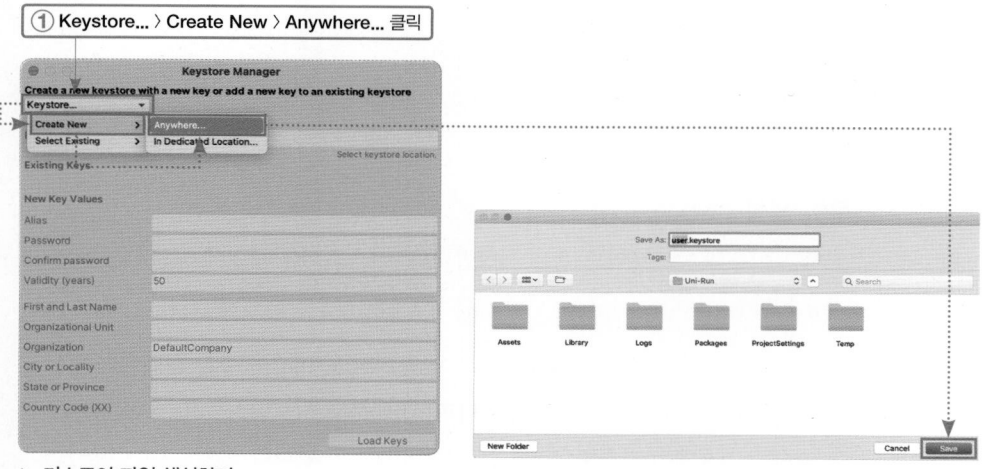

▶ 키스토어 파일 생성하기

여기까지 진행하면 키스토어를 저장할 위치만 지정되고, 실제로는 키스토어 파일이 생성되지 않습니다. 키스토어 파일을 생성하려면 생성할 키스토어 파일의 패스워드를 설정하고 개별(개인)키를 추가해야 합니다.

> **NOTE_ Anywhere과 In Dedicated Location**
>
> 키스토어 파일을 새로 만들거나 기존 키스토어 파일을 지정한 다음에는 키스토어 파일의 경로가 프로젝트 설정에 저장됩니다. 따라서 유니티 에디터는 이후에 프로젝트를 다시 열 때 저장된 키스토어 파일 경로를 자동으로 찾아 플레이어 설정에 사용합니다.
>
> **Anywhere**
>
> 과정 02에서 키스토어를 만들 때 Anywhere 버튼을 클릭하면 경우에 따라 다음 두 가지 방식으로 경로가 저장됩니다.
>
> - 프로젝트 폴더 내부에 키스토어 파일을 저장하는 경우
>
>   키스토어 파일의 경로를 프로젝트 경로에 상대적인 경로로 프로젝트에 저장합니다. 마찬가지로 상대적인 경로로 파일을 찾아 로드합니다.
>
>   예 : Users/jeminlee/유니티_프로젝트/keys/user.keystore로 키스토어를 저장했다면 keys/user.keystore로 경로가 기억됩니다.
>
> - 프로젝트 폴더 외부에 키스토어 파일을 저장하는 경우
>
>   키스토어 파일의 경로를 절대 경로로 저장합니다. 마찬가지로 절대 경로로 파일을 찾아 로드합니다.
>
>   예 : Users/jeminlee/keys/user.keystore로 키스토어를 저장했다면 Users/jeminlee/keys/user.keystore로 경로가 기억됩니다.
>
> **Dedicated Location**
>
> 만약 In Dedicated Location... 버튼을 클릭하고 키스토어를 생성하면 다음과 같이 경로가 저장됩니다.
>
>   HOME(macOS) 또는 USER_HOME(윈도우)에 상대적인 경로
>
> 저자의 경우 HOME 경로는 /Users/jeminlee이므로 /Users/jeminlee/A/user.keystore로 키스토어를 저장했다면 A/user.keystore로 경로가 기억됩니다.
>
> 이 경우 HOME을 /User/eva로 지정한 다른 컴퓨터에서 키스토어 파일을 /Users/eva/A/user.keystore에 저장한 경우 프로젝트를 열 때 키스토어 파일이 자동으로 로드될 겁니다.

[과정 03] 키스토어 생성

① **Keystore** 항목의 **Password**와 **Confirm password**에 사용할 **키스토어 비밀번호** 입력
② **New Key Values** 항목의 **Alias**에 사용할 **개별키 이름**, **Password**와 **Confirm password**에 사용할 **개별키 비밀번호** 입력
③ **Add Key** 클릭
④ **팝업** 창에서 **Yes** 클릭(생성한 키를 프로젝트에 사용)

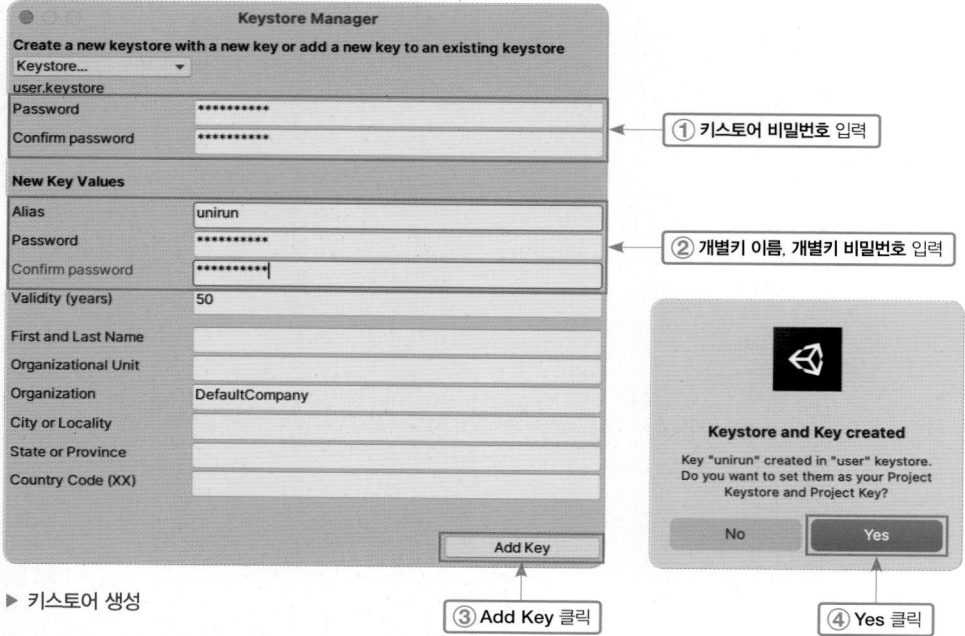

▶ 키스토어 생성

여기서 키스토어 파일의 비밀번호는 한/영을 구분한다는 점에 주의합니다. 따라서 비밀번호를 입력할 때 한영키에서 한글이 활성화되어 있지 않도록 주의합니다

개별키 이름은 여러분 마음대로 설정해도 됩니다.

과정 03에서 **Add Key**를 클릭하는 순간 실제 키스토어(.keystore) 파일이 생성되고, **Yes**를 클릭하는 순간 생성한 키스토어와 개별키를 프로젝트에 사용합니다.

플레이어 설정에서 Publishing Settings 탭을 보면 방금 생성한 키스토어 파일이 등록되었을 겁니다. 이제 패스워드를 입력하고 개별 키를 사용하도록 설정하면 됩니다.

[과정 04] 키 사용

① **Project Keystore** 항목의 **Password**에 **키스토어의 비밀번호** 입력
② **Project Key** 항목의 **Alias**에서 **개별 키** 선택(저자의 경우 unirun)
③ **Project Key** 항목의 **Password**에 **개별 키의 비밀번호** 입력

▶ 키 사용

유니티 프로젝트를 종료하고 다시 실행하면 패스워드 입력란이 비워집니다. 따라서 프로젝트를 다시 열 때마다 플레이어 설정으로 이동하여 키스토어와 개별 키의 패스워드를 매번 다시 입력해야 한다는 사실에 주의합니다.

A.5 빌드하기

이제 APK 파일로 앱을 빌드할 수 있습니다. 안드로이드 기기를 컴퓨터에 연결한 상태에서 아래 과정을 따라 합니다.

[과정 01] 안드로이드 빌드 및 실행하기

① **빌드 설정** 창 열기(**File** > **Build Settings...**)
② 빌드할 씬을 **씬 목록**에 추가했는지 확인
③ **Build and Run** 클릭

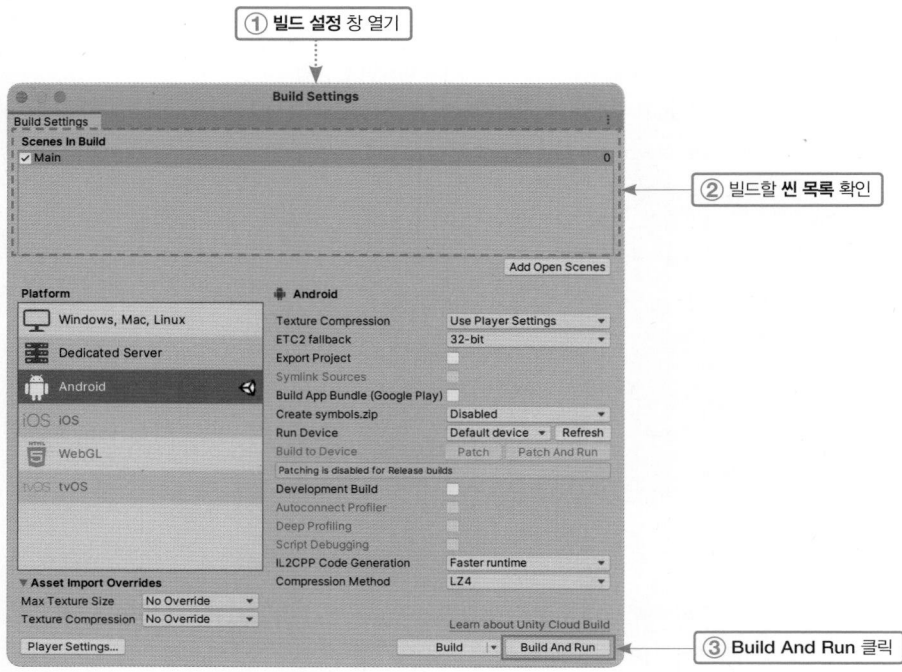

① 빌드 설정 창 열기

② 빌드할 씬 목록 확인

③ Build And Run 클릭

▶ 안드로이드 빌드 및 실행하기

탐색 창이 실행되면 빌드할 APK 파일의 이름과 저장할 위치를 설정합니다. 빌드 위치와 이름
은 여러분 마음대로 설정합니다. 저자는 바탕 화면에 미리 만들어둔 Builds란 이름의 빈 폴더에
android라는 이름으로 빌드를 저장하겠습니다.

[과정 02] 빌드 이름과 위치 지정

① 빌드를 저장할 **이름**과 **위치** 지정 > **Save** 클릭

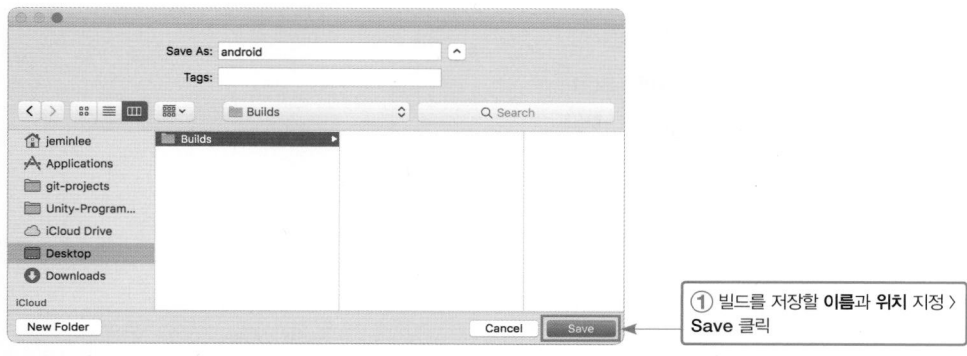

① 빌드를 저장할 **이름**과 **위치** 지정 >
Save 클릭

▶ 빌드 이름과 위치 지정

Save를 클릭하는 순간 얼마간 빌드가 진행되고 완료되면 APK 파일이 지정한 위치에 생성됩니다. 그리고 연결된 안드로이드 기기에 앱이 설치되고 실행됩니다.

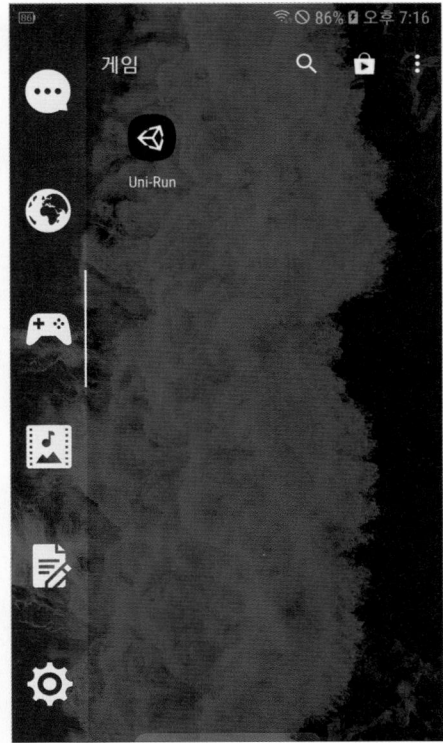

▶ 기기에 설치된 앱

부록 B
iOS 빌드

부록 B에서는 유니티 프로젝트를 iOS로 빌드하는 방법을 살펴봅니다.

여기서는 Xcode를 준비하고 유니티 프로젝트를 iOS 앱으로 빌드하고 실행하는 부분까지만 다룹니다. 앱스토어에 앱을 게시하는 방법은 다루지 않지만, 앱을 게시하는 데 필요한 프로비저닝에 관해서는 다룹니다.

B.1 개발 환경 준비

부록을 따라 하려면 다음과 같은 준비물이 필요합니다.

- 맥
- iOS 기기
- 무료 Apple ID
- 최신 버전 Xcode
- 빌드할 유니티 프로젝트

이 책에서는 macOS Big Sur, iOS 14, Xcode 12.5.1을 기준으로 설명합니다.

iOS 빌드와 앱 업로드는 Apple의 맥 컴퓨터에서만 가능합니다.

자신의 iOS 기기에서 앱을 빌드하고 테스트하는 것은 무료 Apple ID로 가능합니다. 하지만 iOS의 모든 기능을 온전히 사용하려면 Apple 개발자 계정이 필요합니다. iOS로 앱을 출시하려면 여러분 Apple 계정을 유료 Apple 개발자 프로그램(연 99달러)에 등록할 것을 추천합니다.

여기서는 여러분이 Xcode가 설치된 맥을 사용하고 있으며, 여러분 Apple ID가 Apple 개발자 프로그램에 등록되어 있지 않다고 가정합니다. 무료 계정을 사용해도 진행하는 데 문제없습니다.

여러분 Apple ID가 유료 Apple 개발자 프로그램에 등록되지 않은 경우의 제약 사항은 다음과 같습니다(프로비저닝 프로파일과 서명이 무엇인지는 빌드를 진행하면서 설명합니다).

- 개발자 팀 서명은 1년, 프로비저닝 프로파일은 1주 후에 만료됩니다.
- 앱 하나를 장치 하나에서만 테스트할 수 있습니다.
- App Store Connect 서비스 중 일부만 사용할 수 있습니다.

- 테스트용 앱을 원격 배포하거나 앱스토어에 게시할 수 없습니다.
- 아래 목록을 포함해 대부분의 앱 서비스를 프로젝트에 사용할 수 없습니다.
    - Apple Pay
    - 게임 센터
    - iCloud
    - 인앱 구매
    - 푸시 알림

B.1.1 iOS 계정 설정

iOS 앱을 빌드하기 전에 먼저 Apple ID를 Xcode에 추가해야 합니다.

[과정 01] Apple ID를 Xcode에 추가

① **Xcode**를 실행하고 **설정** 창 열기(**Xcode** 〉 **Preferences...** 클릭)

② **Accounts** 탭으로 이동

③ 좌측 하단의 **+** 버튼 클릭 〉 **Apple ID** 〉 **Continue** 클릭

④ **Apple ID**와 패스워드 입력하고 계정 추가

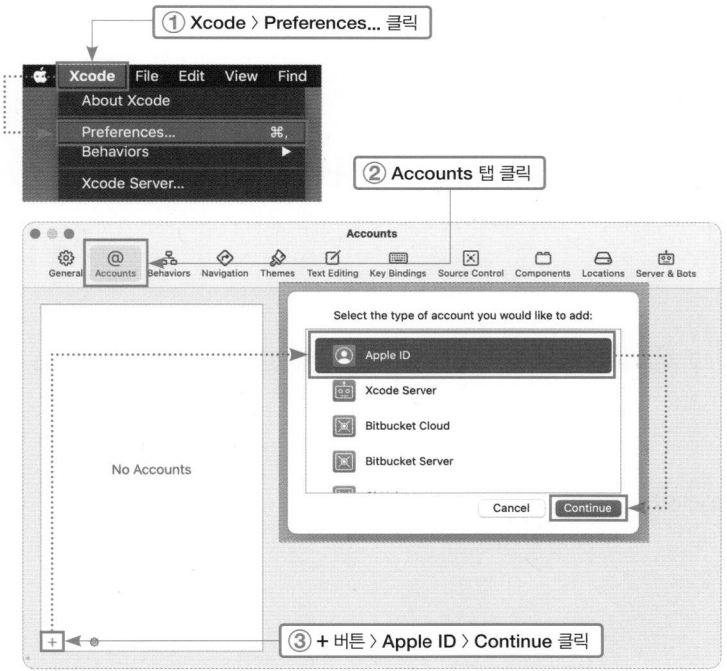

▶ Apple ID를 Xcode에 추가

추가된 계정을 선택하면 Team 항목에 해당 계정이 소속된 Apple 개발자 프로그램 팀이 표시됩니다. Apple 개발자 프로그램에 등록되지 않은 Apple ID는 무료 1인 개발자 팀인 Personal Team으로 표시됩니다. 이 경우에도 여전히 빌드와 테스트가 가능합니다.

▶ 개발자 팀 정보(무료 Apple ID인 경우)

과정 01을 진행하는 동안 여러분의 개발자 팀 계정을 증명하는 서명이 맥에 자동으로 다운로드됩니다. 서명은 인증된 개발자가 해당 앱을 개발했음을 표시하는 데 사용됩니다.

B.2 유니티 iOS 빌드 설정

iOS로 빌드할 유니티 프로젝트를 미리 열어둡니다. 부록에서는 13장에서 완성한 유니런 프로젝트를 사용합니다. 해당 프로젝트는 예제 폴더의 13/Done 폴더에 있습니다.

B.2.1 빌드 대상 변경

유니티 프로젝트를 iOS용으로 빌드하려면 먼저 프로젝트의 빌드 대상을 iOS로 변경해야 합니다.

[과정 01] 빌드 대상 변경

① **빌드 설정** 열기(**File > Build Settings...** 클릭)
② **Platform**에서 **iOS** 클릭
③ **Switch Platform** 클릭

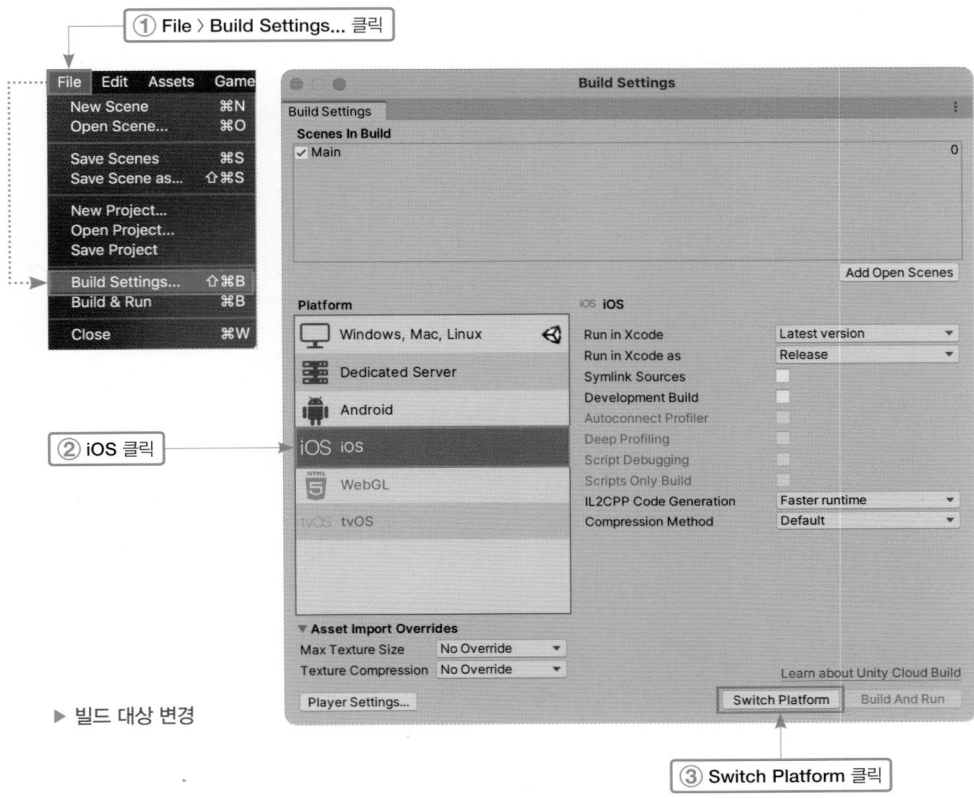

① File 〉 Build Settings... 클릭

② iOS 클릭

▶ 빌드 대상 변경

③ Switch Platform 클릭

빌드 대상을 변경하면 iOS에 맞게 에셋 설정을 전부 변경하고 다시 임포트하므로 빌드 대상 변경이 완료되는 데 조금 시간이 걸립니다.

과정 01에서 **Switch Platform** 버튼이 활성화되지 않는다면 유니티 iOS 빌드 모듈이 설치되지 않은 겁니다. 이때는 **Install with Unity Hub** 버튼이 보일 것입니다 이 버튼을 클릭하면 유니티 허브를 통해 iOS 빌드 모듈을 추가로 다운로드하여 설치할 수 있습니다.

B.2.2 iOS 플레이어 설정

빌드 대상이 iOS로 변경된 다음에는 상세한 빌드 설정을 담당하는 플레이어 설정으로 이동하여 앱의 식별자를 변경해야 합니다.

[과정 01] 플레이어 설정으로 이동

① 빌드 설정 창에서 **Player Settings...** 클릭

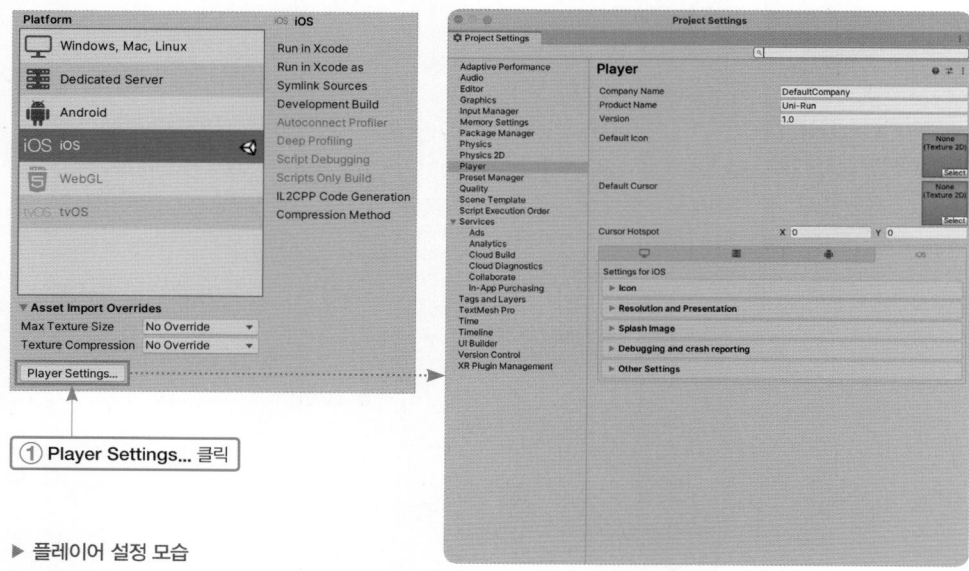

① **Player Settings...** 클릭

▶ 플레이어 설정 모습

플레이어 설정$^{\text{Player Settings}}$에서는 자세한 빌드 설정을 할 수 있습니다. 이 중에서 번들 식별자^{Bundle} ^{Identifier}를 가장 먼저 설정해야 합니다.

B.2.3 번들 식별자

번들 식별자는 앱을 구분하는 데 사용됩니다. 앱스토어에서 하나의 번들 식별자를 둘 이상의 앱에 중복 사용할 수 없습니다. 앱스토어에 앱을 업로드한 이후에는 해당 앱에 대한 번들 식별 자를 바꿀 수 없습니다(번들 식별자를 변경하면 새로운 앱으로 업로드해야 합니다).

번들 식별자는 웹 주소를 역순으로 작성하면 됩니다. 예를 들어 다음과 같이 작성할 수 있습니다. `Company`에는 회사나 스튜디오 이름, `ProductName`에는 게임 이름을 넣습니다.

```
com.Company.ProductName
```

번들 식별자에는 영문자, 숫자, 하이픈(-), 점(.)만 사용할 수 있습니다. 또한 영문자보다 숫자 가 먼저 와서는 안 됩니다.

어떤 번들 식별자를 사용하겠다고 Xcode에 등록한 순간 해당 번들 식별자는 여러분의 Apple 개발자 팀에 귀속됩니다. 어떤 팀에 이미 등록된 번들 식별자는 다른 팀에서 사용할 수 없습니다.

나중에 다른 유료 개발자 계정에서 쓰고 싶은 번들 식별자를 무료 Apple ID에 낭비하고 싶지 않다면 테스트 용도로 빌드하려는 앱의 번들 식별자 끝에 Test를 붙이는 것이 좋습니다.

번들 식별자는 플레이어 설정의 Other Settings 탭의 Bundle Identifier 항목에 있으며, 유니런의 경우 com.Company.Uni-Run으로 자동 설정됩니다(자동 설정되는 식별자는 프로젝트마다 다를 수 있습니다). 번들 식별자를 적절한 이름으로 변경해봅시다.

[과정 01] 번들 식별자 변경

① 플레이어 설정의 **Other Settings** 탭 클릭
② **Override Default Bundle Identifier** 체크 〉 **Bundle Identifier** 변경(**Identification** 항목 아래에 있음)

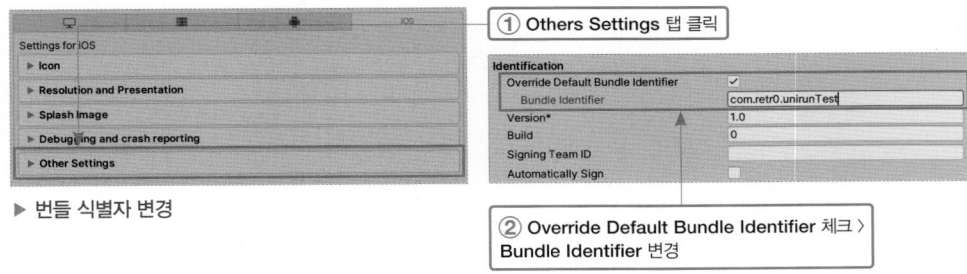

▶ 번들 식별자 변경

사용할 번들 식별자는 앞서 설명한 형식을 참조하여 여러분 마음대로 지정하면 됩니다. 저자는 com.retr0.unirunTest를 사용했습니다. 번들 식별자는 겹치면 안 되므로 여러분은 저자와 다른 자신만의 번들 식별자를 사용해야 합니다.

일단 번들 식별자를 수정하면 유니티 프로젝트를 빌드할 준비가 됩니다.

> **NOTE_ iOS의 ARM64 정책**
> 집필 시점 기준으로 앱스토어에 릴리즈되는 모든 앱은 반드시 64비트를 지원해야 합니다. 따라서 iOS 플레이어 설정에서는 스크립팅 백엔드로 IL2CPP, 빌드 대상 아키텍처로 ARM64가 항상 활성화되어 있습니다.

B.2.4 Xcode 프로젝트 빌드

유니티는 iOS 앱을 곧바로 빌드할 수 없습니다. 유니티는 iOS 앱을 빌드하기 위한 Xcode 프로젝트를 빌드합니다.

그러면 Xcode 프로젝트를 빌드하겠습니다. 빌드를 저장하기 전에 적당한 위치에 빌드를 저장할 폴더를 만들어둡니다. 저자는 Builds 폴더를 미리 만들어두었습니다.

[과정 01] Xcode 프로젝트 빌드

① **빌드 설정** 창 열기(**File** > **Build Settings...** 클릭)
② 빌드할 씬을 **씬 목록**에 추가했는지 확인
③ **Build** 클릭

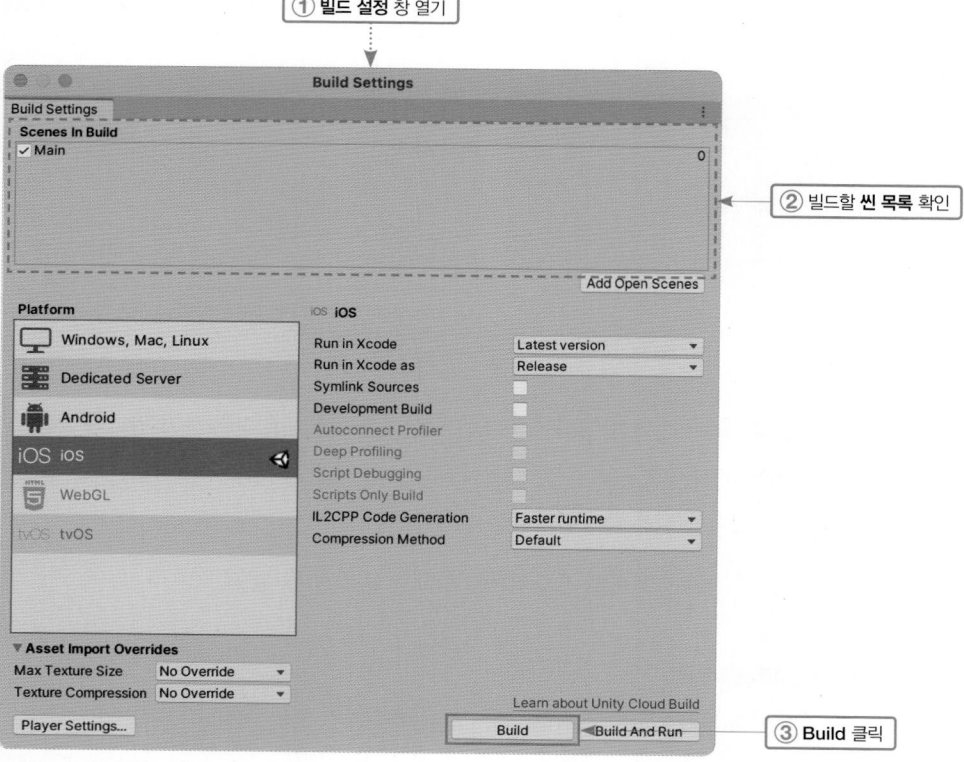

▶ Xcode 프로젝트 빌드

Build 버튼을 클릭하면 Xcode 프로젝트를 저장할 폴더를 지정하는 탐색 창이 표시됩니다.

[과정 02] Xcode 프로젝트 저장 경로 지정

① **탐색** 창에서 빌드를 저장할 **폴더** 선택
② **Choose** 클릭

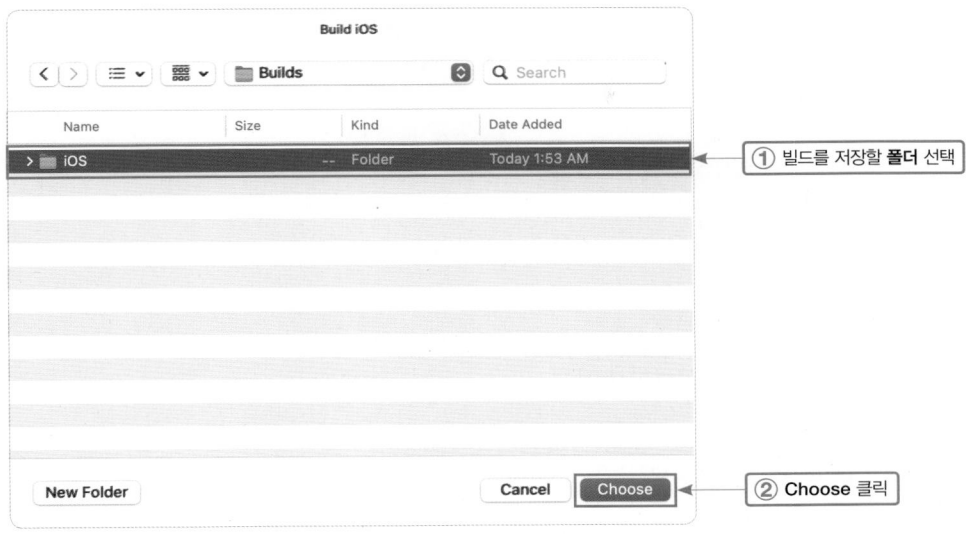

▶ Xcode 프로젝트 저장 경로 지정

위 그림에서는 iOS라는 이름의 빈 폴더를 만들어 빌드 폴더로 지정했습니다. 임의로 지정한 이름이므로 여러분이 원하는 다른 이름을 사용해도 됩니다.

빌드가 얼마간 진행되다가 지정한 경로에 Xcode 프로젝트 폴더가 생성되고 저장됩니다. Xcode 프로젝트 빌드가 완료되면 유니티 프로젝트는 종료해도 됩니다.

B.3 Xcode에서 iOS 빌드

생성된 Xcode 프로젝트를 열고 iOS 앱을 실제로 빌드해봅시다.

[과정 01] Xcode 프로젝트 열기

① 빌드 폴더에서 .xcodeproj 확장자를 가진 파일 실행

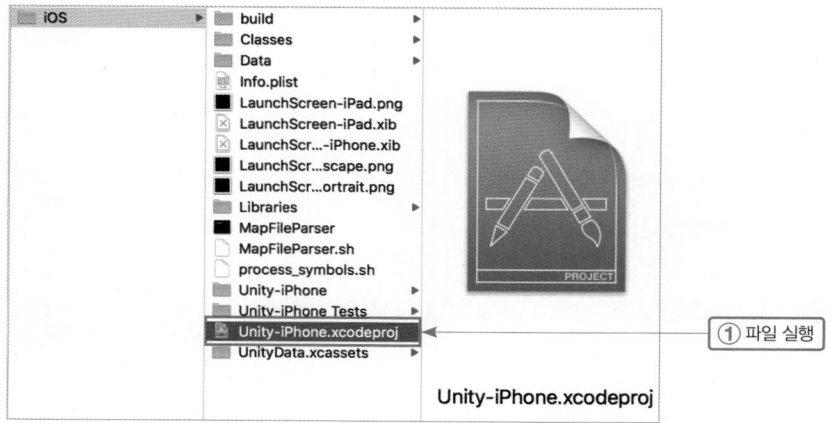

▶ Xcode 프로젝트 열기

B.3.1 서명과 프로비저닝 프로파일

실제 iOS 장치에 앱을 빌드하고 실행하려면 프로비저닝 과정이 필요합니다. 프로비저닝은 서명과 프로비저닝 프로파일을 생성하는 과정입니다.

서명

앱에는 해당 앱을 누가 개발하고 배포했는지 알려주는 서명이 첨부됩니다. 해당 앱이 인증된 개발자 팀이 개발한 안전한 앱인지 알기 위해서입니다. 서명이 없거나 인증되지 않은 개발자의 서명이 들어간 경우 iOS 기기는 해당 앱 실행을 거부합니다.

앱스토어에 최종 게시된 모든 앱에는 애플의 서명이 첨부됩니다. 애플의 서명이 들어간 앱은 안전한 앱이므로 모든 iOS 기기에서 정상적으로 실행됩니다.

여러분이 테스트용으로 직접 빌드한 앱에는 애플의 서명이 있을 수 없습니다. 대신 애플은 여러분이 인증된 개발자임을 증명하는 개발자 팀 서명을 제공합니다. 해당 서명을 사용하여 앱을 빌드하면 iOS는 해당 앱이 여러분이 만든 앱이라는 것을 확인할 수 있습니다.

앱스토어에 앱을 업로드하면 애플은 서명을 확인하여 해당 앱이 여러분이 만든 것인지 확인합니다. 제출한 앱이 승인되면 애플은 애플의 서명을 해당 앱에 첨부하고 앱스토어에 게시합니다. 따라서 출시된 앱에는 애플의 서명이 추가되어 모든 iOS 기기에서 문제없이 실행됩니다.

프로비저닝 프로파일

iOS 기기들은 애플이 직접 서명한 앱만 실행합니다. 기본적으로는 여러분이 애플로부터 발급받은 개발자 팀 서명을 사용하여 앱을 빌드해도 iOS 기기는 실행을 거부합니다.

iOS 기기 입장에서는 서명을 확인해 해당 앱이 여러분이 개발했다는 사실은 확인할 수 있지만, 여러분을 신뢰할 수 있는지 알 수 없기 때문입니다.

서명은 해당 앱을 누가 만들었는지 알려주는 데 반해 프로비저닝 프로파일은 iOS 기기 입장에서 어떤 서명을 신뢰할 수 있는지 알려줍니다. 프로비저닝 프로파일은 연결된 iOS 기기와 Apple ID, 앱의 식별자 등의 정보를 포함합니다.

만약 iOS 기기 A와 B에서 X가 서명한 Y 앱이 실행되게 하려면 'A와 B는 X가 서명한 Y 앱을 신뢰'하는 프로비저닝 프로파일을 A와 B에 반드시 설치해야 합니다.

프로비저닝 프로파일은 앱 프로젝트마다 따로 만들어 사용해야 하며, Xcode로 빌드하는 과정에서 연결된 iOS 기기에 자동으로 설치됩니다.

B.3.2 프로젝트 팀 설정

다음 과정을 따라 iOS 기기가 연결된 상태에서 현재 프로젝트를 서명할 팀을 결정합니다. 그러면 연결된 iOS 기기에 대한 프로비저닝 프로파일도 함께 자동으로 생성됩니다.

[과정 01] iOS 기기 연결

① Xcode 프로젝트를 실행한 다음 **iOS 기기**를 USB로 연결
② 만약 iOS 기기에서 **Trust This Computer** 팝업이 실행되면 **Trust** 버튼 클릭

어떤 iOS 기기를 Xcode가 실행된 맥에 처음 연결하면 Xcode가 Symbols 파일과 관련된 처리를 얼마간 알아서 진행합니다. 해당 처리가 완료될 때까지 기다립니다.

그다음 현재 Xcode 프로젝트를 서명할 개발자 팀을 정하기 위해 프로젝트의 서명 설정 탭으로 이동합니다.

[과정 02] 프로젝트의 서명 설정으로 이동

① 프로젝트 내비게이션에서 **Unity-iPhone** 클릭 〉 **Signing & Capabilities** 탭 클릭
② **Status**에서 **Signing** 항목의 에러 확인

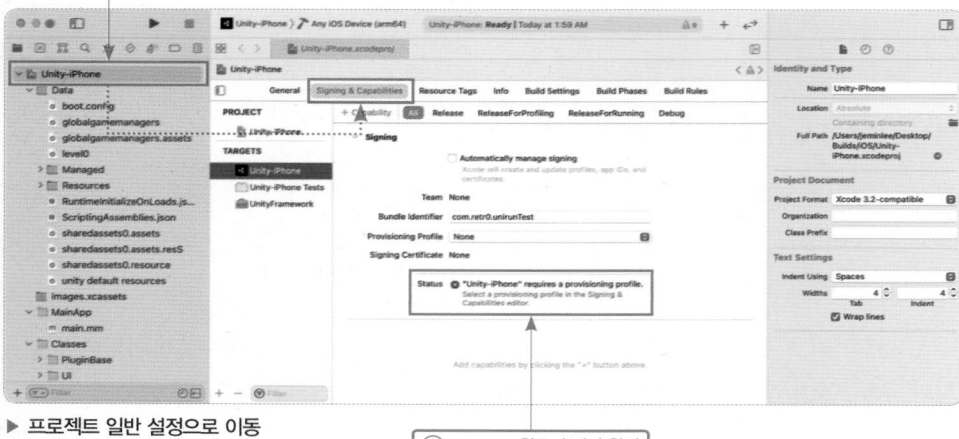

① 프로젝트 네비게이션에서 Unity-iPhone 클릭 >
Signing & Capabilities 탭 클릭

▶ 프로젝트 일반 설정으로 이동

② Signing 항목의 에러 확인

아직 서명할 팀을 등록하지 않았기 때문에 Signing 항목에서 에러를 확인할 수 있습니다. 프로젝트를 서명할 팀을 등록하겠습니다.

[과정 03] 서명할 팀 등록

① (체크되어 있지 않다면)**Automatically manage signing** 체크 > **Enable Automatic** 버튼 클릭
② **Team** 항목 클릭 > 적절한 **개발자 팀** 선택

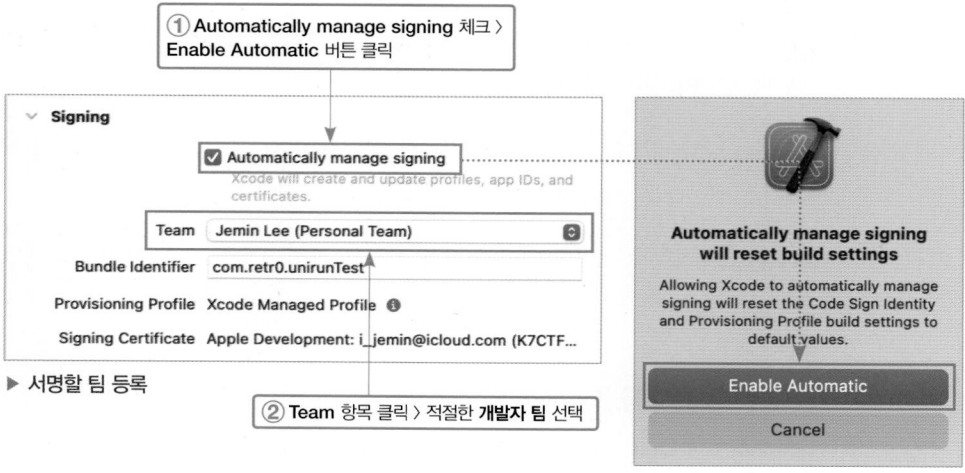

① Automatically manage signing 체크 >
Enable Automatic 버튼 클릭

▶ 서명할 팀 등록

② Team 항목 클릭 > 적절한 개발자 팀 선택

만약 무료 Apple ID 계정을 사용하는 경우에는 자신의 이름 끝에 (Personal Team) 표시가 붙은 개발자 팀을 선택하면 됩니다. 개발자 팀을 선택한 후에는 Xcode가 프로비저닝 과정을 알아서 처리해줄 겁니다. 프로비저닝 과정이 끝나면 Signing 항목의 에러가 사라집니다.

B.3.3 iOS 앱 빌드하기

현재 맥에 연결된 기기를 대상으로 앱을 빌드하고 설치하고 실행합시다.

[과정 01] 빌드 대상 변경 후 빌드

① Xcode 상단의 **Any iOS Device** 〉 **연결된 iOS 기기 클릭**
② 상단의 **Run** 버튼 클릭

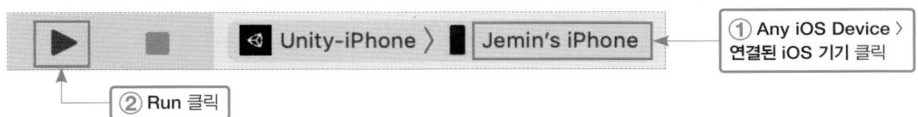

▶ 빌드 대상 변경 후 빌드

빌드가 완료되면서 앱이 iOS 기기에 설치되고 즉시 실행됩니다.

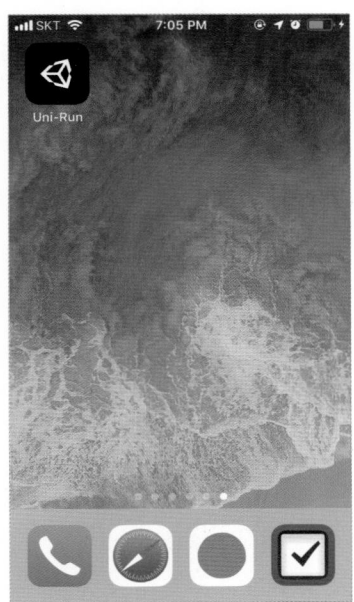

▶ 기기에 설치된 앱

이때 여러분이 맥에서 처음 iOS용 프로젝트를 빌드한다면 개발자 모드를 활성화시킬 것인지 묻는 'Enable Developer Mode on this Mac?' 팝업이 표시됩니다. **Enable** 버튼을 클릭합니다.

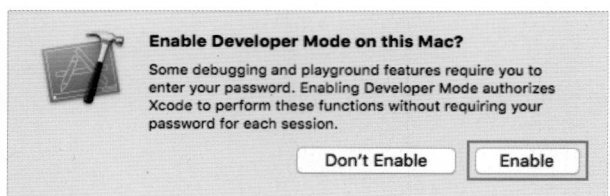

▶ 맥 개발자 모드 활성화 팝업

빌드 도중에 키체인 패스워드 입력 창이 표시될 수도 있습니다. 서명에 필요한 개인 키를 꺼내기 위해서인데, 현재 맥에 로그인된 계정의 패스워드를 입력하면 됩니다.

부록 C
어드레서블 시스템

부록 C에서는 어드레서블 시스템을 통해 에셋을 관리하고 로드하는 방법을 배웁니다. 어드레서블 시스템의 주요 개념과 API를 다루며, 어드레서블 시스템을 통해 콘텐츠를 빌드하고 동적 업데이트를 지원하는 방법을 배웁니다.

C.1 어드레서블 시스템이란

어드레서블 시스템Addressable System은 콘텐츠를 관리하고 패키지로 묶어 배포하며 에셋을 런타임에 쉽게 가져와 로드할 수 있는 시스템입니다.

어드레서블 시스템을 사용하면 에셋에 어드레스주소, Address를 부여하여 어드레서블로 만들 수 있습니다. 어드레서블이 된 에셋은 에셋의 실제 위치와 상관없이 어드레스만으로 에셋을 찾아 가져올 수 있습니다.

또한 어드레서블 시스템은 콘텐츠를 개별 번들로 관리하고 배포하며 원하는 콘텐츠를 미리 다운로드해서 로드하는 기능도 제공합니다.

어드레서블 시스템을 사용하여 자신만의 에셋 관리 시스템이나 추가 콘텐츠 다운로드 시스템을 구현할 수 있습니다.

C.1.1 어드레서블 시스템 동작 살펴보기

어드레서블 시스템의 핵심은 로드할 에셋의 실제 위치와 에셋을 로드하는 데 사용할 키를 분리하는 것입니다. 키로 사용 가능한 타입은 여러 가지가 있습니다. 그중 에셋에 부여한 주소인 어드레스가 주로 키로 사용됩니다.

에셋을 로드하는 측에서는 에셋의 어드레스만 기억하면 됩니다. 따라서 에셋의 실제 위치가 변경되어도 어드레스만 같다면 에셋을 로드하는 코드를 변경할 필요 없습니다.

에셋의 실제 위치를 찾아 로드하는 과정은 카탈로그Catalog, 리소스 로케이터Resource Locator, 리소스 위치 정보IResourceLocation, 리소스 프로바이더Resource Provider 등을 거쳐 동작합니다. 이러한 동작은 에셋을 로드하는 측에는 숨겨져 있습니다. 따라서 에셋의 위치가 외부든 내부든 신경 쓰지 않고 간단한 코드를 작성할 수 있습니다.

어드레서블 시스템의 동작 원리를 살펴보기 위해 다음 그림을 살펴봅시다.

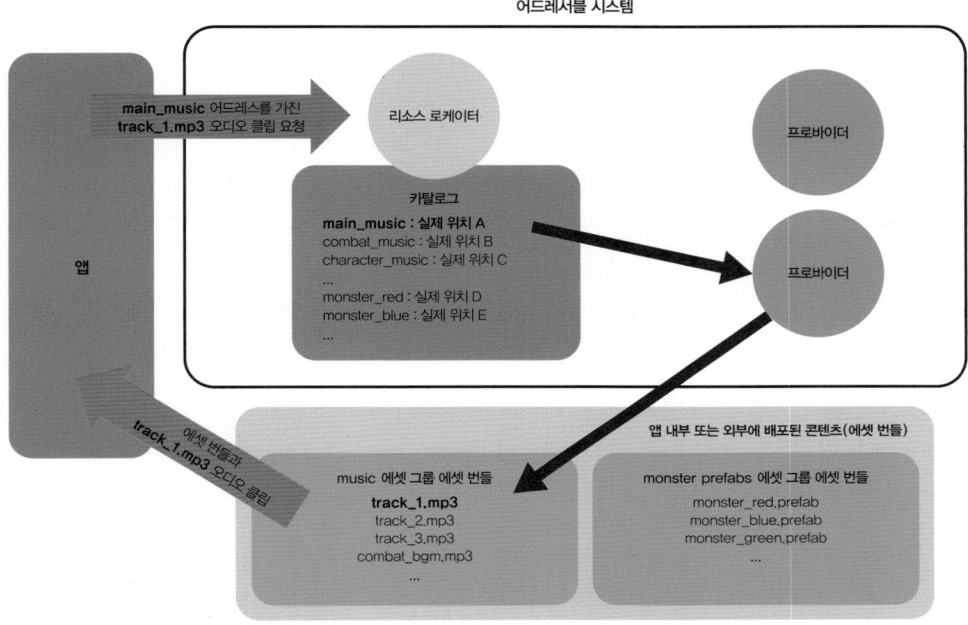

▶ 어드레서블이 에셋을 가져오는 과정

예시 그림의 프로젝트에서 track_1 오디오 클립에 main_music 어드레스를 할당하고 해당 에셋을 포함한 에셋 번들을 빌드하여 외부에 이미 배포한 상태라고 가정하겠습니다.[1]

이때 위 그림은 다음 코드를 실행하여 main_music 어드레스를 가진 오디오 클립을 가져오는 과정을 표현한 것입니다.

```
Addressables.LoadAssetAsync<AudioClip>("main_music");
```

위 코드를 실행하여 어드레서블 시스템에 main_music 어드레스를 키로 사용하여 오디오 클립 에셋을 로드하도록 요청합니다. 그러면 어드레서블 시스템은 입력받은 어드레스를 리소스 로케이터에 전달합니다. 리소스 로케이터는 어드레스로부터 위치 정보인 IResourceLocation 타입의 오브젝트를 생성합니다.

---

1 에셋 번들은 에셋을 배포하거나 다운로드할 수 있도록 에셋을 압축 파일 형태 또는 패키지로 묶은 것입니다.

IResourceLocation 오브젝트는 어떤 어드레서블 에셋의 물리적인 위치를 찾아 에셋을 가져오는 데 충분한 정보를 가지고 있습니다. 즉, 리소스 로케이터는 어드레스로부터 에셋의 실제 위치를 찾는 데 필요한 정보를 생성합니다. 그리고 리소스 로케이터가 어드레스로부터 실제 위치를 찾는 데 사용되는 것이 카탈로그입니다.

카탈로그는 어드레스 등의 키에 대응하는 에셋의 실제 위치와 여러 추가 정보를 제공하는 데이터 파일입니다. 카탈로그를 어드레스와 어드레스에 대응하는 에셋의 물리적인 위치를 기록하는 테이블이라고 생각할 수도 있습니다.

앞 그림의 카탈로그에는 main_music 어드레스에 대응하는 track_1 오디오 클립 에셋이 포함되어 있는 에셋 번들의 위치와 해당 오디오 클립 에셋의 메타 정보가 포함되어 있습니다.

에셋의 위치를 확인한 다음 어드레서블 시스템은 적절한 리소스 프로바이더를 선택합니다. 그리고 선택한 리소스 프로바이더에 위치 정보인 IResourceLocation 오브젝트를 넘기면서 에셋을 요청합니다.

리소스 프로바이더는 입력된 위치 정보를 통해 요청된 에셋을 해당 위치에서 가져오는 과정을 담당합니다. 에셋 타입이나 실행 환경 등에 따라 에셋(또는 에셋이 포함되어 있는 에셋 번들)을 가져오는 과정이 다를 수 있습니다. 따라서 여러 종류의 프로바이더가 존재합니다.

앞 그림에서 main_music 어드레스에 대응하는 track_1 오디오 클립을 가진 에셋 번들은 배경음악 에셋들을 묶어둔 music 에셋 그룹 에셋 번들입니다.

따라서 프로바이더는 music 에셋 그룹 에셋 번들을 찾아 다운로드하여 앱으로 가져와 로드합니다. 그리고 해당 에셋 번들 내에서 main_music 어드레서에 대응하는 track_1 오디오 클립을 찾아 에셋을 요청한 측에게 반환합니다.

예시에서 main_music 어드레스에 대응하는 오디오 클립을 가져오는 코드를 작성할 때 해당 오디오 클립 에셋의 실제 위치와 파일명은 상관하지 않는다는 점에 주목합니다.

main_music 어드레스를 가진 오디오 클립 에셋은 원격 서버에 업로드되어 있을 수도 있고 앱 내부에 같이 포함되어 빌드되었을 수도 있습니다. 또는 추후에 에셋의 물리적 위치가 변경될 수도 있습니다.

하지만 에셋의 실제 위치를 상관하지 않음으로써 실제 위치가 변경되더라도 어드레스를 통해 에셋을 로드하는 코드를 변경할 필요가 없습니다.

C.2 어드레서블 시스템 활성화하기

어드레서블 시스템을 사용하기 위해서는 Addressables 패키지가 설치되어 있어야 합니다. 이 패키지는 다음 과정으로 패키지 매니저를 이용해 설치할 수 있습니다(참고로 이 책에서는 Addressables 1.19.9 버전을 기준으로 설명합니다).

[과정 01] Addressables 패키지 설치하기

① **패키지 매니저** 창 열기(상단 메뉴에서 **Window** 〉 **Package Manager** 클릭)
② 필터를 **Packages: Unity Registry**로 변경 〉 **Addressables** 검색
③ 찾은 **Addressables** 패키지 설치

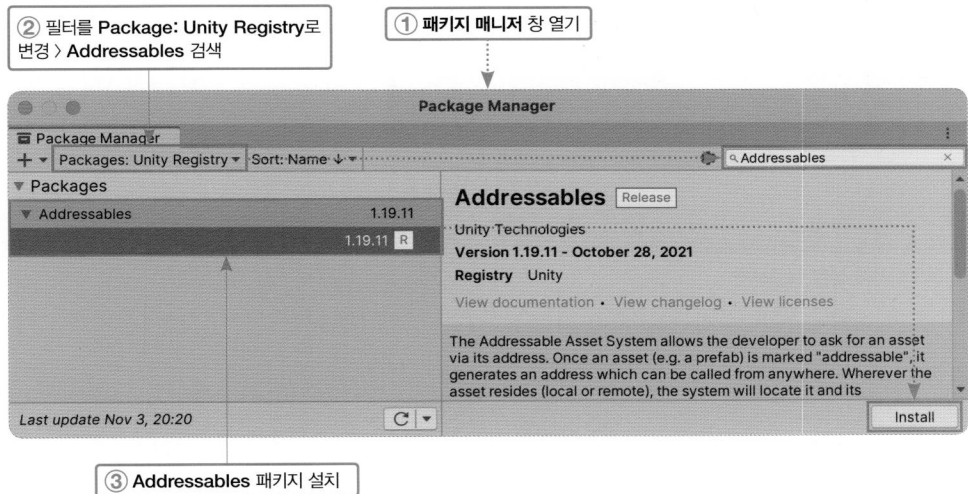

▶ Addressables 패키지 설치

그다음 어드레서블 설정을 생성하여 어드레서블 시스템을 사용할 수 있도록 초기화합니다.

[과정 02] 어드레서블 설정 생성하기

① 상단 메뉴에서 **Window** 〉 **Asset Management** 〉 **Addressables** 〉 **Groups**로 **어드레서블 그룹** 창 열기
② **어드레서블 그룹** 창에서 **Create Addressables Settings** 버튼 클릭

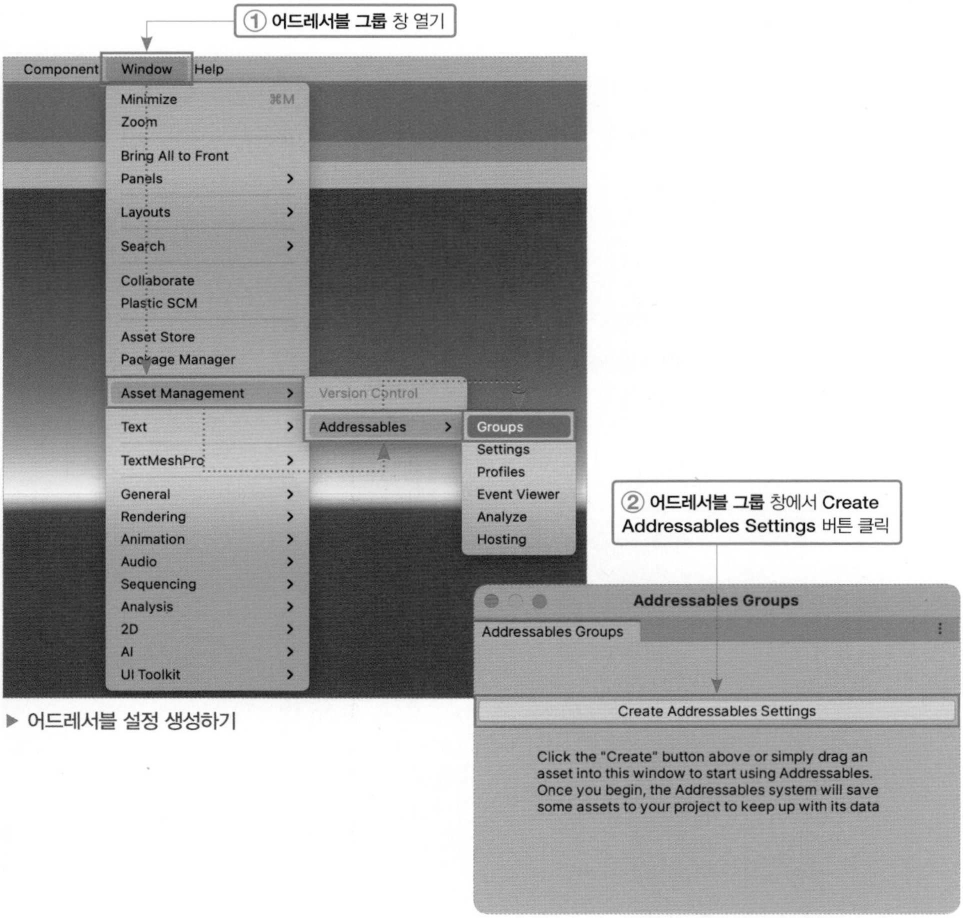

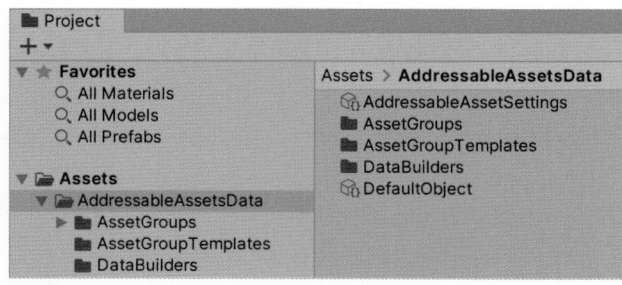

① 어드레서블 그룹 창 열기

② 어드레서블 그룹 창에서 Create Addressables Settings 버튼 클릭

▶ 어드레서블 설정 생성하기

그러면 Assets 폴더에 **AddressableAssetsData** 폴더가 생성되며, 이 폴더 안에는 어드레서블 설정을 담은 폴더와 에셋이 생성됩니다.

▶ 어드레서블 시스템 설정 에셋

어드레서블 설정을 생성한 다음에는 어드레서블 그룹 창에서 어드레서블 에셋 그룹^{Addressable Asset Group} 목록을 확인할 수 있습니다. 에셋 그룹은 어드레서블로 지정된 에셋들을 묶는 단위입니다. 에셋 그룹은 C.5절 '에셋 그룹과 어드레서블 지정'에서 자세히 설명합니다.

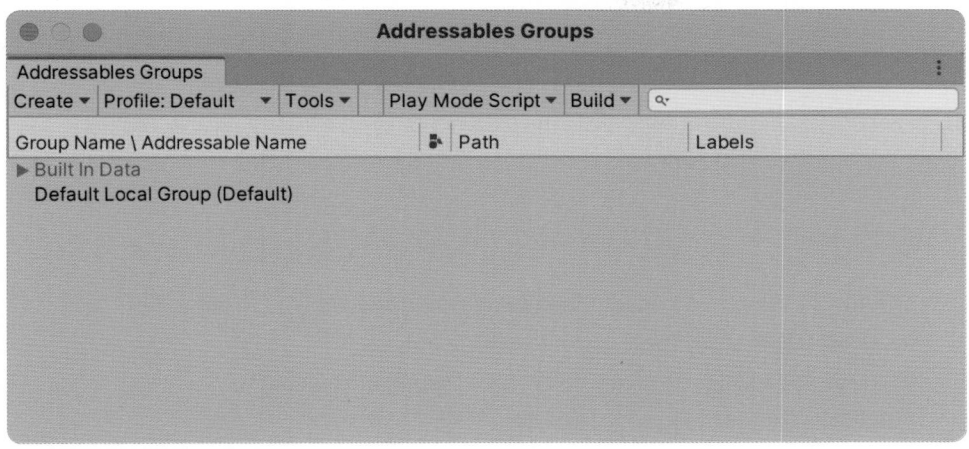

▶ 어드레서블 에셋 그룹 목록

처음에는 다음과 같이 기본 생성된 두 개의 에셋 그룹만 확인할 수 있습니다.

- **Built In Data** : Resources 폴더 등으로 빌드에 반드시 포함되는 빌트인(built-in) 에셋들을 묶는 그룹
- **Default Local Group (Default)** : 기본 생성되는 에셋 그룹

Built In Data 그룹에 포함될 콘텐츠들은 자동으로 설정됩니다. Built In Data 에셋 그룹의 에셋들은 내장 데이터 또는 빌트인 데이터로서 빌드에 반드시 포함되는 에셋입니다. Built In Data 에셋 그룹은 우리가 직접 수정할 에셋 그룹이 아닙니다.

C.3 어드레서블 프로필

에셋을 어드레서블로 지정하는 방법을 설명하기 전에 어드레서블 설정에 사용되는 변수를 관리하는 어드레서블 프로필^{Addreesables Profile}을 먼저 살펴보겠습니다.

어드레서블로 설정된 에셋을 배포 가능한 에셋 번들로 만드는 과정을 어드레서블 빌드라고 부릅니다. 어드레서블 프로필은 어드레서블 빌드 과정에서 사용할 변수들을 모아놓은 곳입니다.

어드레서블 프로필은 일종의 프리셋으로 이해할 수 있습니다.

프로필에 등록한 변수를 통해 어드레서블 빌드 과정에서 반복되는 경로를 매번 입력할 필요 없이 쉽게 전달할 수 있습니다. 또한 여러 개의 프로필을 만들고 각각의 프로필에서 같은 변수에 서로 다른 값을 할당할 수 있습니다.

사용할 프로필을 변경함으로써 어드레서블 빌드 과정에서 사용할 값들을 한번에 바꿀 수 있습니다. 이를 통해 에셋 번들을 빌드하여 내놓을 빌드 경로와 에셋 번들을 가져올 로드 경로를 한번에 바꿀 수 있습니다.

어드레서블 프로필 창은 다음 방법으로 접근할 수 있습니다.

- 상단 메뉴에서 **Windows** > **Asset Management** > **Addressables** > **Profiles** 클릭
- **어드레서블 그룹** 창 상단의 **Tools** > **Profiles** 클릭
- **어드레서블 그룹** 창 상단의 **Profile** 드롭다운 버튼 > **Manage Profiles** 클릭
- **어드레서블 설정**에서 **Manage Profiles** 클릭

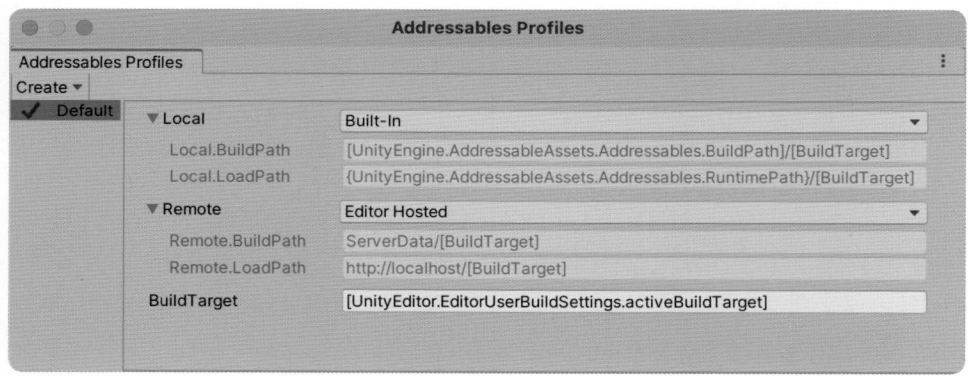

▶ 어드레서블 프로필 창

어드레서블 프로필 창을 살펴봅시다.

C.3.1 기본 변수

프로젝트에서 어드레서블을 처음 활성화하면 위 그림과 같이 프로필 창에 Default 프로필만 존재합니다. 그리고 다음 변수들이 기본값으로 미리 추가되어 있을 겁니다.

- **Local** : 로컬 콘텐츠에 사용될 경로
  - **Local.BuildPath** : 로컬 콘텐츠를 빌드해서 내놓을 경로
  - **Local.LoadPath** : 로컬 콘텐츠를 가져올 경로
- **Remote** : 원격 콘텐츠에 사용될 경로
  - **Remote.BuildPath** : 원격 콘텐츠를 빌드해서 내놓을 경로
  - **Remote.LoadPath** : 원격 콘텐츠를 가져올 경로
- **BuildTarget** : 현재 빌드 대상을 내놓는 변수

이 중에서 Build & Load 타입의 변수인 Local과 Remote의 값은 프리셋을 통해 변경할 수 있습니다. 콘텐츠를 담을 에셋 번들을 배포할 위치에 따라 분류된 프리셋이 몇 개 미리 준비되어 있습니다.

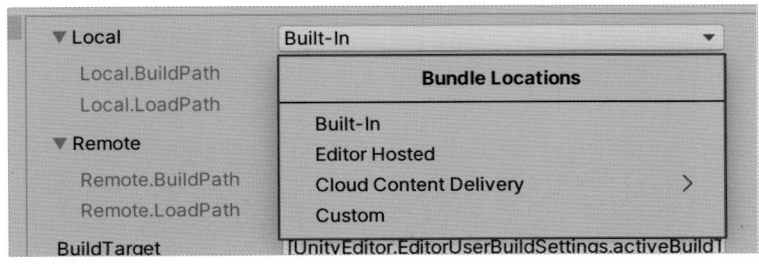

▶ 어드레서블 변수 프리셋

Local에 속하는 변수들은 내장 경로를 가리키는 Built-In 프리셋을 기본값으로 사용합니다. Remote에 속하는 변수들은 에디터 내에서 서버 호스팅을 테스트하는 Editor Hosted 프리셋이 초깃값으로 설정되어 있습니다. 만약 이 값을 직접 수정하고 싶다면 프리셋을 Custom으로 변경하면 됩니다.

그런데 대부분의 경우 Local 변수의 값은 변경하지 않는 게 좋습니다. 어드레서블 시스템이 로컬 콘텐츠로부터 빌드된 에셋 번들을 앱에 포함시키는 과정이 Local.BuildPath, Local.LoadPath에 기본 할당된 값에 맞춰 구성되어 있기 때문입니다.

> **로컬 어드레서블 에셋 콘텐츠가 빌드에 포함되는 과정**
> Local.BuildPath는 프로젝트 폴더 내의 Library/com.unity.addressables/aa/ 내부의 폴더를 경로로 내놓습니다. 로컬에 포함할 어드레서블 콘텐츠를 빌드하면 Local.BuildPath에 대응하는 해당 폴더에 로컬 콘텐츠 에셋 번들이 생성되어 배치될 겁니다.

이후 유니티 프로젝트에서 플레이어 빌드(앱 빌드)를 실행하면 빌드 과정에서 어드레서블 시스템은 Local.BuildPath에 지정된 경로에 있던 에셋 번들을 Local.LoadPath 경로에 대응하는 프로젝트 내부의 Assets/StreamingAssets/aa 폴더로 옮깁니다.[2]

StreamingAssets 폴더 내에 있는 에셋들은 빌드에 무조건 포함됩니다. 따라서 로컬 콘텐츠에 대한 에셋 번들이 빌드 과정에서 앱에 포함됩니다. 플레이어 빌드가 끝나면 어드레서블 시스템은 StreamingAssets 에 복사해 넣은 에셋 번들을 제거합니다.

위 과정을 통해 어드레서블 시스템은 로컬 경로를 사용하는 어드레서블 에셋(에셋 번들)을 앱에 포함시킵니다. 하지만 Local.BuildPath와 Local.LoadPath의 값을 수정하면 해당 처리가 자동으로 실행되지 않습니다.

만약 Local 변수를 커스텀으로 수정했다면 여러분이 직접 방법을 구상하여 Local.BuildPath 경로로 빌드된 에셋 번들을 Local.LoadPath에 대응하는 위치로 옮겨야 합니다.

C.3.2 변수 문법

프로필의 각 변수를 살펴보면 다음과 같이 대괄호 [] 또는 중괄호 {}를 사용한 경우를 볼 수 있습니다.

```
[UnityEditor.EditorUserBuildSettings.activeBuildTarget]
{UnityEngine.AddressableAssets.Addressables.RuntimePath}/[BuildTarget]
```

대괄호 또는 중괄호를 사용해서 다른 프로필 변수, C# 스크립트의 변수, 프로퍼티 값을 가져와 사용할 수 있습니다.

예를 들어 프로젝트에 다음과 같은 C# 클래스가 정의되어 있다고 가정해봅시다.

```
public class PathDefines {
    public static string LoadPath = "Path/To/AssetBundle"
}
```

그리고 어떤 프로필 변수 A의 값을 다음과 같이 지정했다고 가정해봅시다.

---

2 StreamingAssets 폴더는 사용 여부와 상관없이 플레이어 빌드에 포함시킬 에셋들을 모아놓는 폴더입니다. 단, Resources 폴더와 달리 메모리에 에셋을 미리 로드하지 않습니다. StreamingAssets 폴더의 에셋들은 File.ReadAllText() 등 파일 시스템 API를 통해 파일로 접근하여 사용합니다.

```
[PathDefines.LoadPath]/SubPath
```

A의 값에 포함된 [PathDefines.LoadPath]는 Path/To/AssetBundle로 평가됩니다. 따라서 어드레서블 빌드 과정에서 변수 A는 다음과 같이 평가되어 치환됩니다.

```
Path/To/AssetBundle/SubPath
```

여기서 대괄호와 중괄호는 다르게 동작한다는 점을 유의합니다.

대괄호를 사용한 경우

대괄호로 묶인 항목은 에디터 타임과 빌드 타임에 평가되고 치환됩니다. 대괄호를 사용해서 다른 변수를 참조할 수도 있습니다. 예를 들어 BuildTarget 변수를 다음과 같이 다른 변수의 값에서 사용할 수 있습니다.

```
[BuildTarget]/SubPath
```

BuildTarget 변수는 현재 빌드 대상 플랫폼 이름을 내놓습니다. 따라서 iOS 대상으로 어드레서블 빌드를 실행했다면 위 경로는 다음과 같이 치환됩니다.

```
iOS/SubPath
```

대괄호로 묶인 부분은 에디터 타임과 빌드 타임에 평가되므로 대괄호를 사용해 정의한 변수는 문자열로 미리 변환되어 카탈로그에 들어갑니다. 즉, **[PathDefines.LoadPath]**/SubPath를 변숫값으로 지정하고 경로로 사용했다면 해당 경로는 **[PathDefines.LoadPath]**/SubPath가 아닌 **Path/To/AssetBundle**/SubPath로 치환되어 카탈로그에 들어갑니다.

따라서 일단 어드레서블 빌드한 다음에는 대괄호로 지정된 부분의 값을 변경할 수 없습니다.

중괄호를 사용한 경우

중괄호로 묶인 항목은 런타임에 평가가 이루어집니다. 즉, **{PathDefines.LoadPath}**/SubPath를 변숫값으로 지정하고 경로로 사용했다면 해당 경로는 Path/To/AssetBundle/SubPath가 아니라 **{PathDefines.LoadPath}**/SubPath로 치환되어 카탈로그에 들어갑니다.

그리고 앱에서 해당 변수를 접근하는 시점에 중괄호로 묶인 부분을 평가하여 문자열로 치환합니다. 따라서 중괄호로 묶인 항목이 내놓는 값은 어드레서블 빌드 이후에도 변경할 수 있습니다.

중괄호는 앱을 배포한 이후에 콘텐츠 로드 경로를 변경할 때 유용합니다. 예를 들어 내부 테스트와 베타 테스트를 구별하기 위해 콘텐츠를 가져올 서버 경로를 앱에서 현재 상태에 따라 변경해야 할 수 있습니다.

이때 로드 경로를 다음과 같이 지정했다고 가정해봅시다.

```
{MyClass.MyURL}/content
```

C# 스크립트 상에서 `MyClass.MyURL`이 내놓는 서버 주소를 테스트 진행 상황에 따라 실시간으로 달라지게 할 수 있습니다. 이를 통해 테스트 페이즈별로 앱을 새로 빌드할 필요 없이 사용할 서버 주소를 변경할 수 있습니다.

이것으로 변수의 문법을 살펴보았습니다. 이제 기본 변수들이 내놓는 값을 자세히 살펴봅시다.

C.3.3 BuildTarget

```
BuildTarget : [UnityEditor.EditorUserBuildSettings.activeBuildTarget]
```

`BuildTarget` 변수가 참조한 `UnityEditor.EditorUserBuildSettings.activeBuildTarget`을 C# 코드로 접근하면 현재 활성화된 빌드 대상 플랫폼이 나옵니다.

예를 들어 iOS 플랫폼에서는 `BuildTarget` 변수가 iOS로 치환됩니다. 즉, 어드레서블 빌드 과정에서 `BuildTarget` 변수를 접근하여 현재 활성화된 빌드 대상을 문자열로 가져올 수 있고, 이를 통해 빌드 플랫폼마다 다른 경로를 사용할 수 있습니다.

C.3.4 Local.BuildPath

```
Local.BuildPath : [UnityEngine.AddressableAssets.Addressables.BuildPath]/[BuildTarget]
```

`Local.BuildPath`는 로컬 빌드에 포함할(앱에 포함할) 콘텐츠를 어드레서블 빌드하여 배치하는 경로입니다. 여러분이 수정할 일은 없습니다.

앱에 내장할 로컬 에셋 그룹은 빌드 경로를 Local.BuildPath로 설정해야 합니다. Local.
BuildPath는 어드레서블 빌드를 실행할 때 다음 경로로 치환됩니다.

```
(프로젝트경로)/Library/com.unity.addressables/aa/(빌드 대상)/(빌드 대상)
```

예를 들어 Uni-Run 프로젝트에서 iOS를 대상으로 어드레서블 빌드를 실행하면 LoalBuildPath
가 아래 경로로 치환됩니다. 그리고 빌드된 로컬 콘텐츠 에셋 번들이 해당 경로에 배치됩니다.

```
Uni-Run/Library/com.unity.addressables/aa/iOS/iOS
```

C.3.5 Local.LoadPath

```
Local.LoadPath : {UnityEngine.AddressableAssets.Addressables.RuntimePath}/[BuildTarget]
```

Local.LoadPath는 로컬에 내장된 어드레서블 에셋을 가져오는 데 사용할 경로입니다. 앱에 내
장할 에셋 그룹은 로드 경로를 Local.LoadPath로 설정해야 합니다. 여러분이 수정할 일은 없
습니다.

Local.LoadPath는 런타임에 다음과 같이 치환됩니다.

```
(앱 내부의 StreamingAssets 경로)/aa
```

C.3.6 Remote.BuildPath

```
Remote.BuildPath : ServerData/[BuildTarget]
```

원격 콘텐츠를 빌드하여 나온 에셋 번들을 배치할 경로입니다. 원격으로 다운로드하여 사용할
에셋들에 대한 에셋 그룹은 빌드 경로로 Remote.BuildPath를 사용해야 합니다.

Remote.BuildPath의 값에 [BuildTarget]을 사용했으므로 플랫폼마다 다른 경로를 내놓습니다.

예를 들어 Uni-Run 프로젝트에서 iOS를 대상으로 어드레서블 빌드를 실행하면 Remote.
BuildPath가 다음 경로로 치환되고, 빌드된 에셋 번들이 해당 경로에 배치됩니다.

```
Uni-Run/ServerData/iOS
```

Local.BuildPath에 빌드된 에셋 번들은 플레이어 빌드 과정에서 Local.LoadPath에 대응하는 경로로 자동으로 옮겨집니다.

반면 Remote.BuildPath에 빌드된 에셋 번들은 Remote.LoadPath에 대응하는 경로로 자동으로 옮겨지지 않습니다. 따라서 Remote.BuildPath에 빌드된 에셋 번들은 추후에 Remote.LoadPath에 대응하는 곳으로 옮기거나 업로드해야 합니다.

C.3.7 Remote.LoadPath

```
Remote.LoadPath : http://localhost/[BuildTarget]
```

Remote.LoadPath는 원격으로 사용할 콘텐츠를 가져올 경로입니다. 원격으로 다운로드하여 사용할 에셋들에 대한 에셋 그룹은 로드 경로로 Remote.LoadPath를 사용해야 합니다.

어드레서블 빌드를 완료한 다음에는 Remote.BuildPath로 빌드된 원격 콘텐츠 에셋 번들을 Remote.LoadPath에 대응하는 경로로 업로드해야 합니다.

기본값은 http://localhost/[BuildTarget]입니다. 어드레서블 빌드 과정에서 iOS의 경우 다음과 같이 치환됩니다.

```
http://localhost/iOS
```

Remote.LoadPath의 값은 추후 반드시 수정해야 합니다. 기본값에 사용된 localhost는 현재 프로그램을 실행 중인 컴퓨터 스스로를 가리키는 주소입니다.

임시 테스트용으로 현재 유니티 에디터를 실행하고 있는 PC 자체를 콘텐츠 서버로 사용할 수는 있습니다. 하지만 콘텐츠를 외부에 배포할 때는 localhost를 사용할 수 없습니다.

따라서 다음 예시처럼 Remote.LoadPath의 값을 에셋 번들을 업로드하고 배포할 CDN 서버 등의 URL로 변경해야 합니다.

```
https://cdn-url.com/contents
```

만약 빌드 대상에 따라 로드할 세부 경로를 나눈다면 다음과 같이 설정할 수도 있습니다.

```
https://cdn-url.com/contents/[BuildTarget]
```

C.3.8 프로필과 변수 관리

프로필 관리

테스트용, 배포용 등 각 상황에 맞는 어드레서블 프로필을 만들어 사용할 수 있습니다. 새로운
프로필은 어드레서블 프로필 창에서 다음 과정으로 생성합니다.

[과정 이] 프로필 생성

① **프로필** 창 상단에서 **Create** > **Profile** 클릭

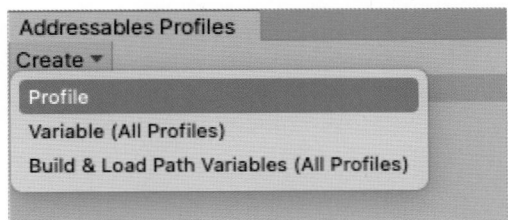

▶ 새로운 프로필 생성

여러 프로필이 있는 경우 그중 하나를 다음 과정으로 현재 프로필로 활성화시킬 수 있습니다.

[과정 이] 프로필 활성화

① **프로필 선택** > **마우스 오른쪽 클릭** > **Set Active 클릭**

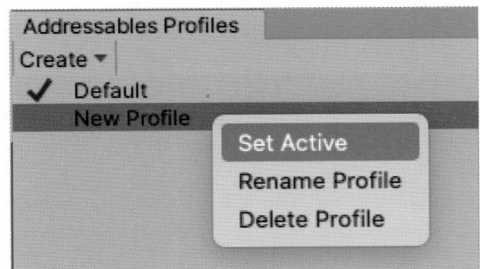

▶ 프로필 활성화

이외에 Rename Profile로 기존 프로필의 이름을 변경하거나 Delete Profile로 기존 프로필을 지울 수도 있습니다.

변수 관리

새로운 변수는 다음 과정으로 추가할 수 있습니다.

[과정 01] 새로운 변수 추가하기

① **어드레서블 프로필** 창에서 Create > **Variable (All Profiles)** 버튼 클릭

② **변수 추가** 창에서 새로운 **변수 이름**(Variable Name)과 **기본값**(Default Value) 설정 > **Save** 버튼 클릭

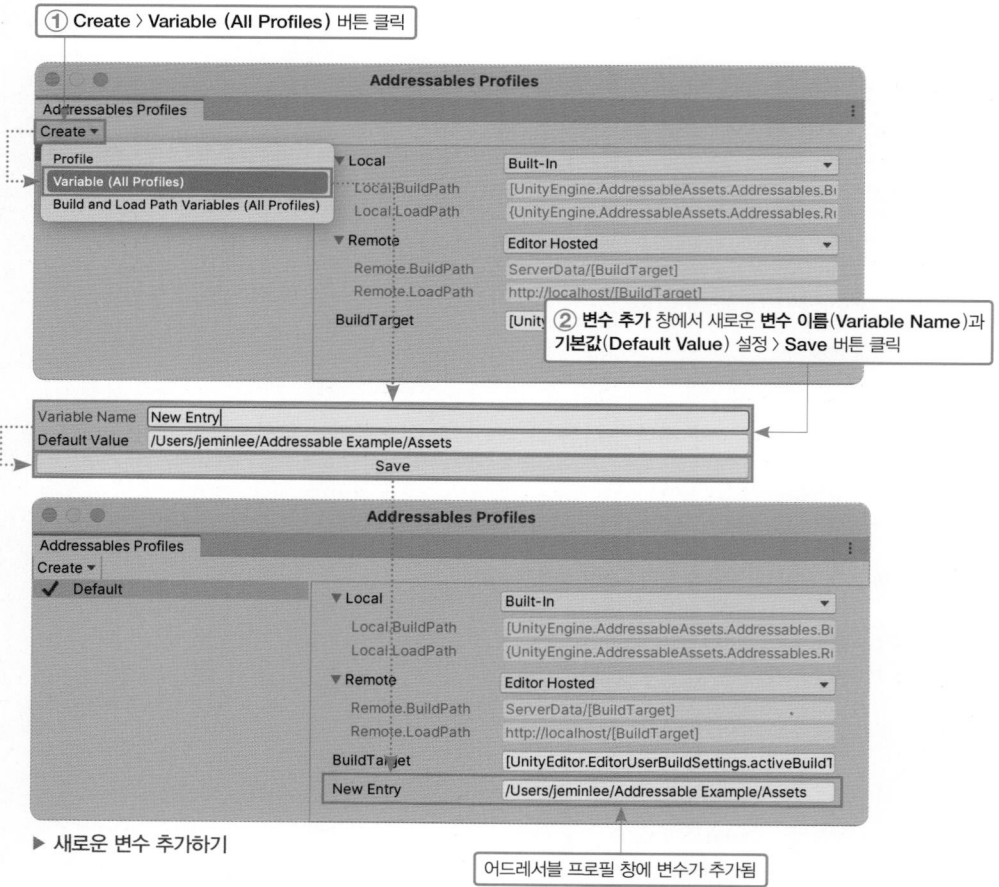

▶ 새로운 변수 추가하기

변수를 추가하면 모든 프로필에 해당 변수 필드가 추가됩니다.

일반 변수 외에 **Build & Load Paths** 타입의 변수를 추가할 수 있습니다. Build & Load Paths 변수는 빌드 경로 변수와 로드 경로 변수를 묶어 하나의 변수로 다룹니다. 다음 과정으로 Build & Load Paths 변수를 추가할 수 있습니다.

[과정 02] Build & Load Paths 변수 추가하기

① **어드레서블 프로필** 창에서 **Create** > **Build and Load Path Variables (All Profiles)** 클릭
② **변수 추가** 창에서 **앞첨자(Prefix Name)**, **빌드 경로(Build Path Value)**, **로드 경로(Load Path Value)** 설정 > **Save** 버튼 클릭

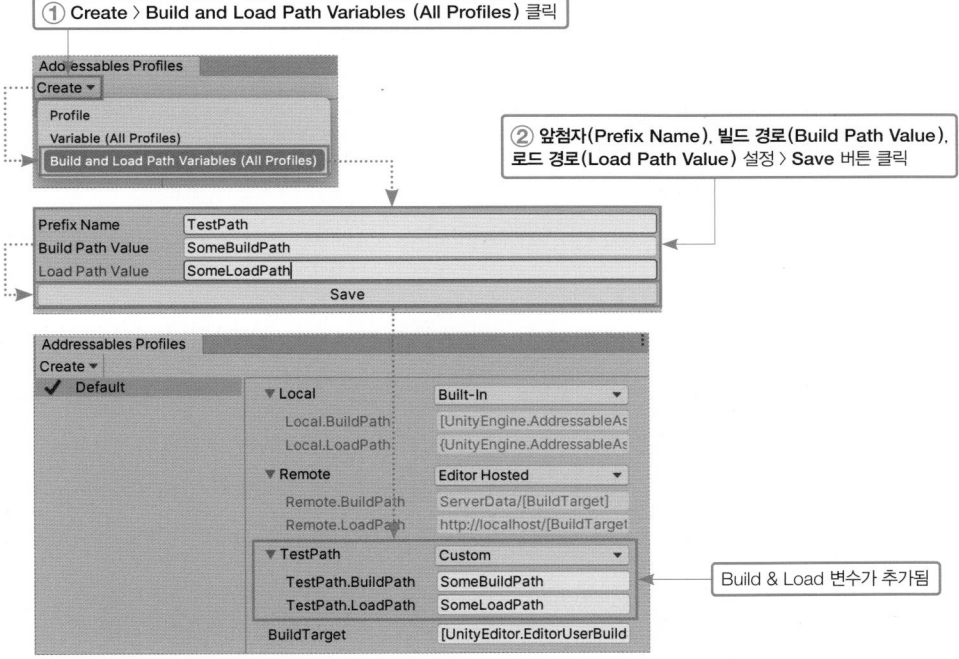

▶ **Build & Load Paths** 변수 추가하기

프로필 관리 예시

어드레서블 에셋 프로필을 여러 개 만듦으로써 개발 과정에서 생산성을 올리는 예시를 살펴봅시다.

원격으로 콘텐츠를 로드하려면 먼저 서버를 준비해야 합니다. 그리고 콘텐츠를 에셋 번들로 빌드하여 원격 서버에 업로드해야 합니다. 개발 초기에는 이러한 과정이 번거로울 수 있습니다. 따라서 개발 초기에는 게임 플레이 구현에 집중하기 위해 로컬과 원격 콘텐츠 모두 로컬에서 로드하고 싶을 수 있습니다.

이때 다음 예시처럼 Local 프로필을 생성하고 Local 프로필에서 변수 `Remote.BuildPath`, `Remote.LoadPath`의 값을 `Local.BuildPath`, `Local.LoadPath`와 같은 값으로 설정할 수 있습니다. 원격 빌드 및 로드 경로의 값을 로컬 빌드 및 로드 경로와 같게 한 겁니다.

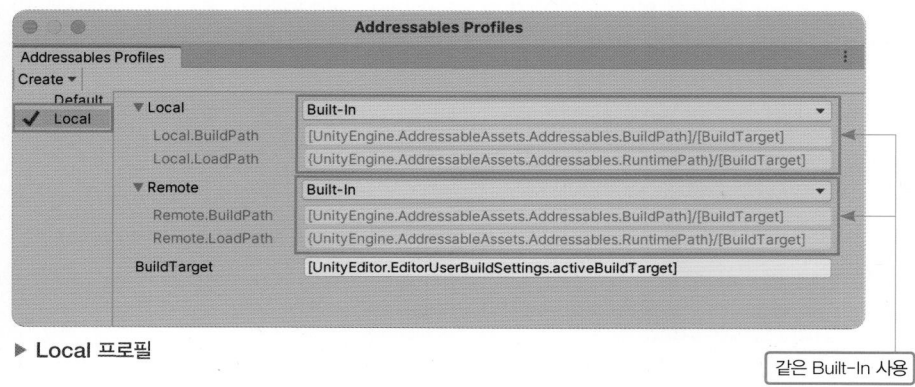

▶ Local 프로필

개발 초기에는 Local 프로필을 사용함으로써 원격 콘텐츠를 어떻게 배포할지 고민하지 않고 개발할 수 있습니다.

이후 앱을 공개하고 원격 콘텐츠를 배포할 준비가 되었다면 Production 프로필을 생성하고 다음과 같이 `Remote.BuildPath`와 `Remote.LoadPath`를 원격 콘텐츠를 빌드하고 배포할 장소로 수정합니다. 그리고 Production 프로필을 사용하여 어드레서블 빌드를 실행하면 됩니다.

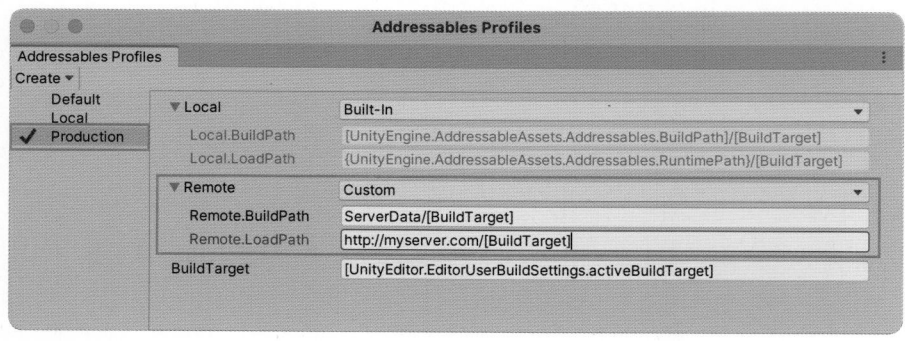

▶ Production 프로필

이외에도 Remote.LoadPath를 테스트용 서버로 지정한 TestServer 프로필을 만드는 경우를 생각할 수 있습니다.

C.4 에셋을 어드레서블로 지정하기

에셋이 어드레서블로 지정되면(어드레서블 에셋이 되면) 해당 에셋은 어드레스를 통해 어떤 곳에서도 쉽게 찾아 로드할 수 있게 됩니다. 다음 방법 중 하나로 에셋을 어드레서블로 지정할 수 있습니다.

- 에셋의 인스펙터 창에서 Addressable 체크박스 체크
- 에셋을 어드레서블 그룹 창의 에셋 그룹으로 드래그&드롭
- AssetReference 타입의 필드에 에셋 할당하기

하나씩 살펴봅시다.

[방법 01] 에셋의 인스펙터 창에서 Addressable 체크박스 체크

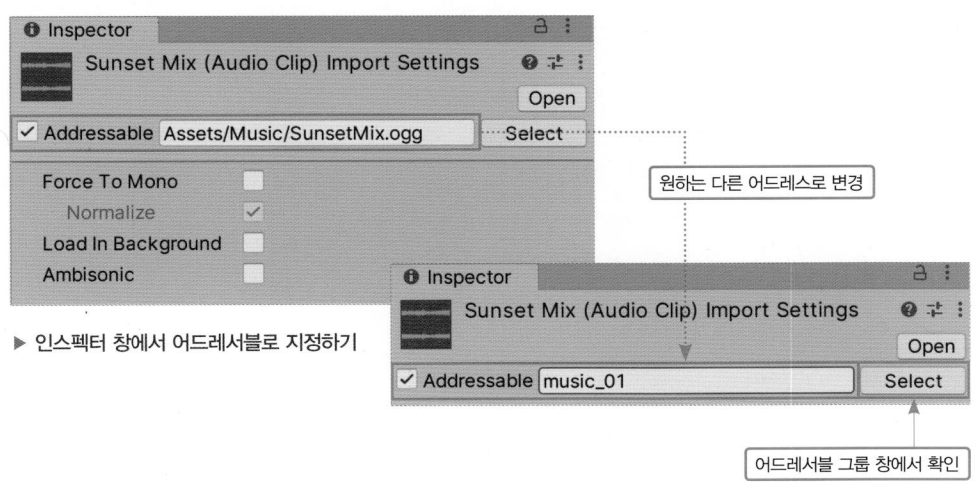

▶ 인스펙터 창에서 어드레서블로 지정하기

위 그림에서 SunsetMix 오디오 클립을 어드레서블로 지정했습니다. 어떤 에셋을 어드레서블로 지정하면 해당 에셋의 경로가 어드레스로 지정됩니다.

초깃값을 사용해도 되고 원한다면 어드레스를 수정해도 됩니다. 또한 어드레스 입력 창 옆의 Select 버튼을 누르면 해당 에셋의 어드레서블 등록 정보를 어드레서블 그룹 창에서 확인할 수 있습니다.

어드레서블로 등록된 에셋을 어드레서블에서 해제하려면 Addressable 체크박스를 체크 해제합니다.

[방법 02] 에셋을 어드레서블 그룹 창의 에셋 그룹으로 드래그&드롭

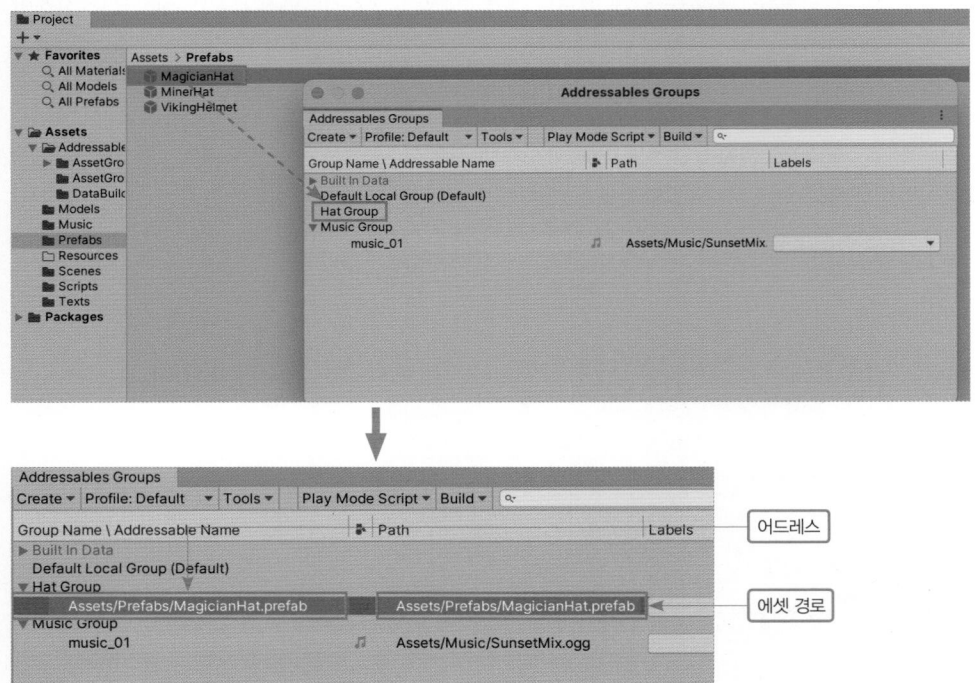

▶ 드래그&드롭으로 어드레서블 에셋으로 지정하기

어드레서블로 지정할 에셋을 어드레서블 그룹 창의 에셋 그룹으로 드래그&드롭합니다. 그러면 해당 에셋이 어드레서블로 지정되고, 에셋을 드래그해 넣은 에셋 그룹에 포함됩니다.

에셋의 어드레스를 변경하려면 어드레서블 그룹 창에서 해당 어드레서블 에셋을 **마우스 오른쪽 클릭** > **Change Address 클릭**합니다.

▶ 어드레스 변경하기

어드레서블 그룹 창에서 어드레서블 에셋을 마우스 오른쪽 클릭하여 나오는 메뉴 중 **Simplify Addressable Names**를 클릭하면 에셋의 어드레스를 간단하게 줄입니다. 예를 들어 Assets/Prefabs/MagicianHat.Prefab 어드레스를 MagicianHat으로 줄입니다.

이미 등록된 에셋을 어드레서블에서 해제하려면 어드레서블 그룹 창에서 어드레서블 에셋을 **마우스 오른쪽 클릭** > **Remove Addressables 클릭**합니다.

[방법 03] AssetReference 타입의 필드에 에셋 할당하기

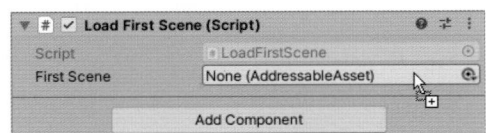

▶ AssetReference 타입의 필드에 할당하기

AssetReference 타입의 변수에는 어드레서블 에셋을 할당할 수 있습니다. AssetReference 타입은 C.6.4절 'AssetReference 사용하기'에서 자세히 설명합니다.

AssetReference 타입의 필드에 어드레서블로 지정되지 않은 에셋을 드래그&드롭 등으로 할당하면 할당된 에셋이 어드레서블로 지정됩니다.

C.4.1 에셋 그룹 옮기기

어드레서블 에셋은 반드시 어떤 에셋 그룹에 포함됩니다. 어드레서블 에셋이 속한 에셋 그룹은 어드레서블 그룹 창에서 다음과 같이 드래그&드롭으로 변경할 수 있습니다.

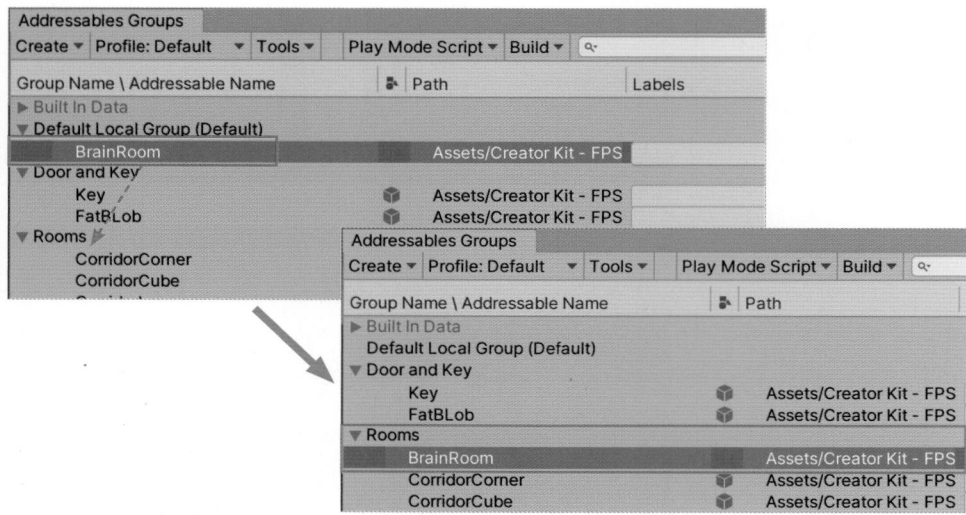

▶ 에셋을 다른 에셋 그룹으로 드래그&드롭하여 옮기기

또는 다음 그림과 같이 어드레서블 에셋을 **마우스 오른쪽 클릭** 〉 Move Addressables to Group **클릭**으로 어드레서블 에셋을 다른 에셋 그룹으로 옮길 수 있습니다.

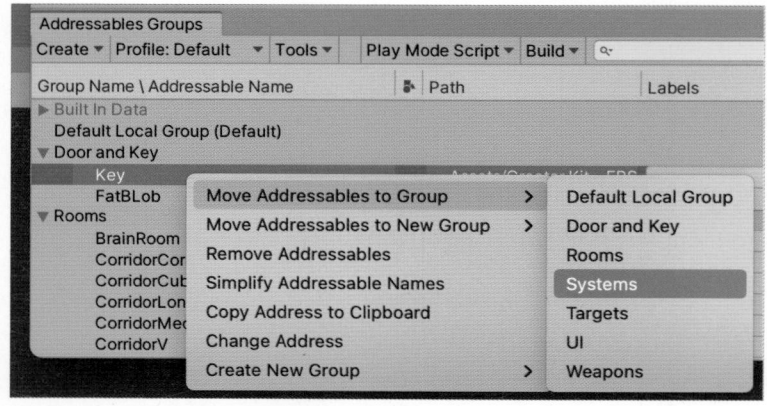

▶ 메뉴 버튼으로 어드레서블 에셋의 에셋 그룹 옮기기

C.4.2 레이블 태그하기

어드레서블 에셋에는 한 개 이상의 레이블을 태그할 수 있습니다. 레이블은 다음 목적으로 사용할 수 있습니다.

- 어드레서블 에셋을 찾아 로드할 때 어드레서를 주요키로, 레이블을 보조키로 사용
- 레이블을 필터로 사용하여 여러 어드레서블 에셋을 한번에 로드
- 에셋 그룹 내에서 에셋 번들을 레이블 단위로 묶기

대부분의 경우 각 어드레서블 에셋은 서로 다른 어드레스를 가져야 합니다.[3] 하지만 레이블의 경우 여러 어드레서블 에셋이 같은 레이블을 가져도 됩니다. 또한 하나의 어드레서블 에셋이 여러 개의 레이블을 가져도 됩니다.

사용할 레이블을 총 몇 개 만들고 어떤 식으로 에셋에 태그할지는 에셋을 관리하는 방식에 달려 있습니다. 예를 들어 다음과 같은 방식으로 레이블을 사용할 수 있습니다.

- **필수 어드레서블 에셋에 essential 레이블 태그**
  - → essential 레이블을 가진 어드레서블 에셋을 게임 시작 전에 미리 다운로드
- **같은 캐릭터에 대한 두 개의 어드레서블 에셋 준비**
  - → 고해상도는 HD, 저해상도는 SD 레이블 태그
  - → 사양에 따라 다른 레이블을 사용하여 에셋을 로드

레이블 목록은 다음 과정으로 어드레서블 레이블 창을 열어 확인할 수 있습니다.

[**과정 01**] 어드레서블 레이블 목록 확인

① **어드레서블 그룹** 창 〉 **Tools** 〉 **Window** 〉 **Labels** 클릭

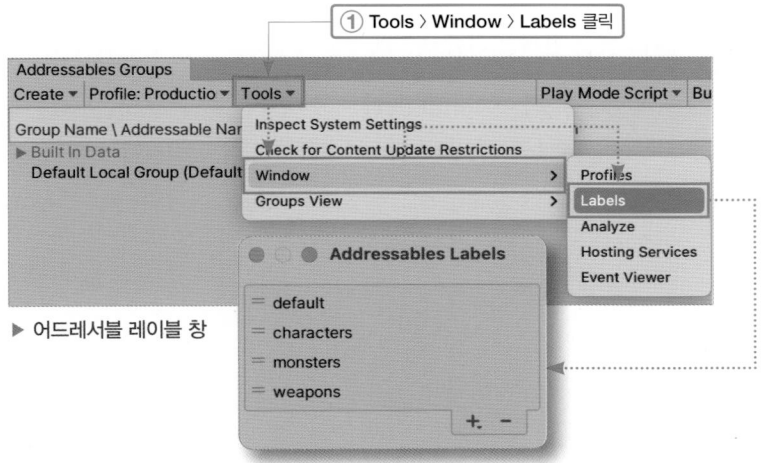

▶ 어드레서블 레이블 창

----

3 두 개의 에셋이 같은 어드레스를 가지되 서로 다른 레이블을 태그하여 구별하는 등의 변칙적인 방법으로 어드레서블 에셋을 관리할 수도 있습니다.

어드레서블 레이블 창에서 **+ 버튼**을 클릭해 새로운 레이블을 추가하고 **− 버튼**을 클릭해 기존 레이블을 제거합니다.

다음 과정으로 어드레서블 에셋에 레이블을 태그할 수 있습니다. 이때 하나의 에셋에 여러 개의 레이블을 태그할 수 있습니다.

[과정 01] 어드레서블 에셋에 레이블 태그

① **어드레서블 그룹** 창 〉 레이블 **드롭다운 버튼 클릭** 〉 원하는 **레이블 체크**

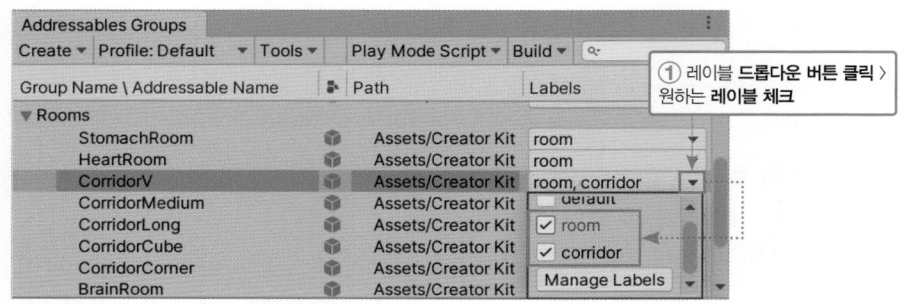

▶ 어드레서블 에셋에 레이블 할당하기

C.5 에셋 그룹과 어드레서블 지정

에셋 그룹은 어드레서블 빌드 과정에서 함께 처리할 어드레서블 에셋들을 묶는 단위입니다.

예를 들어 효과음 오디오 클립 에셋만 모으는 SoundEffect 에셋 그룹을 만들 수 있습니다. 에셋 그룹은 어드레서블 에셋을 묶어 에셋 번들을 생성하는 단위가 됩니다. (설정에 따라 변경 가능하지만) 기본적으로 같은 에셋 그룹 안에 있는 어드레서블 에셋들은 하나의 에셋 번들로 함께 묶입니다.

C.5.1 에셋 그룹 생성하기

새 어드레서블 에셋 그룹은 다음 과정으로 생성합니다.

[과정 01] 에셋 그룹 생성

① **어드레서블 그룹** 창 상단에서 **Create** 〉 **Group** 〉 **Packed Assets** 클릭

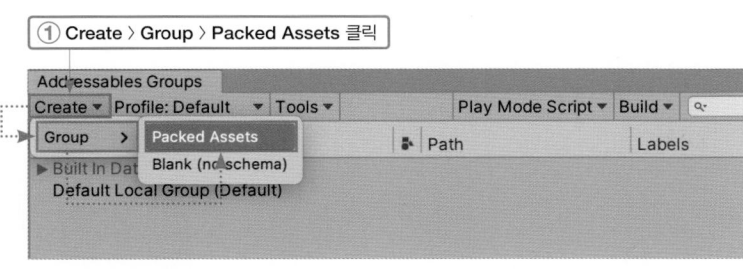

▶ 에셋 그룹 생성하기

Packed Assets는 에셋 번들로 패킹될 에셋 그룹을 생성합니다. 새로운 에셋 그룹을 추가하고 생성된 에셋 그룹에 에셋 번들로 패킹되기 위해 필요한 에셋 그룹 스키마를 추가합니다.

Black(no schema)는 어떤 에셋 그룹 스키마도 추가되어 있지 않은 에셋 그룹을 추가합니다(에셋 그룹 스키마는 에셋 그룹을 생성한 후 직접 추가할 수 있습니다).

C.5.2 에셋 그룹 설정

에셋 그룹에서 설정할 수 있는 옵션을 살펴봅시다. Packed Assets를 클릭해 생성한 어드레서블 에셋 그룹을 선택하고 인스펙터 창을 보면 아래 그림과 같습니다.

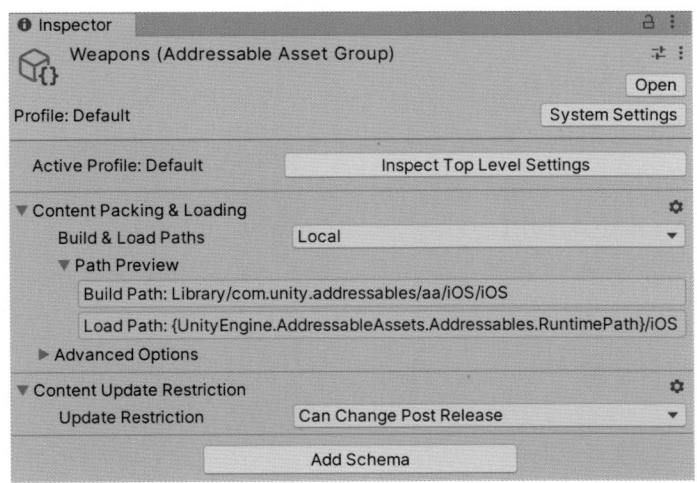

▶ 에셋 그룹의 설정

인스펙터 창 상단에 **Active Profile: Default** 항목이 보입니다. 이 항목은 현재 어드레서블 빌드 설정에서 활성화된 어드레서블 프로필을 표시합니다.

Packed Assets로 기본 생성되는 에셋 그룹은 다음 두 개의 에셋 그룹 스키마를 가집니다.

- Content Packing & Loading
- Content Update Restriction

C.5.3 에셋 그룹 스키마

에셋 그룹 스키마^{Asset Group Schema}는 에셋 그룹에 설정과 정보를 추가합니다. 에셋 그룹 스키마를 통해 추가한 설정과 정보는 에셋 그룹의 콘텐츠를 어떻게 빌드할지 결정하는 데 사용할 수 있습니다.

예를 들어 Content Update Restriction 스키마를 어떤 에셋 그룹에 추가하면 해당 에셋 그룹을 빌드가 배포된 이후에도 수정할 수 있도록 허용할지 결정할 수 있습니다.

기본 제공되는 에셋 그룹 스키마는 다음과 같습니다. 에셋 그룹 스키마를 직접 추가 구현하는 것도 가능합니다.

- **Content Packing & Loading** : 에셋 그룹의 콘텐츠를 에셋 번들로 패킹하고 로드하는 방식을 결정
- **Content Update Restriction** : 빌드를 배포한 이후에도 수정 가능한 에셋 그룹인지 표시
- **Resources and Built-in Scenes** : Built In Data 그룹에 사용. Resources 폴더의 에셋과 빌드 설정에 등록된 씬을 현재 에셋 그룹에 포함시킬지 결정

Resources and Built-in Scenes 스키마는 기본 생성되는 Built In Data 에셋 그룹에 사용됩니다. 우리가 직접 사용하지는 않습니다. 에셋 그룹 스키마의 설정을 살펴보겠습니다.

C.5.4 Content Packing & Loading

Content Packing & Loading 스키마는 에셋 그룹의 어드레서블 에셋들을 번들로 패킹하고 로드하는 데 사용되는 설정들을 기록합니다.

빌드와 로드 경로

▶ 빌드와 로드 경로

Content Packing & Loading 스키마 상단에서는 콘텐츠를 에셋 번들로 빌드하고 로드하는 경로를 설정합니다.

Build & Load Paths

에셋 그룹의 빌드 경로와 로드 경로를 설정합니다. 프로필에서 설정한 Build & Load Paths 타입의 변수를 가져와 Build & Load Paths에 할당할 수 있습니다.

앞 그림에서는 프로필의 Local 변수를 할당했습니다. 따라서 이 에셋 그룹의 어드레서블 에셋들은 로컬 위치에 에셋 번들로 빌드되어 앱에 내장됩니다.

Local 변수는 Local.BuildPath, Local.LoadPath를 모두 포함한 Build & Load Path 타입 변수입니다. 따라서 앞 그림의 에셋 그룹에서 생성되는 에셋 번들의 빌드 경로[Build Path]는 Local.BuildPath, 로드 경로[Load Path]는 Local.LoadPath가 됩니다

에셋 그룹에서 생성될 에셋 번들을 원격으로 배포하고 다운로드하여 사용하려면, 즉 현재 에셋 그룹을 원격 에셋 그룹으로 사용하고 싶다면 Build & Load Paths를 Remote로 변경합니다. 만약 원격 에셋 그룹에 사용할 Remote 이외의 다른 변수를 만들었다면 해당 변수를 사용하면 됩니다.

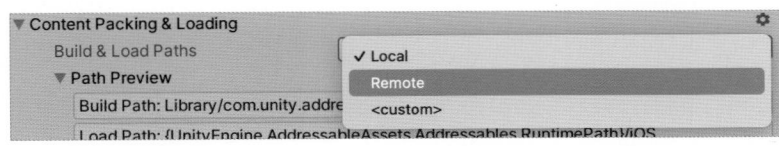

▶ 빌드 & 로드 경로 변경하기

다음과 같이 Build & Load Paths에서 custom을 선택하여 빌드와 로드 경로를 따로 나누어 설정할 수 있습니다.

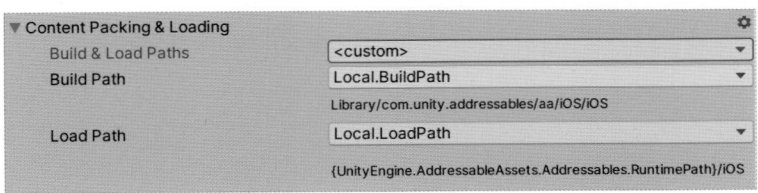

▶ 빌드 & 로드 경로 따로 설정하기

Path Preview

Path Preview에서 빌드 경로와 로드 경로에 할당된 변수가 어떤 경로를 치환하는지 미리 볼 수 있습니다.

```
▼ Path Preview
   Build Path: Library/com.unity.addressables/aa/iOS/iOS
   Load Path: {UnityEngine.AddressableAssets.Addressables.RuntimePath}/iOS
```

▶ 경로 미리보기

고급 설정

Content Packing & Loading 스키마의 Advanced Options 항목을 펼치면 콘텐츠를 에셋 번들로 패킹하는 과정에서 사용할 여러 설정을 확인할 수 있습니다.

▼ Advanced Options	
Asset Bundle Compression	LZ4
Include in Build	✓
Force Unique Provider	☐
Use Asset Bundle Cache	✓
Asset Bundle CRC	Enabled, Including Cached
Use UnityWebRequest for Local Asset Bundles	☐
Request Timeout	0
Use Http Chunked Transfer	☐
Http Redirect Limit	-1
Retry Count	0
Include Addresses in Catalog	✓
Include GUIDs in Catalog	✓
Include Labels in Catalog	✓
Internal Asset Naming Mode	Full Path
Internal Bundle Id Mode	Group Guid Project Id Hash
Cache Clear Behavior	Clear When Space Is Needed In Cache
Bundle Mode	Pack Together
Bundle Naming Mode	Append Hash to Filename
Asset Load Mode	Requested Asset And Dependencies
Asset Provider	Assets from Bundles Provider
Asset Bundle Provider	AssetBundle Provider

▶ 고급 설정

Asset Bundle Compression

번들을 압축하는 데 사용할 포맷입니다. 기본값 LZ4를 추천합니다.

Include in Build

어드레서블 빌드 과정에 포함할지 여부입니다. Include in Build를 해제하면 어드레서블 빌드 과정에서 이 에셋 그룹이 제외됩니다. 따라서 현재 에셋 그룹으로부터 에셋 번들이 생성되지 않으며, 빌드된 카탈로그에도 현재 에셋 그룹의 정보가 제외됩니다.

일반적으로는 체크합니다. 단, 프로젝트 특성 등으로 Include in Build를 체크 해제하는 게 나은 경우가 있을 수 있습니다. 예를 들어 에셋 그룹들을 여러 묶음으로 나누고, 어드레서블 빌드를 여러 번 나누어 실행하는 경우를 생각해볼 수 있습니다.

Force Unique Provider

현재 에셋 그룹이 에셋 그룹 사이에 공유되는 프로바이더가 아니라 고유한 프로바이더 인스턴스를 사용하도록 강제합니다. 대부분의 경우 Force Unique Provider를 사용하지 않습니다.

이 옵션은 다음 두 조건을 만족했을 때 활성화합니다.

- 커스텀 리소스 프로바이더를 직접 구현한 경우
- 이 에셋 그룹이 자신이 사용할 리소스 프로바이더 인스턴스를 다른 에셋 그룹과 공유하면 안 될 때

리소스 프로바이더는 요청된 리소스를 가져오는 과정을 담당합니다. 여러 에셋 타입이나 에셋을 가져오는 여러 방식에 대응하도록 여러 종류의 리소스 프로바이더가 존재합니다.

에셋 그룹은 리소스 프로바이더를 공유합니다. 일반적으로 에셋 그룹이 리소스 프로바이더 인스턴스를 따로 생성해 혼자 사용할 이유는 없습니다.

Use Asset Bundle Cache

이 에셋 그룹에서 빌드된 에셋 번들을 캐싱할지 결정합니다. 특별한 이유가 없다면 네트워크 트래픽을 아끼고 더 나은 유저 경험을 위해 활성화합니다.

이 설정을 사용하면 같은 에셋 번들을 매번 다시 다운로드하는 대신 다운로드한 에셋 번들을 캐싱 경로에 저장하고 재사용합니다.

Asset Bundle CRC

다운로드한 에셋 번들 데이터의 에러를 검증할 때 사용할 방식을 결정합니다.

Use UnityWebRequest for Local Asset Bundles

내장된 에셋 번들, 즉 로컬 에셋 번들을 로드할 때 웹 리퀘스트를 사용할지 결정합니다. 플랫폼에 따라 이 옵션을 사용해야 할 수도 있습니다.

예를 들어 앱이 설치될 기기나 플랫폼이 보안 등의 이유로 로컬 에셋 번들의 위치를 파일 시스템으로 직접 접근할 수 없게 막을 수 있습니다. 이때 위 옵션을 활성화할 수 있습니다.

로컬 에셋 번들을 로드하는 데 문제가 없다면 대부분의 경우 체크 해제합니다.

Request Timeout

원격 에셋 그룹에만 적용됩니다. 에셋 번들을 다운로드할 때 응답이나 전달된 데이터가 없어 타임아웃이 발생한 이후 대기하는 시간입니다. 이 시간을 초과하면 요청을 취소합니다.

use Http Chunked Transfer

HTTP 1.1에서 지원되는 HTTP 청크드 전송 인코딩을 사용합니다. 청크드 전송 인코딩은 콘텐츠를 여러 덩어리로 나누어 스트리밍 데이터 형태로 전달하는 HTTP 데이터 전송 방식입니다.

Http Redirect Limit

원격 에셋 그룹에만 적용됩니다. 원격 경로를 웹리퀘스트로 접근할 때 리다이렉트를 허용할 횟수입니다.

Retry Count

에셋 번들을 가져오려는 요청이 실패했을 때 재시도할 횟수입니다.

Include Addresses in Catalog

이 에셋 그룹의 에셋들의 어드레스를 카탈로그에 포함할지 결정합니다. 예외적인 경우가 아니면 항상 활성화합니다.

어드레서블 시스템에서 어드레스는 에셋을 찾는 주요 키로 사용됩니다. 하지만 어드레스 외에도 레이블이나 에셋의 GUID 등을 키로 사용할 수 있습니다.

매우 희귀한 경우지만 어떠한 이유로 어드레스를 사용하지 않고 다른 타입의 키만 사용하여 어드레서블 에셋을 로드한다면 Include Addresses in Catalog를 체크 해제하여 카탈로그 크기를 줄일 수 있습니다.

Include GUIDs in Catalog

이 에셋 그룹의 에셋들의 GUID를 카탈로그에 포함할지 결정합니다.

`AssetReference` 타입의 변수가 에셋의 GUID를 저장하고, GUID를 키로 사용하여 어드레서블 에셋을 로드합니다. 따라서 Include GUIDs in catalog를 비활성화하면 `AssetReference`가 정상 동작하지 않을 수 있습니다.

예외적인 경우가 아니면 항상 활성화합니다. GUID를 키로 사용하지 않는다면 카탈로그 크기를 줄이기 위해 사용할 수 있습니다.

Include Labels in Catalog
이 에셋 그룹에서 사용된 레이블들을 카탈로그에 포함할지 결정합니다. 예외적인 경우가 아니면 항상 활성화합니다.

레이블을 키로 사용하지 않을 때 카탈로그 크기를 줄이기 위해 사용할 수 있습니다.

Internal Asset Naming Mode
내부 에셋의 이름을 어떻게 지을지 결정합니다. 대부분의 경우 기본값인 Full Path(전체 경로)를 그대로 사용합니다.

Internal Bundle Id Mode
이 에셋 그룹에서 생성되는 에셋 번들의 내부 ID를 어떻게 생성할지 결정합니다.

프로젝트의 안정성을 높이기 위해서는 이름은 같지만 실제로는 서로 다른 에셋 번들을 구별할 수 있도록 내부 ID가 유일한 값을 가지게 설정하는 게 좋습니다.

또한 내부 번들 ID는 캐싱에 사용됩니다. 에셋 번들이 제대로 캐싱되려면 번들 내부 ID가 유일한 값을 가져야 합니다. 같은 이름의 에셋 번들이 서로 다른 내부 ID를 가져야 이를 비교하여 새로 다운로드할지 결정할 수 있기 때문입니다.

따라서 내부 번들 ID 모드는 이름에 GUID가 포함된 Group Guid 또는 Group Guid Project Id Hash로 설정하는 게 좋습니다. 대부분의 경우 기본값인 Group Guid Project Id Hash를 그대로 사용하면 됩니다.

Cache Clear Behavior
오래된 에셋 번들 캐시를 어떻게 처리할지 결정합니다.

- Clear When Space Is Needed In Cache : 추가 공간이 필요한 경우 제거
- Clear When New Version Loaded : 이 에셋 번들의 새로운 버전이 로드되었을 때 오래된 버전의 에셋 번들 캐시 제거

BundleMode

이 에셋 그룹의 에셋들을 에셋 번들로 빌드할 때 에셋을 어떤 단위로 묶을지 결정합니다.

- Pack Together : 이 에셋 그룹의 모든 에셋을 하나의 번들로 묶기
- Pack Separately : 각 에셋을 각 에셋 번들로 쪼개기
- Pack Together By Label : 같은 레이블을 가진 에셋끼리 번들로 묶기

어떤 설정을 사용하느냐에 따라 메모리 사용량이나 에셋 로드 속도 등이 달라질 수 있습니다. 이 설정은 C.6.9절 '리소스 릴리즈하기'에서 설명하는 메모리 관리와 관련이 있습니다.

예를 들어 Pack Together로 설정하면 어떤 에셋 A만 사용하는데, 동시에 사용되지 않는 에셋 B, 에셋 C도 같이 메모리에 로드되는 단점이 있을 수 있습니다.

반대로 Pack Separately를 사용할 경우 중복 에셋이 늘어나는 문제가 발생할 수 있습니다. 예를 들어 에셋 A, B, C가 의존 에셋(또는 의존성[4])으로 에셋 D를 필요로 한다고 생각해봅시다.

에셋 A, B, C를 각각 따로 에셋 번들로 빌드하면 에셋 A, B, C에 대한 세 개의 에셋 번들에 에셋 D가 하나씩 포함되어야 합니다. 따라서 전체 콘텐츠 크기가 커질 수 있습니다.

Bundle Naming Mode

생성되는 번들의 파일명을 결정합니다. 기본값은 Append Hash to Filename입니다. 해당 설정을 사용하면 에셋 그룹이나 에셋명에 해시 값을 붙여 번들의 파일명을 짓습니다. 대부분의 경우 기본값을 그대로 사용합니다.

Asset Load Mode

에셋을 요청했을 때 어떻게 로드할지 결정합니다.

- Requested Asset And Dependencies : 요청한 에셋과 해당 에셋의 의존성만 로드합니다.
- All Packed Assets And Dependencies : 요청한 에셋과 함께 패킹되어 있던 모든 에셋과 의존성을 로드합니다.

기본값인 Requested Asset And Dependencies 사용을 추천합니다.

---

4 어떤 에셋이 필요로 하는 다른 에셋. 예를 들어 어떤 프리팹 에셋을 로드하기 위해서는 해당 프리팹에서 사용된 3D 모델과 머티리얼 등도 함께 로드해야 합니다.

Asset Provider

에셋 번들 안에 있는 에셋을 로드하는 과정에서 사용할 리소스 프로바이더를 결정합니다. 대부분의 경우 기본값인 Assets from Bundles Provider를 사용합니다.

만약 이 에셋 그룹의 에셋들을 특수한 절차를 거쳐 로드해야 하는 경우 커스텀 리소스 프로바이더를 직접 구현하여 그곳에 할당할 수 있습니다.

Asset Bundle Provider

에셋 번들을 가져오는 과정에서 사용할 리소스 프로바이더를 결정합니다. 대부분의 경우 기본값인 AssetBundle Provider를 사용합니다.

만약 이 에셋 그룹에서 생성될 에셋 번들을 특수한 절차를 거쳐 로드해야 하는 경우 커스텀 리소스 프로바이더를 직접 구현하여 이곳에 할당할 수 있습니다.

C.5.5 Content Update Restriction

Content Update Restriction 스키마는 현재 에셋 그룹의 콘텐츠가 최초 배포(릴리즈) 이후에 변경되어서는 안 될 때 이를 표시하기 위해 사용합니다.

▶ Content Update Restriction

이 스키마는 **Update Restriction** 필드를 제공합니다. Update Restriction은 다음 중 하나의 값을 가집니다.

- **Can Change Post Release** : 콘텐츠 최초 배포 이후에도 변경 가능
- **Cannot Change Post Release** : 콘텐츠 최초 배포 이후에 변경 불가능

Update Restriction은 현재 에셋 그룹에 남기는 표식이며, Update Restriction을 Cannot Change Post Release로 설정해도 에셋 그룹에 당장 적용되는 제약은 없습니다.

이 설정은 풀 빌드로 어드레서블 콘텐츠를 생성하고 이를 배포했을 때 실질적인 의미를 가집니다. Content Update Restriction을 활용하는 방법은 C.7절 '어드레서블 콘텐츠 빌드하기'에서 자세히 설명합니다.

C.6 어드레서블 시스템 코딩하기

예시 코드를 통해 어드레서블 시스템을 사용하는 방법을 살펴봅시다.

어드레서블 시스템의 API를 사용하기 위해서는 다음과 같이 `UnityEngine.AddressableAssets` 또는 `UnityEngine.ResourceManagement` 관련 네임스페이스에 대한 `using` 선언이 필요합니다.

```
using UnityEngine.AddressableAssets;
using UnityEngine.ResourceManagement.AsyncOperations;
```

C.6.1 키와 IResourceLocation

코드를 살펴보기 전에 에셋을 찾아오는 데 사용하는 키 타입을 먼저 살펴보겠습니다. 다음과 같은 타입을 키로 사용하여 어드레서블 에셋을 찾아 로드할 수 있습니다.

- 어드레스
- 레이블
- GUID

대부분의 경우에는 어드레스와 레이블을 사용합니다. 어드레스는 에셋을 특정하여 가져올 때, 레이블은 필터링을 통해 많은 에셋을 한번에 가져올 때 주로 사용합니다.

에셋의 GUID는 여러분이 직접 사용하지 않습니다. 대신 C.6.4절 'AssetReference 사용하기'에서 설명하는 `AssetReference` 타입의 필드에 어드레서블 에셋을 할당하면 내부적으로 에셋의 GUID를 저장하여 키로 사용합니다.

어드레서블 시스템에 키를 넘기면 어드레서블 시스템은 해당 키로부터 `IResourceLocation` 오브젝트를 생성합니다.

`IResourceLocation`은 어드레서블 에셋의 위치 정보입니다. `IResourceLocation`은 어드레서블 에셋을 찾는 데 충분한 정보를 가집니다. 예를 들어 `IResourceLocation` 타입의 오브젝트로부터 다음 정보를 알 수 있습니다.

- 프로바이더가 해당 에셋의 위치를 찾는 데 사용하는 내부 ID
- 주요 키(에셋에 할당된 어드레스)
- 로드할 에셋의 타입

- 사용할 프로바이더
- 의존성(이 에셋이 필요로 하는 의존 에셋)
- 에셋 위치와 관련된 이외의 추가 데이터

IResourceLocation을 어드레서블 에셋을 찾는 메서드에 직접 전달하여 에셋을 로드할 수도 있습니다.

C.6.2 에셋 로드하기

키를 통해 에셋을 로드하는 예시를 보겠습니다.

단일 에셋 로드하기

어드레서블 에셋은 다음 메서드로 찾아서 로드합니다.

```
Addressables.LoadAssetAsync<T>(object key)
```

`Addressables.LoadAssetAsync()` 메서드는 어드레스나 레이블 등을 키로 입력하면 키에 대응되는 에셋을 로드합니다.[5]

참고로 `Addressabels.LoadAssetAsync()` 입력으로 전달한 키에 대응하는 에셋이 두 개 이상인 경우 가장 먼저 검색되는 에셋 하나만 반환된다는 점에 주의합니다.

다음 예시 코드는 `main_music` 어드레스를 가진 오디오 클립을 로드하여 오디오 소스를 통해 재생합니다.

```
private void Start()
{
    StartCoroutine(PlayMainMusicRoutine());
}


IEnumerator PlayMainMusicRoutine() {
```

----

5 `Addressables.LoadAssetAsync()` 메서드는 입력으로 object 타입을 받습니다. object 타입은 클래스로 선언된 모든 타입의 기반 클래스로 동작합니다. 따라서 string 외에도 클래스로 선언된 타입이라면 어떤 것이든 `Addressables.LoadAssetAsync()` 메서드에 키로 입력할 수 있습니다.

```
    // main_music 어드레스를 가진 오디오 클립 가져오기
    AsyncOperationHandle<AudioClip> operationHandle =
        Addressables.LoadAssetAsync<AudioClip>("main_music");

    yield return operationHandle; // 에셋을 가져오는 오퍼레이션 기다리기
    AudioClip musicClip = operationHandle.Result; // 오디오 클립 가져옴

    // 오디오 소스를 통해 재생
    audioSource.clip = musicClip;
    audioSource.Play();
}
```

Addressables.LoadAssetAsync() 메서드는 에셋을 바로 반환하지 않는다는 점에 주의합니다. 에셋을 가져오는 과정은 어느 정도 시간이 소모되는 비동기 작업입니다. 예들 들어 로드할 에셋 이 다운로드 시간이 소요되는 원격 서버에 있을 수 있습니다.

따라서 Addressables.LoadAssetAsync() 메서드는 에셋을 즉시 반환할 수 없습니다. 대신 에 셋을 가져오는 작업 과정(오퍼레이션)을 통제하거나 기다리는 데 사용할 수 있는 오퍼레이션 핸들 AsyncOperationHandle 타입의 오브젝트를 반환합니다.

위 예시에서는 AudioClip을 가져오는 AsyncOperationHandle<AudioClip> 타입의 오퍼레이션 핸들을 받아 operationHandle이라는 이름의 변수로 저장했습니다. 그리고 아래 코드를 통해 해당 작업(오퍼레이션)이 완료될 때까지 대기했습니다.

```
yield return operationHandle;
```

그리고 operationHandle.Result를 통해 로드된 오디오 클립 에셋을 가져와 오디오 소스 컴포 넌트를 통해 재생했습니다. 같은 동작을 코루틴을 사용하지 않고 콜백을 사용하여 다음과 같이 다르게 작성할 수도 있습니다.

```
private void Start()
{
    PlayMainMusic();
}

private void PlayMainMusic() {
```

```
    // main_music 어드레스를 가진 오디오 클립 가져오기
    AsyncOperationHandle<AudioClip> operationHandle =
        Addressables.LoadAssetAsync<AudioClip>("main_music");

    // operationHandle이 완료될 시점에 실행될 콜백 등록
    operationHandle.Completed += (handle) =>
    {
        // 오디오 클립 가져옴
        AudioClip musicClip = handle.Result;

        // 오디오 소스를 통해 재생
        audioSource.clip = musicClip;
        audioSource.Play();
    };
}
```

AsyncOperationHandle 타입은 오퍼레이션이 완료되는 시점에 실행되는 Completed 이벤트를 제공합니다. 그리고 Completed의 이벤트의 매개 변수로는 오퍼레이션 스스로가 들어옵니다.

즉, 위 코드에서 Completed 이벤트가 발생하면 handle이라는 이름으로 완료된 시점의 오퍼레이션이 전달됩니다. 그리고 로드된 오디오 클립 에셋을 handle.Result로 가져와 재생했습니다.

여러 에셋 로드하기
한번에 여러 개의 어드레서블 에셋을 로드할 수도 있습니다. 이때는 다음 메서드를 사용합니다.

```
Addressables.LoadAssetsAsync(keys, callback, mode)
```

위 메서드는 다음 입력을 받습니다.

- IList<object> keys : 어드레스나 레이블 등을 모은 키 콜렉션(키 리스트나 배열)
- Action<Object> callback : 각 에셋이 로드될 때마다 실행할 콜백
- MergeMode mode : 키를 어떤 조건으로 엮을지 결정하는 머지 모드

Addressables.LoadAssetsAsync() 메서드에 키를 전달하면 전달한 키에 대응하는 에셋을 전부 가져옵니다. 물론 하나의 키만 넣어서 전달할 수도 있습니다. 키를 한 개만 전달해도 키에 대응하는 에셋이 여러 개 존재한다면 여러 개의 에셋이 모두 로드됩니다.

Addressables.LoadAssetsAsync( ) 메서드의 세 번째 파라미터로 머지 모드를 전달할 수 있습니다. 머지 모드를 통해 키를 어떤 식으로 엮어 조건으로 사용할지 결정할 수 있습니다. 머지 모드의 값에 따라 다음 중 하나의 방법으로 에셋을 필터링하여 가져옵니다.

- MergeMode.Union : 합집합. 키 목록에 있는 키 중 하나라도 대응하는 게 있다면 해당 에셋은 로드 목록에 포함됩니다.
- MergeMode.Intersection : 교집합. 키 목록에 있는 키를 전부 가지고 있는 에셋만 로드 목록에 포함합니다.
- MergeMode.UseFirst : 키 목록에 있는 키 중에서 유효한 에셋 위치를 가장 먼저 내놓는 키만 사용하여 에셋을 가져옵니다.

Addressables.LoadAssetsAsync( ) 메서드를 사용하는 예시를 하나 살펴봅시다. 어떤 프로젝트에 다음과 같이 세 개의 어드레서블 레이블을 만들었다고 가정해봅시다.

- weapons
- HD
- SD

또한 프로젝트에 그래픽 설정에 따라 같은 오브젝트에 대해 고해상도 에셋과 저해상도 에셋을 각각 준비했다고 가정해봅시다. 그러면 위 레이블들은 다음 에셋을 대상으로 태그됩니다.

- weapons : 무기 에셋
- HD : 고해상도 에셋
- SD : 저해상도 에셋

해당 프로젝트의 어드레서블 그룹 창을 열어 무기 에셋들을 묶은 Weapons 에셋 그룹을 살펴보면 다음 그림과 같이 같은 무기에 대한 두 개의 버전이 준비되어 있고, 각각 HD와 SD 레이블이 태그되어 있을 겁니다.

게임에서 사용할 모든 무기 에셋을 미리 로드하려고 할 때 weapons 레이블을 통해 가져올 수 있습니다. 그런데 각 무기는 고해상도 버전과 저해상도 버전이 하나씩 준비되어 있습니다. 따라서 weapons 레이블만 사용하면 각 무기를 두 개씩 중복해서 로드하게 됩니다.

이때 HD 레이블과 SD 레이블 중 하나를 선택하여 weapons 레이블과 함께 사용하면 무기 에셋들 중에서 고해상도 또는 저해상도만 골라서 로드할 수 있습니다.

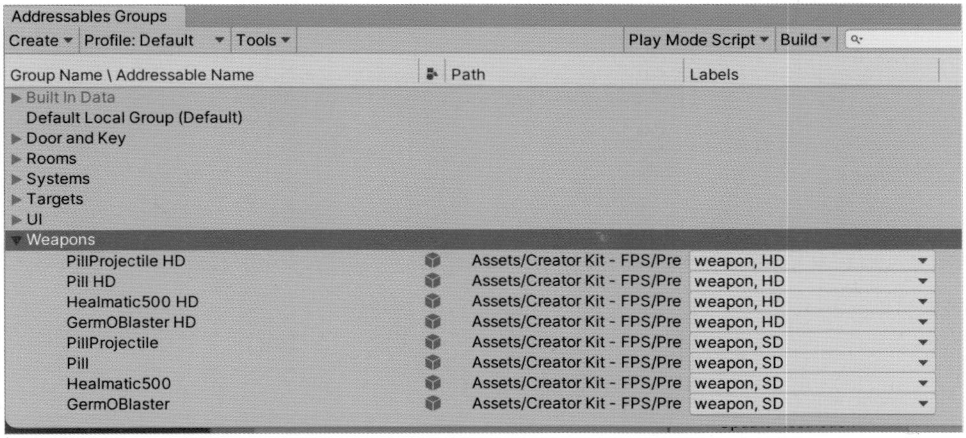

▶ Weapons 에셋 그룹

다음 코드의 LoadAllWeaponsRoutine() 코루틴 메서드는 입력으로 고해상도 모델 사용 여부를 받습니다. 그리고 이를 통해 모든 고해상도 무기 또는 저해상도 무기를 로드합니다.

```
private IEnumerator LoadAllWeaponsRoutine(bool useHighDefinition)
{
    List<string> keys = new List<string>();
    keys.Add("weapons");

    if (useHighDefinition)
    {
        keys.Add("HD");
    }
    else
    {
        keys.Add("SD");
    }

    Action<GameObject> callback = (GameObject loadedAsset) =>
    {
        Debug.Log($"로드된 에셋 이름 : {loadedAsset.name}");
    };

    AsyncOperationHandle<IList<GameObject>> operationHandle =
        Addressables.LoadAssetsAsync<GameObject>(keys, callback,
        Addressables.MergeMode.Intersection);
```

```
        yield return operationHandle;

        IList<GameObject> loadedWeaponPrefabs = operationHandle.Result;

        // 로드된 무기 loadedWeaponsPrefabs을 사용하는 나머지 코드
    }
```

위 코드는 먼저 string 리스트 타입으로 키 목록이 될 리스트를 선언합니다. 그리고 무기 어드
레서블 에셋들이 가지고 있는 weapons 레이블을 키로 추가합니다.

```
keys.Add("weapons");
```

그다음 고해상도 사용 여부에 따라 HD와 SD 중 하나를 키 목록에 추가합니다.

```
if (useHighDefinition)
{
    keys.Add("HD");
}
else
{
    keys.Add("SD");
}
```

그다음 GameObject 타입으로 로드된 프리팹 에셋을 받아 해당 에셋의 이름을 출력하는 익명
메서드 callback을 생성했습니다.

```
Action<GameObject> callback = (GameObject loadedAsset) =>
{
    Debug.Log($"로드된 에셋 이름 : {loadedAsset.name}");
};
```

그리고 Addressables.LoadAssetsAsync() 메서드를 GameObject 타입을 대상으로 실행합니다.

```
AsyncOperationHandle<IList<GameObject>> = Addressables.LoadAssetsAsync<GameObject>(keys,
    callback, Addressables.MergeMode.Intersection);
```

Addressables.LoadAssetsAsync() 메서드 입력으로는 다음 값을 전달했습니다.

- 키 목록 keys
- 각 에셋이 로드될 때마다 실행될 콜백 callback
- 교집합 머지 모드인 MergeMode.Intersection

MergeMode.Intersection은 목록에 있는 모든 키를 어드레스나 레이블로 가지고 있는 에셋만 로드합니다. 만약 keys 리스트가 "weapons", "HD"로 구성되어 있다면 weapons 레이블만 가지고 있거나 HD 레이블만 가지고 있는 어드레서블 에셋은 로드되지 않습니다.

마지막으로 yield 문으로 오퍼레이션 완료를 기다립니다. 그리고 로드된 프리팹 에셋을 operationHandle.Result를 통해 가져왔습니다.

```
yield return operationHandle;
IList<GameObject> loadedWeaponPrefabs = operationHandle.Result;
```

C.6.3 인스턴스화하기

아래 메서드로 프리팹 어드레서블 에셋을 인스턴스화합니다.

```
Addressables.InstantiateAsync()
```

Addressables.InstantitateAsync() 메서드는 입력으로 어드레스나 레이블 등을 키로 받습니다. 다음 코드는 monster_red 어드레스를 가진 프리팹을 인스턴스화하는 예시입니다.

```
private void Start()
{
    var operationHandle = Addressables.InstantiateAsync("monster_red");

    operationHandle.Completed += handle =>
    {
        GameObject createdMonster = handle.Result;
        Debug.Log($"몬스터가 생성됨! {createdMonster.name}");
    };
}
```

Addressables.LoadAssetAsync()로 프리팹을 로드한 다음 Instantiate() 메서드로 프리팹의 복제본을 인스턴스화할 수도 있습니다.

단, Addressables.InstantiateAsync() 메서드를 사용하지 않고 Instantiate() 메서드로 인스턴스화하는 경우 어드레서블 시스템이 메모리를 관리할 때 사용하는 에셋 참조 횟수가 증가하지 않는다는 점에 주의합니다. 참조 횟수는 C.6.9절 '리소스 릴리즈하기'에서 자세히 설명합니다.

C.6.4 AssetReference 사용하기

다음 그림과 같이 인스펙터 창에서 AssetReference 타입의 필드에 어드레서블 에셋을 할당할 수 있습니다.

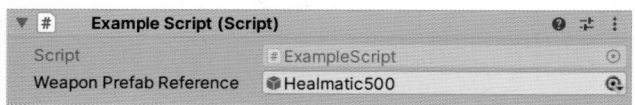

▶ AssetReference 필드에 할당된 프리팹

위 그림에서 Weapon Prefab Reference 필드는 다음과 같이 선언된 변수입니다.

```
public AssetReference weaponPrefabReference;
```

여기서 weaponPrefabReference 변수에 실제로 할당되고 저장된 것은 Healmatic500 프리팹 에셋 자체가 아니라 Healmatic500 프리팹 에셋을 찾는 데 필요한 GUID 키라는 점에 주목합니다.

AssetReference 필드에 에셋을 할당하면 에셋 자체가 아니라 해당 에셋을 로드하는 데 키로 사용될 GUID가 할당됩니다. 그리고 런타임에 AssetReference 변수로부터 어드레서블 에셋을 다운로드하고 로드할 수 있습니다.

기본 AssetReference 타입 외에도 각 에셋 타입에 특화된 여러 버전의 AssetReference가 있습니다. 예를 들어 AssetReferenceSprite 타입의 필드에는 스프라이트 에셋만 할당할 수 있습니다. 따라서 실수로 프리팹을 할당하는 실수를 막을 수 있습니다.

- AssetReference
- AssetReferenceT<TObject>
- AssetReferenceTexture
- AssetReferenceTexture2D
- AssetReferenceTexture3D
- AssetReferenceGameObject
- AssetReferenceAtlasedSprite
- AssetReferenceSprite

다음 예시 코드는 포탄 프리팹에 추가되어 있는 Shell 컴포넌트가 다른 콜라이더와 충돌했을 때 폭발 효과 프리팹 어드레서블 에셋을 인스턴스화하고 재생합니다.

```
public class Shell : MonoBehaviour
{
    // 폭발 효과 프리팹 어드레서블 에셋이 할당된 에셋 레퍼런스
    public AssetReference explosionPrefabReference;

    private void OnTriggerEnter(Collider other)
    {
        /* 충돌한 상대방 게임 오브젝트에 대미지를 주는 처리... */

        // 폭발 효과 프리팹을 어드레서블 시스템을 통해 찾아와 인스턴스화함
        AsyncOperationHandle<GameObject> operationHandle =
            explosionPrefabReference.InstantiateAsync(
            transform.position, Quaternion.identity);

        // 인스턴스화가 완료되었을 때 생성된 폭발 효과 게임 오브젝트의 파티클 시스템 재생
        operationHandle.Completed += (handle) =>
        {
            GameObject explosionGameObject = handle.Result;
            ParticleSystem explosionParticleSystem =
                explosionGameObject.GetComponent<ParticleSystem>();
            explosionParticleSystem.Play();
        };
        Destroy(gameObject); // 포탄 자신을 파괴
    }
}
```

AssetReference 타입으로부터 에셋을 가져올 때는 LoadAssetAsync() 메서드를 사용합니다.
다음 예시 코드는 AssetReference를 통해 어드레서블 오디오 클립을 가져와 재생합니다.

```
public class MusicPlayer : MonoBehaviour
{
    public AudioSource audioSource;
    public AssetReference musicClipReference;

    public void PlayMusic()
    {
        AsyncOperationHandle<AudioClip> operationHandle =
            musicClipReference.LoadAssetAsync<AudioClip>();

        operationHandle.Completed += (operation) =>
        {
            AudioClip musicClip = operation.Result;
            audioSource.clip = musicClip;
            audioSource.Play();
        };
    }
}
```

C.6.5 IResourceLocation 타입 사용하기

IResourceLocation은 가져올 어드레서블 에셋의 위치 정보입니다. 따라서 어드레서블 에셋을
로드하기 전에 키에 대응하는 IResourceLocation 오브젝트를 가져와 다음 처리를 구현할 수
있습니다.

- 키에 대응하는 위치와 에셋이 존재하는지 확인하기
- 가져올 에셋과 해당 에셋의 위치에 대한 여러 정보

IResourceLocation은 다음 메서드로 로드할 수 있습니다.

```
Addressables.LoadResourceLocationsAsync()
```

LoadResourceLocations() 메서드는 입력으로 키 또는 키 콜렉션을 받습니다. 그리고 키에 대
응하는 어드레서블 에셋 위치 정보를 IResourceLocations 타입의 리스트로 반환합니다.

단, 비동기 메서드이므로 IResourceLocation 리스트를 즉시 반환하지 않습니다. 대신 IResour
ceLocation 리스트를 내놓는 오퍼레이션 핸들을 반환합니다.

다음 예시 코드는 레이블 ui와 레이블 icon을 가진 모든 어드레서블 에셋의 위치를 가져옵니다.
그리고 해당 위치에 있는 에셋의 타입이 스프라이트라면 미리 로드하여 리스트에 담아둡니다.

```
private List<Sprite> allIconSprites = new List<Sprite>();

private IEnumerator LoadAllIconSprites()
{
    List<string> keys = new List<string>() { "ui", "icon" };
    AsyncOperationHandle<IList<IResourceLocation>> locationOperationHandle =
        Addressables.LoadResourceLocationsAsync(keys);

    yield return locationOperationHandle;

    IList<IResourceLocation> locations = locationOperationHandle.Result;

    foreach (var location in locations)
    {
        if (location.ResourceType == typeof(Sprite))
        {
            AsyncOperationHandle<Sprite> loadOperationHandle =
                Addressables.LoadAssetAsync<Sprite>(location);
            yield return loadOperationHandle;
            allIconSprites.Add(loadOperationHandle.Result);
        }
    }
}
```

위 예제 코드에서 알 수 있듯이 Addressables.LoadAssetAsync() 메서드는 어드레스와 레이
블 외에 IResourceLocation을 직접 입력받을 수 있습니다.

이외에도 Addressables.LoadAssetsAsync(), Addressables.InstantiateAsync() 메서드도
IResourceLocation 타입을 직접 입력받을 수 있습니다.

LoadResourceLocationsAsync() 메서드는 머지 모드를 입력받을 수 있습니다. 다음 예시는
weapons와 HD 레이블을 모두 가지고 있는(교집합) 어드레서블 에셋만 골라서 위치 정보를 가
져옵니다.

```
List<string> keys = new List<string> { "weapon", "HD" };
AsyncOperationHandle<IList<IResourceLocation>> locationOperationHandle =
    Addressables.LoadResourceLocationsAsync(keys, Addressables.MergeMode.Union);

yield return locationOperationHandle;

IList<IResourceLocation> locations = locationOperationHandle.Result;
```

LoadResourceLocationsAsync() 메서드가 반환한 IResourceLocation 리스트의 아이템 수가 0이라면 키에 대응하는 어드레서블 에셋이 존재하지 않는다는 의미입니다.

따라서 다음과 같이 반환된 IResourceLocation 리스트의 아이템 수를 검사하여 어드레스에 대응하는 에셋이 존재하지 않는 경우를 미리 검사할 수 있습니다.

```
private IEnumerator LoadMusicRoutine()
{
    string key = "main_music";
    AsyncOperationHandle<IList<IResourceLocation>> operationHandle =
        Addressables.LoadResourceLocationsAsync(key);

    yield return operationHandle;

    IList<IResourceLocation> locations = operationHandle.Result;

    if (locations.Count <= 0)
    {
        Debug.LogError("키에 대응하는 어드레서블 에셋이 없음");
    }
    else
    {
        // main_music 어드레서블 에셋을 로드하는 다른 처리
    }
}
```

C.6.6 의존성 미리 다운로드하기

어떤 어드레서블 에셋과 해당 에셋이 필요로 하는 의존성을 미리 다운로드할 수 있습니다. 만

약 에셋이 원격 서버 등 외부에 위치한다면 해당 에셋을 미리 다운로드함으로써 사용자의 체감 성능을 높일 수 있습니다.

예를 들어 게임에서 반드시 필요한 콘텐츠를 미리 다운로드하여 게임 도중에 실시간으로 에셋을 다운로드하면서 생기는 지연시간을 줄일 수 있습니다.

어드레서블 콘텐츠와 의존성은 `Addressables.DownloadDependenciesAsync()` 메서드로 미리 다운로드할 수 있습니다.

`Addressables.DownloadDependenciesAsync(object key, bool autoReleaseHandle = false)`

- `key` : 키
- `autoReleaseHandle` : 다운로드 완료와 동시에 오퍼레이션을 자동 해제할지 여부

`Addressables.DownloadDependenciesAsync(IEnumerable keys, bool autoReleaseHandle = false)`

- `keys` : 키(들)
- `autoReleaseHandle` : 다운로드 완료와 동시에 오퍼레이션을 자동 해제할지 여부

`Addressables.DownloadDependenciesAsync(IList<IResourceLocation> locations,`
`    bool autoReleaseHandle = false)`

- `locations` : 위치 정보(들)
- `autoReleaseHandle` : 다운로드 완료와 동시에 오퍼레이션을 자동 해제할지 여부

예를 들어 프로젝트에 앱 실행시 필수로 다운로드해야 할 어드레서블 에셋에 essential 레이블을 태그했다고 가정해봅시다. 다음 예시 코드는 essential 레이블을 가진 에셋을 미리 다운로드합니다.

```
public IEnumerator PreloadDownloadEssentialAssetsRoutine()
{
    // 필수 어드레서블 에셋에 태그된 레이블
    string essentialAssetLabel = "essential";

    // 해당 키에 대응하는 에셋과 의존성에 대한 다운로드 크기 가져오기
    AsyncOperationHandle<long> getDownloadSizeOperation =
        Addressables.GetDownloadSizeAsync(essentialAssetLabel);
```

```
        yield return getDownloadSizeOperation; // 다운로드 크기를 가져오는 오퍼레이션 수행을 기다림

        // 다운로드 크기 가져옴
        long downloadSize = getDownloadSizeOperation.Result;

        // 다운로드 크기를 다른 변수에 옮겨 기록했으므로
        // 더 이상 사용되지 않는 오퍼레이션 핸들 릴리즈
        Addressables.Release(getDownloadSizeOperation);

        // 필요한 다운로드 크기가 0보다 크면 다운로드 시작
        if (downloadSize > 0)
        {
            Debug.Log($"필수 에셋들을 다운로드합니다. 다운로드 크기 : {downloadSize}");
            // 종속성 다운로드 시작
            AsyncOperationHandle downloadDependenciesHandle =
                Addressables.DownloadDependenciesAsync(essentialAssetLabel);

            // 의존성 다운로드 오퍼레이션이 진행되는 동안 매 프레임 다운로드 정보 표시하기
            while (!downloadDependenciesHandle.IsDone)
            {
                // 현재 다운로드 상태 가져오기
                DownloadStatus downloadStatus =
                    downloadDependenciesHandle.GetDownloadStatus();
                Debug.Log($"다운로드해야 할 전체 크기 : {downloadStatus.TotalBytes}");
                Debug.Log($"현재 다운로드된 크기 : {downloadStatus.DownloadedBytes}");
                Debug.Log($"진행도 : {downloadStatus.Percent}");
                yield return null;
            }

            Addressables.Release(downloadDependenciesHandle);
            Debug.Log("다운로드 끝!");
        }
    }
```

코드를 살펴봅시다. 먼저 다운로드할 에셋에 대한 키를 지정합니다.

```
string essentialAssetLabel = "essential";
```

그다음 Addressables.GetDownloadSizeAsync() 메서드에 essentialAssetLabel을 키로 전

달하여 해당 레이블과 관련된 콘텐츠의 다운로드 크기를 가져옵니다.

```
// 해당 키에 대응하는 에셋과 의존성에 대한 다운로드 크기 가져오기
AsyncOperationHandle<long> getDownloadSizeOperation = Addressables.GetDownloadSizeAsync(
    essentialAssetLabel);
yield return getDownloadSizeOperation; // 다운로드 크기를 가져오는 오퍼레이션 수행을 기다림

// 다운로드 크기 가져옴
long downloadSize = getDownloadSizeOperation.Result;
```

다운로드 크기를 가져오는 과정은 오퍼레이션 핸들로 반환됩니다. 다운로드 크기를 가져오는 오퍼레이션을 yield 문으로 기다린 다음 측정된 다운로드 크기를 변수 downloadSize에 저장했습니다.

다운로드 크기를 다른 변수로 옮겨 기록했으므로 더 이상 사용되지 않는 getDownloadSizeOperation 오퍼레이션 핸들은 메모리를 아끼기 위해 해제했습니다.

```
Addressables.Release(getDownloadSizeOperation);
```

그다음 다운로드할 크기가 0보다 크면 Addressables.DownloadDependenciesAsync() 메서드로 essential 레이블에 대응하는 에셋과 의존성 다운로드를 시작합니다.

```
// 필요한 다운로드 크기가 0보다 크면 다운로드 시작
if (downloadSize > 0)
{
    Debug.Log($"필수 에셋들을 다운로드합니다. 다운로드 크기 : {downloadSize}");
    // 종속성 다운로드 시작
    AsyncOperationHandle downloadDependenciesHandle =
        Addressables.DownloadDependenciesAsync(essentialAssetLabel);

    // 의존성 다운로드 오퍼레이션이 진행되는 동안 매 프레임 다운로드 정보 표시하기
    while (!downloadDependenciesHandle.IsDone)
    {
        // 현재 다운로드 상태 가져오기
        DownloadStatus downloadStatus = downloadDependencies.GetDownloadStatus();
        Debug.Log($"다운로드해야 할 전체 크기 : {downloadStatus.TotalBytes}");
```

```
            Debug.Log($"현재 다운로드된 크기 : {downloadStatus.DownloadedBytes}");
            Debug.Log($"진행도 : {downloadStatus.Percent}");
            yield return null;
        }

        Addressables.Release(downloadDependenciesHandle);
        Debug.Log("다운로드 끝!");
    }
```

코드를 살펴보면 `Addressables.DownloadDependenciesAsync()` 메서드가 반환한 의존성 다운로드 오퍼레이션 핸들을 `downloadDependenciesHandle`이라는 변수로 받았습니다.

그리고 `while (!downloadDependenciesHandle.IsDone)`과 `yield return null`을 통해 해당 오퍼레이션이 끝날 때까지 매 프레임 루프합니다.

매 프레임 루프하면서 다운로드 정보인 `DownloadStatus` 타입의 오브젝트를 `AsyncOperationH` `andle`의 `GetDownloadStatus()` 메서드로 가져와 `downloadStatus` 변수로 저장합니다. 그리고 `downloadStatus` 변수를 통해 다운로드 정보를 로그로 표시했습니다.

마지막으로 `Addressables.Release(downloadDependenciesHandle);`을 통해 사용이 끝난 오퍼레이션을 해제했습니다.

C.6.7 카탈로그 업데이트하기

카탈로그는 런타임에 자동 로드됩니다.

만약 원격 카탈로그^{리모트 카탈로그, Remote Catalog}를 활성화한 상태에서 앱을 빌드한 경우 빌드된 앱이 실행될 때 어드레서블 시스템은 앱 내부에 캐싱된 기존 카탈로그와 원격 로드 경로에 있는 원격 카탈로그를 비교합니다. 그리고 원격 로드 경로에 있는 카탈로그가 더 최신이라면 해당 원격 카탈로그를 다운로드하여 기존에 캐싱된 카탈로그를 대체하여 메모리에 로드합니다.

그런데 어떠한 이유로 어드레서블 설정에서 Disable Catalog Update on Startup을 체크했다면 카탈로그 업데이트가 자동으로 이루어지지 않습니다. 이 경우 다음 메서드를 통해 이미 로드되어 있는 카탈로그를 명시적으로 업데이트할 수 있습니다.

```
Addressables.UpdateCatalogs();
```

Addressables.UpdateCatalogs()는 카탈로그를 업데이트하고, 업데이트되어 로드된 새 카탈로그에 대응하는 리소스 로케이터를 IResourceLocator 리스트로 내놓습니다. 단, 비동기 메서드이므로 리스트를 바로 반환하는 대신 오퍼레이션 핸들을 반환합니다.

참고로 앱에 기본 내장된 카탈로그 외에 Addressables.LoadContentCatalogAsync() 메서드를 통해 앱에 임의의 카탈로그를 추가 로드한 경우가 있을 수 있습니다. 이 경우 Addressables.UpdateCatalogs()를 실행했을 때 다수의 카탈로그가 업데이트될 수 있습니다.

Addressables.UpdateCatalogs() 메서드는 입력을 주지 않으면 현재 로드된 전체 카탈로그를 업데이트합니다. 또한 입력으로 카탈로그 이름을 리스트 등의 컬렉션으로 전달하여 로드된 카탈로그들 중에서 선택적으로 카탈로그를 업데이트할 수도 있습니다.

Addressables.UpdateCatalogs() 메서드는 반환된 오퍼레이션 핸들을 카탈로그 업데이트가 완료되면 자동으로 해제합니다. 원한다면 오퍼레이션 핸들이 자동 해제되지 않도록 메서드의 autoReleaseHandle 매개 변수에 false를 전달할 수 있습니다.

그러면 다음과 같이 오퍼레이션을 수동으로 해제해야 합니다.

```
AsyncOperationHandle<List<IResourceLocator>> updateCatalogsOperationHandle =
    Addressables.UpdateCatalogs(autoReleaseHandle: false);

yield return updateCatalogsOperationHandle;

Addressables.Release(updateCatalogsOperationHandle);
```

Addressables.UpdateCatalogs()를 통해 생성된 오퍼레이션 핸들을 해제하지 않으면 이후에 Addressables.UpdateCatalogs() 메서드나 Addressables.LoadContentCatalogAsync() 메서드를 실행할 때 정상 동작하지 않을 수 있으므로 주의합니다.

C.6.8 카탈로그 추가하기

카탈로그 업데이트는 기존에 이미 로드된 카탈로그를 업데이트하는 것입니다.

예를 들어 앱에 기본 카탈로그 default_catalog가 이미 포함되어 있다고 가정해봅시다. 만약 새로 업데이트된 default_catalog 카탈로그가 원격 로드 경로에 있다면 카탈로그 업데이트시 새 버전의 default_catalog 카탈로그를 다운로드하고 기존에 캐시된 default_catalog를 대체할 것입니다.

그런데 기존 카탈로그를 대체하는 대신 이미 로드된 카탈로그에 더하여 추가 카탈로그를 로드하는 것도 가능합니다. 추가 카탈로그가 필요한 예시로 현재 프로젝트와 호환되는 다른 프로젝트에서 어드레서블 콘텐츠와 원격 카탈로그를 빌드했고 해당 콘텐츠를 현재 프로젝트 앱에서 다운로드하는 경우를 생각할 수 있습니다.

카탈로그 추가 로드는 다음 메서드로 실행할 수 있습니다.

```
Addressables.LoadContentCatalogAsync(string catalogPath, bool autoReleaseHandle = false)
```

catalogPath에는 카탈로그 경로가 옵니다. 예를 들어 원격 카탈로그를 다운로드할 URL이 올수 있습니다. autoReleaseHandle이 true면 오퍼레이션이 성공적으로 완료되는 순간 오퍼레이션 핸들이 자동으로 해제됩니다.

Addressables.LoadContentCatalogAsync()를 통해 생성된 오퍼레이션 핸들을 해제하지 않으면 이후에 Addressables.UpdateCatalogs() 메서드나 Addressables.LoadContentCatalogAsync() 메서드를 실행할 때 정상 동작하지 않을 수 있으므로 주의합니다.

Addressables.LoadContentCatalogAsync() 메서드는 입력된 경로에서 카탈로그 json 파일뿐만 아니라 카탈로그와 같은 이름을 가진 해시 파일(hash 확장자)을 찾습니다. 만약 해시 파일이 있다면 다운로드된 카탈로그는 로컬에 캐싱됩니다.

해당 해시 파일은 이후에 새로운 원격 카탈로그를 다운로드할 때 카탈로그를 다운로드하는 대신 캐싱된 카탈로그를 사용할지 판단할 때 사용됩니다. 만약 다운로드할 원격 카탈로그에 대한 해시 파일이 있다면 로컬에 캐싱된 카탈로그 해시 파일과 원격 카탈로그 해시 파일을 비교합니다.

만약 해시가 다르면 원격 카탈로그를 다운로드하고 캐싱하여 사용합니다. 원격 카탈로그의 해시 파일과 로컬 카탈로그의 해시 파일이 일치한다면 추가 인터넷 연결 없이 로컬 카탈로그를 사용합니다. 만약 다운로드할 카탈로그에 대한 해시 파일이 존재하지 않으면 매번 카탈로그를 다시 다운로드합니다.

Addressables.LoadContentCatalogAsync() 메서드는 다음과 같이 IResourceLocator 오브젝트를 반환하는 오퍼레이션을 반환합니다.

```
AsyncOperationHandle<IResourceLocator>
```

즉, Addressables.LoadContentCatalogAsync( ) 메서드는 추가 로드한 카탈로그를 통해 생성된 리소스 로케이터를 반환합니다. 해당 리로스 로케이터를 통해 새로 로드된 카탈로그에 의해 추가된 키들을 확인할 수 있습니다.

다음 코드는 원격 카탈로그를 다운로드하여 추가 로드합니다. 그리고 추가 로드된 카탈로그로 부터 사용 가능한 키를 반환합니다.

```csharp
public IEnumerator LoadAdditionalCatalog()
{
    // 추가 카탈로그 로드
    AsyncOperationHandle<IResourceLocator> loadCatalogOperation =
        Addressables.LoadContentCatalogAsync("https://cdn-url.com/new_dlc_catalog", false);
    yield return loadCatalogOperation; // 카탈로그 추가 오퍼레이션 대기

    // 해당 카탈로그를 통해 생성된 리소스 로케이터가 반환됨
    IResourceLocator resourceLocator = loadCatalogOperation.Result;

    // 새로 추가된 키 목록 출력
    Debug.Log($"추가로 사용할 수 있게 된 키들 : {string.Join(",",resourceLocator.Keys)}");

    Addressables.Release(loadCatalogOperation); // 사용이 끝난 오퍼레이션 해제
}
```

다음 코드는 추가 원격 카탈로그를 다운로드하여 로드할 뿐만 아니라 카탈로그에 의해 추가된 키에 대한 모든 콘텐츠를 미리 다운로드합니다.

```csharp
public IEnumerator LoadAdditionalContents()
{
    // 추가 카탈로그 로드
    AsyncOperationHandle<IResourceLocator> loadCatalogOperation =
        Addressables.LoadContentCatalogAsync("https://cdn-url.com/new_dlc_catalog");
    yield return loadCatalogOperation; // 카탈로그 추가 오퍼레이션 대기

    // 해당 카탈로그를 통해 생성된 리소스 로케이터가 반환됨
    IResourceLocator resourceLocator = loadCatalogOperation.Result;

    // 새로 추가된 키 목록 출력
    Debug.Log($"추가로 사용할 수 있게 된 키들 : {string.Join(",",resourceLocator.Keys)}");
```

```
    // 추가 로드된 카탈로그에 대한 다운로드 크기 측정
    AsyncOperationHandle<long> getDownloadSizeOperation =
        Addressables.GetDownloadSizeAsync(resourceLocator.Keys);
    yield return getDownloadSizeOperation;

    // 추가 로드된 카탈로그의 다운로드 크기
    Debug.Log($"추가 카탈로그에 콘텐츠 다운로드 크기 : {getDownloadSizeOperation.Result}");

    // 추가 카탈로그에 대한 콘텐츠 다운로드 시작
    yield return Addressables.DownloadDependenciesAsync(resourceLocator.Keys, true);

    Addressables.Release(getDownloadSizeOperation); // 사용이 끝난 오퍼레이션 핸들 해제
    Addressables.Release(loadCatalogOperation); // 사용이 끝난 오퍼레이션 핸들 해제
}
```

C.6.9 리소스 릴리즈하기

어드레서블로 로드한 에셋과 어드레서블 메서드가 생성한 오퍼레이션 핸들 오브젝트는 씬을 전환하는 등의 행위로는 메모리에서 자동 해제되지 않을 수 있습니다.

따라서 더 이상 사용되지 않는 어드레서블 리소스를 명시적으로 메모리에서 해제해야 합니다. 어드레서블 시스템에서 리소스를 해제(언로드)하는 방법을 살펴봅시다.

참조 횟수

어드레서블 에셋을 로드하면 해당 에셋, 해당 에셋의 의존성, 해당 에셋을 가지고 있는 에셋 번들이 메모리에 로드됩니다. 어드레서블 시스템은 로드된 에셋 번들과 각 에셋의 참조 횟수 (Ref-Count; Reference Count)를 추적합니다. 그리고 참조 횟수가 0이 될 때 에셋을 메모리에서 해제합니다.

어떤 어드레서블 에셋의 참조 횟수는 에셋이 로드될 때마다 1씩 증가하고, 해제될 때마다 1씩 감소합니다. 예를 들어 에셋 번들 Animals에 다음과 같은 어드레서블 에셋이 포함되어 있다고 가정해봅시다.

- Animals
  - Cat
  - Dog
  - Cow

이후 Cow 어드레서블 에셋을 Addressables.LoadAssetAsync() 메서드로 로드합니다. Cow 어드레서블 에셋을 로드하려면 Animals 에셋 번들이 먼저 로드되어야 합니다. 따라서 Animals 에셋 번들과 Cow 에셋이 모두 로드됩니다. 그리고 각각의 참조 횟수가 1 증가합니다.

호출한 메서드

- Addressables.LoadAssetAsync<GameObject>("Cow");

참조 카운트

- Animals : 1
  - Cat : 0
  - Dog : 0
  - Cow : 1

그다음 Cat 어드레서블 에셋을 Addressables.InstantiateAsync() 메서드를 통해 세 번 인스턴스화합니다. 그러면 Cat의 참조 횟수가 3 증가합니다. 또한 Animals 에셋 번들의 참조 횟수도 3 증가합니다.

즉 어드레서블 에셋의 참조 횟수가 증가하면, 해당 어드레서블 에셋이 포함된 에셋 번들의 참조 횟수도 증가합니다.

호출한 메서드

- Addressables.LoadAssetAsync<GameObject>("Cow");
- Addressables.InstantiateAsync("Cat");
- Addressables.InstantiateAsync("Cat");
- Addressables.InstantiateAsync("Cat");

참조 카운트

- Animals : 4
  - Cat : 3
  - Dog : 0
  - Cow : 1

만약 더 이상 Cow 에셋을 사용하지 않아 Addressables.Release() 메서드로 해제하면 Cow 의 참조 횟수가 0으로 줄어들어 Cow 에셋은 해제됩니다. 하지만 Animals 에셋 번들은 참조 횟수가 3이므로 여전히 로드된 상태로 유지됩니다.

호출한 메서드

- `Addressables.LoadAssetAsync<GameObject>("Cow");`

- `Addressables.InstantiateAsync("Cat");`

- `Addressables.InstantiateAsync("Cat");`

- `Addressables.InstantiateAsync("Cat");`

- `Addressables.Release(cowAsset);`

참조 카운트

- Animals : 3
  - – Cat : 3
  - – Dog : 0
  - – Cow : 0

또한 Cow 에셋도 Cow 에셋을 로드한 측에서는 해당 에셋이 해제된 것으로 보이지만, 실제로 메모리에서 완전히 해제되지는 않은 상태입니다. 에셋 번들의 일부분만 해제하는 것은 불가능하기 때문입니다.

마지막으로 `Addressables.ReleaseInstance()` 메서드를 세 번 호출하여 세 개의 Cat 인스턴스를 모두 파괴합니다.

호출한 메서드

- `Addressables.LoadAssetAsync<GameObject>("Cow");`

- `Addressables.InstantiateAsync("Cat");`

- `Addressables.InstantiateAsync("Cat");`

- `Addressables.InstantiateAsync("Cat");`

- `Addressables.Release(cowAsset);`

- `Addressables.ReleaseInstance(cat0);`

- `Addressables.ReleaseInstance(cat1);`

- `Addressables.ReleaseInstance(cat2);`

참조 카운트

- Animals : 0
  - – Cat : 0
  - – Dog : 0
  - – Cow : 0

이제 Cat의 참조 횟수와 에셋 번들 Animals의 참조 횟수 모두 0이 됩니다. 그리고 에셋 번들 Animals이 메모리에서 완전히 해제됩니다.

에셋 릴리즈

로드한 어드레서블 에셋은 다음 메서드로 해제할 수 있습니다.

`Addressables.Release()`

`Addressables.Release()` 메서드는 해제할 어드레서블 에셋 또는 오퍼레이션 핸들을 받습니다. 예를 들어 `Addressables.LoadAssetAsync()` 메서드로 로드된 프리팹을 더 이상 사용하지 않게 되었을 때 `Addressables.Release()` 메서드의 입력으로 전달할 수 있습니다.

단, `Addressables.Release()` 메서드에 입력된 에셋이 즉시 메모리에서 해제되지는 않습니다. `Addressables.Release()` 메서드는 입력된 어드레서블 에셋의 참조 횟수를 1 감소시킵니다. 해당 어드레서블 에셋의 참조 횟수가 0이 될 때 해당 에셋이 해제됩니다.

만약 아직 사용 중인 에셋을 해제하면, 해당 에셋을 사용하고 있던 다른 컴포넌트나 스크립트에서 에러가 날수 있으므로 주의하세요.

`Addressables.InstantiateAsync()` 메서드를 통해 생성된 인스턴스는 다음 메서드를 통해 해제합니다.

`Addressables.ReleaseInstance()`

`Addressables.ReleaseInstance()` 메서드는 `Addressables.InstantiateAsync()` 메서드를 통해 생성된 인스턴스를 파괴하고, 해당 인스턴스에 대응되는 어드레서블 에셋의 참조 횟수를 1 감소시킵니다.

`Addressables.InstantiateAsync()` 메서드로 프리팹을 인스턴스화한 경우, 참조 횟수가 인스턴스화 횟수만큼 증가합니다. 따라서 `Addressables.InstantiateAsync()`를 호출한 횟수만큼 `Addressables.ReleaseInstance()` 메서드가 실행되어야 에셋이 해제됩니다.

만약 `Addressables.ReleaseInstance()` 메서드를 사용하지 않고 `Destroy()` 메서드를 사용하여 인스턴스를 파괴하면 참조 횟수가 감소하지 않는다는 것에 주의하세요.

참고로 `Addressables.InstantiateAsync()` 메서드로 생성한 인스턴스가 씬 전환으로 파괴되는 경우에는 어드레서블 시스템이 감지하여 참조 횟수를 감소시키고 리소스를 메모리에서 정리합니다.

따라서 씬 전환에 의해 Addressables.InstantiateAsync() 메서드로 생성한 인스턴스가 파괴된 경우, Addressables.ReleaseInstance() 메서드를 따로 실행하지 않아도 됩니다.

Instantiate() 메서드로 인스턴스화한 경우

Addressables.LoadAssetAsync() 메서드를 통해 프리팹을 가져온 다음 해당 프리팹의 복제본 게임 오브젝트를 Instantiate() 메서드로 생성한 경우, 인스턴스를 아무리 많이 생성해도 참조 횟수가 1만 증가한다는 점에 주의합니다.

Addressables.LoadAssetAsync()을 실행하면 참조 횟수가 1 증가합니다. 그런데 해당 메서드로 로드한 프리팹을 Instantiate() 메서드로 인스턴스화할 때는 참조 횟수가 증가하지 않습니다.

이때 Addressables.Release() 메서드를 통해 사용된 어드레서블 프리팹을 해제하면 해당 에셋의 참조 횟수가 1에서 0이 됩니다. 따라서 해당 에셋이 곧장 메모리에서 해제됩니다.

그러면 로드한 프리팹으로부터 복제 생성된 게임 오브젝트들은 여전히 씬에 여전히 남아 있지만, 해당 게임 오브젝트가 사용 중이던 3D 모델 메시나 오디오 클립 등은 전부 사라지고 에러가 납니다.

따라서 어드레서블 프리팹을 인스턴스화할 때는 Addressables.LoadAssetAsync()로 에셋을 로드한 다음 Instantiate() 메서드로 프리팹을 인스턴스화하는 것보다 Addressables.InstantiateAsync() 메서드를 사용하여 인스턴스화하고 이후에 Addressables.ReleaseInstance() 메서드로 해제하는 것이 낫습니다.

오퍼레이션 핸들 해제

어드레서블 시스템의 메서드들이 반환하는 오퍼레이션 핸들 또한 더 이상 사용되지 않을 때 해제해야 합니다. 이들을 해제하지 않으면 메모리에 남게 됩니다.

그런데 오퍼레이션 핸들을 해제하면 오퍼레이션 핸들의 결과(AsyncOperationHandle.Result)로 주어지는 리소스도 해제됩니다. 따라서 오퍼레이션 핸들이 내놓은 에셋을 사용하고 있는 동안에는 오퍼레이션 핸들을 릴리즈하지 않도록 주의합니다.

다음 예시 코드는 오퍼레이션 핸들의 결과 값인 어드레서블 에셋의 다운로드 크기를 다른 변수로 옮긴 다음 사용된 오퍼레이션 핸들을 해제합니다.

```
// 해당 키에 대응되는 에셋과 의존성들에 대한 다운로드 크기 가져오기
AsyncOperationHandle<long> getDownloadSizeOperation
    = Addressables.GetDownloadSizeAsync("essential");
yield return getDownloadSizeOperation; // 다운로드 사이즈를 가져오는 오퍼레이션 수행을 기다림
```

```
// 다운로드 사이즈 가져옴
long downloadSize = getDownloadSizeOperation.Result;

// 필요한 정보를 모두 챙겼으므로 오퍼레이션 해제
Addressables.Release(getDownloadSizeOperation);

Debug.Log($"다운로드 크기 : {downloadSize}");
```

오퍼레이션 핸들을 해제하면 오퍼레이션을 통해 로드하거나 인스턴스화한 에셋도 함께 해제되어 해당 에셋에 대한 참조 횟수가 줄어듭니다.

따라서 로드된 어드레서블 에셋을 해제하는 대신 다음과 같이 해당 에셋을 로드하는 데 사용한 오퍼레이션 핸들을 해제함으로써 오퍼레이션 핸들과 에셋을 모두 해제할 수 있습니다.

```
AsyncOperationHandle<AudioClip> operationHandle
    = Addressables.LoadAssetAsync<AudioClip>("main_music");

// 가져온 에셋을 사용하는 코드...

Addressables.Release(operationHandle);
```

만약 어드레서블 에셋을 로드하는 과정에서 에셋 로드를 실패했다면 해당 에셋에 대한 참조 횟수는 증가하지 않습니다. 하지만 여전히 오퍼레이션 핸들은 남아있으므로 엄격하게 메모리를 관리하기 위해 에셋을 로드하는 데 실패한 오퍼레이션 핸들도 해제하는 것이 좋습니다.

어떤 오퍼레이션 핸들은 자동으로 해제됩니다. Addressables.InstantiateAsync() 메서드가 반환하는 오퍼레이션 핸들은 Addressables.InstantiateAsync() 메서드로 인스턴스화한 게임 오브젝트가 해제될 때 함께 해제됩니다.

또한 어드레서블 시스템의 일부 메서드들은 autoReleaseHandle 파라미터를 받아 오퍼레이션이 완료되었을 때 자동으로 오퍼레이션 핸들을 해제할지 결정할 수 있습니다.

오퍼레이션 핸들을 자동 해제하는 경우 다음과 같은 실수를 하지 않도록 주의합니다.

- 오퍼레이션 핸들을 수동으로 한 번 더 해제하여 중복 해제 예외 발생
- 이미 해제된 오퍼레이션 핸들을 참조하여 사용하려는 실수

C.7 어드레서블 콘텐츠 빌드하기

어드레서블 에셋을 앱(플레이어 빌드)에서 사용하기 위해서는 어드레서블 에셋 콘텐츠를 에셋 번들 등의 아티팩트(빌드 결과물)로 어드레서블 빌드해야 합니다.

어드레서블 빌드를 다루기 전에 먼저 어드레서블 빌드를 통해 콘텐츠를 배포하는 배포 플로를 살펴보겠습니다. 어드레서블 빌드는 크게 두 종류가 있습니다.

- **풀 빌드** : 전체 콘텐츠를 다시 빌드합니다. 이전에 빌드된 아티팩트와 호환되지 않습니다.
- **업데이트 빌드** : 풀 빌드된 결과물에서 변경 사항만 반영하여 빌드합니다. 동적 업데이트를 지원하기 위해 사용합니다.

이전 어드레서블 빌드된 콘텐츠와 비교했을 때 변경된 콘텐츠만 사용자가 다운로드하는 동적 업데이트를 지원하고 싶다면 풀 빌드와 업데이트 빌드를 함께 사용해야 합니다. 동적 업데이트 가 필요하지 않은 경우에는 매번 풀 빌드만 실행함으로써 업데이트할 콘텐츠를 관리하는 데 들어가는 업무 비용을 줄일 수 있습니다.

다음 그림은 앱을 배포(릴리즈)하고 업데이트하는 과정에서 어떻게 어드레서블 빌드를 실행할지 표현한 것입니다(배포 플로는 프로젝트의 특성에 따라 달라질 수 있습니다).

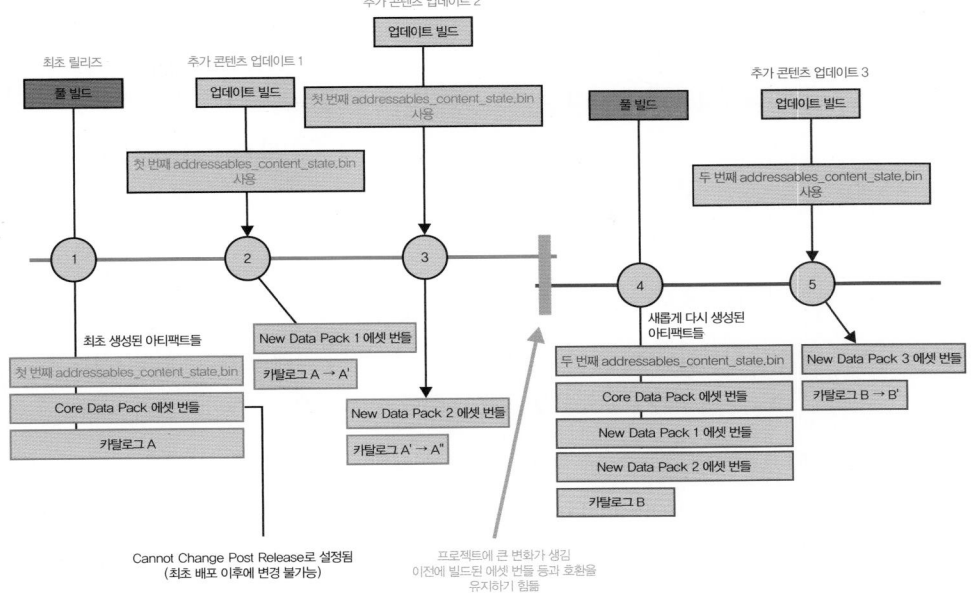

그림의 배포 플로는 풀 빌드를 실행하고 앱과 어드레서블 콘텐츠가 배포된 후 추가 콘텐츠 업데이트가 배포될 때 앱이 이미 다운로드한 콘텐츠는 넘어가고 추가 콘텐츠만 동적 업데이트로 받을 수 있도록 구성했습니다.

어드레서블 풀 빌드는 어드레서블 콘텐츠를 배포하기 직전에 실행합니다. 풀 빌드를 실행하면 최초 카탈로그, 에셋 번들, addressables_content_state.bin 파일이 생성됩니다.

동적 업데이트를 지원하려면, 즉 업데이트 빌드를 차후에 실행하려면 풀 빌드에서 만들어진 addressables_content_state.bin 파일을 반드시 백업해야 합니다. addressables_content_state.bin 파일에는 풀 빌드된 콘텐츠와 비교하여 변화된 내용만 반영하여 어드레서블 빌드하는 데 필요한 정보가 있습니다.

위 그림을 살펴보면 시점 ①에서 풀 빌드를 통해 Core Data Pack 에셋 그룹으로부터 Core Data Pack 에셋 번들을 생성하고 addressables_content_state.bin을 생성했습니다.

이때 Core Data Pack 에셋 그룹은 C.5.5절 'Content Update Restriction'에서 살펴본 Content Update Restriction 스키마의 Update Restriction 값을 Cannot Change Post Release로 설정한 상태입니다. 따라서 Core Data Pack 에셋 그룹의 내용을 미래에 어떤 이유로 수정함으로써 변경 사항이 생겨 다시 다운로드해야 할 상황을 막았습니다.

그리고 ②에서는 ①에서 생성된 **addressables_content_state.bin** 파일을 참조하여 업데이트 빌드를 실행했습니다.

그러면 ②에서 기존 콘텐츠인 Core Data Pack 에셋 번들과 추가된 콘텐츠인 New Data Pack 1 에셋 번들이 빌드됩니다. 그리고 새롭게 빌드된 카탈로그에는 기존 Core Data Pack 에셋 번들에 더해 New Data Pack 1 에셋 번들에 대한 정보가 추가됩니다.

그런데 ①의 addressables_content_state.bin을 이용하여 ②에서 어드레서블 빌드를 실행했기 때문에 ②에서 생성된 Core Data Pack 에셋 번들은 ①에서 생성된 Core Data Pack과 같은 파일입니다

따라서 ②에서 이미 ①의 Core Data Pack 에셋 번들을 다운로드했던 사용자는 Core Data Pack 에셋 번들을 다시 다운로드할 필요 없이 New Data Pack 1 에셋 번들만 다운로드하면 됩니다.

그런데 만약 ②에서 풀 빌드를 실행하면 ①에서 이미 빌드했던 Core Data Pack 에셋 번들과는 전혀 다른 해시 값과 내부 ID를 가진 Core Data Pack 에셋 번들이 나옵니다. 즉, 같은 에셋 그룹에 대해 다른 파일이 나옵니다. 따라서 ①의 Core Data Pack 에셋 번들을 이미 다운로드한 플레이어들도 새로운 해시 값을 가진 ②의 Core Data Pack을 다시 다운로드해야 합니다.

그러므로 동적 업데이트를 지원하기 위해서는 최초 배포시 풀 빌드를 실행하고, 이후에는 업데이트 빌드를 실행해야 합니다. 단, 앱을 공개 배포하기 전에는 빠른 변화에 대응하여 개발의 생산성을 높이기 위해 풀 빌드를 매번 실행하는 게 나을 수도 있습니다.

프로젝트의 코드가 변경되거나 사용하는 패키지가 업데이트되는 등 프로젝트에 변화가 생겨 이전에 빌드된 에셋 번들을 새로 빌드된 앱에서는 지원할 수 없을 수 있습니다. 이때는 그림의 시점 ④처럼 풀 빌드를 다시 실행하는 게 나을 수 있습니다.

C.7.1 어드레서블 풀 빌드하기

모든 어드레서블 콘텐츠를 완전히 처음부터 다시 빌드하는 방법부터 살펴보겠습니다.

풀 빌드를 해서 나온 아티팩트(빌드의 결과물)는 이전에 빌드된 아티팩드와 호환되지 않습니다. 따라서 이전에 빌드된 에셋 번들을 이미 다운로드하여 캐싱한 상태라고 해도 같은 콘텐츠에 대해 새롭게 빌드된 에셋 번들을 다시 다운로드해야 합니다.

그러면 풀 빌드를 실행하는 과정을 살펴봅시다.

빌드에 사용할 프로필 확인하기

빌드를 실행하기 전에 사용할 어드레서블 설정을 확인해야 합니다. 여기서는 기본 제공되는 Local과 Remote 변수만 에셋 그룹의 빌드와 로드 경로로 사용한다고 가정하겠습니다. 만약 커스텀 변수를 선언하고 이를 빌드와 로드 경로로 사용하면 과정이 달라질 수 있습니다.

먼저 현재 활성화된 프로필을 원하는 프로필로 변경합니다. 필요하다면 프로필에서 빌드 경로 또는 로드 경로도 변경합니다.

[과정 01] 프로필 확인 또는 변경하기

① 어드레서블 프로필 창 열기(Window > Asset Management > Addressables > Profiles 클릭)
② 원하는 어드레서블 프로필 활성화(원하는 프로필을 마우스 오른쪽 클릭 > Set Active 클릭)
③ 필요시 변숫값 등을 수정

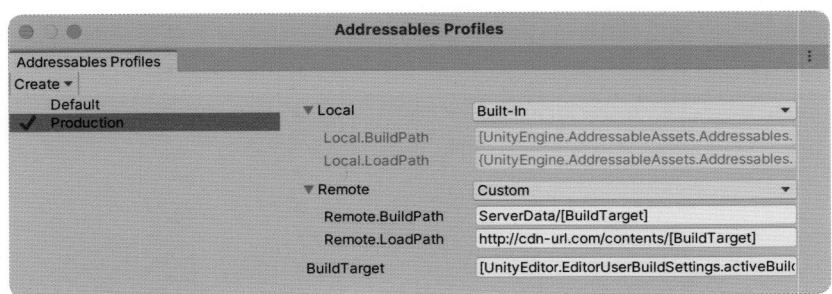

▶ 프로필 확인 또는 변경하기

위 그림에서는 Production이라는 프로필을 만들어 활성화했습니다. 위 예시의 프로젝트에서는 기본 변수인 Local과 Remote만 사용해서 어드레서블 그룹의 빌드와 로드 경로를 지정했다고 가정하겠습니다.

Production 프로필에서는 Local 변수의 값은 Built-in 번들 위치 프리셋을 그대로 사용하여 변경하지 않았습니다. C.3절 '어드레서블 프로필'에서 설명했듯이 Local 변수에 기본 설정된 위치를 통해 로컬에서 사용할 에셋 번들이 자동으로 앱에 포함됩니다. 따라서 대부분의 경우 Local 변수에 설정된 값은 변경하지 않습니다.

위 예시에서 Remote 변수의 경우 Remote.BuildPath는 기본값인 ServerData/[BuildTarget]을 사용했습니다. 그러면 iOS 프로젝트를 기준으로 빌드된 콘텐츠가 프로젝트 폴더의 ServerData/iOS 폴더에 들어갑니다.

물론 Remote.BuildPath를 기본값을 사용하지 않고 외부에서 작성한 빌드 자동화 도구 등에 대응하기 위해 다른 폴더 경로를 넣을 수도 있습니다.

Remote.LoadPath는 원격 콘텐츠를 찾아서 다운로드할 경로이므로 빌드된 콘텐츠를 업로드할 주소가 들어가야 합니다. 따라서 Remote.LoadPath 값을 https://cdn-url.com/contents/[BuildTarget]으로 변경했습니다. iOS를 대상으로 어드레서블 빌드를 실행한다면 원격 로드 경로는 https://cdn-url.com/contents/iOS가 됩니다.

결론적으로 위 예시에서는 iOS를 대상으로 어드레서블 빌드를 실행할 경우 ServerData/iOS 폴더에 생성된 에셋 번들과 카탈로그 등의 아티팩트를 https://cdn-url.com/contents/iOS에 업로드하면 됩니다.

어드레서블 설정 변경하기

프로필 설정을 확인했다면 어드레서블 설정에서 상황에 따라 필요한 설정을 변경해야 합니다. 다음 과정으로 어드레서블 설정을 살펴볼 수 있습니다.

[과정 01] 어드레서블 설정

① Window > Asset management > Addressables > Settings 클릭

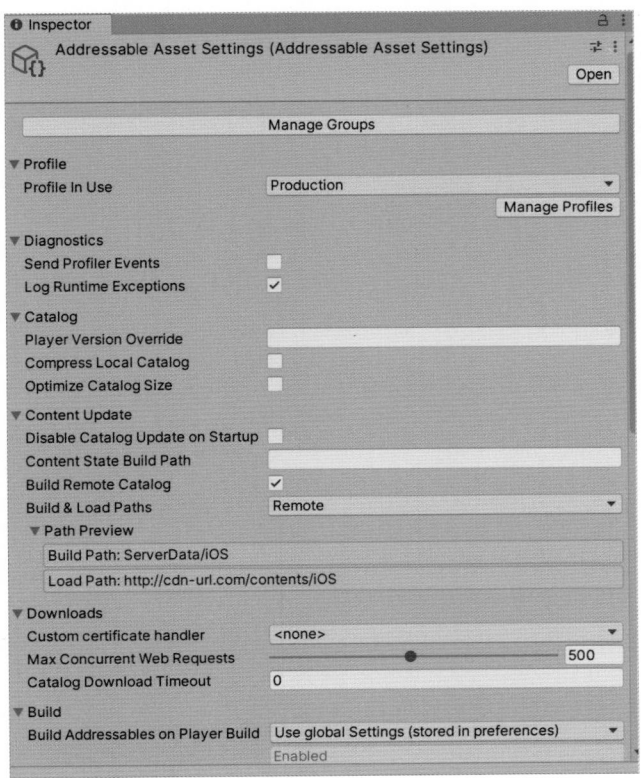

▶ 어드레서블 설정

여기서는 풀 빌드 시 중요한 설정만 몇 가지 살펴보겠습니다.

Catalog

– Player Version Override

Player Version Override에서 풀 빌드 시 생성될 카탈로그의 이름을 직접 지정할 수 있습니다. Player Version Override를 비워두면 풀 빌드를 통해 생성된 카탈로그 파일명은 어드레서블 빌드를 실행한 날짜와 시간을 기준으로 다음과 같이 생성됩니다.

    catalog_2021.11.04.08.35.08.json

Content Update

- Disable Catalog Update on Startup
- Content State Build Path
- Build Remote Catalog
- Build & Load Paths

Disable Catalog Update on Startup은 플레이어 빌드가 실행될 때 자동으로 실행되는 카탈로그 자동 업데이트를 비활성화합니다.

Content State Build Path에 경로를 입력하여 풀 빌드 시 생성될 addressables_content_state.bin 파일을 내놓을 장소를 덮어쓰기할 수 있습니다. 값을 설정하지 않으면 addressables_content_state.bin 파일은 다음 경로에 생성됩니다.

Assets/AddressableAssetData/(빌드대상)/addressables_content_state.bin

Build Remote Catalog를 체크하면 원격 로드 경로에 업로드할 수 있도록 빌드 경로에 원격 카탈로그를 생성합니다.

풀 빌드 이후 업데이트 빌드를 통해 추가 콘텐츠를 다운로드할 수 있게 하려면 Build Remote Catalog를 반드시 체크합니다. 앱이 나중에 추가된 에셋 번들을 다운로드하려면 먼저 추가된 에셋 번들의 정보가 있는 카탈로그를 다운로드해야 하기 때문입니다.

앱이 카탈로그를 업데이트할 때는 로드 위치에 있는 카탈로그를 살펴봅니다. 추후 업데이트 빌드를 통해 생성된 카탈로그 파일을 로드 위치에 있는 기존 카탈로그 경로에 덮어쓰기하는 등의 방식으로 교체함으로써 앱이 새로운 카탈로그를 다운로드하게 할 수 있습니다.

Build & Load Paths는 Build Remote Catalog 옵션을 활성화한 상태에서만 보입니다. 원격 카탈로그를 빌드하고 로드할 경로입니다. 대부분의 경우 Remote 변수를 사용하면 됩니다.

Build

- Build Addressables on Player Build

플레이어 빌드(앱 빌드) 시 어드레서블 빌드를 자동을 실행할지 결정합니다. Do not Build Addressables Content on Player Build로 설정하면 플레이어 빌드 시 어드레서블 빌드를 자동으로 실행하지 않습니다.

업데이트 빌드를 준비하고 있다면 이 설정을 비활성화하고 직접 원하는 시점에 어드레서블 빌드를 하는 게 나을 수 있습니다.

로컬로만 어드레서블 에셋을 사용하거나 플레이어 빌드를 매우 자주 실행하면서 풀 빌드도 자주 실행해야 하는 개발 초기에는 플레이어 빌드 시 자동으로 어드레서블 풀 빌드를 실행하는 게 편할 수 있습니다. 이런 경우 설정을 Build Addressable Contents on Player Build로 설정합니다. 이 값을 Use global settings로 설정하면 유니티의 Preferences 창 > Addressables 에 설정된 전역 설정을 따릅니다.

에셋 그룹 설정 확인하기

풀 빌드를 실행하기 전에 에셋 그룹의 Content Update Restriction 스키마를 확인합니다. 풀 빌드 이후에 추후 업데이트로 콘텐츠가 변경되지 않을 에셋 그룹들은 Content Update Restriction 스키마의 Update Restriction 값을 Cannot Change Post Release로 변경합니다.

만약 어떤 에셋 그룹의 콘텐츠와 그 에셋 번들이 추후 업데이트에도 변경되지 않는다면 사용자가 추후 업데이트에서 이미 예전에 다운로드했던 해당 에셋 번들을 다시 다운로드할 필요가 없을 겁니다.

즉, 동적 업데이트를 위해 배포 이후에 콘텐츠가 수정되지 않거나 수정되면 안 되는 에셋 그룹은 C.5.5절 'Content Update Restriction'에서 본 Content Update Restriction 스키마의 Update Restriction 값을 Cannot Change Post Release로 설정함으로써 이를 명시적으로 나타낼 수 있습니다.

단, Update Restriction 값을 Cannot Change Post Release로 설정한다고 해서 해당 에셋 그룹을 당장 수정할 수 없는 것이 아닙니다. 대신 업데이트 빌드 직전에 해당 에셋 그룹의 콘텐츠가 이전 풀 빌드와 비교해서 변경되었는지 검사하고 교정할 수 있습니다.

어드레서블 콘텐츠 풀 빌드하기

에셋 그룹과 어드레서블 설정을 확인했다면 풀 빌드를 실행합니다. 풀 빌드는 다음 과정으로 실행할 수 있습니다.

[과정 01] 어드레서블 콘텐츠 풀 빌드하기

① 어드레서블 그룹 창에서 **Build** 〉 **New Build** 〉 **Default Build Script** 클릭

▶ 어드레서블 콘텐츠 풀 빌드하기

그러면 어드레서블 빌드가 실행되고 에셋 번들과 카탈로그 등 빌드 아티팩트가 생성됩니다. 에셋 그룹에서 생성된 에셋 번들은 각 에셋 그룹에 지정한 빌드 경로에 빌드됩니다.

위 그림의 예제 프로젝트를 iOS를 빌드 대상으로 어드레서블 빌드를 실행하면 빌드 & 로드 경로를 Local로 사용한 로컬 에셋 그룹에 대한 에셋 번들은 다음과 같이 (**프로젝트 경로**)/Library/aa/iOS/iOS 폴더에 빌드되어 들어갑니다.

에셋 번들 외에도 플레이어 빌드에 포함할 카탈로그 catalog.json과 어드레서블 런타임 설정 데이터가 들어 있는 setting.json도 확인할 수 있습니다.

▶ 로컬 아티팩트

빌드 & 로드 경로를 Remote로 사용한 원격 에셋 그룹에 대한 에셋 번들과 Build Remote Catalog 설정을 활성화함으로써 빌드된 원격 카탈로그는 (**프로젝트 경로**)/ServerData/iOS 폴더에 빌드되어 들어갑니다.

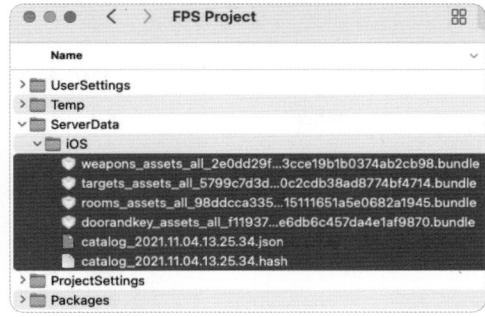

▶ 원격 아티팩트

여기서 json 파일로 빌드된 카탈로그 catalog_2021.11.04.13.25.34.json 파일과 같은 이름을 가진 해시 파일 catalog_2021.11.04.13.25.34.hash가 생성된 것에 주목합니다.

해당 해시 파일은 추후에 앱이 원격 카탈로그를 다운로드하여 로컬에 캐시된 카탈로그를 업데이트할 때 원격 카탈로그가 로컬 카탈로그보다 최신 버전인지 판단할 때 사용됩니다.

추후 업데이트 빌드를 실행하면 갱신된 카탈로그를 생성하는데, 업데이트 빌드는 풀 빌드 때 생성한 카탈로그와 같은 이름의 카탈로그를 생성하여 빌드 경로에 있는 기존 카탈로그를 덮어쓰기합니다.

즉, 나중에 업데이트 빌드를 실행하여 추가 콘텐츠가 반영된 새 카탈로그는 이전 카탈로그와 내용이 다릅니다. 하지만 새 카탈로그의 파일명은 이전 카탈로그와 같은 catalog_2021.11.04.13.25.34.json이 됩니다. 마찬가지로 이전과 같은 파일명을 가진 새 해시 파일 catalog_2021.11.04.13.25.34.hash도 생성됩니다.

업데이트 빌드에서 새롭게 생성된 catalog_2021.11.04.13.25.34 카탈로그와 해시 파일을 과거 풀 빌드 시점에 생성된 카탈로그 파일이 있는 곳인 카탈로그 로드 위치에 덮어쓰기로 올렸다고 가정해봅시다.

그리고 앱이 실행되었을 때 앱은 내장되어 있는 기존 catalog_2021.11.04.13.25.34 카탈로그와 원격 로드 위치에 있는 catalog_2021.11.04.13.25.34 카탈로그를 비교합니다. 이때 카탈로그와 같이 업로드된 해시 파일을 사용합니다.

해시 파일을 통해 이전에 다운로드하여 캐싱한 카탈로그와 원격 위치의 카탈로그를 비교하므로 어드레서블 설정 등을 변경하여 카탈로그에 대한 해시 파일을 생성하지 않거나 해시 파일을 카탈로그와 같은 경로에 업로드하지 않으면 매번 원격 카탈로그를 다시 새로 다운로드합니다.

참고로 예시의 원격 빌드 경로에 있는 catalog_2021.11.04.13.25.34.json 카탈로그와 로컬 빌드 경로에 있는 catalog.json은 같은 파일입니다. 즉, 플레이어 빌드를 하는 과정에서 해당 시점에 미리 빌드해둔 카탈로그가 플레이어 빌드에 일단 포함됩니다.

풀 빌드를 하면 생성되는 addressables_content_state.bin 파일은 1037쪽 '에셋 그룹 설정 확인하기'에서 Content State Build Path 값을 변경하지 않았다면 다음 경로에서 찾을 수 있습니다.

Assets/AddressableAssetData/(빌드대상)

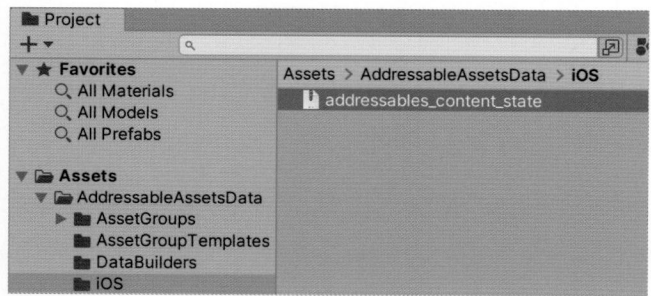

▶ addressables_content_state.bin 파일

배포하기

풀 빌드가 끝나면 추후 업데이트 빌드를 대비하여 addressables_content_state.bin 파일을 백업합니다. 그다음 어드레서블 빌드를 통해 생성된 콘텐츠들을 앱(플레이어 빌드)이 사용할 수 있도록 로드 위치로 옮겨야 합니다.

Local.BuildPath에 있는 로컬 에셋 번들은 플레이어 빌드 시 앱에 자동으로 포함됩니다. 따라서 따로 옮길 필요가 없습니다.

1033쪽 '빌드에 사용할 프로필 확인하기'에서 설정한 예시 프로필을 기준으로 생각하면 Remote. BuildPath에 대응하는 ServerData/iOS 폴더에 있는 원격 에셋 번들과 원격 카탈로그 등의 파일은 Remote.LoadPath에 대응하는 https://cdn-url.com/contents/iOS에 업로드하면 됩니다.

그러면 플레이어 빌드를 통해 생성된 앱이 실행될 때 Remote.LoadPath에 있는 원격 카탈로그를 다운로드하고 사용할 겁니다.[6] 마찬가지로 에셋 번들에 포함된 원격 어드레서블 에셋을 로드할 때 Remote.LoadPath 위치에 있는 에셋 번들을 찾아서 다운로드할 것입니다.

C.7.2 업데이트 빌드하기

풀 빌드를 살펴봤으니 추가되거나 변경된 콘텐츠만 다운로드하는 동적 업데이트를 지원하기 위해 업데이트 빌드를 실행하는 과정을 살펴보겠습니다.

업데이트 빌드를 실행하면 변경 사항이 없는 에셋 그룹에 대한 에셋 번들은 동일한 이름으로 생성됩니다.

콘텐츠 업데이트 제한 검사하기

어떤 에셋 그룹의 내용이 변경되지 않아야 새 업데이트 빌드에서 해당 에셋 그룹의 에셋 번들이 이전 빌드와 같은 상태가 됩니다.

예를 들어 몬스터 에셋 그룹에 새로운 몬스터가 추가되었다면 이전에 빌드된 몬스터 에셋 번들과 새로 빌드된 몬스터 에셋 번들은 다를 수밖에 없습니다. 그러면 과거 버전의 몬스터 에셋 번들을 다운로드한 사용자도 새로운 버전의 몬스터 에셋 번들을 다시 다운로드해야 합니다.

따라서 1037쪽 '에셋 그룹 설정 확인하기'에서 설명했듯이 동적 업데이트를 위해 배포 이후에 변경되어서는 안 되는 에셋 그룹에는 Content Update Restriction 스키마의 Update Restriction 값을 Cannot Change Post Release로 변경합니다.

그리고 추후 업데이트 빌드를 실행하기 전에 콘텐츠 업데이트 제한 검사 도구를 사용하여 에셋 그룹의 변경 사항을 검사하고 다른 에셋 번들을 생성하여 변경 사항을 그곳으로 옮길 수 있습니다.

콘텐츠 업데이트 제한 검사 도구는 다음 과정으로 엽니다.

[과정 01] 업데이트 제한 검사 도구 열기

① **Addressables Groups** 창 > **Tools** > **Check for Content Update Restriction** 클릭

---

6 단, 플레이어 빌드 시 마지막으로 빌드된 카탈로그가 빌드에 함께 들어갑니다. 따라서 처음 풀 빌드를 실행했을 때 나오는 원격 카탈로그와 같은 파일이 이미 플레이어 빌드에 내장되어 있습니다. 추후 Remote.LoadPath 경로에 갱신된 새 카탈로그를 업로드하면 앱이 새 카탈로그를 다운로드해서 로컬에 가지고 있던 기존 카탈로그를 새 카탈로그로 교체합니다.

① Tools > Check for Content Update Restriction 클릭

▶ 어드레서블 콘텐츠 업데이트 제한 검사 도구 열기

콘텐츠 업데이트 제한 검사 도구로 에셋 그룹을 검증하는 과정을 살펴봅시다. 에셋 그룹 Hat Group이 Cannot Change Post Release로 설정되었으며 다음과 같은 두 개의 모자 프리팹이 Hat Group 에셋 그룹에 있다고 가정하겠습니다.

- MagicianHat
- VikingHelmet

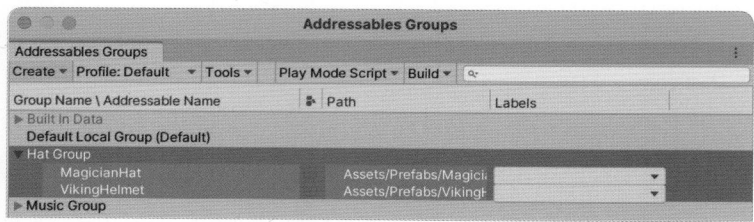

▶ Hat Group 에셋 그룹

그리고 두 개의 모자 프리팹이 Hat Group 에셋 그룹에 포함된 상태에서 풀 빌드를 실행하고 아티팩트를 배포했다고 하겠습니다.

우리는 Hat Group 에셋 그룹을 업데이트에 의해 변경되어서는 안 되는 에셋 그룹으로 설정했습니다. 그런데 어느 날 다음과 같이 Hat Group 에셋 그룹에 MinerHat 프리팹을 어드레서블 에셋으로 추가했습니다.

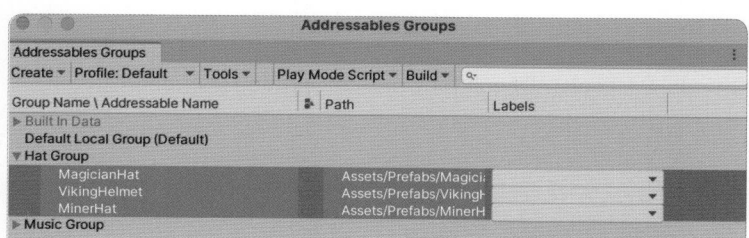

▶ Hat Group 에셋 그룹에 MinerHat 프리팹을 어드레서블 에셋으로 추가

우리는 콘텐츠 업데이트 제한 검사 도구로 이전에 배포된 어드레서블 콘텐츠와 비교해서 Hat Group 에셋 그룹에 어떤 변경 사항이 추가되었는지 검사할 수 있습니다. 그리고 다른 에셋 번들을 생성하여 추가된 콘텐츠를 그곳으로 옮길 수 있습니다. 그러면 Hat Group 에셋 그룹은 풀 빌드된 시점과 같은 모습을 유지할 겁니다.

다음 과정으로 어드레서블 에셋 그룹의 변경 사항을 검사하고 변경 사항을 다른 에셋 그룹으로 옮깁니다.

[과정 01] 에셋 그룹 변경 사항 검사하기

① **어드레서블 그룹** 창 〉 **Tools** 〉 **Check for Content update Restriction** 클릭
② **탐색** 창에서 이전 **풀 빌드**에서 생성된 **addressable_content_state.bin** 파일을 찾아서 선택
③ **Content Update Preview** 창에서 **적용할 변경 사항** 확인 〉 **Apply Changes** 클릭

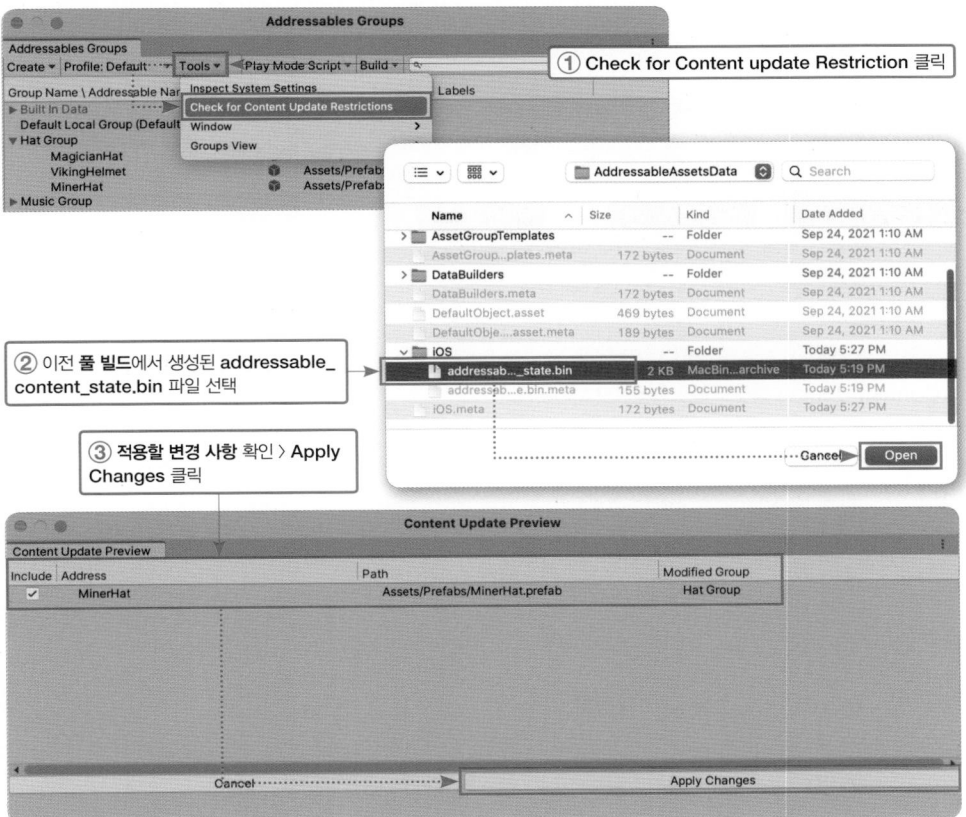

▶ 에셋 그룹의 변경 사항 검사하기

Check for Content Update Restriction 버튼을 클릭하면 이전의 풀 빌드에서 사용한 addressables_content_state.bin 파일을 찾는 탐색 창이 열립니다. 그리고 addressables_content_state.bin 파일을 선택하면 Content Update Preview 창이 표시됩니다.

Content Update Preview 창에는 'Cannot Change Post Release'로 지정된 에셋 그룹에 addressable_content_state.bin 파일이 생성된 시점과 비교했을 때 어떤 변경 사항이 추가되었는지 표시됩니다.

여기서 Apply Changes 버튼을 누르면 Cannot Change Post Release로 지정된 에셋 그룹의 콘텐츠가 이전 빌드와 동일하게 유지되도록 해당 에셋 그룹에 추가된 변경 사항을 빼내어 새로운 에셋 그룹으로 옮깁니다.

위 예시의 경우 Apply Changes 버튼을 누르면 Hat Group 에셋 그룹에 새로 추가된 MinerHat 프리팹 어드레서블 에셋이 다음과 같이 새로 생성된 Content Update 에셋 그룹으로 옮겨집니다.

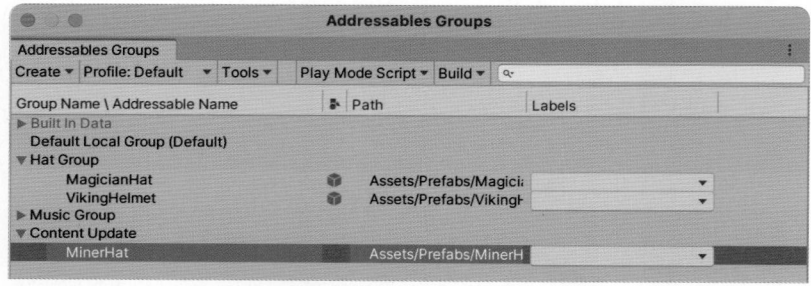

▶ Content Update 에셋 그룹으로 옮겨진 MinerHat

업데이트 빌드 실행

1041쪽 '콘텐츠 업데이트 제한 검사하기'를 통해 에셋 그룹의 변경 사항을 검사한 다음에는 업데이트 빌드를 실행하여 새로운 콘텐츠에 대한 에셋 번들을 생성하고 카탈로그를 업데이트합니다.

업데이트 빌드는 다음 과정으로 실행합니다.

① **어드레서블 그룹** 창에서 **Build** > **Update a Previous Build** 클릭
② 이전의 **풀 빌드**에서 생성된 **addressables_content_state.bin** 선택

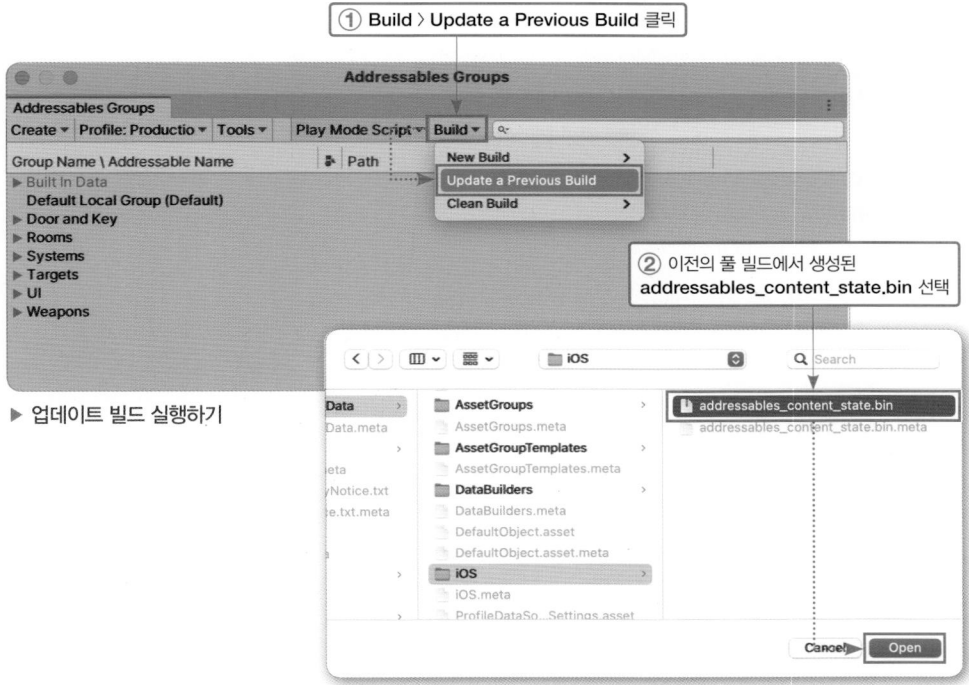

▶ 업데이트 빌드 실행하기

업데이트 빌드를 실행하면 빌드 경로에 에셋 번들과 카탈로그 등이 빌드되어 배치될 겁니다. 에셋 번들과 카탈로그 등의 아티팩트를 로드 경로에 업로드하여 업데이트된 콘텐츠를 배포합니다.

C.8 기타

이것으로 어드레서블 시스템의 주요 개념과 주요 API를 대부분 다루었습니다. 하지만 어드레서블 시스템은 계속 발전하고 있으며, 프로젝트 성격에 따라 활용 방법이 너무나 다릅니다. 또한 분량 때문에 책에 포함하지 못한 내용도 있습니다.

따라서 부록을 통해 어드레서블 시스템을 이해한 다음에는 다음과 같은 추가 내용을 유니티 어드레서블 공식 문서 등을 참고하여 공부할 것을 추천합니다.

- Addressables.LoadSceneAsync ( ) 메서드를 통해 어드레서블 씬 에셋 로드
- 스크립터블 빌드 파이프라인을 통한 어드레서블 콘텐츠 빌드 자동화
- 어드레서블 그룹 창에서 Play Mode Script 설정을 변경하여 원격 콘텐츠 다운로드를 에디터에서 시뮬레이션하기
- 에셋 그룹의 Bundle Mode 설정에 따른 의존성 중복 문제
- Window > Asset Management > Addressables > Event Viewer를 통해 어드레서블 시스템 프로파일링하기

Index

Index

 Index

Index

Index

Index

Index

Index

Index

Index

Index

Index